सम्पूर्ण बाल रचनाएँ

कहानी-संग्रह

सम्पूर्ण बाल रचनाएँ

सूर्यकान्त त्रिपाठी 'निराला'

सम्पादक

विवेक निराला

लोकभारती प्रकाशन

लोकभारती प्रकाशन
पहली मंजिल, दरबारी बिल्डिंग, महात्मा गांधी मार्ग
प्रयागराज-211 001
वेबसाइट : www.lokbhartiprakashan.com
ईमेल : info@lokbhartiprakashan.com

शाखाएँ : 1-बी, नेताजी सुभाष मार्ग, दरियागंज
नई दिल्ली-110 002
अशोक राजपथ, साइंस कॉलेज के सामने
पटना-800 006
1, अनमोल सोराबजी सन्तुक लेन, धोबी तलाव,
मरीन लाइंस, मुम्बई-400 002

पहला संस्करण : 2016
तीसरा संस्करण : 2026

मूल्य : ₹1495

राजा ऑफसेट प्रिंटर्स
दिल्ली-110 095
द्वारा मुद्रित

SAMPURN BAAL RACHNAYEIN
Stories by Suryakant Tripathi 'Nirala'

ISBN : 978-93-5221-111-1

प्रस्तावना

बाल-साहित्य वस्तुतः साहित्य से अलग कुछ नहीं है, यह समग्र साहित्य का ही एक महत्त्वपूर्ण हिस्सा है। यह एक विशेष आयु वर्ग के लिए लिखा जाने वाला साहित्य है। अच्छे और उपयोगी संस्कार देने वाला, ज्ञानवर्द्धक, बाल-मनोविज्ञान तथा मनोरंजन पर आधारित यह साहित्य अपनी अलग पहचान रखता है। बच्चों के लिए लिखते हुए एक साहित्यकार अपनी रचनाओं के माध्यम से उनमें उत्तम संस्कारों की नींव डालता है, मनोरंजक ढंग से उनका ज्ञानवर्द्धन करता है और उनके मनोविज्ञान को समझ कर उन्हें सुरुचिपूर्वक नैतिक आचरण की ओर प्रेरित करता है। ज़ाहिर है कि ऐसा करते हुए वह भविष्य के नागरिकों को गढ़ रहा होता है। बच्चों के मन की गहरी समझ के साथ ही दुनिया को बच्चों की आँखों से देखने की उसकी दृष्टि बाल-हृदय से तादात्म्य स्थापित करके ही सम्भव है। लोक-साहित्य के रूप में प्राप्त रचनाएँ जो हमारे संस्कार गढ़ती हैं, बड़ों के साथ ही बच्चों में भी लोकप्रिय रही हैं।

बच्चों में सीखने की अपार सम्भावनाएँ भी होती हैं और उनमें असीम सामर्थ्य भी होता है। बचपन में उसे मिला अच्छा वातावरण उसके सर्वांगीण विकास में सहायक साबित होता है। किसी बच्चे के समग्र विकास के लिए उसके शारीरिक विकास के साथ ही उसके सही मानसिक और नैतिक विकास का होना भी नितान्त आवश्यक है। बाल-साहित्य का इस विकास में महत्त्व असंदिग्ध है। बच्चों की रुचि, इच्छाओं तथा उनकी कोमल कल्पनाओं को बूझते हुए बच्चों के अटपटे और जटिल प्रश्नों के मनोरंजक समाधान प्रस्तुत करना एक चुनौती होती है, जिसे एक साहित्यकार स्वीकार कर बाल-साहित्य का सृजन करता है।

भारत के प्रथम प्रधानमंत्री और बच्चों के बहुत प्रिय पं. जवाहरलाल नेहरू कहते थे—''मैं हैरत में पड़ जाता हूँ कि किसी व्यक्ति या राष्ट्र का भविष्य जानने के लिए लोग तारों को देखते हैं। मैं ज्योतिष की गिनतियों में दिलचस्पी नहीं रखता। मुझे जब हिन्दुस्तान का भविष्य देखने की इच्छा होती है तो बच्चों की आँखों और चेहरों को देखने की कोशिश करता हूँ।'' एक साहित्यकार अन्ततः बेहतर भविष्य के ही प्रयत्न करता रहता है। निराला को शताब्दी का सबसे बड़ा कवि तो मान लिया गया किन्तु उनके कथाकार की कम चर्चा होती है और उनके बाल-साहित्य पर तो

बिल्कुल बात नहीं की जाती। उन्होंने बच्चों के लिए कितनी सुन्दर जीवनियाँ लिखीं, प्रायः इसका उल्लेख तक करना किसी ने ज़रूरी नहीं समझा।

हमारा देश आज विश्व के एक बड़े बाज़ार के रूप में देखा जा रहा है। यह बाज़ारवाद वस्तुतः नव-साम्राज्यवाद का ही एक रूप है। जीवन के हर क्षेत्र में एक अधकचरी उपभोक्तावादी संस्कृति का प्रसार हो रहा है। नव-साम्राज्यवादियों की रणनीति अपने अनुकूल उसी सब में जनता को उलझाए रखने की है ताकि वह कुछ सोचने-समझने का अवकाश न पा सके। विचारहीन मनोरंजन के इस षड्यंत्र के सर्वाधिक शिकार बच्चे हैं। बच्चों को लक्ष्य करके देश के समूचे भविष्य को विचारहीन, लाचार और यांत्रिक बना देने की एक दूरगामी परियोजना चल रही है। वे हमें अपने आदर्शों, मूल्यों और अपनी ज़मीन से काट देने पर आमादा हैं। आज जबकि हमारे जीवन में सूचनाओं का ढेर है, मन में संवेदनाओं की जगह कम हुई है। ज्ञान का स्थान सूचना ने ले लिया है। वैश्वीकरण के दौर में हम कथित ज्ञान के प्रति जागरूक तो हुए हैं, लेकिन संवेदनाहीन भी। हम धन से समृद्ध जीवन के आग्रही तो हुए हैं, लेकिन सकारात्मक जीवन मूल्यों को नकार कर ही। हम सामंजस्य की दिशा में 'ग्लोबल विलेज' की ओर बढ़ रहे हैं, लेकिन अपने पास-पड़ोस को बिल्कुल उपेक्षित छोड़कर। आज यह और भी ज़रूरी हो गया है कि इस पूरे मायावी जाल और इसकी चमक-दमक से अपने भविष्य को बचाया जाए, इसलिए आज का बाल-साहित्य ज़्यादा चुनौतीपूर्ण है।

बच्चों को बेहतर शिक्षा और स्वास्थ्य के साथ बेहतर साहित्य भी ज़रूरी है। उनके अधिकारों की संरक्षा भी होनी चाहिए। बच्चों की प्रसन्नता भी इस देश के विकास का एक मानक होना चाहिए। देशभर के बच्चों का एक साझा मंच हो। कहा जाता है कि वड्सवर्थ की कविता 'डैफ़ोडिल्स' को जिस दिन दो सौ वर्ष पूरे हुए थे, इंग्लैंड में 20 लाख बच्चों ने उसका सामूहिक पाठ किया था। काश! हमारे देश में भी किसी रचना पर ऐसा हो पाता।

साहित्य अंततः शब्दों से रचा जाता है। कोई रचनाकार शब्दों से एक प्रतिसंसार रचते हुए एक विचार भी रखता जाता है जिसे वह कल्याणकारी जानता और मानता है। महत्ता उस विचार की ही होती है जो पाठक को रचना के आस्वाद के साथ ही प्राप्त होता है। यह उत्तम विचार ही न सिर्फ बाल-मन को संस्कार देता है बल्कि साहित्य के सत्व को भी आसानी से बच्चों तक पहुँचाने में समर्थ होता है। आज हमारे सामने यह संकट है कि बच्चों के लिए क्या लिखा जाए जो उन्हें अपने समाज और संस्कृति के प्रति संवेदनशील तथा संस्कारी बना सके। सांस्कृतिक निर्माण और उसकी रक्षा का मामला बच्चों के कोमल मन पर पड़ने वाले प्रभाव और शिक्षा से जुड़ा हुआ होता है। इसके लिए ज़रूरी है कि अस्वाभाविक एवं अवैज्ञानिक साहित्य की जगह ऐसा साहित्य बच्चों को उपलब्ध कराया जाए जो उन्हें अपनी संस्कृति से

भी जोड़े रखने के साथ ही एक प्रतिरोधी समानान्तर संस्कृति की आधारशिला रखने में भी मदद कर सके। परम्परा से भली-भाँति परिचित होने, उससे गहराई से जुड़ने के बाद ही उससे विद्रोह किया जा सकता है—यह भी निराला जी ही हमें सिखाते हैं।

निराला जी ने सन् 1942 के बाद गद्य लिखना बन्द कर दिया था। उनके कई उपन्यास अधूरे ही रहे। ऐसे में उनका बाल-साहित्य भी पहले का ही है। वह समय साम्राज्यवाद की औपनिवेशिक सत्ता के विरुद्ध इस महादेश के विशाल स्वाधीनता आन्दोलन का था। यही समय हिन्दी प्रदेश के नवजागरण का था। निराला की सृजनशीलता का आरम्भ हिन्दी साहित्य के छायावाद-युग से होता है और इसे रामविलास जी नवजागरण का भी अन्तिम चरण मानते हैं। ऐसे समय में अतीत के गौरव की, महापुरुषों के जीवन की गाथाएँ प्रकाश में लाई जा रही थीं क्योंकि औपनिवेशिक सत्ता बार-बार भारत को यही एहसास दिला रही थी कि यहाँ गर्व करने योग्य कुछ भी नहीं है। निराला अपने साहित्य में पौराणिक रूपकों को नया अर्थ दे रहे थे, प्रतीक रूप में देवी का इस्तेमाल कर रहे थे, साथ ही, पुरानी आस्थाओं और विश्वासों पर प्रहार भी कर रहे थे क्योंकि वह जनसाधारण को रूढ़ियों से मुक्त करना चाहते थे। वे सांस्कृतिक क्रान्ति को सामाजिक क्रान्ति के समान ज़रूरी मानते थे। उस दौर के लगभग सभी रचनाकारों के द्वारा बच्चों के लिए महत्त्वपूर्ण लेखन इसलिए भी संभव हुआ क्योंकि इन रचनाकारों ने देश के भविष्य के प्रति अपनी ज़िम्मेदारी का गहरा एहसास किया था। निराला 'भक्त ध्रुव', 'भक्त प्रह्लाद' और 'भीष्म' के पौराणिक आख्यानों का पुनर्सृजन इसीलिए करते हैं क्योंकि इन चरित्रों से सत्य और दृढ़प्रतिज्ञ रहने की प्रेरणा मिलती है। निराला महसूस कर रहे थे कि अतीत के गौरवशाली बच्चों की जीवनी इस समय के बच्चों के लिए बेहद उपयोगी होगी क्योंकि इनसे वे सहज ही अन्याय और अत्याचारों के प्रतिरोध की प्रेरणा ग्रहण कर सकेंगे। बालकों के लिए महान् सपूतों के जीवन से अधिक उपयोगी कुछ और नहीं हो सकता क्योंकि इससे उनका चरित्र भी उज्ज्वल होता है और उनमें साहस का भी संचार होता है।

निराला ने अगस्त 1930 में 'सुधा' में लिखा था—"राजनीति के मैदान में जिस तरह बड़ी-बड़ी लड़ाइयों के लिए सिर उठाना आवश्यक है उसी तरह साहित्य के मैदान में भी है।" निराला के ये चरित्र बीसवीं सदी की औपनिवेशिक चुनौतियों का सामना भी कर रहे थे, साथ ही, रूपान्तरित भी हो रहे थे। निराला के लिए पुराकथा दरअसल गीली मिट्टी की तरह है जिससे वे अतीत को नहीं बल्कि अपने समय की सोच को एक आकार देते हैं। उनका साहित्य न तो धार्मिक कट्टरता के आगे घुटने टेकता है और न साम्राज्यवाद के आगे। वे महाराणा प्रताप को नायक बनाकर भी अपनी सांस्कृतिक अवधारणाओं को मध्ययुगीन पथ पर नहीं ले जाते। वे ऐसी जातीय संस्कृति के पक्षधर हैं जो उपनिवेश-विरोधी है। अपनी कविता में भी जब

वे 'सरोज स्मृति' की रचना करते हैं तो जन्म कुंडली से लेकर वर्णाश्रम व्यवस्था तक सबके टुकड़े-टुकड़े कर देते हैं। 'राम की शक्ति पूजा' के राम ईश्वर नहीं बल्कि निरे मनुष्य हैं। क्या पौराणिक राम बिना निराला की मौलिकता के तुलसी के समन्वय सिद्धान्त के बूते 'पुरुषोत्तम नवीन' हो सकते थे? फिर निराला को क्यों कहना पड़ा कि "बिना संहार के सर्जन असंभव है/समन्वय झूठ है।" उन्नीसवीं सदी के सांस्कृतिक नवजागरण ने औपनिवेशिक सत्ता और उसके सांस्कृतिक वर्चस्व से लगातार संघर्ष किया।

'भक्त ध्रुव' में निराला लिखते हैं—"तिरस्कार, घृणा, अपमान, अत्याचार, निर्यातन—इन पाशविक प्रवृत्तियों के विरोध के लिए आज उसके खून का हर एक बूँद तीव्र गति से उसे कार्यतत्पर कर रहा है। बालक सोच रहा है—इस अत्याचार का उपाय। चिरकाल से मनुष्य जाति, मनुष्य जाति पर जो अत्याचार करती चली आ रही है—इसका कारण, साथ ही इसका प्रतिरोध भी। वह अत्याचार सहने के लिए नहीं आया।" यह बोध ही निराला बच्चों को कराना चाहते थे। इस पुस्तक की भूमिका में निराला लिखते हैं—"इस धर्मनिष्ठ और कर्तव्यपरायण बालक के चरित्र का चित्रण हमने यथासाध्य सरल भाषा में करने का प्रयत्न किया है। साथ ही, ईश्वर प्राप्ति विषयक गूढ़ रहस्यों का उद्घाटन भी कर दिया है, ताकि धर्म के मार्ग से घातक कट्टरता का इस देश में लोप हो जाए, बच्चे हर प्रान्त और जाति के बालकों से सहानुभूति रखना सीखें।" इसी प्रकार 'भक्त प्रह्लाद' नामक पुस्तक की भूमिका में निराला लिखते हैं—"प्रह्लाद भक्तों के अग्रगण्य हैं। उनकी ईश्वर-निर्भरता भारत प्रसिद्ध है। दैत्यों के वंश में जन्म लेकर भी उन्होंने सत्वगुणी वृत्ति का आश्रय लिया था। अन्त में आसुरी भावों पर वे विजयी हुए। ईश्वर-प्रेम, भक्ति, शान्ति, क्षमा, दया, धृति, सरलता आदि जितने सद्गुण हैं, प्रह्लाद में वे सब थे। उनकी दृढ़ता भी हद दर्जे की थी।...ऐसे धर्मनिष्ठ, सरल और दृढ़व्रत बालक के चरित्र का प्रचार—स्खलितमति, निर्वीर्य, निरुत्साह और पथभ्रष्ट कर देने वाली कुशिक्षा से बचाने के लिए देश के बालकों में अवश्य होना चाहिए।" निराला बच्चों में उन गुणों का प्रसार चाहते थे जो प्रह्लाद में थे। वही संकल्प की दृढ़ता और वैसी ही चारित्रिक दृढ़ता। इसके माध्यम से निराला बताते हैं कि अन्याय का प्रतिरोध सहज मानव जीवन के लिए अनिवार्य है, फिर चाहे हमें प्रह्लाद की भाँति अपने पिता का भी विरोध क्यों न करना पड़े।

'भीष्म' भी पूर्वोक्त पुस्तकों की ही भाँति निराला की बच्चों के चरित्र निर्माण सम्बन्धी चिन्ता का प्रतिफल है। महाभारत की कथा के विलक्षण चरित्र भीष्म की कठिन प्रतिज्ञा और फिर जीवन भर उसका निर्वहन बच्चों के साथ ही सभी जनों के लिए प्रेरणास्पद है। पिता के प्रति सम्मान, वीरता एवं मनुष्यता का आदर्श, शस्त्र और शास्त्र का सम्यक् ज्ञान तथा वचनबद्धता आदि ऐसे गुण हैं जो भीष्म से सीखे जा सकते हैं। 'महाराणा प्रताप' एक ऐतिहासिक आख्यान है। मध्यकालीन ऐतिहासिक

राजपूत चरित्र राणा प्रताप इस कथा के नायक हैं। घास की रोटी खाकर अपनी स्वतंत्रता के लिए संघर्षशील योद्धा को औपनिवेशिक गुलामी के काल में स्मरण करते हुए नई पीढ़ी को अतीत के स्वतंत्रता संग्राम के साथ जोड़ कर स्वाधीन चेतना से सम्पन्न करना ही निराला का उद्देश्य था।

निराला रचनावली के यशस्वी सम्पादक डॉ. नन्द किशोर नवल ने शोध के बाद बताया है कि भक्त ध्रुव, भक्त प्रह्लाद, भीष्म और महाराणा प्रताप-ये चारों ही पुस्तकें दी पॉपुलर ट्रेडिंग कम्पनी, 115 हरीसन रोड, कलकत्ता से रत्नाकर ग्रन्थमाला के क्रमशः ग्यारहवें, बारहवें, पन्द्रहवें और सत्रहवें रत्न के रूप में निकलीं थीं। भक्त ध्रुव, भक्त प्रह्लाद और भीष्म का प्रकाशन-काल 1926 ई. का उत्तरार्द्ध है और महाराणा प्रताप का प्रकाशन-काल 1927 ई. का उत्तरार्द्ध। नवल जी इन चारों पुस्तकों के बारे में रचनावली के सातवें खंड की भूमिका में लिखते हैं—"भक्त ध्रुव, भक्त प्रह्लाद, भीष्म और महाराणा प्रताप—ये निराला द्वारा लिखी गई कलात्मक जीवनियाँ हैं, जिनमें उपन्यास के तत्व घुल-मिल गए हैं। उन्होंने पुराणों या इतिहास से तथ्य बटोर कर अपने नायकों का जीवन-चरित नहीं प्रस्तुत कर दिया है, बल्कि कल्पना का भरपूर उपयोग करते हुए उनकी पुनर्रचना की है।"

'सीख भरी कहानियाँ' के सन् 1943 में ही लिखे जाने की सूचना मिलती है किन्तु यह पुस्तक उनकी मृत्यु के लगभग आठ वर्षों बाद पहली बार सन् 1969 में अभिनव भारती, 42 सम्मेलन मार्ग, इलाहाबाद से प्रकाशित हो सकी। इस पुस्तक में ईसप की नीतिकथाओं का निराला प्रस्तुतीकरण है। यह पुस्तक प्रकाशित भले ही उनकी मृत्यु के बाद हो सकी किन्तु इसकी पांडुलिपि वह अपने जीवनकाल में ही प्रकाशक को सौंप चुके थे। पुस्तक की प्रकाशकीय भूमिका में बताया गया है कि पांडुलिपि सौंपते हुए उन्होंने प्रकाशक से कहा था—"मैं कितना बड़ा साहित्यकार क्यों न माना जाऊँ पर मेरी लेखनी तभी सार्थक होगी जब इस देश में बाल-गोपाल मेरी कोई कृति पढ़कर आनन्द-विभोर होंगे। इन कथाओं को सुनाने का केवल ढंग मेरा है, बाकी सब कुछ हमारे पूर्वजों का है। नन्हे-मुन्ने इन कहानियों में जितना अधिक रस पाएँगे, उतनी ही मेरी कहानीगोई की सफलता होगी।" निराला ने इन कहानियों को हिन्दी में प्रस्तुत करते हुए नवीन और महत्त्वपूर्ण निष्कर्ष निकाले हैं। ईसप की नीतिकथा से अलग निराला की दी हुई सीख एकदम नई है। निराला इन कथाओं की पुनर्रचना करते हुए जिस मुहावरेदार भाषा और कहानी की कहन-शैली का प्रयोग करते हैं वह विलक्षण एवं लुभावनी है। बच्चों के साथ प्रौढ़ भी इन कथाओं का पूरा आनन्द ले सकते हैं।

'रामायण की अन्तःकथाएँ' निराला की 'रामायण की टीका' की वृहत् परियोजना का एक हिस्सा था। दुर्योग से यह परियोजना पूरी नहीं हो सकी। निराला संक्षिप्त टीका के साथ ही विस्तृत रूप से अन्तर्कथाएँ प्रस्तुत कर रहे थे। निराला मसिजीवी

लेखक थे। इस काम में श्रम अधिक था किन्तु उन्हें आय बहुत कम हो रही थी। अत: प्रकाशकीय शोषण के प्रतिरोध में उन्होंने काम बन्द कर दिया। गंगा पुस्तकमाला कार्यालय से धर्म ग्रन्थावली के अन्तर्गत 'बालकांड' के दो ही खंड प्रकाशित हो सके। ये खंड क्रमश: सन् 1935 और सन् 1937 में आए। इनकी अन्तर्कथाएँ बाद में अलग पुस्तक के रूप में सन् 1956 के आस-पास गंगा पुस्तकमाला से प्रकाशित हुईं।

'रामायण की टीका' के आगे न बढ़ाने के निर्णय के बाद उन्होंने 'महाभारत' नामक पुस्तक लिखी। इस पुस्तक में निराला ने भूमिका के साथ 26 जुलाई, 1939 की तिथि दी हुई है। नवम्बर 1939 तक यह किताब छपकर आ गई थी। इसकी भूमिका में वह लिखते हैं कि—"यह संक्षिप्त महाभारत साधारण जनों, गृह-देवियों और बालकों के लिए लिखी गई है।" निराला इस संक्षिप्त महाभारत को अपने विलक्षण गद्य के तौर पर प्रस्तुत करते हैं। डॉ. नन्दकिशोर नवल निराला के सम्पूर्ण पौराणिक कथा-लेखन की परिणति 'महाभारत' में मानते हैं।

हिन्दी ही नहीं वरन् विश्व का बाल-साहित्य कथा-प्रधान है। उपरोक्त सभी पुस्तकों को एक साथ पढ़ते हुए लगता है मानो निराला मूलत: बाल-साहित्यकार ही रहे हों। इन सबको समग्रता में प्रस्तुत करते हुए मुझे परम सन्तोष है। राजकमल प्रकाशन समूह के प्रबन्ध निदेशक श्री अशोक महेश्वरी के प्रति आभार आवश्यक है जिनकी सुरुचि से यह पुस्तक इस रूप में सामने आ सकी। यदि इस पुस्तक से बच्चे निराला और उनके लेखन की मूल भावना से परिचित होकर सचमुच आनन्द-विभोर हो सके तो उनके साथ मुझे भी आनन्द होगा।

—विवेक निराला

अनुक्रम

सीखभरी कहानियाँ

समझदार चंडूल

एक चंडूल चिड़िया के कुछ बच्चे एक पके खेत के घोंसले में बिना खतरे के रहा करते थे। बच्चों की माँ ने कहा, "प्यारे बच्चो, खेत काटने का समय बहुत निकट है। किसान बहुत जल्दी खेत काटने आएगा। उस समय हमें रहने के लिए नई जगह की तलाश करनी होगी। आज तुम जो कुछ देखो और सुनो, शाम को जब मैं लौटूँ, मुझसे कहो कि क्या माजरा है!" यह कहकर सुबह को वह खाने की तलाश में उड़ गई।

उसी शाम को जब वह अपने घोंसले लौटी, चंडूल ने अपने बच्चों को बहुत चंचल पाया। उन्होंने कहा, "अम्मी, इस जगह से हमें जल्द हटा ले चलो। आज किसान अपने एक लड़के के साथ खेत देखने आया था। हमने उसे कहते सुना, खेत काटने लायक हो गया है। अच्छा है कि कल अपने पड़ोसियों को खेत काटने के लिए बुला लो।"

बच्चों की माँ मुस्कराई। कहा, "अभी कोई खतरा नहीं है। कल फिर हाल मालूम करो और रात को मुझे बतलाओ।"

दूसरे दिन जब रात हुई, चंडूल के बच्चे डरे हुए अपनी माँ से मिले, "हमें कल यहाँ से चला जाना चाहिए, क्योंकि वह किसान आया था। उसने अपने लड़के से कहा, यह खेती ज़रूर जल्द काट लेनी चाहिए। अगर हमारे पड़ोसी इस काम के लिए नहीं पहुँचे, तो हमें रिश्तेदारों को बुलाना होगा। जाओ, अपने चाचों और चचेरे भाइयों से कहो कि कल यह खेत काटने के लिए आएँ।"

यह हाल सुनकर माँ ने कहा, "प्यारे बच्चो, घबराओ नहीं। किसान के रिश्तेदार पहले अपना खेत काटेंगे। लेकिन ख़याल रखो कि कल फिर मुझे कुल हाल मालूम हो जाए।"

तीसरे दिन वह फिर बाहर निकली। जब रात को वह लौटी, बच्चों ने चिल्लाकर कहा, "माँ-माँ, उस किसान ने कहा है कि कल वह खुद खेत काटेगा, अब वह दोस्तों या रिश्तेदारों की राह न देखेगा। फसल बिलकुल पककर झुक गई है।"

सुनकर बच्चों की माँ ने कहा, "मेरे बच्चो, तैयार हो जाओ। हमें घंटे-भर की देर भी नहीं करनी चाहिए और चल देना चाहिए। अगर दूसरे के सुपुर्द काम छोड़ दिया जाता है तो वह कभी नहीं होता। मगर जब आदमी खुद काम करने पर आमादा ही जाता है तब वह जल्द-से-जल्द पूरा होता है।"

सिंह और चूहा

एक दफे एक सिंह ने एक चूहे को अपने पंजे में पकड़ा। चूहे ने चिल्लाकर कहा, "जनाबमन, मुझे मारिए नहीं, छोड़ दीजिए। अगर आपने मेरी जान बख़्श दी तो मुमकिन है, बदले में किसी दिन मैं भी आपका भला कर सकूँ।"

दयालु सिंह ने छोटे-से चूहे को छोड़ दिया। लेकिन चूहे जैसे एक नाचीज़ बशर से सहारा पाने की सोचकर वह मन-ही-मन मुस्कराया।

कुछ दिनों के बाद वह सिंह शिकारियों से पकड़ा गया। उन्होंने मज़बूत रस्सियों के जाल से उसे बाँधकर वहीं डाल दिया। वह ज़ोर-ज़ोर से गरजा और बधने तुड़ाने की बड़ी कोशिश की, मगर काम न सधा। उस वक़्त जिस चूहे की उसने जान बख़्शी थी, वह वहाँ दौड़ा हुआ आया।

उसने कहा, "मैंने तुम्हें पुकारते हुए सुना, इसलिए तुम्हारी मदद को दौड़ा हुआ आया हूँ। अब समझ लो, यह मेरी बारी है।" यह कहकर वह सिंह बधने को अपने तेज़ दाँतों से कुतरने लगा। कुछ ही देर में कुछ रस्सियाँ कट गईं और बन्धन ढीले पड़ जाने से फिर निकलने का रास्ता निकल आया। एक दफे फिर वह आज़ाद हो गया।

बहुत कमज़ोर जीव भी साबित कर सकता है कि वह दया का कृतज्ञ है। और कभी-कभी बड़ी-से-बड़ी ताकतवाले भी कमज़ोर के पूरे-पूरे ऋणी होते हैं।

लोमड़ी और अंगूर

एक लोमड़ी को अंगूर बहुत प्यारे थे। एक रोज़ एक अंगूर के पेड़ के नीचे खड़ी हुई। पक्के अंगूरों का बढ़िया गुच्छा लटक रहा था, पर वह पहुँच के बाहर था। उस तुहफे को पकड़ने के लिए उसने छलाँग-पर-छलाँग मारी, लेकिन कामयाब न हुई। हर छलाँग कुछ छोटी पड़ी। आखीर को, दम भर आने पर उसने किनारा किया। सोचा, हाथ-पाँव मारना बेकार है।

"मुझे इनकी चाह नहीं," उतरी आवाज़ से उसने कहा, "ये अंगूर ज़रूर खट्टे हैं," और चली गई।

कुछ आदमी ऐसे हैं जो मुराद न हासिल होने पर, धोखा खिलाते हुए, दूसरों की नज़र में, उस आदमी को—जिससे मतलब नहीं पूरा हुआ—गिराते रहते हैं।

मुर्ग और लोमड़ी

एक चालाक लोमड़ी ने एक रोज़ एक मुर्ग को पेड़ की डाल पर बैठा हुआ देखा। उसने पूछा, ''वहाँ क्या कर रहे हो? मुर्ग को ज़मीन पर चलते-फिरते रहना चाहिए, न कि डाल पर बैठे रहना। पेड़ उसके रहने का असली मुकाम नहीं। जान पड़ता है कि वह सबसे बड़ी खबर तुम्हारे कानों तक नहीं पहुँची? आज वह हर एक की ज़बान पर है। वह यह है कि कितने पशु-पक्षी हैं उनमें सुलह हो गई है। एक दूसरे पर वार न करें, इसके लिए मजबूर हो चुका है।''

मुर्ग ने कहा, ''यह ज़रूर दुनिया की सबसे अच्छी खबर है।'' कहते वक़्त उसने गरदन बढ़ाकर देखा, जैसे दूर की कोई चीज़ देख रहा हो।

लोमड़ी ने पूछा, ''तुम क्या देख रहे हो?''

मुर्ग ने जवाब दिया, ''कुछ नहीं। वह कुछ नहीं, सिर्फ भयंकर शिकारी कुत्तों का एक जोड़ा है। मुँह खोले हुए इसी रास्ते से आ रहे हैं। चाल बड़ी तेज़ है।''

घबराकर लोमड़ी ने कहा, ''ऐसी बात है? अच्छा, क्षमा करना, दोस्त, मैं अब तुमसे बिदा चाहती हूँ।''

''आह! तुम इतनी घबरायी हुई क्यों हो?'' मुर्ग ने पूछा, ''तुम्हारी बचत का कौन-सा डर है? तुमने तो अभी-अभी कहा कि पशु-पक्षियों में सुलह हो गई है।''

लोमड़ी ने कहा, ''सच है! लेकिन अगर कुत्तों ने भी यह खबर नहीं सुनी तो वे मेरे बदन में अपने तेज़ दाँत चुभा देंगे और मुझे यह मालूम भी न होगा कि मैं कहाँ हूँ।'' यह कहकर वह चम्पत हुई।

चालाक आदमी बात बना लेते हैं।

'मैं और हम'

दो पथिक आम रास्ते से चले जा रहे थे। एक एकाएक झुका और धूल से एक चीज़ उठा ली।

खुश होकर उसने आवाज़ लगाई, ''दोस्त, देखो ज़रा इधर, मैंने रुपयों से भरी एक थैली पड़ी पाई।''

दूसरे ने कहा, ''जब हम दोनों एक साथ रास्ता चल रहे हैं, तुम्हें ऐसा नहीं कहना चाहिए कि मैंने यह चीज़ पड़ी पाई, बल्कि यह कि हमने पाई।''

पहले ने थैली अपनी जेब में रखी। तब तक जल्द ही उनके पीछे ऊँची पुकारें उठने लगीं। उन्होंने कुछ आदमियों को पीछा करते देखा, जिन्हें एक आदमी रास्ता दिखा रहा था। उसने तीखी आवाज़ से कहा—

''वे हैं-वे हैं। वे चोर। जिन्होंने मेरी थैली चुराई है। पकड़िए, भले आदमियो, इन्हें पकड़िए और इनकी जान ले लीजिए।''

जिस राही ने थैली पड़ी पाई थी, कहा, "हाय, ऐसी दुनिया को हम क्या करें दोस्त, हम एक साथ नेस्त हुए।"

"नहीं जी," साथी ने जवाब दिया, "ऐसा नहीं कहना चाहिए। बल्कि कहो मैं कहीं का न रहा। मैं हरगिज़ जान से हाथ धोनेवाले मामले में साथ नहीं दूँगा।"

हिरन का छौना और हिरन

एक छौने ने एक दिन हिरन से पूछा, क्यों वह शिकारी के कुत्तों को देखकर भाग खड़ा होता है। छौने ने कहा, "तुम उनसे काफी बड़े और बलवान हो। तुम चाहो तो उनसे लड़ सकते हो। तुम उनसे हथियारों से ज़्यादा लैस हो। तुम्हारी लम्बी-नुकीली सींगें उनका पेट फाड़ सकती हैं। उनके दाँतों के सिवा और कुछ नहीं। तुम्हारे पैर उनके पैरों से लम्बे हैं और तुम्हारी खुरियों में ज़्यादा कड़ापन और तेज़ी है। मेरी समझ में नहीं आता, तुम पालतू कुत्तों से क्यों घबराकर भागते हो?"

हिरन ने कहा, "तुमने जो कुछ कहा, सही है। यह वही है जो बहुत दफे मैं खुद मन-ही-मन कह चुका हूँ। लेकिन कितना भी मैं दिल कड़ा करूँ जब उनकी आवाज़ कान में पड़ती है, मैं भाग खड़ा होता हूँ।"

खतरे का सामना करने से बहस करना आसान है।

साँखों का पेड़ और बौंड़ी

एक मामूली छोटी-सी बौंड़ी एक बड़े और हरे-भरे साँखों के पेड़ के नीचे फैली थी। साँखों का पेड़ उससे नफरत करता था। वह यह सोचता हुआ गरूर से भरा था कि दुनिया में सबसे चतुर और सुन्दर वही है।

कभी-कभी वह कहा करता था, "मेरी ओर देखो, मैं जंगल के कुल पेड़ों में सबसे लम्बा हूँ। मेरा सर आसमान के तारों को छूता है। मैं ऐसी बहुत-सी बातों में बढ़ा-चढ़ा हूँ। मुझी से जहाज़ों के बड़े-बड़े मस्तूल बनते हैं, जो एक से दूसरे सागर को आते-जाते हैं। मुझी से लोगों को लकड़ी मिलती है जिससे वे ऊँची-ऊँची इमारतें उठाते हैं। मैं दवा के काम भी आता हूँ, जिससे लोग नीरोग होते हैं। मगर बताओ, यह नीचे पड़ी नाचीज़ बौंड़ी किस काम की है? वह ज़मीन पर घुटने टेके हुए बढ़ती है जैसे कोई मामूली कीड़ा हो। वह किसी काम में नहीं आती, केवल हानिकारक है। पास जो कुछ रहता है, उसी को पंजों से बढ़कर पकड़ती है।"

बौंड़ी कुछ देर तक साँखों की गरूर से भरी बातचीत सुनती रही। फिर सादगी से जवाब दिया, "अगर तुम्हारा पारा इतना चढ़ा न होता तो तुमने यह भी

कहा होता कि नाचीज़ होने पर भी यह अच्छे काम आ सकती है। लेकिन, खैर, तुम इतने भाग्यवान् नहीं जितनी मैं हूँ। लकड़हारा जब अपनी तेज़ कुल्हाड़ी लेकर पेड़ काटने आएगा तब यह न सोचना कि तुम्हें साँखो होने से बौंड़ी होना पसन्द है।''

बहुतों का विचार है कि बौंड़ी की तरह खामोशी से बिना खतरे के निबाह करना आँख उठाकर ऊँची जगह रहने से अच्छा है।

दो घड़े

एक घड़ा मिट्टी का बना था, दूसरा पीतल का। दोनों नदी के किनारे रखे थे। इसी समय नदी में बाढ़ आ गई, बहाव में दोनों घड़े बहते चले। बहुत समय मिट्टी के घड़े ने अपने को पीतलवाले से काफी फासले पर रखना चाहा।

पीतलवाले घड़े ने कहा, ''तुम डरो नहीं दोस्त, मैं तुम्हें धक्के न लगाऊँगा।''

मिट्टीवाले ने जवाब दिया, ''तुम जान-बूझकर मुझे धक्के न लगाओगे, सही है; मगर बहाव की वजह हम दोनों ज़रूर टकराएँगे। अगर ऐसा हुआ तो तुम्हारे बचाने पर भी मैं तुम्हारे धक्कों से न बच सकूँगा और मेरे टुकड़े-टुकड़े हो जाएँगे। इसलिए अच्छा है कि हम दोनों अलग-अलग रहें।''

जिससे तुम्हारा नुकसान हो रहा हो उससे अलग ही रहना अच्छा है, चाहे वह उस समय के लिए तुम्हारा दोस्त भी क्यों न हो।

लोमड़ी और कौआ

किसी समय एक चालाक बुड्ढी लोमड़ी ने एक कौए को डाल पर बैठा हुआ देखा। वह चोंच में एक बढ़िया पेड़ा दबाए हुए था। लोमड़ी भूखी थी। पेड़े में नज़र गड़ाए देख रही थी। कौआ पहुँच से बहुत दूर था। कुछ अरसे के बाद उसने मनचाही चीज़ पाने के लिए जल्द एक तजबीज लड़ाई।

वह पेड़ के तने के पास बैठी और ऊपर कौए की तरफ चमकीली आँखों से देखने लगी।

''अजी, जनाब कौए साहब, वाह, कितने खूबसूरत हैं आप!'' उसने पुकारकर कहा, ''आप कुल चिड़ियों में बढ़कर हैं। आपका ऐसा रंग है जैसा कभी चढ़ा नहीं। मगर आपकी आवाज़ भी ऐसी ही निकली, तो बेशक आप चिड़ियों के राजा कहे जाएँगे।''

तारीफ के इन अल्फाज़ से कौए का कलेजा उछलने लगा। अपनी आवाज़ की बानगी देने और यह साबित करने के लिए कि वह भी वैसी ही, लासानी है, उसने

चोंच खोली। पेड़ा लोमड़ी के पैरों के पास आ गिरा। उसने उसको उठाकर चट किया और चिल्ला-चिल्लाकर कहती हुई नौ-दो ग्यारह हो गई—"मैंने तुम्हारी खूबसूरती पर तारीफ के पुल बाँधे, जनाब कौए साहब, मगर तुम्हारी अक्ल पर परदा ही पड़ा रहने दिया।"

दुश्मन की तारीफ में आनेवाले को नुकसान उठाना पड़ता है।

जंगल और कुल्हाड़ी

किसी एक लोहार को नई कुल्हाड़ी का काम मिला। उसे पूरा करके वह जंगल के पास गया। उससे उसने उतनी लकड़ी माँगी जितनी से कुल्हाड़ी का बेंट बन सकता था।

जंगल ने सोचा, इतनी-सी माँग पूरी करना कोई बड़ी बात नहीं। उसने लोहार को लकड़ी दी। लेकिन पेड़ों की समझ में आते ही कि इतनी लकड़ी से बाद को सारे-के-सारे पेड़ कुल्हाड़ी की धार पर उतार दिए जाएँगे, वे चिल्लाए—"यह दोष हमारी ही नासमझी का है कि एक समय इससे हमारा नाश हो जाएगा।"

खरगोश और मेढक

बहुत पुराने ज़माने में चौगड़े या खरगोश अपने भाग्य को बहुत रोया करते थे। अन्त में, उन्होंने अपनी बुरी हालत के सुधार के लिए एक सभा की।

एक ने कहा, "भाइयो, मेरा ख़याल है, सारी दुनिया में हमीं सबसे बदनसीब हैं। हमें आदमियों, कुत्तों और बड़ी-बड़ी खूँखार चिड़ियों की कृपा पर रहना पड़ता है। ऐसे और भी बहुत से जीव हैं जिनके नाम हमें नहीं मालूम। हमें हमेशा खतरा रहता है। एक क्षण को सुख या शान्ति हमें नहीं मिलती। हम साँस लेने के लायक नहीं। हमें दरअस्ल इस भय और अशान्ति के कारण हमेशा के लिए दम तोड़ देना चाहिए।"

दूसरे खरगोशों ने दिल से उसकी ताईद की और कुल जमाअत का यह फैसला हुआ कि सीधे पानी में डूब मरना चाहिए। पास की नदी की ओर वे तेज़ कदम बढ़े और ऐसे शोर-गुल के साथ बाँध पर पहुँचे कि उनसे मेढकों का एक दल डरकर बदहवास हो गया।

खरगोश से घबराकर मेढक करारे से नदी में कूदने लगे। एक पुराने गम्भीर खरगोश ने यह देखकर अपने साथियों को नदी में कूदकर जान देने से रोका।

उसने कहा, "भाइयो, हमें धीरज से काम लेना चाहिए और फिर कुछ दिन जीने के लिए लौट चलना चाहिए; क्योंकि हमारे भाग इतने नहीं फूटे जितने के

लिए हम सोचते हैं। तुम देख रहे हो, दुनिया में ऐसे भी जीव हैं जो हमसे वैसे ही काँपते हैं जैसे हम दूसरों से।''

हमारे कैसे भी बुरे दिन हों, हमसे भी गिरी हालतवाले मौजूद हैं।

खच्चर और छाँह

एक दूर की देहात की बात है। गरमियों के दिन थे। एक आदमी ने एक खच्चर किराये पर लिया। उसे एक शहर में कुछ माल लाद ले जाना था। शिद्दत की गरमी थी। किरन इतनी उग्र थी कि उस आदमी को आराम करने के लिए रास्ते के किनारे उतरना पड़ा। खच्चर की छाँह में वह आराम करने लगा। वहाँ कोई दूसरी छाँह न थी।

खच्चर का किरायेदार इस तरह आराम कर रहा था, पर उसके मालिक से वह तेज़ धूप खड़े-खड़े बरदाश्त न की गई। उसने झटककर कहा, ''चलो, खच्चर शहर तक के लिए किराये पर लिया गया है, न कि बीच में पेड़ की छाँह बनाने के लिए।''

किरायेदार ने कहा, ''जब तक शहर का रास्ता पूरा नहीं होता, खच्चर मेरा है। तुम किराया ले युके हो।''

''ज़रूर,'' सच्चर के मालिक ने कहा, ''तुमने खच्चर को किराये पर लिया है न कि छाँह को।''

समझदार आदमी उतना ही देता है जितना हक है। उससे ज़्यादा नहीं।

सूअर और गधा

एक खास मामले में एक सूअर और एक गधे की लड़ाई हो गई। अन्त में उन दोनों ने मन में ठान ली कि वे एक दूसरे से निपट लेंगे। सूअर को अपने लम्बे नुकीले दाँतों पर भरोसा था। उसने सोचा कि उसके दुश्मन के पास सर और मुँह का बचानेवाला वैसा कोई हथियार नहीं, इसलिए वह आसानी से उसे ले-दे लेगा।

यह सोचकर वह गधे पर टूटा। ज्योंही वह पहुँच के अन्दर आया कि गधा घूम गया और गुस्से से भरकर उसके सर पर दुलत्ती जमाई। सूअर के पैर उखड़ गए, वह काँपा और पीछे हटा। जब बात करने की ताव आई, तब उसने कहा, ''मैंने कभी सोचा ही नहीं कि तुम मुझसे इस बुरी तरह पेश आओगे।''

विपत्ति ज़्यादातर वहीं से आती है जहाँ से उसकी आशा नहीं की जाती।

कंजूस और सोना

एक आदमी था जिसके पास काफी ज़मींदारी थी, मगर दुनिया की किसी दूसरी चीज़ से सोने की उसे अधिक चाह थी। इसलिए पास जितनी ज़मीन थी,

कुल उसने बेच डाली और उसे कई सोने के टुकड़ों में बदला। सोने के इन टुकड़ों को गलाकर उसने बड़ा गोला बनाया और उसे बड़ी हिफाज़त से ज़मीन में गाड़ दिया। उस गोले की उसे जितनी परवाह थी, उतनी न बीवी की थी, न बच्चे की, न खुद अपनी जान की। हर सुबह वह उस गोले को देखने के लिए जाता था और यह मालूम करने के लिए कि किसी ने उसमें हाथ नहीं लगाया, वह देर तक नज़र गड़ाए उसे देखा करता था।

कंजूस की इस आदत पर एक दूसरे की निगाह गई। जिस जगह वह सोना गड़ा था, धीरे-धीरे वह ढूँढ़ निकाली गई। आखिर में एक रात किसी ने वह सोना निकाल लिया।

दूसरे रोज़ सुबह को कंजूस अपनी आदत के अनुसार सोना देखने के लिए गया, मगर जब उसे वह गोला दिखाई न पड़ा, तब वह गम और गुस्से से जामे से बाहर हो गया।

उसके एक पड़ोसी ने उससे पूछा, "इतना मन क्यों मारे हुए हो? अस्ल में तुम्हारे पास कोई पूँजी नहीं थी, फिर कैसे वह तुम्हारे हाथ से चली गई? तुम सिर्फ एक शौक ताज़ा किए हुए थे कि तुम्हारे पास पूँजी थी। तुम अब भी ख़याल में लिये रह सकते हो कि वह माल तुम्हारे पास है। सोने के उस पीले गोले की जगह उतना ही बड़ा पत्थर का एक टुकड़ा रख दो और सोचते रहो कि वह गोला अब भी मौजूद है। पत्थर का वह टुकड़ा तुम्हारे लिए सोने का गोला ही होगा, क्योंकि उस सोने से तुमने सोनेवाला काम नहीं लिया। अब तक वह गोला तुम्हारे काम नहीं आया। उससे, आँखें सेंकने के सिवा काम लेने की कभी तुमने सोचा ही नहीं।"

यदि आदमी धन का सदुपयोग न करे, तो उस धन की कोई कीमत नहीं।

बेवकूफ हिरन

एक हिरन तालाब में पानी पी रहा था। पानी बहुत साफ था। उस पर उसकी परछाईं पड़ रही थी। उसने देखी। 'कैसी बड़ी-बड़ी शाखोंवाली, मेरी सींगें हैं।' उसने अभिमान में भरकर सोचा। फिर उसने नीचे अपने दुबले-पतले पैर और छोटे-छोटे खुर देखे। उसने कहा, "अफसोस है! दौड़ने के लिए कैसे दुर्बल अंग मुझे मिले हैं। अगर मेरे पैर मेरी सींगों की ही तरह सुन्दर और मज़बूत होते, तो मैं अपने कुल दुश्मनों के मुकाबले बाज़ी मार ले जाता।"

जब वह इस तरह अफसोस कर रहा था, उसने दूर से आती हुई तुरही की आवाज़ सुनी। 'मेरे पीछे शिकारी आ रहे हैं' उसने आवाज़ लगाई और बात-की-बात में हवा हो गया।

शिकारियों की आँखों के सामने से उसके तेज़ पैर और हल्के खुर उसे दूर के पहाड़ और उपत्यका पर निकाल ले गए। देखते-देखते वह उनकी पहुँच से बाहर और खतरे से अलग हो गया। इसके बाद वह एक घने वन में घुसा। वहाँ पेड़ एक दूसरे से ऐसे सटे हुए उलझी लताओंवाले थे कि उसकी बड़ी-बड़ी शाखाओंवाली सींगें फँस गईं और वह जहाँ का तहाँ बँध गया। धीरे-धीरे वे शिकारी वहाँ पहुँचे और उसको पकड़कर मार डाला।

मौत को बहुत पास देखकर हिरन ने मन मारकर कहा, "हाय, मैंने अपने सर का ही घमंड किया जिससे मुझे मौत का मुँह देखना पड़ा। मैंने अपने पैरों की खिल्ली उड़ाई थी, अगर मैंने उनकी वैसी ही तारीफ की होती तो वे मुझे बचाव की जगह तक पहुँचा चुके होते।"

इस कहामी से यह सीख मिलती है कि आदमी जिस चीज़ की सबसे ज़्यादा कद्र करता है उससे बाद को उसे सबसे ज़्यादा चोट पहुँचती है। लेकिन वह इसको समझने में कभी-कभी देर कर जाता है। जो चीज़ों और जो आदमी भले और खूबसूरत मालूम होते हैं, मुसीबत और आफत के दिनों में उनसे यही सीख मिलती है कि वे विश्वास करने लायक न थे।

किसान, उसका हल और गधा

एक देहाती किसान था। दिनभर वह अपने बैलों से खेत जोतता रहा। शाम तक तीनों थक गए। बैलों को सानी-पानी के लिए उसने घर भेज दिया, और थका हुआ अपने गधे पर हल और माची लादकर चढ़ा।

पीठ पर इतने बोझ के चढ़ने पर कमज़ोर गधा वहाँ से एक कदम भी न हिला, बल्कि वहीं ज़मीन में गड़-सा जाने लगा। किसान को यह देखकर दया आई। उसने गधे की पीठ पर बैठे हुए ही, हल को उठाकर अपने कन्धे पर रख दिया और चुमकारकर गधे से कहा, "चलो, चलो, मेरे समझदार बच्चे, मुझे तो तुम बड़े मज़े में ले चल सकते हो ?—तुम्हारा बोझ हल्का करने के लिए हल को मैंने अपने कन्धे पर रख लिया है।"

महावीर और गाड़ीवान

एक गाड़ीवान अपनी भरी गाड़ी लिये जा रहा था। गली में कीचड़ था। गाड़ी के पहिये एक खन्दक में धँस गए। बैल पूरी ताकत लगाकर भी पहियों को निकाल न सके। बैलों को जूए से खोल देने की जगह, गाड़ीवान ऊँचे स्वर से चिल्ला-चिल्लाकर इस बुरे वक़्त में देवताओं की मदद माँगने लगा कि वे उसकी गाड़ी में

हाथ लगाएँ। उसी समय सबसे बली देवता महावीर गाड़ीवान के सामने आकर खड़े हो गए, क्योंकि उसने उनका नाम लेकर कई दफे उन्हें पुकारा था।

उन्होंने कहा, "अरे आलसी आदमी, पैंजनी से अपना कन्धा लगा, और बैलों को बढ़ने के लिए ललकार! अगर इस तरह गाड़ी नहीं निकली, तब तेरा काम देवताओं को पुकारना होता है। क्या तुम्हारे विचार में यह आता है कि जब तुम खड़े हो, उन्हें तुम्हारे लिये काम करना पड़ता है? यह अनुचित है।"

जो अपनी मदद करता है, ईश्वर उसी की मदद करते हैं।

बन्दर और लोमड़ी

तुमने उस चालाक शेर के बारे में सुना होगा जो किसी जंगल में जानवरों का राजा था। वह काफी बुड्ढा होकर मरा, और उसके दम तोड़ने के बाद जंगल के जानवरों ने दूसरा राजा चुनने के लिए सभा की। कइयों ने इस पद के लिए अपना नाम रखा, मगर ऐसी ऊँची जगह के लिए एक भी लायक न साबित हुआ। आखिर चुनाव एक बड़े बन्दर का हुआ। उसकी चालाकी, खेल-तमाशे और मसखरी से भरी हरकतों से हर एक ने उसे सबसे चतुर समझा और जानवरों में सबसे लायक शासक माना।

इस चुनाव से एक लोमड़ी खुश नहीं हुई। उसने खुद राजा होने की सोची थी। एक बन्दर उस पर चढ़ा मालूम कर बहुत चिढ़ी। फिर उसके पंजे से छुटकारा पाने के लिए एक तज़्वीज़ लड़ाई।

एक रोज़ वह बन्दर के पास पहुँची। और कान में ऐसी लगी जैसे कोई भेद खोल रही हो। उसने कहा, "जहाँपनाह के अच्छे काम आऊँगी अगर मेरी बात सुनी गई और दूसरे के कान न की गई।" बन्दर को, सुनने के लिए खुद-ब-खुद मजबूर होना पड़ा।

लोमड़ी ने कहा, "सामने के उस निचले जंगल में धन की राशि छिपायी है; मैंने देखा है; लेकिन यह महाराज के अधिकार में है। मैंने इसको छुआ नहीं। मेरे साथ चला जाए। मैं बता दूँगी।"

दोनों साथ-साथ चल दिए। लोमड़ी बन्दर को एक खलारे में ले गई जहाँ लम्बी-लम्बी घास और नली थी।

उसने धीरे-से कहा, "यहाँ क़दमशरीफ ले चलिए, इस घास के अन्दर आपको खज़ाना मिलेगा।"

जैसा कहा गया, बन्दर ने वैसा ही किया। देखो, कुछ ही लमहे के बाद, एक आवाज़ हुई, फिर एक चीख सुन पड़ी। बन्दर जाल में फाँस लिया गया।

"विश्वासघाती नीच," महाराज ने कहा, फिर दर्द और गुस्से पर चढ़ने-उतरने लगे।

"वाह, वाह! भोंदू महाराज!" लोमड़ी ने बात मारी, फिर कटकर कहा, "दूसरों पर शासन तुम क्या करोगे जब अपनी भी खबर तुम्हें नहीं।"

मेढक और उनका राजा

पुराने ज़माने में लोगों का ख़याल था कि देवता कही जानेवाली ताकतें जीवों पर मिहरबानी की निगाह रखती थीं। इस समय मेढकों का एक दल एक बड़े तालाब में एकसाथ रहता था। उनके दिल में जो बात आती थी, वही करते थे; लेकिन वे जिसके बस हों, ऐसा न कोई कानून था, न नियम; क्योंकि उन पर शासन करनेवाला या उनसे काम लेनेवाला कोई न था। धीरे-धीरे एक ही रहन-सहन से वे आदी आ गए। उनके जी में बस गया कि एक राजा होना चाहिए। इस विचार से उन्होंने कुल देवताओं के नायक मदनदेव से निवेदन किया कि वह उनके लिए एक शासक भेज दें।

मदन ने सोचा, मेढक अक्ल के दुश्मन हैं। इस विचार से उन्होंने एक बड़ा लक्कड़ उस तालाब में डाल दिया और कहा, "यह तुम्हारा राजा है।"

उस मोटे लक्कड़ के गिरने और पानी में जोर के हिलकोरों के आने से मेढक डरे। उनकी अक्ल जाती रही। हर मेढक डुबकी लगाकर अपने बिल में पहुँचा। वहाँ एक अरसे तक छिपा रहा। बाहर निकलने को बहुत घबराया।

आखीर को, दूसरों से अधिक साहसी एक मेढक ने पानी के ऊपर सर निकालने की हिम्मत की। उसे यह मालूम करना था कि राजा क्या कर रहा है। तब तक हिलकोरे रुक चुके थे। लक्कड़ तालाब में चुपचाप पड़ा था। उस मेढक में कुछ और हिम्मत हुई। उसने एक छलाँग भरी और उस लक्कड़ पर हो रहा। इसके बाद उसने अपने साथियों को पुकारा, जिनकी उसे वहाँ बैठा हुआ देखकर हिम्मत बढ़ी। जल्द ही मेढकों का सारा दल राजा की पीठ पर विराजमान हुआ और उछल-कूद मचाने लगा।

कुछ ही देर में इस खेल से वे थक गए। "ऐसे राजा से कौन-सा फायदा? वह न हिलता है, न बोलता है। ऐसे राजा के होने से न होना अच्छा है।" उन्होंने मदन से गुज़ारिश की कि उस लकड़े की जगह कोई दूसरा राजा भेजा जाए।

खैर, मदन ने उनके लिए 'ईल' नाम की लम्बी पूँछवाली मछली भेज दी; लेकिन ईल का भी उन मेढकों ने वैसा ही मज़ाक़ बनाया; फिर उससे भी उनका कोई वास्ता न रह गया। एक दफे फिर उन्होंने मदन से राजा बदलने की आरजू की। पर इस दफे मदन देवता को गुस्सा आ गया। उन्होंने 'स्टार्क' नाम की एक दरियाई चिड़िया भेज दी। उन बेवकूफ मेढकों को तब पछताने का अवसर हाथ आया कि वे पहले राजा से खुश नहीं रह सके। भूखी स्टार्क उन पर टूटने लगी और एक-एक

करके कुल मेढकों को चट कर गई।

इस कहानी के पहले सुनानेवालों का कहना है, बने वक़्त में जो बिगड़े रहते हैं उन्हें बुरे दिनों में धीरज से काम लेना चाहिए। आगे बढ़ने–बिगड़ने से और अच्छा है कि लोग जहाँ हैं वहीं जमे रहें।

सौदागर और कप्तान

एक सौदागर समुद्री यात्रा कर रहा था। एक रोज़ उसने जहाज़ के कप्तान से पूछा, "कैसी मौत से तुम्हारे बाप मरे?"

कप्तान ने कहा, "जनाब, मेरे पिता, मेरे दादा और मेरे परदादा समन्दर में डूब मरे।"

सौदागर ने कहा, "तो बार–बार समुद्र की यात्रा करते हुए तुम्हें समन्दर में डूबकर मरने का खौफ नहीं होता?"

"बिलकुल नहीं," कप्तान ने कहा, "जनाब, कृपा करके बतलाइए कि आपके पिता, दादा और परदादा किस मौत के घाट उतरे?"

सौदागर ने कहा, "जैसे दूसरे लोग मरते हैं, वे पलंग पर सुख की मौत मरे।"

कप्तान ने जवाब दिया, "तो आपको पलंग पर लेटने का जितना खौफ होना चाहिए, उससे ज़्यादा मुझे समुद्र में जाने का नहीं।"

विपत्ति का अभ्यास पड़ जाने पर वह हमारे लिए रोज़मर्रा बन जाती है।

'भेड़िया, भेड़िया'

एक चरवाहा लड़का गाँव के ज़रा दूर पर पहाड़ी पर भेड़ें ले जाया करता था। उसने मज़ाक़ करने और गाँववालों पर चढ़्ढी गाँठने की सोची। दौड़ता हुआ गाँव के अन्दर आया और चिल्लाया, "भेड़िया, भेड़िया! मेरी भेड़ों में भेड़िया लगा है।"

गाँव की जनता टूट पड़ी। भेड़िये खेदने के हथियार ले लिये। लेकिन उनके दौड़ने और व्यर्थ हाथ–पैर मारने की चुटकी लेता हुआ चरवाहा लड़का आँखों में मुस्कराता रहा। समय–समय पर, कई बार उसने यह हरकत की। लोग धोखा खाकर उतरे चेहरे से लौट आते थे।

एक रोज़ सही–सही उसकी भेड़ों से भेड़िया लगा और एक के बाद दूसरी भेड़ तोड़ने लगा। डरा हुआ चरवाहा गाँव आया और 'भेड़िया–भेड़िया!' चिल्लाया।

गाँव के लोगों ने कहा, "अबकी बार चकमा नहीं चलने का। चिल्लाता रहे।"

लड़के की चिल्लाहट की ओर उन लोगों ने ध्यान नहीं दिया। भेड़िये ने उसके दल की कुल भेड़ें मार डालीं, एक को भी जीता नहीं छोड़ा।

इस कहानी से यह नसीहत है कि जो झूठ बोलने का आदी है उसके सच बोलने पर भी, कभी लोग विश्वास नहीं करते।

भेड़ को हैरान करनेवाला कुत्ता

एक गड़रिये के पास एक कुत्ता था। वह उसे बहुत प्यारा था। दूसरे कुत्तों से उस पर उसे ज़्यादा भरोसा था। वह अपने हाथ उसे खिलाता था और दिन-रात उसे साथ लिये फिरता था।

एक मुद्दत तक उस गड़रिये और कुत्ते की दोस्ती रही। एक दिन उस गड़रिये ने देखा, उसकी भेड़ें बहुत परेशान हैं। जाँच करने से मालूम हुआ कि कुत्ते के कारण कुछ की जानें भी चली गई हैं। वह कुत्ते पर निगाह रखने लगा और जल्द ही उसे सच्चाई मालूम हो गई। कुत्ते से उसका विश्वास जाता रहा, क्योंकि भेड़ों की रखवाली करने की जगह वह उन्हें दौड़ाता और परेशान करता था।

आँखें बदलकर गड़रिये ने कुत्ते को पकड़ा और मरने के लिए तैयार होने को कहा। कुत्ते ने पुकारकर कहा, ''ऐ मेरे मालिक, क्या आप भूल गए कि मैं आपके परिवार का एक हूँ? इतना सोचिए कि मैं एक वफादार नौकर ही था, और अब मैं बूढ़ा हो गया हूँ। मुझे मौत की सज़ा न दीजिए। क्या यही सज़ा आपको उन भेड़ियों को न देनी चाहिए जो आपकी भेड़ों को परेशान किया करते हैं?''

सूखे स्वर से मालिक ने जवाब दिया, ''नहीं, कभी नहीं। चालीस भेड़ियों का हमला मुझे कुबूल है, जिनका रोज़ का काम भेड़ों को मारना है, मगर एक कुत्ते का भेड़ों को हैरान करना मंजूर नहीं जिसका काम उनकी रखवाली करना है। भेड़ों को मारना भेड़ियों का स्वभाव है; मगर जब भेड़ों का रखवाला कुत्ता ऐसा करता है, वह साबित करता है कि वह दगाबाज़ के सिवा और कुछ नहीं।''

कहानी हमें यह सीख देती है कि झूठे दोस्त नीच से नीच दुश्मन हैं।

दुमकटी लोमड़ी

एक बार जंगल में एक लोमड़ी पकड़ी गई। दाँव-पेंच करके वह उससे निकल तो भगी, मगर उसकी पूँछ जाल में फँसकर कट गई। पूँछ के न रहने से उसके मन में बड़ा धिक्कार पैदा हुआ। उसने सोचा, 'बिना पूँछ के मुँह दिखाना मोहाल है; जो भी जानवर देखता है, मेरी खिल्ली उड़ाता है।'

एक दिन उसके मन में यह विचार आया, 'अगर दूसरे जानवर भी बिना पूँछ के हो जाते तो मैं आसानी से यह कलंक धो सकती थी।'

यह सोचकर उसने कुल लोमड़ियों को एक दिन इकट्ठा किया और उनकी पूँछ पर भाषण देने लगी।

उसने कहा, "पूँछ का सचमुच कोई काम नहीं। यह एक मुर्दा बोझ हर एक के पीछे लगा हुआ है। एक तो देखने से, इससे खूबसूरती घटती है, दूसरे लोमड़ियाँ इसके न रहने से भी कुल काम उसी आसानी से कर ले सकती हैं। इसलिए मुझे कहना पड़ता है कि आप लोग अपनी पूँछ काट डालिए।"

इस तरह वह कुछ देर तक समझाती रही। सुनकर एक लोमड़ी उठकर बोली, "पूँछ के बारे में तुम्हारा कहना सही हो सकता है। लेकिन तुम यह बतलाओ कि क्या यह सीख तुम उन्हें दे रही हो जिनके पूँछ है या उन्हें, जो बिना पूँछ की हैं?"

कुछ लोग ऐसे हैं जो दूसरों की भलाई के लिए उन्हें सीख नहीं देते, बल्कि इस तरह वे अपना ही कोई मतलब गाँठना चाहते हैं।

वरुणदेव और लकड़हारा

एक नदी के किनारे लकड़ी काटते समय लकड़हारे की कुल्हाड़ी धोखे से पानी में चली गई। वह खाली-हाथ हो गया। इस घाटे की उसको गहरी चोट लगी। अपने भाग्य को कोसता हुआ वह वरुणदेव को पुकारने लगा ताकि उसकी कुल्हाड़ी उसको फिर मिल जाए।

वरुणदेव उसकी पुकार सुनकर वहीं प्रकट हो गए, और नदी में डुबकी लगाकर सोने की बनी एक निहायत अच्छी कुल्हाड़ी ले आए, और उस लकड़हारे से पूछा, "क्या यह तुम्हारी कुल्हाड़ी हैं?"

"नहीं!" लकड़हारे ने जवाब दिया, "मेरीवाली इतनी नफीस नहीं।"

वरुण ने फिर डुबकी लगाई। इस बार वह चाँदी की एक चमचमाती कुल्हाड़ी ले आए और पूछा, "क्यों, यह तुम्हारी कुल्हाड़ी है?"

"नहीं।" उस नेक लकड़हारे ने जवाब दिया, "मेरीवाली यह भी नहीं।"

फिर तीसरे बार उस देवता ने पानी में डुबकी लगाई और लकड़ी की मामूली बेंटवाली कुल्हाड़ी लिए बाहर निकले।

देखते ही खुश होकर लकड़हारे ने आवाज़ लगाई, "यही मेरी कुल्हाड़ी है।"

वरुणदेव ने कहा, "तुम भले आदमी हो। देवता ऐसे ही आदमियों को प्यार करते हैं। मेरे साथ तुमने जैसा बर्ताव किया है, इसके बदले में हम तुम्हें तुम्हारीवाली कुल्हाड़ी के साथ वह सोने और चाँदीवाली कुल्हाड़ियाँ भी देंगे।"

खुशी से भरकर लकड़हारा घर को लौटा, जल्द वह तअज्जुब पैदा करनेवाली कुल्हाड़ीवाला कहानी दूर-दूर तक फैली। सुननेवालों में एक ने हैरत और रश्क में आकर यह मनसूबा बाँधा कि अगर वह भी वैसा ही काम करे तो उसकी किस्मत

भी उसी तरह पलट सकती है। इस ख़याल से वह उस नदी के तट पर गया और करारे पर बैठकर एक मील से सुन पड़नेवाली तेज़ आवाज़ से चिल्लाने लगा, "मेरी कुल्हाड़ी! हाय, मेरी कुल्हाड़ी पानी में चली गई। अब मैं क्या करूँ, हे मेरे बरुणदेवजी?"

देवता उसी वक़्त उसकी बगल में आकर खड़े हो गए और क्षणभर में उन्होंने पानी में गोता लगाया। जब वह पानी से निकले, वह अपने हाथ में एक सोने की कुल्हाड़ी ले आए।

उन्होंने पूछा, "क्या यह तुम्हारी कुल्हाड़ी है?"

उस आदमी ने जवाब दिया, "हाँ, हाँ, यही है।" उस आदमी ने लोभी हाथ कुल्हाड़ी पकड़ने के लिए फैलाया।

गुस्से में आकर वरुणदेव ने कहा, "अबे बेहूदे गधे! जो तेरे दिल तक हाल मालूम किए हुए है उससे क्या तू ओछी चाल चल रहा है?"

यह कहकर वह गायब हो गए। वह सोने की कुल्हाड़ी अपने साथ ले गए। वह आदमी मन मारकर अपने घर लौटा, लेकिन उसके मन की आँखें कुछ-कुछ खुल गईं।

साही और साँप

कड़ाके की सर्दी पड़ रही थी। एक साँप ने, खुशामद पर आकर एक साही को अपने बिल में रहने की जगह दी। वह बिल एक छोटा-सा बिल था। उसमें घूमने-फिरने की काफी जगह न थी। साही के ज़रा हिलते ही उसके काँटे साँप के चुभते थे।

साँप ने कहा, "दोस्त, इस बिल में बहुत थोड़ी जगह हैं; दो इसमें मुश्किल से अट सकते हैं, तुम्हें बड़ी तकलीफ होती होगी?"

आराम की आवाज़ में साही ने कहा, "ऐसी हालत में जिसे रहने की दिक्कत हो उसे चला जाना चाहिए। मेरी पूछते हो, तो मैं बड़े आराम से हूँ। अगर तुम्हें आराम नहीं तो तुम जब चाहो, इस बिल को छोड़ जाओ।"

यह कहकर उसने अपनी रीढ़ घुमायी और साँप को अपनी सूरत निकाल लेने को छोड़ दिया। वह उन आदमियों जैसी थी जो अपने मिले हुए हिस्से से ज़्यादा लेने की ताक में रहते हैं।

खरगोश और कछुआ

एक चौगड़े या खरगोश को अपनी तेज़ रफ्तार का घमंड था। उसने धीमी चालवाले एक कछुए से मज़ाक़ करना शुरू किया। उसने कहा, "भगवान जाने, मैंने

सिकुड़कर चलनेवाला ऐसा लिब-लिब जानवर ज़िन्दगी में नहीं देखा। अगर तुम दुनिया का छोर ढूँढ़ने निकलो तो ज़रूर तुम हज़ार साल लगा दोगे।''

कछुए ने कहा, ''अच्छा, आज मैं तुमसे बदकर एक दौड़ दौड़ूँगा।''

''पक्की,'' चौगड़े ने हँसकर कहा। फिर दोनों जज चुनने के लिए लोमड़ी के पास गए।

लोमड़ी राज़ी हो गई और दौड़ में दोनों को छोड़ दिया। कछुआ शान्त चित्त से चलने में लगा रहा। मगर चौगड़ा कुछ दूर चलकर ज़मीन पर लेटकर आराम करने लगा। 'मैं ज़रा देर झपकी भी तो ले सकता हूँ', उसने कहा, 'क्योंकि मैं जब चाहूँगा इस बूढ़े मट्ठर को पकड़ लूँगा।'

यह सोचकर ठंडे दिल से वह खर्राटे लेने चला। लेकिन बदकिस्मती से वह देर तक सोता रहा। जब उसकी आँख खुली, कछुआ दौड़ की खूँटी के पास पहुँच रहा था। खरगोश चौकन्ना हुआ और उसके पीछे तेज़ रफ्तार बढ़ा। लेकिन अपनी पूरी ताकत लगा देने पर भी वक़्त के रहते उसको पकड़ न सका। कछुआ उसके छूने से पहले जीतनेवाली खूँटी को पार कर गया। इस तरह बाज़ी उसी के हाथ रही।

धीमा और इरादेदार होना जल्द और लापरवाह होने से अच्छा है।

मछुआ और उसकी बंसी

एक मछुआ था। जीविका के लिए मछली न पकड़कर वह बंसी बजाया करता था। एक दिन नदी के करारे पर बैठा और बंसी बजाने लगा। उसने सोचा, बंसी के स्वर से मोहकर मछलियाँ पानी के ऊपर निकल आएँगी। तब वह बिना मेहनत के उन्हें पकड़ लेगा।

लेकिन इस तरह एक भी मछली की सूरत न देख पड़ी। तब उसने बंसी एक किनारे रख दी और अपना जाल निकालकर डाला। धीरे-धीरे वह जाल खींचने लगा और देखा, बड़ी सुन्दर-सुन्दर मछलियाँ फँस गई हैं। जाल के भीतर वे एक दूसरी पर उलट-पलट रही थीं।

उसने कहा, ''तुम महामूर्ख हो, जब तक मैंने बंसी बजाई, तुम नहीं नाचीं। जान पड़ता है, बिना संगीत के ही तुम नाचती हो।''

बुड्ढा आदमी और गधा

एक बुड्ढा अपने छोटे-से लड़के के साथ बाज़ार एक गधा लिये जा रहा था। गधे के पीछे दोनों पैदल चल रहे थे। कुछ आदमी आपस में हँसी-मज़ाक़ करते हुए चले जा रहे थे। उन बाप-बेटों को देखकर वे एक दूसरे को धक्के मारते हुए कहने

लगे, ''कैसे बुद्धू तुम दोनों हो कि इस गधे को बिना सवारी के लिये जा रहे हो। तुम दोनों में यह एक को पीठ पर ले सकता है। इस तरह एक की पैदल चलने की तकलीफ बच जाएगी।''

''आपकी बात मारके की है,'' उस बूढ़े ने जवाब दिया। इसके बाद उसने लड़के को गधे की पीठ पर चढ़ा दिया। फिर वे राह चलने लगे।

धीरे-धीरे उनकी कुछ और लोगों से चार आँखें हुईं। देखने पर उन आदमियों को जैसे काठ मार गया। वे खड़े-के-खड़े रह गए। फिर आपस में बातचीत करने लगे—''उस नालायक आलसी बच्चे को देखो जो मज़े में गधे पर चढ़ा चला जा रहा है। यह बेचारा बूढ़ा बाप पैदल चलता हुआ धूल फाँक रहा है। लानत! नालायक आलसी बच्चे! उतर, और अपने बाप को चढ़ा।''

यह सुनकर उस बूढ़े बाप ने बच्चे को उतार दिया और खुद गधे की पीठ पर जा बैठा। रफ्ता-रफ्ता जब वे एक गाँव से गुज़र रहे थे, औरतों का एक झुंड रास्ते के किनारे मिला। देखकर कुछ औरतें चीख उठीं—''देखो तो इस आलसी बुड्ढे को! बचकाने गधे की पीठ पर ऐंठता चला जा रहा है और यह छोटा-सा बच्चा पीछे-पीछे दौड़ रहा है। बेचारे की साँस फूलती आ रही है, मुश्किल से भी साथ नहीं पूरा कर पा रहा। इस बुड्ढे को चुल्लू-भर पानी की तलाश करनी चाहिए।''

ये बातें सुनकर बुड्ढे ने बच्चे को भी चढ़ा लिया और तीनों आगे बढ़े।

कुछ देर बाद एक आदमी आम सड़क पर उन्हें मिला। रुककर उसने उनकी तरफ देखा। ''अर्ज़ है, जनाबमन'' उसने बूढ़े से कहा, ''बतलाइएगा, क्या यह आपका गधा है?''

''इसमें क्या शक?'' उसने जवाब दिया।

''अच्छा'' उस राही ने हँसकर कहा, ''इस पर जैसा बोझ आपने रखा है, देखकर मैं उस नतीजे पर पहुँचा था।'' यह कहकर हँसता हुआ चला गया।

''हे राम'' उस बूढ़े ने कहा, ''ऐसी हालत में क्या किया जाए? लोग घूरेंगे, हँसेंगे और कहाँ मुझसे नहीं बनी—इशारा करेंगे, चाहे मैं गधे को खाली पीठ चलाऊँ, या एक सवार हो या दोनों। अच्छा, एक दूसरा रास्ता निकाला जाए।''

खैर, उसने उलटकर, एक लट्ठे में गधे के पैर बाँधे और बाप-बेटे ने दोनों सिरों में कन्धा लगाया और उसे ढोकर ले चले। इस तरह वे एक पुल के पास पहुँचे, जिसका रास्ता नदी के ऊपर से एक शहर के बाज़ार को गया था।

शहर की तमाम जनता उन्हें देखकर ठहाके लगाती, गला फाड़-फाड़कर चिल्लाती और तालियाँ पीटती हुई बाहर निकल आई। कहने लगी, क्या पहले भी कभी ऐसा नज़्ज़ारा देख पड़ा? एक मोटा-ताज़ा ज़िन्दा गधा एक लट्ठे से बँधा हुआ दो आदमियों के कन्धे पर ढोया आ रहा है, जिस पर चढ़कर भी ये लोग आ सकते थे। भीड़ इतनी बढ़ी और चिल्लाहट इतनी ऊँची हुई कि वह गधा रेंकने और पैर झटकने लगा।

आखीर को, पैरों को बाँधनेवाली रस्सियाँ तुड़ाकर नदी के पुल पर गिर पड़ा।

वह बुड्ढा लड़के का हाथ पकड़कर घर के लिए लौटा और जितने तेज़ कदम चल सकता था, चला। उसकी त्यौरियाँ बदली हुई थीं, मगर वह बेवकूफ न बन रहा था। उसने हर एक को खुश रखने की कसर न उठा रखी, अकसर जैसा होता है, मगर किसी को भी न खुश कर पाया। बदले में बेचारा बुड्ढा अपना गधा गँवा बैठा।

शारदा और मोर

शारदा देवताओं की रानी थीं। वैसी रूपवती दूसरी देवी नहीं थी। उनकी प्यारी चिड़िया मोर था। खुशनुमा परों और भारी-भरकम आकार के कारण वह देवताओं की रानी सरस्वती का वाहन होने लायक था।

कुछ हो, एक दिन मोर ने मन में सोचा, 'मेरे साथ बड़ा बुरा बर्ताव किया गया है। मुझे वैसी अच्छी आवाज़ नहीं दी गई जैसे कोयल को, नहीं तो रूप के अनुरूप ही मेरा स्वर होता।' उसने शारदा से कोयल की-सी आवाज़ माँगी। देवी ने उसकी विनय पर यह उत्तर दिया—

"हर चिड़िया को उसके योग्य दान मिला है। कोयल काली और सीधी चिड़िया है। उसको मधुर स्वर मिला। तुम्हारी आवाज़ तीखी और दिल को वैसी लुभानेवाली नहीं, मगर तुम्हारे पर इतने सुन्दर हैं कि देखकर दूसरों को जलन होती है। तुम्हें जो कुछ मिला है, उसके लिए कृतज्ञ रहो। जो तुम्हें नहीं मिल सकता, उसके लिए हाथ न बढ़ाओ। अपने भाग्य से सन्तोष रखना सीखो।"

धनी और गरीब

चिल्ले जाड़े की सुबह को एक गरीब आदमी नंगे पैर, नंगे सिर, थोड़े से कपड़े पहने हुए, आम सड़क पर खुशी-खुशी चला जा रहा था। दैवयोग से घोड़े पर सवार एक शरीफ चले आ रहे थे। वे अच्छे पशमीने का कुरता पहने, टोपी दिए, नली के जूते पहने हुए थे।

मारे जाड़े के उस शरीफ के दाँत बज रहे थे। उसने उसे पुकारकर कहा, "तुम्हारा भला हो, मित्र, ऐसे जाड़े में बराये नाम कपड़े पहने हुए कैसे तुम राह चल रहे हो?"

वह आदमी हँसा। कहा, "क्यों जनाब, तुम्हारा खुला हुआ मुँह किस तरह ऐसी सर्दी बरदाश्त करता है?"

शरीफ ने जवाब दिया, "मेरे मुँह को सह गया है।"

गरीब ने कहा, "ऐसा ही हाल मेरे शरीर का है। मैं मुँह ही मुँह हूँ।"

सह जाने पर मुश्किलें आसानी से झिल जाती हैं।

गधा और मेढक

एक गधा लकड़ी का भारी बोझ लिए जा रहा था। वह एक दलदल में गिर गया। वहाँ मेढकों के बीच जा लगा। रेंकता और चिल्लाता हुआ वह इस तरह साँसें भरने लगा जैसे दूसरे ही क्षण मर जाएगा।

आखिर को एक मेढक ने कहा, ''दोस्त, जब से तुम इस दलदल में गिरे, ऐसा ढोंग क्यों रच रहे हो? मैं हैरत में हूँ, जब से हम यहाँ हैं अगर तब से तुम होते तो न जाने क्या करते?''

हर बात को जहाँ तक हो, सँवारना चाहिए। हमसे भी बुरी हालतवाले दुनिया में हैं।

घोड़ा और सिंह

एक भूखे बुड्ढे सिंह ने कुछ दिनों तक एक सुन्दर घोड़े को ताका। उसने सोचा, इसमें बड़ा उत्तम और पूरा भोजन है। फिर उसने उसको पकड़ने की ठानी। लेकिन घोड़ा बहुत तेज़ था, इसलिए सिंह को मालूम हो गया कि उसको पकड़ना सीधा काम नहीं। दौड़ में घोड़ा सिंह से सदा बाज़ी मार लेता था। दौड़ में हार खाकर सिंह ने उसे पकड़ने की दूसरी सूरत निकाली। वह जालसाज़ी थी।

वह एक वैद्य बना और घोड़े के पास चलकर ऊँचे दरजे की बातचीत करने लगा कि हर तरह के रोग को वह क्षणभर में दूर कर सकता है। घोड़ा सुनता रहा, लेकिन वह इतना बुद्धू न था कि जनाब शेर की बातों में आ जाता। उसने यह तय किया कि इसका नतीजा कुछ भी नहीं हासिल होने का।

कुछ देर की बातचीत के बाद घोड़े ने कहा, ''वैद्य जी, उस दिन उस झाड़ी से निकलते समय मेरे पैर में एक काँटा चुभ गया, इसमें बड़ा दर्द हो रहा है। मैं एक तरह से लँगड़ा हो गया हूँ।''

सिंह ने कहा, ''ज़रा हमें देख तो लेने दो।'' उसे खुशी हुई कि घोड़ा उसके जाल में फँस रहा है। फिर कहा, ''ज़रा देर खुर उठाए रहो, मैं अभी दर्द दूर किए देता हूँ।''

घोड़े का खुर लेने के लिए सिंह सामने पंजों के बल झुका। पर घोड़ा उसके लिए बहुत तेज़ था। उसी समय सिंह की आँखों पर घोड़े ने टापें रख दीं जिससे उसका सर चकराने लगा। वह सर मरोड़ता हुआ पंजों के बल पीछे दबा। उसी वक़्त उछलकर घोड़ा दूर जा रहा और बाल-बाल बच गया। फिर अपने मन में मुस्कराने लगा। अपनी चालाकी से वह चालबाज दुश्मन को मात दे सका।

पथिक और सीपी

दो पथिक एक दिन समुद्र के किनारे से गुज़र रहे थे। उस समय भाटा था। उन्होंने बालू पर पड़ी एक सीपी देखी। ''बड़ी अच्छी सीपी है,'' दोनों एक साथ चिल्लाए और साथ ही इसकी ओर बढ़े।

एक ने झुककर उसे उठाना चाहा, मगर उसके साथी ने धक्का मारकर उसे हटा दिया। ''यह किसने कहा कि यह तुम्हारी है?'' उसने ऊँचे स्वर में कहा, ''तुम्हारे साथ-साथ मैंने भी इसे देखा है।''

''यह ज़रूर मेरी है।'' दूसरे ने नाराज़ होकर कहा, ''क्या मैं ही इसके लिए पहले नहीं बढ़ा?''

''मैं तुमसे कहता हूँ, यह जितनी मेरी है, उतनी ही तुम्हारी है।'' जवाब मिला।

जब वह आपस में लड़कर फैसला कर रहे थे, एक दूसरा आदमी उधर से गुज़रा। दोनों पथिक उसकी ओर मुड़े और एक साँस में कुल माजरा कह सुनाया। फिर पूछा कि, दोनों में सीपी पर दरअसल किसका अधिकार था?

इस नए राही ने बड़ी गम्भीरता से उस सीपी को उठाया। उसे चीरकर उसके भीतर का मांस खा लिया और सीपी को ढीला करके उनकी आखों के सामने फेंक दिया। वे दोनों ताज्जुब से भरे हुए देखते रहे। एक शब्द भी नहीं कह सके। खाकर वह राही होंठ चाटता हुआ उनकी ओर घूमा और गम्भीरता से एक समझदार जज की आवाज़ में कहा, ''महाशयो, अदालत ने आप दोनों को सीपी का एक-एक हिस्सा दिया है। ले लीजिए और घर चलकर आराम से ज़िन्दगी बसर कीजिए।''

जब दो आदमी किसी एक चीज़ को पाने के लिए लड़ते हैं तब वह एक तीसरे के ही हाथ लगती है।

बकरा और अंगूर की लता

एक बकरा शिकारियों से खेदा गया तो भगकर अंगूर की धनी लता के अन्दर छिप गया। शिकारियों की नज़र उस पर नहीं पड़ी, वे देखते हुए निकल गए। उन्हें जाते हुए देखकर बकरा बाहर निकला और लता की पत्तियों और फुनगियाँ कुतरकर चरने लगा।

शिकारी बहुत दूर नहीं गए थे। उन्होंने पत्तियों का हिलना देखा। मर्मर भी सुना। फिर खोजने के लिए वे लौट पड़े। इस तरह बकरा पकड़ में आ गया। उसे वह सज़ा मिली जिसके बारे में वह कभी सोच नहीं सका। जिसने उसे अपनी अँधेरी गोद में छिपाया था, उसी को चरकर साफ कर देने का उसका कसूर था।

मच्छर और शेर

किसी जंगल में एक शेर रहता था। उसको अपनी ताकत और हिम्मत का घमंड था। एक रोज़ उसकी गरूर से भरी बातें एक मच्छर ने सुनीं। उसने कहा, ''जनाब शेर साहब! मुझे आपके दाँतों या पंजों की ज़रा परवाह नहीं। ये बूढ़ी औरत के हथियार हैं जो अपने पड़ोसी को काटना और नोचना चाहती है। अगर हिम्मत की कहो, तो मुझे विश्वास है कि मैं तुम्हें यही पछाड़ दूँ; मगर चलो, जब तक तुम ऐसे लड़ाके नहीं बनते, हम दोनों लड़कर फैसला कर लें।''

शेर तैयार हो गया। दोनों मैदान में उतरे। मच्छर ने सीधे शेर की नाक पर हमला किया। वहाँ इस बुरी तरह काटा कि शेर ने पंजों से अपनी पूरी नाक नोंच डाली। फिर मच्छर शेर के इधर-उधर भनभनाने लगा, और घात मिलते ही डंक चुभाने लगा। ऐसा बीसियों जगह किया। शेर के छक्के छूट गए। उसने एक किनारा लिया। आखिर को हार मान ली।

एक बड़े दुश्मन पर गालिब होकर मच्छर खुशी से इतराता फिरा। मगर अफसोस, बगैर मालूम किए कि कहाँ उड़ा जा रहा है, वह मकड़े के एक जाले से जा उलझा। फिर ऐसा फँसा कि निकलने की राह न रह गई। एक किनारे बैठा मकड़ा शिकार की ताक में था। उसके फँसते ही उस पर टूटा और दबा बैठा। उसकी जान लेकर पलक मारते उसे निगल गया। मच्छर की आखिरी ख़्वाहिश यह थी—''यह मेरी हालत! ज़रा देर पहले शेर पर मैंने फतह पाई। अब एक मामूली कीड़े से पछाड़ा गया।''

बड़ी-बड़ी मुश्किलों के मुँह से हम निकल सकते हैं, मगर कभी-कभी मामूली उलझनें हमें फँसा लेती हैं।

भेड़िये और भेड़ें

बहुतों को मालूम है, भेड़ियों और भेड़ों में दुश्मनी थी। लेकिन जब तक भेड़ों की रक्षा में कुत्ते लगे रहते थे, भेड़िये होंठ चाटकर रह जाते थे। घात मे लाने की सोचकर भेड़ियों ने भेड़ों के पास अपना दूत भेजा और यह कहलाया—

''हममें काफी दुश्मनी है इसके शक नहीं। अब हमें सुलह कर लेनी चाहिए। दोनों में किसी को खतरा न रहे, इसलिए चाहिए कि कुत्ते हमारे यहाँ आएँ और हमारे बच्चे तुम्हारे यहाँ जाएँ।''

सीधी भेड़ों को यह सलाह मंजूर हो गई। लेकिन चूँकि भेड़िये के बच्चों को सिखा दिया गया था, इसलिए वे ज्यों ही भेड़ों के यहाँ पहुँचे कि चीखना शुरू कर दिया। इस पर भेड़ियों ने कहा कि, ''भेड़ों ने शर्तों को नहीं माना, इसलिए हम भी

भेड़ों की शर्त ठुकरा देंगे," यह कहकर वे कुत्तों पर टूट पड़े और उनका काम तमाम कर दिया। भेड़ें बिना रखवालों की हो गईं। जल्द उन्हें भी भेड़िये चट कर गए। दुश्मन की बात पर आना नादानी है।

बिल्ली और मुर्ग़

एक दिन एक अभागा मुर्ग एक बिल्ली से पकड़ा गया। बिल्ली ने उसे चट कर जाना चाहा लेकिन ऐसा करने से पहले उसने एक पायेदार बहाना ढूँढ़ा।

उसने पुकारकर कहा, "अबे गधे, मुझे पूरा विश्वास है कि तेरे बिना भी दुनिया बहुत सुखी रहेगी। तू क्यों हर रात चीखता रहता है और लोगों की नींद हराम करता है?"

"नहीं, जनाब," मुर्ग ने जवाब दिया, "जब तक बिस्तरा छोड़ने और टहलकर दिन का काम शुरू करने का वक़्त नहीं होता, मैं किसी को नहीं जगाता।"

"अब बस कर।" बिल्ली ने कहा, "इस सुबह को मैं तेरी दूसरी बात नहीं सुनना चाहती, क्योंकि मेरे नाश्ते का समय है, और मैं तुझे बता दूँ कि बिल्लियाँ बातों पर जीती हैं।"

यह कहकर वह उस पर टूटी और अपने दाँत और पंजे गड़ा दिए। फिर मुर्ग और कहानी—दोनों का अन्त हो गया।

शिकार को निकला शेर

एक शेर एक रोज़ जंगल में शिकार के लिए निकला। उसके साथ एक गधा और कुछ दूसरे जानवर थे। सब के सब का यह मत ठहरा कि शिकार का बराबर हिस्सा लिया जाएगा।

आखिर एक हिरन पकड़ा और मारा गया। जब साथ के जानवर हिस्सा लगाने चले, शेर ने धक्के मारकर उन्हें अलग कर दिया और कुल हिस्से छाप बैठा।

उसने गुर्राकर कहा, "बस हाथ हटा लो। यह हिस्सा मेरा है, क्योंकि मैं जंगल का राजा हूँ; और यह हिस्सा इसलिए मेरा है क्योंकि मैं इसे लेना चाहता हूँ और यह इसलिए कि मैंने बड़ी मिहनत की है। और एक चौथे हिस्से के लिए तुम्हें मुझसे लड़ना होगा अगर तुम इमे लेना चाहोगे।" खैर, उसके साथी न तो कुछ कह सकते थे, न कर सकते थे; जैसा अक्सर होता है, शक्ति सत्य पर विजय पाती है, वैसा ही हुआ।

सूरज और हवा

एक बार सूरज और हवा की यह बहस छिड़ी कौन ज़्यादा ताकतवर है। दोनों ने इस तरह इसका फैसला किया। एक राही कपड़े-लत्ते से लैस आम सड़क से चला जा रहा था। उन्होने कहा, ''जो इसके कपड़े उतरवा दे वह ज़्यादा ताकतवर।''

पहले हवा की बारी आई। अपनी पूरी ताकत से हवा बही। आँधी उठी, गुस्से से भरे हुए झोंके बिजली के जैसे उस राही पर टूटने लगे। लेकिन वह आदमी हिम्मत बाँधे हुए आँधी के रुख के ख़िलाफ़ चलता गया। बदन में गरमी पहुँचाने के लिए उसने अपने कपड़े मज़बूती से लपेट लिये। फिर बाँकपन से सर झुकाए बागी कदम उठाए। कुछ देर में आँधी का वेग धीमा पड़। वह मिटती-मिटती मिट गई। तब सूरज ने अपना काम जारी किया। राहों पर कड़कीली किरणें डालने लगा। उसका बदन झुलस चला। फिर भी वह हिम्मत बाँधे हुए राह चलता गया। कुछ देर में पसीने-पसीने हो गया। मत्थे और ठोढ़ी से बूँदें टपकने लगीं। आखिर को वह हिम्मत हार गया। कपड़े उतारने को मजबूरी हुई। छाँह की भी ख़्वाहिश हुई। जब तक बदन ठंडा न हो, पेड़ के तले लेटे रहने को जी चाहा। उसने वैसा ही किया।

इस तरह सूरज ने मैदान मारा।

कौए और घोंघा

एक दिन एक कौआ एक दूसरे कौए के पास गया। वह उसका दोस्त था। वह बैठा अपनी पूरी ताकत से खाने के लिए चुने हुए घोंघे की खपरी फोड़ रहा था। मगर खपरी मज़बूत थी; वह किसी तरह भी भीतर गोश्त तक चोंच चला नहीं पा रहा था।

पहले कौए ने कहा, ''सुनो दोस्त, इसे कैसे तोड़ना चाहिए, मैं तुमसे कहता हूँ। आसमान पर जहाँ तक ऊँचा उड़ सको, इसको लेकर उड़ जाओ। फिर वहाँ से एक पत्थर पर छोड़ दो। देखना, इसका वज़न ही इसे तोड़ देगा।''

दूसरे कौए ने कहा, ''बड़ी बढ़िया बात।'' यह कहकर वह उस घोंघे को लेकर उड़ गया। वहाँ से एक शिला पर इसको छोड़ दिया। शिला पर गिरते ही इसके दो टुकड़े हो गए। लेकिन बदकिस्मती से जब वह कौआ काफी ऊँचाई पर ही था, ज़मीन पर बैठे ताकते हुए उसके दोस्त ने एक झपटा मारा और घोंघे को लेकर उड़ गया।

जो हमें ऐसी सीख देते हैं, वे ऐसा अपने फायदे के लिए कहते हैं, न कि हमारे फायदे के लिए।

शिकारी और चमार

एक चमार एक रोज़ रीछ की खाल के लिए एक शिकारी के पास गया और दाम लगाए। शिकारी ने कहा, "कल हम तुम्हें खाल भेज देंगे। अभी तक हमें खाल मिली नहीं। सुबह को मैं रीछ मारने निकलूँगा।"

चमार को रीछ का शिकार देखने का शौक चर्राया। दूसरे दिन वह शिकारी के साथ उस जगह गया जहाँ रीछ बेखबर पड़ा था। गुफा के मुँह के पास वे रुके। शिकारी ने गुफा में कुत्ते चला दिए। चमार शिकार का खेल देखने के लिए पास के एक पेड़ पर चढ़ा।

रीछ, देखते-देखते तेज़ कदम गुफा से बाहर निकला। कुत्ते पीछे लगे थे। शिकारी बिलकुल पास, रीछ के रास्ते पर था। उसने उसको गोली मारी। लेकिन वार खाली गया। रीछ बचने की जल्दबाज़ी में लेटे हुए उस आदमी के ऊपर आ गया। शिकारी साँस रोके पत्थर की तरह पड़ा रहा। रीछ ने उसे सूँघा और उसे मुर्दा जानकर जंगल की तरफ चला गया।

जब रीछ चला गया, चमार पेड़ से उतरा और शिकारी से पूछा, "मैंने देखा है, रीछ ने कान से लगकर तुमसे कुछ कहा है। वह क्या बात है?"

शिकारी ने जवाब दिया, "उसने कहा, भविष्य में हम रीछ के लिए ही निश्चय करें, खाल के लिए नहीं।"

कोई वादा न कीजिए यदि पूरा करने में सन्देह हो।

कुत्ता और परछाईं

एक कुत्ता एक रोज़ एक गहरी नदी का सँकरा पुल पार कर रहा था। मुँह में वह मांस का एक बड़ा टुकड़ा दबाए हुए था। पुल को पार करते समय उसने एकाएक नीचे पानी की तरफ देखा। वहाँ एक बड़ा कुत्ता मांस का एक दूसरा टुकड़ा दबाए हुए देख पड़ा।

उसने सोचा, 'वाह, मैं यह टुकड़ा लूँगा।' यह ख़याल मे लाकर वह नदी में कूद पड़ा। उस बेवकूफ कुत्ते की समझ में यह नहीं आया कि वह दूसरा कुत्ता उसी की परछाईं थी। उसने परछाईंवाले टुकड़े को पकड़ने के इरादे से अपना मुँहवाला टुकड़ा खो दिया।

चीज़ें जैसी दिखती हैं, बहुत समय वैसी ही नहीं होतीं। पास जो कुछ है, उसको रखना अधिक पाने की ओर हाथ बढ़ाने से अधिक अच्छा है।

महाराणा प्रताप

प्रथम परिच्छेद
राज-सिंहासन

मुसलमानों के शासनकाल में जिन वीरों ने अपने सर्वस्व का बलिदान करके अपनी जाति, धर्म, देश और स्वतंत्रता की रक्षा की, उनमें अधिक संख्या राजपूत वीरों की ही देख पड़ती है, जैसे मुसलमानों की दुर्दम शक्ति का प्रतिरोध करने के लिए ही उन वीर राजपूतों की शक्ति-रेखा विधाता ने खींची हो। दैव के काल्पनिक क्रम के भीतर जितनी मात्रा में बहिर्जगत को सत्य का प्रकाश मिलता है, उतनी ही मात्रा में आध्यात्मिक गौरव की उज्ज्वलता भी परिस्फुटित होकर हमारी मानस-दृष्टि को आश्चर्यचकित और स्तब्ध कर देती है। स्वतंत्रता की सिंहवाहिनी के इंगित मात्र से देश के बचे हुए राजपूत-कुल-तिलक वीरों की आत्माहुति, जलती हुई चिताग्नि में अगणित राजपूत कुल-ललनाओं द्वारा उज्ज्वल सतीत्व रत्न की रक्षा तथा लगातार कई शताब्दियों तक ऐसे ही रक्तोष्ण शौर्य के प्रात्यहिक उदाहरण, इन सजीवमूर्ति सत्य घटनाओं के अनुशीलन से वर्तमान काल की शिरश्चरणाविहीन, जल्पना मूर्तियाँ भारत के अशान्त आकाश में तत्काल विलीन हो जाती हैं और उस जगह वह चिरन्तन सत्यमूर्ति ही आकर प्रतिष्ठित होती है। तब हमें मालूम हो जाता है कि जातीय जीवन में साँस किस जगह चल रही है। वास्तव में, उन वीरों के अमर आदर्श की जड़ भारतीय आत्माओं के इतने गहन प्रदेश तक पहुँची हुई है कि वहाँ उस जातीय वृक्ष को उन्मूलित कर, इच्छानुसार किसी दूसरे पौधे की जड़ जमाना बिलकुल असम्भव, अदूरदर्शिता की ही परिचायक कहलाती है।

हम जिस समय का इतिहास लिख रहे हैं, उस समय भारत के सम्राट 'दिल्लीश्वरो वा जगदीश्वरो वा' मुगल बादशाह अकबर थे। इनके पहले दिल्ली के सिंहासन पर जितने मुसलमान सम्राट् बैठे थे, उनकी नीति हिन्दुओं के प्रति, खासकर वीर राजपूतों के प्रति मुसलमान-स्वभाव के अनुकूल, प्रत्यक्ष विरोध करनेवाली थी, परन्तु सूक्ष्मदर्शी अकबर ने उस नीति को ग्रहण नहीं किया। साम्राज्य-विस्तार की लालसा अकबर में उन लोगों की अपेक्षा बहुत बढ़ी-चढ़ी थी, परन्तु ये उन लोगों की तरह दुश्मन को

दबाकर न मारते थे। इनकी नीति थी—मिलाकर शत्रु को अपने वशीभूत करना। इस नीति के बल पर इनको सफलता भी खूब मिली। प्रायः सम्पूर्ण राजपूताना इनके अधीन हो गया। उस समय जिस वीर महापुरुष ने अकबर का सामना किया, हिन्दुओं की कीर्ति–पताका मुगलों के हाथ नहीं जाने दी, आज हम उसी लोकोज्ज्वल–चरित्र महावीर महाराणा प्रतापसिंह की कीर्ति–गाथा अपने पाठकों को भेंट करते हैं।

उस समय भारतवर्ष में जितने माननीय क्षत्रियवंश थे, उनमें 'सिसोदिया वंश' विशेष सम्मान की दृष्टि से देखा जाता था, आज भी इस वंश की इज़्ज़त वैसी ही की जाती है। इस वंश में किसी प्रकार से कलंक की कालिमा नहीं लग पाई। मुसलमानों के छाया–स्पर्श से भी इस वंशवालों को घृणा थी और वे अन्त तक दूध के धोये ही बने रहे।

महाराणा प्रतापसिंह के पिता उदयसिंह अपनी छोटी रानी को और–और रानियों से ज़्यादा प्यार करते थे। इसका फल यह हुआ कि उन्हें सन्तुष्ट करने के लिए मृत्यु के समय उदयसिंह ने उन्हीं के लड़के को राजगद्दी दी। उनका नाम जगमल था। उदयसिंह का यह कार्य नीति के ख़िलाफ़ हुआ क्योंकि राजगद्दी के हकदार प्रतापसिंह थे। ये जगमल से बड़े थे। उदयसिंह के इस कार्य की प्रजाजनों में बड़ी समालोचना हो चली और भीतर ही भीतर वे लोग इस अनीति की निन्दा करने लगे। वास्तव में, प्रेम के वशीभूत होकर दायित्वपूर्ण उत्तराधिकार–क्रम पर महाराणा उदयसिंह का इस तरह स्वेच्छाचार करना, राज–पद्धति के बिलकुल विपरीत हुआ था।

यह ज़हर फैलता गया। धार्मिक विचारों से तो राज्य के अधिकारी प्रतापसिंह ठहरते ही थे, इसके अलावा प्रजाजनों को प्रेम भी उनके ऊपर बहुत ही गहरा था। प्रतापसिंह का दिल लुभा देनेवाला अकृत्रिम बर्ताव, प्रजाजनों को समदृष्टि से देखना, अपने को अपनी प्यारी प्रजा का सेवक समझना, देश और धर्म के नाम पर अपने सर्वस्व का त्याग—इस तरह के और भी अनेक सद्गुण उनमें थे। जगमल के राजगद्दी पाने पर और सभी लोगों को क्लेश हुआ, परन्तु दृढ़व्रत प्रताप के चेहरे पर शिकन भी न पड़ी। वे पूर्ववत् ही प्रसन्न रहते और जैसे स्नेह की दृष्टि से जगमल को पहले देखते थे, वैसे ही अब भी देखते।

महाराणा उदयसिंह का कार्य जिन राजपूत सरदारों को खटकता था, उनमें झालावाड़ के महाराज और चन्दावत कृष्ण जी प्रमुख थे। प्रताप झालावाड़ महाराज के भानजे थे। अपने भानजे को अपने प्राप्य अधिकार से वंचित होते देखकर झालावाड़–नरेश से न रहा गया। उन्होंने कृष्ण जी के साथ सामन्त और सरदारों को एकत्र कर सलाह की और फिर राज्य की प्रजा का रुख देखा। कुमार प्रतापसिंह को उनका उचित अधिकार देने के लिए सब लोग उतावले हो गए और सबने महाराणा उदयसिंह की दुर्बलता की निन्दा की। राज्य के सामन्त सदस्यों और प्रजा–समष्टि की राय के अनुसार प्रतापसिंह को गद्दीनशीन करने की तैयारियाँ भीतर ही भीतर होने लगीं। जगमल का पक्षपात करनेवाले इने–गिने लोग ही थे।

इधर, जिस मुहूर्त से राज्य का शासन भार जगमल के हाथ में आया, उसी मुहूर्त से उसे राजमद का भयंकर नशा हो गया। वह सीधे पैर ही न रखता था। स्वभाव का उद्‌दंड, राजनीति से अनजान, लोगों के स्वागत से अपरिचित, लड़ाई के नाम से घबड़ानेवाला महामूर्ख जगमल सभासदों को सन्तुष्ट न कर सकता था। उसके रूखे और अमानुषिक बर्ताव से सब लोग तंग आ गए। उसने भी शासन की बागडोर अपने हाथ में पाते ही अनियंत्रण का घोड़ा तेज़ी से बढ़ाया। फल यह हुआ कि अपने सवार को लेकर घोड़ा कुराह चलने लगा, काँटों और झाड़ियों में अड़ने लगा। जगमल की स्वतंत्रता ने घोर अत्याचार का रूप धारण किया। उससे सभासद सरदार-राजपूतों के दिलों में सख्त चोट लगी। कुछ एक ने तो घबड़ाकर राज्य में ही रहना छोड़ दिया।

राज्य में इस तरह के उपद्रव देखकर स्वदेश के सहृदय भक्त प्रताप से न रहा गया। एक दिन वे जगमल के पास गए और बड़े स्नेहपूर्ण शब्दों में समझाते हुए कहा, "जगमल, ईश्वर की इच्छा से आज तुम विशाल जन-समूह के शासक हो। लाखों मनुष्यों के भाग्य-विधाता हो। परन्तु तुम्हें स्मरण रखना चाहिए, अधिकार के माने ये नहीं हैं कि स्वेच्छाचार किया जाए, निरपराध मनुष्यों से तुम अपनी शक्ति की थाह लो। देखो तो सही, तुम्हारे अनेक सभासद राज्य छोड़कर चले जा रहे हैं। क्या अत्याचार करके तुम अपनी प्रजा को सन्तुष्ट करोगे ? तुम्हें अपना स्वभाव बदलना चाहिए। समय बड़ा नाजुक है। अगर तुम नहीं सुधरे तो तुम्हारा और तुम्हारे राज्य का भविष्यफल बड़ा विषमय होगा।"

प्रताप की संवेदनासूचक उक्तियों से मदान्ध जगमल होश में नहीं आया, बल्कि उसने इसे अपनी राजसी शान के ख़िलाफ़ अपमान समझा। कड़क उसने कहा, "तुम मेरे बड़े भाई हो सही, परन्तु तुम्हें स्मरण रहे कि तुम्हें मुझे उपदेश देने का अधिकार नहीं है। तुम मेरी आज्ञा के अनुचर हो। मैं नादान नहीं हूँ और न किसी बनिये के घर से उठाकर लाया हुआ, महाराणा उदयसिंह का गोद लिया लड़का ही हूँ। राजा-महाराजाओं के यहाँ का बर्ताव, उनके कार्य मुझे न सिखलाओ, पिता जी ने कुछ समझकर ही मुझे राजगद्‌दी दी है।"

प्रताप—"जगमल !"

जगमल—"प्रताप, तुम महाराणा की शान के ख़िलाफ़ पेश आए हो। तुम्हें मैं इसका यथोचित दंड दूँगा। तुम आज ही मेरे राज्य की सीमा से बाहर हो जाने का प्रबन्ध करो।"

एक प्रकार के सम्मान के ज्ञान ने प्रताप की आँखों को बरबस झुका दिया। वे चुपचाप वहाँ से चल दिए। उस समय इधर-उधर से कुछ नौकर प्रताप और जगमल की बातों को कान लगाए हुए सुन रहे थे। जगमल की कठोर दंडाज्ञा को सुनकर सब चौंक उठे। यह सबको बुरा लगा। वे आपस में जगमल की नीचता की समालोचना करने लगे। धीरे-धीरे फैलती हुई बात सरदारों के कानों तक पहुँची। उधर, प्रताप ने

किसी दूसरे से कुछ भी न कहा जैसे कुछ हुआ ही न हो। परन्तु उनकी मुखाकृति उत्तरोत्तर गम्भीर होती गई, जैसे प्रभात की सूर्य-रश्मि पर मेघों की छाया आ पड़ी हो। प्रताप अपने अश्वागार में गए और घोड़े को कसने की आज्ञा दी। इधर, सरदारों को जगमल की निष्ठुर आज्ञा का हाल मालूम होते ही सब के सब प्रताप को खोजने लगे। प्रताप नगर को पार कर कुछ दूर चले गए थे। उस एकान्त स्थान में चन्दावत कृष्ण ने प्रताप को पीछे से पुकारा, प्रताप ने भी घोड़े को रोक लिया। बहुत समझाने पर चन्दावत कृष्ण के साथ वे लौटे।

प्राय: सभी सरदार जगमल से नाराज़ थे, प्रताप के लौटने पर चन्दावत कृष्ण ने जगमल की नीचता का प्रमाण पेश करते हुए उसे राज्य-संचालन करने के अयोग्य ठहरा, गद्दी से उतार उस पवित्र सिंहासन पर सिसोदिया-कुल-सूर्य, पावन चरित्र महाराणा प्रतापसिंह को बैठाया और उनकी अधीनता में रहकर राज्य का संचालन और अपनी जाति, धर्म और देश की रक्षा करने की प्रतिज्ञा की। सब सरदारों ने एक स्वर से महाराणा प्रतापसिंह की जय घोषणा की। महाराणा प्रतापसिंह के शासन-भार ग्रहण करने का संवाद पा राज्य की समस्त प्रजा को हर्ष हुआ। सब लोग अपने नवीन महाराणा को अनेक प्रकार की भेंट देते हुए अपने हृदय की निश्चल सेवा की सूचना देने लगे। महाराणा प्रताप के राजसिंहासन पर बैठते ही मानो राज्य के शरीर में एक नवीन जीवन का संचार हो गया, चारों ओर सजीव स्फूर्ति का कलरव होने लगा।

द्वितीय परिच्छेद
शक्तिसिंह

शक्तिसिंह प्रताप के ही छोटे भाई थे। परन्तु शक्तिसिंह और प्रतापसिंह की प्रकृति में ज़मीन-आसमान का अन्तर था। दोनों एक ही वायुमंडल मे पले और एक ही पिता के पुत्र थे, फिर भी अलक्ष्य अदृष्ट की माया से दोनों स्वभाव में एक-दूसरे से बिलकुल विपरीत थे। प्रताप की उदार और गम्भीर प्रकृति पाठकों को मालूम हो ही चुकी है। शक्तिसिंह उद्दंड, हठी, खूनी स्वभाव के मनुष्य थे। प्रतिहिंसा का सजीव पुतला इन्हें कहिए तो अतिशयोक्ति न होगी। इनमें दोष जो था वह यही था, अन्यथा वीर वे प्रताप की ही तरह थे। भय किस चिड़िया का नाम है, यह वे न जानते थे। कठिन-से-कठिन संकट में भी उन्हें कभी घबराहट नहीं हुई।

जब ये भूमिष्ठ हुए तब इनकी जन्मकुंडली तैयार करनेवाले पंडित ने इनके स्वभाव में एक बहुत बड़ा दोष बतलाया। कहा कि इनमें स्वजन-घात आ लगा है। कभी-न-कभी सगे-सम्बन्धियों से इनका वैर होगा और उस शत्रुता का परिणाम इनके कारण बड़ा भयानक होगा। ये उसके पीछे अपने धर्म, जाति और अपने देश को भूल जाएँगे।

पंडित की यह उक्ति सुनकर महाराणा उदयसिंह और उनके सभासद बहुत घबराए। बालक के भविष्य का हाल सुनकर सब मनमानी तरह-तरह की कल्पनाएँ करने लगे। लोगों ने यह निश्चय किया कि इस समय हम राजपूतों से मुसलमानों की जैसी चल रही है और दूसरे-दूसरे कुलांगार राजपूत जिस तरह अपने धर्म और स्वदेश-प्रेम से सम्बन्ध तोड़ अपनी बेटियों की भेंट लेकर मुसलमानों से मिल रहे हैं, अपने देश का सत्यानाश करते हुए ज़रा भी संकोच नहीं करते, अपने स्वाधीन राजाओं से लड़कर मुसलमानों के गुलाम बन रहे हैं, अपनी-सी हालत सबकी कर देने पर तुले हुए हैं, यह सब देखते हुए जान पड़ता है कि पीड़ित मेवाड़ के साथ यह शक्तिसिंह भी वैसा ही बर्ताव करेगा। यह सोचकर सरदार राजपूत बहुत घबराए। अभी तक सैकड़ों बार भीषण कष्ट झेलकर भी मेवाड़ की कीर्तिपताका भू-लुंठित नहीं हुई थी। चित्तौड़ का ध्वंस हो चुकने पर भी विजयलक्ष्मी वीर राजपूतों के ही हाथों में रही थी। सैकड़ों वर्षों से लगातार युद्ध करते हुए भी राजपूतों की बाँहें कमज़ोर न पड़ी थीं। वे शत्रु से न घबराते थे, पर घर की फूट से उन्हें बड़ा भय था, कारण कि वे धोखा देना न जानते थे, इसलिए धोखा खाना भी उन्हें प्रकृति के ख़िलाफ़ जँच रहा था।

उन दिनों भारत शस्त्र-कानून का शिकार न हुआ था। उस पराधीन हालत में भी लोग तलवार, भाला, बरछी आदि तेज़ हथियार बड़ी शान से बाँधते थे। लोगों को सैनिक शिक्षा भी काफी दी जाती थी। पटेबाजी और तलवार-भालों की मार हरएक को सिखलाई जाती थी। क्षत्रिय तो कभी बचते ही न थे, बल्कि अपनी बहू-बेटियों और अपनी प्यारी जन्मभूमि की रक्षा के लिए ब्राह्मणों ने भी वेद-पाठ और शास्त्राध्ययन को छोड़कर तलवार ग्रहण करना उचित और अपना परम धर्म समझा था। उस संघर्षकाल में, जबकि मुगल-राज्य के शासित प्रदेशवाले ब्राह्मण भी अस्त्र-शिक्षा अपना धर्म मानते थे, जो वीर चिरकाल से अपनी स्वतंत्रता की रक्षा करते आ रहे थे, उन राजपूत क्षत्रियों की शस्त्र-शिक्षा के सम्बन्ध में तो अधिक लिखना ही व्यर्थ है। वे बाल्यकाल से सब प्रकार के शस्त्रों का प्रयोग सीखते थे। बालक गोरा अपनी अद्भुत शूरता के लिए इतिहास में प्रसिद्ध ही है। अस्त्र-शिक्षा, स्वजातीय-कौशल, बचपन से ही प्रताप और शक्तिसिंह को सिखलाया गया था।

जब शक्तिसिंह की उम्र पाँच साल की थी, उस समय एक नई घटना हुई, जिसे देखकर उदयसिंह और उनके दरबार के सामन्त सरदार काँप गए। बात यह थी कि उस समय एक नई तलवार बनवाई गई। तलवार विशेष आज्ञाक्रम के अनुसार बनी थी। यानी बाज़ारों में बिकनेवाली उन दिनों की मामूली तलवारों से उसमें विशेषता थी जब वह बन गई, तब उसकी धार की परीक्षा करने की बातचीत होने लगी। किसी ने कहा—सूत का लच्छा काटकर धार की परीक्षा ली जाए। किसी ने कहा—नहीं, एक बड़ी-सी मछली रस्सी से बाँधकर लटका दी जाए और तब परीक्षा हो कि

तलवार के एक ही वार से मछली कटती है या नहीं। किसी ने कहा—नहीं, गैंडे के पुट्ठे पर वार करके देखा जाए। किसी ने कहा—यह भी ठीक नहीं, लोहे का सींखचा काटकर देखिए। वीरों में परस्पर जब इस तरह की कल्पनाएँ लड़ रही थीं, उस समय महाराणा उदयसिंह की बगल में पाँच वर्ष का बालक शक्तिसिंह भी खड़ा यह कौतुक देख रहा था। उसकी नसों में उत्तेजित रक्तधारा बह चली। बालक की मुखाकृति गुस्से से बदल गई। आवेश में आकर उसने कहा—सूत के लच्छे आदि काटने की क्या ज़रूरत है? यह देखो, तलवार की अभी मैं परीक्षा करता हूँ। इतना कहकर उसने तलवार उठा ली और अपनी एक अँगुली पर एक ऐसा निर्मम वार किया कि अँगुली कट गई, उससे खून का फौवारा छूटने लगा। लोगों ने देखा कि इतने कष्ट में भी बालक शक्तिसिंह के मुख पर कष्ट के भाव की झलक न आई। औरों की तरह वह भी चुपचाप अपनी अँगुली से बहते हुए खून की ओर एक दृष्टि से देख रहा था। महाराणा उदयसिंह तो स्तब्ध रह गए, जैसे काठ मार गया! और लोग भी देखकर दंग रह गए। बच्चे की जन्मकुंडली की बात प्रत्यक्ष चित्र की तरह लोगों के सामने आ गई। यद्यपि शक्तिसिंह का यह कार्य उसकी वीरता का द्योतक था, तथापि प्रसन्नता के बदले, भविष्य के किसी कठोर कार्य का स्मरण करके उनके मुखमंडल मलिन पड़ गए। महाराणा उदयसिंह ने बालक के वध की आज्ञा दी। राजाज्ञा की प्रतिकूलता अथवा शक्तिसिंह को बचाने के लिए कुछ कहने की किसी को हिम्मत न पड़ी। सब लोग चित्र की तरह खड़े देखते रहे। जब घातक शक्तिसिंह को वध-भूमि की ओर ले चलने पर तैयार हुआ, तब सालुम्ब्रा सरदार के हृदय में शक्तिसिंह को देखकर दया आ गई। उन्होंने हाथ जोड़कर महाराणा से प्रार्थना की—"महाराज, बालक निर्दोष है परन्तु मैं महाराज की आज्ञा की प्रतिकूलता नहीं करना चाहता। केवल एक प्रार्थना है, महाराज उसे पूरा करें। अब तक महाराज की छत्र-छाया में रहकर अनेक प्रकार के सुखोपभोग मैंने किए हैं। मेरी कोई भी इच्छा महाराज की कृपा से अपूर्ण नहीं रही। आज एक और अभिलाषा हृदय में उठ रही है, महाराज उसे भी पूरा करें।"

उदयसिंह कुछ देर तक एक दृष्टि से सालुम्ब्राधिपति को देखते रहे। उस करुण मुहूर्त में सालुम्ब्राधिप जैसे उनके प्रिय पात्र किस अभिलाषा की पूर्ति के लिए प्रार्थना कर रहे हैं, यह उनकी समझ में न आया। स्नेहपूर्ण शब्दों में उन्होंने कहा, "सालुम्ब्राधिप, इतनी उलझनदार प्रार्थना किस कोटि की होगी, यह सोचकर भी न समझ पाया। आप खुलकर कहें, आप जैसे राज्य के शिरोमणि सरदार की प्रार्थना अवश्य ही पूरी की जाएगी।"

उदयसिंह को इस प्रकार वचनबद्ध होते हुए देखकर सालुम्ब्राधिप को पूर्ण विश्वास हो गया। प्रार्थना की जो रुकावटें थीं वे भी न रहीं। उन्होंने विनीत शब्दों में कहा, "महाराज, आपकी कृपा से मुझे सब प्रकार का सुख और सब प्रकार की सम्पत्तियाँ प्राप्त हैं। धन, जन, बल, वैभव, प्रभुता—सब मुझे मिल चुकी है। कमी

केवल एक बात की थी, जिसकी पूर्ति अब तक ईश्वर की इच्छा पर ही थी, परन्तु आज महाराज स्वयं ईश्वर के आसन से मेरी उस अपूर्णता को पूर्ण कर रहे हैं। मैं सविनय निवेदन करता हूँ कि दुर्भाग्यवशात् मेरे कोई सन्तान नहीं है। आज जिस राजकुमार शक्तिसिंह को प्राणदंड की आज्ञा दी गई है, उसे ही मुझे पुत्र के रूप में महाराज दान देने की कृपा करें। चन्दावत गोत्र का दीपक गुल हो रहा है, इस बालक के द्वारा महाराज उसकी ज्योति बढ़ावें, मैं इसे ग्रहण कर पूर्वजों की पिंडोदक-क्रिया की रक्षा करूँगा।''

उदयसिंह सालुम्ब्राधिप की प्रार्थना का अनुमान भी नहीं कर सके थे। उनके शब्दों को सुनते ही इनके हृदय को बड़ा क्षोभ हुआ। जिस काँटे को राजपूतों के सिसोदिया-वंश-वृक्ष से निकाल देने के लिए उन्होंने अपनी राजसत्ता का सबसे बलवान प्रयोग किया था, वह काँटा रह ही गया। क्षत्रियों का सर्वस्व चाहे नष्ट-भ्रष्ट हो जाए, परन्तु वे अपने अमूल्य शब्दों की अवश्य रक्षा करते हैं। यह धार्मिक विचार, महाराज की राजशक्ति का विरोध कर हृदय में प्रबल भावी विपद् की सूचना देने लगा। महाराज सहम गए परन्तु लाचार थे। तत्काल उन्होंने दंडाज्ञा वापस ली, शक्तिसिंह के प्राणों की रक्षा हुई। उन्हें सालुम्ब्राधिप अपने यहाँ ले गए और धर्मपुत्र की तरह उनका पालन-पोषण बड़े आदर-यत्न से करने लगे।

विधाता की प्रगति का निर्णय करना बड़ा ही कठिन है। उसी की इच्छा से वृद्ध सालुम्ब्राधिप के एक पुत्र हुआ। जब से इस बालक का जन्म हुआ तब से ये एक विशेष चिन्ता में पड़ गए। इनकी सम्पत्ति पर धार्मिक दृष्टि से उस सद्य-प्रसूत बालक का ही अधिकार था। उधर, शक्तिसिंह को विख्यात महाराणा के वंश से अपने पुत्र के रूप में वे पहले ही ले चुके थे, यदि पुत्र को सम्पत्ति का अधिकारी बनाया जाए तो शक्तिसिंह को साधारण-सी सम्पत्ति का कितना अंश देना उचित होगा, उतने से शक्तिसिंह को सन्तोष होगा या नहीं, इस तरह की भावना में उनकी मानसिक परिस्थिति चंचल रहा करती थी। दूरदर्शी प्रतापसिंह को भी सालुम्ब्राधिप के मानसिक का कारण मालूम हो गया, शक्तिसिंह के सम्बन्ध में उनके जन्मपत्रिका काल में जो कुछ कहा गया था, उसे भी जानते थे, परन्तु इस स्थल में उन्होंने शक्तिसिंह के गृह विरोध की चिन्ता नहीं की, सालुम्ब्राधिप के मन की चंचलता को दूर करने के लिए उन्होंने शक्तिसिंह को अपने पास बुला लिया। दोनों भाई आनन्दपूर्वक एक ही महल में रहने लगे।

तृतीय परिच्छेद
बन्धु-विवाद

देखते-ही-देखते विजयादशमी आ गई, उसी दिन भगवान् रामचन्द्र की शक्ति की साधना सफल हुई थी। उस दिन भारतवर्ष के प्रत्येक शहर, नगर और प्रत्येक ग्राम में पूर्ण उपचारों से महोत्सव की रचना की जाती है। हिन्दुओं के त्योहारों में यह

एक प्रधान त्योहार है। भगवान् रामचन्द्र की विजय-तिथि को भारतवासी अपनी विजय-तिथि मानते और उसी विचार से उसका स्वागत भी करते हैं। यह साधारण श्रेणी के हिन्दुओं की बात है, राजपूतों की नहीं। राजपूत-क्षत्रिय और उनमें भी जिन्हें सूर्यवंशी क्षत्री कहलाने का गर्व है, इस त्योहार को बड़े ठाठ से मनाते हैं। अपने प्रचलित उपचारों से वे इसे विजय का ही रूपक कर दिखाते हैं। इस दिन वे अहेरिया खेलते और उस शिकार में अपने भाग्य की विजय-परीक्षा करते हैं। आज राजपूताने में भी उसी विजय की प्रभाती स्वर्ण-किरण फैली हुई है। आज बाहरी प्रकृति के स्वागत-सौन्दर्य में राजपूत वीरों के हृदय में एक प्रकार की नवीन स्फूर्ति, नवीन संजीवनी-शक्ति का संचार हो रहा है। दूर तक फैली हुई हरियाली, उससे सप्रेम लिपटी हुई किरणें, सुविस्तृत प्रान्त का गगन चुम्बन, सरोवर और क्षुद्र नदियों की हल्की हिलोरें, राजप्रासादों की दिव्य सज-धज और सबसे पहले राजपूत बालकों की चहल-पहल देखने ही लायक हो रही है। कहीं वीरों के स्फीत वक्ष से गर्व सूचित हो रहा है, कहीं शिकार के लिए शूरों की क्षिप्रता, उतावलापन, कोषस्थ असि की झनकार, कहीं बालकों का सदलबल आह्लाद, कहीं नारियों का सानन्द-शृंगार।

उदयपुर के आनन्द महासागर में जैसे चारों ओर से आनन्द के स्रोत आकर सम्मिलित हो रहे हों। राजपुरी में सहस्र-सहस्र वीर राजपूत एकत्र हो हार्दिक हर्ष सूचित कर रहे हैं। एक-दूसरे का सप्रेम आलिंगन कर रहे हैं। अहेरिया के लिए प्रत्येक के मुख पर उत्सुकता झलक रही है। उनकी साज-सज्जा भी उनके जातीय गर्व और वीरता की व्यंजना कर रही है। उनकी प्रसन्नता, उनकी स्वतंत्रता और आत्मबल के भावों को प्रोत्साहित करती, उन्हें मूर्तिमान हर्ष बना रही है।

कुछ ब्राह्मण जल से पूर्ण विस्तीर्ण स्वच्छ सरोवर में स्नान कर सूर्यदेव को अंजलि दे शिवालय के द्वार पर वन्दनाएँ कर रहे हैं। उधर क्षत्रिय मृगया के लब्ध पशु से देवी को बलि-प्रदान कर सन्तुष्ट करने का संकल्प कर रहे हैं। कुछ लोग मित्रों के साथ इधर-उधर टहलते हुए राजपूतों के गत गौरव की कीर्ति-गाथा स्मरण कर रहे हैं। कोई बप्पारावल की वीरता और उनकी गजनी-विजय का प्रसंग छेड़े हुए है। कोई महाराणा समरसिंह की क्षत्रिय रूप में परशुरामत्व की कथा उठाए हुए है। कोई कह रहा है कि यदि संग्रामसिंह के साथ सम्पूर्ण राजपूत जाति सहयोग देती तो गुलाम-बादशाहों के बाद दिल्ली के सिंहासन पर मुगलों की जगह राजपूत ही दृष्टिगोचर होते। कोई कह रहा है कि "भाई, हम लोगों पर बड़ी-बड़ी आपत्तियाँ आईं, ईश्वर की क्या इच्छा है, कुछ समझ में नहीं आता। देखो, नीच मुसलमानों ने हमारी सती-नारियों पर भी दृष्टि डाली। अहा! पद्मिनी! वह सती-शिरोमणि, सौन्दर्य की देवी, अन्त तक अपने उज्ज्वल सतीत्व के साथ चिता की राख हो गई, और उसके साथ कितने वीर! ओह! कितनी नारियाँ! स्मरण आता है तो नसों में बिजली दौड़ जाती है। कितना बड़ा महाप्रलय हुआ था चित्तौड़ में! भाई! मुसलमानों ने हमारी

स्वतंत्रता छीनने का ही इरादा नहीं किया, उन लोगों ने हमारी सती-कुलवधुओं पर भी दृष्टि डाली है। शिव! शिव! हम राजपूत ही इसका बदला चुकाएँगे, हमीं अपना घाटा पूरा करेंगे।'' कोई कहता, ''भाई, आज भी हमारा दुश्मन भारत के सम्राट् पद पर बैठा राज्य कर रहा है। अकबर! चित्तौड़ की सुन्दरता के अन्तिम शत्रु! राजपूत चापलूसों की सहायता लेकर तुमने हमारा सर्वस्व छीन लिया। परन्तु याद रखना, राजपूत सर्प से भी अधिक ज़हरीला, काल से भी अधिक क्रूर और प्रलय से भी भीषण भयंकर है। राजपूत जाति तुम्हें सुख की नींद न सोने देगी। अहा! सहस्र-सहस्र वीर समर की ज्वाला में भस्म हो गए। माता देवी!''

महाराणा के आगमन का स्वागत-वाद्य बजने लगा। लोग सजग होकर महाराणा के आने की बाट जोहने लगे। कतार बाँधकर सलामी देने के लिए सुसज्जित राजपूत सेना खड़ी हो गई। महाराणा अपने महल से उतरे। वीरताव्यंजक दिव्य देह से एक अपूर्व नैसर्गिक ज्योति निकल रही है। प्रशस्त ललाट, प्रसन्न शान्त मुख-मंडल, प्रलम्बबाहु, उन्नत वक्षस्थल, संकीर्ण कटि, मुख पर दृढ़ता का भाव, आँखों में प्रतिज्ञा, चिबुक में दृढ़ता, कपोलों में प्रसाद। जैसे ईश्वर की इच्छा से किसी विशेष उद्देश्य की पूर्ति के लिए इन्द्र अवतीर्ण हुए हों। धीर शान्त गीत से महाराणा नीचे उतरकर खड़े हो गए। सरदारों ने सलामी दी। एक साथ सहस्र कंठों से जयध्वनि हुई, ''महाराणा की जय!'' ''राजपूत-कुल-कीर्ति गौरव महाराणा प्रतापसिंह की जय!'' ''हिन्दुओं के मध्याह्न भास्कर महाराणा की जय!'' महाराणा के उतरने से पहले ही शक्तिसिंह महल के द्वार पर उतरकर प्रतीक्षा कर रहे थे। महाराणा के आते ही वे भी पास आ प्रणाम कर उनके साथ हो लिये।

घोड़ा चेतक सजा हुआ खड़ा था। अपने मालिक को देखते ही हिनहिनाता हुआ अपनी श्रद्धा प्रकट करने लगा। महाराणा चेतक की ओर देखकर मुस्कुराए। टापों से मिट्टी खोदता हुआ चेतक अपनी स्फूर्ति में चंचल हो रहा है। महाराणा ने एक दृष्टि उस जनसमुद्र पर फेरी और सबको अपनी हार्दिक प्रसन्नता सूचित करते हुए बढ़कर चेतक की लगाम थाम ली। साईस अलग हो गया। महाराणा घोड़े पर चढ़े। साथ-साथ शक्तिसिंह और दूसरे-दूसरे सामन्त सरदार तथा सिपाही शरीर-रक्षक आदि भी घोड़ों पर सवार हो जंगल की ओर चले।

इस विजयादशमी के दिन राजपूत वीर शिकार खेलकर अपने भाग्य की परीक्षा करते हैं। जिन्हें शिकार मिल जाता है, वे समझते हैं कि उनका वह साल बड़ी प्रसन्नता से बीतेगा, जिन्हें नहीं मिलता वे अपने भविष्य को दुर्दैव के अन्धकार में ढका हुआ समझकर विशेष चिन्ता से युक्त रहते हैं।

घोड़ा बढ़ाते हुए वीर राजपूत जंगल में पहुँचे। वहाँ महाराणा ने अपने वीरों को स्वच्छन्द भाव से बिखरकर शिकार खेलने की आज्ञा दी। वीर राजपूत अपने-अपने साथियों को लेकर जंगल में तितर-बितर हो गए। एक ओर महाराणा ने भी अपना

घोड़ा बढ़ाया। उनके साथ सिर्फ शक्तिसिंह और कुछ चुने हुए उनके शरीर-रक्षक ही रह गए। चेतक जंगल में झाड़ियों को पार करता हुआ क्रमशः उस जगह जा पहुँचा, जहाँ एक-दूसरे से सटे हुए बड़े-बड़े पेड़ों की घनी छाया के नीचे दिन में भी पूरा अन्धकार रहा करता था। जंगल में चारों ओर जानवरों का राज्य था, और खासकर उस जंगल में बराहों की अधिकता थी। देखते-देखते एक बराह कुछ दूर पर दिखाई दिया। महाराणा प्रताप और शक्तिसिंह—दोनों ने उसके पीछे घोड़े बढ़ाए। सूअर भी जान लेकर भागा। परन्तु ये छोड़नेवाले कब थे, ये पीछा करते गए। कुछ नज़दीक पहुँचकर दोनों ने अपने-अपने बर्छों से वार किया। एक निशाना अचूक बैठा और उसी से बराह का दम निकल गया। बराह को गिरते हुए देखकर दोनों भाई घोड़े बढ़ाकर उसके पास पहुँचे।

निशाना एक ही लगा था, देखकर शक्तिसिंह की चंचल प्रकृति अपनी स्वाभाविक उत्तेजना और यशोलिप्सा के कारण अनर्थ कर बैठी। शक्तिसिंह ने कहा, ''देखा भैया जी, मेरा निशाना कैसा अचूक बैठा है?'' बराह को देखकर, ''बच्चू बिलकुल बेहोश हो गए हैं—अरे! शायद जान भी नहीं रह गई। बराह थका था?''

प्रताप मुस्कुराए और चुप हो गए। शक्तिसिंह को प्रताप का मुस्कुराना अच्छा नहीं लगा। वे प्रताप से अपने लक्ष्य-वध की प्रशंसा सुनना चाहते थे। अतः आवेश में आकर कहा, ''क्यों भैया जी, आप मुस्कुराए कैसे? जान पड़ता है, मेरी बात पर आपको विश्वास नहीं हुआ।''

इस बार प्रताप को कुछ क्रोध आ गया, परन्तु अपने भाव को उन्होंने भरसक छिपाने की चेष्टा की। मुँह फेर लिया और वैसे ही चुप हो रहे। अपने सेवकों की तरफ फिरकर उन्होंने गम्भीर भाव से कहा, ''इसको उठा लो, हमारा मनोरथ भगवती की कृपा से पूरा हो गया है। अब यहाँ से चलना चाहिए।''

प्रतापसिंह के शब्दों की ध्वनि शक्तिसिंह की भी समझ में आ गई। इससे उनके हृदय में अपमान का भाव जाग्रत हो गया। रूखे स्वर से उन्होंने कहा, ''तो क्या महाराणा, इसे अपना शिकार समझते हैं?''

प्रताप (वज्र गम्भीर ध्वनि से)—''शक्तिसिंह!'' राजसी दृष्टि से शक्तिसिंह को देखते हुए।

''मैं त्योरियों से दबकर चापलूसी न करूँगा महाराणा, घुड़कियों से डर जानेवाले कोई और क्षत्रिय होंगे, क्या आपने मुझे भी जगमल समझ लिया है?'' तमतमाकर शक्तिसिंह ने कहा।

''सँभल जाओ, शक्तिसिंह अब भी खैर है!''

''मुझे महाराणा के व्यर्थ शब्दों की बिलकुल चिन्ता नहीं, शिकार मेरा है।''

''झूठ है, हमारा है।''

''सुबूत?''

"सुबूत है, शक्तिसिंह!"

"यह घोर अन्याय है, अधिकार के मद में इस तरह का स्वेच्छाचार मेवाड़ के किसी भी नरेश ने आज तक नहीं किया था।"

"साथ ही, मेवाड़ के स्वतंत्र नरेशों की इस तरह की समालोचना का फल भी तुम्हें स्मरण होगा, शक्तिसिंह।"

"मुझे फल का भय नहीं दिखाइए बार-बार, मैं किसी भी तरह स्वीकार नही कर सकता कि शिकार मेरा नहीं, आपका है।"

"तुम्हारे बर्छे की पहचान?" प्रताप की आँखें खून हो रही थीं।

"बर्छे की पहचान मैंने नहीं की।" अवज्ञा से।

"हमारे बर्छे का फलक तीरनुमा है।"

"शिकार के पास आकर आपने बर्छे की नोक देख ही ली होगी? मुझे अपने निशाने पर पूरा विश्वास है।"

क्रोध की भीषणता से प्रताप की मूर्ति बड़ी भयावनी होती थी। उधर, शक्तिसिंह के अन्दर भी उतनी ही अवज्ञा और घृणा का भाव जाग्रत हो रहा था। और चारों ओर सन्नाटा था, जैसे हवा में भी शब्द करने का साहस न रहा हो। नौकर चुपचाप त्रस्त भाव से खड़े हुए प्रताप और शक्तिसिंह के मुख की ओर ताक रहे थे, कुछ बोलने की उन्हें भी हिम्मत नहीं पड़ती थी। रह-रहकर दोनों राजपूत वीरों का उत्तेजना से भरा हुआ स्वर अरण्य की शान्ति भंग करता, उसे क्षुब्ध कर देता।

केवल एक मनुष्य से यह बन्धु-विरोध न देखा गया। वे जाति के ब्राह्मण और राजकुल के पुरोहित थे। ब्राह्मण के उदार हृदय पर सख्त चोट लगी। क्षत्रियत्व को इस तरह कलंकित होते हुए देखकर दर्द से उनका हृदय भर आया। जिस राज्य के वे पुरोहित थे, सदैव जिसकी उन्नति चाहते थे, जिन राजकुमारों की श्रीवृद्धि और सुख ही उनकी तपस्या का प्रथम लक्ष्य था, उस राज्य के उन्हीं राजपुत्रों को इस प्रकार एक साधारण से विषय को लेकर क्रोधान्ध होते हुए देखकर शान्तिप्रिय ब्राह्मण से न रहा गया। प्रताप और शक्ति के सामने उपस्थित होकर ब्राह्मण ने बड़ी ही दीनता से कहा, "ईश्वर के लिए अब बस करो, बहुत हो चुका, सिसोदिया वंश के गौरव को धूल में न मिलाओ। मैं आप लोगों का पूज्य कुल-पुरोहित हूँ, मेरे वंशवालों के उचित शब्दों की राजवंशवालों ने सदा ही रक्षा की है, इसलिए मैं प्रार्थना करता हूँ कि इतना बहुत हो चुका, अब बस करो।"

परन्तु ब्राह्मण की प्रार्थना पर किसी का ध्यान न गया, उसी तरह दोनों एक-दूसरे को छोड़े हुए शेर की तरह देख रहे थे। पहले-पहल प्रताप ने जितनी सहनशीलता दिखलाई थी, उस समय शक्तिसिंह की उद्दंडता के कारण वह उतने ही क्रोध में बदल रही थी। उधर, शक्तिसिंह तो प्रताप के बड़प्पन को पहले ही से भूले हुए थे।

प्रताप, "शक्तिसिंह, इसका परिणाम अच्छी तरह सोच लो।"

शक्तिसिंह, "मैं कह चुका हूँ कि त्योरियों पर बल देखकर डर जानेवाला कोई और होगा। व्यर्थ का घमंड क्यों करते हो, प्रताप? शिकार मेरा है।"

क्रोधान्ध शक्तिसिंह का हाथ बार-बार तलवार के कब्ज़े में जा रहा था, यह देखकर प्रताप के धैर्य का बाँध टूट गया। उन्होंने भी कब्ज़े में हाथ लगाया। तत्काल दोनों की तलवारें म्यान से मुक्त होकर वायुमंडल में बिजली की तरह चमकने लगीं। नौकर सहम गए, नज़र झुलस गई, त्रस्त होकर सबने आँखें मीच लीं।

प्रताप और शक्तिसिंह की नज़र एक थी, दोनों भाई एक-दूसरे को सगे शत्रु की निगाह से देख रहे थे। यह भयानक दृश्य राजकुल के पुरोहित उदार ब्राह्मण से न देखा गया। जिनकी छाया में उनके वंशजों ने अनेक प्रकार का सुखोपभोग करते हुए तपस्या और ईश्वरोपासना में अपना समय पार किया, इस समय भी जिस राजवंश की बदौलत ब्राह्मण की शक्ति और स्वतंत्रता में कोई विघ्न नहीं, आज विपत्ति के समय उस वंश की किस प्रकार रक्षा हो, यह एकाएक उनके मस्तिष्क में न आया, उनका हृदय आवेश से क्षुब्ध हो रहा था। प्रतिहिंसा की वेदी पर सगे भाई का बलिदान करने के लिए दो प्यासी लाल जिह्वाएँ लपक रही थीं। स्वधर्मनिष्ठ ब्राह्मण अधिक देर तक यह दृश्य न देख सके। बढ़कर प्रताप से उन्होंने कहा, "महाराणा, शान्त हूजिए। आपका पुरोहित ब्राह्मण विनयपूर्वक आपसे प्रार्थना कर रहा है। धर्म, देश और जाति की रक्षा का ध्यान कीजिए। यह जिस महाअनर्थ की ज्वाला धधक उठी है, महाराणा, इसका निवारण होना असाध्य हो जाएगा। अपने ही हाथों लगाए हुए पौधे को काटकर हरा-भरा बाग न उजाड़िए। घर की फूट से वंश की नींव न खोदिए। अभी मेवाड़ के भाग्याकाश से विपत्ति के बादल टल नहीं गए हैं। यवनों की शक्ति प्रतिदिन बढ़ती ही जा रही है, यदि उन्हें गृह-कलह का हाल संक्षेप में ही मालूम हो जाएगा, तो यवनों की सेना से मेवाड़ की भूमि पर तिल रखने की जगह भी न रह जाएगी। महाराणा, अपने कुल-पुरोहित का विरोधाचरण न कीजिए, शान्त हूजिए।"

अब तक दोनों एक-दूसरे का विनाश करने के लिए मौका ताक रहे थे। पैंतरे से चक्कर काटते, धोखा देते और वार करने की जगह देख रहे थे।

प्रताप ने ब्राह्मण के शब्दों का उत्तर संक्षेप में देते हुए कहा, "महाराज, मैं राजधर्म के प्रतिकूल नहीं हूँ, अपराधी को अवश्य दंड दूँगा।"

पुरोहित अधीर हो गए। प्रताप ने उनके शब्दों पर ध्यान न दिया, यह सोचकर ब्राह्मण के हृदय में एक दूसरे प्रकार का भाव सजग हो रहा था, वे क्षत्रियशूरता से ब्राह्मण के त्याग का मुकाबला करने के लिए हृदय में शक्ति भर रहे थे। उसी समय उनकी अन्तरात्मा ने कहा, एक बार शक्तिसिंह से भी प्रार्थना करो, देखो, यदि वे तुम्हारी बात पर आ जाएँ। स्नेह और करुणा की मूर्ति उस ब्राह्मण ने शक्तिसिंह को कहा, "कुमार, तुम अपने बड़े भाई का विरोध करके अपने मार्ग को कंटकाकीर्ण कर रहे हो, शान्त हो जाओ। बड़े भाई से दब जाना ही तुम्हारा धर्म है।"

''नहीं महाराज, मैं क्षत्रिय हूँ। क्षत्रिय का शौर्य और सम्मान ही उसका सर्वोत्तम धर्म है।'' शक्तिसिंह ने प्रताप की ओर ईर्ष्या-भरी दृष्टि से देखते हुए कहा।

''मैं समझ गया, माता, तुम्हारी इच्छा ही पूरी हो। मातृभूमि मेवाड़! तुम्हारी गोद के कितने ही लाल अपने हृदय के तप्त शोणित से तुम्हारी पूजा कर चुके हैं। माता! उन वीर क्षत्रियों ने देश के गिरते हुए आदर्श को ऊँचा उठाया है, तुम्हारे ज्योतिर्मय मुख-मंडल को वासना-व्यसन के वमन से ढककर तुम्हारी देवी-मूर्ति को कलंकित करने की चेष्टा नहीं की। वे तुम्हारे सच्चे पुत्र थे, तुम्हारे गौरव को समझते थे। अपनी आत्मा की आहुति देकर, बारम्बार उन लोगों ने तुम्हारे पुत्र होने की योग्यता के प्रमाण दिए हैं, बाहर से आए हुए कलुष को अपने रक्त से धोकर तुम्हारी चिर निर्मल दीप्ति को प्रखर कर दिया है। माता! इसलिए उनकी पराजय में ही मैं उनकी विजय देखता हूँ। आज तुम अपने एक ब्राह्मण पुत्र को भी लो; मेवाड़! माता! यवनों का बारम्बार प्लावन तुम्हारे गर्व को बढ़ाने के लिए ही हुआ है, यह मैं समझ गया हूँ!'' देशभक्त उदार ब्राह्मण ने माता की सेवा में मन-ही-मन यह स्तुति करके उन दोनों क्षुब्ध क्षत्रियों की ओर मुड़कर कहा, ''सुनो प्रताप, अपनी राजनीति का पक्ष तुमने लिया है और शक्तिसिंह तुम अपने क्षत्रियत्व की दुहाई देते हो। मैंने पहले अपनी स्वाभाविक विनय से तुम लोगों को शान्त करने का इरादा किया था, परन्तु तुम दोनों की अन्ध बुद्धि ने मेरी बुद्धि पर ध्यान देना उचित नहीं समझा। साथ ही मैं कहूँगा, तुम्हारे पूर्वपुरुषों से जो घराना पूज्यदृष्टि से देखा जाता था, जिस ब्राह्मण-वंश की आज्ञा का कभी उल्लंघन नहीं किया गया, आज तुम लोगों ने वह भी कर दिखाया और इस तरह मेरा कितना बड़ा अपमान तुम लोगों ने किया है, पीछे समझोगे। लो तैयार हो जाओ, गर्वान्ध क्षत्रियो, मैं देखूँगा, क्षत्रियत्व को मैं ब्राह्मणत्व के बल से शान्त और पराभूत कर सकता हूँ या नहीं!''

तपस्वी ब्राह्मण के मुख की श्री ने विचित्र शोभा धारण कर रखी थी। एक स्वर्गीय ज्योति ने जैसे ब्राह्मण को ढक लिया हो, जैसे ये पहले के पुरोहित महाराज नहीं, प्रताप और शक्तिसिंह को शिक्षा देने के लिए कोई दूसरी शक्ति आ गई हो। साक्षात् भगवती गायत्री जैसे ब्राह्मण को घेरकर खड़ी हो गई हों। त्याग की उस तप्त मूर्ति को देखकर महाराणा के नौकरों के तो होश ही उड़ गए। कुछ देर के लिए उन्हें विस्मरण हो गया कि प्रताप और शक्तिसिंह में समर छिड़ा हुआ है, एवं स्तब्ध होकर एक दृष्टि से सब लोग ब्राह्मण की ओर देख रहे थे।

ब्राह्मणदेव ने अपनी आत्मबलि का निश्चय कर लिया। झट उन्होंने एक छोटी-सी छुरी निकाली। दाहिने हाथ में उसे लेकर आकाश की ओर ताकते हुए उन्होंने कहा, ''ईश्वर, तुम अन्तर्यामी हो। भगवन्, मेरी प्रतिज्ञा है इस राजवंश के ये दोनों ही लाल अक्षत रहेंगे। इनकी प्रतिज्ञा अपूर्ण होगी, तुम सबके हृदय की अभिलाषा पूर्ण करते हो, आज तुम्हारे श्रीचरणों में मेरे आत्मनिवेदन का अर्थ यही है!''

यह कहकर कल्याणकामी ब्राह्मण ने अम्लान भाव से अपने हृदय में छुरी चुभो ली। गर्म खून का फौवारा छूट चला। क्षत्रियत्व के जोश में पागल प्रताप और शक्तिसिंह के ऊपर भी खून के छींटे जा पड़े। प्रताप का अनुचर-समुदाय उच्च स्वर से "ब्रह्म हत्या हो गई! ब्रह्म हत्या हो गई" कहकर चिल्लाने लगा। ब्राह्मण के शरीर से खून की धारा बह रही है, देखकर प्रताप चकित हो गए, शस्त्र सँभालकर आश्चर्य-भरी दृष्टि से ब्राह्मण को देखने लगे। भय से शक्तिसिंह का हाथ भी न उठा। महान् अपराधी की तरह वे भी तड़फड़ाती हुई ब्राह्मण की भूलुण्ठित देह को देखने लगे। मारना, वार करना भूल गया। बात-की-बात में क्षत्रियत्व का नशा इस महान् त्याग को देखकर उतर गया। जहाँ दोनों भाइयों में घनघोर शत्रुता ठनी हुई थी, वहाँ दोनों सशंक दृष्टि से उस मृतप्राय ब्राह्मण को देख रहे हैं। शक्तिसिंह को तो बिलकुल काठ मार गया। महाराणा प्रताप ने होश सँभालकर ब्राह्मण को उठा उनका मस्तक अपनी छाती पर रख लिया। वे दम तोड़ ही रहे थे। देखते-ही-देखते उनका शरीर प्रताप की गोद में निष्प्राण हो गया। एक आह के साथ प्रताप के दो बूँद आँसू उस गम्भीर मौन में मृत ब्राह्मण की छाती पर टपक पड़े।

ब्राह्मण की ओर से प्रताप की नज़र शक्तिसिंह की ओर उठी। तमाम खून खौल उठा। सोचने लगे, शक्तिसिंह ही इस घोर ब्रह्महत्या का कारण है। प्रताप ने अपने स्वाभाविक स्वर से शक्तिसिंह को देखते हुए कहा, "शक्तिसिंह, आज इसी मुहूर्त तुम मेरे राज्य की सीमा पार कर जाओ। अपने राज्य से तुम्हें निर्वासन दंड दिया।"

शक्तिसिंह के मुँह से कोई शब्द न निकला, चुपचाप इस दंड को उन्होंने स्वीकार कर लिया और वहाँ से राज्य पार कर जाने के लिए घोड़े पर सवार हो चल दिए।

इधर ब्राह्मण की अन्त्येष्टि-क्रिया बड़ी धूमधाम से समाप्त की गई। उसी जगह पर एक स्मृति मन्दिर भी प्रताप ने तैयार करा दिया और उसके परिवार को एक अच्छी जागीर दी, जिसका उपभोग इस समय भी उस त्यागवीर ब्राह्मण के वंशज करते आ रहे हैं।

चतुर्थ परिच्छेद

राजधानी-चित्तौड़

फाल्गुन सुदी 15 सं. 1618 का दिन हिन्दुओं को स्मरण रखना चाहिए। हिन्दू कुलपति महाराणा प्रतापसिंह को इसी दिन राजगद्दी मिली थी। कापुरुष उदयसिंह के औरस से प्रताप जैसा वीरशिरोमणि पैदा हुआ, यह काम आश्चर्य की बात नहीं। यदि उदयसिंह के समय अकबर के यौवन-काल में, उनके दिल्ली-सिंहासन

प्राप्त करते समय उदयसिंह न होकर महाराणा प्रताप होते, तो आज इतिहास-लेखकों को आपके सम्बन्ध में कुछ और ही शब्द, और-और ही घटनाएँ लिखनी पड़तीं।

शक्तिसिंह को राजधानी से तो प्रताप ने निकाल दिया था, परन्तु अपने हृदय से न निकाल सके थे। कारण और अनेक दुर्गुणों के रहते हुए भी एक बहुत बड़ा गुण शक्तिसिंह में था। वह थी—निर्भीकता। शत-शत शत्रुओं के बीच में घिरकर भी शक्तिसिंह पीठ न फेरते थे, भागने के लिए उनके पैर ही न उठते थे। जितने उद्दंड थे, उतने वे वीर भी थे, उनके सरदारों में शक्तिसिंह का अभाव दूर करनेवाला कोई न था। सेना-संचालन की शक्ति तो शक्तिसिंह में न थी, पर अपने प्रबल पराक्रम और अनिवार्य वारों से शत्रुदल को विचलित करने और अपनी सेना को उत्साह देने में शक्तिसिंह से बढ़कर वीर प्रताप की फौज में न था। आज उसी वीर के अभाव से महाराणा विचार कर रहे हैं। कभी मुगलों की शक्ति याद आती। कभी भाई शक्तिसिंह की।

''कितने अत्याचार मुगलों ने राजपूत जाति पर किए हैं। शत-शत वर्ष काल के अथाह गर्भ में समा गए; परन्तु इन दोनों जातियों का भाव एक-दूसरे से वैसा ही बना है। यह दोष किसका है? क्या राजपूत इसके लिए दोषी हैं? वे तो मुगलों को कभी भी सताने के लिए नहीं गए। तब, क्या दोष मुगलों का है? केवल मुगल ही नहीं, पठानों के राज्यकाल से ही मेवाड़ भूमि पर ऐसे ही आक्रमण हो रहे हैं, जैसे हम मेवाड़वासी आक्रमण सहने और अन्त तक प्राणों की आहुति देने के लिए ही पैदा हुए हों। जैसे यहाँ के अधिवासियों का इसके अतिरिक्त और कोई उद्देश्य ही न हो। मुसलमान अपनी विजय के लिए आते हैं। हे ईश्वर, इस विजय और रक्षा के भीतर तुम्हारी कौन-सी इच्छा छिपी हुई है? अगणित बार पराजय, सहस्त्रों राजपूत अंगार की तरह जलकर राख हो गए, अगणित स्त्रियाँ सती हो गईं, अपनी धर्म-रक्षा के लिए, और यह भयंकर प्रहार हुआ—एकमात्र चित्तौड़ पर विशेष रूप से।

''चित्तौड़ मेवाड़ की रानी है, हमारे वंशजों की शताब्दियों तक राजधानी रह चुकी है। केवल पिता जी ने वहाँ से राजधानी उठा दी, उदयपुर चले आए, परन्तु चित्तौड़ की-सी श्री क्या संसार में और कहीं होगी? दुर्लंघ्य पहाड़ के मस्तक पर आकाश के चन्द्र की तरह शोभा दे रही है। नहीं है, क्यों थी; अब क्या है, अब तो अकबर की कृपा से घास, टीले, स्तम्भ, खंडहर—यही उसकी पहचान के लिए रह गए हैं। परन्तु जो भूषण उसके छिन गए हैं, यदि फिर से पहना दिए जाएँ, तो वह रानी ही रहेगी। स्थिति उसकी कितनी सुरक्षित है। शायद इसीलिए उस पर प्रहार-पर-प्रहार होते गए। तीन ओर से पहाड़ के कारण एक सुरक्षित मध्यभाग लगभग डेढ़ मील चौड़ा, जहाँ कभी लोगों की अश्रान्त चहल-पहल थी। सम्पूर्ण घेरा आठ मील तक का—कितना सुन्दर एक नगर के लिए, पर्वत भी सौ गज से ज़्यादा ऊँचा नहीं। चारों ओर से चारदीवारी नगर की रक्षा कर रही थी, और रात को इसी चारदीवारी

की मरम्मत कराते समय सेनापति हमीर—ओफ़ हमीर! मारे गए! घातक अकबर की गोली से छिपकर मारा गया वीर तो यह जानता था कि रात को लड़ाई नहीं होती। जहाँ स्वाधीनता की विजय-वैजयन्ती उड़ रही थी, आज वहाँ भयानक श्मशान है! ऊँचे-ऊँचे विजयस्तम्भ दुर्गम आकोश को आलिंगन करने के लिए बढ़ रहे हैं, मानो अब इस पृथ्वी के अत्याचार को देख नहीं सकते। हाय! आज चित्तौड़ असहाय भिखारियों की तरह निरस्त तथा कान्तिहीन-सा हो रहा है। मेरी ओर कैसी करुणाभरी दृष्टि से देखता है!

"अहा! मेवाड़, वह भी एक दिन हो गया कि नन्हे-नन्हे बालकों को उनकी माताएँ केसरिया वस्त्र पहना, आशीर्वाद देकर, मुख चूम लड़ाई के लिए विदा करती थीं, और सगर्व कहती थीं, कि बेटा, मर जाना पर हारकर न आना। कितनी ही देवियाँ अपने पूज्य पतियों को बाँह में भरकर, डबडबाई आँखों से विदा करती हुई कहती थीं, विजय के साथ आना, नहीं तो स्वर्ग में मैं तुम्हारे लिए प्रतीक्षा न करूँगी। क्या संसार में कहीं इतनी बड़ी विभूति होगी?

"कितने अच्छे ढंग से रक्षा की गई थी। नगर में प्रवेश करने का मार्ग पूर्व-दक्षिण के कोने से था। यहाँ से क्रमश: बस्ती ऊँची होती गई, पर बीच-बीच में नीचे की जगहें भी मौजूद, अगम अथाह जलाशय सदा ही भरे हुए, पानी का कभी भी अभाव न हो। जो राह किले तक गई थी, वह बिल्कुल चक्रव्यूहाकार। दुर्ग तक पहुँचने में सात दरवाज़े पड़ते थे। इन दरवाज़ों में रामपोल सबसे बड़ा था। और यह चित्तौड़ से पश्चिम की ओर था। पूर्व में सूर्यपोल। भोजन और पानी का अभाव यहाँ प्रथम से अन्त तक कभी नहीं हुआ। कितने विजयस्तम्भ, जैनियों के कीर्तिस्तम्भ और देव मन्दिर राजा कुम्भ के ऐश्वर्य की साक्षी दे रहे हैं।"

मानसिक चिन्ता के कारण महाराणा बिलकुल शिथिल हो रहे थे। ऐसे समय द्वार-रक्षक ने चन्दावत कृष्ण के आने की सूचना दी। महाराणा ने सहर्ष बुलाया। प्रभात के थके हुए मुख की ओर देखकर आश्चर्य प्रकट करते हुए सरदार चन्दावत कृष्ण ने कहा, "मुझे महाराणा को देखकर जान पड़ता है, वे किसी विशेष चिन्ता में पड़े हैं। क्या मैं इसका कारण पूछने का साहस करूँ?"

उदास भाव से चन्दावत कृष्ण को एक बार महाराणा ने देखा, एक लम्बी-सी साँस ली, और कहा, "हाँ, आपका अनुमान बिलकुल ठीक है। मुझे चित्तौड़ की याद आ रही है। मैं एक बार आपके मुख से चित्तौड़ की कथा सुनना चाहता हूँ।" प्रताप आग्रह से सरदार चन्दावत को देखने लगे।

सरदार ने एक लम्बी साँस लीं। आँखें नीची कर लीं और कहा, "महाराणा, मुसलमानों के शासनकाल के आरम्भ से ही चित्तौड़ पर विपत्ति की बिजलियाँ टूटती आ रही हैं, अब चित्तौड़ का वह वैभव कहाँ? आपको तो वैभवरहित राज्य का सिंहासन मिला है, जिसके मणि-रत्न मुसलमानों के हाथ लग चुके हैं, और

जिसका वीर्य समर की चिता पर जलकर अमरलोक को चला गया है। श्मशान के सम्राट्! इसके प्राचीन शौर्य की समानता मैं न करूँगा, केवल आपके पिता के सम्मान का हाल बताता हूँ। जब आपके पिता चित्तौड़ से भागकर अपनी संकीर्णता, कापुरुषता का परिचय देते हुए प्राणों की रक्षा के लिए यहाँ आ छिपे थे, उस समय, अकबर के प्रबल आक्रमण की चोट अल्पसंख्यक राजपूत वीरों द्वारा सही नहीं गई, उस भयंकर समर की ज्वाला में तीस हज़ार राजपूत भस्म हो गए! राजपूतों की सहस-सहस्र साध्वी स्त्रियाँ भी जिनमें उदयसिंह की नौ रानियाँ, पाँच राजकुमारियाँ तथा अन्यान्य वीर सरदारों की अगणित स्त्रियाँ थीं, अपने सतीत्व और सम्मान की रक्षा के लिए जलते हुए अग्निकुंड में जीवन विसर्जन कर स्वर्ग में अपने प्रियजनों से जा मिलीं और कुछ पहले ही से स्वर्ग में चलकर अपने कापुरुष पतियों को आत्मविसर्जन की शिक्षा देती हुई सुखोपभोग करने लगीं। विशेष दुख होता है उन अविवाहिता छोटी-छोटी बालिकाओं का जलती हुई चिताग्नि में अपनी माता के अनुसरण-धर्म ग्रहण करने की बात से। सोचिए महाराणा, वह राजपूत जाति की कितनी बड़ी आहुति थी!''

प्रताप की दृष्टि स्थिर, जलती हुई, अभ्ररहित, श्वास अवरुद्ध, निश्चल, सम्पूर्ण मन सरदार के विगत पीढ़ी के इतिहास-कथन पर मानो प्रबल तूफान उठाने के लिए वायुमंडल ने यह पूर्व गम्भीर रूप धारण किया है। सरदार कहते गए, ''एक ओर मुगलों की हर्ष-ध्वनि हो रही थी, दूसरी ओर राजपूत वीरांगनाओं का जौहर! चित्तौड़ गढ़ के टूटने पर बड़ा कोलाहल करते हुए मुगल-सम्राट् उस नगर के भीतर घुसे। उन्हें आशा थी कि तुर्की से आए हुए सिपाहियों के घर विधवा राजपूत-रमणियों से आबाद होंगे।''

''ठहरो'', प्रताप की आँखें आग उगल रही थीं। सरदार चन्दावत अब तक अपनी कथा की ओर ही ध्यान लगाए हुए थे, प्रताप की भीमगौरव मुखाकित देखकर सहम गए। परन्तु बुद्धिमान् सरदार ने प्रताप को शान्त कर फिर कहा, ''महाराज, हम राजपूतों की आशा के दीपक! तुम्हारा प्रकाश चिरन्तन हो, मैं वही तैल तुम्हारे अन्दर भर रहा हूँ। धैर्य से सुनो, स्वभाव की उत्तेजना से कार्यसिद्धि नहीं होती।'' प्रताप शान्त हो गए। सरदार कहने लगे, ''अकबर चित्तौड़ के अन्दर गए, तब उनकी सम्पूर्ण आशा धूल में मिल गई, कुछ भी हाथ न लगा। एकमात्र चतुर्भुजी देवी के मन्दिर का जलता हुआ दीपक और जब शून्य भवनों के विशाल अद्‌भुत कारीगरी के साक्षी दरवाज़े, मुगल बादशाह की लुंठन वृत्ति को कुछ सन्तोष देने के लिए सजग खड़े थे जैसे आत्माहुति के लिए वे भी तैयार होकर उस विपुल शून्यता में उसे ललकार रहे हों।'' चन्दावत कृष्ण इतना कहकर सशंक दृष्टि से प्रताप के मुख की ओर देखने लगे। उनके कपोलों पर से आँसुओं की मुक्ताएँ चित्तौड़ की दरिद्रता को श्री-समृद्ध करने के लिए अविराम भाव से बह रही थीं।

पंचम परिच्छेद
वीर-व्रत ग्रहण

प्रातःकाल की सुनहरी किरणों में अब और ही चहल-पहल, एक दूसरी ही छवि दिखलाई दे रही थी। संसार के इतिहास में यह एक सर्वश्रेष्ठ आत्माभिमानी स्वदेशभक्त का गौरव-दिवस था। शरीर की प्रत्येक शिरोपशिरा में इसी दिन प्रताप की प्रतिज्ञा-शक्ति का संचार हुआ था, जिससे आजीवन उन्हें उद्देश्य पथ पर अटल हिमाचल की तरह स्थित और वेगवान वायु की तरह गतिशील कभी सुख की नींद नसीब न हुई। कभी प्रखर आतप-तप्त शिलाओं पर विचरते, कभी प्रलय की बाढ़ में विपुल शत्रु-सेना से सम्मुख समर करते, कभी प्रचंड शीत की निशा में पराजित होकर पकड़े जाने के भय से वास-वस्त्र रहित होकर पार्वत्य-प्रदेशों में छिपते फिरते। आज यह उन्हीं असंख्य विघ्न-बाधाओं के स्वीकार करने का दिन है।

चारों ओर राजधानी में खबर फैल गई, राजदरबार होगा। बड़े-बड़े सामन्त सरदारों का वहाँ सम्मिलित होना आवश्यक है। महाराणा की आज्ञा का उल्लंघन किसी ने न किया। राज्य के प्रतिष्ठित प्रायः सभी सामन्त सरदार वहाँ एकत्र हुए, साधारण जनों का तो हाल ही न पूछिए। सबके हृदय में महाराणा के सम्बन्ध में तरह-तरह की तरंगें लहरें मार रही थीं। उदयसिंह के पश्चात् प्रताप को प्राप्त कर लुप्त गौरव मेवाड़ की अन्तरात्मा उत्फुल्ल हो उठी। सब लोगों को यह विश्वास हो रहा था कि हमारे भूतपूर्व राणा उदयसिंह न होकर प्रतापसिंह होते तो हमारे चित्तौड़ का इस तरह विनाश न होता। लोग अनेक प्रकार की जल्पना-कल्पनाएँ कर रहे थे। जब तक सभा में अधिकारी वर्ग नहीं आ गए, तब तक लोग एक-दूसरे से तर्क-वितर्क करते हुए खासा कोलाहल मचाये हुए थे।

देखते-देखते सभा में सन्नाटा छा गया, जैसे लोगों की साँस भी न चल रही हो। विस्तृत सभा-मंडल की साज-सज्जा बिलकुल नए ढंग की थी। चारों ओर आम के पत्तों की झालर टँगी थी। द्वार पर जलपूर्ण कलश रखे थे, ऊपर मंजरी और शस्त्र से भरा पात्र। इसी मंडप में एक जगह महाराणा के बैठने की जगह थी। सब लोग गला बढ़ा-बढ़ाकर महाराणा को देख रहे हैं कि इतनी देर हो गई, क्यों नहीं आए?

एकाएक भेरी बज उठी। सिपाही कतार बाँधकर खड़े हो गए। सलामी दगने लगी। लोग उत्सुकता से चंचल हो रहे थे। महाराणा मंडप के भीतर गए। सम्पूर्ण सभासदों ने उठकर महाराणा का स्वागत किया। वे धीरे-धीरे अपने आसन पर जा बैठे। महाराणा के दोनों ओर उनके शरीर-रक्षक, सरदार-राजपूत गर्व से गर्दन ऊँची किए खड़े हो गए। कुछ चुने हुए राजकर्मचारियों और सामन्त सरदारों को ही महाराणा की बगल में बैठने का सौभाग्य मिला था। समय के आ जाने पर महाराणा

बड़े धैर्य और गम्भीरता मे उठकर खड़े हो गए और सम्मिलित जनसमूह को लक्ष्य कर कहने लगे—

"भाइयो, आज एक विशेष उद्देश्य की सिद्धि के लिए मैंने तुम लोगों को यहाँ आने का कष्ट दिया है, मुझे पूर्ण विश्वास है कि इस कष्ट को तुम लोगों ने सहर्ष स्वीकार किया होगा, परिश्रम की सुकुमारता को अवश्य ही तुम लोग मुझे उपहार दे चुके होगे, और मेरे उद्देश्य-पथ पर आजीवन चलने के लिए निश्चय कर लिया होगा। मैं जानता हूँ, मेरे प्रति तुम्हारा यह प्रेमातिरेक है। यह कभी उस तरह की राजभक्ति नहीं, जिसके हाथ हमेशा भय के कारण ही अंजलिबद्ध हुआ करते हैं, जिसका मस्तक केवल प्रहार के भय से नत हुआ करता है, जिसकी आज्ञाकारिता में स्वामी की कुटिल गति मिली रहती है, जिसे मालूम नहीं आत्मत्याग क्या है, जो नहीं जानता हृदय का आदान-प्रदान किस प्रकार से हुआ करता है।"

लोग मंत्रमुग्ध की तरह एक दृष्टि से महाराणा को देखते और उनका हृदय के अन्तिम स्तर तक पहुँचकर अपना प्रभाव छोड़नेवाला अभिभाषण सुन रहे हैं, कभी-कभी वे अपने साथियों से भी मौन दृष्टि से कुछ प्रश्न कर लेते हैं। महाराणा कहते गए—

"आज मैंने तुम लोगों को जिस उद्देश्य की पूर्ति के लिए यहाँ बुलाया है, वह हिमालय से भी महान् और समुद्र से भी गम्भीर है, आकाश से भी अगम और अरण्य से भी गहन है। भाइयो, एक बार उस जाति की ओर आँख उठाकर देखो। उस जाति की ओर, जो वेदों की अनादि व्याख्या की तरह अपनी उत्पत्ति को अनादिकाल-प्रसूत बतलाती है, भगवान् रामचन्द्र को, भगवान् कृष्णचन्द्र को जन्म देने का गर्व करती है। देखो, आज कुछ ही शताब्दियों के अन्दर कितना घोर परिवर्तन हो गया। उस जाति को आदर्श से भ्रष्ट, धर्म से पतित, सहानुभूति से बहिष्कृत, देश की हिताकांक्षा से विमुख और तुर्कों की सेवा में तत्पर होते देखकर क्या कभी कोई सच्चा स्वदेश-भक्त एक क्षण के लिए भी स्थिर रह सकता है?"

"कदापि नहीं, कदापि नहीं!" समुद्र की एक प्रबल तरंग जैसे एक छोर से उठी और दूसरे छोर तक गर्जना करती हुई चली गई। प्रताप कहने लगे, "भाइयो, आज हिन्दू जाति के दुर्भाग्य के कारण उसके मुख्य-मुख्य सभी आधार मुसलमानों के आश्रय में अपनी दीनता के दिन काट रहे हैं। आज ऐसा कोई नही जिसे भारतवर्ष अपनी जाति का सिरताज, अपने अपमान का बदला चुकानेवाला स्वाधीन सम्राट् समझे। आज जयपुर, जोधपुर, अम्बर जैसे क्षत्रियों के गर्वोन्नत भाल पर एक ही कलंक का टीका लग रहा है! मुगलों के प्रताप-भोजी इन क्षत्रियो ने देश को पराधीन कर देने में अपनी सम्पूर्ण शक्ति का उपयोग किया है। अब तक मुसलमानों की अधीनता में रहकर अपने धर्म के बचाने का उपाय हो जाता था, परन्तु अब तो वह बात भी नहीं रही। अब मिलना तभी हो सकता है, जब अपने घर की एक कन्या को

भी तुर्कों की सेवा में समर्पित न किया जाए! भाइयो, राजपूत क्षत्रियों के वंश की कन्या, महाराज मर्यादा पुरुषोत्तम भगवान् रामचन्द्र के वंश की कन्या, मुसलमान बादशाहों की खिदमत में हाज़िर हो, क्या यह तुम्हें स्वीकार है?''

''कभी नहीं, कभी नहीं! प्राणों के रहते कदापि नहीं, हम अपनी मर्यादा की रक्षा के लिए अपने प्राणों को तुच्छ समझते है!'' महाराणा कहते गए—

''जिस प्रकार प्रलय की अग्नि चारों ओर से पार्वत्य प्रदेश को घेरकर जलती रहती है, आज हम उसी तरह चारों ओर से घिरे हुए हैं और तभी तक हमारा अस्तित्व है, जब तक हम अपनी स्वतंत्रता के साथ अपनी जननी-जन्मभूमि की गोद में सुख से विचरण करते हैं। हमारे देश के हतश्री महाराजाओं को हमारी यह स्वतंत्रता पसन्द नहीं। वे अपनी तरह हमें भी गुलाम बना लेना चाहते हैं। यह मनुष्यों की प्रकृति है। भाइयो, तुम्हारे जैसे माता के गर्वीले लालों के रहते क्या मैं यह आशा करूँ कि एक दिन मुझे भी तुर्कों की गुलामी के लिए साज़ो-सामान से तैयार हो जाना पड़ेगा?''

''नहीं—कभी नहीं! एक भी राजपूत जब तक मेवाड़ की भूमि पर महाराणा की सेवा के लिए जीवित है, तब तक महाराणा का केशाग्र भी तुर्क स्पर्श नहीं कर सकते, कदापि नहीं स्पर्श कर सकते! हम फिर तुर्कों को अपनी चमकती हुई तलवारों का पानी दिखाएँगे, फिर मेवाड़ के वक्ष पर जौहर होगा। इस बार मेवाड़ का बच्चा-बच्चा, मेवाड़ के सौ-सौ पुत्र माता के उद्धार के लिए बलि-वेदी पर चढ़ जाएँगे, महाराणा की रक्षा के लिए अपने सर्वस्व का अर्पण कर देंगे परन्तु तुर्कों की अधीनता कदापि स्वीकृत नहीं होगी।'' एक मधुर दृष्टि उस विपुल जन-समूह पर फेरकर बड़े उत्साह से महाराणा कहने लगे, ''हमें अपने भाइयों पर, अपने सरदारों पर, अपने वीरों पर पूरा विश्वास है, हमें उन पर पूरा भरोसा है। हम जानते हैं कि चाहे हिमालय पृथ्वी के वक्ष पर चंचल हो जाए, चाहे सूर्य पूर्व से पश्चिम में उगे, चाहे विधाता की लिपि का खंडन हो जाए, परन्तु मेरे वीरों की प्रतिज्ञा का भंग होना असम्भव है। मेरे वीरो, मेरे सहायक मित्रो, मेरे भाइयो, मेवाड़ के लाड़ले बच्चो, यह प्रतिज्ञा तुम्हारे योग्य ही हुई है। अगणित बार प्राणों की आहुति देकर काल को भी तुमने परास्त कर दिया है। भाइयो, जिस कारण से तुम लोगों को यहाँ मैंने निमंत्रित किया है, वह कारण तुम्हें मैं अब सुनाता हूँ। चित्तौड़ की विपत्-कथा तुम लोग अच्छी तरह जानते हो। मेवाड़ के पुत्रो, मातृभूमि चित्तौड़ के दुख के दिन तुम्हें न भूले होंगे, सरदार कृष्ण जी से उसकी करुण-कहानी सुनकर जो निश्चय मैंने किया है, तुम्हें सुनाता हूँ। आज की इस कथा को जीवन के उस मुहूर्त तक स्मरण रखना होगा, जब तक चित्तौड़ के शत्रु से उसका पूरा प्रतिशोध न लिया जा सके। भाइयो, हमारी माता की आँखों से अविराम अश्रु-प्रवाह जारी है, ऐसी दशा में हमें सुख-भोग करना किसी तरह से भी शोभा नहीं देता, बल्कि यह हमारी दुर्बलता है राजपूत जाति के लिए घोर कलंक है।''

सब लोग विस्मय से मुग्ध होकर एकटक महाराणा को देख रहे हैं। महाराणा कहते गए—

"हमने निश्चय किया है कि जब तक चित्तौड़ की यह अवस्था दूर न होगी, हम उसे उसी दिव्यरूप में न देख लेंगे, तब तक उसके दुख में हम भी शोक-चिह्न धारण करेंगे, तब तक हमारा ब्रह्मचर्य व्रत रहेगा, हम किसी तरह का आनन्द-मंगल न मनाएँगे, नख और बाल न कटवाएँगे, सोने और चाँदी के बरतनों में हम अब तक भोजन करते आए हैं, परन्तु अब से हम पत्तल पर भोजन किया करेंगे।

"महलों में हमें अब तक आनन्द के ही साधन मिलते आए हैं और हम उनसे अपने उच्चतर कार्यों को भूलते गए, अब हम उन महलों का रहना भी छोड़ देंगे, राजवेश की भड़क और चकाचौंध से लोगों पर व्यर्थ प्रभाव डालने की धृष्टता न करेंगे, सब भाइयों की तरह मामूली पोशाक, साधारण रहन-सहन के साथ कुटिया में जीवन बितावेंगे!"

लोगो पर जैसे वशीकरण मंत्र का प्रभाव पड़ रहा हो, जैसे स्वर्ग में भी इस दृष्टान्त की लोग आशा न करते हों, जैसे देवताओं मे भी इतना बड़ा चरित्र-बल नहीं हो, महर्षियों में भी इतना कठोर त्याग न हो, लोग गम्भीर श्रद्धा की दृष्टि से उस महावीर, महात्यागी की पवित्र वाणी को सुनने लगे।

"भाइयो, जब तक चित्तौड़ का उद्धार न होगा, तब तक हम किसी प्रकार का उत्सव न करेंगे, कोई त्योहार न मनाएँगे। हमारे सामने जो नगाड़ा बजता हुआ जाता था, अब वह वैसे न बजेगा। अब वह हमारी सेना के पीछे बजा करेगा।"

महाराणा चुप हो गए। सहस्त्रों व्याकुल कंठ महाराणा को धन्यवाद देने लगे। जनता के प्रतिनिधि की हैसियत से सरदार चन्दावत उस मंच पर से उठकर खड़े हो गए और अपने मेघ-गम्भीर कंठ से कहने लगे, "भाइयो, महाराणा ने हमारे दुख-कष्टों को दूर करने के लिए जिस कठोर-व्रत को ग्रहण किया है, हम इसके लिए अपने निश्छल हृदय से उन्हें धन्यवाद देते हैं और प्रतिज्ञा करते हैं कि जब तक हमारे शरीर में एक बिन्दु भी उष्ण रक्त बहता रहेगा, हम महाराणा की आज्ञा का उल्लंघन नहीं करेंगे। हमारी जाति के यथार्थ हितचिन्तक महाराणा की रक्षा के लिए हमें जो कुछ भी त्याग करना पड़े, हम सहर्ष उसे स्वीकार करेंगे। देश में जहाँ मर्यादा का पर्दाफाश होता है, जहाँ हमारी बहू-बेटियों के सतीत्व की रक्षा का उपाय नहीं, जहाँ सदा ही हमें सशंक रहकर विचरना पड़ता है, जहाँ हमारे ही हमारे शत्रु हैं, वहाँ अपने धर्म, देश, मर्यादा, बहू-बेटियों और प्राणों की रक्षा के लिए महाराणा से बढ़कर दुख में सहायक हमारा और कोई नहीं। हम अपने लक्ष्य तक उसी रास्ते से एकत्र होकर पहुँचेंगे, जिससे हमें महाराणा ले चलेंगे। क्यों भाइयो, क्या इसमें कहीं किसी को कोई सन्देह भी है?"

"बिलकुल नहीं, बहुत ठीक कहा है आपने, हम अपनी रक्षा का सम्पूर्ण भार महाराणा के हाथों में अर्पण करते हैं।"

सब लोगों ने भक्तिपूर्वक महाराणा को प्रणाम किया। सभा समाप्त की गई। लोग महाराणा के गुणगान करते हुए आनन्द से अपने-अपने घर पहुँचे और बात-की-बात में महाराणा के त्याग और प्रतिज्ञा की खबर राज्य में फैल गई थी। दूसरे हिन्दू राज्यों में भी महाराणा की उदारता और प्रजावत्सलता की कथाएँ बड़ी तेज़ी से फैलने लगीं।

षष्ठ परिच्छेद
मान-मर्दन

अब उदयपुर के गगनचुम्बी धवल धामों का रहना महाराणा प्रताप ने छोड़ दिया। अपनी प्रतिज्ञा का पालन करने के उद्देश्य से राजसुखों का उन्होंने तिरस्कार कर दिया। अब पहले की तरह वस्त्राभूषणों की जगमगाहट नहीं रही, अब बिलकुल साधारण मनुष्य के वेश में साधारण भाव से रहकर देश और जाति में नवजीवन संचार करने के लिए वे दृढ़प्रतिज्ञ हो रहे हैं। उदय सागर के विशाल तट पर अब उनकी पर्णकुटी की नवीन राजधानी शोभा दे रही है। वहाँ चारों ओर से हिंस्र पशुओं की भीष्ण ध्वनि सुनाई पड़ती है। तपस्वी महाराणा के साथ उनकी सहधर्मिणी और उनकी पुत्र-कन्याएँ भी हैं, वैसा ही वेश धारण किए हुए, वैसे ही भोजन और वस्त्रों से अपनी तपस्या के दिन पार करते हुए। पति के कार्य को सविध सम्पूर्ण करने के सती, पद्मावती की तपस्या बड़ी ही अद्भुत थी। वे उस महान् परिवर्तन में कभी विचलित नही हुईं। उनकी गम्भीरता महाराणा के व्रत में पूर्ण सहायता देती रही। उनका निष्कलंक मुखमंडल सदा ही अपने बच्चों के सामने प्रफुल्ल रहा करता, जिसमे उन अबोध बालकों को अपने दुख का अनुभव नहीं होता था। घर और गृहस्थी के कार्य में उनकी चारुता देखने ही लायक थी।

इस राजपरिवार के अपूर्व त्याग के आदर्श ने प्रजाजनों में विस्मय का परिवर्तन पैदा कर दिया। एक अव्यक्त भक्ति का संचार अज्ञातभाव से उनमें होने लगा। जब कभी उन्हें विपत्ति का सामना करना पड़ता, वे महाराणा के त्याग का स्मरण करते और उस विपत्ति का बोझ एकाएक उनके मस्तिष्क से हट जाता। राज्य में घर-घर देशोद्धार की चर्चा होने लगी। लोग अपनी स्त्रियों और बच्चों को भी यही शिक्षा देने लगे। सबके अन्दर स्वधर्म और स्वदेश का विचित्र अनुराग फैल गया। ऐश्वर्य की वासना, भोग की लालसा सबके हृदय से निस्सार स्वप्न की तरह विलीन हो गई। सब लोग कठोरता को ही अपने लक्ष्य पर पहुँचाने का एकमात्र उपाय समझने लगे।

उस निर्जन वनभूमि में भी लोगों की भीड़ लगी रहती। पूजा-पाठ, यज्ञ-होम आदि समाप्त करके एकत्र होकर सब लोग देश के विगत-गौरव की चर्चा किया करते। बीच में, महाराणा प्रताप को बैठाकर देशोद्धार की कल्पनाएँ लड़ाया करते,

उनसे उपदेश लिया करते, व्यूह रचना और संगठित सिपाहियों के युद्ध-कौशल की शिक्षा ग्रहण करते। देखते-ही-देखते वह एकान्त स्थान, त्याग और वीरत्व का विश्वविद्यालय हो गया।

एक रोज़ पद्मावती प्रताप के पास बैठी थीं। पास और कोई न था, बच्चे जंगल में इधर-उधर खेल रहे थे। महारानी ने प्रताप से पूछा, "आज तुम्हें छोड़कर प्राय: और सब राजपूत अकबर के अधीन हो गए हैं। ऐसी परिस्थिति में क्या तुम्हें आशा है कि इस जाति का उद्धार हो सकेगा?"

प्रताप—"हमें इतना ही अधिकार है कि हम अपने आचरणों को पूरी तरह से निबाहते जाएँ। हमें किसी दूसरे को शिक्षा देने का अधिकार नहीं है।"

पद्मावती—"यदि शिक्षा देने का अधिकार ही नहीं, तो यह इतना सब किसलिए करते हो?"

प्रताप—"अपने लिये। हमारे धर्म का यह बड़ा जटिल रहस्य है। सनातन धर्म का अर्थ यही है कि हम अपना कर्त्तव्य पूरा करते रहें। जो कार्य ईश्वर को करना होगा, वे हमारी कर्त्तव्यपरायणता की शक्ति से पूरा करेंगे। हमारी कर्त्तव्यपरायणता की शक्ति ही ईश्वर की शक्ति है, उसमें महान् आकर्षण है, यदि वह सत्य है, देखो, हमारे वंश के मर्यादा पुरुषोत्तम भगवान् रामचन्द्र ने कितना महान् कार्य किया, उनके अवतार की शक्ति उनके कार्य से ही प्रकट हुई और उसका आकर्षण भी देखो कि आज इतने दिन हो गए, परन्तु भगवान् रामचन्द्र का आदर्श हमारे अन्दर जीवन का संचार करता जा रहा है।"

पद्मावती—"परन्तु उन्होंने रावण की शक्ति का प्रतिरोध करने के लिए कितनी विशाल बन्दरों की सेना एकत्र की थी, तुम मुट्ठीभर आदमियों को लेकर कैसे अगणित यवनों का सामना करोगे?"

प्रताप—"बन्दरों की सेना भगवान् रामचन्द्र की ही शक्ति से एकत्र हुई थी, रावण-विजय के केन्द्र वही हैं। पहले उनका सहायक कोई न था, उनकी शक्ति के विकास ने ही इतना महान् रूप धारण किया। हमारे अन्दर उस शक्ति का जितना विकास होगा, उतना बड़ा बाह्य रूप, उतनी बड़ी सेना भी अवश्य ही संगृहीत होगी। यह आकर्षण किसी लोभ या लालच का नहीं, इसमें प्राणों की पुकार है। यदि सेना एकत्र न हो तो क्या हमारा यह कर्त्तव्य होगा कि हम अपना धर्म ही छोड़ दें, मुसलमानों की अधीनता स्वीकार कर लें? देखो, यही लालसा और भोग का रूप आता है। हम मुसलमानों से क्यों मिलें? धर्म क्यों छोड़ें?—अर्थात् अपने को दुर्बल समझें, सुख की तलाश में फिरें, यही है न अधर्म, यही है। यहीं हमें अपने यथार्थ कार्य का पता चलता है। अपने धर्म में मर जाना भी अच्छा, परन्तु दूसरे का धर्म कदापि ग्रहण न करना चाहिए, भगवान् श्रीकृष्णचन्द्र की वाणी का सत्य अर्थ यहाँ खुल जाता है।"

पद्मावती—"यदि तुमसे राजपूत राजा ही लड़ने के लिए आवें, तो तुम क्या करोगे? अपने भाइयों का संहार करोगे?"

प्रताप—"वे मेरे भाई नहीं, वे मेरे शत्रु हैं और मुसलमानों से भी भयंकर। हमारा धर्म बड़ा ही गहन है। देखो, जो लोग अकबर से जा मिले हैं, उनके मिलने का कारण भी सोचो, वे जिस तरह अपने को धोखा देते हैं, उसी तरह दूसरों को भी धोखा देना चाहते हैं, उनके भीतर तो भरा है—भय, लालसा, भोग, ऐश्वर्यमद। परन्तु बाहर वे अपनी प्रजा को समझाते हैं कि तुम्हारे प्राणों की रक्षा के लिए, तुम्हारे धन को लुटने से बचाने के इरादे से हम बादशाह से मिले हैं, उन्हें अपनी लड़कियाँ दी हैं। कितनी नीचता है! जिसकी दृष्टि इतनी बहिर्मुख है, वह क्या हमारे धर्म को समझेगा? हमारे धर्म में कहीं भी प्राणों की माया नहीं की गई, जहाँ प्राणों पर कुछ भी प्रेम है, वहाँ हमारा पवित्र धर्म भी नहीं, फिर क्षत्रिय-धर्म का आदर्श तो बहुत ही महान् है।"

पद्मावती—"अभी अच्छी तरह मैं नहीं समझी।"

प्रताप—"प्राणों पर विजय प्राप्त करना ही हमारे धर्म की शिक्षा है। ब्राह्मण तपस्या के बल से, क्षत्रिय शौर्य से, वैश्य दान से और शूद्र सेवा से विजय को प्राप्त करते हैं। चारों के कर्म तो अलग-अलग हैं, परन्तु लक्ष्य चारों का एक ही है। देखो, युद्ध के समय यदि हम पीठ दिखाएँ तो जैसे मरने से डरे, वैसे ही धर्म से पतित हुए। यदि तुम अपने पति का संग एक मुहूर्त के लिए भी छोड़ दो, तो जैसे पति से अलग रहकर किसी दूसरे सुख की कामना तुम्हारे मन में हुई हो, इसलिए तुम सती-धर्म से गिर गईं। इस विचार से ही कहा गया है कि पति -पत्नी का सम्बन्ध चिरकालिक है, पति के न रहने से पत्नी उसकी कामना करके स्वर्ग लोक में तत्काल उससे मिले, इससे सिद्ध है कि तुम्हें प्रेम के पीछे प्राणों की बलि देने की ही शिक्षा दी गई है। इसी तरह प्राणों का मोह छोड़ने के बाद धर्म की व्याख्या होती है। जो राजपूत राजा हमारा विरोध करने के लिए आएँगे, वे अनार्य धर्मवाले हैं, एक धर्मनिष्ठ को धर्म-भ्रष्ट करने से बढ़कर पाप दूसरा नहीं। इसलिए हम उनका संहार करेंगे, हमें कुछ भी संकोच न होगा।"

पद्मावती—"तुम्हारा साथ देनेवाले इस समय कौन-कौन हैं?"

प्रताप—"कोई नहीं, हमारे राज्य के सरदारों को छोड़कर। मारवाड़, बीकानेर, अम्बर, अजमेर—सब के सब अकबर से जा मिले हैं। राजपूताना राजपूतविहीन हो रहा है। एक-एक करके सब राजाओं ने अपना धर्म, देश और अपनी आत्म-मर्यादा अकबर के हाथों सौंप दी है!"

पद्मावती—"पहले तो ऐसा न हुआ था, इस अकबर के समय में कैसे हो गया?"

प्रताप—"अकबर बड़ा ही चतुर है, वह मिलाकर मारता है। अभी तक मुसलमान अपने ही धर्म की श्रेष्ठता साबित करते आए थे, हमारे धर्म को घृणा की दृष्टि से देखते थे, इसलिए राजपूतों से मेल न हुआ था, परन्तु अकबर ने एक दूसरी माया

फैलाई है। वह सब धर्मों में सत्य के देखने का ढोंग करता है और राजपूत राजाओं को दिखावटी स्नेह के जाल में फाँसकर उन्हें वश में ला रहा है।''

पद्मावती—''मुगलों के चरणों में अपनी स्वाधीनता की डाली चढ़ानेवाले उन कुलांगार राजपूतों को अलग कर देने से यहाँ और कितने राजघराने रह जाते हैं, जिनसे विवाह का सम्बन्ध रखा जा सके?''

प्रताप—''एक भी नहीं, परन्तु यह निश्चय है कि सिसोदिया-वंश का सम्बन्ध अब उन कुलकलंक पिशाचों से कदापि न होगा। हमारे वंश का दीपक चाहे भले ही न रहे, परन्तु प्रकाश धुँधला न हो पाएगा।''

इसी समय प्रताप को एकाएक खबर मिली कि उनका आतिथ्य ग्रहण करने के उद्‌देश्य से महाराजा अम्बरपति मानसिंह आए हुए हैं।

सुनकर प्रताप कुछ आश्चर्यचकित हुए। कुछ देर तक सिर झुकाए विचार करते रहे। अन्त में एक निश्चय पर पहुँचकर कहा, ''महाराज मानसिंह आए हुए हैं, अच्छा, कुमार अमरसिंह को भेजो।''

दूत चला गया। अमरसिंह को उसने महाराणा की आज्ञा सुना दी। अमरसिंह अपने साथियों से वार्तालाप कर रहे थे। तत्काल महाराणा के पास पहुँचे। प्रणाम कर एक ओर खड़े हो गए। प्रताप ने कहा, ''सुना है अमर, महाराज मानसिंह आए हुए हैं, अतिथि होकर, भगवानदास के नामी सपूत जिनकी बहन से जहाँगीर का विवाह हुआ है?''

''हाँ, वही!'' प्रताप ने गम्भीर होकर कहा, ''अमर, क्या शोलापुर पर मुगलों की विजय हुई?''

''मुगलों की तो नही हुई, हाँ, मानसिंह की हुई है।'' अमरसिंह ने सविनय उत्तर दिया।

''राजपूतों का कलंक, शायद अपनी विजय का गर्व दिखलाने के लिए आया है।'' पद्मावती ने घृणा से कहा।

''हाँ, बादशाह की कीर्ति-पताका का प्रभाव दिखलाना इसका उद्‌देश्य अवश्य होगा, परन्तु हमें इस समालोचना से कोई काम नहीं। जिस अभिप्राय के साथ वे आए हैं, उसी की पूर्ति हमें करनी चाहिए।'' महाराणा ने गम्भीरतापूर्वक कहा, ''देखो अमर, हमारा धर्म है कि हम यथाशक्ति उनकी अभ्यर्थना करें, अतिथि का यथोचित सत्कार करें। जाओ, अपने सहायक मित्रों के साथ उनके रहने और भोजन-पानी आदि का उचित प्रबन्ध करो। जब तक उनका भोजन न हो जाए, हमें न बुलाना। अभी तो उनके स्वागत के लिए ही जाते हैं, परन्तु मिलकर ही चले आएँगे, कुल प्रबन्ध तुम्हें ही करना होगा।''

अमरसिंह चले गए। महाराणा भी इधर मानसिंह के स्वागत के लिए अपने कुछ सरदारों को साथ लेकर चले।

मानसिंह जिस जगह पर महाराणा की प्रतीक्षा कर रहे थे, वह स्थान कमलमीर के बिलकुल पास ही था। प्रताप राजकुलोचित शिष्टाचार के साथ महाराजा अम्बरपति से मिले और उनके इस परिश्रम के लिए बारम्बार धन्यवाद दिया।

मानसिंह ने भी मुगली सभ्यता की काफी शब्द-जाल-रचना की, कहा, "इससे उत्तम अवसर शायद मेरे भाग्य में कभी आया ही नहीं, आज मैं सिसोदिया-वंश के उज्ज्वल रत्न महाराणा प्रताप से मिल रहा हूँ। महाराणा का व्यक्ति-महत्त्व और वंश-महत्त्व भारतवर्ष में किसे मालूम न होगा ? मैं ईश्वर को धन्यवाद देता हूँ कि आज मेरे हृदय की चिरकाल की अभिलाषा पूरी हुई।"

महाराणा प्रताप ने नम्रता से कहा, "मेरा परम सौभाग्य है कि अम्बर-नरेश श्रीमान् मानसिंह ने यहाँ पदार्पण करने का कष्ट स्वीकार किया। उनकी उदारता का इससे बढ़कर और क्या प्रमाण होगा ? बिना प्रार्थना के ही मुझे सौभाग्य मिला, यह महाराज की ही महत्ता है।"

मानसिंह को बड़े आदर-यत्न से महाराणा अपने यहाँ ले आए। उधर, उनके टिकने का समुचित प्रबन्ध महाराणा-कुमार अमरसिंह ने कर ही रखा था। मानसिंह अपने साथियों सहित आनन्द से उसी भवन में ठहरे।

अमरसिंह के प्रबन्ध से मानसिंह के भोजन आदि की तैयारी उदय सागर के तट पर ही बड़े समारोह से की जाने लगी। वेनीस का ही रूपक खड़ा कर दिया गया। तालाब के चारों ओर पानी के ऊपर घाट बँधवा दिए, अनेक प्रकार के पत्रपुष्पों के तोरण-द्वार बनवाये गए, उनमें झालरें लगीं, बड़े-बड़े झाड़ और फानूस टाँगे गए, चारों ओर रोशनी की जगमगाहट से विचित्र शोभा फैल गई। फर्श पर सोने और चाँदी के अगणित बर्तन रखे हुए थे, जिनकी प्रभा से दर्शकों की आँखें चकाचौंध हो रही थीं। लोगों के चेहरे पर एक अद्‌भुत चंचलता थी। गलती न हो, इसके लिए जैसे हज़ार आँखें हमेशा सतर्क हों।

मानसिंह साधारण मनुष्य न थे। वे बादशाह अकबर के दाहिने हाथ थे। मानसिंह न होते तो अकबर का इतना प्रभाव इतिहासकारों की दृष्टि में शायद ही रहता। अकबर के समय में जितनी लड़ाइयाँ मुगलों ने फतह कीं उनमें अधिकांश मानसिंह की ही जीती हुई थीं, और ये अकबर वही अकबर हैं, जिन्होंने चित्तौड़ का समूल ही नाश कर दिया, महाराणा प्रताप के जो प्रबल प्रतिद्वन्द्वी हैं, मेवाड़ की स्वतंत्रता के प्रधान शत्रु। उधर मानसिंह राजपूत हैं, विधर्मियों से वैवाहिक सम्बन्ध करनेवाले, हिन्दू-सभ्यता और हिन्दू कीर्ति का नाश करके मुसलमानों का गौरव बढ़ानेवाले। इन अनेक कारणों से यह अतिथि-सत्कार विशेष महत्त्व रखता था, और उसकी पूर्ति भी उसी तरह से की जा रही थी। जब से महाराणा ने व्रत ग्रहण किया था, तब से उनका जीवन एक तपस्वी का जीवन हो रहा था; वे फल-फूल और साधारण भोजन करके ही दिन पार कर रहे थे, उनके साथ उनके परिवारवाले और उनकी प्रजा भी सुख की

कल्पना छोड़ चुकी थी। किन्तु यहाँ मानसिंह के लिए सभी सामान तैयार किया गया था और विलासी मानसिंह के भोजन के लिए राजसी प्रबन्ध हुआ था।

सब सामान तैयार हो गया। कुमार अमरसिंह महाराज मानसिंह को भोजन करने के लिए बुलाने गए। इधर, चारों ओर आसन लग गए और लोग महाराज मानसिंह के आने की बाट जोहने लगे। सब लोग बड़े अदब-कायदे से खड़े प्रतीक्षा कर रहे थे।

राजसी ठाट-बाट से महाराज मानसिंह कुमार अमरसिंह के साथ उस सजे हुए घाट पर आए। सजावट देखकर बहुत प्रसन्न हुए। बार-बार महाराणा को धन्यवाद देने लगे और शिष्टाचार दिखाने के विचार से विनीत शब्दों में,—इतने समारोह की क्या ज़रूरत थी, बार-बार कहने लगे। मानसिंह के साथी भी उनके स्वर में स्वर मिलाकर कुमार अमरसिंह को हर तरह से सन्तुष्ट कर रहे थे।

मानसिंह अपने साथियों के साथ आसन पर बैठ गए। सबके सामने थालियाँ रख दी गईं। सब लोगों ने आचमन किया, अपने-अपने इष्टदेव के नाम से अग्रभाग निकाल दिया।

मानसिंह इस समय कुछ चिन्तित-से हो रहे थे। वे महाराणा प्रताप से किसी शिष्टाचार के विचार से मिलने नहीं आए थे। उनका उद्‌देश्य कुछ और ही था। उनका भीतरी मतलब उनके साथी भी नहीं जानते थे। मानसिंह को मुगलों के साथ रहकर धूर्तता की खासी आदत पड़ गई थी। कितने ही राज्यों को उन्होंने धोखा दिया। राजनीति के वे मशहूर ज्ञाता थे। अपने समय के वे प्रसिद्ध कुटिल मनुष्य थे। उन्होंने सोचा था कि इस बार महाराणा से मिलकर अपनी चालाकी और दिखावटी प्रेम के प्रभाव से प्रतापसिंह को धोखा देकर अपना मतलब अच्छी तरह गाँठ लूँगा। बात यह थी कि जब से जहाँगीर के साथ उन्होंने अपनी बहन की शादी की थी, तब से राजपूतों की दृष्टि में वे गिर गए थे। और सब तरह की प्रतिष्ठा तो वे प्राप्त कर चुके थे, परन्तु सामाजिक श्रेष्ठता उन्हें नहीं मिली। बड़े-बड़े नामी घराने के क्षत्रियों ने उनके साथ खान-पान बन्द कर दिया था। इसके लिए अकबर भी कुछ न कर सकते थे क्योंकि वे खुद अपना उल्लू सीधा कर रहे थे, उन्हें किसी दूसरे के दर्द की क्या फिक्र थी। दूसरे, उन्होंने पहले ही से घोषणा कर रखी थी कि किसी के धर्म में हस्तक्षेप हम न करेंगे, इस घोषणा के कारण किसी राजपूत पर वे धार्मिक दबाव न डाल सकते थे, किसी से कह न सकते थे कि तुम मानसिंह के यहाँ भोजन करो, इससे उन्हें कोई लाभ भी न था, बल्कि राजपूतों के लड़ जाने से उन्हें नुकसान ही था। वे पहले तो प्रवर्तक होने का कुछ गर्व रखते थे, परन्तु पीछे से उन्हें हार्दिक कष्ट हो रहा था, सामाजिक शक्ति की सत्ता स्वीकार करने लगे। अस्तु, समाज के लोगों में मिलने के लिए उन्होंने यही उत्तम सोचा कि प्रताप से यदि किसी प्रकार से भोजन-पान का सम्बन्ध हो जाए तो जातिवालों पर इसका प्रभाव पड़े बिना न रहेगा। इस समय प्रताप जैसा वंश-मर्यादा में श्रेष्ठ राजपूत और कोई नहीं। वे एक धूर्तता से

प्रताप से मिलना चाहते थे। उन्होंने सोचा—'मेवाड़ की इस समय बड़ी खराब हालत है। चित्तौड़ के नष्ट होने के बाद से सिसोदिया-वंश निर्जीव हो रहा है। यदि शोलापुर-विजय के पश्चात् महाराणा के यहाँ जाऊँगा तो इस विजय का प्रभाव अवश्य महाराणा पर पड़ेगा और अपने राज्य को अकबर के ग्रास से बचाने के लिए वे अवश्य ही मेरे सामने विनयपूर्वक पेश आएँगे, और उस समय इन्हें निश्चिन्त रहने का मौका हासिल कर लूँगा। यदि प्रताप के साथ भोजन-पान का प्रबन्ध हो गया तो जाति के सब लोगों पर इसका प्रभाव पड़ेगा और मेरी गई हुई सामाजिक प्रतिष्ठा आ जाएगी।'

लेकिन जब भोजन के लिए आसन पर बैठे, तब उनकी कल्पना की कच्ची दीवार आप ही ढह गई, एकाएक कलेजे में तीर-सा आकर चुभ गया, अभिमान की ज्वाला में तमाम बदन धधक उठा। उसी आग में जलते हुए अमरसिंह से उन्होंने कहा, "क्यों कुमार, तुम्हारे पिता अभी नहीं आए, उनके बिना हम कैसे भोजन करें?"

अमरसिंह ने आँखें नीची किए हुए उत्तर दिया, "आप भोजन कीजिए, वे आते ही होंगे। कोई विशेष कारण होगा, शायद इसीलिए उन्हें रुक जाना पड़ा।"

मानसिंह ने कुछ देर और प्रतीक्षा की। उनका धैर्य जाता रहा। आवेश और उत्कंठा में भरकर कुछ रूखे स्वर से उन्होंने कहा, "महाराणा का यही अतिथि-सत्कार है? इतनी देर हो गई और न आए।"

महाराणा के मंत्री ने विनयपूर्वक कहा, "महाराज, इतने अधीर न हों, महाराणा की तबीयत अच्छी नहीं होगी, नहीं तो अब तक वे अवश्य आ गए होते। आदमी भेजा है, अभी महाराज को खबर मिल जाएगी।"

मानसिंह कुछ देर बैठे रहे। उनके साथी भूख के मारे हैरान हो रहे थे, यह प्रसंग उन्हें बिलकुल न सुहाया। वे मानसिंह पर मन-ही-मन बिगड़ रहे थे।

मानसिंह उठ खड़े हो गए। उनके साथियों ने भी उनका अनुसरण किया। अपमान के विचार से मानसिंह का चेहरा उतर रहा था। उन्होंने गम्भीर स्वर में कुमार से पूछा, "क्यों कुमार, कोई खबर आई?"

"पिता जी तो सिर-दर्द से बेचैन हैं।" अमरसिंह ने विनयपूर्वक उत्तर दिया।

सावन की अँधेरी रात में तालाब का पानी जिस तरह घोर काला ही काला हो जाता है, उसी तरह मानसिंह की चेष्टा भी भयावनी हो गई। प्रतिहिंसा के कारण तमाम देह काँपने लगी। काल की गति तीव्र हो गई। मानसिंह ने सूखे गले से कहा, "सिर-दर्द का कारण हमारी समझ में आ गया। ईश्वर करे, उनका सिर जल्द अच्छा हो। इसकी दवा हमें भी मालूम है। यथाशक्ति हम बहुत शीघ्र इसकी दवा करेंगे; चलने से पहले हम एक बार अपनी आँखों महाराणा की हालत देखकर जाना चाहते हैं।" विषाक्त सर्प फन खोलकर खड़ा था, परन्तु दूसरी ओर भी काफी ज़हर था, वह चोट नहीं कर सका।

''मैं महाराणा को आपकी आज्ञा अभी चलकर सुनाता हूँ, आप कृपा करके कुछ देर ठहरिए।'' कुमार ने विनयपूर्वक कहा।

''हाँ! अपनी आँखों देखकर जाइए, अम्बर नरेश!'' कहते-कहते महाराणा मूर्तिमान धैर्य की तरह अपने शरीर-रक्षकों को साथ लिये हुए गर्वित मानसिंह के सामने आकर खड़े हो गए। सब लोग बुद्धिरहित हो, महाराणा की उदार गम्भीर मूर्ति को कुछ देर तक एक दृष्टि से देखते रहे।

मानसिंह—''अतिथि-सत्कार की अच्छी विधि रही यहाँ महाराणा!''

''त्रुटि क्या हुई, कुछ समझ में न आया राजा साहब। कहिए?'' महाराणा ने उतनी ही मात्रा में कहा।''

''मुझे शायद आपने अपने राज्य का किसान समझ लिया था?'' मानसिंह ने घृणा से नाक-भौं सिकोड़कर कहा।

''मेरे किसानों की महत्ता आप न समझेंगे। मैंने आपको भारत-प्रसिद्ध मानसिंह ही समझा था और आपका स्वागत भी तदनुसार ही किया। आप मुझे अपनी और किस सेवा में लाना चाहते थे?'' महाराणा ने शान्त भाव से कहा।

''खूब स्वागत किया आपने घर बैठे हुए। मुझे स्वागत की यथेष्ट शिक्षा दी!'' विरक्ति से मानसिंह ने कहा।

''मेरा पुत्र, मेरे राज्य का उत्तराधिकारी आपकी सेवा में मौजूद था, अम्बर नरेश!''

''वह बालक है, प्रताप!''

''प्रताप व्रती है, मानसिंह!''

''व्रत ग्रहण मेरे स्पर्श से न छूट जाता, प्रताप!''

''मानसिंह! तुम्हारी बुद्धि भ्रष्ट हो चुकी है। संस्पर्श दोष किसे कहते हैं, अब तुम न समझोगे। मुसलमानों की अभेद मित्रता ने तुम्हारे उस भाव को नष्ट कर दिया है। धर्म की शिक्षा तुम्हें नहीं मिली। मानसिंह! तुम हिन्दू के वेश में म्लेच्छ हो गए हो, तुम्हारे विचार इसीलिए असंस्कृत हुआ करते हैं। यदि मेरी रुचि तुम्हारे साथ भोजन करने की न हो, तो तुम्हें क्या अधिकार है कि तुम इस तरह के अनुचित शब्दों का प्रयोग करो? यह अधिकार तुम अकबर से प्राप्त कर सकते हो, जिसके सुपुत्र से तुमने अपनी बहन की शादी की है, मानसिंह! अभी दो पीढ़ियाँ भी नहीं बीतीं, तुम शुद्ध क्षत्रिय थे। आज मान के घमंड ने तुम्हें अन्धा कर दिया है, तुम समझते हो तुम्हारे सम्मान से डरकर वीर क्षत्रिय तुम्हारे साथ भोजन कर लेगा! आज अम्बर का इतिहास, चित्तौड़ का इतिहास होता, सहस्त्रों राजपूत तुम्हारे छोड़े हुए अन्न को प्रसाद की तरह ग्रहण करते। यदि तुम्हें अपने वश का कुछ भी गौरव होता, तो आज दिल्ली के तख्त पर अकबर की सत्ता न रहती, वहाँ राजपूत दिखलाई पड़ते!''

''कल्पना से सत्य बिलकुल पृथक् है, प्रताप। कुछ ओजस्वी शब्दों के सहारे कभी जीवन का निर्वाह नही होता। यह अदूरदर्शिता है। मुसलमानों को कई शताब्दियाँ

इस देश में राज्य करते हो गईं। अब उनसे सम्बन्ध करना ही धर्म है। धर्म एक है। मनुष्य मात्र से मनुष्य का सम्बन्ध हो सकता है, प्रताप!" मानसिंह ने गम्भीर होकर कहा।

"अपनी कमज़ोरियों को इस तरह से छिपाते हो, मानसिंह! तुम्हारे वाग्जाल को साधुवाद है! शायद यह भी अकबर से संग का फल है और अपने को धोखा देने के पाप से शायद निश्चल भी इसीलिए हो। सहयोग की बात जो तुमने कही, यह किसी हद तक मान्य है। परन्तु सहयोग कभी एकतरफा नही हुआ करता। बादशाह ने तुम्हें या तुम्हारे किसी घराने को मुगल-लड़कियाँ दीं? यह वैसा ही सम्बन्ध है, जैसे मालिक और गुलाम में हुआ करता है। इस सहयोग की इतनी वैज्ञानिक व्याख्या वाहियात है, मानसिंह, अपनी भावना को देखो।"

"प्रताप को सभ्यतापूर्वक वार्तालाप करना भी नहीं आता, यह मालूम न था।"

"और वह सभ्यता भी तुर्की-सभ्यता होगी!" प्रताप हँसे।

"प्रताप, तुम अवश्य ही समझते होगे आज तुम जिसके साथ इतने स्वच्छन्द भाव से वार्तालाप कर रहे हो वह कौन है?"

"एक मुगलों का गुलाम, कुल का कलंक, धर्म का नास्ति, देश की आग, अकबर की छुरी और जहाँगीर का-।"

"महाराणा—" मंत्री ने रोक दिया।

"याद रखना प्रताप इन शब्दों को। उत्तर कभी दूँगा।"

"प्रतीक्षा रहेगी, मानसिंह!"

सप्तम परिच्छेद
दिल्ली-दरबार

एक नवयुवक घोड़े पर चढ़ा, प्रचंड धूप बरदाश्त करता हुआ, उद्देश्य से रहित मुरझाया हुआ-सा जा रहा है। चिन्ता की कालिमा तमाम मुखमंडल पर छाई हुई युवक की परिस्थिति का परिचय दे रही है। नियति के निर्भय कराघात से जैसे उसका सम्पूर्ण जीवन जर्जर हो गया हो, शीत की कठोरता की मार न सह सकने के कारण जैसे कोमल पल्लव मुरझाकर अन्तिम साँस भर रहा हो। युवक अन्यमनस्क हो रहा है, मानो तमाम विश्व प्रकृति उसके साथ असहयोग करने के लिए तुली हुई है। जहाँ कहीं वह सफल मनोरथ होने को सहायता प्राप्ति के लिए जाता है, वहीं से प्रकृति की कठोर उद्दंडता के कारण उसके पैर उखड़ जाते, उसे आश्रय नहीं मिलता, वह उज्ज्वल आकाश की निस्सीम शून्यता को एक बार उदास दृष्टि से देखकर आँखें नीची कर लेता। अपने सुख-समृद्धिवान् जीवन के पिछले हर्ष की याद करके वर्तमान समय की बदली हुई अवस्था पर विचार जब करता है, सृष्टि एक दूसरे ही रूप में उसके पास आकर खड़ी हो जाती है, उसके साथ पूर्वसमय का कोई चिह्न नहीं रहता।

युवक सोच रहा है, घोड़ा निर्लक्ष्य रास्ते पर धीरे-धीरे चला जा रहा है, 'अब क्या करना ठीक होगा? जिस किसी तरफ दृष्टि जाती है, कहीं भी तो भोजन-वस्त्र का उपाय दृष्टिगोचर नहीं होता, और राजपूत-महाराज के यहाँ जाऊँ भी किस तरह जब कि गुलाम हैं, वे क्या करेंगे मेरे लिए? बदनामी होगी, इससे तो मर जाना लाख दर्जे अच्छा है। मरूँ? नहीं, क्यों मरूँ? आत्मघात महापातक कहा गया है। फिर?'

युवक ने आँख उठाकर देखा, कुछ लोग सामने से आते हुए दीख पड़े, एकाएक युवक की विचारधारा पलट गई। लोगों से उसने पूछा, "क्यों भाई, दिल्ली का रास्ता यही है?"

"हाँ!"

युवक ने एक बार उन लोगों को अच्छी तरह देखा। उसने उन लोगों से दूसरा प्रश्न न किया, शायद अपनी उच्चता के विचार से उसने एक बार आकाश की ओर देखा, ठीक दोपहर था, उसने सामने देखा, गौर से देखता रहा, फिर कुछ तेज़ी से घोड़ा बढ़ाया।

एक पेड़ की डाल से घोड़े की लगाम बाँध दी और खुद एक पत्थर पर पेड़ की छाया में बैठ गया, सोचते हुए आप ही उसका सिर घुटने से लगी हुई दोनों हथेलियों के बीच में आप ही आकर रखा गया। जब होश में आकर उसने आँख उठाई, तब दोपहर ढल चुका था। एक साँस छोड़कर वह उठा, पास के तालाब में घोड़े को पानी पिलाया और फिर उसी तरह उसे बाँधकर उस शिला पर जा बैठा। चिन्ता का तार खिंचता-खिंचता जैसे समाप्त ही न होता हो और इससे वह और परेशान हो रहा हो। ललाट की सिकुड़ने, गाल और होंठों की आकुंचित मुद्रा उसकी विरक्ति के प्रकट चिह्न थे। विश्राम से जैसे और जी ऊब रहा हो। उस समय की तिरस्कृत चिन्ता द्वारा किए गए प्रबल आक्रमण के कारण, युवक ने डाल से लगाम खोल ली और फिर घोड़े पर सवार हो गया।

'कितना बड़ा अन्याय है? अधिकार के मद में मनुष्य अपनी शक्ति का कितना दुरुपयोग करता है? और यही एक शक्ति किसी दूसरी जाति का गला घोंटती, दूसरी जाति के बच्चों को नेस्तनाबूद कर देती, अपनी जाति के अहंकार का झंडा ऊँचा उठाती, उस समय विजयी जातिवाले उस शासक की स्तुतिवन्दना करते, उसे देवता से भी श्रेष्ठ मानते हैं। और जब दूसरी जाति के पदाघातों से उनकी अपनी स्वतंत्रता की रंगभूमि भूमिसात हो जाती है, बालकों के चीत्कार से आकाश गूँज उठता है, तब दूसरे की विजय का यथार्थ सम्मान करना, उसे न्याय पुरस्कार देना वे भूल जाते हैं।' युवक सोच रहा है।

'तुम भ्रम कर रहे हो; सत्य की परीक्षा इसे नहीं कहते; जिस तरह मनुष्य-धर्म है, उसी तरह एक जाति-धर्म भी है; विचार जाति-धर्म से करो, 'स्वधर्मे मरणं श्रेयः परधर्मो भयावहः।' सोचो, एक जाति दूसरी जाति को सताती है; उसे अपना गुलाम बनाती है; उसका सर्वस्व लेकर बदले में उसे कुछ भी नहीं देती उसके सम्राट के

आसन पर बैठकर उसकी शिक्षा और भोजन-वस्त्र का उपाय नहीं करती, वह जाति हरगिज़ वरेण्य नहीं हो सकती; उससे लड़नेवाली जाति उसकी नीचता का ही विरोध करती है। येन-केन-प्रकारेण; आदर्श भी यही है; होना भी ऐसा ही चाहिए; अपनी उन्नति के लिए करना भी यही श्रेयस्कर है।'' किसी ने युवक के कान में बड़े प्रभावशाली स्वर से कहा।

एक बार उसे चक्कर-सा आ गया; वह कुछ स्थिर भी हुआ; परन्तु उसकी प्रकृति इससे सहमत नहीं हो सकी; उसने फिर विरोध किया, ''वाह! तमाम विराट प्रकृति अच्छेद्य भाव से एक-दूसरे को गूँथे हुए हैं; कीट से लेकर प्रत्येक मनुष्य तक उस एक ही धागे में पिरोये हुए हैं; इस विचार से विरोध किसी भी प्रकृति का न करना चाहिए चाहे वह विजातीय भी क्यों न हो; इस विरोध को दुर्बलता ही समझना चाहिए।

''समाज में इस तरह की दुर्बलता का होना अनिवार्य है; यदि सुख के नाम से कोई चित्र होगा भी तो दुख के आकार की कोई वस्तु होगी, पारस्परिक विरोधी भावों के बिना कभी प्रगति हो नहीं सकती; उत्थान और पतन, विद्वत्ता और मूर्खता, विजय और पराजय—इस तरह के ही चित्रों से संसार, जाति, एक और अनेकों की व्याख्या हो सकती है; जब तक तुम कुछ बोल नहीं सकते हो, सोच सकते हो, अपने कर्त्तव्य का विचार कर सकते हो, तब तक तुम्हें इन दोनों को स्वीकार करना होगा।'' फिर युवक को उसी तरह पुरज़ोर उत्तर मिला।

उसने सोचा, 'तो मैं क्यों अपने अपमान का बदला न लूँ, चाहे जिस तरह से हो, पाप और पुण्य, धर्म और अधर्म तो सब लगे ही हुए हैं।'

''पाप का आश्रय लेना शास्त्र का विरोध करना है। पाप का आश्रय लोगे तो समाज से तुम पतित होगे, समाज के शब्दार्थ का उस तरह से विरोध होता है। समाज, समाज नहीं रह जाता। समाज तो वही है, जिसमें तुम्हारी सम्यक् उन्नति हो—शारीरिक, मानसिक, चारित्रिक और आध्यात्मिक। हमने जो पहले यह कहा है कि धर्म के साथ अधर्म का होना अनिवार्य है, उसके ये अर्थ नहीं हैं कि अधर्म जान-बूझकर किया जाए, इस तरह दृष्टि अधोमुखी हो जाती है, लक्ष्य से व्युत होकर पतित होना पड़ता है। वहाँ अधर्म की व्याख्या सिर्फ इसलिए है कि वह द्वैत का समर्थन करती है; तुम्हारी जाति के सर्वोच्च लक्ष्य में यह धर्माधर्म कुछ भी नहीं है, परन्तु समाज को उस जगह तक ले जाने के लिए पतन के अवश्यम्भावी होने पर भी, उन्नति उसका लक्ष्य रखा गया है, तुम अपने मनुष्यत्व के बल से बढ़ो।''

युवक का मस्तिष्क तप्त हो उठा, निश्चय जाता रहा, विक्षिप्त की तरह वह फिर संसार में शून्य अन्धकार ही अन्धकार देखने लगा।

इस तरह के मानसिक प्रश्नोत्तरों की विचित्र परिस्थिति में विक्षुब्ध युवक को कई दिन हो गए। वह रास्ता पार करता जा रहा है। बारम्बार उसकी अन्तः प्रकृति उसे उसके लक्ष्य से हटाने की चेष्टा करती थी, परन्तु बाहर पंकिल प्रकृति को ही युवक

महत्त्व देता और उसी के बल पर भरोसा रखे हुए जीवन के दीपक को अनिर्वापित रखने के इरादे से कल्पना की आड़ लेकर बढ़ता चला जा रहा है।

"क्यों भाई, दिल्ली अभी कितनी दूर है?" युवक ने पूछा।

"बस आ गए, आज शाम तक पहुँच जाओगे, कौन हो?"

"मैं राजपूत हूँ!" युवक ने परीक्षा की दृष्टि से मुगलों को देखा।

"नौकरी करोगे?"

"हाँ, कुछ ऐसा ही विचार है।"

"साफ खुलकर क्यों नहीं कहते?"

"और कितना साफ सुनना चाहते हो?"

"आखिर को गँवार ही ठहरा।" मुगल ने लापरवाही से कहा।

'शठे शाठ्यं समाचरेत्।' युवक ने सोचा।

"क्या सोचता है बे!" मुगल ने मुस्कुराकर घमंड से कहा।

युवक की निगाह बदल गई। दाएँ-बाएँ देखा, कहीं कोई न था। सामने देखा, रास्ता साफ नज़र आया। एक तेज़ निगाह मुगल पर डाली। मुगल ने तलवार के कब्ज़े पर हाथ लगाया।" कुछ हौसला भी रखता है?" मुगल ने युवक की ओर सामने ही घोड़ा बढ़ाया।

"अच्छा, हे ईश्वर!" एक बार फिर आकाश की ओर ताककर युवक ने तलवार फुर्ती से निकाल ली। कुछ ही समय में मुगल-सैनिक का शरीर निष्प्राण हो गया। युवक ने तेज़ी से घोड़ा बढ़ाया।

राजपूत युवा के अशान्त मन को एक घटना ने और भी चंचल कर दिया। अब तक हृदय में निराशा की मलिनता थी; अब प्राणों का भय समा गया। रह-रहकर अपराधी की दृष्टि से आगे-पीछे देखकर युवक घोड़ा बढ़ाने लगा। किसी को सामने से आते हुए देखकर एक बार प्राणों में खलबली मच जाती, हृदय काँप उठता। उसकी यह चिन्ता, दुख, भय और शंका को ढँकने के लिए ही मानो शत-शत प्रार्थनाओं के पश्चात् भगवान सूर्यदेव अस्ताचल की ओर अग्रसर हुए। पृथ्वी पर अँधेरा छा गया। युवक ने दिल्ली में प्रवेश किया।

युवक सीधा महाराज मानसिंह के डेरे पर पहुँचा। परिचय पा महाराज मानसिंह ने युवक को बड़े आदर-यत्न से रखा। दूसरे दिन दरबार ले चलने का वचन भी दिया। हृदय में एक दूसरे प्रकार का आनन्द अनुभव हुआ; जैसे एक असम्भव प्रश्न के हल होने की सम्भावना दीख पड़ती हो।

एक ही दिन के बाद उस युवक में जो आकस्मिक परिवर्तन हुआ, देखकर उसके आश्चर्य की सीमा न रही। अब किसी कर्मचारी से मुलाकात होती है, तो नज़र आप ही झुक जाती है, पहले का गर्व न जाने किस अनजान शक्ति ने नष्ट कर दिया। न वह आत्म-गौरव रहा, न वह पहला अभिमान। मंत्र की तरह युवक अपने परिवर्तन को देखता जा रहा है। इस समय भी उसके पूर्वार्जित संस्कार उसे सावधान कर रहे हैं—

जीविकार्जन के लिए अन्य उपाय निकालकर चलने का इशारा कर रहे हैं; पर उसके स्वाभिमान की वक्रता की ही विजय होती गई। धर्म को उसने ढोंग करार दिया। जाति के अभिमान को उसने व्यर्थ का ढकोसला समझा। संसार को अपना स्वार्थ निकालनेवाला नीच सिद्ध करता गया। कहीं भी जैसे दया, प्रेम, मैत्री, करुणा, त्याग और परोपकार का अस्तित्व न हो, बल्कि ये स्वार्थ-साधना के ही एकाएक आकर्षक रूप हों। इस समय उसके हृदय में घोर रजोगुण का राज्य हो रहा है, अपने बाहुबल से वह संसार को दिखा देना चाहता है कि एक असहाय मनुष्य भी अपनी शक्ति और सामर्थ्य से उन्नति के उच्च शिखर पर पहुँच सकता है। जिस समय से मुगल-बादशाह से मिलने की सूचना उसे मिली, वह अनेक प्रकार की सुखकर कल्पनाओं में बह रहा है। उसकी उद्दंड प्रकृति को जैसे अत्याचार करने का ज़बरदस्त सहारा मिल गया हो और वह अपनी मानसिक विजय के गर्व में उन्मत्त हो रही हो।

आज शाही दरबार ने कुछ और ही रूप धारण कर लिया है, मानो वेश्या ने किसी प्रसिद्ध ऐश्वर्यवाले को फँसाने के लिए कृत्रिम अनेक प्रकार के हाव-भाव दिखाने के लिए अपनी सम्मोहन शक्ति का पूर्ण प्रयोग किया हो। युवक फाटक के पास आया तो किले की रक्षा का प्रबन्ध देखकर दंग रह गया। सहस्त्रों मुगल और राजपूत सैनिक सशस्त्र किले के पहरे में चक्कर लगा रहे थे। वैभव ने बरबस युवक का मस्तक झुका दिया। अपने साथियों के साथ वह भीतर गया। वहाँ की मणि-रत्नों से जटित विशाल अट्टालिकाएँ जैसे गर्व से युवक को देख रही थीं। उसकी तुच्छता पर हँस रही थीं मानो कह रही थीं कि संसार की कोई भी शक्ति हमारे ऐश्वर्य की समता नहीं कर सकती और तू घमंडी युवक अब तक हमारे विरोध का दावा कर रहा था? युवक को एक प्रकार का नशा चढ़ आया; यह वह नशा था जो मनुष्य को विवश करके वशीभूत कर लेता है। युवक ने आत्म-समर्पण कर दिया, उसके मनुष्यत्व की पराजय हुई, बादशाह अकबर का सार्वभौम प्रभुत्व स्वीकार कर लिया। चारों ओर की प्रसन्नता पर उसकी दृष्टि गई; अब वह उसी प्रसन्नता का हो गया, उसे भी आनन्द हुआ। चारों ओर के प्रचुर फूलों पर निगाह गई, फव्वारे देखे; कीमती पत्थर की बनी हुई वक्र राहों के कुटिल सौन्दर्य पर ध्यान गया, क्यारियों की भव्यता देखी; सब सुन्दर थे, उसे आनन्द भी मिला।

''देखो, हम लोग जिस तरह से सलाम करें, उसी तरह से बादशाह को सलाम करना, नहीं तो बेअदबी समझी जाएगी, और इसकी सज़ा बड़ी कड़ी है।'' एक साथी राजपूत ने कहा। युवक ने सुन लिया। सिर झुकाए हुए कुछ सोचने लगा, चिन्ता आप ही आई, किसी ने हृदय में कहा, 'तुम्हारी शक्ति का नाश अभी नहीं हुआ, अब भी सँभलो, लौट चलो, क्या रखा है, कुछ चमकती हुई इमारतों और पत्थरों में होंगे

वे बहुमूल्य हीरे, संसार में अलभ्य। परन्तु तुम्हारी आत्मा का हीरा इनसे बहुत मूल्यवान है, अपने गौरव का कुछ तो विचार करो!'

युवक मुस्कुराया। मन-ही-मन कहा, ''तुम उस समय कहाँ थे, जब मेरा अपमान किया गया था? तुम्हारी शक्ति उस समय कहाँ छिपी थी, जब मेरे किसी भी अधिकार का मूल्य नहीं समझा गया, जान पड़ता है कि तुम मेरे शत्रु की सिद्धि की हुई ऐन्द्रजालिक शक्ति हो। तुम जाओ, तुम्हारे जाल से मैं अवश्य बाहर हूँगा—नीच!'

''देखो, सावधान हो जाओ। बादशाह सलामत दरबार में आने ही वाले हैं—वह देखो, तख्त दिखलाई पड़ रहा है। बड़े-बड़े राजा-महाराजा, अमीर-उमरा, वजीरे-आजम और सूबेदार आदि दरबार में हाज़िर हो गए हैं। वह देखो, उस तरफ वाली कतार हम राजपूत राजाओं की है।''

युवक ने सुन लिया। ध्यान से देखा। एक बार हृदय काँप उठा। इतना बड़ा वैभव उसने कभी नहीं देखा था।

राजपूत साथी अपने नवागत युवक को साथ लिये हुए अपनी जगह पर जाकर खड़े हो गए। सब लोग खड़े हुए बादशाह के आने की प्रतीक्षा में ही थे। युवक भी अपने साथियों के साथ खड़ा रहा।

बादशाह आए। दरबार गर्म हो उठा। लोग साँस भी विचार करके छोड़ने लगे। शाहंशाह आज दूसरी ही पोशाक में थे। लोगों में आश्चर्य की मात्रा बढ़ रही थी। साथ ही, श्रद्धा भी हद तक पहुँच रही थी। बड़े अदब से झुककर अपनी जगह से सलाम करते हुए बड़े-बड़े राजा-महाराजा शाह के सिंहासन तक जाते और उसी तरह सलाम करते हुए आज्ञा के लिए सिर झुका खड़े हो जाते।

युवक की बारी आई। उसने भी वैसा ही किया। जब वह अपनी जगह पर आकर खड़ा हुआ, तब महाराज मानसिंह ने शाहंशाह को युवक का परिचय दिया।

अकबर मुस्कुराए। उसी मौन कटाक्ष में अपने सिपहसलार की ओर देखकर अपनी चंचलता का अर्थ प्रकट किया। मुसलमान वीरों में एक छोर से दूसरे छोर तक वैसी ही अवज्ञा की मिली हुई मुस्कुराहट फैल गई।

राजपूत सरदारों की दृष्टि में जैसे तीर चुभ गया, परन्तु यह भाव छिपा न रहा। दुर्बलता से पैदा हुई ग्लानि का गाढ़ा रंग चढ़ गया। सबने आँखें नीची कर लीं। मन को सैकड़ों बिच्छू डंक मारने लगे। कलेजे पर सौ मन का पत्थर रखा गया। युवक ने भी समझा। एक बार उसके गौरव की बड़ी क्षीण झलक उसके हृदय में आई और करुणा-भरी दृष्टि से उसकी ओर होकर चली गई। सर्वांग विवशता ने जकड़ लिया। मंत्र की तरह वह चुपचाप खड़ा रहा।

इसी समय शाहंशाह ने मुस्कुराते हुए युवक से पूछा, ''तुम्हारा नाम क्या है?''

''शक्तिसिंह,'' आवाज़ भरी हुई थी, गला सूख रहा था।

''शक्तिसिंह, तुम प्रताप के भाई हो ?'' अकबर की दृष्टि युवक का मर्मस्थल देख रही थी।

''ही, जहाँपनाह!'' शक्तिसिंह को परतंत्रता का बोझ मालूम हुआ।

''जहाँपनाह, इनके साथ अन्याय किया गया है, प्रताप ने इन्हें अपने राज्य से बाहर निकाल दिया। अब शाहंशाह की खिदमत में ये अपने दिन गुज़ारना चाहते हैं।'' मानसिंह ने कहा।

''राजा मानसिंह, इन्हें पाँच हज़ारी मनसब दिया गया।'' अकबर ने सहानुभूति की दृष्टि से देखा।

भक्ति से शक्तिसिंह का माथा झुक गया। अकबर दूसरे सरदारों को राजपूतों पर की गई अपनी कृपा की दार्शनिक मौलिकता समझाने लगे।

अष्टम परिच्छेद
हल्दीघाटी का सूत्रपात

मानसिंह चले गए। हृदय में प्रतिहिंसा की प्रचंड ज्वाला धधक रही थी। प्रताप का किया हुआ अपमान मानसिंह को असह्य हो रहा था। आशा की पूर्ति न होने पर क्रोध का प्रबल रूप धारण करना बिलकुल स्वाभाविक था। दिल्ली तक तमाम रास्ते में वे यही सोचते गए कि किसी तरह प्रताप की ईंट का जवाब पत्थर से दिया जाए। मानसिंह शोलापुर विजय करके लौटे थे। इसलिए दिल्ली में उनका बड़ा स्वागत हुआ। स्वयं बादशाह अकबर किले की फाटक तक चलकर उनसे मिले। बड़े प्रेम से उन्हें भीतर अपने कमरे में ले गए। एकान्त में उनसे युद्ध-सम्बन्धी सब बातों की जानकारी हासिल करने लगे।

मानसिंह के चेहरे पर वह रोशनी न थी, जो विजयी मनुष्य में होनी चाहिए। अकबर को उनका चेहरा देखकर पहले ही आश्चर्य हुआ था। युद्ध की विजय पर सन्देह हुआ। परन्तु खबर झूठ नहीं हो सकती, कभी-कभी उन्हें विश्वास भी होता रहा। फिर मानसिह के मार्ग-श्रम को ही उनके मुरझाये हुए मुख का कारण समझा। अकबर के प्रश्नों का उत्तर मानसिंह अन्यमनस्क होकर दे रहे थे, जैसे उनके प्रश्नों से उनका कोई सम्बन्ध न हो, जैसे युद्ध में वे थे ही नहीं।

अकबर से न रहा गया। आश्चर्य से उन्होंने पूछा, ''राजा मानसिंह, आप इतने मुरझाये हुए क्यों हैं? आपको तो खुश होना चाहिए।''

''एक दूसरी बात पैदा हो गई है। मैं क्या कहूँ शाहंशाह से, मेरा घोर अपमान किया गया है।''

''किसने आपका अपमान किया? क्या उसे मालूम नहीं था कि मानसिंह कौन हैं? मेरी समझ में नहीं आ रहा मानसिंह, मामला क्या है? साफ-साफ कहो।''

"मैं महाराणा प्रताप से मिलने गया था। मेरा मतलब यह था कि उसे शाहंशाह से मिलने के लिए राज़ी करूँ, उसे समझाऊँ कि हठ छोड़कर दूसरे राजपूतों की तरह वह भी मिले और सुख से रहे। बागी होकर ज़्यादा दिनों तक उसका रहना दुश्वार है। शाहंशाह से कहते हुए मेरा खून खौल रहा है कि उसने सम्राट् का अपमान किया। मुझे कहा कि जहाँगीर को अपनी बहन देकर अब मुझे नसीहत करने आए हो!"

"तब आपने इस गँवार राजपूत के लिए क्या सोचा?"

"मैं चाहता हूँ कि इसको कब्ज़े में लाऊँ, शाहंशाह का यह बागी राह पर आए, नहीं तो राजपूत-भर में यह आग फैलेगी और तमाम गँवार राजपूत शाहंशाह के ख़िलाफ़ बलवा करने के लिए तैयार हो जाएँगे!"

"ठीक है, ऐसा ही करो। मैं ज़रा और सोच लूँ। अच्छा, आज तुम जाओ, आराम करो।"

मानसिंह चले गए। अकबर अपने कमरे में अकेले बैठे हुए सोचते रहे। जिस बुनियाद पर इतने बड़े साम्राज्य की उन्होंने प्रतिष्ठा की है, उसका विरोध करनेवाला एक राजपूत शाहंशाह का सामना करने के लिए तैयार है! उसे अपने वश में लाना ज़रूरी है। मानसिंह ने ठीक कहा है कि यह आग तमाम राजपूतों में फैल सकती है और राजपूतों से बढ़कर मुगल-साम्राज्य का शत्रु कोई नहीं है।

दूसरे दिन शाहंशाह ने अपने चुने हुए सरदारों को बुलाया, जो राजपूत थे और राजपूतों के कुल-भेद जानते थे। सबसे पहले सम्राट् को शक्तिसिंह की याद आई। इस दिन के लिए ही उन्होंने शक्तिसिंह को रखा था। सम्राट् याद कर रहे हैं, यह सुनते ही शक्तिसिंह को जैसे स्वर्ग का राज्य मिल गया। जब एकान्त में अकबर के पास पहुँचे और बड़े आदर से अकबर ने उन्हें बगल में बैठाया, तब तो उनकी रही-सही अक्ल भी आनन्द-रस में घुलकर पिघल गई। उन्होंने अपने को महाभाग्यवान् समझा और शीघ्र ही मानसिंह की तरह किसी उच्च पद पर अधिकार करने की कल्पना करने लगे।

अकबर ने बड़े प्रेम से पूछा, "शक्तिसिंह, आज एक ज़रूरी काम आ पड़ा है और वह तुम्हीं से पूरा होगा।"

"मैं शाहंशाह की आज्ञा पूरी करने के लिए कोई बात उठा न रखूँगा।" शक्तिसिंह ने गर्व से सीना तानकर कहा।

"मुझे पूरा विश्वास है, शक्तिसिंह! तुम्हारा बदला चुकाया जाएगा। वह दिन तुम्हें न भूला होगा, जब प्रताप ने तुम्हें अपने राज्य से बाहर निकाल दिया था। तुम्हारे लिए कोई इन्साफ नहीं किया। तुम्हारी जान की कुछ भी कीमत नहीं समझी!"

"हाँ, शाहंशाह!" शक्तिसिंह शंका की दृष्टि से अकबर को देखने लगे।

"अब तुम हमारी फौज लेकर अपना बदला चुकाओ।" तीव्र दृष्टि से शक्तिसिंह को देखते हुए।

"मैं हर तरह से शाहंशाह की आज्ञा पालन के लिए तैयार हूँ।"

"कितनी फौज चाहिए तुमको?"

"फौज से काम न होगा सम्राट्! राजपूतों को फौज के बल से वश में करना कठिन है। फौज तो बहुत बड़ी चाहिए ही, साथ ही, तोपों की भी ज़रूरत है। राजपूत अगर हटेंगे तो तोपों की मार खाकर, सामने से लड़कर उन पर विजय पाना असाध्य है।"

"कितनी फौज और कितनी तोपें चाहिए?"

"कम-से-कम दो लाख सैनिक और पचास तोपें। हाँ।"

"इतनी ज़्यादा?"

"हाँ शाहंशाह, प्रताप की बाईस हज़ार सेना सदैव देश की रक्षा के लिए तैयार रहती है। वे बाईस हज़ार वीर आपकी दो लाख सेना के लिए काफी हैं। प्रताप को मदद देनेवाली भीलों की मार अभी आपने नहीं देखी। पर्वत पर आपकी दो लाख सेना काम आ जाएगी और वे बाईस हज़ार वश में न आएँगे, यदि तोपों से उनकी काफी सहायता न की गई। तीर-तलवार और बर्छे की मार से वीर राजपूत हटनेवाले नहीं। और आजकल तो उनके अन्दर एक नया जोश भी फैला हुआ है। वे वर्षों से सम्राट् का सामना करने के लिए तैयार हो रहे हैं। चित्तौड़गढ़ के टूटने के बाद से उनके अन्दर एक आग सुलग रही है। अगर पूरी तैयारी से न जाया जाएगा तो सम्राट् के गर्वित मस्तक को वे अवश्य झुका देंगे।"

"ठीक कहते हो, शक्तिसिंह। अच्छा, तुम्हारी सलाह से सेना तैयार की जाएगी, अब तुम जाकर आराम करो।"

शक्तिसिंह चले गए। इसके बाद राजपूतों के कई लाड़ले लालों को बुलवाकर अकबर ने राय ली। मानसिंह भी आए। निश्चय हुआ कि सम्राट् के प्रतिनिधि स्वरूप सेना के नायक सलीम रहेंगे। मोहब्बत खाँ, मानसिंह, शक्तिसिंह उनके सहायक होकर रहेंगे।

ऐसा ही हुआ। मुगलों की विराट् सेना के पद-दर्प से मेदनी काँप उठी। लोगों के हृदय हिल गए। जिस रास्ते से होकर वह सर्पाकार विशालायतन, लम्बी सेना निकलती थी, धूल से आकाश भर जाता, सूर्य ढक जाता, दिन में अन्धकार हो जाता। सबके हृदय में विजय का निश्चित रूप चित्रित था, सब लोग आनन्द में तराने छेड़ते हुए चले जा रहे थे। इतनी बड़ी सेना अकबर के समय में और कहीं भी नहीं भेजी गई थी। सिपाहियों के हृदयों में लूटकर घर भरने की धुन, लूट की रकम के अनेक रंगीन चित्र उठते और उन्हें बहलाकर मार्ग-श्रम की सहनशक्ति दे जाते।

इधर प्रताप भी निश्चिन्त न थे। यों तो पहले ही से वे वीर-व्रत के उपासक हो रहे थे, परन्तु जब से मानसिंह का अपमान हुआ, वे प्रताप को चेतावनी देकर गए, तब से विशेष रूप से युद्ध की तैयारी कर रहे थे। बाईस हज़ार राजपूत स्वदेश के नाम पर अपने प्राणों की आहुति चढ़ाने, प्रताप के साथ मुगलों से लोहा बजाने के लिए

तैयार थे। हल्दीघाटी का नाका इन वीरों की विजय-ध्वनि से गूँज रहा था। सदैव ये मुगलों के आक्रमण की प्रतीक्षा कर रहे थे।

हल्दीघाटी की स्थिति बड़ी ही सुरक्षित है। इसके उत्तर में कुम्भलमेर या कमलमीर जो उदयपुर से 40 मील और मेवाड़ के दक्षिण एक पहाड़ी पर बसा है, दक्षिण में ऋतकुम्भनाथ और पश्चिम में मीरपुर से सातोल तक इसकी सीमा है। इसकी लम्बाई-चौड़ाई 40 मील के लगभग होगी। चारों ओर से दुरारोह पहाड़ियाँ घेरे हुए बीच का स्थान जैसे पहाड़ के कोट के भीतर एक सुरक्षित जगह हो। यहाँ भी अनेक छोटे-बड़े पहाड़ और पहाड़ी-नदियाँ, हरी-भरी भूमि, उपत्यका और निर्जन अरण्य विराजमान हैं। प्राकृतिक शोभा की जितनी प्रशंसा की जाए, थोड़ी है। इसे मेवाड़ का काश्मीर कहना चाहिए और वीरत्व की दृष्टि से मेवाड़ की थर्मापली समझना चाहिए। सहसा बाहर से शत्रुदल यहाँ आक्रमण नहीं कर सकता। चारों ओर से इतने संकीर्ण पहाड़ी मार्ग इसके भीतर आने के हैं कि एकाएक विशाल वाहिनी इसके भीतर प्रवेश नहीं कर सकती। अनेक दुरारोह पार्वत्य-पथ हैं। एक ऐसे ही पथ का नाम हल्दीघाटी है। यह कमलमीर के पास ही है। बाहर से आक्रमणकारियों के भीतर घुसने का यही मार्ग है। अजमेर से होकर आनेवाली फौज के लिए यही रास्ता है। प्रताप अपनी सेना के साथ इसी स्थान की रक्षा कर रहे थे। यहाँ बाईस हज़ार सेना का जमघट था। होशियार रहकर सब शत्रु की बाट जोह रहे थे। यहाँ के रक्षकों में भील थे। ये जितने लड़ाके थे, उतने ही साहसी। प्रताप को इन्हीं का सबसे अधिक भरोसा था। पहाड़ की लड़ाई में इनसे जीतकर लौटना बड़ा मुश्किल था। प्रताप की शक्ति के आगे आत्मसम्मान पर मर-मिटनेवाले रहे ये लोग, ये बड़ी भक्ति से उनकी आज्ञा का पालन करते थे। प्रताप ने इन्हें अपने वश में कर इन पर किसी दूसरे प्रकार का दबाव नहीं डाला। ये पहले ही की तरह स्वच्छन्द भाव से विचरण करते, शिकार करते और अपने-अपने काम करते तथा बाल-बच्चों में सुख से रहते थे। प्रताप की विपत्ति देखकर ये लोग बड़े उत्साह से उनकी मदद कर रहे थे।

उधर, सलीम और मानसिंह की संरक्षता में विशाल मुगल सेना प्रताप का गर्व खर्व करने के लिए आ रही थी, साथ सहायक थे—समरसिंह के विधर्मी पुत्र महावत खाँ, राजा भगवानदास, आसफ खाँ, सैयद हाशिम, गाजी खाँ, सैयद-मुहम्मद, मीरबख्श, रायलूनकरण और शक्तिसिंह आदि। चैत्र सुदी 5 संवत् 1633 को यह युद्ध-यात्रा हुई थी और श्रावण बदी सप्तमी 1633 को प्रतापसिंह से इस भयानक युद्ध का आरम्भ हुआ।

श्रावण मास, चारों ओर से बादल घिरे हुए, दिन में भी घोर अन्धकार। कभी-कभी मेघों की गुरु-गर्जना और बिजली की ज्वालामयी भृकुटि। पार्वत्यभूमि लता-गुल्मों से ढकी हुई। एक-एक झाड़ी के भीतर स्वदेश रक्षा के लिए सशस्त्र राजपूत-वीरों का एक-एक दल बड़ी सावधानी से शत्रुओं की प्रतीक्षा कर रहा है।

दूर से गुप्तचरों ने संकेत किया कि शत्रुओं की सेना आ रही है। बात-की-बात में बिजली की तरह वीर योद्धाओं में यह खबर फैल गई। महाराणा उठकर खड़े हो गए। एक बार अरावली पार्वत्य-भूमि, 'हर-हर शंकर महादेव!' के भीमघोष से प्रतिध्वनित हो उठी। महाराणा ने एक बार आकाश की ओर देखा, फिर अपने सेना के मध्य भाग में खड़े होकर कहने लगे, "वीरो, आज मुगलों और राजपूतों की भाग्य-परीक्षा का दिन है। स्मरण करो, अपने धर्म और देश की रक्षा के लिए हमारे पूर्वजों ने क्या शिक्षा दी है। क्षत्रियों के लिए बड़े भाग्य से ऐसा अवसर प्राप्त होता है। एक तो युद्ध-भूमि, दूसरे धर्म और देश की रक्षा—मृत्यु के लिए इससे बढ़कर अवसर दूसरा न मिलेगा। वीरो, मानसिंह के उन गर्वित शब्दों को याद करो, जो वे चलते समय सुना गए थे। आज मुगलों की सहायता लेकर वे हमें शिक्षा देने आ रहे हैं। भाइयो, ऐसे नीच कुलांगार क्षत्रिय की कुटिल भौंहों को देखकर डर जाना क्या हमारा धर्म होगा?"

"कदापि नहीं, कदापि नहीं!"

"नीच के प्रति वैसा ही व्यवहार करना चाहिए। हमें आशा है कि हमारे वीर बहादुर उस नीच को और उसकी सहायता करनेवाले को उचित शिक्षा ही देंगे। हमें विश्वास है कि आज एक-एक राजपूत पाँच-पाँच शत्रुओं को मारकर मरेगा। अब समय नहीं है वीरो, अपने-अपने स्थान पर डट जाओ और कभी एकत्र न होना, अलग-अलग फटे रहना और अपने दल की सहायता फासला रखकर करना। एक साथ सट जाओगे, तो अधिक सेना के मरने का भय है। पहाड़ी-लड़ाई में फटकर बढ़ना ही ठीक होगा। जाओ, भगवान् एकलिंग तुम्हारी सहायता करें।"

"महाराणा प्रतापसिंह की जय!"

अरावली की कन्दरा-कन्दरा गूँज उठी। एक दूत ने आकर खबर दी, शत्रुओं की सेना बहुत समीप आ गई है। अब उनसे भिड़े बगैर ठीक न होगा। यह खबर पाते ही राजपूत वीरों में एक अद्भुत स्फूर्ति का संचार हो गया। आनन्दातिरेक से वे बराबर हर्षध्वनि करने लगे। महाराणा जानते थे कि एकाएक अपनी समस्त शक्ति के साथ मुगलों पर आक्रमण करना ठीक न हागा। थकी हुई सेना को विश्राम करने का समय न मिलेगा। और यदि थोड़ी-थोड़ी सेना के कई विभाग कर दिए जाएँगे, तो वह सेना शत्रुओं की अगणित सेना के सामने ज़्यादा देर तक न ठहर सकेगी। उन्हें मालूम हो चुका था कि मुसलमानों के साथ दो लाख सेना और कई तोपें हैं। इस परिस्थिति में किस तरह की लड़ाई हमारे लिए विजयप्रद होगी, यह स्थिर करना है। महाराणा ने निश्चय किया कि पहले खंड-युद्ध लड़ा जाए। जब तक हम ऊँचे पर हैं, तब तक शत्रुओं को ऊपर चढ़ने से रोक रखना ही हमारे सुरक्षित रहने का अच्छा उपाय है। एकसाथ कई तोपों की गर्जना सुनाई दी। महाराणा कुछ आश्चर्यचकित और अन्यमनस्क हो सोचने लगे, "तोपों की काफी संख्या है। मुट्ठीभर सेना तोपों में आहुति देने भर को भी न होगी। यदि अपनी सम्पूर्ण सेना के जोर से शत्रुओं की तोपें छीन लें? नहीं,

यह असम्भव है। तोपों के पीछे दो लाख पैदल शक्ति है! बाईस हज़ार सेना कब तक टिक सकेगी? हाँ,—ठीक है।—सरदार चन्दावत;—सरदार चन्दावत!''

सामने प्रणाम करके सरदार चन्दावत कृष्ण आकर खड़े हुए। महाराणा ने कहा, ''परिस्थिति बहुत अच्छी नहीं सरदार, कुछ सोचो?''

''नहीं महाराणा, यहाँ तो आज्ञा की प्रतीक्षा कर रहा हूँ। सोचना मैंने नहीं सीखा। कितने गौरव का दिन है यह हमारे लिए!''

''सुनो सरदार, पहले हमने कहा था, एक-एक दल अलग करके लड़ना ठीक होगा, परन्तु नहीं, इससे हमारी संख्या घट जाएगी। तोपों से हटकर लड़ना घातक है। तोपें छीन लो। दो लाख के साथ बाईस हज़ार का सम्मुख-समर ही अच्छा है, एक दल तोपों पर फौरन कब्जा कर ले। जब तक तोपों का मुँह बन्द न होगा, हमारे लिए बड़ी भयानक परिस्थिति होगी। हम काफी सख्या में मरेंगे, पहले ही धावा बोल दो। तोपों का मुँह बन्द हो तो हम सब लोग उन वीरों की मदद करें।''

आज्ञानुसार कार्य करने के लिए प्रणाम कर सरदार चन्दावत कृष्ण चले गए। परन्तु थोड़ें ही समय में प्रताप के पास दूसरी खबर लेकर लौट आए। प्रताप ने लौटने का कारण पूछा। सरदार ने कहा, ''महाराणा ने जो आज्ञा दी थी, उसके अनुसार कार्य करना असम्भव है, क्योंकि शत्रु-सेना कई हिस्सों में बँटी हुई है। यदि हम लोग एकसाथ धावा करेंगे तो हमारे घिर जाने का भय है। उधर, मुगलों की सेना हम लोगों से कई गुनी अधिक है।''

''तो तुम्हारी क्या सलाह है, सरदार?''

''जब जैसा उचित समझ में आए, उसी के अनुसार सैन्य-संचालन करना उचित होगा।''

अच्छा, चलो।'' प्रताप भी उठे। एक बार हाथ जोड़कर इष्टदेव को प्रणाम किया, फिर चारों ओर की पहाड़ियों को एकदृष्टि से कुछ देर तक देखते रहे, फिर प्रणाम किया। उधर से होती हुई बार-बार तोपों की भयानक गर्जना सुनाई दे रही थी। अविचलित सिंह की तरह महावीर प्रतापसिंह अपनी आँखों से समर भूमि को प्रत्यक्ष करने के लिए चल पड़े।

नवम परिच्छेद

हल्दीघाटी का युद्ध

देश की स्वाधीनता और अपने धर्म की रक्षा के लिए राजपूतों का यह हल्दीघाटी का महासमर, संसार के इतिहास में चिरप्रसिद्ध है। इसका फल राजपूतों के लिए हुआ तो बड़ा ही विषमय, परन्तु उनकी वीरता और अम्लान मृत्यु का गौरव भी इसने अक्षुण्ण रखा। देश को एक वह आदर्श मिला, जो उसे उन्नति के परम शिखर पर

पहुँचाने में समर्थ है। और हिन्दू जाति जब तक जीवित रहेगी, हल्दीघाटी का पवित्र नाम, उसकी वीर-कीर्ति उसके हृदय में तब तक अपनी प्रभा विकीर्ण करती रहेगी।

मुगलों की सेना प्रलयकालीन घटा की तरह उमड़ती चली आ रही थी। जैसे भादों की नदी की मन्द गति पूर्ण यौवनावस्था, छलकती, फूलती, झूमती, तरंग भरती भंवरों में नृत्य करती अपनी उतावली उत्फुल्लता में संसार की ओर दृष्टिपात भी नहीं करती, अन्य सम्पूर्ण शक्तियों के प्रति उपेक्षा करती चली जाती है, वैसे ही मुगलों की दुर्दम शक्ति भी संसार की क्षुद्रता पर हँसती हुई अपनी अजेय शक्ति के पूर्ण विश्वास से चली आ रही थी। इधर राजपूतों की दृष्टि में इतनी स्वतंत्रता, दूसरों की क्षीणता पर इतना गर्व, विभूति का इतना भेद, इतना दुरुपयोग असह्य था। खमनौर नामक स्थान पर दोनों दलों का संघर्ष हो गया। लेकिन मानसिंह व्यर्थ का सैन्य-क्षय नहीं करना चाहते थे। वे क्रमशः आगे बढ़ रहे थे। महाराणा से बहुत शीघ्र मिलकर अपमान की ज्वाला शान्त करना चाहते थे।

एक ओर असंख्य मुगल और राजपूतों की सम्मिलित शक्ति और दूसरी ओर महाराणा के केवल बाईस हज़ार वीर! एक ओर भारतवर्ष की संचित सम्पूर्ण राजशक्ति और दूसरी ओर स्वतंत्रता के उपासक वीरव्रती महाराणा प्रताप के मुट्ठीभर सहायक! मानसिंह को अपने सैन्य-बल का गर्व था, पूर्ण विश्वास था कि यह सेना कभी पराजित न होगी। इतनी बड़ी सेना का संगठित रूप अपनी किसी लड़ाई में उन्होंने न देखा था। इस इतनी बड़ी सेना का उस समय की कोई शक्ति विरोध कर सकती, संसार में इतना प्रभाव किसी शक्ति का न था। मानसिंह को यह सब मालूम था। महाराणा को धोखा देने के लिए उन्होंने अपनी सेना के कई भाग कर दिए और एक-एक सेनापति को अलग रहकर उनके संचालन की आज्ञा दी। एक बृहत् व्यूह-सा बनाया गया कि यदि उसके भीतर किसी तरह भी शत्रुदल आ जाए, तो घिरकर मरने के सिवा बचने का कोई उपाय न रहे। दूसरे, फैली हुई शत्रुसेना की संख्या का अनुमान भी न हो सकेगा।

उधर, प्रतापसिंह भी नौसिखिये न थे। सेनापति के लिए जिन गुणों की आवश्यकता होती है, वे सभी गुण प्रताप में मौजूद थे बल्कि कहना चाहिए था कि अपने समय के वे सर्वश्रेष्ठ वीर थे। इतने बड़े विवेचक मनुष्य को धोखा देना आसान न था। प्रताप के सुचतुर अनुचरों ने पहले ही मुगलों की शक्ति का अनुमान कर लिया था। चारों ओर उनके गुप्तचर लगे हुए थे और बात-की-बात में यथार्थ खबर प्रताप के पास तक पहुँच जाती थी।

मानसिंह एक दूसरी चाल में थे। वे समझते थे कि सेना के कई विभाग करके व्यूह-क्रम से सन्निवेश किया जाएगा, तो प्रत्येक विभाग बहुत छोटा मालूम होगा। और प्रताप उस पर आक्रमण करने का लोभ संवरण न कर सकेंगे। यदि खुले मैदान में वे आ जाएँगे तो क्षणभर में उसकी सेना घेरकर पीस दी जाएगी।

किन्तु प्रताप से मानसिंह का यह भाव छिपा नहीं रहा। उन्होंने मुकाम नहीं छोड़ा, वे भी जानते थे कि आत्मरक्षा के लिए पहाड़ी स्थानों से बढ़कर दूसरी जगह नहीं है। राजपूत और भील पहाड़ियों से आक्रमण भी अच्छी तरह कर सकेंगे। खुले मैदान में चलकर लोहा लेना युक्ति के विरुद्ध है। प्रताप की यह युक्ति ग्वालियर नरेश को बहुत पसन्द आई। महाराणा को वे हृदय से प्यार करते थे। उन्होंने राणा की बड़ी प्रशंसा की।

जब मैदान में प्रताप न आए, अरावली तक किसी तरह की छेड़छाड़ न हुई, तब मानसिंह के हृदय में अपनी प्रबल शक्ति का भाव जाग्रत हुआ, और पहाड़ियों में ही प्रताप को दंड देने का निश्चय कर, अपने गर्व की घोषणा के रूप में तोपों की आवाज़ से प्रताप को खबर भेजने लगे।

मुसलमानों की सेना त्रिकोणाकार से बढ़ रही थी। एक भुज की तरफ थे—मोहब्बत खाँ सेनापति और मुसलमानी सेना, दूसरे भुज की तरफ थे—मानसिंह और मुगल तथा राजपूतों की सेना, बीच में संचित अनगिनत शक्ति और उसके अन्दर सलीम और उनके शरीर-रक्षक। सलीम की सेना को लड़ने की ज़रूरत न थी। वह दोनों भुजों से बहुत दूर पर हटकर थी। मोहब्बत खाँ के साथ तोपें न थीं, पर थी उसकी सेना सबसे आगे बढ़ी हुई। मानसिंह की सेना दूसरे पार्श्व से इसकी रक्षा के लिए थी। चतुर मानसिंह का उपदेश था कि मोहब्बत खाँ की फौज से जब प्रताप की सेना सामना करेगी, पार्श्व से प्रताप की सेना पर गोलाबारी करने का मौका रहेगा, और मोहब्बत खाँ की फौज मदद के लिए फौज लेकर पीछे की ओर हटेगी, उस समय केन्द्र की फौज लेकर सलीम आगे बढ़ेंगे, तब तक राजपूतों की अधिकांश सेना तोपों से नष्ट हो जाएगी और आसानी से शत्रु पर विजय प्राप्त होगी।

प्रताप ने मानसिंह की रणकुशलता देखी, मन-ही-मन बड़ाई की। राजपूतों के पास तोपें न थीं परन्तु युद्ध करना ही था। कुछ देर तक प्रताप सोचते रहे। अपना निश्चय कर लिया। 'दीन-दीन' की आवाज़ से पर्वत-शिखर पर प्रतिध्वनि करती हुई मोहब्बत खाँ की फौज बढ़ रही थी। इधर दबी हुई पार्थिव ज्वाला की तरह राजपूत-शक्ति, महाराणा की आज्ञा की प्रतीक्षा कर रही थी। अवसर आया। एक वज्र-गम्भीर कंठ से तूफान-सा उठा—"वीरो!" एक प्रान्त से दूसरे प्रान्त तक सेना बौखला उठी। सहस्र-सहस्र राजपूत, पहाड़ी निर्झर नदी की तरह 'हर-हर-महादेव!' के गगनभेदी भीमस्वर से आकाश को चंचल करते हुए मोहब्बत खाँ की फौज पर टूट पड़े। सेनापति क्रमशः अपनी सेना को मोहब्बत खाँ की फौज के बाईं तरफ बढ़ा रहे थे।

महाराणा ने निश्चय कर लिया था कि मुगल सेना को दाहिने रखना ही निरापद है। यदि उधर से किसी प्रकार की आपत्ति आएगी, तो उससे मुगलों की ही सेना नष्ट होगी। महाराणा का रण-कौशल प्रत्यक्ष करके मानसिंह दंग रह गए। राजपूत सेना

पर गोलाबारी करने का उन्हें मौका ही न मिला। यदि गोलाबारी करते तो मोहब्बत खाँ की ही सेना काम आती। राजपूतों के बाईं बगल में दुरारोह पर्वत और दाहिनी ओर मोहब्बत खाँ की फौज थी। उससे राजपूत बचते गए।

मोहब्बत खाँ के पास तोपें न थीं। वे क्रमशः पीछे हटने लगे। आक्रमण करने का अवसर मिला। राजपूतों की नवीन स्फूर्ति मुगलों की सेना पर बिजली की तरह हाथ साफ कर रही थी। देखते-देखते हज़ारों मुगल धराशायी हो गए। मोहब्बत खाँ के होश उड़ गए। भय हुआ कि जब तक सलीम की सेना से मिलेंगे, तब तक तमाम सेना काम आ जाएगी।

मोहब्बत खाँ की विपत्ति का अनुमान सलीम ने कर लिया था। वे भी बड़ी तेज़ी से मोहब्बत खाँ की फौज से मिलने के लिए बढ़ रहे थे। मानसिंह भी निश्चिन्त न थे। क्रमशः अपनी फौज इस ढंग से बढ़ा रहे थे कि राजपूतों को दाहिनी ओर से घेरें, कम-से-कम मोहब्बत खाँ की फौज की ओर रुख न रहे, राजपूतों पर गोलाबारी करने का मौका हाथ आए। महाराणा की एक ही चाल से तमाम मुगल-दल विचलित हो गया। अब युद्ध-चित्र एक दूसरा आकार धारण कर रहा था।

जब तक अपनी फौजों की स्थिति सुधारने में पूर्वोक्त तीनों सेनापति लगे हुए थे, तब तक मुगलों की काफी संख्या निहत हो चुकी। क्षुधार्त व्याघ्रों की तरह राजपूत-गण मोहब्बत खाँ की फौज पर टूट पड़े। प्रथम आक्रमण में ही विपक्षियों के पैर उखड़ गए। मुगल सेना अपनी स्थिति सुधारने में लगी थी, उसे आक्रमणों को रोकते हुए हटना पड़ रहा था और राजपूत केवल आक्रमण कर रहे थे। क्षणभर में मोहब्बत खाँ की हज़ारों की संख्या में सेना विनष्ट हो चुकी थी। सेना में विशृंखलता का रूप दिखलाई दिया। भय के मारे सेनापति के संकेत से चलना छूट गया, छत्रभंग हो गया, इच्छानुसार सेना इधर-उधर भागने लगी। प्रबल राजपूतों की तेज़ चोटों से चारों ओर मूर्तिमान त्रास दिखलाई दे रहा था। चिरकाल की क्षुधा के बाद जिस तरह भोजन पर रुचि होती है, उसी तरह राजपूतों की तलवारें प्यास की तीव्रता से चमक रही थीं, सहस-सहस्र मुगलों का रुधिर पान करके भी उनकी तृष्णा की निवृत्ति नहीं हुई। धर्म का द्वेष, जाति का द्वेष और स्वतंत्रता के अपहरण का द्वेष—एक साथ अनेक प्रकार के विद्वेष की ज्वालाएँ धधक रही थीं और उस प्रचंड वह्नि में पड़ रही थी—लगातार मुगलों के रुधिर की आहुति। राजपूतों की भीम भैरव मूर्तियों में भगवान रुद्र की संहार मूर्ति के दर्शन हो रहे थे—वैसी ही भयानक उग्रता, वैसा ही निरंकुश नग्न तांडव। महाराणा अविचल भाव से सोत्साह सेना-संचालन कर रहे थे। अब तक राजपूत बहुत दूर बढ़ गए। उधर, सलीम की सेना भी आ पहुँची थी। मुगल-व्यूह के तीनों भाग एकत्र हो रहे थे।

तोप छूटी, शत-शत राजपूत धराशायी होने लगे। महाराणा चौंके, देखा—पीछे से मानसिंह की राजपूत और मुगलों की सम्मिलित सेना बढ़ रही थी। आगे

अनलोद्गारिणी तोपें यथाक्रम सजी हुई थीं। भादों की अनर्गल जलधारा की तरह मानसिंह की तोपें दग रही थीं।

राजपूतों के सामने काल की प्रत्यक्ष मूर्ति आ खड़ी हुई। बड़े-बड़े लड़ाके राजपूत सरदार घबड़ा गए, बचने का कोई उपाय न सूझा। मानसिंह का मनोरथ सफल हुआ। मोहब्बत खाँ की सेना को पार करके राजपूतों के ठीक पश्चाद्-भाग में वे आगे बढ़े। अब तक राजपूतों को मोहब्बत खाँ की फौज में पार्श्व में रखकर महाराणा, मानसिंह के आक्रमण से बचे रहे थे। सैन्य का संचालन करते हुए उन्हें मानसिंह की सेना के भविष्य की स्थिति पर विचार करने का अवसर नहीं मिला। अब महाराणा भी कुछ देर के लिए किंकर्त्तव्यविमूढ़ हो गए। जालबद्ध मृगों की तरह राजपूत सरदारों ने मृत्यु को प्रत्यक्ष देखा। उधर, अनर्गल गोलाबारी हो रही थी। सहस्त्र-सहस्त्र राजपूत निहत हो रहे थे।

राजपूतों की परिस्थिति बड़ी विकट हो रही थी। दाहिनी ओर मोहब्बत खाँ और सलीम की अगणित सेना पार्श्व से आक्रमण कर रही थी, पीछे से मानसिंह की तोपों की अविराम वर्षा, बाईं ओर अलंघ्य पर्वत थे।

''वीरो, छीन लो तोपें!'' महाराणा की आज्ञा से जैसे बिजली कड़क जाए, प्रलय के बादलों में अपनी स्थिर स्फूर्ति से सरदारों ने वैसा ही इशारा किया। सेना लौट पड़ी। वह दृश्य! तोपों का धारा-प्रवाह से अग्नि-वर्षण और राजपूतों का तुमुल-उत्साह, मृत्यु से आलिंगन, मृत्यु से सोत्साह क्रीड़ा, माता के अंक पर चिर-निद्रा दर्शनीय थी।

बात-की-बात में मानसिंह की तोपों का मुख अवरुद्ध हो गया। सहस्त्र-सहस्त्र राजपूतों ने प्राणों का विसर्जन कर दिया, पर तोपों के पास पहुँच गए। लड़कर राजपूत परिश्रान्त हो रहे थे, उधर मानसिंह के पैदल सिपाहियों में नवीन स्फूर्ति थी। राजपूतों पर सम्मुख और वाम पार्श्व-भाग से आक्रमण हो रहे थे। सैकड़ों वीर सरदारों ने देश की स्वतंत्रता के लिए प्राणों का विसर्जन कर दिया। बचे हुए राजपूतों के भी हाथ भर गए थे। सरदारों के प्रोत्साहन से बुझते हुए दीपक के प्रकाश की तरह कुछ देर के लिए उनमें शक्ति आती तो, परन्तु थकी सेना विशेष कुछ न कर सकी। युद्ध की ऐसी परिस्थिति पर विचार कर बचे हुए सरदारों और महाराणा ने निश्चय कर लिया कि अब इस समर में लड़कर प्राणों का विसर्जन कर देने के सिवा अब और कोई दूसरा उपाय नहीं है। इस विचार से क्षणभर में महाराणा के अन्दर एक अद्भुत शक्ति का संचार हो चला। एकाएक जी में आया कि जिस मानसिंह के लिए इतनी बड़ी सेना विनष्ट हो चुकी, जिसकी सहायता से यवनों ने देश के शत-शत स्वतंत्र राज्यों पर अधिकार जमाया, जिस राजा मानसिंह की सेना को बड़ी देर बाद लड़ने का मौका मिला था, उसकी शक्ति भी नवीन थी, राजपूतों पर उसकी गति अप्रतिहत हो रही थी। महाराणा अपनी सेना का संहार न देख सके।

चिरकाल की अर्जित तपस्या का उनमें विचित्र प्रभाव था, उनके शब्दों में दैवी शक्ति थी, उनकी ललकार सुन मुर्दा भी एक बार उठकर खड़ा हो जाता। सेना की दुर्दशा को देखकर महाराणा ने पुनः गम्भीर कंठ से आवाज़ दी, "वीरो! मृत्यु एक ही बार होगी, धर्म और अपनी माता के लिए मरना, इससे अधिक गौरव की मृत्यु हमें फिर शायद ही मिले। कीर्ति की उज्ज्वल पताका तुम्हारे हाथ से जाने न पावे वीरो!"

राजपूत पागल हो उठे। उत्साह से बाजे बजने लगे। नगाड़ों पर चोट पड़ी। नया जोश फैला। एक बार फिर राजपूतों की जड़ता दूर हो गई। वे मृत्यु को सामने रखकर इस बार भयंकर रूप से युद्ध करने लगे। उधर, महाराणा के मन में और ही बात आई। वे मानसिंह को चाहते थे। अगणित मुगलों की उन्होंने चिन्ता न की। जोश भरा था। सेना को काटते, चीरते, मुगलों की फौज के भीतर चले गए। कुछ शरीर-रक्षक महाराणा का साथ दे रहे थे। प्रताप का ध्यान सम्पूर्ण तीव्रता से मानसिंह की खोज कर रहा था। मृगों के यूथ में क्षुब्ध शार्दूल की तरह महाराणा, मानसिंह की तलाश में फिर रहे थे। सैकड़ों शत्रु उनकी गति को रोकते हुए बुरी तरह से मारे गए। भीष्म की तरह महान् महाराणा ने मानसिंह से साक्षात्कार करने का निश्चय कर लिया था। मानसिंह को शिक्षा देने के अभिप्राय से ही वे सेना के महान् सागर में कूदे थे। उन्हें प्राणों का भय न था। वे लक्ष्य से लौटनेवाले मनुष्य न थे। बाधाओं की असंख्य अड़चनें भी उनके चित्त को चंचल न कर सकती थीं। मुगलों की सेना में कई बार महाराणा के प्राण संकट में पड़े परन्तु उनके वीर शरीर-रक्षकों ने उन्हें सहायता दी। शत्रु के पंजे से छुड़ाया, महाराणा तल्लीन होकर मानसिंह की तलाश कर रहे थे, दूसरी ओर उनका ध्यान न था। किसने उन्हें बचाया, कौन-कौन उनके साथ हैं—इन सब बातों की ओर ध्यान देने की फुर्सत न थी। हिन्दुओं का जो सबसे बड़ा विरोधी था, उस नर-राक्षस को मानो हज़ार आँखों से वे खोज रहे थे।

कहते हैं, जिसकी जिस प्रकार की भावना होती है, उसे फल भी वैसा ही मिलता है। उसका मनोरथ पूर्ण होता है। महाराणा की इच्छा भी पूरी हुई। एकाएक उनकी दृष्टि उसी हौदे पर पड़ी, जिस पर मानसिंह बैठे थे। प्रताप की नसों में बिजली दौड़ गई। अपनी अमित शक्ति का क्षय वे भूल गए। शत्रु मानसिंह ही उस समय उनके ज्ञान और आनन्द के आधार हो रहे थे। महाराणा ने अपने घोड़े को इशारा किया। 'चेतक' मालिक का अभिप्राय समझ गया। अब तक वह भी विचलित-सा हो रहा था, प्रताप को किसी के साथ भी समर करते हुए न देखकर, वह तुरन्त उस विशालकाय हाथी के पास पहुँचा, जिस पर मानसिंह बड़े गर्व से अपनी सेना को प्रोत्साहन दे रहे थे। एकाएक आक्रमण होने से मानसिंह घबरा गए। उनकी समझ में न आया कि इतनी बड़ी सेना को पार कर उनके ऊपर आक्रमण एकाएक हुआ किस तरह! मानसिंह के शरीर-रक्षक संख्या में अनेक थे, उधर कुछ महाराणा के सहायक भी थे। दोनों तरफ से युद्ध जारी हो गया। मानसिंह को पाकर महाराणा बहुत प्रसन्न

हुए। मानसिंह के महावत ने भी सजग होकर महाराणा की तरफ अपना हाथी बढ़ाया। महाराणा और मानसिंह की दृष्टि एक हुई। मानसिंह मुस्कुराए। युद्ध का निकट परिणाम मानसिंह भी समझ गए थे। महाराणा के तमाम शरीर में आग लग गई। एक साथ ही शरीर की संचित शक्ति जाग्रत हो गई। चेतक की बागडोर उठा मानसिंह को लक्ष्यकर महाराणा ने अपने विशाल बर्छो का वार किया। बर्छा चलाने में प्रताप सिद्धहस्त थे। प्रताप को बर्छों का वार करते देखकर ही मानसिंह के प्राण सूख गए। परन्तु किस्मत बड़ी ज़बरदस्त होती है। बर्छे का निशाना महावत पर बैठा, उसको पार कर बड़े जोर से हौदे से टकराया। मानसिंह बच गए। महावत के मर जाने से हाथी जी छोड़कर भागा। मानसिंह के प्राणों की रक्षा हुई। हाथी के निरुद्देश्य भागने से कितनी ही सेना उसके पैरों के नीचे कुचल गई।

इधर, महाराणा के अनेक शरीर-रक्षक अब तक उनका साथ छोड़ स्वर्ग की राह ले चुके थे। अगणित सैन्य-बल के सामने एक मनुष्य का प्रवेश ही आश्चर्यकर है, फिर भी, अब तक पैर जमाकर लड़ना तो वीरता की सीमा को भी पार कर जाता है। महाराणा के मस्तिष्क की इस समय बड़ी ही विचित्र परिस्थिति थी। जिन वीरों की रुधिर-धारा से हल्दीघाटी का स्वतंत्रता समर प्लावित हो रहा था, महाराणा उन्हें छोड़कर अपनी रक्षा का उपाय नहीं कर सकते थे, अपने प्यारे वीरों के साथ वे भी अपनी कृति उसी दिन सम्पूर्ण कर देना चाहते थे। हारकर भी वे शत्रुओं से विजय-प्राप्ति की इच्छा रखते थे। आदर्श समर क्या और किस तरह होता है, शत्रुओं के हृदय में इसकी अमिट छाप मुद्रित कर देना चाहते थे।

मानसिंह के भाग जाने पर तमाम मुगलों की दृष्टि महाराणा की ओर आकर्षित हुई। इधर, उनके अंगरक्षक भी बहुत थोड़े रह गए थे। महाराणा को मुगलों ने चारों ओर से घेर लिया और उन पर शस्त्रों का अविराम प्रहार जारी हो गया। अपने सम्राट् को घिरा हुआ देखकर राजपूत-रक्षक भी जान हथेली पर लेकर लड़ने लगे, परन्तु क्रमशः लड़कर मरने के सिवा वे और कुछ न कर सके। प्रताप के सर्वांग से रुधिर की धारा बह रही थी, चेतक के अंग भी क्षत-विक्षत हो रहे थे। शरीर बार-बार शिथिल होता जा रहा था, केवल मनोबल के प्रभाव से प्रताप अब तक शत्रुओं के बीच में अकातर चित्त से युद्ध कर रहे थे।

कैलवाराधिप झालामान्ना ने महाराणा की यह दशा दूर से देखी। उनका शरीर कंटकित हो गया। एक प्रगाढ़ भक्ति महाराणा के प्रति पैदा हुई। उन्होंने सोचा, 'क्या मेवाड़ का सूर्य अस्त हो जाएगा? फिर बचे हुए लोगों को स्वतंत्रता की शिक्षा कहाँ से प्राप्त होगी? ऐसा हरगिज़ न होगा! 'महाराणा की जय।' के भीम-घोष से अपने आगमन की सूचना देते हुए अपने शरीर-रक्षकों सहित महाराणा की सहायता के लिए कैलवाराधिप आ गए। उन्होंने प्रताप का छत्र अपने ऊपर लगा लिया। उनकी स्वर्ण-पताका लेकर अपने शरीर-रक्षकों के साथ अपूर्व विक्रम प्रकट करते हुए शत्रु

सेना से लड़ने लगे। मुगलों ने धोखा खाया। उन्हें ही उन लोगों ने महाराणा प्रताप समझा और उन्हीं के प्राणों के लिए आक्रमण करने लगे। महाराणा को अवसर मिला, मुगलों से युद्ध करते हुए झालामान्ना ने अद्‌भुत वीरता प्रकट की। अन्त में वीरगति को प्राप्त हुए।

प्रताप ने इनकी मृत्यु के बाद इनके परिवारवालों की बड़ी इज़्ज़त की। इस झालावंश को मेवाड़ की राजपताका उड़ाने का अधिकार मिला और झालामान्ना के आदर्श कार्य से सद्रि की जागीर भी उनके वंशधरों को दी गई। साथ ही, राजा की उपाधि से विभूषित किए गए और राजमहल तक नगाड़ा बजाते हुए आने का अधिकार दिया गया।

हल्दीघाटी के इस भयानक महासमर में 22000 राजपूतों में से केवल 6000 बचे और 14000 सेना संग्राम में हत हुई। 500 तो प्रताप के ही आत्मीय थे। ग्वालियर के राज्यच्युत नरेश रामसिंह और उनके इकलौते पुत्र के साथ 350 उनके बन्धु-बान्धव भी इस युद्ध में वीरगति को प्राप्त हुए।

धीरे-धीरे भगवान् मरीचिमाली अस्ताचल में प्रवेश कर रहे थे। युद्ध का अवसान हो रहा था। मुगलों के जयोल्लास से पहाड़ियों में प्रतिध्वनि हो रही थी। उस विजय-घोष से घायल सिपाहियों की करुण ध्वनि मिलकर उसे और नृशंस बना रही थी। बचे हुए राजपूतों का मुख मुरझाया हुआ, हाथ भरे हुए और पद शिथिल हो रहे थे। सन्ध्या के कुछ पहले महाराणा ने सैन्य को हटने की आज्ञा दी, स्वयं चिन्ताक्लिष्ट, घोड़े पर सवार हो अकेले पहाड़ी की ओर चले। भारत के इतिहास में पतन की एक दूसरी कथा लिखकर राजपूतों को नियति के अन्धकारमय गर्त में चिरकाल तक के लिए डालकर हल्दीघाटी का महासमर समाप्त हुआ।

दशम परिच्छेद

पश्चात्ताप

भाग्य की अकरुण कुटिल गति पर विचार करते हुए घोड़े पर सवार निस्संग महाराणा प्रताप चले आ रहे थे। चिरकाल की संचित चिर प्रतिज्ञा पर इतना बड़ा धक्का लगा कि विश्वास की थूनियाँ हिला दी गईं। प्रताप सोचने लगे, 'जिन वृद्ध पिताओं की सेवा के लिए उनका एकमात्र पुत्र बच रहा था, अब वे किस दशा में होंगे? उन्होंने तो सहर्ष देश की रक्षा के लिए पुत्र को लड़ने की आज्ञा दी थी, फिर इस विषमय परिणाम का भोग उन्हें क्यों करना पड़ा? अवश्य ही यह धर्म सब वाहियात है।' फिर सोचते, 'नहीं, कर्त्तव्य पर विचार नहीं चलता, कर्त्तव्य की समालोचना भी नहीं हो सकती, फल की आकांक्षा रखनी ही नहीं चाहिए, जो कुछ किया गया, कर्त्तव्य के विचार से ही किया गया है, आगे भी वैसा ही किया जाएगा।'

प्रताप अनेक प्रकार के वाग्जाल में भूत और वर्तमान की समालोचना में फँसते-फँसते चले जा रहे थे। सन्ध्या की अन्तिम किरण पड़ रही थी। आज प्रताप की पूर्ण पराजय हुई है। आज वे एक साधारण परिस्थिति के मनुष्य हैं। कल तक वे राज्यचिह्नों को धारण करते थे, परन्तु आज एक दिन के प्रलय में उनके ऐश्वर्य का ध्वंस हो गया। वह छाया की तरह विलीन हो गया, मानो यही अन्धकार सत्य है जिसमें अतिरंजना कोई नहीं। बाईस हज़ार सेना के नायक को आज एक साथी भी नहीं मिला। आज उनके साथ कोई शरीर-रक्षक भी नहीं है।

इस युद्ध में शक्तिसिंह भी थे। उन्होंने लड़ाई नहीं की परंतु आदि से अन्त तक राजपूतों का युद्ध उन्होंने अवश्य देखा था। राजपूतों की निर्भीकता, अगणित सेना के बीच में क्षत्रियत्व का शौर्य-दर्शन, देश की रक्षा के लिए हँसते हुए वीर-गति को प्राप्त करना, घिरकर भी भय न खाना—यह सब गुण देखकर शक्तिसिंह मुग्ध हो गए थे। देश की इस भयंकर परिस्थिति के समय वे उसके किसी कार्य में न आए। इसका उन्हें हार्दिक दुख हुआ। उनका विरोध-भाव दूर हो गया, बल्कि जिस समय झालामान्ना को प्रताप की रक्षा करते, राजचिह्नों को अपने ऊपर धारण करते देखा, लड़ते हुए अपने प्राणों का विसर्जन कर महाराणा के प्राणों को खरीदते देखा, उस समय शक्तिसिंह दूसरे ही शक्तिसिंह हो रहे थे। महाराणा की रक्षा के लिए देश के सब वीरों को उन्होंने रणक्षेत्र में प्रत्यक्ष देखा, केवल वही न थे। जिन्हें देश के बालक-वृद्ध-युवा एक ही प्रकार से भक्ति करते हैं, उनका विरोध करके उन्होंने अच्छा नहीं किया, उन्हें दृढ़ विश्वास हो गया। उनकी दृष्टि महाराणा पर ही लगी। जब राजपूतों का विनाश हो चुका, बची हुई सेना को युद्ध बन्द कर आत्मरक्षा करने की आज्ञा दी गई, तब भी उनकी दृष्टि प्रताप पर लगी हुई थी। जब चेतक पर महाराणा निस्संग एक ओर को चल दिए, उस समय भी उन्होंने महाराणा को देखा।

इसके पश्चात् मुगल सरदारों में भी युद्ध की चर्चा होने लगी, हल्दीघाटी के भयानक समर में पराजित होने पर भी शत्रुदल प्रताप की शूरता की प्रशंसा करने लगा, उनके प्रधान-प्रधान शत्रुओं ने स्वीकार किया कि इतना बड़ा वीर उन्होंने कभी नहीं देखा। शत्रुओं के मुख से भी प्रशंसा वाक्य निकलने लगे, शक्तिसिंह ने भी यह सुना।

यों तो वे पहले ही अपनी प्रतिहिंसा और अपमान का भाव भूल गए थे, परन्तु अब पूर्ण मात्रा में प्रताप के प्रति उनका भक्तिभाव उदित हो गया था। वे मन-ही-मन कहने लगे, 'हाय! एक राजपूत मैं भी हूँ। कितना गर्व था उन वीरों को मृत्यु का! हँस रहे थे मानो मृत्यु का उन्हें बिलकुल भय ही न था। मेवाड़ का कोई भी गाँव नहीं बचा, जहाँ से देश की रक्षा के लिए वीर सिपाही न आए हों, और मैं मेवाड़ के राजवंश का मनुष्य हूँ। हे ईश्वर! यह इतना घोर पतन! जहाँ और-और लोगों ने अपने प्राण देकर प्रताप की रक्षा की, वहाँ बगल में रहकर भी मैं उनके लिए लड़ न सका, और मैं प्रताप का भाई हूँ! लेकिन बस, जो होना था, हो चुका। अब मैं फिर इस

रेगिस्तान से गंगा की निर्मल धारा बहाऊँगा, हे ईश्वर! मेरा उद्धार करो, मेरी आत्मा को शक्ति दो, स्वतंत्रता दो, देश के लिए मरना सिखलाओ।' शक्तिसिंह बच्चों की तरह रोने लगे। पूर्व की स्मृतियों ने जोर मारा। पवित्र रक्त ने अपना प्रभाव दिखलाया। शक्तिसिंह के हृदय से विद्वेष बिलकुल दूर हो गया। इस समर भूमि में देश के लिए वे कुछ न कर सके थे, बल्कि देश की स्वतंत्रता का हरण करने के लिए ही आए हुए थे, ईश्वर से रोते हुए उन्होंने प्रार्थना की, ईश्वर ने तत्काल उनका मनोरथ पूरा किया।

जब सिपाहियों को युद्ध बन्द कर प्राण बचाने की आज्ञा दे महाराज ने पहाड़ की राह ली, उस समय उनकी दृष्टि बचाकर उनके प्राण लेने के लिए दो मुगल सिपाही उनके पीछे लगे। एकाएक शक्तिसिंह की प्रार्थना मंजूर करने के लिए ईश्वर ने उन्हें मौका दिया। उन मुगल सिपाहियों पर इनकी दृष्टि पड़ गई। हृदय क्षुब्ध हो उठा। भाई के प्रति सहस्र धारों में भक्ति का सोता फूट निकला। वे स्थिर न रह सके। उन्होंने भी घोड़ा बढ़ाया और वैसे ही फिर उन सिपाहियों का पीछा किया। मन-ही-मन शक्तिसिंह ने ईश्वर को धन्यवाद दिया। हृदय में एक प्रकार की घृणा मुगलों के प्रति पैदा हुई। कहने लगे, 'युद्ध समाप्त होने के बाद राजपूत, शत्रु पर कभी भी वार नहीं करते, मौका पाने पर भी उसे छोड़ देते हैं, परन्तु यह कितनी बड़ी नीचता है कि इस सन्ध्या के समय भी इन राक्षसों के हृदय से पैशाची प्रवृत्ति का अन्त नहीं हुआ। आज इन राक्षसों को इन्हीं की शिक्षा देनी है। इन्हीं के अस्त्र से इनका अन्त करना है। अन्यथा मैं भी तो राजपूत हूँ, सन्ध्या के समय इनके प्राण मैं अवश्य ही न लेता।

'प्रताप! तुम मेवाड़ के सूर्य हो, आज मेघों के प्रभाव से तुम्हारी किरण कुछ काल के लिए ढक ज़रूर गई है परन्तु वह चिरन्तन, अमर, स्वर्गीय और आवश्यक है। अनावश्यक मेघों का अन्त एक दिन अवश्य होगा। तब तुम्हारी स्वर्गीय ज्योति फिर चमक उठेगी, छिपी न रहेगी, उसकी संसार को आवश्यकता है। प्रताप! तुम इतने महान् हो! आश्चर्य है, तुम्हारे नाम में इतनी शक्ति है, तुम्हारी हार में भी विजय है, तुम अद्‌भुत मनुष्य हो, मैं मूर्ख था, स्वतंत्र देश के आदर्श देवता को मैंने नहीं समझा था।' शक्तिसिंह आवेश में तरह-तरह की कल्पनाएँ करते हुए चले जा रहे थे।

प्रताप का हृदय भग्न हो चुका था। तमाम चेहरे पर निराशा का राज्य था। स्वतंत्रता की वेदी पर अपना सर्वस्व रखकर जैसे रिक्त हृदय से जा रहे हों, जैसे बदले में उन्हें कुछ भी प्राप्ति न हुई हो। वे अन्यमनस्क हो रहे थे। चेतक भी थक गया था। धीरे-धीरे चिन्ता करते हुए प्रताप चले जा रहे थे और उन्हें लक्ष्य कर उनके पीछे दो मुगल भी। प्रताप को पीछे से किसी के आने की आहट भी न मिली, वे इसी प्रकार से अपनी विचार-तरंगों में तल्लीन हो रहे थे। वे दोनों प्रताप के बिलकुल नज़दीक आ गए परन्तु फिर भी प्रताप को कुछ मालूम न हुआ। शक्तिसिंह कुछ दूर पर थे। ईश्वर ने प्रताप की मदद की। सामने एक पहाड़ी नदी पड़ी। प्रताप का घोड़ा चेतक एक ही छलाँग में नदी पार कर गया, परन्तु मुगलों के घोड़े कमज़ोर थे, उन्हें नदी पार

करने में कुछ देर लग गई, तब तक शक्तिसिंह और नज़दीक आ गए। मुगलों ने नदी पार करके फिर प्रताप का पीछा किया और उनके बहुत पास पहुँच गए। लड़ाई में प्रताप का सर्वांग शस्त्रों से क्षत-विक्षत हो रहा था, घावों से खून का फौवारा छूट रहा था, ऐसी ही दशा चेतक की भी थी। इसी परिस्थिति में मुगल उनका पीछा कर रहे थे। मुगल इस बार प्रताप के बिलकुल करीब पहुँच गए। शक्तिसिंह ने सोचा कि कहीं ऐसा न हो कि फिर जीवनभर के लिए पछतावा रह जाए, इसलिए प्रताप को होशियार कर देना चाहिए।

उन्होंने उच्च स्वर से आवाज़ लगाई, "हो नीला घोड़ा सवार!" प्रताप चौंके। फिरकर देखा तो दो मुगल आ रहे थे। प्रताप को आश्चर्य हुआ कि मेरी भाषा में किसने मुझे सतर्क किया? ये तो मुगल हैं, इस निर्जन भूमि में राजपूत गले की आवाज़ कहाँ से आई?

प्रताप सन्देह कर रहे थे कि शक्तिसिंह घोड़ा बढ़ाकर मुगलों के बिलकुल पास पहुँच गए और देखते-देखते दोनों का काम तमाम कर दिया। प्रताप ने मुगलों को गिरते हुए देखा, फिर उनकी दृष्टि शक्तिसिंह पर पड़ी। घृणा से सर्वांग कुंचित हो उठा। वे इस निश्चय पर पहुँचे कि इन दो मुगलों को मारने का कारण इसके सिवा और कुछ नहीं कि शक्तिसिंह अपने हाथों मुझे मारकर बदला चुकाना चाहता है, जबकि वह भी मुगलों की तरफ हो सकता है। इसके सिवा मुगलों के मारने का और कोई कारण नहीं।

प्रताप के नेत्र सजल हो आए। मन में कहा, 'हाय रे मनुष्य! तुम्हारे भीतर इतनी नीच भावना भी रह सकती है। मुझे हर तरह से पिसा हुआ, हुत-सर्वस्व, परिश्रान्त और विक्षत शरीर देखकर बदले के लिए इससे अच्छा अवसर शक्तिसिंह को नहीं सूझा? ईश्वर की इच्छा पूर्ण हो!' प्रताप ने एक साँस ली। निराशा की विषाक्त क्रिया से सर्वांग जर्जर हो रहा था, अब तक शक्तिसिंह बहुत समीप आ गए। उन्हें देखकर प्रताप ने कहा, "आओ शक्तिसिंह, इससे अच्छा अवसर तुम्हें न मिलेगा, बदले के लिए तुम्हें बहुत हैरान होना पड़ा। आज देश और स्वतंत्रता के छूटने के साथ तुम्हारे हाथ से प्राण भी निकले, यज्ञ में पूर्णाहुति भी हो जाए! मेवाड़ का नाम अब भारत के हृदय से मिट जाना ही अच्छा है। आओ, मैं तैयार हूँ!"

शक्तिसिंह पर एकाएक जैसे सहस्त्र अस्त्रों का प्रहार हुआ हो। वे काँप उठे। उनकी भक्ति की परीक्षा शुरू हो गई। आँखों में अँधेरा छा गया। दुख और क्षोभ से हृदय बैठ गया। घोड़े से उतरकर वे कटे हुए वृक्ष की तरह प्रताप के पैरों पर गिरकर बेहोश हो गए।

प्रताप ने भाई को गोद में उठा लिया। अब शक्तिसिंह के हृदय का हाल छिपा न रहा। अपने शब्दों के लिए प्रताप को लज्जा आई। उनके कटे हुए घावों से खून की कुछ बूँदें शक्तिसिंह के ललाट पर टपक पड़ीं।

शक्तिसिंह जागे। नेत्रों से आँसुओं की अनर्गल धारा बह चली। मुख से एक शब्द भी न निकला। एक दृष्टि से प्रताप को देखते रहे। भक्ति, करुणा और प्रार्थना से मिली हुई उस दृष्टि का अर्थ प्रताप समझ गए। दुःख और निराशा के स्वर से प्रताप ने कहा, "भाई, अब कुछ नहीं रहा। क्षणभर में मेवाड़ की रही–सही शक्ति भी नष्ट हो गई।"

शक्तिसिंह फिर भी न बोले। आप–ही–आप उनका मस्तक अवनत हो गया। प्रताप ने बड़े प्रेम से छोटे भाई को हृदय से लगा लिया। युद्ध के बाद यह उन्हें प्रथम शान्ति मिली थी। एक दृष्टि से निश्चल वृक्ष–समूह, भाइयों का यह सप्रेम आलिंगन देख रहा था। एक झोंका हवा का आया और उन्हें कुछ शान्ति मिली, आनन्द से पल्लव नृत्य करने लगे। शक्तिसिंह बालक की तरह प्रसन्न हो गए।

प्रताप ने कहा, "शक्ति, अब राजपूतों का उत्थान होना कठिन है। देश की दुर्दशा क्या हमें ही देखनी बदी थी? पराजय के पश्चात् अब दुर्बल प्रजा पर यवनों का न जाने कितना कठोर अत्याचार होगा? विधाता की यही इच्छा थी, नहीं तो हम हारते ही क्यों?" प्रताप की आँखें भर आईं। सर्वांग से रुधिर की धारा बह चली।

शक्तिसिंह ने कहा, "भैया! आप क्या कहते हैं? इस संग्राम में आपकी विजय हुई है, बल्कि विजय से भी बढ़कर कोई शक्ति मनुष्य के हृदय को पराजित करनेवाली है, तो आपने उसी शक्ति को प्राप्त किया है। शत्रुओं में आपकी जितनी प्रशंसा हो रही है, आज तक भारतवर्ष के किसी वीर में उतनी प्रशंसा नहीं हुई। सेनापति से लेकर साधारण सिपाही भी यह स्वीकार करते हैं कि इतना बड़ा वीर हिन्दुस्तान में नहीं है, जिसे मरने का बिलकुल ही खौफ न हो। भैया, तुमने अपने शत्रुओं के हृदय में घर कर लिया है, और मुझ जैसे अधम क्रूर मन पर भी अपनी महत्ता का प्रभाव डालकर रास्ते पर ले आए हो। इस युद्ध में आपकी विजय हुई है।"

हर्षातिरेक से प्रताप के घावों से फिर खून का फौवारा छूटा। प्रताप ने कहा, "शक्तिसिंह, हमारा हृदय दुर्बल हो गया था। हम समझते थे, कि सत्य का बल समय पर काम नहीं देता। तुम्हारे शब्दों से हमारी दुर्बलता जाती रही। हम अपनी प्रतिज्ञा पर अटल रहेंगे। ईश्वर, तुम्हारी इच्छा विचित्र है!"

"भैया, आप अपने व्रत पर डटे रहिए। आपके जीवन से देशभर में जीवन का संचार होगा। आपका आदर्श देश के उत्थान का सहायक होगा। इस समय आप ही हिन्दुओं के मुकुटमणि और मुसलमानों की सत्ता का तिरस्कार करनेवाले हैं। आपके विचलित हो जाने पर देश और धर्म की मर्यादा जाती रहेगी। अब अधिक देर यहाँ ठहरना मेरे लिए अनुचित है, सलीम को सन्देह होगा। उससे मिलकर मैं शीघ्र ही आपकी सेवा के लिए हाज़िर हूँगा।" शक्तिसिंह के इन शब्दों को सुनकर प्रताप ने उन्हें जाने की आज्ञा दी। देवोपम समुज्ज्वलकीर्ति भाई की चरणधूलि ग्रहण कर शक्तिसिंह विदा हुए।

प्रताप की तरह चेतक का शरीर भी क्षत-विक्षत हो रहा था, जगह-जगह अस्त्रों के गहरे घाव थे और उनसे अविराम रुधिर की धारा बह रही थी। अपने शरीर की पीड़ा से अधिक दुख चेतक के घावों का था। अपने मित्र और शरीर-रक्षकों में चेतक को प्रताप सबसे बढ़कर समझते थे। वह भी वैसा ही होशियार था। अपने मालिक के मनोभावों को तत्काल समझ लेता था। इसकी पीठ पर जब तक प्रताप थे, उन पर कभी संकट नहीं आया। वह अपने समय का एक सर्वश्रेष्ठ शिक्षित अश्व था।

चेतक की अवस्था क्रमशः खराब होती गई। रुधिर बन्द न हुआ। अपनी अन्तिम घड़ी समझकर अनिमेष दृष्टि से वह अपने मालिक को देखने लगा। प्रताप भी समझ गए कि उसे असह्य कष्ट हो रहा है। चेतक की आँखों से आँसुओं की धारा बह चली। एक शब्द करके उसने प्राण छोड़ दिए।

पहले प्रताप को यह मालूम न था कि चेतक का यह अन्तिम समय है। उसकी मृत्यु हो जाने पर उसकी अनिमेष दृष्टि का अर्थ उनकी समझ में आया। अपने मालिक को वह प्रेमभाव समझाता था। वे भी उससे उसी तरह प्यार करते थे। उनको बचाकर किसी निर्विघ्न जगह पर लाने के लिए ही अब तक वह मृत्यु से लड़ रहा था अन्यथा समर क्षेत्र में ही उसकी अवस्था शोचनीय हो रही थी, वहीं वह अब तक मर गया होता।

चेतक की कृतज्ञता का स्मरण कर प्रतापसिंह रोने लगे। वे समझ गए कि उनके प्यारे अश्व ने अपने प्राणों के बदले में उनकी रक्षा की है। प्रेम की कसौटी पर कसकर उसने अपने को खरा सिद्ध कर दिखाया है। प्रताप को आज के विगत युद्ध की याद आई तो रोने लगे, कितने ही स्थलों में चेतक के कारण ही उनकी प्राण-रक्षा हुई थी, कहा, ''हाय! दुःख कभी अकेला नहीं आता। आज हमारे कितने ही मित्रों, सहायकों और प्राणों से प्यारे बन्धुओं की मृत्यु हुई और आज ही चेतक भी हमें अकेला छोड़कर चला गया। यह विधाता का कितना निष्ठुर नियम है!''

प्रताप चेतक को अपना एक अन्तरंग मित्र समझते थे। उसकी मृत्यु की जगह पर उन्होंने उसका स्मारक बनवा दिया, जो आज भी मौजूद है।

इधर, शक्तिसिंह अपने डेरे पर पहुँचे। जिन दो मुगल सैनिकों को प्रतापसिंह का पीछा करने के कारण उन्होंने मारा था, उनमें एक खुरासानी था और दूसरा मुल्तानी। प्रताप को प्रणाम कर खुरासानी के घोड़े पर चढ़ वे मुगल-कैम्प में आए। इससे लोगों को सन्देह हुआ। सेनापति ने उनसे इसका कारण पूछा। शक्तिसिंह ने सच-सच बयान दिए। उन्होंने कहा कि युद्ध हो जाने पर शत्रु पर वार करना धर्म नहीं है। दूसरे, हम राजपूत हैं। हम अगर किसी को इस तरह का पातक करते हुए देखते हैं, तो हमें भी पाप लगता है। जब इन दोनों—खुरासानी और मुल्तानी ने प्रताप का पीछा किया, तब हमारे लिए प्रताप की रक्षा करना धर्म में दाखिल था। यही कारण है कि मैंने खुरासानी और मुल्तानी को मार डाला।

शक्तिसिंह को इस सत्यभाषण से कोई कठोर दंड नहीं मिला। उन्हें केवल मुगलसैन्य से निकल जाने के लिए कहा गया। इससे शक्तिसिंह बहुत प्रसन्न हुए। वे यही चाहते भी थे।

जब मुगलों के साथ से अलग होकर वे चले, तब एकाएक याद आई कि खाली हाथ राजा के दर्शन ठीक नहीं। रास्ते में भाईनसोर का किला पड़ता था। अपनी पाँच हज़ार सेना के साथ उस किले पर उन्होंने आक्रमण कर दिया और विजय प्राप्त की। उस किले पर अपना अधिकार कर प्रताप के पास गए और वह किला प्रताप की नज़र किया।

शक्तिसिंह की इस अपूर्व भेंट से प्रताप मुस्कुरा दिए और वह दुर्ग उन्हें ही रहने के लिए दे दिया। उसी समय से वह दुर्ग शक्तावतों का वासस्थान हुआ। प्रताप की माता का शक्तिसिंह पर प्यार अधिक था, क्योंकि शक्तिसिंह छोटे थे, इसलिए वे शक्तिसिंह के साथ उसी दुर्ग में रहने लगीं। और क्योंकि मेवाड़ की राजमाता बाईजी-राज के नाम से पुकारी जाती हैं, इसलिए उस कुल की स्त्रियों की बाईजी-राज की ही उपाधि रही। शक्तिसिंह के आने से मेवाड़वासियों को एक नई शक्ति मिली और उनसे महाराणा को भी अनेक सुविधाएँ प्राप्त हुईं।

एकादश परिच्छेद
पति-पत्नी

'मैं बीकानेर का राजकुमार हूँ एक बहुत बड़े राज्य का मालिक। परन्तु आज काल के कुटिल चक्र में पड़कर दिल्ली के बादशाह का कैदी हूँ! मेरे स्वतंत्रता के द्वार पर सोने की साँकल डाल दी गई है। कल्पना के पंख कतर लिए गए हैं। अब मुक्त रूप से प्रभात के स्वर्णाकाश में उड़ने नहीं पाता, पिंजरे में डाल दिया गया हूँ। अनन्त सौन्दर्य अब मेरे लिए स्वप्न है और सत्य है—सीमा की क्षुब्ध बहुभावसंकुल क्षुद्र-जल्पना। हल्दीघाटी का महासमर समाप्त हो गया। धन्य प्रताप, धन्य है तुम्हारा स्वतंत्रता प्रेम और धन्य हैं तुम्हारे सहायक, जिन्हें अपने प्राण भी स्वतंत्रता की रक्षा के लिए अपदार्थ-से मालूम हुए। आज मेवाड़ पर कितनी बड़ी विपत्ति है। हाय! इस युद्ध पर मैं एक पद्य भी न लिख सका। मन में वैसी स्फूर्ति होती ही नहीं कि लिख सकूँ, संकल्प ही संकल्प करता हूँ। हृदय के एक कोने में उसकी आभा विकसित होती है, तत्काल दूसरे कोने में विलीन हो जाती है, जैसे किसी ने मेरी शक्ति ही हर ली हो। हिन्दुओं पर कितना बड़ा अन्याय, कितना घोर अत्याचार हो रहा है!' अपने कमरे में चुपचाप बैठे हुए कविवर पृथ्वीराज विचार कर रहे हैं।

"आज इतनी चिन्ता किस बात की है?" उनकी पत्नी सुन्दरी भीतर से कहती हुई निकली और उनकी बगल में बैठ गई।

"नहीं, कोई खास बात नहीं है, कुछ विचार कर रहा हूँ।" पृथ्वीराज ने अन्यमनस्क होकर कहा।

"विचार तो तुम करते ही रहते हो परन्तु इतना विचार भी करना अच्छा नहीं। आजकल तुम दुर्बल बहुत हो गए होर। चेहरे का रंग फीका पड़ गया है। देखो, मैं जब तुम्हें देखती हूँ तुम्हारा चेहरा उदास रहता है, क्या बात है?" सुन्दरी हाथ पकड़कर आग्रह से पति को देखने लगी।

"कह तो दिया, हमारे दुर्भाग्य के विशेष बात और कुछ भी नहीं है।" पति ने उसी तरह चिन्तित भाव से कहा।

"देखो, तुम्हें मेरी भी कसम है। सच कहो, आजकल कुछ दिनों से तुम बहुत उदास रहा करते हो। मेरे मायके से बुरा हाल तो नहीं आया?" सुन्दरी की आँखें सजल हो आईं।

"तुम्हारे मायके का बड़ा बुरा हाल है, सुन्दरी!" पृथ्वीराज की आवाज़ भराई हुई थी।

सुन्दरी आश्चर्यचकित हो, एकटक पति को देखती रही। उसके मुख से एक भी शब्द न निकला। दृष्टि में ही प्रश्न की व्याख्या भरी हुई थी।

पृथ्वीराज ने कहा, "तुम्हारे पिता आए थे, अकबर के दरबार में नौकरी करने के लिए।"

सुन्दरी ने पति का हाथ छोड़ दिया। घृणा से सर्वांग संकुचित हो गया, "मेरे पिता! अकबर के दरबार में नौकरी करने के लिए?"

"हाँ, तुम्हारे पिता, शक्तिसिंह, अकबर के दरबार में नौकरी करने के लिए।"

"कारण?" सुन्दरी ने कुछ वक्र स्वर से पूछा।

"प्रताप से उनका विवाद हो गया था, प्रताप ने उन्हें अपने राज्य से बाहर निकल जाने की आज्ञा दी थी।"

"फिर?" सुन्दरी ने आग्रह से पूछा।

"फिर क्या, अकबर को एक बचे हुए स्वतंत्र राज्य पर अधिकार करने का साधन मिल गया। उधर, मानसिंह गए महाराणा के साथ भोजन करने, महाराणा ने कह दिया, हम विधर्मियों को बेटी ब्याहनेवाले पतित क्षत्रियों के साथ भोजन-पान का सम्बन्ध नहीं रखते। मानसिंह दिल्ली आए, अकबर को उभारा, करीब दो लाख मुगलों की सेना महाराणा को दबाने के लिए भेजी गई। मानसिंह भी गए और साथ ही तुम्हारे पिता भी।"

"फिर?" विरक्ति से मुँह फेरकर सुन्दरी ने प्रश्न किया।

"फिर हल्दीघाटी में राजपूतों से मुगलों का घनघोर युद्ध हुआ। महाराणा ने अद्‌भुत वीरता दिखाई।"

उत्साह से गर्दन उठाकर शेरनी की तरह पति को सगर्व देखती हुई सुन्दरी ने कहा, "उस समय मानसिंह कहाँ पर थे? ताऊ जी मानसिंह से ज़रूर मिले होंगे।"

"हाँ, मानसिंह बच गए, महावत मारा गया, हाथी मानसिंह को लेकर भाग गया।"

सुन्दरी पति से और सटकर बैठ गई। "हाँ फिर?" आग्रह से पूछा।

"मुगलों की सेना बहुत बड़ी थी। बाईस हज़ार राजपूत, दो लाख मुगलों से लड़ रहे थे, झालामान्ना, रामसिंह और उनके सैकड़ों राजपूत बचे। शाम भी हो आई थी। महाराणा ने युद्ध बन्द कर दिया।"

चिन्तायुक्त होकर, "और पिताजी ने क्या किया?"

"अब वे महाराणा से मिल गए हैं। दो मुगल महाराणा के पीछे लगे थे, उन्हें इन्होंने मारा और महाराणा प्रताप से अपने अपराध के लिए क्षमा प्रार्थना की। अब वे भाईंनसोर के किले पर अधिकार कर बाईजी-राज के साथ-साथ वहीं रहते हैं।"

"हे ईश्वर!" सुन्दरी के हृदय पर से जैसे एक बोझ उतर गया।

"हिन्दुओं के ये बड़े ही बुरे दिन हैं। अकबर की धूर्तता को हिन्दू नरेश यथार्थ सत्य समझे हुए हैं। वे नहीं जानते कि यह पर्दे के अन्दर शिकार खेलता है। बिना युद्ध के ही तमाम राजपूतों को इसने वशीभूत कर रखा है। अपना विवाह भी राजपूत घराने में किया। उच्चता की अभिलाषा हद तक पहुँची और कहीं से इसको बाधा भी नहीं मिली। यदि आज महाराणा न होते तो हिन्दुओं पर यह इच्छानुसार कानून के बोझ लादता जाता और वे स्वीकार भी कर लेते। हाय रे भारतवर्ष! लोभ के वशीभूत होकर आज कितनी नीचता हिन्दू जाति तुम्हारे पवित्र वक्ष पर कर रही है!" पृथ्वीराज आप-ही-आप कहते गए, एकाएक सुन्दरी को देखकर, "नौरोज़ भी तो अब आ गया होगा?"

"हाँ, वेश्या की तरह बन-ठनकर जाना, मुझे नहीं पसन्द आता।"

"पराधीनता का अर्थ यही है, सुन्दरी।"

"न जाने क्यों, मैं जाती तो हूँ पर मारे भय के मेरा सर्वांग काँपता रहता है।"

"दाल में काला जो है। यह खुशी का दिन नहीं, इस दिन हिन्दुओं के पर्दे के अन्दर बादशाह का आक्रमण होता है।"

"आक्रमण? कैसा आक्रमण?" आश्चर्य से सुन्दरी ने पूछा।

"भेड़ की तरह राजपूतों को अपनी यज्ञशाला में उन्होंने डाल ही रखा है, उनमें कान-पूँछ हिलाने की ताकत नहीं रह गई, अब स्त्रियों के सतीत्व-बल पर भी बादशाह विजय प्राप्त कर रहे हैं और उन स्त्रियों के साथ बादशाह के गुप्त समर का ही नौरोज़ है, यह राजपूत स्त्रियों के सतीत्व की परीक्षा का दिन है, सुन्दरी!" पृथ्वीराज क्षुब्ध हो गए। सुन्दरी उनकी भाव-भंगी देखने लगी।

"तो अब मैं कदापि न जाऊँगी।" भय-विकम्पित स्वर से सुन्दरी ने कहा।

"जाओगी क्यों नहीं? जाना ज़रूरी है, नहीं तो तुम्हारे पति पर विपत्ति आएगी, बादशाह नाराज़ हो जाएँगे, धर्म अपने साथ ही है, तुम उसकी रक्षा करोगी तो वह तुम्हारी रक्षा अवश्य करेगा।" पृथ्वीराज ने अविचल स्थिर कंठ से कहा, "जाने में भय क्या है? सतर्क रहना और अपनी रक्षा का समुचित उपाय करना।"

द्वादश परिच्छेद

अकबर का मीना बाज़ार

चारों ओर रंगीन पताकाएँ उड़ रही हैं। रास्तों पर मखमल के गलीचे बिछे हुए, पैरों में गुदगुदी पैदा करते हैं। कतार-की-कतार मुसलमान और व्यवसायी-वैश्यों की स्त्रियाँ टोकरियों में भाँति-भाँति के सामान रखकर बेच रही हैं। एक ओर फूलों की बहार है, तो दूसरी ओर फलों की कतार। एक ओर रेशमी साड़ियाँ बिक रही हैं, दूसरी ओर हीरे-जवाहिरात, चुन्नी, पन्ना, मोती, पुखराज। इधर मिठाइयों की दुकानों में भीड़ लगी है, तो उधर इत्र और फुलेल की शीशियाँ फूट रही हैं। दुकानदार औरतें, खरीदार औरतें। यह औरतों का मेला है। इसे ही नौरोज़ कहते हैं। इसमें बेगमें, बादशाहज़ादियाँ, राजपूतानियाँ, और हिन्दुस्तान के हर प्रान्त के प्रतिष्ठित घराने की हिन्दू और मुसलमान स्त्रियाँ अपने रौब-दाब पर इतराती हुई सौदा खरीद रही हैं, अपनी सहेलियों से इठलाती हुई दिल्लगी-मज़ाक़ कर रही हैं, तालियाँ पीटतीं, हँसतीं, खिलखिलातीं, लोट-पोट हो जातीं, फिर उठतीं, दौड़तीं, रुकतीं, हँसतीं और खेलती हैं। कोई अदब नहीं, कोई कायदा नहीं, कोई मनाही नहीं, कोई रोक-टोक नहीं, पूरी स्वतंत्रता है।

इस स्वतंत्रता के एकच्छत्र सम्राट हैं—अकबर। बाहरी संसार के भी वे सम्राट हैं और यहाँ लोगों की गृह-स्वतंत्रता पर भी अपने अधिकार का सिक्का जमाना चाहते हैं। बाहर भी जिसके फले-फूले राज्य को चाहते हैं, हड़प लेते हैं। और यहाँ भीतर भी लोगों के कलेजे काढ़कर उनकी प्रेम-प्रतिमाओं पर बलात्कार कर अपनी विषय वासना चरितार्थ करते हैं। अकबर की लालसा की अग्नि को घृताहुति से प्रज्वलित करने के लिए ही इस नौरोज़ का इन्तज़ाम होता है। यहाँ की सहस्र-सहस्र स्त्रियों के वे एकमात्र रसिया-जिसके साथ चाहते हैं, इच्छानुसार लीला करते हैं, छल से, बल से या कौशल से जिस तरह हो, पसन्द आई हुई सुन्दरी का सतीत्व हरण कर बादशाह अकबर पुरुषों और स्त्रियों में, बाहर और भीतर—सर्वत्र अपना अबाध अधिकार कायम रखते हैं। और यही हैं, 'दिल्लीश्वरो वा जगदीश्वरो वा!' अर्थ-लुब्ध कवियों के स्तुति पात्र।

मुसलमान-इतिहास लेखक अब्बुल फजल ने यथाशक्ति नौरोज़ के सम्बन्ध में पर्दा डालने की चेष्टा की है। वे अकबर के नौकर थे, इसलिए उनके कलंक को ढकने का प्रयत्न कर नमकहलाली की महोच्च पदवी पर प्रतिष्ठित होने का प्रशंसनीय कार्य किया है; परन्तु दुख है कि चातुरी के कृत्रिम वाग्जाल ने सत्य को ही प्रकट कर दिया है। अब्बुल फजल लिखते हैं, "नौरोज़ का मेला हर महीने लगता था। प्रधान उत्सव समाप्त हो जाने पर नवें दिन, (हर साल के नए दिन का न हो।) यह मुसलमानों के लिए आनन्द का दिन था। उसी दिन एक जगह बादशाह औरतों का मेला लगाते थे। उसमें बादशाह के साम्राज्य के बड़े-बड़े व्यावसायियों की बहू-

बेटियाँ चीज़ें बेचने आतीं और शाही महल की बेगमें अपनी पसन्द के मुताबिक चीज़ें खरीदती थीं। बादशाह सूरत बदलकर उस मेले में इसलिए जाते थे कि सियासी मामलों की जानकारी हासिल करें यानी हमारी रियासत की अन्दरूनी हालत कैसी है, रिआया के ख़यालात कैसे हैं, हमारे नौकरों के रंग-ढंग क्या हैं, चीज़ों की निर्ख इन दिनों क्या है—इन सब बातों की जानकारी हासिल करने के लिए ही वे वहाँ जाते थे, उनका और कोई बुरा मतलब न था।''

अब्बुल फजल के अन्तिम वाक्य की ध्वनि प्रकट कर देती है कि उन दिनों भी इस नौरोज़ मेले की लोगों में काफी समालोचना हो चली थी, जिसे दबाने के लिए ही यह अन्तिम बात इतनी प्रसरित युक्ति के साथ आई है। बादशाह को रिआया की हालत का पता आम सड़क पर ही लगेगा, इस नौरोज़ के मेले में नहीं। यहाँ साधारण घराने की स्त्रियाँ न आती थीं, जिनसे रिआया की हालत अपनी बुद्धि की तुला पर तौलते। यह काम आम सड़क पर बहुत आसानी से हो सकता था। साधारण मनुष्य ही 'रिआया' शब्द के उचित अधिकारी हैं, राजा-महाराजा और सेठ-साहूकार नहीं। रहा चीज़ों के निर्ख का हाल, सो इसका भी पता बाज़ार में ही लगता है और इतनी आफत मचाने के बाद नहीं। सेठ-साहूकारों की औरतें कभी सौदा नहीं बेचतीं, न इससे बाज़ार की हालत जानी जा सकती है, यहाँ तो वे शौकिया सौदा बेचती थीं, शायद अब्बुल फजल को तर्क मालूम न था।

अकबर चरित्र के बड़े दुबले थे। अपनी विषय-वासना को चरितार्थ करने के लिए यह जाल उन्होंने फैलाया था। इसमें एक-से-एक खूबसूरत चिड़ियाँ फँसाते थे। जो औरत उनकी नज़र चढ़ जाती थी, उसका छुटकारा होना मुश्किल हो जाता था। छल से, बल से या कौशल से उसके सतीत्व को ये अवश्य ही नष्ट कर देते थे। मूर्खों की आँख में धूल झोंकने के लिए यह बाहरी दिखलावा रच रखा था। परन्तु अकबर का इस तरह टट्टी की ओट में शिकार खेलना अधिक दिनों तक छिपा नहीं रहा। दरबार में यह बात मशहूर हो गई। लोग आपस में इसकी समालोचना करने लगे परन्तु अकबर के डर से कोई खुलकर न कह सकता था। वह मुगलों का मध्याह्न काल था। मुगलों की शक्ति का विरोध करके अपनी जान खतरे में डालना था। इसलिए सब मन मारकर रह जाते थे और नौरोज़ के दिन बेबसी के कारण अपनी-अपनी पत्नियों को बादशाह-सलामत की सेवा में भेजते थे।

बाज़ार लगा हुआ है, औरतों की भीड़ बढ़ रही है। एक-से-एक सुन्दर वस्त्र और आभूषणों की जगमगाहट पर निगाह काम नहीं करती। द्वादशी, त्रयोदशी, चतुर्दशी, पंचदशी, षोडशी, सप्तदशी, तरुणी और परिपूर्ण यौवना ऊँचे वंशवाली कोमलांगी कामिनियों का रंग बरस रहा है! हँसी, ठठोली, आलाप और शिष्टाचार में यौवन की विचित्र बहार खिल रही है। यहाँ सौन्दर्य की सोलहों कलाएँ विद्यमान हैं।

काले कुंचित प्रलम्ब बालों, सुकोमल स्तनों, क्षीण छोटी कटियों, गुरु नितम्बों आदि सौन्दर्य की प्रदर्शनी है। कोई नीलाम्बरी साड़ी पहने हुए, कोई अरुणाम्बरी जरी की किनारीदार शुक्लाम्बर, कृष्ण, पीत, बैंजनी, गुलाबी, फिरोजी—एक रंग की सैकड़ों साड़ियाँ हवा में उड़ती हुईं। भीतर रेशमी चोली, बालों में फुलेल, गालों में पुष्प-रेणु। सौन्दर्य के सरोवर में जैसे शतदल प्रस्फुटित हो रहे हों। जहाँ बड़े-बड़े ऋषि और तपस्वियों का धैर्य छूट जाता, ब्रह्मचारियों में काम की वासना जाग्रत हो जाती, वहाँ बादशाह बिलकुल निर्लिप्त और निर्विकार रहकर अपने राज्य की हालत जाँच करते हैं!

दूसरी ओर मुसलमानी सौन्दर्य। बेगमें, बादशाहज़ादियाँ, बड़े-बड़े ओहदेदारों की परीजात नवयुवतियाँ, चढ़ती हुई नागन-सी ज़हरीली खाली गुँथी हुई खुली वेणी-कामना की सजीवता में लहराती हुई। कीमती महीन कपड़े का पाजामा, पैरों में कामदार जूतियाँ। यौवन की अनियंत्रित स्वच्छन्द चाल। अपने जड़ाऊ जेवरों की ओर ज़रा भी ध्यान न देनेवाला अल्हड़पन। अपने दिल का मान, अपने सौन्दर्य का गुमान, किसी को कुछ न समझनेवाली शान। मन को इशारे पर लिए हुए, इठलातीं, हास्य की तरंगों पर डोलतीं, छेड़तीं, अलग हो जातीं। आतीं, फिर हँसती-बोलतीं, एक दूसरी की बगल में बैठकर एक दूसरी के शौहर की प्रेम कथाएँ पूछतीं, एक दूसरे को देख-देखकर हँसतीं, इशारा करतीं, कोई अपनी सहेली से गुलदस्ता माँगती, कोई फिर मिलने का वादा करती, कोई मिलने का वादा पूरा न करने के अपराध से अपनी सहेली से रूठ जाती।

हिन्दू और मुसलमान औरतों की भरी हुई चहल-पहल और जगमगाती हुई जवानी से अलग, आप ही अपने में, एक कोने में एक अनुपम स्त्री सिर झुकाए हुए बैठी है जैसे किसी तरह अपनी कैद का वक़्त गुजार रही हो। परन्तु गुलाब का फूल एकान्त में खिलकर भी बचने नहीं पाता। लोगों की नज़रें उसे खोज लेती हैं। उसी तरह इस अनुपम सुन्दरी के स्वर्गीय सौन्दर्य ने अभिमानिनी औरतों को उसके पास तक खींच लिया। कोई आती और एकटक उसके रूप को देखकर शर्म से चली जाती। उसका सम्पूर्ण अभिमान चूर्ण-विचूर्ण हो जाता। कोई आती और बिना किसी कारण के उससे वार्तालाप करने लगती। प्रश्नों का उत्तर सुन्दरी को देना ही पड़ता। "तुम इतनी उदास क्यों हो? क्या महाराणा की पराजय से तुम्हें यह शोक हुआ है? तुम्हारे पति ने तो नहीं तुम्हें कुछ कहा? आज तुम अपनी सहेलियों से रूठी हुई क्यों हो? तुम्हारी तरह कोई सुन्दरी नहीं है, क्या इसलिए तुम अपनी हेठी होने से डरती हो?" इस तरह के आवश्यक-अनावश्यक प्रश्नों का उत्तर उसे ही देना पड़ता। किसी तरह बेचारी बचकर इन प्रश्नों का उत्तर देती और प्रत्येक आक्रमण से अपना जी बचाती। देखते-देखते शाम हो आई, औरतों ने अपने-अपने घर की राह ली। प्राय: मेले का आँगन खाली हो गया। पर सुन्दरी के घर से कोई सवारी न आई, जिससे उसकी चिन्ता और भी बढ़ गई। कुछ और शाम होने पर पालकी आई। पर

सुन्दरी की दासी उस पालकी के साथ न थी। कहारों ने पृथ्वीराज के नाम से आवाज़ लगाते हुए सुन्दरी को उस पालकी पर बैठने का इशारा किया। दासी के न रहने से चित्त में एक प्रकार की चंचलता हुई, पर शीघ्र घर पहुँचने के लालच ने सुन्दरी को दासी के न आने के कारण पर विशेष विचार करने का मौका न दिया।

चन्द्रमुखी पालकी पर बैठ गई। चित्त पति के पास रखा था। पालकी का द्वार कहारों ने बन्द कर दिया और पालकी उठाकर धीरे-धीरे चलने लगे।

एकाएक सुन्दरी के हृदय में धड़कन होने लगी। उसे भय होने लगा परन्तु इस भय के कारण वह कोई अनुमान न कर सकी।

कहारों का ध्यान अपने गन्तव्य स्थान पर शीघ्र पहुँच जाने पर लगा था, वे बड़ी तेज़ी से बढ़ रहे थे। इधर, सुन्दरी के मन में भी सन्देह पैदा हो रहा था। अब तक वह अपने घर पहुँच जाती थी। इस बार देर होने पर उसने पालकी की खिड़की खोलकर झाँका। सब स्थान अपरिचित थे! इस राह से वह पहले कभी नहीं गई। उसने कहारों से पूछा, "तुम लोग कहाँ जा रहे हो?" "सरकार, पृथ्वीराज के यहाँ।" विनयपूर्वक एक कहार ने उत्तर दिया।

"इस राह से पालकी पहले कभी गई ही नहीं, तुम कैसे लिए जा रहे हो?"

"सरकार आम रास्ता आज बन्द है, इसलिए चक्कर काटकर जाना पड़ रहा है।"

सुन्दरी चुप हो गई परन्तु उसकी शंका न गई। नौरोज़ का विषमय फल वह सुन चुकी थी। उसके पति ने उसे सावधान कर दिया था। हृदय को दृढ़ करके वह बैठी रही। एक बार अपनी अँगूठी के हीरे को देखा। फिर कमर में बँधे हुए कटार को भली-भाँति आज़माया, अपने इष्टदेव को स्मरण किया और दृढ़ होकर बैठ गई। अनेक प्रकार की कुतर्कनाएँ उठकर मस्तिष्क को क्षुब्ध करने लगीं, तमाम बदन पसीने-पसीने हो गया। कभी भय होता और कभी कुछ ही देर में फिर साहस आकर उसे धैर्य देता। कभी मरने का संकल्प करती, कभी पति के उदास मुख को देखकर फिर जीने और पति को प्रसन्न करने का निश्चय करती। इस तरह की परिस्थिति में बैठी हुई व्याकुल हो रही थी। उधर, कहार तब तक एक सुरंग की राह पार कर रहे थे। सुन्दरी ने पालकी के दरवाज़ों को खोलकर झाँका तो चारों ओर अँधेरा दिखाई पड़ा। उसकी समझ में न आया कि वह कहाँ जा रही है और इस छल का कारण और परिणाम क्या है? क्रमशः कहार अपने अभीष्ट स्थान पर आ गए। पालकी रख दी। चारों ओर अँधेरा छाया हुआ था। एक दूसरे की सूरत न देख सकता था। वह जगह एक अहाते के अन्दर थी। सुन्दरी ने पालकी के दरवाज़े खोले, स्थान का दृश्य देखकर हैरत में पड़ गई। डपटकर कहारों से पूछा, "यहाँ तुम मुझे कहाँ ले आए? जल्दी मुझे मेरे घर पहुँचाओ।"

एक बूढ़े कहार ने कहा, "आप किसी तरह की चिन्ता न करें। यहाँ आपको कोई खतरा नहीं है। आपके पति यहीं पर हैं। उन्हीं के हुक्म से हम लोग आपको यहाँ पर लाए हैं। आप भीतर जाइए। वे भीतर हैं।"

कहार की बात से चन्द्रमुखी को कुछ आश्चर्य हुआ। उसके स्वामी यहाँ क्यों आए, सोचने लगी। हिम्मत बाँधकर पैर उठाया और उस कमरे के भीतर गई। दरवाज़े के भीतर जाते ही किसी ने तुरन्त दरवाज़ा बन्द कर दिया। शब्द से सुन्दरी चौंक पड़ी। चारों ओर देखने लगी परन्तु वहाँ नज़र काम न करती थी, इतना अँधेरा था। अँधेरे से सुन्दरी को कुछ भय हुआ। जी में यह आया कि यहाँ से जिस तरह से हो बाहर निकल जाना चाहिए, यहाँ खतरा अवश्य है। यह सोचकर जिस दरवाज़े से होकर वह आई थी, उसके पास चलकर उसे खोजने लगी पर दरवाज़ा इस ढंग से बन्द था कि खुल न सकता था। सुन्दरी बड़ी चिन्ता में पड़ी। दरवाज़ा मज़बूत भी इतना था कि तोड़ने से टूटता भी नहीं था। दुर्बल हृदय और बैठ गया। परन्तु तुरन्त ही उसे अपने पति के शब्दों की याद आई, मन की सारी कमज़ोरी उसी वक़्त दूर हो गई। हृदय में एक नया साहस उमड़ चला। उस भयानक विपत्ति में भी जैसे उसका पति उससे कह रहा हो, तुम मुझे स्मरण करती रहोगी, तो तुम्हें कभी भय न होगा, तुम्हारा केशाग्र भी कोई न छू सकेगा।

इसी समय पास ही से किसी के आने की आहट मालूम हुई। वह धीरे-धीरे आ रहा था जैसे चोर अपना पद-शब्द भी रोककर चलता है। बिलकुल पास आ उसने सुन्दरी को सप्रेम सम्बोधन किया, ''सुन्दरी!''

आवाज़ काँप रही थी, जैसे बाँस का पत्ता हवा में थर-थर काँपता हुआ शब्द करता है। 'सुन्दरी' सम्बोधन सुनते ही सुन्दरी के रोएँ खड़े हो गए। उसने चारों ओर निगाह में जोर देकर देखा। पर कहीं कोई दिखलाई न पड़ा। सुन्दरी का निश्चय हो गया कि आज ईश्वर की इच्छा से उसकी यह भयानक परीक्षा का दिन आ गया है। उसका हृदय काँपने लगा।

बिलकुल नज़दीक से आवाज़ आई, ''मैं तुम्हें प्यार करता हूँ, सुन्दरी!''

''जैसे एक बच्चा अपनी माँ को!'' सुन्दरी ने तुरन्त उत्तर दिया। मन-ही-मन उसने कहा, 'हे ईश्वर, मेरी लाज आज तुम्हारे हाथ है। भगवन्, इस कठिन संकट से मेरी नाव पार लगाओ। इस घोर भँवर से बचानेवाले तुम्हीं हो, तुमने कितनी ही सतियों की रक्षा की, पापियों के हाथों उन्हें कलंक नहीं लगने दिया, इस बार मेरी भी उसी तरह रक्षा करो स्वामी!'

इस समय वह अपरिचित स्वर सुन्दरी को बिलकुल पास ही सुनाई दिया, ''देखो, तड़फते हुए को न सताओ, नहीं तो तुम्हारी जवानी काम की न रहेगी। मैं तुम्हें इतना प्यार करूँ और तुम ज़रा आँख उठाकर देखती भी नहीं! देखो, ईश्वर के लिए अब न सताओ।'' आवाज़ में कामना की जो दुर्गन्ध आ रही थी, बिना देखे हुए ही सुन्दरी ने निश्चय कर लिया कि यह कोई बिड़ाल है अथवा वैसी ही नीच प्रकृति का मनुष्य, इससे छुटकारा पाना ईश्वर के ही हाथ है। हाय! मैं कहीं आकर फँसी?

सुन्दरी को उसके ताऊ वीरवर महाराणा प्रतापसिंह की याद आई। उसने सुना था कि हल्दीघाटी के अगणित शत्रुओं के अन्दर घिरकर भी वे नहीं घबराए। धैर्य के साथ, अपरिमित विक्रम से शत्रुओं का संहार करते गए। मैं उन्हीं की भतीजी हूँ, उनके सगे भाई की लड़की। यदि वे अगणित शत्रुओं में अपने धर्म, देश और जाति की मर्यादा की रक्षा कर सकते हैं, तो क्या मैं यहाँ अपने धर्म और सम्मान की रक्षा न कर सकूँगी?

इतना विचार पैदा होने के साथ ही मानो अनेक हाथियों का बल उसके भीतर आ गया। कड़ककर उसने कहा, ''तू कौन है मुझे छेड़नेवाला? क्या तू राजपूतों की स्त्रियों को नहीं पहचानता?''

एकाएक कमरे में सैकड़ों बत्तियाँ जल उठीं और सुन्दरी ने देखा, उसके सामने दीन भाव से भारतेश्वर दिल्लीपति अकबरशाह उससे प्रेम की भिक्षा-प्रार्थना कर रहे हैं!

अकबर ने देखा, उसके कमरे में हज़ारों दीपकों का पुंजीभूत प्रकाश उसी सुन्दरी के रूप के आगे जैसे मलिन पड़ गया हो, उसकी प्रदीप्त कान्ति से एक विचित्र सौन्दर्य उस समय निकल रहा था। अकबर ने जीवन में ऐसी सुन्दरता कभी नहीं देखी, दीपक के पतंग की तरह एक दृष्टि से उस सौन्दर्य की आग को देख रहे थे। ऐसा रूप, इतनी गोराई, सुडौल देह, उन्होंने कभी नहीं देखी। उनकी बेगमें, बादशाह-ज़ादियाँ उसके मुकाबिले में बांदियों की तरह जँच रही थीं।

अकबर की भड़कीली पोशाक और कामान्ध दृष्टि देखकर सुन्दरी का कलेजा काँप उठा। एकाएक प्रकाश में एक सबल पुरुष को सामने देखकर सुन्दरी का धैर्य जाता रहा। उसे पद्मिनी की याद आ गई। मायके में लाखों सती राजपूत-वधुओं के जौहर की कथा, जलती हुई चिताग्नि से भस्म होकर अपनी मर्यादा की रक्षा करने की कहानी उसने सुनी थी। हृदय में रुधिर-बल का संचार हुआ। कमर के कटार और अँगूठी के हीरे की याद आई। उसने अविचलित दृढ़ कंठ से फिर पूछा, ''कौन है?''

''तुम्हें दिलोजान से प्यार करनेवाला अकबर।'' सम्राट् दोनों हाथ फैलाए हुए सुन्दरी से मिलने के लिए आतुर हो रहे थे।

नाम सुनते ही युवती के रोम-रोम से घृणा, द्वेष और ज्वाला का ज़हर निकलने लगा। नाम सुनते ही उसका संकोच-भाव तिरोहित हो गया। आँख-भौं आप-ही-आप कुंचित हो गईं। धिक्कार की कर्कश ध्वनि से उसने कहा, ''अकबर? कौन अकबर?''

''तुम्हारा प्यारा अकबर!''

''मैं भारत के सम्राट् को चाहती हूँ, क्या तुम वही अकबर हो?''

''हाँ प्यारी, तुम जिसे चाहती हो, मैं वही अकबर हूँ, हिन्दोस्तान का बादशाह लेकिन तुम्हारे गुलामों का गुलाम।''

''हिन्दोस्तान के बादशाह की नीचता! अकबर, ईश्वर है, तुम कहते हो, तुम हिन्दू और मुसलमानों को बराबर की निगाह से देखते हो, लेकिन ज़रा सोचो तो कि तुम करोड़ों मनुष्यों को कितना बड़ा धोखा दे रहे हो? तुम चाहते कुछ और हो, कहते

कुछ और, और करते कुछ और हो। तुम हिन्दू स्त्रियों का सतीत्व भी अब नष्ट कर देने पर तुले हुए हो, जिस तरह हिन्दुओं की शक्ति को तुमने अपनी चालबाज़ियों से समाप्त कर दिया। परन्तु और चाहे जिसे तुम धोखा दो पर ईश्वर को धोखा न दे सकोगे, अकबर। ईश्वर की सज़ा बड़ी भयानक होती है, तुम्हारी बादशाहत जलकर राख हो जाएगी! मैं उस रिआया की स्त्री हूँ जिसे हर तरह से तुमने कमज़ोर कर रखा है। आज किसी की वाणी का स्वर उसकी गिरती हुई जाति के पास नहीं पहुँचने पाता। उस स्वर्गीय शक्ति को तुम कैद कर सकते हो सम्राट्, लेकिन सती के सतीत्व को स्पर्श भी नहीं कर सकते। आज तक मुसलमान बादशाहों को कितनी ही बार सतियों की परीक्षा का फल मालूम हो चुका है; परन्तु आज तक उनकी दृष्टि का मोह दूर न हुआ, इससे अधिक दुख का विषय और क्या होगा अकबर?—हिन्दोस्तान में राज्य कर हिन्दोस्तान के एक अच्छे-से-अच्छे विषय का अध्ययन वे न कर सके।"

"तो यहाँ तुम कैसे सती हो सकोगी? यहाँ मैंने पहुँच के अन्दर एक दीया भी नहीं रखा, यह मैंने पहले ही सोच लिया था प्यारी!"

"मूर्ख है तू, जल जाना ही सतीत्व नहीं है, सती पति के रहते हुए नहीं जलती।"

"देखो, यह कुछ मेरी समझ में नहीं आता। खुदा के लिए कोई नया शिगूफा न खिलाना कि ये भेद खुल जाए।"

"भेद खुलने से डर भी है?"

"बहुत काफी। देखो प्यारी, अब तो नहीं रहा जाता। मैंने जबसे तुम्हें देखा है, मेरा दिल मेरा नहीं रहा। अब मुझे इतना न जलाओ, इन व्यर्थ की बहसों में भला क्या रखा है?" अकबर सुन्दरी से लिपटने के लिए बढ़ने लगे।

"ठहरो बादशाह, अभी मेरे कई प्रश्नों का उत्तर बाकी है। फिर तुम्हारे दर्द की दवा करूँगी। यह नौरोज़ का मेला क्या इसीलिए लगता है?"

"हाँ, इसीलिए।"

"हर मेले में तुम ऐसा ही कृत्य करते हो?"

"हर मेले में।"

"क्यों?"

"लोगों की नज़र में घटकर रहना मुझे पसन्द नहीं।"

"ईश्वर को मानते हो?"

"नहीं।"

"तो हिन्दू और मुसलमानों के धर्म का मेल फिर कैसे करोगे?"

"यह सब बाहरी दिखावट है। मैं सिर्फ अपनी बादशाहत की जड़ मज़बूत करना चाहता हूँ। हिन्दू और मुसलमानों का धार्मिक ढोंग दोनों के दिल से हटाकर।"

"लेकिन तुम्हारे पाप से लोगों में अविश्वास पैदा होगा। तो तुम टिक न सकोगे।"

"शक्ति के रहते अविश्वास का डर मूर्खों को हुआ करता है।"

"लोगों की शक्ति ही तुम्हारी शक्ति है और तुम्हारी तरफ से अविश्वास फैल जाने पर तुम्हारी शक्ति भी क्षीण हो जाएगी।"

"मैं किसी तरह भी अपने पापों को ज़ाहिर न होने दूँगा।"

"पाप कभी दबाया नहीं दबता।"

"मैं दबा लूँगा। मेरी इच्छा पर दबाव नहीं काम कर सकता। मैं उसे पूरा करके छोड़ता हूँ। आज तुम्हें जब से मैंने देखा है, हज़ार जान से आशिक हो रहा हूँ। जब तक तुम्हें न पाऊँगा, मुझे चैन नहीं। मैं सच कहता हूँ, तुम जितनी सुन्दरी हो, मेरी तमाम सल्तनत तुम्हारे ऊपर निछावर है। आज तक कितनी ही सुन्दरियों को मैंने गले लगाया, पर मेरे गले का हार तुम्हीं हो सकी हो। प्यारी, अब देर न करो, हिन्दोस्तान का बादशाह तुम्हारा—" हाथ फैलाए हुए कलेजे से लगा लेना चाहा।

"बस, खबरदार, स्पर्श मत करना। पापी, भस्म हो जाएगा, जल जाएगा, अभी तुझे बहुत-सा पाप भोगना है, नहीं तो अकबर, मैं तुझे दिखाती कि सती किसे कहते हैं, परन्तु कामान्ध, ले तू एक परीक्षा देख।"

सती आँखें झुकाए हुए कुछ देर तक चुपचाप खड़ी रही, कमर से कटार निकालकर फेंक दिया। अकबर कटार की झंकार से चौंक पड़े, आश्चर्य की दृष्टि से एक बार कटार को और एक बार सुन्दरी को देखते रहे। हाथ जोड़कर सती ने दीपक के प्रकाश की ओर लक्ष्य करके प्रणाम किया। फिर शान्त, गम्भीर स्वर से कहा, "माता, आज बड़ी कठिन परीक्षा में मुझे डाला है तुमने। आज मैं क्षत्राणी की तरह से बादशाह के पशुत्व की हत्या न करूँगी—माँ, मेरी आत्मा में विराजमान हो, माता ब्राह्मणी के रूप में बादशाह के पशुत्व की हत्या न करो!"

बादशाह विस्मय-विमुग्ध की तरह खड़े हुए यह अद्‌भुत नाटक देखते रहे जैसे उनमें कोई शक्ति न रह गई हो। धीरे-धीरे उनके अंग शिथिल होने लगे। एक स्वर्गीय शक्ति से उनकी तमाम देह आकर्षित होने लगी। उषा के उदय से जैसे अन्धकार दूर हो जाए, हवा से बादल कट-छँट जाए, उसी तरह बादशाह के भीतर से वासना का विष निकल गया, उनकी देह फूल की तरह हल्की हो गई। आँखों में ठंडक आई, हृदय की आँख खुली और उन्होंने देखा—उनके सामने ख़ड़ी हुई वह सती उन्हें देखकर हँस रही है, जैसे माता बालक को देखकर हँसती है।

बादशाह पैरों पर गिर पड़े। "तेरी ऐसी महिमा मैंने कभी नहीं देखी माता। मेरा अपराध क्षमा कर, अब इस तरह का अपराध न होगा—माता! माता!"

"अकबर! अभी तुम्हारी शक्ति का मध्यकाल है। हिन्दोस्तान के अर्थ को तो तुम समझे, परन्तु उसकी आध्यात्मिक शक्ति को न समझ सके। चेष्टा करो, बहुत बड़ा ऐश्वर्य है वह बादशाह!" सती ने धीरे-से कहा।

"हाँ, माँ; मैं चेष्टा करूँगा। कितना सुख है, कितना आनन्द है।"

आनन्द के आवेश में बादशाह विह्वल हो रहे थे। एकाएक उन्हें समय की याद आई। तुरन्त बाहर गए। कहारों को पालकी लगाने के लिए कहा। पालकी लग गई। भीतर आ, हिन्दोस्तान के बादशाह अकबर ने हाथ जोड़कर कहा, "माता, बहुत देर हो गई; मुझे आशीर्वाद देकर अब अपने घर जाओ।"

"तुम मुसलमानों से हिन्दोस्तान की शूद्र शक्ति का उत्थान होगा। उन्हें दबानेवाले ब्राह्मण और क्षत्रियों से लड़ने के लिए; उन्हें क्षीण करने के लिए ही मुसलमानों का हिन्दोस्तान में आना हुआ है। अभी तुम्हें बहुत-सा कार्य करना है, अकबर!"

सती पालकी पर बैठ गई। हिन्दोस्तान के बादशाह ने माथा झुका दिया।

त्रयोदश परिच्छेद

खंड-युद्ध

हल्दीघाटी के महासमर के पश्चात् महाराणा का जीवन एक दूसरे ही रूप में बदल गया। उनकी तपस्या हद दर्जे को पहुँचने पर तुल गई। हम कह आए हैं कि महाराणा की शक्ति का विनाश एक तरह से हल्दीघाटी के संग्राम में हो चुका था। अब न उनके पास सेना थी और न उसकी परवरिश के लिए राजकोष। अब अकेले महाराणा ही महाराणा रह गए थे। उनके अन्तरंग मित्र सब हल्दीघाटी के महासमर में ही उन्हें छोड़कर स्वर्ग का रास्ता ले चुके थे। मुगलों को दबाने का मौका मिला। मानसिंह और अकबर ने यह मौका चूकना अनुचित समझा। नई-नई मुगल सेना आकर महाराणा पर आक्रमण करने लगी। ऐसी भयानक परिस्थिति में पड़कर शत्रु को आत्मसमर्पण जिसने न किया हो, इस तरह का उदाहरण संसार के इतिहास में नहीं मिलता। इसीलिए महाराणा के जीवन का एक दूसरा अध्याय आरम्भ हुआ, जो पहले से और भी महान् तथा शिक्षाप्रद है; स्वतंत्रता के प्रेमी का यथार्थ हृदय-चित्र और देश की स्वाधीनता का सरल उदाहरण है। आज हज़ार वर्षों से हिन्दोस्तान दासता के कठिन पाश में जकड़ा हुआ तरह-तरह के दुःख और कष्टों का सामना कर रहा है; इस इतने समय के अन्दर बाहरी स्वतंत्रता की प्राप्ति के लिए जितने महापुरुष भारतवर्ष में पैदा हुए और तदनुसार कार्य किया, उनमें महाराणा प्रताप का स्थान सबसे ऊँचा और सबसे विशद है। क्षत्रियों के इतिहास में महाराणा बेजोड़ हैं। इस तरह का एक भी दूसरा उदाहरण नहीं मिलता। भारत के उत्थान के इतिहास में निस्सन्देह महाराणा पथ-प्रदर्शक रहेंगे। इतनी महान् आत्मा, इतना कठोर त्याग, इतनी निष्कलुष जातीयता और इतना महान् शौर्य—आश्चर्य है कि कलिकाल में भारत को प्राप्त हुआ!

जीवन में महाराणा को सुख कभी प्राप्त नहीं हुआ। थे तो मेवाड़ के सम्राट, परन्तु वे उस फले-फूले मेवाड़ के सम्राट न थे। अकबर के आक्रमण से नष्ट-भष्ट हुए राज्य का संचालन-भार उन पर आया था। उन दिनों न सेना थी, न अर्थ। लोगों

का उत्साह भी बार-बार हार खाकर नष्ट हो रहा था। उस श्मशानभूमि के वे सम्राट् हुए थे और उसके उद्धार के लिए ही कठोर व्रत धारण किया था। इतिहासकारों का कथन है कि पराधीनता भारत के भाल में लिखी हुई थी, नहीं तो महाराणा प्रताप जैसे महावीर के लिए यह समय न था जब वे राजा हुए। यदि वे अपने पिता के समय, उससे और कुछ पहले मेवाड़ के राजसिंहासन पर बैठे होते, तो दिल्ली के भाग्य-परिवर्तन के समय कुछ और ही दृश्य दीख पड़ता। पराजित हुमायूँ अपने पुत्र अकबर को लेकर दुबारा दिल्ली का सिंहासन अधिकार न कर सकते। परन्तु ईश्वर की इच्छा से उस समय दिल्ली का पठान बादशाह भी दुर्बल, इन्द्रियपरायण और डरपोक था, इधर मेवाड़ में भी एक वैसी ही मूर्ति बैठी हुई ऐशो-आराम से समय पार कराना चाहती थी। महाराणा प्रताप तब आए जब प्रबल अकबर का सिक्का भारतवर्ष में जम गया, सब राजा-महाराजा उसका लोहा मान चुके। परन्तु कल्पना और ही चाहती है और ईश्वर कुछ और ही कर डालता है! महाराणा के लिए भी उसने यही किया।

अस्तु, हल्दीघाटी के महासागर में सर्वस्व से रहित होकर भी महाराणा हिम्मत नहीं हारे। उनका लक्ष्य वही रहा जो पहले था। मानसिंह और अकबर के प्रति उनका भाव वैसा ही बना रहा। वे फिर उद्योग करने लगे। वीर राजपूतों को देश की रक्षा के लिए जगाना, युद्ध के लिए मैदान में शत्रु के सामने डटकर अस्त्र चलाने की शिक्षा देना, विजय से राज्य-सुख और मृत्यु से स्वर्ग-लाभ करना—इस तरह की और-और आकर्षक शिक्षाएँ देते हुए सैन्य-संग्रह कर युद्ध की फिर से तैयारी करने लगे।

इधर, कुछ दिनों के लिए युद्ध बन्द भी हो गया। हल्दीघाटी महासमर बारिश के दिनों में ही हुआ था। इससे कुछ दिनों में मुगलों को वहाँ बड़ा कष्ट होने लगा। अरावली की पहाड़ी नदियों में पूर्व यौवन आ गया। चारों ओर से गिरती हुई जलधारा मुगलों के लिए असह्य हो गई। रास्ता बन्द होने के कारण रसद के पहुँचने में कठिनता होने लगी, जिससे कुछ काल के लिए युद्ध बन्द कर देना ही मानसिंह आदि ने उचित समझा। धीरे-धीरे वहाँ से मुगलों का अड्डा उखड़ने लगा। कुछ दिनों में अरावली प्रान्त बिलकुल शान्तिमय, निर्जन और पूर्ववत् श्यामल, सजल और सुख-शान्तिकर हो गया। महाराणा के चित्त को इससे कुछ स्थिरता मिली। कुछ दिनों तक विचार करके एक निश्चय पर आने का उन्हें समय मिला।

परन्तु किसी तरह प्रताप के मन के अन्दर सन्धि की बात न धँसी; मुगलों से सन्धि के नाममात्र से उनका सर्वांग संकुचित हो जाता था। शत्रु के सामने सिर झुकाकर खड़े होने की कल्पनामात्र से उनके सर्वांग से ज्वालाएँ निकलने लगतीं, उनकी मूर्ति भयंकर हो जाती थी। आखिर उन्होंने यही निश्चय किया कि मृत्यु के प्रथम मुहूर्त तक शत्रु से लोहा बजाना—क्षत्रिय के लिए यही उचित धर्म है। बप्पारावल के वंश को कलंक लगाना किसी तरह भी उचित नहीं। जिस मानसिंह से इतनी कड़ी-कड़ी बातें हो चुकी हैं, उसी के द्वारा सन्धि का प्रस्ताव करना, मृत्यु से भी

अधिक कष्टप्रद है। ऐसा तो हरगिज़ न होगा। यह निश्चय है कि अब लड़ने की शक्ति हममें न रही, हमारी शिक्षित सेना विनष्ट हो चुकी है और नौसिखियों से मुसलमानों की शिक्षित सेना का सामना करना हास्यास्पद होगा, तथापि सन्धि के प्रस्ताव से युद्ध करके मरना ही धर्मानुकूल होगा। इस समय धर्म और देश की पुकार पर अपनी इच्छा से जो राजपूत आएँगे, उन्हें ही लेकर युद्ध करना होगा। आर्थिक सहायता से सेना का संग्रह करना बिलकुल असम्भव है। राजकोष सम्पूर्णत: धनशून्य हो रहा है।

प्रताप इन्हीं विचारों में मग्न थे कि वसन्त का समय भी देखते-देखते आ पहुँचा। अब तक कुछ ही राजपूत देश की रक्षा के लिए एकत्र हुए थे। इधर, दल के दल मुगल चींटियों की तरह अरावली को चारों ओर से घेरने लगे। उन मुगलों से एकत्र किए हुए नौसिखिये राजपूतों को लेकर, माघ महीने में, प्रतापसिंह ने युद्ध किया, पर यह युद्ध नहीं, एक निर्बल के साहस का उदाहरण मात्र था। कहाँ मुगलों की अपरिमित शक्ति, लाखों सैनिक; कहीं इने-गिने मुट्ठी-भर राजपूत। इस तरह के युद्ध का परिणाम पराजय के सिवा और होना ही क्या था? राजपूत हारे। इस बार पराजय के पश्चात प्रताप ने कमलमीर के किले में आश्रय लिया परन्तु मुगल तो उनके पीछे-पीछे लगे ही रहते थे। उन्हें एक क्षण के लिए भी विश्राम दुर्लभ था। मुगलों को पता लगा तो सेनापति शहबाज़ खाँ ने किला घिरवा लिया। किसी तरह वैशाख के प्रथम सप्ताह तक प्रताप किले की रक्षा करते रहे परन्तु ग्रीष्म-ऋतु में किले की रक्षा करना असम्भव हो गया। किले में पानी का अभाव पड़ा। कुएँ और जलाशय जलहीन हो गए, जिससे सेना को कष्ट पहुँचने लगा। इसी समय एक विपत्ति और आई। कमलमीर में एक कुआँ ऐसा था, जिसमें कभी जल का अभाव न हुआ था। आबू के राजा ने सोचा, यदि हम मुगलों को इस कुएँ का पता बतला देंगे, तो बादशाह की तरफ से हमारी इज़्ज़त बढ़ जाएगी। इस कमज़ोरी में पड़कर उसने मुगलों को उस कुएँ का गुप्त हाल बतला दिया। इस कुएँ का नाम 'नगुण' था। मुगलों ने उस कुएँ के पानी में ज़हर मिला दिया। इससे पानी का बेतरह अभाव हुआ। सेना में त्राहि-त्राहि मच गई। आखिर पानी के अभाव से प्रताप को कमलमीर भी छोड़ना पड़ा। अपनी अधिकांश सेना के साथ वे एक दूसरी जगह चल दिए। इसी समय मुगलों के कठोर-से-कठोर आक्रमण बारम्बार किले पर होने लगे। रक्षक ने जब देखा कि आत्मरक्षा का अब कोई दूसरा उपाय नहीं है, तब उसने किले का फाटक खोल दिया। युद्ध में उसने वीरगति प्राप्त की।

यहाँ से चलकर महाराणा, मेवाड़ के दक्षिण-पश्चिम प्रान्त की 'चप्पन' नामक पहाड़ी पर बसे हुए चौंध-ग्राम में आए। यहाँ भीलों की ही आबादी है। पहाड़ी की चोटी दुरारोह होने के कारण प्रताप ने इस स्थान को अपने परिवारवालों की रक्षा के लिए निरापद समझा। कमलमीर से चलकर यहीं प्रताप ने आश्रय ग्रहण किया।

परन्तु दुर्भाग्यवश यहाँ भी मुगलों से उनका पिंड नहीं छूटा। उनके हज़ारों जासूस प्रताप का पता लगाने के लिए लगे रहते थे। जब मुगलों को मालूम हो गया कि इस समय यहाँ प्रतापसिंह डेरा डाले हुए हैं, तब उन्होंने उस स्थान को भी आकर घेर लिया।

यहाँ मुगलों के साथ प्रताप का घनघोर युद्ध हुआ। यहाँ भी राजपूतों की लड़ाई बड़ी भयानक, आश्चर्यचकित कर देनेवाली हुई। परन्तु फल जो हो रहा था, वही हुआ। वास्तव में, प्रताप कहीं भी जमकर युद्ध करने का समय न पाते थे। एक स्थान से दूसरी जगह गए नहीं कि पीछे से शत्रु की सेना भी आ पहुँची और चारों ओर से घेर लिया। इस हालत में जमकर लोहा बजाना असम्भव हो जाता है। दूसरे, मुट्ठी-भर राजपूतों को लेकर मुगलों की लक्ष-लक्ष सेना के साथ लड़ना; क्रमशः बलहीन हो जाने के सिवा कोई और विशेषता इस तरह के युद्ध में नहीं हुआ करती। वही हुआ भी।

प्रताप की अल्पसंख्यक सेना ने अद्‌भुत वीरता प्रकट की। मुगलों को नाकों चने चबवाए। हरएक ने निश्चय कर लिया था कि मरने से पहले पाँच दुश्मनों की जान लेकर मरेंगे। इस युद्ध में प्रताप के दो परम मित्र, देश के यथार्थ सेवक, सोनीगढ़ के राजा भानुसिंह और चारणदेव की मृत्यु से लोगों को बड़ा दुख हुआ। यह अभाव पूरा होनेवाला न था। चारणदेव की ज्वालामय वाणी ने देश का सविशेष उपकार किया था। वे कवि थे और सुललित गायक। उन्होंने राजपूतों में जागृति फैलाने का प्रशंसनीय कार्य किया था। इनके शब्द-शब्द से आग की चिंगारियाँ निकलती थीं। कायरों में भी प्राण आ जाते थे और वे भी देश के लिए मरने-मारने को तुल जाते थे। इन दो महोपकारी बन्धुओं से छूटकर प्रताप को बड़ा ही दुख हुआ।

इसके बाद मुगलों के एक दूसरे सेनापति फरीद खाँ को जब मालूम हुआ कि प्रताप चप्पन के जंगल में हैं, तब उसने दक्षिण की ओर से क्रमशः उस स्थान की ओर बढ़ना आरम्भ किया। प्रताप कठिन परिस्थिति में पड़ गए। चारों ओर से शत्रुओं ने उन्हें घेर लिया। रसद भी बन्द हो गई। इस समय फिर इस व्यूह से निकलने और किसी दूसरी जगह आश्रय लेने का उन्होंने निश्चय किया।

प्रताप क्षत्रिय थे। कठिनता उनके जीवन का व्रत था। परन्तु उनकी पत्नी और उनके छोटे-छोटे बच्चे, राजपूताना की प्रचंड धूप में नंगे सिर, नंगे पैर, एक स्थान से दूसरे स्थान की यात्रा कर रहे हैं, कहीं क्षणभर आराम करने का समय नहीं मिलता, पीछे शत्रुओं के जासूस लगे हुए—वर्षा की प्रबल जलधारा गिर रही है, पर किसी छत के नीचे उन्हें जगह नहीं मिल रही कि ठहरें। पेड़ की डालियों के नीचे वे राजकुमार और राजकुमारियाँ काँपती हुईं, एक दृष्टि से अपने पिता और माता के मुख की ओर ताकतीं, दुख में सहानुभूतिसूचक एक शब्द भी न पाकर, चुपचाप भाई-बहनें एक दूसरे की ओर मूक, शून्य, निरर्थक दृष्टि से देखकर दुख सह लेतीं। शीत की तीव्रता से हड्डियाँ हिल रही हैं, पेट में अन्न नहीं पड़ा, आज दो दिन से घास की रोटियों से

गुज़र करनी पड़ती, राजराजेश्वर पिता और महारानी माता दृष्टि के सामने मौजूद हैं, वस्त्र नहीं माँगते, काँपते हुए जोर से मुट्ठियाँ बाँधकर रह जाते हैं, आग तापते हुए किनारे पड़कर सो जाते हैं और ये हैं गजनी पर विजय करनेवाले बप्पारावल के वंशधर, मेवाड़ के भावी सम्राट्!

इस समय प्रताप के सहायक नहीं के बराबर रह गए थे। युद्ध करते हुए क्रमशः उनके हाथ में जितने किले थे, एक-एक करके सब निकल गए थे। केवल धर्मावती और गोगुंडा—यही दो स्थल उनके अधिकार में रहे। स्थान का न रहना कोई बड़ी बात नहीं। स्थान न रहने से कर भी लिये जा सकते हैं। चाहिए सिपाही। लड़ने की शक्ति और भोजन के लिए अन्न। यह प्रताप के पास न था। इसलिए वे दोनों स्थान भी रहकर, न रहने के बराबर थे। प्रताप को उनसे आशा छूट गई थी। वे मानते थे कि सिपाहियों की कमी के कारण इन स्थानों की रक्षा न हो सकेगी। वैसा ही हुआ। एक दिन मानसिंह एक अच्छी फौज के साथ पहुँचे और इन स्थानों पर अधिकार कर लिया। यह मानसिंह ने प्रताप के साथ युद्ध का व्यंग्य किया था। प्रताप की तुच्छ शक्ति पर हँसे भी। धीर प्रताप इस अपमान को पी गए। अपने देश और धर्म का स्मरण कर उस महावीर ने उन स्थानों को शत्रु के अधिकार में सौंप दिया। आज प्रताप के पास एक टुकड़ा भूमि भी नहीं रह गई। आज मेवाड़ के सम्राट् की वही दशा है जो रास्ते के एक भिक्षुक की।

इस समय प्रताप के पास न कोई सहायक है, न कोई स्थान, न राज्य, न नौकर। परन्तु अपनी दीनता से प्रताप को दुख न हुआ। वे महापुरुष थे। वे जानते थे कि ये सब प्रकृति की चालें हैं। जब तक उनकी तपस्या पूर्ण न होगी, तमाम विश्व-प्रकृति उनका विरोध करेगी, उन्हें नीचा दिखाने की कोशिश करेगी। यह सोचकर अपने तमाम कष्टों को वे चपुचाप सहन करते गए।

सब किलों को हारने के पश्चात् प्रताप ने अपने वीर सैनिकों से जैसा अच्छा और हृदयग्राही बर्ताव किया, वह वास्तव में बड़ा ही करुण और नितान्त सहृदयता से भरा हुआ है। प्रताप ने अपने रहे-सहे सैनिकों को विदा कर दिया। कहा, "भाइयो, अब तक जिस वीरता से तुम लोगों ने देश और धर्म की रक्षा का प्रयत्न किया है, उसकी शप्त मुखों से भी प्रशंसा नहीं हो सकती। परन्तु राजपूतों से विजय-लक्ष्मी अप्रसन्न हैं। इसलिए उनकी हार-पर-हार होती गई है। अब एक भी किला हम लोगों के हाथ में नहीं रहा। अब हमारी दशा एक भिक्षुक की है। इस अवस्था में जब न राज्य रहा न अर्थ, तुम्हारे प्रति हमारा यह आदेश है कि तुम लोग अब हमारा साथ छोड़कर अपने भाइयों और कुटुम्बियों से जा मिलो। हम तुम्हारी रक्षा करते, परन्तु हमारे पास अब अर्थ बिलकुल ही नहीं रहा। रही हमारी बात, हम भी किसी तरह अपने दिन कहीं पर बितावेंगे। यदि मौका मिला और ईश्वर की हमारे ऊपर कृपादृष्टि हुई तो हम फिर तुम्हारी याद करेंगे।"

महाराणा के शब्द सिपाहियों के हृदय में तीर की तरह चुभ गए। बहुत से तो महाराणा के करुणालुप्त मर्मस्पर्शी शब्दों को सुनकर रो दिए। उन्होंने कहा, "हमारे पिता, हमारे रक्षक, हमारे इष्ट मित्र, हमारे बन्धु-बान्धव आप ही हैं। हम आपको इस अवस्था में छोड़कर घर की ओर एक पैर भी न बढ़ावेंगे। आपके साथ हमें परमसुख है। आपके लिए लड़कर मर जाना ही हमारा धर्म है। अब तक जिनकी कृपा से हमारे बाल-बच्चों को भोजन-वस्त्र मिलता रहा है, अब हम अपने उन महाराणा को इस दशा में छोड़कर एक पैर भी दूसरी ओर न उठावेंगे। आप हमारे ऊपर कृपा कीजिए। हमें अपने साथ ही रहने दीजिए।"

महाराणा की मूर्ति में अद्‌भुत गम्भीरता आ गई। उन्होंने शान्त दृष्टि से सिपाहियों को देखा, कहा, "मैं तुम्हारा महाराणा हूँ। मैं तुम्हें आज्ञा देता हूँ, जाओ! जब काम पड़ेगा, तुम बुला लिए जाओगे।" प्रताप की इस आज्ञा पर कुछ बोलने का किसी को साहस नहीं हुआ। सबने प्रणाम किया। प्रताप हाथ उठा, सबकी सलामी ले चल दिए। जब तक वे दृष्टिपथ पर रहे, तब तक सिपाहियों की दृष्टि अपने सरदार पर लगी रही। अन्त में सबने अपने-अपने घर का रास्ता लिया।

अब प्रताप सब तरह से असहाय हो गए परन्तु फिर भी बादशाह की अधीनता उन्होंने स्वीकार न की। अकबर इसे अपना विशेष अपमान समझने लगे और इस हालत में भी उन्हें कैद कर लाने की आज्ञा उन्होंने जारी रखी। मानसिंह ने भी यही सलाह दी और उदयपुर में मोहब्बत खाँ को अधिकार देकर टिके रहने का आदेश दिया। मानसिंह इस समय प्रताप की दीन-दशा को देखकर विशेष प्रसन्न रहते थे। उनकी इच्छा थी कि प्रताप को कैद करके समाट् के पैरों पर डाला जाए और वे प्रताप के गर्व की उचित दवा करें। हाय देश! इस तरह की वृत्तियों का जोर दासता के आदिकाल से लेकर, आज तक तुम्हारे हृदय को विचलित किए हुए है!

जब सर्वस्व खोकर भी प्रताप ने अकबर को माथा न झुकाया, इधर-उधर जंगलों में आश्रय लेकर रहने लगे, तब इससे अकबर और मानसिंह को विशेष अपमान का अनुभव होने लगा। अकबर ने सोचा, 'जयपुर, जोधपुर, अम्बर, बीकानेर जैसे बड़े-बड़े महाराजाओं ने तो मेरी सत्ता स्वीकार कर ली। परन्तु प्रताप ने मेरी इच्छा पूरी न होने दी, मेरे चक्रवर्ती होने में ज़रा-सी त्रुटि रह गई, परन्तु मैं भी प्रताप को ऐसे न छोडूँगा, उसे नीचा दिखाकर ही दम लूँगा।' अकबर ने घोषणा करा दी कि यदि कोई प्रताप को दिल्ली पकड़कर ला सकेगा, तो हम उसे इनाम में आधी जागीर देंगे और उसकी अच्छी इज़्ज़त की जाएगी। बादशाह की घोषणा के अनुसार हज़ारों जासूस मेवाड़ के चारों ओर फिरने लगे और एक अच्छी सेना भी इधर-उधर प्रताप की खोज में रहने लगी। सबको यह तो मालूम हो चुका था कि अब प्रताप के पास सेना या सहायक नहीं है, अब उनको पकड़ लेना आसान है, इससे निःसंकोच भाव से मुसलमान अरावली में चक्कर काटने लगे।

चौंधा पर अधिकार कर लेने से सेनापति फरीद खाँ को इससे एक प्रकार का गर्व था परन्तु वह भीलों की बस्ती थी। भील महाराणा को बहुत मानते थे। जब अपने सब किले महाराणा हार गए, तब भीलों के साथ रहना ही उन्होंने अपने बच्चों के लिए निरापद समझा। अस्तु, कुछ भीलों को लेकर प्रताप ने चौंधा पर फिर आक्रमण किया। फरीद खाँ भीलों की कठोर मार न सह सके। शीघ्र ही अपने सहायकों के साथ चौंधा छोड़कर भाग गए। अब बारिश के कारण आक्रमण का भय भी न था। इससे महाराणा को कुछ दिनों के लिए शान्ति से रहने का सुयोग मिल गया। एक बार महाराणा प्रताप के साथियों ने शेरपुर नामक स्थान पर छापा मारा। यहाँ बादशाह की सेना के अफसर मिरज़ा खाँ, अब्दुल रहीम खाँ, पीछे से खानखाना रहते थे। बादशाही फौज हार गई। अमरसिंह ने मिरज़ा खाँ की बेगम को कैद कर लिया, और अपने पिता के पास ले गए, उस औरत को महाराणा ने बड़ी इज़्ज़त के साथ उसके पति के पास भिजवा दिया। मिरज़ा खाँ कवि थे। महाराणा के इस आकर्षक बर्ताव पर वे मुग्ध हो गए और महाराणा के पास एक कविता लिखकर भेजी।—"संसार नश्वर है। राज्य, धन, कुटुम्ब और परिवार—यह सब नष्ट हो जाता है। कुछ ही दिनों के लिए है। अन्त में सब इन्द्रजाल की तरह अन्तर्धान हो जाता है। अपना कोई अस्तित्व यहाँ नहीं छोड़ जाता, जो कुछ रहता है, वह है—महान् पुरुषों का गौरव। प्रताप ने राज्य तथा धन सबकुछ परित्याग कर दिया, परन्तु अपना मस्तक नहीं झुकाया। अपनी जाति के सम्मान की केवल उन्होंने ही रक्षा की है।"

चतुर्दश परिच्छेद

अन्तिम परीक्षा

अब महाराणा की विपत्तियों का और विस्तार हो चला। सैकड़ों जासूस उनके पीछे लगे रहते, क्षणभर का विश्राम भी उन्हें हराम हो गया। आज इस जंगल में हैं, तो कल उस जंगल में। आज इस पहाड़ की चोटी पर हैं, तो कल उस नदी की खोह में। इस तरह भागते हुए अपने परिवारवालों की प्राणरक्षा करने लगे। कभी एकाएक सैकड़ों मुगल आकर घेर लेते। महाराणा इधर अकेले, उधर सैकड़ों हथियारबन्द सिपाही। लड़ते-काटते, रास्ता करते हुए निकलते। इसी तरह दिन-पर-दिन और महीने-पर-महीना बीतने लगा पर दुख का अन्त न हुआ। बल्कि साथ-साथ कष्ट भी बढ़ चले। भोजन-पान और शयन का कष्ट तो लगा ही रहता था, परन्तु इतने पर भी महाराणा विचलित नहीं हुए। अकबर से सन्धि करने का नाम भी उन्होंने न लिया।

अकबर के पास भी महाराणा की दैनिक खबर पहुँचती थी। महाराणा की सहिष्णुता से उनका हृदय द्रवीभूत हो गया। उन्होंने अपने एक दूत के द्वारा महाराणा के पास संवाद भेजा कि यदि एक बार मुख से भी महाराणा पराजय स्वीकार कर लें,

तो उनकी सम्पूर्ण जागीर फेर दी जाए और फिर बादशाही सेना के त्रास से वे सदा के लिए निश्चिन्त रहेंगे। महाराणा के पास अकबर का यह संवाद आया तो घृणा से उन्होंने मुख फेर लिया। पराजय स्वीकार करने से मृत्यु को ही उन्होंने अपने लिए श्रेयस्कर समझा। हृदय ने कहा, क्या यवनों के भय से हम अकबर की सत्ता स्वीकार कर लें? पराजय के बिना हुए ही पराजय के कलंक से अपनी आत्मा को कलुषित कर डालें? यह तो कदापि न होगा।

महाराणा, अकबर की सलाह से सहमत न हो सके। दूत लौट गया। अकबर और उनके दरबारियों पर महाराणा के इस पवित्र चरित्र का बड़ा ही ज़बरदस्त प्रभाव पड़ा। वे लोग मन-ही-मन इस महापुरुष के प्रति भक्ति और श्रद्धा का भाव रखने लगे।

इधर अब साथियों में भील ही प्रताप के साथी और इष्ट मित्र थे—उन्हीं के साथ रहना, उन्हीं के साथ बोलना और उन्हीं के साथ सलाह करना। भीलों की महाराणा पर बड़ी भक्ति थी। वे उन्हें देवता से भी बढ़कर मानते थे। महाराज कुमारियाँ भीलों की लड़कियों से खेलतीं, उन्हीं के साथ रहतीं। उनकी भाषा बहुत अच्छी तरह सीख गई थीं।

एक दिन प्रताप इस भयानक जंगल में बैठे हुए कुछ सोच रहे थे कि एकाएक कुछ भील दौड़े हुए उनके पास आए और काँपते हुए स्वर से कहा, "राणा, बहुत जल्द यह स्थान छोड़ दीजिए, मुगलों की सेना आ गई। शीघ्रता न करोगे तो प्राणों की रक्षा न हो सकेगी।"

तब तक चारों ओर से 'दीन-दीन' की भयंकर आवाज़ आने लगी। प्रताप उठे। भील से कहा, "हमारे बच्चों को तुम लोग किसी तरह दूसरी जगह ले चलो। हम इन सिपाहियों से लड़कर अपने निकलने का रास्ता कर लेंगे।"

भीलों ने महाराणा प्रताप के परिवारवालों को टोकरियों में भर लिया और बहुत ही शीघ्र एक दल अपने साथ लेकर दूसरे जंगल की तरफ चल दिए। इधर, महाराणा से न रहा गया। अत्याचार की हद हो रही थी। वे छेड़े हुए शेर की तरह मुगलों पर टूटे। उनका प्रचंड आक्रमण मुगल सैनिकों से न सहा गया। देखते-ही-देखते सैकड़ों सिपाही ज़मीन चूमने लगे। शेष जान लेकर भागे। रास्ता साफ हो गया। एक भील ने आकर कहा, "महाराणा, चिन्ता न करना, तुम्हारे बाल-बच्चे आराम से हैं। हम लोगों ने उन्हें दूसरी जगह जबरे के जंगल में पहुँचा दिया है।" महाराणा निश्चिन्त हुए।

उसी भील के साथ जबरे के जंगल में पहुँचकर उन्होंने देखा—उनके बच्चे टोकरों में पेड़ से लटक रहे थे! वह स्थान बड़ा ही बीहड़ और भयंकर था। जंगल घना था। वहाँ बाघ, रीछ और शेर रहते थे। मनुष्य के लिए वह स्थान अगम था। प्राणों की रक्षा के लिए प्रताप को ऐसे भयानक स्थान में चलकर रहना पड़ा, जहाँ प्रताप के बच्चे टोकरियों में पेड़ से लटकाए हुए थे, उसके चारों ओर एक बड़ा-सा जाल भीलों ने तान रखा था, जिससे बच्चों पर जंगली जानवर आक्रमण न कर सके।

रक्षा की यह सब रचना देखकर प्रताप की आँखों में आँसू आ गए। वे उस राज्य के राजपरिवारवाले थे, जिनका एक इशारा मात्र पाकर राजपूतों की हज़ारों तलवारें एक साथ म्यान से बाहर निकल पड़ती थीं, देश के मध्ययुग के इतिहास में जो घराना भारत का सिरमौर रहा है।

एक भील ने प्रताप को समझाया। रानी पद्मावती ने उन्हें उनके व्रत का स्मरण करा दिया। अनेक प्रकार से वे स्वामी को शान्त करने लगीं। जबरे के जंगल में बहुत दिनों तक प्रताप रहे। यहाँ मुगलों के उपद्रव का विशेष भय न था। यह स्थान बड़ा ही दुर्गम और चारों ओर से कँटीले पेड़ों और घने जंगलों से घिरा हुआ था।

मुगलों का भय न रहने पर भी यहाँ एक और बड़ी कठोर विपत्ति सामने आई। खाने-पीने का बड़ा कष्ट होने लगा। दूसरी जगह से कुछ लाने का उपाय न था। जिस दिन कोई शिकार खाने लायक मिल जाता था, उस दिन तो किसी तरह सब लोग भरे पेट भोजन कर लेते थे, परन्तु शिकार के न मिलने पर अक्सर घास की रोटियों से समय पार करना पड़ता था! बच्चों को क्रमश: बड़ी तकलीफ होने लगी। भूख और प्यास के मारे उनका गुलाब-सा मुखड़ा सदा ही मुरझाया रहता। वे एक दृष्टि से माता और पिता को ताकते। कभी मारे भूख के गले से चिपटकर रोने लगते। इस एक दिन नहीं, कितने ही दिन तक बच्चों ने भूख की विकलता ज़ाहिर की। परन्तु आश्वासन के सिवा कभी उन्हें भरपेट भोजन पिता की ओर से न मिला, जिससे वे और दुखी रहते। घास की रोटियाँ खाकर वे कोमल बच्चे दुबले से दुबले, अन्त में हड्डियाँ शेष मात्र रह गए। महारानी खून के आँसू पीकर रह जातीं। प्रताप बच्चों को देखकर मुँह ताककर फेर लेते और एक लम्बी साँस लेकर अपने देश और समय का स्मरण कर रह जाते!

ज्यों-ज्यों प्रताप के परिवारवालों को कष्ट होने लगा, त्यों-त्यों उनके मन में एक प्रकार का परिवर्तन आरम्भ हो गया। यह परिवर्तन प्रताप की दुर्बलता का द्योतक होने पर भी सत्य की दृष्टि से मानव चरित्र-चित्रण के विचार से जितना आवश्यक था, उतना ही वरेण्य भी। यदि दुर्बलता का समावेश उनके जीवन में न दिखलाया जाता तो उनका जीवन उच्चकोटि के समालोचकों की दृष्टि में वास्तव में एक कहानी, एक प्रकार की कल्पना का रूप ही लिए रहता। जीवन में जय और पराजय—दोनों का रहना आवश्यक है। पराजय के भीतर से किस प्रकार से विजयलक्ष्मी हस्तगत होती है, उसके सूक्ष्म-विसूक्ष्म भाव और अनुभवों पर विचार करके ही समालोचकों को व्यथा से सुख मिलता है और जीवन के इतिहास को एक प्रकार की पूर्णता प्राप्त होती है। जहाँ सीता के चरित्र का वह अंश है, जिस जगह लक्ष्मण के प्रति उन्होंने कटु शब्दों का प्रयोग किया है, वहाँ वह उतनी ही कालिमा सत्य की नींव पर रख सकने में समर्थ हुई है। यह सम्भव है कि जीवन में शत-शत विजय हों, परन्तु चाहे भ्रम के कारण ही हो, एक बार पराजय होना अत्यन्त आवश्यक है। जीवन के लिए आलोक और अन्धकार—दोनों आवश्यक हैं।

केवल आलोक से अथवा केवल अन्धकार से कभी संसार की व्याख्या नहीं हो सकती। प्रवाह के लिए उत्थान और पतन—दोनों चाहिएँ। तरंग की व्याख्या केवल उत्थान से नहीं होती, साथ ही पतन का रहना भी ज़रूरी है, चाहे वह कैसी ही बड़ी तरंग क्यों न हो। प्रताप के सम्बन्ध में भी इस तरह के एक पतन का आना आवश्यक था। विरोधी शक्ति का उन पर विजय प्राप्त करना ज़रूरी था। अब तक प्रताप हारते ही गए थे, किसी लड़ाई में कभी जीते नहीं, परन्तु पराजय में भी उन्हें विजय का गौरव मिलता रहा है। न उनके शत्रुओं के दिल में यह बात धँसी कि प्रताप हारे, न प्रताप ने ही स्वीकार किया कि हम पराजित हुए। मन की इस अपराजित शक्ति के कारण अब तक हारकर भी प्रताप नहीं हारे, उनके जीवन में किसी प्रकार का दाग़ नहीं लगा परन्तु इस बार वे वास्तव में पराजित हुए। इस क्षणिक पराजय को प्रताप ने भी समझा कि पराजय है और उनके परम शत्रु अकबर ने भी समझा कि प्रताप पराजित हुए। हम लिख चुके हैं कि यह क्षणिक कल्पित पराजय थी। यह केवल प्रताप के जीवन की पूर्णता के लिए हुई, और खासकर इसलिए कि वे परिवारवाले थे, त्यागी नहीं। उन्हें दूसरों के दुःख और सुख के अनुकूल रहना पड़ता था, वे दूसरों से सम्बन्ध छिन्न न कर सकते थे।

प्रताप की यह दुर्बलता उनकी एक सांसारिक घटना के भीतर से पैदा हुई। उससे प्रताप के स्नेह की भी थाह मिलती है। वे आखिर मनुष्य ही थे, काठ के पुतले नहीं। उनके अन्दर वही सहनशीलता थी, जो एक उच्च-से-उच्च पुरुष में हुआ करती है और साथ ही वह स्नेहजनित दुर्बलता भी थी, जो एक पिता के हृदय में अपने प्यारे बच्चों के सुख के लिए रहा करती है।

एक रोज़ उसी जंगल में एक जगह महारानी भोजन पका रही थीं। कुछ सामग्री उन्हें मिल गई। बाहर से भीलों ने राजपरिवार के खाने के लिए कुछ अन्न ला दिया। उस चूल्हे के आस-पास उनकी छोटी लड़कियाँ ललचीली निगाह से उस अन्न की ओर देख रही थीं। पास ही, महाराणा भी घास के बिछौने पर लेटे हुए यह दृश्य देखकर विचार कर रहे थे। राजकुमारियाँ के कपड़ों में सैकड़ों ग्रन्थियाँ लगी हुई थीं। महारानी भी मैले, फटे और पुराने जीर्णवस्त्र पहने हुई थीं। उधर, महाराणा की दशा भी यही थी। बाल बढ़ रहे थे, नाखून वर्षों से न कटे थे। कपड़े पुराने होकर फट चुके थे। किसी तरह उनसे लज्जा की रक्षा की गई थी। उनको और उनके परिवारवालों को देखकर क्या कोई कहता कि ये मेवाड़ के महाराणा, बप्पारावल के वंश के सूर्य महाराणा प्रतापसिंह हैं? उनकी पारिपार्श्विक कुल बातों से उनके अखंड व्रत के निर्वाह का पता चलता था। इसी समय, भोजन पकने से पहले ही बच्चियों ने माँगना शुरू कर दिया। जब एक रोटी निकली तब उसे हर एक अपने लिए पहले माँगने लगीं। एक रोटी के लिए यह तकरार हो रही थी। मेवाड़ की महाराज-कुमारियों में एक रोटी के लिए छीना-झपटी का तुमुल संग्राम जारी हो गया। महाराणा शान्त भाव से यह लड़ाई देख रहे थे। उन्होंने देखा, सबसे छिपाकर महारानी ने चुपचाप आँसू पोंछ लिए हैं।

वीर-शिरोमणि महाराणा का हृदय दहल उठा। एक प्रचंड तूफान आया और पहले कुल सृष्टि को नष्ट-भ्रष्ट करके, डुबाकर अतल में विलीन करके चला गया। एकाएक हृदय ने कहा, यह क्या? क्या यह महापाप नहीं? पिता के रहते हुए बच्चे भूखों मरें, पत्नी को एक वस्त्र भी पहनने को न मिले, क्या धर्म का स्वरूप ऐसा ही हुआ करता है? मेवाड़ के उद्धार के लिए जो व्रत था, वह महाराणा प्रताप के लिए था, मुझ भिक्षुक के लिए नहीं। प्रताप के हृदय में विप्लव का तूफान उठा हुआ था। पहले के विश्वास को एक ही झकोरे ने हिला दिया और इस तरह प्रकृति की शक्ति का परिचय देकर, प्रताप को शिथिल करके चला गया।

एक दूसरे दिन एक और घटना हुई, जिससे इस विरोधी भाव को सजग होने की सहायता मिली। बात यह हुई कि महारानी उस दिन भोजन पका रही थीं। अन्न न मिला था। 'पल' नामक घास की रोटियाँ बन रही थीं। लड़के चारों ओर से चौका घेरकर बैठे हुए थे। महारानी चुपचाप लड़कों की आँख बचाकर आँसू पोंछती और रोटियाँ पकातीं। हरएक बच्चे के हिस्से में एक ही रोटी आई थी। पक जाने पर बच्चे अपना-अपना हिस्सा लेकर खाने लगे। एक छोटी-सी लड़की थी। उसने आधी रोटी खाई और आधी अपनी गोद में डाल रखी। यह रोटी उसकी शाम की खुराक थी। प्रताप लेटे हुए अपनी प्यारी पुत्री को एक दृष्टि से देख रहे थे। हृदय में प्रलय का तूफान उठ रहा था। अब तक जिस वीर के धैर्य को अकबर के अनगिनत निष्ठुर प्रहार भी नहीं विचलित कर सके थे, आज वह एक छोटे-से विवर्तन में पड़ कुछ-का-कुछ हो गया। जिस समय जाँघ पर बची हुई रोटी का टुकड़ा रखे हुए प्रताप की लड़की बाहर की बातों में बहल रही थी, उस समय मौका पा कहीं से एक जंगली नेवला झपटा, उस लड़की की जाँघ से लड़की की रोटी का टुकड़ा फौरन लेकर चलता बना। लड़की चौंककर रोने लगी। प्रताप ने देखकर दृष्टि फेर ली। पद्मावती ने भी भागते हुए नेवले को देखा। मुँह फेरकर आँसू पोंछ लिए।

प्रताप पड़े हुए चुपचाप यह दृश्य देख रहे थे। रानी के आँसू भी उनके परीक्षक नेत्रों से छिप नहीं सके। थोड़ी देर बाद लड़की रोकर आप-ही-आप शान्त हो गई। जिस समय यह क्षणभर के लिए क्षुब्ध हुआ वायुमंडल अपनी पूर्व प्रकृति को प्राप्त हुआ, उस समय प्रताप के हृदय में महाप्रलय की ज्वाला धधक रही थी। कुछ समय पहले ही से उनका चित्त परिस्थिति से उठकर एक दूसरे चक्र के अन्दर चक्कर काट रहा था, अब उसे उस चक्र में स्वच्छन्द भाव से अपनी रक्षा का चक्रव्यूह निर्माण करने की स्वतंत्रता मिली, साथ ही सुदृढ़ प्रमाण भी मिला। बस, एक क्षण में प्रताप ने उस दूसरी परिस्थिति की रचना का चक्र निश्चय कर लिया। अकबर ने पहले प्रताप के कष्टों का हाल सुनकर सन्धि करने के लिए कई बार दूत भेजकर उन्हें समझाया था परन्तु उस समय अकबर के प्रस्ताव के अनुसार महाराणा को मंजूर नहीं हुआ। अकबर ने यहाँ तक कहलाया था कि केवल पराजय स्वीकार कर लेने से ही

हम तुम्हारा सर्वस्व तुम्हें वापस कर देंगे। परन्तु महाराणा को इतनी-सी बात भी उनके शौर्य के मुकाबले में अत्यन्त अपमानजनक मालूम हुई थी, उन्होंने सन्धि के प्रस्ताव को अस्वीकृत कर दिया था। परन्तु आज उनके मन की वह अभेद्य दीवार करुणा की एक ही जलधारा में ढह-बहकर न जाने कहाँ चली गई।

पंचदश परिच्छेद
कविवर पृथ्वीराज

आज दरबार में अकबर की प्रसन्नता उनके सर्वांग से ज़ाहिर हो रही है। प्रत्येक वाक्य को हृदय की सरसता दुर्लभ वस्तु की प्राप्ति से जैसे सजीव कर रही हो। चिरकाल के परिश्रम से अब तक जो वस्तु हाथ न आई थी, वह अनायास ही प्राप्त हो गई। प्रतापसिंह ने अकबर की अधीनता स्वीकार कर ली!

अकबर की प्रसन्नता, बारिश के बाद की गर्मी की तरह कभी-कभी सहनशीलता से रहित हो अक्षय सन्देह का रूप धारण कर लेती थी। प्रताप के स्वभाव को अकबर बहुत अच्छी तरह पहचानते थे। उनके हृदय की शंका प्रताप के सन्धिपत्र के पश्चात् भी वैसी ही बनी रही। "क्या कभी समुद्र एक छोटे से गढ़े के अन्दर समा सकता है? सूर्य का उदय कभी पश्चिम की ओर नहीं होता।"

इस तरह सन्देह के आने पर उनका हर्ष-आनन्द सब दूर हो जाता, वे अपने दरबारियों को बुलाकर एक-एक करके, सबसे पत्र की लिखावट देखकर पहचानने के लिए कहते। सम्राट् की आज्ञा के अनुसार सभासद वर्ग देखते बड़े गौर से थे, परन्तु कहते थे वे वैसा ही जैसा उस समय सम्राट् का रुख देखते थे। यदि सन्देहावशात् सम्राट् ने कहा, नहीं यह लिखावट प्रतापसिंह की नहीं हो सकती, तो साथ ही और लोगों ने भी कहा, नहीं, हरगिज़ नहीं हो सकती। यदि अकबर कहते कि जान पड़ता है अब तकलीफ में पड़कर प्रतापसिंह ने सन्धि का प्रस्ताव मंजूर किया है, तो और लोग भी कहते, हाँ, जहाँपनाह ने बजा फरमाया, तकलीफ में पड़कर प्रतापसिंह ने सन्धि का प्रस्ताव मंजूर किया है।

अकबर बड़े चतुर मनुष्य थे। परीक्षा के लिए, जान-बूझकर वे इस तरह की बातें करते थे। सभासदों की उक्ति से उन्हें मालूम हो गया कि ये लोग मेरी ही प्रशंसा कर रहे हैं, प्रतापसिंह की लिपि ये लोग नहीं पहचानते। कुछ देर बाद उन्होंने पूछा, "क्या यहाँ प्रतापसिंह की लिपि पहचाननेवाला कोई है?"

एक राजपूत ने कहा, "हाँ जहाँपनाह, है। पृथ्वीराज उनकी लिपि पहचानते होंगे, उनकी शादी महाराणा के घराने में ही हुई थी।" अकबर को एक पुरानी बात याद आ गई। कुछ देर तक वे सिर झुकाए हुए कुछ सोचते रहे, फिर नज़र उठाकर सिपाही को हाथ के इशारे से पास बुलाकर कहा, "तुम बहुत जल्द पृथ्वीराज को यहाँ बुला

लाओ।'' शाही तरीके से सम्मान प्रदर्शन कर सिपाही चला गया और पृथ्वीराज को शीघ्र दरबार में लाकर हाज़िर किया।

पृथ्वीराज को सामने हाज़िर देखकर चतुर अकबर ने अपनी सन्दिग्ध आतुरता को छिपाते हुए पत्र पृथ्वीराज के हाथ में देकर कहा, ''देखो, महाराणा को हमारी सुलह की शर्तें मंजूर हैं, उन्होंने अपने दस्तखत करके यह खत हमारे पास भेजा है।''

पृथ्वीराज के सामने यदि स्वच्छ आकाश में बिजली चमकने लगती तो भी इतना आश्चर्य न होता। अकबर के शब्दों पर उन्हें तिल-मात्र भी विश्वास नहीं हुआ। वे पत्र लेकर अन्वेषक की दृष्टि से हस्ताक्षरों को देखने लगे। अकबर उनके मुख की भाव-भंगी स्थिर दृष्टि से देखते रहे।

दस्तखत देखकर पृथ्वीराज का हृदय काँप उठा। चेहरा मुरझा गया। गला सूख गया। आवाज़ भर्राई हुई निकली, जब अकबर ने पूछा, ''क्यों पृथ्वीराज, है न हमारी बात सच?''

पृथ्वीराज, ''जहाँपनाह की बात सदा ही सत्य होती है, परन्तु मुझे विश्वास नहीं हो रहा है। मुझे तो महाराणा का सुलह कर लेना उतना ही असम्भव मालूम दे रहा है, जितना हिमालय का हिल जाना, सागर का सूख जाना, ज़मीन का अपनी जगह से हट जाना। गुस्ताखी मुआफ हो जहाँपनाह, जान पड़ता है, यह खत किसी दुश्मन का लिखा हुआ है।'' पृथ्वीराज ने नम्रतापूर्वक कहा।

अकबर, ''क्या ये दस्तखत प्रतापसिंह के नहीं हैं?'' अकबर ने आश्चर्य की निगाह से देखकर पूछा।

पृथ्वीराज, ''नहीं जहाँपनाह, ये दस्तखत प्रतापसिंह के नहीं हैं, परन्तु प्रतापसिंह के ऐसे ज़रूर मालूम दे रहे हैं।''

अकबर, ''क्या तुम्हारे पास प्रतापसिंह का कोई खत मौजूद मिल सकता है?'' अकबर ने अत्यन्त आग्रह से पूछा।

पृथ्वीराज, ''नहीं जहाँपनाह, मेरे यहाँ महाराणा का लिखा हुआ कोई खत नहीं है। होता, तो मैं ज़रूर शाहंशाह की नज़र करता।''

अकबर, ''तो तुम कहो कि जानते हुए भी यह खत प्रतापसिंह का है, तुम छिपा रहे हो।''

पृथ्वीराज, ''नहीं जहाँपनाह, मैं अपनी अन्तरात्मा की बात कह रहा हूँ। मैं प्रतापसिंह के स्वभाव को बहुत अच्छी तरह पहचानता हूँ। वे विपत्ति में पड़कर घबरानेवाले मनुष्य नहीं हैं। दूसरे, धर्म को प्रतापसिंह कभी नहीं छोड़ेंगे, चाहे उनके प्राण शरीर से जुदा हो जाएँ।''

अकबर, ''ठीक है, इसी ख़याल ने तो तुम्हें मार रखा है। इस तरह सच बात भी कभी छिप सकती है, अगर यह खत उनका लिखा हुआ हो भी, तो भी तुम कहते रहोगे कि यह उनका लिखा हुआ खत है ही नहीं।''

पृथ्वीराज, ''नहीं जहाँपनाह, मैं एक मनुष्य की उचित समालोचना कर रहा हूँ, और अब तक उस मनुष्य के विचारों और उसके अलौकिक कार्यों का शाहंशाह को भी यथेष्ट परिचय मिल चुका है। क्या बादशाह सलामत यह विश्वास करते हैं कि महाराणा प्रतापसिंह में इतनी मृदुलता आ जाएगी कि एकाएक वे सम्राट् से सन्धि का प्रस्ताव करने लगेंगे?''

अकबर, ''नहीं, यह विश्वास तो मुझे ज़रूर नहीं है, मगर आदमी के मन का कुछ ठिकाना भी नहीं रहता कि कब वह किस रंग पर चढ़ा रहता और कब कौन-सा रंग बदलता है। मुमकिन है कि अब उसे अपनी जर-ज़मीन का ख़याल आया हो, और की तरह अब वह भी बादशाह से सुलह करके रहने में अपनी भलाई समझता हो।''

पृथ्वीराज, ''कमज़ोर दिलवालों का यह हाल बादशाह सलामत ने फरमाया। एक वही नुस्खा हर मर्ज़ के लिए नहीं होता, यह .शाहंशाह को मालूम है। प्रतापसिंह मर्द आदमी है। वह किसी कमज़ोरी की वजह से सुलह न करेगा। प्रतापसिंह के आत्मत्याग का हाल जिन्हें मालूम है, वे एक स्वर से कहेंगे कि बादशाह यदि अपनी तमाम सल्तनत प्रतापसिंह को देकर कहें कि तुम बादशाह की अधीनता ज़रा देर के लिए स्वीकार कर लो, तो भी महाराणा बादशाह की अधीनता स्वीकार न करेंगे। बादशाह सलामत प्रतापसिंह के व्रत की कथा सुन चुके हैं। अपने देश को स्वाधीन करने के लिए इतनी कठोर प्रतिज्ञा की, भारत के एकछत्र सम्राट् की प्रतिकूलता करते हुए जिसे ज़रा भी खौफ न आया, बादशाह के साथ सम्बन्ध करनेवालों के हाथ का पानी पी लेना भी जो अधर्म में दाखिल समझता है, आज तक अत्याचार पर अत्याचार करके भी बादशाह जिसे दबा नहीं पाए, वह वीर एकाएक सन्धि का प्रस्ताव स्वीकार कर लेगा, यह कैसे किसी समझनेवाले को विश्वास होगा?''

अकबर, ''हाँ, तुम्हारा कहना बहुत दुरुस्त है, मगर इस खत का पता भी तुम्हीं लगाओ कि प्रतापसिंह का लिखा हुआ है या जाली?''

पृथ्वीराज को अभीप्सित दुर्लभ वस्तु की प्राप्ति हो गई। मन-ही-मन वे बहुत ही प्रसन्न हुए। बाहर वैसे ही गम्भीरता दिखाकर विनयपूर्वक कहा, ''जहाँपनाह की आज्ञा के अनुसार मैं बहुत जल्द इसका पता लगाता हूँ।''

अकबर की प्रसन्नता एक प्रकार की चिन्ता में परिवर्तित हो गई। उस रोज़ का दरबार समाप्त करके अकबर उठे, साथ ही उनके पारिषद् भी उठ खड़े हो गए। अकबर चिन्तितभाव से अपने रंगमहल की ओर गए और पृथ्वीराज हर्ष और विषाद की संयुक्त मूर्ति बने हुए घर पहुँचकर एक अलग कमरे में बैठकर सोचने लगे।

'प्रकृति की परीक्षा में उत्तीर्ण होकर मनुष्य के हृदय के सिंहासन पर अधिकार प्राप्त करना कठिन है। महाराणा जैसे अद्वितीय वीर का मस्तक भी प्रकृति ने आखिर झुका ही दिया। उनका उद्‌देश्य अब उनके ध्यान से अवश्य जाता रहा होगा। हाय!

हिन्दुओं में अब तक यही एक नाम लेने के लिए बच रहे थे, सो इनका हृदय भी अब शत्रुओं की चोटों से जर्जर, शत्रु की भृकुटि से दबकर अपना उद्देश्य भूल गया। ईश्वर की इच्छा बड़ी विचित्र है। वह चाहे जो करे। सच है कि राई को पर्वत और पर्वत को राई कर देता है। आज तक समस्त हिन्दुस्तान में जिनके नाम का आतंक छाया हुआ था, अकबर भी जिनकी कीर्ति से दबकर तारीफ करने लगते थे, वही महाराणा प्रतापसिंह आज अकबर से सन्धि का प्रस्ताव कर रहे हैं!'

दासी से पृथ्वीराज के एकाएक आकर एकान्त में बैठने का हाल सुनकर 'सुन्दरी' भी पति के पास पहुँची। परन्तु पति को चिन्ता में डूबे हुए देखकर उसे पूछने का साहस नहीं हुआ, एक ओर चुपचाप खड़ी हो गई। पृथ्वीराज के हृदय में आज अपनी प्रियतमा पत्नी को देखकर भी प्रसन्नता नहीं हुई। वे शून्य दृष्टि से उसे देखकर ही रह गए। इससे सुन्दरी के हृदय में शंका उत्पन्न हुई। इस तरह का बर्ताव अपनी ज़िन्दगी में अब तक उसने न देखा था। सदा उसे देखते ही पृथ्वीराज प्रसन्न हो जाते थे, होंठों पर मुस्कुराहट आ जाती थी। उसने पति से पूछा, "आज इतनी चिन्ता किस बात की कर रहे हो? सब कुशल है न?"

"नहीं, आज एक बहुत बड़ी अनहोनी हो गई। आज आकाश के ऊपर पृथ्वी है, समुद्र सूख गया है और पश्चिम में सूर्य उगा है।" पृथ्वीराज ने आवेश में कहा।

"मेरी समझ में इस तरह की कविता न आएगी। साफ-साफ कहो, बड़ी चिन्ता हो रही है, बात क्या है?" सुन्दरी ने चिन्तित होकर कहा।

"महाराणा प्रतापसिंह ने अकबर के पास सन्धि के लिए पत्र भेजा है!" पृथ्वीराज ने सिर झुकाकर कहा।

"नहीं, ऐसा हरगिज़ न होगा, आपको किसी तरह का भ्रम हो गया है।" कड़ाई से सुन्दरी ने उत्तर दिया।

"नही सुन्दरी, मैं ठीक कहता हूँ। यह देखो, महाराणा का पत्र मैं साथ ही ले आया हूँ।" पृथ्वीराज का सुन्दरी को पत्र देना।

पत्र को बड़े ध्यान से देखकर—"यह क्या, ये हस्ताक्षर तो उन्हीं के हैं!" सुन्दरी ने क्षोभ और दु:ख से पति की ओर देखकर कहा।

"मुझे भी बड़ा आश्चर्य हो रहा है। क्यों महाराणा ने सन्धि का प्रस्ताव किया, कुछ समझ में नहीं आता। अनुमान से यह जान पड़ता है कि उन पर और उनके मेवाड़ पर कोई विशेष विपद् पड़ी होगी!" पृथ्वीराज ने चिन्तायुक्त होकर कहा।

"कष्ट में पड़कर वे अपने धर्म को छोड़ देंगे, विश्वास भी नहीं होता। तुम्हें पत्र किसने दिया?"

पृथ्वीराज ने पत्र की पूर्वापर बातें सुन्दरी से कहकर भविष्य के कार्यक्रम के सम्बन्ध में सुन्दरी से राय देने के लिए पूछा। पृथ्वीराज की तरह उसने भी कहा, "मेरी इच्छा नहीं कि यह सन्धि हो। मेवाड़ की मर्यादा भूमिसात् हो जाए, यह मुझे

किसी तरह से भी स्वीकार नहीं। मेरा जी अच्छा नहीं है, मैं जाती हूँ; इसके सम्बन्ध में ऐसा ही कोई अच्छा प्रबन्ध करके मुझे बतलाइए कि क्या किया जाए।''

यह कहकर सुन्दरी वहाँ से चली गई। महाराणा के आदर्शच्युत होते ही उनके प्रति उसका पूर्वभाव न रह गया। अपने कुल के सूर्य को आकाश से टूटकर पृथ्वी पर आते देखकर उसके चित्त में एक विचित्र परिवर्तन आ गया।

सुन्दरी तो चली गई, परन्तु पृथ्वीराज उसी तरह उसी कमरे में बैठे रहे। वे कवि थे और कवि भी वैसे नहीं, सहृदयता की सजीव मूर्ति थे। वे केवल महाराणा प्रताप की बातें सोच रहे थे; साथ ही, मुसलमानों का अदम्य बल, हिन्दुओं की क्रमशः अधःपतित कर देनेवाली दुर्बलता, मन में समायी हुई गुलामी और सब सत्यानाश का मूल कारण पारस्परिक ईर्ष्या, इन सब विषयों का क्रम भी वे अपने विचार के साथ रखते जा रहे थे। महाराणा के सन्धि करने का मूल कारण उन्हें मिल गया, उनकी सहृदयता के आगे कुछ छिप नहीं सका। वे समझ गए कि महाराणा को कहीं से किसी से किसी प्रकार की भी सहायता नहीं मिली। दुख के दिन ऐसे ही बड़ी मुश्किलों में पार होते हैं, फिर जले पर नमक, उस दुख में जिन लोगों से सहायता की आशा की जाती है, वे ही यदि विमुख हो जाएँ या शत्रुता करने पर तुल जाएँ, तो अवश्य ही यह आचरण मनुष्य को अधिक काल तक उसके लक्ष्य पर रहने नहीं देता और वीरता अकेले होती भी नहीं। सम्पूर्ण मुगल–साम्राज्य के विरोध मे अकेले महाराणा कब तक ठहर सकते हैं? जान पड़ता है, किसी विशेष मानसिक परिवर्तन के आने पर ही महाराणा ने सन्धि का प्रस्ताव किया है। वे दुखों में पड़कर घबरानेवाले मनुष्य नहीं हैं।

इस तरह सोचते हुए पृथ्वीराज बहुत दूर तक चले गए, मन के भीतर की अपनी युक्तिपूर्ण बातों पर उन्हें विश्वास था। महाराणा के मानसिक विकार का कारण बहुत कुछ उनकी समझ में आ गया। वे फिर सोचने लगे, 'यदि इस तरह की परिस्थिति में मैं महाराणा को सन्धि करने के लिए लिखूँगा तो फिर मुगलों के बीच में हमारा मस्तक कभी भी ऊँचा न होगा, हम सदा के लिए उनके दबैल हो जाएँगे। महाराणा के गिरे हुए मन को इस समय बल देने की आवश्यकता है। अपनी मर्यादा का उन्हें पूरा ख़याल है। वे अवश्य ही अपना मत बदल देंगे।'

कविश्रेष्ठ पृथ्वीराज के हृदय में तरह–तरह की बातों ने एक अद्‍भुत भावना ला दी; एक स्वर्गीय शक्ति उनकी लेखनी में आ गई, जिससे एक मुर्दा भी उठकर खड़ा हो जाता, कायर के दिल मे लड़ने की उमंग पैदा हो जाती।

यह कविता महाराणा के पास उन्होंने लिखकर दूत के हाथ भेजी,—

> अकबर समद अथाह, सूरापण भरियो सजल।
> मेवाड़ो तिण माह, पोयण फूल प्रताप सी॥ 1॥
> अकबर एकण वार दागल की सारी दुनी।
> अणदागल असवार, रहियो राम प्रताप सी॥ 2॥

अकबर घोर अंधार, ऊँघाण हिन्दू अवर।
जागे जुग दातार, पौहर राणा प्रताप सी ॥ 3 ॥
हिन्दू पति परताप, पत राखी हिन्दुवासारी।
सहे विपत संताप, सत्य सपथ करि आपणी ॥ 4 ॥
चौथी चित्तोड़ाह, बाँटी बाजन्ती तणी।
माथे मेवाड़ाह, सोहे राण प्रताप सी ॥ 5 ॥
सारभ, अकबर शाह, अड़ियल आभड़िया नहीं।
चम्पो चित्तोड़ाह, चोरस तणी प्रताप सी ॥ 6 ॥
पातल खाँग प्रमाँण, साँची साँगा हर घणी।
लही सदा लग राण, अकबर सूँ ऊ भी अणी ॥ 7 ॥

दोहा

भाई जश अहड़ा जणे, जहड़ा राण प्रताप।
अकबर सूतो ओझके, जाण सिराणे साँप ॥ 8 ॥

सोरठा

राखो अकबरियाह, तेज़ तिहारो तुरकड़ां।
नम नम नीसरियाह, राणा बिना सहराजवी ॥ 9 ॥
सह गावड़िये साथ, ये कण बाड़े बाड़िया।
राण न मानी नाथ, तांडे राण प्रताप सी ॥ 10 ॥
सोया सो संसार, असुर पलोले ऊपरे।
जागे जगदातार, पौहर राण प्रताप सी ॥ 11 ॥
घर बाँकी दिन पाधरा, मरदन मूके माण।
घणे नरिन्दा घेरियाँ, रहे गिरिन्दा राण ॥ 12 ॥

हिन्दी के सुप्रसिद्ध कवि बाबू मैथिलीशरण गुप्त की मर्मस्पर्शिनी कविता नीचे पाठकों के सुरुचि सम्पादनार्थ दी जाती है—

"स्वस्ति श्री स्वाभिमानी कुल कमल तथा हिन्दूआसूर्य सिद्ध।
शूरों में सिंह सुश्री शुचि रुचि सुकृती श्री प्रताप प्रसिद्ध॥
लज्जाधारी हमारे कुशलयुत रहें आप सद्धर्म-धाम।
श्री पृथ्वीराज का हो विदित विजय से प्रेमपूर्ण प्रणाम ॥ 1 ॥
मैं कैसा हो रहा हूँ इस अवसर में घोर आश्चर्य लीन।
देखा है आज मैंने अचल चल हुआ, सिन्धु संस्था विहीन॥
देखा है क्या कहूँ, मैं निपतित नभ से इन्द्र का आज छत्र।
देखा है और भी हाँ, अकबर-कर में आपका संधि पत्र ॥ 2 ॥

आशा की दृष्टि से वे पितरगण किसे स्वर्ग से देखते हैं?
सच्ची वंश-प्रतिष्ठा क्षितिज पर अपनी वे कहाँ लेखते हैं?
मर्यादा पूर्वजों की अब तक हममें दृष्टि आती कहाँ है?
होती है व्योमवाणी वह गुण-गरिमा आप ही में यहाँ है॥ 3॥
खोके स्वाधीनता को अब हम सब हैं नाम ही के नरेश।
ऊँचा है आपसे ही इस समय अहो देश का शीर्ष-देश॥
जाते हैं क्या झुकाने अब उस सिर को आप भी हो हताश?
सारी राष्ट्रीयता शिव-शिव फिर तो हो चुका सर्वनाश॥ 4॥
हाँ, निस्संदेह देगा अकबर इससे आपको मान दान।
खोते हैं आप कैसे उस पर अपना उच्च धर्माभिमान॥
छोड़ो स्वाधीनता को मृगपति! वन में दुःख होता बड़ा है।
लोहे के पींजड़े में तुम मत रहना स्वर्ण का पींजड़ा है॥ 5॥
ये मेरे नेत्र हैं क्या कुछ विकृत कि हैं ठीक वे पत्र-वर्ण?
देखूँ, है क्या सुनाता विधि अब मुझको, व्यग्र हैं हाय! कर्ण।
रोगी हों नेत्र मेरे वह लिपि न रहे आपके लेख जैसी।
हो जाऊँ दैव! चाहे वधिर पर सुनूँ बात कोई न वैसी॥ 6॥
बाधाएँ आपको हैं बहुविध वन में, मैं इसे मानता हूँ।
शाही सेना सदा ही अनुपद रहती, सो सभी जानता हूँ॥
तो भी स्वाधीनता ही विदित कर रही आपको कीर्तिशाली।
हो चाहे वित्तवाली पर उचित नही दीनता चित्तवाली॥ 7॥
आए थे, याद है क्या, जिस समय वहाँ 'मान', सम्मान पाके।
खाने को थे न बैठे मिसकर उनके साथ में आप आके।
वे ही ऐसी दशा में हँसकर कहिये, आपसे क्या कहेंगे?
अच्छी हैं ये व्यथाएँ, पर वह हँसना आप कैसे सहेंगे॥ 8॥
है जो आपत्ति आगे वह अटल नहीं, शीघ्र ही नष्ट होगी।
कीर्ति-श्री आपकी यों प्रलय तक सदा और सुस्पष्ट होगी॥
घेरे क्या व्योम में है अविरत रहती सोम को मेघमाला।
होता है अन्त में क्या वह प्रकट नहीं और भी कान्तिवाला॥ 9॥
है सच्ची धीरता का समय बस यही हे महा धैर्यशाली!
क्या विधुद्वह्निका भी कुछ कर सकती वृष्टिधारा-प्रणाली?
हों भी तो आपदाएँ अधिक अशुभ हैं क्या पराधीनता से?
वृक्षों जैसा झुकेगा अनिल-निकट क्या शैल भी दीनता से॥ 10॥
ऊँचे हैं और हिन्दू, अकबर-तम की है महा राजधानी।
देखी है आप में ही सहज सजगता हे स्वाधर्माभिमानी।

सोता है देश सारा यवन नृपति का ओढ़ के एक वस्त्र।
ऐसे में दे रहे हैं जगकर पहरा आप ही सिद्ध-शस्त्र॥ 11 ॥
डूबे हैं वीर सारे अकबर-बल का सिन्धु ऐसा गंभीर।
रक्खे हैं नीर-नीचे कमल-सम वहाँ आप ही एक धीर॥
फूलों सा चूस डाला अकबर-अलि ने देश है ठौर-ठौर।
चंपा-सी लाज रक्खी अविकृत अपनी धन्य मेवाड़-मौर॥ 12 ॥
सारे राजा झुके हैं जब अकबर-तेज़ आगे सभीत।
ऊँचा ग्रीवा किए हैं सतत तब वहाँ आप ही हे विनीत॥
आर्यों का मान रक्खा, दुःख सहकर है प्रतिज्ञा न टाली।
पाया है आपने ही बिदित भुवन में नाम आर्यांशुमाली॥ 13 ॥
गाते हैं आपका ही सुयश कवि कृति छोड़के और गाना।
वीरों की वीरता को सु-वर मिल गया चेतकरूढ़ राना॥
माँ! है जैसा प्रताप प्रिय-सुत जन तू तो तुझे धन्य मानें।
सोता भी चौंकता है अकबर जिससे साँप ज्यों हो सिरानें॥ 14 ॥
'राना ऐसा लिखेंगे, यह अघटित है, की किसी ने हँसी है।
मानी हैं एक ही वे बस नस-नस में धीरता ही धँसी है॥'
यों ही मैंने सभा में कुछ अकबर की वृत्ति है आज फेरी।
रक्खो चाहे न रक्खो अब सब विध है आपको लाज मेरी॥। 15 ॥
हो लक्ष्य-भ्रष्ट चाहे कुछ, पर अब भी तीर है हाथ ही में।
होगा हे वीर! पीछे विफल सँभलना, सोचिये आप जी में॥
आत्मा से पूछ लीजे कि इस विषय में आपका धर्म क्या है?
होने से मर्म-पीड़ा समझ न पड़ता कर्म-दुष्कर्म क्या है॥।1 6॥
क्या पश्चात्ताप पीछे न इस विषय मे आप-ही-आप होगा?
मेरी तो धारणा है कि इस समय भी आपको ताप होगा॥
क्या मेरी धारणा को कह निज मुख से आप सच्चा करेंगे?
या पक्के स्वर्ण को भी सचमुच अब से ताप, कच्चा करेंगे॥ 17 ॥
जो हो ऐसा न हो जो हँसकर मन में 'मान' आनंद पावें।
जीना है क्या सदा को फिर अपयश की ओर क्यो आप जावें॥
पृथ्वी में हो रहा है सिर पर सबके मृत्यु का नृत्य नित्य।
क्या जानें, ताल टूटे किस पर उसकी, कीजिये कीर्ति-कृत्य॥ 18 ॥
हे राजन्! आपको क्या यह विदित नहीं, आप हैं कौन व्यक्ति।
होने दीजे न हा! हा! शुचितर अपने चित्त में यों विरक्ति॥
आर्यों को प्राप्त होगी, स्मरण कर सदा आपको, आत्मशक्ति।
रक्खेंगे आप में वे सतत हृदय से देव की भाँति भक्ति॥ 19 ॥

शूरों के आप स्वामी यदि अकबर की वश्यता आन लेंगे।
तो दाता दान देना तजकर उलटा आप ही दान लेंगे॥
सोवेंगे आप भी क्या इस अशुभमयी घोर काली निशा में?
होगा क्या अंशुमाली समुदित अब से अस्तवाली दिशा में॥ 20॥
दो बातें पूछता हूँ अब अधिक नहीं, हे प्रतापी प्रताप!
आज्ञा हो, क्या कहेंगे अब अकबर को तुर्क या शाह आप?
आज्ञा दीजे मुझे जो उचित समझिये, प्रार्थना है प्रकाश।
मूँछें ऊँची करूँ या सिर पर पटकूँ हाथ होके हताश॥ 21॥

पत्र लिखा गया। पृथ्वीराज ने कई बार उसे आदि से अन्त तक पढ़ा। हृदय को पत्र के भाव और भाषा की उच्चता का विश्वास हो गया। पत्र पढ़कर वे फिर चिन्तित से हो गए। वे सोचने लगे कि यह पत्र महाराणा के पास किसके हाथ भेजा जाए! अकबर को अगर इस पत्र का भेद मालूम हो जाए कि इसमें कुछ का कुछ लिखा गया है, तो निस्सन्देह एक बड़ा अनर्थ होगा। बहुत सम्भव है कि वह मेरी जान लेकर ही रहे। इस तरह सोचते हुए पृथ्वीराज को उस दूत की बात याद आ गई, जो महाराणा का पत्र लेकर आया था और झौर दरबार में पृथ्वीराज की अकबर से बहस होने पर कैद कर लिया गया था। अकबर की कैद से महाराणा के उस दूत को छुड़ाने की ज़बरदस्त फिक्र पृथ्वीराज को पैदा हो गई। इससे उनका कार्य भी अच्छी तरह सध सकता था। वह दूत पृथ्वीराज का पत्र लेकर बिना किसी रोक-टोक के महाराणा को सुपुर्द कर सकेगा, इसलिए उसकी मुक्ति कई दृष्टियों से आवश्यक है, यह सोचकर पृथ्वीराज ने अपने एक-नौकर को बुलाकर बहुत-सा धन-रत्न देकर कहा,—पहले फाटक में एक राजदूत कैद करके सिपाहियों की निगरानी में रखा गया है। ये जवाहिरात सिपाहियों की भेंट करना और कहना कि उस राजपूत को बहुत जल्द छोड़ दें।

नौकर शाहीकिले की तरफ गया और पृथ्वीराज अपनी कविता लेकर सुन्दरी के कमरे में गए। सुन्दरी ने भीतर से दरवाज़ा बन्द कर लिया था। बाँदियों ने कहा, "जब से आपके कमरे में से आई हैं, न जाने इन्हें क्या हो गया है? न किसी से बोलती हैं न किसी को अपने पास जाने देती हैं। अब सरकार आए हैं, सरकार ही देखें कि कौन-सी बीमारी हो गई है?"

एक दूसरी बाँदी ने कमरे के दरवाज़े के पास जाकर आवाज़ दी और कहा, "सरकार आए हैं, भीतर आना चाहते हैं।"

सुन्दरी ने दरवाज़ा खोल दिया। पृथ्वीराज भीतर चले गए। सुन्दरी की आँखें फूले हुए पलाश की तरह सुर्ख हो रही थीं। पृथ्वीराज ने देखा—तकिया, चादर, सिरहाने की तरफ का तमाम बिस्तरा आँसुओं से तर हो गया है। परन्तु उन्होंने कुछ कहा नहीं। वे समझ गए कि महाराणा की सन्धि करने की बात सुनकर सुन्दरी को इतना हार्दिक दुख हुआ है। वे जानते थे, महाराणा के वंश की यह युवती अपनी

मर्यादा का पूरा विचार रखती है। शाही बेगमों के सामने इसने कभी भी आँख नीची नहीं की। पृथ्वीराज ने बड़े प्यार से उसके हाथ में वह कागज, जिसमें उन्होंने महाराणा को कविता लिखी थी, रख दिया और कहा, "इसे पढ़ो, तुम्हारे ताऊ को हमने चिट्ठी लिखी है।" सुन्दरी ने कुछ न कहा, चिट्ठी ले ली और चुपचाप पढ़ने लगी।

पढ़कर उसके हृदय को एक प्रकार का स्वर्गीय आनन्द मिला। उसका दुख एक प्रकार के जोश में बदल गया। गर्व की दृष्टि से अपने पति को उसने एक बार देखा, कहा, "हाँ, यह भाषा आपके योग्य ही हुई है। मुझे विश्वास है, पत्र का महाराणा उचित मूल्य देंगे और आपकी स्वर्गीय प्रतिभा का समुचित आदर भी करेंगे।"

बाँदी ने पृथ्वीराज को किसी के बाहर आकर पुकारने की खबर दी। पृथ्वीराज कमरे से बाहर आए। उनका नौकर और महाराणा का वह दूत बाहर खड़ा था। दूत की मुक्ति से पृथ्वीराज को बड़ा हर्ष हुआ। उन्होंने उसे गले लगा, उसके कष्टों के लिए सहानुभूतिसूचक शब्दों से उसे यथेष्ट सन्तोष प्रदान कर अन्त में महाराणा की सेवा में लिखा गया, अपना पत्र देकर महाराणा से अपना प्रणाम कह देने के लिए कहा। पृथ्वीराज की सहृदयता को देखकर दूत मुग्ध हो गया। उसे दिल्ली में एक राजपूत के प्रति सहानुभूति रखनेवाला कोई दूसरा राजपूत अब तक न मिला था। तब तक पृथ्वीराज ने अपने नौकर को अस्तबल से एक तेज़ घोड़ा कसकर शीघ्र ले आने की आज्ञा दी और खुद घर में यथेष्ट धन-रत्न दूत के राह -खर्च के लिए लेने गए। बात-की-बात में एक अच्छा घोड़ा कसा हुआ दरवाज़े पर साईस ले आया और पृथ्वीराज भी यथेष्ट धन लेकर घर से बाहर निकले। दूत को वह सब धन-रत्न देकर बड़े आदर से उन्होंने विदा किया। बार-बार महाराणा को प्रणाम कहने के लिए कहा और कुछ दूर तक छोड़ने भी गए। अन्त में, मुगलों की चालबाज़ी से बचे रहने के लिए कई प्रकार के उपदेश दे दूत को विदा किया।

षोडश परिच्छेद

मत परिवर्तन

उधर अकबर को पत्र लिखने के पश्चात् प्रताप की आत्मा में एक दूसरा ही परिवर्तन हो गया। पहले जिन विरोधी शक्तियों ने व्रत-भंग करने के लिए उन्हें उत्साहित किया था, पत्नी और पुत्र-पुत्रियों की ममता का इन्द्रजाल सामने ला मोह में डाल अभीष्ट सिद्धि की भी, वे शक्तियाँ अब तिरोहित हो गईं। आत्मग्लानि से उनका सर्वांग मुरझा गया था। वे अपने को घोर अपराधी समझने लगे थे।

एक रोज़ पत्र लिखने के बाद ही अरावली की एक शिला पर बैठे हुए वे अपने अतीत जीवन के करुणापूर्ण इतिहास के पृष्ठ उलट रहे थे। देखा : उसमें जीवन का प्रभात था; आत्माहुति थी; स्वदेश और स्वधर्म के प्रति अविचल अनुराग था; राजपूत

वीरों की निष्ठा थी; देश-रक्षा के महान् व्रत से भरा हुआ अदम्य साहस था। फिर याद आई हल्दीघाटी मे राजपूत-वीरों की समर-कीर्ति, वीरों का लड़कर प्राणार्पण कर देना; महाराणा की रक्षा के लिए झालामान्ना की अद्‌भुत वीरगति; प्रताप की आँखों में आँसू आ गए। जिन वीरों ने प्रताप को देवता के तुल्य समझकर उनकी रक्षा की, अपना अमूल्य जीवन दिया, उनकी आत्माओं को कितना दुख होगा ? वे स्वर्ग में क्या सोचेंगे ? वे सोचेंगे, हमें धोखा हुआ; हमने जिसे देश का संरक्षक समझा था, वह देश का भक्षक निकला। ओह! कितना पतन हुआ!

हल्दीघाटी के पश्चात् सैकड़ों योद्धाओं से मेरी मुठभेड़ हुई। वर्षों तक इस जंगल से उस जंगल, उस जंगल से दूसरे खोह में इसी तरह मुझे जीवन बिताना पड़ा; परन्तु इससे मेरी आत्मा को कभी नीचा नहीं देखना पड़ा; सबकुछ खोकर भी वह प्रसन्न थी; आज सबकुछ प्राप्ति की आशा है, परन्तु वह अवसन्न है, जैसे उसका सर्वस्व उसके भीतर से निकल गया हो।

बस; अकबर की भिक्षा ग्रहण कर जीवित रहना मुझे बिलकुल पसन्द नहीं। मैंने बुरा किया। एक क्षणिक पतन का कितना कष्टप्रद परिणाम हुआ करता है; शायद यह दिखाने के लिए ही ईश्वर ने मुझे पतन के पथ पर कुछ ही देर के लिए खड़ा किया था।

महाराणा बैठे ही थे कि दूत सामने से आता हुआ दिखाई दिया। दूत को देखकर महाराणा की देह में आग-सी लग गई। याद आया कि यह अकबर के पास से कोई सन्धि की खबर लेकर आ रहा है। महाराणा उठकर चल दिए। उन्हें सन्धि मंजूर न थी। अपनी भूल वे समझ गए थे।

दूत ने प्रणाम किया। महाराणा के हाथ में पत्र देना चाहा, परन्तु शेर की तरह डपटकर महाराणा ने कहा, "ले जाओ, मैं सन्धि नहीं चाहता। फाड़ डालो यह पत्र।"

"यह पत्र पृथ्वीराज ने महाराणा की सेवा में भेजा है, फिर जैसी आज्ञा हो।" दूत ने विनयपूर्वक सिर झुकाकर कहा।

पृथ्वीराज का नाम सुनकर महाराणा ने पत्र ले लिया। दूत से कहा, फिर मिलो। कुछ देर के बाद, पत्र एकान्त में बैठकर पढ़ने लगे। प्रणाम कर, दूत चला गया।

पत्र ने अग्नि में घृताहुति का काम किया। महाराणा का यथार्थस्वरूप उस पत्र में वीर भावुक कवि ने चित्रित कर दिया था, उनकी आँखें लाल हो गईं, बड़ी तेज़ी से नसों में खून की धारा बह चली, भुजाएँ फड़क उठीं। जिस पृथ्वीराज के प्रति आज तक महाराणा की धारणा वैसी ही थी, जैसी वे गुलाम राजपूतों के प्रति रखते थे, जिन्होंने भोग और विलास के पीछे पड़कर अपनी प्यारी स्वतंत्रता और स्वाभिमान का खून किया था, मुगलों की अधीनता लोभ में पड़कर स्वीकार कर ली थी, अब उस पृथ्वीराज के प्रति उनका भाव बदल गया। वीर कवि ने एक ही कविता द्वारा उनके हृदय के अन्तर प्रदेश पर अधिकार कर लिया। पत्र में दिल्ली के दरबार में अकबर से बहस करके पत्र को जाली सिद्ध करना, महाराणा की इज़्ज़त बचाना,

उनके गौरव की याद दिलाना, अकबर का उद्देश्य ज़ाहिर करना, हिन्दुओं की वर्तमान दशा का दिग्दर्शन कराना—ये सब बातें किसी पराधीन हृदयवाले की लेखनी से नहीं निकल सकतीं। महाराणा मुग्ध हो गए। वे सोचने लगे, आज हिन्दुओं का हृदय दिल्ली में कैद है, मुझे तो फिर भी चलने-फिरने की स्वतंत्रता है, परन्तु मुक्ति के उज्ज्वल आकाश में विहार करनेवाले इस कवि को बन्दी दशा में कितना कष्ट होगा, उसकी आत्मा पर कितना दबाव पड़ा होगा?

महाराणा इन्हीं सब बातों पर विचार कर रहे थे कि दिल्ली से दूत के आने की खबर सुनकर सरदार चन्दावत, महारानी पद्मावती तथा और-और भील सरदार भी वहाँ आकर एकत्र हुए। महाराणा ने पृथ्वीराज का पत्र चन्दावत सरदार को देकर कहा, "देखो तो सरदार, हिन्दुओं की कितनी गिरी हुई दशा है। आज हिन्दुओं के हृदय का सम्राट् अकबर के दरबार में एक कैदी की हैसियत से अपने दिन पार कर रहा है।" चन्दावत सरदार ने पृथ्वीराज का लिखा हुआ पत्र पढ़ा, सब लोग ध्यान से उसे सुनने लगे। प्रताप की सन्धि करने की बातें सब लोग सुन चुके थे, पीछे उस सन्धि के प्रस्ताव से महाराणा के इनकार कर जाने, अपनी भूल के लिए पश्चात्ताप करने पर उनके साथियों को हार्दिक प्रसन्नता हुई थी, अब पृथ्वीराज के पत्र से उनके अनादि का ठिकाना न रहा। जब उन्हें यह मालूम हुआ कि अकबर के दरबार में पृथ्वीराज ने उस पत्र को जाली सिद्ध कर दिया है, तब महाराणा की सम्मान-रक्षा से उन्हें और भी हर्ष हुआ। सब लोग पृथ्वीराज की भूरी-भूरी प्रशंसा करने लगे। महाराणा की आज्ञा के अनुसार अब कुछ समय व्यतीत होने पर दूत भी वहाँ पहुँचा, लोगों ने चारों ओर से दूत को घेर लिया और दिल्ली के समाचार सुनने के लिए उत्सुकतापूर्वक उसकी ओर ताकने लगे। महाराणा ने उसे दिल्ली के समाचार कहने की आज्ञा दी। दूत कहने लगा, कि किस तरह महाराणा का पत्र पढ़कर बादशाह अकबर को प्रसन्नता हुई, किस तरह और-और लोगों से महाराणा के दस्तखत के सम्बन्ध में उनकी बहस छिड़ी, पृथ्वीराज से महाराणा का सम्बन्ध जानकर किस तरह अकबर ने उन्हें बुलवाया, दरबार में महाराणा के हस्ताक्षरों के स्वभाव का परिचय देना, पत्र को जाली बतलाना, पृथ्वीराज पर अकबर का जाँच करने का भार सौंपना, दूत का बन्दी होना, सिपाहियों को प्रचुर अर्थ देकर नौकर द्वारा पृथ्वीराज का दूत को छुड़वाना, दूत के हाथ अपना पत्र देना, महाराणा को बारम्बार अपना सविनय प्रणाम कहना, आदि-आदि शुरू से आखिर तक की कुल बातें सब आदमियों के सामने दूत ने सुनाईं। पृथ्वीराज की सहृदयता और स्वदेश के प्रति प्रगाढ़ अनुराग देखकर लोग उनकी मुक्तकंठ से प्रशंसा करने लगे। उस रोज़ महाराणा के साथियों को एक प्रकार का स्वर्गीय आनन्द मिला।

प्रताप के हृदय में पत्र लिखने के पश्चात् ही परिवर्तन हो गया था। सन्धि के प्रस्ताव को उन्होंने दिल से दूर कर दिया था, अब पृथ्वीराज के पत्र ने उन पर और भी गहरा

प्रभाव डाल दिया। उन्होंने निश्चय किया कि सन्धि तो अब होगी ही नहीं, किन्तु यहाँ रहना भी अब अनुचित है। इस पहाड़ का आश्रय छोड़कर किसी दूसरे देश के लिए प्रस्थान कर जाना चाहिए। यहाँ प्रतिदिन होनेवाले मुगलों के अत्याचार असह्य हो रहे हैं।

अन्त में इस विचार को महाराणा ने निश्चय का रूप दे दिया। उन्होंने साथ ही यह भी सोचा कि अब हम सर्वथा असमर्थ हैं, दाने-दाने को मुहताज हो रहे हैं, हमारा सर्वस्व जाता रहा, अब न तो हम देश का ही उद्धार कर सकेंगे और न यहाँ रहकर अपनी बची हुई व्यक्तिगत स्वतंत्रता को ही बचा सकेंगे। न जाने कब शत्रुओं से घिर जाएँ, यदि कैद हो गए तो जान गँवाने से पहले हमें अकबर और मानसिंह की कुटिल भौंहें ज़रूर देखनी पड़ेंगी। इसलिए यह स्थान छोड़ देना ही सबसे उत्तम उपाय है। अब चित्तौड़ की तरह मेवाड़ भी विधर्मियों के कब्ज़े में है; वही अब इसके राजा हैं, वही इसका शासन करते हैं, व्यर्थ ही अब जन्मभूमि के उद्धार का स्वप्न देखना है। आह! राजपूतों का यह कितना घोर पतन हुआ है।

अपने विचार के अनुसार दिन निश्चय करके महाराणा अपने परिवार सहित मेवाड़ की विशाल मरुभूमि के किनारे पर खड़े हुए। चारों ओर से बालुकाराशि समुद्र की तरह दिखाई पड़ रही थी। उन्हें बिना किसी सवारी के, बिना किसी सहायता के, बिना अर्थ के यह रेगिस्तान पार कर जाना होगा। जिनके पैर हमेशा मखमल के गलीचे पर पड़ते थे, उन्हें स्वाधीनता के प्रेम ने पहाड़ की बीहड़ ज़मीन पर चलाया; परन्तु फिर भी उसे सन्तोष न हुआ, अब तपती हुई बालुकाराशि पर उनकी परीक्षा होगी। महाराणा ने चुपचाप खड़े हुए एक बार अपनी सती-सहधर्मिणी देवी पद्मावती के मुख की ओर देखा—फिर अपनी छोटी-सी लड़की को देखा—उस कठोर हृदयवाले पुरुष-सिंह का भी हृदय दहल उठा; आँखों से दो बूँद आँसू टपक पड़े।

चन्दावत सरदार सिर झुकाए हुए खड़े थे। महाराणा का वियोग उनके कलेजे में तीर की तरह चुभ रहा था, परन्तु कोई उपाय न था। महाराणा के भील-बन्धु भी दुखित भाव से खड़े थे। चिरकाल से जिस वीर केसरी के साथ रहकर उन लोगों ने सुख और दुख के दिनों में उनकी सहायता की थी, आज उनके वियोग से उनके कोमल सरल जंगली बन्धुओं के हृदय में भी करुणा का सागर उमड़ रहा था। परन्तु सब लाचार थे। प्रताप की प्रतिज्ञा अटल थी, सब लोग यह जानते थे। दूसरे, रोकने का कोई कारण भी किसी के पास न था। बेचारे सब गरीब किस हिम्मत पर उन्हें रोककर रखते? और पहाड़ पर मुगलों से महाराणा के परिवार को कष्ट भी बहुत मिल रहा था। सब के सब काठ के पुतले की तरह खड़े हुए विदाई का वह दृश्य हृदय देख रहे थे।

विधाता की इच्छा बड़ी बलवान होती है। वह चाहे तो राई को पर्वत और पर्वत को क्षणमात्र में राई कर दे सकता है। उसी ने प्रताप की खबर ली। यह उनकी अन्तिम परीक्षा थी, जब मरुभूमि को पार कर जाने का संकल्प उन्होंने दृढ़ कर लिया, तब उनकी तपस्या भी सिद्धि के आसन पर पहुँच गई, और स्वाधीनता की देवी उन पर

प्रसन्न हो गई। उनके सामने एक वह दृश्य उपस्थित हुआ, जिसे देखकर प्रताप के आश्चर्य का ठिकाना न रहा। विदाई के उस करुण मुहूर्त में वृद्ध मंत्री भामाशाह वहाँ आ पहुँचे। बड़े सम्मान से उन्होंने महाराणा को प्रणाम किया। उनके पीछे वाहनों पर बहुत धन-रत्न लदा हुआ आ रहा था। भामाशाह को देखकर महाराणा बड़े आश्चर्य में पड़े। उनके एकाएक आने का कारण महाराणा की कुछ समझ में न आया। वे एक दृष्टि से अपने विश्वस्त वृद्ध मंत्री की ओर देखने लगे। भामाशाह विनीत शब्दों में महाराणा से प्रार्थना करके कहने लगे, ''मेवाड़ के रत्न! सिसोदिया कुल के कमल! इस वृद्ध सेवक की एक प्रार्थना है, उसे पूरा कीजिए।''

भामाशाह के शब्द सुनकर महाराणा ने कहा, ''भाई, यथाशक्ति तुम्हारी प्रार्थना पूरी की जाएगी। तुम और तुम्हारे वंशवालों की सेवा से मेवाड़ राज्य का विशेष उपकार हुआ है। तुम्हारे जैसे विश्वस्त कर्मचारी बड़े भाग्य से प्राप्त होते हैं। परन्तु इस समय तुम जानते हो, हम बिलकुल अशक्त हैं, न हमारे पास राज्य है, न धन, न लोकबल है। ऐसी दशा में हम तुम्हारी प्रार्थना पूरी कर सकेंगे, इस विषय में हमें सन्देह हो रहा है।''

भामाशाह ने विजय से गद्गद होकर कहा, ''आपकी शक्ति इस दास की दृष्टि में पहले से अनेक गुणों मे अधिक हो गई है। और धन, जन तथा राज्य के सम्बन्ध में जो आपने कहा, सो इस दास का तो यह विचार है कि श्रीमान् के पहले से अधिक कुटुम्बी हो गए हैं। मेवाड़ के प्रत्येक मनुष्य के हृदय पर आपका अधिकार हो गया है। धन मेवाड़ के अधिवासियों के पास जितना है, सब महाराणा का ही है। मैं विनयपूर्वक महाराणा की सेवा में अपना सर्वस्व धन भेंट करने के लिए ही आया था, प्रार्थना यह है कि इस धन को महाराणा स्वीकार करें।''

भामाशाह के भक्ति से भरे हुए शब्दों को सुनकर प्रताप चकित रह गए। त्याग की महिमा देखकर उनकी आत्मा को बड़ी प्रसन्नता हुई। मेवाड़ की गोद में इस तरह के रत्न पैदा होते हैं, प्रताप का वक्ष गर्व से स्फीत हो उठा। परन्तु नीति के वश हो उन्होंने कहा, ''मंत्रीवर, यह धन तुम्हारा है, इसको हम ग्रहण न करेंगे, यह हमारा धर्म नहीं है। आज बड़े अच्छे मुहूर्त में तुम आए। हम मेवाड़ राज्य से बाहर जा रहे हैं। यहाँ की विपत्ति अब सही नहीं जाती। कोई सहायक भी नहीं रहा। और अब हम इस भूमि के राजा भी नहीं हैं। इसलिए अपने प्राणों और अपनी स्वतंत्रता की रक्षा के लिए हमें किसी ऐसे स्थान में चलकर रहना चाहिए, जहाँ कुछ निश्चिन्त रह सकें। अकेले युद्ध भी नहीं होता। मुगलों से जी घबरा गया है। तुम आए, यह अच्छा हुआ। मेवाड़ से विदा होते समय हमने तुम्हें भी अन्तिम बार के लिए देख लिया। अब हम धन लेकर क्या करेंगे मंत्री जी, सुख-भोग हमारे भाग्य में लिखा ही नहीं है।''

महाराणा के मर्मस्पर्शी शब्दों को सुनकर भामाशाह रो दिए। रुँधे हुए कम्पित कंठ से वृद्ध ने कहा, ''महाराणा, आपको मेवाड़ के उद्धार के लिए यदि इतना बड़ा

त्याग करने का अधिकार है, तो क्या मुझे एक छोटा-सा त्याग भी आप न करने दीजिएगा ? आप हमारे सम्राट् हैं, हमारे धन पर आपका नहीं तो फिर और किसका अधिकार है ? इस युद्ध अवस्था में मैं मेवाड़ को स्वतंत्र देखकर मरूँ, मुझे बड़ी आशा है। महाराणा, मैं हाथ जोड़कर प्रार्थना करता हूँ, मेरी इच्छा पूरी कीजिए।''

महाराणा ने गम्भीर होकर कहा, ''तुम्हारा हृदय निर्मल और आत्मा पवित्र है। तुम्हारे देश का कल्याण हो, यदि मुझे तुम निमित्त करने के लिए आए हो तो मैं बड़ी प्रसन्नता से तुम्हारे कार्य का भार ग्रहण करूँगा। आह ! क्या वह दिन भी कभी होगा, जब मेवाड़ से यवनों के पैर उखड़ जाएँगे !''

''महाराणा, आप यह क्या कहते हैं कि आप निमित्त होकर रहेंगे ? नहीं, कार्य और कारण—दोनों आप ही हैं, मैं आपको, अपने महाराणा को, अपने उत्तराधिकारी को अपना धन-रत्न दान कर रहा हूँ कि यह धन देश की रक्षा के निमित्त खर्च कीजिए। मैं दाता और इस कार्य का प्रधान नहीं हूँ। यह सब मुझे आप ही के यहाँ से मिला है, इस पर मेरा अधिकार कुछ भी नहीं है। देश का धन देश की विपत्ति के समय अवश्य खर्च किया जाना चाहिए।'' भामाशाह ने विनयपूर्वक महाराणा को देखते हुए कहा।

चन्दावत सरदार और अन्यान्य वीरों को इससे अत्यन्त प्रसन्नता हुई। सब लोग मारे हर्ष के बारम्बार भामाशाह को धन्यवाद देने लगे। प्रताप ने भामाशाह का धन स्वीकार कर लिया और उसी समय सरदार चन्दावत को आज्ञा दी कि राजपूत सेना के जो सिपाही पहले हमारे यहाँ थे, उन्हें शीघ्र एकत्र करो और नई सेना भी काफी संख्या में इकट्ठी करो। लेकिन इस कार्य को चुपचाप करना।

महाराणा को फिर से युद्ध की तैयारी करते देख, भामाशाह को हार्दिक सुख प्राप्त हुआ। उनके उपार्जित धन से देश को स्वतंत्रता प्राप्त होगी, अपनी भूमि पर वीर राजपूत सीना तानकर चलेंगे, मुगलों का अत्याचार दूर होगा, गोवध बन्द हो जाएगा—इन सब भविष्य की सुखकर बातों का स्मरण कर भामाशाह की आत्मा को मानो इस मर्त्यलोक में ही अमरता का रसास्वादन मिलने लगा।

सप्तदश परिच्छेद

मेवाड़ का उद्धार

प्रताप की तपस्या सिद्ध हुई। हम पहले ही लिख चुके हैं कि जिस दिन राजपूताना की विशाल मरुभूमि को पार कर जाना उन्हें सुगम और मस्तक झुकाना अगम जान पड़ा, उसी दिन स्वतंत्रता की निष्करुण देवी का अजस्र आशीर्वाद उन्होंने प्राप्त किया। वे मुक्त हुए; उन्हें साधन मिला; युद्ध की तैयारियाँ होने लगीं; वीरों की सेना फिर उसी प्रकार प्रबल जलधारा की तरह प्रताप के हृदय के सागर से मिलने के लिए मेवाड़ के स्थान-स्थान से आने लगी।

बिना विपक्षियों को किसी प्रकार की खबर हुए, एकान्त पहाड़ी भू-भाग पर प्रताप की विशाल राजपूत सेना एकत्र हो गई। सब सामन्त-सरदार भी अपने महाराणा की सहायता करने के लिए आने लगे। इस बार शोरगुल कुछ न था। प्रतिज्ञा की गम्भीरता, दृढ़ता और मौन ही सेना में एक छोर से दूसरे छोर तक दिखलाई दे रहा था। अत्याचार के उद्दाम उच्छृंखल शासन का बदला लेने के लिए ही मानो वह महामौन आज एक दूसरे रूप से शत्रु का सामना किया चाहता है। कहीं किसी प्रकार की जयध्वनि नहीं सुनाई पड़ती, कहीं कोई युद्ध का वाद्य नहीं बज रहा, किन्तु फिर भी इस गम्भीरता में जो अपराजित वीरता विराजमान थी, वह उस पहले के महासामर हल्दीघाटी के युद्ध में न थी। उस समय ऐश्वर्य का अहंकार राजपूतों में भी था। उस समय गर्व की घोषणा, अल्पसंख्यक होने पर भी राजपूतों में यथेष्ट थी। वह वीर्य का परिदर्शन था और यह अभीष्ट प्राप्ति का मौन। उसमें जितनी चहल-पहल थी, इसमें उतनी ही सावधानी। उसमें आत्मत्याग था, इसमें आत्मरक्षा। वह ऐश्वर्य की मृत्यु थी, यह ऐश्वर्य की तृष्णा। वह स्वच्छन्द, मुक्त, अनाहत और अबाध था, यह नियंत्रित, अवरुद्ध, आहत और सँभला हुआ।

प्रताप ने एक बार अपने सुसज्जित वीर राजपूतों को देखा। तपस्वी प्रताप के लिए अब शब्दों द्वारा सैन्य को उत्तेजित करने की आवश्यकता न थी, उनकी मौन साधना से मेवाड़ के प्रत्येक घर में यथेष्ट उत्तेजना भर गई थी। उन्हें अपनी ओर ताकते देखकर सेना सचेष्ट हो गई, मानो इशारा करने की आज्ञा चाहती है।

प्रताप देवीर की ओर चले। सेना के सुशिक्षित सरदार अपनी-अपनी वाहिनी का इस तरह संचालन कर रहे थे कि पद-शब्द में भी वे यथेष्ट ध्यान रखते थे। देवीर नामक स्थान मेवाड़ के उत्तर की तरफ है। वहाँ शाहनवाज खाँ अपनी मुगल सेना के साथ पड़े हुए थे। पहले उन्हें प्रताप की खबर कभी-कभी मिलती थी, परन्तु इधर बहुत दिनों से प्रताप का कोई संवाद न पा, वे निश्चेष्ट हो रहे थे। कभी-कभी उन्हें कोई कहता, प्रताप अब मेवाड़ छोड़कर कहीं चले गए हैं। पहले प्रताप मेवाड़ छोड़ने को तैयार थे ही, परन्तु एकाएक फिर से युद्ध करने का साधन मिल जाने पर रुक गए, परन्तु प्रताप के प्रिय अनुचरों ने तेज़ी से यह झूठी खबर फैला दी कि महाराणा मेवाड़ छोड़कर चले गए। तमाम राजपूताने में यह संवाद आग की तरह फैल गया। सेनापति शाहनवाज खाँ ने भी सुना। उन्हें भी विश्वास हो गया। वे सुख की नींद सोने लगे। व्यर्थ का वितंडा उन्हें पसन्द न था। जिस महाराणा के लिए वे आए थे, जब वे ही न रहे, तब अकारण प्रजा को कष्ट देने से फायदे के बदले नुकसान अधिक होगा। इसलिए वे और उनकी सेना नाच-रंग में ही डूबी रही, युद्ध का ख़याल ही छूट गया।

इधर प्रताप ने देवीर में शाहनवाज खाँ पर चढ़ाई कर दी। खाँ साहब तैयार न थे। शराब, कबाब और ऐश की लहरों में बेहोश हो बह रहे थे। प्रताप का प्रबल आक्रमण उनकी सेना सह न सकी। बड़ी बुरी तरह मुगलों का संहार हुआ। राजपूत वीर बहुत

दिनों के भूखे शेर की तरह मुगलों की सेना पर एकाएक टूटे, सब फौज तितर-बितर हो गई, एक-दूसरे की मदद करने को कोई न पहुँच सका। ऐसी हालत में आत्म-रक्षा के लिए मुगल सेना भागी। प्रताप ने उसका पीछा किया। अपाह न नामक स्थान तक प्रताप, मुगल सेना का संहार करते हुए चले गए।

मुगलों की कुछ सेना यहाँ भी पड़ी थी। खलबलाए हुए राजपूतों को उस सेना को देखकर बहुत क्रोध आया। प्रताप की सेना हल्दीघाटी के समर के बाद से बदला चुकाने के लिए पागल हो रही थी। वह मुगलों के अत्याचार वर्षों तक चुपचाप सहती रही थी। इस समय ब्याज समेत अपनी पिछली कसर पूरी कर रही थी। अपाहन के मुगल सिपाहियों को भी उसने तलवार के घाट उतारा।

विजय राजपूतों के लिए महामंत्र हो गई। उनका उत्साह बढ़ गया। जिस नीति से इस बार उन्होंने लड़ाई ठानी, उनकी वही नीति रही। और यहाँ से महाराणा ने कमलमीर पर चढ़ाई कर दी। कमलमीर उनकी बड़ी प्यारी भूमि थी। यहाँ उन्होंने अपनी पूर्व तपस्या के दिन बिताए थे। यहाँ बादशाही फौज के सेनापति अब्दुल्ला खाँ थे। इनकी फौज ने भरसक महाराणा के राजपूत सिपाहियों से लोहा बजाया, परन्तु अड़ न सके। आँधी के उखड़े हुए पेड़ों की तरह अब्दुल्ला की फौज के सिपाही वीर राजपूतों की मार खाकर धराशायी होने लगे। इस संग्राम में सेनापति अब्दुल्ला खाँ भी मारा गया। राजपूतों की शक्ति दुर्दम हो चली। तूफान की तरह राजपूत सेना अपने छूटे हुए किलों में घुसकर अधिकार ज़माने लगी। हल्दीघाटी के महासमर में जितने राजपूतों का नाश हुआ था, उससे अधिक मुगलों के प्राण इन राजपूतों ने अपनी विजय में लिये।

कमलमीर और गोगुंडा विजय के बाद एक साल के अन्दर ही अन्दर 1586 ई. में अपने 32 किलों पर प्रताप ने फिर अधिकार प्राप्त कर लिया।

चारों ओर मेवाड़ में जहाँ मुगलों का विजय का झंडा उड़ रहा था, वहाँ स्वतंत्रता की विमल वैजयन्ती फहराने लगी। अकबर के पास मुगलों की पराजय का समाचार पहुँचा परन्तु फिर उन्होंने महाराणा पर आक्रमण करना उचित नहीं समझा। वे राजपूत वीरों का लोहा मान गए। उधर भामाशाह का दिया हुआ धन अब तक की लड़ाई में खर्च हो गया। महाराणा को धन का अभाव हुआ। मानसिंह से बदला लेने की जलन भी अब तक उनके हृदय में बनी ही थी। उन्होंने अम्बर राज्य के प्रधान वाणिज्य स्थान माल पर चढ़ाई की और उसे लूट लिया। इस लूट में महाराणा को प्रचुर अर्थ मिला। उनका धनागार फिर धन से परिपूर्ण हो गया।

इसके पश्चात् महाराणा ने अपनी नवीन राजधानी उदयपुर पर चढ़ाई की। राजपूतों की नवीन विजय का समाचार चारों ओर फैल चुका था। शत्रु-दल सदा ही सशंक रहा करता था। उसने उदयपुर छोड़ दिया। बिना परिश्रम के ही महाराणा को उदयपुर का अधिकार मिल गया। उन्होंने इसे ही अपनी राजधानी बनाया।

चारों ओर राजपूतों की विजय का हर्षोत्साह छाया हुआ था। महाराणा के पराजित होने के बाद से मानो मेवाड़ का हर्ष-स्रोत सूख गया था; आनन्द का प्रवाह क्रमशः बन्द हो रहा था। अब फिर वैसे ही विमल धारा बहने लगी। साधारण लोग तो आनन्द मना रहे थे, परन्तु महाराणा के मन को शान्ति न थी, उनके भाग्य में मानो तपस्या के सिवा सुखोपभोग लिखा ही न था। वे चित्तौड़ की चिन्ता में सूख रहे थे। सब कुछ तो उन्होंने मुगलों से प्राप्त कर लिया, परन्तु अपने राज्य के प्राण-स्वरूप चित्तौड़ का उद्धार न कर सके। वहाँ पूर्ववत् मुगलों का ही अधिकार रहा। प्रताप को इसकी चिन्ता में कभी क्षण भर के लिए भी आराम न मिलता था।

अष्टादश परिच्छेद
महाराणा की मृत्यु

प्रताप की साधना को सफलता तो मिली, परन्तु उन्हें सन्तोष न हुआ। उनके प्राणों का प्यारा, पूर्व पुरुषों की अर्जित कीर्ति का गौरव-स्थल, राजपूतों के इतिहास का प्रधान केन्द्र, राजस्थान के मुकुट का शिरोमणि चित्तौड़गढ़ मुसलमानों के अधिकार में रह गया। महाराणा इसे न ले सके। यह चिन्ता उनके हृदय को प्रतिदिन जर्जर कर रही थी। उनके शरीर में घुन लग गया। पहले ही वे तपस्या के भार से आक्रान्त हो रहे थे, शरीर में पहले जैसा बल न रहा था, अवस्था भी अब ढलने पर आ गई थी। इस पर विजय भी अधूरी रही। महाराणा का शरीर क्रमशः टूटता गया।

चित्तौड़ के विशाल स्तम्भों को पास ही की पहाड़ी पर से देखकर महाराणा का हृदय विदीर्ण हो जाता था। 'ये कितने गौरव के स्तम्भ आज यवनों के अधिकार में उच्च होकर मानो लज्जा से अवनत हो रहे हैं, आँसू बहाते हुए मेरी ओर एक दृष्टि से देख रहे हैं। कितनी कठोरता, कितनी तपस्या, कितनी वीरता, कितना प्रांजल सतीत्व इस रत्नगर्भा भूमि ने प्रकट किया है। और मैं इसकी तुलना में कितना दुर्बल मनुष्य अधिकार लेकर पैदा हुआ कि इसका उद्धार भी न कर सका।' प्रताप की आँखों से अविराम आँसुओं की धारा बह चलती थी। वे एक दृष्टि से उन आकाशचुम्बी श्रृंगतुल्य गुम्बजों को देखते ही रहते।

परन्तु इसका कोई उपाय न था। यहाँ अकबर की सेना पूर्ण शक्ति से मुसलमानी बादशाही झंडा गाड़े हुए थी। स्पर्द्धा के लिए अकबर ने इसे ही अपना प्रधान केन्द्र समझ लिया था। इसकी रक्षा राजपूतों से तिगुनी सेना मुस्तैदी के साथ कर रही थी। कई मुसलमान सेनापति थे।

महाराणा प्रताप उच्चकोटि के भावुक पुरुष थे, उतने ही कोमल भी थे। चित्तौड़ पर अधिकार न कर सकने के कारण उनके कोमल हृदय को जो चोट लगी थी, वह फिर अच्छी नहीं हुई। दवाएँ अनेक प्रकार की की गईं परन्तु रोग असाध्य होता गया।

उन्हें विशेष कोई रोग तो था नहीं, जो दवा से अच्छा हो जाता। उनकी आत्मा में चिन्ता और खिन्नता का जो रोग था, उसकी दवा वैद्य की पहुँच के बाहर की बात थी। न चित्तौड़ का उद्धार हो सका, न महाराणा अच्छे हुए।

उन्हें क्रमशः क्षीण होते हुए देखकर सामन्त सरदार गण भी चिन्तित होने लगे। महाराणा का जीवन भी अब संशयात्मक जान पड़ने लगा। उन्होंने शय्या की शरण ली। अब उठने की शक्ति भी उनमें न रह गई।

एक रोज़ सन्ध्या के बाद प्रदीप के प्रकाश में महाराणा ने अपने चारों ओर बैठे सामन्त सरदारों से कहा, "अब हमारे जीवन की आशा तुम लोग छोड़ दो। परन्तु अन्तिम समय में, कहते हुए दुख होता है, मेवाड़ के उद्धार के कार्य में अब शिथिलता आ जाएगी! अमरसिंह विलासी है। वह कठोरता का ग्रहण न कर सकेगा। हाय! चित्तौड़ की दशा में कोई परिवर्तन न हुआ। हमारे वीरो! हमें विश्वास दिलाओ, सत्य कहो, स्वदेश की रक्षा में तुम लोग पीछे न हटोगे, स्वतंत्रता की पूजा में कोई त्रुटि न हो पाएगी, व्रत के पालन में किसी प्रकार का उल्लंघन न होगा।" महाराणा तृषार्त्त नेत्रों से अपने सामन्त सरदारों की ओर देखने लगे।

सरदार चन्दावत ने दूसरे सरदारों के मुखिया की हैसियत से ओजस्वी शब्दों में शान्त स्वर से कहा, "महाराणा, क्या आप हम लोगों को अथाह सागर में छोड़कर चले ही जाएँगे? आपके बिना हमारी शक्ति कौन-सी ऐसी है जो मुगलों का सामना कर सके? परन्तु हम आपसे अपने आदर्श गुरु से मिथ्या नहीं कहेंगे, आप विश्वास कीजिए, हमारे रहते हुए स्वतंत्रता की उपासना आपकी ऐसी ही होती रहेगी। आप निश्चिन्त हूजिए। महाराणा की आज्ञा का उल्लंघन करे, ऐसी शक्ति मेवाड़ के किसी मनुष्य में नहीं है। क्रमानुसार महाराणा के व्रत का उपासन होता रहेगा।"

"सरदार चन्दावत, तुम नहीं समझे।" धीमे स्वर से महाराणा ने कहा,— अमरसिंह बैठे हुए पैर दबा रहे थे, "अमरसिंह विलासी है, वह कुटियों का रहना पसन्द न करेगा। तुम देखोगे, उदयपुर में हमारे बाद बड़े-बड़े महल खड़े होंगे। हम इस समय जिन कुटियों में पड़े हैं, अमरसिंह को इस तरह की कुटियों में न देखोगे।" इतना कहकर भारत का वह चमकता हुआ सितारा मुस्कुराया, यह दीपक के गुल होने के वक़्त का प्रकाश था। सब सरदार खड़े हो गए। महाराणा के मुख से अस्फुट ध्वनि सुनाई दी। लोग शंकित भाव से एक-दूसरे को देखने लगे। वह माघ सुदी 11 संवत् 1653 का दिन था। धीरे-धीरे हिन्दुओं के मुकुटमणि प्रताप, नश्वर संसार को छोड़कर स्वर्गधाम को प्रयाण कर गए। मुसलमान, हिन्दू आदि सब वर्ण और सब सम्प्रदाय के लोग जिसकी प्रशंसा करें, ऐसे प्रताप ही एक आदर्श पुरुष थे, शत्रुओं को भी जिनकी मृत्यु से दुख हुआ।

भक्त ध्रुव

प्रथम परिच्छेद
पूर्वाभास

भारत के इतिहास में मनु परम प्रसिद्ध हैं, उन्होंने बड़ी कठोर तपस्या की थी। अपने कठोर तप के प्रताप से मनु मनुष्यों के पिता के आसन पर प्रतिष्ठित हैं। श्रुतिमार्ग को धर्मसम्मत रखने का इन्हें ही अधिकार दिया गया है। महाप्रलय में भी इनका नाश नहीं हुआ। मनुष्यों के बीज-रूप से, उनकी पुन: सृष्टि करने के लिए ये बच रहे थे। तप: प्रभाव से इनका शरीर पुष्ट, गठन सुन्दर और रंग गोरा था, ये पराक्रमी भी बड़े थे। वीर्यवान् और जितेन्द्रिय थे। संसार में मनुष्य जाति के प्रथम और मुख्य आदर्श यही कहलाते हैं।

मनुष्य-सृष्टि के पहले, महाप्रलय के द्वारा संसार का नाश हो जाता है। नाश के कारण ये हैं—मनुष्यों में मिथ्याचार की मात्रा बढ़ जाती है। व्रत-विधान-यज्ञदान, जप-तप सब नष्ट-भ्रष्ट हो जाते हैं। ब्राह्मणों में नीचता आ जाती है। शूद्रों में धर्म का भाव बढ़कर अन्त में महा अनर्थकारी दम्भ का रूप धारण कर लेता है। क्षत्रिय अपने वीर-कर्म से रहित और पतित होकर हत्याएँ करने लगते हैं। वैश्य नीच उपायों से धन-संग्रह करना अपना परम धर्म समझते हैं। राजा स्वेच्छाचार-ग्रस्त हो जाता है। वर्णाश्रम धर्म का निशान भी संसार में नहीं रह जाता। चारों ओर 'अपनी डफली और अपना रागवाली' कहावत चरितार्थ होती है। धर्म से च्युत होने के कारण लोग अल्पायु होते हैं, उनमें असत्य भाषण, दूसरों को ठगकर अपनी ज़िन्दगी बसर करना—इस तरह के सैकड़ों दुराचार समा जाते हैं। बाल-विवाह और वृद्ध-विवाह की प्रथा प्रचलित हो जाती है। आठ-आठ और दस-दस वर्ष की बालिकाओं के सन्तान पैदा होने लगती है। सृष्टि में चारों ओर पाप की पताका फहराने लगती है। कलिकाल के उस अन्त समय में उसका नाश हो जाता है। पहले अनावृष्टि होती है। कई साल तक लगातार पानी न बरसने के कारण हरे-हरे पेड़-पौधे जलकर राख हो जाते हैं। अन्न पैदा नहीं होता। जीव-जन्तु भूखों मरने लगते हैं। फिर सूर्य भगवान् भी उग्र रूप धारण कर लेते हैं। नदियों और तालाबों का पानी सूख जाता है। जल-जन्तु भी

तड़प-तड़पकर मौत के शिकार होते हैं। जब संसार का इस तरह, आधे से अधिक नाश हो जाता है, तब ईश्वर की इच्छा से बड़े काले-काले बादल आसमान को घेरकर प्रलय की वर्षा आरम्भ कर देते हैं। इतना अधिक जल हो जाता है कि समुद्र का पानी उमड़कर ज़मीन के ऊपर आ जाता है। सब देश और गाँव बह जाते हैं। बड़े-बड़े पहाड़ों की चोटियाँ भी पानी के अन्दर हो जाती हैं। तब सम्पूर्ण सृष्टि विनाश को प्राप्त होती है।

जिस परमात्मा की इच्छा से संसार में प्रलय होता है, उसी की इच्छा से फिर से सृष्टि उत्पन्न होती है। नाश और सृष्टि की लीला देखते रहना ही मानो सच्चिदानन्द भगवान् की यथार्थ इच्छा है। इस बार महाप्रलय के बाद सृष्टि का क्रम फिर से शुरू हो गया था। जल-स्थल, जल-जीवों और स्थल-जन्तुओं की सृष्टि हो चुकी थी। शस्यश्यामला भूमि पर कुसुमित लताओं और गुँथों से वसन्त की वायु बहने लगी थी। जलाशयों में लहरों के साथ कमल का कौतुक होने लगा था। संसार के हृदय पर सजीवता विहार कर रही थी। यह स्वर्ण-युग था, सृष्टि की शोभा का पहला शृंगार। इस समय हिमालय के नीचे समतल गंगा और यमुना की तट-भूमि पर मनुष्यों की उत्पत्ति हुई।

सृष्टि की प्रथम छटा बड़ी विचित्र थी। वह शोभा आज तक विचारवान मनुष्यों की आदर्श-मूर्ति हो रही है। उसी राज्य में बसने के लिए लोग लालायित हो रहे हैं। अस्तु—मनु एक सभ्य जनसमुदाय के पालक थे। उनकी राजधानी बड़ी सुहावनी और अजीब-सी थी। उसमें आडम्बर न था। परन्तु उसकी वह उतनी ही श्री, औचित्य के आसन पर समासीन हो रही थी। सारांश यह कि चारुता हद दर्जे को पहुँची हुई थी। जिस गढ़ के अन्दर महाराज मनु रहते थे, उसके चारों ओर गहरी खाई खुदी हुई थी। सदा वहाँ अथाह पानी भरा रहता था। गढ़ में घुसने के लिए बड़े-बड़े आठ फाटक थे। सब फाटकों से राजा के महल तक सीधा रास्ता गया हुआ था। रास्ते के दोनों ओर सुगन्धित फूलों के पेड़ लगे हुए थे। पेड़ों में भाँति-भाँति की लताएँ लिपटाई गई थीं। जगह-जगह पर कुएँ और तालाब थे। हर फाटक पर एक-एक साथ कई सन्तरियों का पहरा रहता था। पुरी सब प्रकार से सुरक्षित थी। आदि-युग के मनुष्य भी बड़े बलवान और डील-डौल के बड़े हृष्ट-पुष्ट होते थे।

सुराज्य था, इसलिए मनुष्यों में एक-दूसरे से प्रेम का बर्ताव था। ईर्ष्या की बेलि उस समय भारत-वसुन्धरा की छाती पर लहराने न पाई थी, न इससे किसी को क्षतिग्रस्त ही होना पड़ता था। सब लोग प्रसन्न रहते थे, सब लोग सम्पन्न थे। अभाव का अनुभव कभी किसी को स्वप्न में भी न होता था। राज्य की शृंखला में किसी प्रकार की शिथिलता न थी। सबके लिए राज्य का प्रबन्ध सुखकर था और वह प्रजा के स्वत्वों पर ध्यान रखकर किया गया था। उसके अनुसार कार्य करने

और उसी के अनुसार चलने की प्रजा की हार्दिक अभिलाषा थी। सदाचार, स्पष्टवादिता, निरहंकारिता, मधुर आलाप, मितव्ययिता, व्यायाम, हास्य-प्रमोद आदि के लिए लोगों को उपदेश दिए जाते और उन्हीं के अनुसार उनसे काम भी लिया जाता था। प्रजा से लिया गया कर प्रजा के हित के लिए ही खर्च होता था। धर्मनिष्ठ ब्राह्मणों को राज्य की ओर से काफी सहायता मिलती थी। वे निश्चिन्त होकर तीनों वर्णों के बालकों को उचित शिक्षाएँ देते और ब्रह्मचर्य के नियमों का पालन कराते थे। कभी किसी की सन्तान को बाल्यकाल में ही काल का ग्रास होते नहीं देखा गया। विवाह शास्त्रीय रीति से हुआ करता था। कभी बाल-विवाह या वृद्ध-विवाह नहीं होता था। उस समय अब की तरह बाल-विवाह की व्यर्थ प्रशंसा भारतवर्ष में न होती थी। आदि-सृष्टि में मनुष्य हर तरह से सुख और शान्तिपूर्वक अपना जीवन व्यतीत करते थे।

महाराज मनु केवल तपस्वी ही न थे, वे बड़े नीतिज्ञ और मनुष्य-चरित्र के ज्ञाता थे। उन्हें ज्ञान-विज्ञान, राजनीति और धर्मनीति, समाज और शासन—सब विषयों का पूर्ण ज्ञान था। किस तरह से राज्य की परिस्थिति में सुधार करना राजा के लिए आदर्श कार्य कहलाता है, किस तरह की रीतियों का अनुसरण किया जाए, तो प्रजा में पारस्परिक प्रेम-भाव दृढ़ होता है, किन विधानों की रचना हो तो प्रजा आदर्श-भ्रष्ट नहीं होती, किस मार्ग पर रहना मनुष्य जाति के लिए सबसे बड़ा धर्म है, संसार में किस उपाय से थोड़े समय में काफी ज्ञान संचय हो सकता है, बालकों की तन्दुरुस्ती के लिए गुरुकुलों में किस-किस तरह की व्यायाम-प्रणालियों का प्रचलन किया जाए—इस तरह की आवश्यक सैकड़ों बातों पर विचार होता था और निर्णय हो चुकने पर उस विषय पर अमल किया जाता था।

महाराज मनु की देह भी बड़ी ही सुसंगठित थी। तपे हुए सोने का-सा गोरा रंग काले और चमकीले बाल, ललाट प्रशस्त और तेजोव्यंजक—शुकतुंडसी नासिका, बड़ी-बड़ी रतनार आँखें, स्फूर्ति और कान्ति से चमकती हुई शेर की-सी गर्दन, आजानुलम्बित बाँहें, हाथी की सूँड़-सी भरी हुई छाती गज-भर की चौड़ी और ऊँची, कमर-पेटी का सारा मांस जैसे खिंचकर ऊपर सीने में चला गया हो, केले के खम्भों की-सी जाँघें। महाराज की देह देखकर बड़े-बड़े पहलवान उनकी तारीफ किया करते थे कि ऐसा जवान हमने और कहीं नहीं देखा। उनका लोगों के प्रति व्यवहार भी बड़ा मधुर और सरल होता था।

महाराज मनु के दो पुत्र हुए—प्रियव्रत और उत्तानपाद। पिता की तरह उत्तानपाद भी बड़े तेजस्वी और पराक्रमी हुए। इनमें क्षत्रियत्व का प्रकाश ज़्यादा था। लड़ना-भिड़ना, डंड-बैठक करना, तीर चलाना, शिखर खेलना—इन विषयों पर खासतौर से उन्हें प्रेम था। ये घोड़े की सवारी बहुत पसन्द करते थे। सौन्दर्य और सुकुमारता में ये पिता से भी बढ़कर थे। बाल्यकाल में सम्पूर्ण शिक्षा प्राप्त कर यौवन की

तरुणता में पदार्पण करते ही उत्तानपाद की प्रतिभा बहुत चमकी। प्रजाजनों में इनकी बड़ी तारीफ होने लगी। जिस तरह प्राचीन वृक्ष के रहते हुए भी, नवीन पल्लवोंवाले पौधे के नीचे बैठकर ही बागवान को सन्तोष अधिक होता है, उसी तरह उत्तानपाद की छाया में रहकर प्रजाजन महाराज मनु को भूलने-से लगे थे। मनु को भी पुत्र की सर्वप्रियता पर परम सन्तोष हुआ। वे भी यही चाहते थे। उत्तानपाद को राज्यकार्य की शिक्षा में अपने रहते हुए ही पारदर्शी कर देने के लिए उन्होंने युवराज के पद पर अभिषिक्त कर दिया। राज्य की परिचालना में पिता को उत्तानपाद ने अपनी काफी योग्यता का परिचय दिया। मनु को भरोसा हो गया कि पुत्र की शक्ति में सन्देह करने की कोई जगह नहीं है। अब भविष्य के लिए प्रजा और राज्य निष्कंटक हो गए। महाराज मनु को अपनी अनुपस्थिति से प्रजा के दुखों की जो शंका हो रही थी, वह जाती रही। वे निश्चिन्त होकर ईशभजन करने लगे। धीरे-धीरे राज्य के तथा पुत्र के साथ और अपनी प्यारी प्रजा के साथ भी उन्होंने चिरकाल के लिए सम्बन्ध परित्याग कर दिया। अपना सम्पूर्ण समय ईश्वरोपासना में बिताने की लालसा से राजधानी छोड़कर वे अगम अरण्य के आदिवासी हो गए।

पिता के वानप्रस्थ ग्रहण कर लेने पर पहले-पहल उत्तानपाद को असुविधा-सी हुई। बहुत दिनों तक तो उनका चित्त पिता के लिए उदास रहा करता था। इसके पश्चात् एकाएक सिर पर राज्य का तमाम भार आ जाने के कारण जी ऊबने और घबराने लगा था। परन्तु धीरे-धीरे ये अड़चनें टल गईं। अभ्यास हो गया। पिता का वियोग भी विस्मरण के अथाह सागर में डूबकर चिरकालिक श्रद्धा के रूप में स्थित हो गया। प्रजा-रंजन के उत्तरदायित्व को वे समझते थे। इसलिए चिन्ताग्रस्त रहते हुए भी उन्हें प्रजा की भलाई के लिए हर एक प्रबन्ध पर देखभाल करनी पड़ती थी। किसी तरह उन्हें मंत्रियों के मंडल से मुक्ति नहीं मिलती थी। रोज़ एक-न-एक आवश्यकता उनके पीछे पड़ी ही रहती थी। यौवन का उत्साह था, हृदय में धर्म की रुचि भी थी, अपना कर्तव्य भी वे समझते थे। इसलिए वे कार्य में कभी शिथिलता नहीं आने देते थे।

उनमें व्यसन कुछ न था। शिकार खेलने के सिवा दिल बहलाव के लिए क्षत्रियोचित कर्म की पुष्टि करनेवाला कोई और साधन उनके पास न था। नृत्य-गीत आदि राजाओं-महाराजाओं के अपरिहार्य व्यसनों में उनकी रुचि न थी। मनोरंजन जो कुछ उनके पास था, वह उनकी सती पत्नी रानी सुनीति देवी थीं। उन्हें वे बहुत प्यार करते थे। उन्हें प्यार करने के उनमें गुण भी यथेष्ट थे। उनका स्वभाव जैसा मधुर था, रूप भी उनका वैसा ही सराहनीय था। अंग-अंग से मानो चाँदनी बरस रही थी। मुख पर मुस्कराहट बनी रहती थी। उसमें पति के प्रति उनका प्रेम, उनकी श्रद्धा और अटल विश्वास की रेखा अंकित हो जाती थी। उस समय तरुणता

की वे प्रथम अभिनेत्री हो रही थीं। तात्पर्य यह कि उनकी रूप-सुधा का अगाध समुद्र उत्ताल तरंगें ले रहा था, परन्तु सुनीति के भोलेपन को इसकी खबर न थी, उनकी शिशुता की चपलता बहुत दिन पहले ही उन्हें छोड़कर विदा हो गई थी, परन्तु इन्हें इसका ज्ञान न था। एक स्वर्गीय स्थैर्य उन पर धीरे-धीरे अधिकार फैला रहा था, परन्तु उन्हें इसका कुछ भी आभास नहीं मिला। वे अपने जीवन की नदी में निराधार बहती हुई केवल अपने पति की बाँह को पकड़े हुए थीं। यह इतनी ही उनके ज्ञान की सीमा थी, इतनी ही उन्हें खबर थी। अपने सौन्दर्य की अक्षय विभूति पर उनका मन न रमता था। रमे भी कैसे, वह जानता न था कि उसके अन्दर इतनी शोभा छिपी हुई है। ज्ञान, ध्यान, चिन्ता, प्रेम, स्पर्श, स्वप्न—सब कुछ उनके लिए पति हो रहे थे।

रानी की भावना पर महाराज उत्तानपाद भी मुग्ध थे। सम्पूर्ण भ्रम रानी की प्यार-भरी उमड़ती हुई दोनों आँखों को देखते ही मिट जाता था। उन आँखों से जो अमृत महाराज के चिन्ताक्लिष्ट हृदय पर निकलकर झरता था, उससे उनकी सारी ज्वाला शीतल हो जाती थी। उस अमृत का पान, उनके हृदय से इन्द्रपद की प्राप्ति की आशा भी हटा लेता था, वे अपने उसी सुख पर तृप्त रहते थे। लालसा की लगाम ढीली तो थी, पर मन की चंचलता मर गई थी। हृदय में वैराग्य की आग तो नहीं जलती थी, पर रानी के दुर्ग में दूसरी वासना का प्रवेश न हो पाता था। महाराज उत्तानपाद की सम्पूर्ण आशाएँ, सारी वृत्तियाँ तरंगों की तरह उस एक ही समुद्र में समा रही थीं। वहाँ से चित्त को हटाते हुए उन्हें कष्ट होता था। प्रवाह को फेरने की शक्ति उनमें न थी, स्वभावतः उनका एकाग्र प्रेम रानी के प्रेम-पयोधि की परिधि में गिर रहा था। रेणुओं की तरह अगणित वासनाएँ उस एक फूल के अन्दर समा रही थीं। महाराज को उस एक ही वीणा से अगणित राग-रागिनियाँ सुनाई दे रही थीं।

तरुणता का प्रथम-परिचय समाप्त हो गया। यौवन की सजी फुलवाड़ी में स्वच्छन्द विहार होने लगा। इस उद्यान में यौवन का पार्ट दोनों बड़ी खूबी से अदा कर रहे थे। वही दोनों अभिनेता भी थे और श्रोता भी। कई पर्दे उठे और गिरे। दीर्घकाल तक यह अभिनय होता रहा। समाप्ति तक मानो कोई नहीं पहुँचना चाहता, न अधूरा खेल छोड़ने की किसी की इच्छा ही थी। फिर भी, दोनों के अज्ञात भाव ने दोनों को उस अवस्था पर लाकर खड़ा कर दिया, जहाँ से एक बार मनुष्य अपने अतीत और भविष्य जीवन पर ज़रा देर के लिए दृष्टिपात करता है। महाराज ने भी अपना अतीत जीवन देखा, उसकी समालोचना की, फिर भविष्य की ओर देखा तो कुछ शंकित हो गए, कुछ चिन्ता-सी हुई। वह चिन्ता उनके मन में स्थायी हो गई। जब-तब उन्हें अन्यमनस्क कर देने लगी। वे एक दूर भविष्य का देखकर उदास हो जाते, चेहरा गिर जाता, प्रेम की भरी हुई प्याली एक ओर रखी रहती, चित्त की चाह हट जाती। रानी

को पहले इसकी विशेष फिक्र न होती थी, परन्तु महाराज की उदासीनता का कारण वे एकान्त में मन-ही-मन तलाश करने लगीं, तो उन्हें अपनी आत्मा में ही उसका बीज मिल गया। परन्तु पहले-पहल उन्होंने अपने भाव को पति से छिपाया। पति की आकांक्षा पूरी करने की चेष्टा की, परंतु एक दूसरे उपाय से—शायद यह स्त्री जाति की स्वाभाविक प्रवृत्ति है।

एक दिन सन्ध्या से कुछ पहले महाराज उत्तानपाद अपनी प्रेयसी रानी सुनीति देवी को साथ लेकर जनाना-बाग में टहल रहे थे। धीमी मधुर वायु बह रही थी। डालियाँ बोलती हुई सखियों की तरह बड़ी श्रद्धा से दोनों प्रेमियों का स्वागत कर रही थी। चिड़ियाँ पेड़ पर से स्वागत की रागिनी अलाप रही थीं। पलाश के पल्लव तालियाँ दे रहे थे। हेमन्त की स्वर्ण-सन्ध्या भी आकर मिलने के लिए उतावली हो रही थी। सूर्य-किरणों की बची हुई प्रखरता, गुलाबी जाड़े में बड़ी कोमल मालूम पड़ रही थी। बड़े स्नेह से दोनों के मुख पर चिर-परिचय की चारुता अधिक-से-अधिकतर खिलती जा रही थी। महाराज रानी के साथ वार्त्तालाप करते हुए भी कुछ चिन्तित-से हो रहे थे। उसी समय प्यार से पति का हाथ अपने हाथ में ले रानी ने कहा, ''महाराज, मुझे एक अभिलाषा हो रही है। तुम्हारी आज्ञा हो तो तुम्हें सुना दूँ।''

उसी तरह चिन्तामग्न-से हुए महाराज उत्तानपाद ने कहा, ''अभिलाषा का होना विचित्र क्या है? नई-नई वासनाएँ तो आया ही करती हैं। कहो, मैं यथाशक्ति तुम्हारी अभिलाषा अवश्य पूरी करूँगा।''

रानी, ''महाराज, आप उदास रहा करते हैं। मैं आज कई दिनों से देख रही हूँ, आपकी यह उदासी दिनोदिन बढ़ती ही जा रही है। मेरी इच्छा है कि आप एक दूसरा विवाह कर लें। मेरा मन कह रहा है कि आप विवाह करेंगे, तो आपकी चिन्ताएँ अवश्य मिट जाएँगी।''

राजा, ''नहीं तो—मैं विवाह के लिए तो कभी भी उदास नहीं रहा करता। मेरी उदासी की दवा विवाह है, यह भी तुमने खूब कहा! परन्तु मैं एक बात कहूँगा, तुम्हें धक्का लगेगा, तुम्हें चोट आएगी।''

रानी, ''नहीं, मैं सच कहती हूँ, तुम्हें एतबार न होगा, मुझे बिलकुल धक्का न लगेगा। मैं सुखी हूँगी। सच कहती हूँ, मैं सुखी ही हूँगी। तुम्हें अगर उससे सुख होगा, तो मुझे बिलकुल दुख नहीं। क्या बात है वह?''

उत्तानपाद कुछ देर मौन रह गए। कहा, ''अच्छा, मैं दूसरा विवाह कर लूँगा तो क्या तुम्हें कष्ट न होगा?''

रानी चुपचाप ज़मीन ताकने लगीं।

राजा, ''चुप हो रही? मेरी भी इच्छा नहीं है कि मैं दूसरा विवाह करूँ। मुझे विश्वास नहीं कि दूसरा विवाह करूँगा तो मेरा मनोरथ सफल होगा।''

रानी, "मुझे भी विश्वास नहीं कि दूसरा विवाह करके तुम मुझे भूल जाओगे। अगर तुम मुझे याद रखो तो बस, मैं और कुछ नहीं चाहती। तुम विश्वास करो, मुझे और कुछ नहीं चाहिए।"

राजा, "मैं जानता हूँ तुम क्यों मुझे विवाह करने के लिए इतना कह रही हो, परन्तु लड़का नहीं होता तो इस पर हमारा-तुम्हारा भला क्या बस है? ईश्वर की ऐसी ही इच्छा है, तो कोई क्या करे?"

रानी, "परन्तु अपनी-भर तो लोग करते ही हैं। सब बोझ ईश्वर पर ही लादा जाएगा, तो कैसे काम चलेगा? देखो, मेरी भी बड़ी लालसा है कि बच्चे को गोद में लूँ, खिलाऊँ और उसके साथ खेलूँ। मेरी लालसा क्या तुम पूरी न करोगे?"

महाराज उत्तानपाद हँसते हुए रानी के साथ सन्ध्या हो जाने पर अपने महल को चले आए।

द्वितीय परिच्छेद
सुनीति का निर्वासन

रानी की इच्छा पूरी हुई। वासना की लहलहाती लता पर एक बार मधुर-वासन्ती वायु का झोंका लगा। ताप का दुख मिट गया। एक बार फिर हरियाली की तरह पात-पात पर फैली हुई लहालोट होने लगी। भविष्य की आशा, तरह-तरह के रंगीन दिल को बहलाकर कुछ देर के लिए उलझा रखने वाले चित्र, आँखों के सामने ला-लाकर मुग्ध करने लगे। उसी भावना में रानी अपने सुख की भावी इमारत की इच्छानुसार नींव डालने लगी। कितनी ही बातें एक साथ बुलबुले की तरह उठने और एक दूसरी सुखकर उद्भावना के धक्के से फूटने लगीं। रानी का यह स्वप्न दूर न हुआ, जब तक आँखों के सामने से यह मोह का पर्दा हट नहीं गया।

रानी की इच्छा थी। दूसरे, राजगद्दी के लिए महाराज भी चिन्तित रहा करते थे। पुत्र की कामना से विवाह करना निश्चय हो गया। महाराज के मंत्रियों ने और सभासदों ने भी समझाया कि दूसरा विवाह कर लेना उनके लिए बहुत आवश्यक और धर्म में दाखिल है। दबाव बहुत ज़्यादा पड़ा, महाराज के दिल में भी बात धँस गई कि विवाह करना बहुत आवश्यक है।

फिर क्या था? राजा के विवाह में न कभी देर हुई, न होती है। उधर महाराज उत्तानपाद कुल में, धन में, रूप-गुण में—सब तरह से लायक थे। बड़े-बड़े इज़्ज़तदार उनसे अपनी लड़की को ब्याहने के लिए लालायित थे। लेकिन लड़की के लिए जितने लक्षण रानी ने गिनाए थे, उनमें से किसी-किसी की कमी हर एक में निकल आती थी। सबसे बड़ी बात तो यह थी कि लड़की सर्वांगसुन्दर, रानी से अधिक रूपवती हो, यह आज्ञा खासतौर से रानी की ओर से दी गई थी। बड़ी छान-बीन और

खोज-तलाश के बाद एक लड़की मिली। देखुए लड़की को देखकर प्रसन्न हो गए। उसका मुख क्या था, खिला हुआ गुलाब का फूल था। लड़की का नाम सुरुचि था। विवाह हो गया।

शुभ लग्न में महाराज उत्तानपाद सुरुचि देवी का पाणिग्रहण कर उसे अपने रनवास में ले आए। महारानी सुनीति ने अपनी छोटी सौत का बड़ा आदर-स्वागत किया। उसकी बड़ी खातिरदारी करती रहीं। उसे तरह-तरह के वस्त्राभूषण, कभी-कभी अपने ही हाथों से फूलों का गजरा गूँथकर पहनातीं। उसे अपनी छोटी बहन से ज़्यादा मानने लगीं। सुरुचि भी रानी के प्यार पर रीझ गई। मायके का वियोग उसे बहुत जल्द भूल गया। वह सुनीति के त्याग पर चकित हो गई। उसके मायके में सौत से जिस तरह होशियार रहने के लिए सिखलाया गया था, यहाँ उसकी बिलकुल प्रतिकूलता देखकर उसके हृदय की कलुषित भावना तिरोहित हो गई। द्वेष का भाव भरने के बदले सुनीति को वह भी प्यार करने लगी। कभी-कभी महाराज से सुनीति की खातिरदारी और प्रीति की चर्चा भी चलाती थी। सुनीति की प्रशंसा महाराज भी किया करते और इस विवाह की जड़ में सुनीति की ही आज्ञा है, यह भी कभी-कभी खुल हृदय से कह डालते थे। सुरुचि को सुनीति पर सन्देह न था।

धीरे-धीरे काल व्यतीत होने लगा। महाराज उत्तानपाद की आँखें स्वर्गसुख का सुहावना स्वप्न देख रही थीं। अब के वे रूप-सरोवर पर एक दूसरे ढंग से तैर रहे थे। सुनीति के साथ जब तैरे थे, तब प्रतिद्वन्द्विता न थी, प्रेम था—जैसे दोनों एक अजानी इच्छा के वश तैर रहे हों—जैसे किसी खास कारण से न तैरते हों मानो एक-दूसरे से कोई जोड़ नहीं है—तैरकर जैसे दोनों एक खिलवाड़ कर रहे हों। परन्तु अब के वह भाव न था। अब नसों में उत्तेजना थी। आँखों में मादकता थी। हृदय में विजय की बाज़ी मारने की प्रवृत्ति चक्कर काट रही थी। मस्तिष्क में स्पर्द्धापूर्वक हुनर दिखलाने की तजबीजें पैदा हो रही थीं। उस बार हाथ में अमृत का प्याला था, अब के तीखी शराब थी। उस बार आनन्द था, अब के था—नशा। उस बार प्रेम था, अब के था—रूप का मोह!

लेकिन महाराज को इस भेद का ज्ञान नहीं रहा। उन्हें यह शराब अमृत से भी बढ़कर जान पड़ने लगी। यही नशा उन्हें जीवन का सबसे श्रेष्ठ सुख जँचने लगा। यह सत्य और वह भ्रम हो गया। इसी पर वे निछावर हो गए। इसे ही उन्होंने अपनाया। यही उनके मन्दिर की ध्यान-मूर्ति बन गई। महाराज की बाढ़ का पानी अभी घटा नहीं था। वीर्य की विजय, तेज़ की तीव्रता, यौवन की माया आँखों से हटी नहीं थी, कमज़ोर पड़ने का कोई लक्षण भी न आया था। सब उन्हें पूर्ववत् ही जान पड़ता था। रूप, रस-रंग, यौवन—सब कुछ पहले ही का-सा था। सिर्फ स्वभाव कुछ और हो गया था, जिसे वे समझ नहीं सके। न कोशिश की, न तुलना

की, एक साथ मन के सामने न कभी दोनों को रखकर देखा, न समझे। मन को मंजूर हुआ बस डूब गए, फिर उभरने की याद भी जाती रही। आनन्द मिला। भूल गए। इच्छा वहीं धँसी रही। फिर मौका नहीं मिला। क्या करते? लाचार थे। जिस चाँद के लिए कभी स्वप्न देखा था कि हाथ आया, वह सचमुच हाथ आया, इतना आनन्द हुआ। उस आनन्द में विवश हो अपने को बहा दिया। महाराज सुरुचि के हो गए। सुरुचि महाराज की। कौल-करार भूल गया—सुनीति का मुखड़ा जैसे एक धुँधला-सा कुछ हो गया। उस प्रवाह में भी कुछ दिन सुनीति का चेहरा नवीन सुरुचि के साथ बहता रहा।

समय बदला, भावना भी बदल गई। साथ ही, कार्य भी बदलने पर तोले जाने लगे। बात यह हुई कि सुरुचि के साथ उसके मैके से एक राक्षसी-दासी आई थी, उसका स्वभाव कुटिल था। सुनीति इसकी आँख की किरकिरी थी। वह अपनी मालकिन की सौत का बड़प्पन एक क्षणभर भी न सह सकती थी। पहले-पहल जब आई थी, विरोध करने की हिम्मत न पड़ती थी। जी डरता था कि कहीं काम उल्टा न समझा जाए। धीरे-धीरे महाराज पर सुरुचि का प्रभाव देखा, ओट-झोट से महाराज के कमज़ोर दिल पर सुरुचि के रूप का सिक्का जमा हुआ देखा तो एतबार हुआ, दिल में मज़बूती आई। अपना जाल बिछाने लगी। एक दिन सुरुचि को उसने बहुत डाँटा। भविष्य के लिए चेतावनी दी। दो-चार उदाहरण दिए गोया सप्रमाण सिद्ध कर दिया कि अब ज़्यादा दिनों तक अपनी खाला सौत के साथ रहोगी, तो समझ लो कि महल में बैठने की भी जगह न रहेगी। ज़मीन पहले ही से तैयार थी। सिर्फ कुछ दिनों के लिए पटाकर डाल रखी गई थी। दासी ने मौका देख खूब जोतकर बीज बो दिया।

सुरुचि को विश्वास हो गया कि दासी का कहना बहुत ठीक है। बचपन से वह उसी दासी की गोद में पलकर बड़ी हुई थी, मन सदा के लिए उससे दब गया था। उसका अदब मानती थी। वह दासी भी थी और उसकी आचार्या भी। उसकी बात पर सन्देह करना सुरुचि ने कभी सीखा न था, उसे आदत ही न थी, न वह अब तक साथ रहकर भी अपनी दासी से सुनीति को किसी हद में बड़ी देख सकी थी। सुनीति को मानती थी, चाहती थी, यह सब कुछ तो था, पर अपनी दासी से ज़्यादा अदब वह सुनीति का नहीं कर सकी थी, न इस पर वह उसका हक ही समझती थी।

सुरुचि की दासी को उसके गुणों के अनुसार हम कुटिला कह सकते हैं। पहले तो कुछ दिनों तक वह कुटिला सुरुचि के कान भरती रही। जब चेली तैयार हो गई, तब गुरु-मंत्र दिया जाने लगा। कभी-कभी उसकी दृढ़ता की परीक्षा भी ली जाने लगी। एक दिन कुटिला ने बहुत दूर की सुझाई, कहा कि फन्दा बनाकर मैंने तुम्हें दे दिया, अब दुश्मन के गले में डालना तुम्हारा काम है! खूब होशियार रहना। अपने वार पर चूक गई, तो फिर सदा के लिए पछताना होगा। वार वह जो अचूक बैठे। तुम

क्या जानो अभी कि सौतिया डाह किसे कहते हैं। तुम तो चुपचाप बैठी रहती हो और तुम्हारी सौत तुम्हें मिलाकर मारना चाहती है। मीठी-मीठी बातों पर न आओ, ज़हर इन्हीं बातों में रहता है। कहा भी तो है कि ठाढा तिलक औ मधुरी बानी, दगाबाज़ की यही निसानी। सुनो, राजा अब तुम्हारी मुट्ठी में है। समय रहते ही अपना काँटा निकाल लो। कहो कि सुनीति कुराह पर चल रही है। वह व्यभिचार करती है। इसका बहुत जल्द प्रतिकार होना चाहिए। नहीं तो नाक कट जाएगी। तुम बारूद लगा दो, धड़ाका होगा ही।

जादू असर कर गया। महाराज को छोटी रानी के मुख से बड़ी रानी के व्यभिचार की बातें सुनकर विश्वास हो गया। आज महाराज उत्तानपाद अपने जीवन की उस सीढ़ी पर थे, जहाँ से नीचे खड़ी हुई बेचारी सुनीति पर उनकी नज़र न पड़ती थी, न इतने नीचे की बात उनके कानों तक पहुँचती थी। उन्हें सुनीति के शीतल सरोवर की आवश्यकता न थी। वे एक दूसरे ही दीपक के पतंग हो चुके थे। उस दीपक की ज्योति ने उनकी बुद्धि, विद्या, ज्ञान और विवेक—सब कुछ हर लिया था। मोह की क्षणिक रेखा ही उन्हें सत्य की झलक-सी मालूम होने लगी थी। महारानी सुनीति के विरोध से रानी सुरुचि को खड़ी होते देखकर एक बार के लिए भी उनके मन में किसी प्रकार का सन्देह, किसी प्रकार की जिज्ञासा पैदा नहीं हुई। जब वह सुनीति पर अभियोग लगा रही थी, उस समय सुरुचि की चारुता, अभियोग लगाते समय की मुखच्छटा, अंग विकास में तरह-तरह की सौन्दर्य की रश्मियों का रानी पर पड़ना, अंग-भंगियों में नारी-सौन्दर्य की पराकाष्ठा—यही सब देख रहे थे। अभियोग की ओर ज़रा भी मन न था। वे निश्चल नेत्रों से रूप-मद पी रहे थे, और रानी की विरोधिनी बातें समाप्त हो जाने पर चुपचाप उन पर विश्वास कर रहे थे। महाराज के मन को सुरुचि को छोड़कर सुनीति की ओर ताकना भाता ही न था। उन्होंने सुनीति पर विचार भी न किया। सुरुचि की बातों में कभी असत्य की छाया रह सकती है, उन्हें इतना बड़ा विश्वास न हो सका। वे सुरुचि को दोषी नहीं देख सके और देखना चाहते भी न थे। सुरुचि का अभियोग सुनकर महाराज ने कहा, "मुझे विश्वास न था कि स्त्री-चरित्र का जादू इस दर्जे तक पहुँच सकता है! खैर, अब उसे क्या सज़ा दी जाए, आज ही इसका निश्चय भी हो जाना चाहिए।"

भौहें सिकोड़, आँखों में सुनीति के प्रति वैराग्य का भाव भरकर सुरुचि ने कहा, "वाह! सज़ा भला मैं क्या जानूँ? जो कुछ तुम चाहो करो—भला मुझे क्यों लपेटते हो? मेरा तो दूर से देखकर ही जी निकल रहा है। हिम्मत की हद है और क्या कहूँ। न लाज रही, न इज़्ज़त। अरे कुछ तो विचार करती। उसने दोनों कुलों को धो दिया!"

सुरुचि के उपदेश-भरे आश्चर्य पर महाराज का रहा-सहा सन्देह भी दूर हो गया। बात उनके दिल में जम गई। सुनीति को व्यभिचारिणी जानकर तत्काल ही

उसके दंड की आज्ञा उन्होंने सुना दी। चिरकाल के लिए गहन जंगल में कुटी बनाकर रहना, जन-स्थानों में कभी मुख न दिखलाना—यह महारानी सुनीति के पाप का दंड हुआ। मंत्री को दंड की आज्ञा सुनाकर महाराज उत्तानपाद फिर रानी सुरुचि के महल में चले गए। आज्ञा सुना देने के बाद दंडित और दंड—दोनों का ध्यान महाराज के चित्त से उतर गया। वे अपने प्रेम की लहरों में छाया की तरह फिर वही सजीवता का स्वाँग करने लगे।

खबर रानी के पास भी पहुँची। सुबह की शिशिर से धुली, शान्ति की गोद में जीवन की निरपराध घड़ियाँ काटनेवाली मालती का चिरकालिक आधार टूट गया। आज्ञा के सुनते ही महारानी सुनीति बेहोश होकर गिर गईं। दासियाँ उनकी सेवा करने लगीं। कोई सुख पर ठंडे पानी के छींटे देने लगी, कोई पंखा झलने लगी। बड़ी देर के बाद उन्हें होश आया। उठकर बैठ गईं। अपराध कहीं कुछ था ही नहीं, उसके सम्बन्ध में मन में सोचती ही क्या? उसकी गति अतीत की ओर हुई। एक साथ बहुत-सी बातें अतीत के अन्धकार से किरणों की तरह आँखों के सामने आकर फैल गईं। उनमें बड़ी चमक-दमक थी पर वह प्रकाश रानी के लिए नहीं था। याद आई—विवाह के बाद राजमहल के अन्दर की पहली रात, याद आई—समय-समय पर की गई महाराज उत्तानपाद की अगणित प्रतिज्ञाएँ, याद आई—महाराज की सरलता, प्रीति और प्रिय के प्रति उनकी अगाध अनुरक्ति। कुछ देर के लिए दंडाज्ञा पर उन्हें अविश्वास हो गया। एक ओर महाराज की पहली मूर्ति थी और दूसरी ओर उन्हीं की दी हुई कठोर दंडाज्ञा! सुनीति के हृदय ने साफ इनकार कर दिया, कहा—''जिसकी आँखों में इतनी भावुकता है, जिसकी चितवन में इतना अपनाव है, वह कभी इतना कठोर नहीं हो सकता। जिसके हृदय में पुत्र के बिना भी पत्नी को हताश करने की आकांक्षा कभी नहीं पैदा हुई, जिसने सुनीति के आग्रह से ही विवाह किया है, वह कभी इतना कठोर नहीं हो सकता।''

महारानी सुनीति के हृदय से सन्देह का भाव जाता रहा। महाराज पर वे अविश्वास न कर सकीं। खबर उन्हें झूठी मालूम हुई। उनकी मनोभावना उस समय कुछ ऐसी ही हो रही थी कि दासियों को उनसे कुछ बोलने का साहस नहीं पड़ता था। कुछ स्वस्थ होकर उनकी इच्छा हुई कि चलकर महाराज से ही पूछना चाहिए कि क्या मामला है, वे उठीं। जिस मकान में उत्तानपाद कैद रहते थे, वह मकान उनका न जाना हुआ न था। अतीत का कौल आज याद है या नहीं, इतना ही वे महाराज से जानना चाहती थीं।

परन्तु ईश्वर ने बाधा दी। कदम उठाया तो हाथ जोड़कर सामने मंत्री खड़ा हुआ दिखाई दिया। रानी रुक गईं। उनके मुख पर उदासी की घटा उमड़ रही थी। होंठ काँप रहे थे। शंकित होकर रानी चुपचाप खड़ी रहीं। मंत्री ने कहा, ''देवी, क्षमा कीजिएगा, महाराज ने आपके लिए जो निर्दय आज्ञा दी है, उसका पालन-भार मुझे

सौंपा गया है। महाराज की आज्ञा है, आप राजमहल को आज ही खाली कर दें! जंगल में आपको रहने के लिए आदेश हुआ है। मैं आपको जंगल में छोड़ने के लिए आया हूँ। बाहर रथ तैयार है, चलिए। दास को क्षमा कीजिएगा। दास तो आज्ञा का पालन-मात्र कर रहा है!''

तृतीय परिच्छेद

पुनर्मिलन

घोर जंगल के एक किनारे रथ लाकर खड़ा किया गया। मंत्री उतर पड़े। फिर महारानी सुनीति देवी से उतरने की प्रार्थना की। रानी भी काठ की पुतली की तरह मंत्री की प्रार्थना पर रथ से उतर आईं। उनकी एक प्यारी दासी भी उनके साथ चली आई थी। अपनी रानी का अपमान उससे नहीं सहा गया। उसने निश्चय कर लिया था कि सुख में जिनके साथ इतने दिनों तक रही, अब दुख के समय में उन्हें छोड़ देना किसी प्रकार भी धर्म को सह्य न होगा। जंगल में रहकर ही अब अपनी मालकिन की सेवा किया करूँगी, यही मेरा धर्म है और इसी में मेरा कल्याण भी है।

मंत्री हाथ जोड़कर खड़े हो गए। रानी के मुख पर दुख के भीतर से जो स्वर्गीय ज्योति फूट रही थी, उसे देखकर उनकी अन्तरात्मा उन्हें रानी के निर्दोष होने की बार-बार गवाही दे रही थी। अन्तरात्मा का इशारा मंत्री को सत्य जान पड़ा। वे घुटने टेककर विनीत स्वर में बोले, ''देवी, आप पर जैसा कलंक लगाया गया है, मुझे किसी तरह भी विश्वास नहीं होता कि आप ऐसा कभी स्वप्न में भी कर सकती हैं। परन्तु दैव को क्या कहूँ? उसकी स्वेच्छाचारिता जब निरपराध लोगों को दंड देती है, तब हृदय से सत्य का विश्वास अन्तर्हित हो जाता है। आपको अधिक उपदेश देने की शक्ति मुझमें नहीं है। प्रार्थना है कि आप अपने इस पुत्र के अपराधों को क्षमा करें।''

रथ लेकर मंत्री विदा हो गए। रानी का हृदय चूर-चूर हो गया। दिल की लगन में आज तक जो रागिनी बजती आ रही थी, उसका नशा उतर गया। जिस फल की इच्छा ने तपती हुई बालू पर भृंगी की तरह उन्हें भटकाया था, उसका असली रूप उनकी आँखों के सामने आ गया। अतीत के साथ वर्तमान का जो अन्तर हुआ, उसने महारानी की आँखों में पड़ा हुआ मुद्दतों का पर्दा एकबारगी ही हटा दिया। उन्हें अपनी सच्ची स्थिति का अनुभव हो गया। गहरी नींद से मानो एकाएक आँख खुल गई। स्वप्न की सारी सजीवता बालू के करार की तरह तरंग के एक ही थपेड़े से ढह गई। गाँठ का धन जंगल में खो गया। अपना गला अपने ही फन्दे में फँसा। पहले के कुल कौल-इकरारों का खून हो गया। समस्त आशाएँ चकनाचूर हो गईं। काम बना सौत का, जिसकी फुलवाड़ी उन्हीं की लगाई हुई थी। होम करते हुए हाथ जल गया।

रानी आँसू पीकर रह गईं। कोई उपाय न था, कोई चारा न था, इस दुख में दासी के सिवा और कोई अपना सहारा न था। चारों ओर संसार पिशाचों के नग्न-तांडव से भरा हुआ अपनी-अपनी धुन में मस्त अपने-अपने स्वार्थ की कुंजी लिए नरक के द्वार की ओर बढ़ता हुआ बड़ा भयानक जान पड़ने लगा। जी की धड़कन दूनी हो गई। कुछ देर के लिए कलेजे पर अविश्वास का साँप लोटने लगा। नस-नस में उसका ज़हर फैल गया। अपने किए पर पछतावा होने लगा। समझ में आ गया कि अपनी जड़ मैंने खुद काटी है।

रानी का धैर्य उस समय चला गया था। सन्ध्या के आते ही हृदय की गति, हवा से चंचल हुई। तालाब की लहरों की तरह से क्षुब्ध हो उठी। बाँदी को रानी की मन की व्याकुलता मालूम हो गई। इस अवस्था का भयंकर परिणाम भी वह समझ गई। उसने नम्र होकर कहा, "रानी जी, मुझे ऐसा जान पड़ता है कि आपके चित्त में जैसे कोई अस्थिरता आ गई हो। क्या अपने हाल पर तुम्हें बहुत दुख हो रहा है?"

सुनीति—"देख, मुझे दुख अपने लिए नहीं हो रहा है, मुझे महाराज पर बड़ा विश्वास था। क्यों री, क्या राजा को मेरे व्यभिचारिणी होने का सन्देह एक बार ही हो गया होगा?"

दासी—"सन्देह कौन करता है? उसको सन्देह करने की फुरसत भी हो! रानी जी, दुनिया में सब धोखा है। जिनके लिए तुम मर मिटीं, तुम न होतीं तो किसी कंगाल के घर की चक्की पीसतीं, तुम्हारी सौत जूठे बरतन धोतीं, तुम्हारी ही बदौलत रानी बनी हैं, पर तुम्हें कैसा बदला दिया है और तुम उनकी खिदमत में लगी रहती थीं। बस, यही स्वभाव सबका जानो। राजा को कुछ भी माया-ममता होती तो कभी यह दशा न करते!"

रानी—"यह मनुष्यों की कैसी प्रकृति है कि जिसके लिए कभी अपने सर्वस्व तक के दान कर देने का वचन देते हैं, उसे ही वे कुछ दिनों में भूल जाते हैं! क्या यही प्रेम का परिणाम है? लेकिन मुझे तो महाराज की उस दृष्टि की—उस भाव की जब याद आती है, तब हृदय अब भी एक ही बात, जैसी पहले कहा करता था, कहता है कि इन आँखों में सच्चा प्रेम है, इस भाव में छल-कपट का ज़हर नहीं मिला। दाँव-पेंच करनेवाले, दम-दिलासा देकर अपना मतलब गाँठनेवाले दूसरी तरह के होते हैं। क्या महाराज..."

दासी—"रानी जी, एक पेड़ की छाया में जिसे कभी सुख मिला हो, क्या तुम सोचती हो कि किसी दूसरे पेड़ की छाया में वह न बैठेगा? राह चलनेवाले थककर किसी छाया में अपना ताप शीतल करते हैं, परन्तु जब उसे छोड़कर अपने गन्तव्य स्थान की ओर चलते हैं और फिर उन्हें गरमी से कष्ट होता है, तब वे लौटकर कभी उसी छाया में अपना दाह मिटाने के लिए नहीं आते, तब दूसरी ही छाया की खोज करते हैं, जो उन्हें उनके मार्ग में ही मिल जाए। वे कभी लौटते नहीं,

चाहे पीछे कितना ही सुख उन्हें क्यों न मिला हो, बल्कि भविष्य-सुख की आशा उनका अतीत-सुख भुला देती है।''

रानी—''हे ईश्वर! स्त्री और पुरुष के भावों में यह आकाश-पाताल का अन्तर! स्त्री-पुरुष को अपने परलोक का देवता समझती है और पुरुष इस लोक में ही उसकी यह दशा कर सकता है! मुझे अपने कष्टों के लिए चिन्ता नहीं है। परन्तु यदि यह आज्ञा प्रेमवश दी गई होती, तो सुरुचि को सुखी करने के लिए मैं आनन्दपूर्वक जंगल में आकर रह सकती थी। परन्तु सच्चाई के भीतर यह क्या छिपा हुआ था!''

दासी—''रानी जी, महाराज रूप के मायाजाल में फँस गए हैं। अब पहले की भावना उनमें नहीं रही। अब उन्हें अपने मतलब से मतलब रह गया है। अब वे तुम्हारी पुरानी बातें भूल गए हैं, 'आँख ओट पहाड़ ओट।' जिस दिन तुमने उनके हाथ में उनकी लालसा का प्याला खुद लेकर रखा, उन्होंने पिया, नशा चढ़ा कि तुम्हें भूले! अब न तो उनका वह नशा उतर सकता है और न पिछली बातों की उन्हें याद आ सकती है। जिसने आँखें फोड़ लीं, अब वह फिर आँख उठाकर न देखेगा। बिना किसी अपराध के जिसने घर से निकालकर बाहर कर दिया, चलते समय एक बार आकर दो बातें भी नहीं पूछीं, उसके ईमान का सौदा वहीं समाप्त हो चुका!''

रानी—''लेकिन दूसरे का अगर ईमान डिगता है, तो क्या मुझे भी अपने धर्म से हाथ धो लेने चाहिए? कसौटी पर सब सोना खरा नहीं उतरता। काँटों में उलझने के डर से कभी राह का चलना कोई नहीं छोड़ देता। हम स्त्रियों के लिए एकमात्र देवता-पति है। उनकी पूजा से पति, विमुख होकर भी मुझे निवृत्त नहीं कर सकते। यह सब ठीक तो है, परन्तु जब स्मरण हो आता है कि महाराज क्या थे और क्या हो गए, तब क्या कहूँ कि मेरी कैसी दशा हो जाती है? यह बिलकुल वैसी ही बात है जैसे कोई आकर कहे कि गुलाब में सुगन्ध नहीं, अथवा कमल ज़मीन पर खिलते हैं।''

रानी की विक्षिप्त अवस्था में कोई परिवर्तन नहीं हुआ। दासी अपनी मालकिन के दुख को हृदय में रख उनकी सेवा के लिए तैयार हो गई। जंगल से घास-फूस लाकर एक जगह उसने एक छोटी-सी कुटिया बनाई। इधर-उधर वहाँ कुछ ऋषियों के आश्रम भी थे। रहते-रहते रानी के साथ ऋषि-पत्नियों का परिचय हो गया। उनके प्रेम में रहकर रानी का बहुत कुछ कष्ट दूर हो गया। उन्हें ज्ञान हुआ, वे समझीं कि संसार क्या है, यहाँ किस तरह रहना चाहिए और परलोक के लिए सांसारिक फन्दों से छुटकारा प्राप्त कर किस तरह तैयार रहना आवश्यक है। रानी सुनीति के हृदय का क्षोभ, दुख, परिताप, अपमान, स्मरण-विस्मरण की ज्वाला—सब मिट गई। ऋषियों के उपदेश से आत्मा की विमल ज्योति दिन-पर-दिन

उज्ज्वलित होकर निखरने लगी। पति के प्रेम का यथार्थ तत्व उनकी समझ में आ गया। पति के अन्दर परमात्मा का स्वरूप है, उस पर चित्त रमने लगा। तब ऐसा भाव पैदा हुआ कि पति चाहे सैकड़ों स्त्रियों के बीच में रहे, चाहे अपनी अनुगामिनी सती पत्नी का कितना ही निरादर क्यों न करे, पर वह सब समय, सब अवस्थाओं में स्त्री के लिए ईश्वर-कल्प और परम पूज्य है। ज्यों-ज्यों रानी का सत्य दृढ़ होता गया, त्यों-त्यों विकारों के समूह जो उनके शरीर में आश्रय पा रहे थे, नष्ट होते गए। रानी सत्य के ज्योति-लोक में रहने लगीं। उनकी सेवा करती हुई दासी की अन्तर्दृष्टि भी निर्मल होने लगी।

कालचक्र की गति बड़ी विचित्र है। कब क्या हो जाता है, कब क्या होनेवाला है—इसका निर्धारण मनुष्य नहीं कर सकता। इसी नियम की परिवर्तनशीलता से सिद्ध होता है कि सबके दिन एक से नहीं रहते। कभी महाराज को रास्ते का फकीर होना पड़ता है और कभी रास्ते के भिक्षुक को स्वर्ण-सिंहासन पर बैठे हुए देखा जाता है। जिसमें कभी चलने की शक्ति नहीं रहती, उसे लोग कदम उठाकर राह तै करते हुए देखते हैं और जिसमें सब प्रकार की शक्तियों का भंडार भरा रहता है, वह कभी अचल और मृत अवस्था में नज़र आता है। जिस परमात्मा की इच्छा से संसार में दुखी के हृदय में सुख की किरणें फूटतीं और सुखी की आत्मा में निराशा का रंग चढ़ता रहता है, उसने एक बड़ा विचित्र संघटन संघटित कर रखा है।

महाराज उत्तानपाद को शिकार का ज़बरदस्त शौक था। एक दिन कुछ सेना साथ लेकर जंगल में वे शिकार खेलने के लिए गए। जंगल का कोना-कोना खोज डाला, पर कहीं भी कुछ न मिला। उन्होंने साथियों का संग छोड़ दिया। उनके गोल से निकलकर, जिधर जंगल घना था, शिकार की लालसा से उधर ही अपना घोड़ा बढ़ाया। उधर दिन बहुत थोड़ा रह गया था। जंगल में शिकार की तलाश करते ही करते शाम हो गई। उनके साथी जंगल से बाहर निकलकर महाराज को तलाश करने लगे, परन्तु महाराज को बाहर निकलने की राह मालूम न थी, वे कुछ दूर घने जंगल में बढ़ गए थे। अब वे अपने साथियों से आकर न मिल सके। चारों ओर जंगल में भटकने लगे। आसमान पर सन्ध्या का अन्धकार गहरा हो गया था। इक्के-दुक्के तारों को छोड़ और कहीं कोई प्रकाश नज़र न आता था। बड़े परेशान हुए। घोड़ा भी थक गया था। भटकते-भटकते जंगल में एक ओर पेड़ों के बीच से दीपक की रोशनी आती हुई दिखाई पड़ी। महाराज को भरोसा हुआ। जी में जी आया। उधर ही लक्ष्य करके धीरे-धीरे घोड़ा बढ़ाया।

दरवाज़े पर पहुँचे। आवाज़ दी, दासी ने आकर फूस की टट्टी खोल दी। महाराज को भीतर ले गई। घोड़ा द्वार पर एक पेड़ की डाली से बाँधकर महाराज दासी के साथ उस कुटिया के भीतर गए। उस समय भारतवर्ष में अतिथि को

देवताओं से तुल्य समझकर पूजा की जाती थी। अतिथि के लिए गृहस्थ अपने प्राणों तक को उत्सर्ग कर देते थे। दासी ने महाराज को बैठाया। पैर धोने के लिए पानी ले आई। वह महाराज को देखते ही पहचान गई थी।

महाराज के आसन ग्रहण करने पर रानी सुनीति भी अतिथि देवता का स्वागत करने के लिए आईं। देखते ही दृष्टि थक गई। जिस झरने का प्रवाह ग्रीष्म के कठोर ताप से कुछ मन्द पड़ गया था, जिस मन्द धारा में पहाड़ी के हृदय का कलुषित क्लेद न था, किन्तु केवल निर्मल स्वच्छ सलिल ही बहा करता था, आज एकाएक वर्षा के बादल आकर घिर गए, फिर उस झरने का प्रवाह तेज़, पहाड़ी की अन्तरात्मा के अन्दर पुंजीकृत न जाने कितने क्लेद को बहाने के लिए प्रबल हो गया।

महाराज ने देखा, रानी भी देखती रहीं, परिचय की प्रतीक्षा किसी के अन्दर न थी। दोनों के मौन में परिचय देने की यथेष्ट भाषा थी। प्राचीन जीर्ण गौरव के किनारे चुपचाप दोनों बड़ी देर तक एक-दूसरे को देखते रहे। याद आई—प्राचीन की स्मृति, उसकी महत्ता, उसका ऐश्वर्य, उसकी विभूति, उसकी प्रभुता और साथ ही उसका पराभव भी। अन्त में उसका लांछन, उसका अपमान, उसका निर्यातन और उसकी विनाशोन्मुखी स्थिति को आँखों ने प्रत्यक्ष कर लिया। जिस गौरव को कभी महाराज उत्तानपाद अपना गौरव समझते थे, जिस ऐश्वर्य को वे अपनी सम्पत्ति समझते, जिस वाटिका के विहार करनेवाले वही नायक थे, जिस सौन्दर्य की सृष्टि केवल उनके लिए ही हुई थी, आज यह उसी की दीनता आँखों के सामने मौजूद है! इसकी उजड़ी हालत के लिए उत्तरदायी वही हैं। इसके साथ अब उनकी कितनी सहानुभूति रह गई है?

महाराज उत्तानपाद की आँखों में आँसू आ गए। उनकी क्रूरता से उजड़ी हुई देवी की मूर्ति आँखों के सामने थी। उदाहरण के साथ ही प्रमाण भी मौजूद। चुपचाप महाराज ने आँसू पोंछ लिए। उधर रानी को काठ-सा मार गया। हाथ-पैर और सर्वांग की क्रियाशीलता शिथिल पड़ गई। महाराज को देखकर उनका अतीत और वर्तमान—सब एकाकार हो गया। स्मरण ने जवाब दे दिया। बुद्धि भी विदा हो गई। जिस तरह वे आकर खड़ी हुई थीं, उसी तरह खड़ी रह गईं। आँखें महाराज को देख रही थीं पर पलक नहीं गिर रहे थे।

रानी जितनी ही अचंचल हो रही थीं, नष्ट-सौन्दर्य की रेखा की तरह मौन महाराज के हृदय में उतनी ही तरंगें अनेक भावों से उठ-उठकर उन्हें व्याकुल कर रही थीं। एक ही दिन में, थोड़ी देर के अन्दर इतनी बड़ी सज़ा प्रकृति ने दी कि उनका सम्पूर्ण दोष प्रक्षालित कर दिया—अनुताप के आँसुओं से धो दिया। इससे महाराज के चित्त की विकलता का कुछ अनुमान लग सकता है। उन्हें ज्ञान भी हो आया। रानी के मौन का प्रभाव प्राकृतिक था। उसमें भाव थे, भाषा थी, छन्द और गीत थे। इतने ही से बस नहीं, उसमें शक्ति थी—महाराज की बुद्धि को मार्जित कर उन्हें पूर्व स्वरूप

से परिचित कराने की। महाराज ने अपने भूले हुए स्वरूप को देखा, वह कितना निर्लिप्त था, उदार और स्वच्छन्द था। महाराज को अपने परिवर्तन पर दुख हुआ—समझ गए कि वे देवता से राक्षस हो गए थे! उन्हें देवारण्य के साथ ही रानी की फूल-सी कोमल देवी-मूर्ति की याद भी आ गई, जैसे एक के परिचय के लिए दूसरे की आवश्यकता हो, जैसे बिना दूसरे के किसी एक की कोई हस्ती ही न हो। महाराज चकित हो गए। जिसे वे अपराधी समझते थे, आज पुण्यलोक में, मानव-नेत्र उसे ही प्रत्यक्ष कर रहे थे! यहाँ सुरुचि की पैठ न थी, न हो सकती थी, न महाराज को उसकी बात एक बार के लिए याद ही आई। स्वर्ग-राज्य का भूला हुआ सुख, उसकी भूली हुई बातें एक-एक करके याद आने लगीं। अब उन्हें अपने परिवर्तन पर आश्चर्य होने लगा कि कैसे मैं अपने इस सुख को भूला हुआ था! आश्चर्य के साथ विश्वास भी दृढ़ होता गया कि सत्य यही है। अन्त में, नस-नस से खून की हर एक बूँद से सार्वन्त:करण में आवाज़ उठने लगी कि रानी निर्दोष है, तुमने एक असहाय अबला के साथ घोर अन्याय किया है, तुम शक्तिवाले राजा हो, अपनी शक्ति का नितान्त अनुचित प्रयोग किया है। सत्य की मर्यादा को नष्ट करने की कोई कसर उठा नहीं रखी। तुम महापापी हो, सती को तुमने कलंक लगाया है।

महाराज के होश उड़ गए। उनकी आत्मा के भीतर यह कौन इतनी निर्भीकता से प्रचार कर रहा था, उसकी समझ में न आया। वे जितना ही अपने को संयत करने की चेष्टा कर रहे थे, उतनी ही प्रबल शक्ति उनकी आत्मा में उनके दुष्कृत्यों का विरोध करती हुई दीख पड़ती थी। महाराज बहुत घबराए। पाप से निस्तार पाने के लिए जी व्याकुल हो उठा। हृदय से आप-ही-आप उन्होंने प्रश्न किया कि अब उपाय क्या है। उन्हें उत्तर भी मिला—जिसे तुमने दंड दिया है, उसकी कृपा, उसकी क्षमा तुम्हें मुक्त कर सकती है।

हृदय की आज्ञा सुनकर महाराज बाहर निकले—सामने वही मूर्ति, जिसे दंड की आज्ञा दी थी, जिस पर व्यभिचार का कलंक मढ़ा गया था, चुपचाप पत्थर की मूर्ति की तरह खड़ी हुई उन्हें देख रही थी। महाराज पैरों पर गिर पड़े। कुछ कह नहीं सके। रानी की निश्चलता भी महाराज को पैरों पड़ते देख औचित्य के अनुष्ठान के लिए रानी को छोड़कर चली गई। रानी ने महाराज को उठा लिया। कहा, "नाथ, मेरे भाग्य ही ऐसे हैं, तुम्हारा क्या दोष है?"

राजा—"प्रिये, मेरी आँखों पर मोह का पर्दा पड़ गया था। मैं तुम्हें भूल गया था। मुझे तुम्हारी याद नहीं थी, पर तुमने मेरी याद रखी। मैंने तुम्हारे लिए काँटे बिछाए, पर तुम मेरे लिए फूलों की शय्या की रचना करती रहीं। मुझे सुपथ पर लाने का श्रेय तुम्हें ही प्राप्त है। अब ऐसी भूल कभी न होगी। मुझे क्षमा करो!"

रानी—"महाराज, दैव से सबको दुख मिलता है, मुझे भी मिला। तुम बिलकुल निरपराध हो। मैं तुम्हारे अपराध की बात सुन नहीं सकती—मुझे कष्ट होता है। अब

ऐसी बातें न कहो। मुझ पर दया करो। ईश्वर की जो इच्छा थी, वह पूरी हो गई। मुझे एक यही दुख था कि इस निरपराधिनी को तुमने बिलकुल बिसार दिया! महाराज, मेरे व्यभिचार पर तुम्हें विश्वास कैसे हो गया था, मुझे आश्चर्य बस इतना ही हुआ करता था।''

दासी पैर धोने के लिए पात्र में जल ले आई। रानी महाराज के पैर धोने लगीं। धोकर आँचल से अच्छी तरह पोंछ दिए। जंगल में फल-फूलों के सिवा और रहता ही क्या? उन्हीं से उस रात को अतिथि-सत्कार की व्यवस्था की गई। महाराज ने तृप्तिपूर्वक भोजन किया। तृण का बिछौना था, उस रात को उसी पर आराम से सोए। रानी पैर दबाती रहीं। उस रात को महाराज की आँख नहीं लगी। बातों ही बातों में तमाम रात कट गई। सुबह को रानी को बहुत तरह धैर्य देकर घोड़े पर सवार हो वे अपनी राजधानी को चले गए।

चतुर्थ परिच्छेद
ध्रुव का जन्म और बाल्य-काल

भूल मनुष्यों के स्वभाव की सबसे बड़ी त्रुटि है, कमज़ोरी है। इसके कारण ही मनुष्यों को देवता की पदवी प्राप्त करते, बड़ी-बड़ी साधनाएँ करनी पड़ती हैं। महाराज उत्तानपाद अपनी राजधानी में आते ही अपनी बड़ी रानी को भूल गए। छोटी रानी का जादू उन पर इतना असरदार हो चुका था कि उसका प्रभाव वे किसी तरह हटा नहीं सके। उसे अप्रसन्न करके बड़ी रानी को वे महल में न रख सकते थे। उधर, बड़ी रानी के लिए जब से दोबारा उसका अतिथि-सत्कार स्वीकार कर आए थे, रह-रहकर जी में एक प्रकार का उद्वेग, एक प्रकार की दया हृदय को उसकी ओर खींच ले जाती थी परन्तु बस न चलता था। महाराज अपनी इस कमज़ोरी को अब कुछ-कुछ समझने लगे थे। परन्तु समझकर ही रह जाते थे। उसका कोई प्रतिकार नहीं कर सके। बड़ी रानी के दिन जिस तरह कटते थे, उसी तरह कटते रहे। इधर, छोटी रानी के साथ महाराज की लालसा भी उदासीनता का रूप धारण करने लगी थी। वे ज़बानखोलकर तो छोटी रानी से कुछ न कहते थे, पर हृदय में कुछ दुख का भाव ज़रूर आ गया था।

इधर, महाराज के साथ एक रात के सहवास के पश्चात् महारानी सुनीति गर्भवती हो गईं। दासी को यह जानकर बड़ी प्रसन्नता हुई। वह जी लगाकर महारानी की सेवा करने लगी। उसके हृदय में बड़ी-बड़ी तरंगें मारने लगीं। समय पर फल-फूल संग्रह करके महारानी के खान-पान के सम्बन्ध में वह सदा सतर्क रहने लगी। ईश्वर की इच्छा से दसवें महीने में महारानी के गर्भ से एक परम रूपवान पुत्र पैदा हुआ। ऋषियों ने उसका जन्म-चक्र तैयार कर उसे प्रतापशाली और होनहार बतलाया

और उसका नाम ध्रुव रखा तथा कहा कि इससे संसार को बहुत बड़ी शिक्षा मिलेगी। यह संसार में अपनी अमरकीर्ति रख जाएगा। इस पर परमात्मा की बड़ी कृपा होगी।

धीरे-धीरे अपनी माता के लालन-पालन में ध्रुव बड़े होने लगे। फूस की कुटिया के चारों ओर घुटनों के बल सरककर हरी-भरी लताओं में चिड़ियों की चहक सुनकर मारे प्रसन्नता के बालक लहालोट हो जाता। रंग-बिरंगे फूलों को देखकर अस्फुट भाषा में उनसे न जाने कौन-सी बातचीत किया करता। ऋषि-पत्नियों की गोद न जाने किस अमृत की चाह से उसे सदा ही प्यासा बनाए रहती थी कि वह उन्हें देखते ही उनकी बाँहों में खेलने के लिए दोनों हाथ फैलाकर लपक पड़ता था। महर्षि-कन्याओं से न जाने उसकी कहाँ की पहचान थी, ऐसी मित्रता थी कि उनके साथ रहकर वह अपनी माता की सुध भी न लिया करता था। दासी उसकी रखवाली के लिए सदा उसके साथ लगी रहती थी। वह उसे बड़ा प्यार करती थी, जैसे वह उसका अपना लड़का हो।

इस तरह स्नेह में पलकर ध्रुव कुछ बड़े हुए। अपने पैरों पर कुछ दूर तक चल लेने की शक्ति उनमें आ गई। ठुमकते हुए ऋषि-बालकों के साथ एक आश्रम से दूसरे आश्रम में, इसी तरह सब ऋषियों के दर्शन करने के लिए जाया करते। उनकी सोती हुई स्वर्गीय-ज्योति महर्षियों से छिपी न थी। वे ध्रुव को हृदय से लगा, अपने पूजन का समय भी ध्रुव से खेलते हुए भूल जाते थे। तपोवन-वासियों पर ध्रुव का एकछत्र अधिकार हो गया। साधुओं के साथ रहने के कारण ध्रुव में कभी बाल्य-चंचलता नहीं आ सकी। रोना तो जानते ही न थे। माता का दूध और पके हुए जंगलों के फल—यही उनका भोजन था। इसका प्रभाव स्वास्थ्य पर ऐसा पड़ा कि कभी एक दिन के लिए भी कोई पीड़ा न हुई। चेहरे पर शान्ति का राज्य था। प्रसन्नता की मुस्कराहट ध्रुव के होंठों पर बनी ही रहती थी। नन्हे-नन्हे भरे हुए हाथ, छोटा-सा गोरा-गोरा मुखड़ा, बड़ी-बड़ी आँखों में सरलता की अजीब आभा—जो कोई देखता, वही मुग्ध हो जाता था। अब ध्रुव अच्छे बड़े हो गए थे।

एक दिन बालकों के साथ ध्रुव खेल रहे थे। एक ने कहा, "चलो, आज राजा के यहाँ चला जाए। ज़रा चलकर देखना चाहिए कि राजा की राजधानी कैसी है। उसमें किस तरह से राजा रहते हैं। राजा के साथ वहाँ कौन रहता है। राजा का घर-द्वार कैसा है। यहाँ राजा की बड़ी तारीफ हुआ करती है कि वे बड़े धर्मात्मा हैं। अतिथियों-अभ्यागतों की बड़ी खातिरदारी किया करते हैं। बड़े मधुरभाषी हैं। अच्छा बताओ भाई, किसकी-किसकी इच्छा है चलने की?" सब बालक तैयार हो गए। ध्रुव ने कहा, "भाई, ज़रा माता की आज्ञा ले लूँ। तुम ज़रा देर यहीं ठहरो। मुझे विश्वास है कि माता मुझे आज्ञा दे देंगी।"

ध्रुव माता के पास गए। अपनी इच्छा भी प्रकट की। साथ बहुत-से लड़के जा रहे हैं, यह भी कहा। माता कुछ देर तक सोचती रहीं। अन्त में जाने की आज्ञा दे

दी। ध्रुव अपने साथियों से आ मिले। राजा के यहाँ चलने के लिए मुकाम कूच कर दिया गया।

आपस में हँसते-खेलते सब लड़के महाराज उत्तानपाद की राजधानी में आ पहुँचे। चारों तरफ कोट था। गहरी खाई गढ़ के चारों ओर थी। खाई में पानी भरा हुआ था। एक फाटक से सब लड़के भीतर घुसे। फाटक बहुत ऊँचा था। उसके ऊपर भी रहने की जगह थी। वहाँ सिपाही रहा करते थे। कुछ सिपाही अस्त्र-शस्त्र लिए फाटक में पहरे पर खड़े हुए थे। बालकों को यह जानकर कि ये ऋषियों के लड़के हैं, सन्तरियों ने रास्ता छोड़ दिया। फाटक से होकर वे लड़के गढ़ के भीतर चले गए। रास्ते की बनावट, रास्ते के दोनों ओर सुगन्धित फूलों की क्यारियाँ, अच्छे-अच्छे फलों के पेड़ देखकर आपस में वे राजा के ऐश्वर्य की समालोचना भी करते जाते थे। बड़े-बड़े तालाब भी उन्हें राह पर मिले। तालाब चौकोर दुरुस्त थे। बड़े सुहावने मालूम देते थे। चारों ओर से नीचे उतरने की पक्की सीढ़ियाँ बनी हुई थीं। एक ओर देवमन्दिर भी था। वहाँ ब्राह्मण बैठे हुए पूजा-पाठ कर रहे थे। कहीं अखाड़ों से पहलवानों को लड़कर लौटते देखा। उनके बदन में मिट्टी चढ़ी हुई थी। कहीं छोटी-सी चहारदीवारी से घिरी फुलवाड़ी देखी। कहीं पर झुंड-के-झुंड हाथी बँधे हुए झूम रहे थे। वहीं कतार-की-कतार घोड़ों की देखी। सब जगह चहल-पहल भी। बालकों को देखकर बड़ी प्रसन्नता हो रही थी। कई फाटक पार करके वे राजा के महल के पास आए। महल की भव्यता, उसकी ऊँचाई, उसकी कारीगरी और उसकी सफाई देखकर बालकों को बड़ा आश्चर्य हुआ। इतनी बड़ी इमारत उन्होंने कभी न देखी थी। सब-के-सब चक्कर में आ गए परन्तु ऋषियों के साथ रहने के कारण उनमें साहस भी गज़ब का था। वे महल के ऊपर चढ़ गए। सामने का हिस्सा महाराज का मंत्रणाभवन था। दरबार-भवन इस प्रासाद से कुछ दूर पर था। सब बालक मंत्रणाभवन में बेधड़क चले गए। महाराज उत्तानपाद उस समय वहीं पर थे। बालकों को देखकर राजा को बड़ी प्रसन्नता हुई। ऋषियों के बालक राजमहल में पधारे, इससे बढ़कर सौभाग्य की बात राजा के लिए और क्या होगी? मंत्रियों के साथ बालकों का परिचय लेने लगे। सबने अपने-अपने पिता-माता का नाम बतलाया। अपने आश्रम का पता भी सबने बता दिया। रह गए ध्रुव। ध्रुव कुछ न बोले। अपने एक दूसरे साथी की ओर ताकने लगे। ध्रुव को हिम्मत बँधाते हुए उसने कहा, "ध्रुव, महाराज को अपना परिचय क्यों नहीं देते हो?"

ध्रुव—"महाराज, मेरा परिचय क्या पूछते हैं? उस वन में एक अनाथिनी रहती है, मैं उसी की गोद में पला हूँ, वही मेरी माता है। उसे लोग 'सुनीति' कहकर पुकारते हैं और कुछ नहीं जानता।"

महाराज को अगर कोई आसमान में फूल खिलने की खबर देता, तो भी उन्हें इतना आश्चर्य शायद न होता। बड़े गौर से वे बालक के मुख की ओर ताकने लगे।

उनके मुख पर सुनीति की पूरी छाया पड़ी हुई थी। महाराज के हृदय में खलबली मच गई। सुनीति के दुख की याद करके उनकी आँखों में आँसू भर आए। सुनीति का नाम सुनते ही मंत्रियों ने ध्रुव को आदरपूर्वक गोद में उठा लिया। महाराज के मुख से मंत्रियों को सुनीति के निरपराध होने का समाचार उनके मृगया से लौटने के पश्चात् मालूम हो चुका था। अपने हृदय की ज्वाला शान्त करने के लिए महाराज ने मंत्रियों की गोद से ध्रुव को अपनी गोद में बिठा लिया। पिता के साथ ध्रुव राज-सिंहासन पर बैठा हुआ था। ध्रुव को बार-बार गले से लगाकर महाराज सुनीति के वियोग से उत्पन्न हुई ज्वाला शान्त कर रहे थे। सुनीति के दुखों को दूर करने का विचार कर रहे थे तथा मंत्रियों से सुनीति की दिनचर्या की बातचीत कर रहे थे। उस समय महाराज का दूसरा पुत्र, सुरुचि के गर्भ से पैदा हुआ—उत्तम, राजसी पोशाक से सजा-बजा उनके पास ही सिंहासन के नीचे खड़ा टकटकी लगाए ध्रुव को देख रहा था। यह एक अनजान बालक कैसे यहाँ आकर उसके पिता की गोद में बैठ गया, वह इसी विचार में डूबा हुआ था। इसी समय भीतर से रानी सुरुचि भी अपने पुत्र को खोजती हुई वहाँ आ पहुँची। अपने पुत्र को नीचे और एक अजाने दूसरे बालक को महाराज की गोद में बैठा हुआ देख आग-बबूला हो गई। महाराज से पूछा, ''यह बालक कौन है? प्यार से इसे गोद में बैठाए हुए हो!'' रानी को देखते ही राजा के देवता कूच कर गए। ऐड़ी से चोटी तक के रोएँ खड़े हो गए। इतना भय हुआ कि उनसे कुछ कहा ही नहीं गया। वे अपराधी की तरह रानी की ओर ताकने लगे। राजा को असमंजस में देखकर एक मंत्री ने रानी के प्रश्न का उत्तर दिया। कहा, ''देवी, बालक आप ही का है। रानी सुनीति जी के गर्भ से पैदा हुआ है।''

बस, सुनते ही रानी का चेहरा तमतमा उठा। कुछ बोली नहीं, बाँह खींचकर ध्रुव को गोद से उतार दिया। राजा की गोद में उत्तम को बैठा दिया। राजा, रानी का मुँह ताकने लगे। मंत्रियों ने चुपचाप सिर झुका लिया। ध्रुव के साथियों ने ध्रुव को अपनी गोद में ले लिया। फिर अकड़कर सब के सब रानी की ओर ताकने लगे। किसी-किसी मुँहफट लड़के ने गरमागरम कुछ सुना भी दिया।

रानी दबने वाली न थी। भौं मटकाकर, मुँह बिगाड़ ध्रुव की ओर ताकती हुई बोली, ''राजा की गोद में तुम्हारे जैसे अभागे बैठते हैं! राजा की गोद में बैठना था तो सुनीति के पेट से क्यों निकले थे?''

बात ध्रुव को चोट कर गई। कलेजा दो-टूक हो गया। आँखें छलछला आईं। ऋषिकुमारों ने वहाँ और ठहरना उचित नहीं समझा। ध्रुव को लेकर सब बाहर निकल आए। दो-एक उनमें ऐसे भी थे जो चलते-चलते पीछे की ओर घूमकर एक बार रानी को चुभीली नज़र से ताकते जाते थे। सब लड़के फाटक से बाहर निकल गए। वहाँ सबने ध्रुव को बहुत समझाया। राज्य में उसका आधा है, यह जता दिया। और यह भी कहा कि ऋषियों की मदद से अपने राज्य पर तुम्हें अधिकार करना चाहिए।

रास्ते-भर खूब गरमागरम बातें होती गईं। ध्रुव चुपचाप सुन रहे थे। उन्हें भी अपमान असह्य हो गया था। उनका रोम-रोम इसका बदला लेने के लिए तुला हुआ था। उपाय कुछ न था, उनमें बल-पौरुष भी अभी न आया था। लाचार थे पर क्षमा का लेशमात्र भी उनके हृदय में न था। घाव इतना गहरा हो गया था कि उसका दर्द ध्रुव को तब तक नहीं भूला, जब तक वे अपने उद्‍देश्य की सिद्धि तक नहीं पहुँचे।

आपस में बहस-मुबाहसा करते हुए सब लड़के तपोवन में आए। ध्रुव को उनकी माता के पास छोड़कर सब अपने-अपने घर चले गए। जाते समय कह गए, "इनसे सब हाल वहाँ का कह देना, तब तक हम घर से लौटकर अभी आते हैं। फिर देख लेंगे, कैसा वह बीवी का गुलाम राजा है और कैसी वह सिरचढ़ी रानी!"

सब लड़के अपने-अपने घर चले गए। ध्रुव माता की गोद में बैठकर रोने लगे। ध्रुव को रोते हुए देखकर माता का मुख सूख गया। उस बेचारी दुखिया का आधार एकमात्र वह पुत्र ही था—अन्धे की लकुटिया और उसके जीवन का एकमात्र सहारा। रानी ने बड़े आग्रह से बच्चे के बालों को सुधारते हुए मधुर शब्दों में पूछा, "बेटा, क्यों रोते हो? क्या वहाँ तुम्हें किसी ने कुछ कहा है या किसी ने तुम्हारा निरादर किया? बेटा!—मेरे लाल!"

ध्रुव के आँसू पोंछकर करुणा-भरी दृष्टि से पुत्र को देखती हुई अपने उमड़ते हुए दरिद्रता के दुख को दबाकर रानी मन-ही-मन परमात्मा को याद करने लगी। ध्रुव बोले, "माता, मैं राजा के यहाँ गया था। वहाँ का राज-ठाठ-बाट देखता रहा, साथियों के साथ चारों ओर राजधानी की सजावट देखता फिरा। फिर सब लड़कों की सलाह हुई कि अब चलकर राजा का महल भी देखना चाहिए। उनके साथ मैं भी महल में चला गया। सामने एक बड़ा-सा कमरा है। राजा वहीं बैठे थे। उनको घेरकर और भी बहुत-से आदमी अच्छे-अच्छे कपड़े पहने हुए वहाँ बेठे हुए थे। राजा को हम सब बालकों को देखकर बड़ी प्रसन्नता हुई। वे एक-एक करके सबके पिता और माता का नाम पूछने लगे। सबसे पीछे मेरी बारी भी आई। मैंने तुम्हारा नाम बताया। तुम्हारा नाम सुनते ही राजा के पास और जो लोग खड़े थे, उनमें से एक लम्बी दाढ़ीवाले ने मुझे अपनी गोद में उठा लिया। फिर महाराज ने सिंहासन पर बैठे हुए मुझे अपनी जाँघ पर बैठा लिया। सब लोग मेरा आदर करने लगे। एक लड़का मेरे समान राजा के सिंहासन के नीचे बड़े अच्छे-अच्छे कपड़े पहने हुए खड़ा था। वह एक नज़र से मुझे देख रहा था। फिर एक स्त्री आई। माँ, उसकी धोती बड़ी अच्छी थी, चमचमाती थी। उसने मेरी ओर ऐसी कड़ी निगाह से देखा कि मैं डर गया। उसने राजा से पूछा, 'यह कौन है?' पास बैठे लोगों ने तुम्हारा नाम लिया और कहा कि यह उन्हीं का लड़का है। तब तो वह और भी अंगारा हो गई। मेरी बाँह पकड़ और घसीटकर मुझे राजा की गोद से उतार दिया। और जो लड़का नीचे खड़ा था, उसे उठाकर राजा की गोद में बैठा दिया। कहा कि प्यार करना है तो इसे क्यों

नहीं करते? क्या यह लड़का नहीं? राजा, रानी का मुख देखने लगे। और मंत्रियों ने सिर झुका लिया। मेरे साथी मुझे लेकर चले आए। क्यों अम्मा! वह कौन थी, क्या तू जानती है?''

रानी, ''बेटा! वह रानी थी।''

ध्रुव, ''और वह लड़का?''

रानी, ''वह राजा का लड़का था। रानी उसकी माँ थी।''

ध्रुव, ''तो मुझे उसने गोद से उतार क्यों दिया? क्या मैं उसकी दौलत छीनने गया था?''

रानी, ''तुम उसकी दौलत छीनने तो गए ही थे।''

ध्रुव, ''यह कैसे?''

रानी, ''बेटा, तुम भी राजा के लड़के हो।''

ध्रुव, ''तो हमारी यह हालत क्यों है? वह रानी तो राजमहलों में रहे और तुम भूखों मरो, ऐसा क्यों?''

रानी, ''बेटा! ये हमारे पूर्वजन्म के कर्म हैं।''

ध्रुव, ''पूर्वजन्म के कर्म क्या किसी तरह मिट नहीं सकते?''

रानी, ''हाँ, मिट क्यों नहीं सकते? परमात्मा की इच्छा होती है, तो हज़ारों जन्म के पाप मिट जाते हैं।''

ध्रुव, ''क्या हमारा राज्य हमें मिल सकता है?''

रानी, ''हाँ, वे चाहें तो तुम्हारे राज्य से भी बड़ा कोई दूसरा राज्य तुम्हें दे सकते हैं।''

ध्रुव, ''वे कहाँ रहते हैं, अम्मा?''

रानी, ''बेटा, वे सब जगह रहते हैं, उनके पाने के लिए तपस्या करनी पड़ती है। जब वे प्रसन्न होते हैं, तब अपने भक्त को आकर दर्शन भी देते हैं।''

ध्रुव, ''तो क्या परमात्मा के सिवा हमारी पुकार का सुननेवाला और कोई नहीं है?''

रानी, ''नहीं, बेटा! गरीबों की पुकार का सुननेवाला परमात्मा ही है।''

पंचम परिच्छेद

भक्ति-पथ के पथिक ध्रुव

घोर स्तब्धता दशों दिशाओं में फैली हुई थी। हवा भी धीरे-धीरे बहुत डरी हुई-सी पृथ्वी के वक्षस्थल पर प्रवाहित हो रही थी। उसे शान्ति-भंग की आशंका थी। तारे इस मौन राज्य के सन्तरियों की तरह आकाश में सजग रहकर पहरा दे रहे थे। दानवाकार जंगल के बड़े-बड़े पेड़ रात्रि के शासन-भय से मानो चुपचाप एक-दूसरे से अपने कर्तव्य का निर्णय करा रहे थे। रह-रहकर निशाचर जीवों की आवाज़ उनके हृदय को कुछ साहस दे रही थी। जुगनुओं के क्षणिक प्रकाश में परिचित हो

जाने के भय से वे मानो अन्धकार के हृदय में और छिप जाते थे। दूर से जब-तब आती हुई पपीहे की पुकार, स्वर की सीमा तक निस्तब्धता को कुछ चंचल करके उसे और शान्त कर देती थी। इसके स्वर का विराम शान्ति के अगाध समुद्र में डूब जाता था। दिनभर के थके हुए जीव जीवन के स्वप्न-लोक में अपनी अधूरी लालसाएँ चरितार्थ कर रहे थे। सुखी मनुष्य, शान्ति के स्वागत के लिए अपने सर्वस्व को त्यागकर धन-जन-गृह ऐश्वर्य—सब कुछ छोड़कर, सर्वस्व भूलकर निद्रा के अन्धकारमय दुर्ग में प्रवेश का चुके थे। इन्द्रिय-सुख जिस प्यारी देह की बदौलत उन्हें मिला करता था, शान्ति के लालच ने उनसे उसका भी त्याग करा दिया था। वह देह-बिस्तर पर शिथिल वस्त्र की तरह पड़ी हुई थी। दिनभर के चंचल संसार में, शान्ति-साधना में बाधाएँ झेलते हुए रात को अवसर पा एकाग्र चित्त से योगी शान्ति की सच्चिदानन्द-मूर्ति का ध्यान कर रहा था। निशाचर जीव, चोर-डाकू, जुआड़ी और लम्पट इस निस्तब्धता में अपनी पैशाचिक-कीर्ति फैला रहे थे। आसव प्रमत्तांगिनी वारांगनाएँ विभ्रम भाव से शय्या पर पड़ी हुई नैश अत्याचार का प्रत्यक्ष उदाहरण दे रही थीं। बड़े-बड़े नगरों और जनपदों में मनुष्यरूपी पिशाचों का अत्याचार था और अरण्यों में हिंसक जन्तु अपनी जिघांसा-वृत्ति चरितार्थ कर रहे थे। परन्तु यह इतना भी अत्याचार शान्तिमयी रात्रि के उदार हृदय को चंचल नहीं कर रहा था। यह उसके अंग में, चन्द्रमा में कलंक की तरह था, इससे उसकी शोभा ही बढ़ती थी।

गहन अरण्य के एक ओर चिन्ता में डूबा हुआ एक बालक मन-ही-मन अपने भविष्य की चिन्ता कर रहा है। वह मनुष्य है, मनुष्य का हक लेकर पैदा हुआ है, मनुष्य से मनुष्योचित व्यवहार की आशा रखता है, मनुष्यों की सम्पूर्ण वृत्तियाँ उसके अन्दर भी विराजमान हैं चाहे उनका रूप बहुत क्षुद्र ही क्यों न हो—वे बीज-रूप में ही क्यों न हों। तिरस्कार, घृणा, अपमान, अत्याचार, निर्यातन इस पाशविक प्रवृत्तियों के विरोध के लिए आज उसके खून की हर एक बूँद तीव्र गति से उसे कार्यतत्पर कर रही हैं। बालक सोच रहा है—इस अत्याचार का उपाय। चिरकाल से मनुष्य जाति, मनुष्य जाति पर जो अत्याचार करती चली आ रही है—इसका कारण, साथ ही इसका प्रतिशोध भी। वह अत्याचार सहने के लिए नहीं आया, राजा को ऐश्वर्य के साथ परम सुन्दर सुसंगठित स्वरूप देते हुए विधाता को जितनी चित्रण-कुशलता दिखानी पड़ती है, उतनी ही दरिद्र को दीनहीन और निराश्रय करके चित्रण करते हुए भी। सौन्दर्य, ऐश्वर्य, विभूति, पूर्णता एक उच्च वंश में, एक सम्राट् में जितनी है उतना ही ऐश्वर्य, उतनी ही विभूति, उतना ही सौन्दर्य और उतनी ही पूर्णता एक भिक्षुक में भी है। दोनों के रूप भी वस्तुत: एक ही ठहरेंगे। सम्राट् के लिए प्राप्ति की पूर्णता का भाव सौन्दर्य है, तो भिक्षुक के भीतर कुछ नहीं की पूर्णता और अभाव का सौन्दर्य है। दोनों भरे-पूरे हैं—अपने-अपने सौन्दर्य की सृष्टि से, अपने-अपने विलास की कमनीयता से। फिर एक-दूसरे का इतना अनादर क्यों करता है? एक-

दूसरे के खून का प्यासा क्यों बना रहता है? एक-दूसरे की लाश पर अपनी विभूति क्यों दिखलाना चाहता है? बालक यही सोच रहा है। उसके हृदय में तीव्र जिज्ञासा जगी हुई है, और वह इसी दर्द की दवा के लिए व्याकुल हो रहा है। उपाय उसकी माता ने बतलाया तो, पर उस ईश्वर का पता क्या है? कहाँ जाया जाए तो उससे मुलाकात हो और सृष्टि की इस नृ:शंसलीला पर वह प्रश्न करे?

ध्रुव के हृदय में जहाँ अत्याचारी संसार का घोर विरोध भरा हुआ था, वहाँ मनुष्यों के प्रति सहानुभूति का महासागर उमड़ रहा था। ज़रा-सा बालक भाव की प्रशस्त ऊर्मियों पर तिनके की तरह बह रहा था। प्रतिकार के लिए उसने निश्चय कर लिया कि मैं उस ईश्वर को अवश्य खोजूँगा, उससे अवश्य मिलूँगा और इस नरक से भी बढ़े हुए संसार के आगे, आज तक रहते हुए भी जिस प्रश्न की मीमांसा नहीं हो सकी, उसे हल करके दिखलाऊँगा। परन्तु घर पर, माता की स्नेह-गोद में अगर सुख के चुम्बनों में भूल रहा तो समय मेरे संकल्प को अवश्य भुला देगा। माता की ममता मेरी दृढ़ता को परास्त कर देगी। एक वार सहकर, दो वार सहकर सहने की मुझे आदत पड़ जाएगी। सम्भव है कि फिर इस अन्वेषण से मन हट जाए, ऐसा हरगिज़ न होगा। मुझे आज ही और इसी समय से अपने प्रश्न के उत्तर के लिए तैयार हो जाना चाहिए।

ध्रुव ने मकान छोड़ दिया। माता की गोद का लाल, चिरदु:खिनी के अंचल का हीरा, उसे स्वप्न-राज्य में कुछ देर के लिए अपना दुख भूली हुई देख, अपना प्रकाश लेकर वहाँ से चल दिया, माता को एक दूसरा मधुरतर प्रकाश देने का दृढ़ संकल्प करके अरण्य-भूमि की नैश-निस्तब्धता के भीतर से अपने विचारों का दृढ़ बालक ध्रुव परमात्मा की खोज के लिए चल दिया! न शंका है, न विक्षेप। देह की कोई सुध नहीं। चित्त परमात्मा में लगा हुआ, हृदय आशा से भरा हुआ है, मन संकल्प की दृढ़ता से अविचल। जंगल से बाहर निकलने की कुल पगडंडियों से बाल्य-क्रीड़ा करते हुए ध्रुव के चंचल-चरण परिचित हो चुके थे। बालक चुपचाप तपोवन पार कर गया। सामने दूर तक फैला हुआ मैदान मिला। एक पगडंडी उसके बीच से गई थी। ध्रुव चलने लगे। उनका प्रश्न दुरूह और महान् था। उधर परमात्मा भी असीम, अनन्य और महान् थे। ध्रुव का धैर्य और साहस भी असीम और महान् था, इधर मार्ग भी अज्ञात दूर तक फैला हुआ असीम और महान् हो रहा था। क्षुद्र थी केवल उनकी देह। परन्तु उस बूँद में सागर भरा हुआ था।

ध्रुव अपनी धुन में रास्ता पार करते जा रहे थे। आज तक तपोवन की सीमा तक ही उनका परिचित संसार था। कभी दूर तक चले न थे। चलने की उम्र भी न थी। जंगल से बाहर निकलकर खुले मैदान में कुछ दूर जाते ही जाते ऊषा की ललाई पूर्व के आकाश में फैलने लगी। धीरे-धीरे उसकी गोद में सूर्य भी दिखाई पड़े। रात के विश्राम का अन्त हो गया। जीवों की आँख खुल गई। जीवन में नई स्फूर्ति का संचार

होने लगा। उधर पर्णकुटीर में रानी सुनीति भी जगीं। उनकी चिर-सहचरी दासी मधुमती उनसे कुछ पहले ही उठी थी। रानी ने फूस की सथरी पर ध्रुव को न देखा तो चित्त एकाएक चंचल हो उठा। दासी से पूछा, वह ध्रुव का हाल न बता सकी। धैर्य का बाँध टूट गया। पिछले दिन ध्रुव से जैसी बातचीत हुई थी, उससे माता के हृदय में बच्चे के लिए तरह-तरह की शंकाएँ उठने लगीं। दासी के भी होश उड़ गए। दोनों दौड़ी हुई ऋषि-पत्नियों के पास गईं। उनसे ध्रुव का पता पूछा। परन्तु वहाँ ध्रुव गए ही न थे, कोई क्या कहती? तपोवन भर में खलबली मच गई। सबको मालूम हो गया कि कल रात से ध्रुव गायब हैं। ध्रुव के साथ बालकों ने जंगलभर की खाक छान डाली पर कहीं पता न चला। रानी सुनीति सिर पीटकर रोने लगीं। मुनि-पत्नियाँ भी ध्रुव के लिए विलाप करने लगीं। दासी दौड़ी हुई राजधानी में महाराज को खबर देने चली गई। बालक चारों ओर तालाश कर हार गए। रानी का इकलौता लाल गोद से उठ गया, उसके सिर पर दुख का पहाड़ टूट गया! रोती हुई अपने भाग्य को कोसने लगीं।

"हे परमात्मा! यह क्या तुम घाव पर घाव कर रहे हो? मेरा लाल, मेरी गोदी का खिलौना, मेरी आँख की पुतली, मुझ अनाथ दुःखिनी का सहारा कहीं चला गया? भगवन्, तुम बड़े दयालु हो, दया के सागर। संसार तुम्हारे गुण गाता है। बड़े-बड़े मनीषी तुम्हारी कृपा का प्रचार करते हैं। परन्तु आज मेरे ऊपर तुम्हारी कृपा क्यों नहीं होती? भगवन्, क्या तुम भी गरीबों को ही मारते हो? क्या पिसे हुओं पर तुम भी पत्थर फेंकते हो? क्या कुचले हुए को तुम भी रौंदते हो? मुझ दुःखिनी को तुम्हीं ने वह भीख दी थी, भगवन्! देकर क्या तुम भी लौटा लेते हो? नहीं, तुम इतने निष्ठुर कदापि न होगे, इतने निर्दय कभी न होगे। तो दे दो, मेरा लाल जहाँ हो, मुझे ला दो। मेरी गोद सूनी न करो, प्रभो! मेरा दुख तुम जानते हो—खूब जानते हो—तुम अन्तर्यामी जो हो तो फिर क्यों मुझे रुला रहे हो? तुम्हें दया नहीं आती? भगवन्! अबला को मारकर तुम वीर न कहलाओगे-नन्हे से बच्चे को छीनकर तुम शूर न हो जाओगे। ला दो कहाँ है मेरा लाल? अरे! तुम इतने निर्दयी हो! मैं महारानी थी—मुझे तुमने भिखारिन बना दिया—क्या मैंने कोई कसूर किया था—क्या तुम्हारी पूजा में कभी कोई त्रुटि हो गई थी? फिर तुम क्षमा-निधान कैसे हो? सच कहती हूँ, अगर मेरा लाल मुझे न मिला, तो मैं तुम्हें शाप दूँगी! क्या तुम शाप से नहीं डरते? नहीं, डरना होगा, बड़ा कठोर शाप दूँगी-चैन न पाओगे, नहीं तो मेरा लाल मुझे फेर दो! फेर दो! फेर दो! कहाँ गया वह? कोई उठा तो नहीं ले गया? किसी ने मार तो नहीं डाला? आह! तुम ले आओ, वह जहाँ हो वहाँ से ले आओ। यमलोक! क्या वहाँ तुम्हारी पैठ नहीं है? मेरे साथ छल-कपट न करो—वह भी तो तुम्हारा ही बनाया हुआ है। लाओ—वहाँ से भी ले आओ, हाय लाल! कहाँ चले गए तुम? मुझे अकेली छोड़कर चले गए! अरे! अम्मा की याद न आई तुम्हें?"

रानी बिलकुल पगली-सी हो गईं! पुत्र को ही देखकर वे जीती थीं। दुख के महासागर में वही उनका अवलम्ब था। उसे देखकर ही अपने दुख को भूली हुई थीं। मुनि-पत्नियाँ भी ध्रुव को जी से प्यार करती थीं। उनके हृदय में भी ध्रुव के लिए करुणा की धारा बह रही थी परन्तु उस समय उन्होंने अपने को सँभाला। रानी को धैर्य देने लगीं। ध्रुव के लिए उन्हें बहुत समझाया कि हताश न हो, वह कहीं न जाएगा। उसके लिए भय क्या है? ऋषियों की बात टल नहीं सकती। ध्रुव को वे बड़ी उच्च-दृष्टि से देखते हैं। ध्रुव को संसार में परमात्मा की महान् कीर्ति फैलाने के लिए आया हुआ महापुरुष बतलाते हैं। उनकी बात पर विश्वास करो। इतनी अधीरता दुर्बलता की सूचक है। ध्रुव के लिए सब तरह के भय को हृदय से दूर कर दो। वह जहाँ होगा, आनन्द से ही होगा।

उधर, दासी मधुमती के मुख से ध्रुव के गायब हो जाने की खबर महाराज उत्तानपाद को मिली। आग की तरह खबर तमाम राजधानी में फैल गई। महाराज तो कलेजा थामकर ही रह गए। पुत्र के अदर्शन का शोक उनके लिए असह्य हो गया। उधर, मंत्रियों ने भी समाचार सुना। उन लोगों ने अनुमान लगाया कि यहाँ से रानी के द्वारा तिरस्कार किए जाने के कारण सम्भव है कि ध्रुव को आत्मग्लानि हुई हो और इसलिए वे अपनी कुटिया छोड़कर कहीं चले गए हों। इस अनुमान पर मंत्रियों को विश्वास हो गया। उन्होंने समागत दासी से पूछा तो मालूम हुआ कि यहाँ के तिरस्कार और रानी के द्वारा किए गए अपमान की बातें अपनी माता से उन्होंने कही थी। माता ने इसके उत्तर में कहा था कि परमात्मा के हाथ इसका प्रतिकार है, वे चाहें तो इससे बड़ा कोई राज्य तुम्हें दे सकते हैं। दासी के मुख से ध्रुव के सम्बन्ध की ये बातें सुनकर मंत्रियों को अपने अनुमान पर विश्वास हो गया। वे राजा के पास इसके प्रतिकार के लिए गए। राजा अगर ध्रुव की कुछ सहायता करें, यदि उनकी माता के भोजन-वस्त्र का दुख दूर करें, तो सम्भव है कि ध्रुव का पता लग जाने पर उन्हें मना लिया जाए। मंत्रिमंडल महाराज के पास पहुँचा। राजा उदास भाव-से बैठे हुए थे। मंत्रियों ने प्रणाम किया। राजा चुपचाप बैठे ही रहे, प्रणाम करने पर भी मंत्रियों से कोई बातचीत न की। मंत्रियों को महाराज के मन की अवस्था मालूम हो गई।

महाराज से मंत्रियों ने विनयपूर्वक कहा, ''राजन्, ध्रुव का पता लगाया जाए तो लग सकता है। क्योंकि दासी के मुख से उनके जहाँ तक समाचार विदित हो सके हैं, उनसे मालूम होता है कि वे यहाँ अपमानित होने के कारण ही क्षोभ में आकर कहीं चले गए होंगे। अगर उनके और महारानी सुनीतिजी के लिए भोजन-वस्त्र का कोई उत्तम प्रबन्ध कर दिया जाए, तो आशा है कि वे लौट आवें।''

महाराज को मंत्रियों का प्रस्ताव बहुत पसन्द आया। उन्होंने कहा, ''ठीक है, दोनों वक़्त दो सेर आटा और वस्त्र उनको मिलता रहेगा। वे नाराज़ होकर कहीं चले गए हों, तो उन्हें बुलवा लीजिए।''

मंत्रिमंडल ने महाराज को प्रणाम कर ध्रुव की खोज करने के लिए चारों ओर दूत भेजे। बात-की-बात में सारे में खबर फैल गई। दूत भी बड़ी चौकसी से ध्रुव को खोज रहे थे। बहुत शीघ्र ही ध्रुव का पता लग गया। दूतों ने राह में उनसे प्रार्थना की कि अब रुक जाएँ, जब तक महाराज के पास से कोई खबर न आ जाए। दूत की बात सुनकर ध्रुव वहीं रुक गए। एक आदमी उनके पास बैठा रहा। और लोग राजधानी को खबर देने के लिए लौट आए। पहले मंत्री को समाचार दिया गया। ध्रुव के मिल जाने के संवाद से वे बहुत प्रसन्न हुए। दूतों को बड़ा ईनाम दिया। फिर से अपने सहायक मंत्रियों को साथ लेकर राजा के पास गए। ध्रुव के मिल जाने का संवाद पा महाराज के तो आनन्द का ठिकाना ही न रहा। उन्होंने कहा, अच्छा हुआ, रानी सुनीति को ध्रुव के बिना बड़ा दुख हो रहा होगा। जिस तरह हो, ध्रुव को मनाकर सुनीति के पास छोड़ आइए।

मंत्री प्रणाम कर लौट आए। दूतों को बुलाकर कहा कि ध्रुव से जाकर कहो, महाराज ने तुमको दो सेर आटा और वस्त्र देना मंजूर किया है, आप अपनी माता के पास लौट जाएँ।

राजा की आज्ञा ध्रुव के पास पहुँचकर दूतों ने सुनाई। नम्रतापूर्वक ध्रुव ने कहा, ''भाई, महाराज से मेरा प्रणाम कहना। मुझे अब उनकी कृपा की आवश्यकता नहीं है। मुझे कृपा के आगार परमात्मा की ही कृपा चाहिए। वे मुझ पर दयाभाव रखें और मेरी माता पर उनकी जैसी कृपा है, वह मैं प्रत्यक्ष देख चुका हूँ। मुझे अब किसी दूसरे का भरोसा नहीं रहा।''

दूत लौट आए। मंत्री से ध्रुव का सब हाल कहा। ध्रुव की बातें सुनकर मंत्री के तो होश उड़ गए। इतनी दृढ़ बात उन्होंने कभी न सुनी थी। महाराज के पास जाकर उन्होंने ध्रुव की बातें सुनाईं। महाराज भी दंग रह गए। बालक आज परमात्मा के पास अपनी फरियाद लेकर जा रहा है, सोचते ही बदन काँपा—अंग-अंग में भय समा गया, जैसे ध्रुव के साथ उन्होंने कोई बड़ा अन्याय किया हो। उनकी अन्तरात्मा बड़े ऊँचे शब्दों में उनके अन्दर पुकार-पुकारकर कहने लगी, 'तुम दोषी हो, परमात्मा तुम्हें दंड देंगे। तुमने बालक के साथ, उसकी माता के साथ, करोड़ों मनुष्यों के नायक राजा होकर घोर अन्याय किया है-उनके प्रति घोर अविचार किया गया है। परमात्मा तुम्हें इसके बदले अवश्य दंड देंगे।' राजा का चेहरा उतर गया। उन्हें विश्वास हो गया कि वे दोषी हैं। उन्होंने मंत्री से कहा, ''ध्रुव को अवश्य लौटा लाओ। कहो, उसका हिस्सा, आधा राज्य उसे दिया जाएगा, वह लौट आएँ।''

मंत्री ने फिर दूत भेजा। आधा राज्य देने के कौल पर ध्रुव को लौटा लाने के लिए कह दिया। दूत को जैसा कहने के लिए कहा था, ध्रुव के पास जाकर उसने उसी तरह आधा राज्य देने का समाचार सुना दिया। ध्रुव बड़े चकित हुए। सोचा-परमात्मा की कृपा तो यहीं प्रत्यक्ष हो गई। अभी परमात्मा के दर्शन भी नहीं हुए और आधा

राज्य मिलने लगा! उनके दर्शन से न जाने मुझे कितना बड़ा लाभ हो। मुझे यह अवसर कभी न चूकना चाहिए। दूत को पास बुला, बड़े मधुर शब्दों में उसे समझाते हुए ध्रुव ने कहा, "दूत, महाराज की उदारता के लिए मैं उनका चिर-कृतज्ञ रहूँगा। पर उनसे कहना कि यह सब मैं परमात्मा की ही कृपा समझता हूँ। जिनका नाम लेकर बाहर निकलने के साथ मुझे आधा राज्य मिलने लगा, उनसे साक्षात्कार होने पर अवश्य ही मुझे इससे बढ़कर लाभ होगा। इसलिए मैं अब परमात्मा से मिलकर ही अपने भाग्य की परीक्षा करूँगा। मेरी दु:खिनी माता से मेरा प्रणाम कहना और कहना कि ध्रुव तुम्हीं ही आज्ञा से परमात्मा से मिलने जा रहा है, उसके लिए कोई चिन्ता न करो। परमात्मा सदा उसकी रक्षा करेंगे।"

इतना कहकर सिर झुका मन-ही-मन परमेश्वर की कृपा पर विचार करते हुए ध्रुव आगे बढ़े। दूत लाचार होकर लौट आए। मंत्री को खबर दी। सब समाचार सुनाया। मंत्री दंग रह गए। त्याग की महत्ता के सामने आप-ही-आप उनका मस्तक अवनत हो गया। मन-ही-मन ध्रुव को उन्होंने प्रणाम किया। फिर महाराज के पास गए। ध्रुव के आधा राज्य पाने पर भी न लौटने का समाचार सुन महाराज को बड़ा आश्चर्य हुआ। इतना बड़ा त्याग अपने जीवन में उन्होंने कभी न देखा था। ध्रुव के त्याग से उनकी बुद्धि भी आ गई। वे सँभल गए। परलोक की याद आई। बुरी लतें छूटने लगीं। भोग से चित्त हट गया। कर्म की प्रवृत्ति बढ़ने लगी। राज्य का प्रबंध अच्छी तरह होने लगा। प्रजा भी पहले से सुखी रहने लगी।

यह खबर महारानी सुनीति के पास भी पहुँची। पुत्र के त्याग का आदर्श देखकर स्नेह के कारण पैदा हुआ उनका मोह जाता रहा। त्याग के प्रभाव ने उनमें ज्ञान की ज्योति फैला दी। उन्हें नश्वर और अविनश्वर का बोध हो गया। जितने कष्टों का सामना अब तक वे करती आईं, वे सब पुत्र के आदर्श से उन्हें बहुत ही तुच्छ जँचने लगे। भोग-वासना की रही-सही इच्छा को भी हृदय से निकाल देने का आग्रह बढ़ा। मन तपश्चर्या की ओर झुका। पुत्र को परमात्मा के चरणों में समर्पित करने का एक अज्ञात गर्व-सा होने लगा। सबसे बड़े कार्य को पूर्णतया सफल कर सकने के कारण माता की अन्तरात्मा में एक प्रकार की शक्ति आने लगी। सब विकार दूर हो गए। मन में पूजा-पाठ, साधना—भजन और सत्संग की इच्छा प्रबल हो उठी। तपोवन में मुनि-पत्नियों के साथ वे सुखपूर्वक रहने लगी।

षष्ठ परिच्छेद

नारद जी का उपदेश

ध्रुव चले गए। स्नेह की मूर्ति माता, साथ के खेलनेवाले मुनियों के बालक, प्रकृति की प्यारी मुस्कान पर इतराती हुई हरी-भरी, कितने ही प्रकार के सुगन्धित

फूलों से लहलहाती लताओं और कोमल पल्लवोंवाली अरण्य भूमि, प्रभात की किरणों से नहाई हुई, सर्वस्व समर्पित करने के लिए पुष्पांजलि लेकर, परमात्मा को नित्य ही अर्घ्य देनेवाली वह विभूति पीछे पड़ी रह गई। उस ओर से बालक ध्रुव के हृदय में तीव्र वैराग्य की उत्पत्ति हो गई। वह उससे भी बढ़कर एक दूसरे सत्य की खोज के लिए व्याकुल हो रहा है। आज अपने परिमित सुख की सीमा में बँधा रहकर संसार के सामने एक बहुत बड़े रहस्य पर पर्दा नहीं पड़ा रहने देना चाहता। वह चाहता है—चिरकाल के लिए दुख, अपमान, निरादर, असन्तोष, राक्षसी-वृत्ति और निर्दयता के तत्व-क्रूरता से बचने का उपाय मनुष्यों को मालूम हो जाए। वह चोट सहकर चुपचाप रह जानेवाली प्रकृति को लेकर नहीं पैदा हुआ।

सिर झुकाए अपनी भावना में मस्त, बालक सामने के अगणित अद्भुत दृश्यों को देखता हुआ चला जा रहा है। कितने ही प्रान्त, शस्य-श्यामल कितने ही खेत, कितने ही समृद्धिशाली प्रसिद्ध नगर, कितनी ही वरसि-विक्षुब्ध नदियाँ, कितने ही विशाल सरोवर छूट गए, वे बालक का ध्यान अपनी सुहावनी सृष्टि की ओर आकर्षित न कर सके। प्रभात की स्वर्ण-किरणों की चपल बाल-लीला, दुपहर की उग्र मूर्ति की कराल विभीषिका, अस्तगामी सूर्य का अन्तिम अभिवादन—सब समाप्त हो गया पर बालक की वृत्ति ज्यों-की-त्यों सुमेरु की तरह से अटल, समुद्र-सी गम्भीर, रात्रि-सी गहन और धरित्री-सी धीर बनी रही। लगन में कोई बाधा उसे पराजित न कर सकी। लक्ष्य से कोई प्रलोभन उसे च्युत नहीं कर सका।

मार्ग में सप्तर्षि मिले। ऋषियों को बालक की मनोहर, शान्तमूर्ति पर दया आई। उसमें ऐसा ही अपनाव था। ऋषियों का सत्त्वगुण, बालक के महासत्त्व की ओर आप-ही-आप खिंच गया। ऋषियों का मौन ध्यान ईश्वर से हटकर बालक की ओर चला गया। संसार को भूले हुए ऋषियों ने संसार की एक अनमोल रचना प्रत्यक्ष देखी। खड़े हो गए। पूछा, ''बेटा, तू कौन है? कहाँ जा रहा है?''

ध्रुव ने भी नज़र उठाई। सामने ऋषियों की मूर्तियाँ देखकर भूमिष्ठ हो उन्हें प्रणाम किया। ऋषियों को परम प्रसन्नता हुई। आशीर्वाद दिया। ध्रुव बोले, ''भगवन्, मैं महाराज उत्तानपाद का पुत्र हूँ। मेरा नाम ध्रुव है। मेरी माता को, मेरी विमाता जब आई, पिता जी ने निर्वासित कर दिया है। वहीं जंगल में मेरी उत्पत्ति हुई। ऋषियों की कृपा से वहीं मैं पला भी। एक दिन मैं पिता के यहाँ, अपने साथी मुनि-कुमारों के साथ गाया। पिता जी ने मुझे अपनी गोद में बैठा लिया। यह देखकर मेरी विमाता से नहीं रहा गया। उसने मेरी बाँह पकड़ और घसीटकर मुझे पिता जी की गोद से नीचे उतार दिया। भगवन्, तब से मेरे हृदय को बड़ा दुख हुआ है। क्यों मनुष्यों को इतना लांछन सहना पड़ता है? मैंने अपनी माता से पूछा तो उन्होंने मुझे ईश्वर से इसके कारण का प्रश्न करने के लिए कहा। मैं अब ईश्वर की खोज के लिए जा रहा हूँ।''

इतना कहकर ध्रुव चुप हो गए। आँखें नीची कर लीं। सातों ऋषि एक-दूसरे की ओर देखकर मुस्कराए। ध्रुव को आशीर्वाद दिया। कहा, ''बेटा, तुमसे संसार को बहुत बड़ा लाभ होगा। तुम संसार के सामने अविनश्वर आदर्श की स्थापना करने के लिए आए हो। तुम्हें भेजकर परमात्मा अपने एक बहुत बड़े उद्देश्य की सिद्धि करना चाहते हैं। हमें दृढ़ विश्वास है, तुम भी दृढ़ रहो, तुम्हारा मनोरथ पूरा होगा।''

आशीर्वाद देकर सातों ऋषि चले गए। ध्रुव का विश्वास और दृढ़ हो गया। दुर्बलता पर विजय पाने की एक अज्ञात शक्ति उनके अन्दर उमड़ आई। चलते-चलते परम रमणीय प्राकृतिक दृश्य के एक अपूर्व नन्दन-वन में ध्रुव पहुँचे। चारों ओर से स्वर्गीय-स्वप्न की मनोमोहिनी माया में चिरकाल के लिए जीवों को लुभा रखने की शक्ति उस वन के पल्लव-पल्लव पर क्रीड़ा कर रही थी। ध्रुव को वह स्थान बड़ा ही हृदयग्राही जान पड़ा। इधर-उधर छोटी-छोटी पहाड़ियाँ वनदेवी की शोभा पर गौरव-किरीट-सा धारण किए हुए थीं। छोटे-छोटे झरने, हृदय के बहते हुए आनन्दोच्छ्वास हो रहे थे। चिड़ियों की चहक आनन्द की स्वागत-रागिनी थी। उस सजीवता को आँख खोलकर तृप्ति के साथ बड़ी देर तक ध्रुव देखते रहे। दिनभर की थकावट क्षणभर की शान्ति से जाती रही। निराशा की अलस-अँगड़ाइयाँ दूर हो गईं। उस सजीवता से हृदय में भी सजीवता आ गई। ध्रुव एक छोटी-सी चिकनी शिला पर बैठ गए। अपने भविष्य को कल्पना के सहारे देखने लगे। ईश्वर के प्रत्यक्ष करने का उपाय सोचने लगे।

विश्राम लेने के लिए दिनभर के थके हुए सूर्य अस्ताचल की ओर धीरे-धीरे प्रस्थान कर रहे थे। कनक-किरणों के साथ ही सब जीवों की सजीवता भी संसार की गोद से मिटती जा रही थी। निद्रा के रंगमहल में थके-माँदे लोगों के शरीर आराम करने के लिए पड़ते जा रहे थे। सुख और आलस्य के सामान भी विधाता की कृपा से उचित समय पर ही मिलते हैं।

सूर्य अस्त हो गए। किरणों का राज्य उठ गया। संसार पर शिथिलता का जादू चलने लगा। जीवों ने विश्राम की शरण ली परन्तु ध्रुव उसी वन में चुपचाप अपने भविष्य की चिन्ता में डूबे हुए विचार कर रहे हैं। इतनी दूर तो वे चले आए, पर अब क्या करें? चारों ओर से न जाने कितनी दूर तक मार्गों का प्रसार बढ़ता ही चला गया है। क्या वे चिरकाल तक मार्ग पार करते हुए अपने उद्देश्य की सिद्धि तक पहुँच सकेंगे? अन्तरात्मा इससे इन्कार कर रही थी परन्तु उपाय भी दूसरा न सूझ रहा था। कहाँ जाएँ? किस तरह पुकारें? कैसे ईश्वर की कृपा उन पर हो? सोचते ही सोचते हृदय की विकलता सीमा को पार कर गई। क्षणभर के लिए एक दुर्बलता सामने आकर खड़ी हो गई। साहस का बाँध टूट गया। आँखों पर निराशा की घटा उमड़ आई। शिथिलता की बूँदें टपकने लगीं। ध्रुव का सर्वांग धो गया—ढीला पड़ गया, हाथ हिलाने की ताकत भी जाती रही। कुछ देर के लिए मूर्च्छा-सी

आ गई। बालक अपना प्रण, अपना वर और अपनी स्नेह की मूर्ति माता को भी भूल गया। मूर्च्छा के अन्धकार में उसे पहरभर तक अपनी देह-दशा की भी खबर न रही।

जंगल में चारों ओर हिंस्र जन्तुओं का राज्य था। अपने-अपने शिकार की तलाश में सब फेरी लगा रहे थे। मूर्च्छित बालक के पास भी आए पर सूँघकर ही लौट गए। हिंस्र-जन्तुओं की हिंसावृत्ति को बालक के अन्दर अपना विरोधी-भाव नहीं मिला! हिंसाकार्य में इसलिए उन्हें सफलता नहीं हुई।

ध्रुव की आँख खुली। देखा, चारों ओर सन्नाटा था। पेड़ों की पत्तियाँ भी नहीं हिलती थीं। ज़मीन और आसमान पर अन्धकार का राज्य था। ध्रुव को माता की आज्ञा याद आई। सप्तर्षियों का बँधाया हुआ साहस याद आया। हृदय में एक बार फिर जोश की तरंगें उठने लगीं। फिर निश्चय हुआ कि जीवन में मृत्यु का सामना एक ही बार तो करना है, फिर क्यों न मैं इस महान् प्रश्न को सामने रखकर मृत्यु के लिए तैयार रहूँ? अगर मनोरथ सिद्ध न हुआ, अगर घर लौटना पड़ा तो उस जीवन से तो विफल-मृत्यु ही मेरे लिए गौरवप्रद होगी। इतना सोचने के साथ ही हृदय में वैसी ही नवीन स्फूर्ति उमड़ आई। आत्मा को कर्तव्य-मार्ग पर अटल रहने का आदेश करने लगी। ध्रुव एक यंत्र की तरह आशा और निराशा का घनघोर संग्राम देखते रहे। शक्ति की प्रलयंकरी तरंगों पर बुदबुदा-सा बैठा हुआ बालक उसकी विश्वग्रासिनी लीला प्रत्यक्ष करने लगा।

धीरे-धीरे उत्थान और पतन के भीतर से, तमाम रात पार हो गई। रोज़ की तरह फिर पूर्व के आकाश में ऊषा की अरुण आभा संसार की सुप्ति को अपनी प्रस्फुट मुस्कान में मिला लेने के लिए आ गई। जागरण के तप्त-चुम्बन-स्वरूप सूर्य भी धीरे-धीरे निकल आए। प्रभाती की स्वरहिलोर फिर पृथ्वी के एक प्रान्त से दूसरे प्रान्त तक धावा मारने लगी। ध्रुव के मन में इस दैनिक-दृश्य से भी वैराग्य हो गया। उदासीनता असफल शरीर के अणु-परमाणु से सूचित हो रही थी, मानो शरीर तक का त्याग कर ध्रुव अपने लक्ष्य पर पहुँचने के लिए तैयार हो रहे थे।

बालक की तीव्रता ने गुरु को आकर्षित किया। गुरु-रूपी आईने में ही परमात्मा का प्रतिबिम्ब पड़ता है—गुरु और परमात्मा अभेद हैं, शास्त्रों की यह उक्ति सप्रमाण सिद्ध हो गई। ध्रुव की विकलता ज्यों-ज्यों बढ़ती जा रही थी, त्यों-त्यों उनके गुरु नारद भी समीपवर्ती होते जा रहे थे। यथासमय पर गुरु की भावी दृष्टि शिष्य पर पड़ी। उन्होंने ईश्वराराधनरूपी महाभाव के धारण करनेवाले अधिकारी को पहचाना। सामने आकर खड़े हो गए। पूछा, "बेटा, तू कौन है? इस एकान्त स्थान में तू कैसे आया?"

रातभर की चिन्ता के बाद ध्रुव ने निश्चय कर लिया था कि उस देह से कोई फल नहीं है, जिससे परमात्मा के दर्शन न हों। शरीर त्याग के इस महासंकल्प के

पश्चात् उन्हें सृष्टि की सभी वस्तुओं में चेतन की सत्ता दिखलाई पड़ने लगी थी परन्तु उस समय भी ये जड़ से चेतन को अलग नहीं कर सके थे। जड़ का लगाव उनमें तब तक बना रहा था। जो कुछ देखते थे, उसमें एक साथ ही जड़ और चेतन—दोनों उन्हें दिखलाई पड़ते थे। ईश्वर की चिन्ता करते-करते ईश्वर के सिवा और कुछ उनके मुख से न निकलता था। सुबह को सृष्टि की जितनी रचनाएँ देखीं, उन पर ईश्वर का भ्रम होने लगा था—वे उन्हें ईश्वर कहकर पुकारते थे। यह भ्रम गुरु के आने पर भी उन्हें हुआ।

ध्रुव बोले, ''क्या तुम मेरे ईश्वर हो, भला तुम्हें इतनी देर करके आना था? देखो तो मेरी क्या दशा हो रही है। अब तक तुम कहाँ थे? मेरी माता ने कहा था कि तुम सब जगह हो। रातभर मुझे यहाँ कितनी तकलीफ मिली, क्या तुम नहीं जानते?''

नारद—''बेटा, अपनी प्रकृति को शान्त करो। तुम्हारी आँखें कह रही हैं, रात को तुम्हें नींद नहीं आई। क्या तुम रातभर से यहीं पड़े हुए हो? बेटा, मैं ईश्वर नहीं। मैं उनका दास हूँ। परन्तु तुम चिन्ता न करो। ईश्वर तुम पर प्रसन्न हैं। हृदय को धैर्य दो। बेटा, ईश्वर के लिए करोड़ों जन्म तक की साधना और धर्म चाहिए। इतना अधीर होना ठीक नहीं। बुद्धि को स्थिर करो। अभी तो तुम यह बताओ कि तुम कहाँ रहते हो? तुम्हारे पिता-माता कौन हैं? इस थोड़ी उम्र में कैसे तुम उनकी गोद को छोड़कर चले आए?''

ध्रुव—''आपकी ऐसी ही आज्ञा है तो सुनिए। मेरा नाम ध्रुव है। मेरे पिता महाराज उत्तानपाद हैं। मेरी माता का नाम सुनीति है। मेरे पिता ने अपना दूसरा विवाह कर लिया और मेरी माता को निकालकर जंगल में रहने की आज्ञा दी। मेरी माता को इस आज्ञा से राजभवन छोड़कर जंगल में आकर रहना पड़ा। वहीं मैं भूमिष्ठ हुआ। एक दिन मैं पिता के दर्शन के लिए गया था, तब तक मुझे मालूम न था कि मेरे पिता कौन हैं। मेरे साथियों से मेरी माता का नाम सुनकर मेरे पिता ने मुझे अपनी गोद में बैठा लिया। पिता के पास उनके कुछ मंत्री भी खड़े थे। उन्होंने मेरा बड़ा आदर किया। तब तक मेरी विमाता भी वहाँ आ गईं। उन्होंने मेरी बाँह पकड़ मुझे नीचे उतार दिया। मेरे हृदय को इससे बड़ा दुख हुआ। मैंने अपनी माता से पूछा तो उन्होंने मुझे अपमान का कारण ईश्वर से पूछने की आज्ञा दी। भगवन्, आप कौन हैं? आप उनके दास हैं तो मुझे भी ईश्वर का दास कर लीजिए। मुझे उनसे मिला दीजिए। आप तो ईश्वर का पता जानते होंगे?''

नारद—''बेटा, ईश्वर के दर्शन सहज ही में नहीं होते। ईश्वर के लिए अनेक जन्मों तक धैर्य रखना पड़ता है। वह बडा कठिन मार्ग है बेटा, इसमें बड़े-बड़े विघ्न हैं। अभी तुम्हारी उम्र बहुत थोड़ी है। इस उम्र में तुम इतना बड़ा साहस न करो। विमाता के किए हुए अपमान पर इतना क्षोभ क्यों करते हो? मेरी बात मानो, घर लौट जाओ। तुम्हारी माता तुम्हारे बिना रोती होंगी। क्या तुम्हें अपनी माता की याद

नहीं आती? बड़े होकर अपनी माता की सेवा करो। उनको सुखी कर सकोगे तो तुम पर सब देवता आप ही प्रसन्न होंगे। यह मार्ग बड़ा कठिन है बेटा, बड़ा कठिन है।''

ध्रुव—''तो आप मुझे डराने आए हैं? आप अपने को ईश्वर का दास भी बतलाते हैं और दूसरे उस मार्ग से रोकते भी हैं! आप मुझे फेर न सकेंगे। मैं ईश्वर के नाम पर यहीं मर जाऊँगा पर अब घर नहीं लौटूँगा। भगवन्, मुझे विमाता के अपमान का बदला नहीं लेना है, न मुझे अपनी दु:खिनी माता के लिए ही चिन्ता है—क्या ईश्वर उनकी रक्षा न करेंगे? वे बतलाती थीं—वहाँ के मुनि और मुनियों की पत्नियाँ भी कहती थीं कि एकमात्र ईश्वर ही सब लोगों की रक्षा करते हैं, उनकी कृपा से ही लोग साँस ले सकते हैं। भगवन्, क्या यह सब सत्य नहीं है? मुझे अब भुलावे में न डालिए-बतलाइए, मैं आपको अब न छोड़ूँगा, बतलाइए, ईश्वर को मैं किस मार्ग से चलकर पा सकूँगा?''

ध्रुव की विकलता देखकर नारद को दया आ गई। उन्होंने अपने शिष्य को पहचाना। उसके महान् भविष्य की याद करके उनके हृदय में आनन्द की लहरें उठने लगीं। ध्रुव की ओर स्नेहभरी दृष्टि फेरते हुए कहा, ''बेटा, तू मेरी बात न मानेगा?''

ध्रुव ने अपनी कोमल बाँहों से महर्षि नारद के पैर पकड़ लिये। साथ ही, बड़ी देर के रुके हुए वेदना के आँसू अनर्गल झरने की तरह बह-बहकर नारद के पैरों की धूलि धोने लगे। करुण-कंठ से बालक ने कहा, ''भगवन्, दया कर मुझे परमात्मा की राह बताइए, नहीं तो आपकी भी राह रुकी है। अन्धे को आँख दीजिए—प्रकाश में लाइए, उद्धार कीजिए!''

नारद—''ध्रुव, उठो! ईश्वर तुम पर प्रसन्न हैं। अपनी कठोर साधना से संसार को शिक्षा दो। मैं भी अपना कर्तव्य पूरा करता हूँ। बेटा, तुम्हारा मंत्र यह है। (महर्षि ने ध्रुव को मंत्र सुना दिया।) इसको जय-सिद्धि के समय तक न भूलना। सावधान ध्रुव! माया के बहुत बड़े-बड़े प्रलोभन तुम्हारे सामने आवेंगे। स्वीकार न करना। यदि इन्द्रत्व भी तुम्हें मिले तो वह भगद्दर्शन के मुकाबिले में तृण-तुल्य है—उस पर रीझ न जाना। बड़ी-बड़ी बाधाओं, बड़ी-बड़ी आपदाओं का सामना करना होगा। अपना धैर्य न छोड़ना। मैं सब समय तुम्हारे साथ ही रहूँगा। चिन्ता न करना। समय के आने पर मैं तुम्हें परमात्मा से परिचित करा दूँगा। चिन्ता साधना के समय आठों सिद्धियाँ तुम्हें लालच में डालकर गिरा देने की भरसक चेष्टा करेंगी, उनसे सावधान! स्वीकार करोगे तो उससे बचाने की शक्ति मुझमें नहीं है, उनका भोग तुम्हें करना ही होगा। मैं ज्ञान के द्वारा तुम्हारी मदद करता रहूँगा, तुम किसी प्रलोभन में न पड़कर मेरी मदद से काम करना। जाओ बेटा! मैं हृदय से आशीर्वाद देता है, तुम्हारा मनोरथ पूर्ण हो।''

ध्रुव ने भूमिष्ठ हो, गुरु को प्रणाम किया। चरण-रज लेकर सिर पर धारण कर लिया। नारद ने फिर से आशीर्वाद दिया। शिष्य ने गुरु को पहचाना और शिष्य के भविष्य पर गुरु को गर्व होने लगा। चलते समय महर्षि नारद ने ध्रुव को एक और

उपदेश दिया। कहा, "बेटा, यहाँ तुम्हारी साधना सफल न होगी, यह स्थान भी साधना के योग्य नहीं है। तुम यहॉ से यमुना नदी के तट पर मधुवन में जाकर साधना करो। वहाँ स्थान की पवित्रता से तुम्हारा उपकार होगा।"

ध्रुव मधुबन चलने के लिए तैयार हुए। उधर, नारदजी भी अपनी वीणा ले भक्ति-रस से भरे मधुर संगीत गाते हुए चल दिए।

सप्तम परिच्छेद

राजा उत्तानपाद का पश्चात्ताप

ध्रुव चले गए। नारद की इच्छा हुई कि चलकर उत्तानपाद से मिलें। ध्रुव पर उनकी निगाह कैसी है देखें, उनकी थाह लें, उधर रानी सुनीति को भी धैर्य दें, उनके पुत्र की खबर दें। आखिर ऋषि ही ठहरे, दया का स्रोत उमड़ पड़ा। चले महाराज उत्तानपाद से मिलने।

ध्रुव को महाराज उत्तानपाद उत्तम से कम प्यार न करते थे। उत्तम हमेशा आँख के सामने रहता है, ध्रुव जंगल में अपनी माता के पास रहते थे। परन्तु इससे प्यार में कोई कमी नहीं हुई थी बल्कि इस भेद से प्यार और बढ़ गया था। उस प्यार के साथ एक सहानुभूति भी थी। मन की धारा भी कुछ ऐसी है कि वह दीनता को ज़्यादा प्यार करती है। अकड़ से हटी रहती है। उत्तम जानता था कि मैं राजा का लड़का हूँ भविष्य में राजा होऊँगा। ध्रुव सोचते कि मैं दुखिनी माता की गोद का बालक हूँ। यह भेद महाराज उत्तानपाद के मन को अविदित न था। यही कारण था, दुख की ओर निरपेक्ष मन का झुकाव ज़्यादा था परन्तु रानी के आगे उस मन की न चलती थी। वहाँ वह जैसे चिरकाल के लिए हार खा चुका हो। चिरकाल के झुक गया हो। इसका कारण महाराज की समझ में न आया। वे नहीं समझ सके कि रूप का प्यार कैसे गुलाम बना लेता है? वह प्यार प्यार नहीं, बल्कि मोह है। मोह स्वभावतः निम्नाकांक्षी होता है, जिस पर सवार होता है, उसकी अधोगति हो जाती है। महाराज उत्तानपाद की वही दशा हुई। मन मुट्ठी से अलग होकर गुलाम बन गया था। उसकी चेतना जाती रही थी। हृदय में किसी तरह का भी वह बल नहीं रहा था, जिससे छोटी रानी को दबा सकते। किन्तु ध्रुव के चले जाने के बाद, आधा राज्य ईश्वर के नाम पर निछावर कर देने के बाद, त्याग का वह आदर्श महाराज के लिए बड़ा ही लाभप्रद हुआ। उनके हृदय के नेत्र उन्मीलित हो गए। अपने स्वरूप को वे पहचान सके। मोह से बचने का उपाय भी सूझा। छोटी रानी से चित्त भी हट गया। ध्रुव के वैराग्य की हवा महाराज को भी लगी। उसके झोंके से सजग हो गए।

एक दिन अपने अतीत की उदास भाव से समालोचना करते हुए महाराज उत्तानपाद सुख और दुख के अनेक आवर्तों में चक्कर काट रहे थे। सुख की मात्रा

बहुत थोड़ी थी, अधिकता दुख की ही थी। चारों ओर से उन्हें घेरकर उनके सभासद और मंत्री भी बैठे हुए थे। महाराज के मौन से उन्हें भी लाचार होकर मौन धारण करना पड़ा। कोई-कोई चुपचाप कानों में बतला रहे थे, कोई जँभाई ले रहे थे, कोई महाराज को उदास देखकर अपना भी चेहरा मुहर्रमी बना रहा था। इस तरह के असाध्य साधन करनेवालों की संख्या ज़्यादा थी। गम्भीर प्रकृति के मंत्रियों को चिन्ता हो रही थी। जब से राज्य छोड़कर ध्रुव परमात्मा की खोज के लिए बाहर चले गए थे, तब से महाराज की उदासी बढ़ रही थी। इसका परिणाम उनके अपने लिए तो अच्छा हो रहा था, परन्तु राज्य के हक में बुरा था। रानी से तो जी हटता जा रहा था, परन्तु प्रजापालन की ओर भी रुचि नहीं बढ़ रही थी। राजा को अन्यमनस्क देखकर प्राय: सभी मंत्रियों को चुपचाप लौट जाना पड़ता था। वे स्वयं सब काम सँभाल लेते थे, पर बिना राजा के परामर्श के उन्हें भविष्य-कार्य के लिए चिन्ता हो रही थी। आज भी सभा में आते ही महाराज अन्यमनस्क हो बैठ गए। यह भाव मंत्रियों को कई दिनों से खटक रहा था। आपस में सलाह करके वे कोई निश्चय भी नहीं कर सके थे। स्वामी-सेवक, राज्य के सच्चे हितैषी, कार्य-कुशल मंत्रियों को कोई उपाय न सूझा, तो मन-ही-मन ईश्वर से सहायता की प्रार्थना करने लगे। दयानिधान भगवान् ने उनकी मदद की। उस दिन घूमते-फिरते सभा में देवर्षि नारद का शुभागमन हुआ।

महाराज को पुकारकर मंत्रियों ने महर्षि के आने की खबर दी। चौंककर महाराज ने आँखें खोलीं। सामने ऋषिवर को खड़ा हुआ देखकर भूमिष्ठ हो प्रणाम किया। उनके बैठने के लिए अपना सिंहासन खाली कर दिया। दरबार के सब लोगों ने महर्षि के आते ही उठकर उनका अभिवादन किया। उनके आसन ग्रहण करने के पश्चात् भूमिष्ठ होकर सब लोग नम्बरवार प्रणाम करते गए। नारद ने पास ही महाराज को भी बैठने के लिए आज्ञा दी। महाराज बैठ गए। महाराज के बैठने के पश्चात् मंत्रियों ने भी आसन ग्रहण किया और सभासद भी बैठे।

नारद कुछ मुस्कराए। सबकी ओर स्नेहभरी दृष्टि से कुछ देर तक देखते रहे। फिर महाराज से पूछा, ''क्यों महाराज, कुशल तो है? राज्य में कोई नई खबर तो नहीं है?''

राजा—''भगवन्, स्वास्थ्य अच्छा नहीं है, चिन्ताग्रस्त रहा करता हूँ। राज्य की देख-रेख और रक्षा आदि का प्रबन्ध इस समय प्रधानमंत्री स्वयं करते हैं। मानसिक क्लेश के कारण मैं कुछ कर नहीं सकता।''

नारद—''क्यों महाराज, आपके क्लेश का क्या कारण है? अगर बस की बात होगी तो यथासाध्य मैं उसे दूर करने की चेष्टा करूँगा। आप बतलाइए, आपको क्या क्लेश है?''

महाराज ने बड़े दीनभाव से देवर्षि की ओर देखा। उनके भाव में विवशता झलक रही थी। मुख पर उदासी छा रही थी जैसे अपने बचाव के लिए वह कोई

मज़बूत सहारा चाहती हो। नारद की दिव्यदृष्टि को महाराज की वेदना का कारण मालूम हो गया परन्तु वे स्वयं कुछ भी न बोले। महाराज के दुख का कारण सभा में सबके सामने प्रकट करा देना चाहते थे। इसलिए समझकर भी मौन धारण किए चुपचाप बैठे रहे।

महाराज ने एक लम्बी साँस छोड़ी। चिन्तित भाव से कहा, "भगवन्, जिस धागे को रेशम की डोर समझकर मैंने गले लगाया था, वह अब मेरे गले की फाँसी हो गया है। जिस फूल को बड़े चाव से मैंने सूँघा था, उसकी सुगन्धि तो क्षणभर के बाद ही जाती रही और सूँघने के साथ ही जो कीट मस्तिष्क के भीतर समा गया था, अब उसका दंश मुझे बेहद विकल कर रहा है। जिस घटा को देखकर मेरे मन को मलार की रागिनी सूझी थी, अब उसकी प्रलय की वर्षा में मेरा जीवन-सर्वस्व बहा जा रहा है, जिस प्याले में मैंने अमृत की जीवनी-शक्ति देखी थी, उसमें ज़हर घुला हुआ मिला, जिसे मैं स्वर्ग समझता था, वह मेरे लिए नरक से भी भयानक हो गया है, वह मादक स्पर्श, मैं अब समझा, मेरा कितना घोर मोह था—मेरा सर्वस्व डुबा देनेवाला, अपनी माया में मेरी जीवित सत्ता को ले डूबनेवाला, मुझे पश्चात्ताप की ज्वाला में अनन्त काल तक के लिए दग्ध करनेवाला निकला—भगवन्, शायद अब मेरा उद्धार न होगा!"

नारद—"महाराज, आपकी बातों से जान पड़ता है, आपको बहुत कड़ी चोट लगी है परन्तु इस तरह यथार्थ सत्य लोग कैसे समझेंगे? इतना तो समझ में आ गया कि आपको बहुत बड़ा मानसिक क्लेश हो रहा है परन्तु साधारण रीति से आप अपने क्लेश का कारण तो बतलाइए। महाराज, दर्द ही नहीं मालूम तो फिर दवा कैसे हो?"

राजा—"देवर्षि, क्या मेरा घाव भर जाएगा? मैं बिलकुल निराश हो चुका हूँ—मेरी निराशा उत्तरोत्तर बढ़ती ही जा रही है। शायद अब मेरे रोग का कोई प्रतिकार... ?"

नारद—"नहीं-नहीं, प्रतिकार अवश्य होगा। महाराज, आप तो बिलकुल बच्चों की तरह से बातें कर रहे हैं। प्रतिकार जिसका न हो, ऐसा कुछ संसार में है ही नहीं। विधाता ने सर्प की सृष्टि करने के साथ उसके दंश से बचने की औषधि की भी सृष्टि की है। आप जानते हैं, विष के साथ ही अमृत की भी सृष्टि हुई है। महाराज, इतना घबराते क्यों हैं? आप वीर हैं—इस तरह हिम्मत हारना आपका धर्म नहीं है। आप जब तक अपने अपराध को यत्नपूर्वक हृदय में धारण किए रहेंगे, तब तक उसकी ज्वाला से अन्तरात्मा अवश्य दग्ध होती रहेगी, और यदि आप उसे प्रकट कर देंगे तो वह आपको छोड़कर अन्तर्हित भी हो जाएगी। फिर उसका प्रवेश किसी तरह भी आपके अन्दर न हो सकेगा। महाराज, सुकर्म और दुष्कर्मों का यही रहस्य है। सुकर्मों को छिपाना चाहिए और दुष्कर्मों को प्रकट कर देना चाहिए। दुष्कर्म, प्रकृति की आसुरी माया के प्रभाव से होते हैं। मनुष्य मात्र के लिए भ्रम होना स्वाभाविक है। महाराज, आप अपने

हृदय का हाल कहिए। विश्वास कीजिए, आपको शक्ति मिलेगी।''

राजा—''भगवन्, बात यह हुई कि बड़ी रानी सुनीति के सहवास में दीर्घकाल बीत जाने के पश्चात् भी जब उनके कोई लड़का न हुआ, तब राज्य की भविष्य-चिन्ता से मैं कुछ उदास रहने लगा। मेरी उदासी का कारण बुद्धिमती रानी को मालूम हो गया। उन्होंने मुझे दूसरा विवाह कर लेने के लिए कहा, बार-बार इसके लिए आग्रह करती रहीं। मेरी इच्छा नहीं थी कि मैं दुबारा विवाह करूँ। मैं सुनीति को बहुत ही प्यार करता था। सुनीति के रहते दूसरा विवाह करना मेरे हृदय को दुखप्रद हो रहा था परन्तु भाग्यवश उनके कहने पर, मैंने दूसरा विवाह कर लिया। छोटी रानी सुरुचि के आने पर सुनीति ने मेरा संग छोड़ दिया। सुरुचि की सखी की तरह रहने लगीं। सुरुचि का श्रृंगार प्राय: वह स्वयं ही किया करती थीं। पहले दोनों सौतों में कोई विरोधीभाव नहीं पैदा हुआ। इधर, मैं सुरुचि के रूप पर तन-मन से निछावर हो गया। अपना सर्वस्व मैंने उसे दे दिया। मुझे अपने वश में जानकर मुझ पर वह अपने अव्यर्थ बाणों का प्रहार करने लगी। रोज़ तरह-तरह की शिकायतें सुनीति के विरुद्ध किया करती थी। मैं उसकी माया में इस तरह भूला हुआ था कि उस समय विचार करने की शक्ति भी मुझमें नहीं रह गई थी। मैं उसकी बातों पर आ गया। रानी सुनीति को उसके कहने के अनुसार व्यभिचारिणी समझकर राजमहल से उसे बाहर निकाल दिया। वह जंगल में रहने लगीं। सुनीति के चले जाने पर मैं छोटी रानी को लेकर उसके प्रेम में अपना राजधर्म भी कुछ दिनों के लिए बिलकुल भूल गया। इसी बीच में एक दिन शिकार खेलने की इच्छा हुई। मैं अपने कुछ साथियों को लेकर जंगल में शिकार की तलाश में चला गया। बहुत खोजा, शिकार न मिला। शाम भी हो गई थी। घोड़ा घने जंगल के भीतर बढ़ता चला गया। सूरज भी छिप गया। राह नहीं सूझी। मैं भटक गया। मेरे साथी बाहर ही मेरी खोज करते रह गए। मैं भीतर ही भीतर घोड़ा बढ़ाता हुआ, एक दीपक की ज्योति का लक्ष्य करके एक कुटिया के सामने जा पहुँचा। घोड़े को पेड़ की डाल से बाँध दिया। कुटिया के भीतर गया तो उसकी तपस्विनी ने मुझे देखते ही मेरा बड़ा स्वागत किया, मेरे पैर धोने के लिए आई, पर विवश हो गई, रोने लगी। उसकी सूरत बहुत दिनों से न देखने के कारण मैं एक तरह से भूल ही गया था। पीछे से मैंने भी उसे पहचाना। वह वनवासिनी मेरी बड़ी रानी वही सुनीति देवी थी। उस रात को मैंने बड़ी रानी का आतिथ्य स्वीकार किया और उस दिन, रातभर वहीं रहा। सुबह को रानी को धैर्य देकर अपनी राजधानी चला आया। दसवें महीने रानी सुनीति के गर्भ से ध्रुव की उत्पत्ति हुई। इसके बाद जो हुआ, आपको मालूम ही है। ध्रुव कैसे यहाँ से तिरस्कृत होकर बन में जा बैठा।''

इतना कहते ही कहते महाराज की आँखों से आँसुओं की धारा बह चली। धैर्य का बाँध टूट गया। कातर दृष्टि से महाराज नारद जी की ओर देखने लगे। उनकी व्याकुलता देखकर देवर्षि नारद जी को दया आ गई। पश्चात्ताप की बढ़ती हुई

ज्वाला में महाराज को दग्ध होते देखकर नारदजी को विश्वास हो गया कि परिणाम अवश्य ही सुखकर होगा। उन्होंने कहा, "महाराज, इस संसार में मनुष्यमात्र को भ्रम हुआ करता है। वे बड़े ही पुण्यात्मा हैं, अपने जीवनकाल में जिन्हें अपने भ्रम का ज्ञान हो जाए। महाराज, आप ध्रुव के लिए चिन्ता न कीजिए। ध्रुव का अनिष्ट करे, ऐसी शक्ति संसार में नहीं है। उसके पिता होकर आप भी कीर्ति के अधिकारी होंगे, उसके साथ आपका नाम भी संसार में अमर हो जाएगा। आप ध्रुव को साधारण एक बालकमात्र न समझिए। वह परमात्मा की विभूति लेकर पैदा हुआ है। उस पर प्रतिक्षण परमात्मा की शुभ-दृष्टि रहती है। प्रतिक्षण वे उसकी रक्षा कर रहे हैं। आप अब निश्चिंत हो जाइए। यथासाध्य अपना सुधार कीजिए। ध्रुव तपस्या कर रहा है। मैं उससे मिलकर अभी आ रहा हूँ। परमात्मा का साक्षात्कार प्राप्त किए बिना वह घर न लौटेगा। अपने हठ पर वह अचल है। मैंने उसे घर भेजने का भरसक प्रयत्न किया था, परन्तु मुझे सफलता नहीं हो सकी। उसके लिए आपको किसी प्रकार की चिन्ता भी नहीं होनी चाहिए। वह किसी वैर-भाव से परमात्मा की शरण में नहीं गया है। उसका उद्देश्य बहुत ही महान् है। वह एक बहुत बड़े प्रश्न को हल करके, चिरकाल के लिए एक सच्चा आदर्श संसार के सामने रखना चाहता है।"

राजा—"महर्षिवर, क्या आपसे उसने मेरी कोई चर्चा नहीं की?"

नारद—"नहीं महाराज, आपकी और कोई चर्चा उसने नहीं की। सिर्फ आपका परिचय मात्र उसने दिया था। इतना उसे विवश होकर कहना पड़ा था, क्योंकि मैंने उससे एक ऐसा ही प्रश्न किया था। मैं उसके पिता और माता का नाम जानना चाहता था। महाराज, ईश्वर के सिवा और किसी मनुष्य या वस्तु पर उसका ध्यान नहीं है। वह और कुछ भी नहीं चाहता। वह बस अपनी ही लगन में लगा हुआ है।"

राजा—"भगवन्, आप उससे कहाँ मिले थे?"

नारद—"महाराज, एक घोर जंगल में सुबह को भगवद्-भजन करता हुआ मैं चला आ रहा था, रातभर का जगा हुआ बालक परमात्मा के दर्शनों के लिए विकल हो रहा था। उसी समय, उसकी उसी अवस्था में मैं उससे मिला था। आप कोई चिन्ता न कीजिए। मैं उसे यमुना नदी के तट पर, मधुवन नामक स्थान में तपस्या करने के लिए भेजकर आपके यहाँ आ रहा हूँ।"

राजा देवर्षि के चरणों पर गिरे, प्रणाम किया। साथ ही, सभा के लोगों ने भी भूमिष्ठ होकर नारद जी को प्रणाम किया। ध्रुव के त्याग से राज्य के सब लोग ध्रुव की तरफ हो गए थे। सब प्रजा मन से ध्रुव को आशीर्वाद दे रही थी। ध्रुव की खबर पा, सबके मन में प्रसन्नता हुई। सब लोग ध्रुव की सफलता के लिए ईश्वर से प्रार्थना करने लगे।

देवर्षि नारद महाराज को सन्तोष देकर वहाँ से विदा हुए। मधुर कंठ से भगवद्-

गुणानुवाद गाते हुए नारद उस वन की ओर चले, जहाँ ध्रुव की माता सती-शिरोमणि सुनीति देवी रहती थीं।

नारद के आने का संवाद बात-की-बात में तपोवन के एक छोर से दूसरे छोर तक फैल गया। वहाँ जितने ऋषि और मुनि, उनकी पत्नियाँ, कन्याएँ और बालक थे, सब के सब सुनीति देवी की कुटी के सामने आकर जमा हो गए। देवर्षि नारद के दर्शनों के लिए, उनसे मिलने की सबकी उत्कंठा हुई।

देवर्षि बैठे हुए थे। रानी सुनीति ने उन्हें प्रणाम किया। देवर्षि नारद के हृदय में सुनीति को देखकर आनन्द का पारावार न रहा। जिस आधार से ध्रुव जैसे परम धार्मिक शुद्ध-सत्त्व की उत्पत्ति हो सकती है, उसकी मर्यादा देवर्षि खूब समझते थे। उन्होंने रानी सुनीति की देवी-मूर्ति को देखकर उनके अन्दर रहनेवाली विश्वम्भरा भगवती को बारम्बार मन-ही-मन प्रणाम किया। मनुष्य लोक में वैसी मूर्ति, धर्म की वैसी विभूति, निरभिमान सत्ता की वैसी जाग्रत ज्योति उन्होंने कभी नहीं देखी थी। निश्चल नेत्रों से नारद परमात्मा की इस महोच्च सृष्टि को देखते रहे।

पुत्र के वियोग से रोती हुई रानी की आँखें लाल हो रही थीं। उनके मुख पर उदासी छाई हुई थी। संसार में जो एक मात्र अवलम्ब उनका रह गया था, उसके चले जाने पर उनका हृदय जलकर भस्मावशेष-सा हो रहा था।

नारद ने कहा, "देवी, आप अपने पुत्र के लिए चिन्ता न कीजिए। आपका पुत्र परम सुख से है। उसने ईश्वर की शरण ली है, अब उसके लिए चिन्ता या दुख करना धर्म विरुद्ध होगा। आप उसकी माता हैं, उसे आपसे ही उपदेश मिला है। आप जैसी माता संसार में कदाचित् किसी को मिलती है। मैं आपके पुत्र से मिलकर आ रहा हूँ। वह बड़ा भाग्यवान् है। वह जीवों को बहुत बड़ी शिक्षा दे जाएगा। ईश्वर की उस पर सदा ही कृपा रहती है। देवी, आपका पुत्र मधुवन में यमुना नदी के तट पर अपने उद्‌देश्य की सिद्धि के लिए कठोर तपस्या कर रहा है। मैंने उसे घर लौटाने की चेष्टा की थी, पर मैं सफल नहीं हो सका। आप आनन्दपूर्वक रहिए। आपके लिए इससे बढ़कर गौरव की बात और क्या होगी कि आपके साथ रहकर आपकी शिक्षा से, पाँच वर्ष की अवस्था में आपके पुत्र को नित्य और अनित्य का ज्ञान हो गया है? यह सौभाग्य आज तक किसी माता को प्राप्त नहीं हुआ है। यदि आप अपने पुत्र की चिन्ता करेंगी, यदि शोक करेंगी, तो इससे उसकी तपस्या में विघ्न होगा। इसलिए आप उत्साहपूर्वक अपने महाभाग्यवान पुत्र को आशीर्वाद देती रहिए, जिससे उसकी साधना सफल हो।"

रानी सुनीति ने देवर्षि नारद की बात सुनकर उन्हें प्रणाम किया। इस पर वे कुछ बोली नहीं। इसके बाद नारद सबको प्रसन्न करके ऋषियों को ईश्वर के भजन का माहात्म्य सुनाकर आनन्दपूर्वक विदा हुए।

अष्टम परिच्छेद

ध्रुव की घोर तपस्या

ध्रुव मधुवन में पहुँच गए। प्रकृति देवी की अवर्णनीय शोभा ने चित्त का चाव चौगुना कर दिया। भाव में दृढ़ता आ गई। उत्साह का स्रोत उमड़ चला। एक अच्छा-सा स्थान तपस्या के लिए खोजकर वहीं आसन जमा दिया। विश्वास और भक्ति की मात्रा दिन-पर-दिन बढ़ती गई। अलक्ष्य रीति से गुरु का दिया हुआ आशीर्वाद काम कर रहा था। दिन-पर-दिन ध्रुव की साधना उच्च-से-उच्च सोपानों को पार करने लगी। क्रमशः बालक उस अवस्था को पहुँचा, जिससे ईश्वर का नाम उसके रोम-रोम में व्याप्त हो सकता था।

साधना के प्रभाव से मुख-मंडल पर स्वर्गीय ज्योति आकर विराजमान हो गई। वह पहला शरीर ही बदल गया। सिद्धि के लक्षण धीरे-धीरे प्रकट होने लगे परन्तु कभी-कभी निराशा भी अपना प्रभाव दिखा जाती थी। ध्रुव का ध्यान घर की ओर चला जाता था। माता की अवस्था पर विचार करने के साथ ही वह अधीर हो उठता था। पिता के स्वभाव पर दुख होता था। परन्तु गुरु की शक्ति ध्रुव को इन तुच्छ बातों से खींचकर तत्काल ईश्वराभिमुखी कर देती थी, मन को संसार की कुल बातों से—यहाँ तक कि शरीर से भी हटाकर ईश्वर की ओर लगा देती थी। इस तरह उत्थान और पतन के साथ-ही-साथ ध्रुव साधना की उस उच्च भूमि पर पहुँचे, जहाँ से सिद्धि का द्वार बहुत नज़दीक रह जाता है।

इस अवस्था में ध्रुव को शरीर का ज्ञान नहीं रहा। भूख, प्यास, सर्दी, गर्मी, आदि शरीर पर प्रभाव डालनेवाले विषय प्रायः छूट गए। कहीं दो-चार दिन बाद ज़रा देर के लिए शरीर की ओर मन आता था, भूख और प्यास के लक्षण आत्मा पर प्रकट होते थे। यमुना का जल और पेड़ों से पककर गिरे हुए फलों को खा-पीकर तृप्त हो जाते थे। उन्हीं फलों और उसी जल के आधार पर ध्रुव के दिन कटते थे।

इधर, ध्रुव की कठोर तपस्या से देवता बहुत घबराए। उन्हें अपने स्थान से च्युत होने का भय हुआ। वे डरे कि अब तो ध्रुव हमारा स्थान लेनेवाले हैं। इसलिए तपस्या में विघ्न डालने के उपाय सोचने लगे। सबसे ज़्यादा घबराहट इन्द्र को हुई। मारे भय के रात को उनकी आँख न लगती थी। इन्द्र स्वप्न देखते थे कि जैसे उनका इन्द्रासन छिन गया है। उनके नन्दन-वन और रम्भा, मेनका, उर्वशी आदि अप्सराओं में अब ध्रुव का विहार हो रहा है। मारे चिन्ता के उनका चेहरा उतर गया। दिन-रात वे सोच-विचार में ही पड़े रहते थे। एक दिन उन्हें यह सूझा कि इस तरह सोच में घुल-घुलकर जान देने से तो बेहतर यह है कि ध्रुव की तपस्या भंग करने पर कमर कसकर तैयार हो जाऊँ। समर्थ के लिए साधनों की कमी नहीं। इन्द्र के सहायक हज़ारों ही थे। हवा, पानी, धूप, सर्दी, ओले, मदन, रति और युवती अप्सराएँ सैकड़ों उसके सहायक थे

बल्कि आज्ञा पालन करनेवाले दास थे। तपस्या में विघ्न डालने का कभी मौका मिल गया तो इनके जैसे देवता प्रसन्न हो गए। उन्हें दिल–बहलाव का एक अवसर मिल जाता है।

इन्द्र की आज्ञा से उनके अनुचरों ने ध्रुव की तपस्या में विघ्न डालना आरम्भ कर दिया। पहले पवनदेव ने जोर मारा। ऐसी आँधी उठी कि मुँह में धूल भर गई। तिनके और पत्ते उड़कर देह में लगने लगे—तपस्या में विघ्न होने लगा परन्तु इस उत्पात की ओर ध्रुव ने बिलकुल ध्यान ही नहीं दिया। निश्चल भाव से ईश्वर की चिन्ता में मग्न रहे। पवन के बाद वरुणदेव की बारी आई। चारों ओर से काली घटा उमड़ आई। देखते–ही–देखते मूसलाधार वर्षा होने लगी। बड़ी–बड़ी बूँदों की मार शुरू हो गई परन्तु इससे भी बालक को असन्तोष नहीं हुआ। वह पहले ही–सा ध्यानावस्थित रहा। धूप–सर्दी, सब तरह के उत्पातों को चुपचाप वह सहता गया।

इसके बाद प्रकृति ने शत्रुता ठानी। उसे कब मंजूर था कि उसके राज्य से उसका शिकार निकल जाए? ईश्वर प्रकृति की सीमा से बाहर हैं। ध्रुव प्रकृति के राज्य को पार कर जाना चाहते थे। यह चंचला प्रकृति को मंजूर कैसे होता? उसने अपना पराक्रम दिखलाना आरम्भ कर दिया, छाया–मूर्ति बनकर आने लगी। एक दिन ध्रुव ध्यान में मग्न हो रहे थे कि उन्हें उनकी माता, सुनीति देवी की आवाज़ सुन पड़ी। बच्चे के बिना जैसे वे अधीर होकर उसे पुकार रही हों। माता के करुण–कंठ–स्वर को सुनते ही ध्रुव का ध्यान भंग होने लगा—मन विचलित हो गया। आँखें खोलकर एकाएक माता को देखने की लालसा पैदा हुई, उनके मन में सहानुभूति का संचार होने लगा परन्तु इसके साथ ही गुरु के उपदेश याद आ गए। जब तक ईश्वर की प्राप्ति न हो, तब तक अपनी तपस्या से न उठना—ध्यान करते समय मन को दूसरी तरफ जाने से रोकना, संसार के लोभ में न फँसना—माया तुम्हारी परीक्षा लेगी—तुम्हें तपस्या से पतित कर देगी आदि, गुरु के दिए हुए उपदेश याद आ गए। ध्रुव सचेत हो गए। माता की आवाज़ से मन को हटाकर फिर ईश्वर की ओर ले गए। माया की करामात कारगर न हुई। वह भी हारकर चली गई।

धीरे–धीरे कितने ही वर्ष बीत गए परन्तु ईश्वर से साक्षात्कार न हुआ। गुरु की आज्ञा से एक क्षण के लिए भी ध्रुव का मन नहीं हटा परन्तु कभी–कभी ईश्वर के दयालु कहलाने पर उन्हें दुख और अभिमान हो आता था। जो दयालु है, क्या वह इतना निर्दय हो सकता है? क्या वह इतने काल तक अपने भक्त को भूलकर रह सकता है? यदि ईश्वर को अपने भक्त पर प्यार होता तो क्या वे मेरी सुध न लेते, क्या मैं उनकी दया का पात्र नहीं? इस तरह की अनेक बातें ध्रुव को कभी–कभी सन्देह के सागर में डाल दिया करती थीं लेकिन इस सन्देह का भंजन बहुत शीघ्र हो जाता था। अलक्ष्य रीति से महर्षि नारद सदैव अपने प्यारे शिष्य की खबर लेते रहते थे। जब वे उसे हताश देखते थे, तब अपनी शान्ति और विश्वास के बल से ध्रुव की

तपस्या के विघ्न-स्वरूप कुल संदिग्ध विषयों का निराकरण कर दिया करते थे। ध्रुव को अपनी आत्मा में अपने प्रश्नों का साफ उत्तर मिल जाता था। उन्हें मालूम हो जाता था कि ईश्वर न्यायी है, वह किसी पर पक्षपात नहीं करता, वह समय के आने पर ही दया करता है। उसे कोई धोखा नहीं दे सकता, वह अन्तर्यामी है, हृदय के अन्दर की कुल बातें वह समझ लेता है, जब वह समझ लेगा कि अब दया करने का समय आ गया है, तब वह अवश्य दया करेगा। इस तरह ध्रुव का विश्वास फिर दृढ़ हो जाता था, मन में एक नई शक्ति आ जाती थी।

क्रमशः तपस्या के पीछे ध्रुव की भूख-प्यास हट गई, वे तल्लीन होकर ईश्वर की साधना करने लगे। अब देवताओं को बड़ी घबराहट हुई। अपनी शक्तिभर तपस्या भंग करने की कोशिश वे पहले ही कर चुके थे, इसलिए अब दुबारा उन्हें शक्ति का भरोसा नहीं हुआ। अब उन्हें ईश्वर से प्रार्थना करने की सूझी।

सब देवता संघबद्ध होकर अपने निस्तार के लिए स्तुति-वंदनाएँ आदि करने लगे। भगवान् विष्णु उन पर प्रसन्न होकर उनके पास आए और पूछा कि तुम लोग इस तरह क्यों घबराए हुए हो? देवताओं ने सम-स्वर से कहा, ''भगवन्, अब तो हम लोगों के दिन, जान पड़ता है कि पूरे हो गए। हम लोग ध्रुव की कठोर तपस्या से इतने डर गए हैं कि रात को नींद नहीं आती। सदा ही भय लगा रहता है कि हमारा स्थान अब ध्रुव ने लिया। हमारी रक्षा अब बिना आपके और दूसरा कोई नहीं कर सकता। आप भक्तवत्सल हैं, आप ही की कृपा से अब तक हम लोग बचते आए हैं, अब फिर हमारे उद्धार का मौका आ गया है, इसलिए भगवन् हम लोग आपके शरणागत हैं—आप हमारी रक्षा करें।'' देवताओं का भय देखकर विष्णु भगवान् पहले तो हँसे, फिर कहा कि तुम लोग व्यर्थ ही इतना डरे हुए हो, ध्रुव इन्द्रत्व की प्राप्ति के लिए तपस्या नहीं कर रहा है, वह सिर्फ मेरे दर्शनों का प्रार्थी है। तुम लोग चिन्ता दूर कर दो और आनन्दपूर्वक अपने-अपने घरों में रहो। मैं ध्रुव की अभिलाषा पूरी करूँगा।

इधर जब तपस्या करते हुए बहुत काल हो गया और परमात्मा के दर्शन न हुए, तब ध्रुव को बड़ी ग्लानि हुई, सोचा कि इतने दिन व्यर्थ ही चले गए, कठोर-हृदय परमात्मा के हृदय में दया का संचार न हुआ—उन्होंने अपने दास की खबर न ली! परन्तु अब मैं बहुत दूर चला आया हूँ—संसार छोड़कर इतनी दूर आ गया हूँ कि अब संसार में लौटकर जाना लज्जा की बात होगी—माता को मैं प्रसन्न न कर सकूँगा, मेरी असफलता पर सुरुचि हँसेगी। ऋषियों के बालक मेरी दिल्लगी उड़ाएँगे—मैं लोगों की आँखों से आँखें न मिला सकूँगा। अब तो बेहतर यह है कि जिस उद्देश्य को लेकर मैं निकला हूँ उसी की साधना में मेरा प्राणान्त हो जाए। ईश्वर के लिए अगर जान चली जाएगी, तो बुरा क्या है? लोग कहेंगे तो कि ध्रुव ईश्वर के दर्शनों के लिए गया था और जंगल में वह उन्हें रोता हुआ मर गया। मेरे मरने से ईश्वर पर

कलंक लगेगा–क्या बुरा है? जिसने मुझे इतना दुख दिया—मुझे इस तरह भटकाया, मेरी मृत्यु से उसकी दया और स्नेह का परिचय तो लोगों को हो जाएगा—क्या फिर भी ईश्वर के दर्शनों की लालसा किसी को होगी? क्या फिर कोई घर–द्वार छोड़कर ईश्वर के लिए निकलेगा? लोगों को इतनी ही शिक्षा मिल जाए, क्या बुरा है?

दुख और क्षोभ के कारण ध्रुव को अत्यन्त कष्ट हुआ। अब की बार ईश्वर–दर्शन और दूसरी ओर मृत्यु की बाज़ी लगाकर वे तपस्या करने लगे। भूख–प्यास की बात क्या, शरीर तक के छोड़ने का निश्चय हो गया। एकाग्र–चित्त होकर मंत्र का जप करते हुए वे परमात्मा का ध्यान करने लगे।

ध्रुव की तपस्या से भगवान् विष्णु का आसन डोल उठा। उधर, अपने शिष्य की कठोरता देखकर देवर्षि नारद बहुत प्रसन्न हुए। बैकुंठ में एक दिन ध्रुव की बातें सोचते हुए भगवान् विष्णु कुछ अन्यमनस्क हो रहे थे। लक्ष्मी के किसी प्रश्न का उत्तर देना वे भूल गए। भगवान् को चिन्तामग्न देखकर लक्ष्मी जी ने पूछा कि भगवन्, आज क्या है जो आप मेरे प्रश्न के उत्तर देने में इतनी देर कर रहे हैं? भगवान् विष्णु ने कहा कि प्रिये, क्या बताऊँ, मेरा मन इस समय चंचल हो रहा है। ध्रुव मेरे दर्शनों के लिए ऐसी कठोर तपस्या कर रहा है कि अब बिना दर्शन दिए नहीं रहा जाता।

लक्ष्मी ने कहा, "आप बड़े कठोर हो। आपको 'दयालु' नाम रिश्वत के बल से मिला होगा! अब तक भी आपने उस दुधमुँहे बच्चे की सुध न ली! उसे कितना सताया। उसकी अनाथिनी माता को दुख दिया और उसे भी इतने दिनों से रुलाते आए। जाइए महाराज, बहुत जल्द उसे दर्शन दे उसकी इच्छा पूरी कीजिए।"

नवम परिच्छेद

भक्ति की विचित्र महिमा

आज के प्रातःकाल की कुछ और ही छटा है। तमाम प्रकृति जैसे किसी के राज्याभिषेक की शोभा हो। आसमान साफ है। कहीं बादल का एक टुकड़ा भी नहीं नज़र आता। सूर्य की सुनहली किरणें प्रकृति के मस्तक पर जैसे सोने का मुकुट रखे हुए हों। पक्षियों के कलरव से जैसे स्वागत–समय का संगीत गाया जा रहा हो। फूल और पत्ते बन्दनवार हो रहे हों। उधर, यमुना की कुछ और ही शोभा थी। चौड़े विशाल वक्षस्थल पर मानो वे सुख की तरंगें उठ रही थीं।

उधर, ध्रुव के हृदय में भी एक अज्ञात प्रसन्नता का भाव छाया हुआ था। प्राणों के समर्पण करने की भावना ज्यों–ज्यों बढ़ रही थी, त्यों–त्यों एक अद्‌भुत आनन्द हृदय को व्याकुल करता जा रहा था। आत्मा को विश्वास हो रहा था कि अब सिद्धि का द्वार बहुत नज़दीक आ गया है।

एकाएक आवाज़ आई, ‘ध्रुव, तुम्हारी साधना पूरी हो गई। मैं तुम पर प्रसन्न हूँ। तुम वरदान माँगो। कहो, तुम्हें क्या चाहिए?’

ध्रुव ने आँखें खोलकर देखा, शख-चक्र-गदा-पद्म-धारी भगवान् विष्णु सामने खड़े हुए थे। देखकर नेत्र थक गए। रूप पर टकटकी बँध गई। आँखों की राह से रूप-रस का वे जितना ही पान करते जाते थे, उतनी ही पान करने की आकांक्षा बढ़ती जाती थी। हाथ जोड़ गद्गद होकर भगवान् की स्तुति करने लगे। क्षणमात्र में सारा दुख भूल गए। पिता और विमाता का किया हुआ अपमान भूल गए। जिस उद्देश्य को लेकर तपस्या करने आए थे, वह भी भूल गए। इष्टदेवता ने प्रसन्न होकर वर माँगने की आज्ञा दी, यह बात भी भूल गए। केवल उन्हें देखते रहना—उनके रूप-रस का पान करते ही रहना याद रहा। स्तुति-वन्दना समाप्त हो जाने पर कठपुतली की तरह निश्चल भाव से हाथ जोड़े हुए अपने इष्टदेवता के सामने ध्रुव खड़े रह गए।

भगवान् विष्णु ने फिर कहा कि, “ध्रुव, तुम क्या चाहते हो, कहो। तुम्हारी तपस्या पर मैं बहुत प्रसन्न हूँ।”

ध्रुव ने कहा, “भगवन्, मुझे कुछ नहीं चाहिए। तुम्हारे दर्शनों से मुझे सब कुछ मिल चुका है।”

विष्णु, “ध्रुव, तुम्हें मेरे लिए बड़ा कष्ट मिला है लेकिन अपने पिछले कष्टों पर ध्यान न देना। तुम आदर्श हो, इसलिए तुम्हें अधिक कष्ट भोगना पड़ा, जो लोग मेरे दर्शनों की आशा से साधना करेंगे, वे तुम्हें ज़रूर स्मरण करेंगे। तुम्हारे दुख और कष्टों का स्मरण कर वे दुख और कष्टों का सामना कर सकेंगे। अब तुम कहो, मैं तुम्हें क्या दूँ?”

ध्रुव, “भगवन्, मेरी समझ में नहीं आता कि मैं क्या माँगूँ? तुम्हें जैसा उचित जान पड़े, वैसा वरदान दीजिए।”

विष्णु, “ध्रुव, पिता और विमाता के किए गए अपमान को स्मरण करके तुमने मेरी शरण ली थी, इसलिए पहले तुम्हें राज्य-भोग करना होगा। तुम्हारी माता को भी इसी से शान्ति मिलेगी। लोगों को भी इससे विश्वास होगा कि ईश्वर में सबकुछ देने की शक्ति है।”

यह कहकर भगवान् विष्णु ने अपनी विभूति प्रदर्शित की। उस एकान्त वन में देखते-ही-देखते अगणित रथ, घोड़े, हाथी और पैदलों की सेना तैयार हो गई। करोड़ों रुपये का कोष भी उसके साथ था। ध्रुव को भगवान् विष्णु की कृपा पर बड़ा आनन्द हुआ। माता के सुख का स्मरण कर भगवत्-प्रदत्त इस आनन्द-ऐश्वर्य को ध्रुव ने स्वीकार किया।

भगवान् विष्णु ने फिर कहा, “ध्रुव, यह मैंने केवल तुम्हें भोग करने के लिए दिया है। यह तुम्हारी तपस्या का सम्पूर्ण फल नहीं है। तुमने जैसी तपस्या की है, वैसी आज तक किसी ऋषि और महर्षि ने भी नहीं की इसलिए तुम्हें फल भी मैं वैसा ही

दूँगा। अभी तो जाओ अपनी माता को, अपने पड़ोसियों को सुखी करो। तुम्हारा ऐश्वर्य देखकर महाराज उत्तानपाद को ज्ञान होगा। वह तुम्हारा अधिकार तुम्हें देकर पतन के गर्त में पड़ी हुई अपनी आत्मा का उद्धार करेगा। इसलिए तुम अपने पिता के राज्य के भी अधिकारी होगे। जब तुम्हारा भोग पूरा हो जाएगा, जब तुम्हारे स्वर्गारोहण का समय होगा, तब मैं तुमसे मिलूँगा और तुम्हारे रहने के लिए सब लोकों से ऊँचा और कभी चंचल और आवर्तित न होनेवाला जो लोक तुम्हारे लिए मैंने बनाया है, वहाँ तुम्हें ले जाऊँगा। तुम्हें ज्ञान देने का श्रेय तुम्हारी माता को है—वह सती और अत्यन्त धर्मपरायण स्त्री है, इसलिए वह भी तुम्हारे साथ रहेगी। तुम्हारा लोक ध्रुव-लोक के नाम से प्रसिद्ध होगा।''

यह कहकर भगवान् अन्तर्धान हो गए। जो सेना ध्रुव को दे गए थे, उसके सेनापति ने सम्मानपूर्वक ध्रुव को हाथी पर बैठा लिया और महाराज उत्तानपाद की राजधानी की ओर चलने के लिए अपने अधीन सेनापतियों को इशारा किया। तमाम वाहिनी राज्य की तरफ चली। साथ जुझाऊ बाजे बजते जाते थे। सुश्रृंखलित होकर सेनापतिगण अपनी-अपनी वाहिनी बढ़ा रहे थे। क्रमशः महाराज उत्तानपाद की राजधानी नज़दीक हो आई। जुझाऊ बाजों का शब्द सुनकर राज्य के लोग बहुत डरे। लड़ाई के सामान पहले से तैयार न थे। महाराज उत्तानपाद को भी बड़ा भय हुआ। चारों ओर खबर उड़ गई कि राज्य पर कोई दूसरा राजा चढ़ आया है। महाराज ने अपने मंत्रियों को बुलाया और इस सम्बन्ध में सलाह करने लगे। मंत्रियों ने सलाह दी कि अब एकाएक लड़ाई की तैयारी नहीं हो सकती है, इसलिए मित्रभाव से मिलना ही ठीक होगा। मंत्रियों की राय महाराज को उचित जँची।

फिर तो भेंट की तैयारियाँ होने लगीं। अच्छी-अच्छी चीज़ें नज़र के लिए लेकर मंत्री उस चढ़नेवाले राजा से मिलने के लिए चले। भोज्य, पेय, धन-धान्य, हीरे-जवाहिरात, अच्छी-अच्छी बहुमूल्य अनेक वस्तुएँ थीं। सेना के मुख्य भाग में ध्रुव के सेनापति थे। इधरवालों ने भेंट लेकर मिलने की इच्छा अपने दूत के द्वारा ज़ाहिर की। सेनापति आपस में एक-दूसरे की ओर इशारेबाजियाँ करके मुस्कराने लगे। उन्होंने आपस में सलाह करके भेंट वापस कर दी और कह दिया कि हम राज्य के लोभ से महाराज उत्तानपाद पर चढ़कर नहीं आए। हम महाराज ध्रुव के नौकर हैं। वे अपने पिता और माता के दर्शनों के लिए जा रहे हैं। यहाँ के लोग और महाराज उत्तानपाद किसी प्रकार का सन्देह न करें।

मंत्रियों को सुनकर बड़ी प्रसन्नता हुई। कुछ लोग तो खबर देने के लिए महाराज के पास चले आए। बात-की-बात में नगरभर में खबर फैल गई कि तपस्या के बल से ध्रुव को अमित ऐश्वर्य मिला है। यह खबर ध्रुव की दुःखिनी माता सुनीति देवी के पास भी पहुँची। पुत्र के सकुशल अमित धन-सम्पत्ति का अधिकारी होकर लौटने के संवाद ने उन्हें सुख-विह्वल कर दिया। पुत्र को देखने की लालसा से वे अधीर हो

गईं। उधर, सुरुचि को मालूम हुआ कि ध्रुव को परमात्मा ने विशाल ऐश्वर्य का मालिक बनाकर भेजा है। उसके हृदय में इस संवाद से बड़ी ज्वाला उत्पन्न हुई। इसके साथ ही भविष्य के दुखमय जीवन पर उसका ध्यान गया। उसने सोचा कि अब मेरे पुत्र को तो किसी तरह राजगद्दी मिल ही नहीं सकती, बल्कि मेरी अब वही दुर्दशा होगी, जो बड़ी रानी की मैंने की थी। उसे दु:सह दुख होने लगा परन्तु उपाय कुछ न था। किसी के सब दिन बराबर नहीं जाते।

अनन्तर पहले ध्रुव उस वन में गए, जहाँ उनकी दु:खिनी माता सुनीति देवी रहती थी। अपनी कुटिया के द्वार पर खड़ी हुई वे अपने पुत्र की बाट जोह रही थीं। जब से ध्रुव के आने का हाल उन्हें मिला हुआ था, तब से वे कुटिया के बाहर ही पुत्र की प्रतीक्षा कर रही थीं। दूर से ध्रुव को आते हुए माता ने देखा। प्रेम उमड़ चला। पुत्र की सफलता पर माता की आँखों से प्रेम के आँसू बह चले। तपोवन के पास आकर वह हाथी से उतर पड़े और पैदल ही माता की कुटिया की ओर बढ़े। ऋषि और उनकी पत्नियाँ और बचपन के साथी ऋषि बालक—सब उनके द्वार पर एकत्र हो रहे थे। पास पहुँचकर ध्रुव ने पहले माता को साष्टांग प्रणाम किया। फिर सब ऋषियों और ऋषि-पत्नियों की चरण-धूलि धारण की। माता ने बच्चे को बड़े प्यार से छाती से लगा लिया। उनका चिरकाल का दुख एक क्षण में दूर हो गया। ऋषियों ने ध्रुव को आशीर्वाद दिया, उनकी तपस्या की तारीफ की। तब तक महाराज उत्तानपाद भी बाजे-गाजे के साथ सेना और पालकी लेकर तपोवन में जा पहुँचे। ध्रुव ने पिता को प्रणाम किया। महाराज ने अपने पुत्र की सफलता पर अपने जीवन को धन्य माना। उन्होंने रानी सुनीति देवी से राजधानी में चलने की प्रार्थना की। ध्रुव को भी उन्होंने राजधानी में चलकर रहने के लिए कहा। महाराज की आज्ञा सुनीति ने शिरोधार्य कर ली। वे पालकी पर बैठीं। ध्रुव भी पिता के साथ हो लिये। धूमधाम से रानी सुनीति और ध्रुव को लेकर महाराज राजधानी में गए। ध्रुव ने सुरुचि को प्रणाम किया और उत्तम को गले से लगाया। सुनीति को प्रणाम कर सुरुचि ने अपने पापों के लिए क्षमा-प्रार्थना की। राज-परिवार आनन्दपूर्वक मिलकर रहने लगा। पहले का वैर-विरोध दूर हो गया।

कुछ दिनों के बाद महाराज उत्तानपाद ने ध्रुव को युवराज के पद पर अभिषिक्त कर देने का विचार किया। मंत्रियों ने भी सलाह दी। दिन स्थिर किया गया। पुरोहितजी ने उत्तम दिन देखकर बतलाया। उनके अनुशासन के अनुसार अभिषेक की कार्यवाही होने लगी। भारतवर्ष में जितने तीर्थ थे, सब तीर्थों का जल मँगवाया गया। इधर ज्यों-ज्यों अभिषेक के दिन नज़दीक होते आ रहे थे, त्यों-त्यों आनन्दोपचार बढ़ते जा रहे थे। निश्चित दिन पर ब्राह्मणों के आशीर्वाद से महाराज उत्तानपाद ने ध्रुव को युवराज के पद पर अभिषिक्त कर दिया और स्वयं वानप्रस्थ ग्रहण कर तपस्या में व्रती हो गए।

पिता के पश्चात् दीर्घकाल तक ध्रुव ने राज्य किया, उनकी शासन-शृंखला बड़ी लोकप्रिय थी। वे अकारण किसी को कष्ट न देते थे। अधिक कर भी कभी किसी से नहीं लिया। उनके राज्यकाल में प्रजाजनों के सुख के अनेक साधन राज्य की ओर से कर दिए गए थे। कोई गरीब न था। बेकार कोई न रहता था। आला से अदना तक की खबर ली जाती थी। सबके सुख और स्वास्थ्य का विचार किया जाता था। भगवान् रामचन्द्र को छोड़कर इतना सुख किसी दूसरे राजा के समय में प्रजाजनों को शायद ही मिला हो।

अन्त में, अपने राज्यभोग का समय पूरा करके ध्रुव अपने लोक को चले गए। उनका लोक सप्तर्षि-मंडल से भी ऊँचा है। सब ग्रह घूमते हैं परन्तु ध्रुव-तारा अचल रहता है। ऋषियों और बड़े-बड़े त्यागी तपस्वियों को भी जो स्थान नहीं मिलता, वही स्थान परमात्मा ने ध्रुव को दिया है।

भीष्म

प्रथम परिच्छेद
भीष्म का बाल्यकाल

महाराज महाभिष बड़े प्रतापी राजा थे। अपने वंश-मर्यादा की इन्होंने खूब रक्षा की थी। ये इक्ष्वाकुवंशी थे। सत्यवादिता के लिए उन्हें भी बहुत बड़ी प्रसिद्धि मिल चुकी थी। अपने राज्यकाल में उन्होंने सहस्र अश्वमेध यज्ञ किए और पूरे एक सौ राजसूय। यज्ञ-भाग खाते-खाते अन्त में देवताओं ने इन पर प्रसन्न होकर कहा, "वर-प्रार्थना करो।" महाराज महाभिष ने स्वर्ग में स्थान-प्राप्ति की अभिलाषा सूचित की। ऐसा ही हुआ, देवताओं ने सहर्ष उन्हें अपने साथ स्वर्ग में रहने की जगह दी। ये आनन्दपूर्वक उनके साथ आमोद-प्रमोद में समय पार करने लगे।

इसी समय, एक दिन ऐसा हुआ कि ब्रह्मा के दरबार में अधिकांश देवता ब्रह्मा को प्रसन्न करने के लिए उनकी पूजादि और स्तुति पाठ कर रहे थे। एक ओर कुछ राजर्षि और उन्हीं में महाराज महाभिष भी बैठे हुए थे। इतने में एक परम सुन्दरी देवी-मूर्ति, सामने से आती हुई नज़र आई। ये प्रसिद्ध मुनि-कन्या, गंगा थीं। किसी प्रयोजन से उस दरबार में ब्रह्मा से मिलने गई थीं। मन कुछ चंचल रहने के कारण अपनी देह की खबर इन्हें न थी। देव-समाज के अदब का ख़याल भी जाता रहा। इतने में जोर से हवा का एक झोंका लगा और इनका आँचल उड़कर स्थान-स्खलित हो गया। उन्हें उस अर्द्ध-नग्न अवस्था में देखकर देवताओं ने शर्म से गर्दन झुका ली, पर महाराज महाभिष नज़र गड़ाकर उन्हें देखते ही रहे।

यह देव समाज की मर्यादा के अनुकूल न था। देवराज इन्द्र होते तो इस बेअदबी का कुछ बचाव भी होता। परन्तु नहीं, यह ब्रह्मा की बैठक थी। यहाँ इतनी बड़ी त्रुटि का कैसे क्षालन हो सकता था? ब्रह्मा ने सभा की शिष्टता को कायम रखने के लिए महाभिष को शाप दे कहा, "तुमने देवलोक की शिष्टता के ख़िलाफ़ कार्य किया है। अब तुम यहाँ रहने लायक नहीं रहे। जाओ, तुम्हें मृत्युलोक में फिर जन्म लेना पड़ेगा। तुम्हारे हृदय में वासना का अंकुर उग चुका है, अब यहाँ तुम्हारा गुजारा न होगा। लेकिन हाँ, वहाँ से भोग समाप्त करके फिर तुम स्वर्गराज्य में रह सकोगे।"

ब्रह्मा की आज्ञा सत्य के आधार पर थी। महाभिष समझ गए कि इसका उल्लंघन असम्भव है। अस्तु, वे सोचने लगे कि किसके यहाँ जन्म लें। कितने ही राजर्षियों, महर्षियों की याद आई परन्तु मन वहाँ कहीं न रमा। अन्त में, महाराज प्रतीप के यहाँ पुत्र क्या से जन्म लेने का उन्होंने निश्चय कर लिया। उधर, उनका भाव गंगा के हृदय में भी बस गया था, वे उन्हीं की चिन्ता में डूबी हुई अपने घर की ओर चलीं।

रास्ते में गंगा ने विकृत कलेवर वसुओं को देखा। इनकी दुर्दशा का कारण पूछने पर गंगा को मालूम हुआ कि एक साधारण से अपराध के लिए महर्षि वशिष्ठ की शापाग्नि से वे विदग्ध हो रहे थे। उन्होंने कहा, "एक दिन शाम को महर्षि वशिष्ठ प्रच्छन्न वेश धारण किए बैठे हुए थे। हमें इसका कुछ ज्ञान था ही नहीं, हम लोग उनका यथोचित सम्मान बिना किए ही उधर से निकल गए। इस पर महर्षि को क्रोध आ गया। उन्होंने शाप दिया कि मनुष्य योनि में जन्म लो। उनका शाप व्यर्थ न होगा। माता, हम लोगों की प्रार्थना है कि आप भी हमारे उद्धार के लिए नारी-शरीर धारण करें। हम लोग साधारण स्त्री के गर्भ से पैदा होने में संकुचित हो रहे हैं।" वसुओं की प्रार्थना पर गंगा ने स्वीकृति दे दी। वसुओं ने कहा, "हे देवी, हमारे पिता हों, ऐसी योजना मृत्युलोक में प्रतीप राजा के पुत्र शान्तनु में ही होगी और आपसे एक प्रार्थना और है, जब हम आपके गर्भ से भूमिष्ठ हों, तब उसी समय आप हमें अपने प्रवाह-वक्ष में छोड़ दिया कीजिएगा। इससे हमारी जन्मज्वाला मृत्यु के साथ ही शान्त हो जाएगी।" गंगा ने उनकी इस प्रार्थना को भी स्वीकार कर लिया। कुछ देर सोचकर कहा, "लेकिन एक बात है, मेरा सहवास कभी निष्फल न होना चाहिए। पुत्र की इच्छा राजा की व्यर्थ न होगी।" इस पर वसुओं ने कहा, "माता, हम लोग अपने-अपने वीर्य का अष्टमांश देंगे, जिससे राजा को पुत्र की प्राप्ति होगी, परन्तु उस पुत्र से फिर वंश न चलेगा। आपके उस पुत्र की कीर्ति अमर होगी।" यह कहकर निश्चिन्त हो आठों वसु अपने-अपने स्थान की ओर चल दिए। गंगा भी वहाँ से चली आईं।

समय के आने पर महाराज प्रतीप सुविशाल पृथ्वी के अधीश्वर हुए। एकाएक उनके हृदय में तपस्या की इच्छा बलवती हो गई। बस, राज्य छोड़कर भागीरथी के मनोहर तट पर वे पद्मासनस्थ हो तपस्या करने लगे। महाराज प्रतीप बड़े ही रूपवान थे। उन्हें देखकर गंगा का चित्त विचलित हो गया। हृदय में प्रेम की अजेय वासना प्रबल हो उठी। वे मनोभिरामा षोड्शी मूर्ति धारण कर जल से बाहर निकलकर राजा के पास आईं और उनकी ध्यानस्थ अवस्था में ही उनकी दाहिनी जाँघ पर बैठ गईं। महाराज प्रतीप ने ध्यानमग्न मुँदी हुई आँखें खोलकर देखा, तो अपार सौन्दर्य-भावना की मूर्ति, लावण्य की अलौकिक छटावाली एक स्त्री को अपनी जाँघ पर बैठी हुई देखा। राजा को बड़ा आश्चर्य हुआ। उन्होंने पूछा, "क्यों सुन्दरी, तुम यहाँ क्यों आई हो?" उत्तर मिला, "महाराज, मैं और किसी वस्तु की प्रार्थना नहीं करती, केवल

मेरी यौवन विह्वलता शान्त कीजिए। मैं आपके प्रेम की ही प्रार्थना करती हूँ। आशा है, आप मुझे निराश न करेंगे।'' प्रतीप ने कहा, ''अब तुम्हारी आशा मैं पूरी न कर सकूँगा। इससे शास्त्रों की मर्यादा नष्ट होगी। तुमने पहले ही से शास्त्र-विरोधी कार्य किया है। अगर तुम्हें सफल मनोरथ होना था, तो प्रेमिकाओं के उचित आसन, बाईं जाँघ पर बैठना था। दाहिनी जाँघ तो केवल पुत्रियों और पुत्र-वधुओं के बैठने का स्थान है। परन्तु चूँकि तुमने दाहिनी जाँघ को अपना आसन बनाया है, इसलिए तुम मेरी पुत्र-वधू हुईं। मैं स्वीकार करता हूँ कि मेरी आज्ञा से मेरा पुत्र तुम्हें अपनी सहधर्मिणी बनाएगा।'' महाराज प्रतीप की धर्मानुकूल हृदय-ग्राहिणी सत्योक्ति सुनकर गंगा बोलीं, ''महाराज, आपकी आज्ञा शिरोधार्य है। आप ससागरा धरित्री के एक छत्र सम्राट हैं। आपके अनुशासन के अनुकूल चलना मुझे स्वीकार है परन्तु साथ ही एक अर्ज़ मैं आपसे करूँगी। वह यह कि आपके पुत्र को मेरी अभिलाषा के प्रतिकूल कोई कार्य न करना होगा। मेरा और उनका प्रेम-सम्बन्ध तभी तक दृढ़ रहेगा और यों तो मुझे परम आनन्द है कि मैं भरत कुल की कामिनी हो सकूँगी, यों भी आपको विश्वास रहे, मैं कोई साधारण स्त्री नहीं हूँ। मेरे साथ परिणय-सम्बन्ध दृढ़ करके आपके पुत्र संसार में अमर कीर्ति के अधीश्वर हो सकेंगे। आपका कुल भी पवित्र हो जाएगा। अगर आपके पुत्र ने कभी मेरे प्रतिकूल कोई आचरण किया तो मैं उन्हें छोड़कर चल दूँगी।'' यह कहकर गंगा वहाँ से चली गईं।

पुत्र-प्राप्ति की आशा से महाराज प्रतीप सस्त्रीक कठोर तपस्या करने लगे। विधाता की इच्छा से महाराज प्रतीप एक परम रूपवान तेजस्वी पुत्र के पिता हुए। यह पुत्र वही महाभिष हैं, जिन्हें ब्रह्मा की सभा में नर-कलेवर धारण करने का शाप मिला था। राजा के शीतल मुहूर्त में पुत्र हुआ, इसलिए उसका नाम 'शान्तनु' रखा गया।

शान्तनु के पूर्व-जन्मार्जित संस्कार बड़े ही बली और दृढ़ थे, इसीलिए शैशव काल से ही उनका रुख अक्षय स्वर्ग की ओर रहता था। जब समय पाकर शान्तनु तरुण हुए, यौवन की प्रभा अंग-अंग में श्वेत सरसिज की तरह चित्ताकर्षक होने लगी, हरएक के हृदय में कुछ देर तक उन्हें देखने की लालसा जगने लगी, तब गंगा की पिछली बातों का स्मरण करके एक दिन एकान्त में प्रतीप ने उनसे कहा, ''बेटा, बहुत दिनों की बात है, एक दिव्य देवांगना पुत्रार्थिनी होकर मेरे पास आई थी। अगर वह सरोज-सुकुमारी कभी पुत्रार्थिनी होकर तुम्हारे पास आवे तो हरगिज़ उसका परिहार न करना। उसे अपनी सहधर्मिणी स्वीकार करके अवश्य घर ले आना। इससे तुम्हारा कल्याण होगा और देवता भी तुम्हारे यश की दुन्दुभी बजाएँगे, संसार में तुम्हारी कीर्ति अमर होगी। परन्तु तुम्हें उसके मनोविनोद के अनुकूल चलना होगा, जिस दिन तुम उसकी प्रतिकूलता करोगे, उसी दिन वह तुम्हें छोड़कर चली जाएगी।'' शान्त स्वभाव शान्तनु ने पिता की आज्ञा को अमिट वेदवाक्य की तरह मान लिया। रह-रहकर बहुत दूर की—न जाने कैसी मधुर स्मृति उनके मस्तिष्क में जगने लगी।

एक अभाव-सा थोड़ी देर के लिए चित्त को न जाने कैसा कर जाने लगा परन्तु वह क्षणिक रेखा नवजीवन के कर्म-प्रवाह पर कोई साफ निशान नहीं लगा सकी। इधर धीरे-धीरे शान्तनु के हाथों में तमाम राज्य का भार आ गया। उनके वृद्ध माता-पिता ने अभिषेक द्वारा उन्हें सिंहासनाधिरूढ़ करके तपश्चर्या के लिए वानप्रस्थ आश्रम धारण कर जंगल को प्रस्थान किया।

शान्तनु असाधारण मेधावी थे। उनके शासन समय में प्रजा को किसी प्रकार का कष्ट नहीं हुआ। उनके अदम्य उत्साह से राजकीय शासन की शृंखला ही कुछ और हो गई। कुल कार्य नियत समय पर होने लगे। भारत के एकछत्र सम्राट् प्रजा की सुख-समृद्धि के लिए नित्य ही नए कानून की सृष्टि करने लगे। प्रजा को उनकी अवस्था के अनुसार चलने में कोई कष्ट न होता था। राजस्व के रूप से जो कुछ वे प्रजा वर्ग से वसूल करते थे, वह प्रजा के हितार्थ ही खर्च होता था। कहीं किसी प्रकार की अव्यवस्था नहीं हो पाती थी। न कहीं अत्याचार था, न अनाचार, न कहीं चोरी का डर था, न कहीं डाका पड़ता था। किसानों को राज्य से सब तरह की सहायता मिलती थी। महाजनों से सताए जाने की उन्हें कोई शंका न थी। विचारालयों में दूध-दूध पानी-पानी अलग कर दिया जाता था। कहीं पक्षपात का नाम भी न था। सब लोग सुख की नींद सोते थे। पुलिस और सैनिक प्रजा को सम्मान की दृष्टि से देखते थे। शान्ति स्थापना में अगर राजकर्मचारियों की ओर से कोई त्रुटि होती थी तो महाराज शान्तनु उनकी पूरी खबर लेते थे। न ब्राह्मणों के वेद-पाठ में विघ्न होता था, न समर-शूर-क्षत्रियों की अस्त्र चालना में, न वैश्यों के विदेशी तथा अपर देशी व्यवसाय में, न किसानों के कृषि कार्य में। ब्रह्मचर्य, सत्यनिष्ठा, धर्माचरण, सत्साहित्य-चर्चा जहाँ देखिए वहीं देख पड़ते थे। इस तरह सूर्य के प्रताप से भी महाराज शान्तनु प्रचंड हो उठा, चन्द्र की किरणों से भी उनका स्वभाव मधुर हो गया। समस्त भू-मंडल में महाराज शान्तनु की कीर्ति-ध्वजा फहराने लगी।

राज्य-शासन के साथ ही शान्तनु की मृगया रुचि भी बढ़ती गई। जहाँ कहीं उन्हें विकट जंगल का पता चलता,—शेर, वराह और हिरनों के झुंडों का संवाद मिलता, वहीं वे सशस्त्र शिकार के लिए दाखिल हो जाते। मृगया द्वारा मनोरंजन-प्रिय महाराज शान्तनु एक दिन अचानक भागीरथी के मनोहर तट पर जा पहुँचे। एक दिन शिकार खेलकर अपने तम्बू में लौट रहे थे कि स्वच्छ सलिला भागीरथी के तट पर स्वर्गीय सौन्दर्य पर इतराती हुई, नवयौवना, परम रूपवती एक सुकुमारी षोड्शी को देख चकित हो गए। स्त्री क्या थी, चाँदनी की मूर्ति थी। अंग-अंग से लावण्य की सुकुमार धारा बह रही थी। उसकी वे आँखें थीं या सूर्य-बिम्ब पर दो विकसित रश्मियाँ क्रीड़ा कर रही थीं। मुख-मंडल शान्त सरोवर की तरह उदार हो रहा था, कपोल युगल शीशे की तरह साफ नज़र आते थे और उनके उस सुन्दर मुख पर निष्पाप आभा की झलक, झलक रही थी। आभूषणों के बिना भी सुन्दर रूप में तीनों

लोक की दृष्टि आकर्षित करने की शक्ति थी। कलिकाओं से व्याकुल लहलही लता-सी उसकी देह मानो यौवन के अपार भार से दब रही थी। चम्पा के दलों-सी कनक-कान्ति छीननेवाली उसकी अँगुलियाँ, लचीली डालियों-सी बाँहें, पीनोन्मत्त उरोज उस नितम्बिनी की शोभा और भी बढ़ा रहे थे। सबसे अधिक मोहक उसके खुले वायु में तरंगें भरते हुए आजानुलम्बित काले-काले घुँघराले बाल थे। 'श्वेताम्बरा षोड्शी' की मनोमोहिनी मूर्ति पर महाराज शान्तनु मुग्ध हो गए। उन नयनों में शयन करने के लिए जी व्याकुल हो गया। क्षण-क्षण में शरीर रोमांचित होने लगा। उस प्रफुल्ल पद पर बैठने के लिए महाराज का मन भौंरे की तरह विकल होकर गुंजार करने लगा—कितनी ही कल्पनाएँ उसने कर डालीं।

उधर, उस निराभरणा सुन्दरी सुकुमारी की दशा भी और ही हो गई। महाराज शान्तनु जैसा वृषस्कन्ध, योद्धा, सुदर्शन-वीर उसने कभी न देखा था। वह एक दृष्टि से इन्हें देखने लगी। दृष्टि थक गई, पर मन का लालच न थका। दिल हाथ से छूट गया। चार आँखें एक हुईं और मन को मौका मिला। उसने मौन-प्रार्थना सुना दी। दोनों को एक-दूसरे के दिल में जगह मिल गई। दोनों की कंठ तक पहुँचती हुई तृष्णा पर दो बूँद और कण चू पड़े। प्यास और बढ़ गई। मंत्र सिद्ध हो गया, परन्तु उसके प्रयोग के लिए जी तड़पने लगा। महाराज शान्तनु ने वीर क्षत्रिय की तरह अपने धर्म का पालन किया। स्वयं ही उस सुन्दरी के पास उसके प्रणय-प्रार्थी बनकर गए। कहा, "हे कृशोदरी, तुम कौन हो ? देवी, दानवी, गान्धर्व-कन्या, यक्षकुमारी—कौन हो ? तुम्हारे परिचय के लिए हृदय में बड़ी तीव्र लालसा है। मैं चाहता हूँ कि यह मधुर यौवन काल तुम्हारे सहवास द्वारा सुखपूर्वक व्यतीत हो—तुम्हारे पाणिग्रहण की मुझे प्रबल अभिलाषा है।"

महाराज शान्तनु के स्वर में किसी प्रकार की कृत्रिमता न थी। वह हृदय का सच्चा और निश्छल उद्‌गार था। वे सचमुच ही गंगा के सौन्दर्य पर अपना सर्वस्व वार कर चुके थे। अपने मधुर-यौवन का लोभ भो उन्हें न था, उसे भी वे गंगा की नज़र कर चुके थे। उनकी दृष्टि में प्रकृत-सौन्दर्य की जगह गंगा की मनोमोहिनी मूर्ति आ बिराजी थी, हृदय में अन्तरात्मा के आसन पर स्वच्छ सरोवर में चन्द्रबिम्ब की तरह गंगा का चित्र पड़ रहा था। नवयुवक शान्तनु ने अपनी नवीन आकांक्षा को रोका नहीं, किन्तु उसके साथ स्वयं भी बहते गए और पिता की आज्ञा का स्मरण करके, इसे वे अपना सौभाग्य समझ रहे थे।

गंगा ने शान्तनु की ओर परीक्षक की-सी दृष्टि से एक बार देखा। नारी-हृदय वासना से मुक्त न था। महाराज शान्तनु में जिस तरह, वैसे ही गंगा के हृदय में भी प्रणय-कीट प्रवेश-पथ समाप्त कर चुका था। खलबली वहाँ भी मची हुई थी परन्तु अपने प्रेमपात्र के भाव की परीक्षा के लिए कुछ देर तक गंगा ने उसकी प्रार्थना पर मंजूरी नहीं दी। एक बात और भी है। शान्तनु गंगा को देखकर जितने मुग्ध हो गए

थे, उतना मोह गंगा को नहीं हुआ, यद्यपि गंगा की अन्तरात्मा भी शान्तनु से मिलने के लिए अत्यन्त व्याकुल हो रही थी। यह शक्ति गंगा में देवत्व की थी और शान्तनु की वह दुर्बलता, जिसके कारण एकाएक सर्वस्व तक का समर्पण करके वे महाराज से एक मनुष्य की श्रेणी में अपने को समझने लगे थे, मानवीय थी। इसीलिए इस प्रेम के परिणाम में विजय गंगा की ही रही, क्योंकि शान्तनु को गंगा की शर्त मानकर चलना पड़ा। वह शर्त थी—

वसुओं के शाप को स्मरण करके गंगा ने कहा, "महाराज, आपकी इच्छा के अनुसार मैं आपकी सहधर्मिणी होना स्वीकार करती हूँ। मुझे विश्वास है, मेरे साथ रहकर आपको आमोद-प्रमोद में हर तरह की सुविधा होगी। आपके मनोरंजन के लिए मैं सदा ही उत्सुक रहा करूँगी। परन्तु मेरी बात अभी से सुन लीजिए। मेरी स्वतंत्रता पर आपको किसी तरह की रुकावट डालने का अधिकार न रहेगा, न आप मुझे किसी अप्रिय सम्बोधन से बुला सकेंगे। आप अभी से सोचकर निश्चय कर लीजिए। अगर इस शर्त पर आप दृढ़ रहेंगे, तो मेरा और आपका सम्बन्ध अमिट है, और अगर आपसे इस शर्त का पालन न हो सका, जिस दिन आपकी ओर से उदासीनता या किसी तरह की उपेक्षा का भाव पैदा होगा, उसी दिन मैं आपको छोड़कर अपने अभीप्सित स्थान को चली जाऊँगी।"

प्रेम के भूखे शान्तनु को शर्त की दृढ़ता पर उस समय विचार का समय नहीं मिला। वे प्रेमान्ध हो रहे थे। स्नेह-लालसा इतनी प्रबल थी कि स्त्री की शर्त को ठुकराकर वे वहाँ से चले नहीं आ सके। उस समय शर्त की कठोरता, पुरुष पर स्त्री का प्रभाव—इनमें किसी विषय पर भी विचार करने की शक्ति भी उनके अन्दर नहीं रह गई थी। सिर झुका, गंगा की शर्त को उन्होंने मंजूर कर लिया। देवत्व के सामने मनुष्यत्व का मस्तक नत हो गया, लालसा संयम के सम्मुख परास्त हो गई, पुरुष स्त्री का गुलाम बन गया।

शान्तनु को रूप का लोभ दिखा गंगा ने प्रेम के फन्दे में खूब कसकर बाँधना शुरू कर दिया। जब महाराज शान्तनु प्रतिज्ञाबद्ध हो चुके, तब गंगा को अपनी लालसा-सिद्धि की सूझी, साथ ही हृदय की दबी हुई वासना ज्वालामुखी के भीषण विस्फोट की तरह नारी-सौन्दर्य की हर-एक झलक में, हरएक हाव-भाव में, हर-एक अंग से शतमुखी होकर फूट निकली। महाराज शान्तनु उस अनुपम सुन्दरी पर मुग्ध थे ही, उसे पाकर उन्हें स्वर्ग-प्राप्ति से भी बढ़कर सुखानुभव होने लगा। महाराज गंगा को अपने महल में ले आए। कितने वर्ष, कितनी ही ऋतुएँ, दोनों की नई-नई केलि-क्रीड़ाओं में पार हो गईं। दीर्घ समय स्वप्न की तरह क्षणभर में व्यतीत हो गया।

इसी समय जब दोनों केलि-प्रांगण में सुखपूर्वक विहार कर रहे थे, क्रम-क्रम से गंगा के सात पुत्र हुए। परन्तु पुत्रों के जन्म लेने के साथ ही गंगा उन्हें अपने प्रवाहगर्भ में ले जाकर डाल देती थीं। जब कोई पुत्र पैदा होता, तब अपनी अभिलाषा

सिद्धि के पहले गंगा शान्तनु को यह कहकर शान्त करती थीं, कि मैं तुम्हें प्रसन्न करूँगी परन्तु प्रसन्नता तो भाड़ में गई, महाराज शान्तनु को पुत्रों की हत्या पर क्रमश: दु:सह दुख होने लगा। अन्त तक जी की जलन इतनी बढ़ गई कि कभी-कभी वे प्रतिज्ञा-भंग के लिए भी मन को दृढ़ करने लगे। उधर, गंगा के प्रेम का पाश भी कम मज़बूत न था। उसे तोड़ना महाराज के लिए कदाचित् पुत्र शोक से अधिक दु:खप्रद हो रहा था। इसलिए दो-चार बार हिम्मत करके भी मन मसोसकर रह गए।

अब की आठवें बार गंगा के गर्भ से जो अन्तिम पुत्र हुआ, उसे देखकर गंगा मुस्कुराने लगीं। पुत्रों की हत्या से महाराज को बड़ा दुख था। इस पुत्र को देखकर उन्हें बड़ी दया आई। साथ ही, गंगा की पुत्रघातिनी मूर्ति का स्मरण हो गया। रोंगटे खड़े हो गए। उस दिन स्त्री के लिए महाराज के हृदय का संचित अपार प्रेम पुत्र-स्नेह के निकट परास्त हो गया। यह पुत्र सुन्दर भी बड़ा था। सुकुमार आँखों से उसे अपनी ओर देखते हुए देखकर बिना बोले शान्तनु से न रहा गया। उसके जीवन के लिए, अजानी राह से होकर न जाने वह कैसा एक प्रबल स्नेह था, आया और उनके सम्पूर्ण अन्तरात्मा पर अधिकार जमा लिया। पुत्र को बचाने की बड़ी इच्छा हुई। पत्नी के प्रति विजातीय भाव-सा पैदा हो गया। गंगा से उन्होंने कहा, ''देखो, इस पुत्र पर अपने अधिकार का दावा न करो। पुत्रों की हत्या देखते-देखते मेरा कलेजा टुकड़े-टुकड़े हो गया है। अब आँखों में पट्टी बाँधकर तुम्हारी स्वेच्छाचारिता मैं नहीं देख सकता। जिस पाप के जोड़ का कोई दूसरा पाप शास्त्रों में नहीं है, तुमने पुत्र-हत्या सरीखा वह महापाप तक भी कर डाला। अब बस करो।''

इस बच्चे को भी दूसरों की राह लगाने की गंगा की इच्छा न थी। इसके जीवन की सूचना पहले ही उनके पुत्रों की फिहरिस्त में दर्ज हो चुकी थी। वे शान्तनु के निषेध वाक्यों की ही बाट जोह रही थीं। शान्तनु की आज्ञा के पूर्ण विराम पर गंगा ने कहा, ''महाराज, तुम्हें पुत्र की अभिलाषा है। अच्छा, यह लो, तुम्हारा पुत्र तुम्हारे पास, मैं जाती हूँ। आज से तुम्हारे साथ मेरे सहवास का अन्त हुआ। परन्तु सुनो, जिन पुत्रों की हत्या पर तुम्हें खून के आँसू बहाने पड़े, उन्हें तुम साधारण मनुष्य मत समझो, वे महातेजस्वी वसु हैं। शापग्रस्त होकर संसार में आए थे और मैं, महाराज, ऋषि-मुनि भी मेरी पूजा करते हैं—मैं गंगा हूँ। अब मैं चली, मेरे इस पुत्र को गंगादत्त कहकर पुकारना!''

गंगा चली गईं। इधर, शान्तनु को नश्वर-संसार से वैराग्य हो गया। जिस अनुपमा सुन्दरी को अपनी आत्मा से भी वे अधिक प्यार करते थे, जिसके लिए दु:सह पुत्र-शोक को भी कलेजा थामकर सह लिया, आँखों का सुरमा, स्वरूप का दर्पण, लालसा की हरी-भरी वासन्ती-वल्लरी और प्रेम की प्रत्यक्ष मूर्ति समझते थे, उसे न देखकर चिरकाल की अर्जित तपस्या-वृत्ति स्वभावत: उन्हें अपनी ओर झुका ले गई। महाराज शान्तनु राज्य का सम्पूर्ण भार मंत्रियों के सुपुर्द करके तपस्या के

लिए अरण्यवासी हो गए। गंगा के मनोहर तट पर तपस्या में दीर्घकाल व्यतीत हो गया, परन्तु राज्य में लौटने की उन्हें सुध भी न रही।

एकाएक विरक्त हुए महाराज शान्तनु के चले जाने पर राज-कर्मचारियों को बड़ी असुविधा हुई। परन्तु बालक गंगादत्त को देखकर राजधानी के लोग बहुत कुछ सब्र कर लेने लगे। पंडितों ने गंगादत्त का नाम 'देवव्रत' रखा। हस्तिनापुर के लोग बालक को देवव्रत के नाम से ही पुकारते थे। देवव्रत बचपन से ही बड़े होनहार थे। उनके दमकते हुए मुखमंडल पर बचपन से ही आत्म-गौरव की रेखा झलक जाया करती थी। भरा हुआ मुख प्रसन्नता का आईना हो रहा था। जो कोई उसे देखता, उसी के अन्दर से प्रसन्नता फूट पड़ती थी। सब लोग बच्चे को बड़ा होनहार कहते थे। सब लोग उसकी तेजो-गर्व-मंडित प्रसन्न दीप्ति पर मुग्ध थे।

महाराज शान्तनु के चले जाने पर बच्चे का भार गंगा ने लिया। हस्तिनापुर से देवव्रत को अपने साथ ले गईं। उसकी शिक्षा का विचार करके महर्षि वशिष्ठ के आश्रम में अध्ययन के लिए बच्चे को छोड़ आना उन्होंने दूसरी जगहों से उत्तम समझा। बालक देवव्रत माता के साथ प्रसन्नतापूर्वक वशिष्ठ के आश्रम में चले गए। बालक होनहार था ही, महर्षि वशिष्ठ भी त्रिकालज्ञ थे। बच्चे को देखते ही उन्होंने उसकी भविष्य-कीर्ति का ज्ञान-नेत्रों से अध्ययन कर लिया और बड़े आग्रह से उसे पढ़ाने के लिए तैयार हो गए। इस तरह बालक देवव्रत को वशिष्ठ के संरक्षण में छोड़कर गंगा अपने स्थान को चली गईं। इधर, यथाविधि देवव्रत की शिक्षा-दीक्षा होने लगी। पूर्वजन्मार्जित संस्कारों के कारण अल्पकाल में ही देवव्रत शास्त्रों में पारंगत हो गए। महर्षि को सर्व-शास्त्र-पारदर्शी बालक देवव्रत का उज्ज्वल भविष्य मालूम था ही, उन्होंने उसे दिल खोलकर पढ़ाया, अपनी संचित अगाध विद्या का सम्पूर्ण दान कर दिया। जब किसी विषय की कोई त्रुटि न रह गई, तब शुभाशीर्वाद देकर महर्षि ने अपने परम-शिष्य बालक देवव्रत को विदा किया। गंगा ने बड़े स्नेह से बच्चे का कपोल-चुम्बन किया और क्षात्र वीर-मंडल-विजयी धनुर्वेदवारिधि परशुराम की सेवा में पहुँचकर क्षत्रियोचित धनुर्विद्या प्राप्त करने का उपदेश दिया। देवव्रत भगवान् परशुराम के आश्रम में गए। बड़ी श्रद्धा से दंडवत् प्रणाम किया। परशुराम ने आने का कारण पूछा। समर-शिक्षा का अभिप्राय जान बालक के जोशीले चेहरे की ओर आँख उठाकर देखा। वैसा सुसंगठित होनहार बालक उनसे शिक्षा ग्रहण करने के लिए तब तक न आया था। परशुराम के रोम-रोम से आनन्द की धारा बह चली। हृदय में अगाध स्नेह उमड़ आया। बड़े प्यार से देवव्रत को वे अस्त्र-शिक्षा देने लगे। निशाने पर अचूक वार करना, दोनों हाथों से बराबर तीर चलाना, विपक्षी के वारों से बचना, चलते-फिरते निशाने पर तीर बेधना, व्यूह-रचना, सैन्य समावेश, सब प्रकार के अस्त्रों का प्रयोग, और भी अनेक तरह की सामरिक शिक्षाएँ देवव्रत को दी गईं। अपने समय के सर्वश्रेष्ठ वीर पुरुष ने शिक्षा

ग्रहण में आचार्य को पूर्णतया सन्तुष्ट कर दिया। जब शिक्षा पूरी हो गई, तब आचार्य, भगवान् परशुराम ने देवव्रत को हृदय के अन्तस्तल से आशीर्वाद दे, सहर्ष विदा किया। शिष्य की योग्यता पर परशुराम को परम सन्तोष था। उन्होंने अपने शिष्य को अभय करते हुए कहा, जाओ, तुमसे समर में जीतनेवाला संसार में कोई न होगा।

एक दिन की बात है कि देवव्रत मृगया के लिए निकले। बड़ी देर तक तलाश करते-करते दूर निकल गए। उन्हें कुछ दूर पर एक मृग दिखाई पड़ा। धनुष पर चढ़ाकर मृग का लक्ष्य करके देवव्रत ने बाण छोड़ दिया। बाण-विद्ध हो जाने पर मृग भागा, देवव्रत ने पीछे से उसे खदेड़ दिया। इस तरह उसके पीछे दौड़ते-दौड़ते देवव्रत गंगा के तट पर आ पहुँचे। यहाँ उन्होंने इतने तीर चलाए कि चारों ओर का आकाशमंडल तीरों से छा गया। गंगा का पानी, बाणों से जान पड़ने लगा कि अब सूखना ही चाहता है।

महाराज शान्तनु वहीं तपस्या कर रहे थे। गंगा की यह दशा देखकर उन्हें बड़ी चिन्ता हुई। वे इसका कारण विचारने लगे। थोड़ी ही देर में उन्होंने देखा कि एक परम सुन्दर राजकुमार दिव्य शस्त्रों से सुसज्जित यम-दंड के समान कठिन कोदंड लिए हुए गंगा के तट पर खड़ा है। उस तरुण युवक की दृढ़ प्रतिज्ञा, अचल चितवन और साहसी विशाल उन्नत वक्ष:स्थल देखकर महाराज शान्तनु चकित हो गए परन्तु पहचान नहीं सके। देवव्रत को बिलकुल बचपन में उन्होंने छोड़ा था लेकिन देवव्रत पिता को फौरन पहचान गए। उन्हें शंका हुई कि पिता को कहीं मालूम न हो जाए। संकोचवश वे वहाँ से अन्तर्हित हो गए।

इस होनहार युवक की छवि महाराज शान्तनु की आँखों में बस गई थी। वे उसके परिचय के लिए उतावले हो गए। गंगा से उन्होंने अपने पुत्र को देखने की प्रार्थना की। महाराज की प्रार्थना पूरी करने के लिए गंगा देवव्रत को महाराज के पास ले आईं और कहा, ''राजन्, यह वही आठवाँ बालक है, जिसके लिए आपने प्रार्थना की थी। इन्हें आप कम न समझिए, ये महापुरुष हैं। महर्षि वशिष्ठ के पास रहकर सर्वशास्त्रों में इनका प्रवेश हो चुका है और भगवान् परशुराम के निकट अस्त्र-संचालन की ये पूर्ण शिक्षा प्राप्त कर चुके हैं। समर-क्षेत्र में इनका मुकाबला करने लायक इस समय संसार में कोई वीर नहीं है, न इनके रहते समय तक होगा। ये इन्द्र से अधिक शक्तिमान हैं। शास्त्रों में भी इनका अथाह ज्ञान है। असुर-गुरु शुक्राचार्य ने जिन-जिन शास्त्रों का अध्ययन किया है, देवगुरु बृहस्पति को जिन-जिन विषयों की पारदर्शिता प्राप्त है, ये उन सब शास्त्रों का अध्ययन कर चुके हैं। धर्मनीति, राजनीति, समरनीति, और अर्थनीति—इन चारों में इन्हें आप अद्वितीय समझिए। अब अपने सर्वगुणाधार पुत्र को लेकर आप आनन्दपूर्वक अपनी राजधानी लौटें।''

महाराज ने ऐसा ही किया। वे सर्वगुण समन्वित प्रिय पुत्र को लेकर अपने राज्य को लौट आए।

द्वितीय परिच्छेद

भीष्म की भीषण भीष्म-प्रतिज्ञा

महाराज को राजधानी में आए हुए देखकर प्रजाजनों के मुरझाये हुए हृदय प्रसन्नता से प्रस्फुरित हो गए, जैसे वासन्ती-सरोवर के नव विकसित कमल फूल। मंत्रियों को राजा के फिर से राज्य-भार ग्रहण करने की लालसा से अपार हर्ष हुआ, जैसे एक असह्य बोझ सिर से उतर रहा हो। महाराज और महाराजकुमार देवव्रत एकाएक राजधानी में पहुँचे थे, इसलिए उनके स्वागत का पहले से कोई प्रबन्ध नहीं हो सका था। नगरवासियों और मंत्रियों ने एक शुभ दिन राजपुरोहित से पूछकर, महाराज और महाराजकुमार के शुभागमन पर उत्सव मनाना निश्चित किया।

क्रमशः वह निश्चित दिन भी नज़दीक हो आया। राजधानी में नई शान से सजावट होने लगी। मकान लीप-पोतकर झक कर दिए गए, जगह-जगह आम के पत्ते रस्सियों में बाँधकर हर मकान के चारों ओर से वह वन्दनवार घेर दिया गया। राजद्वार में जल भरे कलश, ऊपर से आम पल्लव और कच्चे नारियल सिन्दूर-बिन्दु से लगाकर रख दिए गए। भाँति-भाँति के बाजे, तरह-तरह के राग-रागिनियाँ सुनकर प्रजाजन, राजकर्मचारी और राजा के छोटे-बड़े सरदार प्रफुल्लचित्त हो हस्तिनापुर की गलियों और सड़कों पर टहलने लगे। कहीं अखाड़े में पहलवानों की कुश्ती हो रही थी, तो कहीं मंच पर कुशल अभिनेतागण अपने-अपने कला-कौशल दिखा रहे थे। कहीं दस-पाँच भंगेड़ी भंग घोंटते हुए विजयाविषयक तरह-तरह के पद्य कह रहे थे और विजया के निन्दकों की एक साँस में लम्बी-चौड़ी प्रशंसा सुना रहे थे।

नाच-रंग, आदर-सत्कार समाप्त हो गया। महाराज ने पुनः राज्य-भार ग्रहण किया। मंत्रियों को फुरसत मिली। कुमार देवव्रत भी पिता को काफी मदद देते थे। देवव्रत के रूप, अमित विक्रम, असीम साहस, अपार मेधा और दृढ़ चरित्र-बल की हर जगह प्रशंसा हुआ करती थी। रास्ता चलते समय देवव्रत किसी ओर आँख नहीं उठाते, वार्तालाप करते समय अहंकार का एक भी लक्षण नहीं मिलता, सबको वे समान दृष्टि से देखते हैं, युद्ध में बेजोड़ होने पर भी वे अपने वीर महारथियों को सम्मान की दृष्टि से देखते हैं, दीन और असहाय प्रजा की हर तरह से सहायता करने के लिए तैयार रहते हैं आदि अनेक बातों की चर्चा हुआ करती थी। क्रमशः राज्यवासी देवव्रत के आगे शान्तनु को भूल-से गए। सबके चित्त पर समान भाव से कुमार ने अपना अधिकार जमा लिया।

इस तरह पूरे चार वर्ष व्यतीत हो गए। महाराज ने स्थिर चित्त से लगातार चार वर्षों तक राज्य का प्रबन्ध किया, विश्राम बहुत थोड़ा ही किया था। देवव्रत को राज्य-कार्य में दक्ष देखकर उन्हें पुत्र की योग्यता पर पूर्ण विश्वास हो गया। इधर, कुछ दिनों से वे कुछ शिथिलता भी दिखलाने लगे थे। सारा काम देवव्रत को करना पड़ता था।

एक दिन महाराज के मन में मृगया की इच्छा पैदा हुई। शिकार खेलने के इरादे से वे यमुना के किनारे चले गए। एक दिन वे जंगल में प्रकृति की शोभा देखते हुए इधर-उधर विचरण कर रहे थे कि एकाएक उनका हृदय मस्त हो गया। सैकड़ों फूलों की सुगन्ध एकसाथ मिलकर आने लगी। महाराज को बड़ा आश्चर्य हुआ। वे इसका कारण कुछ समझ न सके। कहाँ से वह सुगन्ध आ रही थी, इसका पता लगाने के लिए चित्त चंचल हो गया। बड़ी देर तक वे उसकी तलाश में फिरते रहे। जब यमुना के बिलकुल तट पर जा पहुँचे, तो एक परम सुन्दरी स्त्री को सामने खड़ी हुई देख वे मुग्ध हो गए। देखते ही हाल-बेहाल हो गया। उसकी सूरत से महाराज को मालूम तो हो गया कि वह किसकी लड़की है, परन्तु निश्चय कर लेने के विचार से पूछा कि वह किसकी लड़की है। महाराज की भड़कीली पोशाक देखकर वह युवती समझ गई कि ये कोई साधारण मनुष्य नहीं हैं। उसने बड़े ही नम्र शब्दों में उत्तर दिया। कहा, ''महाशय, मैं मल्लाह की लड़की हूँ। पिता की आज्ञा से खेवा पार किया करती हूँ।'' उसकी सरल बातें शान्तनु के कलेजे में चोट कर गईं। उसे पाने के लिए, उसके साथ विवाह तक करने के लिए शान्तनु तैयार हो गए। वे उसके पिता के पास इस प्रस्ताव को लेकर गए।

धीवराधिप ने धीरतापूर्वक शान्तनु की कुल बातें सुनीं। आकांक्षा के वशीभूत होकर वे विवाह के लिए तैयार हो रहे हैं, इसके समझने में उसे देर न लगी। उसने कहा, ''महाराज, सुनिए—मैं आपसे विनयपूर्वक कुछ कहना चाहता हूँ। यह तो सर्वसम्मत है कि जिस घर में कन्या होती है, वह कहीं-न-कहीं उसका विवाह करता ही है। फिर भी माना-पिता अपनी प्यारी कन्या को जहाँ तक उसे हो सकता है, योग्य वर के हाथों ही सौंपते हैं। आपकी योग्यता में भला क्या सन्देह है ? मेरा तो यह परम सौभाग्य है कि आप मेरी कन्या के पाणिग्रहण के लिए खुद प्रस्ताव कर रहे हैं। नहीं तो भला मुझे वह साहस कहाँ था कि मैं इस विवाह के लिए स्वयं आपसे प्रस्ताव करता ? यह कन्या बड़ी ही भाग्यवती है। इसके भाग्य से आज मेरी कुटिया आपके चरण-स्पर्श में पवित्र हो गई। परन्तु महाराज, मेरी एक विनय पहले सुन लीजिए। मुझे विवाह कर दन में कोई उज्र नहीं।

''सिर्फ एक बात है। वह यह कि मेरी कन्या के गर्भ से जो बच्चा पैदा होगा, आपके पश्चात् राज्य का अधिकारी वही होगा। इस शर्न को आप मंजूर कर लीजिए, विवाह में यह इतनी अड़चन है।''

शुरू से आखिर तक धीवर की बातें महाराज ने धैर्यपूर्वक सुन लीं परन्तु इसका कुछ उत्तर उन्होंने नहीं दिया। देते भी कैसे ? नीति का विरोध जो हो रहा था। महाराज के एक पुत्र और परम योग्य पुत्र, देवव्रत राज्यसिंहासन के उत्तराधिकारी थे ही। धीवर की बातों से महाराज के हृदय को बड़ी चोट लगी। वे कुछ देर तक के लिए तो पहले बहुत व्याकुल हो गए थे। परन्तु नीति की मर्यादा पर अटल रहने के कारण एक बल भी उनके भीतर से पैदा हुआ, जिसमें काम-ज्वाला बहुत कुछ प्रशमित हो

गई। परन्तु अनंग का रंग रह–रहकर महाराज को अपना प्रभाव जता देता था। वे उस नवयौवना सुन्दरी की रूप–माधुरी को एक क्षण के लिए नहीं भूल सके। हृदय को जितना ही सँभालते थे वह उतना ही टूटता जाता था। आखिर को वहाँ से चुपचाप महाराज हस्तिनापुर चले आए।

राजधानी में आते ही महाराज की चिन्ता उन्हें और विकल करने लगी। घटने के बजाय वह बढ़ती ही गई। अन्त तक हाल यह हुआ कि राज–पाट से उन्हें एक प्रकार की उदासीनता–सी हो गई। कुमार देवव्रत को पहले ही से राज्य का प्रबन्ध करना पड़ता था, इसलिए बहुत दिनों तक तो लोगों को महाराज की बेकली का कुछ हाल मिला ही नही। मंत्रियों को भी महाराज में मिलने की प्रायः ज़रूरत न होती थी। कारण, देवव्रत स्वयं मंत्रियों से सलाह वगैरह कर लिया करते थे।

महाराज की उदासीनता पर सबमें पहले देवव्रत का ध्यान गया। वे पिता की रोज़ सेवा किया करते थे। सेवकों की कमी न रहने पर भी पिता की सेवा करना देवव्रत अपना प्रथम कर्त्तव्य समझते थे। पहले–पहल पिता के उदास भाव पर उन्होंने विशेष कुछ नहीं विचार किया। उसे निष्कारण ही हुआ समझते थे परन्तु जब उनका वह भाव दिन–दिन बढ़ता हुआ दिखाई दिया, तब बिना पूछे देवव्रत से न रहा गया। कई दिन तो संकोचवश पूछने का इरादा करके भी वे पूछ नहीं सके। शान्तनु की चेष्टाएँ कुछ ऐसी हो रही थीं, जिन्हें देखकर उनके सम्बन्ध में कुछ प्रश्न करते हुए देवव्रत को एक अज्ञात संकोच हो आता था। जब किसी तरह उन्होंने पिता के भाव को बदलते हुए न देखा और न उन्हें स्वयं उस सम्बन्ध में किसी से कुछ कहते हुए सुना, तब निश्चय कर लिया कि आज पिता से मानसिक पीड़ा का कारण अवश्य पूछूँगा।

उस दिन जब सेवा के लिए देवव्रत पिता के पास हाज़िर हुए और उन्हें उसी तरह चिन्ताक्लिप्ट पड़े हुए देखा, तो हाथ जोड़ विनय स्वर में पूछा कि, ''पिताजी, जब से आप मृगया करके लौटे हैं, तब से मैं आपको चिन्ताग्रस्त देख रहा हूँ। क्रमशः आपकी भावुकता बढ़ती जा रही है। मुझे ऐसा प्रतीत होता है कि आप उदासीन रहते हैं। आप न तो इसकी कोई दवा कराते हैं और न किसी दूसरे से कहते ही हैं कि आपको क्या हो गया है। पहले तो मुझे पूछने की हिम्मत ही नहीं होती थी परन्तु आपकी अवस्था देखकर अन्त में मुझसे रहा भी न गया। बतलाइए, आपको क्या कष्ट है? मुझे आपके कष्ट से बड़ी पीड़ा होती है। आप कहिए, मैं आपके रोग–प्रशमन का कोई उपाय करूँ।''

देवव्रत की बातों में भक्ति थी, पिता के प्रति उनकी अगाध श्रद्धा प्रकट हो रही थी। शान्तनु उनके आग्रह को हटा नहीं सके। अपनी व्यथा की कहानी पुत्र के निकट प्रकट कर दी। कहा, ''बेटा, तुम मेरे पुत्र हो। मेरी उदासीनता का कारण जानना चाहते हो। तुम मेरे वंश के दीपक हो। विद्या और अस्त्र–शिक्षा में तुम बेजोड़ हो। तुम्हारे संस्कार ज़बरदस्त हैं परन्तु यह इतना सब होते हुए भी न जाने क्यों मुझे तुम्हारे

लिए चिन्ता लगी रहती है। कारण, संसार में सबकुछ नश्वर है। सबसे अधिक चिन्ता का कारण तो यही है। अगर तुम्हारा किसी तरह कोई अनिष्ट हो गया, तो हमारा कुल उजड़ जाएगा। तुम्हारे लिए मुझे दृढ़ विश्वास है कि तुम अकेले सौ पुत्रों के बराबर हो, बल्कि उनसे भी बढ़कर हो। इसलिए तुम्हारे रहते अब विवाह करना उचित नहीं है। परन्तु बेटा, धार्मिक सिद्धान्त कुछ और है। वंश के अनुशासन में एक पुत्रवाला निस्सन्तान कहा जाता है। तुम्हें मैं ज़्यादा क्या समझाऊँ, तुम स्वयं सब शास्त्र-पारंगत हो। तुम्हारे हृदय में किसी प्रकार का कलुष भी नहीं है? तुम महारथी वीर हो। मैं आशीर्वाद देता हूँ, तुम्हारा शरीर समर-क्षेत्र को छोड़ अन्यत्र कहीं भी नष्ट न होगा। अधिक और क्या कहूँ, मुझे तुम्हारे लिए बड़ी चिन्ता रहती है। यही कारण है कि मेरा शरीर दुर्बल और मस्तिष्क क्षीण होता जा रहा है!''

देवव्रत को पिता की बातों से बड़ी चिन्ता हो गई। पिता की खिन्नता का कारण वे स्वयं हैं, यह उन्हें और दुःखदायी हो गया। यह हाल उन्होंने अपने वयोवृद्ध एक मंत्री से कहा। महाराज की उदासीनता का कारण सुनकर पहले वे स्वयं महाराज से मिलने के लिए गए। उस समय देवव्रत से उन्होंने कुछ नहीं कहा। महाराज से मिलने पर उन्हें धीवर-कन्या का कुल हाल मालूम हो गया। उसके प्रति महाराज की बातें तो चुपचाप सुन लीं, परन्तु उनका कुछ उत्तर या आश्वासन उन्होंने नहीं दिया। कारण, देवव्रत को वे हृदय से प्यार करते थे। देवव्रत के गुणों पर वे इतने मुग्ध थे कि धीवर की शर्त को सुनकर उनके हृदय में आग-सी लग गई थी। देवव्रत जैसे सुयोग्य राजपुत्र को गद्दी न मिले, इस शर्त पर महाराज का दूसरा विवाह हो, यह उन्हें किसी भी तरह वांछित न था। इसलिए, महाराज की बातों में अपनी राय बिना दिए ही वे चुपचाप वहाँ से उठकर चले आए। उनके आने पर देवव्रत उनसे फिर मिले। पिता के लिए अब क्या करना उचित होगा, इसके सम्बन्ध में उनसे विचार करने लगे। महाराज शान्तनु की मानसिक अवस्था, सत्यवती के प्रति उनका अनुराग, धीवरराज की शर्त, महाराज का देवव्रत के प्रति प्रेम—ये सब बातें मंत्री ने देवव्रत को विस्तारपूर्वक सुनाकर कहा, अगर सत्यवती किसी तरह आ सके तो महाराज की आधिव्याधि सब तत्काल दूर हो जाए।

देवव्रत मंत्री की बात सुनकर कुछ देर तक विचार करते रहे। मन में उन्होंने निश्चय कर लिया कि अपनी तरफ से पिता को सुखी करने में वे कोई कोर-कसर न उठा रखेंगे। मंत्री से उन्होंने कहा, ''मैं धीवरराज से मिलने के लिए जाता हूँ। पिता को सुखी करना ही मेरा धर्म है। मैं यथासाध्य इस धर्म का पालन अवश्य करूँगा।'' देवव्रत का अविचल भाव देखकर मंत्रमुग्ध की तरह मंत्री एकटक उन्हें ताकते रह गए। उनसे कुछ कहा नहीं गया। धीर-भाव से देवव्रत ने वहाँ से चलकर सारथि को रथ तैयार करने के लिए कहा। बात-की-बात में रथ तैयार कर लाया गया। उनके साथ उनके सामन्त-सरदार भी हो लिये। सबको साथ ले, रथ पर सवार हो, यमुना तट की ओर चलने के उन्होंने सारथि को रथ बढ़ाने को कहा।

रथ यमुना के मनोहर तट पर पहुँचा। देवव्रत रथ से उतरकर धीवरराज की कुटिया की तलाश करने लगे। पता उन्हें मंत्री से मालूम हो चुका था। इसलिए यथास्थान पहुँचने में उन्हें देर नहीं लगी। धीवरराज ने कुमार का बड़ा स्वागत किया। बड़ी भक्ति दिखलाई। देवव्रत ने धीवर से कन्या के लिए प्रार्थना की। उसने सामन्त-राजाओं के सामने हाथ जोड़कर देवव्रत से कहा, "हे कुमार, आप महाराज शान्तनु कुल के कुलदीपक हैं। आपकी प्रशंसा राज्य के एक छोर से दूसरे छोर तक फैली हुई है। आपकी तरह यशस्वी पुत्र शायद ही कभी किसी को मिलता है परन्तु आप स्वयं विचार कीजिए कि इस तरह का सम्बन्ध छोड़कर किसे दुख नहीं होता? मैं तो एक साधारण मनुष्य हूँ, साक्षात् इन्द्र भी ऐसा सम्बन्ध छोड़कर दुख करेंगे और सत्यवती भी किसी साधारण मनुष्य की कन्या नहीं है। उसके पिता आप ही की तरह गुणवान् हैं। उन्होंने बारम्बार मेरे पास आपके पिता की तारीफ की है और कहा है कि सत्यवती के साथ विवाह करने के एकमात्र वही अधिकारी कहे जा सकते हैं परन्तु मैंने कन्या का पालन किया है। उस पर मेरा सम्पूर्ण अधिकार है। उसकी शुभकामना के विचार से एक बात मैं आपसे कहूँगा। आप बुद्धिमान हैं, धार्मिक हैं, मुझे इस विवाह में एक संकोच हो रहा है। वह यह कि विवाह के हो जाने पर आपके घर में कलह की आग लग जाएगी। आप वीर हैं। आपके जोड़ का योद्धा इस समय संसार में कोई नहीं है। देवता भी आपका बल-विक्रम देखकर घबराए हुए हैं। मुझे भय है कि आप बिगड़ जाएँगे तो क्षणभर में ही आपके शत्रुओं का विनाश हो जाएगा। बस इतना ही मुझे डर है। इसके अलावा इस विवाह में मुझे और कोई दोष नहीं दीख पड़ता, न मुझे कोई संशय है।"

देवव्रत के पूर्वजन्मार्जित संस्कार धीवर की बात सुनते ही जाग्रत हो उठे। पिता के प्रति अगाध भक्ति की आड़ में उनकी चिरकाल की तपस्या क्षणभर में प्रगट हो गई। उन्होंने राजाओं के सामने धीवर को उत्तर देते हुए कहा, "हे सत्यवादी, मेरा सत्यव्रत सुनो। मैं निश्चयपूर्वक कहता हूँ, तुम जैसा कहोगे, मैं उसी के अनुसार कार्य करूँगा। इस कन्या के गर्भ से जो बालक पैदा होगा, हम उसे ही अपना राजा बनाएँगे।" धीवर ने कहा, "कुमार, आपकी प्रतिज्ञा मैंने सुनी। यह आपकी शक्ति के लिए कोई बड़ी बात नहीं है। अस्तु, अब आप पर मुझे ज़रा भी सन्देह नहीं है और क्योंकि इतना बड़ा उत्तरदायित्व आपने अपने ऊपर ले लिया है, इसलिए अब से इस कन्या के अभिभावक भी आप ही हुए। यह सब तो ठीक है परन्तु फिर भी मुझे सन्देह हो रहा है। मेरी बातों से निरा बचपन प्रकट होगा, तो भी मुझे वह बात आपसे कहनी होगी। हे कुमार, आप पर तो मेरा सन्देह नहीं रहा, परन्तु आपके पुत्र सत्यवती के पुत्र-कलत्रों के साथ अपने हक के लिए लड़ सकते हैं।" धीवर का मतलब देवव्रत समझ गए। पिता की प्रीति के लिए सर्वस्व तक का त्याग करना उनके लिए ज़रा-सी बात थी। निःसंकोच भाव से उन्होंने कहा, "इससे पहले मैं साम्राज्य का त्याग कर चुका हूँ। अब मैं प्रतिज्ञा करता हूँ कि विवाह भी न करूँगा! चिरकाल तक ब्रह्मचारी बनकर

रहूँगा।'' देवव्रत की इस कठोर प्रतिज्ञा से सामन्त-मंडल में एक प्रकार की खलबली पैदा हो गई। देवव्रत की महत्ता सबके रोम-रोम में व्याप्त हो गई। धीवर तो मारे प्रसन्नता के पागल-सा हो गया। इतनी बड़ी महत्ता का उदाहरण उसने कभी न देखा था। उसने कहा, ''कुमार, अब मैं तुम्हारे ही पिता को कन्यादान करूँगा।''

देवताओं ने भी देवव्रत की कठोर प्रतिज्ञा सुनी। सबको परम प्रसन्नता हुई। सबके हृदय में स्वजाति अभिमान की धारा बहने लगी। इस कठोर प्रतिज्ञा के करने के कारण देवताओं ने देवव्रत को 'भीष्म' की उपाधि से सम्बोधित किया। उसी दिन से देवव्रत को लोग 'भीष्म' कहकर पुकारने लगे।

सत्यवती से भीष्म ने कहा, ''माता, रथ पर सवार हूजिए। हमें अब घर चलना चाहिए।'' सत्यवती को लेकर सामन्त-राजाओं के साथ भीष्म हस्तिनापुर में आए। पिता को प्रणाम किया। सामन्त-राजाओं से भीष्म की प्रतिज्ञा सुनकर महाराज शान्तनु को बड़ा हर्ष हुआ। पुत्र की कीर्ति पर उन्हें और भी श्रद्धा हो गई। भीष्म को उन्होंने यह कहकर आशीर्वाद दिया, ''महात्मन्, स्वेच्छा के बिना तुम्हारी मृत्यु न होगी।''

तृतीय परिच्छेद

प्रतिज्ञा-पालन

पुरुवंश में उपरिचर नाम के एक राजा हुए हैं। इनका एक और नाम पशु भी था। एक बार ये मृगया के लिए बाहर जंगल की ओर निकल गए थे। वहीं एक अशोक के पेड़ की सुशीतल छाया में बैठे हुए वे अपनी प्रेयसी की चिन्ता में मग्न हो रहे थे कि वसन्त की श्रीसुरभि और मधुर-मधुर हवा के झोंकों से इनकी उद्दीपना बढ़ गई और वहीं इनका वीर्यपात हो गया। उस समय इनकी प्रेयसी रानी ऋतुवती थी। शुक्र निष्फल न हो, इस विचार से उसे एक दोने में रखकर पास के एक बाज से इन्होंने कहा कि इसे लेकर मेरी पत्नी को दे आओ। राजा की प्रार्थना पर बाज ने उस शुक्र-बिन्दु को अपनी चोंच से उठा लिया। परन्तु मार्ग में जब वह उड़ता हुआ रानी के महल की ओर जा रहा था, तब एक दूसरे बाज से उसकी मुलाकात हुई। इस दूसरे ने इसे कुछ ले जाते हुए देखकर इससे अपना भोजन छीन लेना चाहा। दोनों में लड़ाई छिड़ गई। फल यह हुआ कि वह शुक्र-बिन्दु बाज की चोंच से छूटकर नीचे, यमुनावक्ष पर आ गिरा। यमुना की एक मछली उस शुक्र-बिन्दु को खा गई। वह मछली पूर्वजन्म की अप्सरा थी। नाम था—अद्रिका। ब्रह्मशाप से मछली होकर यमुना में रहती थी। उस बिन्दु से उसके गर्भ रह गया। दसवें महीने में एक मछुए ने जाल से उस मछली को पकड़ा। उसके पेट से दो बच्चे निकले—एक कन्या और एक लड़का। दोनों को लेकर वह राजा उपरिचर के पास गया। राजा ने लड़के को तो ले लिया, परन्तु लड़की को उसे ही दे दिया। इसी लड़की का नाम मत्स्यगन्धा पड़ा।

एक बार मत्स्यगन्धा यमुना के तट पर यात्रियों को पार उतार रही थी। उसी समय पराशर ऋषि पार जाने के लिए यमुना के तट पर आए। उन्हें जब वह पार उतार रही थी उस समय महर्षि को उसे देखकर कामोद्दीपन होने लगा। उन्होंने मत्स्यगन्धा से अपने अन्दर की बात कही। सुनकर उस अविवाहित युवती कन्या ने कहा, ''प्रभो, आपकी इच्छा की पूर्ति कैसे करूँ? दोनों किनारे पर ऋषि-मुनि खड़े हुए हम लोगों को देख रहे हैं।'' पराशर ऋषि ने कहा, ''अच्छा, तुम्हे लज्जा होती है, तो यह लो, हम कुहरे की सृष्टि करते हैं।'' महर्षि की इच्छामात्र से दोनों तट कुहरे से समाच्छन्न हो गए। तब उस कुमारी ने कहा, ''भगवन्, मैं अविवाहिना हूँ, मेरा सतीत्व नष्ट होगा तो मेरा कुमारीपन फिर नष्ट हो जाएगा।'' महर्षि बोले, ''शुभे, मेरी इच्छा पूरी होगी तो तुम्हारा कौमार्य नष्ट न होगा। मैं तुम पर प्रसन्न हूँ। तुम मेरी कामना पूरी करो।'' अस्तु, महर्षि ने उस कन्या के साथ अपनी वासना पूरी की और उसे वरदान दिया कि तुम्हारी देह से जो यह मछली की बू निकलती है यह अब न रह जाएगी बल्कि उसकी जगह तुम्हारी देह से सदा सुगन्ध निकलती रहेगी और दो-चार कोस तक के मनुष्य तुम्हारी सुगन्धि से मुग्ध हो जाएँगे। महर्षि के प्रसंग के पश्चात् सत्यवती गर्भवती हो गई। उसके उसी गर्भ से व्यासदेव की उत्पत्ति हुई। सत्यवती का यही इतिहास है।

उसी सत्यवती को भीष्म हस्तिनापुर में ले आए। उसे पाते ही महाराज शान्तनु की कुल व्याधियाँ दूर हो गईं। महाराज शान्तनु से सत्यवती का विवाह भी सानन्द समाप्त हो गया। दोनों सुखपूर्वक रहने लगे। महाराज शान्तनु को कुछ दिनों के लिए फिर सारा संसार, राज-पाट, सब भूल-सा गया। दिन-रात वे प्रमोद-उद्यान में ही रहने लगे। कुछ काल पश्चात् सत्यवती गर्भवती हुई। यथासमय एक परम रूपवान कुमार चित्रांगद का जन्म हुआ। पिता के समान ये भी बड़े बली और तेजस्वी हुए। एक पुत्र सत्यवती के और हुआ। इसका नाम विचित्रवीर्य रखा गया। महाराज शान्तनु संसार-उद्यान के पके फल हो रहे थे, काम-समीर के कुछ झोंकों के लगते ही वृक्ष से च्युत हो गए। उनके शरीर छोड़ने पर कुरु-परिवार एकाएक एक अथाह शोक-समुद्र में गिर गया। सत्यवती जवानी में ही विधवा हो गई। भीष्म के सामने अब एक बहुत ही बड़ा कर्त्तव्य आ गया। पिता की श्राद्ध-क्रिया, माता को आश्वासन प्रदान, भाइयों की शिक्षा, उधर निस्पृह भाव से राज्य शासन—सब काम एक साथ ही भीष्म पर मानो उनके धैर्य की परीक्षा के लिए नियति की अजेय सेना की तरह टूट पड़े। उस समय भी भीष्म को किसी ने विचलित होते नही देखा। एक-एक करके अपने कुल कर्त्तव्यों को वे पूरा करते गए।

महाराज शान्तनु के बाद, सत्यवती की आज्ञा के अनुसार भीष्म ने चित्रांगद को राजगद्दी दी। इन्होंने अपने बाहुबल से तमाम राजाओं पर विजय प्राप्त कर ली। उसी समय चित्रांगद नाम का एक दूसरा राजा था। वह गन्धर्व था। उसके बल की थाह न थी। चारों ओर उसके बल-विक्रम की तारीफ हो रही थी। यह प्रशंसा सुनकर, समर में परास्त करने के लिए कुरुवंशी चित्रांगद ने अपनी फौज और सामन्त सरदारों के

साथ उस पर चढ़ाई का डंका पिटवा दिया। समर–भूमि में प्रचंड प्रतिद्वन्द्विता छिड़ गई। आखिर शान्तनु के पुत्र, चित्रांगद उस गन्धर्व के हाथों मारे गए। भीष्म को इसका अन्यन्त शोक हुआ परन्तु विधि की इच्छा पर किसका क्या वश ? भीष्म मन मारकर रह गए। इधर राजगद्दी बिना नरेश के हो गई। सत्यवती का दूसरा लड़का, विचित्रवीर्य उस समय बच्चा था। भीष्म ने उसी को राजगद्दी दी। सारा प्रबन्ध खुद करते।

धीरे–धीरे विचित्रवीर्य बड़े हुए। भीष्म को इनके विवाह की चिन्ता होने लगी परन्तु कहीं किसी योग्य कन्या का पता न लग रहा था। एकाएक भीष्म ने सुना कि काशी नरेश की कुमारियों का स्वयंवर होनेवाला है। उन्हें इससे बहुत कुछ आशा हो आई। सत्यवती की आज्ञा लेकर भीष्म काशी चलने के लिए तैयार हो गए। काशी में भारत भर के बड़े–बड़े राजा–महाराजा इकट्ठे थे। स्वयंवर सभा का दिन भी आ गया। काशी नरेश ने सब राजाओं का उचित स्वागत किया। सभा में अपने–अपने आसनों पर, देश–देश के राजा–महाराजा बैठे हुए थे। भीष्म भी अपने आसन पर विराजमान थे। काशी नरेश की तीन लड़कियाँ, सखियों के साथ एक ओर बड़ी साज–सज्जा से खड़ी हुई थीं। भाट उनके सामने सब देश के राजाओं की तारीफ कर रहा था। भीष्म को अब अधिक विलम्ब करना अनुचित जान पड़ा, क्योंकि वे कुछ अपने विवाह के लिए तो गए ही न थे, उनका उद्देश्य कुछ दूसरा था। वे उठे, और तीन कुमारियों को जबरन अपने रथ पर बैठा लिया। सब राजा भीष्म का मुँह ताकते रह गए। भीष्म ने कहा, ''आमंत्रित राजाओ, भारत में विवाह की कितनी ही प्रथाएँ प्रचलित हैं। कोई तो अपनी कन्या को वस्त्र और अलंकारों से सुसज्जित करके किसी योग्य पात्र को कन्यादान करते हैं, कोई दहेज देकर कन्या का विवाह करते हैं, कोई बलपूर्वक विवाह करते हैं, कोई प्रेम–सम्भाषण द्वारा अविवाहिता युवती को मुग्ध करके उसका पाणि–पीड़न करते हैं, कोई प्रमत्ता कुमारी स्वेच्छा से विवाह करती है, कोई आर्ष–विवाह विधि के अनुसार विवाह करते हैं। कोई कन्या के पिता–माता को बहुत–सा धन देकर कन्या से विवाह करते हैं। इतनी विधियों में स्वयंवर ही सबसे उत्तम विवाह–विधि है और इस स्वयंवर प्रथा में कन्या को बलपूर्वक हरण कर ले जानेवाला, लोगों में बहुत बड़ी प्रशंसा का पात्र समझा जाता है। अतएव हे राजाओ, मैं इन कुमारियों को बलपूर्वक लिए जा रहा हूँ, अगर किसी में दम हो तो मेरे पंजे से इन्हें छुड़ा ले जाए।''

इतना कहकर सारथि को भीष्म ने रथ बढ़ाने की आज्ञा दी। सभा में खलबली मच गई। राजाओं की भौंहें तन गईं। भीष्म से कन्याओं को छुड़ा लेने के लिए सब एक–दूसरे को ललकार कर बढ़ावा देने लगे। काशी के बहिर्भाग में भीष्म के साथ राजाओं का घनघोर समर छिड़ गया पर कोई भीष्म का एक बाल भी बाँका न कर सका। सबको भीष्म से परास्त होकर लौट आना पड़ा। तब कुमारियों को लेकर भीष्म हस्तिनापुर पहुँचे। राज्य की प्रजा ने अपने विजयी राजकुमार का सोत्साह स्वागत किया। कन्याओं को देखकर सत्यवती के आनन्द का तो ठिकाना न रहा।

विवाह की तैयारियाँ होने लगीं। एक दिन हँसते हुए अम्बा ने कहा, ''मैं मन-ही-मन शाल्वराज को वर मान चुकी हूँ। उन्होंने भी मुझे ग्रहण करने के लिए वचन दिया था, मेरे पिता भी राज़ी थे। अब आपको जैसा उचित जान पड़े, धर्मानुसार मेरे साथ आप वैसा ही व्यवहार कीजिए।'' भीष्म को बड़ी चिन्ता हुई। ब्राह्मणों से विचार करके उन्होंने काशी-नरेश की बड़ी लड़की अम्बा को इच्छानुरूप, स्वतंत्रतापूर्वक कार्य करने की आज्ञा दे दी। अम्बिका और अम्बालिका का विचित्रवीर्य के साथ विवाह कर दिया। एक तो विचित्रवीर्य स्वयं बड़े रूपवान थे, दूसरे उन्हें दो रूपवती पत्नियाँ भी मिल गईं, तीसरे वैभव की कोई कमी थी ही नहीं—एक विशाल राज्य के वे राजा थे। अस्तु, अपनी पत्नियों के साथ वे घोर विलास में डूब गए। इससे उनका स्वास्थ्य क्षीण होने लगा और कुछ ही दिनों के बाद उन्हें राजयक्ष्मा हो गया। रोग की बड़ी चिकित्सा कराई गई। बड़े-बड़े वैद्य बुलाए गए परन्तु फल कुछ न हुआ। अकाल में ही उन्हें काल कवलित हो जाना पड़ा।

भीष्म को भाई के शोक के साथ ही राज्य की भी बड़ी चिन्ता हुई। सत्यवती को अपने कुल की और पिंडोदक की चिन्ता थी। एक दिन उन्होंने भीष्म से कहा, ''महात्मन्, तुम्हारा यश संसार-प्रसिद्ध ही रहा है। तुम अजातशत्रु वीर धनुर्धर हो, साथ ही वेद और वेदान्त के ज्ञाता भी हो। सोचो कि अब तुम्हारा कुल डूबा रहा है। तुमने विवाह न करने की प्रतिज्ञा की है, परन्तु वंश-रक्षा के लिए अब कोई उपाय नहीं रह गया है। इसलिए यदि तुम इन दोनों विधवाओं से पुत्रोत्पादन करोगे तो तुम्हें धर्मशास्त्र के अनुसार दोषी न होना पड़ेगा क्योंकि पितृलोक की रक्षा का उपाय तुम्हें पहले सोचना होगा।''

सत्यवती की बातें समाप्त हो जाने पर महावीर भीष्म ने कहा, ''माता, यह तो हरगिज़ न होगा। मैं जिसके लिए प्रतिज्ञा कर चुका हूँ, उस कार्य को कदापि न कर सकूँगा। आज मैं आपके समक्ष एक और प्रतिज्ञा करता हूँ, सुनिए। मैं तीनों लोक की प्राप्ति छोड़ सकता हूँ, स्वयं-भोग छोड़ सकता हूँ, इन्द्रत्व का न्याय का त्याग कर सकता हूँ, इससे भी बड़ी अगर कोई पदवी हो तो मैं उसे छोड़ सकता हूँ, परन्तु सत्य का त्याग कभी न कर सकूँगा।''

सत्यवती और भीष्म में बड़ी देर तक धर्म-शास्त्रानुसार वाद-विवाद होता रहा। भीष्म अपनी प्रतिज्ञा पर अटल रहे। पुत्रोत्पादन के लिए उन्होंने एक शास्त्रीय युक्ति बतलाई। कहा कि किसी अमोघ-वीर्य ब्राह्मण को बुलाइए और वंश-रक्षा के लिए उनमें प्रार्थना कीजिए तो उपाय हो सकता है।

भीष्म की बात सत्यवती के दिल में जम गई। उन्हें अपने प्रथम पुत्र व्यासदेव की याद आई। व्यास को उन्होंने बुलाया और उनके वंश की रक्षा के लिए उनसे प्रार्थना की। व्यास माता की आज्ञा मानने के लिए तैयार हो गए। वे एक रात अम्बिका और अम्बालिका के शयनागार में रहे। चलते समय व्यासदेव ने अपनी माता से कहा, ''माता, आपकी आज्ञा का पालन तो मैंने किया, परन्तु, इससे आपको पूरा सन्तोष न

होगा। युवतियों ने मेरा हृदय से स्वागत नहीं किया। पहली ने मेरे आते ही आँखें मूँद लीं और दूसरी को मुझे देखकर इतना डर लगा कि उसका तमाम बदन पीला पड़ गया। इसलिए पहला बालक अन्धा होगा और दूसरा पांडुरोग ग्रसित।" सत्यवती सुनकर हताश हो गई। इन दो अयोग्य बालकों से राज्य का प्रबन्ध होना उसे असम्भव दिखाई दिया। इसलिए इन दोनों की सहायता के लिए एक चतुर सहकारी की आवश्यकता प्रतीत हुई। उन्होंने व्यासदेव से फिर प्रार्थना की और एक दासी के साथ सहभोग करने का अनुरोध किया। माता की आज्ञा पर व्यासदेव सहमत हो गए। उस दासी ने व्यासदेव की बड़ी आवभगत की, हृदय से उनका स्वागत किया। व्यासदेव ने प्रसन्न होकर उसे वरदान दिया कि तुम्हारे गर्भ से जो पुत्र होगा, वह बड़ा धर्मात्मा और राजनीति का पारंगत विद्वान होगा।

इस तरह धृतराष्ट्र, पांडु और विदुर की उत्पत्ति हुई। विदुर दासी के पुत्र थे। मुरझाई हुई आशा की कली फिर हरी-भरी हो गई। भीष्म को राज्य की चिन्ता से मुक्ति मिली। महर्षि व्यास की आज्ञानुसार धृतराष्ट्र अन्धे हुए और पांडु, पांडुरोग ग्रस्त। केवल विदुर तन्दुरुस्त थे। यह देखकर भीष्म को एक प्रकार की चिन्ता बनी ही रही। धृतराष्ट्र का विवाह उन्होंने गान्धार देश की राज्यकन्या गान्धारी के साथ कर दिया। गान्धारी को जब मालूम हुआ कि उनके पति अन्धे हैं, तब उन्होंने भी आँखों में पट्टी बाँध ली और अपना सम्पूर्ण जीवन इसी अवस्था में बिता दिया। पर-पुरुष का उन्होंने कभी मुखावलोकन भी नहीं किया। पांडु के दो विवाह हुए। उनकी प्रथम पत्नी कुन्ती थी और दूसरी—माद्री। धृतराष्ट्र के सौ पुत्र हुए, जिनमें दुर्योधन सबसे बड़ा था। और पांडु के पाँच पुत्र हुए, तीन कुन्ती के गर्भ से और दो माद्री के गर्भ से। युधिष्ठिर, भीम और अर्जुन कुन्ती के पुत्र थे और नकुल और सहदेव माद्री के। विचित्रवीर्य की तरह पांडु को भी यौवन की प्रथम अवस्था में ही कालग्रस्त हो जाना पड़ा। इन्हें एक ऋषि का ऐसा ही शाप था। पांडु की मृत्यु हो जाने पर माद्री अपने पुत्रों को कुन्ती के हाथ सौंपकर पति के साथ चिता में जल गई। माद्री मद्र देश के राजा की कन्या थी और कुन्ती श्रीकृष्ण के पिता वसुदेव की बहन।

धृतराष्ट्र अन्धे थे, इसलिए पांडु को ही राजगद्दी मिली थी। पांडु के मर जाने पर सिंहासन फिर खाली हो गया। भीष्म का प्यार पांडु के पुत्रों पर अधिक था। इसके कई कारण थे। एक तो पांडु के पुत्र बिना पिता के ही रहे थे, दूसरे वे बड़े विनयी, उदार और बड़ों का अदब करनेवाले धर्मात्मा थे। युधिष्ठिर तो इतने सरल थे कि अपने समय के सर्वश्रेष्ठ धार्मिक महापुरुष माने जाते थे और उसकी ऐसी गति आज तक संसार में किसी को मिली भी नहीं। वे सदेह स्वर्ग को चले गए थे। उनका शरीर ऐसा ही निष्पाप था। भीम, अर्जुन आदि पांडु के और चार लड़के भी बड़े सरल और मिलनसार थे। युधिष्ठिर की आज्ञा के बिना एक मामूली से मामूली काम भी ये न करते थे। और भी इनमें कितने ही गुण थे, जिनके कारण भीष्म की सदा इन पर कृपा-दृष्टि रहती थी।

उधर, दुर्योधन वैसा ही उत्पाती था। वह हमेशा घरवालों को छकाया करता। उसके और भाई भी उसकी मदद किया करते। दु:शासन तो इतना उद्दंड था कि गुरुजनों की आज्ञा को समझता ही न था कि क्या चीज़ है। पिता के राज्य के लिए अक्सर ये लड़के घर में तकरार किया करते थे। राज-परिवार के नाकों दम आ गया। इनके अत्याचार से सत्यवती बहुत घबराईं। उन्होंने भीष्म से सलाह कर अपनी दोनों विधवा बहुओं को लेकर जंगल चले जाने का निश्चय किया। भीष्म की भी यही राय रही। अस्तु, उन्हें भीष्म रथ पर चढ़ा पास ही के एक तपोवन में ऋषि-परिजनों के बीच में छोड़ आए। ये प्रसन्नतापूर्वक वहाँ रहने लगीं। वहीं उनकी सांसारिक आयु भी पूरी हुई और इसके पश्चात् तीनों अपने-अपने पति लोक को चली गईं।

चतुर्थ परिच्छेद

महाभारत का सूत्रपात

धीरे-धीरे धृतराष्ट्र और पांडु के लड़के बड़े होने लगे। इनकी शिक्षा का भार भी भीष्म पर आ पड़ा। भीष्म के सिवा राज्य परिवार में कोई दूसरा और था ही नहीं, जो उचित रीति से बालकों को पढ़ाने का प्रबन्ध करता। धर्म और राजनीति की शिक्षा राजकुमारों को भीष्म स्वयं देते थे। दुर्योधन की दुष्ट प्रकृति को वे पहले ही पहचान गए थे, और इसकी दवा मार-पीट या दमन से न होगी, यह उन्हें निश्चय हो चुका था। वे जानते थे कि काँटा काँटे से ही निकलता है, इसलिए दुर्योधन और दु:शासन की प्रकृति में सुधार करने की आवश्यकता है। शासन से काम न चलेगा बल्कि ये उससे और असंयत हो जाएँगे। इसी विचार से धृतराष्ट्र और पांडु के पुत्रों की धार्मिक और राजनीतिक शिक्षा का भार उन्होंने अपने सिर ले लिया था। कुछ दिनों के बाद उन्हें मालूम हो गया कि दुर्योधन की प्रकृति रस्सी की तरह से है जिसके जल जाने पर भी ऐंठन बनी ही रहती है। युधिष्ठिर को भीष्म बहुत प्यार करते थे। वे शान्त तो थे ही, किन्तु धार्मिक और राजनीतिक सिद्धान्तों को इतना जल्द समझ लेते थे कि भीष्म को उनसे बहुत बड़ी-बड़ी आशाएँ होने लगी थीं। वे समझ गए कि कुरुवंशीय सिंहासन युधिष्ठिर से धन्य हो जाएगा। युधिष्ठिर धर्मनीति और राजनीति में आशातीत सफलता प्राप्त करने लगे। अर्जुन भी उनकी तरह कुशाग्रबुद्धि थे पर कभी-कभी उनमें आवेश आ जाता था। भीम को इस विद्या से सख्त नफरत थी। कुछ दिनों के बाद भीष्म को दूसरे राजकुमारों की अपेक्षा सहदेव से अधिक आशा होने लगी। ये शान्त तो थे, पर प्रखर अत्यन्त थे, इनकी प्रकृति में पांडित्य था।

भीष्म को धार्मिक शिक्षा के अलावा राजनीति की शिक्षा भी देनी थी, परन्तु यह काम वे किसी दूसरे मान्य मनुष्य को सौंपना चाहते थे। तलाश करने पर भी कोई योग्य पुरुष न मिल रहा था। एक दिन उनकी इच्छा एकाएक पूरी हो गई। आचार्य द्रोण

हस्तिनापुर आए। भीष्म ने उनका बड़ा स्वागत किया और राजकुमारों की अस्त्र-शिक्षा का भार इनके हाथों सौंपकर निश्चिन्त हो गए। आचार्य द्रोण आए भी बड़े मौके से थे।

एक दिन सब राजकुमार मिलकर गेंद-बल्ला खेल रहे थे। खेलते ही खेलते किसी ने पाँव मारा और गेंद कुएँ के अन्दर चली गई। लड़के कुएँ के ऊपर से नीचे की ओर झाँकते और हताश भाव से एक-दूसरे का मुख ताकने लगते। वहाँ साठ हाथ नीचे किसी का क्या बस था? लड़के बहुत घबराए। इतने में कुछ लड़कों ने देखा कि तरकस बाँधे और हाथ में धनुष लिए जनेऊ-धारी एक वृद्ध उसी तरफ आ रहा था। लड़कों ने उस वृद्ध को घेर लिया और स्वार्थभरी विनय से कहा, "बाबा, हमारी गेंद कुएँ में गिर गई है, क्या निकाल न दोगे?" वृद्ध को बच्चों पर दया आ गई। उन्होंने अपने तरकस से तीर निकाला और निशाना साधकर तीर मारा कि गेंद तीर के साथ बाहर आ गई! लड़के तो मारे प्रसन्नता के पिघल गए। कुछ भीष्म के पास दौड़े हुए गए और एक साँस में लगातार उस वृद्ध की तारीफ करते गए। इस अचम्भे की बात सुनकर भीष्म को भी उस वृद्ध को देखने की इच्छा हुई। मन में तरह-तरह की भावनाएँ उठने लगीं। वे उस कुएँ के पास आए और दूर से द्रोण को खड़े हुए देखा तो बड़े प्रसन्न हुए।

कुछ लड़के द्रोण को बड़े गौर से देख रहे थे। लड़कों के सरल आश्चर्य पर द्रोण खड़े मुस्कुरा रहे थे। इसी समय भीष्म आए। द्रोण को भीष्म ने हृदय से लगा लिया और राजकुमारों को प्रणाम करने की आज्ञा दी। फिर द्रोण को साथ ही वे राजपुरी में ले गए। द्रोण ने अपनी सारी दुख की कहानी भीष्म को सुनाकर अपने भोजन के लिए उनसे प्रबन्ध कर देने की प्रार्थना की। ब्राह्मण के दुख पर भीष्म के आँसू आ गए। उस समय क्षत्रिय समाज की जैसी अधोगति हो रही थी, उसके लिए भीष्म को बड़ा दुख हुआ। अन्त में, द्रोण से सपरिवार हस्तिनापुर में रहने और राजकुमारों को धनुर्वेद-विद्या सिखलाने की उन्होंने प्रार्थना की। द्रोण ने यह कार्य स्वीकार कर लिया। उसी दिन से द्रोण राजकुमारों को धनुर्विद्या सिखलाने लगे।

समय के बीतने में देर नहीं लगती। देखते-देखते द्रोण को हस्तिनापुर में रहते कई साल हो गए। राजकुमार भी अब निरे बालक नहीं रह गए। उनकी देह पर से किशोर काल की छाया धीरे-धीरे हटती जा रही थी। जवानी का जोश चढ़ता आ रहा था। बालपन में अस्त्र शिक्षा के समय, धृतराष्ट्र के पुत्रों और पांडु के पुत्रों में कई बार मुठभेड़ हो चुकी थी। दुर्योधन आदि धृतराष्ट्र के पुत्रों को पांडु के पुत्रों पर हार्दिक घृणा रहा करती थी। वे एक तो स्वभाव के ही कुटिल थे, दूसरे राज्य का लोभ उन्हें अत्यन्त प्रबल था। वे जानते थे कि इसमें युधिष्ठिर को ही राज्य मिलेगा, क्योंकि उम्र में यह सबसे बड़ा है और पितामह भी इसका पक्ष लेते हैं।

ईर्ष्या की यह आग निरन्तर बढ़ती ही गई। खेल-कूद में भी यह भाव प्रायः प्रकट हो जाया करता था। पांडु के और चार पुत्र तो शान्त थे, पर भीम बड़े उत्पाती थे। ये दुर्योधन आदि का अत्याचार एक क्षण के लिए भी न सहते थे। चपत का

जवाब हमेशा घूँसे से दिया करते थे। कभी-कभी तो ये सौ भाइयों को अकेले ही छका दिया करते थे। एक बार 'गुलहर' का खेल हुआ। भीम उनमें न थे। इन पाँचों में नकुल ही छुटकर खेलने चले गए थे। उन सौओं की चालबाज़ी से नकुल चोर हुए। फिर क्या था? महीनों तक रोज़ नकुल को चोर रहना पड़ा, कभी इन्हें दाँव ही न मिला। नकुल दुबले पड़ने लगे। एक दिन अखाड़े में नकुल को लड़ाते हुए भीम ने पूछा, "क्यों रे! कमज़ोर क्या पड़ता जा रहा है?" नकुल लज्जा के मारे कुछ कह न सके परन्तु भीम ने भी न छोड़ा। अन्त को नकुल ने खेल में अपने हारने और महीनों से दाँव देते रहने की बात कही और कहते हुए रोने लगे। भीम ने कहा, "अच्छा, आज तेरा दाँव मैं दूँगा। आज घर से बाहर न निकलना।" पता पूछकर 'गुलहर' खेलने के लिए उस रोज़ भीम गए। वे सबसे पहले से वहाँ डट गए थे। इन्हें देखते ही सब पूछने लगे कि नकुल कहाँ है, हमारे दाँव क्यों नहीं देते। भीम ने कहा, "उसकी तबीयत आज अच्छी नहीं, उसके बदले में मैं चोर रहूँगा, मुझसे ही दाँव लो।" सब पेड़ पर चढ़ गए। नीचे घेरे के अन्दर गदा रखी थी। भीम ने सोचा कि मेरे भाई को इन लोगों ने जिस तरह हैरान किया है, अब मुझे भी चाहिए कि इन सबको एक साथ खूब छकाऊँ और अपने भाई का बदला लूँ। यह सोचकर भीम ने पेड़ की डाली पकड़कर उसे जोर से हिलाया कि सब के सब पके आम की तरह चू पड़े। भीम ने सबको एक साथ छूकर डंडा चूम लिया और कहा कि अब तुम सब चोर हो और मेरा दाँव दो। यह कहकर उन्होंने डंडा फेंका। डंडे ने मीलों की खबर ली। दौड़ते-दौड़ते दुर्योधन आदि का दम फूलने लगा। भीम ने उस रोज़ सबकी पूरी कसर निकाली। यह क्रम कई दिन तक जारी रहा। इस तरह भीम से धृतराष्ट्र के लड़के बहुत घबराए रहते थे। एक बार तो जलविहार करते समय भीम को इन लोगों ने ज़हर ही खिला दिया था। नदी में बहा दिया, भीम पाताल को चले गए, पर वहाँ नाग कन्या के अमृत पिलाने पर बच गए और उसके साथ विवाह कर आनन्दपूर्वक घर लौटे। कौरवों का द्वेषभाव धनुर्वेद की शिक्षा देते समय द्रोण को अच्छी तरह मालूम हो गया था परन्तु वे निष्पक्ष भाव से ही शिक्षा देते थे। किसी पर अधिक और किसी पर कम स्नेहवाला उनका भाव न था परन्तु फिर भी वे अर्जुन को ज़्यादा प्यार करते थे। अर्जुन की अस्त्र-शिक्षा पर जैसी निष्ठा थी, उससे द्रोण मुग्ध हो गए थे। शिक्षा सुपात्र पर ही प्रभाव डालती है, तब गुरु की प्रतिभा स्वभावतः उस ओर ज़्यादा झुकती है, यही कारण है कि द्रोण को अर्जुन ने मुग्ध कर लिया था।

एक दिन राजपुत्रों की परीक्षा का दिन स्थिर किया गया। पेड़ पर एक काठ की चिड़िया रख दी गई। वही निशाना था। पहले युधिष्ठिर को धनुष और तीर दिया गया। द्रोण ने युधिष्ठिर से पूछा, "क्या देखते हो?" युधिष्ठिर ने कहा, "पेड़, पत्तियाँ सबकुछ देख रहा हूँ।" द्रोण ने युधिष्ठिर के हाथ से धनुष ले लिया। एक-एक करके उन्होंने सब राजपुत्रों को दिया, पर पूछने पर सन्तोषजनक उत्तर कोई न दे सका। अन्त

में अर्जुन को तीर देकर द्रोण ने पूछा, "अर्जुन क्या देखते हो?" अर्जुन ने कहा, "पक्षी की गर्दन।" "छोड़ो तीर" अर्जुन ने बाण मारा। तीर निशाने पर अचूक बैठा। द्रोण ने अर्जुन को बाँहों में भरकर छाती से लगा लिया। एक बार भीष्म के सामने भी परीक्षा ली गई। उस बार रंगशालाएँ बनी हुई थीं, राजकुमारों को आपस में ही अपनी कुशलता दिखलानी पड़ती थी। उस बार भी अर्जुन ने नामवरी हासिल की।

इस तरह पांडवों की प्रतिष्ठा दिन-दूनी रात-चौगुनी बढ़ने लगी। सब प्रजा भी पांडवों को चाहती थी। उन्हें ही राजा बनाने की सबकी लालसा थी। भीष्म भी सत्य और सरलता की ओर आकर्षित थे। यह बात दुर्योधन आदि को खटकती थी परन्तु दुर्योधन का पक्ष गिरा रहता था। उसे न तो भीष्म ही हृदय से प्यार करते थे और न आचार्य द्रोण ही हृदय खोलकर शिक्षा देते थे। कभी-कभी वह इस बात की शिकायत अपने पिता के पास भी किया करता था और उनके अन्दर भी द्रोह का ज़हर भर रहा था। पिता को पुत्र स्वभावतः प्यारा होता है। कभी-कभी वे पुत्र के अभियोगों को उचित और न्यायानुकूल समझने लगते थे। उसकी बातों में आकर कभी-कभी उसे प्रोत्साहन भी दिया करते थे। दुर्योधन के लिए आग में घृताहुति पड़ती थी। उसे स्वेच्छाचार करने का बढ़ावा मिल जाता था।

दुर्योधन की इच्छा की आग भड़कानेवाला उसे एक ज़बरदस्त सहायक मिल गया। ये कर्ण थे। कर्ण कुन्ती के ही पुत्र थे, परन्तु कुन्ती के सिवा और किसी को यह बात मालूम न थी। केवल भीष्म यह भेद जानते थे। कुन्ती को वर मिला था। वह किसी भी देवता का आह्वान कर सकती थी। परीक्षा के लिए, उसने मन में ही सूर्यदेव को आकर्षित किया। उन्हीं के आशीर्वाद से कर्ण पैदा हुए। कुन्ती उस समय क्वांरी थी। वह घबराई कि लड़का होने की बात लोग जानेंगे तो मुझे व्यभिचारिणी कहेंगे। इस भय से कर्ण को वह नदी के तट पर उनके पैदा होने पर, रख आई। रथ हाँकनेवाले सारथि की स्त्री कर्ण को नदी के किनारे से उठा लाई और पुत्रवत् कर्ण को पाला-पोसा। कुछ बड़े होकर कर्ण परशुराम के पास अस्त्राभ्यास करने के चले गए। वहाँ से पारंगत होकर लौटे। रंगशाला में जिस दिन अर्जुन की विजय रही, उस दिन कर्ण भी वहाँ मौजूद थे। ये अर्जुन से लड़ना भी चाहते थे परन्तु द्रोण के यह कहने पर कि राजपुत्र के साथ सूतपुत्र को स्पर्धा का भाव न रखना चाहिए, उन्हें रुक जाना पड़ा। इससे कर्ण के हृदय को चोट लगी परन्तु कर्ण को पांडवों का समकक्ष वीर समझकर दुर्योधन उनका आदर करने लगे। उनसे मैत्री कर ली। उन्हें अंगदेश का राजा बना दिया। बराबर आसन पर बैठाने लगा। हर तरह से ज़ाहिर करने लगा कि हम लोगों की तरह कर्ण भी इज़्ज़तदार हैं और राजा हैं। कर्ण भी अर्जुन की तरफ हमेशा नज़र रखते थे। वास्तव में, कर्ण की वीरता में कोई कसर न थी। एक तो वे भी उसी गुरु के चेले थे, जिससे भीष्म और द्रोण को शिक्षा मिली थी, दूसरे अभी तरुण थे, इसलिए बल-पराक्रम भादों के सोन-नद की तरह बाढ़ पर ही था।

कर्ण कूटनीतिज्ञ थे। दुर्योधन की सहायता ने उन पर शान रख दी। उनकी नीतिमत्ता सहस्रमुखी होकर पांडवों की नींव खोदकर बहा देने के विचार में तल्लीन रहने लगी। दुर्योधन की लालसा-लता के लिए वसन्त ऋतु आ गई। कर्ण के साथ विचार करके उसने निश्चय किया कि लाख का घर बनाकर उसमें पांडवों से रहने के लिए कहा जाए। जब ये उसके अन्दर जाएँ, तब बाहर से उसमें आग लगा दी जाए। बस, इस तरह साँप भी मर जाएगा और लाठी भी न टूटेगी।

भीष्म को दुर्योधन की तरफ से पूरी उदासीनता हो गई थी। उसकी रग वे परख गए थे। मेल अब कुरुवंश के लिए चाँद का खिलौना है, यह उन्हें निश्चित हो गया था। इसलिए अब किसी पक्ष की तरफ वे ध्यान न देते थे। उनकी उदासीनता धृतराष्ट्र को खटकती थी। उन्हें यह सन्देह था कि भीष्म सबको एक आँख से नहीं देखते। यह भाव दुर्योधन के दर्द की खासी दवा हो गया। 'एक तो तलवार तिस पर दुश्मन के हाथ' वाली कहावत चरितार्थ हो गई।

जब लाख का मकान बन गया, तब धृतराष्ट्र ने अपने भतीजों को बुलाया और कहा कि 'तुम लोगों ने वारणावत नगर तो अभी नहीं देखा? हाल ही में बना है। बड़ा अच्छा है, जाओ, देखो। ऐसा सुन्दर नगर कभी न देखा होगा। सब लोगों को साथ ले जाना ही अच्छा होगा।'' अपने ताऊ की आज्ञा युधिष्ठिर कब टाल सकते थे? उनको प्रणाम कर, देखने की स्वीकृति देकर वे वहाँ से चले आए।

वारणावत चलने की तैयारी होने लगी। चलने के समय विदुर ने युधिष्ठिर को एक कृत्रिम भाषा में वहाँ का कुल गुप्त भेद बतला दिया। वह भाषा युधिष्ठिर भी जानते थे। युधिष्ठिर को विदुर ने बतला दिया कि बचने का एक ही उपाय है। बीच में एक स्तम्भ लगा हुआ है। उसे उखाड़ डालना। उसके नीचे सुरंग मिलेगी। उसी से होकर बाहर निकल जाना। अस्तु, युधिष्ठिर उस मकान में गए। उनकी परीक्षा लेने के लिए कि वे उस मकान में रहते हैं या नहीं, उनके साथ पुरोचन नाम का एक गुप्तचर कर दिया गया था। रात को उस लाख के भवन में आग लगा दी गई। देखते-ही-देखते भवन धधकने लगा। उससे गलकर लाख चूने लगी। पांडवों के प्राणों पर संकट आ पड़ा। युधिष्ठिर ने भीम से कहा, ''भीम, बीच में यह खम्भा गड़ा है, इसे उखाड़ डालो।'' भीम उससे भिड़ गए। खम्भे में कुछ बल तो था ही नहीं, वह एक बाहरी दिखावा-भर था, ज़रा-सा जोर मारते ही उखड़ गया। नीचे राह दिखाई दी। उसी से पांडव निकल भागे। पुरोचन मकान में रह गया था। सुबह को उसकी जली हुई हड्डियाँ मिलीं। उस दिन एक निषादी अपने पाँच पुत्रों के साथ वहाँ आकर रही थी। लाख के गलकर टपकने पर उसके साथ उसके पाँचों पुत्र वहीं स्वाहा हो गए। सुबह को वारणावत नगर के लोग पांडवों की तलाश में आए और लाख कुरेदने लगे तो पहले पुरोचन और पीछे से निषादी के साथ उसके पाँचों पुत्र की लाशें मिलीं। लोगों का दिल दहल गया। लोग कलेजा थामकर रह गए। धृतराष्ट्र को सब कोसने

लगे। सबको विश्वास हो गया कि यह बूढ़े की ही चाल है। उनके मत्थे कलंक मढ़कर, उनके पुत्रों के बुरे परिणाम पर विचार करते हुए लोग लौट आए।

इधर, लाख भवन से निकलकर गंगा पार हो पांडव लगातार दक्षिण की ओर बढ़ने लगे। किसी को कभी चलने की आदत तो थी ही नहीं, कुन्ती और चारों भाई बहुत थक गए थे। भीम ही उनमें मज़बूत और सारी विपत्तियों को झेलनेवाले तन्दुरुस्त जवान थे। इन्होंने सबको अपने ऊपर चढ़ा लिया और रास्ते का घोर वन पार करने लगे। वहाँ एक राक्षस हिडम्ब नाम का रहता था। उसे मारकर उसकी बहिन के साथ भीम ने विवाह कर लिया। वहाँ से चलने हुए सब लोग एक गाँव में पहुँचे। यहाँ भीम ने बक राक्षस का संहार किया।

यहाँ पांडवों को द्रौपदी के स्वयंवर की खबर मिली। भीम और अर्जुन—दोनों स्वयंवर देखने गए। देश-विदेश के राजा-महाराजा वहाँ एकत्र थे। दुर्योधन भी कर्ण के साथ आया था। द्रौपदी के विवाह की एक शर्त थी। आकाश मार्ग में एक मछली रखी गई थी। उसके नीचे एक चक्र अविराम भाव से घूमता था। उसमें एक छेद कर दिया गया था। नीचे जल में उसकी छाया पड़ रही थी। उसी छाया को देखकर लक्ष्य बेधना था। कहा गया कि जो कोई इस लक्ष्य को बेधेंगे, उन्हीं के साथ द्रौपदी का विवाह होगा। जितने राजा थे, एक-एक बार सबने आजमाइश की, पर बहुतों से तो धनुष भी न उठा। सब राजा जब हार गए, तब ब्राह्मणों के बीच से अर्जुन लक्ष्यबेध करने के लिए उठे। ब्राह्मणों ने शंख-ध्वनि द्वारा उनको प्रोत्साहन दिया। अर्जुन ने बात-की-बात में धनुष उठा लिया। धनुष उठा, पाँच शर संयोजित किए। नीचे छाया में लक्ष्य का प्रतिबिम्ब देखकर तीर छोड़ दिए। निशाना ठीक लगा, मछली नीचे आ गई। चारो ओर जय-जयकार होने लगी। द्रौपदी ने अर्जुन के गले में जयमाला डाल दी। राजा इस पर बहुत बिगड़े पर कोई अर्जुन का बाल बाँका न कर सका। भीम और अर्जुन—दोनों ने सब राजाओं को परास्त कर दिया। निस्सहाय पांडवों को महाराज द्रुपद की सहायता मिली। इसके बाद माता की आज्ञा से द्रौपदी के साथ विवाह किया गया।

इधर, दुर्योधन हस्तिनापुर वापस आया और ब्राह्मण वेशधारी लक्ष्य भेद करनेवाले का पूरा परिचय जानने के लिए व्याकुल हो उठा। अन्त में यही विश्वास किया कि पांडव जीवित हैं। कर्ण के साथ उसने कितने ही उपाय सोचे। पांडवों के मारने के लिए बड़ा प्रबन्ध किया। धृतराष्ट्र को खूब उभाड़ा। उनके दिल में अच्छी तरह यह बात जमा दी गई कि पांडव अगर जीते रहेंगे, तो हमें हस्तिनापुर में सुख से न रहने देंगे। वे बाहर-बाहर लड़ाई का प्रबन्ध कर रहे हैं। हम लोगों को सावधान हो जाना चाहिए। दुर्योधन की बातों पर धृतराष्ट्र को विश्वास हो गया। उन्होंने कहा कि भीम के रहते पांडवों से लोहा लेना बहुत मुश्किल है। भीम अगर पश्चात् भाग की रक्षा करता रहे, तो त्रिलोक भी एकत्र होकर अर्जुन को परास्त नहीं कर सकता।

सलाह के लिए भीष्म भी बुलाए गए। भीष्म ने कहा, ''पांडवों से बैर करना हमें बिलकुल अनुचित जँच रहा है। मेरे साथ जो सम्बन्ध गान्धारी के पुत्रों का है, वही उनका भी है। धर्मानुसार उन्हें आधा राज्य बाँट देना ही ठीक है। जिस तरह दुर्योधन सोचता है कि मेरे पिता का राज्य है, उसी तरह पांडव भी सोचते होंगे। इसलिए मित्र भाव से भाई को उसका हिस्सा दे देना हर तरह से उचित होगा। हमें विश्वस्त सूत्र से मालूम हुआ है, लाख भवन में पांडवों के जल जाने की खबर फैलने के साथ ही तुम्हारी अख्याति भी फैली थी। लोग तुम्हीं को दोषी बतलाते थे और यह निश्चय समझो कि पांडव अगर बचे रहेंगे तो इन्द्र भी सहायता करके तुम्हारी रक्षा न कर सकेंगे। वे अपने पिता का राज्य अवश्य ले लेंगे। इसलिए अगर अपनी भलाई चाहते हो तो पांडवों को आधा राज्य ज़रूर दे दो। द्रोण की भी यही राय है।''

पंचम परिच्छेद

कौरवों का षड्यंत्र

पांडवों को आधा राज्य मिल गया। पांडवों ने अपनी राजधानी इन्द्रप्रस्थ में कायम की। इन्द्रप्रस्थ, हस्तिनापुर के पास ही है।

तब से कुछ काल शान्तिपूर्वक बीता। कृष्ण से पांडवों की गहरी दोस्ती थी। वे अक्सर पांडवों से मिलने आया करते थे। एक तो मज़बूत रिश्ता था—कृष्ण पांडवों के ममेरे भाई थे, दूसरे इधर, अर्जुन के साथ श्रीकृष्ण की बहन सुभद्रा का विवाह भी हो गया। इससे रिश्ता और भी गाढ़ा हो गया। इसके अलावा, श्रीकृष्ण धर्मराज्य की स्थापना चाहते थे। वे अपने समय के भारतवर्ष में सर्वश्रेष्ठ मनुष्य थे। क्षत्रिय और ब्राह्मण—सब लोग उनकी इज़्ज़त करते थे। ये भारत में धर्मराज्य की स्थापना चाहते थे। उस समय क्षत्रिय समाज बहुत ही गिरा हुआ था। इसके उद्धार के लिए कृष्ण ने बड़ा प्रयत्न किया। भारतवर्ष को सुधरी हुई दशा में देखने के लिए उन्होंने बड़ा परिश्रम किया और उनकी उद्देश्य-सिद्धि के लिए एकमात्र पांडव ही उनके साधन थे।

महाराज युधिष्ठिर के दिल में आया कि हो-न-हो, राजसूय-यज्ञ का अनुष्ठान किया जाए। उन्होंने कृष्ण से सलाह ली। कृष्ण तैयार हो गए। उन्हें इस उपाय से एक दूसरी सिद्धि करनी थी। मारे आनन्द के वे फूले अंग न समाए। दिल का पुराना हौसला पूरा होता दिखाई दिया। इस राजसूय के सूत्र से विक्षिप्त क्षत्रिय-शक्ति को एक धागे में बाँधने का उन्हें अवसर मिला।

जोरों से राजसूय की तैयारियाँ होने लगीं। भारत के चारों ओर पांडवों की विजय पताका फहराने लगी। देश-विदेश के राजा निमंत्रित होकर इन्द्रप्रस्थ आए। जरासन्ध आदि जितने आसुरी प्रकृति के राजा-महाराजा थे, भीम और अर्जुन की सहायता से कृष्ण ने सबको काल-कवलित कर दिया। दो-एक राजाओं के मारे जाने पर दूसरों

ने घबराकर पांडवों की श्रेष्ठता स्वीकार कर ली और प्रचुर धन-रत्न देकर उन्हें विदा किया और सभा में हाज़िर होने का पक्का वादा भी किया। देश-देशान्तरों से पांडव इतना धन बटोर लाए थे कि सोने-चाँदी का पहाड़ लग गया। सभा भवन और उद्यान आदि की रचना का भार मय दानव को सौंपा गया। उस समय वह भारतवर्ष का सर्वश्रेष्ठ कारीगर था।

राजसूय से पांडवों की धाक जम गई। भारत के सब राजाओं पर उनका आतंक छा गया। दुर्योधन पर तो इतना प्रभाव पड़ा कि यज्ञ की चिन्ता के मारे रात को उसकी आँख भी न लगने लगी। पांडवों की दौलत उसके लिए आँखों की किरकिरी हो गई। उसे हड़प लेने के लिए दिन-रात जी मचलने लगा परन्तु कोई उपाय न सूझता था। राजसूय यज्ञ में दुर्योधन को भी न्यौता गया था। मय दानव की विचित्र रचना देखकर उसके छक्के छूट गए। एक जगह तो उसकी समझ में न आया कि यह जल है या स्थल? एक जगह स्थल को जल समझकर धोती सिकोड़ने लगा था। यह देखकर भीम कहीं हँस पड़े थे। इससे वह भी जल गया। बदला चुकाने के लिए दिन-रात जी खौलने लगा। पांडवों की बढ़ी हुई प्रभुता उसके लिए शूल हो गई।

राजसूय की सभा लग रही थी। सब राजा एकत्र थे। भीष्म भी थे। प्रश्न उठा कि सबसे पहले किसको अर्घ्य दिया जाए। भीष्म ने कहा, ''इस समय कृष्ण सर्वश्रेष्ठ पुरुष हैं, उन्हीं का सम्मान सबसे पहले होना चाहिए।'' महाराज युधिष्ठिर ने भीष्म की आज्ञा के अनुसार कृष्ण को अर्घ्य देना आरम्भ किया, तो शिशुपाल बहुत बिगड़ा। बड़ी उल्टी-सीधी उसने श्रीकृष्ण को सुनाई। श्रीकृष्ण उसकी सौ गालियाँ तक सहते गए। उसकी माता ने श्रीकृष्ण से प्रार्थना की थी कि मेरे पुत्र के शत अपराध क्षमा करना। गाली का नम्बर एक सौ एक पर पहुँचा नहीं कि सुदर्शन चक्र से शिशुपाल के दो खंड हो गए। बस, शिशुपाल के दल के जो दो-एक राजा थे, वे भी दब गए। फिर श्रीकृष्ण के विरोध में कोई आवाज़ नहीं उठी। यज्ञ भी सकुशल समाप्त हो गया। राजा लोग अपनी-अपनी राजधानियों में लौट गए।

इधर, दुर्योधन के दिल की दिल ही में रह गई। कसक मिटाने का उसे कोई उपाय न सूझता था। उधर, राजसूय में मामा शकुनि भी आए थे। ये बड़े पक्के जुआड़ी थे। दुर्योधन ने इनकी खातिर की। दुर्योधन को उपकार का बदला देना इन्होंने अपना धर्म समझा। अस्तु, दुर्योधन से मिलकर कुछ देर तक बातचीत करने पर इनको मालूम हो गया कि दुर्योधन पांडवों की प्रभुता पर जल रहा है। शकुनि ने उसके दर्द की खासी दवा की। दुर्योधन को जब मालूम हो गया कि पांडवों को नेस्तनाबूद कर देने के लिए अकेले मामा काफी हैं, तब वह एक तरह से शकुनि का गुलाम बन गया, उनके हाथ की कठपुतली हो गया।

मामा साहब ने फरमाया कि सुनो, लड़ना-भिड़ना मेरा काम नहीं। इसके लिए तो किसी शूरवीर की शरण लो। मैं तुम्हें एक बात से मदद करूँगा। मैं जुआड़ी पक्का

हूँ। मेरे हाथ से बाज़ी मार ले जाए, ऐसा विरला ही मनुष्य संसार में होगा। युधिष्ठिर को भी जुआ खेलने का शौक है पर वह सीधे तौर पर खेलता है। निरा कुन्द जेहन है। पासा फेंकने का शऊर भी नहीं है। वह अगर मेरे साथ जुआ खेले तो मैं निःसन्देह उसे खेल में हरा दूँगा। इस तरह उसकी कुल दौलत तुम्हारे हाथ लग जाएगी। तुम्हारी यह चिन्ता भी दूर हो जाएगी।

मामा का उपदेश दुर्योधन के चित्त पर चढ़ गया। एक दिन जुआ खेलने के लिए स्थिर करके दुर्योधन ने युधिष्ठिर को न्योता दिया। युधिष्ठिर आए। खेल शुरू हो गया पर जुए में धर्म कहाँ रहता है? धर्मराज धर्म के नाम पर पासा फेंकते थे और शकुनि टट्टी की ओट से शिकार खेलता था। फल यह हुआ कि युधिष्ठिर अपना सर्वस्व हार गए। भाइयों और द्रौपदी को भी हार गए। एक शर्त थी कि जुए में जो कोई हारे वह बारह वर्ष के लिए वनवास और एक वर्ष का अज्ञातवास करे। इस समय यदि किसी तरह पता लग जाए तो फिर बारह वर्ष तक वनवास और एक वर्ष का अज्ञातवास पूरा करे। इस शर्त पर युधिष्ठिर को धोखा दिया गया। चालबाज़ी की विजय हुई। पांडवों को राज्य छोड़कर द्रौपदी के साथ उनके लांछन और अपमान को मौन गम्भीरता से बर्दाश्त करके, बदले की आशा पर साँस लेते हुए, राज्य से वनवास के लिए निकल जाना पड़ा।

षष्ठ परिच्छेद

दुर्योधन का हठ

बड़े कष्ट से तरह-तरह की विपत्तियाँ झेलकर, ईश्वर की इच्छा से पांडवों ने बारह वर्ष का वनवास और एक साल का अज्ञातवास पूरा कर लिया। अज्ञातवास इन लोगों ने विराटपुर में पूरा किया था। वहाँ एक घटना ऐसी हो गई कि उससे कौरवों को पांडवों के रहने के सम्बन्ध में शंका हुई। विराट राजा अपने साले के प्रभाव पर राज्य करते थे। वह कीचक था। वीरों में उसकी शूरता की बड़ी धाक थी। वह द्रौपदी पर मोहित हो गया। द्रौपदी विराट की रानी की दासी होकर रहती थी। द्रौपदी ने कीचक को बहुत समझाया, भय भी दिखाया कि पाँच गन्धर्व मेरे स्वामी हैं, अगर तुम मुझे बुरी निगाह से देखोगे तो वे तुम्हें मार डालेंगे। कीचक ने उसकी एक न सुनी। द्रौपदी बहुत घबराई। विराट की शक्ति न थी कि वे उसे कीचक के पंजे से छुड़ा लेते। वे खुद उससे डरते थे। द्रौपदी युधिष्ठिर, अर्जुन, नकुल और सहदेव के पास गई। ये उस समय अपना नाम बदलकर विराट के यहाँ नौकरी करते थे। इनमें से किसी ने द्रौपदी की पुकार पर ध्यान न दिया। सबको डर था कि कहीं दुर्योधन को पता लग गया तो तेरह वर्ष और मुसीबत झेलनी पड़ेगी। सबने द्रौपदी को समझाया पर कोई उपाय न था। कीचक रोज़ उसे सताता था। अन्त में, वह भीम के पास गई।

भीम उसकी रक्षा करने के लिए तैयार हो गए। बड़े भाई की आज्ञा की भी उन्होंने अपनी इज़्ज़त के सामने बिलकुल परवाह न की। वनवास के लिए भी उन्हें चिन्ता न हुई। वे कीचक के पास जनाना वेश में, द्रौपदी का बहाना करके गए और उसका संहार किया। खबर जब दुर्योधन को मिली कि कीचक मारा गया तब उसे पांडवों के विराटपुर रहने का सन्देह हुआ। उसने विराट नगर पर चढ़ाई की। उसे घेर लिया। अर्जुन और भीम ने भी उसकी सेना से लड़कर विराट की गौवें छुड़ा लीं। सबको मालूम तो हो गया, पर तब तक पांडवों के अज्ञातवास के दिन भी पूरे हो चुके थे। इसलिए दुर्योधन की आशा अधूरी रह गई। उधर, विराट को जब पांडवों के अज्ञातवास का हाल मिला, पांडवों से परिचय हुआ तो मित्रता का भाव और बढ़ गया। अन्त में मित्रता रिश्तेदारी में दाखिल हो गई। विराट की लड़की उत्तरा के साथ अर्जुन के पुत्र अभिमन्यु का विवाह हो गया।

पांडवों की विपत्ति के दिन इस तरह से पूरे हो गए। वे अपने नष्ट राजा का फिर से उद्धार करने की फिक्र में लगे। युद्ध की तैयारियाँ होने लगीं। कृष्ण से युधिष्ठिर ने राय ली कि अब हम लोगों को क्या करना चाहिए। धर्मानुसार कृष्ण ने पहले पांडवों को सुलह कर लेने का उपदेश दिया। पांडव राज़ी हो गए परन्तु सुलह में कोई शर्त भी होती है। वह शर्त श्रीकृष्ण के विचारों पर रख दी गई। तय हुआ कि पहले किसी को भेजकर दुर्योधन के अभिप्राय का पता लेना चाहिए। इसी फैसले के अनुसार कार्यारम्भ किया गया।

पहले पांचाल महाराज के पुरोहित को भेजना उचित समझा गया। वे गए, भीष्म-द्रोण ने उनका यथोचित आदर किया। सभा में दूसरे-दूसरे राजाओं-महाराजाओं और नीतिज्ञों के सामने उन्होंने पांडवों की अभिलाषा ज़ाहिर की। उन्होंने कहा, "आप लोग सनातन धर्म की मर्यादा के रक्षक और मर्मज्ञ हैं। मैं आप लोगों को पांडवों की राज सम्बन्धी इच्छा सूचित करता हूँ। आप लोगों को विदित है कि धृतराष्ट्र और पांडु—इन दोनों भाइयों को राज्य का बराबर हक है परन्तु पांडवों को उनका पैत्रिक राज्य नहीं दिया गया। आप लोगों को यह भी मालूम है कि धृतराष्ट्र ने उनका बहुत-सा हक पहले ही से दबा रखा है। उनके लड़कों ने पांडवों के प्राण लेने मैं कोई कसर नहीं रख छोड़ी। भीम को ज़हर दिया गया, लाख-भवन में बेचारों को जीते ही जला देने की चेष्टा की गई, शकुनि की सहायता से जुए में उनके साथ बेईमानी की गई, उनकी धर्मपत्नी की आबरू तक उतारने के दुर्योधन वगैरह तुल गए, वन में उन्हें लांछित करने के अभिप्राय से भेजा गया, विराट नगर में जहाँ नौकर की हैसियत से, पिंजड़े के शेर की तरह महादुख से उन्हें दिन गुजारने पड़े थे, चढ़ाई करके उनका पीछा किया गया। पग-पग पर उन्हें बेइज़्ज़ती और अपमान सहते आना पड़ा है। अब वे चाहते हैं कि उनका हक उनको दे दिया जाए। वे शान्ति से काम लेना चाहते हैं। आपस में बैर करना उन्हें पसन्द नहीं है। वे हर तरह से पराक्रमी हैं, लोहा लें तो आसानी से अपना राज्य ले सकेंगे। भीम

का पराक्रम आप लोगों को मालूम है। नकुल, सहदेव को आप अच्छी तरह जानते हैं कि लड़ाई में कभी पीठ नहीं फेरते। सात्यकि, धृष्टद्युम्न की शूरता भी आप सुन चुके होंगे। उनके साथ सात अक्षौहिणी सेना लड़ने के लिए तैयार है, जिनमें एक-एक महारथी ऐसे हैं जो अकेले आपकी ग्यारह अक्षौहिणी सेना को परास्त कर सकते हैं। महावीर अर्जुन की कीर्ति छिपी हुई नहीं है। अस्तु, वे प्रार्थना करते हैं कि उनका प्राप्य हक शान्तिपूर्वक उन्हें दे दिया जाए। बैर का फल बड़ा कटु होगा।''

पुरोहित अपना सन्देश सुनाकर चुप हो रहे। सभा में कुछ काल के लिए सन्नाटा छा गया। कुछ लोग नत-नेत्रों से विचार करने लगे। कुछ ने एक-दूसरे के कानों में बतलाना शुरू कर दिया। उस सभा में भीष्म भी थे। पुरोहित की उचित बातों की उन्होंने प्रशंसा की। कहा, ''आप सत्य कहते हैं। धर्मबल से पांडवों ने अपने सम्पूर्ण कष्ट झेल लिए। आपका यह आज्ञा करना भी बहुत सच है कि अर्जुन का सामना करनेवाला संसार में इस समय कोई नहीं है। मनुष्यों की तो बात ही क्या, साक्षात इन्द्र भी उनका सामना नहीं कर सकते। उनसे बैर करना हरगिज़ अच्छा न होगा। उनका हक उनको दे देना ही ठीक है।''

भीष्म की बातें कर्ण न सह सके। उनकी नसों में बिजली-सी दौड़ने लगी, खून खौल उठा। कहा, ''ब्रह्मन्, सुनिए। अधर्माचरण यहाँ पांडव खुद कर रहे हैं। महाराज दुर्योधन ने अधर्म को आश्रय नहीं दिया। युधिष्ठिर के बिना इच्छा के कभी द्यूतक्रीड़ा नहीं हुई। जुए की शर्त के अनुसार युधिष्ठिर अपना राज्य हार चुके हैं। क्या पासे में धर्म नहीं था? जबरन उनसे राज्य छीन लिया गया है? वे वनवास के लिए गए तो क्या किसी ने उन्हें दिया था? आखिर शर्त पर ही तो हारे थे? उसी तरह राज्य शर्त पर हारे। अब क्यों उसके लिए हाथ फैलाते हैं? क्या यह धर्म है? धर्म की डींग हाँककर यह सरासर अन्याय किया जा रहा है और महाराज दुर्योधन पर अपने बल का सिक्का जमाया जा रहा है। जिसकी लाठी, उसकी भैंस इसे ही कहते हैं। लेकिन इस तरह रोब गाँठने से काम न होगा। महाराज दुर्योधन भी ऐसे डरपोक नहीं हैं कि आँख दिखाने से राज्य छोड़ दें, न ये अपने को उनसे किसी तरह कमज़ोर समझते हैं। पांडव जितना बनते हैं, महाराज दुर्योधन वास्तव में उनसे कहीं बढ़े-चढ़े उदार हैं। वे अगर कृपा करने के लिए कहें, दीनतापूर्वक हाथ जोड़कर माँगें, तो महाराज दुर्योधन अपना सर्वस्व तक उनको दे सकते हैं। परन्तु स्मरण रहे, आँख दिखाने से वे एक फूटी कौड़ी भी न देंगे।''

कर्ण की आवेश में कही गई तमाम बातों को सुनकर भीष्म ने कहा, ''कर्ण, तुम्हारी बातों से अहंकार टपकता है। तुम न्यायपूर्वक वार्तालाप नहीं कर रहे हो। तुम अपने पक्ष को बहुत बली सिद्ध करना चाहते हो। पांडवों को कहते हो कि आँखें दिखाकर राज्य लेना चाहते हैं। यह अहंकार नहीं तो क्या है? अकेले अर्जुन ने छह महारथियों को विराटपुर में परास्त नहीं किया था? क्या उस समय तुम न थे? क्या

पांडवों के बल की थाह उस समय तुमको नहीं मिली? क्यों अकारण उत्तेजना फैलानेवाली बातों पर इस तरह बहक रहे हो? ब्राह्मण ने जैसा कहा है, अगर उसी के अनुसार हम लोग कार्य न करेंगे, तो इसका परिणाम बहुत बुरा होगा, इसमें कोई सन्देह नहीं है।''

सन्धि के प्रस्ताव पर कई दिनों तक बहस होती रही परन्तु कुछ फैसला न हुआ कि क्या किया जाए! भीष्म और द्रोण आदि कौरवों के सच्चे हितैषियों की तो शान्ति स्थापना की ही इच्छा थी, परन्तु कर्ण और दुर्योधन आदि का इस ओर ज़रा भी रुख न था। वे बिना लड़ाई के एक बिस्वा ज़मीन भी नहीं देना चाहते थे। कई रोज़ तक सभाएँ हुईं, रोज़ इस प्रश्न पर तर्क और वाद-विवाद होते रहे। एक दिन धृतराष्ट्र के दरबार में कर्ण ने कहा, ''महाराज, यह तो आपको मालूम ही हो चुका है कि न्यायानुसार पांडवों का कोई हक नहीं रहा। जिस राज्य के लिए वे इस समय त्योरियाँ बदल रहे हैं, उसे क्या वे दाँव पर रख नहीं चुके? रही पांडवों से डरकर उन्हें जीता हुआ हिस्सा देना, सो इसके लिए मैं आपसे एक निवेदन करना चाहता हूँ। भीष्म और द्रोण को जिस महापुरुष ने अस्त्र-शिक्षा दी है, वही मेरे भी आचार्य हैं। वे ब्राह्मणों के सिवा दूसरे को धनुर्विद्या नहीं सिखलाते थे। मुझे उन्हीं से शिक्षा प्राप्त करनी थी। उनके जाति-सम्बन्धी प्रश्न का मैंने झूठा उत्तर दिया। इन तरह उनसे धनुर्विद्या सीखी है। शिक्षा पूरी हो जाने पर उन्हें मेरी जाति का पता लग गया। उन्होंने मुझे शाप दिया परन्तु मेरी सेवा पर सन्तुष्ट हो मुझे वरदान भी यथेष्ट दिया। उन्होंने मुझे कुछ ऐसे अस्त्र दिए हैं, जिनका प्रयोग मैं करूँगा तो अर्जुन किसी तरह न बच सकेगा। अत: पांडवों का भय दूर कर दीजिए।''

कर्ण की आत्म-प्रशंसा से भरी इस तरह की बातें सुनकर महावीर पितामह भीष्म से न रहा गया। उन्होंने कहा, ''कर्ण, वीरों को चाहिए कि दूसरे वीर की कद्र करे। तुम रथी हो, परन्तु अर्जुन महारथी हैं। उसका मुकाबला तुम कदापि न कर सकोगे। खांडव वन को अकेले अर्जुन ने दग्ध करा दिया। तेंतीस करोड़ देवता उसका कुछ नहीं बिगाड़ सके। दूसरे, अर्जुन के साथ भगवान् वासुदेव है। तुम्हें जो शक्ति मिली है, तुम वासुदेव के चक्कर में पड़ोगे तो वह निस्सार हो जाएगी। वह तुम्हें कोई काम न दे सकेगी। अर्जुन के दिव्य बाणों की तुम्हें खबर नहीं है। अपने बाणों से और वासुदेव की सहायता से अर्जुन संसार-भर के बाणों का सामना कर सकता है।''

अर्जुन की प्रशंसा सुनकर कर्ण की देह में आग लग गई। क्रोध का पारा अपनी अन्तिम सीमा पर पहुँच गया। कर्ण झुँझलाकर उठे और कहा, ''महात्मा भीष्म, वासुदेव के लिए आपने जो कुछ कहा है, मैं विनयपूर्वक स्वीकार करता हूँ परन्तु अपने सम्बन्ध में मैंने जो कुछ कहा है, उसमें ज़रा भी अत्युक्ति नहीं थी। इस सभा में आज से मैं धनुष रखे देता हूँ। अब मैं भीष्म के जीवित रहने तक धनुष न उठाऊँगा। इनके बाद ही मैं वीरों को अपनी योग्यता का परिचय देना चाहता हूँ।''

यह कहकर महावीर कर्ण कौरवों की सभा से उठकर चले गए। भीष्म मुस्कुराए। दुर्योधन से स्नेहपूर्वक कहा, "राजन्, यह प्रतिज्ञा तो तुमने सुन ली। मेरा निधन जब तक न हो जाएगा, तब तक कर्ण धनुर्धारण न करेंगे। अच्छा है। जब मैं न रहूँगा, तब कर्ण की वीरता का पता लगाना। परन्तु अगर तुम युद्ध करना ही मंजूर करोगे तो सुनो, मेरे रहते कोई तुम्हारी छाया भी स्पर्श न कर सकेगा और मैं द्रोण, विदुर, अवन्तिकाधिप, चेदिराज, जयद्रथ आदि के सामने प्रतिज्ञा करना हूँ कि अगर तुम युद्ध करना ही मंजूर करोगे, तो मैं जब तक संग्राम करूँगा, हर रोज़ अकेले दस हज़ार सेना का विध्वंस करूँगा।"

सप्तम परिच्छेद

भीष्म की सत्यनिष्ठा

पांडव और कौरवों में शान्ति स्थापना के उद्‌देश्य से इस बार भगवान वासुदेव कौरवों की सभा में गए। भीष्म ने उनका आदरपूर्वक स्वागत किया। श्रीकृष्ण ने दुर्योधन को वैर का परिणाम अच्छी तरह समझाया। भाई का हक भाई को दे देना चाहिए, इस पर अनेक प्रकार के तर्क और युक्तियाँ दर्शाईं। कुछ फटकारा भी। कहा, "अगर सन्धि के प्रस्ताव में तुम राज़ी न होगे तो लोग कहेंगे कि तुमने नीचता की। ऐसा कार्य नीच जनोचित हुआ करता है। तुम्हें अपयश होगा। अगर तुम अपने हठ पर अड़े रहोगे, तो क्षत्रिय वंश का लोप हो जाएगा। विधवाओं के हाहाकार से देश की श्री जाती रहेगी, घोर अनाचारों को प्रोत्साहन मिलेगा। शक्ति से रहित होकर देश स्वधर्म रक्षा से विमुख होगा। अगर पांडवों से तुम्हारी मैत्री हो जाएगी, तो तुम्हारे संसर्ग–दोष मिट जाएँगे। अभी तुम अपने–आपको धोखा दे रहे दो। तुम चाहते हो कि कर्ण, शकुनि और दुःशासन तुम्हारे राजा का प्रबन्ध करें और तुम सुख के स्वप्न में मग्न रहो। यही तुम्हारी आत्मा को पतित कर रहा है। दूसरे, जिनका तुम्हें भरोसा है, वे पांडवों के सामने ठहर न सकेंगे। केवल इतना ही नहीं, तुम्हारी सम्पूर्ण सेना क्रुद्ध भीमसेन की ओर आँख उठाकर ताक भी न सकेगी। तुम्हारी सम्पूर्ण सेना और द्रोण, कर्ण, कृपाचार्य, अश्वत्थामा, भूरिश्रवा, सोमदत्त और जयद्रथ आदि अर्जुन के सामने फूँक से उड़ जानेवाले तिनके हैं। सुरासुर भी अर्जुन के विरुद्ध अस्त्र धारण नहीं कर सकते।"

श्रीकृष्ण की बातें समाप्त हो जाने पर भीष्म ने दुर्योधन को समझाया कि पांडवों को आधा राज्य दे देना चाहिए। द्रोण और कृपाचार्य ने भी भीष्म की बातों को दुहराया पर दुर्योधन टस से मस न हुआ। श्रीकृष्ण की अप्रिय बातों से कौरव नरेश महाराज दुर्योधन की देह में आग लग गई। शब्दों से उसकी ज्वाला निकलने लगी। कहा, "केशव, हम लोग आपकी इज़्ज़त करते हैं। आपकी कभी भी शिकायत नहीं करते लेकिन आप तो ऐसी बातें कहते हैं जैसे पांडवों ही में से एक हों। क्या यही

आपकी समदर्शिता है? आप पहले हमें समझाइए कि युधिष्ठिर जब जुए में राज्य हार गए, तब फिर उनका क्या हक रह गया जो बारम्बार उसके लिए पैगाम आ रहा है? जब युधिष्ठिर जुए में हारे थे, तब क्या कोई और युधिष्ठिर थे? आप पांडवों के बाहुबल की तारीफ करते हैं, लेकिन आपको मालूम होगा कि अकेले पितामह भीष्म पांडवों की धज्जियाँ उड़ाने के लिए काफी हैं। द्रोण और कर्ण के मुकाबले में क्या कोई पांडव ज़रा भी ठहर सकता है? राज्य का लोभ वे छोड़ दें। राज्य मेरे पिता का है। पहले जो आधा राज्य हमने बाँट दिया था, हमारी अज्ञता के कारण वैसा हो गया था। हम बालक थे। हमें बुद्धि नहीं थी। अब हम अपने पिता के राज्य का एक टुकड़ा भी न देंगे।'' यह कहकर क्रोध के मारे दुर्योधन सभा से उठकर चला आया। श्रीकृष्ण का अपमान भीष्म से सहा न गया। उन्होंने दुर्योधन को बेतरह फटकारा। धृतराष्ट्र से दुर्योधन की धृष्टता का समाचार कहा। गान्धारी को बुलाकर दुर्योधन को दंड देने की धृतराष्ट्र ने आज्ञा दी। इससे दुर्योधन लज्जित हो गया। उसने अपने मित्रों को बुलाकर परामर्श किया कि कृष्ण को कैद कर लिया जाए। अगर कृष्ण को हम लोग यहाँ बाँध लेंगे, तो पांडव मणि-विहीन सर्प की तरह निस्तेज हो जाएँगे। इसलिए राजा धृतराष्ट्र भी चाहे बकते रहें, पर हम लोग कृष्ण को ज़रूर कैद करें।

दैवयोग से दुर्योधन का अभिप्राय सात्यकि को मालूम हो गया। उसने कृतवर्मा को अपनी सेना सुसज्जित करने की आज्ञा दी और खुद श्रीकृष्ण को खबर देने के लिए चला।

सभा में खलबली मच गई। भीष्म, द्रोण, धृतराष्ट्र—सबको दुर्योधन की नीचता मालूम हो गई। श्रीकृष्ण मुस्कुराने लगे। विदुर श्रीकृष्ण की अतीत कीर्ति का गुणगान करने लगे। धृतराष्ट्र को इच्छा हुई कि श्रीकृष्ण के विराट रूप का दर्शन करें। श्रीकृष्ण ने उन्हें दिव्य दृष्टि देकर उनकी लालसा पूरी की और सभा से निकलकर विदुर के यहाँ आश्रय लिया। फिर दुर्योधन के यहाँ जल ग्रहण भी नहीं किया।

श्रीकृष्ण लौट आए। निश्चय हुआ कि अब युद्ध अनिवार्य है। दोनों ओर तैयारियाँ होने लगीं।

दुर्योधन ने भीष्म को सेनापति बनाया। उसे दृढ़ विश्वास था कि पितामह के सामने संसार की कोई शक्ति नहीं खड़ी रह सकती। उनका अमित विक्रम संसार प्रसिद्ध है। भीष्म और द्रोण—दोनों यदि धनुर्धारण करेंगे, तो पांडवों की फिर एक न चलेगी। दुर्योधन ने भीष्म से कहा, ''पितामह, मुझे दोनों पक्ष के रथियों और महारथियों के नाम लेकर बतलाइए, कौन रथी है, कौन महारथी?''

भीष्म बोले, ''दुर्योधन, दोनों दलों में हज़ारों की संख्या में रथी और महारथी मौजूद हैं। तुम सौ भाई रथी हो। तुम सेना के अग्रभाग में रहना। तुम्हारे वीर भाइयों को पांचालों के साथ लड़ना है। मुझे विश्वास है कि ये उन्हें मारेंगे। मैं तुम्हारे सेनापति

का पद ग्रहण करता हूँ। पांडवों को मैं युद्ध में कुछ नहीं समझता हूँ। भोजराज कृतवर्मा महारथी हैं। अपने सगे भानजों का साथ छोड़कर ये तुम्हारी मदद करने के लिए आए हैं। वासुदेव से ये सदा स्पर्धाभाव रखते हैं। निस्सन्देह ये शत्रुओं की बहुत बड़ी क्षति करेंगे। तुम्हारे मित्र—भूरिश्रवा और सोमदत्त भी महारथी हैं। ये भूखे शेर की तरह तुम्हारी शत्रु-सेना पर टूट पड़ेंगे। इनसे हमें बहुत आशा है। सिन्धुराज जयद्रथ दो रथियों के बराबर हैं। द्रौपदी का हरण कर पांडवों द्वारा इनका अपमान होने पर इन्होंने जंगल में शिवजी की कठोर तपस्या की थी। इन्हें वर मिला है। अब इनके लिए बदला लेने का उपयुक्त समय आ गया है। अपने शत्रु का भाव स्मरण करके ये पांडवों को पूरी क्षति पहुँचावेंगे। काम्बोज देश के एकरथ सुदक्षिण भी तुम्हें काफी मदद देंगे। उनका पराक्रम युद्ध-क्षेत्र में प्रत्यक्ष करना। ये अस्त्र-विद्या में बड़े कुशल हैं। माहिष्मती के महाराज नील रथी हैं। सहदेव से इनकी शत्रुता है। अवन्ति देश के विन्द और अनुविन्द भी बड़े वीर हैं। त्रिगर्त के पाँचों भाइयों में सत्यरथ प्रधान हैं। भीम और अर्जुन के दिग्विजय का बदला लेने के लिए इनके अंग फड़क रहे हैं। तुम्हारे पुत्र कुमार लक्ष्मण और दु:शासन के पुत्र का नाम रथियों में लिया जाता है। इनसे तुम्हारे कितने ही कार्य पूरे होंगे। तुम्हारे मामा शकुनि रथी हैं। ये भी युद्धक्षेत्र में आग भड़कावेंगे।

‘‘सबसे तारीफ की बात यह है कि इनकी सेना बड़ी तेज़ चलनेवाली है। मोर्चे पर डटकर वह फिर पीछे नहीं हटती। लड़ाई में इनसे विजय की आशा आकाश-कुसुम-तुल्य है। अश्वत्थामा तुम्हारे दल में अद्वितीय धनुर्धर हैं। इनके बाणों की गति कभी रुक नहीं सकती। ये अर्जुन के समान योद्धा हैं। ये चाहें तो तीनों लोकों को दग्ध कर सकते हैं। इतने बड़े वीर होने पर भी इनमें एक बहुत बड़ा दोष है। इन्हें अपने प्राणों की बड़ी ममता है। इसलिए कभी उत्साहपूर्वक ये लड़ते नहीं। इसलिए मैं इन्हें रथी या महारथियों की श्रेणी में नहीं रखना चाहता। अगर यह दोष इनमें न रहता तो दोनों दलों में इनका मुकाबला करनेवाला कोई न था। इनकी शक्ति की थाह नहीं है। ये अकेले सुरासुर को भी परास्त कर सकते हैं। महावीर द्रोण अतिरथ हैं। ये सबके आचार्य हैं। वृद्ध होने पर भी इनके समान वीर दूसरा नहीं है। इनसे तुम्हारे शत्रुओं का नाश होगा परन्तु धनंजय इनके प्रिय शिष्य हैं। इसलिए वीर शिष्य के गुणों का स्मरण करके ये कभी उसका नाश न कर सकेंगे। ये चाहें तो अकेले संसार का नाश कर सकते हैं।

‘‘पौरव रथी हैं। ये पांचालों से बदला लेंगे। सत्यश्रवा एकरथ हैं। कर्णपुत्र वृषसेन महारथ हैं। ये तुम्हें बड़ी मदद देंगे। महावीर वाह्लीक महारथ हैं। ये कभी पीठ नहीं देते। युद्धक्षेत्र में ये साक्षात कृतान्त की मूर्ति धारण कर लेते हैं। राक्षस फलम्बुस महारथ हैं। पांडवों के साथ लड़ाई करने के लिए दिन-रात तुम्हें उभाड़ते रहनेवाले कर्ण जितनी बड़ी-बड़ी बातें मारते हैं, उस तरह वे कार्य नहीं कर सकते।

ये दूसरों का भला नहीं देख सकते। इनकी प्रकृति नीच है। मेरे विचार से ये अर्द्धरथ हैं। जितनी लड़ाइयाँ हुईं, ये सबमें भागे। अर्जुन के साथ सामना होगा तो ये हरगिज़ जीवित न लौटेंगे।''

भीष्म की बातों में कोई पक्षपात न था। उन्हें पक्षपात की परवाह न थी। वे धुरन्धर ज्ञानी और तीनों लोक में अजेय थे। कर्ण के सम्बन्ध में उन्होंने ईर्ष्यावश होकर कर्ण की निन्दा न की थी। आचार्य द्रोण ने भी पितामह के विचार पर अपनी सम्मति दी। वे भी कर्ण को अर्द्धरथ से ज़्यादा मानने को तैयार न थे परन्तु कर्ण से न सहा गया। वे उसी समय भीष्म का विरोध करने लगे। दुर्योधन को समझाया कि पितामह पक्षपात कर रहे हैं। इनसे तुम्हें किसी प्रकार की आशा न रखनी चाहिए। जो मनुष्य अधिक वृद्ध हो जाता है, उसकी अक्ल मारी जाती है। मैं अकेल पांडवों का संहार करूँगा। परन्तु भीष्म के जीते-जी मैं धनुर्ग्रहण न करूँगा।

भीष्म ने कहा, ''कर्ण, तुम निरे बच्चे की तरह बातें कर रहे हो। मैं जानता हूँ, लड़ाई से पहले सेना का सम्पूर्ण भार मेरे सिर पर रखा जाएगा। तुम मुझे नहीं पहचानते। मैं कभी पक्षपात नहीं करता। मेरे सेनापतित्व में जो लड़ाई होगी, उसे याद रखना। मैं किसी का पक्ष हरगिज़ न लूँगा। लड़ने और धनुर्धारण करने का मौका भी मैं तुम्हें दूँगा। उस समय समर-कौशल का अन्दाज़ा लगा लेना। मैं युद्ध में अपना पूरा बल न लगाऊँगा क्योंकि तुम्हारी युद्ध-लालसा अधूरी रह जाएगी। लोगों को तुम्हारी वीरता को देखने का मौका न मिलेगा। कर्ण, तुम नहीं जानते कि महावीर परशुराम के संसार को भस्म कर देनेवाले अस्त्र भी मुझे डरा नहीं सके। इक्कीस बार पृथ्वी को क्षत्रिय-रहित करनेवाले उस महावीर को भी अस्त्र रखना पड़ा था। वे अपने बल और प्रताप का मुझ पर प्रभाव नहीं डाल सके। मैं अब अपनी बड़ाई न करूँगा। तुम जिन पांडवों से इतना विरोध-भाव रखते हो, कल ज़रा उनका सामना करो। देखें भला, तुम नहीं भागते।''

कर्ण को दुर्योधन ने शान्त कर लिया। भीष्म अब पांडवों के रथियों और महारथियों की संख्या बतलाने लगे। कहा, ''युधिष्ठिर रथी हैं। भीम अकेले आठ रथियों के बराबर हैं। उन्हें दस हज़ार हाथियों का बल है। नकुल और सहदेव रथी हैं। दोनों पक्षों में अर्जुन के समान वीर और रथी कोई नहीं। अब की तो बात ही क्या, पहले भी उनके समान सुरों, असुरों, नागों और यक्ष-रक्ष-दानवों में कोई वीर नहीं हुआ। भविष्य में भी न होगा। अर्जुन को सहायता भी बहुत मिली है। वीरत्व के सभी साधन एकत्र हो गए हैं। गांडीव, अश्व, कवच, अक्षय तूणीर, देवताओं के दिव्य अस्त्र, भगवान् भूतनाथ का पाशुपत, वासुदेव और ध्वजा पर साक्षात् महावीर पवन-नन्दन। द्रौपदी के पाँचों पुत्र महारथ हैं। महावीर अभिमन्यु अर्जुन और वासुदेव की तरह बलवान हैं। इनकी वीरता की शतमुखों से भी प्रशंसा नहीं हो सकती। पिता और पितृव्यों के कष्टों का स्मरण करके ये युद्ध में अपूर्व पराक्रम प्रकट करेंगे। इन्हें बालक

मात्र न समझ लेना। इनसे सदा होशियार रहना। महावीर सात्यकि रथी हैं। वृष्णि-वंशियों में ये सबसे बढ़े-चढ़े हैं और समर-क्षेत्र में क्रोधरहित होकर लड़ते हैं। महावीर द्रुपद और विराट महारथी हैं। पांचाल-पुत्र शिखंडी रथियों का नायक है। द्रोण के शिष्य धृष्टद्युम्न महारथी हैं। प्रलय के समय भगवान शंकर जिस तरह सृष्टि का संहार करते हैं, ये उसी तरह तुम्हारी सेना का संहार करेंगे। महाराज क्षत्रदेव, सत्यजित, अज, भोज, चेकितान, सत्यधृति—ये सब रथी हैं। क्षुधित शार्दूल की तरह ये तुम्हारी सेना पर आक्रमण करेंगे लेकिन चिन्ता न करो। मैं सोमक और पांचालों को अवश्य मारूँगा।''

अष्टम परिच्छेद

महाभारत के युद्ध में

प्रातःकाल की लालिमा नित्य की तरह सुप्तोत्थित जीवों में चेतना का संचार कर रही थी। उनमें नवीन स्फूर्ति भर रही थी। आज से भारत के इतिहास का एक दूसरा युग बदलनेवाला था। प्रकृति के मनोभावों में उसके भाग्य की करुण-कथा प्रकट हो रही थी परन्तु युग को रोकनेवाला कोई न था। सब के सब प्रकृति के हाथों के खिलौने थे। इस युग का आवाहन करने के लिए ही मानो यह महासमर हो रहा था। भीष्म इस पतन-युग के प्रधान पुरुष और दुर्योधन आवाहन करनेवाला प्रधान पुरोहित था।

कुरुक्षेत्र में दोनों ओर की सेनाएँ डट गईं। सेनापति अपनी-अपनी सेनाओं को सुश्रृंखलित करने लगे। महाराज युधिष्ठिर की आँखों में समर का भावी चित्र जो खिंचा, वे धैर्यपूर्वक उसे देख न सके। आँखों में आँसू भर आए परन्तु कोई उपाय न था। वे सब कुछ कर चुके थे। दुर्योधन की हठकारिता पर आज यह इतनी बड़ी और युगों तक लगातार भारत को पतन के गढ़े में ढक लेनेवाली आँधी उठने को थी। धीर पुरुष की तरह परिणाम समझकर चुपचाप उन्होंने आँसू पोंछ लिये। इसके बाद एकाएक उछलते हुए सागर की तरह दोनों सेनाओं को देख, न जाने क्या सोचकर उन्होंने अपना धनुष तूणीर और कवच खोलकर रख दिया और पैदल कौरवों की सेना की ओर चल पड़े। देखकर भीम, अर्जुन, नकुल, सहदेव आदि को बड़ा आश्चर्य हुआ। सब रोकने के लिए दौड़े परन्तु युधिष्ठिर ने किसी की एक न सुनी। सीधे कौरवों की सेना की ओर चले गए। कौरवों को यह देखकर बड़ा कौतूहल हुआ। कोई-कोई तो उन्हें डरकर आया हुआ समझकर आपस में पांडवों की कायरता पर फबतियाँ उड़ाने लगे।

युधिष्ठिर सीधे पितामह भीष्म के रथ की ओर बढ़ते गए। उनके साथ उनके भाई भी हो गए थे। भीष्म के सामने सबने भूमिष्ठ होकर प्रणाम किया और आशीर्वाद देने की प्रार्थना की।

भीष्म ने कहा, ''युधिष्ठिर, तुम धर्मात्मा पुरुष हो। तुम्हारी विजय होगी। अगर तुम मेरे पास न आते तो हम तुम्हें आसीस देने के बदले शाप देते परन्तु तुमने यथार्थ ही धर्माचरण किया है। इसलिए तुम्हें दबाने की शक्ति पराजित होगी। तुम्हारी दूसरी अभिलाषाएँ भी सफल होंगी। युधिष्ठिर, पुरुष अर्थ का दास है, परन्तु अर्थ किसी का दास नहीं। मैं कौरवों के अर्थ का ऋणी हूँ। इसका परिशोध मुझे करना ही होगा। मैं उनकी तरफ रहकर संग्राम करूँगा परन्तु तुम निर्भय रहो। साक्षात् भगवान वासुदेव विजय के रूप में तुम्हारे साथ मौजूद हैं। तुम्हारी पराजय कभी हो नहीं सकती। तुम मेरे पास आए हो युधिष्ठिर! आज मैं तुम्हें सर्वस्व तक देने के लिए तैयार हूँ। तुम वर की प्रार्थना करो।''

युधिष्ठिर ने कहा, ''आप कौरवों की तरफ से होकर लड़ेंगे। मैं जानता हूँ, आपके हाथ में शरासन और बाण के रहते त्रिभुवन भी आपको पराजित नहीं कर सकता है। अगर आप कौरवों की ओर से युद्ध करेंगे तो फिर हम युद्ध में कैसे जीतेंगे?''

भीष्म ने कहा, ''युधिष्ठिर, यह सच है। दोनों सेनाओं में मुझे पराजित कर सके, ऐसा वीर नहीं है। स्वर्ग, मर्त्य और पाताल में भी ऐसा वीर नहीं है, समर में मेरे ऊपर जिसका प्रभाव पड़ सके। परन्तु तुम फिर कभी आओ। अभी मेरा मृत्युकाल नहीं आया। मैं तुम्हें अपनी मृत्यु का भेद बता दूँगा।''

द्रोण, कृपाचार्य, शल्य आदि गुरुजनों को प्रणाम करके पांडव अपनी सेना में आ गए। दोनों ओर थोड़ी देर के बाद एक विराट स्तब्धता छा गई। दोनों ओर की सेनाएँ अपने-अपने सेनापतियों की आज्ञा के लिए सजग हो गईं। सेनापति अपनी सेना को लेकर व्यूह-रचना करने लगे। दोनों ओर के शंख और रथ के घर्घर शब्द से आसमान गूँजने लगा। वीरों का क्षण-क्षण में सिंहनाद सुनाई देने लगा। इसी समय महावीर भीमसेन ने, साक्षात यम की तरह अपनी भयानक गदा लेकर इतने जोर से सिंहनाद किया कि उसके शब्द से शंख, मृदंग, मुरज और तुरही आदि बाजों की ध्वनि बिलकुल दब गई। वह वज्र-गम्भीर ध्वनि सुनकर कौरवों की सेना सन्न रह गई। इसी तरह बार-बार सिंहनाद करते हुए महावीर वृकोदर अपनी सेना के एक छोर से दूसरे छोर तक चक्कर मारते हुए उत्साह भरने लगे।

महावीर भीमसेन को सेना के बीच में खड़ा हुआ देखकर चारों ओर से कौरवगण उन पर बाणों की वर्षा करने लगे। मेघ से ओट में हुए सूर्य की तरह भीमसेन बाणों के बीच में छिप गए। दुर्योधन, दुर्मुख, दुःसह, दुःशासन, अतिरथ, दुशेषण, विविशति, चित्रसेन, विकर्ण, पुरुमित्र, जय, भोज और सोमदत्त आदि महावीरों ने बड़ी तत्परता से शर-योजना कर विपक्षियों का सामना किया। गदा से गदा, तलवार से तलवार, बाणों से बाणों का घोर संघर्ष होने लगा। क्रोधपूर्वक छोड़े गए तीक्ष्ण धारवाले शर-समूह, आकाश मार्ग में उल्कापात की तरह इधर-उधर संचालित होने लगे।

कौरवों ने बड़ी वीरता दिखलाई। कदम पीछे को नहीं हटाया। महावीर भीष्म का प्रोत्साहन और सिंहनाद सुन-सुनकर कौरवों का उत्साह बढ़ता ही गया। महावीर अर्जुन की क्षिप्रता, सम्पूर्ण सेना पर दृष्टि, शर-योजना की सफाई और फुर्ती बड़े गज़ब की थी। महावीर भीष्म ने अर्जुन को सब जगह प्रबन्ध करने से रोका, उन्हें बाधा दी। रथ बढ़ाकर उनका सामना किया। विश्वविश्रुत गांडीवधारी अर्जुन ने भी वीर की तरह भीष्म का सामना किया। एक-दूसरे की जान के प्यासे थे पर कोई किसी को मोर्चे से एक पग भी हटा न सका। महावीर सात्यकि कृतवर्मा के साथ लड़ रहे थे और अभिमन्यु वृहदबल के साथ। वृहदबल ने अभिमन्यु की ध्वजा काट दी और सारथि का प्राणान्त कर दिया। महावीर सुभद्रा कुमार से अपनी दीन दशा देखी न गई। उन्होंने तुरन्त धनुष पर बाण चढ़ाए और देखते-देखते अपना बदला ले लिया।

भीमसेन के साथ महाराज दुर्योधन का समर हो रहा था। युद्ध देखने लायक हो रहा था। दोनों दलों की सेना इन वीरों का अमित पराक्रम देखकर दंग हो गई। दुःशासन के साथ नकुल, दुर्मुख के साथ सहदेव, मद्रराज के साथ महाराज युधिष्ठिर लड़ रहे थे। युद्ध की भीषणता उतरोत्तर बढ़ती जा रही थी। दोनों दलों में जय-पराजय किसी की नहीं हुई। अगणित सेना कट गई। खून की धारा बह चली परन्तु किसी दल ने पैर पीछे नहीं मोड़े। डटकर लोहा बजा रहे थे। इस विकट लड़ाई में न भाई-भाई को कुछ समझता था, न पिता अपने पुत्र को, कुटुम्बियों और बन्धुओं की तो बात ही क्या है। पाँचों पांडव तो बिलकुल पागल-जैसे हो रहे थे। बदला लेने की जो आग चौदह वर्ष से उनके अन्दर धीरे-धीरे सुलग रही थी, आज एकाएक बड़े वेग से जल उठी थी।

दोपहर तक अमित-विक्रम से युद्ध होता रहा। पांडवों ने अगणित विपक्षियों को चिरकाल के लिए इस संसार से विदा कर दिया। दुर्योधन की आज्ञा से महावीर दुर्मुख, कृतवर्मा, कृप, शल्य और विविशति भीष्म की सहायता के लिए गए। इन पाँचों को साथ लेकर महावीर भीष्म पांडवों की सेना के भीतर घुसकर उसका विनाश करने लगे। महावीर गांगेय ने कितने ही वीरों का प्राणान्त कर दिया। भीष्म को इस तरह सेना-संहार करते हुए देखकर महावीर सुभद्रा कुमार से न रहा गया। प्रबल पराक्रमी वीर अभिमन्यु ने अपना रथ बढ़ाकर भीष्म के सामने ले चलने के लिए सारथि को आज्ञा की। अकेले ये भीष्म और उसके सहायकों के साथ संग्राम करने लगे। देखते-देखते अभिमन्यु ने कृतवर्मा को एक बाण मारा, पाँच बाणों से शल्य को बेधा और अपने पितामह को नौ बाण मारे। एक बाण तो ऐसा अचूक मारा कि भीष्म की सुवर्ण-मंडित ध्वजा कटकर गिर गई। इसके बाद तेज़ तीरों से दुर्मुख के सारथि को घायल किया और कृपाचार्य का स्वर्णशरासन काट डाला। वीर अभिमन्यु पाँचों महारथियों और महावीर भीष्म से अकेले लड़ रहे थे। उनकी तेज़ी और निशाने पर अचूक वार करने की सफाई देखकर देवता भी दाँतों अँगुली दबा रहे

थे। उनका एक भी तीर व्यर्थ नहीं जाता, यह देखकर उन्हें अर्जुन का समकक्ष योद्धा कह भीष्म आदि उनकी प्रशंसा कर रहे थे।

अपने पक्ष की हेठी हुई देखकर महावीर भीष्म ने तीव्र वेग से उन पर आक्रमण किया और नौ बाणों से एक साथ उन्हें विद्ध कर दिया। इसके बाद उनकी ध्वजा काट दी और सारथि को भी कई बाण मारे। कृतवर्मा, कृपाचार्य, शल्य आदि ने भी कई चुभीले तीर मारे। बालक वीर अभिमन्यु इतने प्रहार के होने पर भी विचलित नहीं हुए। अपूर्व साहस के साथ वे अकेले छह महारथियों से लड़ रहे थे। अपने सारथि पर शराघात हुआ देखकर वे तत्काल उसका बदला लेने के लिए तुल गए। भीष्म के महास्त्रों को बीच में ही काटकर टुकडे-टुकड़े कर दिया गया। फिर कई बाणों से भीष्म का बदला लेकर सिंहनाद करने लगे। महावीर भीष्म अपने कुल-दीपक की करनी देखकर मन-ही-मन प्रसन्न हो रहे थे परन्तु अपनी हेठी का उचित उत्तर देने के लिए कई बाणों से एक साथ अभिमन्यु पर प्रहार किया। अभिमन्यु ने बीच ही में अपने बड़े बाबा के बाणों को काट डाला और बड़ी तेज़ी से नौ बाण भीष्म के रथ पर मारे। महारथी भीष्म की ध्वजा कट गई। दोनों पक्ष में हाहाकर मच गया। दूर से भीमसेन ने भी अपने भतीजे की करनी देखी। वहीं से ललकार आवाज़ लगाई, ''शाबास बेटा! खूब छकाया पितामह को। घबराना नहीं, मैं भी आ गया।''

ध्वजा के कट जाने पर भीष्म ने एक साथ हज़ार बाण अभिमन्यु पर छोड़ दिए। लोगों को इससे बड़ा आश्चर्य हुआ। पांडवों के पक्ष के दस महारथी एक साथ अभिमन्यु की मदद करने के लिए आ गए। उधर से भीम भी आ पहुँचे। आते ही पितामह ने इनकी ध्वजा काट दी। भीमसेन ने बदला भी तुरन्त ले लिया। भीष्म को तीन, कृपाचार्य को एक और कृतवर्मा को आठ बाणों से घायल किया।

उधर, महाराज विराट का पुत्र उत्तरकुमार मारा गया। उसके भाई श्वेत ने बड़ी वीरता दिखाई। भाई का बदला लेने के लिए खूब लड़ा। खून पर खून का वह जोश देखने लायक था। महावीर श्वेत ने शल्य का प्राणान्त भी कर दिया होता अगर दुर्योधन के साथ कुछ महारथी उसकी मूर्च्छित अवस्था में उसकी सहायता के लिए न पहुँच गए होते। इधर, पांडवों के पक्ष को प्रबल देखकर महावीर भीष्म के ललाट में बल पड़ गए। उस समय उन्होंने ऐसी कुशलता दिखलाई कि दोनों दलों के वीर उनकी समरपटुता पर आश्चर्य प्रकट करने लगे। वैसी लड़ाई लोगों ने कभी न देखी थी। कितने ही रथी चिरकाल के लिए विदा हो गए। कितने ही हाथी, घोड़े और पैदल जवान भीष्म के प्रखर शरों के निशाने बन चुके थे। लगातार बाणों की वर्षा होती रही। भगवान सूर्य भी शरजाल से समाच्छादित हो गए। किसी को अपना-पराया न सूझता था। एक तो भीष्म के विषम प्रहारों से गगन मंडल मेघाच्छन्न-सा हो रहा था, दूसरे उनके तीव्र वेगशाली रथ की धूलि से और अन्धकार छा गया। शत्रु के सामने खड़े हुए भी वीरों को अपने शत्रु-मित्र का ज्ञान न होता था। धनुष-टंकार और

सिंहनाद के सिवा और कुछ सुनाई न देता था। इस भयानक संग्राम में पांडवों के पक्ष से एक ही वीर गज़ब की लड़ाई लड़ रहा था। वे महारथी श्वेत थे। भाई की मृत्यु के पश्चात् साक्षात यम की तरह वे मृत्यु भय से रहित होकर शत्रुओं से लड़ रहे थे। उन्होंने हज़ारों रथियों का विनाश कर डाला। कौरव सेना उनसे डरकर भागने लगी। महारथी वीरगण भीष्म के पीछे अपने प्राण बचाने के लिए जा छिपे। सारे दल में हलचल मच गई। अकेले श्वेत ने प्रलय मचा दी। इस महासमर में केवल भीष्म अटल अचल की तरह अपनी सेना में रथ पर डटे हुए थे। श्वेत की वीरता का आतंक फैल गया। कौरवों की सेना समर में हथियार छोड़कर भागने लगी। महावीर भीष्म अपनी सेना की यह दशा देख न सके। श्वेत के साथ भीष्म का महासमर होने लगा। उसी दिन पांडवों के पक्ष से श्वेत को सेनापति का पद मिला था और एक ही दिन में उसने अमर कीर्ति अर्जित कर ली थी। कई बार उसने महावीर भीष्म पर आक्रमण किया, धनुष और रथ की ध्वजाएँ काट दीं परन्तु भीष्म इससे चंचल नहीं हुए। अन्त में, उन्होंने अपने भीषण शरासन में ब्रह्मास्त्र की योजना कर श्वेत का प्राणान्त कर दिया। महावीर श्वेत के गिरने पर पांडव सेना में खलबली मच गई। शाम भी हो आई थी। उस दिन के लिए दोनों दलों ने लड़ाई बन्द कर दी।

नवम् परिच्छेद
भीष्म का अमित पराक्रम

इस तरह सात दिन तक प्रलय की आग में लाखों वीर हत हो गए। महावीर भीष्म की चोटों से पांडव सेना थर्रा उठी। उधर, दुर्योधन का भी धैर्य जाता रहा। भीमसेन का भयानक आक्रमण कौरवों के लिए असह्य हो गया। कौरवों की लाखों की तादाद में सेना काम आई। भीमसेन को कौरवगण साक्षात यम की तरह देखते थे। दुर्योधन के कई भाइयों को भीमसेन की भीषण मार से कूच कर जाना पड़ा। महावीर अभिमन्यु भी अपने ताऊ से कम न थे। केवल अर्जुन इस समर में उदास रहते थे। पांडवों के बलवीर्य पर दुर्योधन को बड़ी घबराहट हुई। विजय की आशा उसके हृदय से जाती रही। केवल पितामह की वीरता का स्मरण कर उसमें कुछ धैर्य रह गया था। सातवें दिन, समर के समाप्त होने पर, वह खिन्न भाव से पितामह के शिविर में गया और प्रणाम करके अपना क्षोभ प्रकट करने लगा। आँखों में आँसू आ गए। कंठावरोध हो गया। बड़े कष्ट से, अपने को सँभालकर कहा, ''पितामह, आप संसार के सर्वश्रेष्ठ वीर हैं। शत्रुगण एक क्षण के लिए भी आपके सामने ठहर नहीं सकते। आप मेरे सहायक हैं। आपके रहते, मैं समझता हूँ कि इन्द्रादि देवताओं के साथ तमाम सुरासुर मंडल को मैं परास्त कर सकता हूँ परन्तु आपके रहते हुए भी मेरे कई भाइयों का निधन हो गया। पितामह, अब आप देर न कीजिए। शीघ्र पांडवों

को परास्त कीजिए। आप पांडवों और सोमकों का निधन करके अपने सत्य की रक्षा कीजिए। अगर मेरे दुर्भाग्य से पांडवों का प्राणान्त करते हुए आपको किसी प्रकार का संकोच हो रहा हो, तो आप महावीर कर्ण को आज्ञा दीजिए। वे अवश्य ही पांडवों को पराजित करेंगे।''

महाराज दुर्योधन की बातों से भीष्म को बड़ी चोट लगी। उनका क्षात्रवीर्य प्रबल ज्वालामुखी की तरह धधकने लगा परन्तु उनकी शक्ति अथाह थी। अपने मनोभावों को उन्होंने ज़ाहिर नहीं होने दिया। धैर्यपूर्वक दुर्योधन को समझाते रहे। भीष्म ने कहा कि जब अकेले अर्जुन ने खांडव वन को जलवा दिया, तमाम देवता उनका कुछ न बिगाड़ सके, तब क्या तुम्हें पांडवों के पराक्रम की थाह न मिली थी ? जब वन में तुम्हें गन्धर्वों ने बाँध लिया था और जिसके बल पर तुम इतना घमंड करते हो—वह कर्ण तुम्हें छोड़कर भाग गया था, भीम और अर्जुन ने तुम्हारी रक्षा की थी, उस समय तुम्हें क्या पांडवों के बल-विक्रम का पता नहीं लगा था ? जब तुम लोगों ने विराट पर चढ़ाई की थी और अकेले अर्जुन ने सबके छक्के छुड़ाए थे, तब क्या तुम्हारी समझ में नहीं आया था कि पांडव कैसे बलवान हैं ? तुम अब भी नहीं समझते, साक्षात् वासुदेव जिसके सहायक हैं, वह अर्जुन समर में दुर्जेय है। जिस तरह मृत्यु के समय लोगों को सब पीला नज़र आता है, उसी तरह तुम्हें भी कुछ-का-कुछ दिखाई पड़ा रहा है। तुम्हारा ज्ञान कहाँ है ? लेकिन, अगर तुम इतने बड़े आशावादी हो तो अच्छा है, कल तुम भी जी का हौसला पूरा करो और मैं भी कल अपनी शक्ति का परिचय दूँगा। कल का समर भारत के इतिहास में चिरस्मरणीय होगा। भीष्म कभी झूठ नहीं बोलते। दुर्योधन को विश्वास हो गया। वह आनन्दपूर्वक अपने शिविर की ओर चला गया।

इधर, भीष्म अगले दिन समर क्षेत्र में उतरे। रह-रहकर घायलों और विधवाओं का विलाप सुनाई दे रहा था। भीष्म अधीर हो गए। परन्तु ईश्वर की इच्छा का, वे समझते थे कि प्रतिरोध करना असम्भव है। उधर, वे प्रतिज्ञा कर चुके थे कि अगले दिन के महासमर में शत्रुओं का विनाश करेंगे। इसके लिए बड़ी देर तक मन-ही-मन चिन्ता करते रहे।

सुबह को दोनों दल व्यूह-रचना करके खड़े हो गए। दुर्योधन की आज्ञा से कई हज़ार रथी उस दिन भीष्म की मदद करने के लिए भेजे गए। चारों तरफ से महारथियों के विशाल व्यूह के अन्दर पितामह देवताओं में इन्द्र की तरह शोभा पाने लगे। उस दिन महावीर भीष्म ने सर्वतोभद्र व्यूह की रचना की। महावीर कृपाचार्य, कृतवर्मा, शैव, शकुनि, सिन्धुराज, काम्बोज-नरेश भीष्म और दु:शासन वगैरह उस व्यूह के मुख पर रहे। महावीर द्रोण, भूरिश्रवा, शल्य और भगदत्त उसके दाहिनी ओर और महावीर अश्वत्थामा, सोमदत्त, विन्द और अनुविन्द उसके दोनों पार्श्व की रक्षा करने लगे। महाराज दुर्योधन त्रिगर्तों के साथ उसके मध्य भाग में रहे और महारथ राक्षस अलम्बुस और श्रुतायु उसकी पृष्ठ रक्षा करने लगे।

इधर महाराज युधिष्ठिर, भीमसेन, नकुल और सहदेव अपनी सेना के अग्रभाग में और महारथ धृष्टद्युम्न, विराट, सात्यकि, शिखंडी, अर्जुन, घटोत्कच, चेकितान और महावीर अभिमन्यु उस व्यूह के मध्य भाग में रहकर उसकी रक्षा करने लगे। दोनों ओर से संग्राम शुरू होने की सूचना शंख-ध्वनि द्वारा दी गई। दोनों पक्ष के वीर अपनी-अपनी वाहिनी को यथोचित रूप से संचालित करने लगे।

महावीर अभिमन्यु ने पहले बढ़कर मोर्चा लिया। खाकी रंग के घोड़े दौड़ने में कमाल कर रहे थे। यह धावा दुर्योधन की ओर हुआ था। मेघों से अविश्राम गति से झरती हुई वारि-धारा की तरह वीर बालक अभिमन्यु की बाण-वर्षा हो रही थी। कौरव-वीरों ने लाख उपाय किए, पर उस अजेय बालक की गीत को किसी तरह रोक नहीं सके। सेना को चीरता हुआ अभिमन्यु का रथ कौरवों के व्यूह के अन्दर चला गया। तीक्ष्ण शर-प्रहार से कौरवों की अगणित सेना कटकर गिरने लगी। उस दिन अकेले अगणित वीरों के अन्दर महावीर सुभद्रा कुमार शत्रुसंहार कर रहे थे। उन्हें रोकने के लिए महावीर द्रोण, कृपाचार्य, अश्वत्थामा और जयद्रथ आए पर कोई ज़रा देर भी सामने न ठहर सका। अकेले अभिमन्यु ने सबको मोहित कर दिया। लोग दंग रह गए। सब कहने लगे कि यह बालक अपने पिता से भी ज़्यादा बलवान है। विजयी वीर अभिमन्यु बार-बार शंख-ध्वनि करते हुए अपने वीरों में उत्साह का संचार करने लगे।

लड़ते-लड़ते दोपहर हो गई। उस दिन भी अभिमन्यु और भीम ने कमाल की लड़ाई की। कौरवों की सेना तितर-बितर हो गई। चारों ओर से अपनी-अपनी वाहिनी को सेनापतियों ने पुकारकर फिर शत्रु-दल का सामना करने के लिए उत्साह दिया परन्तु सेना हिम्मत हार चुकी थी। मार खाते हुए सबके हौसले पस्त हो चुके थे। अपनी सेना का हाल देखकर भीष्म से न रहा गया। प्रलयकालीन शंकर की तरह उनका रूप भयंकर हो गया। आँखों से ज्वाला निकलने लगी। शरासन साधकर महावीर भीष्म शत्रु-संहार के लिए तैयार हो गए। पहले महावीर सोमकों का सामना किया। तेज़ और चुभीले तीरों का सहना कठिन हो गया। भयंकर संग्राम होने लगा। एक साथ शत्रु पर पितामह ने एक लाख बाणों से प्रहार किया। बैल जैसे धान के खेत में घुसकर धानों का सत्यानाश करता है, उसी तरह महावीर भीष्म पांडवों की सेना को मर्दित करने लगे। शिखंडी, धृष्टद्युम्न, विराट और द्रुपद ने एक साथ भीष्म को आकर घेर लिया परन्तु महावीर पितामह के सामने टिक न सके। प्रहारों से शरीर जर्जर हो गया। सबकी देह से रुधिर की धारा बह चली। इनके बाद महावीर भीमसेन, युधिष्ठिर, द्रौपदी के पाँचों पुत्र, सात्यकि आदि आए परन्तु पितामह के सामने ज़रा देर भी ठहर न सके। किसी का कवच कटा, किसी की ध्वजा, किसी का रथ चूर्ण हो गया, किसी के घोड़े मरे—सबकी दशा शोचनीय हो गई। जान पड़ता है कि भीष्म ने आज साक्षात यमराज की मूर्ति का रूप धारण कर लिया है। रण क्षेत्र में रुधिर की नदी वह चली। वीर क्षत्रिय तैरकर नदी पार करते थे। कितने ही तो इस

नदी को देखकर घबरा गए। उस महासंग्राम में बार-बार भीष्म का सिंहनाद सुनाई पड़ रहा था। पांडव सेना के चेहरे उतर गए। भीष्म की लड़ाई देखकर कौरवों की दूनी छाती हो रही थी। उस रोज़ भीष्म की स्फूर्ति, शर-सन्धान की दक्षता देखकर बड़े-बड़े वीरों की हिम्मत टूट गई। बारह बाण भीमसेन के, नौ सात्यकि के, तीन नकुल के और सात सहदेव के लगे। युधिष्ठिर की बाँहों में चोट आ गई।

महावीर भीष्म को पांडव सेना के महारथियों ने चारों ओर से घेर लिया था। परन्तु सिंह जिस तरह हाथियों के बीच में रहकर नहीं घबड़ाता, उसी तरह महावीर भीष्म को भी घिर जाने का भय न था। लगातार बाणों की चोट खाते हुए पांडव वीरों की समरसाध मिट चुकी थी। भीष्म से लड़कर विजय पाने की आशा जाती रही। सबके हाथ ढीले पड़ गए। किसी को हिम्मत नहीं पड़ती थी कि बढ़कर भीष्म का सामना करें। उनका प्रहार व्यर्थ न होता था। उनके तीरों को रोकने की शक्ति कवचों में न थी। मज़बूत-से-मज़बूत कवच को पार करके वे शत्रु का संहार करके ही छोड़ते थे। पांडवों के प्राय: सभी वीरों की बुरी दशा हो गई। सब वीर घायल हो गए। भागने की भी राह न मिलती थी। चारों ओर से शर-जाल में सब घिर गए थे।

भगवान वासुदेव से अपनी सेना की यह दशा न देखी गई। उन्होंने अर्जुन को उभाड़ने के अभिप्राय से कहा, "अर्जुन, अब तुम्हारे युद्ध का अवसर आ गया है। ज़रा आँखें खोलकर देखो तो सही, कितनी सेना नष्ट हो चुकी। अब इस तरह मोह में न पड़ो। वीर, याद करो अपनी प्रतिज्ञा को। विराट नगर में तुमने कहा था, भीष्म, द्रोण आदि कौरवों का मैं संहार करूँगा। आज फिर क्यों तुम इस तरह ढीले पड़ रहे हो? आज अपनी प्रतिज्ञा पूरी करो।"

श्रीकृष्ण ने अर्जुन को उभाड़ा तो, परन्तु इनके जी में लड़ने का हौसला न पैदा हुआ। उस समय भी उनकी आँखों से शीतलता की छाया दूर न हुई थी, हृदय में कुटुम्बप्रेम पूर्ण मात्रा में मौजूद था। धीमे स्वरों में उन्होंने कहा, "अच्छा, तुम कहते हो तो ले चलो रथ। भीष्म के सामने तुम्हारी बात की रक्षा तो करनी ही है।"

महावीर अर्जुन का रथ देखते-देखते भीष्म के सामने आ गया। धनंजय को आया देखकर युधिष्ठिर की सेना भीष्म के सामने से हट गई। अर्जुन को देखते ही भीष्म सिंहनाद करने लगे। साथ ही, तीरों से तमाम दिग्मंडल समाच्छादित कर दिया। शर-जाल के सिवा और कुछ भी न नज़र आता था। वासुदेव निर्भय होकर भीष्म के शरों से आहत हुए घोड़ों को बढ़ाने लगे। भीष्म के वारों से बचकर रथ आगे बढ़ाना मुश्किल हो गया। श्रीकृष्ण मंडलावर्त से रथ को बढ़ाने लगे परन्तु चोटों से देह जर्जर हो गई। महावीर अर्जुन ने बड़ी चेष्टा की, परन्तु भीष्म के अव्यर्थ बाणों को रोक न सके। श्रीकृष्ण और अर्जुन—दोनों की देह कुसुमित किंशुक की तरह हो गई। कपड़े लोहूलुहान हो गए। इतने पर भी अर्जुन को तीखी चोट करने की इच्छा न हुई। उधर भीष्म के प्रखर प्रहार में कोई रुकावट न थी। पांडवों की सेना को छत्र

भंग और अर्जुन को युद्ध से परांगमुख देखकर श्रीकृष्ण से न रहा गया। उन्होंने घोड़ों की जोत छोड़ दी और रथ से उतरकर एक पहिया उठा लिया और भीष्म को मारने के लिए बढ़ गए। क्रोध से आँखें लाल हो रही थीं, मुख से संहार की अखंड ज्योति निकल रही थी। योगेश्वर भगवान वासुदेव के क्रोधकम्पित पदक्षेपों से पृथ्वी काँप उठी। कौरवों की सेना में खलबली मच गई। सब त्रस्त भाव से वह कराल मूर्ति निरीक्षण करने लगे। भीष्म की ओर उन्हें बढ़ते देखकर सब लोगों के मुख से एकाएक यही निकला कि भीष्म हत हो गए—अब किसी तरह भी नहीं बच सकते। वासुवेद को युद्ध के लिए आए हुए देखकर महावीर भीष्म भक्ति से विह्वल हो गए। आँखों से आनन्द की धारा झरने लगी। हाथ जोड़कर कहने लगे, ''आओ प्रभु, मेरा संहार करो। मुझे आज तुमने प्रभूत सम्मान का अधिकारी कर दिया है। मुझ पर प्रहार करो। मैं तुम्हारा दास प्रस्तुत हूँ।''

श्रीकृष्ण के पीछे अर्जुन भी आ रहे थे। श्रीकृष्ण को इस तरह भीष्म के संहार के लिए बढ़ते हुए देखकर उन्हें बड़ी लज्जा आई। उन्होंने श्रीकृष्ण को पकड़ लिया परन्तु उस पकड़ी हुई हालत में भी अर्जुन को लेकर श्रीकृष्ण दस कदम बढ़ गए। तब हाथ जोड़कर अर्जुन पैरों पर गिर पड़े। कहा, ''श्रीकृष्ण, मेरी लज्जा रखो। तुमने कहा था, मैं युद्ध में अस्त्र धारण न करूँगा। तुम्हारी बात मिथ्या होगी। लौट चलो। संसार तुम्हें मिथ्यावादी कहेगा। तुम्हें कलंक की कालिमा लगे, यह मैं न सह सकूँगा। मैं शपथपूर्वक कहता हूँ, अब मैं पूरी शक्ति से युद्ध करूँगा। शत्रुओं का अवश्य ही विनाश करूँगा।'' अर्जुन श्रीकृष्ण को अपने रथ पर लौटा ले गए। भीष्म और अर्जुन का समर जारी हो गया। महावीर भीष्म सावन की वारिधारा की तरह लगातार बाणों की वर्षा करने लगे। अर्जुन ने चेष्टा तो बहुत की परन्तु शान्तनुनन्दन के अपराजेय विक्रम पर किसी प्रकार की बाधा न डाल सके। लाखों की तादाद में पांडवों की सेना काम आ गई। हज़ारों महारथ योद्धा उस एक ही दिन की लड़ाई में चल बसे। लाखों की संख्या में सेना मैदान छोड़कर भाग गई। भीष्म की ओर नज़र उठाकर देखने की किसी में हिम्मत न थी। भगवान मरीचिमाली अस्ताचल में धँसने लगे थे। सेना भी थक गई थी। सन्ध्या जानकर उस दिन के लिए समर बन्द कर दिया।

दशम परिच्छेद

ब्रह्मचर्य का अखंड तेज

शाम हो गई। सेनापतियों ने अपनी-अपनी सेना ले शिविर की ओर प्रस्थान किया। महारथ सोमकों का चेहरा उतर रहा था। महाराज युधिष्ठिर को भी चिन्ता हो रही थी। भीष्म की भयानक समर ज्वाला की याद कर-करके पांडवों का उत्साह घट रहा था। उधर, कौरव-वाहिनी में उत्साह का सागर उमड़ रहा था।

महाराज दुर्योधन को दृढ़ विश्वास हो गया था कि पितामह की सहायता से वह अवश्य ही पांडवों को पराजित कर देगा। सब वीर भीष्म को चारों ओर से घेरकर बैठ गए और उस दिन की लड़ाई की भूरि-भूरि प्रशंसा करने लगे।

रात बीतने लगी। पांडवों को चिन्ता थी, आँख फिर कैसे लगे। बड़े-बड़े सरदार एकत्र होकर परामर्श करने लगे। बड़ी देर तक युक्तियों की लड़ाई होती रही। महाराज युधिष्ठिर को किसी बात का भरोसा न हुआ। उन्होंने श्रीकृष्ण की ओर देखकर कहा, ''वासुदेव, अब पांडवों का नाश अनिवार्य है। आज भीष्म का पराक्रम देखकर हमारी विजय की आशा निर्मूल हो गई है। अगर इसी तरह सेना-संहार जारी रहा तो चार ही दिन में भीष्म के हाथों सबके प्राण जाएँगे। उनकी शक्ति को प्रतिहत करनेवाला हमारे दल में कोई नहीं है। उनकी ओर आँख उठाकर ताकने की भी हिम्मत नहीं होती, तीर चलाना तो दरकिनार रहा।

''यदि साक्षात यम भी अपना दंड लेकर इस मैदान में आते, यदि वज्रपाणि इन्द्र आते, देवताओं में से कोई भी इस समर में यदि हमारा विरोध करते तो हमें उनसे लड़ने में कोई आपत्ति न थी। हम सहर्ष लोहा बजाते। उन्हें पराजित करने की शक्ति भी हम में थी। परन्तु केशव, भीष्म से अब हृदय हार गया। अब निश्चय है कि हमें प्राण ही देने पड़ेंगे, किन्तु विजय की आशा कोई नहीं रही।''

महाराज युधिष्ठिर की बातों का एक-एक शब्द करुणा से सराबोर हो रहा था। उन्हें धैर्य देते हुए भगवान वासुदेव ने कहा, ''महाराज, आपके भाई संसार में अजेय हैं। तीनों लोक भी उनका सामना नहीं कर सकते। यदि आपको इनके बल पर सन्देह हो रहा है तो आप मुझे भी आज्ञा दीजिए। मैं सहर्ष अस्त्र ग्रहण करूँगा। आपके लिए मैं भीष्म से लड़ने को तैयार हूँ। आप विश्वास कीजिए, एक ही शर से मैं भीष्म का प्राणान्त कर दूँगा। अर्जुन मेरे मित्र हैं, सम्बन्धी हैं और शिष्य भी हैं। अगर अर्जुन को इस लड़ाई से उदासीनता हो रही हो, तो वे आज खुलासा कहें। कौरवों की सम्पूर्ण वाहिनी भीष्म को मेरे हाथों से बचा न सकेगी। मैं ज़रूर भीष्म को मारूँगा। महाराज, आपके शत्रु मेरे भी शत्रु हैं। आपकी विजय मेरी ही विजय है। मैं आपके लिए अपने अंग का मांस काटकर दे सकता हूँ। आप मुझे आज्ञा-मात्र दीजिए। पहले अर्जुन ने लोगों के सामने प्रतिज्ञा की थी कि मैं भीष्म का संहार करूँगा। अब वे अपनी प्रतिज्ञा से विरत हैं, तो भीष्म को मारकर मैं उनकी प्रतिज्ञा पूरी कर दूँगा। नहीं तो आज अर्जुन निश्चयपूर्वक कहें कि अब वे इस लड़ाई में कापुरुषोचित उदासीनता न दिखलाएँगे। महाराज, अर्जुन हिम्मत करें तो भीष्म के साथ संसार के बड़े-बड़े देवता और दानव भी अगर मिलकर लड़ेंगे तो अर्जुन से कभी विजय नहीं प्राप्त कर सकते। ये सबका संहार कर सकते हैं। महावीर भीष्म ने जब से कौरवों का पक्ष लिया है, तब से उनकी मति मारी गई है। वे सत्वहीन हो गए हैं। चेतना अब उनमें बहुत थोड़ी रह गई है। उन्हें कर्तव्याकर्तव्य का ज्ञान नहीं रहा।''

युधिष्ठिर ने कहा, ''मधुसूदन, आपने यथार्थ ही कहा है। सम्पूर्ण कौरव दल भी तुम्हरी गति में बाधा नहीं डाल सकता। तुम मेरे पक्ष में हो, इसलिए विजय भी पहले ही से मेरे साथ आ गई है। यह सब ठीक है। तुम प्रतिज्ञा कर चुके हो कि इस युद्ध में अस्त्र ग्रहण न करोगे। इसलिए तुम्हारे गौरव की हानि करके मैं अपनी विजय नहीं चाहता। भीष्म कभी मेरी तरफ से न लड़ेंगे। वे अब कौरवों की ओर से होकर ही लड़ेंगे परन्तु उन्होंने प्रतिज्ञा की है कि मेरे हित के लिए उन्हें जैसा सूझेगा, वे अवश्य करेंगे। इसलिए, इस समय उनके पास चलकर उनसे सलाह लेना बहुत आवश्यक है। वे कभी झूठ न कहेंगे। हम लोगों की विजय के लिए जो उपाय उन्हें सच्चा जँचेगा, वे अवश्य कह देंगे।''

बात तय हो गई। वासुदेव श्रीकृष्ण को यह युक्ति बहुत पसन्द आई। पाँचों पांडवों के साथ श्रीकृष्ण, भीष्म के शिविर की ओर चले। अस्त्र और कवच खोलकर भीष्म के पास पहुँचे और ससम्मान दंडवत् प्रणाम किया। महावीर भीष्म ने सबको बैठने के लिए उचित आसन दिया। फिर स्नेहपूर्वक कहा, ''केशव, कहो पांडवों की प्रीति के लिए हमें क्या करना चाहिए? इनके लिए कठिन-से-कठिन और दुष्कर-से-दुष्कर कार्य भी हम करने के लिए तैयार हैं।''

भीष्म के बार-बार पूछने पर महाराज युधिष्ठिर ने कहा, ''पितामह, आप अगर इसी तरह हमारी सेना का संहार करते रहेंगे, तब तो हो चुका। हम कैसे अपना राज्य पावेंगे? दीन-प्रजा के बचने का कोई उपाय भी फिर क्यों रह जाएगा? आप अब हमें अपने वध का उपाय बताइए पितामह! लड़कर आपसे विजय पाने की हमारी आशा अब जाती रही। आपकी कोई त्रुटि भी तो नहीं नज़र आती, वार हम कैसे करें?''

महाराज युधिष्ठिर की सरलता पर भीष्म मुस्कुराने लगे। कहा, ''धर्मराज, तुम सच कहते हो, हमारे जीवित रहते तुम्हारी विजय कदापि न होगी। अच्छा, हम अपनी मृत्यु का उपाय बतलाते हैं, सुनो। हम कभी निःशस्त्र, भागे हुए, ध्वजाहीन, गिरे हुए, डरे हुए, स्त्री-जाति, विकलांग, एक पुत्र के पिता अथवा शरणागत के साथ समर नहीं करते। उस पर भूलकर भी बाण नहीं छोड़ते। पहले हमने एक और प्रतिज्ञा की थी। वह यह कि अमंगल सूचक ध्वजा देखकर वार न करना। तुम्हारी सेना में शिखंडी पूर्वजन्म का स्त्री है। वह अम्बा का अवतार है। उस पर मैं वार न करूँगा। उसे अपने सामने बैठाकर दृढ़ वर्म से अपनी रक्षा करके धनंजय मुझ पर वार करें। इस तरह तुम्हारी विजय अवश्य होगी।''

महाराज युधिष्ठिर श्रीकृष्ण और अपने भाइयों के साथ शिविर में चले आए। सब लोग बैठकर सलाह करने लगे। अर्जुन ने लज्जित होकर कहा, ''श्रीकृष्ण, यह क्या है? यह तो हमसे हरगिज़ न होगा। पितामह हमें कितना प्यार करते थे। पितामह की गोद में बैठकर हमारा हर अभाव दूर हो जाता था। कितने स्नेह से उन्होंने हमें पाला, पढ़ाया और शिक्षा के बाद मनुष्य और समझदार बनाया। जब हम पितामह की

गोद में बैठ पितामह को सम्बोधन करते थे तब वे कितने स्नेह से क़हते थे, बेटा, हम तुम्हारे पिता नहीं, तुम्हारे पिता के पिता हैं। हे केशव, हम कैसे उन पिता के पिता पर निर्दय होकर प्रहार करेंगे!''

श्रीकृष्ण ने देखा कि अर्जुन के हृदय से अभी कुटुम्ब-प्रेम दूर नहीं हुआ। समझाते हुए उन्होंने कहा, ''पार्थ, यह तुम्हारा स्नेह नहीं, घोर मोह है। जब भीष्मवध के लिए तुमने प्रतिज्ञा की थी, क्या उम समय पिता के पिता का स्नेह तुम्हें याद नहीं था ? तुम भूलते हो। अपना कर्त्तव्य भूलकर तुम धोखा खा रहे हो। भीष्म को तुम न मारोगे तो जय की आशा भी छोड़ दो।''

एकादश परिच्छेद
शर-शय्या पर

सूर्योदय हुआ। दोनों दल युद्ध क्षेत्र में डट गए। शंख, मृदंग, भेरी और सिंहनाद से आसमान गूँज उठा। पिछले दिन से कौरवों का दिल बढ़ा हुआ था। बड़ी फुर्ती से उन लोगों ने अपने व्यूह की रचना कर ली। पांडवों ने सैन्य-संगठन में आज नवीनता दिखाई। सबसे आगे शिखंडी को रखा। भीम और अर्जुन पार्श्व रक्षा करने लगे। महावीर अभिमन्यु और द्रौपदी के पाँचों पुत्र भीम और अर्जुन की रक्षा में नियुक्त किए गए। इस तरह बड़े-बड़े वीरों ने अपनी वाहिनी को सुसंगठित कर लिया। उधर, सबसे पहले महावीर भीष्म। द्रोण, अश्वत्थामा, कृपाचार्य, भगदत्त, कृतवर्मा आदि महाधनुर्धर उनकी पृष्ठ-रक्षा कर रहे थे।

दोनों दलों से शंख फूँककर सेनापतियों ने युद्धारम्भ की सूचना दी। दोनों दल अपने-अपने जोड़ से भिड़ गए। पांडवों ने आज बड़े वेग से आक्रमण किया। पिछले दिन भीष्म के हाथों उनके लाखों आदमी काम आ गए थे। कौरवों को पहले वार में ही विचलित होते देखकर भीष्म से न रहा गया। बड़े वेग से उन्होंने पांडवों पर बाण बरसाना आरम्भ कर दिया। चारों तरफ मंडलाकार इन्द्रधनुष की तरह, बाण ही बाण दिखाई पड़ने लगे।

भीष्म का रथ दूसरी ओर बढ़ रहा था, ऐसे समय में शिखंडी ने महावीर भीष्म की छाती पर लक्ष्य करके तीन बाणों से प्रहार किया। महावीर पितामह ने नज़र फेरकर देखा तो सामने शिखंडी दिख पड़े। शिखंडी के बाण भीष्म को सूई से जान पड़ते थे। किस कमज़ोर के मारे हुए वे तीर थे, इसे जानने के लिए ही उन्होंने मारनेवाले को देखा था। शिखंडी को देखकर भीष्म मुस्कराने लगे। कहा, ''शिखंडी, तुम जी भर करके मुझ पर प्रहार कर लो। मैं तुम्हें इसका बदला न दूँगा। मैं किसी स्त्री को अपने विक्रम की परीक्षा नहीं देता। तुम भले ही शिखंडी कहलाते रहो, पर मेरी दृष्टि में तुम शिखंडनी ही रहोगे।''

अर्जुन और भीम शिखंडी की बगल में ही थे। मौका पाकर अर्जुन ने कहा, "शिखंडी, अब क्या देखते हो—लो पितामह को, छोड़ो मत, आज अवश्य इनका संहार करना होगा। घबराओ ज़रा भी नहीं, मैं तुम्हारे साथ ही हूँ। तुम आगे-भर रहो। द्रोण, अश्वत्थामा, कृपाचार्य, चित्ररथ, विकर्ण, दुर्योधन, जयद्रथ, विन्दु, अनुविन्द, सुदक्षिण, भगदत्त, मगधराज, सोमदत्त और सुशर्मा आदि ये जो भीष्म की रक्षा कर रहे हैं, इनकी ज़रा भी परवाह न करो। ये तुम्हारा बाल भी बाँका न कर सकेंगे। मैं इनके वारों से तुमको बचाता रहूँगा।"

पांडवों की इतनी पेशबन्दी के रहने पर भी भीष्म के हाथों से होनेवाला उनकी सेना का संहार न रुक सका। महावीर भीष्म का दृढ़ ब्रह्मचर्य समरभूमि में सूर्य की तरह उन्हें चमकीला कर रहा था। उनकी ओर ताकना मुश्किल हो रहा था। उनकी स्फूर्ति, उनकी लघुहस्तता, उनके बाणों की तीव्रगति, अनेक प्रकार से तीर छोड़ने की विद्या देखकर लोगों के होश उड़ गए। परन्तु दूसरे दिनों की तरह महावीर धनंजय आज निश्चेष्ट न थे। आज अर्जुन का पराक्रम भी सिन्धु में बड़वानल हो रहा था। दावाग्नि जैसे अगणित तरुओं को जलाकर खाक कर देती है, उसी तरह महावीर धनंजय की चुभीली चोटों से कौरवों की सेना परलोक मार्ग की यात्री हो रही थी। सिंह की गुरु-गर्जना सुनकर जंगल के दूसरे जीव मृत्यु की शंका से जिस तरह घबड़ाते हैं, महावीर अर्जुन को सिंहनाद करते हुए सुनकर कौरवों की भी वही दशा हो रही थी। बड़े-बड़े लड़ाके वीर भी अर्जुन के सामने से मैदान छोड़कर भागने लगे थे।

आज दसवें दिन की लड़ाई थी। दोनों सेनाओं में गज़ब का कोलाहल हो रहा था। कौरवों को दुर्योधन ने विश्वास दिलाकर पक्का कर दिया था कि आज पितामह से लड़कर पांडवों का नाश अवश्यम्भावी है। उधर, पांडवों की सेना को अर्जुन की वीरता और पहले से की हुई प्रतिज्ञा पर पूरा विश्वास था। वे जानते थे कि आज महावीर अर्जुन के अपराजेय आक्रमण से बचकर दूसरे दिन के लिए मैदान में आना पितामह के लिए सर्वथा असम्भव होगा। इसके विचार मात्र से उनके शरीर में पहले की अपेक्षा दूना बल, दूना उत्साह भर जाता था।

परन्तु भेड़ों के बीच में भेड़िये की तरह अर्जुन को अपनी सेना का संहार करते हुए देखकर महाराज दुर्योधन से न रहा गया। पितामह के निकट अपने जलते हुए हृदय की आह इन शब्दों में निकाली, कहा, "पितामह, सृष्टि को बहा देनेवाली सावन की जलधारा की तरह हमारी सेना पर अर्जुन की बाण-वर्षा हो रही है। खून की नदी बह रही है। जितनी सेना का संहार हो चुका है, अगर कुछ काल तक ऐसा ही क्रम जारी रहेगा, तो निश्चय ही बहुत थोड़ी सेना जीती बचेगी। आप इसके लिए अभी से कोई प्रबन्ध कीजिए। अर्जुन को रोकिए। नहीं तो आज ही सब स्वाहा हुआ जाता है।"

महावीर भीष्म ने कहा, "दुर्योधन! सुनो, मैं पहले की हुई प्रतिज्ञा के अनुसार अब तक अपना प्रण निभाता आया हूँ। रोज़ दस हज़ार सेना समर-क्षेत्र में मारने का

प्रण पूरा होता रहा है। आज के लिए सुनो, मैं एक दूसरी प्रतिज्ञा करता हूँ। या तो आज सन्ध्या समय तक मैं पांडवों का वध करूँगा या खुद आज की लड़ाई में मिट्टी पर खींची हुई लकीर की तरह इस संसार से मिट जाऊँगा।''

महावीर दुर्योधन को पितामह की पहली प्रतिज्ञा का ही विश्वास हुआ। अपने प्रबल पराक्रान्त, महारथ सहायकों के साथ बड़ी तत्परता से वे भीष्म की रक्षा करने लगे। दीपक की ज्योति जैसे बुझने के पहले एक बार जोर से जल पड़ती है, उसी तरह पितामह की शक्ति भी संसार से चिरकाल के लिए विदाई ग्रहण करने से पहले अपनी सीमा तक पहुँचने के लिए उतावली हो रही थी।

भीष्म के प्रचंड शराघातों से एक ही समय मानो सहस्रों विषधर सर्प पांडवों की सेना को दंशन करते थे। प्रखर प्रहारों की वैसी संहार मूर्ति महाभारत के युद्ध में और कभी नहीं नज़र आई। बदले के लिए बादलों की तरह भीष्म को चारों ओर से पांडव पक्ष के महारथियों ने घेर लिया। जान पड़ता था, अगणित ऊर्मिलताएँ जहाज़ को चारों ओर से घेरकर निगल जाने के लिए भी भयानक गर्जना कर रही हैं। भगवान् भुवन-भास्कर की अनन्त ज्योति में जिस तरह संसार के सब पदार्थों की ज्योति आकर समा जाती है, उसी तरह महावीर पितामह की अखंड ज्योति में भी लाखों जीवन-ज्योतियाँ तल्लीन हो गईं। बात-की-बात में, दस हज़ार दुर्मद द्विरद, सवारों समेत दस हज़ार घोड़े और एक लाख पैदल की भौतिक लीला समाप्त करनेवाले महावीर भीष्म बिना धूमवाली आग की तरह जलते हुए दिखाई पड़ रहे थे।

भीष्म की विपुल वीरता अपनी आँखों प्रत्यक्ष कर महावीर अर्जुन का हृदय खलबला उठा। उन्होंने शिखंडी से कहा, ''वीर शिखंडी, अब मौका न चूको। नहीं तो फिर पछताना पड़ेगा। भीष्म के सामने डट जाओ। इन्हें सेना की तरफ बढ़ने से रोको। डरो मत। मैं तुम्हारे पीछे ही हूँ। तुम्हारे पीछे से भीष्म को अभी मैं रथ से गिराता हूँ।''

अर्जुन के उत्साह भरने के साथ ही शिखंडी ने अपना रथ भीष्म के सामने बढ़ाया। पीछे से वासुदेव भी शिखंडी के साथ ही अपना रथ चला रहे थे। शिखंडी की ओट से पार्थ के बाणों की चोट असह्य हो गई। शर, शति, परशु, परिघे, भल्ल, नाराच आदि सभी संहारकारी भयंकर महास्त्रों से महावीर भीष्म की देह जर्जर होने लगी। वीर ने प्रतिज्ञानुसार शिखंडी पर वार नहीं किया। और क्योंकि अर्जुन भी शिखंडी के पीछे छिपे थे, इसलिए उन पर भी भीष्म तीर न छोड़ सकते थे। भय था कि कहीं शिखंडी के कोई बाण न लग जाए। इस समय पांडवों के पक्ष के कितने ही वीरों ने विजय की अभिलाषा से भीष्म को एक साथ आकर घेर लिया। महावीर शान्तनुनन्दन उस अवस्था में भी अविचल भाव से बैठे हुए निष्ठुर प्रहार सह रहे थे। भीष्म के इस महान धैर्य से, आकाश मार्ग में विचरण करनेवाले ऋषि-मुनियों को परम सन्तोष हुआ। साधुवाद देते हुए उन्होंने कहा, ''भीष्म! तुम्हें सहस्रों धन्यवाद हैं। तुम्हें प्राप्त करके भारत की रज-रज पवित्र हो गई। तुम्हारा

धैर्य भगवती धरित्री के धैर्य से बढ़ गया। तुम्हारा धर्म साक्षात धर्म का भी धर्म है। तुम वीरता को पराकाष्ठा तक पहुँचा चुके हो, अब धैर्य की चरम सीमा भी मनुष्यों को दिखला रहे हो। महावीर! चिर ब्रह्मचारी देवव्रत! तुम्हारा समय समाप्त हो आया है। अपने अमर लोक की याद करो। मनुष्यों को अपनी अन्तिम शिक्षा देकर चले आओ। ऋषियों की आज्ञा समाप्त होने पर देवताओं ने दुन्दुभि बजाई। अपना हर्ष प्रकट किया।

महर्षियों की आज्ञा सुनकर लोहित-कलेवर महावीर जाह्नवीनन्दन ने प्रतिरोध करना बन्द कर दिया। धनुष रखकर प्रलय की महालीला देखने लगे। उस समय दुःशासन उनके पास था। उन्होंने कहा, ''देखो, दुःशासन, वज्र की तरह यह अविराम शर-धारा कभी शिखंडी के शरासन से न निकलती होगी, कवच को भेद करनेवाले ये तीक्ष्ण तीर कभी शिखंडी के छोड़े हुए न होंगे, जिन बाणों से मेरा शरीर जर्जर हुआ जा रहा है, ये कभी शिखंडी के बाण नहीं हो सकते। निश्चय ही इन तीरों का मारनेवाला अर्जुन है। एक अर्जुन को छोड़कर संसार में दूसरे किसी मनुष्य में यह बल नहीं है कि वह मेरा कवच भेद कर सके।'' महावीर भीष्म की देह में कहीं तिल रखने की जगह भी न रह गई थी। अंग-अंग में बाण आर-पार हो गए थे। सूर्यास्त से कुछ पहले, अटल ब्रह्मचारी महाधनुर्धर भीष्म पितामह रथ से गिर गए। कौरवों में हाहाकार मच गया। महावीर भीष्म ने गिरकर भी मृत्तिका-स्पर्श नहीं किया। जिन अगिणत तीरों से उनकी तपश्चर्या निरत पवित्र देह क्षत-विक्षत हो रही थी, उन्हीं के सहारे शरों की सेज पर लेटे हुए-से रह गए।

भगवती जाह्नवी ने अपने पुत्र का निधनकाल आया हुआ जानकर कुछ महर्षियों द्वारा उनके निकट अपना सन्देसा कहला भेजा। हंस रूपधारी ऋषि भीष्म को शरों की शय्या पर देखकर उनकी प्रदक्षिणा करते हुए आपस में कहने लगे, ''महावीर भीष्म, सूर्य के दक्षिणायन रहते हुए क्यों शरीरपात कर रहे हो?'' भीष्म को यह चेतावनी देकर वे दक्षिण की ओर उड़ गए। प्रज्ञाचक्षु भीष्म को हंसों के आने का कारण और उनकी आपस की बातचीत मालूम हो गई। उन्होंने कहा, ''हंस रूपधारी महर्षियो, मैं तुम्हारी आज्ञा का पालन करूँगा। जब तक सूर्य दक्षिणायन रहेंगे, तब तक मैं जीवित रहूँगा। पिता के आशीर्वाद से मृत्यु पर मेरा अधिकार है। समय के आने पर ही मैं देह छोड़ूँगा।''

भीष्म के गिरते ही दोनों दलों के वीरों ने चारों ओर से उन्हें घेर लिया। महावीर अर्जुन भी कवच खोलकर उनकी शर-शय्या के समीप आकर खड़े हो गए। हाथ जोड़कर कहा, ''पितामह, दास के लिए आज्ञा कीजिए।''

भीष्म ने कहा, ''बेटा, सिर लटक रहा है, इसके लिए कोई उपाय करो। तुम धनुर्धारियों में श्रेष्ठ हो, बुद्धिमान हो, क्षत्रियों का धर्म भी तुम्हें मालूम है। मेरे लिए उचित तकिये की व्यवस्था कर दो।''

"जो आज्ञा।" कहकर अर्जुन ने तीन तेज़ शर साध, गांडीव में जोड़े। धनुष आकर्ण आकर्षित कर भीष्म के मस्तक पर बाणों का प्रहार किया। बाण सिर से निकलकर ज़मीन में गड़ गए। भीष्म को अर्जुन की बुद्धिमत्ता पर बड़ी प्रसन्नता हुई। चारों ओर जितने राजे-महाराजे खड़े थे, सबसे कहा, "अर्जुन ने मेरे तकिये की उचित व्यवस्था कर दी। जब तक सूर्य उत्तरायण न होंगे, तब तक मैं इसी अवस्था में रहूँगा। तुम लोग मेरे चारों ओर एक खाई खोद दो। मैं भगवान सूर्य की उपासना करूँगा। तुम लोग वैर-भाव भूलकर आपस में मैत्री करो। इसी से कल्याण होगा।"

पितामह की चिकित्सा कराने के लिए दुर्योधन ने अच्छे-अच्छे वैद्यों को बुलवाया। बाणों को निकालने में ये बड़े लघुहस्त थे और इनकी दवा से घाव भी बहुत जल्दी भर जाता था। भीष्म ने वैद्यों को धन्यवाद दिया। उनके गुणों की प्रशंसा की। फिर दुर्योधन से कहा कि उन्हें उचित पारितोषिक देकर विदा कर दो। मेरी चिकित्सा की अब कोई ज़रूरत नहीं।

महाधनुर्धर पितामह की वीरगति का संवाद देशभर में फैल गया। राज्य के लोग, बच्चे और स्त्रियाँ भी उनके दर्शनों के लिए आने लगीं। वृद्ध, युवक, स्त्रियाँ, वादक, नट, शिल्पी और गणिकाएँ फूल-चन्दन, चावल और दूर्वादल लेकर उनकी अर्चना के लिए आने लगीं। दोनों दलों के लोग वैर-विरोध भूलकर नित्य उनके दर्शनों के लिए जाया करते थे। राजे-महाराजे भी तरह-तरह के भोग्य पदार्थ लेकर उनकी सेवा के लिए जाते थे परन्तु पितामह को भोगों की क्या आवश्यकता थी ? आए हुए नरेशों से उन्होंने कहा, "मैं अब इस लोक से सम्बन्ध तोड़ चुका हूँ। केवल सूर्य के परिवर्तनकाल की प्रतीक्षा कर रहा हूँ। मेरे लिए भोग की अब आवश्यकता नहीं रही परन्तु एक उपकार तुमसे कराना चाहता हूँ। तुम लोगों में कोई ज़रा अर्जुन को खबर भेज दो कि तुम्हारे पितामह तुम्हें बुलाते हैं।" अर्जुन भी पास ही खड़े थे। बढ़कर वे पितामह के पास आए और आज्ञा की प्रार्थना की। भीष्म ने हाथ जोड़कर अर्जुन को सामने खड़े हुए देखकर कहा, "वत्स, तुम्हारी तीक्ष्ण चोटों से मेरा शरीर जल रहा है। प्यास के मारे कंठ भी सूखा जा रहा है। मुझे ठंडा पानी पिलाओ।"

"जो आज्ञा।" कहकर गांडीव में शर-योजना करते हुए अर्जुन भीष्म की प्रदक्षिणा करने लगे। फिर सिर के पास धरती पर लक्ष्य करके बाण मारा। तीर तल-प्रदेश तक जा पहुँचा। पवित्र स्वच्छ वारिधारा फूट निकली। भीष्म ने इच्छापूर्वक जलपान किया। अर्जुन की असाध्य साधना से नरेन्द्र मंडल को बड़ा आश्चर्य हुआ। सबके शरीर से कम्प के कारण स्वेद छूट चला। कपड़े पसीने-पसीने हो गए। अपने पौत्र की वीरता देख भीष्म की आँखों से आनन्दाश्रु बह चले। आशीर्वाद देते हुए उन्होंने कहा, "वीर, यह कार्य तुम्हारे लिए कोई बड़ी बात नहीं है। नारद ने तुम्हें पूर्वजन्म का ऋषि बतलाया है। तुम्हारी सहकारिता की बड़े-बड़े देवताओं को भी इच्छा होती है। धनुर्वेद के पारदर्शी वीरों में तुम सर्वश्रेष्ठ हो। मैंने दुर्योधन को तुम्हारी

वीरता पर बहुत समझाया परन्तु समय के फेर से ये बातें उसके चित्त पर नहीं चढ़ सकीं। वह अवचेतन जड़ तुल्य ही बना रहा। अब यह निस्सन्देह है कि समर काल के उपस्थित होने पर भीम के हाथों उसकी मृत्यु होगी।''

पितामह की बातों से दुर्योधन को बड़ा दुख हुआ। भीष्म ने फिर उसे समझाया। अर्जुन की वीरता के कितने ही उदाहरण दिए। पाताल से पानी निकालने की बात भी उदाहरण के रूप में कही। इस तरह समझा-बुझाकर मैत्री करने के लिए आदेश दिया।

हाथ जोड़कर सामने आ कर्ण ने कहा, ''हे कौरव कुल तिलक, जो सदा ही आपकी दृष्टि का अतिथि था, आप सदा ही जिस पर द्वेष प्रकट करते थे, मैं वही राधेय हूँ!''

भीष्म ने आँखें खोलकर देखा, उस समय वहाँ कोई न था। कर्ण को पड़े हुए गले से लक्ष्य कर कहने लगे, ''कर्ण, तुम्हारे सम्बन्ध में मुझे नारद से बहुत-सी बातें मालूम हो चुकी हैं। तुम जो मेरे साथ स्पर्धा का भाव रखते थे, इसके लिए मुझे बिलकुल दुख नहीं है। यह तो तुम्हारे स्वभाव के अनुकूल ही था। सुनो, तुम कुन्ती के पुत्र हो, राधा के पुत्र नहीं। तुम्हारा पिता अधिरथ नहीं है। इस पर विश्वास करो और आज तक तुम्हारे प्रति मेरी कटूक्तियों का प्रयोग तुम पर मेरी घृणा के कारण न होता था। उसका एक दूसरा ही कारण है। कर्ण, तुम व्यर्थ ही पांडवों की निन्दा किया करते थे, इसलिए तुम्हारे गर्व को खर्व करने के उद्देश्य से मैं तुम्हें अरुचिकर बातें कहा करता था। मैं तुम्हारी वीरता-धीरता खूब समझता हूँ। तुम अर्जुन और वासुदेव के समान वीर हो। काशीपुर में तुमने अकेले जिस तरह कितने ही नरेशों को परास्त किया था और महाराज दुर्योधन के लिए कन्या जीत लाए थे, तुम्हारी वह वीरता सर्वथा सराहनीय है। यह सब कुछ होते हुए भी तुममें कई दोष भी हैं। वत्स, नीच संग में रहने और कुमारी कुन्ती से पैदा होने के कारण तुम्हारा क्षत्रिय भाव बहुत कुछ दब गया। शूद्रत्व के लक्षण तुम्हारे अन्दर प्रवेश कर गए हैं अन्यथा तुम सब प्रकार से यशस्वी हो। तुम्हारे लिए मेरी अन्तिम यही सलाह है कि अपने भाइयों से मिलो और इस वैर-विरोध को भूल जाओ।''

महावीर कर्ण ने पितामह की बात सुनकर कहा, ''हे वीरों में शिरोमणि, आपकी बातें बिलकुल सच हैं। मुझे मालूम है कि मैं किसका पुत्र हूँ परन्तु जिस माता ने मेरा त्याग कर दिया अपनी मर्यादा बचाने के लिए, सो अब भी वह मेरी माता के सम्मान पर प्रतिष्ठित है? जिस महाराज दुर्योधन ने मुझे अपमानित होते हुए देखकर मेरी बाँह गह, मुझे बराबर अपने आसन पर बैठाया, जिसका अन्न खाकर मैं शक्ति-सामर्थ्यवाला बना, क्या मैं उस उपकार का त्याग कर दूँ? नहीं, यह तो मैं कदापि न कर सकूँगा। जिस तरह वासुदेव ने पांडवों की भलाई के लिए अपना धन, जन, जीवन—सर्वस्व त्याग कर दिया है, उसी तरह मैं भी दुर्योधन के लिए अपना सर्वस्व निछावर कर चुका हूँ। लड़ाई अब रुक नहीं सकती। पांडवों का दुर्योधन पर जैसा कोप है, इससे अब मेल की आशा ज़रा भी नहीं रही। दुर्योधन के लिए, उसकी प्रीति के लिए मैं धनंजय से

ज़रूर समर करूँगा। हे वीर, आप आशीर्वाद दीजिए, मैं आपकी आज्ञा के लिए आया हुआ हूँ और आपके प्रतिकूल मैंने जो कुछ भी आचरण किया हो, आप क्षमा करें।''

भीष्म ने मुस्कराते हुए कहा, ''कर्ण, अगर वैर न छोड़ सको तो स्वर्ग की आशा से युद्ध करो। दीनता और क्रोध को छोड़कर उत्साह के साथ दुर्योधन की मदद करो। इतने दिनों तक सन्धि की चेष्टा करके भी मैं सफल नहीं हुआ—ईश्वर की इच्छा है!''

द्वादश परिच्छेद
परलोक गमन

कुरुक्षेत्र की भयानक समर ज्वाला में कौरवों और पांडवों की सम्पूर्ण शक्ति स्वाहा हो गई। अन्त में, पांडवों के हाथ मैदान रहा। महावीर भीम ने धृतराष्ट्र के शतपुत्रों को यमलोक का यात्री कर महाराज युधिष्ठिर को निष्कंटक कर दिया। द्रोण, कर्ण, शल्य, भुगदर आदि कौरवों के बड़े-बड़े वीर दुर्योधन के स्वार्थ के लिए लड़कर मर मिटे। विधवाओं के हाहाकार से भारत का आकाश विदीर्ण होने लगा। भारत के चिरकालिक पतन का पट, भारत वसुन्धरा पर भीष्म के रहते-रहते ही लहराने लगा। अन्तिम समय के भावी अन्धकार पर, भारत के गौरव-सूर्य, चिर कुमार, देवव्रत, महावीर भीष्म अस्त हो रहे थे, साथ ही मानो कह गए कि प्रभात के लिए भी एक ऐसे ही सूर्य की आवश्यकता होगी।

वैरियों से विजय प्राप्त कर महाराज युधिष्ठिर हस्तिनापुर जाने से पहले भीष्म के पास आए। कई दिनों तक पितामह ने उन्हें इतिहास, धर्म और राजनीति आदि राजाओं के लिए जितने उपयोगी और आवश्यक विषय हैं, उसकी उचित शिक्षा दी। महाभारत का श्रेय पितामह की इन्हीं सूक्तियों में है। शान्ति पर्व और अनुशासन पर्व, दो खंड-के-खंड पितामह के अमृतोपम उपदेशों से भरे हुए हैं। अस्तु, आदर्श और उपदेश आदि देकर पितामह ने युधिष्ठिर को हस्तिनापुर जाने की आज्ञा दी।

महाराज युधिष्ठिर ने नगरवासियों के प्रति यथोचित सम्मान प्रदर्शनपूर्वक उन्हें अपने-अपने घर जाने के लिए कहा। युद्ध में जिनके प्राणों से प्यारे आत्मीयों और कुटुम्बियों का संहार हुआ था, उन्हें यथोचित सान्त्वना और सहायता दी। ब्राह्मणों को दान-दक्षिणा देकर सम्मान किया। सब लोगों को एक बार रामराज्य का स्मरण हो आया। महाराज युधिष्ठिर का राज्याभिषेक सकुशल समाप्त हो गया।

इन्हीं दिनों भगवान अंशुमाली उत्तरायण हुए। युधिष्ठिर को पितामह के मृत्यु समय की याद आ गई। तुरन्त अपने भाइयों को साथ ले, अन्त्येष्टि क्रिया के सामान सहित पितामह के निकट आए। उस समय व्यास आदि बहुत से महात्मा भीष्म की अन्तिम गति देखने के लिए आए हुए थे। सबने युधिष्ठिर का यथोचित सम्मान किया। ऋषियों की मंडली में शान्तभाव से भीष्म आत्मचिन्तन कर रहे थे। युधिष्ठिर

ने कहा, पितामह, आपकी श्रवण शक्ति तो वैसी ही होगी ? मैं युधिष्ठिर हूँ, आपकी चरण-वन्दना कर रहा हूँ। अब आज्ञा कीजिए, आपकी अन्तिम क्रिया के लिए मुझे क्या करना होगा ? आपका यह अन्तिम समय है, जानकर मैं अग्नि साथ ही ले आया हूँ। मेरे साथ ब्राह्मण, आचार्य ऋत्विक, मेरे भाई, युद्ध से बचे हुए कुछ राजा, महात्मा वासुदेव और आपके पुत्र-तुल्य राजा धृतराष्ट्र भी साथ ही आए हुए हैं।

भीष्म ने आँखें खोलकर अपने आत्मीयों को चारों ओर से खड़े हुए देखा। फिर युधिष्ठिर से कहने लगे, ''वत्स, अब सूर्य उत्तरायण हो गए हैं। मेरे पास तुम अपने आत्मीय बन्धु-बान्धवों को लेकर आए हो, मुझे इससे बड़ी प्रसन्नता हुई। मुझे इस शरशय्या पर आज तक लेकर अट्ठावन दिन हो गए। अब मैं अपने स्थान पर जाना चाहता हूँ। सौभाग्य से माघ मास का शुक्लपक्ष भी आ गया है।'' पितामह ने धृतराष्ट्र को समझाया। संसार की नश्वरता, भवितव्य की प्रबलता, युधिष्ठिर आदि पाँचों पांडवों की धर्मनिष्ठा, वैराग्य आदि पर बहुत से उपदेश दिए। फिर कृष्ण से कहा, ''हे कृष्ण! इस घोर युद्ध की आग में भारत की क्षत्रिय शक्ति आग की तरह जलकर राख हो गई है। मैंने दुर्योधन को बहुत समझाया, परन्तु समय का प्रभाव! मैं जानता हूँ, श्रीकृष्ण! तुम साधारण पुरुष नहीं हो—तुम आदि हो, अद्वितीय और सनातन पुरुष हो, तुम्हारे सम्बन्ध में नारद की बात कभी झूठ न होगी। तुम और अर्जुन नर और नारायण के रूप से, धरा का भार उतारने के लिए आए हो। अब मेरे देहत्याग का उचित समय आ गया है। एक आज्ञा दो कि अन्त में परमगति प्राप्त हो।''

भगवान वासुदेव ने भीष्म की विनय पर प्रसन्न होकर कहा, ''हे भारत के गौरव पुरुष! मैं आशा करता हूँ, आप नश्वर शरीर को छोड़कर अपने वसुलोक में विराजमान हों। आप में पाप का लेशमात्र भी नहीं है। आप मार्कण्डेय के जैसे पिता के भक्त थे, मृत्यु आपकी दासी है।''

भगवान केशव की बात समाप्त होने पर भीष्म ने आँखें बन्द कर लीं। कुछ काल तक मौन रहकर मूलाधार में चित्त को स्थिर करके योग मार्ग द्वारा नश्वर कलेवर का त्याग कर दिया। भारत के हृदय से उसका अनमोल लाल सदा के लिए उठ गया।

भक्त प्रह्लाद

प्रथम परिच्छेद

परिचय

देवताओं और दानवों के पूर्वज भगवान् कश्यप थे। इनके कई पत्नियाँ थीं। अदिति से देवता और दिति से दानव पैदा हुए। देवताओं और दानवों के अलावा नाग-नर, किन्नर और यक्ष-गधर्वों के पिता भी यही थे।

इस तरह सृष्टि का चक्र जब से चला, तभी से पुण्य और पाप, अमृत और गरल, भले और बुरे का इतिहास मिलता है। जिस तरह दिन और रात का जोड़ा सृष्टि के प्रथम समय से ही चला आ रहा है, उसी तरह देवता और दानव भी आदिकाल से आपस में लड़ते चले आ रहे हैं।

जिस समय की कथा हम लिख रहे हैं, वह सत्ययुग था। सत्ययुग उसे कहते हैं, जिस समय संसार में सत्य का प्रभाव अधिक रहता है यानी पुण्य अधिक और पाप कम होता है। सत्य के सुनहले प्रकाश में संसार के जीवों को हर तरह की शान्ति और समृद्धि मिली रहती है। उनमें ईर्ष्या-द्वेष, फूट-कलह, अनाचार-व्यभिचार आदि पापों का फैलाव बहुत कम, नहीं के बराबर रहता है। पृथ्वी मानो सुख की हिलोरों में बहती रहती है। प्रजा को इति-भीति का कष्ट नहीं रहता। मनुष्यों को अपनी रोटी कमाने के लिए इतना परिश्रम नहीं करना पड़ता, न इस तरह से अकाल संसार को बेहाल किए रहता है।

सृष्टि का क्रम जारी हो चुका था। देवताओं और दानवों का वंश खूब बढ़कर संसार में फैल चुका था। देवताओं में सत्त्वगुण की मात्रा अधिक रहने के कारण, वे स्वभाव से संयमी, सरल, उदार, दयालु, सहिष्णु, परोपकारी और परमात्मा के भक्त हुए। उधर दैत्यों में तमोगुण अधिक था, इसलिए वे दुराचारी, क्रोधी, पराई भलाई न देख सकनेवाले, असंयमी, भले आदमियों से डाह करनेवाले, विष्णु-द्वेषी हुए। वे किसी की कोई अच्छी चीज़ देखते तो झट उसे हड़प जाने के लिए दिलोजान से तैयार हो जाते। उन्हें न तो संसार में किसी का डर था और न वे धर्म और परमात्मा को ही कुछ गिनते थे। वे शराब पीते, मांस खाते और हर तरह के अत्याचार करते थे।

यही उनका नित्य-कर्म था और इसी में उन्हें आनन्द भी मिलता था। भले आदमी, और खासकर देवता तो उनसे बहुत घबराते थे।

इसी दैत्य-वंश में हिरण्याक्ष और हिरण्यकशिपु—दो भाई बड़े प्रतापवान हुए। संसार में इनकी धाक बँध गई। इन दोनों में दुर्जेय शक्ति थी। एक तो यों ही स्वभाव के तमोगुणी, तिस पर पराक्रम की कमी नहीं, इनके उत्पात से तीनों लोक तंग आ गए थे। ये जिधर से निकलते, उधर ही सन्नाटा छा जाता। मारे डर के लोगों की साँस भी रुक जाती, जंगली जीव भी मारे डर के दुम दबाकर चुपचाप एक ओर सरक जाते। जिस तरह हिन्दुस्थान में आजकल प्लेग का आतंक छाया हुआ है, उसी तरह संसार में कभी इन दोनों भाइयों के नाम मशहूर और लोगों के लिए खौफनाक हो रहे थे। देवताओं के लिए तो और आफत थी। इनकी शक्ति से वे इतने दब गए थे कि किसी हालत में भी इनका मुकाबला नहीं करते थे।

हिरण्याक्ष, हिरण्यकशिपु का बड़ा भाई था। वह जब जवान था, उस समय हिरण्यकशिपु बिलकुल बच्चा था। हिरण्याक्ष अपने छोटे भाई को बहुत प्यार करता था। वह उसे अक्सर अपने साथ ही रखा करता था। लड़ने-भिड़ने की पेचीदा शिक्षा हिरण्यकशिपु को उसी से मिली थी। दैत्य-वंश में पैदा होने के कारण इन दोनों भाइयों से देव-द्विजों के माननेवाले, इन्हें घृणा की दृष्टि से देखते थे। लोगों का यह भाव हिरण्याक्ष को अपने बचपन में ही मालूम हो गया था, और इसका बदला लेने के लिए वह हृदय से निश्चय कर चुका था कि मैं संसार से धर्म की सत्ता मिटा दूँगा। जिस विष्णु की पूजा करने के कारण देवों और ब्राह्मणों को इतना गर्व है, मैं उस विष्णु की ही संसार से हस्ती मिटा दूँगा। हिरण्याक्ष की उम्र के साथ उसका यह ख़याल भी जोर पकड़ता गया। कुछ भी हो, हिरण्याक्ष अपनी जवानी में बड़ा ही सुडौल और शरीर का संगठित निकला। शेर की-सी गर्दन, आँखों में झुलस देनेवाली वीरता की निडर चितवन, हाथ जैसे हाथी की सूँड, छाती गज-भर की चौड़ी, कमर पतली—पेटी का कुल मांस खिंचकर सीने पर चढ़ा हुआ, पैर जैसे किसी रुस्तम-जहान ज़बरदस्त पहलवान के मुग्दर, और ताकत की तो बात ही क्या—कि शेर आए, तो जवान हाथों-हाथ फाड़ डाले और मरोड़कर उसी वक़्त उसकी जान ले ले। हिरण्याक्ष को कुश्ती का शौक भी खूब था। शिकार तो वह रोज़ खेलता ही था और जब से जवानी की रोशनी आई, तब से तो शिकार के मांस के बिना उसका पेट ही नहीं भरता था।

इधर कुल-गुरु शुक्राचार्य को वीर से बड़ी-बड़ी आशाएँ होने लगीं। वे इसमें तेज, साहस और आत्मिक शक्ति भरने का भरसक प्रयत्न करने लगे। खूब इसका दिल बढ़ाया और तमाम संसार पर विजय प्राप्त करने के लिए खूब उभाड़ा। शुक्राचार्य के उपदेशों का उस पर वही असर पड़ा, जो सफेद कपड़े पर किसी रंग का पड़ता है। आत्मिक शक्ति बढ़ाने के लिए शुक्राचार्य ने उसे शिव का मंत्र दिया और उसे ही

अपने जीवन का आधार बना लेने के लिए बार-बार होशियार कर दिया। कहा, मृत्युंजय के इस मंत्र से संसार-भर में एक दिन तुम्हारी कीर्ति-पताका फहराएगी। हिरण्याक्ष को गुरु की आज्ञा पर दृढ़ विश्वास हो गया।

हिरण्यकशिपु, हिरण्याक्ष के साथ ही साथ रहता था। जब तक वह बालक था, तब तक उसकी माता और हिरण्याक्ष सदा ही डरते रहते थे कि अकेले में पाकर हिरण्यकशिपु को देवता कहीं मार न डालें। इसलिए हिरण्याक्ष अपने छोटे भाई को एक क्षणभर के लिए भी न छोड़ता था। उसके साथ रहते हुए हिरण्यकशिपु के स्वभाव पर भी वही रंग चढ़ गया। वह भी देवों, ब्राह्मणों और खासतौर से विष्णु से जलने लगा। इधर, उसके लड़ने-भिड़ने और दाँव-पेंच सिखलाने की ओर हिरण्याक्ष की अचूक दृष्टि रहती थी। घोड़े पर चढ़ना, घोड़े पर सवार रहने की हालत में बल्लम मारना, दौड़ते हुए घोड़े पर से तीर चलाना, उड़ती हुई चिड़िया का निशाना बेधना, शेर का पैदल शिकार करना, दोनो हाथों से तलवार चलाना, ढाल की ओझल से शत्रु की तलवार छीन लेना, तीर की नोंक से छोटी-छोटी पत्तियों के डंठल काट-गिराना—सब तरह की युद्ध-विद्याओं में हिरण्यकशिपु को धीरे-धीरे वह पारंगत करने लगा। हिरण्यकशिपु भी जी लगाकर अपने भाई की दी हुई विद्या सीखने लगा। हिरण्यकशिपु की एकाग्रता देखकर हिरण्याक्ष के आनन्द का ठिकाना न रहा, हिरण्यकशिपु की अस्त्र कुशलता बड़ी तेज़ी के साथ बढ़ रही थी। शर-योजना में उसकी दक्षता और स्फूर्ति देखते ही बनती थी। फुर्तीलापन उसमें अपने बड़े भाई से भी कहीं बढ़कर था।

समय धीरे-धीरे पार हो जाता है। एक-से दिन किसी के नहीं रहते। कंगाल कभी मालामाल हो जाता है और बड़े-बड़े प्रजापालक महाराजाओं को द्वार-द्वार के टुकड़ों के लिए हाथ फैलाना पड़ता है। हिरण्यकशिपु का मनोहर बालपन बीत गया। उसकी सीढ़ी से जवानी की छत पर उसने पैर रखे। वहाँ से तमाम संसार की हरी-हरी शोभा जहाँ तक उसकी नज़र पहुँची, उसने देखी। जी भर गया। हृदय में आनन्द की लहरें उठने लगीं और उन्हीं के साथ वह नदी पर पड़े-खिले फूल की तरह बह चला, अपने सौन्दर्य-बल से संसार पर विजय प्राप्त करने की लालसा से।

हिरण्याक्ष की जवानी भादों की नदी की तरह भरी पूरी थी, अथाह थी। देखनेवालों की आँखों को उसे बार-बार देखकर भी तृप्ति न होती थी और कभी-कभी उनमें आतंक भी छा जाता था। वह विशाल देह, विपुल बल, सुसंगठित भुजाएँ और गर्व से ऊँची गर्दन देखकर लोगों को कभी-कभी शंका भी हुआ करती थी। हिरण्यकशिपु की जवानी वर्षा की पहली बाढ़ थी, बढ़ती हुई भी बढ़ने के लिए उतावली। जब हिरण्यकशिपु अपनी रक्षा आप कर लेने में समर्थ हो गया, जब हिरण्याक्ष को छोटे भाई के बल-वीर्य और रण-कुशलता पर पूरा विश्वास हो गया, तब उसने अपनी चिरकाल की आशा-लता को सींचकर पल्लवित, कुसुमित और फलित करने का इरादा पक्का कर लिया।

उसने अपनी किशोर अवस्था में सुना था, विष्णु सब देवताओं में बड़े, संसार में सबसे अधिक शक्तिमान और वीरों में अग्रणी हैं। यह बात उसे तभी से खटक रही थी और विष्णु से लड़ने की बलवती इच्छा दिन-पर-दिन उसके हृदय में जड़ पकड़ती जा रही थी। इसकी इस इच्छा को शंकर-मंत्र और उसके अमित बल ने और भी बढ़ा दिया। हिरण्यकशिपु के बचपन पर विचार करके अब तक उसने दिल के हौसले को दिल ही में उमड़कर रह जाने दिया था। अब, इतने दिनों बाद दिल की मुराद पूरी करने का अवसर हाथ आया। हिरण्याक्ष की वह पुरानी इच्छा सैकड़ों धाराओं से फूट निकली। हिरण्यकशिपु ने भाई की पूरी मदद की। उसके हृदय में भी उसी ठेस की आग भभक रही थी। जवानी के जोश ने उस आग में घृताहुति का काम किया।

दोनों भाई सजकर तैयार हो गए। पहला वार हुआ—संसार के राजाओं-महाराजाओं पर। पहले-पहल दोनों भाइयों ने संसार में विजय की भेरी बजा विष्णु नाम को देश से निकाल बाहर करना निश्चय किया। इन दोनों के साथ दैत्यों की अजेय वाहिनी थी। उसकी राह रोकनेवाला शक्तिमान राजा कोई न था। फिर भी किसी-किसी ने दैत्यों का सामना किया परन्तु आँधी में सूखे हुए पत्तों की तरह राजाओं की सेना ज़रा देर भी दैत्यों की फौज के सामने न रुक सकी। सबके पैर उखड़ गए। सबके-सब अपनी-अपनी जान लेकर भागे। दैत्यों ने पीछा किया। किले के भीतर तक उन्हें खदेड़ ले गए। फिर किले का फाटक तोड़कर बेधड़क उसके भीतर घुस गए। एक तरफ से सबकी मुश्कें बाँध लीं और यह आज्ञा की गई कि जो कोई विष्णु का नाम लेगा, उसी वक़्त धड़ से उसका सिर जुदा कर दिया जाएगा। उनमें कायरों की संख्या अधिक थी। राजा भी कायर ही निकला। अधिकांश लोगों ने वीर हिरण्याक्ष की आज्ञा शिरोधार्य कर ली। उन्होंने विष्णु का नाम लेना छोड़ दिया। वहाँ के राजा ने बाकायदा हर साल एक निश्चित रकम मालगुजारी के तौर पर हिरण्याक्ष को देनी मंजूर कर ली। इस तरह उसकी जान बची।

एक-एक करके सम्पूर्ण राज-मंडल दैत्यों के वश में आ गया। संसार-भर में हिरण्याक्ष की विजय-वैजयन्ती उड़ने लगी। विष्णु नाम और वैष्णव-धर्म भूमंडल से तिरोहित हो गया। प्राण-भय से लोगों ने विष्णु का नाम लेना तक बन्द कर दिया। शैवों की तूती बोलने लगी। परन्तु हिरण्याक्ष को इतनी बड़ी विजय प्राप्त करके भी शान्ति नहीं मिली। इसकी लालसा तो विष्णु से लड़ने और परास्त करने की थी। इसलिए एकच्छत्र राजसिंहासन मिल जाने पर भी उसके हृदय को सुख नहीं हुआ। विष्णु की चिन्ता उत्तरोत्तर बढ़ती ही गई। कभी-कभी उसे मन-ही-मन बड़ा खेद होता था। जिस विष्णु के देखने और जिससे लड़कर अपनी साध पूरी करने के लिए उसने पृथ्वी-भर की खाक छानी, बड़े-बड़े राज्यों को नष्ट कर डाला, करोड़ों निरपराध मनुष्यों के प्राण लिये, जिस विष्णु को मारकर दैत्यकुल

को निष्कंटक कर देना चाहता था, उससे आज भी मुलाकात नहीं हुई! उसके भक्त सताये गए, मार डाले गए, जीते जला दिए गए, वह अपने भक्तों की दुर्दशा देखकर ही रह गया, उनके दुख मिटाने के लिए एक बार भी समर-क्षेत्र में न दिखाई पड़ा। इसी सोच-विचार में हिरण्याक्ष का चित्त प्राय: चंचल बना रहता था। एक दिन उसने सुना कि जिस विष्णु से लड़ने के लिए उसे इतनी अधीरता हो रही है, वह पाताल में वराह-रूप से रहता है। कहनेवाले ने कहने के साथ ही साथ कुछ नमक-मिर्च और लगाया। उसने कहा, ''वहाँ तुम मत जाना, उस वराह में बल की कमी नहीं है। तुम उससे लड़ोगे तो मारे जाओगे।''

हिरण्याक्ष घबरानेवाला वीर न था। पाताल जाने से विष्णु से भेंट होगी, यह सुनकर उसका रोम-रोम पुलकित हो उठा। मुरझाई हुई लता एक बार फिर लहलहा गई, विष्णु-विजय की तीव्र उत्कंठा उसे शीघ्र ही पाताल चलने के लिए विवश करने लगी। हिरण्याक्ष के जी में जी आया। विष्णु को न पाकर उसकी सारी शक्ति थककर कुछ दिनों के लिए सोई हुई-सी थी, इस बात से एकाएक जगकर उसके शरीर को मथने लगी। नसों में बिजली चक्कर काटने लगी, नसें तर्राकर तन गईं, भुजाएँ ऐंठने लगीं, वीर अधीर हो गया।

विष्णु की चिन्ता से पहले भी उसका मन राज-पाट में न लगता था। अवसर हाथ आया देख, अपने छोटे भाई को राजा बना, उसी के हाथ राज्य का कुल काम सौंपकर, विष्णु की तलाश में हिरण्याक्ष ने पाताल की राह ली। पातालपुरी का एक-एक कण उसने ढूँढ़ा, पर कहीं भी विष्णु उसे दिखाई न दिए। अन्त में उसे एक युक्ति सूझी। उसने सोचा, हो न हो, आगे जो यह अथाह सागर उमड़ रहा है, इसमें विष्णु अन्दर मेरे डर से कहीं छिपा बैठा होगा। फिर क्या था, सोचने भर की देर थी। झट उसने लँगोटा कसा, जाँघिया चढ़ाया और खम ठोककर उस अगाध जल में कूद पड़ा! जहाँ-जहाँ गया, तमाम पानी मथ डाला पर कहीं कोई नहीं मिला। तब उसे बड़ा क्रोध आया। आँखें लाल हो गईं और विष्णु का नाम ले-लेकर उसने गालियाँ देनी शुरू दीं।

एकाएक उसने देखा, उस अपार जल-राशि के एक ओर से एक वराह अजीब ढंग से शोर करता हुआ उसी ओर चला आ रहा है। उसे समझने में देर न हुई कि यही विष्णु है, जिसके लिए मुझे इतनी मेहनत उठानी पड़ी और इतनी आफतों का सामना करना पड़ा। वराह को देखते ही वह फौरन पैंतरा बदलकर खड़ा हो गया परन्तु भावी बड़ी प्रबल होती है। वह उसे घसीटकर यहाँ ले आई थी, मौत के सामने। फिर बचाव कहाँ था? वराह के रूप में मौत ही उसके सामने आकर खड़ी हुई थी। देखते-देखते वराह-रूपी विष्णु भगवान् ने बाहरवाले अपने तेज़ दाँत से उसके दो टुकड़े कर डाले, अन्त समय देखकर उसने राम-नाम लेकर वहीं प्राण विसर्जन कर दिए।

द्वितीय परिच्छेद

हिरण्यकशिपु, अत्याचार, तपस्या, लड़ाई

हिरण्यकशिपु को राज्य देकर हिरण्याक्ष पाताल में जब विष्णु से लड़ने के लिए चला गया, तब इधर राज-मद में हिरण्यकशिपु मनमाना काम करने लगा। एक तो स्वभाव का वह तमोगुणी था ही, जिस पर एकछत्र साम्राज्य मिल गया। उधर जवानी का नशा, इसलिए हर तरह के अत्याचार करने की सुविधा मिल गई। वह दिन-रात शराब के नशे में चूर रहा करता, और पहले से ज़्यादा अत्याचार करने पर तुल गया। जब वह सुनता कि अमुक जगह देवताओं की पूजा होती है, यज्ञ में उन्हें हिस्सा दिया जाता है, इस तरह यज्ञ भाग खा-खाकर वे मोटे-ताजे हो रहे हैं और धीरे-धीरे अपना बल बढ़ाकर एक दिन दैत्यों की सेना पर आक्रमण करेंगे और उनका नाश करके ही छोड़ेंगे, इस तरह की खबर पाते ही वह उन-उन स्थानों को घेर लेता और सब आदमियों को पकड़कर एक तरफ से सबके लिए प्राण-दंड की आज्ञा दे देता। गाँव-के-गाँव उजड़ गए। संसार के देवताओं की पूजा उठ गई। प्राणभय से भूलकर भी कोई विष्णु का नाम न लेता। जो सच्चे भक्त थे, वे मन-ही-मन भगवान् को पुकारने लगे, परन्तु फूल-पत्तियों और दूर्वा-चन्दन से विष्णु भगवान् की पूजा करना भी उन लोगों ने बन्द कर दिया। क्या करते ? बेचारे विवश थे, जिसके राज्य में बसते थे, वही विष्णु-द्वेषी था, तो फिर पूजा-अर्चा कैसे हो सकती थी ?

शैवों को पूरी स्वतंत्रता थी। दैत्यगण शैव थे ही, इसलिए उनके राज्य में शैवों की बड़ी प्रतिष्ठा होने लगी। लोग एक तरफ से शैव हो गए। हिरण्यकशिपु ने अपने राज्य में चारों ओर जासूस लगा रखे थे। विष्णु-पूजा और विष्णु-मन्दिर का संवाद वही लोग आकर सुनाते थे। इसके लिए उन्हें लम्बी-लम्बी तनख्वाहें मिलती थीं, और विष्णु-मन्दिर या विष्णु-पूजन की नई खबर सुनाने पर ऊपर से उन्हें पुरस्कार दिया जाता था। हिरण्यकशिपु के राज्य में विष्णु-भक्त और विष्णु-मन्दिर का कहीं नामो-निशान न रहा।

देवताओं को यज्ञ-भाग न मिलने पर वे दिन-दिन दुबले होने लगे। देवताओं का पता लगाने के लिए भी हिरण्यकशिपु ने एक बड़ी संख्या में गुप्तचर नियुक्त कर रखे थे। यह हाल देवताओं को मालूम हो गया था। इसलिए वे बिचारे कन्दराओं में, पहाड़ की दो चोटियों के बीचवाले भू-भाग में, घने जंगलों में, बीहड़ स्थानों में जहाँ मनुष्यों या दैत्यों की पहुँच न हो सकती थी, छिपे फिरते थे। इसी हालत में रहकर वे दैत्यों पर वार करने के लिए मौका देख रहे थे कि इतने में हिरण्याक्ष के मारे जाने की खबर उन्हें मिल गई।

इधर, देवताओं का जब कोई समाचार दूतों से न मिला, तब हिरण्यकशिपु बेफिक्र होकर राज्य करने लगा। उसे विश्वास हो गया कि देवता डर गए, अब उससे

लोहा नहीं ले सकते, और यज्ञ–भाग के बन्द हो जाने के कारण वे बिचारे भूखों मर रहे होंगे, वे अब क्या लड़ेंगे ? इस विचार में पड़कर कुछ दिनों के लिए वह अपने शत्रुओं को भूल गया। इस समय उस पर एक दूसरा रंग चढ़ रहा था। लड़ाई बन्द हो जाने के बाद से उसमें विलासिता आ गई थी। शराब और कबाब के साथ–साथ नाच–रंग का भी शौक आया। राजाओं–महाराजाओं की शौक होने की ही देर होती है, पूरा तो वह तत्काल कर दिया जाता है। गाने–बजाने का शौक भी हिरण्यकशिपु का तत्काल ही साजो–सामान सहित पूरा कर दिया गया। चारों ओर नौकर दौड़े। जहाँ कहीं उन्होंने अच्छी–अच्छी गायिकाओं और नर्तकियों को पाया, हिरण्यकशिपु की सभा में बुला लाए। हिरण्यकशिपु की आज्ञा पर 'नहीं' कहने की शक्ति किसी में न थी। बड़े–बड़े शूरवीर उससे घबराते थे। फिर वे तो बेचारी नाचने–गानेवाली साधारण स्त्रियाँ ही थीं। उनमें इतना दम कहाँ था जो वे उसकी आज्ञा पर नहीं चलतीं ? इच्छा न रहते हुए भी उन्हें नृत्य–गीत सुनाने के लिए दैत्यराज के दरबार में आना ही पड़ता।

हिरण्यकशिपु का भोग–विलास भी हद को पार कर गया। एक दिन की बात है कि वह अपने विलास–मन्दिर से निकला और सीधा दरबार की ओर चला गया। मंत्री, सेनापति, करद–मित्र–राजा, महाराजा–सामन्त वगैरह सब अपने–अपने आसन पर बैठे हुए थे। उसे देख उठकर खड़े हो गए। वह ऊँचे सिंहासन पर जा बैठा। उसके बैठने के बाद सब लोग अपने–अपने आसन पर बैठे और आग्रह–भरी निगाहों से उसकी आज्ञा की प्रतीक्षा करने लगे।

इसी समय एक दूत आया। दैत्यराज को अभिवादन कर हाथ जोड़ एक तरफ खड़ा हो गया। उसे उस हालत में देखकर दैत्यराज हिरण्यकशिपु को मालूम हो गया कि वह कुछ कहना चाहता है। उन दिनों राजा से कुछ अर्ज़ करने का नियम ऐसा ही था। हिरण्यकशिपु ने उसे कहने की आज्ञा दी। राजा की आज्ञा मिल जाने पर भी दूत की ज़बानबन्द ही रही, कहने की चेष्टा करके भी वह कुछ न कह सका। इससे हिरण्यकशिपु को क्रोध आ गया। कहने के लिए उसने दूत को डपटकर आज्ञा दी। दूत ने हृदय को बहुत अच्छी तरह सँभाल, विनयपूर्वक कहा, "महाराज, आपके बड़े भाई हिरण्याक्ष अब इस संसार में नहीं हैं। पाताल में वराहरूपी विष्णु के साथ उनकी लड़ाई हुई थी, उसी में वे मारे गए!"

हिरण्यकशिपु की देह में इस खबर ने आग लगा दी। दूत की बात पर पहले तो उसे विश्वास ही नहीं हुआ। वह अपने भाई की शक्ति खूब जानता था। वह सोचता था कि संसार में ऐसा वीर कोई नहीं है जो हिरण्याक्ष से विजय पा सके, मारने की तो बात ही क्या है। भाई की मृत्यु का उसे किसी तरह विश्वास नहीं हो रहा था। वह दूत को गलत खबर देने की वजह से कोई सख्त सज़ा देना चाहता था। उसकी मुखाकृति से भी उसके हृदय का सन्देह प्रकट हो रहा था। सभासदों में किसी–

किसी को यह बात मालूम हो गई। वे आपस में कानाफूसी करने लगे परन्तु हिरण्यकशिपु के डर से खुलकर कुछ कह न सकते थे। जब हिरण्यकशिपु को कुछ निश्चय न हुआ, बल्कि सन्देह उत्तरोत्तर बढ़ता गया, तब उसने अपने एक मंत्री से पूछा कि यह खबर सच है या नहीं? उसने कहा कि मेरे भाई से विष्णु में बल अधिक होगा और वह मेरे भाई को मार सकता है, इस पर मुझे बिलकुल विश्वास नहीं हो रहा है। हिरण्यकशिपु को सन्देह भी हो रहा था और भय भी था। उसका मंत्री बुद्धिमान था। उसने कहा, "महाराज, मैं तो इतना ही कह सकता हूँ कि वे अगर जीते होते तो अब तक यहाँ ज़रूर आ जाते, क्योंकि घर से निकले बहुत दिन हो गए।" दूसरे मंत्रियों ने भी इस बात को दुहराया। हिरण्यकशिपु पर भी इसका प्रभाव पड़ गया। देखते-ही-देखते उसका सन्देह अथाह शोक में परिणत हो गया और वह उस दिन के लिए सभा समाप्त करके बड़े दु:खित भाव से अन्त:पुर की ओर चला गया।

धीरे-धीरे उसका शोक भयंकर क्रोध और प्रतिहिंसा में बदल गया। विष्णु की याद क्षणभर के लिए भी न भूलने लगी। जिस समय विष्णु की याद आती, देखते-ही-देखते तमाम मुखमंडल मारे क्रोध के लाल पड़ जाता। साँस की गति वेगवती हो जाती, होंठ काँपने लगते। रोम-रोम से प्रतिहिंसा जाग पड़ती। उस समय उसकी ओर कोई नज़र उठाकर भी न ताक सकता। जिस विष्णु को प्राप्त करने के लिए करोड़ों मनुष्यों की उसने जान ली, सैकड़ों राज्य नष्ट-भ्रष्ट करके मिट्टी में मिला दिए, यज्ञ बन्द करा दिए, अनेक प्रकार के अत्याचार किए, उसी विष्णु के हाथों उसका प्यारा भाई मारा गया और उससे उसकी मुलाकात भी न हुई! इसकी याद आते ही हिरण्यकशिपु के हृदय में एकसाथ सैकड़ों शूल चुभ जाते थे।

इस चिन्ता में उसका विलास-रंग बिलकुल ही जाता रहा। नर्तकियों का जमाना गुज़र गया। तबलचियों की एक दिन तूती बोलती थी, अब बेचारों को कोई कौड़ी के मोल खरीदनेवाला भी न था। तबले की जोड़ी पर सेरों गर्द जम गई। बन्द चूहों ने काट दिए। सितार और सुरबहार के तारों को जंग पकड़ गया। उस्तादों, नर्तकियों और तबलचियों को कुछ दिन बाद रसद मिलनी भी बन्द हो गई। सबके सबने अपनी-अपनी राह ली। दैत्यपुरी में तबले की ठनकार की जगह फिर अस्त्रों की झंकार सुनाई देने लगी। हिरण्यकशिपु के होश ठिकाने आए, जंगी जोश सवार हो गया। अस्त्र-शस्त्रों को गढ़ाने और पिटाने के लिए देश-देश के नामी कारीगर बुलाये गए। दिन-रात दैत्यराज का ध्यान बदला चुकाने पर लगा रहता था। उसने फिर लँगोटा कसा। फिर घोड़े पर जीन कसी गई। तीर-तलवार और बल्लम फिर चमकने लगे। और उसके साथ दूसरे दैत्य-वीर भी ऐयाशी में पड़ गए थे, उसके साथ उनके भी होश दुरुस्त हो गए, उनके साथ ही वे भी लड़ाई की तैयारियाँ करने लगे।

इन्हीं दिनों किसी मंत्री से हिरण्यकशिपु को मालूम हुआ कि विष्णु अमर है। वह कभी मरता ही नहीं, इस विचार से हिरण्यकशिपु का हौसला कुछ पस्त हो गया। जो मरता ही नहीं, उसे मारने के लिए हठ ही क्या? कुछ समय के लिए सारा जोश ठंडा पड़ गया परन्तु दूसरे ही क्षण यह विचार पैदा हुआ कि अगर विष्णु अमर हैं, तो मैं भी अमर बनूँ। मेरा पहला कर्तव्य यही होना चाहिए। उसने सुन रखा था कि तपस्या से सबकुछ हो सकता है। अनहोनी भी तपस्या के बल से हो जाती है। गूँगा बोलने लगता है, अन्धे को आँखें और दृष्टि-शक्ति मिल जाती है, लँगड़ा दूर की मंजिल तय कर लेता है। ऐसा कोई कार्य नहीं जो तपस्या के बल से सिद्ध न हो। हिरण्यकशिपु की सारी चित्तवृत्ति तपस्या की ओर झुक गई। तप के प्रभाव से अमर होने के पश्चात् उसने विष्णु से लड़ने की तैयारी करना उचित समझा। मंत्री ने भी उसे यही सलाह दी।

हिरण्यकशिपु ने राज्यभार मंत्रियों के सुपुर्द कर दिया और खुद राज्य छोड़ दूर जंगल में तपस्या करने के लिए निकल पड़ा। हृदय में एक ही चिन्ता, एक ही भावना लगी रही कि अमर बनूँ और भाई का बदला लूँ। अगर विष्णु अमर होने के कारण न मरा, तो कम-से-कम उसे अधमरा ज़रूर कर डालूँ। इसी भावना में वह अपने दिन पार करने लगा। जंगल में फल-फूल खाकर रहता और दिन-रात घोर परिश्रम से तपस्या किया करता। उसकी तपस्या भी तामसी होती थी। हठयोग की क्रिया से वह साधना कर रहा था। अमर होने के लिए वह ब्रह्मा का मंत्र जप रहा था।

मन्दराचल पर्वत पर हिरण्यकशिपु घोर तपस्या में मग्न रहने लगा। पहाड़ी, निर्जन भूमि, छोटे-छोटे झरनों का पहाड़ पर से उतरते समय का सुहावना राग, फूलों का डंठलों पर हँस-हँसकर खिलना, मधुर हवा के झोंकों में हरी-हरी पत्तियों का झूमना, हिलना और मचलना, पेड़ों का रक्षकों की तरह दिन-रात तनकर खड़ा रहना, सुबह की स्वर्ण छटा से पहाड़ी दृश्यों का नैसर्गिक शोभा धारण करना, शाम की सुनहरी चादर ओढ़कर किरण-कलिकाओं का विदा होना, आसमान की गोद पर चाँद का मुस्कराना, तारों के समाज का मौन, रात की एकाएक जगाकर उदास कर देनेवाली पवन, सैकड़ों फूलों का खिलकर अपनी-अपनी शोभा पर इतराना, एक दूसरे से चढ़ा-बढ़ी करना, डंठलों की नजाकत पर चिड़ियों की बेरहमी, बार-बार एक से उड़कर दूसरे पर बैठना, उसे मुरझाना और हिंडोला झूलना आदि पहाड़ के इन दृश्यों पर, चिरस्मरणीय शोभा की ओर हिरण्यकशिपु का ध्यान न था। वह तल्लीन होकर अपने इष्टदेव की आराधना कर रहा था। किसी प्रकार के बाहरी सौन्दर्य पर उसका मन चलायमान नहीं हुआ। सदा एक ही ध्यान, एक ही ज्ञान और एक ही आशा हृदय में जग रही थी। कितनी वर्षाएँ सिर पर से होकर गुज़र चुकीं, कितनी ही हिम-राशि उस तपस्वी वीर को झुलस चुकी, कितने ही जेठ उसकी पीठ पर तप चुके, पर वह शान्त भाव से सब सहन करता गया। एक दिन के लिए भी चित्त को किसी प्रकार उदास या हताश नहीं होने दिया।

इधर, हिरण्याक्ष की मृत्यु के बाद से ही देवताओं में एक नया उत्साह बढ़ रहा था। एक शत्रु को तो भगवान् विष्णु ने मार डाला, रहा एक, इसे हम लोग वैतरणी पार कर दें, यह विचार कर देवता बहुत प्रसन्न हुए। वे आपस में संगठन करने लगे। जितने देवता दैत्यों के भय से इधर-उधर भागकर तितर-बितर हो गए थे, सब एकत्र होने लगे। इन्द्र, यम, वरुण, जयन्त, कार्तिक, पवन, देवताओं के और-और जितने सरदार थे, सब आपस में मिल गए, और अपनी संगठित सेना को दैत्यों के विरुद्ध संचालित करने का निश्चय कर लिया। दिन, तिथि, समय—सब ठीक हो गया कि किस दिन, किस वक़्त, किस तरह से देव-सेना दैत्यपुरी पर आक्रमण करेगी। शनि ने कहा, मैं ऐसी नज़र लगाऊँगा कि फिर बस! साढ़े सात वर्ष तक दैत्यों को हैरान करने का पट्टा लिखता हूँ।

कार्तिक ने कहा, "तो अब तक क्यों भागते फिरे? एक नज़र फेर क्यों न दी हिरण्यकशिपु पर कि साढ़े सात साल के अन्दर ही बच्चू ऐंठ जाते? साँप भी मर जाता और लाठी भी न टूटती। मगर तुम्हारे जैसे दिल के कमज़ोर जितने होते हैं, सब इसी तरह ज़बानी जमा-खर्च दिखलाया करते हैं। जब काम करने का समय आता है, तब एक साफ सिफर उनका हक अदा करते हुए देखा जाता है।"

शनि महाराज ने कहा, "तब न सही, अब सही। उस समय तुम्हारे जैसे बड़े-बड़े वीर जब पीठ फेरकर लम्बे कदम उठाने में एक-दूसरे से होड़ बदने लगे, तब भला मैं, सबका साथ छोड़कर दैत्यों पर कैसे नज़र करने लगता?"

"अजी वाह!" पवन ने कहा, "भगे तो सबसे पहले तुम्हीं थे, और आगे भी सबसे तुम्हीं थे।"

शनि ने कहा, "तुम जानते ही हो कि मेरी चाल बड़ी धीमी है, और वक़्त था वह भागने का, फिर भला यह ताड़कर कि अब सेनापति पलायन-पटुता दिखलाना ही चाहते हैं, पहले ही से अगर मैं न भागा होता तो क्या आज इस दशा में यहाँ तुम मुझे देखते?"

कार्तिक ने गरजकर कहा, "सेनापति का भागना ही उस समय के लिए ठीक था। तुम व्यर्थ ही मुझ पर व्यंग्य-वर्षा कर रहे हो। देवराज पकड़े जाते अगर हम न भागते।"

"क्यों नहीं?" शनि ने गम्भीरता के साथ कहा, "भागे बिना देवराज कैसे बचते? लड़ते रहने का अर्थ ही है—पकड़े जाना, बाल-बाल बचना तो भागने ही को कहते हैं। मगर देव-सेनापति इस विद्या में बड़े निपुण हैं, लड़कर चाहे कोई श्रीमान् को पकड़ भी ले, लेकिन दौड़कर पकड़ना कितना मुश्किल काम है, यह मुझे बहुत बार प्रत्यक्ष हो चुका है।"

कुछ गम्भीर होकर इन्द्र ने कहा, "शनि, आपस में इस तरह की छेड़छाड़ अच्छी नहीं। इस समय हम लोगों के सामने एक बहुत बड़ा प्रश्न है।"

यम ने अपनी विशाल गदा उठाकर गम्भीर कंठ से प्रतिज्ञा करते हुए कहा, ''अब इसके भीषण प्रहार से निस्सन्देह सैकड़ों दैत्यों का संहार कर डालूँगा।''

देवराज इन्द्र ने अपनी तैंतीस करोड़ वाहिनी का संगठन कर बड़े जोश में आकर वीरों को प्रोत्साहन देते हुए कहा, ''वीरो, अब के हथेली पर जान लेकर समर करना है। दैत्यों को उनके कुकृत्यों की पूरी शिक्षा देनी है। तुम लोग जानते हो, उन्होंने सैकड़ों वैष्णवों के सिर कटा लिए, सैकड़ों विष्णु-मन्दिरों की एक-एक ईंट ढहा दी, कितने ही निरपराध राजाओं को जीते-जी बाँधकर जलती हुई आग में डाल दिया। उनके अत्याचारों का भार अब पृथ्वी सह नहीं सकती। मदान्ध दैत्यों का नाश अब बहुत नज़दीक आ गया है। तुम लोगों ने सुना होगा, और सुनकर तुम्हें प्रसन्नता भी हुई होगी कि पाताल में भगवान् विष्णु ने वराह-रूप धारण कर दुष्ट हिरण्याक्ष का प्राणान्त कर दिया। उसकी हत्या का समाचार उसके छोटे भाई, हिरण्यकशिपु को अभी थोड़े ही दिन हुए, मिला है। इससे निस्सन्देह वह दब गया होगा, और शायद इसीलिए राज-पाट छोड़कर कहीं तपस्या करने को गया है। हम लोगों को चाहिए कि उसकी तपस्या पूरी न होने से पहले ही हम लोग दैत्यों पर विजय प्राप्त कर उनका नाश कर डालें। तपस्या से हिरण्यकशिपु का शरीर निश्चय ही कमज़ोर पड़ गया होगा। तब तक हमें उसका पता भी मालूम हो जाएगा कि वह कहाँ पर तपस्या कर रहा है। हम लोग उसकी तपस्या में विघ्न खड़ा कर देंगे। तपस्या भी अधूरी रहेगी और समय के रहते ही हम उसे मार भी सकेंगे। इस समय सब शत्रु जड़ समेत उखड़ जाएँगे। भाइयो, विष्णु भगवान् हमारे सहायक हैं। हमारा यज्ञ-भाग इन्हीं दैत्यों के कारण मारा गया है। हमारा धर्म है कि हम बहुत शीघ्र इसका बदला चुकाएँ।''

देवराज इन्द्र के जोश-भरे शब्द सुनकर देव-वाहिनी कड़क उठी। नस-नस में तीव्र आग्रह की स्फूर्ति संचरित होने लगी। आनन्द-वेग से बार-बार पुलकित होकर रोमावली अंकुरित हो उठी। सबने समस्वर से देवराज की जयध्वनि की। सबने कहा, ''हम देवराज के लिए प्राण तक देने को तैयार हैं। समरभूमि में हम अपनी पूर्ण शक्ति के साथ अस्त्र चलाएँगे। दैत्यो को धराशायी करके ही छोड़ेंगे। पृथ्वी का संकट दूर करेंगे। ब्राह्मणों की रक्षा करेंगे। विष्णु-भक्तों को दुष्टों के हाथ से बचाएँगे। वैष्णव धर्म को फिर से पृथ्वी पर फूल-फलकर फैलाने देंगे।''

देवताओं का उस समय का संगठित शक्ति का विजय-घोष, मुर्दों में भी एक बार जीवन भर रहा था। करोड़ों कंठ पुनः-पुनः जयनाद करते हुए आकाश कम्पायमान कर रहे थे। इन्द्र ने सेनापति कार्तिक को मुकाम कूच करने की आज्ञा दी। देव-सेनापति ने अपनी प्रबल वाहिनी को अनेक हिस्सों में विभक्त कर दिया। हरएक समूह के लिए एक उपयुक्त वीर, सेनानायक पद पर अधिष्ठित किया गया। किस तरह दैत्यों की राह रोकी जाएगी, किस तरह बढ़कर वार करना होगा। थकी हुई

सेना को मदद पहुँचाने के लिए रक्षित सेना कहाँ किस रूप से रहेगी, किस तरह से आगे बढ़कर उसे अपनी सेना की सहायता करनी होगी, पार्श्वरक्षक कौन-कौन होंगे, उनके साथ कितनी-कितनी सेना का रहना आवश्यक है, सेना का हरएक पदातिक अपने दूसरे सहायक से कितने फासले पर रहेगा, मददगार को किस तरह अपने-अपने मित्र-सैनिक की पृष्ठ-रक्षा करनी होगी, कौन-सा व्यूह रचकर पहले सेना-सन्निवेश किया जाना ठीक है, व्यूह के उखड़ते समय दूसरा कौन-सा व्यूह अपनी रक्षा के लिए रच लेना आसान होगा, भागती हुई शत्रु-सेना को किस उपाय से विद्ध-मृग की तरह अपने कब्ज़े में कर लेना सुगम होगा—इन कुल विषयों पर देव-सेनापति कार्तिक ने पहले ही से विचार करके निश्चय कर लिया। उन्होंने लड़ाई का नक्शा भी तैयार कर लिया, और साथ के सभी सहायक सेनापतियों को दिखलाया।

देवताओं की फौज बड़ी फुर्ती से बढ़ती गई, और शीघ्र ही वह दैत्यपुरी के पास आ पहुँची। सेनापति की आज्ञा के अनुसार दैत्यपुरी को चारों ओर से देव-सैनिकों ने घेर लिया। आने-जाने का रास्ता बन्द हो गया। दैत्यपुरी में इससे बड़ी खलबली मची। सब लोग एकाएक आक्रमण होने पर बहुत घबराए परन्तु तैयारी वहाँ भी थी। जब से हिरण्यकशिपु घर से बाहर निकला था, तब से वहाँ बड़ी रखवाली रहती थी। पहले से अधिक गुप्तचर नियुक्त कर रखे गए थे। फौजी विभाग में पहले से दूना खर्च हो रहा था। दैत्यों को हिरण्यकशिपु के न आने तक देवताओं पर सदा सन्देह बना रहता था। वे सब समय सचेत रहते। इसलिए जब नगर के घिर जाने का हाल उन लोगों को मालूम हुआ, तब पहले तो वे बहुत हँसे। इन्द्र की हिम्मत देख वे उनकी दिल्लगी उड़ाने लगे। किसी ने कहा, "देखो, देवराज कैसा चोर है? समझा होगा, दैत्यपुरी खाली है, राजा इस समय नहीं है, चलो, लूट लें, मगर यह तो न सोचा होगा कि देवताओं के दर्द की दवा करनेवाले यहाँ सैकड़ों दैत्य-वैद्य मौजूद हैं।"

किसी दूसरे ने कहा, "अरे तुमने देखा नहीं? लोभ अन्धा है। जिस तरह उसके आँखें नहीं हैं, उसी तरह जिस पर वह सवारी करता है, उसे भी अन्धा बना देता है। अब वे दिन फिर बच्चू को भूल गए, जब दाने-दाने को मोहताज, जंगलों में घूमते थे। जान पड़ता है, अब इधर कुछ दिनों से दैत्यराज के चले जाने पर तोंद मोटी पड़ गई है।"

एक तीसरे ने कहा, "तोंद मोटी बढ़ गई होगी तो फिर पिचक जाएगी। इसीलिए तो यहाँ आया है। मगर है बड़ा बेशर्म! कोई दूसरा होता तो चुल्लू-भर पानी की तलाश करता।" दैत्यों में इसी तरह का मज़ाक़ छिड़ा हुआ था कि एकाएक बिगुल बजने लगा। बिगुल लड़ाई होने से पहले सेना की वर्दी डाटकर तैयार हो जाने के लिए बज रहा था। जितने दैत्य-सैनिक थे, सब सजग हो गए। सेनापति की आज्ञा

पर सब के सब फौजी वर्दियाँ डाटकर अस्त्र-शस्त्र ले बात-की-बात में सज्जित हो गए, और जहाँ बिगुल बज रहा था, वहाँ आकर हाज़िर हो गए। सैनिकों के मुख पर दृढ़ता, होंठों में प्रतिज्ञा, नेत्रों में साहस और वार्त्तालाप में प्रसन्नता टपक रही थी। सेनापति ने उत्साह बढ़ाते हुए कहा, "वीरो, आज दुश्मन घर बैठे ही हमें आ मिला है। इस समय महाराज यहाँ नहीं हैं, वे अगर होते तो देवता पहाड़ों की गुफाएँ छोड़कर बाहर निकलने का भी साहस न करते। उनके इस साहस से साफ सूचित है कि वे हमें क्या समझते हैं। भाइयो, इससे हमारा कितना अपमान हुआ, इसका तुम्हें सहज ही में अनुमान हो सकता है। दैत्यराज यहाँ नहीं है, तो क्या इससे दैत्यपुरी वीरविहीन हो गई ? मैं तो यह समझता हूँ कि दैत्यराज नहीं हैं, इसलिए दैत्यों में इस समय पहले से चौगुनी ताकत अधिक है क्योंकि उनके न रहने पर भी दैत्यों को उनके नाम की रक्षा करनी है। यह राजधानी आज उनकी नहीं, हमारी है। वे होते तो इसके राजा वे एक ही रहते, परन्तु आज हम हरएक इसके राजा हैं। वे रहते तो इसकी इज़्ज़त पर ज़्यादा उन्हें ख़याल होता, परन्तु आज हममें हरएक को उसकी इज़्ज़त का ख़याल है। भाइयो, दुश्मन घर में बेधड़क घुस आए, और हम चद्दर तानकर सोते रहें ?"

"हरगिज़ नहीं, हरगिज़ नहीं।" उस विपुल सेना-समुद्र के एक छोर से दूसरे छोर तक यही शब्द सुनाई दिया। सेनापति ने कहा, "भाइयो, हमें प्राण देकर भी अपनी जन्मभूमि, माता की और उससे भी बढ़कर हर वक़्त अपनी गोद में रखनेवाली जन्मभूमि की रक्षा करनी ही होगी।"

"अवश्य ही हम लोग अपनी जन्मभूमि की रक्षा करेंगे। प्राण दे देंगे, पर पैर पीछे नहीं पड़ेंगे। आप विश्वास रखिए।" करोड़ों कर्कश कंठों से निकलकर यह ध्वनि बार-बार वायुमंडल में गूँजने लगी। सेनापति को अपनी सेना पर दृढ़ विश्वास हो गया। बड़े उत्साह में आकर उन्होंने अपनी विजयिनी सेना को बधाई दी। कुछ देर तक देवताओं की कायरता, उनके भागने की पटुता, दिल की कमज़ोरी आदि पर व्याख्यान देते रहे ताकि सेना की हिम्मत और बढ़ जाए। फिर द्वार-रक्षक से फाटक खोल देने के लिए कहा।

फाटक खुलते ही पहाड़ से निकलनेवाली टिड्डियों की तरह दैत्यों की सेना ने लड़ाई का मैदान छा लिया। सेनापति ने तत्काल अपनी विपुल सेना का व्यूह बनाकर शत्रुओं का सामना करने के लिए झंडी हिलाकर इशारा किया। दैत्यों की फुर्ती का क्या कहना था ? क्षणभर में सब सेना व्यूह रचकर खड़ी हो गई और वार करने के लिए अपने सेनापति की ओर एक दृष्टि से ताकने लगी। सेना को सुरक्षित भाव से खड़ी देखकर सेनापति ने अस्त्र चलाने की आज्ञा दे दी।

उस दिन देव-वाहिनी और दैत्य-सेना की घमासान लड़ाई देखने ही लायक हुई। देवताओं में सताए जाने के कारण प्रतिहिंसा की भयानक ज्वाला धधक रही थी।

सबने प्राणों का मोह छोड़कर दैत्यपुरी को आकर घेरा था। उधर, दैत्य कई बार विजयी हो चुके थे। उनके दिल बढ़े हुए थे। वे देवताओं को वीरों में गिनते ही न थे। बड़ी देर तक लड़ाई होती रही। आज कुछ नज़र न आया। दोनों ही अपनी-अपनी जगह पर डटे रहे।

आक्रमण से पहले दैत्यों ने एक भूल कर डाली थी। उन्होंने अपनी थकी हुई सेना को मदद पहुँचाने का उपाय नहीं सोचा। एकसाथ कुल फौज लेकर देवताओं पर टूट पड़े थे। उन्हें विश्वास था कि इस तरह सामना होते ही हम लोग देवताओं को दबा लेंगे, और पैर उखड़ जाने पर फिर उनका ठहरना मुश्किल हो जाएगा। दैत्यों को यह पता ही न था कि देवताओं की कुछ फौज अलग मदद के लिए रख छोड़ी गई है। अस्तु, पहरभर लड़ाई होने के पश्चात् दोनों ओर की सेना में शिथिलता देख पड़ने लगी। दैत्य-सेनापति के पास उत्साह-भरे शब्दों के अलावा अपनी सेना की सहायता करने का और दूसरा उपाय न था। उधर, देव-सेनापति ने अपनी सेना को साहस देने पर भी अस्त्र चलाते हुए विलम्ब देख, मदद के लिए रक्षित फौज ले आने की आज्ञा दी। देखते-ही-देखते देवताओं की नई फौज आकर डट गई। थकी हुई सेना विश्राम करने के लिए भेज दी गई।

देवताओं की नई फौज का कठोर आक्रमण दैत्यों की सेना न सह सकी। सेनापति के बार-बार झंडियाँ हिलाकर उत्साह बढ़ाने पर भी कुछ फल न हुआ। देवताओं की मार वह न सह सकी। उसे जान लेकर भागना पड़ा। देवताओं की विजय हुई।

विजय के पश्चात् बारी लूट की आई। देवताओं ने खूब जी भरकर दैत्यपुरी को लूटा। हीरा, मोती, पन्ना, लाल, सोना, चाँदी—सब कुछ वहाँ भरा हुआ था। देश-देशों की सम्पत्ति-राशि वहीं खिंचकर आ गई थी। देवताओं ने सब लूट ली। लूट के बाद नम्बर आया धरपकड़ का। देवताओं की विजय हो जाने पर उसी वक़्त दैत्य जी लेकर दैत्यपुरी छोड़कर भाग गए थे। चारों तरफ से पुरी खाली पड़ी थी। वहाँ स्त्रियाँ और बच्चे रह गए थे। देवराज की आज्ञा से देवताओं ने किसी स्त्री या बच्चे को नहीं सताया परन्तु हिरण्यकशिपु की स्त्री रानी कयाधू को कैद कर लिया। कयाधू उस समय गर्भवती थी। इन्द्र ने खासकर इसी विचार से उन्हें कैद कराया था।

कयाधू स्त्रियों में रत्न थीं। विधाता की इच्छा और कर्मफल के अनुसार दैत्यपुरी में महारानी बनकर रहने पर भी उनमें दैत्य-स्वभाव की कोई छाप न थी। बड़ी ही सरल, पवित्र, उदार, दयालु, बुद्धिमती और स्वभाव की शान्त थीं। सभी गुण उनमें आकर इकट्ठे हो गए थे। देवता जब उन्हें कैद करके ले चले, तब उनके हृदय को बड़ा दुख हुआ परन्तु स्वाभाविक लज्जा और अपनी प्रतिष्ठा का विचार करके वे रोयीं नहीं। कलेजा मसोस-मसोसकर रह जाती थीं। परमात्मा की प्रेरणा से एक रास्ते से नारद जी मिल गए। मुनि को इनकी दशा पर दया आ गई। उन्होंने इन्द्र से पूछा,

"इन्हें कहाँ लिए जा रहे हो?" इन्द्र ने कहा, "हिरण्यकशिपु की पत्नी हैं, इस समय इनके गर्भ है। जब लड़का हो जाएगा, तब इनको छोड़ दूँगा। इनसे मेरी कोई शत्रुता नहीं है, परन्तु इनका पुत्र मेरा परम शत्रु है। मैं उसे ज़रूर मार डालूँगा।"

नारद ने कहा, "वाह! यह आपकी कैसी नीयत है? उस बच्चे ने आपका क्या बिगाड़ा है? और सच तो यह है कि वह बच्चा ईश्वर का बड़ा ही भक्त होगा। फिर आप उसे मारने की ताक में क्यों लगे हो?"

नारद की बात पर इन्द्र को विश्चास हो गया। उन्होंने रानी को छोड़ दिया। नारद जी रानी को अपने यहाँ ले आए। आश्रम की पवित्रता और ऋषि के आश्रम में रहना—ये दोनों ही गर्भवती रानी के लिए बड़े लाभकारी हुए। नारद ने कहा, "हिरण्यकशिपु जब तपस्या करके घर आ जाएगा, तब हम तुम्हे वहाँ भेज देंगे।" आश्रम में नारद जी से रानी को अनेक प्रकार के उपदेश मिले थे। उनका असर उन पर उतना नहीं पड़ा, जितना उनके गर्भस्थ बच्चे पर पड़ा।

तृतीय परिच्छेद

वर-प्राप्ति और गृहागमन

तपस्या करते-करते हिरण्यकशिपु को कितने ही वर्ष हो गए, परन्तु कहीं कुछ न हुआ। इतना कष्ट सहन करने पर भी कहीं कोई न आया। तपस्या की प्रखरता से शरीर सूखकर काँटा हो गया, भूख-प्यास जाती रही, ऐश-आराम भूल गया, परन्तु फल कुछ न हुआ। कभी-कभी हृदय हताश होने लगा, इष्ट-देव से विश्वास उठने लगा, क्षणभर के लिए दुर्बलता मन पर अधिकार फैलाकर उसे घर के दुखों की याद दिलाती और तप छोड़कर लौट चलने के लिए एक परम मित्र की तरह सलाह देती, परन्तु दूसरे ही वक़्त शरीर के रोम-रोम से दृढ़ता की तीव्र स्फूर्ति उसे कमज़ोरी की ओर ध्यान देने के लिए इशारा करती। कहती, "इससे बचो, इसका क्षणभर के लिए आना भी तुम्हारे असाध्य-साधन के लिए बड़ा विघ्न है। इसे हरगिज़ न आने दो। अगर फल की लालसा है, तो तब तक दृढ़ रहो जब तक व्रत पूरा न हो जाए। मन में दुर्बलता का लेशमात्र भी जब तक रहेगा, तब तक तुम्हें सफलता न होगी। यह तुम्हारे इष्टदेव की परीक्षा है। परीक्षा में तुम्हें उत्तीर्ण होना चाहिए। और भी दृढ़ होना चाहिए। अपनी लगन को और मज़बूत करो। ध्यान एक मुहूर्त के लिए भी जब इष्ट-देव के चरणों से विचलित न हो, तुम्हारा मनोरथ तभी पूर्ण होगा।" हिरण्यकशिपु पर दृढ़ता की ही विजय होती। वह वीर था, राजा था, विवेचक था। भले-बुरे का ज्ञान लेकर ही वह पैदा हुआ था। अन्तरात्मा की सच्ची सम्पत्ति कौन-सी है, इसके समझने में उससे गलती नहीं हुई। उसने निश्चय किया कि अब मन में दुर्बलता को कभी उठने भी न दूँगा। उठना तो क्या, मेरे मन में

इसका रहना ही मेरी महत्ता का घातक है। उसे बड़ा पश्चात्ताप हुआ। वह पहले से और भी दृढ़ होकर तपस्या करने लगा।

आसन दृढ़ करके, प्राणों को साधकर एक चित्त से अपने इष्ट-देव ब्रह्मा का ध्यान करने लगा। न उसे ग्रीष्म-काल की कड़ी धूप की परवाह थी, न वर्षा की प्रबल जल-धारा की, न शीत के प्रचंड हिम की। वीर एकनिष्ठ होकर एक ही आसन से दीर्घकाल तक बैठा रहा। उसकी अटल तपस्या में बहुत से विघ्न आए, कितने प्रकार के प्रलोभन उसके चित्त को चलायमान करने के लिए आए, परन्तु उसने आँखें खोलकर उन्हें देखा भी नहीं। तल्लीन होकर ध्यान करता रहा। उसने निश्चय कर लिया था कि या तो शरीर-पात ही हो जाएगा, या मेरा मनोरथ ही सिद्ध होगा।

हिरण्यकशिपु की उग्र तपस्या को देखकर ब्रह्मा का हृदय विचलित हो उठा। वे और विलम्ब न कर सके। मंत्र के आकर्षण से उन्हें हिरण्यकशिपु के पास खिंचकर आना ही पड़ा परन्तु उनका हृदय खलबला उठा। भक्त पर कृपा की दृष्टि फेरने के लिए उन्हें उनकी बुद्धि बार-बार विवश करने लगी। ब्रह्मा अपने बह्म-लोक को छोड़कर जहाँ हिरण्यकशिपु तपस्या कर रहा था, आए, और बड़े स्नेहपूर्ण शब्दों में पुकारकर कहा, ''वत्स हिरण्यकशिपु, तुम्हारी तपस्या आज पूरी हो गई। तुम वर की प्रार्थना करो।''

हिरण्यकशिपु ने आँखें नहीं खोलीं। पहले उसे सन्देह हुआ कि कहीं कोई अविद्या रूपिणी माया मुझे छलने के लिए तो नहीं आई ? परन्तु हृदय के कान तो ऐसे होते हैं कि वहाँ कभी किसी तरह के छल की पैठ नहीं होती, वे तुरन्त ताड़ जाते हैं कि यह छल है। सत्य की ध्वनि भी वे समझते हैं। उन्होंने हिरण्यकशिपु को विश्वास दिलाया कि यह आवाज़ किसी दूसरे की नहीं, किन्तु तुम्हारे इष्टदेव की ही है। इसमें छल-छिद्र नहीं है, यह सत्य है। तुम आँखें खोलकर अपनी इच्छानुसार वर की प्रार्थना करो।

हिरण्यकशिपु ने चिरकाल के पश्चात् आँखें खोलीं। सामने वेद-कमंडलुधारी चतुर्मुख ब्रह्मा विराजमान थे। देखकर हिरण्यकशिपु का जी भर आया। हृदय उमड़ चला। आँखों से आनन्द की धारा बह चली। उसने बड़े भक्ति-भाव से सिर झुकाकर, हाथ जोड़ अपने इष्ट-देव को प्रणाम किया और कहा, ''भगवन्, मुझ पर प्रसन्न होकर वर दे रहे हो तो यह वर दो कि मैं अमर होऊँ।''

ब्रह्मा की भौंहें कुछ कुंचित हो गईं। ललाट में सिकुड़न पड़ गई, मुखमंडल पर चिन्ता की रेखा खिंच गई। स्वर में संकोच आ गया। उन्होंने कुछ हिचकिचाते हुए कहा, ''वत्स, एक इस वर को छोड़कर और चाहे जिसके लिए प्रार्थना करो, मैं तत्काल उसकी पूर्ति कर दूँगा, अमर-वर मेरी शक्ति से बाहर है।''

ब्रह्मा की बात सुनकर हिरण्यकशिपु को पहले-पहल बड़ा आश्चर्य हुआ। उसने सोचा कि जिसके लिए मैंने इतनी मेहनत की, उसका तो इन्होंने एक ही बात से अन्त कर दिया। अब और कौन-सा उपाय है ? कुछ देर सोचते रहने के बाद उसे एक चाल

सूझी। उसने सोचा, अगर ब्रह्मा मुझे अमर-वर नहीं देना चाहते तो न दें, मैं इनसे वही वर एक दूसरे तरीके से माँग लूँगा।

उसने कहा, "भगवन्, अगर आप मुझे अमर नहीं करना चाहते, तो कृपा कर वर दीजिए कि स्वर्ग, मर्त्य और पाताल में मेरा प्रतिद्वन्द्वी वीर कोई न रह जाए। मैं सबको परास्त कर सकूँ। देव, दानव, नर, नाग, असुर, किन्नर, यक्ष, रक्ष, गन्धर्व— कोई मेरे मुकाबिले में न ठहर सके। संसार में जितने जीवधारी है, उनमें किसी के हाथों से मेरी मृत्यु न हो। न मैं दिन को मरूँ, न रात को। न बाहर, न चारपाई पर, न ज़मीन पर। न अस्त्रों से, न पानी-पवन से।"

हिरण्यकशिपु की प्रार्थना सुनकर ब्रह्मा मुस्कराए। कुछ देर बाद बोले, "हिरण्यकशिपु, मैंने तुम्हें यही वर दिया। मेरे वर से तुम तीनों लोक में विजयी होकर रहोगे।" यह कहकर ब्रह्मा वहीं विलीन हो गए, और सूक्ष्म रूप धारण कर अपने लोक को चले गए।

ब्रह्मा के चले जाने के बाद हिरण्यकशिपु को अपनी चालाकी की सफलता पर बड़ी प्रसन्नता हुई। उसने कितनी ही बार अपने प्राप्त वर की मन-ही-मन आवृत्ति की और बहुत खुश हुआ। आँखों में गर्व छा गया। बाँहों में उत्तेजना भर गई। मारे आनन्द के छाती फूलकर दूनी हो गई। मनोवांछित अमर-वर मिलने की उमंग अंग-अंग को पुलकित करने लगी।

हिरण्यकशिपु जंगल छोड़कर अपनी सुहावनी राजधानी की ओर चला। मन में अनेक प्रकार की अपार वासनाएँ उठने और डूबने लगीं। बहुत दिनों से प्रियजनों और परिजनों को देखने की लालसा न जाने कहाँ दबी हुई पड़ी थी, आज एकाएक उमड़कर दिनभर की राह, पलभर में तय कराने लगी। किन-किन शब्दों से वह अपने वीर योद्धाओं को धन्यवाद देगा, उनकी फिहरिस्त वहीं से मन-ही-मन तैयार करने लगा। अपनी रानी को चिरकाल बाद जिस सुख-संवाद से वह प्रसन्न करना चाहता है, उसको अच्छी तरह अतिरंजित करके याद करने लगा। किन-किन राज्यों पर घर पहुँचते ही चढ़ाई करनी होगी, कौन-कौन से वीर अभी जीतने को रह गए हैं—सब भूली बातों और भूले नामों को सोचकर याद करने लगा। विष्णु से बदला लेने की बात सबसे पहले याद आई। पाए हुए वर पर उसने फिर से विचार किया, देखा तो देवताओं के कोठे में विष्णु भी आ जाते हैं। विजय प्राप्त करने के लिए नामों की जो सूची उसने ब्रह्मा के सामने पेश की थी, उसके अनुसार विष्णु तो क्या, ब्रह्मा की अब तक की सृष्टि में ऐसा कोई भी जीव नहीं रह गया था, जिसे उसने सोचकर उस सूची में न दर्ज किया हो। अपनी बुद्धि और चतुरता पर चलते ही चलते वह फिर मुस्कराया, हौसला और बढ़ गया। साथ ही, कदम तेज़ उठने लगे।

कुछ दिनों की मंजिल पूरी करके एक दिन वह अपनी राजधानी की सीमा पर आ पहुँचा परन्तु वहाँ से तपस्या के लिए चलते समय जो शोभा वहाँ की उसने

देखी थी, अब वह शोभा नहीं रह गई थी, जैसे प्रचंड तुषार-पात से चारों ओर पतझड़ हो गया हो। उसकी जितनी दैत्य-प्रजा थी, सबके चेहरे उतर रहे थे। किसी की आँखों में वह ज्योति न थी, किसी में वह दृढ़ता न थी। सब के सब मानो किसी विषम शोक से मुरझा रहे थे मानो कुछ दिन पहले वहाँ प्लेग जैसी किसी भयानक बीमारी की प्रकोप फैल चुका हो। लोग साँस भी लेते हैं तो रुक-रुककर, आपस में कुछ बातचीत करते हैं तो दबते हृदय से। एक अव्यक्त शंका मानो दिन-रात उन पर सवार रहती है। न कहीं नाच है, न रंग है, न रोशनी है, न सजावट है। न कहीं ब्याह होता है, न कहीं जन्मोत्सव। जितने अखाड़े उसने देखे, सब पर बहुत दिनों से खाली पड़े रहने के कारण घास उग रही थी। कहीं कसरत करता हुआ भी कोई न मिला। धूप में रखे रहने के कारण मुग्दर जगह-जगह से चिटक गए थे।

हिरण्यकशिपु को अपनी राजधानी का बाहरी दृश्य देखकर बड़ा दुख हुआ। किसी से कुछ पूछने की भी हिम्मत नहीं पड़ती थी। पहले का सब हर्ष भय में बदल रहा था। धीरे-धीरे उसके पैर भी थरथराने लगे। आगे को उठते ही न थे। कुछ देर के लिए वह पेड़ की शीतल छाया में बैठकर अपनी राजधानी की अतीत घटना पर विचार करने लगा परन्तु कल्पना किसी एक परिणाम पर उसे नहीं ले गई। वह कभी कुछ बतलाती, कभी कुछ और, कभी कहती—'तुम्हारा सेनापति राजद्रोही निकला, उसने तुम्हारा राज्य छीन लिया है।' कल्पना में तरह-तरह के रंग देखकर हिरण्यकशिपु का मस्तिष्क बिगड़ गया। एक विचित्र ढंग की ज्वाला तमाम शरीर से फूट-फूटकर निकलने लगी। उसने बैठे रहने की अपेक्षा अपने किले में चलकर सच्ची घटना मालूम करनी उचित समझी। वहाँ से विचार करता हुआ वह अपने किले की ओर चला।

बाहर से किले को देखकर उसका हृदय दहल गया। नज़दीक पहुँचकर उसने देखा, किले का फाटक टूटा पड़ा है। संसार-विजयी राजा-महाराजा, बड़े-बड़े वीर भी जिस राह से गुज़रने की कभी हिम्मत नहीं करते थे, आज स्यार और कुत्ते उसी राह से आते-जाते हैं! हिरण्यकशिपु का हृदय इस समय एक बच्चे के हृदय से भी दुर्बल हो रहा था। जिस वीर के आतंक से एक दिन सारी पृथ्वी हिल गई थी, आज अपने हाथों की सँवारी हुई राजधानी की यह दशा देखकर वह खुद पग-पग पर काँप रहा है। इस समय न उसे अपने वर पाने का ध्यान था, न विष्णु के मारने का। राज्य की दुर्दशा देखकर वह खुद अपने को एक महा दुर्दशाग्रस्त भिक्षुक से भी गया-बीता सोच रहा है।

हिरण्यकशिपु किले के अन्दर गया। सबसे पहले वह उस जगह पर पहुँचा, जहाँ उसकी अजेय सेना रहती थी। गारद खाली पड़ी थी। इधर-उधर की दीवारें ढह गई थीं। चूहों ने कहीं-कहीं खोदकर मिट्टी की राशि लगा रखी थी। ऊपर खम्भों के दराज में चिमगादड़ों ने अड्डा जमा लिया था। जंगली लताएँ जगह-जगह से दीवार

और छत पर चढ़कर फैली हुई खूब लहलहा रही थीं, मानो हिरण्यकशिपु को देखकर सब उससे मज़ाक़ कर रही हों। हँस-हँसकर लोट-पोट हो रही थीं। चुपचाप वहाँ से निकलकर हिरण्यकशिपु अपनी अस्त्रशाला में गया। वहाँ भी यही हाल। अस्त्रों का वहाँ कहीं नाम भी न था। दो-चार टूटी हुई तलवारें इधर-उधर पड़ी थीं। एक को उसने उठा लिया और गौर से बड़ी देर तक देखता रहा। देखते-ही-देखते उसकी आँखों से कई बूँद आँसू टपक पड़े। तलवार के ऊपर की मिट्टी कुछ धुल गई। उसी की भाषा में तलवार पर कुछ लिखा था। वह पढ़ने लगा। पढ़कर उस तलवार को छाती से लगाकर वह उच्च स्वर से बच्चे की तरह रोने लगा। एक दिन उसके हाथ से इस तलवार ने संसार पर विजय प्राप्त की थी!

कुछ शान्त होकर हिरण्यकशिपु अपने रनवास की तरफ चला। किले के फाटक का दृश्य देखकर ही उसे विश्वास हो गया था कि यह चमन उजड़ गया है! प्रवृत्तिवश वह इसकी नष्ट-श्री देखने के लिए भीतर आया था। रनवास के गगन-चुम्बी कँगूरे ढह गए थे। जहाँ उसकी रानी कयाधू रहा करती थी, आज उस निर्जन भवन में कोई पिशाचिनी वास कर रही है। एक ओर उलूक-दम्पति दिखाई दिए। सबकुछ देखकर हिरण्यकशिपु जड़वत् निश्चल हो गया। वहाँ से हिलने की भी शक्ति उसमें न रही। सिर थामकर एक ओर बैठ कुछ सोचने लगा। सोचने पर भी शान्ति न मिली, और बिना सोचे रहा भी नहीं जाता था। हिरण्यकशिपु की मानसिक अवस्था बड़ी ही संकटापन्न हो रही थी। कहाँ गए वे सब वीर, जो संसार को बात-की-बात में नष्ट-भष्ट कर डालनेवाले थे ?—किले की दशा ऐसी क्यों हुई ? किसने की ? क्या सब के सब मर गए ? खबर देने के लिए क्या एक भी दैत्य न बचा रहा ? और रानी ? सोचते-सोचते हिरण्यकशिपु को चक्कर आने लगा! एक पग ही चलना दुश्वार हो गया। उसने आँखें बन्द कर लीं। भीतर भी ज्वाला भभक रही थी। बाहर जो कुछ था, वह सब तो जलकर शान्त हो गया, परन्तु हिरण्यकशिपु का अन्तर जल-भुनकर राख हो जाने से बच रहा था, इसीलिए आग वहाँ भी पहुँच चुकी थी, जल रही थी और जला रही थी। हिरण्यकशिपु की प्रकृति मानो उसका सर्वस्व छीनकर, उसे सर्वस्व देने का एक खेल कर रही थी। प्रथम सृष्टि को समूल ध्वंस करके उसकी जगह एक नई और विचित्र रचना उसे कर दिखाना चाहती थी।

हिरण्यकशिपु को न आँखें बन्द करने पर ज़रा देर विश्राम मिलता था और न खोलने ही पर। आँखें खोलकर उसने सामने से एक वीर को आते हुए देखा। आनेवाले के हाथ में तलवार थी परन्तु चाल-ढाल में किसी तरह की उद्दंडता न थी बल्कि उसकी शिथिल गति उसके शोक की सूचना दे रही थी। हिरण्यकशिपु उसे देखकर उठा नहीं। ज्यों-का-त्यों वहीं बैठा रहा। उसे किसी प्रकार का सन्देह भी नहीं हुआ, न हर्ष ही हुआ। शून्यदृष्टि से वह आगन्तुक की ओर देखता रहा। उस दृष्टि में

न कोई आशा थी, न किसी प्रकार का भय। न किसी प्रकार का दबाव था, न कोई आग्रह। एक पत्थर की मूर्ति पर दर्शक की दृष्टि जिस प्रकार पड़ती है, उसी प्रकार आगन्तुक के मुख पर उसकी दृष्टि पड़ी। वह बिलकुल नज़दीक आ गया परन्तु हिरण्यकशिपु ने उसे नहीं पहचाना। उसने हिरण्यकशिपु के पैरों पर अपनी तलवार रख दी और कहा, ''दैत्यराज, मैं अपराधी हूँ। मुझे दंड दीजिए।'' हिरण्यकशिपु ने एक बार सिर के पैर तक उस युवक को देख, उसकी तलवार उठा ली, और कहा, ''यह लो, तुम्हारा दंड हो गया।'' युवक ने तलवार ले ली। हिरण्यकशिपु उठकर खड़ा हो गया। युवक उसके गले से लिपटकर रोने लगा। हिरण्यकशिपु के भी आँसू नहीं रुके। भरे हुए गले से उन्होंने कहा, ''सेनापति... !''

''दैत्यराज!'' इससे अधिक और कुछ सेनापति से कहा नहीं गया। कुछ देर तक दोनों मौन रहे।

चतुर्थ परिच्छेद
विजय और प्रह्लाद-जन्म

हिरण्यकशिपु के तपस्या के लिए राज्य से निकल जाने के बाद, राज्य पर जो-जो विपत्तियाँ आई थीं, जिनका सामना दैत्यों को करना पड़ा था, जिनकी मार न सह सकने के कारण राज्य की यह दशा हुई थी, शुरू से अन्त तक सब हाल सेनापति ने हिरण्यकशिपु को सुनाया। सेनापति ने कहा, ''दैत्यराज, दिल का हौसला दिल ही में दबा रह गया। हमारी सेना से देवताओं की सेना दूनी थी। इसीलिए हम कुछ सेना सहायता के लिए बचाकर रख नहीं सके। देवताओं की सेना काफी संख्या में मदद के लिए रख छोड़ी गई थी। हमारी थकी सेना पर देवताओं की नई सेना का आक्रमण हमारी हार का कारण हुआ नहीं तो हम हरगिज़ न हारते। महाराज, बड़े दुख के साथ कहना पड़ता है कि महारानी कयाधू की भी हम लोग रक्षा नहीं कर सके। इन्द्र उन्हें कैद करके साथ ही लेता गया है।''

रानी के कैद हो जाने की बात सुनते ही हिरण्यकशिपु की भौंहें तन गईं। आँखों में खून उतर आया। मारे क्रोध के उसके होंठ काँपने लगे। देवताओं से बदला लेने और कैद से अपनी रानी को छुड़ाने के लिए वह तत्काल तैयार हो गया। सेनापति से कहा, ''सेनापति, हमारी सेना इस समय कहाँ और किस अवस्था में है, क्या तुम उसका कोई पता रखते हो?'' सेनापति ने कहा, ''महाराज, देवताओं के भय से आपकी सेना जंगलों में इधर-उधर छिपी पड़ी है। सब दैत्य आपके आने की बाट जोह रहे हैं। मैं तो पास ही के जंगल में छिपा था। रोज़ एक बार यहाँ छिपकर चक्कर लगा जाता था। हमेशा देवताओं की नज़र बचाकर रहना पड़ता है। आज आप आ गए, अब हमें कोई डर नहीं रहा। मैं अभी दैत्यों को खबर पहुँचाता हूँ। आप यहीं

रहिए। हाँ, आपके भोजन का पहले कोई प्रबन्ध कर दूँ। दैत्यराज, एक बात आपसे जानने की बड़ी लालसा हो रही है। तपस्या का फल क्या हुआ?''

हिरण्यकशिपु ने कहा, ''सेनापति, मेरा मनोरथ सफल हुआ। तीनों लोक में मुझे परास्त करनेवाला, परास्त तो क्या? मेरे सामने ज़रा देर ठहरनेवाला अब कोई नहीं रहा। ब्रह्मा के वर से मैं अमर हो गया हूँ। अमर भी मेरा मुकाबला नहीं कर सकता।''

हिरण्यकशिपु की बात सुनकर सेनापति का सीना गर्व से तन गया। देवताओं को मारने की आशा दृढ़ हो गई। प्रसन्नता से सेनापति बाहर गाँव की ओर निकल चला। वहाँ किसी के यहाँ से काफी तादाद में मद्य और मांस ले आया। हिरण्यकशिपु के सामने भोजन परोसकर, शराब का प्याला वहीं रखकर, सेना-संग्रह के लिए फिर बाहर निकल गया। हिरण्यकशिपु को बहुत दिनों बाद शराब मिली थी। उसने उठकर शराब पी और वहीं एक ओर पड़कर आराम करने लगा।

इधर, सेनापति जंगलों और खोहों में, जहाँ-जहाँ उसे भागे हुए दैत्यों का पता मालूम था, सबको हिरण्यकशिपु के आने का हाल सुनाता गया। उसके वर का समाचार भी उसने दैत्यों को उत्साह भरने की लालसा से कह दिया। बात की बात में खबर चारों ओर फैल गई। फिर क्या था, चारों ओर से 'दैत्यराज हिरण्यकशिपु की जय' यही आवाज़ गूँजने लगी। देखते-ही-देखते दैत्यपुरी के टूटे हुए फाटक के भीतर दैत्यों की सेना का सागर उमड़ चला।

शोरगुल सुनकर हिरण्यकशिपु महल से नीचे उतर आया। उसके चेहरे पर उस समय अलौकिक आभा छा गई थी। रह-रहकर उसे अपने पूर्व गौरव की बातें याद आती थीं। जिस अजेय वाहिनी के बल से एक दिन वह ससागरा पृथ्वी का एकछत्र सम्राट हो सका था, उसकी ओर वह न जाने किस भाव से ताकने लगा। न जाने कितनी दूर उसकी वे सब बातें उसे छोड़कर चली गई थीं मानो वह समुद्र के इस पार खड़ा हुआ उस पार की याद कर रहा है। बीच में अगणित तरंगें, करोड़ों बाधाओं को उठा-ढहा रही थीं। इतना बड़ा परिवर्तन हो गया था। अब वह और उसकी वही विजयी सेना मौजूद है। हिरण्यकशिपु भाग्य-ललाट के लेख को न मानता था। उसका ध्यान सिर्फ एक बात पर जमता था—अध्यवसाय बल पर। इसी से वह समझता था कि मैं इतना बड़ा त्रिभुवन-विजयी वीर हो सका हूँ। आज अपने दुर्दैव-विनष्ट दैत्यों के बीच में पहला उत्साह उसने अध्यवसाय बल के उच्चारण से प्रकट किया। उसने अपने तमाम वीरों को सम्बोधन करके कहा, ''वीर दैत्य सरदारो, मेरे चले जाने पर दैत्यपुरी की क्या दशा हुई, तुम लोग अपनी आँखों देख रहे हो परन्तु मुझे इसका बिलकुल गम नहीं है। मैं जानता हूँ, तुम्हारे अध्यवसाय बल से ही यहाँ की श्रीवृद्धि हुई थी और उसकी रक्षा के न हो सकने का कारण भी तुम्हीं लोग हो। मैं समझता हूँ, अगर तुम लोग चाहोगे तो फिर इसकी वही दशा हो जाएगी। मेहनत से संसार में सबकुछ हो सकता है। मुझे राज्य के नष्ट हो जाने का बिलकुल दुख नहीं

है। अगर मुझे दुख है तो वह दैत्यों के अपमान का है। वीरो, देवताओं ने हमारा बहुत बड़ा अपमान किया है। हमें चाहिए कि हम लोग ब्याज समेत इस अपमान का बदला चुकाएँ। अगर हम ऐसा न कर सके, तो कहीं भी मुँह दिखाने लायक न रहेंगे।''

दैत्यों के उस महा समुद्र में क्षुब्ध तरंग की भाँति यह स्वर एक छोर से दूसरे छोर तक बह गया कि अवश्य बदला लेंगे महाराज, नहीं तो हमारे दैत्य-नाम को धिक्कार है!

अपने वीरों का उत्साह देखकर हिरण्यकशिपु का दिल दूना हो गया। उसने सेनापति को सैन्य संगठित करने की आज्ञा दी। खुद तैयार होने लगा।

चौगुने उत्साह से इस बार दैत्यों की सेना सज्जित होने लगी। बड़ी-बड़ी आशाएँ उसने हृदय में भर रखी थीं। जिन दिन उनकी पराजय हुई थी, उस दिन से आज तक बदले की कितनी ही लालसाएँ उनके हृदय में पल्लवित हो-होकर मुरझा गई थीं। हिरण्यकशिपु की बाट जोहते हुए आज तक कितनी ही उत्सुकताओं को निराशा में बदल जाना पड़ा था। हृदय का उभार हृदय का भार बन गया था परन्तु आज की सार्थकता में वे सब भावनाएँ सप्राण-सी होकर दैत्य-सेना में स्फूर्ति संचार कर रही थीं। आज अपने विजयी-वीर को प्राप्त कर दैत्य-सेना में अदम्य साहस आ गया था। दैत्यों की विशाल सेना क्षणभर में देवताओं का नाम-निशान मिटा देना चाहती थी। हिरण्यकशिपु को अपने साथ देखकर दैत्य-सेना में हज़ारों गुना उत्साह बढ़ गया था मानो एक साधारण सैनिक भी उस रोज़ हिरण्यकशिपु हो गया हो।

देवताओं को जब मालूम हुआ कि दैत्य-सेना स्वर्ग-लोक की ओर बढ़ती चली आ रही है, तब उन्होंने इसका उपाय निकालने के लिए अपने सेनापति कार्तिक और जयन्त आदि को बुलाया। आपस में सलाह-मशविरा होने लगा। पहले हरएक की सम्मति अलग-अलग हुई, एक-दूसरे से न मिली। किसी ने कहा, ''हम असंगठित हैं, हम पर एकाएक चढ़ाई हुई है इसलिए चलो, भाग चलें।'' किसी ने कहा, ''नहीं, बिना लड़े हुए स्वर्ग का अधिकार कैसे छोड़ दें?'' किसी ने कहा, ''कुछ दिनों के लिए सन्धि कर ली जाए तो क्या बुरा है? दैत्य बेवकूफ और गँवार हैं, उनसे मिलकर उन्हें लौटा देना कोई बड़ी बात नहीं है।'' इसी तरह आपस में बातचीत हो रही थी कि एक सिपाही ने आकर खबर दी कि दैत्यों की सेना फाटक पर आकर डट गई है। अब फाटक टूटना ही चाहता है, जो उपाय करना हो, कीजिए। देवताओं को बहुत जल्द सजकर मैदान में आने के लिए कार्तिक ने आज्ञा दी परन्तु जब तक देवतागण सजकर तैयार होने लगे, तब तक दैत्य-सेना फाटक तोड़कर स्वर्ग-द्वार के भीतर आ गई। चारों ओर कुहराम मच गया। देवता अभी सज्जित भी न होने पाए थे। किसी के सिर पर मुकुट नहीं, किसी को कमर कसने का भी समय नहीं मिला। दैत्य-सेना गारद के भीतर घुस गई। देवताओं को भागने में भी विपत्ति पड़ी। बात-की-बात में सब पराजित हो गए। चारों ओर हिरण्यकशिपु

का अधिकार हो गया। नन्दन-कानन, अप्सरा-कुंज, इन्द्रासन, स्वर्ग-राज्य—सब हिरण्यकशिपु का हो गया। देवताओं की अमलदारी स्वर्ग से उठ गई। बेचारों ने भागकर जंगलों में आश्रय लिया। अब स्वर्ग-राज्य में दैत्यराज हिरण्यकशिपु की विजय पताका शीतल-मन्द समीर में लहराने लगी। परन्तु हिरण्यकशिपु के हृदय में विष्णु-वैर की जो प्रचंड आग जल रही थी, इस विजय से वह कुछ भी धीमी नहीं पड़ी बल्कि यह विजय उस आग के लिए घृताहुति का काम कर गई। उसकी ज्वाला और भी हज़ारों लपटों के साथ प्रज्वलित हो उठी। प्रतिहिंसा का ज़हर रोम-रोम से निकलने लगा। हिरण्यकशिपु के लिए क्रोधाग्नि में इस तरह धधककर जलने के सिवा और कोई चारा न था क्योंकि विष्णु उसके लिए एक विषम समस्या उपस्थित कर रहे थे जिनका न कहीं पता था, न मिलने की कोई उम्मीद। यह सब बहुत सोच-विचारकर हिरण्यकशिपु ने अपने दर्द का एक निहायत लाजवाब नुस्खा आप ही तैयार कर लिया। उसने चारों ओर यह फरमान जारी करवा दिया कि जो कोई राज्य में विष्णु की पूजा करेगा, पूजा तो क्या, उसका नाम भी अगर किसी ने लिया, तो वह अपनी जान की खैर न समझे, उसे तत्काल फाँसी दे दी जाएगी। इस कठोर आज्ञा को सुनकर सारी प्रजा थर्रा गई परन्तु राजाज्ञा की अवहेलना करने की शक्ति किसी में न थी। अत: कुछ दिनों तक के लिए विष्णु-पूजा का बाहरी आडम्बर एक तरह से बिलकुल उठ गया। केवल स्मरण मात्र रह गया।

वासव-विजयी वीर हिरण्यकशिपु के दिल में आया कि अब चलकर अपने किले की मरम्मत कराएँ। राजाओं-महाराजाओं का ख़याल उठने भर की देर होती है, उसके पूरा होने में ज़रा भी विलम्ब नहीं होने पाता और फिर हिरण्यकशिपु का ख़याल किसी ऐसे-वैसे राजा का ख़याल न था। उसके जितने सभासद थे, सबने एक स्वर से इस प्रस्ताव का अनुमोदन किया। हिरण्यकशिपु स्वर्ग-राज्य से अपनी राजधानी चला आया और नामी कारीगरों को बुलाकर अपने किले की मरम्मत कराने लगा। इस बार स्वर्ग-राज्य की सारी बनावट और सजावट वह अपनी आँखों देख आया था, इसलिए प्रतिद्वन्द्वितावश वह स्वर्ग से बढ़कर अपना किला बनवाने लगा। हिरण्यकशिपु की विजय के पश्चात् रानी कयाधू, पुरोहित और उसके पुत्र—जितने सब भाग्य की ताड़ना से तितर-बितर हो गए थे, सब उसके पास आ गए। सबके हृदयों में हिरण्यकशिपु को देखकर अपार आनन्द-सागर तरंगें मारने लगा। मुद्दतों से मुरझाये हुए जीवन-कुंज लहलहे और हरे-भरे हो गए। अपने प्यारे बच्चों को गोद में उठा हिरण्यकशिपु ने बड़े स्नेह से उनकी राज़ी-खुशी पूछी। पुरोहित से सानन्द मिलकर रानी कयाधू की ओर जब उसने दृष्टि फेरी, तब हृदय हर्ष से उत्फुल्ल हो उठा। चिन्ताएँ दूर हो गईं, क्षणभर में मुख पर दूनी रोशनी आ गई, पतझड़ के बाद जैसे डालियाँ नए कोपल लेती हैं। आशा के कुल कोमल पल्लव रानी को देखते ही मानो बसन्त समीर की सुखद गोद में झूमने-लहराने लगे। दैत्य परिवार

आज फिर अपने पूर्व-सुख और पूर्व-पदवी पर आसीन हो गया। दैत्यराज हिरण्यकशिपु ने सुख से अपनी राजधानी को आबाद किया।

रानी कयाधू चार पुत्र-रत्नों की माता थीं। सबसे बड़े पुत्र का नाम—अनुह्लाद, उससे छोटे का—अनुह्लाद, संह्लाद, फिर प्रह्लाद। प्रह्लाद अपने भाइयों में सबसे छोटे थे। प्रह्लाद का जन्म दैत्य-कुल के लिए एक बड़ी विचित्र दुर्घटना हुई। जहाँ तमोगुण की प्रधानता थी, जहाँ सुरा और मांस सबसे उपयोगी भोजन थे, उसी वंश में प्रह्लाद जैसे सदा ही ईश्वर-चिन्तन में लीन रहनेवाले भक्त-शिरोमणि का जन्म होना खासतौर से एक बड़ी विचित्र बात थी। परन्तु परमात्मा की सृष्टि में कहीं-कहीं अनहोनी भी होकर ही रहती है। दैत्य-कुल में प्रह्लाद का जन्म एक ऐसी ही अनहोनी हो गई थी परन्तु इसमें भी ईश्वर का एक बहुत बड़ा रहस्य छिपा हुआ था। जिस हिरण्यकशिपु के हृदय में विष्णु-द्वेष एक क्षण के लिए भी नहीं मिटता था, उसी के यहाँ प्रह्लाद जैसे एक परम विष्णु-भक्त का जन्म हुआ, यह दैवी-रहस्य नहीं तो और क्या है? इसी ढंग से परमात्मा दैत्य-कुल को शिक्षा और सुबुद्धि देना चाहते थे।

बड़ी-बड़ी आत्माएँ जब आती हैं, तब उनके अनेक लक्षण पहले ही से ज़ाहिर होने लगते हैं। बुद्धिमानजन उन लक्षणों से ताड़ जाते हैं कि फल शुभ होगा। प्रह्लाद के जन्म के सम्बन्ध में भी ऐसा ही हुआ। जब ये गर्भवास में थे, तब रानी कयाधू के मुखमंडल से एक अपूर्व ज्योति निकल रही थी। उसे देखकर ही नारद समझ गए थे कि रानी के गर्भ में जो सन्तान है, उससे स्वर्गीय प्रकाश अवश्य निर्गत होगा। रानी कयाधू उन दिनों अनेक प्रकार की दैवी शक्तियाँ देख रही थीं। कभी वे देखतीं—स्वप्न में उन्हें घेरकर देवियाँ उनसे वार्तालाप कर रही हैं, कभी देवताओं के दर्शन होते। कभी शीतल सुगन्ध मन्द-मन्द वायु में गूँजती हुई बड़ी ही मधुर, ध्वनि दूर से आती सुन पड़ती, कभी सुर-कन्याएँ उन्हें घेरकर नाच रही हैं। इस तरह के दर्शनों से रानी के मन में अनेक प्रकार की शंकाएँ तरंगें मारने लगी थीं। उन्होंने सोचा, कहीं ऐसा तो न हो कि कोई देवता मेरे गर्भ में जन्म लेने के लिए आया हो। हिरण्यकशिपु से ये बातें कह देने के लिए उनकी इच्छा तो थी, परन्तु उसका क्रूर स्वभाव उनका जाना हुआ था, इसलिए कहते घबराती थीं कि कहीं ऐसा न हो कि दैत्यराज गर्भ ही नष्ट कर देने की आज्ञा दे बैठे। इसी डर से दैत्यराज से उन्होंने अपने स्वप्न-दर्शन आदि की बातें छिपा रखनी ही उचित समझीं लेकिन दृष्ट्य की शंका किसी तरह हृदय से दूर न होती थी बल्कि दिन-ब-दिन यह बढ़ती ही जाती थी। जब हृदय का बोझ असह्य हो गया, तब छिपाकर उन्होंने कुल-पुरोहित को बुला यह सब हाल उनसे कह दिया और इसका फल जानना चाहा। उन्होंने अमंगल की शंका को निर्मूल कर देने के विचार से ही कुल-पुरोहित से यह सब कहा था। कुल-पुरोहित अजीब ढंग के आदमी थे।

ये रहते तो थे दैत्यकुल के बीच में, परन्तु दैत्यों के दुर्गुण इनमें छू भी न गए थे। कमल के पत्ते पर के पानी की तरह ये उस कुल के पुरोहित होते हुए भी उसके दुर्गुणों से हमेशा बचे रहते थे। यथार्थ ब्राह्मण की तरह से उस वंश की सदा ही मंगल-कामना किया करते थे और सबसे मज़ेदार बात तो यही थी जिस विष्णु से दैत्यराज का बाँसों बैर था, वही विष्णु इनके पूज्य इष्ट देवता थे! लेकिन थे ये इतने गहरे कि किसी दैत्य को इनकी थाह न मिलती थी। सबको यही विश्वास था कि हमारी तरह हमारे पुरोहितजी भी विष्णु को कहीं पा जाएँ तो अपने मंत्रबल से कच्चा ही खा जाएँ! इधर, पुरोहितजी का यह ख़याल था कि बहती लहरों को रोकना मूर्खता है। इसका नतीजा यही होता है कि रोकनेवाले को मुफ्त में उन लहरों के धक्के सहने पड़ते हैं। इसलिए सोचते थे कि जो बह रहा है, उसे तब तक बहने ही देना उचित है, जब तक वह खुद बाहर निकलने की इच्छा नहीं प्रकट करता। इस विचार से वे दैत्यों की इच्छा में कोई दखल न देते थे। इस तरह के विचित्र ढंग से पुरोहित जी ने जब रानी से समाचार सुने, तब मारे आनन्द के अधीर हो गए। उनकी आँखों से आँसू निकल आए। स्वप्न-दर्शन की बातें सुनकर भविष्य-सन्तान के सम्बन्ध में वे बहुत ही सच्चे निश्चय पर पहुँचे। उन्होंने कहा, "आप अपनी सारी चिन्ताएँ दूर कर दें, आपके गर्भ से परमात्मा की एक बहुत बड़ी विभूति प्रकट होगी। इस पुत्र-रत्न से आपका तो मुख उज्ज्वल होगा ही, किन्तु आपका वंश भी कृतार्थ और धन्य हो जाएगा। लेकिन ये बातें किसी दूसरे से मत कहें, मैं बार-बार आपसे अनुरोध करता हूँ।" इस तरह रानी को सावधान कर कुल-पुरोहित जी अपने घर चले गए।

समय पूरा होने पर शुभ मुहूर्त में प्रह्लाद का जन्म हुआ। इस समय देवताओं की दाहिनी भुजाएँ फड़क उठीं। देव-पत्नियों के नूपुर अकस्मात् मधुर-ध्वनि से बज उठे। देवताओं के यहाँ सब प्रकार के सुकुन एकसाथ दीख पड़े। आसमान बादलों से साफ हो गया। नन्दन-वन में देवताओं के फिर से आने की सूचना-सी होने लगी—देव-वंश के बच्चे-बच्चे के मुख पर एकाएक प्रसन्नता आ विराजी। सब एक प्रकार का अव्यक्त आनन्द अनुभव करने लगे।

दैत्यराज हिरण्यकशिपु यों तो सभी बच्चों को प्यार करते थे, पर प्रह्लाद में न जाने क्या एक विचित्र मोहिनी शक्ति थी। यह बालक इन्हें बहुत ही प्यारा था। इसमें एक ऐसी आकर्षण शक्ति थी कि इसके पिता-माता ही नहीं, जो कोई देखता वही अपना सर्वस्व निछावर कर देता था। एक क्षण के लिए भी बच्चे पर से नज़र हटाने की इच्छा न होती थी। सुन्दर मुखड़ा प्यार-भरा, गुलाब के दलों को मात करनेवाले कोमल गाल, भोलेपन की हद कर दिखानेवाली भौंहें, सुन्दर गोरा रंग, काले-काले लच्छेदार घुँघराले बाल, हर वक़्त होंठों पर लगी हुई मन्द मुस्कराहट। बच्चे की कोमल बाँहों को सस्नेह भरकर हरएक मनुष्य उसे छाती से लगा लेता था। रानी कयाधू तो इसे देखकर मारे आनन्द के सबकुछ भूली रहती थीं। प्रह्लाद में चंचलता

छू तक न गई थी। दूसरे बालकों की तरह वे खेल-कूद में समय न खोते थे। उनकी शिष्टता और स्थिरता बचपन से ही उनकी आकृति और चाल-ढाल से प्रकट होती थी—वे बड़े एकान्तप्रिय थे। दूसरे बच्चों की तरह लड़कों से मिलकर खेलना-कूदना इन्हें बिलकुल पसन्द न था। ये एकान्त में बैठते। जो कुछ देखते, उसी में मुग्ध और तन्मय हो जाते थे। किसने उसको बनाया, वह इतना सुन्दर क्यों हुआ—इस तरह के प्रश्न उसी समय से उनके मन में उठने लगे थे। इस विचित्र सृष्टि का कर्त्ता कौन है, वह कैसा है—यह जिज्ञासा उस छोटी अवस्था में ही उनके हृदय में बस गई थी। यह जिज्ञासा दिन-पर-दिन बढ़ती ही गई। अन्त में, यह मन को विकल करने लगी। मन की इसी अवस्था में, शास्त्र कहते हैं कि गुरु के दर्शन होते हैं। प्रह्लाद को भी गुरु के दर्शन हुए। एक दिन उसी रास्ते से नारद चले जा रहे थे। प्रह्लाद विकल नेत्रों से विधाता की रचना देख रहे थे। नारद ने इन्हें देखकर समझ लिया कि बालक अधिकारी है। प्रह्लाद ने भी नारद को देखकर उनसे प्रश्न का उत्तर समझना उचित समझा। प्रह्लाद को विश्वास हो गया कि इस महात्मा से मेरे प्रश्न का उचित उत्तर मिल जाएगा। यही विचार कर जिज्ञासु की तरह उन्होंने मुनिवर से पूछा, "भगवन्, यह सब जो कुछ मैं देख रहा हूँ, क्या है? यह कहाँ से आता है और अन्त में कहाँ जाकर ठहरता है? इसका उद्देश्य क्या है?" नारद ने कहा, "बेटा, इस तरह की जिज्ञासा से तुम इसका भेद न पा सकोगे। भगवान् की इच्छा से ही इस सृष्टि की रचना, स्थिति और नाश होते रहते हैं। तुम उन्हीं की शरण में जाओ, वे तुम्हें इसका अर्थ बतला देंगे। राम-नाम के जाप करने से वे तुम्हें दर्शन भी देंगे। उनसे मिलकर उनके कार्य के सम्बन्ध में उन्हीं से पूछना, तब सब हाल मालूम हो जाएगा।" यह कहकर नारद चले गए। उनकी बात प्रह्लाद के दिल में बैठ गई। गुरु ने रुँधे हुए फव्वारे का मुख खोल दिया—प्रवाह बहने लगा। भक्ति के वेग में प्रह्लाद ने अपने शरीर और मन को समर्पण कर दिया।

पंचम परिच्छेद

बाल्य-काल और गुरुकुल

समय धीरे-धीरे आता है और अनन्त की ओर चला जाता है। वह किसी की प्रतीक्षा नहीं करता, लोग ही उसकी प्रतीक्षा किया करते हैं। जो दुख में पड़कर समय पार कर रहे हैं वे सुखकाल की ओर टकटकी लगाए उसकी बाट जोहते रहते हैं। जिनकी चैन की वंशी बज रही है, वे पागल की तरह ईश्वर से मनाते हैं कि उनका समय और दीर्घ हो ताकि वे और जी भरकर सुखोपभोग कर लें। इसी तरह बालक की अपूर्णता यौवन की पूर्णता की ओर बढ़कर अन्त में काल के साथ नश्वर स्थावरता की ओर बढ़ जाती है।

बालक प्रह्लाद संसार की इस परिवर्तनशीलता को आश्चर्य-भरी दृष्टि से देखते, मन-ही-मन उसके रहस्य को समझने की कोशिश करते और समझकर अधीर हो जाते। उनकी दृष्टि में किशोर बालक-बालिकाएँ पड़तीं, उन्हें धूल में खेलते हुए मग्न देखकर कुछ देर वे वहाँ खड़े हुए उनकी तल्लीनता को बड़े गौर से देखते, फिर विचार करते। कभी किसी युवक को अच्छे-अच्छे वस्त्राभूषणों से सजकर सीना तान ऐंठकर चलते देखते तो प्रश्न-भरी दृष्टि से कुछ देर तक उसकी ओर भी ताकते रहते और एकान्त में बैठकर उसकी मनोभावनाओं पर विचार करते। जब कभी अपनी मृत्यु की ओर तेज़ी से बढ़नेवाले जराजीर्ण किसी वृद्ध पर उनकी दृष्टि जाती और वे देखते कि उस अस्थि-चर्म मात्र का क्षीण शरीर अपनी अपूर्ण आशाओं के लिए दिन-रात अपनी आह की आग में झुलस रहा है, तब उन्हें एक बहुत बड़ी शिक्षा मिलती—वे भविष्य की चिन्ता में डूब जाते थे और इससे उन्हें अपार हर्ष होता था। संसार का रहस्य ज्यों-ज्यों गुरु की कृपा से उनकी बुद्धि में विकसित होने लगा, त्यों-त्यों उनके हृदय में वैराग्य की भूमि बन-चुनकर तैयार होने लगी। ये भाव ईश्वर-प्रेम के पौधे को पल्लवित करने में बड़ी सहायता देने लगे।

इस समय प्रह्लाद की उम्र तो पाँच ही साल की थी, परन्तु उन्हें इतनी ही उम्र में सार और असार का ज्ञान हो गया था। वे समझ गए थे कि संसार में जन्म-धारण करने का उद्देश्य क्या है? यह संसार, जिसे हम अनेक भावों से भरा-पूरा देखते हैं, क्या है? यहाँ आने पर कोई अमर वस्तु भी मिलती है या नहीं, जितनी चीज़ें देखने-सुनने और बुद्धि द्वारा समझी जानेवाली हैं, वे नश्वर हैं या अमर? अनेक प्रकार की उलझनों को अपने बाल्य-काल में ही प्रह्लाद में सुलझाने की शक्ति आ गई थी। वे अवस्था के तो बालक थे, परन्तु बुद्धि के उसी समय प्रौढ़ हो चुके थे। पूर्व-संचित सुकृत-राशि, अपनी सम्पूर्ण विभूतियों के साथ इस बालक के देह से प्रकट हो रही थी।

प्रह्लाद कभी खेलते न थे। अपने साथियों के साथ जाते तो थे, परन्तु जब वे खेलने लगते थे, तब वे वहाँ से न खेलने का कोई बहाना करके एकान्त में बैठ अपनी नित्य की साधना किया करते थे। ईश्वर की कृपा तो वे अपने साथ ही लेकर पैदा हुए थे। इसलिए उनके गुणों का कहना ही क्या है? उस छोटे बालक के भीतर शिष्टाचार, विनय, सरलता, मधुर-भाषिता, निरहंगार, सर्वजन-प्रियता आदि जितने सद्‌गुण हैं, एक साथ ही आ बसे थे। इन सद्‌गुणों के कारण वे अपने दूसरे भाइयों से अपने माता-पिता के अधिक प्यारे थे। हिरण्यकशिपु प्रह्लाद की ओर ज़्यादा खिंचाव रहने के कारण अपना निश्छल पुत्र-प्रेम ही समझता था। वह यह नहीं जानता था कि यह पुत्र-प्रेम नहीं, किन्तु यह सद्‌गुणों का आकर्षण है और अन्त तक उसे इन गुणों की ओर खिंचा रहना होगा—चाहे वैर-भाव से ही हो।

अस्तु, एक दिन प्रह्लाद अकारण टहलते हुए पिता के पास आए। हिरण्यकशिपु ने आदरपूर्वक उन्हें गोद में बैठा लिया। सस्नेह चुम्बन करके देखने लगा। प्रह्लाद

शान्तभाव से पिता की गोद में बैठे रहे। इतने शान्त थे कि ज़रा भी हिलते-डोलते न थे। इन दिनों प्रह्लाद की उम्र पाँच वर्ष की थी। शिशुता को पार कर बालपन की आभा आ गई थी। हिरण्यकशिपु उन्हें गुरुकुल भेजने का विचार करने लगा। उन दिनों उनके तीन लड़के जो प्रह्लाद से बड़े थे, गुरुकुल में ही रहा करते थे।

पहले वर्णाश्रम-विभाग की योग्यता बड़े वैज्ञानिक ढंग से की गई थी। वर्णाश्रम-धर्म के माननेवाले ब्राह्मणों, क्षत्रियों और वैश्यों के लिए प्रथम जीवन में ब्रह्मचर्य-पालन आवश्यक कर्त्तव्य होता था। इससे किसी बहाने फिसलने का उपाय बच्चे के लिए न रह जाता था, न आजकल के श्रीमान्-श्रीमतियों की तरह सुवर्ण-राशि पर नज़रें डालकर बच्चे की शिक्षा से उदासीन रहने की पहले कोई स्वतंत्रता ही थी। सबको शिक्षा का आवश्यक नियम पालन करना पड़ता था और सब कोई इसे बच्चे के लिए अपना धर्म समझते थे।

हिरण्यकशिपु की उत्पत्ति दैत्यकुल में होने के कारण वह वर्णाश्रम-धर्म से पतित समझा जाता था, क्योंकि उसके गुणों और कर्मों से वर्णाश्रम-विभाग का कोई सम्बन्ध न था। परन्तु गुरुकुल में रहने की प्रथा उसके यहाँ भी प्रचलित थी। उसके तीन लड़के गुरुकुल में रहते भी थे। यह प्रथा ब्राह्मणवंशोद्भव शुक्राचार्य के वहाँ गुरु के रूप में रहने के कारण ही शायद चली थी। कुछ भी हो, शिक्षा देना और अपनी सन्तान को विचारों से पुष्ट बना देना हरएक शिक्षित समाज अपना पहला कार्य समझता है, चाहे उसके धर्म-कर्म और खान-पान कैसे ही हों।

जिस समय हिरण्यकशिपु को प्रह्लाद की शिक्षा की बात याद आई, उस समय दैत्यकुल-गुरु शुक्राचार्य घर पर नहीं थे। वे तपस्या करने के लिए हिमालय चले गए थे। महीने-दो महीने तक हिरण्यकशिपु, गुरु के आने की बाट जोहता रहा। परन्तु और अधिक विलम्ब करने से इधर प्रह्लाद की शिक्षा का समय व्यतीत हुआ जा रहा था इसलिए वह अधिक देर न कर सका। उनके सुयोग्य पुत्र—षंड और अमर्क के हाथों बालक प्रह्लाद के पढ़ने का भार दे देना निश्चय कर लिया। षंड और अमर्क की योग्यता में कोई कसर न थी। पिता की अनुपस्थिति में उनका कुल काम ये बड़ी योग्यता और तत्परता से करते थे। प्रह्लाद के बड़े तीनों भाई इन्हीं के पास रहकर विद्याभ्यास कर रहे थे।

भाइयों के साथ रहकर पढ़ने की बात से प्रह्लाद को विशेष प्रसन्नता नहीं हुई। उनके स्वभाव से इनका स्वभाव नहीं मिलता था। ये स्वभावत: उदासीन रहा करते थे। इनके तीनों भाई क्रीड़ा-कौतुक बहुत पसन्द करते थे। खेल-कूद में वे साधारण बालकों से भी बढ़े-चढ़े थे। यही कारण था कि प्रह्लाद की इनसे पटरी न बैठती थी। ये भी प्रह्लाद को भोंदू समझते थे।

दैवयोग से एक दिन प्रह्लाद माता के पास बैठे हुए थे। एकाएक गुरुकुल की बात उठी। प्रह्लाद के गुरुकुल जाने की बात से रानी कयाधू को बड़ी प्रसन्नता हुई।

माता को प्रसन्न देख प्रह्लाद ने पूछा, "माता, वहाँ जाने से क्या होता है? "पुत्र के सरल प्रश्न पर रानी का हृदय स्नेह से भर आया। बच्चे को गोद में उठाकर समझाने लगीं। कहा, "बेटा, विद्या के बिना जीवन का कुछ भी मूल्य नहीं है। मूर्ख और पशुओं में फिर ज़्यादा फर्क नहीं है। अपना पेट किसी तरह पशु भी भर लेते हैं और मूर्ख भी। विद्वान् मनुष्य स्वयं तो ज्ञानी होता ही है, वह दूसरे को भी मार्ग बतलाता है। उससे उसके देश और उसकी जाति का महान् उपकार होता है। बिना विद्या के बुद्धि कभी पूर्णता प्राप्त नहीं कर सकती। और भी बहुत से सद्गुण विद्या से प्राप्त होते हैं। तुम राजा के लड़के हो। तुम्हें बहुत बड़े जन-समुदाय को मार्ग बताना है। यदि तुम विद्वान् न होगे तो बुद्धि के अभाव से तुम राजपद के योग्य न हो सकोगे। शरीर-बल से मस्तिष्क-बल को अधिक महत्त्व दिया गया है। तुम जहाँ पढ़ने के लिए भेजे जा रहे हो, वहाँ तुम्हारे भाई हैं और बहुत-से लड़के और भी हैं। किसी से तकरार न करना, सबको प्यार करना। अपने बड़े भाइयों का सम्मान करना। गुरु की आज्ञा का उल्लंघन कदापि न करना। गुरु जैसा मार्ग बतावें, उसके अनुसार ही कार्य करना तुम्हारा धर्म है। व्यर्थ अपना समय बरबाद न करना।" रानी ने और भी अनेक प्रकार की शिक्षाएँ प्रह्लाद को दीं। प्रह्लाद ने अन्तिम वाक्य को बड़े ध्यान से सुना। मन-ही-मन उसे दुहराया भी। 'समय बरबाद न करना।' इस वाक्य से प्रह्लाद का मन बहुत दूर चला गया। उन्होंने माता से कहा, "माँ, क्या सब लोग मुफ्त में ही समय बरबाद नहीं करते? कौन हममें ऐसा है जो समय का सच्चा मूल्य समझता हो? ज़िन्दगी समय बरबाद करने में ही पार कर दी जाती है—किसका ध्यान इधर होता है? धन-जन इसी तरह की तृष्णा-तृप्ति में समय का सम्पूर्ण अंश कट जाता है। देखो, क्या ऐसा कोई है जिसके समय को कहें कि बरबाद नहीं होता? जिस विद्या के लिए लोग इतनी मेहनत करते हैं, क्या वह विद्या समय की बरबादी करके ही अर्जित नहीं की जाती? अच्छा, उस विद्या से लाभ क्या होता है? ज़रा मन में विचारों तो आँखों का पर्दा हट जाता है। कोई देवताओं को सताने के लिए नए-नए तरीके इसी विद्या के बल से निकालते हैं, कोई इसके बल पर दूसरों को ठगकर दूसरों की आँखों में धूल झोंककर धनी हो जाने की ताक में रहता है। क्या यही विद्या है? क्या इसी के लिए पिता मुझे गुरुकुल भेज रहे हैं! मैं समझा, बिना इसके शासन करने की कठोर योग्यता मुझमें न आ सकेगी। माता, विद्या का अर्थ तो मेरी समझ में इतना ही आया है।"

आज तक प्रह्लाद के मुख से ऐसी बातें रानी कयाधू ने कभी नहीं सुनी थीं। आज एकाएक इतनी लम्बी और सारगर्भ बहस सुनकर उनके होश उड़ गए। तत्काल पुत्र की अमंगल-शंका सवार हो गई। वे डरीं कि कहीं दैत्यराज के कानों में प्रह्लाद की ये बातें पड़ीं तो वे एक क्षण भी इसे जीता न छोड़ेंगे। रानी का हृदय पुत्र-स्नेह के कारण इतना दुबला हो गया कि होनी और अनहोनी—सब तरह की विपत्तियों को वे

प्रह्लाद के ऊपर से गुज़रते हुए देखने लगीं। जो-जो बातें प्रह्लाद के गर्भावस्था में रहते समय से सुनती आती थीं, इस समय स्नेह में पड़कर एक तरह भूल-सी गई थीं। आज प्रह्लाद की बात से चोट खाकर उन्हें उन बातों की याद आने लगी परन्तु जिस मार्ग से प्रह्लाद चल रहे थे, उससे उन्हें फेरना सहज काम नहीं था। क्योंकि नारद और अपने पुरोहितजी से रानी ने सुन रखा था कि बालक परम धर्मात्मा होगा। जब यह बात याद आई तब और कुछ न कहकर रानी चुप हो रहीं। मन-ही-मन उन्होंने भी परमात्मा की शरण ली। तब से बच्चे की रक्षा के लिए चुपचाप ईश्वर से प्रार्थना करना उनका पहला कर्तव्य हो गया।

इधर धीरे-धीरे वह दिन भी आ गया, जिस दिन प्रह्लाद को गुरुकुल जाना था। राजद्वार में उस दिन लोगों की अपार भीड़ हुई। कितने ही उनमें सिर्फ तमाशा देखने के लिए आए थे। जो लोग बड़े जेठे थे, वे प्रह्लाद की शुभ-कामना करते हुए आशीर्वाद देते जा रहे थे। उस दिन पहले से ही आतिशबाजियाँ छूटनी शुरू हो गई थीं। गढ़ के अन्दर बड़ी चहल-पहल थी। कहीं नाच-रंग हो रहा था, कहीं पहलवानों का अखाड़ा जम रहा था, कहीं कवायद होती थी तो कहीं घुड़दौड़ में सब लोग मग्न थे। दैत्यों की प्रसन्नता का ठिकाना न था। राजपरिवार में तो आनन्द का सागर ही उमड़ रहा था। सब प्रसन्न थे, पर प्रह्लाद के लिए जैसे कहीं कुछ न हो रहा हो! उन्हें समदर्शन की शिक्षा मिली थी। गुरु जो बीज बो गए थे, आज इतने दिनों में वह पल्लवित होकर पुष्पित होने जा रहा था—शीघ्र ही उसमें फल लगनेवाले थे। वह पेड़ इतना मज़बूत हो गया था कि इन झोंकों से उसे कोई नुकसान नहीं पहुँचा। वह पूर्ववत् अचल और अटल रहा।

शुभ मुहूर्त आ पहुँचा। पुरोहित मधुर स्वर से मंगल-स्तोत्र पढ़ने लगे। प्रह्लाद को दधि-मुख करा दैत्य-बालाएँ मंडप के नीचे ले आईं। बालक यंत्र की तरह सबकुछ करता गया। उस मंगल-ध्वनि के मध्य में रानी कयाधू का हृदय रह-रहकर काँप उठता था। वे बार-बार परमेश्वर से अपने प्यारे पुत्र की बाधाओं को दूर करने की प्रार्थना करने लगीं। स्तोत्र-पाठ के पश्चात् पुरोहित की आज्ञा से दैत्यराज हिरण्यकशिपु ने प्रह्लाद को विद्याध्ययन के लिए षंड और अमर्क के हाथों सौंप दिया।

यद्यपि राज-वंश का शिक्षाक्रम षंड और अमर्क को मालूम था, फिर भी उन्हें एक बार और सचेत कर देने के लिए हिरण्यकशिपु ने एकान्त में बुलाकर कहा, "आपसे ज़्यादा कुछ कहना व्यर्थ है। आप जानते हैं, दैत्य-कुल के लिए किस तरह की शिक्षा उपयोगी समझी जाती है। फिर भी, आपको एक बार और याद दिलाता हूँ। जिस शिक्षा से प्रह्लाद अपने भाइयों की तरह विष्णु-द्वेषी हो, देवताओं को अपना परम शत्रु समझे और विष्णु और वैष्णवों के नाश का विचार आजीवन इसके हृदय में भरा रहे, आप ऐसी ही शिक्षा इसे दीजिएगा।"

षष्ठ परिच्छेद

प्रह्लाद की शिक्षा

गुरु बड़ी प्रसन्नता से प्रह्लाद को ले गए थे। बालक की सहज-सुन्दर-श्री और भाव-भरा मुखड़ा देखकर उन्हें विश्वास हो गया था कि यह अपने दूसरे भाइयों से पढ़ने-लिखने में तेज़ होगा। साथ ही, प्रह्लाद के भविष्य पर और भी अनेक तरह की कल्पनाएँ वे करते गए थे।

गुरुकुल पहुँचकर नज़र उठा, प्रह्लाद ने पहले उस तृण के बने आश्रम को देखा, बड़ा अच्छा लगा। आँखें शान्त हो गईं। हृदय में दिव्य भावना भर गई। एक अव्यक्त आनन्द आत्मा को अधीर करने लगा। मन न जाने कहाँ, किस दूर-देश की ओर उड़ जाने के लिए व्याकुल हो उठा। फिर उन्होंने विद्यार्थियों की ओर दृष्टि फेरी। उनमें कितने ही जान-पहचान के भी थे। उनके भाई भी वहीं बैठे पढ़ रहे थे। बड़े श्रद्धाभाव से बढ़कर प्रह्लाद ने उनके पैर छुए। उठकर उन्होंने प्रह्लाद को गले से लगा लिया। उनके पास ही एक ओर प्रह्लाद को भी बैठने की जगह मिली। शान्तचित्त से प्रह्लाद अपने आसन पर बैठ गए। लड़कों को उन्हें देखकर बड़ा आनन्द हुआ। उनमें कोई तो उनकी ओर इशारे से अपना आनन्द सूचित करने लगा और कोई पाटी दिखाने के बहाने उठकर दबी आवाज़ में कुशल पूछने लगा। किसी ढीठ लड़के ने कानों तक लपककर 'आ गए!' की श्रुति-मधुर-ध्वनि की। प्रह्लाद चुपचाप सिर झुकाए अपने आसन पर बैठे रहे। लड़कों ने समझा, अभी आज तो ये चले आ रहे हैं, एक दिन में दृढ़ता कैसे आ सकती है? धीरे-धीरे ये भी हमारी तरह गुरुजी को धोखा देना सीख जाएँगे।

गुरु ने कुछ लिखने-लिखाने से पहले गुरुकुल की ज़बानी शिक्षा देनी उचित समझी। उन्होंने प्रह्लाद से कहा, ''बेटा, आज से तुम्हारा दूसरा जीवन शुरू होता है। आज तक तुम सुख से अपनी माता और पिता की गोद के खिलौने थे। तुम्हें भोजन-पान और खेलने के लिवा वहाँ और कुछ नहीं करना पड़ता था, तुम कुछ करने लायक थे भी नहीं। अब तक तुम्हारी दूसरी ही अवस्था थी। आज तक जिस तरह तुमने अपने माला-पिता का कहना माना है, अब वैसे ही तुम्हें यहाँ का अनुशासन मानकर चलना पड़ेगा। इससे यह फल होगा कि यहाँ की अच्छी आदतें जब तुम्हारे स्वभाव में बदल जाएँगी, तब उनके करने-कराने के लिए तुम्हें फिर इतनी मेहनत न करनी पड़ेगी—तब वे आप-ही-आप तुमसे होती रहेंगी। इसलिए पहले से तुम्हें सावधान हो जाना चाहिए, ताकि यहाँ के आचरणों के प्रतिकूल कोई कार्य न हो। दूसरी बात यह है कि घर पर तुम्हारे बहुत-से सेवक हैं, लेकिन यहाँ अपना कुल कार्य तुम्हें ही करना होगा। अभी कठोर कार्य तुमसे न लिया जाएगा, किन्तु फिर भी छोटी-छोटी आवश्यकताएँ खुद तुम्हीं से पूरी होनी चाहिए। तीसरी बात यह है कि यहाँ कभी यह घमंड न कर

सकोगे कि तुम राजा के लड़के हो। यहाँ जितने लड़के हैं, सबका बराबर आसन है। सम्मान की दृष्टि से बड़ा वह है, जिसने अध्ययन अधिक किया है। तुम्हें सदा ही उसका अदब करना चाहिए। इस तरह से तुम स्वावलम्बी हो सकोगे। दूसरे, जबकि तुम्हें एक दिन राज्य का भार सँभालना है, तो यहाँ साधारण रीति से जीवन बिताने के कारण तुम अपनी प्रजा के दुखों का अनुभव कर सकोगे। और भी हम तुम्हें बहुत-सी ज़बानी शिक्षा देंगे, लेकिन आज इतना ही बहुत है।''

प्रह्लाद मौन धारण किए उसके अनुशासनों को सुन रहे थे। तीसरी आज्ञा उन्हें भाई। राजा और रंक एक ही आसन पर बैठकर ज्ञानार्जन करते हैं, समता के इस भाव से समदर्शी बालक का मुख प्रफुल्लित हो उठा।

इधर प्रह्लाद के लिखने के लिए गुरु ने पाटी पर 'क' लिखकर प्रह्लाद को पाटी पकड़ा दी और कहा, ''बेटा, कहो—'क'। प्रह्लाद ने हाथ में पाटी ले ली। एक दृष्टि से उस अक्षर को देखने लगे। 'क' सुनकर हृदय का दबा हुआ भाव उबल पड़ा। आँखों से बड़े-बड़े आँसू बह चले। कपोलों को सिक्त करके आँसुओं की अनर्गल धारा पाटी पर गिरने लगी। गुरु का बनाया 'क' उन पवित्र आँसुओं से धुलकर साफ हो गया। प्रह्लाद को 'क' का नाम सुनते ही परम प्यारे कृष्ण की याद आ गई थी। उस अक्षर में कृष्ण-नाम की ध्वनि छिपी हुई है, यह सोचते ही प्रह्लाद की भावराशि पहाड़ के दबे झरने की तरह एकाएक खुल पड़ी और एक तिनके की तरह उन्हें अपने उद्दाम स्रोत में बहा ले गई। प्रह्लाद की यह हालत देखकर उनके गुरुओं, भाइयों और साथ के दूसरे विद्यार्थियों को बड़ा आश्चर्य हुआ। सब के सब विस्मित नेत्रों से उनकी ओर ताकने लगे।

आचार्यों ने समझा, अभी नादान बच्चा है, माँ की याद आ गई होगी, इसीलिए रोने लगा है, धीरे-धीरे जब यहाँ के लड़कों में अच्छी तरह हिल-मिल जाएगा, तब इस तरह रोकर आँसुओं की गंगा न बहाएगा। लड़कों ने सोचा, लो हो गया। जब पहले ही दिन इनकी नानी मर गईं, तब तो पढ़-लिखके ये पक्के पंडित हो चुके! अब तो ज़िन्दगी-भर के 'काला अक्षर भैंस बराबर' चरितार्थ होगा। भाइयों ने सोचा, बड़ा बुद्धू है। खेल-कूद से जिस तरह जी चुराता था, उसी तरह अब पढ़ने-लिखने से भी हाथ सिकोड़ना चाहता है। इसी के लिए पिताजी को बड़ी-बड़ी आशाएँ होती हैं। 'होनहार बिरवान के होत चिकने पात' जो वे अक्सर कहा करते हैं, सो इसका इम्तहान आज हमें पूरा मिल गया—कैसे चिकने पात हैं कि देखते ही घोंघा बन गए और लगे फूट-फूटकर रोने।

इस तरह वहाँ जितने विद्यार्थी थे, प्रह्लाद की तरफ से सबके मन में बुरे ख़याल पैदा हो गए कि पढ़ना-लिखना इनसे कहीं कुछ न होगा। इनकी इतनी तारीफ सब वाहियात थी लेकिन आचार्यों का मन अभी इतना न गिरा था। वे इस रोने का अर्थ ही कुछ और लगाते थे। प्रह्लाद को वे समझाने लगे, ''बेटा, रोते क्यों हो? यहाँ

तुम्हारे बड़े भाई भी तो हैं। देखो, वे किस तरह दिल लगाकर पढ़ते हैं। अभी से अगर अच्छी तरह पढ़-लिख न लोगे तो आगे फिर इस हरकत के लिए तुम्हें अफसोस होगा। तुम्हारे भाई तुमसे बढ़कर विद्वान हो जाएँगे तो तुम उनसे आँखें भी न मिला सकोगे। राज्य के काम में फिर तुम्हें कोई न पूछेगा। इसलिए अभी से दिल लगाकर मेहनत करो। बिना विद्या के मनुष्य का जीवन ही व्यर्थ है।'' इस तरह आचार्यों ने बहुत समझाया, प्रह्लाद का जी अक्षरों की ओर ले जाने के लिए उन्होंने हर उपाय किया, पर फल कहीं कुछ न हुआ। 'क' की ओर टकटकी लगाए ताकते हुए प्रह्लाद ने उच्च-स्वर में 'जय कृष्ण', 'जय कृष्ण' की रट लगा दी!

अब तो आचार्यों के होश उड़ गए। उन्हें इतना आश्चर्य अपने जीवन में कभी न हुआ था। लड़कों को भी लिखना-पढ़ना बन्द करके बड़ी देर तक मनोरंजन करने का एक खास विषय मिल गया। सबके सब पुस्तकें बन्द करके, बेवकूफ की तरह मुँह बाये और आँखें फाड़े हुए कभी प्रह्लाद की ओर देखते, कभी आचार्यों की ओर। पहले तो आचार्यों को आश्चर्य हुआ, फिर वह क्रोध में बदल गया। परन्तु पहले हो दिन प्रह्लाद को बेंत के बल पर समझाना उन लोगों ने अनुचित समझा। इसीलिए प्रहार करने को बिलकुल तैयार होकर भी पीछे से सँभल गए। बहुत तरह से समझाया, लेकिन प्रह्लाद पर उस ज्ञान का कुछ भी असर न पड़ा। जिस ज्ञान का दीपक उनके हृदयों में जल रहा था, उसके प्रकाश में उन्होंने और जितने प्रकाश देखे, सब मन्द पड़ते हुए दिखाई दिए। इसलिए उनका हृदय नहीं माना। वह पहले ही के प्रकाश में मुग्ध रहे। आचार्यों ने प्रह्लाद को समझाने की एक बड़ी सुन्दर युक्ति निकाली थी। उन्होंने कहा, ''अगर तुम्हें देव-पूजा करनी ही है तो विष्णु को छोड़कर शिव की उपासना करो, तुम्हारे वंश में इन्हीं की पूजा प्रचलित है। ये विष्णु से किसी प्रकार कम शक्तिवाले नहीं समझे जाते।'' लेकिन आचार्यों के युक्तिपूर्ण तर्क भी प्रह्लाद के हृदय के आगे परास्त हो गए। प्रह्लाद के हृदय ने कहा, प्यार कभी योग्य और अयोग्य की जाँच नहीं करता। यह तो उसका स्वभाव ही नहीं है। वह जिसे प्यार करता है, उसमें उसे सब गुण ही दीख पड़ते हैं—चाहे वे हों या न हों। दूसरे, सच्चा प्यार कभी बदले में कुछ प्राप्ति की आशा नहीं रखता। यह बनियापन सच्चे प्यार में तो होता ही नहीं। अगर विष्णु को हृदय चाहता है और अपनी सम्पूर्ण पूजा बिना किसी प्रार्थना के वह उन्हीं के चरणों पर उत्सर्ग कर देना पसन्द करता है, तो उसके सामने शिव या किसी दूसरे देव को लाकर खड़ा करना, उसे प्रतिकूल आचरण करने की शिक्षा देना है, जिससे बढ़कर पाप और दूसरा हो ही नहीं सकता। सच्चा हृदय कभी प्रतिकूल-पथ से होकर नहीं चल सकता। प्रह्लाद भी विष्णु को छोड़कर शिव की उपासना नहीं कर सके।

वह पहला ही दिन था, इसलिए आचार्यों ने उस दिन खामोश रहना ही उचित समझा। वे दूसरे उपायों की तलाश करने लगे, जिससे प्रह्लाद के हृदय का लिखना-

पढ़ना बस 'क' की परिधि में पड़कर घिरा ही रह गया—फिर बहुत कुछ जोर लगाने पर भी वहाँ में आगे नहीं बढ़ा। इधर ज्यों-ज्यों समय बीतने लगा, त्यों-त्यों आचार्यों के मन में तरह-तरह की शंकाएँ धावा मारने लगीं। राजा हिरण्यकशिपु की तरफ से उन्हें भय होने लगा कि अगर प्रह्लाद की पढ़ाई के सम्बन्ध में राजा पूछेंगे तो हम क्या उत्तर देंगे? उनकी यह शंका उत्तरोत्तर बढ़ती ही गई।

इधर, प्रह्लाद के मन में किसी तरह का परिवर्तन न हुआ बल्कि उनका अनुराग और बढ़ता ही गया। गुरुओं ने उन्हें मार की धमकी दी, राजा से कहकर सज़ा दिलाने को डरवाया, परन्तु प्रह्लाद ने इनकी ज़रा भी परवाह नहीं की। वे पूर्ववत् ही निश्चिन्त रहे। बल्कि एक ओर से भय और बाधाएँ ज्यों-ज्यों भक्ति-बन्धन को शिथिल करने के लिए आने लगीं, त्यों-त्यों प्रह्लाद की अन्तरात्मा में न जाने कहाँ से आत्मबल और दृढ़ विश्वास, आकर उन्हें आश्वासन देने लगे। इन्हें इस बीच में अपने भीतर ही अपने बचाव का उपाय सूझ जाता। हृदय मौन स्वर से कहता, डरते क्यों हो? ये सब बाधाएँ तुम्हें सफल करने के लिए ही आ रही हैं—इनसे घबराओ मत—इन्हें पार करना है—उनके दर्शन तुम तभी प्राप्त कर सकोगे। हृदय की बातों पर प्रह्लाद मुग्ध हो जाते। इतनी सुन्दर सारगर्भित बातें बाहर किसी के मुख में उन्हें नहीं सुनने को मिलीं। इसलिए इस संकेत को वे किसी तरह नहीं छोड़ सके। गुरुओं की आज्ञा और पिता का भय कुछ भी उन्हें विचलित नहीं कर सका।

पाठशाला में प्रह्लाद का समय एक तरह से ईश्वर-चिन्तन में ही व्यतीत होता था। अक्षर-ज्ञान तो 'क' से हल हो गया। रही समय पार करने की बात, सो मुफ्त की चिन्ता में या खेल-कूदकर समय की सफाई करने में प्रह्लाद पहले में ही निपुण न थे। इसलिए वहाँ का अधिकांश समय ईश्वर-चिन्तन में ही बीतने लगा। मन-ही-मन भगवान् का स्मरण करते-करते प्रह्लाद के मनोभाव बहुत जल्द बदल गए। नारद ने उनके हृदय में जो भक्ति-बीज बोया था, अब वह फलने के लिए तैयार हो गया,—अंकुर, पल्लव, पुष्प आदि की पहली दशाएँ तो क्रमशः बहुत शीघ्र वह पार कर चुका था। साधना अब सिद्धि पर पहुँचनेवाली थी मानो आँसुओं के सिंचन से, प्रह्लाद अपने अभीष्ट देव का मार्ग सदा ही शीतल रखने लगे। देर बस उनके आनेभर की थी।

प्रह्लाद की यह हालत उनके लिए तो हिरण्यकशिपु की ओर से खतरनाक थी ही, किन्तु धीरे-धीरे लड़कों के लिए भी वह भयानक हो उठी। प्रह्लाद के संग-प्रभाव से लड़के भी वैसे ही होने लगे। उन दिनों प्रह्लाद की आकृति और प्रकृति में कुछ ऐसा आकर्षण आ गया था कि कोमल प्रकृति के बच्चों का तो कहना ही क्या, बड़े-बूढ़े घोर संसारी मनुष्यों की अन्तरामा भी उन्हें देखकर हिल जाती थी—वह एक दूसरे देश की बातें सोचकर मंत्रमुग्ध भुजंग की तरह अपना ज़हरीला स्वभाव भूलकर उस अपूर्व सुन्दर रूप की ओर एकटक ताकती ही रह जाती थी।

अस्तु, प्रह्लाद के भावों के बीज बालकों में भी संचरित होने लगे। कम-से-कम जो बालक स्वभाव के कुछ अच्छे थे, वे ही बहुत जल्द प्रह्लाद के भावावेश में मुग्ध हो गए—वे दिल से प्रह्लाद को प्यार करने लगे। कुछ लड़के ऐसे भी थे जो प्रह्लाद से दिल्लगी-मज़ाक़ किया करते थे परन्तु प्रह्लाद की तरफ से जो शान्तिपूर्ण मौन के सिवा कोई करारा उत्तर न मिलता था। इस तरह चपत के जवाब में घूँसा न पाने के कारण उग्र बालकों को भी एक खास तरह का आनन्द मिलता था, जो उन्हें जवाब मिलने पर न मिलता। इससे उनकी अन्तरात्मा भी प्रह्लाद की ओर खिंचने लगी थी।

एक दिन बालकों को बिलकुल एकान्त मिला। बकनेवाला आश्रम में कोई न रह गया। षंड और अमर्क—दोनों किसी काम से बाहर निकल गए। जब एकान्त मिला, तब चुलबुले लड़के खेलने के लिए तैयार हो गए। कुछ तो आनन्द की उमंग में वहीं थिरकने लगे, कुछ दौड़ते हुए आश्रम के बाहर मैदान में निकल गए और वहीं मनमाना खेल शुरू कर दिया। कुछ लड़के चुपचाप प्रह्लाद के पास बैठे रहे। उनकी भोली-भाली शान्त-मूर्ति को ध्यान से देखने लगे। एक लड़के को प्रह्लाद से कुछ पूछने का बड़ा आग्रह हुआ। उसने सोचा, मैं आज कई दिन से प्रह्लाद को इसी तरह चुपचाप बैठे सोचते हुए देखता हूँ, लेकिन समझ में नहीं आता कि यह क्या सोचता रहता है? अगर यह कोई अच्छी बात सोचता है तो इससे क्यों न पूछूँ? बुरा क्या है? इसकी उत्सुकता आज कई दिनों से उत्तरोत्तर बढ़ती ही जा रही थी। आज वह पूछने पर बिलकुल तुल गया। प्रह्लाद के पास पहुँच, बड़े मीठे स्वर में उसने पूछा, "क्यों भाई, तुम चुपचाप बैठे क्या सोचते रहते हो? कुछ हमें भी बताओ, तुम्हारी यह हालत देखकर दिल में जाने क्यों दर्द होता है।" बड़े ही नम्र और मधुर शब्दों में प्रह्लाद ने कहा, "भाई, मेरे लिए दुख न करो। मुझे किसी प्रकार का कष्ट नहीं है बल्कि मुझे राम-कृपा से परमानन्द की प्राप्ति हुई है। इस नश्वर संसार में सुख और दुख—दोनों ही मनुष्यों को भुलावे में डालकर एक मूल्यवान वस्तु से सदा के लिए जुदा कर रखनेवाले हैं। इसलिए इन दोनों का परिहार करना चाहिए। मुझे तो यही शिक्षा मिली है और इसी साधना में मैं अपना जीवन लगा दूँगा।"

प्रह्लाद की बातों में इतनी सहानुभूति थी कि बालकों के कोमल हृदय उन बातों से द्रवीभूत हो गए। इससे उन्हें थोड़ी देर के लिए एक प्रकार की शान्ति भी मिली। ऐसी शान्ति इतने दिनों तक उन्हें और कभी नहीं मिली थी। व्याकरण के सूत्रों में तो यह रस था ही नहीं, उन्हें माता-पिता के स्नेह-शब्दों में भी इतना आनन्द और इतना अपनापन नहीं मिला था। सब बालकों को प्रह्लाद के साथ इस प्रसंग पर ज़्यादा कुछ वार्तालाप करने का आग्रह हुआ। एक दूसरे ने पूछा, "अच्छा भाई, तुम्हारे राम कैसे हैं? कहाँ रहते हैं? वे तुमसे कब मिलते हैं? ज़रा हमें भी बताओ तो हम भी उनसे मिलने की कोशिश करें। उनसे मिलते हो तो तुम्हें क्या मिलता है?"

बालकों के प्रश्न पर प्रह्लाद को हँसी आ गई। कोमल अधरों पर क्षणिक मुस्कुराहट की तरल रेखाएँ खिंचकर वहीं शान्त हो गईं। प्रह्लाद ने कहा, "मित्रो, इन आँखों से वे नहीं दीख पड़ते। उन्हें देखने के लिए प्रेम की आँखें होनी चाहिए। इस दृष्टि से तो संसार ही दीख पड़ता है। अगर उन्हें देखने की लालसा है तो पहले प्रेमपूर्वक उन्हें पुकारना चाहिए। जब उन्हें पुकारते-पुकारते अन्तर का मल धुल जाता है, तब उस पवित्र अन्तरात्मा में उनके दर्शन होते हैं। कलुषित आत्मा में उनका बिम्ब नहीं पड़ता। और उनके रूप का क्या कहना! वे कोटि-सूर्य से भी अधिक प्रकाशवान हैं, परन्तु उनका प्रकाश दग्ध करनेवाला नहीं, वह आत्मा की सम्पूर्ण ज्वाला प्रशमित कर देता है। उनके रहने का स्थान भला कहाँ बताऊँ कि अमुक स्थान पर रहते हैं और अमुक स्थान पर नहीं। वे सर्वव्यापी हैं, सब जगह रहते हैं परन्तु भक्तों के हृदय को ही उनका खास मन्दिर समझना चाहिए। तुमने जो पूछा कि वे कब मिलते हैं, सो मिलने के लिए उनकी तरफ से कोई वक़्त थोड़े ही है? जब कभी सच्चे हृदय से कोई उन्हें पुकारता है, तब वे तत्काल उसे आकर दर्शन देते हैं। वे सर्वव्यापी हैं, जब चाहते हैं, प्रकट हो जाते हैं और जब चाहते हैं, अन्तर्धान हो जाते हैं। तुम अगर उनसे मिलना चाहते हो, तो लगन लगाकर शुद्ध और निश्चल भाव से उन्हें पुकारो, वे ज़रूर तुम्हें दर्शन देंगे।"

प्रह्लाद की बातें बालकों पर जादू का काम कर गईं। सब स्तब्ध और निश्चेष्ट से होकर प्रह्लाद की ओर ताकने लगे। सीधी सरल बातों का प्रभाव उन पर इतना पड़ा कि उन्होंने इन वाक्यों को अक्षर-अक्षर सत्य मान लिया। तुलनात्मक दृष्टि से जाँच करने के लिए उनके मन में बार-बार उस समय दो विषय क्रमशः आते-जाते थे और उन्हीं दोनों की मधुरता परखने के लिए उस समय उनके मन में गम्भीर गवेषणा चल रही थी। इन दो विषयों में एक तो था—व्याकरण-सूत्र और दूसरा—प्रह्लाद की बातों का सत्य। इन दोनों में पिछला ही उन्हें ज़्यादा जँचा। व्याकरण के सूत्रों की अष्टावक्र-मूर्ति और उन पर श्री गुरुदेव की विस्तृत व्याख्या की बालकों को याद आने के साथ ही एक बेहोशी की हालत हो जाती थी, लेकिन सरस्वती के इन बालक-भक्तों को अक्षर पढ़ाने से पहले वाणी-भवानी की जैसी भक्ति दिखलाई गई थी, संस्कारवश इन्हें देवी के तिरस्कार करने की हिम्मत न होती थी, सूत्रों के दुर्जेय दुर्ग के भीतर न बैठ सकने का कारण ये अपनी ही दुर्बलता समझते थे। लेकिन आज एक नई बात पर बिना मत्थामारी किए ही प्रवेश-पथ मुक्त-सा दीख पड़ा, दिमाग को ज़्यादा मेहनत नहीं पड़ी, बुद्धि ने कहा, "हाँ, यह बहुत अच्छा है—इस रास्ते से हमें चलने में कोई दिक्कत न होगी," तब लाचार होकर उन्हें अपने संस्कारों के ख़िलाफ़ मैदान में उतरने की इच्छा हुई। गुरुदेव की टीका से प्रह्लाद की वाणी में अधिक मधुरता मिली—गुरुदेव से प्रह्लाद अधिक सहृदय जँचे। बस, कुछ बागी लड़कों ने निश्चय कर लिया कि अब व्याकरण के सूत्रों को आज ही से नमस्कार है और प्रह्लाद जो कुछ कहेंगे, वही स्वीकार है।

पाठशाला में प्रह्लाद का एक दल तैयार हो गया। सबके मन में प्रह्लाद की बात बैठ गई। सबने समझा, संसार नश्वर है। आज है, कल नहीं। इससे बाहर निकलना ही जीवों का मुख्य कर्तव्य है। इस विचार से लिखना-पढ़ना छोड़कर सब के सब प्रह्लाद के साथ राम-नाम का कीर्तन करने लगे। खूब जोर-शोर से कीर्तन चल रहा था कि बाहर से षंड और अमर्क भी आ गए। शिष्यों की यह पराकाष्ठा को पहुँची हुई भक्ति देखकर उनके तो देवता ही कूच कर गए। डरे कि अब बमौत मरना पड़ा। हिरण्यकशिपु जैसा विष्णु-द्वेषी है, वह गुरु और ब्राह्मण का विचार हरगिज़ न करेगा—सुना नहीं कि जल्लादों के सुपुर्द किया! आचार्य दोनों इतना डरे कि वहाँ ज़रा देर भी नहीं ठहरे—न किसी को कुछ कहा, सीधी राह राजदरबार की पकड़ी।

बड़े रोब-दाब से अपने सामन्त-सरदारों के बीच में ऊँचे सिंहासन पर महाराज हिरण्यकशिपु दरबार कर रहा था। उसी समय आचार्यों के पहुँचने की खबर भेजी गई। आचार्यों के आने का कोई खास कारण होगा, इसलिए उन्हें दरबार में बुलाना उचित नहीं, यहाँ से चलकर एकान्त में मिलना ही ठीक होगा, यह सोचकर उस दिन के लिए महाराज हिरण्यकशिपु ने दरबार बरखास्त किया। उठकर महल के भीतर चला गया और वहीं से षंड और अमर्क को बुला भेजा।

गुरु-पुत्रों को देख, उठकर उन्हें सम्मानपूर्वक आसन दे हिरण्यकशिपु ने आग्रह-भरी दृष्टि से उनके आने का कारण पूछा। पहले तो इन्हें इतना भय हुआ था कि जैसे बिना कुछ सुने ही राजा फाँसी पर चढ़ा देगा परन्तु जब सभ्यता और आदर-सत्कार में कोई त्रुटि न देखी, तब बहुत कुछ दिल को भरोसा हुआ—ज़रा दम लेकर कुछ कहने की इच्छा भी हुई—अब तक तो हृत्पिंड का काँपना जितना द्रुत होता जा रहा था, जिह्वा को उतनी ही जड़ता आकर जकड़ती जा रही थी। खैर, कुछ स्वस्थ होकर षंड ने शुरू से आखिर तक का प्रह्लाद का हिरण्यकशिपु को सारा हाल कह सुनाया कि किस तरह 'क' देखते ही प्रह्लाद की आँखों से आँसुओं की धारा बह चली थी, कारण पूछने पर उन्होंने क्या कहा था, श्रीशंकर की पूजा पर उनका क्या भाव था, उनके साथ बालकों का क्या हाल है आदि-आदि।

पहले-पहल प्रह्लाद के विरोध में इतनी बड़ी बात सुनकर हिरण्यकशिपु उस पर विश्वास नहीं कर सका। राज-धर्म के अनुसार एक तो किसी की बात पर बिना प्रमाण के विश्वास करना उसका स्वभाव ही न था, दूसरे यह अभियोग जिसके विरोध में आया था, उसे वह पहले से बहुत अच्छा और यहाँ तक कि दैत्य-कुल के लिए गौरव समझता था। अस्तु, उसने प्रह्लाद को बुलाने की आज्ञा दी। दूत बात-की-बात में पाठशाला से प्रह्लाद को ले आया। देखते ही हिरण्यकशिपु का हृदय पूर्णचन्द्र के दर्शन से समुद्र की तरह उच्छ्वासित हो उठा। उसने प्रह्लाद को स्नेहपूर्वक अपनी विशाल बाँहों के अन्दर छिपा लिया। प्रह्लाद की शान्त-शीतल मूर्ति के स्पर्श से कुछ

काल के लिए उसके हृदय का क्रोध-भार हलका पड़ गया—शान्ति के क्षणिक आनन्द में पलकें मूँदकर वह अपने पुत्र-स्नेह का अनुभव करने लगा।

परन्तु वह स्नेह हृदय में अधिक समय तक स्थायी न रह सका। विष्णु की याद आई—नस-नस में शत्रुता का ज़हर फैल गया। भाई की मृत्यु अभी आज की ही घटना-सी जान पड़ी और उसका मारनेवाला वह परम शत्रु अभी जीवित है। इतना याद आते ही हिरण्यकशिपु को पुत्र-स्नेह भूल गया—प्रतिहिंसा की हज़ारों ज़हरीली लहरें एकसाथ ही उठीं और उसे अपने ज्वालामय गर्भ में बहा ले गईं। शत्रु से बदला लेने के लिए स्त्री, पुत्र, परिवार और अपने तक को मृत्यु के हाथों सौंप देना उसे तुच्छ-सा मालूम होने लगा। उस समय उसकी दृष्टि में सबसे प्यारा 'बदला' था, जिसे प्राप्त करने की सम्भावना मात्र के सामने त्रिलोक की कोई भी वस्तु उसके लिए अदेय नहीं हो रही थी।

इतने पर भी हिरण्यकशिपु विवश नहीं हो गया। नीति का वह प्रचंड पंडित था, वह नीति भी उसी के लिए थी। खैर, उसने प्रह्लाद से बड़े ही मधुर स्वर में पूछा, "क्यों बेटा, आज कई दिन तुमको गुरुकुल में रहते हो गए। भला बताओ तो, वहाँ रहकर अब तक तुमने क्या सीखा है?"

इतना कहकर परीक्षा की दृष्टि से हिरण्यकशिपु प्रह्लाद के भावों की परीक्षा लेने लगा परन्तु उसके प्रश्न से प्रह्लाद की सहज सुन्दर मुख-रेखाएँ किसी प्रकार विकृत नहीं हुईं। न उन्हें कोई हर्ष था, न दुख। वे जिस समता पद पर प्रतिष्ठित हो गए थे, वहाँ से एक तिल भी नहीं डिगे। सुकोमल दिव्य स्वर से उन्होंने पिता के प्रश्न का इस प्रकार उत्तर दिया, "पिताजी, मैंने अमर विद्या सीखी है। इसके पूरे अधिकारी राम हैं। उन्होंने मुझे भी इसका अधिकारी बना लिया है। वे इतने दयालु हैं कि जो कोई उनसे अमृत-विद्या की प्राप्ति के लिए सभक्ति प्रार्थना करता है, वे उसे ही वह अमूल्य विद्या देते हैं। उन्हें इसके दान करने में कुछ भी संकोच नहीं होता, बल्कि वे सबके लिए पहले ही से हाथ बढ़ाए हुए हैं, कोई लेनेवाला भी तो हो। पिताजी, इस एक ही विद्या से मैंने दर्शन, विज्ञान, राजनीति, रसायन—सबकुछ सीख लिया। एक उसी की सत्ता है—सत्‌चित आनन्द अस्ति-भाति-प्रिय—यह दर्शन मैंने सीखा। संसार के किसी भी पदार्थ को विश्लिष्ट करके अन्तिम सार-भाग निकालने की प्रथा से मैंने रसायन और विज्ञान सीखा और वह चरम-विश्लेषण उस सच्चिदानन्द में ही पहुँचकर ठहरता है। प्रजा को उसी की मूर्ति मानकर सेवा की दृष्टि से राजा का शासन करना मैंने राजनीति और यथार्थ राजनीति समझा है। इस तरह मेरे हृदय का अज्ञानान्धकार उस परम दयालु की कृपा-दृष्टि से दूर हो गया। अब मुझे ज्ञान का कोई अभाव नही है। उसे प्राप्त कर मेरा सम्पूर्ण अभाव तिरोहित हो गया। मुझे अब और किसी वस्तु की चाह नहीं रही। राम-नामामृत पान कर मेरी कुल कामनाएँ पूर्णता में समा गई हैं।"

प्रह्लाद ने जब पहले-पहल राम-नाम का उच्चारण किया था, तभी हिरण्यकशिपु ने गुस्से में आ प्रह्लाद को अपनी गोद से छिटककर ज़मीन पर गिरा दिया था, अन्य बातें प्रह्लाद ने खड़े ही खड़े कही थीं। यहाँ भी उसकी समता नहीं नष्ट हो पाई। उनमें जो भाव पिता की गोद में बैठते समय और बैठे रहने के समय था, वही ढकेले जाने पर भी; उसी भाव से बिना किसी प्रकार के आवेश में आए, यह इतना निवेदन उन्होंने हाथ जोड़कर अपने पूज्य पिता को सुनाया। परन्तु जिस समय हृदय में अज्ञान का ही अखंड राज्य रहता है, उस समय न तो दर्शन के सिद्धान्त सुहाते हैं और न भक्ति-रस की हृदयहारिणी कथा। उस समय बस हृदय को जो चाह होती है, उसी का रंग तमाम शरीर और मन पर चढ़ा रहता है और श्रोता उसी रंग की रँगी बातें सुनना पसन्द करता है। उसे न उस समय हानि का ख़याल रहता है, न लाभ का। वह केवल अपनी अदम्य इच्छा की ही पूर्ति चाहता है। हिरण्यकशिपु भी प्रह्लाद से ऐसी ही आशा रखता था। वह अपने पुत्र से अपने घोर शत्रु का माहात्म्य सुनकर भला कैसे प्रसन्न रह सकता था? जिस दुश्मन को नेस्तोनाबूद कर देने की लालसा से उसने घोर तपस्या की, सैकड़ों निरपराध ब्राह्मणों के सिर कटा लिये, विष्णु नाम को अपने राज्य से बहिष्कृत कर दिया, उसी का भक्त उसका पुत्र हो, यह वह कब बरदाश्त कर सकता था? प्रह्लाद से हिरण्यकशिपु की तीव्र लालसा को ठोकर लगी थी—उसके जीवनभर के अर्जित संस्कार कभी प्रह्लाद की बातों से दूर होनेवाले न थे।

हिरण्यकशिपु की भौंहें कुंचित हो, दो कमानों की तरह एक दूसरी से सट गईं। आँखों से भयानक ज्वाला निकलने लगी। आँखों की गीत तीव्र और प्रखर हो गई। होंठ थरथराने लगे। उस समय वह मूर्तिमान क्रोध ही बन गया था। किसी की हिम्मत नहीं थी जो ज़रा आँख उठाकर उधर एक नज़र से उसे देख भी लेता। दोनों पंडितों की तो बुरी हालत हो गई—गौ भी कसाई को देखकर इतना न काँपती। आवेश में आने पर भी कुछ देर तक हिरण्यकशिपु मन-ही-मन विचार करता रहा। अन्त में गरजकर कहा, "बस, मैं समझ गया। यह कल का बच्चा, इसे क्या मालूम कि राम कौन है और कौन है विष्णु! अभी इतने दिनों तक घर पर रहा, लेकिन यह शिकायत हमने कभी न सुनी। आज तो एकाएक यह राम-राम और कृष्ण-कृष्ण करने लगा, इसके क्या मानी? ज़रूर कहीं दाल में काला है। क्यों पंडितजी?"

नाम लेते ही षंड और अमर्क का मुँह सूख गया। मारे भय के पैर काँप रहे थे—कोई अंग बस में न था। कुछ कहने की शक्ति तो बहुत पहले से ही जवाब दे गई थी। वे शुक्राचार्य ही थे जो हिरण्यकशिपु की लाल आँखों की ज़रा भी परवा न करते थे और अपना दबाव हर वक़्त कायम रखते थे। षंड और अमर्क का व्यक्तित्व इतना प्रभावशाली न था। हिरण्यकशिपु की लाल आँखों का सामना आज ही करना पड़ा था। नाम लेने के साथ ही बेचारे हौल-दिल से हो गए। बिना कुछ कहे ही दीन-भाव से उसकी ओर ताकते हुए कुछ कदम आगे बढ़ गए। और फिर उसी तरह पिछड़ते

चले आए। उन्हें सबसे ज़्यादा डर था—मौत का। उन्होंने मन में निश्चय कर लिया था कि यह दरबार साक्षात् यमराज का है और यहाँ से दूसरे जन्म का परवाना लेकर ही लौटना होगा। हर वक़्त अपनी गर्दन के पीछे तुली हुई तलवार वे ख्वाब में देख रहे थे। जागते हुए भी उनके लिए मृत्यु का यही नाटक हो रहा था।

वज्र-गर्जन से भी कर्कश वही ध्वनि फिर हुई, "क्यों पंडितजी, पढ़ा दिया न बच्चे को? नहीं तो यह ज़हर उगलने के लिए इसे मिलता कहाँ? लेकिन मालूम भी तो अच्छी तरह होगा कि इसकी सज़ा क्या है—यह सोचना व्यर्थ है कि हम गुरु-पुत्र हैं और इसकी सज़ा से छुटकारा पा जाएँगे!"

एक तो कर्ण-कर्कश ध्वनि, तिस पर मौत के मुकाबले में तैयार होने की पूर्व-सूचना—षंड और अमर्क की दशा अत्यन्त दयनीय हो गई। प्राण-पखेरू रहकर भी एक तरह से उड़ ही गए। कुछ अर्ज़ करें, सफाई दें, दूसरे विद्यार्थियों को गवाह के तौर पर पेश करें—यह कुछ न याद आया। याद तो बस मृत्यु की हर घड़ी आ रही थी। बुद्धि का लेश भी उस क्रोधान्ध उग्र रूप के सामने न रह गया था। थी—बस दीन भाव से कृपा की भिक्षा माँगनेवाली दोनों की प्रार्थना-भरी व्याकुल चितवन। परन्तु हिरण्यकशिपु से उस समय कोई प्रार्थना करना ऊसर में बीज बोने के समान ही था।

हिरण्यकशिपु के स्वभाव में तारीफ करने योग्य सबसे प्रधान गुण यह था कि वह बड़ा नीतिज्ञ और साथ ही नीति के अनुसार चलनेवाला भी था। दोनों तरुण तापस आचार्यों को चुपचाप खड़ा हुआ देख उसने अभय देते हुए कहा, "अगर कुछ कहना हो तो आप निःसंकोच कह सकते हैं। मैं उतने ही ध्यान से आपकी बातें सुनूँगा जितने से मैं प्रह्लाद के दोषों की तलाश कर रहा हूँ।"

इस सहज उक्ति से दोनों को कुछ कहने का साहस भी हुआ। सफाई की याद आई और अवसर चूकने के भयानक परिणाम से बोलने के लिए बुद्धि ने शब्दों का जाल फैलाना भी आरम्भ कर दिया। उधर, प्रह्लाद को राम-नाम की शिक्षा देने के वे दोषी भी नहीं थे, इसलिए सच बात को आलंकारिक भाषा में कहते हुए उन्हें कठिनाई नहीं पड़ी परन्तु हिरण्यकशिपु को उनकी सफाई से विश्वास नहीं हुआ। उसे निश्चय हो गया था कि पाठशाला के सिवा दूसरी जगह प्रह्लाद को यह कुशिक्षा मिल ही नहीं सकती। उसकी आकृति और प्रकृति का भली भाँति निरीक्षण कर उसके हृदय का भाव, प्रह्लाद फौरन समझ गए। आचार्यों की भावी विपत्ति की शंका से हृदय की वेदना को किसी रोआब में दबा देना, उन्हें अनुचित जान पड़ा। इसलिए बड़ी दृढ़ता से, किन्तु उसी प्रकार विनीत शब्दों में, पिता से उन्होंने कहा, "पिताजी, दोनों ही आचार्य इसके लिए निर्दोष हैं। इन्होंने मुझे राम-नाम की शिक्षा नहीं दी। आप इनका तिरस्कार न करें। इन्होंने बल्कि इस नाम को छोड़कर शम्भु-नाम का जाप करने का उपदेश दिया था। मुझे राम-नाम पर ही अधिक प्रेम है। आप अगर इसके लिए किसी को सज़ा देना चाहें—दोषी समझकर, तो आपकी सज़ा का पात्र

मैं ही हूँ। आप मुझे ही अपनी दंडनीति का आधार समझिए। आचार्य बिलकुल निर्दोष हैं।''

हिरण्यकशिपु ने एक बार प्रह्लाद को देखा, फिर सिर झुका लिया। उसका इतना बड़ा अपमान आज तक किसी ने नहीं किया था, इतनी बड़ी दृढ़ता आज तक उसने नहीं देखी थी। इसके सामने इतने बड़े शूर का भी मस्तक अवनत हो गया। परन्तु वह सिर फिर उठा, शत्रुता का भाव प्रबल हुआ। एक ओर पाँच वर्ष का बालक रूपी सत्य था और दूसरी ओर पर्वताकार संसार-विजयी क्रोध। हिरण्यकशिपु की आँखें आरक्त हो गईं। उसने फिर शान्त मूर्ति पर एक तीव्र दृष्टि डाली और द्वारपाल को पुकारा।

सप्तम परिच्छेद
प्रह्लाद की परीक्षाएँ

प्रह्लाद इस समय जंगल में है। चारों ओर अन्धकार ही अन्धकार छाया हुआ है। सूर्य की किरणों को यहाँ भी पैठने की आज्ञा नहीं होती। अन्धकार के शरीर-रक्षक पल्लवों की हरियाली में आँखों को तृप्ति देनेवाली सुन्दरता नहीं है। सब जगह हलाहल का रंग चढ़ा हुआ है। राज्य हिंस्र जन्तुओं का और वह वध-भूमि हिरण्यकशिपु के अपराधियों की।

प्रह्लाद ने आँख खोलकर एक बार चारों तरफ अच्छी तरह देखा। वन की भयंकरता में रह-रहकर अगोचर भाव से उठनेवाली न जाने वह कैसी चीख थी, उसके साथ करोड़ों निरपराधियों की एक प्रार्थना मिली हुई थी। क्रूरता में करुणा थी और क्रोध में आँसू।

वन के हर एक तृण से प्रह्लाद का स्वागत सजग हो गया था। वे एक अव्यक्त वेदना में भरे हुए थे। उन्हें वहाँ जैसे बड़े कष्ट से जीवन बिताना पड़ रहा हो, प्रह्लाद को देखकर जैसे उन्हें अदूर भविष्य में मुक्ति का आनन्द मिलनेवाला हो।

सब कुछ देखकर भी प्रह्लाद ने जैसे कुछ भी न देखा हो, उनके मन में किसी तरह की प्रसन्नता अधिकार नहीं जमा सकी। इसे वे पहले से ही हृदय की दुर्बलता समझते आए हैं। एकनिष्ठ परमात्मा के ध्यान में तल्लीन रहना ही उन्होंने अपने लिए कल्याणकारी समझा। आत्मप्रशंसा के भाव को समझकर भी उन्होंने दबा देना ही मनुष्योचित कार्य निश्चय कर लिया।

जल्लादों को प्रह्लाद की उतनी कम उम्र में चोट करते हुए भय हो रहा था। एक ने कहा, ''सँभल, अब तेरा काल आ गया है, तुझे मारने के लिए महाराज ने आज्ञा दी है, जिसे जो कुछ कहना-सुनना हो, कह-सुन ले। नहीं तो फिर पछताना ही रह जाएगा।''

प्रह्लाद ने आँख उठाकर एक बार जल्लादों की ओर भी दृष्टि फेरी। फिर निगाह नीची कर ली। तीव्र तृष्णा ही उनसे हत्या जैसे घोर दुष्कर्म के लिए भी नहीं न करने की शक्ति छीन रही थी। माया की विचित्र लीला और अपार पराक्रम के ध्यान मात्र से प्रह्लाद का हृदय दहल गया। परन्तु इसे भी उन्होंने ईश्वर की इच्छा पर ही छोड़ दिया और शान्त स्वर में कहा, "भाइयो, मुझे मृत्यु का बिलकुल भी भय नहीं है, परन्तु सोचो तो, क्या हिरण्यकशिपु से भोजन-वस्त्र के लिए तुम लोगों ने कोई चिरकालिक लिखा-पढ़ी करा ली है? सम्भव है, वह कल तुमसे रूठ जाएँ। क्या तुमने यह सोचा है कि उस दिन फिर कौन तुम्हारे भोजन-वस्त्र का प्रबन्ध करेगा? हरगिज़ न सोचा होगा। अगर सोचते, तो इन क्रूर-कर्मों से तुम्हारा निस्तार हो गया होता।"

कुछ देर के लिए जल्लादों के मन की परिस्थिति तूफान उठने के बाद के शान्त स्वर की तरह धीर और सहज गम्भीर हो गई। इस तरह की बात आज तक किसी भी अपराधी की ज़बान से उन्हें नहीं सुनने को मिली थी। आज तक के अपराधियों की मृत्यु की आज्ञा सुनने के साथ ही बेहोशी की हालत हो जाती थी। फिर स्थिरता, उपदेश और ज्ञान की जगह उनमें जड़ता, भय और अज्ञान का अधिकार दीख पड़ता था। प्रह्लाद की निर्भीकता से कुछ देर तक उन्हें अन्तरात्मा से कुछ प्रश्न करने की सामग्री मिल गई, परन्तु थोड़ी देर में चिरकाल के संचित पापों के संस्कार ही प्रबल हो उठे और पहले की भावना मन से जाती रही। घर की याद आई, स्त्री की याद आई। उनके मुरझाए हुए मुखड़े आँखों के आगे रह-रहकर आने-जाने लगे। अभ्यास ने कहा, लो उठाओ खड्ग और रख दो तूलकर गर्दन पर। कमज़ोरी ने उपदेश दिया, यह तुम्हारा धर्म है, इसे हरगिज़ न छोड़ो, अगर बचना और अपने बाल-बच्चों को बचाना चाहते हो।

बस, फिर क्या था? अपने ही भीतर अपने कर्म की तारीफ करनेवाले बहुत-से मिल गए। संस्कार को दूना बल मिला। जल्लादों ने खड्ग उठा लिया फिर कहा और कुछ उत्तेजित कंठ से कहा,—ले सँभल, यह सब हम बहुत सुन चुके हैं।

प्रह्लाद हाथ जोड़ परमात्मा का ध्यान करने लगे। कब उन पर खड्ग के वार हुए, उन्हें नहीं मालूम! आँखें खोलीं तो देखते हैं कि हाथ जोड़े वही दोनों जल्लाद सामने खड़े हुए हैं! प्रह्लाद ने कुछ न कहा। हाथ जोड़े ही हुए जल्लादों ने उनसे घर चलने की प्रार्थना की। साथ ही, यह पेशा छोड़ उनकी आज्ञानुसार जीवन-निर्वाह करने के लिए भी वचन दिया।

प्रह्लाद को खड्ग-प्रहार से चोट भी नहीं लगी, यह सुनकर हिरण्यकशिपु के आश्चर्य का ठिकाना न रहा। वह इस बात पर विश्वास नहीं कर सका कि कभी ऐसा भी हो सकता है। अस्तु, अपना काम उसने किसी दूसरे ही उपाय से सम्पन्न करने का निश्चय कर लिया। उधर, बनावटी स्नेह दिखाते हुए चोट न लगने का कारण समझने

के लिए प्रह्लाद को अपने पास बुलाकर पूछा, ''क्यों बेटा, तुम्हें चोट नहीं लगी, इसका क्या कारण है?''

विनय-भाव से पूर्ववत् ही अपनी भक्ति प्रकट करते हुए प्रह्लाद ने उत्तर दिया, ''पिताजी, मैं इसका कारण कुछ नहीं जानता। राम मेरे रक्षक हैं, सब उन्हीं की कृपा है।''

हिरण्यकशिपु को कुछ आश्चर्य हुआ, परन्तु अविश्वास ने इसे थोड़ी ही देर में हृदय से निकाल दिया। फिर से आज़माने की इच्छा प्रबल हो उठी।

अष्टम परिच्छेद

विष-पान

जल्लादों के प्रहार से बचकर भी प्रह्लाद निष्कंटक नहीं हो सके। हिरण्यकशिपु की त्योरियाँ उसी तरह उन पर तुली रहीं, बल्कि पहले से कुछ और भी सिकुड़ गईं। प्रह्लाद को किसी के हर्ष और विषाद की ज़रा भी परवाह न थी। अपने निश्चल सन्तोष से ही उन्हें सबके सन्तोष की शिक्षा मिली थी। वे अपने राम को ही प्रसन्न करना जानते थे। हिरण्यकशिपु इसे प्रह्लाद का हठ और अपना अपमान समझता था। शत्रु की आड़ उसका पुत्र ले, यह अपमान वह बरदाश्त नहीं कर सका। उसने तुरन्त प्रह्लाद को कारागृह में ले जाने की आज्ञा दे दी।

साक्षी गोपाल बने, अपने और अपने पिता के कृत्यों को संसार-रूपी रंगमंच के दर्शक की हैसियत से देखते हुए, चुपचाप प्रह्लाद कारागृह में चले गए। घोर अन्धकार का स्मरण हो आने पर भी उन्हें कोई निराशा नहीं हुई। 'परम प्रकाश रूप दिन राती, नहिं कछु चहिय दिया, घ्रत, बाती।' उन्हें इसका पूरा-पूरा बोध हो गया था। इसलिए वहाँ उस कारागार की बाहरी परिस्थिति का दुख भूल गए। वहाँ भी उनके होंठों पर वही प्रसन्नता छाई रहने लगी।

इधर, उनके मारने का नया उपाय सोचा गया। किसी ने महाराज हिरण्यकशिपु को सुझाया कि तेज़ ज़हर मिलाकर कुछ लड्डू बनवाए जाएँ और उन्हीं से प्रह्लाद का काम तमाम कर दिया जाए। बात महाराज हिरण्यकशिपु को जँच गई। उन्होंने फरमाइशी ज़हर मँगवाया, जिसके खाने के साथ ही आदमी की पलकें हमेशा के लिए बन्द हो जाएँ। उसी ज़हर के मिले कुछ लड्डू एक पात्र में लेकर एक दासी प्रह्लाद के पास गई और बड़ी सहानुभूति के साथ बोली, ''भय्या, यह लो, तुम्हारे लिए ये लड्डू ले आई हूँ। महारानी ने भेजे हैं। इन्हें खा लो, भूख तो लगी होगी? और क्यों न लगे—यहाँ का खाना भला तुम्हारे लायक होता है?''

यह कह दासी ने वहीं लड्डुओं का पात्र रख दिया। प्रह्लाद लड्डुओं का निरादर नहीं कर सके। देखते-ही-देखते आँखें आँसुओं से सिंच गईं। रोम-रोम से

स्नेह की स्निग्ध रस-धारा प्रवाहित हो चली। माता के मधुर नामोच्चारण के साथ उस पवित्र आत्मा में स्वर्गीय विभूति मूर्ति धारण कर विराजमान हो गई। प्रह्लाद ने कटोरा उठा लिया।

परमप्रिय परमात्मा की याद आई। जिसके लिए आज कारागार में उन्हें जाना पड़ा, जिसके लिए कल उन्हें प्राण-दंड की आज्ञा दी गई थी, जिसके प्रेम का परिणाम आगे चलकर उनके लिए और भी भयंकर होनेवाला है, उसे छोड़कर अकेले ही वे कब उन लड्डुओं को खा सकते थे? हाथ जोड़, उस प्रियतम का स्मरण कर, पहले उन्हीं की सेवा में प्रह्लाद ने लड्डुओं का समर्पण किया।

भक्त के लिए ही जिन्हें बार-बार अवतार लेना पड़ा, अलख-निरंजन और अविनाशी होकर भी जिन्हें नश्वर संसार में आकर अनेक प्रकार की लीलाएँ करनी पड़ीं, वे प्यारे भक्त की वह प्रेमाश्रुसिंचित तल्लीन अवस्था को देखकर स्थिर न रह सके—उन्हें फिर आना पड़ा। परन्तु अब के ज्योतिर्मय दिव्य रूप धारण कर आए, दूसरों की दृष्टि बचाकर। बड़े प्यार से प्रह्लाद को पुकारकर कहा, ''लो भाई, मैं आ गया। तुम्हें यहाँ बड़ा कष्ट हो रहा है न? समय ही तो है और तुम जानते ही हो। हिम्मत न हारना। तुमने मुझे लड्डू खाने के लिए बुलाया है? लाओ भाई, बड़ी दूर से आ रहा हूँ—थक गया हूँ, भूख भी बहुत लगी है।''

यह कह प्रह्लाद के हाथ से श्रीभगवान् ने ज़हर का कटोरा ले लिया और प्रेमपूर्वक कुछ लड्डू खा गए—कुछ प्रह्लाद को भी स्वयं ही खिला दिए। अपूर्व स्वाद था। प्रह्लाद को इतना मधुर स्वाद और कभी न मिला था। हँसकर कहने लगे, ''ये लड्डू माता के दिए हुए हैं, तिस पर तुम्हारा प्रसाद। जान पड़ता है, इन्हीं कारणों से इनमें इतनी मधुरता आ गई है।'' भगवान् मुस्कराने लगे। कुछ देर में जब कटोरा साफ हो गया, तब बोले, ''प्रह्लाद, अब मैं जाता हूँ। जब बुलाओगे तब फिर आऊँगा, परन्तु ये लड्डू तुम्हारी माता के भेजे हुए नहीं थे, तुम्हें मारने के लिए तुम्हारे पिता ने ज़हर के लड्डू बनवाकर तुम्हारी माता के नाम से दासी के हाथों भिजवाए थे! अच्छा, अब जाता हूँ।'' भगवज्जोति वहाँ से अन्तर्हित हो गई।

इधर, महल में रानी कयाधू को खबर लगी कि महाराज हिरण्यकशिपु को प्रह्लाद की ईश्वर-भक्ति मालूम हो गई। यह भंडा-फोड़ पाठशाला से हुआ है। सुनते ही रानी का कोमल कलेजा दहल गया। पुत्र-स्नेह की पीड़ा से वे विह्वल हो गईं। जिस बच्चे को वे अपने प्राणों से भी अधिक प्यार करती थीं, जिसकी सरलता से उनके हृदय में कितनी ही बार स्वर्गीय सुधा-स्रोत उमड़ चुका है, जिसके क्षणमात्र के अदर्शन से उनका मन अधीर हो जाता था, जिसे इस शंका से बचाने के लिए छाया की तरह वे पीछे लगी फिरती थीं, आज उनका वही पुत्र हिरण्यकशिपु के काल-पंजे में फँसकर कारागार-कष्ट झेल रहा है! सुनते ही उनका मुख सूख गया। अंग-अंग से हिरण्यकशिपु की विरोधी शक्ति सजग हो-होकर उन्हें उसके विरुद्ध उत्साहित

करने लगी। जब हिरण्यकशिपु और प्रह्लाद, पति और पुत्र—दोनों की मूर्तियाँ अपने भावों के साथ उनके सामने आती थीं, तब हिरण्यकशिपु की उग्र मूर्ति को उनका सुकुमार मन किसी तरह अपना नहीं सका—वह बार-बार प्रह्लाद की ओर झुक जाता था। इस सरल शिशु पर अत्याचार करनेवाले अन्यायी हिरण्यकशिपु को वे किसी तरह क्षमा नहीं कर सकीं। हृदय में खलबली मच गई। खून की हरएक बूँद हिरण्यकशिपु का विरोध कर रही थी—विपरीत गति से प्रवाहित हो रही थी।

आवेश की अवस्था में प्रह्लाद को देखने की लालसा तीव्र हो गई। उत्कंठा सामने की सम्पूर्ण बाधाओं को कुचलकर अपने मार्ग पर बढ़ने के लिए तैयार हो रही थी। रानी कयाधू ने दासी को बुलाया। पालकी और कहारों को बुला देने की आज्ञा की। आज्ञा के साथ ही बाँदी पालकी और कहारों को बुला लाई। खिड़की के पास पालकी भिड़ा दी गई।

रानी को जल्लादों के हाथों प्रह्लाद को सौंपे जाने का संवाद भी मिल चुका था। जल्लादों के खड्ग-प्रहार से प्रह्लाद का रोम भी नहीं कटा, यह भी वे सुन चुकी थीं और उन जल्लादों के काम छोड़ने की खबर भी उन तक पहुँच चुकी थी। इस तरह जिस अलक्षित शक्ति के प्रभाव से प्रह्लाद क्रूरता के पंजे से छुटकारा पाते आ रहे थे, उसका एक उज्ज्वल प्रमाण प्राप्त करके भी वे उसी शक्ति के भरोसे प्रह्लाद को छोड़कर निश्चिन्त नहीं रह सकीं। उनका करुणार्द्र हृदय बार-बार अपनी रसधारा में प्रह्लाद को बहाकर बचा लेने के लिए उद्वेलित हो रहा था।

पालकी कारागार के सामने आ लगी। सिपाहियों को जब मालूम हुआ कि रानी जी स्वयं आई हुई हैं, तब एक-दूसरे की ओर जिज्ञासा की दृष्टि से कुछ देर तक चुपचाप ताकते रहे। रानी को रोककर जान खतरे में डालने की हिम्मत किसी में न हुई, सबने सशस्त्र सलामी देकर मार्ग छोड़ दिया। रानी कारागार के अन्दर चली गईं, जहाँ उनका प्यारा पुत्र अन्धकार में पड़ा हुआ अपनी परीक्षा के दिन पूरे कर रहा था।

अँधेरे में प्रह्लाद को न देख भय-भरे कम्पित कण्ठ से रानी ने पुकारा, ''प्रह्लाद!'' माता का स्वर प्रह्लाद फौरन पहचान गए—आवाज़ दी—''माँ, मैं आया—घबराओ न!''

प्रह्लाद माता के गले से लिपट गए पर रोए नहीं। उस बालक वीर की धीरता अथाह थी। प्राणों का मोह भी जिसने नहीं किया, वह स्नेह-दुख से भला कब विचलित हो सकता था? उसने संसार में माता-पिता का हक अदा करना ही सीखा था, परन्तु सच्चा प्रेम उसका परमात्मा के पद-पंकजों में ही था।

जिस तरह लक्ष्मण की भक्ति और श्रद्धा पिता-माता पर हक अदा करने के लिए ही थी, किन्तु अन्तर की सच्ची लगन श्री रामचन्द्र जी ही में, उसी तरह प्रह्लाद भी माता-पिता को पूज्य देवता समझकर अपने जन्म का ऋण-शोध कर रहे थे किन्तु उनका अन्तर सदा परमात्मा की ओर ही खिंचा रहता था।

प्रह्लाद ने माता का बड़ा सम्मान किया परन्तु माता का ध्यान तो एक दूसरी ही ओर था। वे सम्मान और श्रद्धा के लिए वहाँ नहीं गई थीं—प्रह्लाद की भावना उन पर कैसी ही रही हो, परन्तु वे तो प्रह्लाद के लिए अपने प्राणों को भी ज़रूरत पड़ने पर छोड़ सकती थीं। माता के मनोभाव, माता का स्नेह, माता की आकांक्षा पुत्र के लिए कैसी होती है, यह संसार का कोई पुत्र नहीं सोचता कि एक दिन वह था, जब माता ही मेरे अस्तित्व को बचा रही थी, माता की साँस मेरी साँस थी, माता का हृतकम्प मुझमें हृत्-स्पन्दन-संचार करता था, माता की भूख-प्यास से मेरी भूख-प्यास मिटती थी। प्रह्लाद भी माता के इस महत्व को नहीं समझ सके, परन्तु क्योंकि पिता-माता पुत्र के जीवनदाता हैं, इसलिए उनकी आज्ञा पर अपने जीवन को उत्सर्ग कर देना प्रह्लाद खूब समझ गए थे। इसलिए पिता की आज्ञा का उन्होंने कभी कोई विरोध नहीं किया। रानी एक दृष्टि से अपने पुत्र को देखने लगीं। कहीं कोई घाव न था, किन्तु बार-बार उसके कोमल अंगों को अच्छी तरह देखभाल रही थीं। प्रह्लाद हँसे। कहा, ''माँ, मुझे कहीं भी चोट नहीं आई। तुम बेफिक्र रहो, राम मेरे रक्षक हैं। सच कहता हूँ माँ, मुझे कोई कष्ट नहीं हुआ। मैं राम की कृपा से बेदाग बच गया हूँ।''

रानी की आँखों में आँसू भर आए। स्नेहभरे सुकोमल स्वर में उन्होंने कहा, ''बेटा, अगर रामजी की भक्ति करने के लिए तुम्हें आना था, तो इस पापी-कुल में तुमने जन्म क्यों लिया? किसी ऋषि-महर्षि का कुल ही तुम्हें पवित्र करना था! यहाँ तो जानते ही हो, तुम्हारे पिता का स्वभाव कितना क्रूर है। बेटा, हम जब तक जिएँ, तब तक के लिए ही राम-नाम लेना क्यों नहीं छोड़ देते? बेटा, तुम्हारे दुख से हमें बड़ा कष्ट होता है। मेरी बात मानो, अब कभी राम-नाम ज़बान पर न लाना!''

प्रह्लाद ने माता को समझाया। राम-नाम ही एक मात्र जीवन का आधार होना चाहिए, इस पर अनेक उपायों से, अनेक युक्तियों से माता का विश्वास दृढ़ कर दिया। पुत्र के हृदय से राम-नाम का बीज किसी तरह निकाला न जाएगा, यह रानी बहुत अच्छी तरह समझ गईं। कोई वश था ही नहीं। अन्त में पुत्र को गले लगा, राम के ही भरोसे उसे छोड़, आँचल से आँसू पोंछती हुईं विवशता समझकर बाहर चली आईं।

नवम परिच्छेद

द्विरद-पद-तल

दो परीक्षाओं में प्रह्लाद उत्तीर्ण हो चुके। अब तीसरी परीक्षा सामने थी। परन्तु जिसने अपने लिये कुछ भी नहीं रख छोड़ा था, उसे न परीक्षाओं की परवाह थी और न उत्तीर्ण होने का आनन्द। वह बस प्रखर धारा दुर्मद-नद के वक्षस्थल पर पड़े हुए तिनके की तरह तरंगाघातों से इधर-उधर बह रहा था और महामाया की

लीला प्रत्यक्ष कर रहा था—यही उसके जीवन की क्रीड़ा थी और यही उसका संचित ज्ञान। संसार में निर्लिप्त और तटस्थ रहकर लीला-ललित आत्मा के अगणित रूप को वह प्रत्यक्ष करता हुआ, अपने इसी आनन्द में अनादि-वक्ष पर नृत्य कर रहा था।

इधर, दैत्यराज हिरण्यकशिपु को खबर मिली कि ज़हर का प्रह्लाद को अणुमात्र भी नशा नहीं हुआ। वे ज्यों-के-त्यों ही अपने स्थान पर बैठे हुए भजन कर रहे हैं! सुनते ही हिरण्यकशिपु के आश्चर्य का ठिकाना न रहा। उतना तीव्र ज़हर और उसे प्रह्लाद न-कुछ की तरह हजम कर गए, यह उसके लिए एक चिन्ता का विषय हो गया परन्तु वह हठी भी एक ही था। मृत्यु ज्यों-ज्यों प्रह्लाद से हटती जाती थी, त्यों-त्यों हिरण्यकशिपु की स्वाभाविक ईर्ष्या प्रह्लाद को मृत्यु के हाथों में जबरन डालने के लिए बढ़ रही थी। इसे दो मनुष्यों के स्वभाव की लड़ाई कहना अधिक संगत जान पड़ता है। अस्तु, जब ज़हर का घूँट भी प्रह्लाद मुस्कुराते हुए पी गए और उनका बाल भी बाँका न हुआ, तब हिरण्यकशिपु को उन्हें मारने का एक दूसरा उपाय करना पड़ा। परन्तु कुछ भी हो, था वह प्रह्लाद का पिता ही। उसने एक बार फिर सोचा कि प्रह्लाद को चलकर समझाऊँ तो सम्भव है कि प्रह्लाद बात मान जाए और राम-नाम लेना छोड़ दे। इस विचार से हिरण्यकशिपु कारागार के उसी अँधेरे कमरे में गया, जहाँ प्रह्लाद चुपचाप बैठे हुए अपने प्यारे राम का ध्यान कर रहे थे। प्रह्लाद की कोमल कान्ति देखकर हिरण्यकशिपु का हृदय स्नेहार्द्र हो गया। हत्या के भयंकर मार्ग से उसे हटाकर कुछ काल के लिए अपनी मृदुल राह पर ले आने पर भी प्रेम की विजय नहीं हो सकी। कारण, प्रह्लाद पिता के प्रेम में पड़कर अपने कर्त्तव्य को ताक पर नहीं रख सके। उन्होंने पिता की आज्ञा का उल्लंघन किया। जब हिरण्यकशिपु ने कहा, ''बेटा, राम-नाम छोड़ दो—राम हमारा परम शत्रु है, तुम हमारे पुत्र होकर राम की भक्ति करते हो, इससे बढ़कर लज्जा की बात हमारे लिये और क्या हो सकती है? जिस राम के लिए तुम पागल हो रहे हो, तुम्हारे ताऊ को उसी पापी ने पाताल में मारा, इसलिए तुम्हें इससे बदला लेने का इरादा रखना चाहिए, न कि इस तरह हाथ जोड़कर उसकी खुशामद करनी चाहिए।''

पिता की बात सुन प्रह्लाद के छोटे-छोटे होंठों पर मुस्कान की मधुर मन्द, हृदयहारिणी एक रेखा खिंच गई। पिता की बुद्धि पर उन्हें पीछे से बड़ा दुख हुआ परन्तु वे अपनी उतनी ही उम्र में स्वभाव के पूरे पारखी हो गए। पिता का स्वभाव भी उनका न-जाना हुआ न था। उन्होंने बड़े ही विनय स्वर में पिता जी से कहा, ''पिताजी, आप राम पर अकारण ही दोषारोप कर रहे हैं। राम सदा ही निर्दोष और निर्लिप्त हैं। वे हत्या तो कभी कर ही नहीं सकते। मेरे ताऊ को उनकी मृत्यु ने—काल ने मारा है, राम को तो आप व्यर्थ ही अपराधी समझे बैठे हैं। मनुष्य अपने कर्मों का ही फल-भोग करता है। इसके लिए परमात्मा को दोषी ठहराना सरासर अन्याय है। ताऊ ने जैसे पहले बीज बोए, वैसे उन्हें फल चखने पड़े। आप इस भ्रम

को दूर कर दें, और मैं आपको क्या कहूँ—आपको शिक्षा देने की धृष्टता मैं नहीं कर सकता।''

प्रह्लाद की बातों से अमृत टपक रहा था, परन्तु उसके लिए जो अधिकारी हो। हिरण्यकशिपु को अपनी तारीफ सुनना और अपने हठ की रक्षा करना जिसका स्वभाव था, यह सिद्धान्त कब जँच सकता था। सुनते ही उसकी वही दशा हुई जो अधिकारियों को अधिकार छिनने की शंका से हुआ करती है। स्वभाव-सिद्ध हिताहित ज्ञान-शून्य नशा क्षणभर में सवार हो गया। गरजकर उसने कहा, ''प्रह्लाद, तुम्हें स्मरण रहे कि मेरी बातों पर चीं-चपड़ करनेवाला आज संसार में दूसरा नहीं है और तुम मेरे पुत्र होकर मुझे शिक्षा दे रहे हो! भविष्य अपना बड़ा ही भयंकर समझो। अगर तुम्हें मेरा पक्ष छोड़कर राम का पक्ष लेना है, तो तुम खुशी से उसका पक्ष ले सकते हो, तुम उसकी और तारीफ किया करो, तुम्हें और क्या करना है, मैं अपना धर्म समझता हूँ, पुत्र के धर्म के लिए मैं जिम्मेदार नहीं। साथ ही, तुम्हें होशियार किए देता हूँ कि आज से मेरी सम्पूर्ण शक्ति तुम्हारे विरोध में लग जाएगी। तुमसे और तुम्हारे राम से हो सके तो उसका विरोध करना या बचने का उपाय सोच निकालना।''

महाराज हिरण्यकशिपु का शरीर मारे क्रोध के काँप रहा था। अपनी बात समाप्त करके फिर एक क्षण भी वह वहाँ नहीं ठहरा। वहाँ से सीधे अपने मंत्रणा भवन में जा मंत्रियों को बुला भेजा। महाराज हिरण्यकशिपु की आज्ञा सुनते ही खुशामदी मंत्रियों का दल उसी वक़्त वहाँ आकर हाज़िर हो गया। हिरण्यकशिपु में अबके उन्होंने कुछ चिन्ता देखी, जैसे किसी विषय का कोई निष्कर्ष न होता हो। मंत्रियों ने अभिवादन किया, हिरण्यकशिपु ने उँगली के इशारे से बैठने की आज्ञा दी। खुद उसी तरह मौन भाव से सोचता रहा।

कुछ देर तक मंत्रि-मंडल चुपचाप बैठा रहा। परन्तु थोड़ी ही देर में अपनी सेवा दिखलाने के गूढ़ अभिप्राय से एक ने उन्हीं में से कहा, ''आज दैत्यराज के श्रीमुख पर चिन्ता-सी झलक रही है! क्या कारण है, यह जानने के लिए हम लोगों को बड़ी उत्सुकता हो रही है।''

हिरण्यकशिपु ने सिर उठाया। कुछ रुककर कहा, ''प्रह्लाद के लिए सचमुच आज मेरी चिन्ता बढ़ गई है। बड़े आश्चर्य की बात है कि इतने उपाय उसके मारने के लिए किए, लेकिन कामयाबी किसी से न हुई। क्या सचमुच उसके बदन पर तलवार चोट नहीं कर सकती, क्या यह सच है कि वह ज़हर हजम कर गया? तलवार कभी किसी के साथ रियायत नहीं कर सकती, ज़हर कभी किसी को अपना मित्र नहीं मान सकता। फिर प्रह्लाद के न मरने का क्या कारण हो सकता है? ज़हर पेट में पड़ जाए और उसकी क्रिया न हो, क्या यह कभी सम्भव हो सकता है? तलवार का वार हो जाए और उससे खुला बदन न कटे, यह कैसी बात है? उस दिन दो जल्लादों ने काम छोड़ दिया! यह सब क्या है? मैं हैरान हो रहा हूँ।''

मंत्रियों में से एक ने कहा, ''महाराज, आप निश्चिन्त रहें, प्रह्लाद मुमकिन है, जादू-जैसी कोई विद्या जानता हो। मेरे विचार से एक काम किया जाए तो वह किसी तरह मृत्यु के पंजे से नहीं छूट सकता।''

हिरण्यकशिपु को मंत्री की इस बात से बड़ी आशा हुई। मंत्री ने कहा, ''दैत्यराज, प्रह्लाद को बाँधकर हाथी के पैरों-तले डाल दिया जाए, फिर अपनी आँखों के सामने ही देखिए कि वह मरता है या नहीं। अगर नहीं मरता हो आखिर किस उपाय से बचता है, यह भी तो प्रत्यक्ष हो जाएगा।''

बात हिरण्यकशिपु के दिल में बैठ गई। उसने सोचा, 'बस, यही बात ठीक है। अपने सामने ही देखूँगा, अब के उसका राम उसे कैसे बचाता है।'

हाथी सजा लाने का फौरन हुक्म हुआ। उधर, प्रह्लाद को बाँधकर ले आने के लिए सिपाही दौड़ाए गए। आज्ञा-मात्र की देर थी। पीलवान मस्त ज़बरदस्त हाथी पर चढ़कर महल के सामने आ गया। सिपाही भी प्रह्लाद को बाँधकर सामने ले आए। प्रह्लाद के कोमल हाथ-पैर कठिन बन्धनों में बँधे हुए थे। शरीर विवश कर दिया गया था कि उसकी रक्षा अब के किसी प्रकार न हो सके। हिरण्यकशिपु ने प्रह्लाद को देखा, आँखें चार हुईं परन्तु प्रह्लाद की दृष्टि से क्षमा-प्रार्थना का भाव न निकला। वहाँ केवल सहनशीलता की शान्ति विराज रही थी। इसे गर्वित हिरण्यकशिपु ने अपना अपमान समझा। फौरन हाथी के पैरों तले डाल देने की आज्ञा दी।

सिपाहियों ने उठाकर प्रह्लाद को हाथी के पैरों के नीचे डाल दिया! पीलवान ने अंकुश मारकर हाथी को रौंदने का इशारा किया। परन्तु ईश्वर की इच्छा, हाथी को दया आ गई। उसने प्रह्लाद को सूँड से उठा पीठ पर रख लिया!

दर्शक दंग रह गए। हिरण्यकशिपु ने दाँतों उँगली दबाई। सभा में चारों ओर सन्नाटा छा गया। प्रह्लाद को पीठ पर चढ़ाकर हाथी आनन्द से वहीं झूमने लगा।

दशम परिच्छेद
सर्प-दंश चेष्टा

हिरण्यकशिपु की हिंसा और भी प्रबल हो उठी। इस बार अपनी आँखों उसने प्रह्लाद को बचते हुए देखा। इस बार से कभी हताशाभाव भी आकर कमज़ोर करने लगा। परन्तु जिस तरह सूर्योदय के लिए ही रात हुआ करती है, उसी तरह यह हताशा भी उसे प्रतिहिंसा के परम शिखर पर ले चलने के लिए क्षण-क्षण में आने-जाने लगी। हिरण्यकशिपु अपना हठ नहीं छोड़ सका। इसका छोड़ना एक तरह उसके लिए मृत्यु ही था। जिस स्वभाव को जन्मकाल से ही उसने अपनाया था और जिसके लिए गर्व था, जिसके आधार पर उसका अब तक का तमाम जीवन ही संगठित हो

रहा था, उसे छोड़ना उसके लिए मृत्यु नहीं तो और क्या हो सकता है? परन्तु मृत्यु को मृत्यु के राज्य में बसते हुए भी मनुष्य नहीं चाहते, हिरण्यकशिपु भी अपनी मृत्यु न चाहता था, उसे अपना स्वभाव बदलना मंजूर न था। यह उसकी शक्ति से बाहर की बात थी। फल यह हुआ कि उसके स्वभाव में जहाँ से बाधा आ रही थी, उस बाधा को दूर कर अपने स्वभाव को वह निष्कंटक कर लेना चाहता था। इसलिए प्रह्लाद पर उसकी इतनी ईर्ष्या थी। वह प्रह्लाद के मारने का कोई दूसरा उपाय खोजने लगा। मंत्रियों ने समझाया कि महाराज, अब एक दूसरा उपाय यह किया जाए कि प्रह्लाद जिस कोठरी में कैद है, उसमें ज़हरीले साँप छोड़ दिए जाएँ, तो अवश्य ही उनके काटने से प्रह्लाद की मृत्यु होगी।

पूछना क्या था, हिरण्यकशिपु की हिंसा को कुछ शक्ति मिली—उसने ज़रा देर के लिए एक विश्राम-सुख पाया। निश्चय हो गया कि ज़हरीले कई पुराने साँप बिलों से आज ही पकड़वा मँगाए जाएँ। निश्चय के बाद सेवकों को आज्ञा दी गई। पुरस्कार की घोषणा की गई कि जिसका साँप जितना पुराना और विषधर होगा, उसे उतना ही ईनाम दिया जाएगा। लोभ सब कुछ करा लेता है। क्षणभर में कितने ही छोटे-बड़े साँप कई पकड़ लाए। हिरण्यकशिपु उन्हें देखकर बहुत प्रसन्न हुआ।

कठिन परीक्षाओं से उत्तीर्ण हो, संसार को ईश्वर-प्रेम की शिक्षा देनेवाला वह निरभिमान सरल बालक अपने गुरु की आज्ञा पर दृढ़ विश्वास जमाए तल्लीन हो ईश्वर-चिन्तन कर रहा था। उसी समय खिड़कियों से कई साँप कोठरी में फेंक दिए गए। प्रह्लाद को इसकी कोई खबर नहीं। साँपों की फुँफकार में जब ध्यान भंग हुआ, तब उनकी समझ में आया कि यह चौथी परीक्षा सामने आ गई। प्रह्लाद स्थिरचित हो फिर ईश्वर-स्मरण करने लगे। श्वास की गति क्रमश धीमी हो गई। अन्त में, मन ईश्वर-भावना में बिल्कुल डूब गया। जिसकी कृपा से हाथी की क्रूरता भी कोमलता बन गई थी आज साँपों के भीतर भी उसकी अथाह करुणा प्रवाहित हो चली। कुटिल साँपों को भी काटना भूल गया। वहाँ कुछ देर के लिए उनके स्वभाव में भी प्रेम की पराकाष्ठा आ गई।

एकादश परिच्छेद

पर्वत-शिखर

सुबह हुई। खबर फैल गई कि साँपों से भी प्रह्लाद बाल-बाल बच गए। काटना तो दूर, साँपों ने उसकी ओर फुँफकारें भी नहीं छोड़ीं बल्कि उनके साथ खेलने लगे।

हिरण्यकशिपु का हौसला पस्त हो गया। शरीर की नस-नस ढीली पड़ गई। उसे ऐसा जान पड़ने लगा कि उसका सम्पूर्ण वीर्य-विक्रम, जिस द्वारा तीनों लोक में

उसकी विजय का डंका पिट गया था, आज एक छोटे-से दुधमुँहे बालक के आगे बिलकुल निस्तेज हो गया! मस्तिष्क में असह्य भार-सा आकर लद गया। प्रह्लाद की मृत्यु ही एक आराम दे सकती थी, परन्तु हाथ बढ़ाकर चाँद पकड़ने के दुस्साहस की तरह प्रह्लाद की मृत्यु भी हिरण्यकशिपु के लिए अप्राप्य वस्तु हो रही थी। हर तरह से उसने अपना चिन्ता-क्रम दूर करना चाहा, दिल बहलाव के अनेक उपाय किए, परन्तु बस कही कुछ न चला। बार-बार मन अपनी पूर्व चिन्तित परिधि में चक्कर काट-काटकर खुद भी हैरान होता था और साथ ही हिरण्यकशिपु को भी हैरान कर रहा था। उसकी दृष्टि-बुद्धि ने फिर मदद की। एकाएक उसे एक युक्ति सूझी और इससे उसे क्षणिक प्रसन्नता भी हुई, क्योंकि इससे प्रह्लाद के नाश का उसे पूर्ण विश्वास हो गया था। उसने अपने सिपाहियों को बुलाया और आज्ञा दी कि जाओ, प्रह्लाद को पर्वत के ऊँचे शिखर पर से बाँधकर गिरा दो! इस तरह वह कदापि न बच सकेगा। न उसका राम उसकी रक्षा कर सकेगा और न कोई मंत्र-तंत्र।

दैत्यराज की आज्ञा शिरोधार्य करके पुरस्कार की प्रत्याशा में कुछ सिपाही दौड़े हुए कारागार के द्वार पर गए और प्रह्लाद को वहीं कसकर बाँधा। फिर पहाड़ की चोटी पर से गिराने के लिए चले।

प्रह्लाद ने कुछ भी नहीं कहा। मौन ही उनका महामंत्र था। न किसी से प्रार्थना की, न किसी को कटु शब्द कहा। मन-ही-मन उसी परम प्रियतम की स्तुति करने लगे। देखते-देखते पहाड़ भी करीब आ गया और वे अर्थलोभी उस निर्दोष बालक की जान लेने के लिए उसे लादकर पहाड़ पर चढ़ने लगे। ऊपर चोटी पर पहुँच एक बार नीचे की ओर उन्होंने नज़र दौड़ाई—देखा, विस्तृत वसुन्धरा वहाँ सै धुएँ की तरह दीख पड़ती है। पेड़-पौधे, घर-द्वार—सब एकाकार हो गए। सिपाहियों को विश्वास हो गया कि अबकी प्रह्लाद की मृत्यु अनिवार्य है और दैत्यराज को प्रह्लाद को बार-बार बच जाने पर जैसी कुछ अशान्ति हो रही है, उसे देखते हुए यह निश्चय है कि हमें कामयाबी होने के साथ अर्थ भी मिलेगा—अब हमारी दरिद्रता बस एक ही दिन में दूर हई।

उन्हीं में से एक ने 'देर हो रही है' देखकर कहा, "लो प्रह्लाद, अब तैयार हो जाओ—जिसे याद करना-कराना हो, कर लो, अब तुम यहीं से नीचे गिराए जाओगे। किसी को कुछ कहना हो तो जल्दी कह लो, हम दोनों को देर हो रही है।"

प्रह्लाद कुछ न बोले। एक बार शून्य दृष्टि से उन क्रूर-कर्माओं को देखा-भर। बस, आँखें मूँद लीं। मनुष्य लोभवश कितना बड़ दुष्कर्म कर सकता है, अपनी परीक्षा में प्रह्लाद यही सब देख रहे थे। इससे उनका वैराग्य-भाव और दृढ़ होता जा रहा था और अपने परम प्यारे राम की परम कृपा समझते थे। पिता का स्वभाव, माता का स्नेह, सिपाहियों का लोभ—सब प्रह्लाद के लिए स्वप्न की-सी लीला जान पड़ने लगीं। सब जगह उन्होंने असारता की ही छाया देखी—एक-न-एक नश्वर वस्तु पर

ही सबकी लगन देखी। उनका रोम-रोम संसार से उदास हो रहा शा। उन्होंने अन्त में इतना ही कहा, "भाई, मुझे किसी को कुछ नहीं कहना, तुम आनन्दपूर्वक अपना कार्य समाप्त करो—ईश्वर तुम्हारा कल्याण करें।"

सिपाहियों को कल्याण की फिक्र न थी, वे तो बस धन चाहते थे। प्रह्लाद को बाँध-बूँधकर तैयार पहले ही से कर रखा था। बस, गिराने-भर की देर थी। सो, वह भी सम्पूर्ण हो गया।

कार्य समाप्त कर प्रह्लाद की मृत्यु अपनी आँखों देख राजा को खबर देने के विचार से वे लोग उतरकर उधर से ही होकर निकले। परन्तु उनके आश्चर्य का ओर-छोर न रहा, जब उन्होंने प्रह्लाद को एक देवी की गोद में बैठे आनन्द से वार्तालाप करते हुए देखा। सब बहुत डरे और राजा को जाकर खबर दी कि वार अबकी भी खाली ही गया।

द्वादश परिच्छेद
अग्नि-परीक्षा

हिरण्यकशिपु भी पहाड़ के नीचे प्रह्लाद की दशा देखने के लिए गए। देखा, प्रह्लाद प्रसन्न मन से बैठे हुए थे। हिरण्यकशिपु ने उनके अंग-अंग की परीक्षा ली, परन्तु चोट कहीं भी न आई थी। सब अंग जैसे-के-तैसे ही मक्खन की तरह मुलायम हो रहे थे। अब हिरण्यकशिपु निराश हो गया। दिल हाथों दब गया। प्रह्लाद की शक्ति के सामने वह संसार-विजयी वीर अपने को परास्त समझने लगा। उसने धीमे स्वरों में प्रह्लाद से पूछा, "क्यों प्रह्लाद, तुम हर दफा जो बच जाते हो, इसका क्या कारण है? क्या सच बात तुम हमसे कहोगे?"

प्रह्लाद उसी सरल दृष्टि से पिता के मुख की ओर देखने लगे। कहा, "पिताजी, मैं तो कई बार आपसे विनय कर चुका हूँ कि सब कृपा राम की है। आप अपनी पाँच ज्ञानेन्द्रियों के फेर में पड़े हुए हैं। इनसे राम को कोई समझ नहीं सकता। वे विश्वास से मिलते हैं। श्रद्धा की भूमि पर उनका सुहावना आसन रखिए, तब अपनी इच्छानुसार वे उस पर आकर बैठें और तभी उनकी कृपा और उनकी शक्ति का आपको ज्ञान होगा। परन्तु आप विचार-युक्ति और नास्तिकता के सहारे अगर उन्हें प्राप्त करना चाहें तो यह आपका व्यर्थ श्रम ही होगा। आप मानें या न मानें, मुझे जो कुछ मालूम है, जिसे मैं सत्य समझता हूँ और प्रत्यक्ष कर चुका, आपसे विनयपूर्वक कह देता हूँ। आगे आपका अधिकार है।"

हिरण्यकशिपु चुप हो गया। उस दिन वह कुछ नहीं बोला परन्तु प्रह्लाद की बातों पर उसे ज़रा भी सहानुभूति नहीं हुई। जिसे दुश्मन समझकर आज इतने दिनों से वह मिलने की प्रतीक्षा कर रहा है, उसे वह भक्ति-भाव से पुकारे, यह उसके लिए, एक

विश्वविजयी वीर के लिए कितनी लज्जा की बात है! हिरण्यकशिपु चला गया। सिपाही प्रह्लाद को बाँधकर वहाँ से फिर कारागार में ले गए।

हिरण्यकशिपु ने इस बार एक और उपाय ढूँढ़ निकाला। प्रह्लाद की मौसी होलिका को यह वरदान था कि वह आग में न जलेगी। हिरण्यकशिपु ने सोचा कि लकड़ियों का ढेर लगाकर उसमें आग लगा दी जाए। जब लपटें आसमान छूने लगें, तब होलिका प्रह्लाद को लेकर उसी आग में बैठ जाए, तो प्रह्लाद जलकर भस्म हो जाएगा और होलिका को तो वर है ही कि उसे आग जला न सकेगी। बस, सोचने के साथ ही आदेश भी हो गया। प्रह्लाद भी वहीं लाकर हाज़िर किए गए। होलिका भी आई।

इकट्ठी की हुई लकड़ियों में हिरण्यकशिपु की आज्ञा से आग दी गई, लपटें बात-की-बात में उठकर आसमान छूने लगीं। यह तमाशा देखने के लिए गाँव के बेशुमार लोग आकर एकत्र हो गए। होलिका, प्रह्लाद को गोद में लेकर जलती हुई प्रचंड आग में जाकर बैठ गई। सब लोग ताज्जुब में आ गए। देखा कि प्रह्लाद का एक बाल भी आग में न जला था। वे आनन्दपूर्वक बैठे हुए ईश्वर का ध्यान कर रहे थे।

हिरण्यकशिपु के होश उड़ गए। उसे स्वप्न में भी विश्वास न था कि कभी ऐसा भी हो सकता है। अब तक और-और जिन उपायों द्वारा प्रह्लाद के मारने की चेष्टा की गई थी, उन पर उसे अविश्वास हो रहा था, कभी-कभी वह सिपाहियों के धोखा देने की बात भी सोचा करता था। परन्तु आज जब अपनी आँखों से उसने प्रह्लाद का धधकती हुई आग में भी न जलना प्रत्यक्ष कर लिया, तब बिलकुल उसका चेहरा उतर गया, जैसे किसी संग्राम में उसकी घोर पराजय हो गई हो। उपाय कुछ था ही नहीं। सिर झुकाए हुए चुपचाप वह अपने महल में चला गया।

त्रयोदश परिच्छेद
सागर-गर्भ में

हिरण्यकशिपु की कुल कार्रवाइयाँ मिट्टी में मिल गईं और उसके परम शत्रु का बाल भी बाँका न हुआ। एक इतने बड़े वीर के लिए यह चुल्लूभर पानी में डूब मरने की बात थी परन्तु समय सबकुछ कराता है। जिसके सामने देवेन्द्र का मस्तक भी नीचा हो जाता है, आज एक बालक से उसका कोई बस नहीं चलता! वह सब उपाय करके हार गया, परन्तु सफलता तक उसकी पहुँच न हो सकी। इस सोच-विचार में हिरण्यकशिपु की भूख-प्यास भी मिट गई। रात को आँख भी न लगने लगी। आठों पहर बेचैनी में गुज़रने लगे। मंत्रियों को राजा की दशा पर बड़ी चिन्ता हुई। आखिर बहुत कुछ आपस में परामर्श करके उन लोगों ने निश्चय किया

कि राजा से प्रह्लाद को समुद्र में डुबाने की बात चलकर कहें। इससे प्रह्लाद को बचना अवश्य ही असम्भव होगा।

मंत्रिमंडल हिरण्यकशिपु के पास आया और उसे चिन्तित भाव से उदास बैठा हुआ देखकर हृदय को बड़ी चोट लगी। सबने एक स्वर से चिन्ता दूर करने का परामर्श दिया और साथ ही अपना हाल का सोचा हुआ मृत्यु का नुस्सा भी उसके सामने पेश किया। नुस्सा निहायत लाजवाब था, हिरण्यकशिपु बहुत प्रसन्न हुआ। मंत्रियों को खूब उसने धन्यवाद दिया। अगले दिन उसके अनुसार काम करने की सबको चेतावनी भी दे दी।

सुबह हुई। नगर–भर में खबर फैल गई कि आज प्रह्लाद को पहाड़ी पर से समुद्र में ढकेलकर मारने का निश्चय किया गया है। देखने के लिए लोग उतावले हो गए। समुद्र–तट पर लाखों आदमी इकट्ठे हो गए। अपने सभासदों सहित हिरण्यकशिपु भी प्रह्लाद की मृत्यु देखने के लिए आया। उधर, प्रह्लाद के हाथ–पैर बाँध, छाती से एक शिला कसकर कुछ आदमी पहाड़ी पर उन्हें उठा ले गए। नीचे समुद्र अगणित जिह्वाएँ पसारे तांडव–नृत्य कर रहा था। तरंगों की भैरव–गर्जना सुनकर आतंक से आत्मा काँप उठती थी। तट पर के मुग्ध–दर्शक सोचते, यह न जाने किसके लिए अनादिकाल से लगातार गर्जन हो रहा है।

हिरण्यकशिपु ने नीचे से एक बार पहाड़ी की चोटी पर आँख उठाकर देखा। उसके सिपाही उसकी ओर टकटकी लगाए आज्ञा–प्राप्ति के लिए ताक रहे थे। प्रह्लाद को गिराने के लिए उन्हें हाथ के इशारे से हिरण्यकशिपु ने आज्ञा दी। फिर क्या था? उस निरीह बालक को उच्च शिखर से घातकों ने समुद्र–गर्भ में छोड़ दिया! करोड़ों आँखें प्रह्लाद को उत्सुकता–भरी दृष्टि से देखने लगीं। सबने सोच लिया था कि अबकी प्रह्लाद का बचना सर्वथा असम्भव है। परन्तु जिसे परमात्मा उबारनेवाला था, संसार उसका शत्रुताचरण करके क्या बिगाड़ सकता था? प्रह्लाद उतने ऊँचे से गिरे तो समुद्र के तरंगोत्थित मृत्यु–गर्भ में, पर उन्हें चोट ज़रा भी कहीं न लगी—जैसे रुई के ढेर पर गिरे हों। गिरने के साथ ही हृदय का शिलाबन्धन अगोचर न जाने किसने आकर खोल दिया। हाथ–पैरों के बन्धन भी ढीले होकर अलग हो गए और उन्हें बचाने के लिए बहुत बड़ा एक स्वर्णकमल समुद्र के वक्षस्थल पर उन्हें लेकर तैरता हुआ नृत्य करने लगा। उस पर सुख–आसन से बैठे हुए प्रह्लाद उच्च स्वर से ईश्वर का नाम ले रहे थे। तट के लोगों ने आस्तिकता का जीता–जागता चित्र देख सहर्ष प्रह्लाद का स्वागत किया। करोड़ों कंठ–वज्र–गम्भीर ध्वनि से प्रह्लाद के स्वर–में–स्वर मिलाकर भगवान् की जयध्वनि करने लगे। कमल उसी प्रकार बहती हुई तरंगों की मधुर थपकियों से धीरे–धीरे तीर की ओर आन लगा। तट पर पहुँच जाने पर प्रह्लाद उससे उतरे। लोगों ने बढ़कर उन्हें उठा लिया और अपनी गोद में डाल गगनभेदी राम–नाम ध्वनि से उनकी यशोदुन्दुभि बजाने लगे। हिरण्यकशिपु कुछ काल तक तो

मनमुग्ध होकर यह दृश्य देखता रहा, फिर अपने सामने ही अपने परम शत्रु की जयध्वनि सुनकर अधीर हो गया।

उसने नियंत्रण की चेष्टा की, परन्तु उसका मनोभाव चतुर मंत्रियों से छिपा न रहा। उस समय के लिए उन्होंने धैर्यपूर्वक जनता के कार्य में विघ्न न डालना ही उचित समझा और राजा से कहा, "यह बहुत अनुचित होगा, अगर उत्तेजित जनता के प्रतिकूल आचरण किया जाएगा। इस समय नीति के अनुसार अपने मकान में प्रह्लाद को ले चलना ही अच्छा होगा। फिर वहाँ चलकर जैसा करना आप उचित समझें, इच्छानुसार करते रहें। वहाँ से नियंत्रण में आसानी होगी। यहाँ संघ के संगठित कार्य में तो किसी हालत में भी विरोधाभास न प्रकट होना चाहिए।"

हिरण्यकशिपु बात मान गया। प्रह्लाद को सहर्ष साथ ले मंत्रियों सहित अपनी राजधानी की ओर चल पड़ा। पीछे-पीछे करोड़ों कंठ से राम-नाम ध्वनि भी प्रह्लाद के साथ हो ली। राज्य की सोलहों आना प्रजा प्रह्लाद के पक्ष में हो गई। हिरण्यकशिपु का दुर्द्धर्ष प्रताप दबकर चकनाचूर हो गया। यदि मंत्रियों ने उसे न समझाया होता, तो समुद्र तट पर ही प्रजा को दबाने के लिए उद्यत हो गया होता। परन्तु बुद्धि से काम निकालना ही मंत्रियों ने पसन्द किया। हिरण्यकशिपु और प्रह्लाद—दोनों को महल में ले गए। इससे प्रजावर्ग को विश्वास हो गया कि अब प्रह्लाद मुक्त कर दिए जाएँगे और हिरण्यकशिपु परमात्मा का प्रताप प्रत्यक्ष करके अब उसका भक्त हो जाएगा। इस तरह राज्य के लोगों के प्रत्येक के हृदय में प्रह्लाद का आसन जम गया। सब उन्हें अपना आदर्श और आचार्य मानने लगे। हिरण्यकशिपु ने इतने अत्याचार, इतनी हत्याएँ विष्णु के विरोध के लिए कीं तो, पर उसे सफलता न हुई। अन्त में, प्रह्लाद की ही विजय हुई और वैष्णव-धर्म का प्रचार बढ़कर फलने-फूलने लगा।

चतुर्दश परिच्छेद
नरसिंह

प्रह्लाद राज भवन में हैं। बहुत दिनों बाद उन्हें यह सौभाग्य मिला है। अगर प्रजा के बागी होने का भय न होता, तो हिरण्यकशिपु शायद उन्हें राज भवन में न ठहरने देता। जब से प्रह्लाद महल में आए, तब से हर वक़्त हिरण्यकशिपु की आँखों में काँटे की तरह खटकने लगे। अबकी बार किसी दूसरे उपाय से उसने प्रह्लाद के मारने का निश्चय नहीं किया। उन्हें खुद ही तलवार के घाट उतारकर अपने क्रोध को शान्त करना निश्चय किया। उसका धैर्य अब जाता रहा था। किसी उपाय से उसका प्रशमन होना उसे असम्भव जान पड़ता था। इसीलिए अपने पुत्र की सफाई अपने ही हाथों करने के लिए वह इतना उतावला हो रहा था। उसका क्रोध पूर्ण

मात्रा में आ गया था और सिर पर अलक्ष्य भाव से मृत्यु भी मुकाम कूच करने का परवाना लिए खड़ी थी।

दिन की समाप्ति हो रही थी। भगवान् भुवन-भास्कर पश्चिमाकाश में गम्भीर गीत से धीरे-धीरे अस्ताचल की ओर जा रहे थे। चिड़ियों की चहक में, पल्लवों की शिथिलता में, गोधूलि के अन्धकार में, किसानों के प्रत्यावर्तन में, श्रम, शयन और मोह की माया हृदय को कर्म-तत्पर संसार से उदासीन कर रही थी। इसी समय दैत्यराज हिरण्यकशिपु का दरबार जमा हुआ था। एक ओर सशस्त्र सिपाहियों का सजग पहरा, एक ओर उच्च कर्मचारियों का गम्भीर मौन, एक ओर दर्शकों के मुख पर सन्नाटा, एक ओर हिरण्यकशिपु के प्रताप की अन्तिम आभा—सब एकसाथ मिलकर उस दिन सभा की अन्तरात्मा में एक अपूर्व करुणा भर रहे थे, उस दिन न जाने कौन-सी एक अज्ञात वेदना मौन स्वर में अपनी नश्वर रागिनी अलाप रही थी।

हिरण्यकशिपु के पास ही प्रह्लाद भी खड़े थे—शान्त, धीर, अचल-अटल। कहीं कोई ध्वनि उस नीरवता को बाधा देने का साहस नहीं कर रही थी। हिरण्यकशिपु ने ही यह साहस किया, वही वहाँ का स्रष्टा और पालक था, इसलिए वही उस मौन के नाश का भी कारण बना। एकाएक मन्द-मन्द स्वर से लोगों का ध्यान आकर्षित करते हुए उसने प्रह्लाद से पूछा, "प्रह्लाद, आज मैं तुमसे सभाजनों के समक्ष एक सत्य पूछना चाहता हूँ। बताओ, किस उपाय से तुम इतनी बार मृत्यु के हाथों से बचते गए?"

पिता के प्रति अगाध श्रद्धा प्रकट करते हुए नम्र स्वर से प्रह्लाद ने कहा, "पिताजी, जिसकी कृपा से मेरी सृष्टि हुई, जिसने मुझे पाल-पोसकर इतना बड़ा किया, जिसकी इच्छा के बिना किसी में हिलने की भी शक्ति नहीं है, जो सर्वशक्तिमान है, तीनों काल के ज्ञाता, अजर-अमर होते हुए भी आकर स्वरूप धारण कर भक्तों की इच्छा-पूर्ति किया करते हैं, जिनके बिना किसी के अस्तित्व का कोई दूसरा साक्षी है ही नहीं—वही राम अब तक सब जगह मेरी रक्षा करते आए हैं।"

प्रह्लाद की बातों का न कभी पहले हिरण्यकशिपु को विश्वास हुआ था, न अब हुआ। वह तो उनके मारने की एक वजह खोज रहा था, जो उनकी इस बात से उसे दूसरा प्रश्न करने का मौका मिल गया। उसने कहा, "मैंने किसी एक जगह तो तुम्हें भेजा नहीं। कभी तुम कारागार में थे, कभी पहाड़ की चोटी पर, कभी आग में थे तो कभी अथाह पानी में। तुम्हारे राम को खबर कौन पहुँचाता था कि आज प्रह्लाद अमुक स्थान पर भेजे जा रहे हैं, आज उनकी यह दशा है, सो चलकर उन्हें बचाइए। तुम सच कहोगे तो तुम्हारा निस्तार हो सकता है अन्यथा—"

"अन्यथा का भय मुझे नहीं है, पिताजी, मैं तो अर्ज़ कर चुका, पर फिर सुनिए, अपने सन्देह को अगर हो सके तो दूर कर दीजिए। मेरे राम के पास खबर किसी ने नहीं भेजी, वे खुद सबकी खबर लिया करते हैं और ऐसी सच्ची खबर लेते हैं कि

उनसे कभी गलती तो होती ही नहीं। जिन्हें मैं त्रिकालदर्शी बतला चुका, उनके पास खबर भेजने की आवश्यकता ही क्या है?

"भला बतलाइए तो, क्या रात को जो अगणित तारे चमकते हैं, वहाँ आपकी पैठ है? क्या वहाँ आपको कोई जानता है? समुद्र-गर्भ के करोड़ों जीव क्या आपका शासन मानते हैं? जिस पृथ्वी पर असंख्य पेड़-पौधे उगते, पल्लवित होते और फूलते-फलते हैं, उन पर आपका कोई अधिकार है, उनके लिए आप क्या करते हैं? कीट-पतंगों में, पशु-पक्षियों में क्या आपका कोई नाम जानता है? आपने सृष्टि के कितने जीवों पर विजय प्राप्त की है? मेरे राम इन सबके भीतर हैं—सब जगह हैं।"—प्रह्लाद की सत्योक्ति से हिरण्यकशिपु ने अपना घोर अपमान समझा। अपनी प्रजा के सामने उसे अपना अपमान असह्य हो गया। मारे क्रोध के आँखों से ज्वाला निकलने लगी। तमाम शरीर काँपने लगा।

उसी क्रोधान्ध अवस्था में गरजकर प्रह्लाद से उसने कहा, "मैं युक्ति नहीं सुनना चाहता, मैं प्रत्यक्षवादी हूँ। बतला, अगर तेरा राम सब जगह है, अगर सब कुछ तेरे राम का ही बनाया हुआ है, अगर सबमें वह समाया हुआ है, तो क्या उस खम्भे में तेरा राम है?"

अकम्पित स्थिर कंठ से प्रह्लाद ने कहा, "हाँ, क्यों नहीं? अवश्य वे उस खम्भे में हैं!"

बस, क्रोध पूर्णाहुति में जलकर हिरण्यकशिपु शिहिर उठा, हिरण्याक्ष की याद हो आई। मन-ही-मन भाई से उसने कहा, 'भैया, आज तुम्हारा बदला लेता हूँ और शत्रु के खून से अपने इतने दिनों की धधकती हुई आग बुझाऊँगा!' झट उसने म्यान से तलवार बाहर निकाल ली और वीर की तरह पैंतरा काटकर खम्भे में चोट की। उतना बड़ा मज़बूत खम्भा बीच से टूटकर अलग हो गया। टूटने के साथ ही एक विकट गर्जना हुई, जिसे सुनते ही सभा के लोग मूर्च्छित हो गए! हिरण्यकशिपु ने देखा, उस खम्भे से एक विकट मूर्ति जिसका तमाम बदन तो था आदमी का और मुँह शेर का, बाहर निकल आई और हिरण्यकशिपु को पकड़ने के लिए उसकी तरफ बढ़ने लगी। हिरण्यकशिपु भी डरनेवाला न था। डर किसे कहते हैं, यह उसने अपने जीवन में सीखा ही न था। झट पैंतरा बदलकर उस मूर्ति पर उसने चोट की। पर वहाँ क्या होता, काल से कोई कब तक लड़ सकता है? बड़ी देर तक बचते रहने पर भी अन्त में भगवान् नरसिंह ने उसे पकड़कर द्वार पर अपनी जाँघ पर रख तेज़ नाखूनों से बीच से फाड़ डाला और उसकी अन्तड़ियों की माला बना, गले में पहन ली।

क्षणभर में खबर फैल गई कि हिरण्यकशिपु मारा गया। देवताओं को तो पहले ही से उत्सुकता थी। सब एकत्र हो गए पर उस मूर्ति के सामने जाने की किसी को हिम्मत न होती थी। लक्ष्मी ने भी जवाब दे दिया। ब्रह्मा और महेश्वर ने सलाह करके प्रह्लाद को ही उस मूर्ति के सामने जा क्रोध प्रशमित करने के लिए कहा। सरल

स्वभाव प्रह्लाद उस भयानक मूर्ति के सामने खड़े हो, हाथ जोड़ स्तुति-वन्दनाएँ करने लगे। भगवान् नरसिंह का क्रोध भी प्रह्लाद की स्तुतियों से शान्त हो गया। उन्होंने उनके मस्तक पर अपना अभयहस्त धारण किया। देवताओं ने दुन्दुभि बजाई और पुष्प-वर्षा की।

भगवान् ने प्रसन्न हो प्रह्लाद से वर-प्रार्थना करने के लिए कहा। प्रह्लाद बोले, "प्रभो, मेरे पिता के सम्पूर्ण अपराध क्षमा कीजिए और मुझ पर ऐसा ही दयाभाव बनाए रखिए।" 'तथास्तु।' कहकर बड़े समारोह से प्रसन्न मुख देवताओं के साथ भगवान् ने प्रह्लाद को राजगद्दी दी। देवताओं को भी लाभ ही हुआ। उनका छीना हुआ राज्य उन्हें फिर से मिल गया। सब आनन्दपूर्वक वहाँ से विदा हुए।

जिस विधि से राज्य करने के लिए भगवान् नरसिंहदेव प्रह्लाद को आज्ञा दे गए थे, उसी पर अटल भाव से डटे रहकर उन्होंने कई हज़ार वर्षों तक राजसिंहासन अलंकृत किया। प्रजा को भी उन्हें पाकर परम सुख और शान्ति मिली।

महाभारत

आदिपर्व

वंश-परिचय

देव और दानवों में सदा युद्ध छिड़ा रहता था। दैत्य देवों से सहज़ोर पड़ते थे क्योंकि वे देवों के बड़े भाई थे, पुनः उनमें प्राण-शक्ति अधिक थी। एक और भी कारण था; दैत्यों के पूज्य गुरु शुक्राचार्य मुर्दे को जला देनेवाला संजीवन-मंत्र जानते थे। यद्यपि देवता अमर थे और बुद्धि में असुरों से श्रेष्ठ, फिर भी बारम्बार असुरों की मरी हुई सेना को पुनः जीवित होते देख घबरा गए थे।

देवों के गुरु बृहस्पति ने देवों को बचाने का एक उपाय सोचा। श्रद्धा, भक्ति तथा सेवा आदि दिव्य गुणों से असुर-गुरु को प्रसन्न कर, उन्हें शिष्य-प्रीति द्वारा आकर्षित कर, उनसे संजीवन-मंत्र का ज्ञान प्राप्त करने के लिए उन्होंने अपने परम रूपवान, सरल-स्वभाव, ब्रह्मचारी पुत्र कच को उनके पास भेजा। कच की सेवा, श्रद्धा और गुरुभक्ति देखकर अमर-गुरु शुक्राचार्य द्रवित हो गए, और उपयुक्त अधिकारी जान उसे संजीवन-मंत्र सिखलाने का निश्चय कर लिया। आचार्य शुक्र की कन्या देवयानी कच के रूप और गुणों की दिव्य छटा देखकर उस पर मुग्ध हो गई और उसे हृदय से प्यार करने लगी। जब असुरों को यह मालूम हुआ कि बृहस्पति-पुत्र कच आचार्य के पास अध्ययन करने के लिए आए हुए हैं, उन्हें स्वभावतः शंका हुई, कहीं ऐसा न हो कि जिस विद्या के बल पर हम लोग विजयी होते हैं, वह आचार्य की कृपा से इसे प्राप्त हो जाए। उन लोगों ने शत्रु-पक्ष का होने के कारण, विद्यार्थी का प्राणान्त कर देने का निश्चय कर लिया पर आचार्य से डरते थे। इसलिए छिपकर ऐसा करने का संकल्प किया और एक दिन कच को उन्होंने मार भी डाला।

जब यह हाल देवयानी को मालूम हुआ, उसने पिता से कह मंत्रशक्ति द्वारा कच को पुनः जीवित करा लिया। असुरों ने फिर भी कई बार कच के प्राण लिए, पर देवयानी के प्रेम तथा शुक्राचार्य के संजीवन-मंत्र के प्रताप से वह प्रति बार बचता रहा। यथासमय कच ने वह मंत्रशक्ति भी आचार्य से प्राप्त कर ली। अध्ययन समाप्त हो चुका था। गुरु की आज्ञा तथा पद-धूलि ग्रहण कर बिदा होते समय कच देवयानी से

भी मिलने गया। देवयानी को कच के बिछोह से बड़ी व्याकुलता हुई, और उस समय लाज के परदे में ढका हुआ कच के प्रति अपना अपार प्रेम प्रकट किया। परन्तु गुरु-कन्या जानकर कच ने उस प्रेम का प्रत्याख्यान किया। इससे देवयानी को क्रोध हुआ। कच को प्राणदान अब तक उसी ने दिया था—एक बार नहीं, अनेक बार। अत: उसके प्राणों की वह अधिकारिणी हो चुकी थी। पर कच अपने प्राणों की बाज़ी लगाकर एक उद्देश्य की सिद्धि के लिए वहाँ गया था, पुनश्च: देवयानी उसके गुरु की कन्या थी जिसे सदा ही वह धर्म-बहन समझता आ रहा था; इसलिए धर्म तथा उद्देश्य को ही उसने प्रधान माना। देवयानी ने कच के दिल की कचाई देखकर प्रेम के उन्माद में शाप दिया, उसकी सीखी हुई विद्या निष्फल हो जाए। कच ने भी उद्देश्य की दृढ़ता पर अटल रहकर शाप दिया कि उसका यह अवैध प्रेम विवाह की हीनता को प्राप्त हो—उसे ब्राह्मण जाति का कोई पुरुष पत्नी रूप में ग्रहण न करे। अमरावती पहुँचकर कच ने वह विद्या दूसरे को सिखा दी, और देवताओं का मनोरथ सफल किया।

दैत्यों के महाराज वृषपर्वा की पुत्री शर्मिष्ठा से देवयानी की गहरी मित्रता थी पर स्पर्द्धा-भाव दोनों में प्रबल था। देवयानी एक तो गुरु पुत्री और ब्राह्मण कन्या होने के कारण अपने को श्रेष्ठ समझती थी; दूसरे, स्वभाव से भी उसकी सिर उठाकर चलनेवाली वृत्ति थी। महाराज वृषपर्वा की पुत्री शर्मिष्ठा राजकुमारी ही थी, इसलिए उसमें बड़प्पन का भाव रहना स्वाभाविक था। एक दिन दोनों में तकरार हुई। शर्मिष्ठा ने देवयानी को कुएँ में ढकेल दिया। दैव योग से महाराज ययाति वहाँ मृगया के लिए आए थे, उन्होंने देवयानी को कुएँ से बाहर निकाला। कालान्तर में उन्हीं के साथ देवयानी का विवाह भी हो गया।

बदले का उग्र भाव देवयानी में था ही। उसने हठ किया था कि राजकुमारी शर्मिष्ठा को अपनी दासियों के साथ मेरी सेवा के लिए महाराज वृषपर्वा भेज दें। इस खबर से दैत्य-वंश में बड़ी खलबली मच गई। दैत्य राज वृषपर्वा भी घबराए। उन्हें यह चिन्ता हुई कि गुरु कन्या की आज्ञा का उल्लंघन किया गया तो सम्भव है, गुरु रुष्ट हो जाएँ। पिता को बड़े सोच में देख राज्य तथा जाति के कल्याण के विचार से शर्मिष्ठा ने स्वयं पिता से आज्ञा लेकर देवयानी की सेवा स्वीकार कर ली। शर्मिष्ठा के रूप, यौवन, शील और सेवा भाव से महाराज ययाति मुग्ध हो गए और देवयानी की आँख बचाकर उससे विवाह कर लिया। इस गुप्त विवाह का कारण यह था, वह शुक्राचार्य को वचन दे चुके थे कि शर्मिष्ठा से विवाह न करेंगे परन्तु विवाह का भेद कुछ ही दिनों तक छिपाया जा सकता है। एक दिन यह परदा देवयानी की आँखों के सामने से उठ गया। पति की इस कुचेष्टा से क्रोधित होकर उसने पिता से सारा हाल कहा। महर्षि शुक्राचार्य ने महाराज ययाति को इन्द्रिय-श्लथ तथा वृद्ध हो जाने का शाप दिया। यद्यपि ययाति के तब तक कई पुत्र हो चुके थे, तथापि उनकी भोगेच्छा का उपशम न हुआ था। उन्होंने नम्रतापूर्वक शुक्राचार्य से क्षमा-प्रार्थना करते हुए शाप से मुक्त होने का उपाय पूछा। शुक्राचार्य ने कहा कि यदि उनका कोई पुत्र उन्हें अपना यौवन देकर उनकी व्याधि अपने

शरीर में धारण करे, तो वह पुनः गत यौवन प्राप्त कर सकते हैं। महाराज ययाति ने अपने पुत्रों को बुलाकर उनसे यौवन की याचना की। परन्तु एक-एक कर सबने इनकार कर दिया। शर्मिष्ठा के गर्भ से पैदा हुए पुरु ने पिता की इच्छा पूर्ण की। महाराज ययाति ने तब पुरु को सिंहासन का उत्तराधिकारी घोषित किया। पुरु के वंश में महाराज दुष्यन्त, शकुन्तला-पुत्र भरत और कुरु आदि तेजस्वी राजा हुए। इन्हीं कुरु के वंशज ही बाद में कौरव कहलाए। महाराज ययाति के पुत्र यदु से यदुवंशियों की शाखा चली।

महाराज शान्तनु और देवव्रत

इसी कुरु-वंश में महाराज प्रतीप के पुत्र महाराज शान्तनु बहुत पराक्रमी और तेजस्वी राजा हुए। इनकी राजधानी हस्तिनापुर में थी। यहीं से क्रमशः हटती हुई आज की दिल्ली द्वापर के बाद से अब तक हिन्दुओं, पठानों और मुगलों के पश्चात् अंग्रेजों की राजधानी हुई। शान्तनु प्रजा पालने में तत्पर और बलिष्ठ, सुन्दर राजा थे। उन्हें प्राप्त कर उनकी राजधानी नवीन सूर्य के उदय से पृथ्वी की तरह प्रसन्न हुई। सब लोग अपने-अपने कार्यों की देख-रेख करते हुए उन्नति करने लगे।

एक दिन महाराज शान्तनु गंगा के तट पर शिकार खेलने के विचार से गए हुए थे। देखा, एक परम रूपवती युवती तट पर खड़ी बड़ी-बड़ी आँखों से उनकी तरफ़ देखकर मुस्करा रही है। उसके अंगों में सूर्य की आभा गंगा की तरंगों पर पड़ती हुई-सी चमक रही है। हिलोरों की तरह उसका दिव्य वस्त्र हवा से उड़ते, उठते और मुड़ते हुए सैकड़ों हाथों से जैसे महाराज शान्तनु को बुला रहा है। उसके खुले, लहरीले बालों की सहस्त्रों पतली नागिनों ने महाराज शान्तनु को दूर ही से जैसे डस लिया हो। उसी की दृष्टि की अमृत-औषधि की ओर वासना के ज़हर से जर्जर महाराज शान्तनु के अज्ञात पद बढ़ने लगे। ज्यों-ज्यों महाराज उसके निकट होते गए, त्यों-त्यों उन्हें ज्ञात होने लगा कि पृथ्वी पर ऐसी छवि विरल है—स्वर्ग में भी होने का मन को संशय हो चला। महाराज के ऐश्वर्य का सारा भाव उस रूपसी के रूप के सामने कुछ भी न ठहरा। उसके बिना गुण के रंगीन धनुष के सामने वे स्वयं ही शिकार की तरह बढ़ते गए।

पास जाते-जाते आकाश में सूर्य की रश्मि-शोभा की तरह महाराज के मन का सारा ऐश्वर्य युवती की अपलक दृष्टि में समा गया। उन्होंने अपना सर्वस्व उसे दे डाला। हृदय में केवल प्रिया को पाने की वासना रह गई। सरल स्वर से बोले, "सुलोचने, मैं तन-मन से तुम्हारे रूप का दास हो गया हूँ। मैं चाहता हूँ, तुम्हें अपनी हृदयेश्वरी, अपने राज्य की रानी बनाऊँ। तुम मेरे रिक्त पात्र को अपने प्रेम से भर दो। मैं तुमसे विवाह करना चाहता हूँ।"

सुन्दरी प्रसन्न होकर बोली, "महाराज! आप जिस भाषा में बातचीत कर रहे हैं, वह हृदय की भाषा है। मैं एक साधारण स्त्री हूँ, पर मेरे लिए अपने राज्यैश्वर्य का विचार आपने नहीं किया। मुझे आप अपने वैभव से बड़ा मान गए, इससे बड़ा सौभाग्य नारी

दूसरा नहीं समझती, इसलिए मैं हर तरह से आप ही की हूँ। फिर भी, आप यह प्रतिज्ञा करें कि आप मेरे किसी काम में दखल न देंगे, तो मैं आपका सम्बन्ध स्वीकार कर लूँगी।''

प्रेम परिणाम नहीं देखता। महाराज शान्तनु को युवती की आज्ञा मंजूर हुई और वह उससे विवाह कर, वहीं गंगा तट पर महल बनवाकर रहने लगे।

यह सुन्दर स्त्री साक्षात भगवती गंगा थीं। महर्षि वशिष्ठ से वसुओं को तस्करता के कारण शाप मिला था कि उन्हें मनुष्य होकर जन्म ग्रहण करना होगा। इस शाप से वे बहुत घबराए। किसी मानवी के गर्भ से जन्म लेने की उनकी इच्छा न थी। वे चाहते थे, जब शाप भोगना ही है, तब किसी दिव्य प्रकृति के गर्भ से जन्म लेने में ही मर्यादा है। यह विचार करते-करते चिन्ता से मुरझाए हुए आठों वसु गंगाजी के तट पर आए। उन्हें याद आया कि गंगाजी यदि उनकी माता बनना स्वीकार कर लें, तो उनका बहुत कुछ कलंक मिट सकता है। उन्होंने गंगाजी का स्मरण कर उन्हें अपने दुखी हृदय की कहानी सुनाई। गंगाजी ने स्वीकार किया कि वह वसुओं की माता होंगी। यह गंगाजी ही महाराज शान्तनु को मुग्ध कर वसुओं को जन्म देने के विचार से उनके साथ पत्नी-रूप से रहने लगीं।

महाराज शान्तनु के दिन बड़े सुख से कटने लगे। दिन-रात प्रेम के प्रसंग, बहती हुई अनर्गल हवा की तरह चलते रहे। प्रिया का हृदय चन्दन की सुगन्ध की तरह उन्हें शीतल करता रहा। महाराज शान्तनु अपनी पत्नी से सब कुछ प्राप्त कर सके, केवल उसका परिचय वह नहीं मालूम कर सके। कभी उन्हें पूछने का साहस भी न हुआ। पत्नी अपनी महिमा में सदैव अटल रहती थीं। यथासमय पत्नी के एक लड़का पैदा हुआ। पत्नी पुत्र-प्रसव करने के पश्चात उसे गंगा में ले जाकर बहा आईं। महाराज शान्तनु हृदय थामकर रह गए। इसी प्रकार एक-एक करके सात बालकों को देवीजी ने गंगा में बहाया। शान्तनु हर बार पत्नी का मुँह देखकर रह जाते थे। प्रिया को बहुत प्यार करते थे, और फिर प्रतिज्ञाबद्ध भी थे, इसलिए उसकी स्वतंत्रता में कभी बाधा नहीं दी। चुपचाप पुत्र-स्नेह की पीड़ा पत्नी-स्नेह के कारण सहते गए। धीरे-धीरे रानी के आठवाँ गर्भ हुआ। महाराज शान्तनु के हृदय को पुत्रों का नाश देख-देखकर सख्त चोट लग चुकी थी। जब आठवाँ पुत्र हुआ और रानी उसे लेकर गंगा की ओर चलीं, तो महाराज ने हाथ पकड़कर कहा, ''देखो, अब इसे तो जीने दो। तुम्हारी इस हृदयहीनता को देखकर मुझे बड़ा दुःख होता है।''

रानी इतना सुनकर हँस दीं। कहा, ''राजन्, आपको पुत्र-स्नेह है, तो लीजिए, मैं आपके स्नेह में बाधक न हूँगी। आप इतिहास नहीं जानते। पहले मैं आपको बतला देना चाहती हूँ, आपका-मेरा सम्बन्ध आज से समाप्त होता है। अब आज से आप मुझे पत्नी-रूप से प्राप्त न कर सकेंगे, केवल पुत्र की रक्षा में मैं सहायक रहूँगी।''

महाराज प्रेयसी रानी की यह बात सुनकर दंग रह गए। अब वह स्वतंत्र नायिका की तरह उन्हें छोड़कर चली जाएगी, सुनकर सोचने लगे, 'क्या इसके हृदय में मेरे साथ

इतने दिनों तक के सहवास का कुछ भी असर न हुआ कि पति के प्रति इसकी अनुरक्ति बढ़ती ? क्या इसने मेरे साथ जो मधुर सम्बन्ध रखा था, वह केवल आडम्बर-मात्र था ?'

महाराज को सोच-विचार में पड़ा देख रानी बोलीं, ''महाराज, मैं मानवी नहीं, जो कामवश हो आपके पास आती। मुझे शम्भु-जटा-विभूषण-मणि गंगा कहते हैं। जिन लड़कों को मैंने जीवित प्रवाह कर दिया है, वे आपके पुत्र नहीं, शापभ्रष्ट वसु हैं। मैं उनको जन्म देकर शाप से मुक्त करने के लिए यहाँ आई थी। यह आठवाँ बालक द्यु है। इसी के अपराध से आठों वसुओं को दंड भोगना पड़ा था। लीजिए, इसकी रक्षा कीजिए। मैं अब इसे लेकर जाती हूँ। समय पर आपको यह पुत्र मिल जाएगा। अभी इसके पालन-पोषण की चिन्ता आपको न करनी होगी।''

सत्यवती और भीष्म

अदिका नाम की एक अप्सरा स्वर्ग से भ्रष्ट होकर यमुना में मछली होकर रहती थी। राजा उपरिचर के वीर्य को खाकर वह गर्भवती हो गई। इसे मछुओं ने पकड़ा और पेट चीरा, तो एक बालक और बालिका निकली। यह खबर राजा उपरिचर को मिली, तो बड़े चकित हुए, और बालक को अपने यहाँ ले गए। यही बालक बाद को मत्स्य नामक प्रसिद्ध राजा हुआ। बालिका का नाम पहले मत्स्यगन्धा था, फिर वही सत्यवती कहलाई। यमुना के किनारे इसके रक्षक पिता का निजी मकान था। वहाँ रहकर अपूर्व रूप और यौवन का उसमें प्रकाश फैला। कभी-कभी पिता के न रहने या किसी काम से लगे होने पर स्वयं यात्रियों को यमुना पार ले जाती थी। इसी समय एक बार पराशर ऋषि यमुना-पार होने के लिए आए। सत्यवती उन्हें पार उतारने गई। पराशर की उससे भोग करने की इच्छा हुई। उसने ऋषि की इच्छा पूरी की। इसी से व्यासदेव की उत्पत्ति हुई। पहले मत्स्यगन्धा की देह से मछली की बू आती थी। ऋषि की इच्छा पूरी करने के बाद, उनके वर से, उसकी देह से एक योजन तक सुगन्ध निकलने लगी। इससे उसका नाम योजनगन्धा हुआ। उसके आत्मज व्यास ईश्वर के अवतारों में गण्य हुए। महाभारत की उन्हीं ने रचना की।

एक दिन महाराज शान्तनु मृगया करते हुए गंगा के तट पर पहुँचे, तो देखते हैं, वहाँ का समस्त दिग्मंडल शरों से ढका हुआ है। उनके निकटवर्ती होने पर बालक देवव्रत ने अपनी आजन्म शक्ति से पहचान लिया, परन्तु सोचा कि माता को चलकर यह संवाद दूँ, नहीं तो पिताजी मुझे पहचान न सकेंगे। यह सोचकर, देवव्रत अन्तर्धान होकर माता के पास गए और उनसे पिता के आगमन का सारा हाल कहा। श्रीगंगाजी देवव्रत को साथ लेकर महाराज शान्तनु के पास आईं और मुस्कराती हुई बोलीं, ''महाराज, शर-जाल से अन्तरिक्ष को समाच्छन्न करनेवाला यह आप ही का आत्मज देवव्रत है। अब यह शस्त्र और शास्त्रों में निपुण हो गया है। वशिष्ठ, परशुराम आदि महदाधार गुरुजनों से मैंने इसे शिक्षा दिलाकर सुयोग्य कर दिया है। अब आप इसे

अपनी राजधानी ले जा सकते हैं।'' यह कहकर गंगादेवी ने देवव्रत का हाथ पिता को पकड़ा दिया, फिर अदृश्य हो गईं।

महाराज शान्तनु देवव्रत को अपनी राजधानी ले आए, और उन्हें युवराज के पद पर अभिषिक्त कर दिया। उनका प्रजाजनों से बड़ा मधुर व्यवहार होता था। उच्च, नीच, ब्राह्मण-चांडाल, धनी-गरीब—सबको वह एक ही दृष्टि से देखते थे। कभी विचार में भी पक्षपात नहीं किया। इससे वह थोड़े ही समय में प्रजाजनों को प्राणों से भी प्यारे हो गए। उनका उज्ज्वल अनुकरणीय चरित्र घर-घर प्रशंसा पाने लगा। वाणिज्य, व्यवसाय, शिक्षा, रण-कौशल आदि राज्य के आवश्यक सभी अंगों की उन्होंने श्री-वृद्धि की। देखते-देखते वर्षा के बादवाली शस्य-श्यामला भूमि की तरह उनकी राजधानी लहलही हो गई।

एक दिन महाराज शान्तनु शिकार करने के लिए यमुना के किनारे गए। दूर से एक विचित्र प्रकार की सुगन्ध उन्हें मिली। ऐसी सुगन्ध राजा होकर भी उन्होंने कभी नहीं सूँघी थी। उस खुशबू की ओर खिंचकर बढ़े, तो कुछ दूर चलकर, एक बड़ी ही सुन्दरी, रूप और यौवन की प्रतिमा जैसी युवती उन्हें दीख पड़ी। पता लगाने पर मालूम हुआ कि वह धीवर की कन्या है।

महाराज शान्तनु को बड़ा आश्चर्य हुआ कि वह गोरी लड़की मछुए की कैसे हो सकती है। महाराज ने स्वयं उस कन्या से पूछा। उसने उत्तर में ऐसा ही कहा कि वह मछुए की लड़की है। उसके रूप और लावण्य पर महाराज तन-मन से आसक्त हो गए और उसके पिता के पास जाकर बोले, ''मैं उससे विवाह कर उसे अपनी रानी बनाना चाहता हूँ।''

धीवर महाराज की बात सुनकर गम्भीर हो गया। बोला, ''महाराज, मेरी कन्या का आप पाणिग्रहण करना चाहते हैं, इससे बड़ी और कौन मेरे सौभाग्य की बात होगी! पर, यदि आप यह अंगीकार करें कि मेरी कन्या से जो लड़का होगा, वही राज्य का उत्तराधिकारी होगा, तो मैं खुशी से अपनी कन्या आपको विवाह दे सकता हूँ।'' मछुए की बात सुनकर महाराज शान्तनु स्तब्ध हो गए। उन पर जैसे वज्रपात हुआ। वह जैसे सत्यवती के प्रेमपाश में बँध चुके थे, वैसे देवव्रत से भी अपार स्नेह करते थे, इसलिए मछुए की बात का कुछ भी उत्तर न दे चुपचाप अपनी राजधानी को लौट आए। ब्रह्मचारी, महावीर देवव्रत ने देखा, पिता कुछ दिनों से मुरझाए हुए रहते हैं, उनका स्वास्थ्य धीरे-धीरे गिरता जा रहा है। पिता की सेवा पुत्र का पहला धर्म है, यह विचार कर एक दिन उन्होंने पिता से उदास रहने का कारण पूछा। पिता देवव्रत को बहुत प्यार करते थे। पुनः समर्थ पुत्र के सामने कोई पिता अपने वासनाजन्य पुनर्विवाह का प्रसंग नहीं उठा सकता। इसलिए महाराज शान्तनु ने कहा, ''बेटा, तुम बड़े हो गए हो, तुम्हारी उन्नति में कोई बाधा न पड़े, यही चिन्ता हमें रहती है।''

देवव्रत पिता को प्रणाम कर चले आए, हृदय में उथल-पुथल जारी रही। किससे पूछें, विचार करते हुए मंत्री के पास गए। उस शिकार में मंत्री भी महाराज के साथ थे। उन्होंने सोचा, पिता के सेवक पुत्र से सच्ची घटना को छिपाना पाप है क्योंकि ऐसा ही

पुत्र पिता के ऐसे दर्द की दवा कर सकता है। बोले, "राजकुमार, आप जैसे वीर, विद्वान और लोकाचार में पटु हैं, वैसे ही तेजस्वी, ब्रह्मचारी और पिता के परमभक्त पुत्र हैं, मैं आपके पिता की व्याधि के उपशम होने के विचार से आपसे विनय करता हूँ। महाराज के कोई व्याधि नहीं, उन्हें केवल काम-ज्वर है। विवाह द्वारा यह व्याधि दूर हो सकती है। पर इसमें कुछ ऐसा प्रसंग आ पड़ा है कि महाराज को विवाह करने पर भी तुम्हारे कारण कष्ट होगा।" यह कह मंत्री कुछ काल के लिए मौन हो गए।

इससे देवव्रत की व्याकुलता बढ़ गई। वह बोले, "आप जल्द बतलाने की कृपा करें कि मैं इस प्रसंग में किस प्रकार हूँ, जो महाराज को मेरे कारण कष्ट होगा?"

मंत्री ने मुस्कराकर कहा, "आप जैसे पुत्र की इसको जानने के लिए इतनी उतावली ठीक ही है। महाराज यमुना के तट पर सत्यवती नाम की एक धीवर-कन्या के रूप और यौवन को देखकर मुग्ध हो गए हैं, उससे विवाह करना चाहते हैं; धीवर राज़ी भी है, पर वह कहता है, 'मेरी कन्या के गर्भ से जो पुत्र होगा, वही राजा होगा, यदि महाराज ऐसी प्रतिज्ञा करें, तो मैं विवाह कर देने को सम्मत हूँ।' महाराज को तुम्हारा भी ध्यान है। वह धर्म-विरुद्ध ऐसा कार्य कर नहीं सकते क्योंकि तुम बड़े लड़के हो। तुम्हारे लिए उनका स्नेह भी सत्यवती के प्रेम से घटकर नहीं। इसी कारण वह उभय संकट में पड़े हुए आजकल मुरझाते जा रहे हैं।" कहकर मंत्री चुप हो गए।

देवव्रत ने कहा, "आप मुझे वह स्थान ठीक तौर से बतला दें, मैं पिता के काम-ज्वर का प्रशम कर दूँगा। मैं उनका पुत्र हूँ। उनका सन्तोष ही मेरा सुख, सौभाग्य और धर्म है।"

यथासमय राजकुमार देवव्रत यमुना के तट पर गए। सत्यवती के पिता से मिले। राजकुमार के साथ साक्षी के तौर पर राज्य के और भी कई प्रधान कर्मचारी थे। उन्होंने धीवर से कहा, "महाराज शान्तनु के साथ आप अपनी कन्या का विवाह कर दें। मैं राज्य का उत्तराधिकारी न बनूँगा।"

धीवर बोला, "हे कुमार, विवाह करने के लिए तो मैं पहले से सम्मत हूँ, पर मुझे आपके वचन पर विश्वास नहीं होता क्योंकि आपको युद्ध में जीतने की शक्ति दूसरे में नहीं। मैं घबराता हूँ कि कहीं आप आगे चलकर अपनी कही हुई बात से टल गए, तो मेरी कन्या के पुत्र का क्या होगा?"

धीवर के अविश्वास पर महातेजस्वी देवव्रत का मुख तपस्या की दिव्य ज्योति से जगमगा उठा। उनकी ओर देखकर धीवर की आत्मा में भी श्रद्धा पैदा हुई। वहाँ के समस्त जन स्तब्ध भाव से उन्हें देखने लगे। परम ब्रह्मचारी देवव्रत ने कहा, "धीवरराज! समस्त प्राणियों में भास्वर आत्मा को, सूर्य-चन्द्र-ग्रह-नक्षत्र से चमत्कृत सृष्टि को साक्षी मानकर कहता हूँ, मैं आजीवन ब्रह्मचारी रहूँगा, पिता के सिंहासन पर तुम्हारी कन्या के पुत्र का अधिकार होगा। मैं सदैव उस महाराज की सेवा में तत्पर रहूँगा। प्रकृति का कोई पदार्थ अपने भाव को बदलकर दूसरा भाव ग्रहण करे, पर मैं कभी अपनी प्रतिज्ञा से न डिगूँगा।"

सत्यव्रत की यह प्रतिज्ञा सुनकर पितृभक्ति की पराकाष्ठा से वहाँ के सभी लोग मंत्रमुग्ध होकर उन्हें देखने लगे। इस भीषण प्रतिज्ञा के कारण उसी दिन से उनका नाम संसार में 'भीष्म' प्रसिद्ध हुआ।

उन पर प्रसन्न होकर धीवरराज ने अपनी कन्या सत्यवती को उनके सुपुर्द कर, बड़ी नम्रता से क्षमा-प्रार्थना करते हुए कहा, ''हे महावीर ब्रह्मचारी! यह लो, तुम्हारी इस माता का सम्पूर्ण उत्तरदायित्व मैं तुम्हें अर्पण कर निश्चिन्त होता हूँ। मुझे अब अणुमात्र भी शंका नहीं रही।''

राजधानी हस्तिनापुर पहुँचकर महावीर भीष्म ने सत्यवती को पिता के हाथ अर्पित किया। वहाँ शास्त्रानुसार उसके साथ महाराज शान्तनु का विवाह हुआ। पुत्र की इस कीर्ति से उन्हें हार्दिक सन्तोष हुआ, उनकी वासना तृप्त हुई। कालान्तर में सत्यवती से दो कुमार हुए—चित्ररथ और विचित्रवीर्य। इसके बाद महाराज शान्तनु का स्वर्गवास हुआ। भीष्म ने भाइयों की शिक्षा का पूरा प्रबन्ध किया। पारंगत पंडितों को बुलाकर उन्हें शिक्षा दी। दोनों धीरे-धीरे जवान हो चले। इसी समय गन्धर्वराज ने राजधानी पर आक्रमण किया। चित्ररथ इस युद्ध में मारे गए।

विचित्रवीर्य का विवाह : धृतराष्ट्र, पाण्डु और विदुर का जन्म

चित्ररथ की मृत्यु से विधवा सत्यवती को बड़ी चिन्ता हुई परन्तु महामना भीष्म ने माता को धैर्य दिया। वह संसार को नश्वर सोचकर आँसू पोंछकर चुप हो रहीं। छोटा पुत्र विचित्रवीर्य उनका सहारा हुआ। भीष्म को विचित्रवीर्य के विवाह की चिन्ता हुई। इसी समय काशीराज की कन्याओं का स्वयंवर था। निमंत्रण हस्तिनापुर भी गया था। भीष्म विचित्रवीर्य को लेकर काशी गए।

सभा की बड़ी सजावट थी। तोरण, वितान, पताका, कलश, बन्दनवार आदि से काशी की गली-गली में स्वयंवर की सूचना थी। सभा का दृश्य और भी मनोहर था। सुसज्जित, विशाल मंडप में देश-देश के राजाधिराज आकर एकत्र हुए थे। रत्नों, वस्त्रालंकारों तथा अस्त्र-शस्त्रों की प्रभा से सभा जगमगा रही थी। महावीर भीष्म भी एक तरफ़ जाकर बैठ गए। यथासमय राजकुमारियाँ—अम्बा, अम्बिका और अम्बालिका—मंडप में पधारीं। रूप की किरणों से सभा के सभ्यों की आँखें खुल गईं। कन्याएँ जयमाला लिए हुए एक-दूसरी की तरफ़ देखती हुई चलीं तो भीष्म ने सोचा, कहीं ऐसा न हो कि ये किसी दूसरे के गले में माला छोड़ दें, यहाँ का आना व्यर्थ हो जाए। यह सोचकर वह उठे, और तीनों कन्याओं को पकड़कर रथ पर बैठा लिया।

राजाओं ने इसे अपमान समझा और सम्मिलित होकर भीष्म के विरुद्ध युद्ध-घोषणा कर दी। जहाँ पहले शृंगार का दृश्य था, वहाँ घोर रण-कोलाहल उठने लगा। चारों दिशाएँ अस्त्र-शस्त्र से चमकने लगीं। रथों की घरघराहट गूँजने लगी परन्तु

महावीर भीष्म ने सम्मिलित सभी राजाओं को परास्त कर दिया और कन्याओं को लेकर हस्तिनापुर पहुँचे।

वहाँ महारानी सत्यवती से परामर्श कर विचित्रवीर्य से तीनों कुमारियों का विवाह करने का निश्चय हुआ, परन्तु अम्बा ने विनयपूर्वक भीष्म से कहा, "हे वीरश्रेष्ठ, आपने बल से मेरा हरण किया, पर धर्म के विचार से मैं किसी दूसरे को वरण नहीं कर सकती। पहले से ही शाल्वराज को मैं पति-रूप से स्वीकार कर चुकी हूँ। उनकी भी सम्मति मुझे प्राप्त हो चुकी है। मेरे पिता की भी इससे सहानुभूति थी।"

अम्बा की इस बात से महावीर भीष्म ने बड़ी इज़्ज़त से उसे शाल्वराज के पास भेजवा दिया; परन्तु दूसरे से हरण की हुई होने के कारण शाल्वराज ने उससे विवाह करने से इनकार कर दिया। इससे अम्बा को बड़ा दुःख हुआ। भीष्म के प्रति उसको क्रोध भी हुआ। दूसरा उपाय न देखकर प्रतिकार के लिए वह अपने वनवासी, तपस्वी नाना होत्रवाहन की सलाह से भीष्म के गुरु परशुराम के पास गई। उसकी दुःख-कथा सुनकर परशुराम को बड़ा क्रोध हुआ। वह भीष्म के पास उसे लेकर आए और विवाह करने के लिए कहने लगे। भीष्म ने गुरु का बड़ा आदर-सत्कार किया, और निवेदन किया कि ब्रह्मचर्य की प्रतिज्ञा करने के कारण वह अब किसी कुमारी का पाणि-ग्रहण नहीं कर सकते। परशुराम ने गुरु-आज्ञा के तौर पर फिर भी ज़ोर डाला, और कहा कि विवाह किए बिना उनका कार्य शास्त्र के विरुद्ध होगा क्योंकि उन्होंने अम्बा का हरण किया है पर भीष्म अपनी प्रतिज्ञा पर अटल रहे। भीष्म के इस कार्य से परशुराम को क्रोध आ गया। उन्होंने भीष्म को युद्ध के लिए आवाहन किया। गुरु और ब्राह्मण जानकर भीष्म लड़ने से पहले इनकार करते रहे, पर जब पीछा न छूटा, तब अस्त्र-शस्त्र लेकर मैदान में आ डटे। घोर युद्ध छिड़ा। परशुराम ने भीष्म को मारने के लिए दिव्यास्त्र संधान किया। भीषण अस्त्र को देखकर महावीर भीष्म ने भी उसी के जोड़ का अमोघ शर धनुष में जोड़ा। दोनों के संघर्ष से सृष्टि का नाश हो जाएगा, ऐसी शंका कर देवता भीष्म के पास गए और कहा, "आप विरत हों और हार स्वीकार कर लें क्योंकि परशुराम आपके गुरु हैं। गुरु से हारना हार नहीं।" पर भीष्म ने कहा, "कुछ भी हो, मैं हार नहीं स्वीकार कर सकता क्योंकि मैं क्षत्रिय हूँ। क्षत्रिय के लिए इससे बड़ा कलंक दूसरा नहीं। सृष्टि रहे या न रहे।" भीष्म से निराश होकर देवता परशुराम के पास गए, और विनय की। देवताओं पर दया कर, सृष्टि को बचाने के निमित्त, परशुराम ने हार स्वीकार कर ली, पर साथ-साथ प्रतिज्ञा की कि वह किसी क्षत्रिय को अस्त्र-विद्या की शिक्षा न देंगे।

अम्बा निराश हो गई। उसका बदला न चुका। अपमान करनेवाले भीष्म को क्षत्रिय की कन्या होकर वह किसी तरह परास्त न कर पाई, इस खेद से शंकर की तपस्या करने लगी। भगवान शंकर ने उसे आशीर्वाद दिया कि दूसरे जन्म में वह भीष्म के वध का कारण कहलाए। वर प्राप्त कर अम्बा वहीं चिता लगाकर जल गई।

फिर वह राजा द्रुपद के यहाँ पैदा हुई। उसका नाम शिखंडिनी रखा गया। एक दानव के वर से वह कन्या से पुरुष हुई।

अम्बिका और अम्बालिका का विवाह विचित्रवीर्य से हुआ। विचित्रवीर्य के यौवन के दिन बड़े सुख से बीतने लगे। उत्तरोत्तर उनकी भोगवासना बलवती होती गई। इस कारण स्वास्थ्य भी क्रमशः क्षीण हो चला। धीरे-धीरे रुग्ण होकर वह नश्वर संसार से सदा के लिए विदा हो गए। उनकी दोनों पत्नियाँ विधवा हो गईं।

दीर्घकालीन शोक के पश्चात महारानी सत्यवती को वंश-रक्षा की चिन्ता हुई। भीष्म विवाह न करने की प्रतिज्ञा कर चुके थे। अब क्या किया जाए, ऐसा सोचकर नियोग की इच्छा से उन्होंने अपने पहले पुत्र वेदव्यास को बुलाया। अम्बिका और अम्बालिका नियोग के लिए राज़ी नहीं हो रही थीं। बड़ी मुश्किल से वंश-रक्षा के लिए कहना माना, परन्तु हृदय में एक धड़कन बनी रही। जटाधर, महातपस्वी श्रीकृष्ण द्वैपायन व्यासदेव को अपने पास आते देखकर अम्बिका ने आँखें मूँद लीं। इससे नाराज़ होकर व्यासदेव ने कहा कि इसके व्यवहार के अनुसार इसका लड़का अन्धा होगा। फिर वह अम्बालिका के पास गए। अम्बालिका भी व्यासजी का काला, भयावना चेहरा देखकर पीली पड़ गई। उसका भी यह स्वागत करना देखकर व्यासजी प्रसन्न नहीं हुए। बोले, उसका लड़का पांडुरोग से ग्रस्त होगा। इन पुत्रों को क्षीणांग देखकर सत्यवती ने फिर व्यासजी को बुलाया। इस बार कोई बहू नहीं गई। एक दासी को उत्तम वस्त्र पहनाकर भेज दिया। उसने अच्छे भाव से व्यासदेव का स्वागत किया। इससे शिष्ट और धर्मात्मा बालक पैदा हुआ। इस प्रकार अन्ध धृतराष्ट्र, पाण्डुरोग से ग्रस्त पाण्डु और धार्मिक विदुर की उत्पत्ति हुई।

गांधारी और कुन्ती

महामना भीष्म राजकुमारों के रक्षण के लिए पूरी तत्परता रखने लगे। भीष्म की देख-रेख में राज्य की श्री-वृद्धि होती रही। इधर, राजकुमार भी धीरे-धीरे शिक्षा प्राप्त करते हुए तारुण्य को प्राप्त हुए। उपयुक्त शासक का अभाव महावीर भीष्म को बराबर खलता रहा। ये राजकुमार धृतराष्ट्र और पाण्डु भी ऐसे न थे कि राज्य की अच्छी तरह परिचालना कर सकते। पहला अन्धा, दूसरा रोगग्रस्त। इसलिए इनका विवाह कर अच्छे राजकुमारों की उत्पत्ति की उन्हें बराबर चिन्ता बनी रही। एकमात्र वही राज्य के कर्णधार थे।

गांधार देश की राजकुमारी गांधारी के सम्बन्ध में उन्होंने सुना कि वह शील-स्वभाव में बड़ी अच्छी, विद्या-बुद्धि तथा कला-कौशल में निपुण, स्वस्थ, सुन्दरी राजकुमारी है। गांधारी से पैदा हुए बच्चों का स्वास्थ्य अच्छा होगा, ऐसा विचार कर उन्होंने गांधार देश के राजा के पास विवाह का आमंत्रण भेजा, परन्तु धृतराष्ट्र को अन्धा जानकर गांधारी के पिता पहले राज़ी नहीं हो रहे थे। बाद को भीष्म की वीरता

से डरकर तथा कुरुवंश की प्रसिद्धि का विचार कर शकुनि के साथ गांधारी को हस्तिनापुर भेज दिया। वहीं महावीर भीष्म ने धृतराष्ट्र के साथ गांधारी का शुभ विवाह किया। बड़े समारोह तथा उत्सव द्वारा यह परिणय वैदिक रीति के अनुसार पूरा किया गया। गांधारी जैसी सुन्दरी थी, वैसी ही पति-परायणा तथा चारुशीला भी दिखाई पड़ी। विवाह के बाद पति को अन्धा जानकर उसने आँखों पर पट्टी बाँध ली, जिससे वह दूसरे पुरुष का मुख न देखे। जिस मुख को उसके पति ने नहीं देखा, जिस मुख को उसके पति की दृष्टि ने सार्थक नहीं किया, उस मुख का उसके पास कोई महत्त्व नहीं रहा। इसलिए पति की तरह संसार का मुख देखने से विरत हो उसने आँखों पर पट्टी बाँध ली। उसके स्वभाव तथा सेवा से घर के सभी लोग प्रसन्न रहते थे।

अब भीष्म को पाण्डु के विवाह की चिन्ता हुई। धृतराष्ट्र अन्धे थे, इसलिए राजगद्दी पर पाण्डु बैठाए गए थे। पाण्डु का स्वभाव भीष्म की आज्ञाकारिता में रहकर तैयार हुआ था, इसलिए सभी प्रजाजनों को प्रिय था। इस समय यदुवंश के राजा सूरसेन की कन्या पृथा का स्वयंवर था। पृथा का पालन-पोषण उनके पिता के मित्र तथा बुआ के पुत्र भोजराज कुन्ती के यहाँ हुआ था। इसलिए उसे भी कुन्ती कहकर पुकारते थे। कुन्ती स्वभाव की बड़ी सरल थी। अतिथियों का बड़ा सम्मान करती थी। एक बार ऋषि दुर्वासा उनके यहाँ गए थे। कुन्ती ने अपनी सेवा द्वारा उन्हें प्रसन्न कर लिया। ऋषि ने कुन्ती को एक मंत्र बतलाकर कहा कि जिस देवता का स्मरण कर वह उस मंत्र का जप करेगी, वह देवता तत्काल उसके पास आएगा, और उसे एक पुत्र देगा। ऋषि चले गए। कुन्ती अभी केवल तरुणी हो चली थी। बाल-चापल्य के वश एक दिन स्नान कर, मंत्र पढ़कर उसने सूर्यदेव का आवाहन किया। उसे ऐसा मालूम हुआ कि सूर्यदेव आकाश-मार्ग से उतरते हुए उसके पास आ रहे हैं। जब सूर्यदेव पास आ गए, तब कुन्ती बहुत घबराई। प्रेयसी समझकर सूर्यदेव ने आश्वासन दिया कि डरने की बात नहीं, तुम्हारा कुछ भी अहित न होगा। ऋषि का मंत्र व्यर्थ नहीं होता, तुम्हारे कुण्डल-कवचधारी एक पुत्र होगा। यह कहकर दिव्य भाव से रमण कर सूर्यदेव चले गए। यथासमय कुन्ती के वैसा ही एक पुत्र हुआ पर समाज से डरकर कुन्ती ने उसे नदी में प्रवाहित कर दिया। वह बालक कौरव-राजकुल के अधिरथ नाम के एक सारथि को प्राप्त हुआ। उसने अपनी स्त्री राधा को वह बालक लाकर दिया। राधा ने बड़े स्नेह से उसे पाला। वही बालक बाद को कर्ण के नाम से प्रसिद्ध हुआ।

कुन्ती के स्वयंवर में भीष्मदेव ने पाण्डु को भेज दिया। तब तक पाण्डु का नाम संसार में फैल चुका था। वह विशाल राज्य तथा उत्तम कुल के राजा हैं, यह जानकर वहाँ के लोगों ने उनका बड़ा स्वागत किया। कुरुवंश की मर्यादा कुन्ती को मालूम थी। उसने पाण्डु को ही वरमाला पहनाई। बड़ी धूम-धाम से कुन्ती का विवाह हुआ। हस्तिनापुर में स्वागत की तैयारियाँ हुईं। महावीर भीष्म आदरपूर्वक वर और वधू को वरण कर

राजमहल ले गए। पाण्डु और कुन्ती यौवन के आरम्भिक दिन बड़े प्रेम से पार करने लगे। मद्रराज की विदुषी कुमारी माद्री से भी कुछ दिनों बाद पाण्डु का विवाह हुआ।

महामति भीष्म ने विदुर का भी ख़याल नहीं छोड़ा था। विदुर यद्यपि दासी-पुत्र थे, फिर भी उसी लाड़-प्यार से पले थे, जिससे धृतराष्ट्र और पाण्डु। इनकी शिक्षा अपने दोनों भाइयों की अपेक्षा मार्जित थी। यह धर्मशास्त्र तथा नीतिशास्त्र के पूर्ण पंडित थे। इनका पालन-पोषण बिलकुल राजकुमारों का-सा हुआ था। इनसे राजकार्य की परिचालना में भीष्म को बड़ी सहायता मिलती थी। इनकी प्रखर बुद्धि को देखकर भीष्म हृदय से इन्हें प्यार करते थे। सुबल के राजा देव की सुन्दरी कन्या पाराशवी के साथ इनका विवाह भी भीष्म ने कर दिया।

वंश-विस्तार और पाण्डु

कहा जा चुका है कि धृतराष्ट्र अन्धे थे, इसलिए पाण्डु सिंहासन पर बैठे थे। उनका पाण्डु-रोग ऐसा न था कि शरीर को हानि पहुँची हो। वह लड़ने-भिड़ने में पूर्ण रीति से सक्षम थे। महावीर भीष्म की अनुमति लेकर वह दिग्विजय के लिए चतुरंगिनी सेना के साथ बाहर निकले, और भारत के दूसरे समस्त राज्यों को अपने अधिकार में कर लिया। उनसे कर लेकर प्रसन्नचित्त अपनी राजधानी लौटे। भीष्म ने पाण्डु की इस वीरता की प्रशंसा की। अब हस्तिनापुर देश के सभी राज्यों में श्रेष्ठ हो गया। यहाँ के राजा की सम्राट या राजचक्रवर्ती की उपाधि हुई।

अपने उत्कर्ष में प्रसन्न पाण्डु एक बार वन में शिकार खेल रहे थे। उन्होंने एक हिरन का जोड़ा दूर से देखा और तीर मारा। उस समय दोनों विहार कर रहे थे। तीर लगते ही हिरन आर्तस्वर से चिल्लाया। उसकी आवाज़ मनुष्य की आवाज़ जैसी थी। पाण्डु उसके पास दौड़कर आए, तो मालूम हुआ, ये दोनों ऋषि और ऋषि-पत्नी मृगरूप में विहार कर रहे थे। घायल मृगरूपी ऋषि से हाथ जोड़कर पाण्डु अपने अज्ञानकृत अपराध के लिए क्षमा-प्रार्थना करने लगे। उस शर-विद्ध ऋषि ने कहा, "महाराज, यह सच है कि आपने जान-बूझकर ब्रह्महत्या नहीं की, फिर भी आपको विहार करते हुए मृग का वध नहीं करना था। आपको इसका फल अवश्य भोगना होगा। आप भी इसी प्रकार वन में विहार करके पंचत्व को प्राप्त होंगे।" यह कहकर ऋषि स्वर्गलोक प्रस्थान कर गया।

महाराज पाण्डु तब से खिन्न तथा चिन्ताग्रस्त रहने लगे। उन्होंने राजपाट का सारा काम छोड़ दिया। जंगल में रानियों सहित एकान्तवास करने लगे। इस समय राज्य का भार धृतराष्ट्र ने ग्रहण किया। बहुत दिन हो गए। एक बार शतश्रृंग के महर्षि स्वर्ग-यात्रा कर रहे थे। पाण्डु से भी चलने के लिए कहा, पर बाद को उन्होंने पाण्डु को निस्सन्तान जानकर लौटा दिया। पाण्डु को जब यह मालूम हुआ कि बिना सन्तान के कोई स्वर्ग नहीं जा सकता, तब उनका कष्ट और बढ़ गया, पर सन्तान की

इच्छापूर्ति अपने अधीन नहीं। उन्हें खिन्न देखकर एक दिन कुन्ती ने अपने वरवाली बात उन्हें सुनाई। पाण्डु को इससे बड़ी प्रसन्नता हुई। उन्होंने देवता के आवाहन से पुत्रोत्पत्ति के लिए कुन्ती को प्रसन्नतापूर्वक आज्ञा दे दी। पति की आज्ञा शिरोधार्य करके कुन्ती ने धर्मराज का आवाहन किया। उनसे युधिष्ठिर की उत्पत्ति हुई। फिर पवन को आमंत्रित किया, उनसे भीम पैदा हुए। इसके बाद इन्द्र का स्मरण किया। इन्द्र से अर्जुन भूमिष्ठ हुए।

एक बार व्यासदेव हस्तिनापुर पधारे। महारानी गांधारी ने उनका बड़ा आदर-सत्कार किया। गांधारी के आतिथ्य से प्रसन्न होकर व्यासदेव ने एक सौ पुत्र होने का वर दिया। महारानी गांधारी के गर्भ तो महारानी कुन्ती से पहले हुआ, पर वह दो साल तक स्थायी ही रहा। लड़का न हुआ। इसी समय महारानी कुन्ती के पुत्र होने का समाचार हस्तिनापुर पहुँचा। इस संवाद से गांधारी को बड़ा क्षोभ हुआ कि अब कुन्ती का पुत्र सिंहासन का अधिकारी होगा। इस क्षोभ से उन्होंने पेट में कसकर एक ऐसा घूँसा मारा कि गर्भपात हो गया। तब तक गर्भ के बालक के अंग न बने थे। इस पिण्ड को नदी में फेंकने की तैयारियाँ हो रही थीं कि वहाँ महातपस्वी व्यासदेव का फिर शुभागमन हुआ। व्यासदेव ने पिण्ड के सौ भाग किए, जिनका गलती से एक भाग और हो गया। फिर उतने ही घड़े मँगवाकर, उसमें घी भरकर, एक-एक खण्ड रखकर एकान्त में रखवा दिया। दो वर्ष बाद उन्हीं से एक सौ पुत्र और एक कन्या का जन्म हुआ। दुर्योधन, दु:शासन आदि सौ पुत्रों के साथ एक कन्या दु:शला गांधारी के गर्भ से इस प्रकार पैदा हुए। धृतराष्ट्र की एक और पत्नी थी। उनसे युयुत्सु नाम का बालक हुआ।

उधर, दो पुत्र माद्री से हुए नकुल और सहदेव। इस प्रकार धृतराष्ट्र का वंश प्राचीन कौरव नाम से प्रसिद्ध हुआ और पाण्डु के पुत्र पांडव कहलाए।

पुत्रों के मुख देखकर पाण्डु प्रसन्न रहने लगे। उनका मनोभाव बदल गया। शाप की बात भी सुख के दिनों में याद न रही। इसी समय एक बार वन में वसन्त-ऋतु का राज्य था, लता-द्रुम नए पल्लवों से लहलहे हो रहे थे, नए-नए फूलों से वन्यश्री की अपार शोभा थी, आकाश और पृथ्वी एक नए जादू से रँगे हुए दिखाई पड़ते थे, मन्द-मन्द समीर बहकर हृदय को शीतल कर रहा था, पक्षी कलकंठों से वासन्तिक रागिनी गा-गाकर ऋतुराज का स्वागत कर रहे थे, झरने मधुर, मन्द स्वर से झर-झर बहते हुए वन-प्रान्त से होकर निरुद्देश्य हो रहे थे। शृंगार की छवि प्रकृति के हर दृश्य पर अंकित थी। महाराज पाण्डु इस शुभ मुहूर्त में माद्री के साथ वनविहार के लिए निकले। वन की श्री से पूर्ण शोभा को देखकर प्रिया से युक्त महाराज पाण्डु ने माद्री को प्रेम की दृष्टि से देखा। शापवाली बात माद्री को याद थी। पति की भावना को लक्ष्य कर माद्री का हृदय शंका से काँपने लगा पर लाज तथा संकोच के कारण वह कुछ कह न सकी, केवल बातों में बहलाकर वन्यश्री की तारीफ़ करती हुई, कि 'महाराज, यह फूल देखिए—कैसा खिला है, वह लता देखिए, पेड़ से कैसी लिपटी

हुई है—पेड़ ही बेचारी की रक्षा का कारण है,' टालती रही। पर काम की उत्तेजना टलनेवाली नहीं होती। महाराज बलात् माद्री से विहार करने लगे। पश्चात वहीं उनका प्राणान्त हो गया। तमाम राज्य में इस खबर से शोक की काली घटा छा गई। सहस्त्रों आँखों से दुःख के आँसू झरने लगे। माद्री और कुन्ती के दुःख का क्या कहा जाए? पति के शव के साथ महारानी कुन्ती सहमरण के लिए तैयार हुईं, पर रानी माद्री रोती हुई बोलीं, "दीदी, संसार से मैं बिलकुल अनजान हूँ, आप बालकों की रक्षा कीजिए। महाराज की मृत्यु मेरे कारण हुई है, इसलिए मैं ही महाराज के साथ जाऊँगी।" यह कहकर रानी माद्री पति की चिता पर सती हो गईं। राजमाता सत्यवती इस दुःख से महारानी अम्बिका और अम्बालिका को लेकर वन में तपस्या करने चली गईं।

कौरव और पांडव

धीरे-धीरे कौरव और पांडव एक सौ पाँचों भाई महामना पितामह भीष्म की देख-रेख में पलते हुए बड़े हो चले। इनका शैशवकाल राजमहल में अनेक प्रकार की क्रीड़ाओं में, माताओं की स्नेह-गोद में बीता। अब ये बाल्य के प्रथम चरण में आ पहुँचे, और खेलते हुए राजधानी के प्रान्त भाग में भी चले आया करते थे। इनकी दो टुकड़ियाँ स्वभावतः रक्त के प्रभाव के अनुसार थीं। एक सौ कौरव एक में सम्मिलित थे, और पाँच पांडव एक में। दुर्योधन कौरवों का सरदार था, और युधिष्ठिर पांडवों के। इनको बढ़ते हुए देखकर पितामह भीष्म को इनकी शिक्षा-दीक्षा की चिन्ता हो गई।

एक दिन नगर के प्रान्त भाग में ये सब भाई गेंद खेल रहे थे। खेलते-खेलते गेंद कुएँ में गिर गई। सब लड़के हताश होकर कुएँ की जगत पर खड़े हुए नीचे झाँक-झाँककर देख रहे थे। इसी समय एक कृष्णकाय, तेजस्वी पुरुष उधर से आते हुए दिखाई पड़े। लड़कों को हताश भाव से कुएँ में नीचे झाँकते देखकर उन्होंने कारण पूछा।

लड़कों ने कहा, "हमारी गेंद गिर गई है।" ब्राह्मण ने हँसकर अव्यर्थ शस्त्र-चालना द्वारा गेंद को बाहर निकाल लिया। राजकुमार प्रसन्न हो उन्हें पितामह भीष्म के पास तारीफ़ करने तथा पुरस्कार दिलवाने के लिए ले चले। पितामह को घेरकर लड़कों ने ब्राह्मण की बड़ी तारीफ़ की। महावीर भीष्म पहले से राजकुमारों की शिक्षा के लिए एक अच्छे आचार्य की तलाश में थे। द्रोण को देख, उन्होंने प्रणाम कर बड़े आदर से अपने पास बैठाया, फिर उनकी कुशल पूछी।

द्रोण ने कहा, "हे महात्मन्! मैं आजीविका की खोज में भटकता हुआ यहाँ पहुँचा हूँ। मैंने आर्य परशुराम से दिव्य अस्त्र-शिक्षा प्राप्त की है। वह जब अपना धन ब्राह्मणों को दान कर रहे थे, तब मैं उनके पास देर से पहुँचा। तब तक वह अपना सर्वस्व दे चुके थे। मैंने उनसे अस्त्र-शिक्षा प्राप्त की। उन्होंने मुझे जो दिव्यास्त्र प्रदान किए हैं, मैं उनके बल पर जीवकोपार्जन का प्रयत्न करके भी सफल नहीं हो सका। आप कृपाचार्य को जानते हैं, जो शरद्वान के पुत्र होकर, आप ही के आश्रय में पलकर

पुष्ट हुए हैं। उनकी बहन कृपी मेरी धर्मपत्नी है। एक पुत्र भी अश्वत्थामा नाम का है। हम लोग अत्यन्त दरिद्र हैं। एक बार अश्वत्थामा ने पड़ोस के बालकों को दूध पीते देखकर, घर आकर दूध माँगा। हमारे गऊ न थी। हमें प्रयत्न करने पर गऊ न मिली। बालकों ने अश्वत्थामा को बेवकूफ़ बनाने के विचार से आटा घोलकर, दूध कहकर पिलाया। बालक अश्वत्थामा उसी के स्वाद से मग्न होकर नृत्य करने लगा, देखकर, बालक तालियाँ पीटकर हँसने लगे। मुझे अपनी बेबसी का बड़ा दुःख हुआ। दरिद्र होने के कारण मेरी जातिवाले ब्राह्मण भी मुझे छोड़ चुके थे। सहायता की एक सूरत मुझे याद आई। द्रुपद मेरा सहपाठी था। मैंने सोचा, मित्रता का विचार कर मेरी सहायता करेगा। मैं उसके यहाँ गया, पर उसने कहा, 'मित्रता राजा राजा की होती है, राजा और रंक की नहीं।' इस प्रकार मेरा अपमान कर उसने मुझे चले आने को विवश किया। अब यहाँ भाग्य ने लाकर डाला है।''

द्रोण की कथा सुनकर भीष्म ने उन्हें धैर्य दिया, कहा, ''अब आपको भोजन की चिन्ता न करनी होगी। आज से आपको आचार्य द्रोण कहकर राजकुमार तथा राजधानी के लोग पुकारेंगे। आप इनकी अस्त्र-शिक्षा का भार ग्रहण करें।''

भीष्म ने द्रोणाचार्य को बड़े आदर से राजमहल में टिकाकर उनके रहने तथा खर्च आदि का प्रबन्ध कर दिया। बहुत दिनों बाद द्रोणाचार्य की किस्मत खुली। वह वीरोचित कृतज्ञता के साथ महात्मा भीष्म को धन्यवाद देकर राजकुमारों के धनुर्वेदाचार्य होकर सुख से रहने लगे।

कौरवों और पांडवों की परस्पर न बनती थी। कौरव उद्दण्ड थे, पांडव शान्त। पांडवों की शिक्षा भी अब तक बहुत कुछ अग्रसर हो चुकी थी। दुर्योधन पांडवों में भीम से बहुत खिंचा रहता था। भीम शान्त होने पर भी बड़े बलवान थे। वह अकेले कभी-कभी उन सौवों की खबर लेते थे। दुर्योधन बराबर भीम को धोखा देकर नीचा दिखाने के प्रयत्न में रहता था, पर उसकी चलती न थी। इसलिए भीम को वह प्राय: अपनी टुकड़ी में न रखता था।

माद्री का बड़ा लड़का, अर्जुन से छोटा, नकुल दिन-दिन दुबला होता जा रहा था पर किसी से अपने दुःख का कारण न कहता था। एक दिन भीम ने एकान्त में बुलाकर पूछा, ''क्यों रे नकुल, तू दिन-रात दुबला क्यों होता जा रहा है? पहले तू कैसा अच्छा था, अब तो बिलकुल कुम्हला गया है।'' नकुल ने रोनी आवाज़ में कहा, ''दादा, गुलहड़ में मैं हार गया हूँ। मुझे रोज़ दाँव देना पड़ता है। वे लोग बहुत दौड़ाते हैं। अभी तक मुझे दाँव नहीं मिला।''

भाई का दुःख भीम से न सहा गया। वह समझ गए कि नकुल को कौरवों की चालाकी से दाँव नहीं मिल रहा। उन्होंने बड़े स्नेह से नकुल से कहा, ''आज तू यहीं रह। तेरा दाँव देने मैं जाता हूँ।'' यह कहकर भीम वहाँ गए। भीम को देखकर दुर्योधन वगैरह कौरवों ने कहा, ''भीम, नकुल को कहाँ छोड़ आए? वह चोर है,

हमारा दाँव कौन देगा?'' भीम ने कहा, ''अच्छा भाई, वह चोर है, तो दाँव मुझसे ले लो।'' सब कौरव बहुत खुश हुए कि अब आज भीम को नाकों चने चबवाएँगे। भीम डण्डा रखकर खड़े हो गए। सब कौरव इधर-उधर पेड़ों पर चढ़ गए। जब सब सतर्क हो गए, तब भीम ने एक पेड़ की डाल पकड़कर हिलाई। कई नीचे आए। छूकर सबको चोर किया। फिर खुद पेड़ पर चढ़े। मौका पाकर, कूदकर डण्डा चूम लिया। टाँग के नीचे से डण्डा फेंका जाता है; चोर जब तक उठाकर लाता है, शाह लोग पेड़ पर चढ़ते हैं—यह कायदा है। भीम का फेंका डण्डा फर्लांगों की खबर लेता था। दुर्योधन से लेकर कौरवों के कई भाइयों को भीम ने उस रोज़ चोर बनाकर छकाया। इस तरह कई दिनों तक दौड़ाया। स्वयं दोबारा चोर न हुए।

भीम की ऐसी हरकतों से कौरव उनसे बहुत नाराज़ रहते थे। खासतौर से दुर्योधन बहुत चिढ़ा रहता था। एक दिन उसने नई युक्ति निकाली। गंगाजी चलकर जलकेलि करने का प्रस्ताव हुआ। इस यात्रा में भीम भी आमंत्रित किए गए। गंगा के तट पर पहले से खीमे गड़ चुके थे। राजकुमारों के लिए पूरा-पूरा इन्तज़ाम हो चुका था। वहाँ जाकर दुर्योधन ने भीम के लड्डुओं में विष मिला दिया। जलपान कर सब लोग जलकेलि करने लगे। भीम को धीरे-धीरे नशे से बेहोशी आने लगी। समय पर सब लोग नहाकर निकले और अपने-अपने खीमे की तरफ़ चले। पर भीम गंगा के तट पर ही पड़े रहे। सन्ध्या का अन्धकार घनीभूत हो आया। इसी समय चुपचाप भीमसेन को लता से बाँधकर दुर्योधन ने गंगा में बहा दिया। भीमसेन बहते हुए नागलोक पहुँचे। वहाँ बड़े ज़हरीले साँप थे। भीम को देखकर काटने लगे। उनके ज़हर से भीम का नशा उतर गया। आँखें खोलीं, तो दूसरा ही दृश्य नज़र आया। भीम ने लता-बन्धन को तोड़कर नागों को मारना शुरू कर दिया। तब वे सब अपने राजा वासुकि के पास गए। पूछने पर वासुकि को मालूम हुआ कि उन्हीं के दौहित्र कुन्तिभोज के दौहित्र हैं। फिर उन्होंने भीम की बड़ी सेवा की। उन्हें अमृत पिलाया। भीम को इससे दस हज़ार नागों का बल प्राप्त हुआ। फिर बड़े आदर से वासुकि ने भीम को बिदा किया। घर में माता कुन्ती तथा चारों भाई रो रहे थे। सब खोजकर हैरान हो चुके थे। दुर्योधन के भाई आनन्द मना रहे थे। इसी समय हँसते हुए भीमसेन हस्तिनापुर पधारे। माता तथा भाइयों के चेहरे फिर उन्हें देखकर फूलों की तरह खिल गए।

इस प्रकार आपसी झगड़े और वैमनस्य के साथ-साथ दोनों वंश के राजकुमारों की अस्त्र-विद्या भी होती रही। अर्जुन धनुर्वेद में सर्वश्रेष्ठ निकले। वह बड़े फुर्तीले थे। उनका तीर व्यर्थ न जाता था। बड़े लक्ष्य से लेकर पत्ते के डण्ठल तक काटने का लक्ष्य वह बेध सकते थे। भीम और दुर्योधन गदा युद्ध में प्रवीण हो चले। एक दिन द्रोणाचार्य ने शिष्यों की परीक्षा ली। दूर एक डाल पर काठ की एक चिड़िया रखकर, युधिष्ठिर को धनुष-बाण देकर लक्ष्य पर सन्धान करने के लिए कहा। युधिष्ठिर ने सन्धान किया, तो आचार्य ने पूछा, ''वत्स! तुम क्या देखते हो?'' युधिष्ठिर ने कहा,

"मैं आपको देखता हूँ, पेड़ को देखता हूँ..." युधिष्ठिर कह ही रहे थे कि द्रोणाचार्य ने उनके हाथ से तीर और धनुष छीनकर दुर्योधन को दिया। ऐसा ही जवाब दुर्योधन ने भी दिया। तब उससे भी उन्होंने धनुष ले लिया, और भीम को दिया। भीम ने भी उससे मिलता-जुलता उत्तर दिया। क्रमशः धनुष सब राजकुमारों को दिया गया पर किसी के उत्तर से आचार्य को सन्तोष न हुआ। बाद को उन्होंने अर्जुन को धनुष दिया। निशाने पर अर्जुन ने ठीक-ठीक सन्धान किया, तो आचार्य ने उनसे भी पूछा, "वत्स अर्जुन! क्या देखते हो?" अर्जुन ने कहा, "मैं केवल चिड़िया की गर्दन देखता हूँ।" आचार्य ने तीर मारने को कहा। अर्जुन ने अचूक निशाना मारा। द्रोणाचार्य प्रसन्न होकर प्रिय शिष्य के मस्तक पर हाथ फेरने लगे।

ज्यों-ज्यों राजकुमार बड़े होने लगे, त्यों-त्यों शिक्षा भी ऊँची-से-ऊँची दी जाने लगी। अस्त्र-शस्त्रों के बाद व्यूह-रचना, सैन्य-चालना, आक्रमण करने की विधियाँ, हाथी, घोड़े, रथ तथा पैदल सैनिकों का संचालन आदि द्रोणाचार्य सप्रेम सिखलाने लगे। आचार्य का एक प्रिय शिष्य होता है। यहाँ राजकुमारों में अर्जुन द्रोण के सबसे ज़्यादा प्यारे हो गए थे। इसी समय एकलव्य नाम का निषादराज का एक लड़का द्रोणाचार्य से धनुर्विद्या सीखने के लिए आया पर उसे शूद्र होने के कारण द्रोणाचार्य ने शिक्षा देने से इनकार कर दिया। इस तिरस्कार का उसके हृदय पर गहरा प्रभाव पड़ा। वह गम्भीर होकर वहाँ से लौट गया। पर गुरु के चरणों में उसकी अपार श्रद्धा रही। वन में गुरु द्रोण की एक मूर्ति बनाकर वह स्वयं ही अस्त्र चलाना सीखने लगा। गुरु के हृदय ने उसे सच्चा मार्ग दिखलाया। वह वहीं रहकर अर्जुन की तरह का धनुर्वेद-विशारद हो गया। कभी-कभी राजकुमारों को शिकार के लिए वन भी जाना पड़ता था। एक बार कुछ कुत्तों को लेकर शिक्षार्थी राजकुमार उस वन में गए, जहाँ एकलव्य धनुर्विद्या सीख रहा था। आगे चलता हुआ एक कुत्ता उसे देखकर भूँकने लगा। एकलव्य ने सात तीरों के गुच्छ से उसका मुँह ऐसा भर दिया कि वह मरा तो नहीं, पर उसका भूँकना बन्द हो गया। वह राजकुमारों के पास उस दशा में, मुक्ति के लिए, लौट आया। उसे देखकर राजकुमारों को बड़ा आश्चर्य हुआ। कारण, तीर चलाने का ऐसा चमत्कार उन्होंने तब तक न देखा था। वे एकलव्य के पास गए। उसका और उसके गुरु का नाम पूछा। एकलव्य ने अपना नाम बतलाकर द्रोणाचार्य की मूर्ति की ओर इंगित कर कहा, "यह आचार्य द्रोण मेरे गुरु हैं।"

राजकुमार राजधानी लौटे, और आचार्य से अभिमानपूर्ण स्वर में कहा, "आप हमें दिव्यास्त्रों की शिक्षा देने के लिए कहते थे पर आप अपने शिष्य निषाद-कुमार एकलव्य को अपनी उत्तम शिक्षा प्रदान करते हैं।"

द्रोणाचार्य को बड़ा आश्चर्य हुआ। वह राजकुमारों के साथ उस जगह गए। एकलव्य से पूछने पर उन्हें सच्चा हाल मालूम हुआ। द्रोण एकलव्य की भक्ति देखकर बड़े लज्जित हुए। फिर हृदय को दृढ़ करके कहा, "वत्स! यदि तुम मुझे गुरु

मानते हो, तो दक्षिणा–स्वरूप दाहिना अँगूठा काटकर मुझे दो।" एकलव्य ने अकातर होकर गुरु की आज्ञा पूरी की।

एक दिन आचार्य द्रोण अपनी शिष्यमंडली लेकर गंगा नहाने के लिए गए। नहाते समय एक मगर ने उनका पैर पकड़ लिया। इच्छा करने पर आचार्य स्वयं उससे मुक्त हो सकते थे परन्तु उन्होंने अपने शिष्यों की परीक्षा ली। ऊँची आवाज़ से सबको पुकारकर कहा, "हमारा पैर मगर ने पकड़ लिया है, तुम लोग जल्द हमारी रक्षा करो।" राजकुमार यह सुनकर ऐसे डरे कि उनका कर्त्तव्य का ज्ञान जाता रहा। तब अर्जुन ने तूण से दो तीर निकालकर ऐसे मारे कि मगर पैर छोड़कर पानी में व्याकुल फिरने लगा। द्रोणाचार्य ने जल से निकलकर बड़े स्नेह से प्रिय शिष्य को गले लगाया, और ब्रह्मशिरा नामक दिव्य अस्त्र देते हुए समझाया, "वत्स! कभी मनुष्य पर इसका सन्धान न करना।" मस्तक झुकाकर अर्जुन ने आचार्य का दिया दिव्य अस्त्र तूण में लेकर रखा।

बालकों की शिक्षा बहुत कुछ अग्रसर हो चुकी थी। द्रोणाचार्य से सलाह कर पितामह भीष्म ने एक शुभ दिन प्रदर्शन के लिए नियत किया। हस्तिनापुर में घर–घर इसके लिए आनन्द होने लगा। सुन्दर, प्रशस्त रंगस्थल बनवाया गया। सब तरह के लोगों के बैठने का इन्तज़ाम हुआ। अनेक प्रकार के बन्दनवारों, तोरणों तथा सुगन्ध–द्रव्यों से उसकी शोभा बढ़ाई गई। यथासमय पितामह भीष्म, महाराज धृतराष्ट्र तथा सब राजपुरुष, रानियाँ और हस्तिनापुर के सर्व–साधारण वहाँ आकर यथोचित आसनों पर बैठे। उत्साह बढ़ाने के लिए रण–वाद्य बजने लगा। एक ओर द्रोणाचार्य रंगभूमि के भीतर गम्भीर मुद्रा में बैठ गए। युधिष्ठिर, भीम, अर्जुन, दुर्योधन, दुःशासन आदि राजकुमार दिव्य युद्ध–सज्जा से सजकर आचार्य के दोनों ओर बैठ गए। जब सब लोग आ गए, तब पितामह भीष्म की आज्ञा से प्रदर्शन शुरू हो गया। व्यूह की रचना, सैन्य का संचालन, रथ का एक दिशा से दूसरी दिशा को मोड़ना, रथी का सेना–निरीक्षण के साथ युद्ध करते रहना आदि रणभूमि के प्रशस्त कौशल दिखलाए गए। फिर तलवार, बरछे आदि से युद्ध शुरू हुआ। भीमसेन और दुर्योधन का गदा–युद्ध हुआ। राजकुमारों की निपुणता देखकर जनता बहुत प्रसन्न हुई। भीष्म मुस्करा रहे थे। विदुर महाराज धृतराष्ट्र को समझा रहे थे, कुन्ती गांधारी को।

इसके बाद द्रोणाचार्य ने अपने प्रिय शिष्य अर्जुन को बुलाया। अर्जुन की तारीफ़ सब लोग सुन चुके थे। बड़ी उत्सुकता से लोग अर्जुन को देखने लगे। अर्जुन की प्रत्येक भाव–भंगिमा से स्वर्गीय छटा निकल रही थी। वह जैसे शिष्ट और संयत थे, वैसे ही तीव्र और तीक्ष्ण। धनुष–बाण लेकर वह अपनी दिव्य अस्त्र–शिक्षा प्रदर्शित करने लगे। अग्निशर से एक ओर आग पैदा कर दी। फिर वरुण–बाण द्वारा उसे बुझा दिया। फिर पवन–शर छोड़कर पानी सुखा दिया। पुनः सर्प–तीर द्वारा आँधी बन्द कर दी, शर से पैदा हुए सैकड़ों नाग हवा पी गए। इसके बाद गरुड़ास्त्र द्वारा साँपों का

संहार कर दिया। पुनः दिव्यास्त्र छोड़कर सारी माया गायब कर दी। दौड़ते रथ से लक्ष्य-बेध किया, पुनः चल-लक्ष्य को भी चल-रथ से बिद्ध किया। असि-चालना तथा अन्याय सूक्ष्म समर-कौशल प्रदर्शित किया। लोग देखते हुए मुग्ध हो गए। अर्जुन की प्रशंसा से बार-बार रंगस्थल गूँजने लगा। माता कुन्ती तथा युधिष्ठिर और भीम आदि भाइयों की आँखों से आनन्द के आँसू बह चले। प्रदर्शन समाप्त कर महारथ कुमार अर्जुन ने गुरु द्रोणाचार्य की वन्दना की। स्नेह-पुलकित आचार्य ने प्रिय शिष्य के उष्णीश-शोभित मस्तक पर हाथ फेरकर आशीर्वाद दिया।

अर्जुन की ऐसी प्रशंसा सुनकर वीरवर कर्ण से न रहा गया। वह स्वयं रंगस्थल के भीतर कूदकर दर्शकों को सम्बोधित कर कहने लगे, "हे हस्तिनापुर के दर्शकवृन्द! जैसे प्रदर्शनों से आप लोगों को अर्जुन ने मुग्ध किया है, वे सब मैं भी करके दिखा सकता हूँ।" कर्ण सूतपुत्र के रूप में प्रसिद्ध थे। वहाँ उनका नाम वसुसेन था। उनकी इस गर्वोक्ति पर सभा के लोगों ने कोई उत्तर न दिया पर दुर्योधन को इससे बड़ा हर्ष हुआ। वह अर्जुन का यह आदर देख न सकते थे। उन्होंने प्रोत्साहन देकर कर्ण से कहा, "अवश्य-अवश्य, वीरवर। आप वैसी धनुर्विद्या प्रदर्शित करें; हम लोग देखने को उत्सुक हैं।" कर्ण ने एक-एक कर वे सभी प्रदर्शन दिखलाए। लोगों ने देखकर दाँतों तले उँगली दी। दुर्योधन आदि सौ भाई पुनः-पुनः कर्ण की तारीफ़ करने लगे। अर्जुन शान्त भाव से आचार्य की बगल में बैठे सुनते रहे। कर्ण ने पुनः कहा, "अब मैं अर्जुन से द्वन्द्व-युद्ध करना चाहता हूँ।" सुनकर दुर्योधन आदि बहुत प्रसन्न हुए। पर सूतपुत्र को यहाँ तक बढ़ता देखकर कृपाचार्य से न रहा गया। उन्होंने कहा, "राजकुमार से द्वन्द्व-युद्ध वही कर सकता है, जो राजकुमार हो।" दुर्योधन ने कहा, "वीर की कोई जाति नहीं होती। जो वीर है, वह क्षत्रिय अवश्य है। परन्तु अगर आप राजवंश चाहते हैं, तो मैं इस वीर का अभी अभिषेक करता हूँ।" यह कहकर सोने के सिंहासन पर बिठलाकर दुर्योधन ने महावीर वसुसेन को अंग देश का राजा बनाया। शोर-गुल सुनकर, भय से संकुचित होकर सारथि अधिरथ वहाँ उपस्थित हुए। महावीर कर्ण ने अपनी पद-मर्यादा का कुछ भी विचार न कर, उठकर पिता को मस्तक झुकाकर प्रणाम किया। इस पर भीम ने सारथि-पुत्र कहकर कर्ण का उपहास किया पर कर्ण विचलित न हुए। उन्होंने द्वन्द्व-युद्ध के लिए पुनः पास जाकर अर्जुन को ललकारा। महारथ अर्जुन संयत दृष्टि से कर्ण को देखते हुए बोले, "सूतपुत्र, तुम उत्तम धनुर्धर हो, इसमें सन्देह नहीं, पर तुम्हारी स्पर्द्धा देखकर मुझे हँसी आती है। तुम अपने को वीर समझते हो, समझो, पर दूसरा भी तुम्हारी स्पर्द्धा कर सकता है, याद रखो। मैं तुम्हारी बातें सुनकर बिलकुल नहीं घबराया। भागना और पीठ दिखाना मैं नहीं जानता।" अर्जुन की बातों में अणुमात्र भय न था बल्कि वहाँ सभी वीरों को अर्जुन की उक्ति पसन्द आई। अब शाम हो आई थी। इसलिए यह प्रदर्शन बन्द कर दिया गया। कर्ण और अर्जुन के मन में प्रतिस्पर्द्धा का भाव सदा के लिए रह गया।

द्रोणाचार्य के हृदय में द्रुपद से हुए अपमान की आग जल रही थी। क्षत्रिय-वृत्ति के द्रोण ने बदले के जल से उसे शीतल करना चाहा। एक दिन उन्होंने शिष्यों को सस्नेह बुलाकर कहा, "वत्स! मैं तुम लोगों से गुरु-दक्षिणा चाहता हूँ। वह यह है कि तुम लोग द्रुपद को बाँध लाओ। उसने मेरा अपमान किया है।" द्रोणाचार्य को गुरु-दक्षिणा देने के उत्साह से युवक वीर राजकुमार पांचाल-राज्य पर चढ़ गए। महावीर भीम तथा महारथ अर्जुन के सामने द्रुपद के शूर-सामन्त टिक न सके। अद्भुत समर-कौशल से अर्जुन ने उन्हें बाँध लिया और दक्षिणा-स्वरूप गुरु के चरणकमलों में ला डाला। द्रोण को देखकर द्रुपद की आँखें झुक गईं। द्रोण ने द्रुपद को, इस प्रकार अपमान कर, बदला चुकाकर छोड़ दिया।

राजधानी को लौटकर द्रुपद ने द्रोण से बदला चुकाने के अभिप्राय से महर्षि याग और उपयाग की सहायता लेकर पुत्रेष्टि-यज्ञ किया। द्रोण का वध करनेवाला धृष्टद्युम्न तथा महाभारत की प्रधान पात्री कृष्णा (द्रौपदी) इसी यज्ञ से पैदा हुई।

लाक्षा-गृह-दाह

अब बड़े होने पर कौरवों का पांडवों के प्रति द्वेष बढ़ गया था। इसके दो मुख्य कारण थे—एक यह कि युधिष्ठिर बड़े होने के कारण सिंहासन के अधिकारी कहे जा रहे थे, दूसरा यह कि लोगों में पांडवों का आदर दिन-पर-दिन बढ़ रहा था। लोग समझते थे, पांडव धार्मिक, विद्वान तथा नीति के माननेवाले हैं। जब किसी समर्थ की अयोग्यता के कारण तारीफ़ नहीं होती, तब उसका कोप बढ़ जाता है। महाराज धृतराष्ट्र पांडवों को प्यार करते थे, पर उनकी योग्यता के कारण दुर्योधन आदिकों की तारीफ़ नहीं हो रही, यह वह सहन नहीं कर सकते थे। अन्धा केवल कानों से सुनता है पर जब अपना प्रिय शब्द नहीं सुनता, तब उसकी कमज़ोरी, देखने के अभाव के कारण कई हिस्से और बढ़ जाती है। धृतराष्ट्र जब सुनते थे कि पांडवों की योग्यता के सब लोग तरफदार हैं, और महात्मा भीष्म भी युधिष्ठिर को ही राजसिंहासन पर बैठने के योग्य समझते हैं, तब उनके न देखे हुए दुर्योधन के मुख पर उनकी सहस्रों गुना प्रीति बढ़ जाती थी, और यही पांडवों के प्रति हार्दिक ईर्ष्या में बदलकर, मन के लिए अनर्थकारिणी बन जाती थी। इस द्वेष का एक कारण यह भी था कि धृतराष्ट्र ही बड़े होने के कारण सिंहासन के अधिकारी थे; पाण्डु को उनके अन्धे होने से सिंहासन मिला था। पर अब दुर्योधन ही पिता के राज्य का उत्तराधिकारी बन सकता है। यही हक के सम्बन्ध में दुर्योधन भी समझता था।

एकान्त में हित की बातें समझाते हुए दुर्योधन ने महाराज धृतराष्ट्र को अपने वश में कर लिया। उसने कहा, "यदि पांडव कुछ काल के लिए देवाराधन तथा प्रकृति-निरीक्षण के विचार से वारणावत भेज दिए जाएँ, तो यहाँ लोकमत अपने अनुकूल तैयार हो जाएगा। द्रोण, कृप, अश्वत्थामा आदि हमारी तरफ़ हो जाएँगे। कर्ण और

शकुनि आदि हैं ही। विदुर का कोई डर नहीं क्योंकि वह हमारे अन्न से ही पलते हैं। पांडवों की लोकप्रियता तब हमारे हाथ लगेगी।'' पुत्र-स्नेह के कारण धृतराष्ट्र का दुर्बल हृदय दुर्योधन की बात मान गया। एक दिन भरी सभा में धृतराष्ट्र ने पांडवों से कहा, ''वत्स, तुम लोग वारणावत जाकर कुछ काल वहीं रहो। वहाँ धर्म की अच्छी आराधना हो सकेगी, और वहाँ की प्रकृति भी सुहावनी है।''

धृतराष्ट्र की आज्ञा पांडवों को मंजूर करनी पड़ी। पर युधिष्ठिर भीतर-ही-भीतर डरे। राजाज्ञा शिरोधार्य कर नियत समय पर माता तथा भाइयों के साथ वारणावत चलने को तैयार हुए। यहाँ दुर्योधन ने पुरोचन नामक एक प्रसिद्ध कारीगर को यथेष्ट धन देकर पांडवों के रहने के लिए लाख का भवन बनाने को भेज दिया। निश्चय हुआ कि जब पांडव यहाँ आकर रहने लगें, तब किसी कृष्णपक्ष की चतुर्दशी तिथि को आग लगा दी जाए। इस तरह पांडवों के नाश का निश्चय हुआ। पुरोचन ने समय से पहले जाकर बड़ी तत्परता से जल्द मकान तैयार कर दिया।

माता कुन्ती के साथ, समय आने पर पाँचों भाई पांडव वारणावत के लिए रवाना हुए। उनका जाना हस्तिनापुर के निवासियों को बड़ा दुःखद प्रतीत हुआ। सब लोग रोने-पीटने तथा मन-ही-मन धृतराष्ट्र एवं दुर्योधन को कोसने लगे। भीष्म, द्रोण, धृतराष्ट्र, कृप, अश्वत्थामा, गांधारी आदिकों को प्रणाम कर पांडव विदुर से बिदा होने गए। इशारे से विदुर ने युधिष्ठिर को समझाया कि अज्ञात स्थान में बहुत होशियारी से रहना चाहिए; जब तक दूसरा संवाद विदुर न भेजें, तब तक पांडव कौरवों के दिए मकान में न रहकर दूसरे मकान में रहें। गृहप्रवेश की एक लम्बी तिथि नियत कर लें। विदुर से समझकर उस मकान में जाएँ क्योंकि उन्हें दुर्योधन आदि से बहुत सँभलकर चलना है।

हस्तिनापुर को शोक-सागर में डुबाकर माता कुन्ती के साथ पाँचों पांडव वारणावत चले। हस्तिनापुरवासी तरह-तरह की कटु आलोचनाएँ धृतराष्ट्र और दुर्योधन पर करने लगे। वारणावत के लोग पांडवों के आने का समाचार सुनकर बड़े प्रसन्न हुए। गाँव से कुछ दूर आगे चलकर उनके स्वागत के लिए प्रतीक्षा करने लगे। पांडवों के पहुँचने पर उनसे खुले हृदय से मिले, जैसे अपने इष्टदेवों से मिल रहे हों। धर्मात्मा पांडवों ने लोगों का बड़ा आदर किया। वे सबको अपने बराबर समझकर वार्तालाप करते थे। बड़प्पन के इस भाव को पांडव जितना ही मिटा रहे थे, लोगों के हृदय में उनकी उतनी ही इज़्ज़त बढ़ रही थी। वारणावत में इस प्रकार अन्यत्र पांडवगण बस गए। भगवद्भक्ति और भगवच्चर्चा से सुखपूर्वक दिन बिताते रहे।

दुर्योधन का बनवाया मकान अब तैयार हो चुका। गृहप्रवेश के समय एक दूत विदुर ने भेजा। उससे सब मर्म पांडवों को मालूम हो गया। युधिष्ठिर दुर्योधन के इस मनोभाव से बहुत घबराए। उन्होंने भाइयों से सारा हाल बयान किया। फिर जैसी विदुर ने सलाह दी थी, वैसा ही किया। उसी मकान में एक सुरंग तैयार कराकर प्रवेश-पथ के पास एक खम्भा लगा दिया गया था।

युधिष्ठिर को विदुर ने सूचित कर दिया कि आग लगने पर इस खम्भे को भीम से उखड़वाकर इसी रास्ते से तुम लोग बाहर निकल जाना। समय पर कुन्ती सहित पांडव वहाँ गए। वे बड़े शंकित रहा करते थे, विशेषतः कृष्ण चतुर्दशी के दिन। एक दिन पांडवों ने वहाँ यज्ञ किया और गरीबों को भोजन कराया। उस रोज़ एक नीच जाति की स्त्री पाँच बच्चों सहित भरपेट भोजन कर वहीं रात को सो रही। भीतर पुरोचन भी सुख की नींद सो रहा था। उपयुक्त समय जानकर, भीम ने मशाल लेकर मकान में आग लगा दी, और उसी सुरंग की राह, खम्भे को उखाड़कर, बाहर निकल गए। प्रातःकाल गाँव में बड़ा हाहाकार उठा। हस्तिनापुर को भी खबर गई। खोजने पर केवट की स्त्री और उसके पाँचों पुत्र जले हुए मिले। लोगों ने समझा, ये पांडव और माता कुन्ती हैं। दुर्योधन को बड़ी प्रसन्नता हुई।

गंगा के किनारे विदुर ने अपना आदमी भेजकर नाव की व्यवस्था कर रखी थी। पांडव उसी नाव से गंगा पार कर गए।

धृतराष्ट्र तथा दुर्योधन आदिकों को हस्तिनापुर निवासी गालियाँ देने लगे। राजभवन में भी दिखलावे के तौर पर शोक मनाया गया। पुनः पांडवों के क्रिया-कर्म की व्यवस्था होने लगी।

हिडिम्ब तथा बक राक्षस का संहार

समय का फेर ऐसा होता है, वह क्षणमात्र में गरीब को अमीर और अमीर को दर-दर का भिक्षुक बना देता है। ये पांडव महाराज शान्तनु के प्रपौत्र और महावीर भीष्म के पौत्र थे, हस्तिनापुर राज्य का इन्हें अधिकार प्राप्त था, पर आज असहायों की तरह, बिना किसी वाहन के, वन-वन भटकते फिरते थे। कभी पैदल चलने की आदत न थी। पैरों में छाले पड़ गए थे। फिर भी, इन्हें रास्ता तय करना पड़ रहा था। भाग्य कितना बलवान होता है! माता कुन्ती और छोटे भाई नकुल और सहदेव जब बिलकुल अक्षम हो जाते थे, तब भीम उन्हें कन्धे पर बैठाकर दुर्गम पथ पार कराते थे।

माता कुन्ती तथा भाइयों के शिथिल हो जाने पर भीम ने एक बरगद के पेड़ के नीचे सबको बैठाया। माता तथा युधिष्ठिर के पैर दबाए, पत्ते तोड़कर, काँटों से उन्हें जोड़कर पंखा झला। प्यास के मारे सबके आकंठ प्राण हो रहे थे। माता तथा भाइयों की करुणा से भीम बड़े दुखी हुए। पानी की कोई सूरत नज़र न आई। एक ऊँचे पेड़ पर चढ़कर चारों ओर देखा, तो कुछ दूर पर आकाश में पक्षी उड़ते हुए दिख पड़े। वहाँ जल की सम्भावना मानकर, पेड़ से उतरकर भीम उस तरफ़ को चले। वहाँ पानी मिला। हाथ-मुँह धोकर, अँगोछा भिगोकर भाइयों के पास लौट आए। मुँह धुलाकर इन्हें भी वहाँ पानी पीने के लिए ले जाने का विचार किया। पास आकर देखा, माता कुन्ती तथा चारों भाई थकावट के कारण घोर निद्रा में मग्न हो रहे थे। उन्हें न जगाकर बैठे हुए उनकी खबरदारी करने लगे।

उस वट के पास एक दूसरे बड़े पेड़ पर हिडिम्ब नाम का एक राक्षस रहता था, जो नर-घातक तथा नर-मांस-भक्षक था। इन मनुष्यों पर उसकी निगाह गई, तो उसकी जीभ से लार टपकने लगी। उसके एक बहन हिडिम्बा नाम की थी। उसने उसे ही मनुष्यों को मार लाने के लिए भेजा। हिडिम्बा पास आई, तो सुन्दर पुरुषों को देखकर दया से वह द्रवित हो गई। ऐसे रूपवान मनुष्य उसने न देखे थे। न जाने कहाँ से उनके प्रति उसका स्नेह पैदा हो गया। फिर बैठकर पहरा देते हुए पुष्टकाय भीम को उसने देखा। देखते-देखते वह भीम पर मोहित हो गई, और अपने मायाजाल को छोड़कर सुरूपा षोड्शी कुमारी के वेश में भीम के पास आकर बोली, ''हे वीर! मैं तुम पर मोहित हो गई हूँ, और तुमसे विवाह करना चाहती हूँ, पर मैं राक्षस की बहन हूँ जो यहीं पर रहता है। वह बड़ा क्रूर, मनुष्यघाती है। तुम लोगों को मारने के लिए उसने मुझे भेजा था। तुम लोग उठो, तो मैं अपने मायाबल से तुम्हें बचा सकती हूँ; अन्यथा वह आ जाएगा, तो तुम्हारे साथ मुझे भी मार डालेगा।''

भीम ने कहा, ''हे सुरूपे, तुम घबराओ मत। मैं अपनी माता तथा भाइयों को कच्ची नींद में न जगाऊँगा। तुम भी न डरो। तुम्हारा भाई मेरा कुछ नहीं बिगाड़ सकता।''

हिडिम्बा की भीमसेन से इस प्रकार की बातें हो ही रही थीं कि उधर क्रुद्ध हिडिम्ब बहन को गालियाँ देता, आता हुआ दिख पड़ा। भीम सजग होकर खड़े हो गए। पहले वह हिडिम्बा को ही मारना चाहता था, पर महावीर भीमसेन ने उसे पकड़ लिया। दोनों का मल्लयुद्ध होने लगा। इस शोरगुल में माता कुन्ती तथा चारों पांडवों की नींद खुल गई। उन्होंने देखा, एक राक्षस के साथ भीमसेन का द्वन्द्वयुद्ध छिड़ा हुआ है। भीम ने उसे गिराकर, उसके पैर पकड़कर चारों ओर घुमाया। फिर कई बार ज़ोर-ज़ोर से पटका। इससे उसके प्राण निकल गए। हिडिम्बा भीमसेन की वीरता से बहुत प्रसन्न हुई। सब हाल सुनकर माता कुन्ती ने हिडिम्बा से भीम को विवाह कर लेने की आज्ञा दे दी। भीमसेन के औरस तथा हिडिम्बा के गर्भ से घटोत्कच नाम का एक बड़ा पराक्रमी बालक पैदा हुआ। हिडिम्बा से बिदा होकर, माता कुन्ती के साथ पाँचों पांडव भाई दूसरे प्रदेश के लिए रवाना हुए।

अनेकानेक नगर, नदी, पहाड़, वन, उपवन तथा मनोहर दृश्यों को पार करते हुए पांडव एकचक्रा नामक नगरी में पहुँचे। पांडवों का भिक्षुक वेश था। भिक्षा से जीवन-निर्वाह कर रहे थे। सबके मुख-मण्डलों पर साधु स्वभाव की छाप पड़ी हुई थी। लोगों में उन्हें देखकर भक्ति तथा श्रद्धा का उद्रेक होता था। एकचक्रा में, एक ब्राह्मण के मकान में उन्होंने आश्रय लिया था। भीख माँगकर अपना उदर भरते थे। एक रोज़ कुन्ती बैठी हुई थीं। ब्राह्मण के घर से रोने की आवाज़ आई। सुनकर कुन्ती का हृदय द्रवीभूत हो गया। वह उठकर भीतर ब्राह्मण के मकान में गईं। ब्राह्मण ने रोते हुए कहा, ''यहाँ वक नाम का एक राक्षस रहता है। उसके लिए एक कानून है, रोज़ एक आदमी, दो भैंसे तथा गाड़ी-भर पूड़ी—पकवान उस राक्षस के लिए भेजना

पड़ता है। आज मुझ ब्राह्मण की बारी है। बड़ी चिन्ता यह है कि मैं जाता हूँ, तो घर को सँभालनेवाला दूसरा नहीं रहता; पुत्र जाता है, तो माता की स्नेह के कारण अकाल मृत्यु होगी। फिर घर और गृहस्थी किस काम आएगी! इसी सोच में हम लोग रो रहे हैं।'' माता कुन्ती का हृदय करुणा से आर्द्र हो गया। उन्होंने ब्राह्मण को धैर्य दिया, और सस्नेह कहा, ''ब्राह्मण, तुम दुःख न करो। तुमने मुझे आश्रय दिया है। अब तुम्हारे दुःख के समय तुम्हारी सहायता करना भी मेरा धर्म है। तुम भोजन आदि का प्रबन्ध करो। आदमी तुम्हें न देना होगा। मेरे पाँच पुत्र हैं। मैं उनमें से एक को राक्षस के पास भेज दूँगी।'' ब्राह्मण रोएँ-रोएँ से कृतज्ञ हो गया। बड़ी प्रसन्नता से पकवान तथा भैंसों का इन्तज़ाम करने लगा। माता कुन्ती ने भीम से सब हाल आकर कहा। भीम राक्षस के पास जाने को तैयार हो गए।

गाड़ी में पकवान भरकर, काफी जल पीने के लिए रखकर, दोनों भैंसों को नहकर भीमसेन बकासुर से मिलने के लिए चले। बहुत दिनों से भीमसेन का पेट न भरा था। उन्होंने सोचा, जब तक बकासुर से मुलाकात होती है, तब तक यहाँ पेट-पूजा समाप्त कर लूँ। वह निश्चिन्त होकर एक तरफ़ से पकवान-भोजन करने लगे। गाड़ी धीरे-धीरे चल रही थी। देर भी हो गई थी। राक्षस गुस्से में कुछ ज़मीन आगे बढ़ आया था। भीमसेन को अपना भोज्य पकवान आदि खाते देखकर बड़ा क्रुद्ध हुआ। घनघोर गर्जना कर भीम की ओर दौड़ा। भीम भी भोजन समाप्त कर चुके थे। पानी पीकर, हाथ-मुँह धोकर राक्षस के स्वागत के लिए तैयार हो गए। एक तो देर से भूखा, उस पर पकवान के खा जाने से नाराज़ राक्षस आँधी की तरह भीमसेन पर टूटा। उसका बल सँभालकर एक ही उखाड़ में भीम ने उसे पृथ्वी पर पटक दिया, और घूँसों और रद्दों की झड़ी लगा दी। राक्षस के प्राण भीम के कठोर प्रहारों को न सह सके। उसे मारकर भीमसेन ठंडे होकर घर लौटे। माता कुन्ती और युधिष्ठिर, अर्जुन आदि भाई भीम को पाकर बड़े प्रसन्न हुए।

द्रौपदी का स्वयंवर तथा विवाह

एकचक्रापुरी से अनेक देशों का भ्रमण कर आए हुए एक साधु-स्वभाव ब्राह्मण से पांडवों को द्रौपदी के स्वयंवर का समाचार मिला। सुनकर अर्जुन तथा भीम को एक प्रकार की चंचलता होने लगी। माता कुन्ती ने क्षत्रिय राजकुमारों के मनोभावों को समझकर वहाँ से चलने की आज्ञा दे दी। इसी समय व्यासजी भी वहाँ पहुँचे, और स्वयंवर में जाने की सलाह दे गए।

गंगा के किनारे से होकर पांडवगण पांचाल देश की यात्रा कर रहे थे। रात के अँधेरे में हाथ में मशाल लेकर अर्जुन आगे-आगे चल रहे थे। एक जगह चित्ररथ गन्धर्व अपनी स्त्रियों को लिए हुए गंगा में जलविहार कर रहा था। अर्जुन को देखकर वह क्षुब्ध हुआ। उस रास्ते न आने के लिए उसने अर्जुन को डाँटा, पर अर्जुन चलते

गए। तब उसने कहा, "देखो, गंगा में दिन को मनुष्य नहाते हैं, रात को हम लोग। हमारे आनन्द में रुकावट न डालो।" अर्जुन ने कहा, "नदी, पर्वत, प्रान्तर आदि सब समय के लिए प्रशस्त हैं, वहाँ कोई बाधा नहीं हो सकती।" सुनकर चित्ररथ लड़ने को तैयार हो गया, और अर्जुन पर बाणों की वर्षा कर चला। गन्धर्व के वार को रोककर अग्निबाण के प्रहार से इन्द्र-पुत्र अर्जुन ने चित्ररथ का रथ जला दिया। चित्ररथ भी घायल होकर गिर गया। उसकी दशा देखकर उसकी पत्नी ने युधिष्ठिर की शरण ली। स्त्री-जाति पर दया कर चित्ररथ को छोड़ देने के लिए युधिष्ठिर ने अर्जुन को आज्ञा दी। अर्जुन ने उसे छोड़ दिया। गन्धर्व ने पार्थ की वीरता से प्रसन्न होकर मैत्री कर ली। चित्ररथ ने घोड़े दिए, अर्जुन ने आग्नेयास्त्र। घोड़े आवश्यकता पड़ने पर लेने के लिए कहकर अर्जुन चित्ररथ से बिदा हुए। यहाँ से पांडवों ने उत्कोचतीर्थ की यात्रा की। वहाँ से धौम्य नाम के ब्राह्मण की तपस्या तथा उसका कर्मकाण्ड पर अधिकार देखकर पांडवों ने उसे अपना पुरोहित स्वीकार किया।

वहाँ से ये लोग पांचाल देश के लिए रवाना हुए। इनका वेश ब्राह्मणों का-सा था ही। रास्ते में बहुत-से ब्राह्मण दक्षिणा पाने की आशा से तथा स्वयंवर की विशेषताएँ देखने के लिए पांचाल देश की यात्रा करते हुए मिले। पांडवों को अपना साथी समझकर सब खुले दिल से स्वयंवर की बातचीत कर रहे थे। उनसे पांडवों को मालूम हुआ कि यहाँ भारतभर के राजा एकत्र होंगे। स्वयंवर के लिए बड़ा समारोह किया गया है। देश-देश के गुणी वहाँ अपने गुणों का प्रदर्शन करेंगे। कृष्णा यज्ञ से निकली है, और उसके रूप की प्रशंसा नहीं हो सकती। मत्स्य-लक्ष्य को बेधनेवाला ही द्रौपदी को ब्याह सकता है।

ब्राह्मणों की बातों को सुन-सुनकर अर्जुन को बड़ा उत्साह हो रहा था। पांडव प्रतिदिन दूना रास्ता तय करने लगे। मनोहर, दृश्य, हरे-भरे खेत, बहती हुई स्वच्छ सलिला नदी, ऊँचे-ऊँचे आकाश को चूमनेवाले पहाड़, मधुर कलरव कर-करके बहते हुए स्फटिक-चूर्ण और जल-झरनों को पार कर पांडव पांचाल राज्य के प्रान्त भाग में आकर उपस्थित हुए।

बहुत कुछ सोच-विचारकर माता कुन्ती की आज्ञा से ब्राह्मणों के वेश में पांडवों ने एक कुम्हार के घर में आश्रय लिया। यहाँ से राजभवन बहुत दूर न था।

स्वयंवर का जमाव शुरू हो गया था। देश-देश के राजा चतुरंगिनी सेना लेकर पांचाल में डेरा जमा चुके थे। कुरुवंश के दुर्योधन भी अपने मित्र कर्ण के साथ गए थे। राजा द्रुपद ने समागत राजा-महाराजों के लिए बड़ी तैयारियाँ कर रखी थीं। द्रुपद के अतिथि-सत्कार की चारों ओर प्रशंसा हो रही थी। उस भोजन-पान, नृत्य- गीत और दान-दक्षिणा आदि से हुए अतिथि-सत्कार को देखकर इन्द्र भी लज्जित होता था।

निश्चित समय आने पर स्वयंवर शुरू हुआ। ऊँचे मंच पर उत्तमोत्तम वेश-भूषा किए हुए देश-देश के राजा सुशोभित थे। एक ओर ब्राह्मणों का दल आशीर्वाद की

सामग्री लिये हुए शोभा पा रहा था। पुन: शंखों की ध्वनि गूँज रही थी। विशाल मंडप में बन्दनवार लगे थे, मंगल-कलश रखे हुए थे। मध्य भाग में जयमाला लिये हुए भाई धृष्टद्युम्न के साथ कृष्णा खड़ी थी। राजागण मुग्ध दृष्टि से कृष्णा की अलौकिक रूपराशि का अवलोकन कर रहे थे।

वहीं बीचोबीच मत्स्य-लक्ष्य का स्थान था। ऊपर आकाश में मत्स्य था। उसके नीचे एक चक्र बराबर घूम रहा था। ज़मीन पर रखे हुए जल में उसकी छाया पड़ रही थी। चक्र में एक तीर के पार होने भर का छिद्र था। जल में छाया को देखते हुए जो मनुष्य लक्ष्य वेध करेगा, उसे ही कृष्णा पति के रूप में वरण करेगी, यही महाराज द्रुपद ने प्रतिज्ञा की थी। कृष्णा के लिए तो राजाओं को बड़ा लालच था, पर लक्ष्य को देखकर सबके दिल धड़क रहे थे! यथासमय धृष्टद्युम्न ने महाराज द्रुपद की प्रतिज्ञा सुनाकर राजाओं को लक्ष्य-वेध करने के लिए आमंत्रित किया। एक-एक करके राजा लोग उठने लगे, और तीर मारकर लज्जित हो-होकर बैठते गए। धीरे-धीरे सभी राजा इस प्रकार परास्त हो गए। सबके तीर चक्र से टकराकर ज़मीन पर आ गिरे। राजाओं का दल पराजित हुआ देखकर धृष्टद्युम्न ने क्षत्रिय-नरेन्द्रों को दुखभरे कुछ अपमानसूचक शब्द कहे। इससे क्रुद्ध होकर महावीर कर्ण लक्ष्य-वेध के लिए उठे, पर जनता को यह कहते हुए सुनकर कि 'यह सूतपुत्र है' कृष्णा ने कह दिया कि 'कर्ण द्वारा लक्ष्य-वेध होने पर भी मैं उससे विवाह न करूँगी।' कृष्णा के शब्दों से अपमान मानकर महावीर कर्ण ने शरासन रख दिया। राजन्यवर्ग लज्जा से सिर झुकाकर मौन रह गया।

इसी समय ब्राह्मणों की गोल से एक बड़ा ही सुन्दर युवक मृगेन्द्रगति से लक्ष्य-स्थान की ओर चला। उसे देखकर सब ब्राह्मण उसका मज़ाक करने लगे कि जहाँ बड़े-बड़े शूरवीर नरेन्द्रों की न चली, वहाँ यह महाराज अपनी मूर्खता प्रदर्शन के लिए साबित-कदम हो रहे हैं। उन्हीं में से किसी-किसी ने कहा कि किसी का बल-विक्रम समझे बिना ऐसा नहीं कहना चाहिए। सम्भव है, इस नवयुवक से यहाँ ब्राह्मणों का मुख उज्ज्वल हो। इस प्रकार वाद-विवाद चल रहा था कि ब्राह्मण-वेशधारी महावीर अर्जुन ने लक्ष्य-स्थान पर जाकर धनुष उठा लिया। कृष्णा बड़े प्रेम से युवक को देख रही थी। नरेन्द्र-मण्डल में ब्राह्मण-युवक की संयत मुद्रा से आतंक फैल गया। वीर अर्जुन ने एक तीर लेकर जल में लक्ष्य का चित्र देखकर निशाना मारा। तीर अचूक मछली की आँख पर लगा। ब्राह्मणों में जय-जय होने लगी। धृष्टद्युम्न ने भी लक्ष्य-बिद्ध होने का समाचार दिया, पर नरेन्द्र-मण्डल ने विश्वास न किया। यह देखकर उसी शान्त भाव से अर्जुन ने दूसरा तीर धनुष में जोड़कर मारा, जिससे चक्र कट गया, और बेधा हुआ मत्स्य ज़मीन पर आ गिरा। अब किसी को शंका करने की गुंजाइश न रही। कृष्णा ने बड़े प्यार से युवक ब्राह्मण के गले में जयमाला डाल दी।

राजाओं में बड़ी हलचल मच गई। कुछ की राय हुई कि ब्राह्मण को कुछ धन देकर कन्या ले ली जाए। इसी दल के अन्तर्भुक्त दुर्योधन भी था। अर्जुन की बगल में ही कृष्णा खड़ी थी। कुछ मूर्ख राजकुमारों ने अर्जुन के पास जाकर, धन लेकर कृष्णा को देने का प्रस्ताव किया भी, पर महावीर पार्थ ने इनकार कर दिया। नरेन्द्र-मण्डल इससे बड़ा क्षुब्ध हो गया। सब अपने अस्त्र-शस्त्र लेकर कृष्णा को ब्राह्मण से छीन लेने पर कटिबद्ध हो गए। स्वयंवर-सभा युद्ध-क्षेत्र में बदल गई। भयानक युद्ध होने लगा। एक ओर अर्जुन अकेले, दूसरी ओर सम्पूर्ण राजाओं का समुदाय, पर आँधी जिस तरह दिगन्त को व्याप्त कर लेनेवाले मेघों को उड़ा देती है, उसी तरह महावीर अर्जुन के प्रखर तीरों की चोट न सहकर राजाओं का दल छिन्न-भिन्न होकर दूर हो गया और स्वयंवर सभा में शान्ति आ गई। कृष्णा का हाथ पकड़कर महावीर अर्जुन घर की ओर चले। राजा की पुत्री कृष्णा ने पति का अनुसरण किया, पर उसका हृदय अपनी भिन्न अवस्था की भावना से धड़क रहा था। धृष्टद्युम्न को भी चैन न था। यह अज्ञात कुलशील-ब्राह्मण कौन है, जानने की उसकी इच्छा प्रबल हो रही थी। बहन कृष्णा के भाग्य का फ़ैसला देखने के लिए उत्सुक होकर वह भी इन दोनों की दृष्टि बचाकर इनके साथ-साथ चला। मार्ग में एक छोटी नदी के किनारे कृष्णा के विश्राम कर लेने के विचार से महावीर अर्जुन एक शिलाखंड पर उसे बैठाकर बैठ गए और बड़े स्नेह से आश्वासन देते हुए बोले, "शुभे! घबराओ मत, मैं ब्राह्मण नहीं हूँ, मैं महाराज शान्तनु का प्रपौत्र, महात्मा भीष्म का पौत्र और महाराज पाण्डु का तीसरा पुत्र अर्जुन हूँ। हम लोग लाक्षागृह दाह से बचकर भिक्षाटन करते हुए यहाँ तक पहुँचे हैं।" सुनकर कृष्णा के हर्ष की सीमा न रही। छिपे हुए धृष्टद्युम्न ने भी यह बात सुन ली। अर्जुन ने यह भी कहा कि हम लोग अमुक जगह एक कुम्हार के घर पर टिके हुए हैं। पूरा पता मालूम कर धृष्टद्युम्न चुपचाप लौट गया, और पिता को सारा संवाद सुनाया। महाराज द्रुपद को इस खबर से बड़ा हर्ष हुआ। उन्होंने वेदोक्त रीति से विवाह करने के विचार से पांडवों को अपनी राजधानी में बुला लाने के लिए धृष्टद्युम्न और प्रमुख वीरों को उस कुम्हार के यहाँ भेज दिया।

कृष्णा को साथ लेकर अर्जुन माता के यहाँ पहुँचे। माता कुन्ती मकान के भीतर थीं। अर्जुन ने प्रसन्नता से माता को पुकारकर कहा, "माँ, आकर देखो, आज बड़ी अच्छी चीज़ लाया हूँ।" माता ने भीतर से ही कहा, "बेटा, बड़ी खुशी की बात है, पाँचों भाई बाँट लो।" बाहर आकर देखा, तो कृष्णा खड़ी थी! अर्जुन ने सब समाचार कहा, प्रसन्न होकर माता ने विजयी पुत्र को गले लगाकर बहू को सस्नेह चूमा।

इसी समय महाराज द्रुपद के भेजे हुए, धृष्टद्युम्न-प्रमुख राजपरिवार के लोग तथा सेनापति आदि पांडवों को राजधानी ले चलने के लिए पहुँचे और माता कुन्ती तथा द्रौपदी के साथ पाँचों पांडवों को राजमहल में लिवा लाए। महाराज द्रुपद बड़े आदर-भाव से युधिष्ठिर से मिले और अर्जुन के साथ कृष्णा के विवाह की बातचीत

करने लगे। युधिष्ठिर ने कहा, ''महाराज, अर्जुन हममें तीसरे हैं। अभी तो हमीं दोनों का विवाह नहीं हुआ।'' द्रुपद ने कहा, ''तो आप ही कृष्णा से विवाह कीजिए।'' महाराज युधिष्ठिर ने कहा, ''हमारी माता सत्य की मूर्ति हैं, उनकी आज्ञा है, हम पाँचों भाई कृष्णा से विवाह करें।'' इस पर महाराज द्रुपद को बड़ा आश्चर्य हुआ। परन्तु उसी समय वहाँ भगवान वेदव्यास आ गए, और उन्होंने द्रुपद को समझाया कि गत जन्म में द्रौपदी ऋषि की कन्या थी, और महादेवजी की पूजा करके पाँच बार 'पति' कहकर वर माँगा था, इसलिए इसके पाँच पति होने का भगवान शंकर ने वर दिया था, इस जन्म में वह फलीभूत हुआ है। इससे महाराज द्रुपद की शंका मिट गई और बड़े समारोह से पाँचों पांडवों के साथ द्रौपदी का शुभ विवाह सम्पन्न कर दिया। यहाँ श्रीकृष्ण से भी पांडवों की भेंट और मैत्री हुई।

द्रौपदी के विवाह की खबर देश के तमाम राज्यों में फैल गई। महाराज धृतराष्ट्र ने भी सुना। भीष्म और द्रोण आदि को लाक्षागृह से पांडवों के बच जाने पर बड़ा हर्ष हुआ, पर दुर्योधन के हृदय में ईर्ष्या की ज्वाला प्रचण्ड हो गई। वह फिर किसी छल से पांडवों पर अनर्थ करना चाहता था, किन्तु उस समय उसकी न चली। भीष्म, द्रोण, कृप और विदुर आदि धर्मात्मा मनुष्यों ने महाराज धृतराष्ट्र को समझाया कि जब पांडव बचे हुए हैं और राज्य के हकदार हैं, तब उन्हें बुलाकर उनका आधा हिस्सा उन्हें दे देना ही ठीक होगा; अन्यथा वे अब द्रुपद के साथ मिल गए हैं। और स्वयं भी वीर हैं, अपने हक के लिए युद्ध करेंगे, तो व्यर्थ को वंशनाश होगा। महाराज धृतराष्ट्र को यह बात जँच गई। उन्होंने विदुर को पांडवों के पास बुला लाने के लिए भेज दिया। महाराज द्रुपद से मिलकर विदुर ने महाराज धृतराष्ट्र का शुभ समाचार सुनाया और पूरा आदर-सम्मान प्राप्त कर श्रीकृष्ण, कुन्ती, द्रौपदी और पाँचों पांडवों को साथ लेकर हस्तिनापुर लौटे। यहाँ महामना भीष्म आदि ने दुर्योधन के वैर को बचाने के उद्देश्य से पांडवों को खाण्डवप्रस्थ देकर, वहीं जाकर राजधानी बनाने की सलाह और प्रोत्साहन दिया। गुरुजनों की पदधूलि मस्तक पर धारण कर पांडव हस्तिनापुर से दूर खाण्डवप्रस्थ चले गए। वहाँ के लोगों ने पांडवों का बड़ा स्वागत किया। पांडवों ने भी कृषि, वाणिज्य और शिक्षा आदि के विस्तार से खाण्डवप्रस्थ को हस्तिनापुर की तरह उन्नतिशील बना लिया और सुखपूर्वक निवास करने लगे।

अर्जुन का वनवास और सुभद्रा से विवाह

पाँचों पांडव आनन्दपूर्वक खाण्डवप्रस्थ में रहने लगे। एक दिन वहाँ देवर्षि नारद पांडवों से मिलने आए। धर्मात्मा पांडवों ने उनका बड़ा सम्मान किया। नारद ने पांडवों से कहा, ''तुम पाँच पुरुषों के एक ही स्त्री है, पर तुम लोगों ने पत्नी के साथ रात्रि-वास करने का नियम नहीं बनाया। यह अच्छा नहीं। इससे आपस में वैर होने की सम्भावना है। सुन्द और उपसुन्द नाम के दो भाई थे। तिलोत्तमा पर मुग्ध

होकर, दोनों आपस में लड़कर मर गए। तुम लोग समझदार धर्मात्मा हो। पत्नी से रमण करने के नियम बना लो।'' देवर्षि नारद की युक्ति सबको पसन्द आई। एक-एक मास प्रत्येक भाई द्रौपदी के साथ रहेगा, ऐसा नियम बन गया।

धीरे-धीरे कुछ काल और व्यतीत हो गया। एक दिन एक ब्राह्मण रोता और पांडवों को गालियाँ देता हुआ राजभवन के द्वार पर आया। उस समय महावीर अर्जुन द्वार पर बैठे थे। उसने फ़रियाद की कि चोर उसकी गौएँ चुरा ले गए हैं। सुनकर अर्जुन को बड़ा क्रोध हुआ, किन्तु वह उस समय निरस्त्र थे। उनके अस्त्र जिस मकान में थे, वहाँ महाराज युधिष्ठिर द्रौपदी के साथ वार्तालाप कर रहे थे। अर्जुन विचार में पड़ गए: यदि अस्त्र लेकर ब्राह्मण की गौएँ बचाने जाते हैं, तो नियम-विरुद्ध कार्य होता है। महाराज युधिष्ठिर उस घर में द्रौपदी के साथ वार्तालाप कर रहे हैं। बारह साल का वनवास स्वीकार करना होगा। यदि नहीं जाते, तो ब्राह्मण का शाप पड़ता है। अन्त में उन्होंने जाने का निश्चय किया। सिर झुकाकर अस्त्रागार में चले गए, और अपना धनुष तथा तरकस उठा लाए। चोरों को खदेड़कर ब्राह्मण की गौएँ छुड़ा लीं। ब्राह्मण आशीर्वाद देता हुआ प्रसन्न होकर घर गया।

महावीर अर्जुन धर्मराज युधिष्ठिर के सामने अपराधी की तरह हाज़िर हुए और अपने दोष का उल्लेख किया। और-और भाई भी थे। महाराज युधिष्ठिर ने कहा, ''बड़े के रहते छोटे के जाने में कोई दोष नहीं; फिर तुम अपने किसी कार्य के लिए नहीं गए, दूसरे के उपकार के लिए जाकर तुम अपराधी नहीं हुए।'' धर्मराज का यह आश्वासन अर्जुन को पसन्द न आया। उन्होंने कहा, ''जो प्रतिज्ञा हो चुकी है, उसका पालन न करना पाप है। आप स्नेह के वश ऐसा कह रहे हैं। मैं बारह साल के लिए अवश्य वनवास स्वीकार करूँगा।'' यह कहकर धर्मराज तथा भीम को प्रणाम कर, नकुल, सहदेव और द्रौपदी से मिलकर धनुर्धर महावीर पार्थ विदा हुए।

देश-देशान्तरों का भ्रमण करते हुए अर्जुन एक बार गंगा में स्नान कर रहे थे। उनके अनुपम रूप पर मुग्ध होकर कैरण्य नामक नागराज की कन्या उलूपी उन्हें आकर्षित कर नागलोक में ले गई। एक परम सुन्दरी षोड्शी युवती को अनिमेष प्रेमदृष्टि से अपनी तरफ़ देखते हुए देखकर अर्जुन ने पूछा, ''हे वरानने, तुम कौन हो?''

स्नेह से सिक्त कोमल स्वर में उलूपी ने कहा, ''वीरवर, मैं नागराज-कन्या उलूपी हूँ। आपकी पुरुष-प्रभा को देखकर आपसे विवाह करने की इच्छा से मैंने आपको यहाँ आकर्षित किया है।''

अर्जुन ने कहा, ''भद्रे! मैं प्रतिज्ञाबद्ध होकर ब्रह्मचर्य-पालन कर रहा हूँ।''

उलूपी प्रसन्न होकर बोली, ''हे पाण्डुनन्दन! मैं आपका व्रत खंडित करना नहीं चाहती। मुझसे विवाह करने पर आपके व्रत को और बल प्राप्त होगा क्योंकि उसके साथ मेरी प्रसन्नता भी जाकर मिलेगी। आपको ब्रह्मचर्य का सत्य-रहस्य मालूम होगा।''

अर्जुन नागकन्या उलूपी से विवाह कर एक रात वहीं रहे, पश्चात कुछ दिनों तक गंगा तट पर रहकर उन्होंने अंग, वंग, कलिंग आदि देशों में भ्रमण करते हुए अनेकानेक तीर्थों के दर्शन किए। विचरण करते हुए अर्जुन समुद्र तट पर अवस्थित मणिपुर नाम की राजधानी में गए। वहाँ भी राजकन्या चित्रांगदा पर मुग्ध होकर उसके पिता के पास उससे विवाह करने की आज्ञा लेने के लिए गए। उसके पिता ने कहा, ''यदि पाण्डु-पुत्र यह स्वीकार करें कि मेरी कन्या से हुआ पुत्र नाना के वंश के अन्तर्गत होगा, तो मैं अपनी कन्या चित्रांगदा से अर्जुन का विवाह कर दूँगा।'' अर्जुन को यह प्रस्ताव मंजूर हुआ। चित्रांगदा के साथ उनका शुभ विवाह हो गया, और तीन साल तक वह चित्रांगदा के साथ मणिपुर में रहे। बभ्रुवाहन नाम का एक सुन्दर शिशु चित्रांगदा के गर्भ से भूमिष्ठ हुआ।

पत्नी से बिदा होकर महावीर पार्थ प्रभास-तीर्थ की ओर चले। रास्ते में पड़नेवाले तीर्थों के दर्शन कर, वर्गा नाम की अप्सरा को शाप से मुक्त कर वह प्रभास पहुँचे। वहाँ श्रीकृष्ण ने इनका बड़ा स्वागत किया। कृष्ण से द्रुपद के यहाँ मिलकर अर्जुन उनके परम भक्त हो गए थे। उनसे इनकी मैत्री भी हो गई थी। वनवास का कुल वृत्तान्त, कृष्ण के पूछने पर, अर्जुन ने बतलाया। कृष्ण ने अर्जुन के मनोरंजन के लिए रैवतक पर्वत पर सारा प्रबन्ध करा दिया। नृत्य-गीतादि से अर्जुन का बड़ा सत्कार किया गया। द्रौपदी-स्वयंवर के बाद पांडवों का परिचय खुलने पर अर्जुन की वीरता की देश-देश में ख्याति हो गई थी। यादवों ने भी उनकी प्रशंसा सुनी थी। अब, अर्जुन के आने पर, श्रीकृष्ण ने स्वयं एक दिन यादवों को एकत्र कर अर्जुन का अद्‌भुत अस्त्र-कौशल दिखवाया। आनन्द-मंगल में इस प्रकार कुछ काल व्यतीत हो गया। इसी समय यादवों का एक त्योहार पड़ा। वे लोग बड़ी साज-सज्जा से अपनी पत्नियों के साथ मद्यपान कर रैवतक पर्वत पर यह उत्सव मनाते थे। पुर के सभी युवक-युवती वहाँ एकत्र होने लगे। श्रीकृष्ण महावीर पाण्डुनन्दन को साथ लेकर चारों ओर घूम-घूमकर मेला दिखा रहे थे। उसी समय दिव्य वस्त्राभूषणों से सजी हुई बलदेवजी की बहन सुभद्रा सखियों के साथ आती हुई दिख पड़ी। महावीर पार्थ एक दृष्टि से युवती कुमारी सुभद्रा को देख रहे थे।

मुस्कराते हुए श्रीकृष्ण ने व्यंग्य किया, ''मित्र अर्जुन, तपस्वी ब्रह्मचारी को स्त्री की तरफ़ आँख न उठाना चाहिए।''

अर्जुन लज्जित होकर बोले, ''हाँ, मित्र, आप ठीक कहते हैं, पर जो तीर हाथ से निकल चुका हो, उसके लिए क्या किया जाए?''

''मित्र अर्जुन!'' श्रीकृष्ण बोले, ''यह मेरी बहन सुभद्रा है। इसे पाने की तुम्हारे लिए एक ही सूरत है। स्वयंवर होने पर पता नहीं यह किसे वरण करे? क्षत्रियों में एक उपाय हरण करने का भी प्रचलित है। यदि तुम इसे पाना चाहते हो, तो इसका हरण करो; पर तुम्हें अपनी रक्षा का पूरा प्रबन्ध कर लेना चाहिए।''

अर्जुन ने समय का निश्चय कर भीमसेन को सेना लेकर मिलने के लिए लिख दिया। बलराम दुर्योधन को प्यार करते थे। उन्होंने उसे आने का निमंत्रण भी दिया था। अपनी सेना के साथ दुर्योधन भी रवाना हो चुका था। भीम भी चुनी हुई सेना लेकर सूचना के अनुसार आ रहे थे।

उपयुक्त अवसर देखकर उत्सव समाप्त होने के समय, बलपूर्वक अर्जुन ने सुभद्रा को रथ पर बैठाकर घोड़े बढ़ाए। बात-की-बात में खबर चारों ओर फैल गई, वीर यादवों ने अर्जुन को पकड़ने के लिए पीछा किया। घोर युद्ध छिड़ गया। अर्जुन का अद्‌भुत समर-कौशल देखकर सुभद्रा मुग्ध हो गई। पति को कठिनता में पड़ा देखकर स्वयं सारथि का काम करने लगी। यादव वीर अर्जुन की बाण-वर्षा के सामने न टिके। रथ क्रमशः बढ़ते-बढ़ते बहुत दूर निकल आया। इधर, भीमसेन भी आ पहुँचे। फिर क्या था? चिरकाल के पश्चात महावीर अर्जुन को देखकर तथा वीरतापूर्वक यादवों की राजकुमारी सुभद्रा का हरण सुनकर भीम-प्रमुख पांडवों की सेना पुनः-पुनः सिंहनाद करने लगी। श्रीकृष्ण को सम्पूर्ण समाचार मालूम थे। उन्होंने बलराम तथा अपर यादव वीरों को समझाया, और युद्ध बन्द कर देने के लिए दूत भेजा। लड़ाई बन्द हो गई। यादवगण समादरपूर्वक अर्जुन तथा भीमादि को ले गए। वहाँ शास्त्रानुसार सुभद्रा के साथ अर्जुन का शुभ विवाह-कार्य सम्पन्न हुआ। फिर प्रिय पत्नी को लेकर वनवास के ०बाकी दिन पुष्कर-तीर्थ में पूरे कर बड़े हर्ष से अर्जुन खाण्डवप्रस्थ में भाइयों से आकर मिले। यथासमय सुभद्रा के गर्भ से अभिमन्यु नामक बालक पैदा हुआ।

खाण्डव-दाह

सुखपूर्वक सखा कृष्ण के साथ अर्जुन खाण्डवप्रस्थ में निवास कर रहे थे। एक दिन ब्राह्मण के वेश में अग्निदेव द्वार पर उपस्थित हुए। अर्जुन से बोले, "हे महावीर पाण्डुनन्दन, मैं अग्नि हूँ। सौ वर्ष तक श्वेत राजा के यज्ञ में हवि खाते-खाते मुझे अजीर्ण हो गया है। यदि खाण्डव-वन के जीव मुझे दग्ध करने को मिलें, तो मेरा रोग दूर हो जाए, परन्तु इसके लिए एक बड़ी अड़चन है। वहाँ तक्षक रहता है। वह इन्द्र का मित्र है। वहाँ आग लगने पर इन्द्र उसकी मदद करेगा, वरुण को बुलाकर जल द्वारा आग बुझवा देगा। वन को दग्ध करने में आप मेरी सहायता कीजिए।"

अर्जुन ने कहा, "मुझे आपकी सेवा मंजूर है, परन्तु मेरे ऐसे अस्त्र नहीं, जिनसे मैं इन्द्र का सामना कर सकूँ। यदि आप मुझे दिव्य अस्त्र प्रदान करें, तो अवश्य मैं आपके कार्य में सहायक हूँगा।"

सुनकर अग्निदेव बहुत प्रसन्न हुए। उन्होंने गाण्डीव नाम का विशाल धनुष, हमेशा तीरों से भरा रहनेवाला अक्षय नाम का तरकस और वरुणदेव से प्राप्त कर कपिध्वज नाम का विशाल रथ अर्जुन को दिया। अर्जुन को बड़ी प्रसन्नता हुई। श्रीकृष्ण ने अपने

मित्र की मदद के लिए सारथि होना स्वीकार कर लिया। अर्जुन अग्निदेव की इच्छा पूरी करने के लिए खाण्डव-वन को चले।

देखते-देखते खाण्डव-वन सहस्रों ज्वालाओं से प्रज्वलित हो उठा। जीव-जन्तु घोर चीत्कार करने लगे। हाथी, बाघ, सिंह, चीते, गेंडे, रीछ, साँप और अनेक जातियों के पक्षी उस वन में वास करते थे। सब उस प्रचण्ड अग्नि में जलकर भस्म होने लगे। श्रीकृष्ण बड़ी तेज़ी से वन के चारों ओर तेजस्वी घोड़ों से चक्कर लगा रहे थे। जो पशु बाहर भागने का प्रयत्न करता था, वह अर्जुन के बाण से बिद्ध होकर प्राण खोता था। आकाश मार्ग से उड़कर भागनेवाले पक्षी भी शर-बिद्ध होकर जलती हुई अग्नि में गिरकर भस्म होते थे। खाण्डव-वन दाह की खबर इन्द्र को भी हुई। उन्होंने मेघों को भेजकर जल-वर्षा द्वारा अग्नि को बुझा देने की आज्ञा दी। चारों ओर काली-काली भयानक घटा छा गई। कृष्ण ने अर्जुन को सचेत करते हुए समझाया कि 'ये इन्द्र के भेजे हुए बादल हैं। बहुत सम्भव है, देवराज से तुम्हें युद्ध करना पड़े।' वीर पाण्डुनन्दन पार्थ ने वायव्य अस्त्रों द्वारा मेघों को उड़ा दिया। तब इन्द्र स्वयं युद्ध करने के लिए आए। बड़ी देर तक दोनों ओर से बाणों की वर्षा होती रही। अर्जुन का पराक्रम प्रबल पड़ता गया। अपने मित्र तक्षक को इन्द्र न बचा सके। इन्द्र ने जब किसी तरह विजय की आशा न देखी, तब साक्षात कृष्ण और अर्जुन के सामने प्रकट हुए और समर-कौशल के लिए बारम्बार अर्जुन की तारीफ़ करने लगे। देवराज को प्रसन्न देखकर अर्जुन ने उनसे दिव्यास्त्र माँगे। इन्द्र ने कहा, ''यह मनोरथ भगवान आशुतोष की आराधना से सिद्ध होगा।'' यह कहकर, पुत्र को स्नेह देकर देवराज इन्द्र कृष्ण और अर्जुन से विदा हुए। अब तक अग्निदेव का कार्य भी समाप्त हो चुका था। इस दाह में केवल छह प्राणी बचे थे—अश्वसेन, मायासुर और शार्ंग पक्षी के रूप में रहनेवाले मन्द्रपाल मुनि के चार पुत्र। अग्निदेव प्रसन्न होकर अर्जुन को आशीर्वाद देने लगे। मायासुर भी अर्जुन के पास आया और प्राणों की भिक्षा पाने के कारण कृतज्ञ होकर अपनी सेवा के लिए विनय करने लगा। श्रीकृष्ण ने उससे कहा, ''हे शिल्पिश्रेष्ठ! महाराज युधिष्ठिर के लिए खाण्डवप्रस्थ में तुम ऐसा उत्तम भवन निर्माण करो, जैसा लोगों की दृष्टि में आज तक न पड़ा हो।''

सभापर्व

सभा-भवन, राजसूय-यज्ञ और जरासन्ध-वध

कृष्ण के कहने पर मय दानव कैलास के उत्तर गया। वहाँ दानवों की एक राजधानी थी। वहीं, विन्दु नाम के सरोवर के पास, दानवों के यज्ञ के लिए बनाए गए सुविशाल सभा-भवन के मनोहर कारीगरी के चित्ताकर्षक सामान रखे थे। मय दानव वह सब एकत्र कर खाण्डवप्रस्थ ले आया।

खाण्डव-दाह के बाद कृष्ण अर्जुन के साथ पांडवों के पास चले आए। मय को देखकर कृष्ण बहुत प्रसन्न थे, उन्होंने महाराज युधिष्ठिर से उसकी तारीफ़ की। शुभ मुहूर्त देखकर सभा-भवन की नींव डाली गई। मय पूरी तल्लीनता से सभा-निर्माण करने लगा।

कुछ दिनों तक पांडव के यहाँ रहकर कृष्ण ने द्वारका की यात्रा की। पाँचों पांडव, कुन्ती, द्रौपदी तथा सुभद्रा ने सजल नेत्रों से उन्हें विदा किया। कृष्ण बड़ी-बड़ी आशाएँ दिलाकर गए थे। पांडवों की, विशेषकर भीम और अर्जुन की, अपार शक्ति को प्रत्यक्ष कर, उनमें यथेष्ठ उत्साह भर गए थे। यथासमय सभा-भवन निर्मित हो गया। उसमें मणि, मोती, हीरे, पन्ने, पुखराज आदि कितनी कीमत तक के लगे थे, इसका हिसाब नहीं हो सकता। दिव्य सरोवर, उद्यान, फ़र्श आदि ऐसे थे, जैसे उस समय भारतवर्ष में और कहीं न थे। उस सभा-भवन की सजावट तथा विभूति देखकर जागता हुआ मनुष्य भी स्वप्नावेश में हो जाता था। कहीं-कहीं ऐसी स्वच्छता थी कि फ़र्श जल-भरा सरोवर ज्ञात होता था। मणि के सोपान, कमल और हंस आदि देखकर लोग मुग्ध हो जाते थे। वाटिका में सब रत्नों की कारीगरी थी, पर देखकर लोग समझते थे कि असमय में गन्धराज, बेला, चमेली, चम्पा, यूथिका आदि पुष्प खिले हुए हैं, उनमें फूलों की रूह इस तरह भर दी गई थी कि वे सुगन्ध भी देते थे।

शुभ समय निश्चित कर महाराज युधिष्ठिर इसी भवन में राजसिंहासन पर आसीन हुए। भाँति-भाँति के उत्सव होने लगे। ब्राह्मणों को पकवान आदि भोजन करा के प्रचुर दक्षिणा दी गई। देश-देश के कलावन्त आए और अपनी विद्या का प्रदर्शन कर गए। इसी समय देवर्षि नारद ने आकर युधिष्ठिर की बड़ी प्रशंसा की। सभा-भवन को देखकर, महाराज युधिष्ठिर के अपार ऐश्वर्य का निश्चय कर नारदजी ने उन्हें राजसूय-यज्ञ करने के लिए कहा।

एक दिन महाराज युधिष्ठिर ने मंत्रियों को बुलाकर उनकी भी राय ली। सबने समस्वर से राजसूय-यज्ञ के लिए सलाह दी। परन्तु इसके लिए दिग्विजय की आवश्यकता है, और यह प्रजा के पूर्ण सहयोग से ही हो सकती है, ऐसा विचार कर महाराज युधिष्ठिर ने एक दिन उसी सभा-भवन में अपनी सारी प्रजा का आवाहन किया। प्रजा युधिष्ठिर के शासन से परम प्रसन्न थी। उसकी शिक्षा का पूरा प्रबन्ध हो चुका था। वाणिज्य का विस्तार भी प्रजा की श्री-वृद्धि के लिए किया जा चुका था। उन्हें शास्त्र तथा शस्त्रों में पारंगत करने के उद्योग भी जारी थे। उनकी सेवा-शुश्रुषा का भी राज्य की ओर से प्रबन्ध था। पुनः, पांडव पाँचों भाई उनसे अपने सगे-सम्बन्धियों की तरह वार्तालाप करते थे। राजा-प्रजावाला भाव न रखते थे। इसलिए प्रजाजन एकत्र होकर राजसूय-यज्ञ की बातें सुनकर फूले न समाए और बड़े हर्ष से महाराज युधिष्ठिर की सहायता के लिए तैयार हो गए।

सब तरफ़ से निश्चय कर युधिष्ठिर ने दूत भेजकर द्वारका से कृष्ण को बुलवाया। महाराज युधिष्ठिर का आमंत्रण पढ़कर उसी समय कृष्णजी भेजे हुए रथ पर सवार होकर महाराज युधिष्ठिर से मिलने के लिए चल दिए।

श्रीकृष्ण को देखकर धर्मराज युधिष्ठिर बहुत प्रसन्न हुए, राजसूय-यज्ञ का संकल्प उन्हें सुनाया। श्रीकृष्ण भारत में धर्म-राज्य की स्थापना चाहते थे। उसका बीज अंकुरित हो रहा है देखकर, उन्होंने महाराज युधिष्ठिर को इस कार्य के लिए प्रोत्साहन दिया। एक अड़चन बताई कि मगध राज्य का राजा जरासन्ध जब तक जीवित है, तब तक यह शुभ कार्य हो नहीं सकता क्योंकि वह सबको रोकेगा, और उसके पराक्रम के भय से दूसरे नरेश इस यज्ञ में सम्मिलित न होंगे। पुन: श्रीकृष्ण ने कहा, "महाराज पाण्डुनन्दन, उसकी महाशक्ति से पराजित होकर हमने मथुरा छोड़ दी, और समुद्र के बीच द्वारका में राजधानी स्थापित की है। वह राजाओं को कैद कर नरमेध-यज्ञ करना चाहता है। यदि हम उस पर विजय प्राप्त कर सके, तो अनेक राजे प्राणदान पाकर हमेशा के लिए हमारे पक्ष में हो जाएँगे।" महाराज युधिष्ठिर ने श्रीकृष्ण की आज्ञाकारिता स्वीकार कर ली। कृष्ण भी भीम और अर्जुन को साथ लेकर राजगृह के लिए रवाना हुए।

तीनों ने ब्राह्मण-वेश बना लिया। इन्द्रप्रस्थ से चलकर अनेकानेक नदी-नद पार करते हुए, मगध में गोरथ-पर्वत के पास से राजगृह की शोभा देखते हुए, जरासन्ध के पिता बृहद्रथ के बनाए मन्दिर का ऊपरी हिस्सा तोड़कर, चुपचाप चारदीवारी पार कर सीधे जरासन्ध की सभा में पहुँचे। ब्राह्मण जानकर जरासन्ध पैर धुलाने के लिए उठा पर कृष्ण ने इनकार कर दिया, और अपना परिचय देते हुए युद्ध के लिए ललकारा। जरासन्ध स्वाभिमानी वीर था। भीम से उसकी कुश्ती तय हो गई। देखने के लिए नगर-भर के लोग एकत्र हुए। चौदह दिनों तक घोर द्वन्द्वयुद्ध होता रहा। अन्त में जरासन्ध थक गया। भीम ने उसके पैर पकड़कर पृथ्वी पर पटक दिया और उसका एक पैर लात से दबाकर, दूसरा पकड़कर बीच से फाड़ डाला। जरासन्ध के वध से नगर के लोग बड़े भयभीत हुए पर कृष्ण ने सबको धैर्य दिया। फिर कोटागृह में जाकर राजाओं को मुक्त किया। भीम का पराक्रम देश-देशान्तरों तक फैल गया। राजागण भीम तथा कृष्णार्जुन के कृतज्ञ होकर अपने-अपने राज्य को गए। प्रसन्नचित्त से सब लोग इन्द्रप्रस्थ में महाराज युधिष्ठिर से मिले।

दिग्विजय और शिशुपाल-वध

राजसूय-यज्ञ के लिए दिग्विजय आवश्यक हो गई। राजाओं से कर लेकर उन्हें आमंत्रित करना था। महाराज युधिष्ठिर ने सलाह करके चारों भाइयों को एक-एक दिशा में भेजा, सबके साथ विशाल चतुरंगिनी सेना चली। भीम पूर्व दिशा को चले। कोशल, काशी, पांचाल, विदेह, वंग आदि राज्यों को जीतकर हीरे-मोती,

सोना-चाँदी आदि धन-रत्न और बहुमूल्य वस्तुएँ लेकर, उन्हें निमंत्रण देकर लौटे। अर्जुन उत्तर तरफ़ गए। उन्होंने प्राग्ज्योतिष, उलूक और कश्मीर आदि राज्यों को जीता। इसके बाद उत्तर-कुरु नाम के गन्धर्व-राज्य में गए। उसे मायापुरी कहकर द्वारपालों ने कर देकर अर्जुन को विदा किया। वह भी प्रचुर धनराशि अपने साथ लाए। नकुल पश्चिम गए। महेश्व, जैरीषक, रोहित, शिवि, दशार्ण और त्रिगर्त आदि राज्यों को जीतकर, राजाओं को निमंत्रण देकर, अपार धन-संग्रह कर लाए। सहदेव दक्षिण के मथुराधिप, कुन्तिभोज और मत्स्यराज आदि मित्र राजाओं से मिलते हुए किष्किन्धा में वानरों के राज्य में पहुँचे। सात दिन तक सहदेव से वानरों का घोर संग्राम हुआ। अन्त में वानरों ने प्रसन्न होकर, धन-रत्नादि देकर सहदेव को विदा किया। पश्चात कच्छ, द्रविड़, कलिंग, पुरी आदि राज्यों से उन्होंने कर वसूल किया, और खबर भेजकर विभीषण से भी मैत्री-रूप मोती आदि मँगवा लिए। सब भाई दिग्विजय कर यथासमय इन्द्रप्रस्थ वापस आए। महाराज युधिष्ठिर के ख़ज़ाने में धन-रत्नों के ढेर लग गए।

बड़े समारोह से यज्ञ की कार्यवाही होने लगी। भगवान श्रीकृष्ण द्वैपायन व्यास इस यज्ञ के प्रधान नियत किए गए। धौम्य तथा याज्ञवल्क्य, वसु के पुत्र और पौत्र होते हुए, इनके शिष्यादि सहायक रहे। बड़े उपचारों से यज्ञ का अनुष्ठान शुरू हुआ। देश-देश के वेदज्ञ ब्राह्मण बुलाए गए। दिन-रात वेदमंत्रों का गान होने लगा। कश्यप, पराशर, वामदेव, जैमिनी, वैशम्पायन, च्यवन, विश्वामित्र, कण्व, गौतम, मैत्रेय, भरद्वाज आदि ऋषि-महर्षि भी आमंत्रित होकर आए।

द्रुपद, विराट, जयद्रथ, शिशुपाल, भगदत्त, बलराम, धृष्टद्युम्न आदि-आदि नरेन्द्रगण चारों दिशाओं से एक-एक कर यथासमय उपस्थित होने लगे। हस्तिनापुर से भी भीष्म, द्रोण, कृप, अश्वत्थामा, धृतराष्ट्र, विदुर, दुर्योधन, दुःशासन आदि आमंत्रित होकर यज्ञ देखने के लिए पधारे। कृष्ण की राय से महाराज युधिष्ठिर ने सबको यथोचित कार्य का भार दिया। भीष्म और द्रोण को यज्ञ की कार्यावली के निरीक्षण का भार सौंपा, कृपाचार्य को सुवर्ण-रत्नों की परीक्षा तथा ब्राह्मणों को दक्षिणा देने का, महाराज दुर्योधन को राजा-महाराजाओं के उपहार स्वीकार करने का, अश्वत्थामा को ब्राह्मणों के सत्कार का, दुःशासन को भोजन-भाण्डार का; श्रीकृष्ण ने स्वयं ब्राह्मणों के चरण धोने का कार्य स्वीकार किया।

जब सब राजा एकत्र हो गए, और सबके आदर-सत्कार की बारी आई, तो महाराज युधिष्ठिर ने पितामह भीष्म को प्रणाम करके पूछा कि किसकी पूजा पहले होनी चाहिए। भीष्म ने कहा, "यहाँ उपस्थित लोगों में कृष्ण ही सबसे श्रेष्ठ हैं।" सुनकर सहदेव कृष्ण के पैर पखारने लगे। शिशुपाल को यह कार्य बड़ा बुरा लगा। वह भीष्म तथा कृष्ण को गालियाँ देने लगा। उसने कहा, "यह राजाओं का अपमान किया गया है। वृद्ध भीष्म की बुद्धि मारी गई है। यहाँ तो कृष्ण के पिता भी मौजूद

हैं, तो क्या वह अपने पिता से भी बढ़कर हो गया? भगवान व्यासदेव, आचार्य द्रोण आदि पूज्यपाद पुरुष–प्रवरों के रहते कृष्ण की पूजा करके पांडवों ने तथा वृद्ध भीष्म ने मूर्खता प्रदर्शित की है। यदि राजा की पूजा करनी थी, तो यहाँ नरेन्द्रशिरोमणि दुर्योधन, शाल्व, शल्य, रुक्मी आदि विद्यमान थे। मेरी समझ में न आया कि कृष्ण सर्वश्रेष्ठ कैसे हो गया?'' शिशुपाल के तरफ़दार दुर्योधन आदि राजाओं को इस भर्त्सना से बड़ी प्रसन्नता हुई पर पितामह को कुवाक्य कहते हुए सुनकर भीम से न रहा गया। गुस्से से उनका सारा बदन भर गया। वह झपटकर शिशुपाल की ओर चले, तो भीष्म ने उन्हें पकड़कर स्नेह की दृष्टि से देखते हुए शान्त किया। श्रीकृष्ण चुपचाप खड़े हुए गालियाँ सुनते रहे। शिशुपाल, कृष्ण की बुआ का लड़का था। बचपन में शिशुपाल को बदमाश जानकर उसकी माता ने कृष्ण से कहा था, 'इसके सौ कुसूर भी माफ़ कर देना।' कृष्ण इसलिए शान्त भाव से खड़े सुन रहे थे। कृष्ण को गालियाँ देकर शिशुपाल फिर भीष्म को जली–कटी सुनाने लगा, ''इन राजाओं को धन्यवाद है जिनके कारण हे भीष्म, तुम्हारी और कृष्ण की जान बची हुई है।'' कई गालियाँ खा चुकने पर भीष्म का धैर्य जाता रहा। वह क्रोध में आकर बोले, ''चेदीश्वर शिशुपाल! तुम मुझे जानते हो। तुम तो एक शिशु हो, तुम मेरे मुकाबले क्या आ सकोगे! तुम्हारे तरफ़दार सब राजाओं के साथ क्षणमात्र में मैं तुम्हें यमलोक दिखा सकता हूँ।'' महावीर भीष्म के भव्य मुखमंडल की चढ़ी हुई आँखें और टेढ़ी भौंहें देखकर शिशुपाल दब गया पर आवेश में आकर फिर कृष्ण को गालियाँ देने लगा। सभा के सभी नरेन्द्र स्तब्ध हो रहे थे, और शीघ्र किसी विपत्ति के होने की शंका कर रहे थे। कृष्ण क्षमा करते गए, इधर शिशुपाल की सौ गालियाँ पूरी हो गईं। पर क्रोधान्ध कब रुकता है? उसने पुनः गाली दी। इस बार कृष्ण के होंठ फड़क उठे, आँखें लाल हो गईं। उनका वह चेहरा ही बदल गया। उन्हें देखकर उनके विरोधी दहल उठे। कृष्ण ने अपना प्रसिद्ध अस्त्र सुदर्शन चक्र लेकर शिशुपाल की ओर चला दिया। देखते–देखते उसका सिर कटकर ज़मीन पर आ गिरा। नरेन्द्र–मण्डल में आतंक फैल गया। महाराज युधिष्ठिर ने हाथ जोड़कर कृष्णजी की विनय करते हुए उन्हें शान्त किया, पश्चात राजाओं को परितृप्त किया। पुनः शिशुपाल के पुत्र महीपाल को उसके पिता के सिंहासन पर अधिरूढ़ किया।

इस प्रकार शान्ति होने पर पुनः यज्ञ की कार्यावली शुरू हुई। चारों ओर पांडवों की प्रशंसा होने लगी। इसी समय राजप्रासाद में विचरण करता हुआ दुर्योधन वहाँ पहुँचा, जहाँ मय ने स्थल का जलरूप में निर्माण किया था। जल समझकर दुर्योधन कपड़े समेटने लगा। वहीं कुछ दूर पर द्रौपदी खड़ी थी। दुर्योधन का दृश्य देखकर हँसने लगीं और सुनाकर बोलीं, ''अन्धे के अन्धा ही पैदा होता है।'' आवाज़ दुर्योधन के कान में पड़ी। उसका चेहरा उतर गया पर कुछ न कहकर उस अपमान को दुर्योधन पी गया। पुनः कुछ दूर चला, तो वहाँ एक ऐसा आईना था, जो पारदर्शी

था। दुर्योधन की समझ में न आया कि यहाँ आईना जड़ा हुआ है। वह उसे रास्ता समझकर सीधे चलता गया, इससे उसका सर आईने से टकरा गया। साथ भीम भी थे। अब की भीम को भी हँसी आ गई। राजा और खासतौर से दुर्योधन जैसे अभिमानी राजा के लिए यह साधारण अपमान न था पर कोई उपाय न था! इसलिए जलकर दुर्योधन अपनी ही आत्मा में उस आग को दबाकर रह गया। बदले के लिए समय की प्रतीक्षा करने लगा।

यज्ञ सकुशल समाप्त हुआ। दु:शासन अजस्र दान कर-करके भाण्डार को खाली कर देना चाहता था, पर वह साक्षात लक्ष्मी का भाण्डार था। स्वयं विष्णु के अवतार श्रीकृष्ण पांडवों से सहयोग कर रहे थे। वह कैसे रिक्त होता? फल यह हुआ कि आशा से अधिक भोजन-पान तथा दान-दक्षिणा आदि पाकर ब्राह्मण लोग अत्यन्त प्रसन्न हुए, और पांडवों का यशोगान करते हुए अपने-अपने घरों को गए। देश-देश के कलावन्त भी पांडवों की कीर्ति-गाथा और आदर-सत्कार आदि की चारों ओर प्रशंसा करने लगे। नरेन्द्र-मण्डल भी सब तरह से सुखी तथा पांडवों के आतिथ्य से प्रीत होकर विदा हुआ।

श्रीकृष्ण को काफ़ी समय लग गया। सबके चले जाने के बाद उनकी विदाई हुई। उनकी बहन सुभद्रा भी भाई के साथ गईं। द्वारका पहुँचकर कृष्ण ने देखा, द्वारका की वह शोभा नष्ट-भ्रष्ट कर दी गई थी। पूछने पर मालूम हुआ कि शिशुपाल का मित्र शाल्व, अपने मित्र का बदला लेने के लिए, कृष्ण की अनुपस्थिति में, वायुयान द्वारा आकाश मार्ग से द्वारका पर चढ़ आया था। साथ उसकी सेना भी आकाश-मार्ग से लड़ रही थी। द्वारका के अधिकांश वीर पांडवों के यहाँ आमंत्रित होकर चले गए थे। शत्रु-पक्ष आकाश-मार्ग से परशु, भल्ल, शक्ति, तोमर, शतघ्नी आदि अस्त्र-शस्त्रों की वर्षा कर द्वारका को ध्वस्त करने लगा। तब प्रद्युम्न के सेनापतित्व में एक सेना शत्रु का सामना करने के लिए चली। शाल्व पराजित होकर भाग गया है, सुनकर कृष्ण को बड़ा क्रोध आया। उन्होंने उसी क्षण चतुरंगिनी सेना लेकर शाल्व की राजधानी पर चढ़ाई की। शाल्व वायुयान पर चढ़कर समुद्र की ओर भाग गया। कृष्ण के पास वायुयान न था। वह भूमि से ही उसका मुकाबला करने के लिए समुद्री तट घेरे रहे। वह लौटा और कृष्ण पर शरों के प्रहार करने लगा। कृष्ण ने नीचे से ही उसके तीर काट दिए और दिव्याशास्त्र द्वारा उसके वायुयान के दो खंड कर दिए। शाल्व पृथ्वी पर चक्कर खाता हुआ आ गिरा। कृष्ण ने उसे पकड़कर खड्ग द्वारा उसके दो टुकड़े कर दिए। इस प्रकार बदला लेकर द्वारका लौटे।

द्यूत-क्रीड़ा और द्रौपदी का चीर-हरण

बिदा होकर हस्तिनापुर आने पर दुर्योधन की ईर्ष्या की आग सहस्रों लपटों से जलने लगी। पांडवों को जलाने का विचार करता हुआ वह खुद उससे जलने

लगा। इससे उसका स्वास्थ्य क्षीण होने लगा। जो काँटा दिल में चुभा हुआ था, उसके निकलने का कोई उपाय नज़र न आता था। एक दिन वह महाराज धृतराष्ट्र के पास बैठा था। पुत्र-स्नेह से धृतराष्ट्र उसके शरीर पर हाथ फेरने लगे। पहले से उसे दुर्बल देखकर सस्नेह पूछा, "वत्स, तुम दिन-दिन दुबले क्यों हुए जा रहे हो? तुम्हारा स्वास्थ्य तो इतना गिरा हुआ कभी न था।" दुखी होकर दुर्योधन बोला, "पिताजी, पांडवों की तारीफ़ सुनकर तथा उनकी श्रीवृद्धि देखकर मैं सदा चिन्ताग्रस्त रहता हूँ। वे देखते-देखते संसार प्रसिद्ध हो गए और मुझसे कुछ भी न किया गया।" धृतराष्ट्र ने धैर्य देकर समझाया कि सच्चे भाव से रहने पर समय स्वयं सबको यश तथा कीर्ति के लिए सुयोग देता है। कर्ण तथा शकुनि भी उस समय वहाँ थे। कर्ण ने कहा, "मित्र, तुम व्यर्थ के लिए चिन्ताग्रस्त हो। चलो, हम लोग सलाह करके कार्यक्रम का निश्चय कर लें। तुम्हें पांडवों से अधिक कीर्ति तथा यश मिल जाएगा।" मामा शकुनि ने मुस्कराकर कहा, "वत्स दुर्योधन, तुमने पहले यह बात कही होती, तो अब तक तुम्हीं संसार प्रसिद्ध नज़र आते, छल हमेशा बल से बड़ा माना गया है। मैं ऐसे-ऐसे दाँव तुम्हें दिखाता कि तुम भी समझते, मामा के पास कैसे-कैसे जौहर छिपे हैं।"

प्रसन्न होकर कर्ण और शकुनि को साथ लेकर दुर्योधन एकान्त में गया। वहाँ आपस में तीनों की मंत्रणा होने लगी। शकुनि बोला, "जिस तरह पांडवों ने सभामण्डप बनवाया है, उसी तरह तुम भी एक बनवाओ। उन्होंने यज्ञ किया है, तुम वहाँ जुआ खेलो। महाराज धृतराष्ट्र को मना लो। वह तुम्हें प्यार करते हैं। तुरन्त आज्ञा दे देंगे। फिर जुआ तो बड़े-बड़े राजा-महाराजाओं का ही खेल है। जिसको पेटभर भोजन नहीं मिलता, वह क्या जुआ खेलेगा? सभा-भवन बन जाने पर भीष्म, द्रोण, कृप, महाराज धृतराष्ट्र आदि सबको बुलाओ, और युधिष्ठिर को बुलाकर पहले से जुआ खेलने के लिए राज़ी कर लो। वह डरपोक है, पहले ज़रूर इनकार करेगा, पर शकुनि की ज़बान सरस्वती को चरका बताती है, बेचारा युधिष्ठिर तो कल का छोकरा है। ऐसी दलीलें पेश करूँ कि बच्चे की अक्ल ठिकाने आ जाए। वह तो वह, उसके पीर भी जुआ खेलें। तब तुम देखो मामा के दाँव-पेंच, चार चालों में मात करता हूँ। घबराओ नहीं, मेरे पास सिद्ध पाँसा है। मैं हार नहीं सकता। तुम यह फ़ैसला कर लेना कि युधिष्ठिर के साथ मेरी तरफ़ से मामाजी खेलेंगे—बस, जाओ, बच्चे की तरह खुश रहो, खाओ और मौज करो। देखो, मैं तुम्हें थोड़े दिनों में कितना प्रसिद्ध करता हूँ!"

शकुनि की बात सुनकर कर्ण को बड़ी खुशी हुई। उसने दुर्योधन पर बाढ़ रखते हुए कहा, "मित्र, इससे अच्छा पांडवों को नीचा दिखलाने का दूसरा उपाय न होगा। जो पांडव आज संसार प्रसिद्ध हो रहे हैं, वे जुए में हारकर हमारे गुलाम हो जाएँगे। इससे उनकी प्रशंसा मिट जाएगी, और उनका सारा वैभव हमारे पास आ जाने पर हमीं सब देशों में सबसे नामी कहलाएँगे।" दुर्योधन इतने सीधे उपाय से इतना बड़ा और मुश्किल काम बनते हुए देखकर मारे खुशी के अंग में फूला न समाया। वह सीधे

धृतराष्ट्र के पास गया और सारी बातें एकान्त में सुनाईं। पुत्र की भलाई चाहनेवाले स्नेह-दुर्बल पिता ने आज्ञा दे दी। फिर क्या था, अच्छे-अच्छे कारीगर बुलाए गए और जल्द-से-जल्द अच्छे-से-अच्छा सभा-भवन तैयार करने की आज्ञा दे दी गई।

दुर्योधन, दुःशासन, कर्ण और शकुनि आदि की गुप्त मंत्रणाएँ तथा आमोद-प्रमोद होते रहे। इस तरह की उच्छृंखल प्रसन्नता में समय पार हो रहा था कि सुविशाल भव्य सभा-भवन तैयार हो गया। तब सलाह करके इमारत दिखाने के विचार से दुर्योधन ने पांडवों को बुला भेजा। महाराज युधिष्ठिर, भीम, अर्जुन, नकुल और सहदेव—पाँचों भाई यथासमय दुर्योधन के अतिथि-स्वरूप हस्तिनापुर में उपस्थित हुए। पांडवों को देखकर हस्तिनापुर के लोग अत्यन्त प्रसन्न हुए और बड़े प्रेम से पाँचों भाइयों से मिले। महाराज युधिष्ठिर आदि पाँचों भाइयों ने भीष्म, द्रोण, कृप, अश्वत्थामा, धृतराष्ट्र और गांधारी आदि के यहाँ जा-जाकर उन्हें प्रणाम किया। उनका शुभ आशीर्वाद प्राप्त कर भाई दुर्योधन, दुःशासन आदि से मिले। दुर्योधन बड़ी प्रसन्नता से महाराज युधिष्ठिर आदि को सभा-भवन में ले गया, और उसका कला-कौशल दिखलाया। फिर कहा, ''भाई, यह सभा-भवन हमने द्यूतक्रीड़ा के विचार से बनवाया है। पिताजी ने भी इसके लिए आज्ञा दी है।'' महाराज युधिष्ठिर ने सुनकर कहा, ''जुआ खेलना तो पाप है।'' वहीं शकुनि भी था। ज़ोर से हँसकर बोला, ''युधिष्ठिर, धर्म की डींग हाँकनेवाले जैसे ख़ुद बेवकूफ़ होते हैं, वैसे ही दूसरे को भी समझते हैं—तभी तो उन्हें, यह पाप है और यह पुण्य है, कहकर शिक्षा दिया करते हैं। तुम अक्लवाले आदमी हो। अच्छा बतलाओ, दूसरे का देश जीत लेना, दूसरों का धन बलपूर्वक छीन लेना और तारीफ़ यह कि इसके बाद एक यज्ञ करके पुण्य का ढोल पीटना, यह धर्म और सत्य है? यह पुण्य है? बतलाओ, आदमीयत क्या कहती है? और यहाँ? यहाँ तो दो मनुष्य, दो राजे बैठकर जुआ खेलेंगे, न लड़ाई न झगड़ा; न आदमी कटेंगे, न त्राहि-त्राहि होगी। जो जीता, वह ले गया, बस। इसे तुम पाप कहते हो! तुमको मालूम हो कि इसके देखने के लिए भीष्म, द्रोण, कृप, विदुर आदि सब धर्मात्मा बुलाए जाएँगे। महाराज धृतराष्ट्र भी पधारेंगे और जो नतीजा हासिल होगा, सुनेंगे। फिर यह पाप कैसे हो गया?''

महाराज युधिष्ठिर ने कहा, ''अगर हमारे गुरुजन भी जुआ देखने के लिए आएँगे, तो ठीक है।'' दुःशासन बोला, ''यह जुआ महाराज दुर्योधन और आप में होगा। महाराज दुर्योधन खुद न खेलेंगे, उनकी तरफ़ से मामा शकुनि पाँसा फेंकेंगे। हार-जीत महाराज दुर्योधन की होगी।'' युधिष्ठिर ने इसका उत्तर न दिया।

दूसरे दिन दरबार लगा। हस्तिनापुर के बड़े-बड़े लोग सभा-भवन में आमंत्रित होकर आए। भीष्म, द्रोण, कृप, अश्वत्थामा, विदुर, महाराज धृतराष्ट्र आदि के आसन सुशोभित हो गए। हस्तिनापुर के खासोआम सब एकत्र हुए। युधिष्ठिर को सादर साथ लेकर दुर्योधन भी भाइयों तथा शकुनि और कर्ण के साथ पहुँचा। दो अलग-अलग

टुकड़ियाँ हो गईं। एक ओर कौरव बैठे, एक ओर पांडव। हस्तिनापुर के लोग परस्पर वार्तालाप करने लगे कि दुर्योधन के कारण इस वंश की कुशल न होगी। बीच में खेलने की जगह करके दाँव रखा गया। महाराज युधिष्ठिर ने पाँसा फेंका पर कुछ न हुआ। अब शकुनि पाँसा लेकर उँगलियों में खड़खड़ाने लगा। महाराज युधिष्ठिर ने धनरत्नों की बाज़ी लगाई। शकुनि ने पाँसा फेंका, उसका दाँव आ गया। कौरव ठहाका मारकर हँसने लगे। भीष्म और विदुर आदि को यह बड़ा बुरा लगा पर राजदरबार के विचार से मौन बैठे रहे। दुबारा महाराज युधिष्ठिर ने अपने राज्य की बाज़ी लगाई। शकुनि का दाँव फिर आया। कौरवों के हर्ष की सीमा न रही। तिबारा युधिष्ठिर ने अपने साथ चारों भाइयों को दाँव पर रखा। फिर शकुनि का पाँसा पड़ा। दुर्योधन ने बड़ी शान से भीम की तरफ़ देखा। भाई का ख़याल कर भीम चुप हो रहे। युधिष्ठिर ने कहा, "अब तो मैं सर्वस्व हार चुका, अब क्या खेलूँ?" शकुनि ने कहा, "अब द्रौपदी को रखो, इस बार तुम जीते, तो जो कुछ हार चुके हो, सब वापस ले जाओ।" युधिष्ठिर को नष्ट सम्पत्ति का लोभ हुआ, दाँव पर उन्होंने द्रौपदी को भी लगा दिया। सभा के सज्जन लोग 'घोर पाप–घोर पाप' की आवाज़ लगाने लगे पर कुछ फल न हुआ। शकुनि ने पाँसा फेंका, फिर उसका दाँव पड़ा। द्रौपदी की जीत से दुर्योधन ने जैसे सारे संसार पर विजय कर ली हो, उसे ऐसी खुशी हुई। मन–ही–मन धृतराष्ट्र भी खुश थे।

दुर्योधन ने विकर्ण को बुलाकर कहा, "जाओ, पाँसे के समाचार द्रौपदी से कहकर उसे सभा–भवन में ले आओ। वह अब हमारी दासी है।" सभा के लोग भाइयों का ऐसा पतन देखकर रोने लगे। विकर्ण द्रौपदी के पास गया। पाँसे के समाचार सुनकर द्रौपदी ने पूछा, "विकर्ण! महाराज युधिष्ठिर ने पहले अपनी बाज़ी लगाई थी या मेरी?" विकर्ण ने विनीत भाव से कहा, "देवी! महाराज युधिष्ठिर ने पहले अपने साथ चारों भाइयों की बाज़ी लगाई थी।" द्रौपदी ने कहा, "तो जाओ, सभा में कहो कि द्रौपदी नहीं आना चाहती। महाराज युधिष्ठिर खुद हारकर, अपना स्वत्व खोकर मेरी बाज़ी नहीं लगा सकते, यह अन्याय है।" विकर्ण ने सभा में लौटकर द्रौपदी का समाचार दुर्योधन को सुनाया। भीष्म और विदुर आदि विद्वज्जनों ने द्रौपदी की उक्ति का समर्थन किया परन्तु मदान्ध दुर्योधन को न्याय कब सूझता था? उसने दुःशासन को सभा में द्रौपदी को पकड़ लाने के लिए भेजा। दुःशासन को देखकर बड़ी विनय से द्रौपदी ने कहा, "दुःशासन, मेरी लज्जा न लो। मैं कुलवधू हूँ। मेरे धर्म की ओर देखो। फिर, इस समय मैं रजस्वला हूँ।" दुःशासन ने द्रौपदी की विनय पर ध्यान न दिया। उसकी क्रूर मुद्रा देखकर द्रौपदी गांधारी के महल को भागी किन्तु दौड़कर दुःशासन ने खुले बाल पकड़ लिए, और घसीटता हुआ सभा–भवन को ले चला।

सभा में पहुँचकर भीष्म की ओर देखकर रोती हुई द्रौपदी बोली, "पितामह! क्या आपके कुल की यही मर्यादा है? क्या महाराज युधिष्ठिर अपनी बाज़ी लगाने के बाद हारकर मेरी बाज़ी लगा सकते थे?"

अब भीष्म से न रहा गया। उन्होंने कहा, "बेटी, न्याय तेरी तरफ़ है। कौरवों का अत्याचार पृथ्वी सहन न कर सकेगी।" कृष्णा को विवश सजल नेत्रों से असहाय पतियों की ओर देखते हुए देखकर वीरश्रेष्ठ भीम से न रहा गया। वह भीषण सिंहनाद से सभास्थल को विकम्पित करते हुए बोले, "हे सूर्य, हे व्योम, हे भीष्म, प्रमादग्रस्त युधिष्ठिर के अन्यायकार्य के कारण निरपराधिनी कृष्णा का जिस हाथ से नीचात्मा दुःशासन ने केशकर्षण किया है, उस हाथ को मैं युद्ध में उखाड़कर फेंक दूँगा, तुम्हें साक्षी कर प्रतिज्ञा करता हूँ।" सभा-स्थल तथा कौरव कुछ काल के लिए भय से थरथर काँपने लगे। अर्जुन ने भीम को पकड़कर आश्वस्त करते हुए बैठा दिया, पर भीम को उत्तेजित करने के विचार से दुर्योधन द्रौपदी को देखकर अपनी जाँघ पर थपकियाँ मारता हुआ बैठने का इशारा करने लगा। भीम क्रुद्ध थे ही, पुनः दर्प से उठकर खड़े हो गए, और वैसे ही गरजकर बोले, "दुष्ट दुर्योधन ने जिस जाँघ पर बैठने के लिए इशारा करके कृष्णा का अपमान किया है, मैं अपनी भीम-गदा के प्रचण्ड घात से उसकी उस टाँग को तोड़ दूँगा।"

इस बार धृतराष्ट्र को बहुत बुरा लगा, पर सब लोग विपत्ति की चिन्ता करने लगे। अर्जुन ने फिर भीम को शान्त कर बैठाया। चिढ़कर दुर्योधन ने दुःशासन को आज्ञा दी, "द्रौपदी मेरी दासी है, इस सभा में उसे नंगी करो।"

त्रस्त होकर द्रौपदी ने सभा के मनुष्य-मनुष्य से लाज बचाने की प्रार्थना की, पर सब लोगों ने सिर झुका लिया। तब कृष्णा को कृष्ण की याद आई। सजल आँखों ऊँचे स्वर से पुकार-पुकारकर कहने लगी, "हे दीनबन्धु! हे भक्तवत्सल! हे करुणासागर कृष्ण! इस विपत्ति में तुम्हीं मेरे उद्धारकर्त्ता हो। दासी की लाज तुम्हारे ही हाथ है, भगवन!"

भगवान कृष्ण का मन चंचल हो उठा, वह अपने पूर्ण रूप की ओर जाने लगे, तो द्रौपदी की दशा उनके ध्यान-नेत्रों के सामने आ गई। वह इस अत्याचार से चकित हो गए, और माया का स्मरण किया। माया हाथ जोड़कर सामने खड़ी हो गई। भगवान कृष्ण ने कहा, "हस्तिनापुर की राजसभा में द्रौपदी का वस्त्रहरण हो रहा है। जाओ, उसे नग्न न होने दो।" द्रौपदी हाथ जोड़े हुए प्रार्थना करती जाती थी, दुःशासन वस्त्र खींचता जा रहा था। वह खींचते-खींचते थक गया, हारकर बैठ गया।

द्रौपदी की प्रार्थना से धृतराष्ट्र को भी दया आ गई। उन्होंने कहा, "बेटी, तू माँग, क्या माँगती है?" द्रौपदी ने आँसू पोंछकर कहा, "महाराज, युधिष्ठिर जो कुछ हार चुके हैं, वह सब वापस कर दीजिए।" महाराज धृतराष्ट्र ने कहा, "बेटी, तेरे लिए हमने वह सब वापस कर दिया।" यह कहकर वह सभा-भवन से चले गए। रास्ते में दुर्योधन के मित्रों ने कहा, "आपने दुर्योधन के लिए बड़ा बुरा किया। भीम की प्रतिज्ञा आप सुन चुके हैं।" धृतराष्ट्र को पुत्र-स्नेह ने फिर दबाया। उन्होंने बचने का उपाय पूछा। उन मित्रों ने कहा, "राज्य वापस देकर बारह साल के वनवास और

एक साल के अज्ञातवास की बाज़ी पर फिर जुआ हो। इस तरह पांडव हारकर राज्य पाने का मौका ही न पाएँगे, न दुर्योधन मारा जाएगा।'' धृतराष्ट्र ने फिर आज्ञा दे दी।

लाचार होकर युधिष्ठिर को फिर खेलना पड़ा क्योंकि राज्यप्राप्ति के लिए धृतराष्ट्र की यह शर्त भी जोड़ दी गई। इस बार भी युधिष्ठिर ही हारे।

वनपर्व

पांडवों का काम्यक वन के लिए प्रस्थान

जुए में सर्वस्व हारकर बारह साल का वनवास और एक साल का अज्ञातवास भी स्वीकार करके खिन्नचित्त से पांडवों के साथ युधिष्ठिर वन के लिए तैयार होने लगे। चारों भाई और द्रौपदी उनका अनुसरण करते हुए चले। माता कुन्ती वृद्धा हो गई थीं, इसलिए युधिष्ठिर उन्हें विदुर के घर ले गए, और कष्टों के झेलने की उनकी असमर्थता समझाते हुए भक्तिपूर्वक बोले, ''माता, जब तक हम लोग वनवास और अज्ञातवास की अवधि पूरी करके पापी दुर्योधन से बदला नहीं चुकाते, तब तक आप चाचा विदुर के ही यहाँ रहें।'' इसके बाद कृष्णा सहित पाँचों भाइयों ने उन्हें प्रणाम कर पुरोहित धौम्य के साथ वन के लिए प्रस्थान किया। मलिन वेश धारण किए हुए युधिष्ठिर के पीछे-पीछे चारों भाई द्रौपदी के साथ चले जा रहे थे। बात-की-बात में खबर हस्तिनापुर में फैल गई। लोग दुर्योधन तथा आँख के अन्धे होकर भी अक्ल के दुश्मन राजा धृतराष्ट्र की कड़ी आलोचना करने लगे। ब्राह्मणों ने सोचा, 'ऐसे अधम राजा का राज्य इसी समय छोड़ देना चाहिए। जहाँ अन्याय है, जहाँ धर्म की ओर दृष्टि नहीं, वहाँ ब्राह्मणों को कदापि न रहना चाहिए।' वे अन्य पुरवासियों के साथ एकत्र होकर उच्च स्वर से युधिष्ठिर का नाम लेकर पुकारते हुए पीछे-पीछे दौड़े। ब्रह्म-मण्डली तथा पौर-जनों को प्रेमवश पीछा करते हुए देखकर धर्मात्मा युधिष्ठिर खड़े हो गए। ब्राह्मणों ने घेरकर कहा, ''धर्मराज, बिना तुम्हारे यह राज्य श्मशान से भी भयंकर है। हम लोग भी तुम्हारे साथ वन चलेंगे। हम पर दया करो, हमें अपने साथ ले चलो, यहाँ हमारा निर्वाह न होगा।'' ब्राह्मणों के साथ तमाम साधारण लोगों को देखकर महाराज युधिष्ठिर चिन्ता में पड़ गए। सोचकर ब्राह्मणों तथा पुरवासियों को धैर्य देते हुए बोले, ''हे विप्रगण! आप लोग प्रायः सभी वृद्ध हो रहे हैं। वन के दु:सह कष्टों को न झेल सकेंगे। पुनः, मैं अब राजा नहीं रहा। वन में आप लोगों की उचित सेवा तथा भोजन-पान का प्रबन्ध मैं न कर सकूँगा। इससे मुझे पाप होगा। इसलिए आप लोग अपने-अपने गृह लौट जाइए। अवधि पूरी कर मैं आप लोगों की सेवा में हाज़िर हो सकूँ, इसके लिए घर बैठे हुए ही परमात्मा से प्रार्थना कीजिए, इससे मेरा यथेष्ट कल्याण होगा।'' पर महाराज युधिष्ठिर के आश्वासन से भी ब्राह्मणों ने पीछा न छोड़ा। अन्य लोग तो लौट गए। ब्राह्मणों ने कहा, ''महाराज, चौथेपन में तपस्या

करना हमारा धर्म है। आप हमारे भोजन-पान की चिन्ता न कीजिए। हम भिक्षा-भ्रमण कर लेंगे। हम केवल आपके साथ रहना चाहते हैं।" लाचार होकर महाराज युधिष्ठिर ने ब्राह्मणों को साथ ले लिया।

ब्राह्मणों को साथ चलते हुए देखकर पुरोहित धौम्य ने महाराज युधिष्ठिर को सूर्यदेव को उपासना द्वारा प्रसन्न करने की सलाह दी। युधिष्ठिर से स्वीकृति होने पर मंत्र तथा पूजा का विधान भी बतला दिया। भगवान मरीचिमाली ही संसार को अन्न तथा जल देकर प्रसन्न करते हैं, इस भाव से मंत्र जपते हुए महाराज युधिष्ठिर उपासना पूर्ण करने लगे। मंत्र-सिद्धि के समय दिव्य रूपधारी सूर्यदेव युधिष्ठिर के सामने आविर्भूत हुए, और अक्षयथाली देते हुए बोले, "इसे लेकर तुम ब्राह्मणों की सेवा करो।" द्रौपदी भोजन पकाकर उसी थाली में लेकर ब्राह्मणों को खिलाने लगीं। पांडवों को भोजन कराकर बाद को स्वयं भोजन करतीं। सब लोगों की तृप्ति होने तक बराबर थाली से अन्न निकलता रहता। इस प्रकार महाराज युधिष्ठिर कुरुक्षेत्र होते हुए सरस्वती नदी के किनारे पर काम्यक वन में जाकर वास करने लगे।

इसी समय एक दिन महाराज धृतराष्ट्र विदुर पर अत्यन्त रुष्ट हो गए। कारण यह था कि विदुर पांडवों के पक्ष में प्रायः राजसभा में उनकी तारीफ़ करते थे। धृतराष्ट्र में पुत्र-स्नेह की दुर्बलता थी। एक दिन उन्होंने विदुर को दुत्कार दिया। उन्होंने सोचा, यह मेरे पुत्रों का अमंगल चाहता है। विदुर को इस अपमान से सख्त चोट पहुँची। वह पांडवों के पास रहने के लिए, काम्यक वन को चल दिए। उनके जाने से पांडवों को धृतराष्ट्र के मन्द व्यवहार पर बड़ा क्षोभ हुआ; पर विदुर को वे पिता की ही तरह समझते और उनकी सेवा करने लगे। कुछ दिनों बाद महाराज धृतराष्ट्र को विदुर की सहृदयता का अभाव खटकने लगा। बचपन से उनका जो स्नेह तथा आदर प्राप्त करते आ रहे थे, उसके बिना आत्मा विकल होने लगी; तब संजय को बुला लाने के लिए भेजा। संजय के पहुँचने पर पांडवों ने विदुर को जाने की ही सलाह दी। माता कुन्ती उन्हीं के यहाँ रहती थीं। विदुर भी राजाज्ञा तथा अन्य बातों का विचार कर हस्तिनापुर चले गए।

राजकुमार होने के कारण वनवास में पांडवों को कष्ट तो होता था, पर स्वभाव के साधु होने के कारण महात्माओं तथा तीर्थों के दर्शन से, उनके अमृतोपम उपदेशों तथा प्राकृतिक दिव्य छटाओं के प्रभाव से उन्हें आत्मिक तथा कायिक प्रसन्नता ही होती थी। पांडव काम्यक वन, द्वैत-वन आदि अनेकानेक वनों, शैल-शिखरों, तीर्थों तथा देवालयों की यात्रा करते फिरे। उनके वनवास की खबर अब तक भारतवर्ष-भर में फैल चुकी थी। पांचाल-राज को इससे बड़ा दुःख हुआ। भगवान श्रीकृष्ण सुनते ही पांडवों से मिलने को चल दिए। प्राणतुल्य पांडवों तथा आत्मा के समान प्यारी बहन कृष्णा को देखकर कृष्ण करुणा से विचलित हो गए, आँखों से अनर्गल अश्रुधार बहने लगी। कृष्णा भी प्रिय कृष्ण को देखकर रोके हुए भाव के

प्रबल वेग को न रोक सकी, उन्हें पकड़कर रोने लगी। श्रीकृष्ण ने अपने को सँभालकर द्रौपदी को अनेक प्रकार से धैर्य दिया, पांडवों को भी समझाया कि वनवास तथा अज्ञातवास की अवधि पूर्ण कर, वे हस्तिनापुर जाकर दुर्योधन से अपना राज्य वापस माँगें। इस प्रकार की अनेकानेक बातें हुईं। पांडवों तथा द्रौपदी ने कृष्ण की बड़ी खातिरदारी की।

पांडव धार्मिक तथा राजनीतिक बातों से वनवास का समय पूरा कर रहे थे, इसी समय वेदव्यासजी उनसे आकर मिले। पांडव द्वैत-वन से पुनः काम्यक वन में आकर रह रहे थे। पांडवों की तपस्या के समाचार से प्रसन्न होकर भगवान वेदव्यास ने कहा, "वत्स युधिष्ठिर, मैं चाहता हूँ, जब तक तुम लोग वन में हो, तब तक भावी युद्ध की तैयारी के लिए दिव्यास्त्रों की शिक्षा प्राप्त कर लो। दुर्योधन का जैसा स्वभाव है, इससे ज्ञात होता है, तुम्हारे लिए युद्ध करना अनिवार्य होगा, पर बिना पूरी तैयारी किए तुम लोग भीष्म, द्रोण जैसे महारथ वीरों का मुकाबला न कर सकोगे।" व्यासदेव की यह आज्ञा युधिष्ठिर के चित्त में बैठ गई। उन्होंने हाथ जोड़कर कहा, "भगवन, हमें तो दिव्यास्त्रों की साधना का कोई मार्ग मालूम नहीं, आप जैसी आज्ञा देंगे, वैसा करने के लिए हम तन-मन से तैयार हैं।" मुस्कराकर व्यासजी ने कहा, "वत्स युधिष्ठिर, तुम धर्मपुत्र हो। साधुओं से किस प्रकार बातचीत की जाती है, यह तुम जानते हो; तुम्हारी सदाशयता से मैं बहुत प्रसन्न हुआ हूँ। तुममें अर्जुन बुद्धिवृत्ति तथा क्षात्रवीर्य का उत्तम आधार है। तप के द्वारा देवों के शिरोमणि महादेवजी को प्रसन्न करके अर्जुन पाशुपत अस्त्र प्राप्त करे, तो तुम्हारी शक्ति का फिर संसार सामना नहीं कर सकता। इन्द्रादि देवताओं को भी प्रसन्न कर उनके अमोघ अस्त्र प्राप्त करना चाहिए। मैं सलाह दूँगा, कैलास पर्वत पर जाकर अर्जुन भगवान पशुपति की तपस्या करे। अपर देवों से इसके बाद आप मुलाकात हो जाएगी।" इस प्रकार उपदेश देकर व्यासजी ने प्रस्थान किया।

अर्जुन की तपस्या और शस्त्र प्राप्ति

महाराज युधिष्ठिर ने अपर भाइयों तथा द्रौपदी के सामने महावीर अर्जुन को स्नेहपूर्वक बुलाकर कहा, "भाई! हम लोगों में बाण-विद्या-विशारद तुम्हीं हो। महर्षि वेदव्यासजी की आज्ञा तुमने भी सुनी है। दुर्योधन से युद्ध होने के पहले हमें यथेष्ट शक्ति-संग्रह कर लेना चाहिए। अभी हम इतने योग्य नहीं हो सके कि भीष्म-द्रोण जैसे महावीरों का युद्ध में सामना करें। हमें तैयारी के लिए देवताओं से भी शस्त्र-संग्रह कर लेना चाहिए। भगवान पशुपति से पाशुपत नामक महास्त्र प्राप्त करना अत्यावश्यक है। इन्द्र, वरुण, अग्नि, कुबेर, यम आदि देवताओं की भी शक्तियों का संग्रह आवश्यक है। तुम उत्तराखण्ड जाकर भगवान् शिव को तपस्या से तुष्ट करके पाशुपत नामक महास्त्र प्राप्त करो। शक्ति को प्राप्त करके ही हम शत्रुओं में आतंक पैदा कर सकेंगे।"

तपस्या, शक्ति-संचय और भावी युद्ध की बात सुनकर अर्जुन रोमांचित हो उठे। उनकी नसों में रक्त की तीव्र धारा बहने लगी। बाँहें वीररस के स्फुरण से फड़कने लगीं। हृदय पुलकित हो बारम्बार उच्छ्वसित होने लगा। शौर्य और प्रतिभा से मुखमण्डल प्रदीप्त हो गया। उन्होंने उसी वक़्त अपना तरकस बाँधा और हाथ में धनुष लेकर यात्रा की तैयारी कर दी। श्रद्धा से धर्मराज और महावीर भीम के चरण छुए। फिर सविनय सिर झुकाकर गद्‌गद कण्ठ से कहा, "दादा, अब धर्मराज, कृष्णा, नकुल और सहदेव की रक्षा का आप ही पर भार रहा। देखिएगा, इन्हें किसी प्रकार की विपत्ति न हो।" अर्जुन की पीठ सहलाते हुए स्नेह-स्वर से भीमसेन बोले, "वीर! जाओ। तुम्हारा मार्ग सुगम और साधना सफल हो। यहाँ से निश्चिन्त रहना।" नकुल और सहदेव भूमिष्ठ हो अर्जुन को प्रणाम करने लगे। उन्हें उठाकर स्नेह देकर अर्जुन विदा हुए।

पति को दीर्घकाल के लिए जाते हुए देखकर कृष्णा वहाँ से चलकर एक कुंज में प्रतीक्षा कर रही थी। अर्जुन ने जाते हुए देखा था, मिलने के लिए गए। कृष्णा के दोनों कपोलों पर अनर्गल आँसुओं की धारा बह रही थी। शीघ्र लौटने का आश्वासन देकर द्रौपदी की दु:खभरी दृष्टि से अर्जुन ने विदा ग्रहण की। फिर वीर तपस्वी की तरह त्याग के प्रभाव से परिवार-प्रेम को भूलकर एकचित्त से भगवान भूतनाथ का ध्यान करते हुए उत्तराखण्ड की ओर चल दिए।

धैर्यपूर्वक चलते-चलते कुछ दिनों में अर्जुन गन्धमादन-पर्वत आदि दुर्लंध्य शैलों का अतिक्रमण करते हुए कैलास के पास आ उपस्थित हुए। उन्होंने सामने दृष्टि डाली, तो रास्ते पर एक लम्बी जटाओंवाला वृद्ध तपस्वी दिख पड़ा। निकट जाकर अर्जुन ने महात्मा जानकर साधु को प्रणाम किया। रुक्ष भाव से साधु ने अर्जुन से कहा, "यह तपोभूमि है। यहाँ कोई अस्त्र लेकर विचरण नहीं करता। तुम कौन हो? अस्त्र फेंक दो।"

प्रणाम कर अर्जुन बोले, "महात्मन! मैं क्षत्रिय हूँ। अभी मैंने अपने इस धर्म को छोड़ा नहीं, फिर अपने अस्त्र कैसे छोड़ दूँ?" अपना उद्‌देश्य छिपाकर भी अर्जुन ने उचित उत्तर दिया। तपस्वी इस वाक्‌चतुरता से प्रसन्न होकर स्नेह-दृष्टि से अर्जुन को देखते हुए बोले, "वत्स! मैं देवराज इन्द्र हूँ। तुम्हारा मनोहर उत्तर सुनकर मैं प्रसन्न हुआ। तुम्हारी जैसी इच्छा हो, तुम मुझसे तदनुकूल वर माँग लो।"

अर्जुन विनम्र होकर बोले, "हे अमरेन्द्र! मुझे अपने दिव्य अस्त्र प्रदान कीजिए। मैं आपका शिष्य होकर केवल शिक्षा प्राप्त करना चाहता हूँ।"

इन्द्र मुस्कराकर बोले, "वत्स अर्जुन! तुम देवों के देव जिन महादेव की आराधना के लिए आए हो, उन्हें प्रसन्न कर पाशुपत अस्त्र प्राप्त करो, पश्चात सम्पूर्ण देवता तुम्हें अपने दिव्यास्त्र प्रदान करेंगे। पर वत्स! यह तो बताओ, इन अस्त्रों को लेकर तुम करोगे क्या? मनुष्यों पर तो इन अस्त्रों का प्रयोग वर्जित है।"

दृष्टि झुकाए हुए पाण्डुनन्दन महावीर अर्जुन ने उत्तर दिया, "हे देवेन्द्र! मेरे भाई राज्य से च्युत, क्षीणबल होकर वनों में दु:ख के दिन बिता रहे हैं। हम लोग राजवंश के होकर भी इस समय सर्वथा भिक्षुक की दशा को प्राप्त हैं। शक्ति का संग्रह इसलिए मेरा लक्ष्य हो रहा है। इसका अर्थ यह नहीं कि मैं उसका दुरुपयोग भी करूँगा।"

प्रसन्न होकर इन्द्र ने अर्जुन की पीठ पर हाथ फेरते हुए आशीर्वाद दिया, "वत्स! तुम संसार प्रसिद्ध महावीर होगे। तुम्हारे अपार रणकौशल की सहायता देवताओं को भी लेनी पड़ेगी। तुम भगवान पशुपति की साधना में सिद्धि प्राप्त करो। अभी भविष्यांश न कहूँगा।"

देखते-देखते देवराज इन्द्र जैसे कुहरे के पिण्ड में बदलते हुए उड़कर शून्य में विलीन हो गए। महावीर अर्जुन कुछ दूर चलकर कैलास-पर्वत के पद-देश पर एक सुहावनी भूमि निश्चित कर तपस्या में संलग्न हुए।

उत्तरोत्तर अर्जुन की तपस्या उग्र से उग्रतर हो चली। पहले उन्होंने भोजनपान आदि को संयमपूर्वक वश किया, तत्पश्चात पूर्ण रूप से आहार का परित्याग कर दिया। पुनः ऊर्ध्वबाहु होकर तप करने लगे। कैलास के तपस्वियों के एक दल ने महावीर कुन्ती पुत्र की उग्र साधना से घबराकर भगवान भूतनाथ से जाकर यह प्रार्थना की, "भगवान, पाण्डुपुत्र अर्जुन किसी रजोगुण की प्रेरणा से अत्युग्र साधना में लीन हो रहे हैं; उनका तेज सत्त्वगुणवाले साधुओं को असह्य हो रहा है; आप दया कर उनकी मनोवांछा पूरी कीजिए।" भक्तों की प्रार्थना सुनकर भगवान शिव मुस्कराए, और उन्हें सान्त्वना देते हुए बोले कि बहुत जल्द वह अर्जुन की तपोऽभिलाषपूर्ण करेंगे। साधुगण शंकर को भूमिष्ठ प्रणाम कर अपने-अपने आश्रम लौट आए।

एक दिन पार्वतीजी को साथ लेकर महादेवजी अर्जुन की तप:स्थली की ओर चले। अर्जुन को तपस्या करते अब तक पाँच महीने हो चुके थे। वह अपने इष्ट की पूजा के लिए पुष्प आदि का चयन कर अपने स्थान को आए ही थे कि देखा, एक सूअर घुरघुराता हुआ वन के एक कोने से आ निकला। सूअर को देखकर उसे मारने के अभिप्राय से वीर अर्जुन ने धनुष में शर-योजना की। परन्तु देखा, एक व्याध उसी सूअर को अपना लक्ष्य बनाए हुए वन से बाहर निकला। अर्जुन ने व्याध की परवाह न की और सूअर पर अपना तीर छोड़ दिया। व्याध और अर्जुन दोनों के तीर सूअर को लगे। विकट चीत्कार करता हुआ सूअर क्षणमात्र में मृत्यु को प्राप्त हुआ। सूअर को मरा देखकर अर्जुन व्याध से अप्रसन्न हुए, बोले, "जब पहले हम उस पर शर-सन्धान कर चुके थे, तब तुमने तीर क्यों छोड़ा?" व्याध ठहाका मारकर हँसा। बोला, "ऐसी बात तो कोई मूर्ख ही कहेगा। सूअर को तो बहुत पहले से हम अपना निशाना बनाए थे।" नीच जाति के व्याध को उचित शिक्षा देने के लिए अर्जुन ने पुनः धनुष में शरसन्धान किया। व्याध खड़ा हँसता रहा। इसे नीच जाति की असभ्यता से हुआ अपना अपमान समझकर अर्जुन ने क्रोध से धनुष को और कसकर खींचा। तीर पूरी

ताकत से छूटा पर व्याध को उसकी चोट न लगी। वह तीर जैसे हवा को पाकर दूसरी ओर मिट्टी में धँसकर रह गया। मन-ही-मन लजाकर अर्जुन व्याध पर बाणों की वर्षा करने लगे पर व्याध को एक भी बाण न लगा। वह हँसता हुआ उनके बिलकुल नज़दीक आ गया। तब केवल धनुष की नोक से अर्जुन उसे खोदने लगे। जब होश में आए, और अपने क्रोधोन्माद के कारण हुए इस बालपन को समझा, तब धनुष फेंककर तलवार खींच ली और उससे व्याध पर प्रहार किया, पर व्याध की देह में लगकर तलवार टुकड़े-टुकड़े हो गई। मूठ हाथ से दूर फेंककर क्रुद्ध अर्जुन व्याध से मल्लयुद्ध करने लगे, पर तपस्या से क्षीण हुए शरीर को इतना परिश्रम सह्य न हुआ, अर्जुन थककर वहीं बेहोश हो गए।

व्याध खड़ा रहा। होश में आकर अर्जुन ने सोचा, 'बड़ी देर हो गई, मैंने अपने इष्ट की पूजा नहीं की। पहले पूजा कर लूँ, तब व्याध से युद्ध करूँ।' अर्जुन की ज़बान में अब सभ्यता की झलक आई। उन्होंने व्याध से कहा, "भाई, एक प्रार्थना मैं तुमसे करता हूँ। तुम आज्ञा दो, तो मैं अपने इष्ट श्रीमहादेवजी की पूजा कर लूँ। इसके बाद मैं तुमसे युद्ध करूँगा।" हँसकर व्याध ने कहा, "अच्छी बात है, अब पूजा करके अपनी शक्ति बढ़ा लो।" इस अपमान को चुपचाप पीकर अर्जुन पूजा करने लगे पर मन से उन्हें बराबर व्याध लिपटा हुआ देख पड़ा। वह सोचने लगे, 'व्याध के रूप में साक्षात देवाधिदेव तो मेरी परीक्षा लेने के लिए नहीं आए? मुझे इस प्रकार आज तक किसी महावीर के द्वारा भी लांछित नहीं होना पड़ा।' फिर होश में आ अपना मंत्र जपने लगे। अपने ही हाथों निर्मित मिट्टी की शिवमूर्ति को माला पहनाकर भक्तिभाव से भूमिष्ठ हो प्रणाम कर जब अर्जुन उठे, तब यह देखकर उनके आश्चर्य का ठिकाना न रहा कि शिवमूर्ति पर चढ़ाई हुई उनकी वही माला व्याध के गले में पड़ी थी। अब उन्हें यह समझते हुए भी भ्रम न हुआ कि वह व्याध उनकी तपस्या से प्रसन्न साक्षात शिव हैं जो उन्हें दर्शन देकर कृतार्थ करने के लिए आए हुए हैं। अर्जुन ने भक्तिभाव से हाथ जोड़कर भूमिष्ठ हो व्याध को प्रणाम किया। फिर आँखें खोलकर देखा, तो साक्षात महादेव पार्वतीजी के साथ उनके सामने खड़े हुए दीख पड़े। भगवान सर्वभूतों के पति आशुतोष शंकर ने गम्भीर जलद-स्वर में कहा, "वीर अर्जुन, तुम यथार्थ ही क्षत्रिय हो। तपस्या से क्षीण होते हुए भी तुम मन के किंचिन्मात्र दुर्बल नहीं हुए। तुम्हारा क्षत्रियत्व और एकनिष्ठ तपस्या देखकर मैं तुम पर प्रसन्न हुआ हूँ। तुम मुझसे जो वरदान चाहो, माँग लो।"

इष्टदेव को प्रसन्न देखकर अर्जुन का हृदय-कमल खिल गया। भक्तिपूर्वक प्रणाम कर उन्होंने उमानाथ शंकर से कहा, "भगवन! हम लोग राज्य से च्युत होकर हीन भिक्षुओं की तरह वनों में मारे-मारे फिरते हैं। अब हममें कोई शक्ति नहीं रह गई। आप हम पर कृपालु होकर अपना पाशुपत अस्त्र प्रदान करें, आपके पवित्र चरणों में मेरी यही प्रार्थना है।"

प्रसन्न होकर भगवान शिव ने अर्जुन को अपना संसार-प्रसिद्ध पाशुपत-अस्त्र दान किया। इसके प्रयोग और संवरण के मंत्र भी बतला दिए। फिर सावधान कर दिया कि मनुष्यों पर इस अस्त्र का उपयोग वर्जित है। अर्जुन ने अस्त्र लेकर प्रणाम किया। फिर देखा, तो वहाँ से भगवान शिव अन्तर्धान हो चुके थे।

अर्जुन का स्वर्ग-गमन

वर प्राप्त कर अर्जुन प्रफुल्लचित्त से अपने पूजा-स्थान से चलकर रास्ते पर आए, तो देवराज इन्द्र के सारथि मातलि को रथ लेकर खड़े प्रतीक्षा करते देखा। अर्जुन को देखते ही बड़े आदर-भाव से सम्बोधन करते हुए मातलि ने कहा, "हे पाण्डुनन्दन! आपके तप की सार्थकता से देवलोक में बड़ी प्रसन्नता है। आपको स्वर्ग ले जाने के लिए देवराज इन्द्र ने मुझे रथ समेत यहाँ भेजा है। मैं देवराज का सारथि मातलि हूँ। स्वर्ग में समस्त देवता आपके पदार्पण की प्रतीक्षा कर रहे हैं। वहाँ चलकर अपना अभीष्ट पूरा कीजिए, और बदले में अपने प्राप्त महास्त्र के प्रयोग से देवशत्रु असुरों का विनाश कीजिए।"

मातलि का आमंत्रण सुनकर अर्जुन देवलोक देखने की पुलकित आशा से उस सजे हुए उज्ज्वल रथ पर बैठ गए। मातलि ने वायु के समान वेगशाली घोड़ों को स्वर्ग की ओर चालित किया। रास्ते में अर्जुन को अनेकानेक ऐसे लोक देखने को मिले, जिनके अस्तित्व की उन्होंने कभी कल्पना भी न की थी। इस पृथ्वी के क्रियाकलाप से वहाँ आश्चर्य में डालनेवाली अनेक भिन्नताएँ मिलीं। वहाँ की रचना अर्जुन की समझ में न आई। वह किन-किन क्रमों से चल रही है, मातलि अर्जुन को संक्षेप में समझाते गए। क्रमशः इन्द्रलोक निकट हो आया। मातलि ने बतलाया, "अब रथ शीघ्र स्वर्ग-राज्य में प्रवेश करनेवाला है।"

इन्द्र, यम, वरुण, जयन्त, अग्नि आदि देवता नियत स्थान पर अर्जुन की प्रतीक्षा कर रहे थे। निश्चित समय पर रथ उपस्थित हुआ। देवताओं ने बड़े स्नेह से महावीर अर्जुन का स्वागत किया। रथ से उतरकर पहले वीर पाण्डु-पुत्र ने देवराज इन्द्र को, पश्चात अन्यान्य देवताओं को प्रणाम किया। इन्द्र आदि देवताओं ने भी स्नेह से उन्हें हृदय से लगाया। फिर बहुत ही सुन्दर एक सुसज्जित स्थान पर उन्हें ले जाकर ठहराया, और भाँति-भाँति के भोज्य पदार्थों, माला-चन्दन और पारिजात आदि सुगन्धित पुष्पों तथा दिव्य वस्त्राभूषण और दास-दासियों से उनका आतिथ्य-सत्कार किया।

धीरे-धीरे स्वर्ग में महावीर अर्जुन की दिव्य कीर्ति फैलने लगी। देवताओं ने उन्हें अपने दिव्य अस्त्रों की शिक्षा दी। देवों के विरोधी असुरों का, अपनी अद्भुत दक्षता तथा अस्त्र-विद्या से, उन्होंने विनाश कर दिया। इससे स्वर्ग में उनकी अत्यन्त ख्याति हुई। उनहें वहाँ रहते पाँच साल पूरे होने को हुए।

एक रात को अर्जुन अपने शयनगृह में लेटे हुए थे। झरोखों से पारिजात की सुगन्ध भर रही थी। स्वर्ग के ऐश्वर्य, सौन्दर्य और विभूतियों की कल्पना में अर्जुन का मन मर्त्य की लोलुप ईर्ष्या को मिलाकर देख रहा था कि स्वर्ग और मर्त्य के भेदों का कारण क्या है। साथ ही, अपने राज्य से च्युत भाइयों और कृष्णा की याद आ रही थी—'अब तक दुर्योधन की ईर्ष्या की आग से वे दग्ध तो न हो गए होंगे?' भीम के अपार बल का भरोसा उन्हें शान्त कर रहा था। कृष्ण, सुभद्रा आदि-आदि प्रियजनों की स्मृति के चक्र में इसी प्रकार मन प्रवर्तित हो रहा था। शस्त्र और गीत-नाट्य की शिक्षा पूरी होने ही को थी, पर अधीरता कभी-कभी उसे अधूरी ही छोड़कर युधिष्ठिर और कृष्ण-कृष्णा आदि से मिलने के लिए निस्संग बढ़ जाती थी। प्रतिज्ञा, संकल्प और सिद्धि आदि के शास्त्रीय विचार उन्हें आश्वासन देकर रोक लेते थे।

इस तरह के विचारों में अर्जुन का एकाकी मन लगा हुआ था, तभी शय्या पर एक अप्सरा के बैठने के स्पर्श से प्रदीप्त कामोत्तेजना से सजग हो वह उठकर बैठ गए। देखा, स्वर्ग की निरुपमा सुन्दरी अप्सरा उर्वशी है, जिसे इन्द्र की सभा में लघु-चपल-पद मनोहर अपूर्व नृत्य करते हुए उन्होंने देखा था। उसकी भंगिमा, वासनासिक्त आयत नेत्र, उसका चन्द्रनिन्दित अतन्द्र कान्ति से खिला शुभ्र मुख, इन्दीवर गन्ध, मुक्त प्रलम्ब केश और चिर-यौवन-भारोत्फुल्ल शोभा देखकर अर्जुन विस्मित से देखते ही रहे। दैत्य-विजयी संसार के श्रेष्ठ नररत्न को रूप द्वारा परास्त समझकर अप्सरा मुस्कराई। अर्जुन होश में आ उठकर खड़े हो गए। विनयपूर्वक हाथ जोड़कर बोले, ''माता! ऐसे समय आने का कष्ट क्यों किया?''

अर्जुन के सम्बोधन से उर्वशी दंग हो गई। बड़ी लज्जा लगी, पर वारांगना अपना संकोच छोड़कर बोली, ''पार्थ! तुम ऐसे सम्बोधन से मुझे लज्जित कर रहे हो। अप्सरा कभी माता और वधू नहीं बनती। वह उसी की है, जिसे वह चाहे, उसे जो चाहे। मैं तुम्हें चाहती हूँ। तुम्हारी कामना करके ही मैं यहाँ आई हूँ।''

अर्जुन धीमे स्वर से बोले, ''माता! आपकी यह वासना सफल नहीं हो सकती। आप मेरे वंश की माता हैं। पुन: आप देवराज की अप्सरा हैं। वह मेरे गुरु और पिता हैं। माता! मुझे कृपा की दृष्टि से देखिए, मेरा कल्याण कीजिए। मैं मनुष्य हूँ। रूप के वश हो जाना तो मनुष्य की ही जन्मसिद्ध दुर्बलता है। रूप-दर्शन के क्षणिक अपराध के लिए मुझे क्षमा कीजिए, और अब आगे कभी इस प्रकार का दोष न हो, ऐसा वर दीजिए। मैं विद्यार्थी हूँ। यहाँ अस्त्र तथा नृत्य-गीत-शिक्षा के लिए आया हुआ हूँ। विद्यार्थी का धर्म भोग नहीं। पुन: संगीत तथा नृत्य-शास्त्र में आचार्य गन्धर्वों की कोटि में आप भी हैं, इस प्रकार आप भी मेरी आचार्या हैं। मैं इतने अपराधों का भार किस प्रकार उठा सकूँगा, देवि?''

उर्वशी चकित हो अर्जुन को देखती रही। वासना से जर्जर हृदय से दीर्घ नि:श्वास छोड़ बोली, ''अर्जुन! अप्सरा से भोग में दोष नहीं। तुम किसी प्रकार की चिन्ता न

करो। एक तो मैं जाति से काम की उपासना के लिए पुरुष-विचार से, उच्च-नीच, श्रेष्ठ-अपकृष्ट के द्विधा-संकोच और ग्रहण-त्याग से परे हूँ; दूसरे, स्त्री होकर तुम्हारे सहयोग की कामिनी हूँ। तुम अपनी ओर से संकोच करके विजयी वीर होकर कापुरुष, निर्वीर्य न बनो। मेरी वासना तृप्त करो।''

अर्जुन लज्जा और ग्लानि से काँपने लगे। बोले, ''मैं आपके सामने धर्मच्युत नहीं हो सकता। आप देवराज इन्द्र की प्रेमिका हैं, मेरी माता हैं। मुझे आप क्षमा करें।''

उर्वशी सँभली। बोली, ''लेकिन तुम्हें दूसरे दोष से छुटकारा न मिलेगा।''

अर्जुन ने कहा, ''और जो भी दोष होगा, मैं ग्रहण करने के लिए नत-मस्तक हूँगा।''

''तो अर्जुन,'' उर्वशी बोली, ''तुम एक वर्ष तक नपुंसक रहोगे। यह मैं कामिनी के रूप में कह रही हूँ, लेकिन वत्स, तुमने मुझे माता कहा है, मैं तुम्हारी इन्द्र-सम्बन्ध से माँ हूँ। माँ होकर तुम्हें आशीर्वाद देती हूँ, यह शाप तुम्हारे लिए वरदान होगा। जब एक साल का अज्ञातवास पूरा करोगे, उस समय नपुंसक के रूप में अपने को छिपाकर रख सकोगे। तुम्हें कोई पकड़ न पाएगा।''

कहकर उर्वशी स्नेह की पवित्र दृष्टि से अर्जुन को निहारने लगी। अर्जुन ने आदर से हाथ जोड़कर प्रणाम किया।

पांडवों का कार्यक्रम

कई वर्ष हो गए, पर अर्जुन की खबर न मिली। इससे पांडव उदास रहते थे। अर्जुन की बातें सोचते हुए एकान्त में द्रौपदी की आँखें सजल हो आती थीं, पर कोई चारा न था। आँचल से आँसू पोंछकर बड़े धैर्य से वह अर्जुन की बाट जोहती रहीं। सब भाइयों तथा कृष्णा को अर्जुन के वियोग से दुखी जानकर भीम उनकी साधना तथा तत्परता की बीती कथाएँ सुनाकर धैर्य देते थे। कहते थे, ''अर्जुन में बालपन से मैंने जैसी लगन देखी है, कि वह अवश्य अपनी शिक्षा के उद्योग में होगा। वह देवताओं की शरण में गया है, उसका अमंगल तो कभी हो ही नहीं सकता।'' भीम के विश्वासपूर्ण मेघ-गम्भीर शब्दों से भाइयों के साथ द्रौपदी को बल प्राप्त होता, वे स्वस्थ हो जाते थे। इस प्रकार दुःख में भी जप, तप, वेद-पाठ तथा ऋषि-ब्राह्मणों की सेवा में उनके दिन पार होते रहे।

इसी समय एक बार पांडवों के यहाँ महर्षि बृहदश्व ने आतिथ्य स्वीकार किया। धर्मराज ने उनका हृदय से स्वागत तथा आदर-सत्कार किया। महर्षि के भोजन-पान के पश्चात युधिष्ठिर अपने दुःख की कथा सुनाने लगे। जुए में युधिष्ठिर को राज्य हारा हुआ सुनकर बृहदश्व ने कहा, ''राजन, यदि अब आगे कभी जुआ खेलने की नौबत आए, तो आप मुझे बुलाइएगा। इसके हुनर मेरे अच्छे जाने हुए हैं। आप सीधे, सज्जन मनुष्य हैं, इसीलिए हार गए।'' महर्षि जुआ खेलने में कुशल हैं, यह जानकर

युधिष्ठिर ने अनुरोध किया कि वह कृपा कर उन्हें वे सब हुनर सिखला दें। महर्षि बृहदश्व को उनकी प्रार्थना मंजूर हुई, और धर्मराज को जुए के दाँव-पेंच बतलाने के लिए वह वहीं कुछ दिनों तक टिके रहे।

कुछ दिनों बाद महर्षि नारद पांडवों से आकर मिले। पांडवों ने उनका बड़ा सम्मान किया। नारद ने कहा, ''महर्षि लोमश इन्द्रलोक से अर्जुन के कुशल-समाचार लेकर शीघ्र आपसे आकर मिलेंगे। आप चिन्ता न करें, स्वर्ग में जब तक अर्जुन अस्त्र-शिक्षा प्राप्त कर रहे हैं, तब तक आप महर्षि लोमश के साथ देशाटन तथा तीर्थ-दर्शन कर डालिए।'' नारद ने महाराज युधिष्ठिर के आग्रह से अनेक प्रकार की धार्मिक कथाएँ सप्रेम सुनाईं।

नारद के कथनानुसार, कुछ दिनों बाद लोमश ऋषि इन्द्रलोक से अर्जुन का शुभ संवाद लेकर पांडवों से आकर मिले। उन्हें देखकर पांडवों के हृदय की लता हरी हो गई। बड़ी श्रद्धा तथा भक्ति से युधिष्ठिर भीम आदि ने उनका स्वागत किया। द्रौपदी ने कुछ जल से और कुछ आँसुओं से उनके पैर धोकर आँचल से पोंछे, और बैठने को पवित्र मृगचर्म बिछा दिया। फिर संचित किया हुआ भोजन, फल, मधु आदि उनकी सेवा में लाकर रखा। तृप्तिपूर्वक भोजन कर ऋषि ने प्रसन्न पांडवों को आशीर्वाद दिया। युधिष्ठिर ने हाथ जोड़कर ऋषि से अर्जुन का संवाद पूछा। सब भाई और कृष्णा वहीं उन्हें घेरकर बैठे हुए थे। प्रसन्न होकर लोमश बोले, ''महाराज, अर्जुन ने महादेव को प्रसन्न कर पाशुपत अस्त्र प्राप्त कर स्वर्ग में बड़ी कीर्ति अर्जित की है। अब वहाँ देवों की युद्ध-विद्या सीख रहे हैं। गन्धर्व और अप्सराएँ भी प्रसन्न होकर उन्हें नृत्य-गीत की शिक्षा दे रही हैं। उनके दिन बड़े सुख से बीत रहे हैं। उन्हें केवल यही कष्ट है कि वह अपनी शिक्षा पूरी कर अभी तक आप लोगों से आकर नहीं मिल सके। देवराज इन्द्र ने आपको धैर्य रखने के लिए सन्देश भेजा है, और कहा है कि कर्ण के कवच की चिन्ता न करें, उसके लिए देवराज स्वयं प्रयत्न करेंगे। अर्जुन ने आपको और भीमसेन को प्रणाम, नकुल और सहदेव को स्नेह और द्रौपदी को प्रेम सूचित किया है।''

पांडवों के मुख पर प्रसन्नता छा गई। युधिष्ठिर ने अनुरोध किया, ''भगवन! जब तक अर्जुन शिक्षा पूरी करके आते हैं, तब तक हमें आप तीर्थों के दर्शन करा दें। महर्षि नारद ने मुझे आज्ञा की है कि आपके सभी स्थान देखे हुए हैं।''

लोमश शान्त स्वर से बोले, ''युधिष्ठिर, तीर्थ-दर्शन की लालसा बड़े भाग्यवान मनुष्य में पैदा होती है। तीर्थों में बड़े-बड़े तपस्वियों के भी दर्शन होते हैं, और यों तो तीर्थ प्राकृतिक सौन्दर्य के आगार हैं ही। मैं दो बार समस्त भारतवर्ष के तीर्थों की यात्रा कर चुका हूँ। अच्छी बात है, इस पवित्र संकल्प में मैं अवश्य सहायक हूँगा।''

महाराज युधिष्ठिर ने वृद्ध ब्राह्मणों को बुलाकर विनयपूर्वक प्रणाम करते हुए कहा, ''आप लोगों को मेरे साथ तीर्थ-भ्रमण में विशेष कष्ट होगा, अतः आप अब महाराज धृतराष्ट्र के यहाँ लौट जाइए; मुझे विश्वास है वह आप लोगों के प्रति

विरोधाचरण न करेंगे; और यदि वहाँ आप लोगों को स्थान न मिले, तो आप लोग पांचाल चले जाएँ, वहाँ पांचालराज, सम्बन्ध का विचार कर, आप लोगों को अवश्य ही आदरपूर्वक बसा लेंगे।''

निश्चित पुष्य नक्षत्र में जप, यज्ञ और स्वस्ति-पाठ करके लोमश ऋषि के साथ पांडव तीर्थ-भ्रमण के लिए नैमिषारण्य की ओर चले। साथ पुरोहित धौम्य तथा रहे-सहे ब्राह्मण भी थे। मार्ग में तरह-तरह की कथाएँ अपने-अपने गिरोह में होती जाती थीं। यथासमय सब लोग गोमती नदी के तट पर स्थित सुप्रसिद्ध नैमिषारण्य में आकर उपस्थित हुए। यहाँ से अधिक ऋषि कभी भारत के किसी तपोवन में न थे। सब लोग तपोवन की शान्त शोभा देखकर मुग्ध हो गए।

यहाँ प्रयाग, वेदतीर्थ और गया आदि तीर्थों में ऋषियों तथा प्राकृतिक रम्यता के दर्शन करते, अनेकानेक कथाएँ सुनते हुए सब लोग गंगासागर नाम के प्रसिद्ध तीर्थ में उपनीत हुए। अपार जलराशि की वीचिसंकुल लीला ब्रह्म और संसार का दिव्य ज्ञान देने लगी। महाराज युधिष्ठिर को तीर्थ बहुत ही सुहावना मालूम दिया। यहाँ से वह दक्षिण की ओर चले। वैतरणी नदी तथा कलिंग-राज्य को पार कर दाहिने हाथ को चलते हुए सुदूर प्रभास तीर्थ में आए।

यहाँ यादवों ने पांडवों का बड़ा स्वागत-सम्मान किया। सुभद्रा बड़े स्नेह से द्रौपदी से मिलीं। उनके तीर्थों के चले चरणों की धूलि ग्रहण कर अपने सौभाग्य की प्रशंसा करने लगीं। बलराम जुए के अन्याय का उल्लेख करते हुए पांडवों की दशा पर दुखी हुए। कृष्ण ने भाग्य पर सारा दोष मढ़ा। सात्यकि ने रोष में आकर कहा, ''इस अन्याय का बदला यह होगा कि हमीं यादव लोग अपनी सेना लेकर कौरवों पर चढ़ाई करें, और उन्हें मारकर पांडवों का राज्य उन्हें वापस दें।'' धर्मपुत्र युधिष्ठिर बोले, ''नहीं, हमें वनवास की प्रतिज्ञा तो पूरी करनी ही होगी। नहीं तो अधर्म होगा। इसके बाद यदि युद्ध की ही नौबत आई, तो कोई बात नहीं।'' कृष्ण को युधिष्ठिर की नीति से युक्ति उक्ति पसन्द आई। बलराम मुस्कराकर बोले, ''युधिष्ठिर सत्य ही धर्मराज हैं।''

बड़ी मेहमानदारी के बाद यहाँ से भी पांडवों की चलने की तैयारी होने लगी। यहाँ से वे उत्तर को चले। सरस्वती नदी पार करते हुए सिन्धु-तीर्थ होकर कश्मीर पहुँचे। वहाँ से विपाशा नदी उतरकर हिमालय के सुबाहु-राज्य में पहुँचे। इस पार्वत्य प्रान्त के सभ्य राजा ने पांडवों का बड़ा सम्मान किया। यहाँ अतिथि-रूप से रहकर पांडवों ने मार्ग-श्रम दूर किया। यहाँ से लोमश मुनि मनोहर पर्वतों के दुर्गम मार्गों से पांडवों को गन्धमादन-शिखर की ओर ले चले। पहाड़ी, बीहड़ रास्तों से चलते हुए द्रौपदी को बड़ा कष्ट हुआ। भीमसेन उन्हें सहारा देते हुए धीरे-धीरे ले चले। महर्षि लोमश के बतलाने पर सब लोगों ने गन्धमादन और बदरिकाश्रम के बीच से बहती हुई भगवती भागीरथी को हाथ जोड़कर प्रणाम किया।

फिर सब लोग एक पहाड़ की चोटी पर चढ़ने लगे। बड़ी ऊँची चढ़ाई थी। इसी समय ज़ोर से आँधी चली। एक-एक गिरिशिला के साथ मिलते हुए शिलाओं के ढेर गिरने लगे। बड़ी मुश्किल से बड़े-बड़े पेड़ों के तने पकड़े आड़ में बैठे हुए पांडवों ने जान बचाई। इसके बाद ज़ोर से पानी बरसने लगा। जान आफत में थी। द्रौपदी के पैरों से खून के फव्वारे छूटने लगे। ऐसी संकटजनक परिस्थिति देखकर भीम ने घटोत्कच को याद किया। पिता को संकट में पड़ा हुआ जानकर, उसी वक़्त वह वीर आकर हाज़िर हुआ, और भीम को प्रणाम किया। भीम ने कहा, "तुम्हारी माता द्रौपदी अब चल नहीं सकतीं। मार्ग दुर्गम है। नकुल, सहदेव को भी कष्ट है, पर वे किसी तरह चले चलेंगे।" घटोत्कच ने सहानुभूतिसूचक स्वर में कहा, "पिताजी, मेरे और भी साथी हैं। मैं उन्हें बुलाता हूँ। आपमें से किसी को पैदल न चलना होगा।" यह कहकर उसने क्षणमात्र में अपने अनेकानेक साथियों को बुला लिया। वे लोग पांडवों तथा महर्षि लोमश आदि को कन्धे पर बिठाकर एक अत्यन्त सुहावने स्थान पर ले आए।

भीमसेन की हनुमानजी से भेंट, कमल लाना

बदरिकाश्रम के इस रम्य वन की शोभा पांडवों को बहुत पसन्द आई। कलकल-नाद करते पहाड़ों से झरने उतर-उतरकर जाह्नवी से मिल रहे थे। पर्वतीय रंग-बिरंगी चिड़ियाँ, जैसी समतल भूमि पर उन्हें नहीं देख पड़ीं, डालों पर मधुर स्वर से प्रकृति के मंगल-गीत गा रही थीं। हिम पर पड़ती हुई सूर्य की रश्मि से अनेक प्रकार के आश्चर्यकर सुन्दर वर्ण बदल रहे थे, जैसे स्वर्ग के जगमग चित्रित स्वर्ण-द्वार का ही रूप हो। वहाँ सभी के मुखों पर निष्काम भाव, शान्ति विराज रही थी।

एक दिन हज़ार दलोंवाला एक कमल किसी तरह हवा से उड़कर द्रौपदी के पास आकर गिरा। उसकी मंजुल शोभा देखकर, उसकी सुगन्ध से दूरतर क्षेत्र को भी मोद मिलता हुआ जानकर द्रौपदी ने भीमसेन से प्रणय का अनुरोध कर कहा, "देखो प्रिय, यह फूल तो मैं धर्मराज को भेंट करने के लिए लिये जा रही हूँ, पर यदि तुम मुझे प्यार करते हो, तो ऐसे ही फूल मेरे लिए और ले आओ—उस तरफ़ से उड़कर आया है, कहीं उधर ही खिलता होगा।" कहकर चपल चरणों से द्रौपदी धर्मराज को फूल उपहार देने चली गई। भीम कुछ देर तक प्रिया की चपलता को देखते रहे, फिर गदा उठाकर उसी तरफ़ को चल दिए। कुछ ऊँचे चढ़ने पर उन्हें उसी कमल की-सी सुगन्ध मिलने लगी।

पहाड़ चढ़ जाने के बाद भीमसेन को एक बड़ा केले का वन मिला। एक पगडण्डी वन के बीच से गई थी। उसी पर चलने लगे। जहाँ रास्ता न मिलता, वहाँ केले के पेड़ उखाड़कर रास्ता कर लेते थे। इस उत्पात से वन के बन्दर और हिरन आदि डरकर इधर-उधर भागने लगे। भीमसेन कुछ बढ़े तो देखा, एक बड़ा-सा

बन्दर बीच रास्ते में पड़ा हुआ था। उसके पास जाकर भीम ने ज़ोर से हाँक लगाई। उस गर्जना से वहाँ के पशु-पक्षी डरकर चारों ओर भागने और उड़ने लगे, पर बन्दर अपनी जगह से न हिला। भीम ने डाँटकर कहा, "तू रास्ता क्यों नहीं छोड़ता?"

बन्दर बोला, "बुड्ढा हो गया हूँ। उठ नहीं पाता। मेरी पूँछ को एक तरफ़ को कर दो, फिर चले जाओ।"

भीम ने सोचा—ठीक है। पूँछ पकड़कर इन्हें ऐसा फेंका जाए कि बिना चढ़े किसी केले के पेड़ पर चढ़ जाएँ। सोचकर बाएँ हाथ से पूँछ पकड़कर उठाया पर बन्दर न हिला। तब गदा बाएँ हाथ में लेकर दाहिने हाथ से उठाने लगे। फिर भी बन्दर न उठा। यह देखकर भीम को बड़ा आश्चर्य हुआ। कुछ लजाए भी पर हिम्मत करके गदा ज़मीन पर रखकर, दोनों हाथों पूरे ज़ोर से पूँछ पकड़कर उठाने लगे। बन्दर फिर भी न हिला। भीमसेन बहुत लज्जित हुए। हाथ जोड़कर सामने आ खड़े हुए, और विनयपूर्वक परिचय पूछा। उत्तर मिला, "मैं रामचन्द्रजी का दास हूँ, मुझे हनुमान कहते हैं।" भीमसेन चरणों पर गिर पड़े। पैरों की धूलि मस्तक पर लगाई। महावीर बोले, "भीम, तुम एक रिश्ते से मेरे छोटे भाई हो। तुम्हारा जन्म भी पवन के अंश से हुआ है। मेरी इच्छा तुमसे परिचय प्राप्त करने की थी।"

पुनः प्रणाम कर भीम ने अपने भाइयों की विपत्ति की कथा महावीर जी को सुनाई, और महाभारत में पांडवों के पक्ष से लड़ने को आमंत्रित किया। महावीर जी ने कहा, "भीम, वहाँ हमारा प्रतिभट कौन होगा? फिर, हम तो केवल राम के कार्य के लिए लड़ सकते हैं।" भीम ने कहा, "तो आप आइए अवश्य, और मेरे भाई अर्जुन के नन्दिघोष रथ की ध्वजा पर बैठकर भारत का युद्ध देखिए।" भीमसेन का यह आमंत्रण महावीर ने मंजूर किया। भीम ने फिर कमल दिखाकर उसका पता पूछा। महावीर ने सामनेवाले गन्धमादन-पर्वत पर बतला दिया; और कहा कि वहाँ एक सरोवर है, उसके अधिपति कुबेर हैं; उसी सरोवर में ऐसे कमल खिले हुए हैं; पर वहाँ रक्षक रहते हैं।

महावीर को भक्तिपूर्वक भूमिष्ठ प्रणाम करके भीमसेन उस सरोवर की तरफ़ चल दिए। गन्धमादन-पर्वत पर पहुँचकर भीम ने देखा कि कई झरने एकत्र होकर एक जगह सरोवर का आकार प्राप्त कर बह रहे थे। वहीं सहस्त्रदल कमल खिले हुए थे। पर वह सरोवर यक्षों से सुरक्षित हो रहा था। भीमसेन सरोवर के किनारे गए, और उतरकर फूल तोड़ने लगे। जब लेकर चले, तब यक्षों ने उन्हें रोककर उनका नाम और उस तपोभूमि में गदा लेकर आने और फूल तोड़ने का कारण पूछा। भीम ने अपना नाम बतलाते हुए कहा कि क्षत्रियत्व की रक्षा के लिए वह अपना शस्त्र गदा लिए रहते हैं, और वहाँ वह युधिष्ठिर, नकुल, सहदेव और कृष्णा के साथ स्वर्ग से अर्जुन के आने की प्रतीक्षा कर रहे हैं। इस समय वह सरोवर से कमल ले जाने के लिए आए थे। रक्षकों ने कहा, "यह हमारे स्वामी कुबेर का प्यारा सरोवर है। वह

यहाँ जल-विहार किया करते हैं। आपको फूल तोड़ने का क्या अधिकार था?" भीम ने कहा, "पूजा के लिए कहीं से भी फूल तोड़े जा सकते हैं। बक-बक मत करो।" रक्षक यक्ष ऐसा उत्तर सुनकर क्रुद्ध हो गए, और वहीं फूल रख देने को कहा। इससे भीम को गुस्सा आया और वह रक्षकों को मारने लगे। कुछ पिटे हुए रक्षक कुबेर को संवाद देने तथा और सहायक बुला लाने के विचार से भागे हुए गए, और सब हाल कुबेर को जाकर सुनाया। अर्जुन की प्रतीक्षा करते हुए पांडव आए हुए हैं, सुनकर कुबेर ने वहीं रहकर फल-मूलादि का इच्छानुरूप भोग करने को पांडवों के पास आदर-प्रार्थना के तौर पर कहला भेजा।

भीम को बहुत देर तक लौटते हुए न देखकर धर्मराज ने कृष्णा से पूछा, और यह जानकर कि भीम कमल के फूल ले़ने गए हैं, भीम से किसी की तक़रार हो जाने की शंका कर अपने साथियों को लेकर घटोत्कच की सहायता से उधर ही को चले। जब धर्मराज अपने दल के साथ वहाँ पहुँचे, उस समय भीमसेन यक्षों को घायल कर गदा लिये हुए लड़ने को ललकार रहे थे। भीम को देखकर धर्मराज बड़े चिन्तित हुए। पास जाकर देखा, तो भीम को कोई चोट न लगी थी। भीम को उन्होंने छाती से लगाकर कहा, "यह सिद्धों की जगह है; यहाँ तुम्हें तकरार न करनी थी।" कुछ देर बाद कुबेर का दूत संवाद लेकर आ पहुँचा।

इस प्रकार प्रियजनों के साथ पांडव गन्धमादन में ही अर्जुन की प्रतीक्षा करने लगे। उधर, सब प्रकार की शिक्षाओं से पूर्ण हो अर्जुन ने इन्द्र से चलने की आज्ञा माँगी। देवराज ने अनेक प्रकार के आभूषण आदि देकर अर्जुन को विदा किया। मातलि रथ पर उन्हें बैठाकर स्वर्ग से मर्त्य के लिए रवाना हुए। आकाश से उतरते हुए शुभ्र-ज्योति की तरह इन्द्र का रथ अर्जुन को लेकर गन्धमादन-पर्वत पर आया। चारों भाई पांडव तथा पांचाली पाँच वर्ष के बाद अर्जुन को पाकर प्रसन्नता के समुद्र में जैसे बह चले। अर्जुन ने गुरुजनों को प्रणाम कर, छोटे भाइयों को स्नेह दे स्वर्ग के पाए हुए उपहार तथा आभरण पांचाली को पहना दिए। फिर आराम तथा भोजन-पान के पश्चात निश्चिन्त चित्त से सबको अपनी समस्त साधना की कथाएँ सुनाने लगे।

दुर्योधन आदि को बन्धन से मुक्त करना

बदगन्धमादन पर्वत से पांडव द्वैत वन को चले। वहाँ से पुन: काम्यक वन की यात्रा की। यामुन नाम के पर्वत के पासवाले घोर वन में फल-मूल की खोज में गए भीम एक विशाल अजगर की खींची साँस से खिंचने लगे। यह सर्पराज पांडवों के कुल के शापभ्रष्ट राजा नहुष थे। अगस्त्य मुनि ने अपराध के कारण इन्हें शाप दिया था। भीम बड़ी विषम परिस्थिति में पड़े। इसी समय इन्हें खोजते हुए धर्मराज वहाँ आ पहुँचे। साँप के कुछ धार्मिक प्रश्नों का उत्तर देकर भीम को उसके ग्रास से बचा लाए। पांडवों के काम्यक वन पहुँचने पर श्रीकृष्ण उनसे आकर मिले। अर्जुन से बहुत दिनों से मुलाकात

न हुई थी। अर्जुन की तपस्या तथा दिव्य अस्त्रों की प्राप्ति की कथा सुनकर बहुत प्रसन्न हुए। द्रौपदी को धैर्य देकर कि उनके पाँचों लड़के द्वारका में प्रसन्न हैं, सुभद्रा बड़े स्नेह से उनकी देख-रेख तथा पालन-पोषण करती है, और प्रद्युम्न उन्हें सब प्रकार की अस्त्र-शिक्षा दे रहे हैं, पांडवों से विदा होकर वह द्वारका गए। यहाँ से पांडव पुनः द्वैतवन को चले गए। धर्मराज की आज्ञा से लौटे हुए ब्राह्मणों के मुख से पांडवों की तपस्या तथा कठोर दुःख की कथा सुनकर महाराज धृतराष्ट्र रोने लगे। फिर अर्जुन की तपस्या तथा वर-प्राप्ति की बातें सुनकर बड़ी चिन्ता में पड़ गए क्योंकि ऐसे वीर को विजय पाने की कोई शंका न थी, और उन्हीं के पुत्रों के भाग्य मन्द थे।

पांडवों की बातों से जलकर एक दिन दुर्योधन, कर्ण और शकुनि के साथ परामर्श करने लगा। निश्चय हुआ कि अपना अपार वैभव पांडवों को चलकर दिखाना चाहिए। साथ ही धन-रत्न, हाथी, घोड़े तथा रथों पर अपनी रानियों को भी लेकर चलें। हमारा ऐश्वर्य देखकर पांडवों को ईर्ष्या होगी, और उस आग से वे जल-जलकर अशक्त होते रहेंगे। लेकिन महाराज धृतराष्ट्र से यह कहा जाए कि द्वैत वन में हमारी गौएँ रहती हैं, हम उन्हें देखने जा रहे हैं, मौका मिलने पर शिकार खेलने का भी विचार है, पांडवों से हम न मिलेंगे।

दुर्योधन ने एक दिन बड़े दुलार से द्वैत वन जाने की इच्छा प्रकट करते हुए पिता से आज्ञा माँगी। महाराज धृतराष्ट्र ने दुर्योधन की पहले निश्चित की हुई बातें मालूम होने पर भी आज्ञा दे दी। फिर क्या था, बड़ी शान से सजावट होने लगी। हाथियों पर सुनहरे हौदे कस दिए गए। सोने और चाँदी के बड़े-बड़े, हीरे और मोतियों की झालर से जगमगाते हुए, मखमल की ऊँची गद्दीवाले रथ तैयार हो गए। कर्ण और शकुनि के साथ दुर्योधन अपना रनिवास भी साथ लेकर सैन्यों के तुमुल-कोलाहल के मध्य अपने ऐश्वर्य का अद्भुत प्रकाश दरिद्र, राज्यच्युत पांडवों को दिखाने के उद्देश्य से चला। यथासमय वह मदमत्त दल द्वैत वन में आ पहुँचा। वन के जीव-जन्तु भीषण कोलाहल से चौंककर चारों ओर भागने लगे। पांडवों को भी वहाँ के ऋषियों से महाराज दुर्योधन का रानियों के साथ गोधन देखने और शिकार करने के लिए द्वैत वन आना मालूम हुआ। किसी-किसी ने उनकी अपार साज-सज्जा की तारीफ़ की। यह भी कहा कि उनका भीतरी उद्देश्य पांडवों को ऐश्वर्य दिखाकर चकित कर देना है। धर्मराज युधिष्ठिर सुनकर चुप रह गए।

वन के विशाल भू-भाग में खीमे गड़ चुके थे। कर्ण और शकुनि के साथ दुर्योधन शिकार में मत्त था। रोज़ बाघ-शेर, वराहादि जंगली जीव मार-मारकर लाए जाते थे। एक दिन दुर्योधन की इच्छा रानियों को लेकर वहीं के सरोवर में स्नान करने की हुई। सरोवर के किनारे पांडव कुटी बनाकर रहते थे। दुर्योधन को इस प्रकार वहाँ जलकेलि करके पांडवों के समक्ष ऐश्वर्य प्रदर्शन आसान जान पड़ा। सरोवर के दूसरे किनारे की ज़मीन साफ करने के लिए आदमी भेजे गए। पर उस समय गन्धर्वों का

राजा चित्रसेन अपने साथी गन्धर्वों तथा अप्सराओं के साथ जलकेलि के विचार से वहाँ जाकर, उसी तट पर ठहरा हुआ था। दुर्योधन के आदमी वहाँ गए, तो गन्धर्वों ने कहा कि हम पहले से आए हुए हैं, जब तक हम नहाकर चले न जाएँगे, तब तक यहाँ कोई दूसरा नहाने के लिए न आ सकेगा।

सिपाही लौट गए। उनकी ज़बानी गन्धर्वों की अहंकार-भरी बातें सुनकर दुर्योधन तमतमा उठा। कहा, ''सशस्त्र सेना साथ लेकर जाओ, और गन्धर्वों को वहाँ से निकाल बाहर करो।'' दोबारा दुर्योधन की सेना सरोवर के किनारे गई। उस समय चित्रसेन अप्सराओं के साथ जलविहार कर रहा था। कुछ सैनिकों ने जाकर कहा, ''ऐ गन्धर्वो! धृतराष्ट्र के पुत्र, कुरुवंश के सूर्य, महातेजा, महाराज दुर्योधन यहाँ शीघ्र स्नान करने आ रहे हैं। तुम लोग बहुत जल्द यह स्थान छोड़ दो।'' सैनिकों की ऐसी गर्वोक्ति सुनकर गन्धर्व हँसने लगे। किसी ने कहा, ''अन्धे के अन्धा ही होता है।'' किसी दूसरे ने कहा, ''पीटकर भगा दो इन्हें। लात के लोग बात से राह पर नहीं आते।''

इस तरह दोनों ओर से घोर संग्राम छिड़ गया। गन्धर्वों ने दुर्योधन के सैनिकों को भगा दिया। दुर्योधन के पास भागे हुए सैनिक गए, और सारा समाचार सुनाया। सुनकर कर्ण तथा शकुनि के साथ सारी सेना लेकर दुर्योधन भी मैदान में आ गया, और घोर युद्ध छिड़ गया। कर्ण की करारी चोटों से गन्धर्व बहुत व्याकुल हुए। अब तक चित्रसेन सरोवर में अप्सराओं के साथ स्नान ही कर रहा था। गन्धर्वों की सेना को व्याकुल तथा अस्त-व्यस्त होकर भागती हुई देखकर, अपना विशाल धनुष लेकर वह युद्धस्थल पर आ पहुँचा। चित्रसेन अविराम जलधारा की तरह कौरवों की सेना पर बाण बरसाने लगा। कौरव-सेना व्याकुल होकर भागने लगी। कर्ण को प्रबल पड़ता देखकर उसने सम्मोहनास्त्र का सन्धान किया। तीर के छूटने पर बचे हुए लोगों को मोह आ गया। होश में आते-आते कर्ण को चित्रसेन ने विरथ कर दिया। डरकर कर्ण दूसरे रथ पर चढ़कर भाग गया, पर दुर्योधन डटा रहा। क्रुद्ध गन्धर्वराज ने पाश के प्रयोग से दुर्योधन को बाँध लिया। फिर, कौरवों की महिलाओं को भी कैद कर लिया। पश्चात सबको रथों पर बैठाकर स्वर्ग ले चला। दुर्योधन बड़ा लज्जित हुआ। महिलाएँ त्रस्त होकर युधिष्ठिर, भीम और अर्जुन को सहायता के लिए पुकारने लगीं।

महाराज युधिष्ठिर ने अपनी कुटी में बैठे हुई व्योम-मार्ग से सहायता की पुकार सुनी। महिलाएँ यह भी कह रही थीं कि गन्धर्व बाँधे लिये जा रहा है। धर्मराज अधीर हो गए। भीम ने कहा, ''महाराज, दुर्योधन के पापों का प्रायश्चित्त ईश्वर ने गन्धर्वों द्वारा दिला दिया। अब हमें चुपचाप यहाँ बैठ रहना चाहिए।'' महाराज युधिष्ठिर असन्तुष्ट होकर बोले, ''भाई, यह भाव ठीक नहीं। गन्धर्व दूसरी जाति के हैं। फिर, यहाँ हमारी महिलाएँ भी हैं। यह हमारी ही इज़्ज़त जा रही है। हमारा जो आपस का विवाद है, उसे हमीं समझेंगे। जब बाहर का कोई हमें दबाएगा, तब हम एक सौ पाँच भाई उससे लड़ने के लिए हैं। भीम! तुम सेनापति होकर अर्जुन, नकुल और सहदेव

को लेकर इसी वक़्त जाओ, और अपनी देवियों तथा भाई दुर्योधन को मुक्त करो।'' महिलाओं का पक्ष लेते हुए देखकर युधिष्ठिर के प्रति श्रद्धा से द्रौपदी का मस्तक नत हो गया। उन्होंने धर्मराज की धर्ममूर्ति को हाथ जोड़कर प्रणाम किया। भीम भाइयों के साथ मैदान में आकर खड़े हुए, और ज़ोर से हाँक लगाकर गन्धर्व को ललकारा। अर्जुन ने कहा, ''दादा, तुम तब तक ठहरो। गन्धर्व आकाश मार्ग में है, मैं उसके रथ की गति रोक दूँ।'' यह कहकर वीर अर्जुन ने दिग्बन्धन-शर द्वारा गन्धर्व के रथ की गति रोक दी। इधर, भीम बार-बार युद्ध के लिए ललकार रहे थे। चित्रसेन को पहले बड़ा गुस्सा आया। रथ को आगे बढ़ता हुआ न देखकर पांडवों को भी वैसी ही शिक्षा देकर आगे चलने का निश्चय किया। आकाश से पांडवों पर तीक्ष्ण तीरों की वर्षा होने लगी पर महावीर अर्जुन से गन्धर्व की अस्त्रविद्या एक न चली। गन्धर्व के सम्पूर्ण दिव्यास्त्रों को काटकर महाकर्षण अस्त्र द्वारा अर्जुन ने बलपूर्वक गन्धर्व को आकाश-मार्ग से नीचे उतारा। अर्जुन की अद्‌भुत शिक्षा स्वर्ग में भी प्रसिद्ध हो चुकी थी। चित्रसेन हृदय से घबरा गया। रथ नीचे उतरा। तब भीम रथ के पास गदा लिये पहुँचे, और चित्रसेन को निष्क्रिय देखकर महिलाओं के साथ दुर्योधन को उतार लिया। अर्जुन ने अपनी मंत्रपूत शर-शक्ति वापस ले ली, फिर हँसते हुए गन्धर्वराज के पास गए, और मित्र को हृदय से लगाया। चित्रसेन ने कहा, ''पांडव! तुम्हारी महत्ता को न समझ सकनेवाला दुर्योधन कितना पापी है। वह तुम्हें अपना ऐश्वर्य दिखलाने के विचार से आया था।'' दोनों मित्र हँसकर मिले। फिर कौरव परिवार को साथ लेकर भीमसेन महाराज युधिष्ठिर के पास चले। दुर्योधन ने धर्मराज को लज्जित होकर प्रणाम किया। धर्मराज ने स्नेह से भाई को आशीर्वाद दिया। द्रौपदी बड़े प्रेम से कौरव राज-कुल वधुओं से मिलीं। चलते समय दुर्योधन ने अर्जुन से कहा, ''अर्जुन! तुम हमसे जो चाहो, वर माँग लो।'' अर्जुन ने उत्तर दिया, ''दुर्योधन, यदि तुम्हारी ऐसी ही इच्छा है, तो समय आने पर मैं तुमसे वर माँगूँगा।'' इस प्रकार पांडवों से क्षीण-प्रभ होकर कुरुराज दुर्योधन अपनी राजधानी को आए।

द्रौपदी-हरण

एक दिन दुर्योधन की बहन दुःशला का पति, सिन्ध का राजा जयद्रथ अपनी सेना के साथ काम्यक वन से होकर गुज़रा। पांडव उस समय द्वैत वन से चलकर फिर काम्यक वन आ गए थे। उस समय आश्रम सूना था। पाँचों पांडव शिकार के लिए निकले थे। केवल द्रौपदी आश्रम में थी। जयद्रथ दूसरे विवाह के इरादे से निकला हुआ शाल्व-राज्य को जा रहा था। द्रौपदी पल्लवों के भार से झुके हुए एक पेड़ की डाल पकड़े एकान्त में खड़ी कुछ सोच रही थी। मुख पर पड़ती सूर्य की किरणें उसकी अपार रूप-राशि को और स्पष्ट तथा सुन्दर रूप से प्रत्यक्ष करा रही थीं। वन में चारों ओर अधखुली, मधुभरी हवा से हिलती कलियों को घेरकर भौंरे

गूँज रहे थे। समय बड़ा ही सुहावना हो रहा था। इसी समय आते हुए सिन्ध-नरेश जयद्रथ ने द्रौपदी की वह दिव्य मुखकान्ति देख ली। कामी के हृदय को रूप की किरणों के तीर पार कर गए। वह व्याकुल हो गया। फिर कोटिकास्य नाम के एक दूत को द्रौपदी के पास समझाकर भेजा।

राजपुरुष के रूप से एक अनजाने को आता हुआ देख, द्रौपदी डाल छोड़कर, सँभलकर खड़ी हो गई। उस पुरुष ने द्रौपदी से कहा, "सुलोचने, मैं शिवराज का पुत्र कोटिकास्य हूँ। वह जो अनिमिष आँखों से उस सरोवर के तट से तुम्हारी ओर देख रहे हैं, महावीर युवक सिन्ध राज्य के अधिपति जयद्रथ हैं। उनके साथ उनके अधीनस्थ कई और राजे हैं। तुम्हारा परिचय क्या है?"

"भद्र!" द्रौपदी बोली, "ऐसे एकान्त स्थान में आपसे वार्तालाप मेरे लिए अनुचित है। आपने अपना विशद परिचय दिया, इसलिए मैं भी आपको अपना परिचय दे दूँ। पश्चात आप लोगों का यथोचित सत्कार मेरे पति आकर करेंगे। मैं पांचाल-राज द्रुपद की कन्या और पाँचों पांडवों की परिणीता पत्नी हूँ।"

टिकने की बात सुनकर, कोटिकास्य प्रसन्न होकर जयद्रथ के पास चला, और सारा हाल उससे जाकर कहा। मौका अच्छा देखकर जयद्रथ आश्रम के लिए चला। द्रौपदी अतिथि-सत्कार के लिए आश्रम में रहे-सहे थोड़े-से फल-फूल लेकर तैयार होने लगी।

जयद्रथ पर काम का पूरा प्रभाव पड़ चुका था और वह द्रौपदी को अपनी पत्नी बनाना चाहता था। कुटी में जाकर आसन ग्रहण करके उसने द्रौपदी से कुशल-प्रश्न किया। संक्षेप में अपने तथा पतियों के मंगल-समाचार देकर द्रौपदी ने भी जयद्रथ के राज्य, सेना और कोश की कुशल-कामना की। द्रौपदी को खिंची हुई जानकर जयद्रथ ने कहा, "सुनो, मैं तुम्हारे पतियों को मारकर तुम्हें अपनी पत्नी बनाना चाहता हूँ।" इस नीचता से द्रौपदी को क्रोध आ गया, और जयद्रथ को उसने कुछ कड़ी बातें सुना दीं। कामी जयद्रथ हँसता हुआ बोला, "वामे, तुम्हारी गालियाँ भी मुझे प्रिय मालूम देती हैं।" ऐसा कहकर वह द्रौपदी को पकड़ने के लिए बढ़ा। डरकर कृष्णा धौम्य को पुकारने लगी पर जयद्रथ ने बलपूर्वक द्रौपदी को उठाकर अपने रथ पर बैठा लिया। धौम्य ने बहुत फटकारा और भय दिखाया कि 'पांडव तुझे इसका बड़ा बुरा फल चखाएँगे,' किन्तु वह रथ बढ़ाकर वन से भागा।

इसी समय पांडव भी शिकार खेलकर आ गए। जयद्रथ बहुत थोड़ी दूर गया था—वन की सीमा भी पार न कर पाया था कि द्रौपदी-हरण की खबर पाते ही भीमसेन गदा लिये उसी हालत में दौड़े। युधिष्ठिर ने कहा, "भीम, इसे मारना मत। यह बहन दु:शाला का पति है।" भीम के पीछे अर्जुन भी दौड़े। भीम थोड़ी ही देर में निकट पहुँच गए। भीम का वज्र गम्भीर सिंहनाद सुनकर द्रौपदी आश्वस्त हुई। जयद्रथ के दल में खलबली मच गई। कोटिकास्य रथ बढ़ाकर जयद्रथ की रक्षा के

लिए आया, पर क्रुद्ध भीम का उस समय काल भी सामना न कर सकता था। उनके एक ही गदा-प्रहार से रथ और घोड़े-समेत कोटिकास्य का मस्तक चूर्ण हो गया। अर्जुन ने बाणों की ऐसी वर्षा की कि जयद्रथ की सेना की गति रुक गई, वे घूमकर लड़ने को विवश होने लगे। पर चोर की जान कितनी! जयद्रथ द्रौपदी को वहीं छोड़कर रथ लेकर भागा। सेना भी छत्रभंग होकर प्राण-रक्षा के लिए इधर-उधर भागने लगी। भीम और अर्जुन द्रौपदी को आदरपूर्वक ले आए।

भीम का गुस्सा ठंडा न हुआ था। उन्होंने युधिष्ठिर से कहा, "महाराज, आप लोग आश्रम में चलकर द्रौपदी को आश्वस्त करें, मैं तब तक जयद्रथ को देख लूँ।" अर्जुन ने कहा, "दादा, मैं भी तुम्हारे साथ चलूँगा। कृष्णा की रक्षा तथा सेवा नकुल और सहदेव अच्छी तरह कर लेंगे।" युधिष्ठिर ने फिर याद दिला दी कि जान से न मारना।

दोनों भाई दौड़ चले। दूर जयद्रथ के जाते हुए रथ को देखकर, अर्जुन ने अव्यर्थ तीर छोड़कर रथ के पहिए काट दिए। परिस्थिति विषम देखकर जयद्रथ रथ से कूदकर भागा। भीम पकड़ने के लिए दौड़े। अर्जुन पीछे-पीछे दौड़ते हुए कहने लगे, "दादा, मैं तुम्हारे साथ दौड़ न पाऊँगा, पर उसे जान से न मारिएगा।"

भीम क्षणभर में जयद्रथ के पास पहुँच गए, और उसे उठाकर दे मारा। नीचे डालकर घोट रहे थे, तब तक अर्जुन भी पहुँच गए। अर्जुन ने छुड़ाकर कहा, "दादा, लाओ, इसका सिर मूड़ दें।" भीम पकड़े रहे, अर्जुन ने अर्द्धचन्द्र बाण से उसका सिर मूड़ दिया। फिर बाँधकर द्रौपदी के पास ले चले। जयद्रथ की बुरी दशा देखकर करुणार्द्र हो द्रौपदी ने छुड़वा दिया। इस अपमान से दुखी होकर जयद्रथ वन में जा भगवान शंकर की तपस्या करने लगा। उन्हें प्रसन्न कर पाँचों पांडवों को जीतने का वर माँगा। शंकर ने कहा, "अर्जुन को छोड़कर और किसी से न हारोगे।"

कर्ण को शक्ति-प्राप्ति

वन में गन्धर्व से पराजित होने के बाद कर्ण के मन में पांडवों के प्रति द्वेष-भाव बढ़ गया। अर्जुन को पराजित करने की आशा से वह तपस्या करने लगे। पुत्र अर्जुन की मंगलकामना से इन्द्र कर्ण की तपस्या से बहुत घबराए। उन्होंने निश्चय किया, कर्ण संसार का इस समय सर्वश्रेष्ठ दानी है, यदि ब्राह्मण का वेश धारण कर इससे कुण्डल और कवच माँग लेंगे, तो निःसन्देह अर्जुन का कल्याण होगा। कुण्डल और कवच के रहते अर्जुन कर्ण को मार नहीं सकते। यह सोचकर इन्द्र कर्ण के पास चले।

सूर्य को भी इसी तरह अपने पुत्र कर्ण पर प्रेम था। उन्होंने सोचा, यदि देवराज कुण्डल-कवच माँग ले जाएँगे, तो कर्ण के लिए हार अनिवार्य होगी। उन्होंने कर्ण से आकर कहा, "वत्स कर्ण, देवराज इन्द्र तुम्हारे पास भिक्षार्थ आ रहे हैं।" कर्ण ने कहा, "पिता, यह तो बड़े सौभाग्य की बात है। मैं द्वार से प्रार्थी को विमुख न करूँगा, चाहे उस प्रार्थना में मुझे प्राण-संशय भी दिख पड़े।" सूर्य बोले, "वत्स, प्राण-संशय

ही है। इन्द्र अर्जुन की रक्षा के लिए ब्राह्मण के वेश से तुम्हारे कुण्डल और कवच माँगने आ रहे हैं। उन्हें न देना।''

महावीर कर्ण ने मुस्कराकर कहा, ''पिता, मैं सब तरह से देश में अधम गिना जाता हूँ। तुम तो सबकुछ देखते हो। दुर्योधन का साथ मैंने इसलिए ग्रहण किया क्योंकि वह मनुष्य है—उसी ने मुझे मनुष्य के रूप में सब मनुष्यों के बराबर सबसे पहले माना। इसी मनुष्यता की रक्षा के लिए मैं अतिथि को विमुख नहीं करता। यदि देवराज अर्जुन की रक्षा के लिए भिक्षुक होकर कुण्डल और कवच के रूप से मेरे प्राण लेने के लिए आ रहे हैं तो आएँ; पिता, संसार देखे कि इतना अधम कर्ण अपनी प्रतिज्ञा की रक्षा के लिए प्राणों का भी दान कर सकता है पर वह पांडवों की तरह धर्मात्मा फिर भी नहीं!'' महावीर कर्ण का मुखमण्डल प्रच्छन्न व्यंग्य से उज्ज्वल हो गया। पुत्र को आशीर्वाद देकर भगवान सूर्य ने दुःख के साथ प्रस्थान किया।

थोड़ी देर में देवराज इन्द्र वृद्ध ब्राह्मण के वेश में आए। कर्ण ने आदरपूर्वक अतिथि से आने का कारण पूछा। ब्राह्मण ने कहा, ''कर्ण, मैंने सुना है, तुम बड़े दानी हो। मैं तुमसे तुम्हारे कुण्डल और कवच माँगने आया हूँ।''

''अच्छा ब्राह्मण!'' कर्ण के होंठों पर बड़ी ही मार्मिक मुस्कान खिंच गई। फिर उस महावीर, महादानी ने तेज़ शस्त्र से शरीर का कवच और कुण्डल काटकर इन्द्र को दे दिया। एकटक इन्द्र कर्ण क्रा महान वीरत्व देखते रहे। उन्हें याद आया, यह वही महापुरुष है, जिसने आचार्य परशुराम से शिक्षा प्राप्त करते समय, जाँघ पर मस्तक रखकर सोते हुए गुरु के निद्रा-भंग की शंका करके, जाँघ में काटते हुए वज्रकीट की पीड़ा सह ली, पर जाँघ नहीं हिलाई। इन्द्र को बड़ी लज्जा लगी। जब वह कुण्डल और कवच लेकर चलने लगे, पैर नहीं उठ रहे थे। अन्त में लजाकर लौट पड़े। बोले, ''कर्ण! तुम धन्य हो। मैं देवराज इन्द्र हूँ। तुम वज्र को छोड़कर मुझसे वर की प्रार्थना करो।'' कर्ण ने मुस्कराकर कहा, ''देवराज, आप अपने पुत्र की कल्याण-कामना में व्रती हैं, यह मुझे मालूम था।'' सुनकर इन्द्र ध्यान करके, असलियत को समझकर बोले, ''हाँ कर्ण! तुम जानते थे। सूर्यदेव ने तुमसे कहा है, पर प्रतिदान में तुम अपनी क्षति-पूर्ति कर सकते हो।'' कर्ण ने कहा, ''आपकी ऐसी ही इच्छा है, तो आप मुझे अपनी अमोघ शक्ति दान कीजिए।'' इन्द्र ने शक्ति दे दी, फिर कहा, ''कर्ण! तुम जिस शत्रु पर इसे छोड़ोगे, उसका वध अनिवार्य है, पर इसके बाद यह शक्ति हमारे पास चली आएगी।'' यह कहकर अर्जुन के प्राणों की एक दूसरी शंका लिये हुए इन्द्र ने वहाँ से प्रस्थान किया।

यक्ष से भेंट

धीरे-धीरे वनवास की अवधि समाप्त हो आई, एक साल अज्ञातवास का रह गया। महाराज युधिष्ठिर इस चिन्ता में थे कि कहाँ अज्ञातवास का समय पूरा किया जाए कि दुर्योधन को इसका पता न हो। इस प्रकार की चिन्ता करते हुए, महाराज युधिष्ठिर

कृष्ण तथा अपने भाइयों के साथ आश्रम में बैठे हुए थे कि एक रोता हुआ ब्राह्मण सामने आकर खड़ा हो गया। पूछने पर कहा, "यहाँ एक हिरन आश्रम के डण्डे में सींगें खुजला रहा था। मेरी अरणी उसी डंडे में लटकाई हुई थी, वह हिरन की सींगों में लिपट गई। हिरन ने छुटाने की कोशिश की, पर छूटी नहीं। मैं छुड़ाने दौड़ा, तो हिरन भाग गया।"

ब्राह्मण को दुखी देखकर युधिष्ठिर ने अपने भाइयों को आज्ञा दी कि हिरन को खोजकर अरणी ला दें। फिर खुद भी धनुष लेकर हिरन की खोज में निकले। बड़ी देर बाद वह हिरन मिला पर वह पकड़ में न आया। उसे तीर मारने पर न जाने कैसे बच जाता था।

पांडव बहुत घबराए। अन्त में प्यास से व्याकुल होकर एक जगह पेड़ की छाँह में बैठ गए। कुछ दूर पर एक तालाब था। पानी पीने और ले आने के विचार से नकुल-सहदेव और अर्जुन-भीम क्रमशः गए, परन्तु एक आकाशवाणी हुई कि पानी पीने से पहले प्रश्न के उत्तर देने की बात न मानकर पानी पी लेने के कारण वे प्राण खो बैठे।

जब युधिष्ठिर गए, तब भी उसी तरह आकाशवाणी हुई, "मेरे प्रश्न के पहले उत्तर दे दो, तब पानी पियो।" युधिष्ठिर प्यास से व्याकुल होने पर भी खड़े हो गए, पर कोई दिख न पड़ा। तब उन्होंने कहा, "जो महाशय इस प्रकार बोल रहे हैं, वह सामने आएँ।" इस पर युधिष्ठिर ने देखा, एक हंस ने सामने आकर मनुष्य की वाणी में कहा, "हाँ, यह मैं आ गया।" युधिष्ठिर ने पुनः कहा, "आप अपना परिचय दीजिए।" उसने कहा, "मैं यक्ष हूँ।" इसके बाद यक्ष ने प्रश्न करना शुरू किया, युधिष्ठिर उत्तर देते गए। युधिष्ठिर के सभी उत्तर सही हुए। यक्ष ने इस पर वर देने की इच्छा प्रकट की। युधिष्ठिर ने कहा, "अज्ञानवश मेरे भाइयों का विनाश हुआ है, आप कृपा करके उन्हें जिला दीजिए।" यक्ष ने वैसा ही किया। युधिष्ठिर को यक्ष के कार्य से बड़ा आश्चर्य हुआ। उन्होंने विनयपूर्वक पुनः यक्ष से प्रार्थना की कि 'ऐसा कार्य कोई यक्ष नहीं कर सकता, मेरे भाई यक्षों से अधिक बलवान हैं, आप अपना सच्चा परिचय दीजिए।' तब यक्ष ने कहा, "मैं धर्म हूँ, युधिष्ठिर। तुम मेरे पुत्र हो, तुम पुनः वर माँगो।" युधिष्ठिर ने ब्राह्मण की अरणी माँगी। फिर कहा, "वनवास के बारह साल हम पूरे कर चुके हैं। अब तेरहवें साल हमें कोई पहचान न सके, आप ऐसा वर देकर स्थान-निर्देश भी कर दीजिए।" अरणी तथा वर देकर धर्म ने कहा, "तुम लोग रूप बदलकर विराट नगर में जाकर रहो।" यह कहकर धर्म अन्तर्धान हो गए और पांडव प्रसन्नता से आश्रम को लौटे।

विराटपर्व

पांडवों का प्रस्थान और स्थान-ग्रहण

धीरे-धीरे वनवास का समय पूरा होने को हुआ। एक दिन महाराज युधिष्ठिर ने ब्राह्मणों से कहा, "हे भूदेवगण! हमारा वनवास का समय समाप्त-प्राय है।

अब एक साल हमें अज्ञातवास करना होगा। पर यह वनवासकाल से संकटपूर्ण है क्योंकि दुर्योधन को यदि हमारा पता मिल गया तो फिर हमें बारह वर्ष का वनवास-दु:ख उठाना पड़ेगा। आप लोग निश्चिन्त चित्त से ईश्वर का ध्यान कीजिए। हम लोग अज्ञातवास का समय पूरा कर पुन: आपकी सेवा में दत्तचित्त होंगे।'' महाराज युधिष्ठिर की भक्ति-युक्त सरल वाणी सुनकर ब्राह्मण लोग रोने लगे पर समय का विचार कर सबने धैर्य धारण किया और पांडवों के कल्याण के लिए जप-यज्ञ करने लगे।

एक दिन ऊषाकाल में इष्टदेव को प्रणाम कर, ब्राह्मणों की चरण-रज मस्तक पर धारण कर, द्रौपदी के साथ पाँचों पांडव विराट नगर के लिए रवाना हुए।

अनेक प्रकार के वार्तालाप करते हुए, कई दिनों के बाद, दूर निकल जाने पर, पांडव अपने रहने के विचार निश्चित करने लगे। द्रौपदी के साथ पाँचों भाई एक विशाल वृक्ष की छाया में बैठ गए। आस-पास कोई मनुष्य न देख पड़ता था, वहाँ मनुष्य के जाने का कोई कारण भी न हो सकता था। युधिष्ठिर ने कहा, ''भाइयो, मैं विराट के यहाँ ब्राह्मण के वेश में जाकर आश्रय माँगूँगा। मैंने जुआ, शतरंज आदि खेल सीख ही लिए हैं, महाराज विराट को अवश्य क्रीड़ा का व्यसन होगा। भाई भीम! तुम वल्लभ के नाम से विराट-राज के यहाँ रसोइए का काम माँगना, वहाँ तुम्हें भरपेट भोजन तो मिल जाया करेगा। उर्वशी का दिया हुआ शाप ठीक समय पर अपना प्रभाव अर्जुन पर अवश्य छोड़ेगा। इसलिए अर्जुन बृहन्नला नाम धारण कर, स्त्री भूषणों से अपने को सजाकर नृत्य-गीत की शिक्षा देने की प्रार्थना लेकर जाए। महाराज विराट के शिक्षा योग्य एक कुमारी है। नकुल ग्रंथिक नाम से घोड़ों की रखवाली का काम माँगे और सहदेव तंत्रिपाल नाम धारण कर चरवाहा होकर रहे। द्रौपदी सैरन्ध्री नाम बतलाकर रानियों की चोटी सँवारने, बाल-कंघी करने का काम करे।'' युधिष्ठिर की सलाह सबको पसन्द आई।

चलते-चलते पांडव विराट के राज्य में आ गए। घोर निर्जन स्थान देखकर, सबने अस्त्र छिपाकर वेश बदलने का निश्चय किया। सामने एक विशाल शमीवृक्ष दिख पड़ा। युधिष्ठिर ने कहा, ''इसी पेड़ में, घनी शाखाओं के भीतर अस्त्र-शस्त्र बाँध दिए जाएँ।''

अर्जुन का गाण्डीव धनुष, अक्षय तूणीर, भीम की गदा और सब लोगों के धनुष और तरकश, वर्म, चर्म और खड्ग आदि एक-एक लेकर नकुल उस विशाल वृक्ष की घनी डालों में बाँधने लगे। यह कार्य समाप्त कर पांडवों ने अपना-अपना वेश बदला। फिर सब लोग अलग-अलग राहों से होकर विराट नगर के लिए चले।

ईश्वर की इच्छा तथा धर्म के वरदान से, राजा विराट से साक्षात्कार होने पर पाँचों पांडव अपने-अपने उद्देश्य में सफल हुए। ब्राह्मण-वेशी कंक का विराट ने बड़ा सम्मान किया और अपना मित्र बनाकर पाँसा आदि खेलने के लिए रखा। वैसे

ही, वल्लभ को रसोई की अध्यक्षता, बृहन्नला को उत्तराकुमारी की शिक्षा, ग्रंथिक और तंत्रिपाल को अस्तबल और गोशाला की देख-रेख का काम मिला।

फटी धोती पहनकर दिव्य आभा-सी महारानी द्रौपदी लोगों को चकित करती, आश्चर्य में डालती हुई महारानी विराट के रनिवास के सामने आकर नीचे खड़ी हुई। महारानी सुदेष्णा ने नीचे खड़ी हुई भिखारिन को ऊपर महल से झाँककर देखा। देखकर उसके अपार रूप से मुग्ध हो गईं। भिखारिन से परिचय और आने का कारण जानने की उन्हें बड़ी उत्सुकता हुई। वह नीचे उतरकर द्रौपदी के पास गईं और बड़े स्नेह से पूछा, "तुम कौन हो? यहाँ क्यों आई हो?" द्रौपदी ने कहा, "मैं विपत्ति की मारी हुई एक साधारण स्त्री हूँ। मेरा नाम सैरन्ध्री है। मैं बाल-कंघी करना और चोटी गूँथना जानती हूँ। आपके यहाँ इसी काम के लिए आई हूँ। क्या आप मेरा असमय में, मुझ पर कृपाकर, मुझे इस काम के लिए अपनी दासी बना लेना मंजूर करेंगी?" राजमहिषी सुदेष्णा ने कहा, "अच्छा सैरन्ध्री, हमने तुम्हें यह काम दिया, आओ।" "लेकिन रानीजी," सैरन्ध्री ने कहा, "मैं जूठे बरतन न छुऊँगी, न जूठा भोजन करूँगी; मेरे गन्धर्व-पति इससे नाराज़ होंगे।" रानी को सैरन्ध्री का यह व्रत भी मंजूर हुआ।

इस प्रकार पांडव बड़े सुख से अपने अज्ञातवास के दिन पूरे करने लगे। कृष्णा की भीम से प्राय: मुलाकात होती थी। दासी का रसोईघर जाना दोनों वक़्त का काम है। भीम प्रिया से आँखों में मुस्कराकर इशारे से कुशल पूछते; द्रौपदी आँखों में ही हँसकर 'अच्छी तरह हूँ' कह देती। कभी घाघरा पहने, ओढ़नी ओढ़े, टिकुली लगाए हुए उत्तराकुमारी की आचार्या बृहन्नला मिलती, तो सैरन्ध्री के तिरछे तीर से भी तेज़ कटाक्ष विश्वविजयी प्रिय की आँखों से चुभकर जैसे पूछते, "कहो वीर, यह कैसा बाना धारण किया है?" बृहन्नला मुस्कराकर हृदय से पानी-पानी हो जाती। कभी कंक महाशय से मुलाकात होती तो सैरन्ध्री भी औरों की तरह हाथ जोड़कर उन्हें प्रणाम करती, गम्भीर होकर ब्राह्मण कंक आशीर्वाद देते, "ईश्वर तुम्हारा कल्याण करे। तुम्हारे दिन निर्विघ्न हों।"

कीचक-वध

महाराज विराट का सेनापति महारानी सुदेष्णा का भाई कीचक था। इसी के बल के भरोसे महाराज विराट निष्कण्टक राज्य कर रहे थे। कीचक के बल का समस्त भारत में आतंक था। बड़े-बड़े योद्धा उससे घबराते थे। राजा विराट भी उसका विरोध न कर सकते थे।

एक दिन वह अपनी बहन सुदेष्णा के पास बैठा था। इसी समय सैरन्ध्री वहाँ गई। सैरन्ध्री को देखकर कीचक मुग्ध हो गया। उसने बहन से पूछा, "यह किस देश की राजकुमारी है?" भाई की बात सुनकर महारानी सुदेष्णा घबराईं। वह अपने भाई

के बुरे चरित्र की कई घटनाएँ देख चुकी थीं, और प्रतिकार का उपाय न देखकर चुपचाप सहकर रह गई थीं। धैर्य के साथ उन्होंने उत्तर दिया, ''यह यहीं की एक दासी है।'' कीचक ने कहा, ''तुम ज़रा उस कमरे में जाओ, मैं इससे कुछ बातें करना चाहता हूँ।'' सुदेष्णा का हृदय भय से काँपने लगा। कीचक ने फिर बहन की कोई परवाह न की। उठकर, द्रौपदी के पास जाकर कहा, ''शोभने, तुम्हारे अतुल रूप को देखकर मैं मुग्ध हो गया हूँ। तुम इच्छामात्र से मुझे अपना कृतज्ञ दास बना सकती हो।''

सैरन्ध्री बहुत डरी, पर उपाय न था। बोली, ''सेनापति, मैं एक नीच जाति की दासी हूँ। मेरे लिए ऐसे शब्द न कहिए। फिर, मैं ब्याही हुई हूँ, और आपकी आश्रिता हूँ।''

कीचक कुछ सोचकर रुक गया, फिर एकान्त में बहन के पास जाकर रोने लगा। सुदेष्णा को दया आ गई। उसने पूछा, ''भाई, तुम्हारे इतने विह्वल होने का क्या कारण है?'' कीचक ने कहा, ''सैरन्ध्री के बिना मैं न बचूँगा। उससे जिस तरह हो सके, मिला दो। यह तुम्हारे लिए बहुत आसान काम है।'' सुदेष्णा पहले तो चिन्ता में पड़ गई, पर भाई की सेवा में एक तुच्छ दासी के जाने पर कोई दोष नहीं, ऐसा विचार कर बोली, ''भाई! पर्व के दिन मैं उसे तुम्हारे पास भेज दूँगी, तब अपनी मनमानी कर लेना। तब तक धैर्य रखो।''

पर्व करीब था। कीचक ने धैर्य धारण किया। पर्व का दिन आ गया। राजभवन में उत्सव होने लगे। रानी ने सैरन्ध्री को बुलाकर कहा, ''देखो सैरन्ध्री, रानियों के पीने लायक अच्छी शराब, भाई कीचक के पास है। तुम जाकर मेरे लिए ले आओ।''

सैरन्ध्री डरकर काँपने लगी। 'कीचक का स्वभाव अच्छा नहीं', रानी से अनेक बार कहा, पर रानी बराबर यही कहती रही कि कीचक कुछ नहीं कर सकता क्योंकि वह जानता है कि दासी रानी की है।

इससे आश्वस्त होकर सैरन्ध्री कीचक के यहाँ गई और रानी अच्छी शराब माँग रही हैं, निवेदन किया। कामी कीचक ने द्रौपदी का आँचल पकड़कर खींचा और समझा दिया कि शराब लेने भेजने का एक बहाना है। विराट के यहाँ कोई ऐसी शक्ति नहीं जो कीचक की इच्छा को दबा सके, और सैरन्ध्री अगर चाहे तो कीचक की प्रिया होकर मत्स्यराज की भी रानी बन सकती है।

कीचक नशे में था। उपाय न देखकर सैरन्ध्री ने कीचक को धकेल दिया और आँचल छुड़ाकर जान लेकर भागी। पीछे-पीछे कीचक भी दौड़ा। सैरन्ध्री बचने का उपाय न देखकर विराट के दरबार में 'महाराज रक्षा कीजिए, महाराज रक्षा कीजिए।' पुकारती हुई घुस गई। पीछे-पीछे कीचक भी आ गया। सैरन्ध्री के लच्छेदार खुले बालों को पकड़कर उसने कई लातें मार दीं। फिर किसी की कुछ परवाह न कर चला गया। सभास्थल स्तब्ध हो गया। किसी की हिम्मत न हुई कि खुलकर कुछ कहे। महाराज विराट ने कहा, ''मामला दोनों पक्ष का सुने बगैर कोई फ़ैसला कैसे किया

जा सकता है?" कंक रूपी युधिष्ठिर ने सैरन्ध्री को डाँटकर कहा, "सैरन्ध्री, तुम रनिवास में जाओ। तुम्हारे गन्धर्व-पति इसका निर्णय कर लेंगे।"

उसी दिन एकान्त में भीम को पकड़कर द्रौपदी रोने लगी। भीम से कहा, "युधिष्ठिर भीरु हैं, अपनी इज़्ज़त की रक्षा नहीं कर सकते, अर्जुन की वीरता समाप्त हो चुकी है—पूरे हिजड़े बन रहे हैं। एक जुआरी, दूसरा ज़नखा। अब तुम भी कह दो कि मैं कीचक से तुम्हारी रक्षा न कर सकूँगा। मैं अपना उपाय सोच लूँगी। तुम लोग अज्ञातवास पूरा करके अपना राज्य वापस लेने का प्रयत्न करो।" कहकर द्रौपदी भीम को पकड़कर रोने लगी। पत्नी को भीम ने प्रबोध किया। द्रौपदी के अपमान के विचारमात्र से भीम की मूर्ति भयंकर हो गई। उस भीषण रूप को देखकर द्रौपदी का हृदय आनन्द से छलकने लगा। भीम ने कहा, "अबके जब तुम्हें छेड़े, तब नाट्य-शाला में आधी रात को आने का वादा करके मुझे बता जाना।" प्रसन्न होकर द्रौपदी चली गई।

कीचक को चैन न था। उसे किसी का भय भी न था। दूसरे ही दिन उसने द्रौपदी को घेरा। कहा, "सैरन्ध्री, अब बताओ। अब तो तुम्हारे राजा भी मेरा कुछ न बिगाड़ सके।" सैरन्ध्री ने आँखें नचाकर कहा, "तुम बड़े अरसिक हो। आखिर तो सिपाही आदमी ठहरे! सच तो यह है कि मैं खुद तुम्हारे लिए बेचैन हूँ। आज आधी रात को नाट्यशाला में मिलो, फिर देखो, तुम्हें क्या मज़ा चखाती हूँ।"

कीचक कृतार्थ हो गया। घर पहुँचकर रात की प्रतीक्षा करने लगा। बार-बार बाहर निकलकर सूर्य को देखता था। बड़ी अधीरता से वह दिन बीता। सन्ध्या होने पर खूब सजकर, सुगन्धियों से कपड़े सराबोर करके आधी रात को नाट्यशाला में आया। भीम कुछ पहले से आकर प्रतीक्षा कर रहे थे।

भीम स्त्री-वेश में थे। कमरे में दीपक न था। भीम के पुष्ट अंगों पर हाथ चलाकर कीचक ने कहा, "सैरन्ध्री, तुम भी पूरी पहलवान हो।" भीम ने नक्की स्वर में उत्तर दिया, "हाँ प्यारे, मेरी-तुम्हारी अच्छी जोड़ी है।" कीचक शराब के नशे में था। भीम ने व्यर्थ के प्रेमालाप में समय न खोकर कीचक के बाल पकड़े। कीचक सँभल गया, और हाथ मारकर बाल छुड़ा लिए। भीम कमर में लिपट गए। कीचक समझ गया। दोनों में घोर द्वन्द्व-युद्ध चलने लगा। अन्त में, भीम ने उठाकर पटक दिया और उसके हाथ, पैर और सिर धड़ में घुसेड़कर एक पिण्ड-सा बना दिया। फिर बाहर आकर ठण्डे होने लगे।

सुबह को यह चर्चा फैल गई कि रात को सैरन्ध्री के गन्धर्व-पतियों ने कीचक को मार डाला। राजमहल में शोक की घटा छा गई। कीचक को जलाने की तैयारी होने लगी। उसके भाई-बन्धुओं ने कहा, "इस सैरन्ध्री के कारण हमारे भाई की यह दशा हुई है। इसे भी बाँधकर ले चलो और भाई के साथ फूँक दो।" सबने द्रौपदी को पकड़कर बाँध लिया।

भीम उस समय बाहर खड़े थे। उन्होंने द्रौपदी की पुकार सुनी, "हे मेरे गन्धर्व-पतियो, मुझे कीचक के दुष्ट भाई बाँधे लिए जा रहे हैं; मुझे कीचक के साथ जलाएँगे, मेरी रक्षा करो।" भीम लँगोट पहनकर, मुँह और तमाम देह में कालिख पोतकर श्मशान की ओर दौड़े। पास पहुँचकर एक पेड़ उखाड़ लिया और उसी से कीचक के भाइयों का वध करने लगे। एक-एक कर कीचक के प्राय: सभी भाइयों को उन्होंने मार डाला, कुछ भाग आए। भीम ने कृष्णा के बन्धन खोल दिए। फिर दूर के एक तालाब में देह साफ कर अपने काम पर आ गए। विराट नगर में सैरन्ध्री का आतंक छा गया। उसके गन्धर्व पतियों की घर-घर चर्चा होने लगी।

गोधन-हरण

दुर्योधन बड़ी तत्परता से पांडवों का पता लगवा रहा था पर अज्ञातवास के दिन पूरे होने को हुए, फिर भी पांडवों का पता न चला। इसी समय विराट नगर की खबर वहाँ भी पहुँची कि विराट की सैरन्ध्री नाम की दासी से छेड़छाड़ करने के कारण उसके गन्धर्व पतियों द्वारा कीचक मारा गया है; पश्चात उसके भाई भी मार डाले गए। दुर्योधन को भय हो रहा था कि पांडव वनवास की अवधि पूरी करके आ जाएँगे तो कौरव-कुल की कुशल न होगी।

त्रिगर्त देश का राजा सुशर्मा कई बार कीचक से हारा हुआ था। उसके मन में विराट से बदला लेने की बात उठी। उसने कर्ण से कहा, "पांडवों से लड़ने की तैयारी में महाराज दुर्योधन को बल-संग्रह करना ही होगा। इसलिए विराट का गोधन यदि ले आया जाए, तो दूध से रसद का पूरा सुभीता रहेगा। मैं तब तक विराट से अपना बदला चुकाता हूँ। आप लोग भी तैयार होकर आइए।" यह कहकर सुशर्मा विराट पर चढ़ाई करने के विचार से चल दिया। यहाँ दुर्योधन भी यथेष्ट सेना तथा भीष्म, द्रोण, कृप, अश्वत्थामा, कर्ण आदि महावीरों को लेकर विराट पर चढ़ चला।

सुशर्मा पहले पहुँचा। कुछ गौएँ घेरकर तकरार की नींव डाल दी। विराट, कीचक की याद कर रोने लगे। कंक ने धैर्य देकर कहा, "वल्लभ यहाँ कई कुश्तियाँ जीत चुका है। वह बहुत अच्छा मल्ल है। आप घबराएँ मत, आपकी हार न होगी।" इससे विराट को सन्तोष हुआ। सारी फ़ौज को तैयार होने की आज्ञा हो गई। कंक की सलाह से वल्लभ (भीम), ग्रंथिक (नकुल) और तंत्रिपाल (सहदेव) भी तैयार हो गए। दोनों सेनाओं का सामना हुआ। सुशर्मा और विराट—दोनों आमने-सामने थे। युद्ध छिड़ गया। सुशर्मा ने विराट के घोड़ों और सारथि को मारकर बात-की-बात में विराट को बाँध लिया। यह देखकर मत्स्य देश की सेना भागने लगी। सुशर्मा विराट को अपने रथ पर बैठाकर ले चला। सेना को राजा की पराजय से भागते देखकर कंक ने वल्लभ को ललकारा। महावीर वल्लभ अपने दोनों तरफ़ ग्रंथिक और

तंत्रिपाल की सहायता से बढ़ते हुए सुशर्मा के पास पहुँचे और उसी तरह उसके सारथि और घोड़ों को मार डाला। फिर सुशर्मा को बलपूर्वक पकड़कर बाँध लिया और महाराज विराट के बन्धन खोल दिए। सुशर्मा को वल्लभ ने कंक के सामने लाकर उपस्थित किया। कंक ने उसे क्षमा करके छोड़ दिया। महाराज विराट कंक और वल्लभ से बहुत प्रसन्न हुए। उन्हें कीचक की मृत्यु का दुःख जाता रहा। वल्लभ की विराट नगर में बड़ी प्रशंसा हुई।

विराट, कंक, वल्लभ आदि दूर रणक्षेत्र से लौटे न थे कि खबर आई—महाराज दुर्योधन ने सारी गौएँ घेरवा ली हैं और उनके साथ भीष्म, द्रोण, कृप, कर्ण, अश्वत्थामा आदि महारथी भी हैं। इस संवाद से विराट नगर में आतंक छा गया। भीष्म-द्रोण आदि के साथ युद्ध करना मामूली बात नहीं। इसी समय उत्तर कुमार के सामने बृहन्नला को देखकर सैरन्ध्री बोली, "कुमार, बृहन्नला सारथि का काम बहुत अच्छा जानती हैं, यह एक बार अर्जुन की सारथि बनी थीं। यह अगर तुम्हारे रथ पर बैठ भी जाएँ, तो कौरव परास्त हो जाएँगे।"

उत्तर ने कहा, "क्यों बृहन्नला, आपने अर्जुन का रथ हाँका था?"

बृहन्नला ने साफ इनकार कर दिया। कहा, "ऐ कुमार, भला मैं रथ हाँकना क्या जानूँ? नाचने-गाने के लिए कहो तो और बात है।" यह कहकर वर्म उठाकर बृहन्नला उल्टा करके पहनने लगीं। उत्तर कुमार हँसने लगे। सैरन्ध्री ने कहा, "कुमार, उत्तराकुमारी अगर कहें, तो यह तुम्हारे साथ तैयार हो सकती हैं।"

उत्तरा भी सुन रही थी। उसने बृहन्नला का हाथ पकड़कर जाने का अनुरोध किया। उत्तरा ने अच्छी तरह वर्म पहना दिया। बृहन्नला से उत्तरा ने कहा, "बृहन्नला, कौरवों के अच्छे-अच्छे कपड़े हमारे लिए ले आना। मैं गुड़िया बनाऊँगी।"

बृहन्नला ने हँसकर उत्तर दिया, "राजकुमार जब जीत जाएँगे, तब हम ज़रूर तुम्हारे लिए कौरवों के कपड़े ले आएँगे।" रथ तैयार था। उत्तर कुमार सजकर, अपना धनुष और तूण लेकर उस पर बैठे। बृहन्नला ने घोड़ों की जोत ली। नए जोश में कुमार को कुछ मालूम न था कि युद्ध ऐसा नहीं होता कि एक लाखों के विरुद्ध लड़ सके। इधर, अर्जुन को कोई भय-बाधा थी नहीं। इसीलिए दोनों बिना सेना लिये हुए युद्ध-क्षेत्र की ओर चले गए।

उत्तर का रथ अब कौरव सेना के पास पहुँचा। यहाँ से अभी काफ़ी दूरी थी, पर कौरवों की समुद्र-सी लहराती हुई सेना देख पड़ती थी। उत्तर ने कौरवों की सेना को देखा तो मारे डर के मुँह का थूक सूख गया। उसने कहा, "बृहन्नला, रथ लौटा ले चलो। मैं युद्ध न करूँगा।" "क्यों कुमार?" बृहन्नला ने कहा, "अब लौटने पर सब लोग हँसेंगे।" कहकर बृहन्नला मुस्करा रही थी। उत्तर ने बार-बार रथ लौटा ले चलने को कहा, परन्तु जब बृहन्नला ने न लौटाया तब उतरकर भागा। दौड़कर बृहन्नला ने पकड़ लिया। उत्तर बहुत घबरा गया था। छोड़ देने को आरज़ू-मिन्नत

करने लगा, तब बृहन्नला ने कहा, "अच्छा, मैं लड़ूँगी, तुम मेरे सारथि तो बनोगे?" उत्तर ने मंजूर किया। तब अर्जुन शमी-वृक्ष की तरफ़ रथ ले गए और उत्तर से कहा, "वहाँ पांडवों के हथियार बँधे हैं, जाओ। सबसे बड़ा जो धनुष और तरकस है, उन्हें ले आओ। वे अर्जुन के गाण्डीव और अक्षय तूणीर हैं।" उत्तर की आँखों में आँसू आ गए। उसने कहा, "बृहन्नला, वे महाभाग और वह साध्वी द्रौपदी इस समय कहाँ हैं?" "मैं अर्जुन हूँ। जाओ, देर मत करो।" उत्तर ने विश्वास होने पर अर्जुन के पैर पकड़कर प्रणाम किया और वृक्ष से गाण्डीव और अक्षय तूणीर उतार लिए। सजते समय सर पर वस्त्र लपेटकर अर्जुन ने बहुत कुछ अपना रूप छिपा लिया। उत्तर ने वेगशाली अश्वों को कौरवों की विशाल वाहिनी की ओर हाँका।

वेगशाली एक ही रथ को बिना भय के बढ़ता देखकर कौरव तरह-तरह की कल्पनाएँ करने लगे। तेरह वर्ष की कठोर साधना, संयम और दुराचारियों को दण्ड देने की प्रतीक्षा, आज तम की रात के बाद उगे हुए सूर्य की तरह, महावीर अर्जुन के मुखमंडल पर जगमगा रही थी। इस एक ही रथी की शान कौरवों के सैकड़ों रथियों को लजा रही थी।

बहुतों को यह शंका होती हुई जानकर कि यह अर्जुन है, दुर्योधन ने भीष्म से जाकर पूछा कि वनवास और अज्ञातवास की अवधि पूरी हो चुकी है या नहीं। भीष्म ने कहा, "एक हिसाब से तो पूरी हो चुकी है, और पाँच महीने, छह दिन और बढ़ गए हैं पर दूसरे हिसाब से अभी कुछ दिन बाकी हैं।"

अर्जुन एक दृष्टि से दुर्योधन को खोज रहे थे। एक ओर गर्द उड़ती हुई देखकर उन्होंने निश्चय किया कि वह दुर्योधन ही भागा जा रहा होगा। उत्तर को उसी ओर रथ बढ़ाने को कहा। उत्तर के उस तरफ़ चलने पर कर्ण ने राह रोक ली। दोनों का युद्ध होने लगा। अर्जुन गुस्से में भरे हुए थे। देखते-देखते उन्होंने कर्ण के भाई विकर्ण को मार डाला। दोनों में भयंकर संग्राम होने लगा पर अर्जुन ने बात-की-बात में कर्ण को तेज़ बाणों से जर्जर कर दिया। फिर कृपाचार्य, अश्वत्थामा, द्रोण आदिकों को भी युद्ध में परास्त किया। कौरवों की सेना समुद्र के जल की तरह गरज रही थी। सबको पराजित हुआ देखकर भीष्म ने रथ बढ़ाया। कुछ देर तक युद्ध होता रहा। महावीर अर्जुन ने भीष्म का धनुष काटकर छाती पर एक तीर मारा, जिससे पितामह कुछ देर के लिए मूर्च्छित हो गए। कौरव-दल विकल होकर अधर्म युद्ध करने लगा। इससे महावीर पार्थ को बड़ा क्रोध आया। उन्होंने सम्मोहन शर का सन्धान किया। तीर छूटने पर कौरव-दल मूर्च्छित हो गया। अर्जुन ने उत्तर से कहा, "उत्तर, जाओ। कौरवों के अच्छे-अच्छे वस्त्र ले आओ, पर भीष्म के पास से सजग होकर जाना। वह इसका खंडन जानते हैं।" उत्तर द्रोण और कृप के सफ़ेद, कर्ण के पीले, अश्वत्थामा और दुर्योधन के नीले वस्त्र, ज़रीन मुकुट आदि ले आए। फिर गौओं को खदेरकर अपने यहाँ ले चले।

मूर्च्छा जगने पर दुर्योधन ने अर्जुन को घेरने के लिए कहा, पर भीष्म ने समझाया कि इतना बहुत हुआ, अब लौट चलना ठीक होगा। यदि अर्जुन चाहता तो सबको मूर्च्छित अवस्था में मार सकता था।

लौटते समय अर्जुन ने उत्तर से कहा कि उनका भेद वहाँ वह तब तक न ज़ाहिर करें, जब तक पांडव स्वयं आत्मपरिचय न दें। इस जीत का श्रेय वह स्वयं लें।

विराट त्रिगर्त को हराकर जब अपनी राजधानी लौटे, तब अन्त:पुर में उन्हें संवाद मिला कि उत्तर कुमार बृहन्नला को लेकर अपनी गौएँ छुड़ाने गए हैं। विराट बहुत घबराए। उन्होंने दूत को देखने के लिए भेज दिया कि उत्तर कुमार का क्या संवाद है, वह लौटकर कहे। कुछ देर बाद दूत विजय-संवाद लेकर आया। उत्तर कुमार की विजय-वार्ता सुनकर विराट फूले न समाए। बहुत दिनों से उन्होंने पासा न खेला था। उस दिन खेलने के लिए मँगवाया। खेल में कंक साथी थे। विराट प्रबल कौरव-दल को जीतनेवाले उत्तर कुमार की तारीफ़ करने लगे। कंक ने कहा, "महाराज, बृहन्नला के सारथित्व में उत्तर कुमार को जीतना ही था।" कई बार इसी तरह विराट ने उत्तर की तारीफ़ की और कंक ने बृहन्नला को सराहा। तब क्रुद्ध होकर विराट ने कहा, "कंक, तुम सँभलकर बातें नहीं कर रहे हो। उस एक नाचनेवाले की बार-बार तारीफ़ करते हो।" कंक बोले, "राजन, जहाँ महावीर भीष्म, द्रोण, कृप और कर्ण आदि एकत्र हों, वहाँ उत्तर कुमार की विजय पर आप ही को विश्वास हो सकता है, किसी समझदार को नहीं।" विराट को क्रोध आ गया। उन्होंने पासा फेंककर कंक को मार दिया, जिससे उसकी नाक से खून बहने लगा। सैरन्ध्री खड़ी थी। सोने के कटोरे में जल भरकर वह रक्त को उसी में ले रही थी। इसी समय उत्तर कुमार द्वार पर आए और पिता से मिलने की खबर भेजी। उत्तर के आग्रह से अर्जुन पाँचों पांडवों और द्रौपदी का परिचय दे चुके थे। युधिष्ठिर ने द्वारपाल के कान में कहा, "बृहन्नला को अभी आने से रोक दो।" उत्तर को देखकर विराट बहुत प्रसन्न हुए। कंक के रक्त-स्राव का कारण समझकर उत्तर ने उन्हें प्रणाम कर पिता को ब्राह्मण से क्षमा माँगने के लिए कहा।

पांडवों का स्वरूप-धारण

शुभ मुहूर्त देखकर यह निश्चय किया गया कि विराट की ही राजसभा में पांडव राजसिंहासन पर बैठकर संसार को अपना परिचय दें। निर्धारित समय प्रात:काल द्रौपदी और पाँचों पांडवों ने स्नान और अग्निहोत्र किया। फिर सिंहासन पर महाराज युधिष्ठिर तथा द्रौपदी बैठे। नकुल और सहदेव चँवर डुलाने लगे। अर्जुन ने राजच्छत्र किया। भीम सेनापति के रूप में सामने गदा लेकर खड़े हुए।

दरबार के समय राजा विराट आए, और कंक आदि का यह तमाशा देखकर बड़े चकित हुए। पहले तो सोचा, 'शायद कंक ने सुशर्मा से युद्ध में मेरी सहायता की थी,

इसलिए मुझे न मानकर, अब खुद राजा होना चाहता है।' कंक को पासा मारने की बात भी उन्हें याद आई। बड़े विस्मय से कुछ देर तक देखते रहे। उनका जुआड़ी सखा कंक है! बगल में सैरन्ध्री दासी जो उनके लिए चन्दन घिसती थी! सामने वल्लभ रसोइया! छत्र लिये हुए हिजड़ा बृहन्नला! चँवर डुलानेवाले ग्रंथिक और तंत्रिपाल, एक सईसों का जमादार, दूसरा चरवाहों का मुखिया! हृदय को कड़ा करके विराट ने कहा, "कंक! हमारे सेवक होकर इतनी बड़ी स्पर्धा तुमने की!" सुनकर अर्जुन हँसने लगे, कहा, "महाराज! आपका सिंहासन इनके बैठने योग्य नहीं। इन्हें तो इन्द्र भी अपने साथ बैठाकर अपना सौभाग्य समझते हैं। यह कौरवों के गौरव महाराज युधिष्ठिर हैं।"

द्रौपदी तथा अपर भाइयों के परिचय ज्ञात हो जाने पर भी विराट ने पूछा। अर्जुन ने बतलाया। तब तक उत्तर कुमार भी आ गए। उन्होंने पिता से कहा, "इन महावीर अर्जुन के ही दिव्यास्त्रों की चोटें भीष्मादि नहीं सह सके और कौरव पराजित हुए। पिता! हम लोग बड़े भाग्यशाली हैं जो हमारे यहाँ आश्रय लेकर इन्होंने अपना अज्ञातवास पूरा किया। हमें बड़ा खेद है कि हमने भूल से भी ऐसे महापुरुषों तथा महारानी द्रौपदी से सेवा कराई। अब हमें आजीवन इनकी सेवा करके इसका बदला चुकाना चाहिए।"

विराट गद्गद हो गए। हाथ जोड़कर धर्मराज से क्षमा माँगी। विराट नगर में आनन्द का सागर उमड़ने लगा। राजा विराट ने अर्जुन से उत्तरा के विवाह का प्रस्ताव किया, पर अर्जुन ने कहा, "मैंने अपनी पुत्री के रूप से उसे शिक्षा दी है, यह उचित नहीं। श्रीकृष्ण का भानजा, सुभद्रा का पुत्र अभिमन्यु है। महाराज युधिष्ठिर की इच्छा हो, तो वह विवाह कर सकते हैं।" महाराज युधिष्ठिर ने आज्ञा दे दी। बड़े समारोह से कृष्ण-बलराम आदि के साथ द्वारका से बारात आई, और अभिमन्यु-उत्तरा का शुभ विवाह सम्पन्न हुआ।

उद्योगपर्व

पांडव अच्छी तरह प्रकाश में आ गए। अज्ञातवास का समय पूरा हो गया। एक अपूर्व शक्ति का प्रवाह झरने की तरह उनके हृदय से फूट निकला और नवीन जीवन की स्निग्धता उनकी नस-नस में प्रवाहित हो चली। वे संसार को एक नई ही दृष्टि से देखने लगे। उन पर छल और प्रपंच के जो सांघातिक अत्याचार हुए थे, जिन लांछनों को नत-मस्तक होकर धर्म के विचार से उन्होंने सहन किया था, वे सब उन्हें एक-एक करके याद आने लगे और उनकी बदले की प्रवृत्ति रह-रहकर नागिन की तरह फन काढ़ने लगी।

उत्तरा के विवाह के पश्चात पांडवों के सखा और हितैषी श्रीकृष्ण ने पांडवों के पक्ष की पुष्टि के विचार से, समागत राजन्यवर्ग को एकत्र करके सभा करने की

युधिष्ठिर और भीमार्जुन को सलाह दी, समझा दिया कि जो युद्ध अदूरभविष्यत् में होना अनिवार्य है, उसकी तैयारियों का जल्द-से-जल्द श्रीगणेश होना चाहिए। कौरव पुनः पांडवों को राज्य से बहिष्कृत करने के लिए तत्पर होंगे; वे जैसे दुष्ट स्वभाव के हैं, उनसे किसी प्रकार के भी अनिष्ट की कल्पना की जा सकती है। इसलिए, एक बार धोखा खाकर बार-बार धोखा खाना समझदार का काम न होगा; इस बार उनके दुष्कर्मों का उन्हें फल मिलना ही चाहिए।

शुभचिन्तक श्रीकृष्ण की आज्ञा को पांडवों ने शिरोधार्य कर लिया, और विराट के राजभवन में आमंत्रित राजाओं की एक सभा का आह्वान किया। द्रुपद, विराट, बलराम, कृष्ण, सात्विक आदि जितने शूरवीर अभिमन्यु के विवाह में आमंत्रित होकर गए थे, उस सभा में एकत्र हुए। पांडवों के लिए उनके हृदय में जगह थी। सब पांडवों का हित चाहते थे। धर्म के पक्षपात के साथ वे रिश्ते के सूत्र से भी पांडवों से सम्बद्ध थे।

सभा में पांडव श्रीकृष्ण के विश्वास में सिर झुकाए चुपचाप बैठे रहे। दूसरे राजा भी श्रीकृष्ण के बोलने की प्रतीक्षा में विश्वासपूर्वक उनकी दृष्टि की ओर देखते रहे। सभा का रुख मालूम कर संयत, शान्त, मधुर स्वर से श्रीकृष्ण ने कहना शुरू किया, "भाइयो, मैं आप लोगों के समक्ष उन्हीं बातों को निवेदन के रूप में कहूँगा, जिन्हें कहने के लिए पांडव मुझसे अनुरोध कर चुके हैं। आप लोग जानते हैं, महाराज युधिष्ठिर से राज्य छीनने के लिए कर्ण और शकुनि से मिलकर दुरात्मा दुर्योधन ने जुए का प्रपंच रचा था। वह जुआ भी अन्यायपूर्ण था। पुनः दुर्योधन पांडवों से केवल राज्य लेकर सन्तुष्ट नहीं हुआ, वन-गमन और अज्ञातवास की शर्त भी पूरी कराई। छलपूर्ण पासे से जीतकर, पांडवों को देश से निकालकर बिलकुल निष्कण्टक राज्य करने का इरादा पक्का किया। इतना ही नहीं, दाँव पर महारानी द्रौपदी को रखने के लिए भी महाराज युधिष्ठिर को उत्तेजित किया, और उन्हें जीतकर, उनके एकवस्त्रा रजस्वला रहते समय, सभा में केश-कर्षणपूर्वक पकड़ मँगवाकर विवस्त्रा करने का भी पूर्णोद्यम कराया। पांडव इस इतने अत्याचार के होते हुए भी धर्म की ओर दृष्टि किए चुपचाप बैठे रहे। वे भिक्षुकों से भी इतर अवस्था में घर छोड़कर, अपना सर्वस्व दुर्योधन को अर्पण कर, वन गए। वहाँ भी उनके लिए निश्चिन्त रहना दुश्वार हो गया। अन्य आपत्तियों की तो बात ही क्या, दुरात्मा दुर्योधन, राज-पुरांगनाओं सहित अपने ऐश्वर्य से पांडवों को श्रीकातर, हीनवीर्य करने के लिए वन गया। कीचक-वध से संशय में आकर महाराज विराट के ऊपर भी चढ़ाई की, उनकी धेनुएँ चुराईं। बाल्यकाल से पांडवों के प्रति दुर्योधन के अनेकानेक दुर्व्यवहार के प्रमाण मिलते हैं। धर्मतः यह राज्य पाण्डु से आया हुआ पांडवों का है; पुनः महाराज युधिष्ठिर दुर्योधन से वयोज्येष्ठ हैं; यह राज्य अधर्मतः लिया गया है। अपरंच दुर्योधन के शासन से राज्य के समस्त प्रजावर्ग दुखी हैं। ऐसे अधार्मिक, अत्याचारी राजा का शासन कदापि

शास्त्रविहित नहीं। आप लोगों की जो राय हो—महाराज युधिष्ठिर अपने राज्य की प्राप्ति का प्रयत्न करें या चुपचाप बैठ जाएँ, इस सभा में निस्संकोच भाव से आप लोग आज्ञा करें।''

श्रीकृष्ण की वक्तृता से प्रभावित होकर महाराज द्रुपद ने कहा, ''पांडव हमारे सम्बन्धी हैं। इसलिए हमारे कथन में पक्षपात का अंश अधिक हो सकता है पर देश में धर्म और ज्ञान की दृष्टि से सम्मान्य कृष्ण जब धर्मराज्य की स्थापना के लिए इस प्रकार पांडवों का पक्ष ग्रहण कर रहे हैं, तब सम्पूर्ण शक्ति से उनकी सहायता करना ही हम अपना सुखद कर्त्तव्य समझते हैं। कौरव दुराचारी हैं, यह सर्वजनसम्मत है।''

महाराज द्रुपद की बात समाप्त होते ही महामति बलराम तर्जना करते हुए बोले, ''हमारी सम्मति में दुर्योधन निर्दोष है। राज वास्तव में उसके पिता महाराज धृतराष्ट्र का है। उनके अन्धे होने के कारण पाण्डु को राज्य का शासन-भार मिला था। धृतराष्ट्र के पुत्र होने पर उस राज्य पर पांडवों का फिर कोई अधिकार नहीं रह जाता। फिर भी, दुर्योधन ने राज्य की प्राप्ति के लिए किसी प्रकार का बलात्कार नहीं किया। महाराज युधिष्ठिर को उसने जुआ खेलने के लिए आमंत्रित किया, और बाकायदा दाँव पर राज्य जीता। युधिष्ठिर चाहते तो नहीं भी खेल सकते थे; कोई बाधकता न थी। इस प्रकार एक के जीते हुए राज्य को फिर से दिलाने का प्रयत्न हमारे विचार से अन्याय है। हम इसका विरोध करते हैं। अगर दुर्योधन अत्याचारी है तो इसका निर्णय उसकी प्रजा करेगी, हम और आप नहीं। प्रजा के द्वारा ही इसका उचित प्रतिफल उसे मिलना चाहिए। उसने अपने हिस्सेदारों के प्रति जैसा बर्ताव किया है, वह राजनीति के विरुद्ध नहीं कहा जा सकता। फिर भी, हमारी राय है कि दुर्योधन के पास राजनीति का जानकार कोई योग्य दूत भेजकर मालूम किया जाए कि महाराज युधिष्ठिर के राज्य के सम्बन्ध में वह क्या कहता है—हृतसर्वस्व भाइयों को वह राज्य का आधा हिस्सा देना चाहता है या केवल गुजारा या कुछ नहीं।''

महामति बलदेव की सम्मति में महावीर सात्यकि को दुर्योधन के प्रति हुआ पक्षपात मालूम किया। वह वीर गुस्से को न दबा सका। कहा, ''जिस जुए के लिए धृतराष्ट्र तक की सम्मति हो, पासे कपट के बने हों, उसे न्यायसंगत कहना बलदेवजी जैसे महात्मा को ही शोभा दे सकता है। पांडव जिस धैर्य की परीक्षा दे चुके हैं, वह उनके यथार्थ भाव को अच्छी तरह प्रकट कर देता है। महाराज युधिष्ठिर की जुआ खेलने की कदापि नीयत नहीं हो सकती, न बुद्धिहीन होकर उन्होंने राज्य को, अपने सहित भाइयों को, दारा को और वनवास को शर्त को दाँव पर रखा। द्रौपदी को आज तक उनका बचा रखना उनको बाहोश रहना साबित करता है। उन्हें दुर्योधन बार-बार प्रेरित करता रहा। राजा अपने राजसी भाव को छोड़कर कभी कार्पण्य नहीं दिखा सकता। यही कारण है कि महाराज युधिष्ठिर दाँव पर दाँव रखते गए, जब तक वे हार के अन्तिम निर्णय तक नहीं पहुँचे, यह धर्मपुत्र युधिष्ठिर ही कर सकते थे। मेरी

समझ में, नीच दुर्योधन के पास दूत भेजना, पहले से अपनी हार स्वीकार करना है। आचार्य अर्जुन की सहायता से मैं अकेला समस्त कौरवों को बाँध सकता हूँ।''

सात्यकि को उत्तेजित देखकर महाराज द्रुपद बहुत प्रसन्न हुए, पर सभा के विचार से बात बनाकर बोले, ''यद्यपि वीर सात्यकि की बातें सत्य की दृष्टि से मर्म को स्पर्श करनेवाली हैं, फिर भी महामति बलराम की सम्मति का हमें सम्मान करना ही चाहिए। हमारी समझ में कौरव सभा में दूत भेजने के साथ-साथ समस्त देश के राजाओं के पास रण-निमंत्रण भेजना चाहिए। उनके सहयोग से हमारी शक्ति बढ़ेगी और उनकी राय भी इस तरह हमें मालूम हो जाएगी, और यद्यपि हमारे इस कार्य की कौरवों को बहुत जल्द गुप्तचरों द्वारा सूचना मिल जाएगी, फिर भी हमारे परिपुष्ट दल का प्रभाव उन पर ज़रूर पड़ेगा और इसका फल पांडवों के हक में अच्छा होगा।''

श्रीकृष्ण को राजा द्रुपद की यह सलाह बहुत पसन्द आई, और रण-निमंत्रण के साथ कौरवों की सभा में दूत भेजने का ही निश्चय रहा।

अन्त में, सभी सभासदों की पूर्ण प्रसन्नता से सभा विसर्जित की गई।

युद्ध की तैयारियाँ

सभा-भंग के पश्चात ज़ोरों से युद्ध की तैयारियाँ होने लगीं। अल्पसंख्यक होने पर भी पांडवों के पक्ष में अपार उत्साह उमड़ पड़ा। राजा द्रुपद और विराट ने अपनी-अपनी समस्त शक्ति पांडवों के अधिकार में कर दी। श्रीकृष्ण द्वारका को गए, और गृहहीन पांडव द्रुपद और विराट की सेना के साथ कुरुक्षेत्र के पास शिविर-निवेश करके ठहरे। दुर्योधन को सारा भेद मालूम हो गया। वह भी युद्ध की तैयारियाँ करने लगा। दोनों ओर से देश के समस्त राजाओं के पास युद्ध का निमंत्रण जाने लगा। अधिकांश राजा, जो यह देखते थे कि दुर्योधन राजा है—उसके हाथ हस्तिनापुर की समस्त शक्ति है—पुनः, भीष्म और द्रौण जैसे महावीर योद्धा उसकी तरफ़ हैं, पांडव वनवास से आए हुए हीनवीर्य हैं, वे कौरवों का पक्ष लेते थे। पर जो यह समझते थे कि पांडव धर्मात्मा हैं—उनमें अपूर्व आध्यात्मिक शक्ति है—अर्जुन विश्वविजयी वीर है—भीम महापराक्रमशाली है—पुनः, उनके साथ इस समय के सर्वश्रेष्ठ पुरुषरत्न श्रीकृष्ण का सहयोग है, वे पांडव पक्ष में आते थे। ये सब राजा अपने-अपने देश से चलकर कुरुक्षेत्र के विशाल प्रांगण में आ-आकर ठहरने लगे।

इन दिनों यादवों की शक्ति देश की एक प्रबल शक्ति हो रही थी। इनके नायक श्रीकृष्ण थे। कृष्ण का देश में बड़ा सम्मान था। इसलिए इन्हें आमंत्रित करने के लिए महाराज दुर्योधन स्वयं चले। वहाँ आचार्य बलदेवजी की भी आज्ञा लेनी थी। दुर्योधन पूरे राजसी ठाट से थे। कृष्ण को आमंत्रित करना पांडवों का पहला कर्तव्य था। कृष्ण के बिना पांडव अपने को निःशक्त समझते थे। अस्तु, महावीर अर्जुन श्रीकृष्ण को

आमंत्रित करने के लिए चले। संयोगवश, महाराज दुर्योधन और वीरवर अर्जुन एक ही समय द्वारकापुरी पहुँचे। वहाँ लोगों ने इनका स्वागत किया, अच्छी-अच्छी जगह ठहराया। अर्जुन की तो वहाँ ससुराल ही थी। बाहर के लोगों से मिल-जुलकर अर्जुन जब श्रीकृष्ण के मन्दिर में गए, तब श्रीकृष्ण योगनिद्रा में सोए हुए थे। अर्जुन ने देखा, उनके सिरहाने अकड़ के साथ राजा दुर्योधन बैठा हुआ है। अर्जुन कुछ न बोले, पायताने की तरफ़ नम्र भाव से बैठ गए। यथासमय कृष्ण की आँख खुलने पर उन्होंने पायताने की तरफ़ देखा, अर्जुन बैठे हुए थे। श्रीकृष्ण ने अर्जुन की कुशल और आने का कारण पूछा। अर्जुन भक्तिपूर्वक आदरणीय मित्र से सब हाल कहते गए। इसके बाद महाभारत समर का उल्लेख कर कृष्ण को निमंत्रण दिया। निमंत्रण स्वीकार कर श्रीकृष्ण फिरे। देखा, सिरहाने राजा दुर्योधन बैठे हुए थे। मुस्कराकर श्रीकृष्ण ने उसी प्रकार दुर्योधन से भी कुशल और आगमन-समाचार पूछा। दुर्योधन ने अपना कुशल-समाचार कहते हुए कहा, "हम दोनों एक ही उद्देश्य से यहाँ आए थे। मैं बल्कि अर्जुन से पहले आया हुआ हूँ इसलिए आपको अपने पक्ष में पाने का मेरा पहले अधिकार है।" कृष्ण हँसे। अर्जुन को स्नेह की दृष्टि से देखते हुए बोले, "कौरवराज, मैं महावीर अर्जुन से वचनबद्ध हो चुका हूँ, इसलिए आपका पक्ष अब न ग्रहण कर सकूँगा, और करता भी तो मुझसे आपकी उद्देश्य-सिद्धि न होती क्योंकि मैं कौरव और पांडव—दोनों को समदृष्टि से देखता हूँ, इसलिए भारत-युद्ध में मैं अस्त्र ग्रहण न करूँगा; वीरवर अर्जुन ने आमंत्रित किया है, इसलिए उनके साथ रहूँगा, बस। आप पहले आए हैं, इसलिए मैं आपको उसी रूप से संवर्धित करूँगा। युद्ध करनेवाली मेरी नारायणी सेना है, मैं वह सेना आपकी बल-पुष्टि के लिए देता हूँ, इस तरह आपका उद्देश्य सफल होगा।" दुर्योधन यही चाहता था। नारायणी सेना पाकर वह बहुत प्रसन्न हुआ।

माद्री के भाई, पांडवों के मामा, राजा शल्य दूत से महाभारत समर की सूचना पाकर अपनी समस्त सेना लेकर पांडवों के पक्ष-समर्थन के लिए चले। दुर्योधन को यह खबर मिली, तो वह चतुर कार्यकर्ताओं को लेकर शल्य के मार्ग में पहुँचा और सेना के ठहरने के लिए जगह-जगह बड़ा ही अच्छा प्रबन्ध करवाया। कूप, सरोवर, फुलवाड़ी आदि जहाँ-जहाँ थे, वहीं-वहीं पड़ाव का मुकाम बनवाया। अच्छे-अच्छे खीमे लगवा दिए, रसद सब प्रकार की एकत्र कर दी; भोजन, पान और प्रमोद आदि की भी सुव्यवस्था कर दी, जिससे राजा शल्य को किसी प्रकार का मार्गश्रम न हो, बल्कि वह अपनी राजधानी से भी अधिक सुख का अनुभव करें। ऐसा ही हुआ। राजा शल्य सब प्रकार के आराम और शान्ति से मार्ग पार करते हुए कई पड़ाव ठहर चुके। सुप्रबन्ध देखकर वह आश्चर्य चकित हो गए। बार-बार युधिष्ठिर की और आराम के स्थानों की रचना करनेवाले शिल्पियों की प्रशंसा करते रहे। दुर्योधन साथ छिपा हुआ चल रहा था। उसे यह संवाद मिलता जाता था। एक दिन राजा शल्य ने

कहा, ''जिस शिल्पी ने ऐसी मनोरम रचना की है, हम उसे पुरस्कार देना चाहते हैं, महाराज युधिष्ठिर को इससे बुरा न मानना चाहिए। उस शिल्पी को हमारे सामने लाकर हाज़िर करो।'' यह खबर भी दुर्योधन के पास गई। वह बहुत प्रसन्न हुआ, और समय जानकर मामा शल्य के सामने बड़े विनय-भाव से आकर खड़ा हुआ। दुर्योधन को देखकर शल्य आश्चर्य में पड़ गए, ससम्भ्रम भानजे को पास बैठाते हुए आने का कारण पूछा। दुर्योधन ने मर्यादापूर्ण कंठ से कहा, ''मामा, आपने उस शिल्पी को पुरस्कृत करने के लिए याद किया है, जिसने आपके श्रमापनोदन के लिए ऐसी चारुता की रचना की है?—वह इस रचना का विधायक मैं ही हूँ। मेरे लिए जैसी आज्ञा हो।'' शल्य समझ गए। यथार्थ वीर की तरह प्रसन्न होकर बोले, ''वत्स, माँगो, मैं तुम्हारी प्रार्थना पूरी करूँगा।'' दुर्योधन ने कहा, ''तो यह वरदान दीजिए कि आपके साथ आपकी समस्त सेना का सहयोग भारत समर के लिए मुझे प्राप्त हो।'' 'तथास्तु' कहकर शल्य ने दुर्योधन को समादृत किया। प्रसन्न होकर दुर्योधन चला आया। पश्चात पांडवों से शल्य का साक्षात हुआ। पांडवों ने अपनी स्वाभाविक विनम्रता से मामा का स्वागत किया और ठहराने का प्रयत्न करने लगे। शल्य ने युधिष्ठिर को प्रबोध देते हुए कहा, ''वत्स युधिष्ठिर, हमारे साथ छल हो गया है। हम तुम्हारी ही सहायता को चले थे, परन्तु मार्ग में दुर्योधन ने हमारे ठहरने का प्रबन्ध करा रखा था। हम समझते आते थे—यह सब तुम्हारा किया हुआ है। अन्त में उस मनोहर रचना के दक्ष शिल्पी को पुरस्कार देने के लिए हमने बुलवाया, तो कौरवपति दुर्योधन हमसे आकर मिले और यह पुरस्कार माँग लिया कि हम अपनी समस्त सेना के साथ कौरव-पक्ष की मदद करें।'' बेचारे पांडव मन-ही-मन श्रीकृष्ण का स्मरण कर रह गए। कौरवों को मिली हुई सहायता इस समय भी उनकी अपेक्षा बहुत अधिक थी। इस पर, शल्य की सेना भी सम्मिलित होने जा रही थी। धर्मराज युधिष्ठिर इस पर कुछ कह न सके। शल्य के चलते समय उन्होंने इतना ही कहा, ''मामा, कर्ण से अर्जुन का युद्ध होने पर बहुत सम्भव है, आपके सारथ्य की आवश्यकता हो। कारण, श्रीकृष्ण जैसा कुशल सारथि उस ओर कोई नहीं, और आप देशभर में इस कला के लिए प्रसिद्ध हैं; उस समय कर्ण का उत्साह तोड़े रहिए, आपसे इतनी ही प्रार्थना है।'' युधिष्ठिर का निवेदन स्वीकार कर राजा शल्य कौरवों के शिविर की ओर चले।

श्रीकृष्ण द्वारकापुरी से पांडवों के यहाँ आए और बातचीत से मालूम किया कि राजा द्रुपद ने सन्धि के प्रस्ताव से अपना पुरोहित हस्तिनापुर में भेजा था, वह यह संवाद लेकर लौटा है कि बिना युद्ध के आधे राज्य की बात तो दूर है, सूई के अग्रभाग के इतनी ज़मीन भी दुर्योधन पांडवों को न देगा।

इस पर कृष्ण पांडवों से मंत्रणा करने लगे कि वास्तव में आगे क्या करना उचित होगा। पांडव, खासकर महाराज युधिष्ठिर, स्वभाव के विनम्र थे; युद्ध द्वारा वंश-नाश

हो, यह उनका अभिप्राय न था। अर्जुन की अर्जित शिक्षा के कारण यद्यपि यह विश्वास था कि वह युद्ध में कौरवों को परास्त कर सकते हैं, फिर भी भीष्म और द्रोण आदि के समक्ष अस्त्र ग्रहण करते उन्हें लज्जा होती थी। भीम भीतर से तो युद्ध चाहते थे पर बाहर से महाराज युधिष्ठिर का अदब करते थे। नकुल और सहदेव की अपनी कोई राय न थी। वे अपने बड़े भाइयों की आज्ञा के अनुसार चलना चाहते थे। फलतः श्रीकृष्ण से महाराज युधिष्ठिर की जो बातचीत हुई, उसमें सन्धि की व्यंजना प्रधान रही, और आधे राज्य की जगह यह स्थिर हुआ कि दुर्योधन पांडवों को रहनेभर के लिए पाँच गाँव दे दे। सन्धि का यह सन्देश ले जाना श्रीकृष्ण ने स्वीकार किया; भीतर से यद्यपि जानते थे कि कौरवों की मनोवृत्ति के अनुसार युद्ध होना अनिवार्य है।

पांडवों से मिलकर कृष्ण द्रौपदी से मिलने गए। कृष्णा ने कृष्ण का बड़ा आदर किया। हाथ पकड़ स्नेह से आसन पर बैठाकर जलपान कराया और दासी के बदले स्वयं खड़ी वायु-व्यजन करती रही। कृष्ण को जलपान करा, पान खिला, रुक्मिणी, सत्यभामा और प्रद्युम्न आदि की बातें पूछने लगी। कृष्ण एक-एक कर सबके कुशल-समाचार कहते गए। इसके बाद आवेग में भरकर कृष्णा बोली, ''तुम्हें आमंत्रित करने के लिए तीसरे पांडव गए थे, महाभारत युद्ध होनेवाला है—तुमने सुना होगा।'' कृष्ण ने कहा, ''लेकिन, महाराज युधिष्ठिर की इच्छा सन्धि की है; भीमार्जुन उनसे सहमत हैं, कम-से-कम लेकर वे सन्धि कर लेंगे। हकवाली कोई बात नहीं; वे भाइयों से युद्ध नहीं चाहते। हमें सन्धि का प्रस्ताव लेकर जानेवाला दूत बताया है।'' द्रौपदी का वह भाव बदल गया, कमल पर जैसे तुषार पड़ा। बोली, ''केशव, क्या तुम्हारी भी यही इच्छा है? मेरे अपमान की तुम्हें याद नहीं रही?'' इसके बाद अपने खुले हुए लम्बे-लम्बे बालों का एक गुच्छा पकड़कर कृष्ण को दिखाती हुई बोली, ''इनकी बेली अभी नहीं बँधी, यदुपति!'' कहते-कहते द्रौपदी के नील नयनों से आँसू बहने लगे। कृष्ण स्थिर होकर बोले, ''कृष्णे, धैर्य धरो। दुर्योधन सन्धि का प्रस्ताव स्वीकृत न करेगा, युद्ध अनिवार्य है, एक तो स्वभाव से ही वह मन्द है, पुनः राजमद, इस पर कर्ण और शकुनि जैसे उसके मंत्रणादाता। वह कदापि भाइयों के लिए त्याग स्वीकार न करेगा, तुम्हारी मनोवांछा पूरी होगी।'' कृष्णा विश्वास की दृष्टि से प्रिय कृष्ण को देखती रही। कृष्ण बाहर आए और सात्यकि को लेकर हस्तिनापुर चले।

कृष्ण का दौत्य

श्रीकृष्ण के आने की खबर से लोगों में बड़ा उत्साह फैला। हस्तिनापुर की प्रजा हृदय से पांडवों के पक्ष में थी। वह युद्ध नहीं चाहती थी। वह भी पांडवों के विरुद्ध, जो अपना सर्वस्व भी देकर उसकी रक्षा के लिए तत्पर रहते थे। प्रजा को यह आभास हुआ कि कृष्ण के आने से उसका भला ही होगा। परन्तु जब उसने यह सुना

कि कृष्ण पांडवों की तरफ़ से सन्धि का प्रस्ताव लेकर आए हैं, तब उसकी खुशी की हद हो गई, और वह अपनी-अपनी टोली से समवेत होकर श्रीकृष्ण के स्वागत के लिए चली। धृतराष्ट्र और दुर्योधन को जब यह खबर हुई, तब पहले वे आगमन का कारण नहीं समझ सके; सोचा, दुर्योधन मिलने गए थे, इसलिए प्रसन्न होकर कृष्ण भी आए हुए हैं। खातिरदारी से उन्हें अपनी तरफ़ करने की लालसा लेकर महाराज धृतराष्ट्र भी दुर्योधन-दु:शासन आदि पुत्रों तथा परिषद वर्ग के साथ कृष्ण का स्वागत करने चले। इस तरह महासमारोहपूर्वक कृष्ण की अभ्यर्थना हुई। नगर प्रवेश कर, अत्यन्त आग्रह किए जाने पर भी वह कौरवों के यहाँ नहीं ठहरे, विदुर के यहाँ गए और वहाँ महारानी कुन्ती के दर्शन किए। युद्ध के सम्बन्ध में विदुर और कुन्ती से अनेक प्रकार की बातें कीं। कृष्ण को विश्वास था कि सन्धि का प्रस्ताव दुर्योधन की तरफ़ से नामंजूर किया जाएगा, फिर भी लोगों में पांडवों की सच्ची मनोवृत्ति का परिचय कराने के लिए वह आए हुए हैं, जिससे प्रजा का हृदय पांडवों के साथ रहे, ऐसा उन्होंने विदुर और कुन्ती से कहा। फिर एकान्त में कुन्ती को समझाया कि वह कर्ण को उसका परिचय बता दें और प्रयत्न करें, जिससे वह पांडवों के पक्ष में आ जाए। अगर कर्ण ने दुर्योधन का साथ न छोड़ा, तो पांडवों के लिए मुश्किल होगी। महावीर कर्ण को समस्त शक्ति के रहते परास्त नहीं किया जा सकता। इसलिए अभी उचित यह होगा कि दुर्योधन का पक्ष न छोड़ने पर, कुन्ती मातृऋण से वर लेकर कर्ण को मुक्त करे। पहला वर यह हो कि अर्जुन के सिवा अपने किसी दूसरे भाई पर वह मरणास्त्र का प्रयोग न करे।

दूसरे दिन कौरवों की सभा में कृष्ण पधारे। इस समय तक कौरवों को यह बात मालूम हो चुकी थी कि श्रीकृष्ण पांडवों की तरफ़ से सन्धि की शर्तें लेकर आए हैं। कौरव इतने लोभी हो गए थे कि भाइयों को बिस्वाभर भूमि भी गुज़ारे के लिए नहीं देना चाहते थे पर कृष्ण बड़े प्रभावशाली पुरुष थे। यद्यपि कृष्ण ने अस्त्र न ग्रहण करने की प्रतिज्ञा की है, फिर भी बुद्धि के प्रयोग से वह बड़े-बड़े अस्त्रधारियों को मात देंगे, यह सोचकर दुर्योधन-प्रमुख कौरवों के पक्षवाले बहुत घबराए, और यह निश्चय किया कि महाभारत समर तक कृष्ण को बाँधकर कैद रखा जाए। इस विचार का निश्चय कर पूरी तैयारी से कौरवगण सभा में पधारे थे। इसी समय अविचल, मन्द गति से कृष्ण सभा में गए। उनके मुख पर अपूर्व प्रकाश था। देखकर मन्दबुद्धि कौरव अपने ही स्वभाव के हल्केपन से उठकर खड़े हो गए, और उत्तम आसन पर कृष्ण को बैठाया। सभा में महावीर भीष्म, धृतराष्ट्र, आचार्य द्रोण, आचार्य कृप, कर्ण, शकुनि, दु:शासन आदि धार्मिक-अधार्मिक कौरवों के पक्ष के सभी योद्धा, परिषद् वर्ग और प्रजाजन एकत्र थे।

कृष्ण ने कहना शुरू किया, "कौरव और पांडव—दोनों उच्च कुल में पैदा हुए क्षत्रिय और हमारे मित्र हैं। एक ज़रा-सी बात के लिए आपस में लड़कर नष्ट हो

जाएँ, यह उनके किसी भी हितैषी को अभिप्रेत न होगा। इससे क्षत्रियों की समस्त शक्ति नष्ट हो जाएगी और देश में धर्म, शास्त्र, ऋषि और द्विजों की रक्षा का कार्य बन्द हो जाएगा, जिससे अत्याचार और अनार्यत्व की वृद्धि होगी। हमारी सनातन संस्कृति विलुप्त हो जाएगी। यह युद्ध किसी प्रकार भी समीचीन नहीं। फिर, पांडव पूर्ण रूप से निर्दोष हैं। उन्होंने अपनी प्रतिज्ञा के अनुसार कार्य किया, और वनवास तथा अज्ञातवास का घोर कष्ट सहन कर लौटे। महाराज युधिष्ठिर को धोखे में डालकर उनसे जुआ खेलाया गया। उनकी प्रकृति जुआ खेलने की नहीं। जुए में उनका हारना छलपूर्ण है। जुआ कपट से भरा हुआ था। पहली बात तो यह कि महाराज युधिष्ठिर का दुर्योधन के आश्रित शकुनि के साथ जुआ खेलना हो ही नहीं सकता, न राजा के साथ मुकुटविहीन दुर्योधन जुआ खेल सकते थे। अगर खेला भी गया, तो उनका राज्य जीतनेवाले शकुनि के अधिकार में रहना चाहिए था, ऐसा नहीं हुआ; उस अधिकार पर दुर्योधन मुकुट पहनकर राजा बनकर बैठे। दुर्योधन की तरफ़ से शकुनि का भी खेलना न्यायपूर्ण नहीं था क्योंकि दुर्योधन राजा नहीं थे। इससे स्पष्ट है कि जुआ अन्यायपूर्ण हुआ, और कभी जुआ न खेलनेवाले महाराज युधिष्ठिर ने केवल भाई दुर्योधन को मर्यादित करने के लिए, न खेलने के कारण प्रदर्शन से होता हुआ अपमान बचाने के लिए ही जुआ खेला। उनकी महत्ता की इतनी ही हद नहीं। जो कुछ उनसे कहा गया, वह दाँव पर रखते गए। इसके बाद वनवास, अज्ञातवास की शर्तें रखी गईं, वह दुर्योधन का मुँह देखकर यह सब भी मंजूर करते, रखते और हारते गए। अपने साथ, भाइयों और द्रौपदी तक को दाँव पर रखनेवाले धर्मपुत्र युधिष्ठिर ने एक भाई को क्या समझाया, यह उस भाई की समझ में चाहे न आए, पर भारतजन इसे समझते हैं, और भी समझेंगे। किन्तु उस भाई का पद-पद पर क्या रूप रहा ?—अपने ही घर की महिला, महारानी द्रौपदी को भरी सभा में केश-कर्षणपूर्वक पकड़वा मँगाकर विवस्त्रा करने तक की धृष्टता की। वन में वैसे भाइयों को वैभव दिखाकर चिढ़ाने लगा। अन्त में, वह कुल महिलाओं के साथ बाँधा गया और उन्हीं पांडवों ने—उन्हीं अपमानित भाइयों ने उसकी रक्षा की। एक ओर पांडव-वधू द्रौपदी के प्रति हुआ दुर्योधन-दुःशासनादि कौरवों का व्यवहार देखिए, दूसरी ओर गन्धर्व चित्ररथ के द्वारा बँधी कौरव-कुलांगनाओं के प्रति युधिष्ठिर-भीमार्जुनादि पांडवों का व्यवहार देखिए। और भी अनेकानेक उत्पात पांडवों के प्रति दुर्योधन ने किए-कराए। विराट के गोधन चुराने का उद्देश्य स्पष्ट है कि पांडवों का अज्ञातवास मालूम हो जाए और वे फिर वन का मार्ग ग्रहण करें। इधर महाराज युधिष्ठिर का ऐसा व्यवहार कि सुरासुरजयी महावीर अर्जुन जैसे भाई के रहते हुए भी बार-बार युद्ध से विरत रहने का विवेचन कर रहे हैं, वह व्यर्थ के लिए प्रजा-नाश और धन-हानि नहीं चाहते, अपने पूरे अधिकार की जगह मात्र आधा लेकर ही शान्तिपूर्वक रहना चाहते हैं।''

कृष्ण के इतना कहने के साथ सभा में 'महाराज युधिष्ठिर की जय हो' की बार-बार प्रजाओं के कंठ से आवाज़ें उठने लगीं। दुर्योधन का कृष्ण की बातों से ही धैर्य छूट चुका था। अब वह एक बार जैसे पागल हो गया। 'बाँधो इसे, यह पांडवों का स्तावक चाटुकार है!' कहकर चिल्ला उठा। एक साथ पाश लिये हुए दुःशासन-प्रमुख कुछ कौरव आगे बढ़े। सभा में खलबली मच गई। वैसे ही दो-एक युवक कृष्ण की रक्षा के लिए तलवार खींचकर सामने आ गए। महावीर भीष्म क्रोध से काँपते हुए खड़े हो गए, और निर्बुद्धि पामर कौरवों को डाँटा। कृष्ण का मुखमंडल उस समय अपूर्व प्रभा विकीर्ण कर रहा था। सभा में जैसे दूसरे सूर्य का उदय हुआ हो, देखकर कौरव त्रस्त रह गए।

महाराज धृतराष्ट्र को यह जान पड़ा, जैसे दुर्योधन का नाश समुपस्थित हो गया हो। पुत्र-स्नेह से घबराए, बोले, "केशव, हम तो यही चाहते हैं कि ये दोनों भाई आपस में समझौता कर लें। लड़ाई-झगड़े से हानि के सिवा लाभ की क्या सम्भावना है? पांडव कोई दूसरे तो हैं नहीं, पर दुर्योधन को न जाने क्या सूझा है!"

दुर्योधन गर्व से बोला, "आपके आँखें होतीं, तो देखते। यह सब चक्रान्त है, मुझे नीचा दिखाने के लिए। कृष्ण की अभी जितनी ये बातें हुईं, सब पांडवों की तारीफ़ में, मेरी निन्दा से प्रजा को प्रभावित करने के लिए सब पांडवों के पक्ष में लाने के लिए हुईं। यह दूत का कार्य नहीं है। कृष्ण ने यह नहीं कहा कि राज्य का यथार्थ अधिकारी दुर्योधन है क्योंकि ज्येष्ठ उसके पिता हैं, पाण्डु नहीं। पाण्डु इसलिए राजा हुए थे कि उनके बड़े भाई अन्धे थे। पर बड़े भाई के लड़के तो अन्धे नहीं; फिर राज्य उनका न होकर युधिष्ठिर का कैसे हो जाएगा? पुनः युधिष्ठिर अपना राज्य हार चुके हैं; अब समझौते की कौन-सी बात रह जाती है? कृष्ण को दूसरे वैसा नहीं समझते, जैसा हम लोग। न्याय से जो राज्य नहीं मिल सकता, उसे अन्यायपूर्वक लेने का ठान पांडवों ने ही ठाना है। युद्ध की तैयारियाँ उन्हीं की तरफ़ से पहले होनी शुरू हुई हैं। हम लोग आत्मरक्षा करनेवाले हैं। यह सब कृत्य पांडवों से कौन करा रहा है?—कृष्ण। यहाँ कृष्ण की ज़बान से लोगों को मालूम हो चुका कि ऐंठ के साथ पांडवों के अधिकार के लिए कृष्ण लड़ने आए हैं। मैं राज्य भी दूँ, और सिर भी झुकाऊँ!—यह कदापि नहीं हो सकता।"

"साधु, साधु, महाराज दुर्योधन!" कर्ण ने दुर्योधन को प्रोत्साहित किया। शकुनि आँखों से मुस्कराकर सभा को देखते रहे, भानजे की विजय का गर्व लिये हुए। दुःशासन ने बड़ी तत्परता से दुर्योधन को पान दिया।

कृष्ण कुछ देर तक चुपचाप रहे, फिर मन्द स्वर में बोले, "महाराज युधिष्ठिर ने यह भी कहा है कि यदि हमारा आधा हिस्सा दुर्योधन नहीं देना चाहते, तो जीवनयापन के लिए हम पाँच भाइयों को केवल पाँच ग्राम दें, तो भी हम युद्ध से विरत होंगे।"

"यह भी एक हेकड़ी है," दुर्योधन ने कहा, "युद्ध में जैसे खुद-ब-खुद उन्हीं की विजय हो रही हो! पुनः प्रार्थी युधिष्ठिर हैं, न कि कृष्ण। हमारी द्यूतक्रीड़ा की तो बड़ी-बड़ी आलोचना कृष्ण ने कर डाली, पर इस माँग के मामले में न बतलाया कि प्रार्थी युधिष्ठिर क्यों नहीं आए, कृष्ण को क्यों भेजा?"

"धन्यवाद, महाराज दुर्योधन! खूब कही।" कहकर कर्ण अट्टहास करके हँसने लगे।

कृष्ण से न रहा गया, बोले, "दुर्योधन, तू इतना मददृप्त है कि तेरी समझ में सीधी तौर से बातें नहीं आतीं। बड़े भाई को प्रार्थी बनाकर सामने खड़ा करते हुए तुझे लज्जा न आई—महामूर्ख! क्षमास्वरूप, साक्षात धर्म, महाराज युधिष्ठिर तेरे पैर भी पड़ सकते हैं, पर जब कोई निःस्वार्थ भाव होगा। जब उनके स्वार्थ की बात उठती है, तब अपने उसी गुण के कारण वह मेरे जैसे की सेवा प्राप्त करते हैं।"

"धन्य कृष्ण, धन्य माधव!" कहकर महामति भीष्म भावमग्न हो गए।

कृष्ण कहते गए, "तेरा नाश समुपस्थित है। तू नहीं समझ सकता, तपस्या और शिक्षा की शक्ति से पांडव क्या हैं, महावीर अर्जुन क्या हो गए हैं, कीचक-जरासन्ध-विजयी महामल्ल भीम कितने प्रबल और भयंकर हैं। तेरी सेना पांडवों की शराग्नि में भस्म हो जाएगी। तू पराजित होकर पश्चात्ताप करता हुआ प्राण देगा।" कहकर कृष्ण विद्युद्वेग से सभा से बाहर निकल गए।

कर्ण और कुन्ती

कृष्ण के कहने के बाद से कर्ण के विषय में सोचकर कुन्ती बहुत व्याकुल हुईं। उनके कुमारीपन में पैदा होने पर भी कर्ण उनका वैसा ही पुत्र है, जैसे युधिष्ठिर और भीमार्जुन। उसी मंत्र-शक्ति से कर्ण की उत्पत्ति है, जिससे इन लड़कों की; केवल देवता भिन्न हैं। भगवान सूर्य के औरस से पैदा हुआ कर्ण यदि दुर्योधन के पक्ष में रहा, तो यह निस्सन्देह पांडवों के लिए चिन्ता की बात होगी। पुनः यह एक ही माँ के बेटों का परस्पर विरोधी पक्ष में रहकर युद्ध करना होगा। कुन्ती बहुत घबराईं। फिर कर्ण को परिचय देकर अपने पुत्रों के पक्ष में करने का विचार लेकर मिलने चलीं। पहले एकान्त में मिलने का पता लगवाया, मालूम हुआ कि कर्ण रोज़ यमुना-स्नान और सूर्य-प्रणाम करते हैं। उनसे बातचीत करने का वह उत्तम समय है।

यथास्थान कुन्ती कर्ण से मिलीं। कर्ण ने सूर्य-नमस्कार कर देखा, एक दूसरी दिव्य छटा पांडवों की माता कुन्ती की आँखों से निकल रही है। ऐसा प्रकाश किसी देवी-स्वरूपा नारी की आँखों में उन्होंने न देखा था; ऐसे प्रकाश की उन्हें जीवन में पहचान नहीं हुई थी। कुछ देर तक कर्ण उन आँखों की ओर देखते रहे। उनकी आत्मा में एक अननुभूत आनन्द का प्रवाह बहता रहा। तृप्त होकर बोले, "पांडव-माता

कुन्ती देवी को ऐसे समय देखकर मैं कृतार्थ हुआ। यहाँ आने का आपने क्यों कष्ट उठाया, आज्ञा करें?"

कुन्ती की आँखों में आँसू आ गए। बोलीं, "वत्स कर्ण! ऐसा समय आया है, इसलिए मैं तुम्हारे पास आई हूँ।"

कर्ण हँसे। बोले, "भारत समर की बात सुनी होगी। पुत्रों की प्राण-भिक्षा के लिए आई हुई हैं आप, मैं समझा।"

"नहीं वत्स," कुन्ती बोलीं, "मैं पांडवों की प्राण-भिक्षा के लिए नहीं आई। पांडवों के वीरत्व का परिचय तुम प्राप्त कर चुके हो। मैं भाई को भाइयों से युद्ध करने से रोकने के लिए आई हूँ।"

बात कर्ण की समझ में नहीं आई। बोले, "इसके लिए आपको महाराज दुर्योधन के यहाँ जाना चाहिए। यह मैं कैसे रोक सकता हूँ?"

"तुम नहीं समझे, वत्स!" कुन्ती बोलीं, "यह समर तुम्हीं रोक सकते हो। तुम नहीं जानते, तुम सूत-पुत्र नहीं, कुन्ती-पुत्र हो।"

कर्ण ताज्जुब की निगाह से कुन्ती को देखते हुए बोले, "मैं कुन्ती-पुत्र हूँ, तो परित्यक्त कैसे हुआ?"

"वत्स," कुन्ती बोलीं—उनके मुख पर वह पहला कुमारीत्व चमक उठा, "जब मैं कुमारी थी, पिता मित्रभोज महाराज के यहाँ ऋषि दुर्वासा आए हुए थे। मैंने उनकी बड़ी सेवा की। ऋषि ने प्रसन्न होकर मुझे एक सिद्ध मंत्र दिया। कहा, 'इसे पढ़कर तुम जिस देवता का स्मरण करोगी, वह तुम्हारे पास आएगा और तुम्हें वर-स्वरूप एक पुत्र देगा।' तब मैं कुमारी तरुणी थी, स्वभाव चपला का था। एक दिन आज़माने के लिए मैंने मंत्र पढ़कर सूर्यदेव का स्मरण किया। सूर्य मेरे पास आकर खड़े हुए। मैं उस तरुण पुरुष-रूप को देखकर लज्जित हुई। सूर्यदेव ने मुझे आश्वासन दिया, कहा, "ऋषि का मंत्र झूठा नहीं, तुम्हारे एक पुत्र होगा, पर तुम्हारा कुमारीत्व इससे नष्ट न होगा।" कहकर सूर्यदेव चले गए। समय पर तुम भूमिष्ठ हुए। लज्जा तथा संकोच से तुम्हें पिटारी में लेकर मैं नदी में छोड़ आई। इस सत्य की तुम अपने पिता से परीक्षा लो; मैं वर देती हूँ, वह तुम्हें दर्शन देकर सत्य प्रकट करेंगे।"

कर्ण ने आँखें बन्द कीं, और हाथ जोड़कर सूर्य को नमस्कार किया। कुछ देर बाद कुन्ती को देखते हुए बोले, "हाँ माता, आप सत्य कहती हैं। मुझे आज अपना यथार्थ परिचय मालूम हुआ।" कर्ण ने फिर भूमिष्ठ होकर माता को प्रणाम किया।

आशीर्वाद देकर कुन्ती बोलीं, "वत्स कर्ण! तुम भाइयों से युद्ध न करो। तुम सबसे बड़े हो। मैं युद्ध के पश्चात राज्य मिलने पर तुम्हारा परिचय दूँगी। तब धर्मपुत्र युधिष्ठिर तुम्हें ही अपनी जगह पर स्थापित करेंगे।"

"माता!" कर्ण ने कहा, "कर्ण दूसरी प्रकृति का मनुष्य है। वह भविष्य की तरफ़ नहीं देखता। अपना कर्तव्य अतीत को देखकर वर्तमान से मिलाता है। दुर्योधन ने उसे उस समय राजा बनाया था, जब सूत-पुत्र कहकर भरी सभा में उसका अपमान किया गया था। बराबर उसे मित्र मानकर अपनी बगल में बैठने की जगह देता रहा। अब वैसे मित्र पर विपत्ति पड़ने पर क्या उस सूत-पुत्र का यह कर्तव्य होना चाहिए कि वह कुन्ती-पुत्र कहकर अपना परिचय देता हुआ उससे अलग हो जाए, और पांडवों का साथ दे?"

कुन्ती चुपचाप सुनती रहीं। कर्ण ने कहा, "माता! आपका, यहाँ भी पाण्डु-पुत्रों पर प्यार अधिक है। आपकी समस्त बातें स्वार्थ से भरी हुई हैं। आप जाइए, आपकी आज्ञा का पालन करने में मैं असमर्थ हूँ।"

"कर्ण," कुन्ती ने कहा, "मैंने तुम्हें जन्म दिया है। शास्त्रानुसार माता के प्रति तुम्हारा एक ऋण है। क्या तुम यह ऋण चुकाना चाहते हो?"

"चाहता हूँ, यदि दूसरा प्रबलतर धर्म बाधक न हुआ।"

"तो प्रतिज्ञा करो कि अर्जुन को छोड़कर अन्य किसी पांडव के साथ पूर्ण शक्ति से न लड़ोगे, मृत्यु-अस्त्र का प्रयोग न करोगे; न बाँध सकते हो।"

कर्ण हँसे। कहा, "यहाँ किधर आपका स्नेह अधिक है? मैं मातृऋण चुकाने के लिए आपसे प्रतिज्ञा करता हूँ कि अर्जुन के सिवा किसी दूसरे पांडव को प्रतिभट समझकर न लड़ूँगा।"

कुन्ती प्रसन्न तथा उदास होकर विदा हुईं। महावीर कर्ण ने माता को प्रणाम किया।

सन्धि न होने के बाद

कृष्ण सन्धि से निराश होकर पांडवों के शिविर में लौट आए। दुर्योधन का उत्तर सुनकर भीमसेन और अर्जुन आदि पांडव पक्ष के योद्धा क्रोध में आ गए। समर का निश्चय हो गया। सेनापतियों से युद्ध-संवाद समस्त सेना में प्रचारित हो गया। वीरों की बाँहें फड़क उठीं। पांडवों के पक्ष की कुल सात अक्षौहिणी सेना थी, जिसके सात्यकि, भीम, धृष्टद्युम्न, द्रुपद, विराट, श्वेत, शिखण्डी, चेकितान आदि सेनापति थे। सब लोग युद्ध के लिए पूरे उत्साह से तैयारी करने लगे।

दुर्योधन के दल में भी शिथिलता न थी। संख्या में ये लोग पांडवों से अधिक थे। इनकी ग्यारह अक्षौहिणी सेना थी। सरदार भी पांडवों के पक्ष से अधिक थे। भीष्म, द्रोण, कर्ण, कृप, शल्य, अश्वत्थामा, जयद्रथ, कृतवर्मा, भूरिश्रवा, बाह्लीक, शकुनि और भगदत्त आदि अनेक महारथी थे।

फिर भी, अर्जुन की प्रशंसा और कृष्ण की बुद्धि की याद कर दुर्योधन बहुत व्याकुल हुआ। रात्रि के समय अपने मित्रों में युद्ध के सम्बन्ध में बातचीत करने लगा कि समस्त सेना का अधिनायक किसे बनाया जाए। महावीर भीष्म की तरफ़ अधिक

लोकमत हुआ। कर्ण ने कहा, ''मित्र, जब तक पितामह युद्ध-क्षेत्र में रहेंगे, मैं अस्त्र धारण न करूँगा क्योंकि इनके अधीन रहना मैं अपना अपमान समझता हूँ।''

दुर्योधन ने कर्ण की प्रतिज्ञा स्वीकार कर ली। समझाया भी कि वृद्ध पितामह का अपमान अन्य समस्त वीरों को सह्य न होगा, पितामह भारत- सम्मान्य सर्वश्रेष्ठ वीर हैं, यद्यपि दुर्योधन कर्ण को ही सर्वश्रेष्ठ मानते हैं। कर्ण सगर्व स्थिर हुए। दुर्योधन महावीर भीष्म के यहाँ प्रधान सेनापतित्व का मुकुट लिवाकर चला। भीष्म ने बड़े स्नेह से दुर्योधन तथा समागत अन्य कौरवों और सेनापतियों को बैठाया। दुर्योधन पितामह से विनयपूर्वक अपना अभिप्राय कह चले। कथन समाप्त होने पर पितामह ने कहा, ''वत्स, मैं सेनापतित्व के लिए तैयार हूँ, परन्तु मेरी दृष्टि में तुम और पांडव—दोनों हमारे वंशधर और प्रिय पौत्र हो, माता सत्यवती से मैं प्रतिज्ञा कर चुका हूँ कि इस वंश को कोई क्षति मेरे द्वारा न पहुँचेगी; अतः पांडवों की जीवन-हानि मैं न कर सकूँगा। यों प्रतिदिन तुम्हारी प्रीति के लिए सहस्र योद्धाओं का वध करूँगा।''

इसी समय भगवान व्यास धृतराष्ट्र से मिलने हस्तिनापुर आए। युद्ध की तैयारियाँ देखकर बहुत क्षुब्ध हुए परन्तु प्रबल भावी को समझकर चुप हो रहे। धृतराष्ट्र ने व्यासजी की चरण-धूलि ले, आसन पर बैठाकर, कहा, ''भगवन, मैं अन्ध हूँ, यह जातीय महासंहार देखने से बच रहा; फिर भी वीरों की वीरता सुनने की बड़ी इच्छा है, मृत्यु के समय अपने वंश की वीरता की ही याद करके मरूँगा। आप कोई ऐसा वर कृपा करके दें, जिससे होते हुए युद्ध का वर्णन मैं यहीं बैठा हुआ सुनूँ।'' भगवान व्यास ने कहा, ''वत्स, मैं तुम्हें ऐसा ही वर देता हूँ। संजय को मेरे योगबल से दिव्य दृष्टि होगी। वे यहाँ बैठे हुए समस्त युद्ध देखेंगे, और तुमसे वर्णन करेंगे।'' यह कहकर परमात्मा का स्मरण करते हुए महाकवि, महर्षि व्यास वहाँ से चले।

प्रातःकाल कौरवों और पांडवों की सेनाएँ सेनापतियों के रचित व्यूह के अनुसार खड़ी हो गईं—जैसे समुद्र पर मालाकार उठी हुई अगणित तरंगें हों। कौरवों की तरफ़ सामने महावीर भीष्म प्रधान सेनापति, पांडवों की तरफ़ महावीर अर्जुन; दोनों ओर सेनाओं में अपार शान्ति विराजती हुई; सेनाएँ निश्चेष्टचित्त सेनापति की आज्ञा की प्रतीक्षा करती हुईं। भगवान कृष्ण चपल अश्वों की रश्मि पकड़े; महाभाव में निःस्पन्द महावीर पवन-पुत्र नन्दिघोष पर बैठे हुए, पताका फहराती हुई।

भीष्मपर्व

भीष्म का युद्ध

महावीर अर्जुन, व्यूह में खड़ी पांडव-सेना के अग्रभाग में, नन्दिघोष-रथ पर बैठे हुए विशाल कौरववाहिनी को देखते रहे। हृदय में किंचिन्मात्र भय न हुआ।

फिर भी युद्धवाला उत्साह न रहा। देखा, महारथ भीष्म पितामह, कौरववाहिनी के प्रधान नायक, अग्रभाग में स्थित हैं। उनके विशाल स्वर्ण-रथ के पार्श्व में रथी दुःशासन है। कुछ दूर पर मुक्ताओं की झालरदार मणि और लालों से जड़े सुन्दर रथ पर कौरवराज दुर्योधन हैं—पास आचार्य द्रोण और अश्वत्थामा। एक-एक करके अर्जुन ने सभी कौरवों और आमंत्रित सम्बन्धियों को देखा। साथ-साथ यह विचार पैदा हुआ कि ये सब अपने ही भाई और कुटुम्ब हैं। युद्ध इन्हीं के साथ है। युद्ध का परिणाम मृत्यु है, अपने जनों की मृत्यु! जिस राज्य के लिए यह युद्ध हो रहा है, वह भाइयों की मृत्यु से प्राप्त होगा। ऐसे राज्य को लेकर क्या होगा? यह राज्य तो वास्तव में तब तक श्मशान हो जाएगा। महावीर पार्थ इस परिणाम पर काँप उठे। स्वजनों की मृत्यु से स्त्रियाँ विधवा होंगी, व्यभिचार बढ़ेगा। वर्णसंकर पैदा होंगे। पितरों के तर्पण-श्राद्धादि लुप्त होंगे। दोनों लोक भ्रष्ट होंगे। अधर्म फैलेगा। फिर, युद्ध अधर्म का परिणाम होगा। ऐसा कदापि उचित नहीं। यह विचार करते ही महावीर पार्थ का उत्साह जाता रहा। स्नेह से दुर्बलता, दुर्बलता से हृत्कम्प, हृत्कम्प से भय, स्वेद, नैराश्य, निर्वीर्यता आदि जारी हो गए। गाण्डीव हाथ से छूटकर गिरने को हुआ। ऐसे समय कृष्ण ने उनकी ओर देखा। उन्हें मोह की स्थिति में देखकर कृष्ण को आश्चर्य हुआ। ऐन मौके पर ऐसे शिथिल क्यों पड़े, पूछने पर अर्जुन ने युद्ध से होनेवाले परिणाम की तस्वीर खींचते हुए कहा, "ऐसा युद्ध करना अधर्म है, इसी चिन्ता से मैं दुर्बल पड़ गया हूँ।" भगवान कृष्ण ने उन्हें उनका धर्म समझाया और गीतोपदेश किया। कर्मयोग की महत्ता के साथ धर्म की सूक्ष्म बातों का ज्ञान हो जाने पर भी अर्जुन का मोह दूर न हुआ, तब श्रीकृष्ण ने कहा, "अर्जुन, तुम धाता नहीं हो, निमित्त हो। तुम्हारा किया कुछ न होगा। होनी पहले हो चुकी है, तुम्हें केवल अपने क्षात्रधर्म के अनुसार चलना, और इस युद्ध से यशस्वी होना है। अधर्म के कारण कौरवों का नाश हो चुका है। युद्ध उसी का निमित्त है। तुम्हें विश्वास न हो, तो देखो।" भगवान कृष्ण ने अर्जुन को विश्वरूप दिखाया। वह विराट रूप देखकर अर्जुन काँपने लगे। देखा—जैसे जलती हुई एक विशाल लौ की ओर, चारों ओर से कीड़े आते और समाते हुए भस्म होते रहते हैं, उसी तरह समस्त कौरव हो रहे हैं, कृष्ण के मुख में उसी तरह समा रहे हैं, जैसे सैकड़ों-हज़ारों-लाखों नद-नदियों का प्रवाह। अर्जुन को होश हुआ और भगवान कृष्ण की उन्होंने स्तुति की। श्रीकृष्ण का यह कहना कि आत्मा अमर है, इसके लिए शोक करना उचित नहीं, अर्जुन ने अच्छी तरह समझा; और भगवान में कर्म-फल का विसर्जन कर, आसन्न युद्ध को धर्म समझकर गाण्डीव धारण किया। मित्र की स्फूर्ति देखकर श्रीकृष्ण प्रसन्न हुए।

युद्ध का प्रारम्भ देखकर धर्मपुत्र युधिष्ठिर से न रहा गया। वह आवेश में आकर, रथ से उतर कौरव-वाहिनी की ओर पैदल चले, जिधर भीष्म पितामह का महारथ

शोभित था। महाराज युधिष्ठिर की यह मनोगति देखकर पांडवगण चंचल हो उठे। अपने-अपने रथ से उतरकर धर्मराज का पश्चाद्वर्तन करने लगे। भीम को शत्रुओं के सम्मुख इस प्रकार नत होते बड़ी लज्जा लगी, और वह हृदय से बहुत आहत हुए। अर्जुन को भी धर्मराज का यह आचरण अच्छा न लगा। उन्होंने महाराज युधिष्ठिर को पुकारकर कहा भी, "महाराज, इस प्रकार, आसन्न युद्ध के समय, खाली हाथ और पैदल आप शत्रुओं के बीच जा रहे हैं!" भीमसेन ने कहा, "महाराज, आप हमें लज्जित कर रहे हैं।" नकुल और सहदेव ने कहा, "महाराज, आप हमें छोड़ते हुए कहाँ जा रहे हैं?" धीर धर्मपुत्र ने किसी को कोई उत्तर न दिया। सीधे भीष्म के रथ की ओर चलते गए। श्रीकृष्ण ने पांडवों से कहा, "आप लोग कुछ देर प्रतीक्षा कीजिए, धर्मराज युद्ध में भी धर्म की बड़ाई देने जा रहे हैं, गुरुजनों को प्रणाम करने के उद्देश्य से।"

युधिष्ठिर को आते हुए देखकर कौरवों में भी तरह-तरह की कपोल-कल्पनाएँ चलने लगीं। किसी ने कहा, "युधिष्ठिर पहले से डरपोक है। हमारी सेना देखकर घबराया है।" किसी ने कहा, "हाँ, इसीलिए भीष्म के सामने जा रहा है, जान बख्शवाने की मोहलत दीजिए तो हम लोग फिर वन चले जाएँ।" किसी ने कहा, "बड़ा चालाक है। पितामह को मिलाने जा रहा है। जानता है, पितामह की बराबरी का शूर कोई है नहीं, लोहे के चने होगी लड़ाई थोड़ी देर में—कहीं अर्जुन ही काम न आ जाए, इसीलिए कहने जा रहा है कि कृपादृष्टि रखें।"

महाराज युधिष्ठिर पितामह भीष्म के रथ के सामने आए। तैयार चतुरंगिनी सेना के बीच में पैठकर निरस्त्र धर्मराज ने पितामह भीष्म के पैर पकड़ लिए। नाती की मनोवृत्ति से प्रसन्न होकर महामति भीष्म ने आशीर्वाद दिया, "वत्स! तुम्हारी जय हो। माता योजनगन्धा के पास मैं पहले से प्रतिश्रुत हूँ कि राजा का पक्ष लूँगा। इसीलिए इधर ही से मुझे युद्ध करना होगा। परन्तु तुम निश्चिन्त रहो, धर्म की शक्ति अजेय है, और अर्जुन शक्ति-संचय में मुझसे भी आगे बढ़ गया है। मेरी इच्छा-मृत्यु है; मैं समय पर ही प्राण त्याग करूँगा, तुम्हें इसके बाद आने का समय प्राप्त होगा, आना, तब मैं तुम्हें धर्मोपदेश करूँगा। चिन्ता न करो, तुम्हारे सहायक कृष्ण हैं, विजय तुम्हारी ही होगी।" धर्मराज वहाँ से आचार्य द्रोण के पास गए और वहाँ से कृपाचार्य के पास। ब्राह्मणों ने भी युधिष्ठिर को विजय का आशीर्वाद दिया। गुरुजनों को प्रणाम कर युधिष्ठिर कौरववाहिनी के बाहर आए। इनकी धर्मनीति देखकर, धृतराष्ट्र के औरस और वेश्या के गर्भ से पैदा हुआ युयुत्सु कौरवों की सेना से निकलकर पांडवों में आ मिला। उसे हृदय से लगाते हुए युधिष्ठिर ने कहा, "भाई, तुम दादाजी के धार्मिक पुत्र हो। समय पर तुम्हीं उनके काम आओगे।"

युद्ध की भेरी बजी। दोनों ओर के सेनापतियों ने शंख बजाकर अपनी-अपनी सेना को सजग किया। हर मौके के सेनापति, रथी, गजारोही, सवार और पैदल

शूर-सामन्त सामने देखने लगे। महावीर पार्थ पांचजन्य फूँककर अपनी सेना को कौरववाहिनी के आक्रमण से होशियार करके एक दृष्टि से महावीर भीष्म की गतिविधि देखने लगे। दु:शासन के साथ, भीष्म के सामने बढ़ते ही, महाबल भीम ने सिंहनाद किया और दु:शासन को रोका। अर्जुन बाणों से भीष्म पर आक्रमण करने लगे। भीष्म किनारे से ही अर्जुन के तीर काटते हुए दु:शासन की सहायता करते रहे। भीम बहुत दिनों से क्रुद्ध, समय की प्रतीक्षा में थे। एकाएक सिंहविक्रम से शत्रु पर टूटे। उस प्रलय के तूफान का वेग दु:शासन के लिए सँभालना दुष्कर होता, अगर महारथ भीष्म सहायता न करते होते। भीष्म की क्षिप्रता देखने लायक थी। एक ओर महावीर अर्जुन के अव्यर्थ प्रखर तीरों को काटते थे, दूसरी ओर मुहूर्मुहः दु:शासन पर होते हुए भीम के प्रहारों को रोककर उसे बचाते थे। यह जैसे दुर्धर्ष भीमार्जुन के साथ अकेले भीष्म का समर था। महासमुद्र की उठती तरंगों की तरह दुर्जय पांडव सेना सुदृढ़ कौरव-सैन्य-तट को बार-बार तोड़ने का उद्यम कर रही थी, साथ भीम प्रभंजन का काम करते हुए, सेना को सिंहनादों से प्रोत्साहित कर-कर, भीष्म की ओर बढ़ते हुए। देखते-देखते दोनों ओर की सेनाएँ एक-दूसरी से भिड़ गईं—हाथी से हाथी, घोड़े से घोड़ा, पैदल से पैदल। घमासान समर होने लगा। धनुषों की टंकार, हाथियों की चिंग्घाड़, घोड़ों की टाप और हिनहिनाहट, रथों का घंटानाद, वीरों का सिंहनाद और रथियों की शंख-ध्वनि चारों ओर छा गई; साथ ही, ऐसी गर्द उठी कि सामने लड़ने के सिवा सेना को अपने-पराये का ज्ञान न रहा। दोनों ओर काफी सेना काम आ गई। भीष्म से अर्जुन, दुर्योधन से भीम, मद्रराज से युधिष्ठिर, भगदत्त से विराट और कृतवर्मा से सात्यकि लड़ रहे थे। युद्ध का तीसरा पहर आने को हुआ। पांडव प्रबल ही पड़ते गए। देखकर भीष्म ने सारथि को रथ बढ़ाने के लिए कहा, दु:शासन और रथी सहायकों को अर्जुन को रोकने के लिए कहकर।

भीष्म का रथ चक्कर काटने लगा। अर्जुन मतलब समझ गए। भीष्म का पीछा करना चाहते थे, पर कई रथी उन्हें रोके हुए थे। भीष्म ने देखा, पांडवों के व्यूह के एक भाग की सेना बढ़कर दूसरे भाग की सहायता कर रही है, इसलिए यह भाग कमज़ोर है। सिर्फ अर्जुन-पुत्र अभिमन्यु इस भाग की रक्षा कर रहा है, थोड़ी-सी सेना लिये हुए। भीष्म ने उसी भाग पर आक्रमण किया। सुभद्रा-कुमार अभिमन्यु पिता के समान वीर था। उसने महारथ भीष्म की गति रोकी। दोनों में बाण-वर्षा होने लगी। अभिमन्यु भीष्म से भी अधिक क्षिप्रहस्त था। उसने देखते-देखते भीष्म का धनुष काट दिया और कई तीर मारे। दूसरा धनुष लेकर भीष्म ने अभिमन्यु के सारथि को घायल कर दिया। उत्तेजित अभिमन्यु ने तत्क्षण भीष्म के विशाल रथ के ध्वज-दण्ड काट दिए, जिनमें बहुमूल्य रत्नाभूषण लगे हुए थे। सेनापति की पताकाओं के गिरते रथ को दूर से न पहचाना जाने लगा, इससे कौरव-दल में हाहाकार मच गया।

कई रथी बढ़कर भीष्म को खोजते हुए पहुँचे और एक साथ अभिमन्यु पर प्रहार करने लगे। इस समय तक अभिमन्यु के प्रहारों से वृद्ध पितामह अत्यन्त उत्तेजित हो गए थे, बालक की क्षिप्रता असह्य हो रही थी। अभिमन्यु को कई रथियों से घिरा देखकर पांडव सेना ने पुकार की; पास के रथी सहायता के लिए बढ़े। अभिमन्यु कौरवों के सभी रथियों से लड़ रहा था, यथावश्यक दोनों हाथों शर-सन्धान करता हुआ। भीष्म आश्चर्यचकित थे, इतनी तेज़ी उन्होंने अर्जुन में भी न देखी थी। पहले-पहल अभिमन्यु को लड़ते देखा था।

अब तक दस रथी अभिमन्यु की सहायता के लिए आ गए—भीम, उत्तर कुमार आदि। विराट-पुत्र उत्तर को उधर से बढ़कर शल्य ने रोका। दोनों में युद्ध होने लगा। उत्तर हाथी पर था। शल्य का तीर लगते ही हाथी बिगड़ गया, और शल्य के घोड़ों को मार डाला। शल्य को इस पर क्रोध आ गया, और बैठे ही बैठे उन्होंने एक ऐसी शक्ति मारी कि वह उत्तर के वर्म को पार करके हृदय में समा गई, वहीं, उसी वक़्त, उत्तर कुमार काम आ गए। फिर शल्य ने उत्तर के हाथी को भी मार डाला, और कृतवर्मा के रथ पर जाकर बैठे। इस घटना से पांडव सेना स्तम्भित और शोकाकुल होकर अन्यमनस्क हुई कि भीष्म ने बहुत-सी सेना का संहार कर डाला। बड़े वेग से कौरवों की सेना ने विपक्ष पर आक्रमण किया। पांडव सेना व्यूह छोड़कर हटने और कटने लगी। सन्ध्या हो रही थी। समय जानकर अर्जुन ने युद्ध बन्द करने का शंख बजाया। उधर भीष्म ने भी शंख-ध्वनि से युद्ध-समाप्ति की सूचना दी। लड़ाई बन्द हो गई। दोनों पक्ष की सेनाएँ शिविर को लौटीं। प्रिय सम्बन्धी की मृत्यु से पांडव विषण्ण हो रहे थे।

कौरवों में बड़ी खुशी थी। दुर्योधन फूला न समा रहा था। युद्ध में विजय पाने की उसकी आशा बद्धमूल हो चली। वह अपने भाइयों के साथ सुरापान करके आनन्द मनाने लगा, और बार-बार पितामह भीष्म के युद्ध-कौशल की प्रशंसा करने लगा कि किस तरह वह शत्रु-सेना-विनाश का मौका देखते फिर रहे थे। किस तरह एक बाजू से उन्होंने अभिमन्यु पर आक्रमण किया। किस-किस तरह फिर क्या-क्या हुआ। कुछ लोग शल्य की प्रशंसा के पुल बाँधने लगे कि मामा पूरे मामा हैं—हाथी से मज़ाक किया, जब उसने इनके घोड़े मार दिए, तब इन्होंने उसके मालिक को मार गिराया और फिर उसको भी उसी रास्ते भेज दिया, मज़ा यह कि यह सब बिना घोड़ों के रथ पर बैठे- बैठे किया; काम समाप्त कर इतमीनान से उठकर दूसरे रथ पर गए। पांडव सन्तप्त थे। सेना में भय। युधिष्ठिर हताश। भीम और अर्जुन स्थिर। विराट अत्यन्त शोकाकुल। युधिष्ठिर ने कृष्ण से विनयपूर्वक कहा, "यादवपति! आज के युद्ध को देखकर मेरा विश्वास दृढ़ हो गया है कि पितामह अजेय हैं। उनके सामने हमारे पक्ष का कोई महारथी नहीं टिक सकता। आज पिछले पहर उनका अपूर्व युद्ध-कौशल देखकर यह अनुमान सच मालूम देता है कि युद्ध में हमारी ही हार होगी।

और हमारे सगे-सम्बन्धी इस प्रकार युद्ध में हत होते रहे, तो राज-पाट लेकर हम क्या करेंगे? ऐसे राज्य से अपने प्रियजनों के प्राण और सुख-स्वाच्छन्द्य अधिक मूल्य के हैं। ऐसे राज्य से वन श्रेयस्कर है। अब इस युद्ध की आवश्यकता नहीं।" धर्मराज के आँसू निकल आए। कृष्ण गम्भीर होकर बोले, "महाराज, क्षत्रिय के लिए युद्ध में निधन शोचनीय घटना नहीं हो सकती। ऐसा शोक कापुरुषता का द्योतक है। उत्तर को वीरगति से स्वर्ग प्राप्त हुआ है। इस युद्ध का अर्थ केवल युद्ध नहीं, धर्मराज्य की स्थापना है। पांडवों और पांडव पक्षवालों के लिए ऐसे युद्ध में प्राण खोना चिन्ताजनक बात नहीं हो सकती। रही जय की बात, यह निर्विवाद है कि पांडवों का धर्मपक्ष है, इसलिए हार की आशंका धर्म से नहीं। गणना से, भीमार्जुन के समकक्ष योद्धा कौरवों में नहीं, इसके अनेक प्रमाण अब तक प्राप्त हो चुके हैं। सेनापति धृष्टद्युम्न और सात्यकि कौरवों के किसी भी महारथ से सरकश हैं। पुनः, एक दिन में ऐसे युद्ध के भविष्य का निर्णय नहीं हो सकता। आप पीछे हटेंगे, तो यह आपका धर्म से डिगना होगा, यह कदापि आपका कर्तव्य नहीं कहा जा सकता। आप स्थैर्य से देखते चलिए। यदि यह भाव रखिएगा, तो आपकी सेना का दिल और बैठ जाएगा, और इसका परिणाम अधिक सेना-नाश के सिवा और कुछ न होगा।" कृष्ण के कथन का धृष्टद्युम्न ने समर्थन किया। महाराज विराट को भी सान्त्वना मिली, और बदले के लिए वह बद्ध परिकर हुए।

रात्रि प्रभात हुई। दूसरे दिन के युद्ध के लिए व्यूह-रचना होने लगी। भीम और अर्जुन हतोत्साह सेना को आश्वासन देने और स्नेह-शौर्य से उभाड़ने लगे। सूर्य के उगने से पहले दोनों तरफ़ की सेनाएँ अपने-अपने व्यूह में, सेनापति की आज्ञा के अनुसार, सन्निविष्ट हो गईं, और युद्ध के लिए आदेश की बाट जोहने लगीं। आज अर्जुन की और ही छटा थी। भीम से उनका निश्चय हो गया था कि वह पितामह की गति रोकेंगे, और भीम शत्रु-पक्ष में पैठकर सेना-संहार करेंगे, सात्यकि भीम के सहायक होंगे। इसके अनुसार सामने अर्जुन का विशाल नन्दिघोष-रथ था, जिसकी ध्वजाएँ प्रभात की वायु से मन्द-मन्द लहराती हुई, अपनी सेना को बढ़ने के इंगित से उत्साहित कर रही थीं। दाहिने भीम, कुछ पीछे सात्यकि, बाएँ धृष्टद्युम्न, पीछे सुभद्रानन्दन अभिमन्यु। इन रथियों के पीछे श्वेतच्छत्र रथ पर महाराज युधिष्ठिर। दोनों ओर चतुरंगिनी सेना का व्यूह-निवेश रच गया। हाथी, घोड़े, रथी और पदादिकों की शृंखला से शृंखला मिल गई। सूर्योदय हुआ। भीष्म और धृष्टद्युम्न ने शंख-ध्वनि से युद्ध की सूचना दी।

अर्जुन के रथ की ओर रथ बढ़ाने के लिए भीष्म ने सारथि से कहा। दोनों पक्ष के अच्छे-अच्छे योद्धा भीष्म और अर्जुन के कौशल देखने के लिए, अपने-अपने दल की सहायता के विचार से, एकत्र हो गए। भीष्म और अर्जुन में घनघोर युद्ध छिड़ गया।

इसी समय भीम कौरवों की सेना में पैठे, और एक ओर से संहार करने लगे। उनकी गदा के प्रहार से बड़े-बड़े हाथियों के मस्तक कुम्भ की तरह फूटने लगे। एक-एक बार में कितने ही पैदल काम आने लगे। पूरा एक पक्ष कमज़ोर पड़ गया। रथ, घोड़े, हाथी और पैदल अपने दूसरे पक्ष की ओर भागने लगे। इस समय भीष्म की उस तरफ़ निगाह गई। भीम को सेना-नाश करते हुए देखकर उन्होंने उधर रथ बढ़ाने की आज्ञा दी। कौरवों के दूसरे रथियों ने बढ़कर अर्जुन को रोका।

भीष्म ने पहुँचते ही भीम के पार्श्व-रक्षकों के घोड़ों को मार डाला। देखकर सात्यकि ने ऐसा तीर मारा कि भीष्म का सारथि गिर गया। सारथि के मरने से घोड़े भड़ककर रथ लेकर भाग चले। भीम सात्यकि के रथ पर आकर बैठे। भीष्म के अदृश्य होने पर कौरवों में हाहाकार मच गया। सन्ध्या का समय था। अर्जुन और द्रोण ने शंख बजाकर युद्ध बन्द किया।

तीसरे दिन फिर युद्ध का प्रारम्भ हुआ, पर पांडवों के सामने कौरवों की न चली। इस दिन भी कौरवों की सेना को बड़ी क्षति पहुँची।

यद्यपि भीष्म कम सेना-संहार नहीं करते थे, फिर भी, अधैर्य के कारण दुर्योधन को मालूम देता था कि पांडव प्रबल पड़ रहे हैं और ऐसा क्रम रहा, तो कौरवों की हार होगी। ग्लानि से भरकर सारथि के साथ वह भीष्म के शिविर में गया और उदास होकर कहने लगा, ''पितामह, पांडव युद्ध में जैसा पराक्रम दिखा रहे हैं, उससे हमारी सेना को अधिक क्षति पहुँच रही है। आप पांडवों पर स्नेह करते हैं, इसलिए जी लगाकर नहीं लड़ते। आप दिल से पांडवों की विजय चाहते हैं।''

महावीर भीष्म क्षुब्ध हो उठे। बोले, ''दुर्योधन, तुमसे पहले ही मैंने कह दिया था कि पाण्डव अजेय हैं। तुम एक दिन के कुछ सेना नाश से इतना घबराए, पर पांडव विपत्ति पर विपत्ति का सामना करते आए, ज़रा भी विचलित न हुए; उन्होंने अपार धैर्य प्राप्त किया है। साथ ही, शिक्षा भी ग्रहण की है। फिर भी तुम इतने चिन्तित न हो; मैं तुम्हारे लिए यथासाध्य प्रयत्न करूँगा।''

प्रातःकाल फिर सेना-निवेश होने लगा। महावीर भीष्म ने एक नए व्यूह की रचना की, और असम साहस से विपक्ष से लड़ने लगे। उनका सामना करना दुस्साध्य हो गया। प्रखर और प्रबल वेग से निक्षिप्त होकर सर्पों की तरह पांडवों को दंशन करने लगे। देखते-देखते पांडवों की वाहिनी भागने लगी। बड़े-बड़े रथी भीष्म के सामने न टिकने लगे। पांडव-दल में हाहाकार मच गया। महावीर अर्जुन भी इसका कुछ प्रतिकार न कर सके। देखकर श्रीकृष्ण से न रहा गया। बढ़ावा देते हुए बोले, ''पार्थ, तुम क्या देखते हो ? तुम्हारे सामने तुम्हारी सेना की यह दशा हो रही है, और तुम तस्वीर की तरह बैठे हुए भीष्म की यह दक्षता देख रहे हो ? अगर ऐसा ही इसका जवाब तुमने नहीं दिया, तो सेना का अनर्थकारी संहार होगा। जिस तरह हो, भीष्म को रोको।'' श्रीकृष्ण की उत्तेजनापूर्ण बातों से अर्जुन जैसे होश में आए। अब तक

भीष्म का जैसे अपार समर-कौशल देखते रहे थे, गाण्डीव में कठोर टंकार कर तीक्ष्ण शर योजित किए। पितामह की हस्तलाघवता के आगे पार्थ जैसे अपनी क्षिप्रता भूल गए थे। देखते-देखते विशाल गाण्डीव से लक्ष्यसिद्ध महारथ अर्जुन के तीक्ष्णतर तीर छूट-छूटकर भीष्म को चंचल करने लगे। पांडवों में नया जोश लहराने लगा। अन्यान्य रथी अर्जुन की पार्श्व-रक्षा के लिए बढ़ आए। कौरव हतबुद्धि होकर पार्थ का शरक्षेप देखने लगे। भीष्म के सहस्त्र प्रयत्न करने पर भी अर्जुन ने सन्ध्या होते-होते कौरवों की विशाल सेना का नाश कर डाला। अन्त में, भगवान भुवनभास्कर के अस्त होने पर दोनों तरफ़ के सेनापतियों ने शंखनाद करके उस दिन का समर समाप्त किया।

संजय को व्यास जी की कृपा से दिव्य दृष्टि प्राप्त थी। वह घर बैठे महाभारत युद्ध का महाराज धृतराष्ट्र से वर्णन करते थे। उत्तरोत्तर कौरवों की हार हो रही थी। सुनते-सुनते महाराज धृतराष्ट्र एक दिन क्षुब्ध हो उठे। कहा, ''संजय, तुम यह क्या कह रहे हो? पांडव क्या लोहे के हैं और कौरव मोम के, जो युद्ध के ज़रा से ताप से पिघल-पिघलकर बहे जा रहे हैं? कौरवों की सेना में भीष्म- द्रोण-कृप-अश्वत्थामा जैसे विश्वविजयी वीर हैं, कौरवों की सैन्य-संख्या भी पांडवों से ज़्यादा है, फिर भी कौरव प्रतिदिन हारते जा रहे हैं, कहते हो; ज़रूर तुम पांडवों का पक्षपात करते हो।''
''नहीं महाराज,'' संयत स्वर से संजय ने उत्तर दिया, ''पांडव तपस्वी होने के कारण बलवान पड़ते हैं, उनकी तरफ़ धर्म की शक्ति है।''

अस्तु, महाभारत युद्ध में क्रमशः सात दिन पूरे हो गए। आज आठवें दिन का युद्ध है। दोनों दलों के सेनापति अपनी-अपनी सेना को सन्निविष्ट करने लगे। दोनों तरफ़ से तुमुल-कोलाहल और सिंहनाद-पर-सिंहनाद उठने लगे। इसी समय अर्जुन की दूसरी पत्नी उलूपी से पैदा हुआ महारथ पुत्र इरावान पिता के पक्ष में सम्मिलित होने के लिए आ पहुँचा, और एक पार्श्व से कौरवों पर आक्रमण करने लगा। कौरवों के लिए इरावान का आक्रमण सँभालना मुश्किल हो गया। सेना व्यूह छोड़-छोड़कर भागने लगी। चारों ओर हाहाकार उठने लगा। सहायता के लिए पास के रथी दौड़े। शकुनि की सेना निकट थी। इरावान को रोकने के लिए बढ़ी पर उलूपी-पुत्र की कठोर मारों से उसके भी पैर उखड़ गए। पीछे गान्धार थे। आगे बढ़े, और इरावान को घेरकर भीषण युद्ध करने लगे। इरावान का शरीर क्षत-विक्षत हो गया। शत्रु-पक्ष को ज़ोर मारते देखकर इरावान क्रुद्ध हुआ, और दूने उत्साह से सैन्य-संचालन करता हुआ युद्ध करने लगा। गान्धार भी इस बार का आक्रमण न सँभाल सके। कितने कट-कटकर खेत रहे, बाकी मैदान छोड़कर भाग खड़े हुए। शकुनि कौरवों की सहायता से किसी तरह बचकर भागे। समस्त कौरव-दल में त्रास फैल गया। इसी समय दुर्योधन ने भीम से मारे गए बक के पुत्र राक्षस आर्ष्यशृंग को इरावान से लड़ने के लिए भेजा। राक्षस ने सोचा, सम्मुख-समर ठीक नहीं क्योंकि इरावान बलवान है,

इससे माया-समर करना चाहिए। यह सोचकर वह आकाश-मार्ग से युद्ध करने लगा। यह माया इरावान को भी आती थी। वह भी आकाश-मार्ग पर पहुँचा, और उसी कौशल से राक्षस से लड़ने लगा। यह संवाद अब तक पांडवों के पास पहुँचा, वे लोग इरावान को सहायता भेजने की बात सोचने लगे। इसी समय राक्षस ने सम्मोहन विद्या से इरावान को मोहित करके उसके प्राण ले लिए।

इसी समय भाई की सहायता के लिए भीमसेन का पुत्र घटोत्कच भेजा गया। इरावान का प्राणान्त हो गया है, देखकर उसे अपार क्रोध आया और कौरवों की सेना का संहार करने लगा। बड़े-बड़े वीर राक्षसों की सेना ने प्रलय की बाढ़ की तरह चारों ओर से कौरवों को घेर लिया। महाराज दुर्योधन बीच में पड़ गए। घटोत्कच की राक्षस-सेना का बड़ी वीरता से उन्होंने मुकाबला किया, लेकिन राक्षसों की मार के सामने उनके पैर न टिके! उधर, क्रोध में आकर घटोत्कच ने उन पर शक्ति प्रहार किया। वंगनरेश महाराज दुर्योधन के पास ही थे, उन्होंने उस शक्ति से दुर्योधन को बचा लिया, वार अपने ऊपर लिया, इससे उनके प्राण गए। राजा को राक्षसों से घिरा देखकर भीष्म और द्रोण ने सहायता की, तब दुर्योधन के प्राण बचे।

इरावान की मृत्यु से अर्जुन क्षुब्ध हो उठे, और बड़ी तत्परता से कौरवों का मुकाबला करने लगे। उनके प्रहत, प्रखर तीरों से हज़ारों की संख्या में कौरव-सेना धराशायी हुई। कौरवों के होश उड़ गए। दुर्योधन के अभी-अभी प्राण बचे थे, वह एक सुरक्षित स्थान से महावीर अर्जुन की भीषण बाण-वर्षा त्रस्त दृष्टि से देख रहा था। अर्जुन का वह भयंकर मुख और आरक्त नेत्र देखकर दुर्योधन विजय की आशा छोड़कर कौरवों के जीवन के लिए संशय करने लगा। इस समय भीष्म अर्जुन के सामने आए, लेकिन क्रुद्ध पार्थ के सामने आज उनकी भी न चली; देखते-देखते अर्जुन ने कौरवों की फिर भी काफी सेना मार दी। इस समय सूर्यास्त हो रहा था। सूर्य डूबने के साथ भीष्म ने शंख बजाकर युद्ध बन्द होने की सूचना दी। कौरवों के प्राण बचे। दोनों पक्ष शिविर की ओर लौटे।

दुर्योधन आज का दृश्य देखकर बेचैन हो रहा था। शिविर पहुँचते ही वह कर्ण के पास गया, और दुःखित होकर युद्ध के परिणाम पर कहने लगा, ''पांडव प्रबल पड़ रहे हैं, कौरवों की अधिक सेना मारी जा रही है।'' यह सुनकर कर्ण ने आश्वासन दिया कि भीष्म का निपात होते ही उनके दिव्य शरों के प्रहार से पांडवों का प्राणान्त अवश्य होगा। इस प्रकार मित्र को ढाढ़स दे, 'रात्रि अधिक हुई' कहकर विदा किया।

लेकिन दुर्योधन को विश्राम न भाया। वहाँ से कुछ ही दूर पितामह भीष्म का शिविर था। खिन्नचित्त दुर्योधन पितामह के पास पहुँचा, और स्वार्थवश विनम्रतापूर्वक प्रणाम कर बोला, ''पितामह, आप संसार के सर्वश्रेष्ठ योद्धा हैं। आपका विक्रम देवताओं को भी आतंकग्रस्त कर देता है। परन्तु मैं देखता हूँ, आप जी लगाकर इस

कुरुक्षेत्र के युद्ध में नहीं लड़ रहे। आपकी पांडवों पर प्रीति है। इससे उनका संहार नहीं होता, बल्कि फल प्रतिदिन उलटा हो रहा है। अर्जुन हज़ारों और लाखों की संख्या में कौरव-सेना का नाश कर डालता है, परन्तु आप इसका प्रतिकार नहीं करते। अगर पांडवों का भीतर-ही-भीतर पक्ष- समर्थन ही आपका उद्देश्य है, तो आप आज्ञा दीजिए, सेनापतित्व कर्ण को दिया जाए। अपनी सेना का इस प्रकार संहार देखकर मैं बहुत ही विचलित हो गया हूँ।''

पितामह भीष्म स्वार्थी दुर्योधन की बातें सुनकर मन में समझ गए कि दुर्योधन में धैर्य नहीं है, इसलिए यह क्षुब्ध हो उठा है। संयत स्वर से बोले, ''वत्स, तुम जैसे मित्रों में पड़े हो, तुम्हारी बुद्धि नष्ट हो गई है। योद्धा तब तक धैर्य के साथ युद्ध करता है, जब तक युद्ध का फल सामने नहीं आता। इस युद्ध में पांडव सेना का कम संहार नहीं हुआ परन्तु तुम्हारी तरह पांडव अधीर नज़र नहीं आते। वे प्रतिदिन जिस धैर्य से युद्ध करते हैं, तुम देखते ही हो। पांडवों ने जो सहनशक्ति अर्जित की है, उसका संसार में जोड़ नहीं। वे उदार भी हैं। तुम्हें इसका भी परिचय वे वनवास के समय दे चुके हैं। रही बात कर्ण के सेनापतित्व की, सो उनकी वीरता विराट नगर में तुम प्रत्यक्ष कर चुके हो। जाओ, विश्राम करो। कल के समर में हम पांडवों की भयंकर स्थिति कर देंगे।''

दूसरे दिन उषाकाल दोनों की सेनाएँ वर्म, चर्म, असि, गदादि अस्त्र-शस्त्र धारण कर समर-क्षेत्र में खड़ी हुईं। भीष्म ने सर्वतोय-व्यूह और अर्जुन ने अर्द्धचन्द्र-व्यूह बनाकर अपनी-अपनी सेना को शृंखलित किया। पश्चात सेनापतियों के इंगित से युद्ध का प्रारम्भ हुआ। महारथ अर्जुन का दुर्जय वेग शत्रु पक्ष न सहन कर सका। उनके अव्यर्थ तीरों ने कौरवों की सेना के पैर उखाड़ दिए। देखते-देखते एक तीर दुर्योधन के भी लगा, और वह वहीं मूर्च्छित हो गया। आज के युद्ध का भी विपरीत फल देखकर महावीर भीष्म अस्थिर हो गए, उनके अधर फड़कने लगे और शरासन सँभालकर तीक्ष्णतर तीरों से उन्होंने अर्जुन पर आक्रमण करना शुरू कर दिया। वह प्रबल आक्रमण दक्ष धन्वी पार्थ सँभाल नहीं सके। भीष्म ने देखते-देखते रणक्षेत्र का समस्त आकाश, अर्जुन के दोनों पार्श्व और नन्दिघोष रथ का सम्पूर्ण पूर्व भाग शरों से समाच्छन्न कर दिया। इसके पश्चात, तीरों की प्रखर-से-प्रखर चोटें अर्जुन को आकर विद्ध करने लगीं। उन्हें संवरण करना अर्जुन के लिए दुष्कर हो गया। तीरों से नन्दिघोष इस तरह आच्छन्न हो गया कि पांडवों तथा पांडव-सेना की दृष्टि में ही न आया। पांडव-दल में हाहाकार मच गया। इधर भीष्म अपूर्व क्षिप्रता से शर-योजना और निक्षेप कर रहे थे। तीरों की चोटों से अर्जुन घायल हो गए। कृष्ण के अंग भी जर्जर हो गए। अश्वों की गति अवरुद्ध हो गई। अर्जुन से प्रतिकार करते न बना। इसी समय भीष्म ने हज़ारों की संख्या में पांडव सेना का संहार कर दिया। कौरवों में बड़ा उत्साह उमड़ा। पांडव किंकर्तव्यविमूढ़ हो गए, उन्हें जैसे प्रलय दिखने लगी।

कृष्ण मन में शंकित हुए। जब अर्जुन से कुछ करते न बना और पुनः-पुनः भीष्म पांडववाहिनी का नाश करने लगे, कृष्ण भी तीरों की चोट से जर्जर हो गए, तब उनसे न रहा गया। अपनी अस्त्र-ग्रहण न करने की प्रतिज्ञा भूलकर आवेश में आकर रथ से कूद पड़े और भीष्म के संहार के लिए सामने बढ़े। एक टूटे रथ का पहिया देख उसे उठाकर भीष्म को मारने के लिए दौड़े। कृष्ण का भाव देखकर, लज्जित हो, रथ से उतरकर अर्जुन भी दौड़े, और "क्या करते हैं आप ?...आप मेरा अपमान करा रहे हैं।" कहते हुए कृष्ण के पैरों से लिपट गए। भीष्म वह दिव्य मूर्ति देखकर भाव में गद्गद होकर स्तुति करने लगे। श्रीकृष्ण का क्रोध शान्त हुआ। वह पुनः अपने रथ पर वापिस आए। सन्ध्या-समय फिर युद्ध स्थगित किया गया।

प्रातःकाल युद्ध का नवाँ दिन था। भीष्म ने सर्वतोभद्र और युधिष्ठिर ने महाव्यूह की रचना की। सूर्य की किरण फूटने के साथ दोनों ओर के सेनापतियों ने शंखध्वनि द्वारा युद्ध करने की सूचना अपने-अपने पक्षवालों को दी। फिर क्या, वीरों के दर्पपूर्ण सिंहनादों, घोड़ों की टापों और रथों की घरघराहट से पृथ्वी दहलने लगी। गजारोही, अश्वारोही, रथी और पदातिक अपने-अपने प्रतिद्वन्द्वी से मोर्चा लेकर डट गए। तुमुल-कोलाहल से युद्धक्षेत्र पूर्ण हो गया। बाएँ पक्ष में अभिमन्यु था। वीर बालक असीम साहस से शत्रु-पक्ष में पैठकर कौरव सेना को धराशायी करने लगा। देखकर एक साथ द्रोण, कृप, अश्वत्थामा और जयद्रथ वीर बालक के सामने आकर डटे, परन्तु अभिमन्यु के एक-ही-एक वार से कोई विरथ होकर भागा। कोई चोट खाकर, कोई मूर्च्छित होकर सारथि द्वारा ले जाया गया। अभिमन्यु की अद्भुत वीरता देखकर भीष्म क्रुद्ध हुए, और सारथि से रथ बढ़ाकर अभिमन्यु के सामने करने के लिए कहा। अर्जुन बड़ी तत्परता से बढ़ रहे थे, साथ-साथ पितामह की गतिविधि का भी निरीक्षण कर रहे थे। भीष्म को अभिमन्यु की ओर बढ़ते देखकर उन्होंने भी कृष्ण से भीष्म की गति रोकने के लिए रथ बढ़ाने को कहा। फलतः अभिमन्यु तक भीष्म की पहुँच न हो सकी, वह बीच में ही रोक लिए गए।

लेकिर महावीर भीष्म अवरुद्ध होने पर पूर्ण शक्ति से अपनी बाधा पार करने का उपक्रम करने लगे। आज अर्जुन भी पूर्ण रूप से चेतन थे। दोनों में महासमर होने लगा। अविराम वर्षा की तरह दोनों ओर से प्रखर शरधारा प्रवाहित हो चली। दोनों पक्ष के बड़े-बड़े रथी भीष्म और अर्जुन का आश्चर्यजनक समर-कौशल एकटक होकर देखने लगे। कुछ समय बाद महावीर भीष्म का वेग अर्जुन न रोक सके। उनके हाथ पिछले दिन की तरह शिथिल हो चले। पलक मारते भीष्म अर्जुन के बाणों का जवाब देकर पांडवों की सेना का संहार करने लगे। यह क्षिप्रता देखकर अर्जुन चिन्ता करते हुए सोचने लगे, महावीर भीष्म से विजय पाना असम्भव है। भीष्म ने उस दिन भी सहस्त्र-सहस्त्र पांडव-सेना का नाश किया। सन्ध्या-समय कौरवों के जयोल्लास से समर समाप्त हुआ। पांडव विपण्ण होकर लौटे।

रात के समय समस्त पांडव एकत्र होकर कृष्ण से मंत्रणा करने लगे। युधिष्ठिर ने कहा, "कृष्ण, अब संग्राम में विजय न होगी। पितामह भीष्म जिस उग्रता से संग्राम कर रहे हैं, इससे पांडवों की सेना का बहुत जल्द नाश जान पड़ता है।" भीम ने कहा, "अर्जुन ने बड़े-बड़े देवताओं से जो दिव्य अस्त्र प्राप्त किए हैं, उनका उपयोग न जाने क्यों नहीं करते, नहीं तो भीष्म की भीषणता अब तक ठण्डी हो गई होती।" अर्जुन ने कहा, "केशव, अब आप ही उपाय बतलाइए कि महारथ भीष्म से किस प्रकार संग्राम करके विजय प्राप्त की जाए?" कृष्ण कुछ देर तक सोचते रहकर बोले, "महाराज भीष्म केवल महारथ ही नहीं, महामति भी हैं। मेरी राय में हम सब लोग उनके शिविर में चलें, और उन्हीं से उन पर होनेवाली विजय का उपाय पूछें।" श्रीकृष्ण की यह सलाह लोगों को बहुत-बहुत पसन्द आई, और सब उसी वक़्त उठकर चलने को तैयार हुए।

भीष्म आराम कर रहे थे। श्रीकृष्ण और पांडव पहुँचे। श्रीकृष्ण को देखकर भीष्म प्रसन्नतापूर्वक उठकर खड़े हो गए। युधिष्ठिर आदि पांडवों ने चरण-स्पर्श कर पितामह को प्रणाम किया। इसके बाद युधिष्ठिर ने नम्रतापूर्वक कहा, "पितामह, हम पर सदा दुर्दैव के बादल छाए रहे। इस समय भी वे कटते नहीं नज़र आते। कुरुक्षेत्र-युद्ध का परिणाम हमारे लिए कदापि अच्छा न होगा। कारण, आपको परास्त करना पांडवों की ही क्या, विश्व की शक्ति के बाहर है। आपके सेनापतित्व में कौरव अजेय हैं। कौरवों की विजय हुई, तो देश से धर्म और सत्य की प्रतिष्ठा जाती रहेगी। कौरव अधार्मिक हैं। हम इसलिए आपके पास आए हैं कि आप हमारे लिए क्या आज्ञा देते हैं, मालूम करें; आपके सेनापतित्व में लड़कर नाश प्राप्त करने की जगह हमारे लिए पुनः वनवास को जाना उत्तम मार्ग है।" युधिष्ठिर नम्र शब्दों में यह निवेदन कर भीष्म की आज्ञा की अपेक्षा में एकटक उन्हें देखते रहे। धर्मराज युधिष्ठिर की ऐसी सरलोक्ति सुनकर भीष्म गद्गद हो गए। उनके आनन्द के आँसू निकल आए। प्रसन्न होकर बोले, "युधिष्ठिर, तुम सत्य कहते हो। मेरे जीवित रहते सत्य की प्रतिष्ठा न हो सकेगी। मैं इच्छा-मृत्यु का वर पा चुका हूँ। कौरव-पक्ष तब तक अजेय है, जब तक मैं हूँ। परन्तु वत्स, संसार का रहस्य देखो कि मुझे वह पक्ष ग्रहण करना पड़ा है, जो असत्य है। मेरी आँखों के सामने सत्य अमर्यादित हो, यह मेरे लिए लज्जा की बात होगी। इसीलिए मेरा मन संसार से हट चला है। पुनः मैं जानता हूँ, इधर की दो रोज़ की लड़ाई में पांडव-पक्ष बहुत ही क्षतिग्रस्त हुआ है, परन्तु मुझे यह सोचकर और लज्जा होती है कि शस्त्र-विद्या में मुझसे अधिक समर्थ होने पर भी अर्जुन ने विपत्ति के समय देवताओं के दिए हुए दिव्यास्त्रों का प्रयोग नहीं किया, बल्कि धैर्यपूर्वक मेरी दी चोटों को सहन किया है। ऐसे संसार से, संसार के ऐसे विधान से मुझे ग्लानि हो गई है। मैं इस संसार से अब विदा होना चाहता हूँ। मेरे स्थान पर अर्जुन मेरे वंश का मुख उज्ज्वल करेगा। सुनो, मैं अपनी मृत्यु का भेद तुम्हें

बतलाता हूँ। तुम्हारी सेना में द्रुपद का बेटा शिखण्डी पहले का स्त्री है। मेरे वध के लिए उसने शिवजी की तपस्या की थी, उसे वर मिला है। द्रुपद के घर वह पैदा हुआ था कन्या-रूप में, लेकिन एक दानव के वर से वह फिर पुरुष-रूप में बदल गया; परन्तु पूर्ण रूप से अभी तक उसका स्त्रीत्व दूर नहीं हुआ है, वह नपुंसक है। उसे देखकर मैं अस्त्र ग्रहण नहीं करूँगा। यदि उसे सामने करके अर्जुन मुझ पर शरक्षेप करेगा, तो अधीर होकर निःशस्त्र मैं प्राण छोड़ने को विवश हूँगा।'' पांडवों ने पितामह के पैरों पड़कर प्रणाम किया और चलने की आज्ञा माँगी। प्रसन्न होकर भीष्म ने अपने वीर पौत्रों को आशीर्वाद दिया।

दसवें दिन का महायुद्ध शुरू हुआ। दोनों ओर की सेनाएँ पहले की तरह मैदान में आकर खड़ी हुईं। सेनापति व्यूह की रचनाएँ करने लगे। आज कौरवों के अग्रभाग में भीष्म और पांडवों के भीम थे। नकुल, सहदेव और सात्यकि उनके रक्षक। अभी तक महावीर अर्जुन का रथ अदृश्य था। भीम के आक्रमण से कौरवों में पहले कुछ हलचल हुई, लेकिन भीष्म के सामने आ जाने से जाती रही। दुःख आनन्द में बदल गया। भीष्म की खरधार बाण-वर्षा भीम नहीं रोक सके। देखते-देखते उन्होंने हज़ारों हाथी-घोड़े और पैदल जवानों को गिरा दिया। आज भीष्म की उग्रमूर्ति के सामने कोई क्षणभर नहीं ठहर सकता था। बड़े-बड़े रथी और महारथी का मैदान मारा गया। भीम कुछ देर अड़े, लेकिन बाद को उखड़ गए, उनके सहायक भी कट-छँट गए। पांडव-दल में त्रास पैदा हो गया। सहायता की चारों ओर से पुकार उठने लगी। बिना सहायक सेनापति के दल विचलित होकर भागने लगा। महाराज युधिष्ठिर घबराए। ऐसे समय शिखण्डी पितामह के सामने आकर डटा। शिखण्डी को देखकर उन्होंने अस्त्र परित्याग कर दिया। शिखण्डी उन पर तीर चलाने लगा पर महावीर भीष्म को चोट लगने की तो बात क्या, शिखण्डी के उन तीरों से उनका वर्म भी न बिंधा। वे मुँह फेरे हँसते रहे। इसी रथ पर पीछे अर्जुन बैठे थे। कृष्ण ने कहा, ''पार्थ, तुम तीर मारो। शिखण्डी के तीर भीष्म का वर्मभेद नहीं कर पा रहे।''

''कृष्ण,'' अर्जुन ने कहा, ''यह बहुत बड़ा अन्याय है। क्षत्रिय के लिए कायरता है। मैं शिखण्डी के पीछे रहकर निरस्त्र भीष्म पर कैसे बाण-वर्षा करूँ?''

''सशस्त्र भीम को कोई शक्ति पराजित नहीं कर सकती, पार्थ,'' कृष्ण ने कहा, ''भीष्म स्वयं ऐसा करने के लिए कह चुके हैं। तुम उनकी आज्ञा का पालन करो। सब समय एक धर्म, एक ही प्रकार काम नहीं देता। यह समझौता भीष्म से नहीं, कौरवों से है। भीष्म ने जब कौरवों का पक्ष लिया, तब समझना चाहिए कि उन्होंने अन्याय को प्रश्रय दिया। क्योंकि द्रौपदी पर राजसभा में जो अन्याय हुआ है, वह भीष्म भलीभाँति जानते हैं। विराट के यहाँ भीष्म भी गए थे, गऊ चुराने। लेकिन इस अधर्म को भीष्म ने अधर्म नहीं, धर्म माना है क्योंकि वह राजा की आज्ञा समझकर मानते आए हैं; वह अपनी विमाता सत्यवती से प्रतिज्ञा कर चुके थे कि राजसिंहासन

की रक्षा करेंगे। उनके वंश में कोई राजा हो, उसकी रक्षा ही भीष्म का धर्म है। इसलिए तुम भी अपना धर्म पालन करो—भीष्म को मारो।"

सुनकर क्रुद्ध अर्जुन गाण्डीव में तीक्ष्ण शर की योजना करने लगे, मारने लगे। तीर वर्म भेदकर पितामह के जीर्ण शरीर में चुभ गया। वह समझ गए, यह शिखण्डी का नहीं, उन्हीं के महारथ नाती का तीर है। इस प्रकार तीर-पर-तीर बिद्ध होते हुए भीष्म को जर्जर करने लगे। अभी तक दोनों ओर युद्ध हो रहा था, इसलिए भीष्म की दशा की तरफ़ किसी पक्ष का ध्यान न था। जब भीष्म का शरीर तिल-तिल बिद्ध हो गया, तब वह बैठे न रह सके। रथ से लुढ़ककर पृथ्वी पर आ गए और चुभे तीरों के कारण उन्हीं पर रह गए, मिट्टी में उनकी पीठ न लगी।

भीष्म के गिरते ही दोनों दलों में हाहाकार मच गया। लड़ाई बन्द हो गई। दोनों पक्षों के बड़े-बड़े सेनापति भीष्म को देखने के लिए रथ, हाथी, घोड़ा छोड़कर पैदल दौड़ पड़े। चारों ओर से कौरव-पांडव और राजा-महाराजा घेरकर खड़े हो गए। दुर्योधन को जान पड़ा, अब कौरवों का अन्त आ गया। युधिष्ठिर भी शोक से उद्विग्न खड़े थे।

भीष्म ने कहा, "सिर लटक रहा है, इसके लिए उपाय होना चाहिए।"

महाराज दुर्योधन तकिया लेने के लिए दौड़े, और एक कीमती तकिया मँगाकर भीष्म के पास आए।

भीष्म ने अर्जुन की तरफ़ देखा, अर्जुन ने तीन तीर सन्धान कर सिर के नीचे ऐसे मारे कि वे आधार बन गए।

फिर भीष्म ने कहा, "प्यास लगी है।"

दुर्योधन ने स्वर्णपात्र में शीतल जल मँगाकर हाज़िर किया। भीष्म ने अर्जुन की तरफ़ देखा। अर्जुन ने तीर सन्धान कर पृथ्वी पर मारा। शीतल, निर्मल जलधारा फूटकर भीष्म के मुँह में गिरने लगी।

पानी पीकर भीष्म ने दोनों पक्षवालों को जाने की आज्ञा दी और कहा, सूर्य के उत्तरायण में आने पर वह प्राण छोड़ेंगे।

द्रोणपर्व

द्रोण का सेनापतित्व

पितामह भीष्म की शर-शय्या के बाद महावीर कर्ण प्राचीन वैर भूलकर भीष्म से मिलने गए। उस समय दूसरा कोई वहाँ न था। कर्ण ने हाथ जोड़कर पितामह को प्रणाम किया। आशीर्वाद देकर भीष्म ने कर्ण को समझाया, "यह अवश्यम्भावी युद्ध तुमसे रुक भी सकता है, और आगे बढ़ भी सकता है। दुर्योधन को यह विश्वास है कि तुम्हारी सहायता से वह पांडवों पर विजय प्राप्त करेगा,

लेकिन तुम जानते हो, अर्जुन को परास्त करना दोनों पक्ष में किसी के लिए सहज नहीं। यह ठीक है कि तुम बाण-विद्या में अर्जुन से कम नहीं; लेकिन अधिक हो, ऐसा प्रमाण तो तुम अभी तक नहीं दे सके—न चित्ररथ गन्धर्व से युद्ध होते समय, न विराट के यहाँ। फिर अकारण यह युद्ध क्यों मोल ले रहे हो? तुम अगर इनकार करो या समझाओ, तो दुर्योधन रास्ते पर आ सकता है क्योंकि उसे सबसे अधिक तुम्हारे बल पर विश्वास है। फिर, पांडव तुम्हारे भाई हैं। तुम अधिरथ के नहीं, कुन्ती के पुत्र हो। कुन्ती कुमारी थी, तब तुम पैदा हुए थे। लज्जा के कारण उसने तुम्हारा त्याग किया था। तुम अपने भाइयों का संहार करो, यह अच्छा नहीं! भरसक, तुम्हें चाहिए कि युद्ध रोको, और दोनों दलों में शान्ति स्थापित करो।" कर्ण ने कहा, "पितामह, अब विवाद बहुत दूर बढ़ गया है। मैं केवल सूत अधिरथ का पुत्र हूँ, जिसने मुझे सेया-पाला है। समाज में मैं पतित समझा जाता था, सखा दुर्योधन ने मुझे राजा बनाकर ऊँचा उठाया है; मुझे सब प्रकार से मान दिया-दिलाया है। ऐसे मित्र के असमय में मैं युद्ध के विरुद्ध सन्धि की बातचीत करूँ, इससे बड़ी दूसरी कायरता मुझे नज़र नहीं आती। आप चिरविश्राम ग्रहण कर चुके हैं। अब आपका उपदेश मेरे लिए हितकर नहीं हो सकता। पांडव आपके भी नाती थे। आपने उनके विरुद्ध अस्त्र क्यों उठाया? कौरवों को आप भी समझा सकते थे। क्षत्रिय परिणाम की चिन्ता नहीं करता।" कहकर कर्ण चले आए।

कौरवों के शिविर में बड़े-बड़े रथियों की सभा हुई। कर्ण भी सम्मिलित हुए। पितामह के पतन का यद्यपि दुर्योधन को शोक था, फिर भी उसका विचार था कि पितामह पांडवों का पक्ष लेते थे, और पूरी शक्ति से उनके विरुद्ध नहीं लड़ते थे; अब महावीर कर्ण मैदान में उतरेंगे, इससे अवश्यमेव पांडवों का नाश होगा। इस निश्चय से दुर्योधन को जितना दुःख था, उससे अधिक आनन्द था। कौरव पक्ष के बड़े-बड़े रथी एक-एक करके एकत्र हो गए। तब विचार होने लगा कि पितामह भीष्म के बाद सम्पूर्ण कौरव पक्ष का कौन सेनापति बनाया जाए। कृपाचार्य ने कहा, "महाराज, आचार्य द्रोण से योग्य दूसरा रथी हमारे पक्ष में नहीं। महामति भीष्म ने दस दिन तक घोर युद्ध किया है, और पांडवों की बहुत बड़ी सेना का संहार; आचार्य द्रोण और भी अद्भुत शक्ति का परिचय देंगे। उनकी बाण-विद्या की थाह नहीं। उनका कौशल अपराजेय है। उनके व्यूह सभी रथी नहीं भेद सकते। वह अद्वितीय हैं।" कर्ण आदि अन्य वीरों ने भी आचार्य द्रोण के सेनापतित्व पर सम्मति दी। अस्तु, द्रोण का सेनापतित्व स्वीकृत हो गया। महाराज दुर्योधन ने ब्राह्मण बुलाकर विधिवत आचार्य का अभिषेक किया, और उनका सेनापतित्व समस्त सेना में घोषित करा दिया।

सेनापतित्व का गौरव सिर पर लेकर आचार्य द्रोण कुछ काल तक स्तब्ध भाव से खड़े रहे, फिर प्रतिज्ञा की, "मैं महामति भीष्म की तरह समस्त कौरव-सेना की रक्षा करूँगा, और पांडवों के संहार-कार्य में कोई कसर उठा न रखूँगा। मेरी समस्त

बाण–विद्या और रण–कौशल कौरवों की हित–साधना में लगेगा। केवल धृष्टद्युम्न से मुझे चिन्ता है क्योंकि उसकी उत्पत्ति मेरी मृत्यु के लिए हुई है।''

आचार्य की प्रतिज्ञा समाप्त होने पर दुर्योधन ने कहा, ''आचार्य, आपका समर–कौशल विश्वविश्रुत है। हम और पांडव आपके शिष्य हैं। आपसे पार पानेवाला उभय पक्षों में कोई नहीं। आप एक सहज कार्य कर दें तो हमारा काम बिना परिश्रम के हो जाए, और यह युद्ध भी रुक जाए, जन–नाश भी न हो। आप युधिष्ठिर को पकड़ दें। हम जुआ खेलाकर उन्हें फिर वन भेज देंगे, यह युद्ध रुक जाएगा। आप आचार्य हैं, आपको ऐसे अनेक व्यूह, अनेक उपाय मालूम हैं, जिसका भेद पांडवों को न मालूम होगा।''

दुर्योधन की स्तुति से द्रोण बहुत खुश हुए। कहा, ''महाराज, मैं अपनी पूरी शक्ति युधिष्ठिर को गिरफ़्तार करने में लगा दूँगा। महामति भीष्म की तरह मैं आपकी विजय के लिए हर सूरत अख़्तियार करूँगा। आप मेरी तरफ़ से निश्चिन्त रहिए। लेकिन एक बात है। जब तक अर्जुन युधिष्ठिर की रक्षा करेगा, तब तक उनका पकड़ में आना दुश्वार है। अब भी अर्जुन मेरा शिष्य है, फिर भी युद्ध के सभी प्रकार उसे मालूम हैं, फिर वह महादेव को प्रसन्न कर पाशुपत महास्त्र भी प्राप्त कर चुका है। राजन, अगर अर्जुन को युद्धक्षेत्र से हटाने का उपाय सफल हो, तो सम्भव है कि धर्मराज युधिष्ठिर पकड़ में आ जाएँ।''

आचार्य द्रोण की बात सुनकर त्रिगर्त के राजा सुशर्मा और संसप्तकों ने कहा, ''अर्जुन को हटा ले जाने की चिन्ता आप छोड़ दीजिए। कल हम युद्ध के लिए अर्जुन को ललकारेंगे, और बढ़ाते हुए दूर ले जाएँगे। उस समय धर्मराज को पकड़ने का उपाय आप कीजिए।''

युधिष्ठिर को पकड़ने के निश्चय से कौरवों में आनन्द की लहरें उठने लगीं। दुर्योधन और दुःशासन को मारे उद्वेग के रात को अच्छी नींद न आई। उन्हें सबसे बड़ी प्रसन्नता यह थी कि कल से महावीर कर्ण भी मैदान में उतरेंगे और भीष्म की कमी मालूम न होगी। कारण, भीष्म पांडवों का पक्ष लेते थे।

पांडव–शिविर में भी मंत्रणा–सभा बैठी। कृष्ण ने कहा, ''धर्मयुद्ध महामति भीष्म के साथ हो गया। अब कौरव एक भी उपाय उठा न रखेंगे। कल से कर्ण भी उतरनेवाले हैं। उनमें नया जोश है। फलतः युद्ध के क्रियाकलाप कल से अवश्यमेव बदले नज़र आएँगे। हमें पहले से सतर्क हो जाना चाहिए।''

धर्मराज सरल दृष्टि से श्रीकृष्ण को देखने लगे। अर्जुन ने कहा, ''मित्र, आपका कहना सत्य मालूम देता है। मेरा भी अनुमान है, अब युद्ध में छल प्रधान होगा। कर्ण और शकुनि सीधी चाल न चलेंगे।''

''हाँ'', श्रीकृष्ण सोचते हुए बोले, ''दुर्योधन अधीर व्यक्ति है। सेनापतित्व के समय द्रोण से उसने अवश्य ही कुछ बड़ी प्रतिज्ञा कराई होगी। द्रोण सीधे ब्राह्मण हैं।

प्रशंसा से फूलकर उन्होंने पांडवों के अन्याय-विरोध के लिए कोई प्रतिज्ञा की होगी। हमारे विचार से धर्मराज की रक्षा का कल से उत्तम प्रबन्ध होना चाहिए।''

भीम को अब जैसे होश हुआ। वह दर्प के साथ सभा के सदस्यों को देखने लगे। कृष्ण ने कहा, ''भीम और अर्जुन—दोनों धर्मराज की रक्षा के लिए उनके दोनों तरफ़ रहेंगे। यदि किसी कारण एक का अभाव हो, तो उस स्थान पर धृष्टद्युम्न और सात्यकि मोर्चा जमाएँ। किसी तरह भी धर्मराज पकड़े न जाएँ।'' पांडव पक्ष ने अपनी रक्षा का इस प्रकार प्रबन्ध किया।

ग्यारहवें दिन दोनों ओर की सेनाएँ नए उल्लास से मैदान में एकत्र होने लगीं। द्रोण ने सेना का निवेश करके सामने पांडवों की ओर रथ बढ़ाने को कहा। सोने के विशाल रथ पर शोभित आचार्य द्रोण को सेनापति के रूप में देखकर एक बार पांडवों में आतंक छा गया। द्रोण के दोनों ओर दुर्योधन और दुःशासन, पीछे जयद्रथ, कलिंग-नरेश, कृपाचार्य और कृतवर्मा। दूर एक बगल अश्वत्थामा, दूसरी बगल महावीर कर्ण। कौरव सेना नए उच्छ्वास से उमड़ती हुई समुद्र की तरह बार-बार जयध्वनि से गर्जना करने लगी। कर्ण की सूर्य- चिह्नवाली फहराती हुई ध्वजा को देखकर पांडवों के बड़े-बड़े वीर भी संत्रस्त हो गए। केवल अर्जुन धैर्य के साथ कौरवों के व्यूह का निरीक्षण कर रहे थे। इसी समय कपिध्वज नन्दिघोष रथ को देखकर सुशर्मा और संसप्तक एक ओर से बढ़े। अर्जुन के कुछ दूर पर सात्यकि का रथ था। अर्जुन ने इशारे से सात्यकि को बुलाया। उनके आने पर कहा, ''आचार्य द्रोण की व्यूह-रचना देखकर मालूम दे रहा है कि राजा को पकड़ने की तैयारी की गई है। तुम व्यूहभेद में दक्ष हो। होशियार रहना। हमारी सेना का सेनापतित्व धृष्टद्युम्न कर रहे हैं, देखकर आचार्य द्रोण कुछ चौंके से नज़र आ रहे हैं। यह काम हमारी तरफ़ से अच्छा हुआ है। वह महाराज युधिष्ठिर के अग्रभाग में बड़े अच्छे रहे। भीम दाहिना पार्श्व रख रहे हैं लेकिन रथ पर रहकर वह अच्छा युद्ध नहीं कर सकते। रथ छोड़ देने पर धर्मराज का दाहिना पार्श्व कमज़ोर हो जाएगा। फिर, उधर कर्ण हैं। कर्ण बाणयुद्ध करेंगे, तो भीम रोक नहीं पाएँगे, रथ छोड़कर गदायुद्ध के लिए विवश होंगे। फलतः धर्मराज का दाहिना पार्श्व टूट जाएगा। बाएँ में मैं हूँ पर मैं शायद यहाँ न रह पाऊँगा। वह देखो, सुशर्मा का रथ इधर बढ़ता आ रहा है, साथ संसप्तक हैं, ये मुझे उलझाएँगे। अगर युद्ध करते-करते विवश होकर मुझे बढ़ना पड़ा, तो धर्मराज का वाम पार्श्व भी टूटा समझो। यह सब उन्हें पकड़ने के लिए किया गया मालूम दे रहा है नहीं तो सुशर्मा के उतनी दूर से बढ़कर इधर आने का कोई कारण नहीं जान पड़ता। केवल तुम हो, सावधानी से धर्मराज की रक्षा करना। परिस्थिति बिगड़ी देखना, तो धर्मराज को भागने के लिए विवश करना। निश्चय समझो, कर्ण और द्रोण के बीच में पड़ जाएँगे तो कोई भी उनकी रक्षा न कर सकेगा। वह देखो, सुशर्मा आ गया, तुम अपनी जगह जाओ।''

सुशर्मा संसप्तकों के साथ बड़ी तेज़ी से बढ़कर अर्जुन के सामने आया, और ललकारकर बोला, "अब तक कायरों से लड़ते रहे हो, अभी शूर का मुकाबला नहीं किया। अगर है कुछ हौसला, तो बढ़ आओ, खुले मैदान में हमारे-तुम्हारे दस-पाँच हाथ हों, लोग सच्चे नतीजे पर आएँ।"

अर्जुन ने वहीं से दो तीर आचार्य द्रोण को नमस्कार करने के लिए चलाए, जो आचार्य के पैरों के पास आकर गिरे। आचार्य ने प्रिय शिष्य को आशीर्वाद दिया। कृष्ण ने सुशर्मा के सामने रथ बढ़ाया।

दोनों ओर के सेनापतियों के शंख बजाते ही युद्ध छिड़ गया। रथ से रथ, हाथी से हाथी, घोड़े से घोड़े और पैदल से पैदल भिड़ गए। युद्ध नए जोश में आरम्भ हुआ। दोनों ओर बड़ी स्फूर्ति थी। क्षण-क्षण रणक्षेत्र में हाथियों के बादल उमड़ रहे थे। बाणों की वर्षा से दिग्ज्ञान भूला था। घमासान युद्ध हो रहा था। द्रोण सामने से और कर्ण बगल से आक्रमण कर रहे थे। इन महारथियों की चोटें पांडव पक्ष के रथी नहीं सँभाल पा रहे थे। फलतः पांडव-सेना धराशायी हो रही थी। सुशर्मा अर्जुन के साथ लड़ता हुआ हटता-हटता उन्हें दूर ले गया। कर्ण को सेना-नाश के लिए एक बाजू में छोड़कर शल्य आकर भीम से भिड़े। नतीजा जो होना था, हुआ। भीम ने रथ छोड़ दिया, और गदा लेकर मैदान में कूद पड़े। शल्य भी गदा-युद्ध विशारद थे। दोनों में बल-परीक्षा होने लगी। इसी समय कर्ण रथ बढ़ाते हुए महाराज युधिष्ठिर की बगल में आ गए। सात्यकि सतर्क थे। उन्होंने कर्ण को रोका। सामने धृष्टद्युम्न द्रोण के मारों से न ठहर सके। उनका सारथि मारा गया, और रथ के घोड़े घायल हो गए। इसलिए दूसरा रथ बदलने के लिए वह अपने सहायक के रथ पर चढ़े, और युद्धक्षेत्र से प्रस्थान किया। महाराज युधिष्ठिर अपने भाई नकुल-सहदेव और सात्यकि के संरक्षण में रह गए। कर्ण बुरी तरह बाण बरसा रहे थे। सात्यकि को वार झेलते कठिनता हो रही थी। शकुनि ने रथ बढ़ाकर सहदेव को रोका। अकेले नकुल धर्मराज की सहायता में रह गए। द्रोण पूरे विक्रम से लड़ रहे थे। युधिष्ठिर को ऐसी दशा में देखकर रथ बढ़ाया। युधिष्ठिर एक योद्धा की तरह लड़ने लगे। नकुल सहायता कर रहे थे। सात्यकि अब तक सँभलकर कर्ण को पीछे हटाने लगे। सात्यकि की इस समय की वीरता देखने लायक थी। भीम की जगह दाहिना पक्ष लिये हुए सात्यकि कर्ण को जर्जर किए दे रहे थे। बाणों के मारे चारों ओर अँधेरा छाया हुआ था। सहदेव शकुनि से लड़ रहे थे। द्रोण के साथ दुर्योधन-दुःशासन दोनों थे। और भी रथी थे, अकेले नकुल धर्मराज को पूरी मदद न पहुँचा पा रहे थे। फिर, चारों ओर अन्धकार छाया था। युधिष्ठिर तत्परता से आचार्य का मुकाबला कर रहे थे। इसी समय पांडव-दल में खबर फैली कि धर्मराज पकड़ लिए गए। अर्जुन काफी दूर निकल गए थे। उनके पास भी यह खबर पहुँची। उन्होंने कृष्ण से रथ लौटा लाने के लिए कहा। विद्युद्वेग से कृष्ण ने नन्दिघोष-रथ लौटा लाया। शत्रुओं

का सामना करते, हटाते, सैकड़ों लाशें और खून की नदियाँ पार करते हुए अर्जुन धर्मराज के युद्धक्षेत्र में पहुँचे। देखा, वे अक्षत हैं, केवल घिर रहे हैं। नकुल प्राणों की बाज़ी लगाकर कौरवों का मुकाबला कर रहे हैं, और सात्यकि कर्ण को एक कदम आगे नहीं बढ़ने दे रहे। भीम शल्य से उलझे हुए अपने मौके से बेखबर हैं, और सहदेव शकुनि से जैसे हमेशा का फ़ैसला कर लेने के लिए तुले हुए लड़ रहे हों। अर्जुन की तेज़ चोटों से कौरव दल विचलित हो गया। रथी घबरा गए, और बढ़ी हुई कौरव सेना अधिक संख्या में मारी गई। सन्ध्या हो आई थी। आचार्य द्रोण ने अर्जुन को देखकर युधिष्ठिर को बाँधने की आशा छोड़ युद्ध बन्द करने का शंख बजाया। दोनों ओर की लड़ाई स्थगित हो गई।

दोनों पक्ष के शिविरों में अनेक प्रकार की मंत्रणाएँ होती रहीं—कौरव पक्ष में युधिष्ठिर को पकड़ने की, पांडव पक्ष में बचाने की। दुर्योधन को निराश देखकर त्रिगर्तराज आवेश में आ गए और कहा, ''कल मैं अर्जुन को युद्धक्षेत्र से बहुत दूर ले जाऊँगा। अर्जुन के लौटने का रास्ता भी सेना और रथियों से रोक दिया जाए, तो आचार्य द्रोण और महावीर कर्ण, निस्सन्देह युधिष्ठिर को पकड़ लेंगे।'' आचार्य द्रोण ने सम्मति प्रकट की। अस्तु, दूसरे दिन फिर सेनाएँ एकत्र होने लगीं, और व्यूह में निविष्ट होकर अपने-अपने सेनापति की आज्ञा की बाट जोहने लगीं। अर्जुन अब जान गए थे कि कौरव युधिष्ठिर को पकड़ने के इरादे में हैं। इसलिए आज पांचाल-वीर सत्यजित् को उनकी रक्षा के लिए खासतौर से रखा था। सत्यजित् प्राणों की बाज़ी लगाकर युधिष्ठिर की रक्षा करेगा, वचन दे चुका था। और सहायक भी दिए गए थे, साथ ही यह उपदेश भी कि किसी प्रकार का खतरा देख पड़े, तो धर्मराज युद्धक्षेत्र छोड़कर भाग जाएँ।

सेनाओं का सामना होते ही त्रिगर्तों ने अर्जुन को ललकारा और उनका रथ बढ़ते ही दक्षिण की ओर भागे। काफी दूर निकलकर व्यूह बनाकर खड़े हो गए, और डटकर अर्जुन से लोहा लेने लगे। मृत्यु का यह उल्लास अर्जुन कुछ देर तक ज्ञान की दृष्टि से देखते रहे, फिर विशाल गाण्डीव में शर-योजना की। बड़ी वीरता से लड़ते हुए त्रिगर्त लोग वीरगति पाने लगे। वे बड़े वेग से अर्जुन पर आक्रमण करते थे। कई बार कठिन-से-कठिन प्रहार किया। उन्हें निश्चय था कि वे युद्ध में विजयी होंगे, पर फल उलटा होता रहा। एक-एक करके वे अर्जुन के हाथ मारे जाने लगे। जो बचे, वे मैदान छोड़कर भाग खड़े हुए।

कृष्ण ने रथ लौटा लाया, तो रास्ता रोका हुआ दिख पड़ा। अर्जुन और कृष्ण—दोनों समझ गए कि धर्मराज पर संकट है। अर्जुन को रोक रखने के लिए यह उपाय किया गया है। इससे उतावली हुई। अर्जुन बड़ी तेज़ी से तीर चलाते हुए रास्ता साफ करने लगे पर वहाँ सेना-ही-सेना खड़ी थी, रथी भी थे। प्राग्ज्योतिष का राजा भगदत्त हाथी पर सवार रास्ता रोके हुए था। उसकी तमाम सेना साथ थी। यहाँ अकेले अर्जुन।

भगदत्त दम्भी भी था। उसने हाथी बढ़ाकर कहा, "अर्जुन, त्रिगर्तों पर विजय पाकर तूने समझा होगा, मैंने संसार के वीरों को जीत लिया। आज तुझे वीरता का पता मालूम हो जाएगा, ले सँभल।" कहकर चोटें करनी शुरू कर दीं। महावीर अर्जुन भगदत्त की सेना से चारों ओर से घिर गए लेकिन वह विचलित नहीं हुए। धैर्य के साथ आत्मरक्षा करते हुए भगदत्त पर वार करने लगे। अर्जुन के युद्ध-कौशल से सारी सेना अवाक् थी। इस ढंग से अर्जुन तीर चला रहे थे कि समस्त सेना की गति रुद्ध हो रही थी। सबके पास बराबर तीर पहुँच रहे थे, सबका बराबर मुकाबला चल रहा था। इसी समय भगदत्त दोचित्ता हुआ कि अर्जुन ने उसके हाथी का हौदा काट दिया। उसने अंकुश फेंककर मारा, पर कृष्ण ने रोक लिया। अर्जुन ने क्षुब्ध होकर कृष्ण को अस्त्र-ग्रहण करने से मना किया, फिर अर्द्धचन्द्र बाण द्वारा भगदत्त को, साथ ही उसके हाथी को मार गिराया। फिर आगे बढ़े।

अर्जुन के जाने के बाद से कौरवों-पांडवों में बड़ी गहरी मुठभेड़ हुई। आचार्य द्रोण पूरी शक्ति से युधिष्ठिर को पकड़ने के लिए लड़ रहे थे। बड़े-बड़े सभी महारथी उनके सहायक। लेकिन दाल नहीं गली। नकुल, सहदेव, भीम, सात्यकि, धृष्टद्युम्न, अभिमन्यु और सत्यजित् आदि वीरों ने कौरवों के हौसले पस्त कर दिए। तब आचार्य द्रोण एक-एक रथी को एक-एक के मुकाबले करके युधिष्ठिर को बाँध लेने का प्रयत्न करने लगे। पांडव पक्ष के साथी रथी उलझ गए। ऐसे समय आचार्य ने युधिष्ठिर को पकड़ने का उद्यम किया। सत्यजित् युधिष्ठिर का रक्षक था। उसने बड़ी फुरती से द्रोण के घोड़े मार दिए और रथ की ध्वजा काट दी। द्रोण से न रहा गया। उन्होंने अर्द्धचन्द्र बाण से सत्यजित् का शिरश्छेद कर दिया। सत्यजित् के गिरते ही धर्मराज मैदान छोड़कर लौट गए। इसी समय महासमर करती हुई पांडव वाहिनी ने अर्जुन के नन्दिघोष का कपिध्वज-चिह्न देखा। उसकी जान में जान आई। युधिष्ठिर को न देखकर अर्जुन काल की मूर्ति बन गए, और क्षणमात्र में कौरवों की विराट सेना का नाश कर दिया। कौरवों में हाहाकार उठने लगा। सन्ध्या हो आई थी। भग्नमनोरथ होकर द्रोण ने युद्ध बन्द करने का शंख बजाया।

अभिमन्यु की लड़ाई

महाराज दुर्योधन आज अत्यन्त हतोत्साह थे। कारण, द्रोणाचार्य प्रतिज्ञा करके भी युधिष्ठिर को पकड़ नहीं सके। कौरव सेना भी बड़ी संख्या में हत हो चुकी थी। हर रोज़ की तरह रात को शिविर में मंत्रणा-सभा बैठी। मृत वीरों के लिए शोक-प्रस्ताव पास हुए। फिर अगले दिन की लड़ाई की चर्चा होने लगी। दुर्योधन खिन्न होकर बोला, "आचार्य, कौरवों की बहुत बड़ी सेना का संहार हो चुका है, लेकिन पांडवों का बाल भी बाँका न हुआ। अर्जुन के हाथ त्रिगर्तों का संहार हो रहा है। भीम उत्तरोत्तर पराक्रमशाली पड़ रहे हैं। सात्यकि रोज़ सहस्रों योद्धाओं का संहार करता

है। आप यह सब देखते हुए भी कुछ कर नहीं पा रहे। आपने युधिष्ठिर को पकड़ने की प्रतिज्ञा की थी, वह अधूरी रह गई। आप पांडवों पर स्नेह करते हैं। नहीं तो युधिष्ठिर को पकड़ लेना आपके लिए कोई बड़ी बात नहीं।''

दुर्योधन की बात से द्रोणाचार्य क्षुब्ध हो उठे। कहा, ''महाराज, मैं अपनी तरफ़ से कोई कसर रख नहीं छोड़ता। परन्तु क्या करूँ, अर्जुन अजेय है। वह हमारी चाल समझ जाता है, और अपने पक्ष की ऐसी पेशबन्दी करता है कि कोई बस नहीं चलता। अगर आज अर्जुन फिर दूर ले जाया जाए, तो हम युधिष्ठिर को पकड़ने का उपाय कर सकते हैं, और सम्भव है, युधिष्ठिर पकड़ में आ जाएँ। हम आज चक्रव्यूह की रचना करेंगे। इसकी लड़ाई अर्जुन के सिवा पांडव पक्ष में दूसरा नहीं जानता। अर्जुन अगर न होगा, तो युधिष्ठिर इस व्यूह का भेद न कर सकेंगे; दो-एक द्वार के भीतर आकर कैद हो जाएँगे।''

दुर्योधन आचार्य की बात से बहुत प्रसन्न हुआ। बचे हुए त्रिगर्त और संसप्तकों से उसने प्रार्थना की कि वे अर्जुन को दूर ले जाएँ। अर्जुन के चले जाने पर यहाँ चक्रव्यूह की रचना हो और लड़ने के लिए युधिष्ठिर को पत्र लिखकर ललकारा जाए।

ऐसा ही हुआ। दूसरे दिन त्रिगर्तों ने पहले की तरह अर्जुन को चुनौती दी। अर्जुन उनके पीछे लगे, और भागते हुए त्रिगर्तों के साथ अदृश्य हो गए, तब हरकारे ने धर्मराज युधिष्ठिर को चक्रव्यूह की लड़ाई लड़ने की चिट्ठी दी।

पत्र पढ़कर युधिष्ठिर चकित हो गए, उन्होंने इस व्यूह का नाम भी न सुना था। कृष्ण और अर्जुन नहीं थे। पांडव पक्ष के वीरों को बुलाकर एक-एक से उन्होंने चक्रव्यूह की लड़ाई के सम्बन्ध में पूछा। सबने इनकार किया। भीम, नकुल, सहदेव, सात्यकि, धृष्टद्युम्न आदि पांडव पक्ष के बड़े-बड़े सभी महारथियों ने स्वीकार किया कि वे उस व्यूह की लड़ाई नहीं जानते। धर्मराज ने सुभद्राकुमार बालक अभिमन्यु से पूछा, ''बेटा, तुम अर्जुन के पुत्र हो, क्या तुम चक्रव्यूह की लड़ाई जानते हो? क्या इस युद्ध-संकट के समय तुम हमारी रक्षा कर सकोगे?''

अभिमन्यु ने बड़े दादा को झुककर सादर प्रणाम किया और कहा, ''दादाजी, मैं माता के गर्भ में था। माताजी को प्रसवपीड़ा हो रही थी। उस समय पिताजी माताजी को बहलाने के लिए चक्रव्यूह की लड़ाई समझा रहे थे। मैं गर्भ से सुन रहा था। छह द्वार तक की लड़ाई मैंने सुनी। सातवें द्वार की अच्छी तरह न सुन पाया, तब माताजी को फिर से पीड़ा शुरू हुई थी, और मैं भूमिष्ठ होने लगा था। आपकी आज्ञा हो, तो मैं तैयार हूँ। आप युद्ध का आमंत्रण स्वीकार कर लीजिए।''

भीम ने कहा, ''बेटा, तुम हमें रास्ता दिखाते चलोगे, तो पीछे हम तुम्हारी मदद के लिए रहेंगे, पांडव सेना भी साथ रहेगी।''

युधिष्ठिर ने चक्रव्यूह-भेद का निमंत्रण स्वीकार कर लिया। पांडवों में आनन्द का सागर उमड़ने लगा। बड़े समारोह से बालक अभिमन्यु के सिर सेनापतित्व का

मुकुट रखा गया। देवी सुभद्रा सुनकर बहुत प्रसन्न हुईं। इतनी कम उम्र में इतनी बड़ी वाहिनी का सेनापतित्व उनके पुत्र को छोड़कर आज तक किसी को प्राप्त नहीं हुआ। आज पिता के न रहने पर पुत्र पिता के स्थान को पूरा कर रहा है। पुत्र को युद्ध-सज्जा से सजाने के लिए उन्होंने अपने शिविर में बुला भेजा, और पार्थ-पुत्र—श्रीकृष्ण के भांजे—को विविध अस्त्र-शस्त्रों से सज्जित कर, मुख चूमकर, आशीर्वाद देकर विदा किया। अभिमन्यु माता के यहाँ से चलकर पत्नी उत्तरा के शिविर में मिलने गए। उत्तरा ने भी पति की युद्ध-यात्रा का समाचार सुना था। अभिमन्यु को देखकर बड़े प्रेम से उसने गले लगाया, और फिर पैरों पड़कर आवेगपूर्ण स्वर से कहा, "नाथ, आज रात को मैंने बड़ा भयानक स्वप्न देखा है, तुम आज युद्ध के लिए न जाओ। तुम्हारे पिता जब तक न लौटें, तब तक तुम मेरा कक्ष न छोड़ो। मुझ पर दया करो।"

"स्त्री स्वभाव से ही दुर्बल होती है," अभिमन्यु ने कहा, "प्रिये, तुम मेरे पिता को जानती हो, पिताजी मेरी यह कायरता कभी बरदाश्त न कर सकेंगे। जब वह सुनेंगे कि बीड़ा उठाकर मैं स्त्री के कक्ष में छिपा रहा, तब वह वीरों को मुँह नहीं दिखा सकेंगे। दादाजी को कितनी ग्लानि होगी? उन्होंने कौरवों का आमंत्रण स्वीकार कर लिया है। मैं भी पांडव-वीरों को कैसे मुँह दिखाऊँगा, अगर यहाँ तुम्हारे पास छिपा रहा? मामाजी भी क्या कहेंगे? प्रिये, तुम विश्वास करो, मैं विजयी हुआ, तो फिर गले लगूँगा, अगर सातों द्वार न भेद सका, तो मेरी कहानी सुनकर तुम गर्विता होगी। महावीर पार्थ-पुत्र और कृष्ण-भागिनेय नाम की मैं रक्षा करूँगा। आज कौरव वीरों का बल मुझे देख लेने दो।"

उत्तरा निरुत्तर थी। अभिमन्यु ने उसका मुख चूमकर शिविर से प्रस्थान किया। बाहर रथ तैयार था। उस पर बैठे। पांडव वाहिनी तैयार थी। बालक-सेनापति को देखकर हर्ष-ध्वनि करने लगी। वेग से बालक का रथ कौरव सेना की ओर बढ़ा। आज युधिष्ठिर, भीम, नकुल, सहदेव, सात्यकि, धृष्टद्युम्न आदि महारथी बालक के पार्श्व-रक्षक हो रहे थे। वीर बालक चक्रव्यूह के द्वार पर जाकर खड़ा हुआ।

बड़े-बड़े पांडव वीर उस व्यूह को देखकर स्तब्ध हो गए। कहाँ द्वार है, कैसे भीतर जाना, किस प्रकार लड़ना होगा—किसी की अक्ल में न आ रहा था। बालक ने भीम से कहा, "ताऊजी, तैयार रहिएगा। यह व्यूह का पहला द्वार है। द्वार पर महारथ जयद्रथ है। मैं भेद करता हूँ। साथ आइए।"

कहते-कहते बालक ने जयद्रथ को लक्ष्य कर तीर मारे, और उनके सँभलते-सँभलते सारथि व्यूह भेदकर भीतर चला गया। भीम का रथ अभिमन्यु के रथ के पीछे ही था, पर यह रथ न जा सका। इसके आने तक सँभलकर जयद्रथ ने इसे रोक लिया। एक साथ पांडव वीरों ने युद्ध करना शुरू कर दिया पर जयद्रथ से किसी की न चली। कोई व्यूह के भीतर प्रवेश न कर सका।

दूसरे द्वार पर द्रोणाचार्य थे। अभिमन्यु को व्यूह भेदकर आ गया देखकर चकित हो गए। धनुष उठाकर उसमें तीर चढ़ा ही रहे थे कि अभिमन्यु ने आचार्य का धनुष काट दिया, और बाणों से उन्हें घायल भी कर दिया। जब तक वह सँभलें-सँभलें, तब तक अभिमन्यु का सारथि व्यूह भेदकर रथ लेकर निकल गया।

तीसरे द्वार पर महावीर कर्ण थे। अभिमन्यु को देखकर कर्ण के छक्के छूट गए। अकेला अभिमन्यु चक्रव्यूह की लड़ाई लड़ रहा है। वह जयद्रथ और द्रोण जैसे महारथियों को परास्त कर, द्वार भेदकर आया है। कर्ण को देखते ही अभिमन्यु की त्योरियाँ चढ़ गईं। कर्ण अर्जुन से लड़ने को तत्पर रहते थे, यह बालक अभिमन्यु जानता था। पिता के प्रतिद्वन्द्वी को ललकारकर कहा, "सूतपुत्र, सँभलो! तुम महाधनुर्धर अर्जुन का मुकाबला करने के लिए उतावले रहते हो, पर बाज और बटेर की लड़ाई नहीं होती। आज मैं अकेला हूँ, तुम पूरी शक्ति से द्वार-रक्षा करो—देखा जाए, तुम पार्थ को क्या, पार्थ-पुत्र को कितनी देर रोकते हो!" अभिमन्यु के प्रचार से कर्ण को क्रोध आ गया। एक साथ कई तीक्ष्ण तीर उन्होंने अभिमन्यु पर छोड़े पर बीच में ही बालक ने उन्हें काट दिया, और इतनी क्षिप्रता से कर्ण पर बाण मारे कि वह रोक न सके। वे तेज़ तीर उनके वर्म को पार कर बदन में समा गए, जिससे कुछ देर के लिए उनको मूर्च्छा-सी आ गई, सामने कुछ दिख न पड़ा। इस बीच अभिमन्यु का सारथि रथ निकाल ले गया।

चौथे द्वार पर द्रोण-पुत्र अश्वत्थामा रक्षक थे। बात-की-बात में अभिमन्यु को जयद्रथ, द्रोण, कर्ण जैसे वीरों से लड़कर, अकेला द्वार पार कर आया देख शंकित हो गए। फुर्ती से धनुष में तीर चढ़ाकर अभिमन्यु की गति को रोका। अभिमन्यु और अश्वत्थामा में देर तक युद्ध होता रहा। महारथ अश्वत्थामा अभिमन्यु की ही तरह क्षिप्रहस्त थे। कौरव सेना चकित होकर दोनों के युद्ध-कौशल देखती रही। इतने में क्रुद्ध अभिमन्यु ने वायव्य अस्त्र से अश्वत्थामा के बाणों को उड़ाकर उन पर एक शक्ति का प्रहार किया, जिससे अश्वत्थामा की मूठ में चोट आ गई, और धनुष कट गया; वे विकल हो गए। दूसरे धनुष में बाण चढ़ाने लगे, तो अभिमन्यु ने वह धनुष भी काट दिया। इस प्रकार सारथि रथ बढ़ाता हुआ द्वार के पास तक आ गया था। अश्वत्थामा ने खड्ग फेंककर मारा, और तब तक तीसरा धनुष चढ़ाने लगे। अभिमन्यु ने बाणों से रास्ते में ही खड्ग काट डाला। सारथि वायु-वेग से रथ को द्वार के भीतर से निकाल ले गया।

चौथा द्वार पार करते ही कौरवों में हाहाकार मच गया। अकेले बालक ने विशाल कौरववाहिनी को परास्त कर दिया। द्रोण-कर्ण-अश्वत्थामा जैसे वीर पराजित हो गए। हज़ारों की संख्या में सेना कट गई। यदि यह बालक जीता लौट गया, तो कौरव वीरों की नाक कट जाएगी और जिस वेग से यह अकेला द्वार पार करता जा रहा है, इसे सातों द्वार भेदकर लौट जाते देर न होगी। इसे जीता न जाने देना

चाहिए। दुर्योधन और दु:शासन अभिमन्यु की वीरता देखकर बहुत ही विकल हुए। वे कर्ण के पास गए और सलाह कर कहा कि जिस तरह भी हो, इसे मारना चाहिए। यह अगर बेदाग इसी तरह जीतकर लौट गया, तो पांडवों की दूनी छाती हो जाएगी और कौरव सेना हिम्मत हार जाएगी। अगर इसका निधन हो गया, तो अर्जुन और कृष्ण का बल आधा रह जाएगा। कर्ण ने सलाह दी कि इस वीर बालक को एक रथी न मार सकेगा। इसलिए सप्तरथी इसे घेरकर मारें। चक्रव्यूह के भीतर अन्याय और न्याय की जाँच करनेवाला कोई नहीं। फिर दुश्मन को जिस तरह हो, नीचा दिखाना चाहिए।

दुर्योधन के दिल में कर्ण की सलाह जम गई। उसने आज्ञा दी कि सेनापति द्रोण पहले को छोड़कर, बाकी सभी द्वारों के रथियों को लेकर अभिमन्यु को घेरें और उसे जीता न जाने दें—अब तक अभिमन्यु छठा द्वार भी पार कर चुका होगा। विवश और क्षुब्ध होकर द्रोण ने आज्ञा दे दी। तद्नुसार सभी द्वारों के रथी और लक्ष्मण चक्रव्यूह के सातवें द्वार पर आकर एकत्र हुए। चारों ओर से उन लोगों ने अभिमन्यु को घेरा। सातवें द्वार का प्रवेश भी बालक न जानता था। परिस्थिति विषम देखकर सारथि ने कहा, ''कुमार, यह अन्याय-युद्ध हो रहा है। द्रोण, कर्ण, अश्वत्थामा जैसे संसार-प्रसिद्ध धनुर्धर भी तुम्हारे मुकाबले आज अन्याय करने को तुले हुए हैं। एक से लड़ने को सात-सात रथी एकत्र हैं। यह युद्ध तुम्हें नहीं लड़ना चाहिए। कल तुम अपने पिता के साथ आओ, तब ये पामर उचित शिक्षा पाएँगे। आज मुझे आज्ञा हो, मैं जिस मार्ग से आया हूँ, वह मार्ग पहचानता हूँ, वायुवेग से मैं रथ उड़ा ले चलूँगा; सातवाँ द्वार रहने दो।''

''मैं इन नीचों को पीठ न दिखाऊँगा।'' अभिमन्यु ने कहा, ''मैं लौटकर माताजी से क्या कहूँगा? सारथि, मेरा रथ कदापि पीछे न हटाना। मैं सम्मुख समर में प्राण दूँगा, इससे बड़े भाग्य की बात मेरे लिए दूसरी नहीं। यह निश्चय है कि युद्ध की वर्णना के लिए कोई नहीं। यह निश्चय है कि हम और तुम न रहेंगे पर सूर्यदेव हैं, आकाश है, वायु है, काल है, और यही पामर कौरव हैं। सारथि, सत्य शत मुखों से ध्वनित होगा, उसे कोई रोक नहीं सकता। महावीर अर्जुन के आचार्य तो हैं। तुम क्षुब्ध न हो, पहले ही की तरह लगाम सँभाले रहो। रथ को चक्र की तरह घुमाओ। ये सप्तरथी भी पार्थ-पुत्र का समर देख लें।''

''क्या देखते हो? मारो इसे।'' कर्ण ने आवाज़ लगाई। द्रोण हतप्रभ जैसे रथ पर बैठे हुए थे। रथियों ने एकसाथ शर-सन्धान कर अभिमन्यु पर वार करना शुरू कर दिया। अभिमन्यु का सारथि आज्ञानुसार रथ को चक्र की तरह घुमाने लगा, और अकेले अभिमन्यु सातों रथियों के वार झेलने और प्रहार करने लगे। कर्ण के सामने रथ जाते ही अभिमन्यु ने ऐसी तेज़ी से तीर मारे कि कर्ण रोक न सके, उसका शरीर जर्जर हो गया। द्रोण ने कहा, ''बालक का कवच अभेद्य है। इसलिए मस्तक पर

प्रहार करना होगा, और उसका अस्त्र छीन लेना होगा। रथ से भी उतरकर युद्ध करना होगा।'' इसी समय अश्वत्थामा ने ऐसा तीर मारा कि अभिमन्यु का सारथि गिर गया। फिर घोड़े मार दिए। वीर बालक रथ से कूद पड़ा। कर्ण और द्रोण ने एक साथ मिलकर उसके धनुष को काट दिया। अभिमन्यु ने खड्ग लिया। दोनों ने खड्ग को भी काट दिया। तब रथ का पहिया लेकर अभिमन्यु लड़ने लगा, और उसी से कई वीरों को घायल किया। पीछे से अश्वत्थामा ने तीर मारकर उस पहिए को भी काट दिया। अब अभिमन्यु के पास कोई अस्त्र न था। इसी समय दुःशासन के पुत्र लक्ष्मण कुमार ने अभिमन्यु के सिर पर गदा फेंककर मारी। चोट गहरी लगी, पर मूर्च्छित होने से पहले वही गदा अभिमन्यु ने भी लौटाकर लक्ष्मण के सिर पर प्रहार किया। अचूक वार था। अभिमन्यु और लक्ष्मण एक साथ मूर्च्छित हुए, और एक ही साथ प्राण निकले। युद्ध समाप्त हो गया। कौरव हर्ष और शोक लिए हुए शिविर को लौटे।

युद्ध समाप्ति की शंखध्वनि होते ही पांडवों में खबर फैल गई कि अभिमन्यु मारे गए लेकिन साथ-साथ अभिमन्यु के युद्ध की तारीफ़, अन्यायपूर्वक सप्तरथियों द्वारा घिरकर मारा जाना भी लोक-मुख से पहुँचा। कौरवों की सेना भी वीर बालक के लिए हाय-हाय कर रही थी। धर्मराज युधिष्ठिर और भीम आदि पांडवों के चेहरे उतर गए। समस्त सेना पर शोक के बादल घिर गए। बड़े-बड़े रथी अभिमन्यु की वीरता का संवाद पाकर शोक-सागर में निमग्न हो गए। धर्मराज विलाप करते हुए कहने लगे, "भाई अर्जुन के लौटने पर हम उन्हें क्या कहकर समझाएँगे? देवी सुभद्रा और बहू उत्तरा को क्या जवाब देंगे?'' भीम रो रहे थे कि जयद्रथ पर उनका कोई बस नहीं चला, वह द्वार भेदकर भीतर नहीं जा सके, उनकी वीरता को धिक्कार है, लड़ैता लाल इतनी फ़ौज के रहते कोई मदद न पा सका, दुश्मनों से घेरकर असहाय की तरह मार लिया गया। सन्तप्त सेना और सेनापति अपने-अपने शिविर को लौटे। देवी सुभद्रा और उत्तरा को यह दुःसमाचार मिला। दोनों विलाप करती हुई पागलों की तरह युद्धक्षेत्र की ओर दौड़ी, वहाँ लाशों पर लाशें पड़ी हुई थीं। कहीं-कहीं खून की नदी बह रही थी। सियार घूम रहे थे। युद्धक्षेत्र बड़ा भयानक दिखाई दे रहा था। देवी सुभद्रा मशाल लिये हुए अपने प्यारे पुत्र की लाश खोज रही थीं। अभिमन्यु के मारे सैकड़ों-हज़ारों कौरव वीर रास्ते में मिले। बड़ी मुश्किल से चक्रव्यूह के सातवें द्वार का ठिकाना मिला। वहाँ का दृश्य बड़ा ही भयंकर था। अभिमन्यु का रथ, घोड़े और सारथि जीर्ण और मृत दशा में दिखाई पड़े। चारों ओर कौरव सेना की लाशें। सात रथियों के मण्डल के बीच वीर बालक की लाश दिखाई दी। पास ही, एक राजपुत्र और मरा पड़ा था। देवी सुभद्रा सुन चुकी थीं कि अभिमन्यु को लक्ष्मण कुमार ने मारा है, और उसी गदा से अभिमन्यु ने लक्ष्मण को। मुँह देखकर पहचान गई, यह लक्ष्मण कुमार है। उत्तरा पति की लाश देखते ही पैरों के पास गिरकर मूर्च्छित हो गईं। देवी सुभद्रा वीर पुत्र का सिर गोद में

लेकर विलाप करने लगीं। उत्तरा ने सती होने की इच्छा प्रकट की पर देवी सुभद्रा ने यह कहकर रोक दिया कि तुम्हारे गर्भ है, सती होना उचित नहीं। अब हमारा-तुम्हारा और उनका वही सहारा होगा।

त्रिगर्तों और संसप्तकों को मारकर, कुछ रात बीतने पर अर्जुन भी शिविर को लौटे। रास्ते में तरह-तरह के अपशकुन हो रहे थे। उन्हें चिन्ता थी कि कहीं धर्मराज पकड़ न लिए गए हों। आने पर मालूम हुआ कि चक्रव्यूह की लड़ाई में अभिमन्यु ने वीरगति प्राप्त की। पुत्र की वीरगाथा से महावीर पार्थ क्षुब्ध हो उठे। श्रीकृष्ण ने समझाया कि ऐसे सुयोग्य पुत्र की वीरगति पर पिता को शोक नहीं करना चाहिए, बल्कि इसका प्रतिकार करना चाहिए। अभिमन्यु को सात रथियों ने घेरकर अन्यायपूर्वक मारा है, इसका उन्हें उत्तर देना चाहिए। उन्होंने कहा, ''दुर्योधन का बहनोई जयद्रथ वास्तव में अभिमन्यु की ऐसी मृत्यु का कारण है। क्योंकि वन में पांडवों से लांछित होकर उसने रुद्र की आराधना की थी, और वर माँगा था कि वह पांडव-विजयी हो। भगवान रुद्र ने कहा था कि अर्जुन को छोड़कर बाकी चार पांडव तुमसे न जीतेंगे। इसी विचार से चक्रव्यूह के द्वार पर वह रखा गया था। भीम इसीलिए उसे परास्त कर भीतर नहीं पैठ सके। अभिमन्यु को कुछ भी सहायता मिली होती, तो उसकी जान न जाती।'' जयद्रथ के कारण अभिमन्यु की जान गई, यह मालूम कर सबके सामने वीर अर्जुन ने प्रतिज्ञा की, ''कल सूर्यास्त से पहले अगर मैं जयद्रथ को न मार सका, तो अग्नि को अपना शरीर समर्पित कर दूँगा।''

जयद्रथ-वध

अर्जुन की प्रतिज्ञा की खबर आग की तरह दोनों दलों में फैली। दोनों दलों में स्तब्धता छा गई। जयद्रथ दुर्योधन का बहनोई था। खबर शिविरों के सिपाहियों तक ही नहीं, रनिवास तक पहुँची। बड़ी घबड़ाहट हुई। जयद्रथ बहुत डरा। अर्जुन की वीरता वह जानता था। फिर, उसे शिवजी से वर पाने के समय मालूम हो चुका था कि अर्जुन अपराजित है। उसने सिन्ध देश भाग जाना चाहा। मारे भय से उसका शरीर काँप रहा था। दुर्योधन ने उसे धैर्य दिया। कहा, उनकी रक्षा के लिए वे पूरी शक्ति लड़ाएँगे। फिर, यह भी सम्भव है कि अर्जुन का ही इस प्रतिज्ञा से खात्मा हो जाए। सूर्यास्त तक उनकी प्रतिज्ञा पूरी न होने पर वे आग में जलकर भस्म हो जाएँगे। जयद्रथ को चाहिए कि दुश्मन को अपनी आँखों जलकर भस्म होता हुआ देख लें। यह कहकर दुर्योधन जयद्रथ को द्रोण के शिविर में ले चले। अर्जुन की प्रतिज्ञा द्रोण सुन चुके थे। कौरवराज के साथ उनके बहनोई जयद्रथ को देखकर आने का कारण समझ गए। आदर से दोनों को बैठाया। दुर्योधन ने पार्थ की प्रतिज्ञा की बात कही। द्रोण ने धैर्य देते हुए कहा कि वह भरसक पांडवों से लोहा लेंगे, और जयद्रथ के प्राणों की रक्षा करेंगे। कल ऐसा व्यूह बनाएँगे कि जयद्रथ को उसमें

खोज निकालना अर्जुन के लिए दुष्कर होगा, और जैसा कि अर्जुन ने एक और प्रतिज्ञा की है कि दुश्मन को अन्याय से जीतकर या छोड़कर वे दूसरे युद्ध के लिए नहीं मुड़ेंगे, वह प्रतिज्ञा अगर अर्जुन ने नहीं तोड़ी, तो तमाम दिन अकेले द्रोण अर्जुन से लड़ेंगे, वही व्यूह के द्वार पर रहेंगे। सुनकर दुर्योधन और जयद्रथ को आश्वासन हुआ। वे आचार्य को प्रणाम कर वहाँ से उठकर कर्ण के पास गए। कर्ण ने भी मित्र को धैर्य दिया।

पांडवों के शिविरों में भी कोलाहल और शंका थी। महाराज युधिष्ठिर बहुत घबराए थे। भीम भी चिन्तित थे। सेना और सरदार—सब दहले हुए थे। श्रीकृष्ण ने सुभद्रा और उत्तरा को समझाकर पांडवों और सेनानायकों को आश्वासन दिया। दूसरे दिन की लड़ाई का नक्शा तैयार हुआ। उस दिन रात को पांडवों में किसी की आँख नहीं लगी।

चौदहवें दिन की लड़ाई शुरू हुई। आचार्य द्रोण ने शकट व्यूह नाम के व्यूह में सेना का निवेश किया, और जयद्रथ को बीच में रखा। व्यूह के एक-एक द्वार पर कौरव पक्ष के एक-एक महारथी थे। प्रवेश द्वार पर स्वयं—द्रोण। दुर्योधन के भाई दुर्मर्षण और दुःशासन द्रोण के पार्श्व-रक्षक थे।

सुविन्यस्त पांडव वाहिनी आगे बढ़ी। सामने नन्दिघोष-रथ। अर्जुन बैठे हुए। सारथि कृष्ण। पांडव सेनापतियों के हृदय में अपूर्व आवेग। दोनों ओर से शंख बजने लगे। युद्ध का स्वागत हुआ।

अर्जुन कुछ देर तक कौरवों के व्यूह को देखते रहे। समझकर दायाँ बाजू आक्रमण करने के इरादे से कृष्ण से रथ बढ़ाने के लिए कहा। दुर्भर्षण सामने आया लेकिन क्रुद्ध अर्जुन के प्रहार सह न सका। देखते-देखते भाग गया। तब दुःशासन आए। धनुष उठाते ही अर्जुन ने काट डाला और एकसाथ ही कई तीर मारे। दुःशासन का वर्म छेद कर दो-तीन तीर छाती में लगे। सारथि खेत छोड़कर उन्हें ले भागा।

अब अर्जुन का रथ व्यूह के द्वार पर आया। आचार्य द्रोण द्वार-रक्षक थे। अर्जुन को आया देख धनुष उठाकर वे द्वार की रक्षा में लगे। ललकारकर अर्जुन पर तीर छोड़े, और कहा, "अर्जुन, तुम्हारी यही बहादुरी मैं आज देखना चाहता हूँ कि तुम व्यूह का द्वार भेदकर जाओगे। तुम प्रतिज्ञा कर चुके हो कि लड़ते हुए कटकर भागोगे नहीं।" आचार्य ने अमित पौरुष से अर्जुन को रोका। दोनों में घनघोर युद्ध छिड़ गया। एक-दूसरे के तीर काटते हुए वार कर रहे थे। अर्जुन आज बड़े ही उद्यत थे, लेकिन द्रोण अर्जुन की हर सूरत व्यर्थ कर देते थे। लड़ते-लड़ते काफी देर हो गई, तब कृष्ण ने अर्जुन से कहा, "पार्थ, दिन का दूसरा पहर पूरा हुआ चाहता है, अभी तक तुम व्यूह-भेद नहीं कर सके। आचार्य से कटकर जाने में हार या हेठी नहीं होती। प्रतिज्ञा भी नहीं टूटती। मैं अब रथ काटता हूँ। तुम बगल की मारें सँभालना।"

कृष्ण ने रथ कटाया। द्रोण ने ललकारकर कहा, "अर्जुन, क्या हो रहा है? भाग रहे हो?"

अर्जुन ने कहा, "आपसे भागने में मुझे लज्जा नहीं लगती। फिर आज का मेरा उद्‌देश्य दूसरा है।"

श्रीकृष्ण नन्दिघोष रथ बगल से निकालकर व्यूह के भीतर ले गए। देखते-देखते रथ अदृश्य हो गया। राह के एक के बाद दूसरे द्वार तोड़ते, प्रवेश करते हुए अर्जुन बहुत दूर निकल गए। वहाँ से शंख की आवाज़ भी न सुनाई देने लगी। तीसरा पहर ढलने को हुआ, एकाएक युधिष्ठिर को चिन्ता हुई। मलिन होकर उन्होंने सात्यकि से कहा, "सात्यकि, तुम वीरों में बढ़कर हो। फिर अर्जुन तुम्हारे उस्ताद हैं। नन्दिघोष को भीतर गए एक पहर हो गया। अब न रथ की ध्वजाएँ दिख पड़ती हैं, न शंख की आवाज़ सुन पड़ती है। बड़ी चिन्ता हो रही है। आज पार्थ की भीषण प्रतिज्ञा का दिन है। लेकिन हम लोग इतनी सेना के साथ उनकी मदद नहीं कर सकते। संकट पड़ने पर सहारे को कोई नहीं। तुम बढ़कर देखो न!"

सात्यकि ने कहा, "महाराज, मुझ पर आपकी रक्षा का भार है। नहीं तो मेरा जी भीतर पैठने को ही हो रहा है।"

युधिष्ठिर ने कहा, "मेरी चिन्ता न करो। भीम, नकुल, सहदेव आदि मेरी रक्षा के लिए बहुत हैं।"

प्रणाम कर सात्यकि विदा हुए, और उसी मार्ग से चले जिससे अर्जुन गए थे। द्रोण ने रास्ता रोका, परन्तु सात्यकि कटकर चले गए।

कुछ देर में सात्यकि भी अदृश्य हो गए। अर्जुन की मदद के लिए युधिष्ठिर की चिन्ता बढ़ती गई। भीम को देखकर उन्होंने कहा, "भीम! आज बड़े संकट का समय है। भाई, अर्जुन की सहायता के लिए जाओ। मैं संकट-समय देखूँगा, तो भाग जाऊँगा। द्रोण मुझे पकड़ न पाएँगे, मदद के लिए भी बहुत हैं।"

धर्मराज को प्रणाम कर भीम भी बढ़े। भीम को देखकर आचार्य द्रोण ने ललकार कर कहा, "भीम, बाहर ही बाहर जाओ, क्षत्रियत्व की नाक इधर रखकर उधर ही से अर्जुन और सात्यकि गए हैं।"

भीम को अपमान मालूम दिया। उन्होंने गदा फेंककर आचार्य पर प्रहार किया। आचार्य कूद गए, पर गदा के प्रहार से सारथि काम आ गया, और रथ के टुकड़े-टुकड़े हो गए। भीम फाटक दबाए हुए, सीधे रास्ते से निकले। दुर्योधन के भाइयों ने घेरा, पर भीम की बेड़ी मार न सह सके। लड़ते-लड़ते कई भाई खेत रहे। दुर्योधन को गहरा दुःख हुआ। वे आचार्य द्रोण से आक्षेपपूर्ण बातें करने लगे। भीम का रथ कर्ण के सामने, दूसरे द्वार पर पहुँचा।

भीम को देखकर कर्ण ने ऐसी बाण-वर्षा की कि भीम को रथ छोड़ देना पड़ा। तीरों की लड़ाई में वे मुकाबले के न थे। ढाल और तलवार लेकर बढ़े कि कर्ण ने

एक तीर से उनकी तलवार काट दी, और पकड़ने के लिए रथ से उतर पड़े। भीम ने संकट देखा। अर्जुन ने जाते समय इस स्थल पर कई हाथी मारे थे। भीम उनकी लाश में जाकर छिपे। कर्ण देखते हुए आ रहे थे। चाहते तो भीम को मार सकते थे, परन्तु उन्होंने कुन्ती से प्रतिज्ञा की थी कि अर्जुन के सिवा और उनके किसी पुत्र की वह जान न लेंगे। इसलिए मारने का विचार छोड़कर छिपे हुए भीम को धनुष से कोंचा। भीम ने धनुष पकड़ लिया और तोड़ डाला। फिर बाहर निकल आए और ताल ठोंककर ललकारा, "आओ, हमारी-तुम्हारी एक पकड़ हो जाए।" कर्ण बाहुयुद्ध में कमज़ोर थे। वे अपने रथ की ओर बढ़े।

सात्यकि भोज और काम्बोजों से लड़ते हुए अर्जुन की तरफ़ बढ़ रहे थे। पीछे से भीमसेन की हाँक सुन पड़ी। अर्जुन ने आँख फेरकर देखा, सात्यकि पास है, भीम दूर, दोनों नन्दिघोष की ध्वजा देख रहे हैं। फिर कृष्ण से कहा, "यादवश्रेष्ठ, देखिए, धर्मराज की रक्षा का भार छोड़कर, लड़ते हुए तूण खाली कर सात्यकि मेरी मदद के लिए आ रहे हैं और भीम भी।"

इसी समय भूरिश्रवा ने सात्यकि पर धावा किया। सारथि को मार डाला, और रथ को चूर-चूर कर दिया। कूदकर सात्यकि ने जान बचाई पर खड्ग लिए हुए भूरिश्रवा भी कूद पड़ा, और दौड़कर सात्यकि की चोटी पकड़ ली। खड्ग चलाना ही चाहता था कि कृष्ण की निगाह पड़ गई। उन्होंने उसी वक़्त अर्जुन से कहा, "जल्द वार करो; अर्जुन, भूरिश्रवा सात्यकि की जान ले रहा है।"

जैसे बिजली कौंध जाए। तुरन्त घूमकर अर्जुन ने तीर मारे, खड्ग-समेत भूरिश्रवा के दोनों हाथ कट गए।

खिन्न होकर अर्जुन को धिक्कारते हुए भूरिश्रवा ने कहा, "पार्थ, तुम क्षत्रियों के आदर्श वीर हो, पर यह कौन-सा न्याय है कि जब मैं सात्यकि से जूझ रहा हूँ, तुम मेरे हाथ काट दो ? धिक्कार है!"

"भूरिश्रवा", अर्जुन ने कहा, "सात्यकि भी अकेला तुम लोगों से जूझ रहा था, जूझता हुआ यहाँ तक आया था। वह पांडवों का शुभचिन्तक है! मैंने उसकी रक्षा की। रही बात अन्याय की, यह शिक्षा अभिमन्यु से लड़ते हुए तुम्हीं लोगों ने दी है, मित्र!"

भूरिश्रवा अन्याय के विरुद्ध देह छोड़ने के लिए ध्यानासीन हो गए। उनके बैठकर आँख मूँदते ही सात्यकि ने तलवार निकालकर उनका सिर काट लिया। कौरव सात्यकि को धिक्कार देने लगे। अर्जुन भी सात्यकि के इस कृत्य से खिन्न हुए।

दिन थोड़ा रह गया। अभी तक जयद्रथ का सन्धान नहीं मिला। सामने अपार कौरव-सेना कोलाहल कर रही थी। अर्जुन ने कृष्ण से रथ बढ़ाने के लिए कहा। धर्मराज युधिष्ठिर को सात्यकि और भीम के जाने पर भी सन्तोष नहीं हुआ। उन्होंने युधामन्यु और उत्तमौजा को भेजा। जब अर्जुन वहाँ से बढ़ने को हुए, तब पीछे से ये दोनों वीर भी कौरवों की सेना को चीरते हुए वहाँ आ पहुँचे। सात्यकि और भीम

विरथ थे। वे आए हुए दोनों वीरों के रथ पर बैठे। दोनों रथ नन्दिघोष के बाजू बचाते हुए साथ-साथ बढ़े।

अर्जुन की गति रोकने के लिए कौरवों के कई महारथी एकत्र हो गए थे। दुर्योधन, कर्ण आदि वीरों ने अर्जुन को घेरा। दुर्योधन ने कहा, ''कर्ण, आज ही तुम्हारी वीरता की पहचान है।'' लेकिन क्रुद्ध अर्जुन ने ऐसा तीर मारा कि वह कर्ण के मर्मस्थल में लगा। वे विकल हो गए। सारथि उन्हें लेकर लौट गया। ज्यों-ज्यों सन्ध्या होती आती थी, अर्जुन का वेग बढ़ता जाता था। वे ज्वार की तरह कौरवों के सेना-समुद्र को मथ रहे थे लेकिन जयद्रथ का कहीं पता न चल रहा था।

सूर्य डूबने को हुए। देखते-देखते डूब भी गए। सूर्य के छिपते ही कौरवों में कोलाहल उठा कि सूर्य डूब गए। अर्जुन ने गाण्डीव रख दिया। कौरव पक्ष के बड़े-बड़े महारथी एकत्र हुए। मारे आनन्द के दुर्योधन का हृदय उछलने लगा। अर्जुन के भस्म होने के लिए उसने चिता रचा दी। सब रथी एकत्र हो रहे थे। भीम के आँसू आ गए। अब अर्जुन के चिता पर चढ़ने की बारी है। चिता में आग लगा दी गई। उधर जयद्रथ को दुर्योधन ने कहला भेजा कि 'दुश्मन को मरते हुए अपनी आँखों देख लो।' वह वहाँ आकर सबके साथ खड़ा हुआ। अर्जुन बिना अस्त्र के चिता पर चढ़ रहे हैं, देखकर कृष्ण ने कहा, ''पार्थ, क्षत्रिय का धर्म है कि अस्त्र लेकर चिता पर चढ़े।'' अर्जुन ने तरकस बाँधकर धनुष ले लिया। चिता पर चढ़ने को हुए कि कृष्ण ने कहा, ''पार्थ, मारो दुश्मन को, सामने खड़ा है। सूर्य अस्त नहीं हुआ, बादल में छिपा है।''

कृष्ण के कहने के साथ अर्जुन का तीर छूटा, और जयद्रथ का सिर उड़कर आकाश में कहीं चला गया। पलक मारते यह काम हुआ। जयद्रथ के मरते ही सबने देखा, सूर्य बादल से निकला और डूबने लगा। कौरवों में हाहाकार मच गया।

भीम मारे उत्साह के बार-बार सिंहनाद करने लगे। उनका सिंहनाद बाहर के पांडवों ने और उनकी सेना ने सुना। धर्मराज युधिष्ठिर समझ गए कि जयद्रथ मारा गया। पांडवों में आनन्द का सागर लहराने लगा।

घटोत्कच-वध

रात को पांडवों की मंत्रणा सभा बैठी। अगली लड़ाई पर विचार होने लगा। कृष्ण ने कहा, ''दुर्योधन आज की लड़ाई से बहुत खिन्न हुआ है। वह आचार्य द्रोण और कर्ण को उभाड़ेगा। कल की लड़ाई में कर्ण अर्जुन पर इन्द्र से पाई शक्ति का प्रहार कर सकता है। अगर किया, तो अर्जुन की जान न बचेगी। वह अमोघ शक्ति है।''

महाराज युधिष्ठिर कृष्ण की बात अच्छी तरह नहीं समझे, ऐसी दृष्टि से देखने लगे। कृष्ण ने कहा, ''अर्जुन के कल्याण के लिए इन्द्र कर्ण से उनका अभेद कवच और उनके कुण्डल माँग ले गए हैं। महादानी कर्ण ने प्राणों की रक्षा भी दान के महत्त्व

को रखते हुए नहीं की, कुण्डल और कवच दे दिए। तब देवराज इन्द्र ने भी एक अमोघ शक्ति दी है। वह शक्ति जब तक कर्ण के हाथ में है, तब तक कर्ण से अर्जुन को नहीं लड़ना चाहिए।''

''फिर, माधव?'' डरते हुए युधिष्ठिर ने कृष्ण से पूछा, ''अब क्या उपाय होगा?''

कृष्ण ने कहा, ''घटोत्कच का स्वभाव राक्षस का स्वभाव है। वह वैसी ही परिस्थिति में अच्छा लड़ सकता है। रात है। अँधेरे में उसे लड़ते उत्साह होगा। उसे बुलाकर कहना है कि वह कौरवों के शिविर में लड़ाई और अत्याचार करे। परेशानी बढ़ने पर दुर्योधन रक्षा के लिए अधीर होगा, और कर्ण से रक्षा के लिए कहेगा। कर्ण बिना उस शक्ति के प्रयोग के घटोत्कच का अत्याचार रोक नहीं सकेंगे। इसके सिवा दूसरा उपाय नहीं।''

सभा निस्तब्ध रही। घटोत्कच भीम का पुत्र है। उसकी माँ हिडिम्बा है। भीम सिर झुकाकर रह गए। एक ओर भाई अर्जुन हैं, दूसरी ओर पुत्र घटोत्कच।

युधिष्ठिर ने कहा, ''केशव, पांडव आपकी आज्ञा के अनुवर्ती हैं। आपने जो उपाय निकाला है, वही काम में लाया जाएगा।'' यह कहकर उन्होंने घटोत्कच को बुलाया। उसके आने पर सस्नेह उससे कहा, ''वत्स, तुम दिन से रात में ज़्यादा अच्छा लड़ते हो। जाओ, वीर। अपनी सेना लेकर कौरव-शिविरों पर आक्रमण करो। तुम्हारे लिए मनुष्य के नियम लागू नहीं। आज अपनी शक्ति का चमत्कार दिखाकर पांडवों की रक्षा करो।''

महाराज युधिष्ठिर को प्रणाम कर घटोत्कच विदा हुआ। अपनी सेना साथ ली और सोते समय कौरवों पर आक्रमण शुरू कर दिया। एकाएक धूल उड़ी, फिर बादल छा गए, पानी बरसने लगा। साथ, आसमान से कंकड़ और पत्थर गिरने लगे, तरह-तरह का शोरगुल उठने लगा। मारे डर के कोई बाहर न निकला लेकिन भीतर भी निस्तार नहीं रहा। अँधेरे में बाहर कुछ दिख न पड़ता था। केवल 'मार-मार' शब्द गूँज रहा था। पत्थरों की मारों से कौरव बहुत व्याकुल हुए। दुर्योधन इस उपद्रव का कारण कुछ न समझ सके। उनका शिविर कर्ण के शिविर के पास था। कर्ण के पास गए, और इस आपत्ति से सेना को बचाने के लिए कहा। कर्ण ने कहा, ''आज धैर्य रखकर पड़े रहिए। कल मैं अर्जुन के प्राण लूँगा।'' दुर्योधन ने कहा, ''आज ही सबके प्राण निकल जाएँगे। कल का मुँह कौन देखेगा? आज की इस आपत्ति से बचाओ। कल की कल देखी जाएगी।''

दुर्योधन को बहुत अधीर देखकर कर्ण इन्द्र की दी शक्ति लेकर बाहर निकले और उसका प्रयोग किया। शक्ति अमोघ थी। घटोत्कच के लगी। वीर धराशायी हो गया। उसके प्राण निकल गए।

दुर्योधन प्रसन्न हो गए। कर्ण को साधुवाद दिया। कर्ण की शक्ति पर भरोसा हुआ। शिविर में निश्चिन्त होकर आराम करने लगे।

घटोत्कच की मृत्यु का संवाद पांडवों को मालूम हुआ। धर्मराज आँसू भरकर रह गए। भीम उस रात नहीं सोए।

द्रुपद, विराट और द्रोण का निधन

सुबह दोनों दल लड़ने के लिए सजकर तैयार हो गए। रात के आक्रमण से कौरव विचलित थे। खूँखार बाघ की तरह पांडवों पर टूटे। द्रोणाचार्य ने अपनी सेना के दो भाग किए थे। आधे में वे थे, आधे में कर्ण। आज द्रोण को भी क्रोध था। रातवाले आक्रमण पर वे पांडवों को क्षमा नहीं करना चाहते थे। बदला भी पांचालों से चुकाना था। वे अबाध गति से पांडवों की सेना से रास्ता निकालकर बढ़ने लगे। उनके क्षिप्र प्रहारों से सैकड़ों वीर और हज़ारों सिपाही काम में आए। चारों ओर त्राहि–त्राहि मच गई। कोई भागा भी नहीं बचता था। व्यूह टूट गया। सिपाही रक्षा के लिए सेनापतियों की ओर करुण दृष्टि से देखने लगे। द्रोण का आक्रमण देखकर युधिष्ठिर ने कहा, "कृष्ण, आचार्य आज साक्षात यम बन रहे हैं। जयद्रथ के वध के बदले यदि द्रोण और कर्ण का वध हुआ होता, तो पांडव सेना अधिक निश्चिन्त हुई होती। इनके मरने पर दुर्योधन ने ज़रूर सन्धि की सोची होती या मैदान छोड़कर वन का रास्ता नापा होता।"

कर्ण को बढ़ता हुआ देखकर कृष्ण नन्दिघोष–रथ दूसरी ओर बढ़ा ले गए। युधिष्ठिर द्रोण का सामना करने के लिए बढ़े। द्रुपद और विराट युधिष्ठिर के पार्श्व–रक्षक हुए। इन्हें देखकर द्रोण का क्रोध दूना बढ़ गया। द्रुपद और विराट के मारे हुए तोमर और प्रास अस्त्रों को काटकर दिव्यास्त्रों से द्रोण ने दोनों की जान ले ली। सेना में हाहाकार मच गया। अर्जुन ने कर्ण के पास पहुँचने से पहले युधिष्ठिर के पास पहुँचना आवश्यक समझा। रथ घूमा। द्रुपद के मरने पर पांचाल–सेना द्रोण पर टूट पड़ी, साथ ही धृष्टद्युम्न। लेकिन द्रोणाचार्य का समर बड़ा भयंकर था। उनके चेहरे से रह–रहकर जैसे आग निकल रही थी, जैसे प्रलय का सूर्य तप रहा हो। हाथ से अविराम तीरों की वर्षा हो रही थी। अव्यर्थ शरसन्धान सेना और सेनापतियों के प्राण ले रहा था। द्रोण अप्रतिहत गति से पांचालों का निधन करने लगे।

आचार्य के द्वारा लाखों की संख्या में सेना काम आ रही थी, युधिष्ठिर देखते हुए चिन्तित हो गए। द्रोण को मारे, ऐसी शक्ति अर्जुन के सिवा दूसरे में न थी। युधिष्ठिर सोच रहे थे, आचार्य समझकर अर्जुन द्रोण के प्राण नहीं लेगा, पर द्रोण के रहते कल्याण नहीं। क्रमशः पांचालों और पांडवों की सेना का नाश बढ़ रहा है, देखकर कृष्ण ने सोचा, अब द्रोण का निधन आवश्यक है। नहीं तो युद्ध का परिणाम उलटा होना चाहता है। सोचकर उन्होंने अर्जुन से कहा, "आचार्य के कान में यह बात डाल देनी है कि अश्वत्थामा का प्राणान्त हो गया।"

अर्जुन ने कहा, "झूठ?"

कृष्ण ने कहा, "नहीं, सच। अवन्तिराज के हाथी का नाम अश्वत्थामा है। भीम उसे मारकर आ रहे हैं।"

कृष्ण ने युधिष्ठिर के पास रथ ले जाकर कहा, "अगर द्रोणाचार्य आपसे पूछें कि क्या अश्वत्थामा हत हो गया, तो आप कह दीजिए, हाँ। अभी अश्वत्थामा नाम के हाथी को मारकर भीम आ रहे हैं।"

बात-की-बात में हल्ला मचा, 'अश्वत्थामा मारा गया—अश्वत्थामा मारा गया।' द्रोण सुनकर विचलित हुए लेकिन एकाएक विश्वास नहीं हुआ। युधिष्ठिर पास थे। रथ बढ़वाकर उन्होंने युधिष्ठिर से पूछा। युधिष्ठिर ने कहा, "हाँ, अश्वत्थामा मारा गया, नर नहीं कुंजर।" पहला वाक्य खत्म होते ही 'नर' के उच्चारण के साथ-साथ कृष्ण ने शंख बजा दिया। द्रोणाचार्य आगे का वाक्य नहीं सुन पाए। वह उदास हो गए। फिर गले से धनुष टेककर रोने लगे। आँसुओं की धारा बँध गई। आँसू धनुष के गुण पर बहने लगे। इसी समय कृष्ण ने कहा, "पार्थ, देखो, सर्प चढ़ रहा है, द्रोणाचार्य को काटेगा, मार दो इसे।" गुण से लिपटे, झलमलाते, काँपते आँसू अर्जुन को सर्प से दिखाई दिए। उन्होंने उसी समय, बिना अच्छी तरह देखे, तीर छोड़ दिया। तीर साँप को क्या लगा, उससे धनुष का गुण कट गया, और डण्डा सीधा होने के लिए उछला और आचार्य के गले में छिद गया। इसी समय द्रुपद का बेटा धृष्टद्युम्न तलवार लेकर वहाँ पहुँचा, और द्रोणाचार्य का सिर काट लिया।

द्रोण के हत होते ही चारों ओर हाहाकार मच गया। खबर अश्वत्थामा के पास भी पहुँची। सुनकर उन्हें बड़ा सोच हुआ। उनके विश्वविख्यात आचार्य पिता धोखे से धृष्टद्युम्न के हाथ मारे गए! वह महावीर थे—महारथ। उनके मुकाबले का वीर अर्जुन के सिवा दूसरा न था दोनों पक्षों में। जैसे अर्जुन कुछ खास बातों में अश्वत्थामा से बढ़कर थे, वैसे ही अश्वत्थामा कुछ खास बातों में अर्जुन से। दिव्यास्त्र अश्वत्थामा के पास भी कई थे।

पांडवों की सेना का बेशुमार संहार होने लगा। अश्वत्थामा की वह कराल मूर्ति देखकर सेना भागती हुई भी न बची। इसी समय अश्वत्थामा ने नारायण-अस्त्र पांडवों पर चलाया। उस चोट की बचत किसी को न मालूम थी। अस्त्र के सामने देवता भी न ठहर सकते थे। उसके छूटते ही चारों ओर से जल-वृष्टि होने लगी। बिजली-सी कड़की और चारों ओर अँधेरा छा गया। त्रास फैल गया। इसका प्रतिकार सिर्फ कृष्ण को मालूम था। उन्होंने हाथ उठाकर कहा, "सेना में जितने आदमी हों, अस्त्र छोड़कर सिर झुका लें।" अर्जुन आदि वीरों ने ऐसा ही किया, लेकिन भीम ने ऐसा नहीं किया; वे गदा लिये सामने डटे रहे। तब कृष्ण रथ से कूद पड़े, और जबरन भीम की गदा छीन ली और अपने हाथों से दबाकर सिर झुका दिया।

अस्त्र को व्यर्थ हुआ देखकर भी अश्वत्थामा विरत नहीं हुए, और दूने दर्प और क्षिप्रता से पांडवों की सेना मारने लगे। आज अश्वत्थामा के मुकाबले आते बड़े-बड़े

वीर दहल गए, मार खा गए, भाग गए। देखकर अर्जुन ने मोरचा लिया। कहा, "अब, तुम कुछ देर मेरा भी सामना करो।"

अश्वत्थामा जले हुए थे, और जल गए। उसी वक़्त आग्नेयास्त्र का सन्धान किया, और कृष्ण और अर्जुन को लक्ष्य कर छोड़ दिया। अस्त्र के निकलते ही आकाश को व्याप्त कर चारों ओर आग पैदा हो गई, एक-एक के भीतर से निकलते हुए तीरों का बादल छा गया। इस अस्त्र की आग में पांडवों की एक अक्षौहिणी सेना भस्म हो गई। अर्जुन ने ब्रह्मास्त्र छोड़कर इसकी शान्ति की। अब तक सन्ध्या हो गई थी, लड़ाई बन्द हो गई।

कर्णपर्व

सेनापति कर्ण

महान तेजस्वी महारथी आचार्य द्रोण कौरवों के लिए पाँच दिन तक घोर युद्ध करके धराशायी हुए। कौरव दल में शोक के बादल उमड़ आए। सेना और सेनापतियों के आँसुओं की झड़ी लग गई। पांडव भी आचार्य के निधन से रोए।

कौरव शिविर में नियमानुसार सभा बैठी। सब लोग शोकाकुल थे ही, विलाप करने लगे। विश्वविख्यात आचार्य पिता के प्रयाण से अश्वत्थामा को बड़ा दुःख हुआ। वह फूट-फूटकर रोने लगे। दूसरे-दूसरे महारथी उन्हें धैर्य देने लगे।

दुर्योधन को यह विश्वास था ही कि कर्ण के सेनापतित्व में उसकी विजय होगी। पितामह भीष्म और आचार्य द्रोण पांडवों से स्नेह करते थे। समय समझकर, आचार्य के लिए शोक करने के पश्चात, सभा के समागत वीरों को सम्बोधन करते हुए दुर्योधन ने कहा, "वीरो, अब हमें आगे के मोरचे की तरफ़ ध्यान देना चाहिए, आचार्य के निधन से पांडवों में बड़ा हर्ष छाया हुआ है। हमें इसका जवाब देना चाहिए। इसका जवाब अर्जुन का निधन है। हमें पूर्ण विश्वास है कि इस कार्य को हमारे मित्र अंगराज महारथ कर्ण पूरा कर सकते हैं। उनके समकक्ष योद्धा इस पृथ्वीमण्डल में दूसरा नहीं है। मेरा विचार है, अब कल से महाबल कर्ण कौरवों की सेना का सेनापतित्व करें।"

शल्य, कृपाचार्य और अश्वत्थामा आदि वीरों ने एक वाक्य से कर्ण का सेनापतित्व स्वीकार किया। तदनन्तर कर्ण को महाराज दुर्योधन ने सेनापति के पद पर बड़े समारोह से रोचना-तिलक लगाकर, माला पहनाकर वरण किया।

कर्ण ने नियमानुसार प्रतिज्ञा की कि वे अपने मित्र परमोदार महाराज दुर्योधन के लिए पूरी शक्ति से पांडवों पर आक्रमण करेंगे। दुर्योधन प्रसन्नचित्त से अपने शिविर को आराम करने के लिए चला। दूसरे-दूसरे सभ्य महारथी भी उठे।

सुबह कर्ण के सिर सेनापतित्व का मुकुट बँधा। सारी सेना आनन्द से उत्फुल्ल हो उठी। सूर्य की किरणें कर्ण के मुकुट पर पड़ीं। मुकुट चमक उठा।

शंख बजाकर कर्ण ने सेना-निवेश शुरू किया। अपनी सेना का उन्होंने मकरव्यूह बनाया। व्यूह के मुँह के पास कर्ण खुद रहे। आँखों की जगह शकुनि और उलूक। सिर पर महारथ अश्वत्थामा। कमर की रक्षा का भार दुर्योधन और उनके भाइयों पर। नारायणी सेना लेकर एक तरफ़ कृतवर्मा, दूसरी तरफ़ मद्रराज शल्य और त्रिगर्त राज। कृपाचार्य बीच में। इस तरह व्यूह की रक्षा करते हुए वे बढ़े।

कर्ण का अपूर्व व्यूह देखकर महाराज युधिष्ठिर ने अर्जुन से कहा, "भाई, कर्ण बड़ा पराक्रमी योद्धा है। कर्ण से बड़े-बड़े नहीं विजय पा सकते। बहुत सँभलकर युद्ध करना। हमारे कष्टों का मूल भी कर्ण है। कर्ण का निपात बहुत आवश्यक है।"

इसी समय संसप्तकों ने अर्जुन को आकर ललकारा। अर्जुन भीम और नकुल पर धर्मराज की रक्षा का भार सौंपकर, सावधान कर संसप्तकों के पीछे लगे। कर्ण पूरी शक्ति से बढ़ते हुए पांडवों के सामने आ गए।

नकुल कर्ण के सामने आए, और अस्त्रों के प्रहार से उनकी गति रोकी। कर्ण के तीर भादों की झड़ी की तरह चलने लगे, और बात-की-बात नकुल बाणों से घिर गए। इसी समय एक तीर ऐसा आया कि नकुल का सारथि घायल हो गया, फिर धनुष के भी दो टूक हो गए। इस बीच कर्ण रथ बढ़ाकर नकुल के पास आ गए, और रथ पर बढ़कर खड़े होकर धनुष का डण्डा नकुल के गले में डाल दिया। चाहते, तो नकुल का वध कर सकते थे, परन्तु माता कुन्ती की प्रार्थना याद कर फिर बोले नहीं। कोई कौरव देख न ले, इस विचार से चुपचाप रथ पर बैठकर दूसरी ओर बढ़े।

महावीर कर्ण की मारों से पांडव सेना के पैर उखड़ गए। सेना इधर-उधर भागने लगी। भीमसेन पराक्रम से लोहा ले रहे थे, पर कर्ण की चोटों के सामने किसी की न चलती थी।

अर्जुन को संसप्तकों से लड़ते देर हुई देखकर कृष्ण ने कहा, "पार्थ, अभी तक तुम इन्हें परास्त नहीं कर सके। कर्ण का सामना कब करोगे? तुम्हारे सिवा पांडवों में कर्ण का मुकाबला करे, ऐसा कोई नहीं। भीमसेन का सिंहनाद नहीं सुन पड़ रहा। ज़रूर पांडव विपत्ति में हैं। धर्मराज का न जाने क्या हाल है!"

कृष्ण की बात से अर्जुन जोश में आए, और संसप्तकों पर अव्यर्थ सन्धान करने लगे। क्रुद्ध अर्जुन की चोटों से आँधी के आमों की तरह संसप्तकों की सेना धराशायी होने लगी। देखते-देखते पृथ्वी रुण्ड-मुण्डों से पट गई। महावीर अर्जुन साक्षात इन्द्र की तरह संसप्तकों से लड़ रहे थे। कुछ ही देर में बचे हुए संसप्तक जान लेकर भाग गए। कृष्ण ने पांडव सेना की ओर रथ बढ़ाया।

रास्ते में दुर्योधन ने रथ की गति रोकी। उनके कई सहायक थे। सबने घेरकर एक साथ अर्जुन पर बाण-वर्षा शुरू कर दी पर अर्जुन उस समय प्रलय के सूर्य के

समान तप रहे थे। उन्होंने एकसाथ दुर्योधन और उनके सहायकों का सामना किया, और क्षणभर में दुर्योधन को विरथ और बाणों से विद्ध करके युद्ध में पराङ्मुख कर दिया। सहायक दुर्योधन को लेकर भाग गए।

अब सन्ध्या हो गई थी। इसलिए आज का युद्ध स्थगित हुआ। दोनों ओर के सेनापति अपनी-अपनी सेना शिविर के लिए फेरने लगे।

शल्य का सारथ्य

पिछले दिनों की तरह कौरवों के शिविर में सभा बैठी। कर्ण के युद्ध से दुर्योधन को बहुत प्रसन्नता थी। उन्होंने अपनी आँखों देखा था, कर्ण पांडवों की सेना का अबाध गति से संहार कर रहे हैं। उन्हें विश्वास था, कर्ण द्वारा पांडवों पर उनकी विजय होगी। उन्होंने गर्व के साथ अपने मित्र की प्रशंसा की। कर्ण ने कहा, ''महाराज, मैं यथाशक्ति आपके लिए युद्ध कर रहा हूँ परन्तु कई असुविधाएँ हैं। अर्जुन के पास युद्ध के सभी अच्छे उपकरण हैं। उनका रथ पहाड़-सा बड़ा है, उसमें अस्त्र-शस्त्र बहुत अँटते हैं। अर्जुन के घोड़े बहुत तेज़ हैं, सारथि भी कृष्ण। उनका गाण्डीव धनुष संसार में अद्वितीय है। उनका तूणीर अक्षय है। उनके अस्त्र दिव्य हैं ही। ऐसी अनेक सुविधाएँ अर्जुन को प्राप्त हैं। हमारे पास इनका एक अंग भी पूरा नहीं। फिर भी हमें एक अच्छे सारथि की आवश्यकता है। सुना है, महाराज शल्य इस विद्या में भी सिद्धहस्त हैं। यदि आप उन्हें मेरा रथ चलाने की आज्ञा करें, तो युद्ध में आशानुरूप फल हो सकता है।''

कर्ण की बात सुनकर दुर्योधन बहुत प्रसन्न हुए, और मद्रराज से कहा, ''मामा, हमारे संकट के समय आप सहायता दीजिए। आप कर्ण का सारथ्य स्वीकार कीजिए।''

शल्य ने कहा, ''वत्स दुर्योधन, हमें तुम गधे पर चढ़ाओगे, तो तुम्हारे लिए हम गधे पर चढ़ने को भी तैयार हैं। लेकिन एक बात है, उसे मेरा दोष ही समझो। मेरी ज़बान मेरे वश में नहीं रहती। महारथ कर्ण मेरी बात से नाराज़ होकर कहीं आत्महत्या न कर बैठें, यही मुझे भय है।''

सभा हँसने लगी। दुर्योधन और कर्ण झेंपे। शल्य एकटक कर्ण को देखते रहे। सँभलकर दुर्योधन ने कहा, ''कहने के लिए आप जो चाहें, कह सकते हैं। आप मामा हैं, अंगराज कर्ण यह जानते हैं।''

शल्य ने कर्ण का सारथ्य स्वीकार कर लिया। प्रात:काल महारथी कर्ण के रथ पर सारथि शल्य को देखकर कौरव हर्ष से जय-जयकार करने लगे। कर्ण ने कहा, ''शल्य, आज तुम मेरा समर देखोगे।'' शल्य ने कहा, ''अभी ही देख रहा हूँ, जबकि रथ दक्षिण ओर जा रहा है।'' कर्ण ने कहा, ''जब आ पड़ती है, तब शुभ और अशुभ रखा रह जाता है। शल्य, आज निश्चित रूप से हमारी विजय होगी।'' शल्य ने उत्तर दिया, ''हंस और कौएवाली होगी।'' यह कथा कर्ण की सुनी न थी। उन्होंने पूछा,

"हंस और कौएवाली क्या?" शल्य ने कहा, "हंस समुद्र के पार उड़कर मोती चुगने जाते थे। चुगकर, फिर उड़कर इस पार लौट आते थे। इस पार हंसों के घोंसले के पास एक डाल पर एक कौआ रहता था। उसने हंसों से पूछा, 'भाई, तुम लोग कहाँ जाते हो?' हंसों ने कहा, 'हम सागर के उस पार जाते हैं, वहाँ मोती चुगते हैं। फिर लौट आते हैं।' कौए ने कहा, 'आज हमें भी ले चलो।' हंसों ने कहा, 'तुम उड़ न पाओगे, बहुत दूर जाना है।' कौए ने कहा, 'हः, मैं सबको उड़ा ले चलूँगा।' एक हंस ने कहा, 'चलो, अपना क्या बिगड़ता है!' अस्तु, कौआ साथ उड़ा। एक पहर उड़ने के बाद वह थका। पंख ढीले पड़े, तो पुकारकर कहा, 'भाइयो, बचाओ, नहीं तो गिरकर डूबता हूँ।' हंसों ने कहा, 'पहले तुम्हें मना किया था, तब नहीं माने, यहाँ बैठकर आराम करने को वृक्ष-लता थोड़े ही हैं!' एक हंस ने कहा, 'डूबने दो।' दूसरे ने कहा, 'नहीं, बचाओ इसे, आज की चुगाई न सही।' सब हंस इकट्ठे हुए, और एक-एक करके कुल हंस कौए को पीठ पर चढ़ाए उड़ते हुए इस पार आने लगे। बहुत मुश्किल से पार आए, लेकिन कौए की जान बचा ली। उस दिन फिर समुद्र-पार जाना नहीं हुआ। कौए को डाल पर बैठाकर उस दिन सब वैसे ही रह गए।"

कथा सुनकर कर्ण को क्रोध आया, पर शल्य पहले ही कह चुके थे, इसलिए कुछ बोले नहीं। सामने पांडवों की सेना खड़ी ललकार रही थी।

कर्ण ने कहा, "शल्य, आज तुम सही-सही युद्ध देखोगे। पांडवों की इतनी विशाल सेना मैं बात-की-बात में बिडार दूँगा। आज अर्जुन के बड़े भाग्य होंगे, तभी वह बचेंगे। तुम देखोगे, मैं जो कुछ कहता हूँ, करता हूँ।"

शल्य ने कहा, "आज तक देखता रहा, पहले सुन चुका हूँ, तुम जितना कहते हो, मुश्किल से उसका दसवाँ हिस्सा कर पाते हो। कर्ण, इन प्यादों को तुम भले ही मार लो, पर अर्जुन का मुकाबला होने पर तुम ज़रूर मुझसे रथ भगा ले चलने के लिए कहोगे। अपने सिर पर तो कलंक का टीका लगाओगे ही, मुझे भी बदनाम करोगे।"

इसी समय पांडव पक्ष के अर्जुन सामने आए। युधिष्ठिर ने उन्हें देखकर सरल स्नेह-स्वर से कहा, "भाई, कर्ण ने आज बड़े विकट व्यूह की योजना की है। कर्ण को देखकर मुझे न जाने क्यों भय होता है, बहुत जल्द तुम कर्ण का विनाश करो।"

धर्मराज को प्रणाम कर अर्जुन आगे बढ़े। नन्दिघोष-रथ को बढ़ता हुआ देखकर शल्य ने कर्ण से कहा, "देखो, कर्ण। महाराथ अर्जुन तुम्हारे सामने आ रहे हैं।"

कर्ण ने कहा, "शल्य, मैं तैयार हूँ। लेकिन वह देखो, हमारी सेना का व्यूह भेदकर अर्जुन का रथ निकल नहीं पा रहा है।" कहकर कर्ण हँसे, बोले, "अब पहरभर की छुट्टी है। अर्जुन को मालूम हो गया होगा कि व्यूह इस तरह बनाया जाता है। मैंने अर्जुन की गतिविधि देखकर ऐसी जगह संसप्तकों को रखा है कि अर्जुन समझेंगे।"

कहते–कहते कर्ण की दृष्टि दूसरी तरफ़ गई। महावीर भीमसेन आज अग्रणी थे। उनकी चोटों से कौरवों की सेना विकल थी। कितने ही शूर और सामन्त प्राण दे चुके थे। कर्ण ने शल्य से भीम का सामना करने के लिए कहा। शल्य वायु–वेग से रथ भीम के पास ले गए। कर्ण ने ललकारकर कहा, "क्या छिप–छिपकर सेना का संहार कर रहे हो! आज तुम्हें युद्ध–कौशल सिखाता हूँ।" कहकर भीम पर कई तेज़ तीर मारे। भीम ने शीघ्रता से कर्ण के तीर काट दिए, और एक बाण धनुष पर चढ़ाकर, कानों तक धनुष खींचकर कर्ण पर छोड़ा। भीम का आज का लक्ष्य अव्यर्थ था और पौरुष अपराजेय। तीर पहाड़ को फोड़नेवाला था। कर्ण ने काटने की भरसक कोशिश की, लेकिन कुछ फल न हुआ। तीर कवच भेदकर पूरी तरह चुभ गया, जिससे कर्ण को मूर्च्छा आ गई। कर्ण को बेहोश देखकर शल्य रथ भगा ले गए।

दु:शासन-वध

भीम अबाध गति से कौरवों की सेना का संहार करने लगे। आज भीम की गति का रोध करे, ऐसा कौरवों में कोई न था। जैसे लहलहाते हुए पुष्प और पत्रों के हरे वन को एक छोर से दूसरे छोर तक दावाग्नि जलाती हुई चली जाती है, वैसे ही भीमसेन कौरवों का संहार कर रहे थे। भीषण वर्षा का जल जिस तरह रोका नहीं जाता, तमाम भूमि को डुबाता हुआ बेरोक–टोक बहता जाता है, उसी तरह भीम की शक्ति का मुकाबला कोई कर नहीं सका। दुर्योधन को सेना की रक्षा के लिए बड़ी चिन्ता हुई। पास ही दु:शासन को खड़ा देखकर उन्होंने कहा, "भाई, भीम आज अमित विक्रम से सेना का संहार कर रहा है। तुम भीम की गति रोको, और उसका प्राणान्त कर मुझे सन्तोष दो।"

दुर्योधन की आज्ञा शिरोधार्य कर दु:शासन भीम के सामने आए, और ललकारकर बोले, "भीम, कायर की तरह क्या सेना का नाश कर रहे हो? आज आओ, हमारा–तुम्हारा फ़ैसला हो जाए।" यह कहकर दु:शासन गदा लेकर, मैदान में कूदकर आ गए।

उन्हें देखकर भीम ने भी गदा सँभाली और हँसकर कहा, "अन्ध पिता के अन्ध पुत्र, तुम्हारी खोज में मैं बहुत दिनों से था। बराबर तुम अपने रक्षकों से बचते रहे। आज तुम्हारा अन्तिम समय आ गया है। तैयार हो जाओ।"

दोनों मतवाले हाथी की तरह भिड़ गए। दु:शासन और भीम का गदायुद्ध देखने लायक हुआ। तमाम सेना दोनों वीरों के दाँव–पेंच देखने लगी। दु:शासन फ़ुर्त थे। कई वार भीम पर किए, परन्तु महाबली भीम ने उनके कुल वार रोके। मण्डलाकार घूमते, वार करते, बचाते, झेलते काफी देर हो गई। दोनों एक–दूसरे के प्राण लेने पर तुले थे। दोनों कुछ–कुछ थक आए। इसी समय भीम को अपनी प्रतिज्ञा याद आई। वह पूरी शक्ति से दु:शासन पर प्रहार करने लगे। दु:शासन थक गए थे। प्रहार

झेलते-झेलते बेदम हो गए। इसी समय भीम नें उनके सिर पर गदा मारी। दुःशासन ने वार बचाया, पर हाथ ढीले पड़ गए वार नहीं झिला, सिर पर चोट आई, वह वहीं बेहोश होकर गिर गए। उनके गिरते ही कौरवों में हाहाकार मच गया। भीम गिरे हुए दुःशासन के पास पहुँचे, और उनकी छाती फाड़कर उनका खून पीने लगे। भीम का यह कृत्य और भयंकर मूर्ति देखकर, कौरवों की सेना डरकर भागने लगी। भीम का रूप उस समय राक्षस जैसा डरावना हो रहा था। दुःशासन का रुधिरपान कर, भीम मत्त होकर विचरण करने लगे। उनके सामने से सेना भय खाकर भागने लगी।

युधिष्ठिर का भागना

इसी समय कर्ण की मूर्च्छा टूटी। उन्हें मालूम हुआ कि भीम ने दुःशासन का वध किया। सुनकर बड़ा क्रोध हुआ। अभी तक सन्ध्या नहीं हुई थी। वह रथ पर बैठकर फिर मैदान में आए। उन्हें देखकर कौरवों की जान में जान आई। अपने सेनापति के साथ वे पांडवों पर टूटे। अर्जुन अभी तक संसप्तकों से निपट नहीं सके थे। उनका पूरा-पूरा विनाश करने पर तुले थे कि कर्ण ने रथ बढ़वाकर युधिष्ठिर को आ घेरा। नकुल कुछ देर लड़े, पर कर्ण ने उन्हें बात-की-बात में घायल कर दिया; फिर युधिष्ठिर से लड़ने लगे। कर्ण के मुकाबले के लिए पांडवों में अर्जुन के सिवा दूसरा वीर न था। युधिष्ठिर कुछ देर तो लड़े, पर बाद को विवश हो गए। कर्ण की तेज़ चोटों से उनका शरीर जर्जर हो गया। सारथि पकड़े जाने के भय से उनका रथ भगा ले गया। कर्ण अप्रतिभ वेग से पांडवों की सेना का संहार कर रहे थे।

अर्जुन अब तक संसप्तकों से लड़ रहे थे। उनका संहार कर वह अपनी सेना को देखने के लिए बढ़े। उन्हें यह भी याद आया कि कहीं धर्मराज पकड़ न लिए गए हों। सेना में आने पर उन्हें मालूम हुआ, कर्ण ने युद्ध में युधिष्ठिर का बड़ा अपमान किया है, उन्हें तीरों से जर्जर कर दिया है। अब तक वह पकड़ भी लिए गए होते, लेकिन सारथि रथ भगाकर उन्हें शिविर में ले गया है। यह खबर मिलने पर अर्जुन को धैर्य हुआ। उन्होंने कृष्ण से कहा, "सखा, पहले मैं धर्मराज को देखना चाहता हूँ। उनकी हालत समझकर कर्ण से समर करूँगा।" कृष्ण शिविर की ओर रथ ले गए।

नन्दिघोष-रथ पांडव-शिविर की ओर बढ़ा। महाराज युधिष्ठिर बिस्तर पर पड़े कराह रहे थे। कर्ण के प्रहारों से अंग-अंग जर्जर हो गया था। कृष्ण और अर्जुन सशंकित-से शिविर के भीतर गए। देखा, राजवैद्य बैठे हुए धर्मराज युधिष्ठिर की मरहम-पट्टी कर रहे हैं, युधिष्ठिर पीड़ा से छटपटा रहे हैं।

कृष्ण और अर्जुन ने धर्मराज युधिष्ठिर को प्रणाम किया। इन्हें देखकर दर्द से भरे, रुँधे कंठ से युधिष्ठिर ने पूछा, "कृष्ण, अर्जुन, तुम लोग सकुशल तो लौटे? हमें बड़ा हर्ष है कि बिना एक तीर चुभे, तुमने कर्ण का संहार किया। सेना विपत्ति से बच

गई। कर्ण बड़ा निर्दय और क्रूर था। वह सदा कौरवों के आगे रहता था, और पांडवों की सेना का विनाश करता था। हमारी जो दुर्दशा भीष्म, द्रोण, कृप और अश्वत्थामा से नहीं हुई, वह आज कर्ण ने की। हम केवल मृत्यु के घर से लौटे हैं। यहाँ भागकर, प्राण बचाकर आए हैं।''

युधिष्ठिर की बातें अर्जुन को बहुत ही अपमानजनक मालूम दीं। उन्होंने म्यान से तलवार खींच ली। देखकर। घबराकर कृष्ण ने अर्जुन का हाथ पकड़ लिया, कहा, ''पार्थ, यह बहुत बड़ा अनर्थ है, तुम्हारी विचारशक्ति जाती रही, यह बड़े दुःख की बात है। तुम धर्मराज पर हाथ उठा रहे हो, इस तरह तुम्हारी पुण्य-शक्ति क्षीण हो जाएगी, फिर शत्रु पर तुम विजय न प्राप्त कर सकोगे।''

''माधव,'' अर्जुन ने कहा, ''हम क्षत्रिय हैं, हमारे अस्त्र को धिक्कार देने पर हम नहीं बरदाश्त कर सकते। हमारा कसूर कुछ होता, तो कोई बात न थी। तुम्हें अच्छी तरह मालूम है, यहाँ आने का मतलब केवल धर्मराज को देखना था। इस हित में धर्मराज का यह अहित-वचन किस तरह सह्य हो?''

''भाई,'' कृष्ण ने कहा, ''धर्मराज की भर्त्सना में भी स्नेह था। तुमने ख़याल नहीं किया। उन्हें कर्ण से युद्ध करते सख्त चोट पहुँची है। इसीलिए ऐसी बातें तुम्हें कहीं। तुम्हारे जैसे वीर भाई के रहते उनकी यह दशा हो, उन्हें दुःख पहुँचे, यह उन्हें वांछनीय नहीं। और यह किसी प्रकार की भर्त्सना नहीं, बल्कि अकृत्रिम स्नेह है।''

अर्जुन को बिगड़ा हुआ देखकर युधिष्ठिर ने कहा, ''मैं कायर हूँ, जो समर क्षेत्र से भाग आया। मैं हतभाग्य हूँ, जो मेरे कारण मेरे परिवार को दुःख पहुँचा। मैं अधार्मिक हूँ क्योंकि मेरे ही कारण मेरे कुल-कुटुम्बियों का नाश हुआ। अर्जुन, तुम वीर हो, पुरुषार्थी हो, तुम्हारा सभी साथ देते हैं। मैंने बड़ा बुरा कर्म किया, जो तुम्हें मन्द वचन कहा। तुम मुझे क्षमा करो।''

बड़े भाई की यह दीनता देखकर, उनके विनीत शब्द सुनकर अर्जुन वहीं गड़ गए। दुःखी होकर बोले, ''महाराज, मैंने बड़ा भारी अपराध किया है। मुझे क्षमा करें। अब मैं प्रतिज्ञा करता हूँ, आपको दुःसह कष्ट पहुँचानेवाले कर्ण का आज संहार किए बिना आपको मुँह नहीं दिखाऊँगा।''

यह कहकर क्षमाशील युधिष्ठिर की पदधूलि सिर पर धारण कर अर्जुन वहाँ से विदा हुए।

कर्ण-वध

घनघोर लड़ाई हो रही थी, फिर भी समय था। दुःशासन के वध की अर्जुन को खबर मिली। वह उग्र रूप से लड़ते हुए भीम से मिले। उनके चरण छुए। अब आज सीधे कर्ण का सामना था। दोनों सेनाएँ पूरे उत्साह से, अपनी-अपनी विजय की आशा से, अपने-अपने मुकाबले के योद्धा से, भिड़ी थीं। कर्ण और अर्जुन भी

निश्चिन्त होकर एक-दूसरे के सामने आए। युद्ध का श्रीगणेश होते ही, कुछ क्षण बाद कर्ण ने अर्जुन के गाण्डीव का गुण काट दिया। गुण के कटते ही तीर-निक्षेप असम्भव हो गया। साथ ही, कर्ण में जो एक गुण और था—वह अविराम शर-वर्षा कर सकते थे—उसकी सार्थकता हो गई। जब तक अर्जुन दूसरा गुण चढ़ाते रहे, कर्ण ने शरों से उन्हें जर्जर कर दिया। पांडव दल के दूसरे योद्धाओं ने कर्ण के चलाए तीर काटने की कोशिशें कीं, पर वे व्यर्थ गईं। कृष्ण और अर्जुन—दोनों बुरी तरह घायल हुए। उनके बदन से खून के फव्वारे छूटने लगे। देखकर कौरवों को बड़ा हर्ष हुआ।

सेना कर्ण का बार-बार जयनाद करने लगी।

धैर्य से अर्जुन ने गुण चढ़ा लिया, और उलटे कर्ण की दशा शोचनीय कर दी। तीरों से पृथ्वी-अन्तरिक्ष और कर्ण के रथ के सभी पार्श्व छा दिए। कर्ण का धनुष टूटा, और कई चोटें लगीं। शल्य भी जर्जर हो गए। अर्जुन और कर्ण का अद्भुत युद्ध दोनों सेनाएँ खड़ी एक निगाह से देख रही थीं। पांडव सेना पूरे उत्साह से अर्जुन की जयध्वनि करने लगी।

कर्ण को क्रोध आ गया। उन्होंने तत्काल दूसरा धनुष लेकर आग्नेय अस्त्र छोड़ा। अस्त्र की आग से अर्जुन के तमाम शर जलकर बेकार हो गए। आग पांडव सेना की ओर बढ़ने लगी। देखकर अर्जुन ने वरुण अस्त्र छोड़ा, शर के छूटने के साथ आकाश में बादल घुमड़ने लगे और वर्षा होने लगी। कर्ण ने वायव्य अस्त्र छोड़ा, जिससे तमाम बादल हवा से कट-छँट गए और आसमान बिलकुल साफ हो गया। अर्जुन ने आँधी उठी हुई देखकर नागास्त्र छोड़ा। देखते-देखते आकाश में लाखों नाग लहराने लगे और साँसों में कुल हवा भर ली। नागास्त्र से कौरव दल को विचलित हुआ देखकर कर्ण ने गरुड़ास्त्र छोड़ा। अस्त्र आकाश में छूटते ही, उससे हज़ारों-लाखों गरुड़ पैदा हो गए और कुछ क्षण में साँपों को पकड़-पकड़कर खा गए। कर्ण के इस अस्त्र की काट नारायणास्त्र अर्जुन के पास था, लेकिन यह अस्त्र मनुष्य-युद्ध में वर्जित था, इसलिए अर्जुन सिर झुकाकर, गरुड़ास्त्र का प्रभाव रहने तक चुप रहे। इससे पांडवों की कुछ सेना का नाश हुआ। कौरव कर्ण की जय बोलने लगे।

अर्जुन धैर्य के साथ साधारण अस्त्रों से लड़ते रहे। वह चाहते तो दिव्य अस्त्र छोड़कर उसी समय कर्ण के साथ कौरव सेना को भस्म कर सकते थे, परन्तु उन्होंने ऐसा नहीं किया। वह मानवीय युद्ध से ही कर्ण को जीतना चाहते थे। पल-पल में अर्जुन के तीर निशाने पर अव्यर्थ बैठने लगे। देखते-देखते अर्जुन का हाथ तेज़ से और तेज़ हो गया। फिर दाएँ-बाएँ दोनों हाथों से, एक-एक के थकने पर, अर्जुन तीर चलाने लगे, और कर्ण को घायल कर दिया। कौरवों की सेना का भी नाश किया। देखनेवाले अनिमेष दृष्टि से अर्जुन की वह क्षिप्रता देखते रहे। कर्ण को मदद

करनेवाली सेना का प्राय: नाश हो गया। देखकर कर्ण विचलित हो गए। अधीर होकर उन्होंने अर्जुन पर छोड़ने के लिए दिव्य शक्ति निकाली।

शर को देखते ही शल्य डरे, कहा, ''कर्ण, इससे अर्जुन का नाश न होगा, कोई और अच्छा तीर निकालो।''

कर्ण ने कहा, ''पहला तीर हाथ में रहते कर्ण दूसरा तीर नहीं चलाता।'' कहकर तीर छोड़ दिया।

बाण के छूटते ही कृष्ण समझ गए। उन्होंने घोड़ों को घुटनों के बल बैठा दिया। इस तरह अर्जुन का सिर झुक गया। तीर अर्जुन के गले में न लगकर इन्द्र के दिए किरीट पर लगा, जिससे किरीट कट गया। अर्जुन बच गए।

उत्तरोत्तर कर्ण और अर्जुन युद्ध में प्रबल पड़ते गए। अब तक सैकड़ों उपाय दोनों ने एक-दूसरे को मारने के किए, पर कोई सफल नहीं हुआ। कर्ण और अर्जुन का यह युद्ध देखकर देवता भी दंग रह गए। तीरों की ऐसी लड़ाई अब तक किसी ने देखी नहीं थी। अर्जुन अब तक पहले की तरह धीर, अविचल थे। यद्यपि वह शर-चालन में बड़ी ही फुर्ती से काम ले रहे थे, फिर भी उनमें थकान या चंचलता न आई थी। कर्ण अधीर हो गए थे। उनकी अधीरता बढ़ रही थी, ज्यों-ज्यों अर्जुन के हाथ तेज़ हो रहे थे। इस समय कर्ण परशुराम की सिखलाई शस्त्रविद्या एक तरह भूल-से रहे थे। ज्यों-ज्यों दाँव-पेंच याद नहीं आ रहे थे, चिढ़ बढ़ रही थी।

इसी समय एक दुर्घटना हुई। कीच में कर्ण के रथ का एक पहिया धँस गया। रथ की गति अचल हुई देख कर्ण बहुत व्याकुल हुए। उन्होंने पुकारकर कहा, ''हे अर्जुन, धर्मयुद्ध के अनुसार तुम्हें इस समय कुछ देर के लिए रुक जाना चाहिए। मेरे रथ का पहिया कीच में धँस गया है, उसे निकाल लूँ। कुछ देर दया करो।''

अर्जुन ने कहा, ''कर्ण, धर्मयुद्ध का ज्ञान तुम्हें तब नहीं हुआ, जब अभिमन्यु अकेला सात रथियों से लड़ रहा था? सूतपुत्र, अब जब अपने सिर आ पड़ी, तब धर्म का ज्ञान हुआ है? विराट के यहाँ जब गोधन चुराकर चले थे, तब, जिन गौवों के खुरों में रोग था, वे गौएँ बैठ-बैठ जाती थीं, उन्हें कितने धर्म-ज्ञान से तुम पीट-पीटकर उठाते और भगाते थे? तुम्हें सम्मुख समर में शत्रु से दया की भीख माँगते, धर्म का ज्ञान देते लज्जा नहीं लगती?''

कर्ण समझ गए कि प्रार्थना व्यर्थ है। वह रथ से कूद पड़े, और एक तीर ऐसा मारा कि वह अर्जुन का वर्म भेद कर छाती में चुभ गया। अर्जुन कुछ देर के लिए संज्ञाहीन से हो गए। इसी अवसर पर कर्ण पहिया निकालने लगे। पहिया निकालते हुए वे पैर से धनुष पकड़कर तीर चलाते जाते थे, और एक हाथ से पहिया निकाल रहे थे। पहिया इतना धँस गया था कि एक हाथ से निकल नहीं रहा था। अर्जुन को निष्क्रिय देखकर, समय समझकर, कर्ण दोनों हाथों से पहिया निकालने लगे। इसी समय अर्जुन प्रकृतिस्थ हुए। कर्ण को निशशस्त्र देखकर उन्होंने उन पर तीर नहीं

छोड़ा। देखकर कृष्ण ने कहा, "पार्थ, यही समय है, कर्ण का वध करो। यदि पहिया निकालकर वह रथ पर बैठ गए, तो महारथ कर्ण का तुम कदापि वध नहीं कर सकोगे।"

कृष्ण के कहने के साथ अर्जुन ने एक तीर कर्ण को मारा। तीर कर्ण के ऐसा लगा कि उनका सिर धड़ से विलग हो गया। कर्ण काम आ गए, देखकर कौरव-सेना हाहाकार करने लगी। पांडवों के हर्ष का पारावार न रहा। भीमसेन यह अद्भुत युद्ध देख रहे थे। वह दौड़कर अर्जुन के रथ पर चढ़ गए, और बड़े स्नेह से उन्हें गले लगा लिया।

संजय ने धृतराष्ट्र से कहा, "महाराज, आज वीरवर कर्ण रथ का पहिया निकालते हुए, अर्जुन के तीर से काम आ गए। उनका तेज निकलकर सूर्य में समा गया।" धृतराष्ट्र महारथ कर्ण का वध हुआ सुनकर वहीं मूर्च्छित हो गए। दुर्योधन के शोक का अन्त न था। कर्ण ही उनके अन्तरंग मित्र थे।

सूर्य अस्त हो चुका था। लड़ाई बन्द हो गई। दुर्योधन आज सब दिनों से अधिक चिन्तित हुए, धीरे-धीरे शिविर को लौटे।

शल्यपर्व

सेनापति शल्य

महाभारत का सत्रह दिन का समर समाप्त हो गया। युद्धभूमि लाशों से पट गई। कहीं हाथी कटे पड़े हैं, कहीं घोड़े, कहीं टूटे रथ, कहीं मरे हुए आदमी। कहीं सिर, कहीं धड़। तमाम युद्धभूमि एक महाश्मशान बन गई है। राजे-महाराजे और साधारण सिपाही—सबकी एक दशा है। लाशें सड़ रही हैं, मारे दुर्गन्ध के रहा नहीं जाता। गिद्धों और सियारों का जमघट लगा रहता है। युद्धभूमि इतनी भयंकर मालूम देती है कि उसकी तरफ़ देखने का साहस नहीं होता। कहीं से घायलों की चीत्कार आ रही है, कहीं से सियारों की आवाज़।

दुर्योधन कर्ण के वध के बाद हिम्मत हार गया परन्तु लोभ नहीं छूटा, न राजमद गया। ग्यारह अक्षौहिणी सेना में बहुत थोड़ी बच रही थी। पांडवों की सेना कुछ अधिक थी। दुर्योधन के सभी भाई भीम द्वारा निहत हो चुके थे। रात्रि के समय मंत्रणागार में दुर्योधन चिन्तित भाव से बैठा हुआ था।

कृपाचार्य ने कहा, "हमारे दल के सभी वीर एक-एक करके हत हो गए; महामति भीष्म, आचार्य द्रोण, महारथ कर्ण और सैकड़ों रथी-महारथी राजकुमार वीर युद्धायुद्ध में प्राण छोड़कर स्वर्ग सिधार गए हैं। जान पड़ता है, विजयलक्ष्मी पांडवों से प्रसन्न है। उनके वीर अर्जुन, भीम, सात्यकि अभी तक बचे हुए हैं। मेरी राय से अब युद्ध न करके सन्धि कर लेना श्रेयस्कर होगा।"

कृपाचार्य की बात सुनकर दुर्योधन ने कहा, ''आचार्य कृप, आप उचित कहते हैं परन्तु पांडव अब जीते हुए हैं। वे सन्धि क्यों करेंगे? यदि उनका पक्ष हारा हुआ होता, तो यह बात सम्भव थी। दूसरे, मैं राजा होकर इस समय सिर झुकाऊँगा, तो लोग हँसेंगे। ज़िन्दगीभर मेरे सिर यह अवज्ञा चढ़ी रहेगी। प्रजाजनों के आगे दृष्टि नीची हो, इससे मृत्यु अच्छी है। मैं अब सिर नहीं झुका सकता। फिर, अभी हमारे पक्ष में बिलकुल अँधेरा नहीं हुआ। आशा की किरण अभी है। अभी मामा शल्य हैं, आप हैं, दोनों पक्षों को एक क्षण में जीत लेने की शक्ति रखनेवाले महारथ अश्वत्थामा भी हैं। युद्ध जारी रखना चाहिए। मैं समझता हूँ, अब हमारे पक्ष का सेनापतित्व शल्य मामा को दिया जाए। वह निश्चय पांडवों को परास्त कर कौरवों का मुख उज्ज्वल करेंगे।''

राजा की बात से सभासद वाह-वाह करने लगे। उत्साह के समय कोई भी निरुत्साह नहीं हुआ। देखकर दुर्योधन को बड़ा हर्ष हुआ। शल्य सिर झुकाए बैठे रहे। अश्वत्थामा ने कहा, ''हमारे महाराज ने सेनापतित्व के लिए योग्य आदमी चुना है। मद्रराज शल्य सब तरह समर्थ हैं। वह जैसे दक्ष रथी हैं, वैसे ही सारथि। धनुर्वेद में उनकी जैसी गति है, गदायुद्ध, असियुद्ध और मल्लयुद्ध में भी वह वैसे ही निपुण हैं। उनके सेनापतित्व में हम लोग युद्ध करने के लिए तैयार हैं। हमें विजय की पूरी-पूरी आशा है।''

अश्वत्थामा की बात से प्रसन्न होकर दुर्योधन ने शल्य से कहा, ''हे मद्रराज, अब हमारे आशा-भरोसा आप ही हैं। आपने युद्ध में जैसे विक्रम का परिचय दिया है, वह अलौकिक है। आप हमारे परम मित्र हैं। नकुल-सहदेव के सगे मामा होकर भी आप निमंत्रण पाकर, हमारे पक्ष से लड़े, और युद्ध में किसी प्रकार का पक्षपात नहीं किया। आप-सा हमारा निकटतम मित्र दूसरा नहीं। आपका उपकार कभी भुलाया नहीं जा सकता। आपने जैसे अब तक हम पर कृपा की है, वैसे ही अब सेनापति पद ग्रहण कर युद्ध में हमारा और हमारी सेना का त्राण कीजिए, विजयलक्ष्मी आपका वरण करें।''

शल्य ने कहा, ''हे कुरुराज, आपकी आज्ञा मैं शिरोधार्य करता हूँ। शुरू से अब तक आप हमारा एकरस सत्कार करते आए हैं। मैं भी आपको दूसरी दृष्टि से नहीं देखता। क्षत्रिय की दृष्टि में क्षत्रियत्व का ही आदर-सम्मान है; मैं इसलिए आपके पक्ष में सम्मिलित हुआ, और अन्त तक आपके पक्ष में रहूँगा। आपकी विजय के लिए अपनी पूरी शक्ति से पांडवों के विपक्ष में युद्ध करूँगा।''

शल्य की बातों से सभा में उत्साह छा गया। समेवत वीर उनकी जय बोलने लगे। दुर्योधन ने अपने आदमियों को आज्ञा दी, उन्होंने यथाविधि शल्य का अभिषेक किया। वीरों ने उन्हें अभिषिक्त देखकर हर्षसूचक ध्वनि की। दुर्योधन के आनन्द का ठिकाना न रहा। फिर एक बार पांडवों पर होती हुई विजय की आशा बँध गई।

शल्य-वध

प्रातःकाल पहले के अनुसार दोनों दलों की सेनाएँ मैदान में आईं। शल्य सेनापति के रूप से सजे हुए सेना के सामने दिखाई पड़े। उन्होंने कौरवों की सेना का सर्वतोभद्र व्यूह तैयार किया और व्यूह के द्वार पर मद्रराज्य की अपनी सेना लेकर रहे। महाराज दुर्योधन व्यूह के मध्य भाग में कौरव सेना लेकर रहे। बाईं ओर संसप्तकों को लेकर कृतवर्मा रहे, दाईं ओर यवनसेना के साथ कृपाचार्य। अश्वत्थामा कम्बोज सेना के साथ पृष्ठरक्षा करने लगे। शकुनि और उलूक सामने आक्रमण करने के लिए अश्वारोही सेना लेकर रहे।

शल्य की स्फूर्ति और धनुष-टंकार सुनकर युधिष्ठिर ने अर्जुन से कहा, "भाई, आज मामा शल्य सेनापति हैं। आज इनसे हम युद्ध करेंगे। तुम चिन्ता न करना। अब द्रोण और कर्ण का भय नहीं रहा। तुम इन बचे हुए संसप्तकों से लड़ो। भीम कृपाचार्य की सेना का मोर्चा लें। नकुल और सहदेव शकुनि और उलूक से लड़ें।"

धर्मराज युधिष्ठिर की आज्ञा के अनुसार संग्राम छिड़ गया। धृष्टद्युम्न, शिखण्डी और सात्यकि युधिष्ठिर के सहायक हुए। शल्य पूरी शक्ति से पांडवों की सेना का संहार कर रहे थे। देखकर युधिष्ठिर ने रथ बढ़ाया, और शल्य की गति का रोध किया। शल्य ने युधिष्ठिर को सामने आया देखकर रथ रोकवा दिया। दोनों योद्धा एक-दूसरे पर बाण-वर्षा करने लगे। युधिष्ठिर का युद्ध आज आश्चर्य में डालनेवाला था। पल-पल पर कितने ही तीर वह शल्य पर मारते थे पर शल्य को एक भी चोट न लगी, बल्कि उन्होंने युधिष्ठिर के तीर काटकर उन्हें ही बाणों से पाट दिया। कुछ तीर युधिष्ठिर के लगे भी। देह से खून के फव्वारे छूटने लगे पर युधिष्ठिर अविराम गति से युद्ध करते गए। इसी समय शल्य ने युधिष्ठिर का धनुष काट दिया। इससे युधिष्ठिर बहुत क्षुब्ध हुए। उन्होंने दूसरा धनुष लिया, और एक साथ कई तीर इस प्रकार मारे कि शल्य का सारथि और घोड़े मर गए। शल्य को फँसा देखकर अश्वत्थामा आगे बढ़े, और तुरन्त शल्य को अपने रथ पर बैठा लिया। पांडवों को युधिष्ठिर की विजय पर बड़ा हर्ष हुआ। सेना जय बोलने लगी। शल्य से यह अपमान सहा न गया। वह दूसरे रथ पर चढ़कर उसी समय मैदान में आ गए, और बड़ी क्षिप्रता से युधिष्ठिर से लड़ने लगे। युधिष्ठिर की मदद के लिए इस समय पांडव, पांचाल और सोमक आ गए, और तीन तरफ़ से शल्य को घेर लिया। देखकर अन्य कौरवों को लेकर तुरन्त दुर्योधन वहाँ पहुँचे। घमासान युद्ध होने लगा। इसी समय शल्य ने एक तीर ऐसा मारा कि वह युधिष्ठिर के लगा, पर चोट गहरी न पहुँची। युधिष्ठिर क्रुद्ध हो गए। उन्होंने शल्य को एक बाण कान तक धनुष खींचकर मारा, जिसके लगते ही शल्य को मूर्च्छा आ गई। इसी समय कृप ने एक तीर मारा, जिससे युधिष्ठिर का सारथि मर गया। शल्य की क्षणिक मूर्च्छा हटी, वह धनुष पर तीर चढ़ाने लगे। युधिष्ठिर को बिना सारथि का देखकर भीम ने ऐसा बाण

मारा कि शल्य के धनुष के दो टूक हो गए। शल्य जब तक दूसरा धनुष लें, भीम ने उनके घोड़ों को मार डाला।

चारों ओर से शल्य पर आक्रमण हो रहे थे। देखकर शल्य घबरा गए। उन्हें कोई उपाय न सूझा। तब वह ढाल और तलवार लेकर युधिष्ठिर को मारने के लिए रथ से कूद पड़े। भीमसेन ने देखा कि क्षणभर में शल्य धर्मराज के प्राण ले लेंगे। उन्होंने उसी क्षण एक ऐसा बाण मारा कि मूठ के पास से शल्य की तलवार के दो टूक हो गए। तलवार को व्यर्थ हुई देखकर भी शल्य हिम्मत नहीं हारे। वह बढ़ते हुए युधिष्ठिर के पास पहुँचे पर युधिष्ठिर ने शल्य पर एक सुरक्षित शक्ति का वार किया। कोई बचाव न था। शक्ति शल्य के लगी। उनका सिर धड़ से जुदा हो गया।

पांडव सेना जयनाद करने लगी। कौरवों में हाहाकार मच गया। सेनापति के काम आने पर कौरव सेना भागने लगी। पांडव सेना ने पीछा किया। सैनिकों के भागने और पीछा करने से मैदान में इतनी धूल उड़ी कि कुछ नज़र न आता था। दुर्योधन अपनी सेना का पलायन देख नहीं सके। उन्होंने कहा, "सारथि, हमारी सेना भाग रही है, इसलिए हमारा रथ मोर्चे पर ले चलो। हमें लड़ता हुआ देखकर हमारी सेना लौट आएगी।" दुर्योधन को सामने गया देखकर बचे हुए ग्यारह भाई मदद के लिए गए। अर्जुन और भीम से लोहा लेना था। भीम दुर्योधन के भाइयों को देखकर क्रुद्ध काल की तरह युद्ध करने लगे। सेना को जब मालूम हुआ कि महाराज दुर्योधन अकेले युद्ध कर रहे हैं, वह लौट पड़ी, और अपने राजा की, प्राणों की बाज़ी लगाकर सहायता करने लगी। भीमसेन के प्रहार बड़े विकट हो रहे थे। दुर्योधन के भाई उनसे आत्मरक्षा नहीं कर सके। एक-एक कर सब काम आ गए। अकेले दुर्योधन बचे रहे। अब तक कौरवों की बहुत थोड़ी सेना रह गई थी। प्रायः पाँच सौ घोड़े, दो सौ रथ, सौ हाथी और तीन हज़ार पैदल।

इसी समय सहदेव को अपनी प्रतिज्ञा याद आई। वह बाज़ की तरह शकुनि पर झपटे, लेकिन शकुनि के पुत्र उलूक ने सहदेव को रोका। दोनों में घोर युद्ध होने लगा। सहदेव क्रुद्ध थे ही। उन्होंने एक ऐसा तीक्ष्ण तीर मारा कि उलूक का वर्म भेदकर हृदय में पूरे फलक के साथ चुभ गया। उलूक के प्राण निकल गए। शकुनि ने अपनी आँखों अपने प्यारे पुत्र के प्राण निकलते देखा, जिससे उसे बड़ा क्षोभ हुआ। स्वभाव के पतितजन शोक के समय हृदय का बल बिलकुल खो देते हैं। शकुनि निस्तेज हो गया। उसे क्रोध भी हुआ, जो कमज़ोरी का दूसरा कारण है। वह काँपता हुआ सहदेव का सामना करने के लिए आगे आया। सहदेव ने कहा, "शकुनि, अब तक तुम बहुत बचे। तुम समझ लो कि अब तक बड़े-बड़े वीरों के सामने तुम्हें किसी ने पूछा नहीं। आज तुम्हारा काल सिर पर मँडरा रहा है। यह समर क्षेत्र है, द्यूतक्रीड़ा स्थल नहीं। आज तुम्हारे सब दिनों के पाप निकलेंगे, नारकी!" कहकर सहदेव ने शकुनि पर वार करना शुरू किया। शकुनि को सहायता देनेवाली सेना बहुत थोड़ी

थी। उसने देखा कि धनुर्वेद में सहदेव अधिक शिक्षित हैं, उनके सम्मुख कुछ देर ठहरना भी मुश्किल है। यह सोचकर वह तलवार लेकर मैदान में उतर पड़ा। सहदेव ने तीर मारकर उसकी तलवार काट दी। तब प्रास नामक अस्त्र उसने सहदेव पर चलाना चाहा परन्तु सहदेव ने उसी वक़्त अस्त्र समेत उसके दोनों हाथ काट डाले। शकुनि बिलकुल निरुपाय हो गया। इधर-उधर देखा, कोई भी सहायता करनेवाला न था। उसने जिनके लिए अधर्म किया था, वे आज अन्तिम समय में कोई न थे। उसे विदुर का उपदेश याद आया, साथ ही भय से विभीषिका देखने लगा। इसी समय सहदेव का एक पैना तीर चमकता हुआ आया और शकुनि के गले में लगा। शकुनि वहीं असहाय अवस्था में जूझ गया।

दुर्योधन-वध

शकुनि के मरने के बाद कौरवों में हाहाकार मच गया। जितनी सेना थी, प्राय: सब भीम और अर्जुन के हाथों मर चुकी थी। अश्वत्थामा और कृपाचार्य जैसे गिने-गिनाए कुछ ही योद्धा बच रहे थे। दुर्योधन ने देखा, ग्यारह अक्षौहिणी सेना महायुद्ध में काम आ गई। दुर्योधन को महामृत्यु से वैराग्य हुआ। वह अकेले गदा लेकर, मैदान छोड़कर पैदल एक तरफ़ निकल गए। कुछ दूर पर उनके बनवाए सरोवर में एक स्तम्भ था। उसके भीतर छिपने की जगह थी। वहीं जाकर वह छिप रहे। जिस समय वह सरोवर के किनारे जा रहे थे, कुछ इतर जन पांडवों के लिए गाँवों से मछली-मांस लेकर आ रहे थे। उन्होंने दुर्योधन को सरोवर में धँसते देखा।

दुर्योधन के चले जाने पर मैदान खाली हो गया। पांडवों ने देखा, दुर्योधन मरा नहीं। सोचा, कहीं गायब हो गया है। कृष्ण ने कहा, "बिना दुर्योधन का वध किए पूरी विजय नहीं कही जा सकेगी, फिर दुर्योधन बड़ा ही नीच है, उसके जीते राज्य निष्कण्टक न होगा। कोई-न-कोई उपद्रव फिर खड़ा करेगा, इसलिए हमें यह चाहिए कि उसकी खोज करके अभी उससे युद्ध और उसका वध किया जाए।"

कृष्ण की बात सबको पसन्द आई। पाँचों पांडव और बचे हुए सेनापति दुर्योधन की खोज करने लगे। इसी समय वे ग्रामीण-जन आते हुए दिख पड़े। पूछने पर उन्होंने कहा, "आगे उस सरोवर में एक मुकुटधारी वीर को धँसते हुए हमने देखा है, वह गदा लिये हुए था।" सब लोग समझ गए कि वही दुर्योधन है। कृष्ण के साथ सब उस सरोवर की तरफ़ बढ़े। कुछ देर बाद वह सरोवर मिला। उसके बीच में एक स्तम्भ था। कृष्ण ने अनुमान किया कि इसके भीतर छिपने की जगह अवश्य होगी। किनारे पर देखा, तो एक आदमी के पैर के निशान बने थे। लेकिन उलटे निशान थे, जैसे कोई सरोवर में गया हो, निकला न हो!

पैर के चिह्न सबने देखे। युधिष्ठिर ने कहा, "यह दुर्योधन का ही पैर है क्योंकि इस निशान में पद्म का चिह्न है, दुर्योधन के पैर में भी पद्म का चिह्न है।"

कृष्ण ने धीरे-से भीम से कहा, "भीम, तुम दुर्योधन को ललकारो, और व्यंग्य वचन कहो। दुर्योधन तीखे स्वभाव का व्यक्ति है, वह कटूक्ति सुनकर पानी के भीतर नहीं रह सकेगा, बाहर निकल आएगा। तब युद्ध में उसे परास्त करके उसका वध करना।"

भीम सरोवर के किनारे से दुर्योधन को ललकारने लगे, "रे अन्ध-पुत्र, तू अक्ल का भी दुश्मन था। पहले तुझे नहीं सूझा कि तू पांडवों से युद्ध नहीं कर सकता। पहले तूने सन्धि भी नहीं की। देश के वीरों को कटाकर, भाइयों की जान लेकर अब खम्भे के भीतर जाकर छिपा है! धिक्कार, नराधम! ज़रा भी तुझे क्षत्रियत्व का गर्व हो, तो निकल आ बाहर। लेकिन तू क्या निकलेगा? जान लेकर भागनेवाले कायर! तूने सिद्ध कर दिया कि असल में तू कैसा था!"

भीम कटूक्ति कह ही रहे थे कि दुर्योधन पानी से बाहर निकल आया। इसी समय उसके गुरु बलराम तीर्थ-यात्रा करते हुए उधर से जा रहे थे। कृष्ण से मिलने के उद्देश्य से वहाँ आ पहुँचे। उन्हें देखकर दुर्योधन ने भक्ति-भाव से प्रणाम किया। बलराम दुर्योधन के गदायुद्ध के गुरु थे; महाभारत युद्ध का फल उन्हें मालूम हो चुका था। शान्त चित्त से उन्होंने दुर्योधन को आशीर्वाद दिया। दुर्योधन ने कहा, "गुरुदेव, आप बड़े अच्छे समय में उपस्थित हुए हैं; इस समय आपके अलावा मेरा हितचिन्तक कोई नहीं।" बलराम ने आश्वासन दिया कि उनके रहते किसी प्रकार का अन्याय न हो पाएगा।

कृष्ण ने कहा, "कुरुराज, अब आप युद्ध के लिए तैयार हो जाइए।"

दुर्योधन ने कहा, "मैं तैयार हूँ। लेकिन धर्मयुद्ध होगा और निरीक्षक आपके बड़े भाई, मेरे गुरुदेव होंगे। गुरुदेव धर्म के सिवा किसी का पक्ष न लेंगे।"

कृष्ण ने कहा, "अच्छी बात है। महाराज युधिष्ठिर को यह मंजूर है।"

दुर्योधन ने कहा, "मेरे पास केवल गदा है। मैं गदा-युद्ध करूँगा।"

कृष्ण ने कहा, "पांडवों को यह भी मंजूर है।"

दुर्योधन ने कहा, "मैं अकेला हूँ, एक ही आदमी से युद्ध कर सकता हूँ।"

कृष्ण ने कहा, "यह भी सही।"

दुर्योधन ने कहा, "आखिरी बात यह है कि मैं राजा हूँ, राजा से ही युद्ध करूँगा। युधिष्ठिर लड़ने के लिए तैयार हों।" बलराम को दुर्योधन का यह तर्क पसन्द आया।

कृष्ण ने कहा, "राजा वही होता है, जो राजाओं का मुकाबला करके, उनका वध करके राजसिंहासन को अपने अधिकार में रखता है। इस विचार से पांडवों में भीम राजा हैं। भीम से लड़िए।"

बलराम को कृष्ण की यह बात अच्छी नहीं लगी। उन्होंने निगाह बदलकर कृष्ण से पूछा, "यह कैसी बात?"

कृष्ण ने कहा, "भीमसेन बराबर युद्ध में राजाओं का ही मुकाबला करते आए हैं। उन्होंने जरासन्ध से लेकर महाभारत तक में राजाओं का ही सामना किया है, और

अपने बाहुबल से उन्हें पराजित करके वध किया है। दुर्योधन के कुल भाइयों को उन्हीं ने मारा है। दुर्योधन से लड़ने की उनकी बहुत दिनों की प्रतिज्ञा भी है। वह भरी सभा में अपनी प्रतिज्ञा सबको सुना चुके हैं।''

प्रतिज्ञा की बात सुनकर बलराम खामोश रह गए। दुर्योधन को भीम की प्रतिज्ञा याद आई। कुछ देर तक वह चुपचाप खड़ा रहा, फिर लड़ने के लिए तैयार हो गया।

भीम और दुर्योधन गदा-युद्ध के लिए मैदान में उतरे। दोनों गदा लिए हुए मण्डलाकार घूमते रहे। फिर एक-दूसरे पर वार करने लगे। गदाओं की टक्करों से चिनगारियाँ निकलने लगीं। बलराम अतृप्त आँखों से दुर्योधन की फुर्ती देखते रहे। उन्हें निश्चय हो गया कि इस युद्ध में दुर्योधन विजयी होगा। अब तक भीम पर कई प्रहार वह कर चुका था। भीम काँप-काँपकर रह गए थे। युधिष्ठिर डरे हुए थे कि भीम का दुर्योघन वध न कर डाले क्योंकि आज युद्ध में वह प्रबल पड़ रहा है। कृष्ण स्थिर दृष्टि से भीम को देख रहे थे। वह जानते थे, भीम बल और दम में दुर्योधन से जीतेंगे। अभी दुर्योधन फुर्ती दिखा रहा है, पर कुछ देर बाद उसके हाथ ढीले पड़ जाएँगे। अर्जुन बड़ी चिन्ता से भीम को देख रहे थे। वे सोच रहे थे, आज भीम को क्या हो गया है, जो इतनी देर हो गई, और अभी तक दुर्योधन का वध नहीं कर सके।

दोनों वीर पसीने-पसीने हो गए। दुर्योधन वार-पर-वार करता जा रहा था, भीम झेल रहे थे। किसी तरह भी दुर्योधन दब नहीं रहा था, वह थका भी नहीं, काफी देर हो गई। कृष्ण समझ गए कि दुर्योधन जान की बाज़ी लगाकर लड़ रहा है, इसीलिए वह इतना प्रबल है; भीम सधा हुआ युद्ध कर रहे हैं। इसी समय दोनों मण्डलाकार घूम रहे थे वार करने की ताक में कि भीम की दृष्टि कृष्ण पर पड़ी। कृष्ण ने बलराम की आँख बचाकर अपनी जाँघ पर थपकी मारी। भीम को अपनी प्रतिज्ञा याद आ गयी, द्रौपदी को बैठने के लिए जाँघ दिखाने पर उन्होंने जाँघ तोड़ने की प्रतिज्ञा की थी।

गदा-युद्ध में पेट से नीचे प्रहार करना मना है। दुर्योधन खुलकर लड़ रहा था, बलराम के निरीक्षक होने के कारण उसे विश्वास था कि अन्याय युद्ध न होगा, उसे भीम की प्रतिज्ञा भी याद न थी। भीम के सिर पर प्रहार करने के अभिप्राय से वह उछला। उछलकर सिर पर प्रहार करना ही चाहता था कि भीम की गदा दुर्योधन की जाँघ पर बैठी। गदा के लगते ही एक जाँघ की हड्डी टूट गई, दूसरी में भी काफी चोट आई। दुर्योधन वहीं गिर गया। बलराम 'अन्याय-युद्ध हुआ' कहकर कुपित हो गए, और भीम को मारने के लिए बढ़े। कृष्ण ने हाथ पकड़कर भीम की प्रतिज्ञा की बात कही। द्रौपदी के अपमान की बात से बलराम का क्रोध शान्त हुआ। दुर्योधन अनाथ की तरह पड़ा रहा। विजयी पांडव अपने शिविर को लौट आए। कौरवों के यहाँ शोक की घटा छा गई। धृतराष्ट्र और गान्धारी विलाप करने लगे।

अश्वत्थामा का सेनापतित्व

कौरवों में सिर्फ तीन वीर बचे थे—अश्वत्थामा, कृपाचार्य और कृतवर्मा। गोधूलि-वेला में इन्हें मालूम हुआ कि महाराज दुर्योधन भीम से गदा-युद्ध करते हुए अन्याय से घायल होकर मरणासन्न हैं। तीनों वीर उस स्थल को चले, जहाँ दुर्योधन घायल पड़े थे। चारों ओर युद्ध के भयंकर दृश्य थे। नाश मूर्तिमान हो रहा था।

अपने पक्ष के वीरों को देखकर दुर्योधन विलाप करने लगे। कहा, ''मेरा भाग्य ही मन्द था, नहीं तो मेरे पक्ष में इतने बड़े-बड़े वीर थे, और मुझे युद्ध में विजय न मिली। सब के सब पांडवों के छल से मारे गए। मुझे यही दुःख है कि संसार में सत्य और न्याय कहकर कुछ न मिला। फिर भी, मुझे सन्तोष है कि मेरे साथी जिस राह से गुज़रे हैं, मैं भी उसी राह से जा रहा हूँ। अगर यह सत्य है कि सम्मुख समर में प्राण देने पर मनुष्य को स्वर्ग मिलता है, तो मुझे स्वर्ग मिलेगा। लेकिन वीरो, भीम ने अन्याय-युद्ध के अलावा, मेरे गिर जाने पर, मेरे सिर पर पदाघात किया है।'' कहकर दुर्योधन अभिमान से क्षुब्ध होकर रोने लगे।

अश्वत्थामा को बड़ा दुःख हुआ। यह वही दुर्योधन हैं, जो समस्त ज्ञात पृथ्वी के अधीश्वर थे। जिनके बड़े-बड़े राजे-महाराजे आज्ञाकारी थे, जिनकी इच्छामात्र से बड़े-बड़े राज्य बन-बिगड़ सकते थे। कुछ देर इस आवेश में रह अश्वत्थामा ने कहा, ''महाराज, पांडवों ने आपके साथ बहुत बड़ी नीचता की है। लोग उन्हें धार्मिक समझते हैं, लेकिन वे ढोंगी हैं। उन्होंने बराबर अन्याय-युद्ध किया है। पितामह भीष्म को उन्होंने अन्याय से मारा, कौरवों और पांडवों के आचार्य द्रोण का उन्होंने अन्याय से वध किया, वीरवर कर्ण को छल से मारा, आपको भी अधर्म-युद्ध से परास्त किया। मैं बहुत सह चुका हूँ। लेकिन पांडवों को जैसे का तैसा फल देना ही है। मैं अवश्य-अवश्य पांडवों का वध करूँगा। आपके सन्तोष के लिए जिस उपाय का भी सहारा लेना पड़े, मैं लूँगा। प्राण रहते तक, मैं आपको प्रसन्न करने की चेष्टा करूँगा।''

अश्वत्थामा की बात सुनकर दुर्योधन को आश्वासन मिला। बैठे हुए उन्होंने कृपाचार्य को जल-पूर्ण घट ले आने की आज्ञा दी। कृपाचार्य घट ले आए। दुर्योधन ने अश्वत्थामा का अभिषेक किया। फिर बड़ी आशा की दृष्टि से देखते हुए कहा, ''हे गुरुपुत्र! तुम ब्राह्मण हो, स्वभाव से त्यागी हो। मैं तुम्हारा क्या उपकार इस समय कर सकता हूँ? अब मेरे कुछ भी नहीं रहा, तुम देखते हो; केवल मेरा उत्साह और मेरी प्रसन्नता साथ लेकर जाओ।''

तीनों वीर राजा का सम्मान करके उठे। उनके रथ दूर खड़े थे। चलकर उन पर बैठे। दुर्योधन अकेले उस एकान्त में रहे। तीनों वीर पांडव-शिविर की ओर चल पड़े। रात हो रही थी। इधर-उधर सियार दौड़ रहे थे। लाशों की बदबू आ रही थी। कहीं-कहीं घायलों की चीख सुन पड़ती थी। तीनों वीर रथ बढ़ाते हुए युद्ध का मैदान पार कर गए।

सौप्तिकपर्व

धृष्टद्युम्न और द्रौपदी के पुत्रों का वध

इस रोज़ पांडवों को लेकर कृष्ण दूसरी जगह चले गए। दुर्योधन के परास्त होने की खबर से पांडव और पांचालों के शिविर में आनन्द मनाया जा रहा था। सेना और सेनानायक नृत्य-गीत में लीन थे। सब नशे की हालत में थे। कभी-कभी कौरवों को दुर्वाक्य भी कहते थे। एक पहर के करीब रात हो चुकी थी। आकाश में तारे छिटके हुए थे। इसी समय बगल से तीनों वीर—अश्वत्थामा, कृपाचार्य और कृतवर्मा—निकले। पांडवों के शिविर के पास जाने की उनकी हिम्मत नहीं हुई। रथ बढ़ाकर कुछ दूर एक पेड़ के नीचे इन लोगों ने डेरा डाला। सब लोग सुबह लड़ने की सोच रहे थे। कृपाचार्य और कृतवर्मा सोचते हुए थके, घायल, विश्राम करने लगे और विश्राम करते-करते सो गए। अश्वत्थामा की आँखों में नींद न थी। वह सोच रहे थे, अकेले युद्ध में पांडवों को कैसे परास्त किया जाएगा। पांडवों के पास सेना है, रथ हैं, हाथी हैं, घोड़े हैं। पांडव समर्थ भी हैं। सोचते हुए अश्वत्थामा डरे। इसी समय एक दृश्य उन्होंने देखा। उस पेड़ पर कुछ कौए बैठे थे। रात को विश्राम कर रहे थे। अँधेरे में उन्हें दिख न पड़ता था। इसी समय उल्लू की तरह का कोई पक्षी उड़कर आया, और कौओं को मारने लगा। थोड़ी देर में उसने सब कौओं को मार डाला। मर-मरकर कौए पेड़ के नीचे गिरने लगे। अश्वत्थामा को जैसे एक नसीहत मिली। अकेले इसी तरह शत्रु का संहार करना उचित है। उन्होंने निश्चय किया कि रात को शत्रु के शिविर में पैठकर सोते हुए शत्रुओं का संहार करेंगे। यह भाव मन में आते ही उन्हें बड़ा हर्ष हुआ। उन्होंने सोचा, ईश्वर ने उन्हें यह उपाय बतलाया है। मन में ईश्वर को धन्यवाद दिया, और चलने के लिए तैयार हो गए।

गहरी रात थी। कृपाचार्य और कृतवर्मा सो रहे थे। घायल, थके हुए, गहरी नींद में थे। अश्वत्थामा ने जगाया। कृपाचार्य और कृतवर्मा उठे। अश्वत्थामा ने धीरे-धीरे कृपाचार्य से कहा, ''मामा, हम लोग बहुत थोड़े हैं। कल सुबह पांडवों से सम्मुख समर करने पर हम न जीतेंगे। हमें चाहिए कि हम रात को ही पांडवों के शिविर में घुसें, और सोते समय उनका वध करें।''

कृपाचार्य ने कहा, ''अश्वत्थामा, तुम्हें क्या हो गया है? तुम्हें धर्म का भय भी नहीं रहा? तुम ब्राह्मण हो, वीर हो, देश-देशान्तर में तुम्हारा नाम है, ऐसा कुकृत्य करके तुम मुँह दिखाने लायक नहीं रह जाओगे। लोगों में तुम्हारी निन्दा होगी। तुम्हारा परलोक भी बिगड़ेगा।''

अश्वत्थामा ने जवाब दिया, ''मामा, पांडव बड़े नीच हैं। नीचों से नीचता करते अधर्म नहीं होता। महाराज दुर्योधन की दशा देखकर पत्थर पिघल जाता है। यह दशा पांडवों की नीचता के कारण हुई। पितामह भीष्म को उन्होंने किस नीचता

से मारा, यह तुम जानते हो। मेरे पिता का कैसी नीचता से हत्यारे धृष्टद्युम्न ने वध किया, तुमने देखा है। कर्ण को रथ निकालने का समय नहीं दिया। तुम जो कुछ कहो, मैं निश्चय कर चुका हूँ, रात को नीच पांचालों और पांडवों के शिविर में पैठकर एक ही खड्ग से सबका वध करूँगा। तुम्हें साथ देना हो, तो चलो। मैं अब देर नहीं कर सकता।''

यह कहकर अश्वत्थामा उठे, घोड़ों को रथ में जोता और चल दिए। देखकर कृपाचार्य और कृतवर्मा पीछे-पीछे दौड़े। वे तरह-तरह की सीख दे रहे थे लेकिन अश्वत्थामा उनकी एक नहीं सुन रहे। यह देखकर उन्होंने कहा, ''तुम सेनापति हो, तुम्हारा साथ देना हमारा धर्म है। हमें भी रथ पर बैठा लो। जैसा कहोगे, हम करेंगे।''

यह सुनकर अश्वत्थामा ने रथ रोका, और कृपाचार्य और कृतवर्मा को रथ पर बैठा लिया। जब पांचालों और पांडवों के शिविर कुछ दूर रह गए, तब रथ से उतरकर तीनों पैदल चले। सब लोग नींद में बेहोश थे। पहरे का सिपाही भी बेखबर सो रहा था। अश्वत्थामा ने कहा, ''मामा, पहले पांचालों के शिविर में जाता हूँ। तुम लोग द्वार पर रहो। जो बाहर निकले, उसे जीता न छोड़ना।''

कृपाचार्य और कृतवर्मा द्वार पर रहे। द्वारपाल का उसी वक़्त वध कर खड्ग लिये हुए अश्वत्थामा शिविर के भीतर गए। पांचालों की बची हुई सेना गहरी नींद में सो रही थी। एक तो शराब का नशा, दूसरे युद्ध और नाच-रंग की क्लान्ति—लोग बेखबर सो रहे थे। एक बड़े अच्छे, फूलों से सजे पलंग पर धृष्टद्युम्न सो रहा था। चारों ओर खुशबू उड़ रही थी। अश्वत्थामा कुछ देर तक अपने पिता का अन्याय से सिर काटनेवाले शत्रु को देखते रहे। देखते-देखते क्रोध से भर गए। धृष्टद्युम्न को बाल पकड़कर खींचा, और कसकर एक लात मारी। धृष्टद्युम्न हड़बड़ाकर जगे, परन्तु वहाँ कोई अस्त्र न था, फिर अश्वत्थामा पकड़े हुए थे। वे चिल्लाए, पर अश्वत्थामा दुर्वाक्य कहते हुए, उन्हें लातों और घूँसों से मारने लगे। कुछ लोग जगे, लेकिन उन्हें मालूम हुआ, जिन है। वे भय से शिविर के बाहर भागे। बाहर निकलते ही कृपाचार्य और कृतवर्मा ने उनका वध कर डाला। अश्वत्थामा ने लातों और घूँसों से ही धृष्टद्युम्न का वध कर डाला। फिर खड्ग लेकर बचे हुए लोगों का संहार करने लगे। मारे भय के अँधेरे में, लोग आपस में लड़ने लगे। देखते-देखते सब के सब पांचाल काम आ गए।

कुछ दूर पर पांडवों का शिविर था। अश्वत्थामा इसी तरह वहाँ भी गए। द्वार पर कृपाचार्य और कृतवर्मा थे। द्रौपदी के पाँचों पुत्र सो रहे थे। अश्वत्थामा ने एक-एक कर सबके सिर काट लिए। फिर शिविर में आग लगा दी। जो सेना थी, वह घबराई, अपने बचाव के लिए आपस में लड़ने लगी, और इस तरह लड़-लड़कर कट गई। पांडवों में भी कोई वीर न बचा।

दुर्योधन का प्राणान्त

अभी रात समाप्त नहीं हुई थी। तीनों वीर रथ पर बैठे और दुर्योधन को यह सुखद समाचार देने के लिए चले। पांडवों के सिर समझकर द्रौपदी के पाँचों पुत्रों के सिर अश्वत्थामा लिये हुए थे। दुर्योधन को प्रसन्न करने के लिए वे उस जगह पहुँचे, जहाँ दुर्योधन पड़े थे। दुर्योधन की हालत बहुत ही खराब थी। पीड़ा बहुत बढ़ी हुई थी। रह-रहकर मूर्च्छित हो जाते थे। चारों ओर से सियार घेरे हुए थे। जब ये लोग पहुँचे, तब दुर्योधन मूर्च्छित थे। उनके कान के पास मुँह ले जाकर अश्वत्थामा ने कहा, ''महाराज, क्या आप जीवित हैं? यदि जीवित हैं, तो अपने शत्रुओं के संहार का समाचार सुन लीजिए। मैंने अधम धृष्टद्युम्न-शिखण्डी आदि समस्त पांचालों और पांडवों का वध कर डाला है। जैसी नीचता से उन्होंने आपको मारा, मैंने उसी छल से उन सबका वध किया है। अब पांडवों और पांचालों में कोई भी जीवित नहीं। रात को शिविर में घुसकर एक खड्ग से मैंने संहार किया।''

दुर्योधन सुन रहे थे। शत्रुओं का नाश हो गया, सुनकर पीड़ा को दबाकर, उठकर बैठने के लिए अश्वत्थामा का सहारा माँगा। अश्वत्थामा ने हाथ लगाकर, उठाकर बैठा दिया। दुर्योधन ने क्षीण कंठ से अश्वत्थामा की प्रशंसा की। अश्वत्थामा ने कहा, ''महाराज, प्रमाण के लिए मैं पांडवों के सिर लेता आया हूँ।''

दुर्योधन ने क्षीण हर्ष से भीम का सिर माँगा। अश्वत्थामा ने तारों के मन्द प्रकाश में देखते हुए, भीम के पुत्र का सिर निकालकर दुर्योधन को दिया। बदला लेने के अभिप्राय से दुर्योधन ने उस सिर पर घूँसा मारा। घूँसे के लगते ही सिर कच्चे घड़े की तरह फूट गया। दुर्योधन को इससे आश्चर्य हुआ। उन्होंने कहा, ''अश्वत्थामा, अभी अच्छी तरह प्रकाश नहीं हुआ। प्रकाश होने पर देखा जाएगा कि भीम का सिर है या नहीं। मुझे विश्वास नहीं होता कि यह भीम का सिर है। यह एक घूँसे से फूट गया। भीम का सिर ऐसा नहीं। भीम के सिर पर मैंने गदा के कितने ही प्रहार किए हैं, पर सिर नहीं फूटा। यद्यपि उस समय टोप पहने हुए थे, फिर भी प्रहार गदा का था। यह तो घूँसा लगते ही पिचक गया।''

कुछ देर में ऊषा की लालिमा फूटी। मुँह कुछ-कुछ पहचाने जाने लगे। दुर्योधन ने देखा और पहचाना, वे पांडवों के सिर नहीं, द्रौपदी के पाँचों पुत्रों के सिर हैं। दुर्योधन को इससे और क्षोभ हुआ। उन्होंने कहा, ''अब वंश में तर्पण करने के लिए भी कोई न बचा।'' इस प्रकार विलाप करते हुए अपार ऐश्वर्य के अधीश्वर महाराज दुर्योधन स्वर्ग प्रयाण कर गए। तीनों वीर वहीं बैठे हुए आँसू बहाते रहे।

अश्वत्थामा का मणिहरण

प्रातःकाल श्रीकृष्ण पांडवों को लेकर लौटे। पांडवों ने आते ही रात को हुआ सत्यानाश देखा। तब तक बात फैल चुकी थी। दुर्योधन का प्राणान्त हो चुका

था। द्रौपदी रोकर कृष्ण के पैरों पर गिरीं। भीम और अर्जुन को देखकर कहने लगीं, "मेरे पुत्रों की जिसने यह हालत की है, उससे बदला लो।" भीम गुस्से में आ गए, और नकुल को सारथि बनाकर अश्वत्थामा की खोज में निकल पड़े।

भीम के जाने पर कृष्ण को चिन्ता हुई। उन्होंने युधिष्ठिर और अर्जुन से कहा, "भीम को यह नहीं मालूम कि अश्वत्थामा के पास ब्रह्मशिरा नाम का महास्त्र है। यदि वह इन पर उसका प्रयोग कर देगा, तो यह किसी तरह भी नहीं बच सकते। इसी अस्त्र के प्रभाव से उसने मेरा चक्र छीन लिया था।"

सुनकर युधिष्ठिर और अर्जुन बहुत चिन्तित हुए। युधिष्ठिर ने हाथ जोड़-कर कहा, "माधव, हमारे सबसे बड़े अस्त्र तो तुम्हीं हो। तुम्हीं बताओ कि अब क्या किया जाना चाहिए। इस महायुद्ध के फलस्वरूप अब तो एक भी वीर नहीं बचा।"

कृष्ण ने कहा, "भीम का पीछा करना चाहिए। द्रौपदी को क्षोभ है, उन्हें सान्त्वना भी मिलनी चाहिए। ब्रह्मशिरा अस्त्र का अगर अश्वत्थामा ने प्रयोग कर दिया, तो इसका बड़ा ही भयंकर परिणाम होगा। फिर भी, अर्जुन इस अस्त्र को सँभाल सकते हैं।"

युधिष्ठिर ने कहा, "कृष्ण, फिर तो जल्दी की जानी चाहिए।" कृष्ण ने रथ तैयार किया। उस पर युधिष्ठिर और अर्जुन बैठे। चलते-चलते बहुत दूर निकल गए। काफी दूर जाने पर भीम के रथ की ध्वजाएँ दिख पड़ीं। कृष्ण ने रथ बढ़ाया। भीम के रथ के पास नन्दिघोष रथ पहुँचा। युधिष्ठिर और अर्जुन समझाने लगे कि स्त्री के कहने से ब्राह्मण का वध नहीं करना चाहिए। जो कुछ होना था, वह हो चुका है पर भीम ने किसी की न मानी। वे बढ़े, तब कृष्ण भी उनके साथ अर्जुन और युधिष्ठिर को लेकर चले। कुछ दूर और चलने पर पता लगा कि गंगा के किनारे व्यासजी के पास अश्वत्थामा बैठा है।

भीम ने रथ बढ़ाया। कृष्ण ने भी अपना रथ साथ लगाया। व्यास के आश्रम के पास पहुँचकर भीम ने देखा, अश्वत्थामा बैठा हुआ है। देखकर भीम ने ललकारा। अश्वत्थामा ने आँख उठाकर देखा, तो युधिष्ठिर और अर्जुन को भी देखा। देखकर, भय खाकर, 'समस्त पांडवों के लिए' कहकर अश्वत्थामा ने ब्रह्मशिरा-अस्त्र छोड़ दिया। उस अस्त्र के छूटते ही महाभयानक शब्द हुआ। भीम चकित हो गए। अर्जुन सुन चुके थे। उन्होंने तुरन्त पाशुपत महास्त्र का त्याग किया। अश्वत्थामा के अस्त्र के साथ पाशुपत अस्त्र टक्करें लेने लगा, इससे भयानक संघर्ष की सृष्टि हुई। आग निकलने लगी, बिजली कड़कने लगी, आकाश से तारे टूटते नज़र आने लगे।

सृष्टि का नाश होता हुआ देखकर व्यास और नारद अस्त्रों के बीच में आकर खड़े हो गए, और कहा कि "आप लोग अपने-अपने अस्त्रों को रोकिए। ऐसे अस्त्रों

का प्रयोग मनुष्यों पर नहीं किया जाता।'' अर्जुन ने कहा, ''मैंने अस्त्र का प्रयोग मारने के लिए नहीं, किन्तु बचने के लिए किया है। मेरा कोई दोष नहीं लेकिन आप लोग कहते हैं, तो मैं अपना अस्त्र वापस लेता हूँ।'' अर्जुन अस्त्र को रोकना जानते थे। उन्होंने अपना अस्त्र वारित कर लिया। अश्वत्थामा से ऋषियों ने कहा, तो अश्वत्थामा ने कहा, ''मुझे रोकना नहीं आता।'' तब ऋषियों ने कहा, ''तुम्हारे अस्त्र के प्रभाव से उत्तरा का गर्भ नष्ट होगा, और अर्जुन के अस्त्र के बदले तुम अपनी कोई बहुमूल्य वस्तु दो, जो पांडवों को अभीप्सित हो।'' अर्जुन से पूछने पर अर्जुन ने कहा, ''अश्वत्थामा अपने मस्तक की मणि दें।''

अश्वत्थामा को बड़ा कष्ट हुआ पर उन्हें मणि देनी पड़ी। मणि देकर वे बिलकुल निस्तेज हो गए। फिर वहीं व्यासजी के आश्रम में रहकर शेष जीवन ब्राह्मण की तरह बिताने लगे।

द्रौपदी के दुख का आर-पार न था। अर्जुन मणि लेकर आए, और द्रौपदी को देते हुए कहा, ''भद्रे, अश्वत्थामा की मृत्यु से बढ़कर यह है। यह मणि लो। वह अब निस्तेज हो गए हैं। अब आजीवन व्यासजी के आश्रम में हतवीर्य होकर रहेंगे। अपने पुत्रों का शोक उपशमित करो।''

स्त्रीपर्व

कौरव स्त्रियों का विलाप, लौहभीम चूर्ण, गान्धारी का शाप और मृतक तर्पण

संजय से यह संवाद पाकर कि महाराज दुर्योधन भीम के साथ गदा-युद्ध में मारे गए, युद्ध अन्याय रूप से हुआ, दुर्योधन की जाँघ पर भीम ने गदा मारी— हस्तिनापुर के राजपरिवार में हाहाकार मच गया। महारानी भानुमती पछाड़ खाकर गिरीं, और बेहोश हो गईं। महारानी गान्धारी उच्च स्वर से विलाप करने लगीं। महाराज धृतराष्ट्र सिंहासन पर मूर्च्छित हो गए। राजमहल में शोक का समुद्र उमड़ने लगा। सबके साथ धर्मात्मा विदुर भी रोने लगे। विदुर ने समय की भीषणता और मृत्यु के सर्वव्यापी प्रभाव पर बहुत कुछ कहा, परन्तु उस उच्च हाहाकार में विदुर के उपदेश का कोई प्रभाव न पड़ा।

रानियाँ पागलों की तरह युद्धक्षेत्र की ओर दौड़ने लगीं। जिनका मुँह कभी सूर्य ने नहीं देखा था, वे अपने पति और पुत्रों की लाशों को गले लगाने के लिए रास्तों पर निकल गईं। उनके साथ गान्धारी भी चलीं। महाराज धृतराष्ट्र भी नहीं रह सके। संजय का हाथ पकड़कर सबके पीछे-पीछे चले।

सबकी युद्धक्षेत्र में जाने की इच्छा है, जानकर विदुर ने रथों का प्रबन्ध किया, और अन्यान्य आवश्यक वस्तुएँ साथ लेते हुए सबसे अनुरोध किया कि वे लोग रथ

पर बैठ लें। विदुर के अनुरोध के अनुसार कौरवकुल की बहुएँ, महारानी गान्धारी और महाराज धृतराष्ट्र रथ पर बैठकर कुरुक्षेत्र को चले।

प्रभात का समय था। नगर से बाहर निकलने पर कौरव-परिवार को अश्वत्थामा, कृपाचार्य और कृतवर्मा मिले। महाराज दुर्योधन की मृत्यु हो चुकी थी। अश्वत्थामा ने रात्रि से प्रभात तक का कुल हाल महाराज धृतराष्ट्र से कहा। दुर्योधन इस संसार को छोड़कर स्वर्ग प्रयाण कर गए हैं, सुनते ही धृतराष्ट्र मूर्च्छित हो गए, महारानी भानुमती विलाप करती हुई मूर्च्छित हो गईं। रथ कुछ क्षण के लिए वहीं रोक दिए गए।

ये तीन वीर यहीं से, एक-दूसरे से विदा होकर, अपने-अपने मार्ग को चल दिए। अश्वत्थामा का हाल लिखा जा चुका है।

बहुत देर तक रथ रुके रहे। महाराज धृतराष्ट्र और उनकी पुत्रवधुएँ, अनेक उपचार करने पर, होश में आए। फिर रथ बढ़ाने की आज्ञा हुई।

अब तक पांडव अश्वत्थामा की मणि लेकर लौट चुके थे। लौटने पर उन्हें मालूम हुआ कि कौरव-कामिनियों के साथ महाराज धृतराष्ट्र कुरुक्षेत्र आ रहे हैं। कृष्ण पांडवों को साथ लेकर उनसे मिलने चले।

शोक से अधीर पांचाल रमणियाँ भी अवरोध से बाहर निकल पड़ीं। उनके साथ द्रौपदी हुईं। ये सब भी रणक्षेत्र की ओर चल पड़ीं।

श्रीकृष्ण महाराज धृतराष्ट्र से पांडवों को लेकर मिले, और विनयपूर्वक कहा, "महाराज, पांडव पहले भी सन्धि करना चाहते थे, पर शकुनि और कर्ण के प्रस्ताव को मानकर महामानी दुर्योधन ने सन्धि नहीं की; पांडवों को रहने के लिए पाँच गाँव भी नहीं दिए, इसका यह दुष्परिणाम हुआ। महामति भीष्म, आचार्य द्रोण, महारथ कर्ण, शल्य और आपके पुत्र-जैसे कौरव-कुल के रत्न इस संसार से उठ गए। इसमें पांडवों का क्या दोष है?"

धृतराष्ट्र धैर्य के साथ बोले, "कृष्ण, तुम ठीक कह रहे हो। धर्म की ही जय होती है। खेद यही है कि इतनी बड़ी सेना देखते-देखते काल-कवलित हो गई। फिर भी, मैं भीम को धन्यवाद देता हूँ, भीम वीर है। उसने अकेले मेरे पुत्रों का संहार किया। मेरी इच्छा होती है कि दु:शासन और दुर्योधन को मारनेवाले भीम को मैं गले लगाऊँ। वह भी मेरा लड़का है।"

धृतराष्ट्र का हृदय अच्छा नहीं, कृष्ण पांडवों को लेकर चलने से पहले समझ चुके थे। धृतराष्ट्र से मिलते समय अनर्थ हो सकता है, यह सोचकर उन्होंने भीम की एक लोहे की मूर्ति साथ ले ली थी। इस समय धृतराष्ट्र के स्वर में उन्हें छल मालूम दिया। भीम धृतराष्ट्र को भेंटने के लिए बढ़े, तो कृष्ण ने रोक दिया, और वही लोहेवाली मूर्ति भेंटने के लिए मँगाकर सामने खड़ी कर दी। धृतराष्ट्र अन्धे थे ही। उन्हें यह न मालूम हुआ कि यह वास्तव में भीम हैं या लोहे की

मूर्ति। उन्होंने उस मूर्ति को छाती से लगाते हुए इस ज़ोर से मसका कि वह चूर-चूर हो गई।

कृष्ण ने एकान्त में पांडवों को ले जाकर कहा, "वृद्ध के मन में इतना द्वेष था, पुत्रों का बदला खुद चुकाना चाहते थे।" युधिष्ठिर ने कहा, "कृष्ण, आपने सदा पांडवों की रक्षा की है। वृद्ध के शरीर में कितना बल है कि लोहे की मूर्ति चूर-चूर हो गई!"

इसी समय 'हा भीम, हा भीम' कहकर धृतराष्ट्र रोने लगे। कृष्ण ने मुस्कराकर कहा, "महाराज, आप व्यर्थ ही विलाप कर रहे हैं, आपने जिसे तोड़ा है, वह भीम नहीं, भीम की लोहे की मूर्ति थी।" कृष्ण की बात से धृतराष्ट्र बहुत लज्जित हुए।

गान्धारी शोक से पागल हो रही थीं, कृष्ण के साथ पांडवों को आया सुनकर पांडवों को शाप देने लगीं कि तभी आकाश-मण्डल में महर्षि व्यास पैदा हुए, और समझाकर बोले, "हे सती-शिरोमणि! तुम पांडवों को शाप न दो। इस तरह अपना तप क्षीण न करो। पांडव भी तुम्हारे पुत्र हैं। उनका कोई दोष नहीं। उन्होंने तुम्हारे पुत्रों से पहले सन्धि ही चाही थी। बहुत सँभलकर इस संसार से चली जाओ। यह माया का बन्धन बड़ा दुःखदायी होता है।" आकाशवाणी सुनकर गान्धारी सँभल गईं।

इसी समय पांडवों को लेकर कृष्ण वहाँ पहुँचे। पांडवों ने पैरों की धूलि ग्रहण की, और बड़े विनीत कण्ठ से कहा, "माता, आपके पुत्रों के घातक हम ही हैं। इस महायुद्ध में समस्त वंश और कुटुम्ब का नाश हो गया है। साम्राज्य श्मशान हो गया है। लेकिन माता, हमारी युद्ध करने की बिलकुल इच्छा न थी। हम तो सन्धि चाहते थे। भाई दुर्योधन ने हमें पाँच गाँव भी रहने के लिए नहीं दिए। यही इस महासंहार का कारण हुआ।"

पांडवों की दीन वाणी सुनकर गान्धारी का हृदय करुणार्द्र हो गया। उन्होंने युधिष्ठिर को हृदय से लगाकर कहा, "वत्स, तुम्हीं मेरे सच्चे पुत्र हो। तुम्हारा कल्याण हो।"

इस समय द्रौपदी ने गान्धारी के पैर छुए, और उच्च स्वर से रोने लगीं। कहा, "माता, अभिमन्यु और मेरे पाँचों पुत्र इस युद्ध की आग में जल गए हैं।" द्रौपदी को शोक से व्याकुल देखकर गान्धारी उन्हें धैर्य देने लगी। कहा, "बेटी, संसार की गति कुछ समझ में नहीं आती। यही वंश, जो इतना फूला-फला था, जिसे देखकर दूसरे ईर्ष्या करते थे, जिसके सौभाग्य का संसार में दूसरा उदाहरण न था, जिसका ऐश्वर्य इन्द्र को भी नत-मस्तक करता था, देखते-देखते पानी के बुलबुलों की तरह विलीन हो गया।" कहकर गान्धारी ने गर्म साँस छोड़ी।

यहाँ से दोनों परिवार की स्त्रियों को लेकर धृतराष्ट्र और पांडवों के साथ कृष्ण कुरुक्षेत्र गए, जहाँ युद्ध का भयंकर परिणाम प्रत्यक्ष हो रहा था। यद्यपि

गान्धारी आँखों पर पट्टी बाँधे हुए थीं, फिर भी भगवान व्यास के वर से उन्हें दिव्य दृष्टि मिली थी, जिससे सब कुछ वह देख सकती थीं। युद्धक्षेत्र में पहुँचकर कौरव और पांडव-रमणियाँ रथों से उतर पड़ीं, और चारों ओर घूमकर अपने पतियों और पुत्रों को खोजने लगीं। जिनके पति मिल जाते थे, वे उस शव से लिपटकर ऊँचे-ऊँचे स्वर से रोने लगती थीं। चारों ओर कुहराम मच रहा था। जिन्हें कभी सूर्य ने भी नहीं देखा था, उनके बाल बिखरे हुए थे, आँखों से आँसुओं की धारा बह रही थी, देह धूल से भर रही थी, वे ज़मीन पर लोट रही थीं। बड़े-बड़े छत्रधारी राजा अनाथ की तरह पड़े थे। गिद्ध और सियार उनका मांस खा रहे थे। एक जगह कौरव-स्त्रियों ने देखा, बालक अभिमन्यु पड़ा हुआ है! जिसके मामा कृष्ण, पिता अर्जुन, उसकी यह दशा है! कुछ ही दूर पर दुर्योधन का पुत्र लक्ष्मण पड़ा था। कौरव-पांडवों के दीपक बुझे पड़े हैं। स्त्रियाँ सिर पीट-पीटकर, बाल नोच-नोचकर विलाप करने लगीं। आकाश फटने लगा, दिशाएँ करुण ध्वनि से प्रतिध्वनित होने लगीं।

इसी समय महाराज दुर्योधन का शव दिखाई दिया, गान्धारी लिपटकर रोने लगीं। महारानी भानुमती छाती से पैर लगाकर, ढाहें मार-मारकर विलाप करने लगीं। धृतराष्ट्र रोते हुए मूर्च्छित हो गए।

पांडवों के साथ कृष्ण खड़े थे। उन्हें देखकर गान्धारी का धैर्य जाता रहा। कृष्ण को देखकर उनके मुख से अग्नि की ज्वाला निकलने लगी, उन्होंने कृष्ण को शाप दिया, ''कृष्ण, हमारे वंश का तुम्हीं ने नाश कराया है। तुम प्रसिद्ध छली हो, इसलिए यह शाप लो; जिस तरह हमारे वंश का नाश हुआ है, उसी तरह एक दिन तुम्हारा बृहत् परिवार नष्ट हो जाएगा।'' कृष्ण कुछ बोले नहीं। खड़े मुस्कराते रहे।

होश होने पर धृतराष्ट्र ने युधिष्ठिर से कहा, ''चिताएँ बनाकर अपने वंश और समस्त राजाओं का दाह-संस्कार करो। फिर सबका तर्पण गंगाजी में चलकर किया जाए।''

आज्ञा पाकर युधिष्ठिर ने भाइयों को आज्ञा दी। वे बात-की-बात में गाँवों से और हस्तिनापुर से चन्दन तथा लकड़ियाँ ले आए, और हज़ारों चिताएँ लगाईं। फिर आत्मीयों और बन्धु-बान्धवों का दाह-कर्म किया। स्त्रियाँ खड़ी हुई चिताओं की उठती लपटें और धूम्रराशि देखती रहीं। उनके पति और पुत्र, बन्धु और हितैषी जलकर भस्म हो गए। फिर सब लोग गंगा तट पर गए, और स्नान कर स्त्री-पुरुष सबने मृतकों को तिलांजलि दी।

इसी समय कुन्ती ने युधिष्ठिर से कहा, ''वत्स! महावीर कर्ण को भी तिलांजलि दो। कर्ण तुम्हारे भाई थे। कवच-कुण्डल धारण कर पैदा होनेवाले कर्ण भगवान सूर्य के पुत्र थे। मैं तब कुमारी थी, इसलिए लोक-लज्जा के डर से कर्ण का त्याग किया था। वह अधिरथ के पुत्र नहीं थे।''

सुनकर युधिष्ठिर तथा पाँचों पांडव आश्चर्यचकित हो गए। अर्जुन को माता पर क्रोध आ गया। पर कृष्ण ने समझाया। फिर सबने जल तथा आँसुओं से कर्ण का तर्पण किया।

शान्तिपर्व

सिंहासनारोहण

महावीर कर्ण अधिरथ सूत के पुत्र नहीं, पांडवों के भाई थे—जब से युधिष्ठिर ने सुना, उनके शोक और चिन्ता की थाह न रही। उनका भोजन-पान छूट गया। वह बार-बार सोचते थे कि किसी तरह उन्हें यह मालूम होता तो वह लड़ाई न लड़ते, कौरवों को राज्य छोड़कर वन चले जाते। इस तरह के सोच से उन्हें वैराग्य हुआ, और राजपाट से मन हट गया। सदा वन की सोचने लगे। एक दिन उन्होंने अर्जुन से कर्ण की चर्चा की, और दु:ख करने लगे।

अर्जुन ने कहा, "महावीर कर्ण का परिचय हमें मालूम होता, तो यह महाभारत युद्ध हम लड़े ही न होते। जब सब निर्णय हो चुका है, परिचय हमारे ही हितैषियों ने—सगे-सम्बन्धियों ने—हमें नहीं बताया, तब अब अधिक शोक व्यर्थ, और वन-गमन तो बिलकुल अपरिणामदर्शिता है।"

भीम ने कहा, "अर्जुन की बात सही है। धर्मराज स्वभाव से तपस्वी हैं, इसलिए झुकाव वन की तरफ़ होता है। हमारे कर्ण ही एक अपने नहीं थे, हमारे सभी सम्बन्धी और वंशज मारे गए हैं। जब महारण- ताण्डव समाप्त हो चुका है, तब प्रजा की रक्षा कर क्षत्रिय-धर्म का पालन ही उचित होगा।"

इसी समय भगवान व्यास वहाँ आए। महाराज युधिष्ठिर ने पैर धोकर उन्हें बैठने का आसन दिया। व्यासजी आसन ग्रहण कर, युधिष्ठिर को उदास देखकर, पूछकर कारण मालूम कर, बोले, "क्षत्रिय को कभी अपना धर्म छोड़ना नहीं चाहिए। अपनी समझ से तुम एक अन्याय के विरुद्ध लड़कर विजयी हुए हो। अब तुम अपने अर्जित फल का भोग करो, और इसमें भी अपना आदर्श रखो।" इसके बाद व्यासजी और-और प्रसंग उठाते हुए लोक तथा धर्म की बातें समझाते रहे।

व्यासजी के उपदेश से युधिष्ठिर की राज्य करने की इच्छा हुई। उनकी मर्ज़ी होने पर पांडवों ने विजय के हर्ष में नगर को सजाने की आज्ञा दी। राहों में तोरण लगाए गए। पताकाएँ उड़ने लगीं। मंगल-कलश रखे गए। लोग गीत, वाद्य, नृत्य आदि करने लगे। भाट स्तुतियाँ रचकर राजा को प्रसन्न करने की सोचने लगे। तरह-तरह के खेलों के दिन नियत हुए। देवियाँ शंख बजाकर अभिनन्दन करने लगीं। कुमारियाँ टोली में बंधकर गीत गाने लगीं। ब्राह्मण दान पाने की आशा से प्रसन्न हुए।

निर्धारित समय पर महाराज युधिष्ठिर राजभवन में पधारे। बाहर नगर के सम्मान्य और साधारण जन एकत्र थे। उनकी सभा में पहुँचकर युधिष्ठिर ने ब्राह्मणों को दान देना शुरू किया। मुक्तहस्त से हुआ उनका दान पाकर ब्राह्मण लोग बहुत प्रसन्न हुए। युधिष्ठिर का जय-जयकार करने लगे।

इसके बाद युधिष्ठिर पूरब को मुँह करके राजसिंहासन पर बैठे। महाराज युधिष्ठिर के सामने सुनहली चौकियों पर श्रीकृष्ण और सात्यकि बैठे। दोनों ओर भीम और अर्जुन रत्नजटित आसनों पर, नकुल और सहदेव के साथ बैठे। महात्मा विदुर और धौम्य योग्य, ऊँचे आसन पर बैठे। अभिषेक के नियमानुसार युधिष्ठिर ने सफेद फूल, पृथ्वी, सोना, चाँदी और रत्न छुए। इसके बाद कृष्ण की आज्ञा से पुरोहित धौम्य ने महाराज युधिष्ठिर के राजतिलक का आयोजन किया। तीर्थ-जल, घट, सुगन्ध, पुष्प, खील, घी, शहद, दूध आदि मँगाकर वेदी के सामने व्याघ्र-चर्म पर महाराज युधिष्ठिर और महारानी द्रौपदी को भद्र आसन में बैठाया। फिर हवन कराने लगे। इस समय कृष्ण पांचजन्य शंख बजाने लगे। उनके साथ अन्य लोग भी अपना-अपना शंख बजाने लगे। ब्राह्मण उच्च स्वर से वेदमंत्रोच्चार करने लगे। इसी समय महाराज युधिष्ठिर को राजतिलक किया गया। उपस्थित समस्त जन जय-जयकार करने लगे।

महाराज युधिष्ठिर ने भीम को युवराज, अर्जुन को राज्य-निरीक्षक, नकुल को सेनापति और सहदेव को अपना शरीर-रक्षक तथा महामति विदुर को मंत्री और धौम्य को पुरोहित बनाया।

फिर सभा विसर्जित कर युधिष्ठिर राजमहल में गए, और महाराज धृतराष्ट्र के चरण छुए। उन्होंने आशीर्वाद दिया। "राजमहल, नगर और राज्य के कार्य महाराज धृतराष्ट्र की आज्ञा लेकर किए जाएँ," महाराज युधिष्ठिर ने कहा। फिर वह गान्धारी के चरण छूने गए। गान्धारी ने भी उन्हें हृदय से लगाकर आशीर्वाद दिया। महाराज युधिष्ठिर ने दुर्योधन के भवन में भीम को रहने की आज्ञा दी, दु:शासन के भवन में अर्जुन को; धृतराष्ट्र के दूसरे लड़कों के भवन नकुल और सहदेव को रहने के लिए दिए।

इस प्रकार राज्य की व्यवस्था कर धर्मराज युधिष्ठिर कृष्ण को लेकर महामति भीष्म के दर्शन करने गए। उस समय पितामह भीष्म देश के बड़े-बड़े ऋषि-मुनियों से घिरे थे। उनके चारों ओर त्याग की ज्योति जल रही थी। देखकर युधिष्ठिर बहुत लज्जित हुए। कृष्ण से कहा, "माधव, मैं पितामह भीष्म से मिलने की हिम्मत नहीं कर रहा। मुझे लज्जा आ रही है।" तब कृष्ण आगे बढ़े। भीष्म को अभिवादन कर कहा, "महाराज, युधिष्ठिर आपके दर्शनों के लिए आए हुए हैं। वह बहुत लज्जित हैं कि उनके कारण उनके परिवार का नाश हुआ।" भीष्म मुस्कराए। कहा, "माधव, इसमें युधिष्ठिर का क्या दोष है? उन्होंने छिपकर उन्हें नहीं मारा। सम्मुख समर में

विजयी होकर उन्होंने अपना धर्म रखा है। अब धर्मानुसार वह राजा हैं ही। उन्हें यह धर्म भी रखना है। वह लज्जित क्यों होते हैं?'' भीष्म की बात से युधिष्ठिर को साहस हुआ। वह भीष्म के सामने आए, और झुककर प्रणाम करके उनके पदस्पर्श किए। भीष्म ने स्नेह की दृष्टि से उन्हें देखते हुए कुछ उपदेश दिए।

अनुशासनपर्व

भीष्म की सीख

धर्मराज युधिष्ठिर के मन में आया, राज्य तो फिर से स्थापित हुआ, परन्तु अनुशासन की शिक्षा देनेवाला योग्य अभिज्ञ जन दूसरा भीष्म के सिवा कोई नहीं। इसलिए भीष्म से इसकी शिक्षा लेनी चाहिए। भीष्म बहुदर्शी, बहुश्रुत और बहुपठित हैं, यह सोचकर उन्होंने हाथ जोड़कर कहा, ''पितामह, हमें अनुशासन की उचित सीख दीजिए। आपके सिवा कोई इस योग्य मुझे नहीं नज़र आता।''

भीष्म ने युधिष्ठिर के आग्रह पर, अनेक प्रकार की शिक्षाएँ मोक्षधर्म, वर्णाश्रम-धर्म, राजधर्म, राज्यानुशासन आदि की दीं, इनसे महाभारत का अनुशासनपर्व ओत-प्रोत है। युधिष्ठिर एकनिष्ठ होकर भीष्म की गम्भीर, उदार, प्रभावशालिनी शिक्षाएँ सुनते रहे।

भाग्य और कर्म के प्रश्न पर भीष्म ने कहा, ''भाग्य और कर्म में भेद नहीं। मान लो, भाग्य से कोई राजपुत्र हुआ, पर उसका राज्य किसी दूसरे वीर ने युद्ध करके छीन लिया, अब, जिसने छीना, उसके साथ कर्म भी है और भाग्य भी; जिसका राज्य गया, उसका कर्म न रहने के कारण भाग्य भी गया। यहाँ निश्चित है कि कर्म ही भाग्य है। पुरुषार्थ कर्म को प्रधानता देता और भाग्य में परिणत होता है। राजा का कर्म है—वह अपनी पूरी शक्ति से, तन, मन और धन से प्रजा का पालन करे। प्रजा की सुविधा के लिए जान हथेली पर लिए रहे। प्रजा को शिक्षित करे, व्यवसाय, शिल्प और कला को प्रश्रय दे। इनके लिए राजमार्ग, बाज़ार, शिक्षणालय आदि निर्मित करे। समस्त वस्तु और विषयों पर समदर्शिता रखे, राज्य के लिए सबकी आवश्यकता समझे। प्रजा का जाति-धर्म के विचार से परे पहुँचकर समभाव से पालन और शासन करे। राज्य के उत्पातों से, चोरी-डाके आदि से, प्रजा की रक्षा करे। इस तरह पुरुषार्थ का परिचय देने पर, राजा प्रजाजनों का प्रिय होता है। प्रजा की प्रशंसा से मृत्यु के बाद वह स्वर्ग-सुख प्राप्त करता है। प्रजाजनों के मनोलोक से गिर न पाने के कारण राजा स्वर्गलोक से च्युत नहीं होता। समस्त विद्याओं का आधारभूत होने के कारण राजा पर अविद्या का प्रभाव नहीं पड़ता। इस प्रकार पुरुषार्थ स्वयं भाग्य में परिणत होता है—कर्म ही अदृष्ट का उत्पादक है।'' यह कहकर भीष्म कुछ देर के लिए मौन हो गए। महाराज युधिष्ठिर भीष्म के दिए

उपदेश के बोध में डूबे हुए महानन्द का अनुभव कर रहे थे। फिर प्रकृतिस्थ होने पर भीष्म को प्रणाम कर चले।

भीष्म का प्राण-त्याग

बहुत दिनों तक धर्मराज युधिष्ठिर भीष्म के पास आते-जाते रहे। क्रमशः उत्तरायण का समय आया। भीष्म की इच्छा-मृत्यु थी। वह सूर्य के उत्तरायण होने पर प्राण छोड़ेंगे, प्रतिज्ञा कर चुके थे। अब वह समय आया। धर्मराज युधिष्ठिर पुरोहित के हाथ संस्कार-अग्नि और वाहकों से घी, रत्न, रेशमी वस्त्र, चन्दन, पुष्प, माल्य, यव-तिल, कुश, अगरु और चन्दन की लकड़ी लिवाकर महाराज धृतराष्ट्र, गान्धारी, कुन्ती और नगर के गणमान्य जनों को आगे कर भाइयों के साथ चले। वहाँ जाकर देखा—भीष्म ऋषियों और मुनियों से पहले की तरह घिरे हुए हैं। यथासमय इन सबको आकर प्रणाम करते देखकर भीष्म ने कहा, ''ईश्वर तुम लोगों का कल्याण करें; अब मेरा समय आ गया है। 58 दिन तक शरशय्या में रहते बड़ा कष्ट हुआ है। यह समय मुझे एक शताब्दि से लम्बा जान पड़ा है।''

धृतराष्ट्र और पांडव विषण्ण खड़े थे। भीष्म यह देखकर बोले, ''हे धृतराष्ट्र, तुम क्षात्र धर्म की कुल बातें जानते हो। पुत्रों के निधन से तुम्हें असह्य कष्ट हुआ है पर धर्म का मुँह देखकर यह कष्ट सहन करते हुए संसार का बन्धन मुक्त करो। इससे अधिक मैं तुम्हें कुछ नहीं कहता। पांडवों के प्रति किसी प्रकार की अनिष्ट-चिन्तना न करना। वे धार्मिक हैं, और बराबर गुरुजनों के लिए श्रद्धा-सम्पन्न रहे हैं। राज्य के वे ही योग्य हैं।'' फिर एक बार समवेत ऋषि-मुनियों की ओर उन्होंने दृष्टि डाली। ऋषि लोग सजग हो गए। फिर महावीर, महारथ, अपराजित योद्धा, चिर-ब्रह्मचारी भीष्म प्राणायाम द्वारा प्रयाण करने को उद्यत हुए। उन्होंने मूलाधार में दृष्टि की, और क्षणमात्र में उन्हें ज्योति-मण्डल दिख पड़ा। अपार रहस्य-सृष्टि को देखते हुए भीष्म जहाँ से आए थे, वहाँ पहुँच गए। स्वर्ग में उनके स्वागत की बड़ी तैयारियाँ थीं। देव-कन्याएँ मंगलगीत गाती हुई भीष्म को ले गईं।

पांडवों ने देखा, पितामह का शरीर निष्प्राण हो गया है। पांडव इस महात्मा, नर-श्रेष्ठ के प्रयाण से दुखी होकर रोने लगे। फिर, चन्दन की चिता लगाई गई और शरविद्ध शव को कीमती वस्त्रों से ढककर युधिष्ठिर आदि पांडवों ने उठाकर चिता पर रखा। फूलमालाओं से सुसज्जित शव पर नगर के सहस्रों नारी-नर अपने-अपने श्रद्धा के फूल चढ़ाने लगे। फिर युधिष्ठिर ने चिता में अग्नि-संयोग किया। आग जल उठी। भीम, अर्जुन आदि वीर पितामह की दिव्य शिक्षा और अथाह ज्ञान की याद कर आँसू बहाते रहे। कुछ देर बाद चिता जल गई। शव भस्मीभूत हो गया। नगर के लोग बड़ी श्रद्धा से चिता की राख लेने लगे। इस तरह प्रायः समस्त भस्म समाप्त हो गया।

व्यासजी का उपदेश

भीम के प्रयाण से युधिष्ठिर का चित्त सदा उदास रहने लगा। राज्य की देखभाल ढीली पड़ रही थी, इससे भीम-अर्जुन भी चिन्तित रहते थे। इसी समय हस्तिनापुर में व्यासजी का आगमन हुआ। धर्मराज को वीतराग देखकर व्यासजी ने कहा, "महाराज, आप धार्मिक हैं, और धर्म की अन्यान्य धाराएँ आपको मालूम हैं। आपकी उदासी वास्तव में वैराग्यजन्य नहीं कही जा सकती। यह एक प्रकार की अकर्मण्यता है, जो सत्त्वगुण न होकर तमोगुण है। इस उदासी के अँधेरे को कर्म के प्रकाश से दूर कीजिए। आपको अभी राज्य का बहुत बड़ा उत्तरदायित्व पूरा करना है। इसी तपस्या के बाद विश्राम प्राप्त कीजिए। इस समय युद्ध के कारण राजकोष खाली होगा। बिना अर्थ के राज्य का मंगल नहीं किया जा सकता। मेरे आने का एक कारण यह भी है कि अर्थ का सन्धान दूँ। मुझे एक बहुत बड़े अर्थ का पता है। वहाँ से आपको इतना धन मिलेगा कि आपके समस्त कार्य उससे पूरे हो जाएँगे, फिर भी वह धन समाप्त न होगा। एक समय महाराज मरुत ने हिमालय-प्रदेश में बहुत बड़ा यज्ञ किया। उन्होंने इतना धन ब्राह्मणों को दिया कि वे लोग सब ले नहीं जा सके। वह पड़ा हुआ धन इस समय मिट्टी के नीचे है। अभी इतना ही पता बता सकता हूँ। यदि आपमें से कोई वहाँ जाकर भगवान शंकर को प्रसन्न कर सके, तो उसे वे उस गड़े धन का पता बता देंगे।" यह कहकर व्यासजी चले गए।

श्रीकृष्ण बहुत दिनों से द्वारका नहीं गए थे; अपने पिता, पुत्र और पत्नियों को देखना चाहते थे। द्वारका से बुलावा भी आया था। इसलिए बड़े नम्र शब्दों में उन्होंने महाराज युधिष्ठिर से विदा माँगी, और शीघ्र लौटने का वचन देकर द्वारकापुरी के लिए प्रस्थान किया।

अश्वमेधपर्व

परीक्षित का जन्म

व्यासजी की अर्थवाली बात पर एक दिन पांडवों की सभा हुई। विचार होने लगा कि हिमालय जाकर महाराज मरुत के धन के लिए महादेव की तपस्या कर कौन उन्हें प्रसन्न करेगा; बिना इस धन के न तो राज्य का सुचारु रूप से संचालन किया जा सकता है, न व्यासदेव और पितामह भीष्म के बताए अश्वमेध-यज्ञ का विधान ही पूरा किया जा सकता है। बातचीत के प्रसंग पर भीम ने उठकर कहा, "महाराज, मरुत के धन के लिए देवाधिदेव महादेव की उपासना मैं करूँगा।" भीम की प्रतिज्ञा सुनकर युधिष्ठिर बहुत प्रसन्न हुए, और भीम को उत्तराखण्ड जाने

की आज्ञा दी। सहदेव ने कहा, ''इस कार्य के लिए हम सबको साथ चलकर रहना चाहिए। भीम का अकेला जाना उचित नहीं मालूम देता।'' सहदेव की यह सम्मति सबको पसन्द आई। इसके अनुसार, राज्य का भार धृतराष्ट्र के पुत्र युयुत्सु को सौंपकर समस्त पांडव उत्तराखण्ड की ओर चले। हिमालय पहुँचकर भीम ने शंकर की अभ्यर्थना कर कुछ ही दिनों में गड़े हुए धन का पता लगा लिया। पता मालूम होने पर वेदज्ञ धौम्य ने वहाँ पूजा कराई, और खोदने की आज्ञा दी गई। कुछ ही परिश्रम के बाद वह अपार धनराशि मिल गई। बड़े-बड़े पात्र स्वर्ण से भरे हुए मिले। कितने ही हाथी और घोड़ों पर वह धन लादा गया।

अश्वमेध का समय निकट जानकर, धर्मराज के अनुरोध के अनुसार श्रीकृष्ण, बलराम, सुभद्रा, प्रद्युम्न और कृतवर्मा आदि हस्तिनापुर आए। हस्तिनापुर में उत्सव की शहनाई बजने लगी। इसी समय उत्तरा के पुत्र पैदा हुआ। पुत्र होते ही कुल आनन्द शोक में बदल गया। सब लोगों ने सुना कि उत्तरा के मृत बालक हुआ है। पांडवों के कुल में श्रद्धातर्पण करनेवाला भी कोई नहीं बचा था, इसी बालक की बाट सब लोग जोह रहे थे। मरा बालक होने पर सुभद्रा पछाड़ खाकर कृष्ण के पैरों पर गिर पड़ीं, द्रौपदी भी चीख मारकर रोने लगीं। महाराज युधिष्ठिर, भीम, अर्जुन आदि पांडव वहाँ नहीं थे। कृष्ण समझ गए कि अश्वत्थामा के ब्रह्मशिरा बाण के प्रभाव से मृत बालक हुआ है। कृष्ण आचमन करके उस बालक को गोद में लेकर बैठे, और कहा, ''हे भद्रे! मैंने युद्ध में कभी पीठ नहीं दिखाई, कभी झूठ नहीं बोला, सत्य से मेरा सम्बन्ध नहीं छूटा, यह अगर सच है, तो अभिमन्यु का मृत पुत्र जी जाए; यदि शत्रु को जीतकर भी मैंने हिंसा नहीं की, तो यह शिशु जी जाए।'' कृष्ण के श्रीमुख से ये शब्द निकले ही थे कि शिशु जी उठा। सब लोग प्रसन्न हो गए। इस प्रकार जीने के कारण बच्चे का नाम परीक्षित रखा गया।

परीक्षित के पैदा होने के एक महीने बाद पांडव हिमालय से वापस आए। राजधानी और घर के सब समाचार पाकर, यह मालूम कर कि परीक्षित का जन्म हुआ है, और जन्म का यह विवरण है, पांडव बहुत प्रसन्न हुए। उन्होंने धृतराष्ट्र, गान्धारी और कुन्ती की चरण-वन्दना की, कृष्ण को गले लगाया, और भीम की तपस्या और धन की प्राप्ति का हाल कहा।

अश्वमेध-यज्ञ

इसी तरह कुछ समय और पार हुआ। एक दिन भगवान व्यास फिर पधारे। धर्मराज ने बड़े आदर से उन्हें आसन पर बैठाया। उनके बैठने पर बड़े विनम्र स्वर में पूछा, ''भगवन्, अश्वमेध की तिथि भी निश्चित कर दीजिए, ताकि शुभ कार्य का अनुष्ठान कर दिया जाए।'' व्यासजी ने चैत्र की पूर्णिमा निश्चित करते हुए कहा, ''अश्वमेध के घोड़े की परीक्षा किसी अश्व-विद्या-विशारद ब्राह्मण से कराइएगा।''

व्यासजी उपदेश देकर चले गए। अश्वमेध की तैयारियाँ होने लगीं। ब्राह्मणों ने एक अत्युत्तम श्यामकर्ण घोड़ा निश्चित किया। घोड़े के मस्तक पर बाँधने के लिए स्वर्ण-पत्र खुदवाया गया कि महाराजाधिराज हस्तिनापुराधीश युधिष्ठिर अश्वमेध-यज्ञ कर रहे हैं, जिन्हें उनका एकच्छत्राधिकार स्वीकृत न हो, वे घोड़े को पकड़कर युद्ध से अपना फ़ैसला कर लें। यज्ञ की और सब सामग्रियाँ एकत्र की गईं। महारथ अर्जुन घोड़े के रक्षक के रूप से साथ किए गए।

एक फौज साथ लेकर वह घोड़े का अनुसरण करते रहेंगे। इच्छानुसार भागता हुआ घोड़ा राजमार्ग से न भागकर बीहड़ रास्तों से भागता है, तब पीछा करनेवाले रक्षक रथ पर बैठकर नहीं चल सकते, इसलिए अर्जुन घोड़े पर सवार हुए। स्वर्ण-पत्र बाँधकर पूजोपरान्त घोड़ा छोड़ दिया गया। अर्जुन तथा अन्य रक्षक साथ-साथ चले। नगर के लोग नगर की सीमा तक उत्साहवर्धन के लिए गए, और वहाँ से अर्जुन को हर्षध्वनि से अभिनन्दित कर घर लौटे। भीम तथा नकुल को राज्य की देख-रेख का काम दिया गया। सहदेव आगत अतिथि महाराजों के आदर-सत्कार के लिए रहे।

नदी-नाले, अरण्य-प्रान्ता, पहाड़-उपत्यका, देश-प्रदेश विचरता हुआ घोड़ा त्रिगर्त देश में हाज़िर हुआ। वहाँ के राजकुमार पांडवों के लिए दुर्विनीत थे। अश्वमेध का घोड़ा जानकर उन लोगों ने पकड़ लिया। घोड़े के पकड़े जाने पर पहले अर्जुन ने बहुत समझाया, पर राजकुमारों ने बात न मानी। सबसे बड़े केतुवर्मा थे। उन्होंने अर्जुन पर शर-वर्षा शुरू कर दी। अर्जुन पहले ढीले-ढीले लड़ रहे थे। उसी समय एक तीर अर्जुन की मुट्ठी में लगा, जिससे उन्हें चोट आ गई, इससे कुछ असावधान हो गए। देखकर केतुवर्मा हँसा। उसके हँसते ही अर्जुन की देह में बिजली दौड़ गई। उन्होंने गाण्डीव उठाकर तीक्ष्णतर तीरों से शत्रु पक्ष को पाट दिया। अर्जुन की चोटें सँभालना मुश्किल हो गया। कितने ही वीर खेत रहे। देखकर केतुवर्मा दबा, गिड़गिड़ाया, वश्यता स्वीकृत की। तब अर्जुन ने उसे प्रबोध दिया, और घोड़ा छोड़ देने के लिए कहा। घोड़ा छोड़ दिया। अर्जुन उसे अश्वमेध-यज्ञ में आने के लिए सभ्यतापूर्वक आमंत्रित कर घोड़े के साथ आगे बढ़े।

यहाँ से बढ़ता हुआ घोड़ा कई प्रदेश पार करके प्राग्ज्योतिष देश में पहुँचा। यहाँ भगदत्त के पुत्र महाराज वज्रदत्त राज्य कर रहे थे। भगदत्त अर्जुन के हाथ कुरुक्षेत्र के युद्ध में मारे गए थे, इसलिए वज्रदत्त पांडवों से दुश्मनी मानता था। उसने घोड़ा पकड़ा। अपनी सेना के साथ, हाथी पर सवार वज्रदत्त अर्जुन पर टूटा। अर्जुन भी डटकर युद्ध करने लगे। जब वज्रदत्त ने हाथी को अर्जुन के बिलकुल पास पहुँचा दिया, तब उन्होंने एक ऐसा बाण मारा कि हाथी वहीं बैठ गया, उसका मस्तक भेदकर तीर भीतर घुस गया था। थोड़ी देर में वह मर गया। अर्जुन को युधिष्ठिर की आज्ञा थी कि घोड़े को पकड़ने पर युद्ध में वह किसी राजा का वध न करें।

अर्जुन चाहते, तो वज्रदत्त का वध कर सकते थे, पर उन्होंने हाथी के मर जाने पर उस पर तीर नहीं चलाया। वज्रदत्त समझ गया। उसने अर्जुन की वश्यता स्वीकार की। उसे हस्तिनापुर, अश्वमेध-यज्ञ में आने का निमंत्रण देकर अर्जुन घोड़े के साथ दूसरी तरफ़ मुड़े।

वहाँ से बढ़ता हुआ घोड़ा सिन्धुदेश में पहुँचा। जयद्रथ के वध की भावना से सिन्धुदेशवालों ने भी घोड़े को पकड़ा। अर्जुन वहाँ बहुत उद्दण्ड होकर लड़े। बहुत बड़ी सेना अर्जुन के युद्ध में निहित हुई। दुर्योधन की बहन दुःशला सिन्धुदेशाधिपति जयद्रथ को ब्याही थी। वह गोद में अपने पौत्र को लेकर आई और कहा, ''भाई, तुम्हारे आने की खबर से मेरा पुत्र सुरथ ज़मीन पर गिरकर मर गया है। यह उसका लड़का मेरा पोता है, इस पर दया करो।'' अर्जुन दुःशला को देखकर बहुत लज्जित हुए, वहीं गाण्डीव रख दिया, और बहन को प्रबोध देने लगे।

घोड़ा यहाँ से देश-देशान्तर भ्रमण करता हुआ मणिपुर पहुँचा। वहाँ की राजकुमारी चित्रांगदा अर्जुन की पत्नी थी। उनका लड़का बभ्रुवाहन वहाँ का राजा था। अपने पिता अर्जुन को आया हुआ जानकर ब्राह्मणों को आगे कर वह मिलने के लिए आया। अर्जुन को बभ्रुवाहन का यह तरीका पसन्द नहीं आया। उन्होंने कहा, ''हम महाराज युधिष्ठिर के अश्वमेध के घोड़े के साथ यहाँ आए हैं। तुम्हारा यह बरताव मुझे पसन्द नहीं आया।'' बभ्रुवाहन पिता से कैसे लड़े, कुछ समझ नहीं सका। खड़ा सोच रहा था कि अकस्मात नागकन्या उलूपी वहाँ उपस्थित हुई, और बभ्रुवाहन से कहा, ''बेटा, मैं तुम्हारी सौतेली माँ हूँ। तृतीय पांडव इस भूमि को निर्वीय न समझें, इसलिए मैं आज्ञा देती हूँ, तुम अश्वमेध का घोड़ा पकड़ो, और युद्ध करो।''

उलूपी की बात से बभ्रुवाहन ने घोड़ा पकड़ लिया। फलतः अर्जुन के साथ उसके युद्ध की नौबत आई। बभ्रुवाहन बड़ा निपुण योद्धा था। लड़ते-लड़ते उसने अर्जुन के छक्के छुटा दिए। पहले तो अर्जुन ढीले हाथों लड़ रहे थे; पर बभ्रुवाहन को तेज़ पड़ता देखकर तेज़ होने लगे। पर इससे भी बभ्रुवाहन परास्त नहीं हुआ। उसने अर्जुन के सारे तीर व्यर्थ कर दिए। उलूपी खड़ी हुई देख रही थी। इसी समय एक तीर उसने ऐसा मारा कि तीर वर्म छेदकर अर्जुन की छाती में चुभ गया। देखते-देखते अर्जुन निष्प्राण हो गए। बभ्रुवाहन भी थका हुआ था, प्रहार करने के बाद वह भी मूर्च्छित हो गया। खबर चित्रांगदा के पास पहुँची। वह दौड़ी हुई आई, और अर्जुन को निष्प्राण देखकर पैरों पड़कर रोने लगी। अब तक बभ्रुवाहन की मूर्च्छा छूट चुकी थी। उसने माँ को देखकर सारा हाल कहा। वहीं उलूपी खड़ी थी। चित्रांगदा उलूपी को पकड़कर रोने लगी। उलूपी के पास मृतसंजीवनी मणि थी। उसने बभ्रुवाहन को देते हुए कहा, ''वत्स, यह मणि अपने पिता के क्षत स्थान पर

रख दो, तो वह जी जाएँगे।'' बभ्रुवाहन ने अर्जुन के हृदय पर वह मणि रख दी। कुछ देर बाद पूर्ण स्वस्थ होकर अर्जुन ने आँखें खोल दीं। उन्हें मालूम हुआ, वह गहरी नींद के बाद जगे हैं। बभ्रुवाहन की माता चित्रांगदा और नागकन्या उलूपी वहीं खड़ी थीं। चित्रांगदा ने बड़े आदर से अर्जुन को राजधानी चलने के लिए कहा, परन्तु अर्जुन ने कहा, ''इस समय मैं अश्वमेध के अश्व को छोड़कर अन्यत्र नहीं जा सकूँगा, इसके लिए मैं तुम लोगों से क्षमा चाहता हूँ।'' उलूपी वहीं अदृश्य हो गईं। अर्जुन ने बभ्रुवाहन को साथ ले लिया।

मगधराज्य, चेदिराज्य होता हुआ अश्व हस्तिनापुर की तरफ़ लौटा। अर्जुन अश्व के साथ-साथ चले। मार्ग में अनेक लड़ाइयाँ लड़नी पड़ीं। कई जगह अर्जुन को बड़ी मुश्किल का सामना करना पड़ा परन्तु सब जगह वह बचते गए, और परिणाम उनके लिए अच्छा रहा। पश्चिम, दक्षिण, पूर्व और उत्तर, भारत तथा भारत से दूर तक के देशों में घोड़े की टाप पड़ी। अन्त में, सकुशल घोड़ा हस्तिनापुर लौटा। हस्तिनापुर में घोड़े के पहुँचने की खबर होते ही लोग मारे आनन्द के पागल हो गए। अर्जुन का बड़ा भारी स्वागत किया।

देश-देशान्तर के राजा धन-रत्न लेकर एकच्छत्र सम्राट् युधिष्ठिर के अश्वमेध-यज्ञ में उपस्थित होने लगे। सब राजाओं के लिए युधिष्ठिर ने आदर-स्वागत का बड़ा अच्छा प्रबन्ध कर रखा था। पांडवों की मेहमानदारी से राजा लोग बहुत प्रसन्न हुए।

यज्ञ-मण्डप की शोभा देखते ही बनती थी। तमाम राजे ऊँचे-ऊँचे आसनों पर बैठे हुए थे, बीच में महाराज युधिष्ठिर वैदिक ब्राह्मणों से घिरे हुए यज्ञ कर रहे थे। यथाविधि दान-सम्मान और कर्मकाण्ड से यज्ञ पूरा किया गया। राजाओं तथा सज्जन नागरिकों के मनोरंजनार्थ अनेक प्रकार के खेल-तमाशे किए गए थे, अनेक प्रकार के प्रदर्शन थे। सब लोग पांडवों की सज्जनता की मुक्तकण्ठ से प्रशंसा करने लगे। लाखों कण्ठों के जय-जयकार से यज्ञ समाप्त हुआ।

आश्रमवासिकपर्व

महाराज धृतराष्ट्र, गान्धारी, कुन्ती और विदुर का वानप्रस्थ-ग्रहण

कुरुक्षेत्र की लड़ाई समाप्त होने पर पुत्रों के शोक से धृतराष्ट्र ने एक ही वक़्त भोजन करना शुरू किया। उन्हें देखकर पतिव्रता गान्धारी भी वैसा ही करने लगीं। वह पलंग छोड़कर ज़मीन पर लेटने लगीं, दूध के फ़ेन जैसी सफ़ेद और कोमल सेज छोड़कर हिरन का चमड़ा बिछाकर सोने लगीं। बातचीत के लिए केवल संजय और कृपाचार्य थे। धृतराष्ट्र की सेवा यों सभी पांडव करते थे। कुन्ती, द्रौपदी और सुभद्रा आदि पांडव-महिलाएँ भी उनकी आज्ञा की बाट जोहती थीं।

फिर भी धृतराष्ट्र के मन में एक काँटा खटकता रहा। भीम को धृतराष्ट्र के मनोभाव अच्छे नहीं लगते थे।

इसी तरह पन्द्रह साल बीत गए। एक दिन धृतराष्ट्र संजय तथा कृपाचार्य से दुर्योधन की बातचीत करते-करते आवेश में आ गए। दुर्योधन और दुःशासन के रूप, बल, बुद्धि, विवेक, शिष्टता, सभ्यता आदि की तारीफ़ करने लगे। भीम उधर से जा रहे थे। उन्होंने सुना। उन्हें अच्छा न लगा। उन्होंने कहा, ''मैंने इन्हीं हाथों से अधम दुर्योधन और दुःशासन जैसों का वध किया है।''

भीम का प्रचार धृतराष्ट्र को अच्छा न लगा। बहुत बड़ा अपमान मालूम दिया। गान्धारी को भी चोट लगी। वह चुपचाप आँसू पोंछकर रह गईं।

इसी के कुछ बाद भगवान व्यासजी का आगमन हुआ। उन्होंने राजाओं के वानप्रस्थ धर्म का धृतराष्ट्र आदि को स्मरण दिलाया। धृतराष्ट्र ऊबे थे ही। एकान्त में गान्धारी से सलाह करके हस्तिनापुर की राजधानी छोड़कर वनवास करने की इच्छा प्रकट की। महाराज युधिष्ठिर सुनकर धृतराष्ट्र के पास आए, और बड़े विनीत कण्ठ से एकाएक महाराज धृतराष्ट्र से वन जाने का कारण पूछा। साथ ही, यह इच्छा भी ज़ाहिर की कि महाराज धृतराष्ट्र की आज्ञा हो, तो राज्य उनके पुत्र युयुत्सु को देकर वह भी उनकी सेवा के लिए साथ चलें। युधिष्ठिर की इस नम्रता पर धृतराष्ट्र मुग्ध हो गए। उन्होंने अपना दुःख दबाकर कहा, ''वत्स युधिष्ठिर, अभी तुम राज्य करो, हमारा समय हो गया है, हमने पन्द्रह साल से एक वक़्त भोजन करके साधना करते हुए वन के अनुकूल अपने को तैयार कर लिया है, हमें जाने दो। हम हृदय से तुम्हें आशीर्वाद देते हैं।''

धृतराष्ट्र के वन जाने की बात सुनकर नगर के निवासी राजमहल में आए, और महाराज धृतराष्ट्र को घेर लिया। धृतराष्ट्र को मालूम होने पर उन्होंने विनीत स्वर से कहा, ''भाइयो, महाराज शान्तनु से लेकर आज तक हमारे वंशजों ने आप लोगों की जो सेवाएँ की हैं, जिस योग्यता से राज्य की संचालना की है, शत्रुओं का मुकाबला किया है, आप लोग जानते हैं। मुझसे जहाँ तक हो सका, मैंने आप लोगों की सेवा की है। अब महाराज युधिष्ठिर आप लोगों के सुयोग्य शासक हैं। उनसे आप लोग प्रसन्न रहेंगे। मैं बुड्ढा हुआ हूँ। अब मेरा धर्म यह है कि मैं परलोक का रास्ता साफ करूँ। आप लोग सच्चे हृदय से मुझे आज्ञा दीजिए कि मेरा अन्त सत्य में हो।''

महाराज धृतराष्ट्र की बात सुनकर नगरवासी रोने लगे। बोले, ''महाराज, हमें एकाएक छोड़े चले जा रहे हैं। हम महाराज के किसी काम न आ सके। हमारी सेवाएँ ग्रहण करके महाराज तपस्या के लिए जाएँ, तो हमें बोध हो। ऐसे हमारा जी नहीं मानता।''

नगरवासियों का आग्रह देखकर धृतराष्ट्र ने कहा, ''मैं भरसक इसका प्रयत्न करूँगा। मैं यथारीति घर छोड़ने से पहले श्राद्ध करूँगा, तब मुझे आप लोगों के

सहयोग की आवश्यकता होगी। आप लोग कृपा कर पधारें।'' नगरवासी सम्मान-प्रदर्शन करते हुए अपने-अपने घर गए।

यहाँ महाराज धृतराष्ट्र ने युधिष्ठिर के पास कहला भेजा, ''वानप्रस्थ ग्रहण करने से पहले हमें अपने माता-पिता और पुत्रों का श्राद्ध करना होगा, इसके लिए अर्थ चाहिए।'' महाराज धृतराष्ट्र की इच्छा समझकर युधिष्ठिर ने अर्थ देने की आज्ञा निकाल दी लेकिन भीम ने अर्थ न दिया। उलटे कहा, ''श्राद्ध भीष्म-द्रोण आदि का हो, तो ठीक है। वे इस योग्य हैं। दुर्योधन और दुःशासन का श्राद्ध करने से क्या फल होगा? इन्हें तो नरक में ही सड़ने देना चाहिए।'' भीम की बात धृतराष्ट्र तक पहुँची। उन्हें और भी क्षोभ हुआ। महाराज युधिष्ठिर को भीम का मज़ाक मालूम हुआ, तो उन्होंने भीम को बुलाकर बहुत धिक्कारा। अस्तु, श्राद्ध के लिए यथेष्ट धन बाद को दिया गया और धृतराष्ट्र ने श्राद्ध का दिन स्थिर कराया।

दिन निश्चित होने पर महाराज धृतराष्ट्र ने श्राद्ध-कर्म पूरा किया, और ग्यारह दिन तक अवारित हस्त से ब्राह्मणों को दान देते रहे। इस प्रकार कार्तिक की पूर्णमासी तक वह दानादि कार्य में लगे रहे।

इसके बाद मृगचर्म पहनकर, शास्त्ररीति से अग्निहोत्र करके गान्धारी के साथ वन को चलने के लिए महाराज धृतराष्ट्र राजभवन से बाहर निकले। नगर के समस्त लोग उस समय राजद्वार पर एकत्र थे। कुल पांडव, विदुर, संजय, कृपाचार्य, धौम्य, महाराज धृतराष्ट्र को छोड़ने के लिए आँखों में आँसू भरे हुए खड़े थे। आँखों पर पट्टी बाँधे हुए गान्धारी का हाथ पकड़कर पांडव-माता कुन्ती धृतराष्ट्र के पीछे-पीछे जा रही थीं। इनके पीछे द्रौपदी, सुभद्रा, उत्तरा आदि रानियाँ थीं। नगर के मार्ग के दोनों ओर भीड़ लगी हुई थी। स्त्रियाँ और बच्चे अटारियों पर चढ़े देख रहे थे।

महाराज धृतराष्ट्र वन के लिए चले, तब युधिष्ठिर ने कुन्ती से कहा, ''माता, अब आप लौट जाइए, नहीं तो आपको कष्ट होगा।''

कुन्ती ने कहा, ''बेटा, अब कुरुवंश में तुम्हीं लोग हो। अच्छी तरह राज्य का भोग करो। द्रौपदी को आदर से रखना, मेरा कल्याण अब इसी में है कि मैं देवी गान्धारी की सेवा करूँ। अब मैं भी इनके साथ वन जाऊँगी।''

कुन्ती की बात सुनकर पांडव रोने लगे। द्रौपदी और सुभद्रा भी उनके साथ चलने को तैयार हुईं। तब कुन्ती ने कहा, ''देखो, तुम लोगों ने अभी तक वनवास ही किया है। राजसुख नहीं भोगा। मैं तुम्हारे पिता के समय बहुत सुख भोग चुकी हूँ। अब मेरी इच्छा नगर में रहने की बिलकुल नहीं। मुझे जाने दो, तुम लोग लौट जाओ।'' महात्मा विदुर भी नगर त्यागकर चले। धृतराष्ट्र को किसी प्रकार का दुःख न पहुँचे, इसके लिए वह भी साथ-साथ चले।

महाराज धृतराष्ट्र उस दिन गंगा किनारे रहे। यथाविधि यज्ञ आदि कर्म करके कुशासन पर लेटे। इस प्रकार कुछ दिन बिताकर कुरुक्षेत्र की ओर चले।

वहाँ महर्षि शतयूप से आध्यात्मिक शिक्षा ली, और कठिन-से-कठिन तपस्या करने लगे।

तपस्या करते-करते कुछ समय बीता। महात्मा विदुर उग्र-से-उग्रतर तप करने लगे। वह ऐसी जगह रहने लगे, जहाँ मनुष्य मुश्किल से जा सकता था। खाना-पीना उन्होंने बिलकुल छोड़ दिया। उनका उग्र तप देखने के लिए कभी-कभी कोई-कोई ब्राह्मण वहाँ जाते थे, और उन्हें प्रणाम कर लौट आते थे। अन्न-जल विदुर ने छोड़ ही दिया था, बैठे-बैठे ईश्वर-स्मरण करते हुए एक दिन समाधिस्थ हो गए। उनका भौतिक शरीर यहीं रह गया, आत्मा ईश्वर में लीन हो गई। उनकी तपस्या की चारों ओर प्रशंसा हो चली।

कुछ दिनों बाद देवर्षि नारद हस्तिनापुर आए, और युधिष्ठिर से कहा, ''महाराज, मैं इस उद्देश्य से आपके पास आया हूँ कि तपस्चारी महाराज धृतराष्ट्र, सती गान्धारी और कुन्ती का संवाद आपको दूँ।'' सुनकर युधिष्ठिर बहुत उतावले हुए। देवर्षि नारद ने कहा, ''महाराज, धृतराष्ट्र हिमालय में भ्रमण कर रहे थे। साथ गान्धारी, कुन्ती और संजय थे। कई दिन के भूखे थे। इसी समय वन में दावाग्नि लग गई। संजय ने उनसे कहा कि 'महाराज, दावाग्नि लग गई है', परन्तु धृतराष्ट्र को इसकी चिन्ता न हुई। उन्होंने कहा, ''मैं एक तो अन्धा, इस पर कई दिनों का भूखा और अत्यन्त वृद्ध हूँ, मैं भाग नहीं सकूँगा। तुम भागकर अपने प्राण बचाओ। मेरी चिन्ता तुम न करो।' यह कहकर वह वहीं आसन मारकर बैठ गए। सती गान्धारी भी नहीं भागीं, पति के वाम पार्श्व में आसन लगाकर वह भी बैठ गईं, सती कुन्ती भी उनकी बगल में उसी तरह बैठ गईं। तीनों ने चित्त को आत्मनिष्ठ किया। संजय वहाँ से बचकर चले गए पर आग ने इन तीनों महाप्राण व्यक्तियों को दग्ध कर दिया।''

मौषलपर्व

यादव आदिकों का नाश

पांडवों की सत्ता देश में स्थापित हो गई। छत्तीस साल हो गए। देश फला-फूला, लहलहा रहा था। कोई उपद्रव नहीं हुआ। लोग शान्ति से रहे। व्यापार बढ़े। राहें दुरुस्त हो गईं। राज्यों में मैत्री का भाव दृढ़ रहा। पांडवों की तरफ़ से सब कुछ कृष्ण का किया हुआ है, लोगों की धारणा थी; इसलिए कृष्ण की पूजा उत्तरोत्तर बढ़ी। उन्हें लोग अवतार मानने लगे। देश-देश के लोग उनके पास जाते थे। उनकी बातें सुनते थे। उनके अनुसार काम करते थे। सबको विश्वास था, कृष्ण के उपदेश हित करेंगे।

कृष्ण की इस बढ़ती प्रतिष्ठा का यादव-राजकुमारों पर बुरा प्रभाव पड़ा। उनमें गर्व की मात्रा बढ़ने लगी। धीरे-धीरे उनका स्वभाव बिगड़ गया। शराब पीने

लगे। मांस भी बेहिसाब खाने लगे। क्रमशः ऐसे उद्दण्ड हो गए कि सभ्यजनों से भी असभ्य बातचीत और अनादर से पेश आने लगे। ऋषियों और ब्राह्मणों का अपमान हो चला। ऐसे अधम कार्य में सारण आदि यादव और श्रीकृष्ण का पुत्र साम्ब थे।

एक दफ़ा नारद, विश्वामित्र और कण्व आदि ऋषि द्वारका गए। यादव-राजकुमार, राजकुमार साम्ब को औरत की तरह साड़ी पहनाकर ऋषियों के पास ले गए, और कहा, "भगवन्, आप लोग तो त्रिकालदर्शी हैं, यह वज्र की स्त्री है, गर्भवती है। बताइए, इसके लड़का होगा या लड़की?" ऋषि रुष्ट हो गए। उन्होंने कहा, "इस अधम साम्ब के गर्भ से कल एक मूसल पैदा होगा, और उससे तुम्हारे वंश का नाश होगा।"

शाप सुनकर यादव-राजकुमार घबराए। महाराज वसुदेव से उन्होंने कुल हाल कहा। वसुदेव ने राजकुमारों को बहुत धिक्कारा, और साम्ब के मूसल होने पर उसे चूर-चूर करके समुद्र में फेंकवा दिया। लेकिन वह मूसल जिस जगह फेंका गया था, वहाँ 'सरपत' का वन उग आया। एक दिन एक व्याध ने उसकी डण्डी तोड़ी, और उसे धनुष का तीर बनाया।

कुछ दिनों में यादव-राजकुमारों की जल-विहार करने की इच्छा हुई। निश्चय हुआ कि सरस्वती जहाँ समुद्र से मिलती है, वहाँ चलकर नहाएँ, और जलविहार करें। निश्चय के अनुसार तैयारी हो गई, और महिलाओं को साथ लेकर समस्त राजकुमार चले। कृष्ण, बलराम, प्रद्युम्न, अनिरुद्ध, सात्यकि आदि भी थे। राजकुमारों ने दरिद्र ब्राह्मणों को दान करने के लिए जो अन्न लिया था, उसे सड़ाकर वहाँ शराब बनवाई, और पीकर मस्त रहने लगे। ब्राह्मणों को दान करने की जगह वे बन्दरों को शराब पिलाकर तमाशा देखते थे। एक दिन शराब पीने का उत्सव मनाया गया। बलदेव, सात्यकि, कृतवर्मा, गद, वभ्र आदि सबने शराब पी और कृष्ण के सामने! शराब पीकर एक-दूसरे की आलोचना करने लगे। हास्य परिहास में बदला। सात्यकि ने कहा, "कृतवर्मा नीच है, रात को पांडवों के पुत्रों को मार डाला।" कृतवर्मा ने कहा, "तू महानीच है। जब भूरिश्रवा के हाथ कट गए थे, वह बैठा सत्याग्रह कर रहा था, तब तूने उसका सिर काट लिया।" सात्यकि ने तलवार निकाल ली और एक हाथ ऐसा मारा कि कृतवर्मा का सिर कटकर अलग गिरा, धड़ नाचने लगा। भोज और अन्धक कृतवर्मा के साथी थे। उन्होंने सात्यकि पर आक्रमण किया। प्रद्युम्न और अनिरुद्ध सात्यकि की ओर से लड़ने लगे, पर भोजों और अन्धकों ने इन्हें मार गिराया। इससे कृष्ण को क्रोध आ गया। उन्होंने सरपत उखाड़कर मारना शुरू किया। कृष्ण के पुत्र साम्ब, चारुदेष्ण और अनिरुद्ध तथा गद भी मारे गए। देखकर कृष्ण कालस्वरूप होकर भीषण युद्ध करने लगे। सब लोग सरपत उखाड़-उखाड़कर उससे संग्राम करने लगे। इस युद्ध में यादवों,

अन्धकों और भोजों का समस्त वंश निहत हो गया। केवल स्त्रियाँ बचीं। वे द्वारका पहुँचाई गईं।

बलराम और कृष्ण का परलोक-गमन

बलराम को इस युद्ध के बाद वैराग्य हुआ। वह प्रभास-तीर्थ गए, और वहाँ तपस्या करते हुए समाधि लगाने की सोची। कृष्ण ने सारथि से कहा, "स्त्रियों को द्वारका में छोड़कर हस्तिनापुर जाना, और अर्जुन से कहना, समस्त यादव-कुल का नाश हो गया है, वह आकर स्त्रियों और बच्चों को हस्तिनापुर ले जाएँ। कुरुक्षेत्र में कौरवों का नाश देखा था, प्रभास-तीर्थ में यादवों का नाश देखा। अब भैया बलराम के पास जाकर तपस्या से शरीर छोड़ना उचित समझता हूँ।" सारथि दारुक ने कृष्ण की आज्ञा के अनुसार काम करने की बात कही। कृष्ण ने पिता वसुदेव को प्रणाम किया और बलराम से मिलने के लिए चल दिए। बलराम के पास पहुँचे तो देखा—वह सिद्धासन पर बैठे थे, देह हिल-डुल नहीं रही थी, साँस नहीं चल रही थी, एक साँप की आकृति की ज्योति उनकी देह से निकलकर ब्रह्ममण्डल में लीन हो रही थी। कृष्ण समझ गए कि बलराम यह लोक छोड़कर चले गए।

शोक से व्याकुल होकर कृष्ण एक पेड़ के सहारे लेट गए। दायाँ पैर बाएँ घुटने पर रख लिया। कृष्ण योगनिद्रा में पड़े थे कि 'जरा' नाम के व्याध ने दूर से कृष्ण का पैर चमकता देखा। उसे मालूम दिया, हिरन का मुँह है। उसी ने सरपत तोड़कर तीर बनाया था। उसने तीर धनुष पर चढ़ाकर पैर के तलवे में मारा। तीर अचूक बैठा। कृष्ण के तलवे में तीर चुभ गया। व्याध दौड़ा हुआ आया, और कृष्ण को देखकर दंग हो गया। फिर रोने लगा। कृष्ण ने कहा, "तुम्हारा इसमें दोष नहीं। तुम इसकी चिन्ता न करो।" कहकर कृष्ण परमधाम को चले गए। संसार में अपनी अद्‌भुत कीर्ति रखकर एक सौ बीस साल की उम्र में कृष्ण अपने लोक को चले गए। उनके जाने से संसार में हाहाकार मच गया। उनके शरीर त्याग के संवाद से वसुदेव बहुत ही खिन्न हुए, और दूसरे दिन शरीर छोड़ दिया। उनका श्राद्ध द्वारका जाकर अर्जुन ने किया, और जब द्वारका से स्त्रियों को लेकर चले, तब समुद्र ने द्वारकापुरी को अपने गर्भ में डाल लिया। रास्ते में भी विपत्ति आई। डाकुओं का एक दल अर्जुन को अकेला जानकर आया। द्वारका का माल और बहुत-सी स्त्रियों को लूट ले गया। अर्जुन कुछ न कर सके। अर्जुन ने भोजकुल की स्त्रियों की मार्तिकावत में रखा, और सरस्वती नगर का राज्य सात्यकि-पुत्रों को दिया। वज्र को पांडवों की पुरानी राजधानी इन्द्रप्रस्थ का राजा बनाया।

कृष्ण की पत्नियों में रुक्मिणी, गान्धारी, हेमवती, शैव्या और जाम्बवती सती हो गईं, सत्यभामा तथा और-और वन में तप करने चली गईं।

महाप्रस्थानिकपर्व

पांडवों की हिमालय-यात्रा

श्रीकृष्ण के चले जाने से पांडव निस्तेज हो गए। उन्हें बार-बार याद आने लगा कि यादवों का महान वंश बात-की-बात में, सरपत की मार से नष्ट हो गया। द्वारकापुरी समुद्र-गर्भ में समा गई। कृष्ण की पुरनारियों को डाकुओं ने लूट लिया। विश्व-विजयी अर्जुन कुछ न कर सके। गाण्डीव उनसे उठा ही नहीं। पांडवों के वैराग्य की सीमा न रही। उन्होंने निश्चय किया, राज्य छोड़कर हिमालय यात्रा करेंगे।

इस अभिप्राय से उन्होंने अभिमन्यु के पुत्र परीक्षित को राजगद्दी दी। युयुत्सु और कृपाचार्य को राज्य की रक्षा का प्रबन्ध सौंपा। फिर सुभद्रा देवी को बुलाकर युधिष्ठिर ने कहा, "भद्रे, अब हम वनवास को जाते हैं। हमारा जी राज्य के प्रबन्ध में नहीं लगता। हमारे परम हितैषी मित्र कृष्ण जब इस संसार में नहीं रहे, तब हमारी भी यहाँ अब कोई आवश्यकता नहीं रह गई। इन्द्रप्रस्थ के सिंहासन पर कृष्ण का पौत्र व्रज है, और हस्तिनापुर के सिंहासन पर तुम्हारा पौत्र परीक्षित। तुम याद रखना कि तुम कृष्ण की बहन और महावीर अर्जुन की पत्नी हो। अपने कुल की मर्यादा रखना। दोनों वंशों का राज्य-शासन अच्छी तरह हो, ऐसी व्यवस्था रखना।"

इस प्रकार उपदेश देकर धर्मराज अपने चारों भाई और द्रौपदी सहित वन के लिए राजधानी छोड़कर बाहर निकले। हस्तिनापुर के नागरिक पांडवों को चाहते थे। वे साथ हो लिये। बहुत दूर तक पीछा करते हुए गए लेकिन युधिष्ठिर ने सबको समझा-बुझाकर वापस किया, फिर भाइयों और द्रौपदी के साथ पूर्व की ओर चले। पूर्व का समुद्र देखकर पश्चिम मुड़े। बहुत दिनों के बाद द्वारका पहुँचे। देखा, महानगरी द्वारका समुद्र में डूबी हुई है। उस पर से समुद्र की लहरें दौड़ रही हैं। समस्त भारत की परिक्रमा कर पांडव हिमालय की ओर चले। कुछ आगे बढ़ने पर अग्निदेव आकर मिले, और अर्जुन से कहा, "हमारा गाण्डीव और अक्षय तूणीर दे दो।" अर्जुन ने अग्निदेव को उनका धनुष और तीरों से भरा तरकस दे दिया।

धर्मराज युधिष्ठिर जब वनगमन के लिए निकले थे, तब एक कुत्ता उनके साथ-साथ पीछे-पीछे चला था। जहाँ-जहाँ गए, पीछे लगा वह भी चलता रहा। हिमालय की यात्रा शुरू की, तो वह भी साथ चला। कुछ दूर जाने पर हिम पड़ने लगा, जिससे पांडवों की गति रुद्ध होने लगी; फिर भी वे अप्रतिहत गति से चलते गए। कुछ और चलने पर द्रौपदी की देह शून्य हो गई, वह वहीं गिर गईं। उनके गिरने पर भीम ने युधिष्ठिर से पूछा, "महाराज, द्रौपदी तो सती थीं, कभी पतियों का साथ नहीं छोड़ा, सदा उनका चित्त सत्कर्मों में लगा रहा, वह गिर क्यों गईं?" युधिष्ठिर ने कहा,

"भीम, द्रौपदी दिल से अर्जुन को ज़्यादा चाहती थीं। सब पतियों पर समदृष्टि वह नहीं रख सकीं।"

कुछ देर बाद सहदेव उसी तरह गिरे। तब भीम ने फिर पूछा। युधिष्ठिर ने कहा, "सहदेव को अपने पाण्डित्य का अभिमान था।"

कुछ दूर और चलने पर नकुल गिरे। पूछने पर युधिष्ठिर ने कहा, "नकुल को अपने रूप का गर्व था। वह अपने सामने संसार में किसी को रूपवान नहीं समझते थे।"

कुछ दूर पर अर्जुन गिरे। भीम ने पूछा, "धर्मराज, अर्जुन जैसे विश्वविजयी योद्धा की यह गति किस पाप से हुई?"

युधिष्ठिर ने कहा, "भाई, अर्जुन को भी अपनी अस्त्र-शिक्षा का गर्व था।"

थोड़ी देर बाद भीम भी गिरने को हुए, तब पुकारकर कहा, "महाराज, अब मैं भी गिरता हूँ। बताइए, मुझमें कौन-सा पाप था, जिसके कारण मैं अब आपका साथ न दे पा रहा हूँ?" युधिष्ठिर ने कहा, "तुम्हें भी बल का गर्व था। तुम समझते थे, तुम्हारे जैसा बली संसार में कोई नहीं।"

महाराज युधिष्ठिर चलते गए। वह कुत्ता उनके पीछे लगा रहा। कुछ देर बाद एक ज्योतिर्मय रथ आया, और इन्द्र उससे उतरे। उतरकर कहा, "धर्मराज युधिष्ठिर, आप धन्य हैं। सशरीर स्वर्ग जा सकते हैं। लेकिन इस कुत्ते को छोड़ देना होगा।" युधिष्ठिर ने कहा, "यह बराबर मेरे साथ रहा है। मैं इसे छोड़कर स्वर्ग नहीं जाना चाहता।" वह कुत्ता साक्षात धर्म था। प्रकट होकर युधिष्ठिर को धन्यवाद देने लगा।

स्वर्गारोहणपर्व

युधिष्ठिर का नरक-दर्शन और स्वर्ग-लाभ

देवराज इन्द्र युधिष्ठिर को स्वर्ग ले गए। स्वर्ग पहुँचकर युधिष्ठिर ने देखा, दुर्योधन-दु:शासन आदि प्रसन्नता से बैठे हुए हैं, युधिष्ठिर को देखकर हँस रहे हैं। इससे इन्हें बड़ा क्षोभ हुआ। इन्होंने कहा, "मेरे भाई भीम, अर्जुन, कर्ण आदि यहाँ नहीं दिख रहे, इसका क्या कारण है?" इन्द्र ने कहा, "युधिष्ठिर, स्वर्ग आकर किसी से ईर्ष्या नहीं की जाती। दुर्योधन, दु:शासन आदि सम्मुख-समर में मरे हैं, इसीलिए अबाध गति से स्वर्ग प्राप्त किया है।" युधिष्ठिर ने कहा, "महावीर कर्ण ने भी सम्मुख-समर में प्राण दिया है, हमारे और भी सम्बन्धी हैं, वे यहाँ क्यों नहीं हैं?" इन्द्र ने कहा, "क्या तुम उन्हें देखना चाहते हो?" युधिष्ठिर ने इच्छा प्रकट की।

तब इन्द्र ने एक देवदूत को साथ कर दिया, और कहा कि युधिष्ठिर को भीमार्जुन आदि के पास ले जाए। देवदूत उन्हें एक जगह तक ले गया, फिर वहाँ से

कहा, ''आप सीधे बढ़ते जाइए, दक्षिण की तरफ़, फिर सीधे उत्तर की तरफ़ चले जाइएगा; वहाँ आपकी, भाई- बन्दों से मुलाकात होगी।''

युधिष्ठिर आगे बढ़े, तो घोर दुर्गन्ध आ रही थी, फिर खून-पस के नदी-नाले बहते दिखाई दिए, फिर सड़ा मांस और मल-मूत्र दिखा, युधिष्ठिर बहुत व्याकुल हुए। इसी समय भीम और अर्जुन आदि की करुण ध्वनि सुन पड़ी। ''महाराज, हम घोर नरक भोग रहे हैं। आप कुछ देर और ठहरिए, आपके शरीर की हवा से हमें आराम मिलता है, हम पर दया कीजिए।''

भीम, अर्जुन और द्रौपदी आदि की ऐसी करुण पुकार सुनकर युधिष्ठिर बहुत विचलित हुए। उन्हें बड़ा दुःख हुआ। इसी समय इन्द्र वहाँ प्रकट हुए और कहा, ''युधिष्ठिर, अश्वत्थामा के वध के समय तुमने झूठ कही थी, इसलिए तुम्हें कुछ काल नरक भोगना पड़ा। चलो, अब स्वर्ग चलो। तुम्हारे सब भाई, पत्नी और परिवार के लोग वहीं मिलेंगे। इन सबके भी अपराध कट गए। जिन्हें थोड़ा भोगना पड़ता है, उन्हें पहले नरक होता है फिर स्वर्ग। जिन्हें थोड़े दिन स्वर्ग भोगना पड़ता है, वे पहले स्वर्ग आते हैं।''

धर्मपुत्र युधिष्ठिर इन्द्र के साथ स्वर्ग गए। वहाँ सब भाइयों, द्रौपदी, कर्ण आदि को हँसते देखा।

रामायण की अन्तर्कथाएँ

वाल्मीकि की कथा

एक ब्राह्मण के लड़का पैदा हुआ। वह छोटा ही था, उसे एक भीलनी चुरा ले गई, और अपने यहाँ पाला-पोसा। उसका नाम रत्नाकर रखा। धीरे-धीरे भीलों के बालकों से खेलता हुआ रत्नाकर बड़ा होने लगा। क्रमशः भीलों का स्वभाव उसमें बल प्राप्त करता रहा। पहाड़ी स्थान, जंगल की खुली भयंकरी प्रकृति में पलता हुआ रत्नाकर भी भीलों के बालकों के साथ भयंकर और जंगली बन गया। तीर और धनुष लेकर कई तरुण बालकों के साथ रत्नाकर जानवरों का शिकार खेलने जाता। हिरन, बनैले सूअर, चौगड़े और तरह-तरह की चिड़ियाँ मार-मारकर लाता और भून-भूनकर साथियों के साथ खाया करता। कभी-कभी बड़े-बड़े शर, चीते और लकड़बग्घों का भी शिकार करता। इन तरह किशोर-काल में ही वह बलिष्ठ, दृढ़, और साहसी होकर अपने साथियों पर हुकूमत करने लगा। उसे सभी भील प्यार करते और मानते थे, क्योंकि वह बड़ा बहादुर था। हिस्से-बाँट में वह सबको शिकार का बराबर भाग देता था। खुद बली और बहादुर होने के कारण ज़्यादा न लेता था। इससे भीलों पर उसका नेतृत्व जम गया। जब किशोरावस्था पार हो गई और अपनी जवानी की रंगत दिखाई देने लगी, तब उसके पिता ने एक युवती भीलनी से उसकी शादी कर दी। स्वभाव का भील होने के कारण रत्नाकर में काम-वासना भी बड़ी प्रबल हुई। इसलिए वह पत्नी को प्राणों से भी अधिक प्यार करने लगा। उसकी पत्नी भी विषय-भोग की उत्तरोत्तर वासना बढ़ाती गई, और भीलों के सरदार की पत्नी होने के कारण अपने सौभाग्य को सराहती रही।

विवाह हो जाने पर रत्नाकर पर गृहस्थी का भार पड़ा। उसके वृद्ध माता-पिता भी कमाने से परांगमुख हो पुत्र की कमाई का आसरा करने लगे। अपने कुल की प्रचलित प्रथा के अनुसार बालपन के जवान हुए मित्रों को साथ लेकर रत्नाकर लूट-मार से धन प्राप्त करने लगा। उसका हृदय इतना क्रूर हो गया कि वह धन के लालच में किसी पर दया न करता था। तमसा-नदी वर्तमान टौंस के दोनों तट सर्वदा विपत्ति-संकुल रहने लगे। बघेलखंड और बुंदेलखंड के दूर-दूर के देशों तक वह

धावा करता था। उसके अत्याचार से लोगों मे त्रास फैल गया। पहाड़ी सघन वनों मे वह अपने दल के साथ छिपा रहता, और यात्री या यात्रियों का समूह देखकर उस पर टूट पड़ता, तथा उसका सर्वस्व छीन लेता था। किसी तरह भी उसका दमन न हुआ।

पर उसके जीवन का एक महत्वपूर्ण अंश भी था। वह राख में छिपी हुई आग की तरह था। जो प्रतिभा लेकर रत्नाकर संसार में आया था, उसका प्रवाह ठीक रास्ते पर अभी तक न हुआ था। पर वह तेज मेधावी था, इसलिए बुरे संसर्ग से अर्जित गुणों की भी उसने हद कर दी, और उधर भी सफलता प्राप्त की। धीरे-धीरे उसके जीवन का दूसरा युग आया।

उसके आतंक से लोगों का रास्ता चलना बन्द हो गया था। इसलिए कई रोज़ तक रत्नाकर को लूटने के लिए यात्री न मिला। घरवाले भूखों मरते थे। रत्नाकर का भी केवल पशुओं के मांस से पेट न भरा था। लूटे हुए द्रव्य से अच्छे-अच्छे भोज्य मेवा-पकवान आदि खरीदकर और पकवाकर खाने की आदत पड़ गई थी। वह ताक लगाए एक रास्ते के किनारे बैठा हुआ था। इसी समय सप्तर्षि उस रास्ते से गुज़रे। ईश्वर की इच्छा से रत्नाकर का मोह-काल समाप्त हो आया था। उसे जीवन का आवश्यक अंग पूरा करना था। रत्नाकर सप्तर्षि-मंडल के पास गया, और डाँटकर कहा—"जो कुछ तुम्हारे पास हो, यहीं रख दो, तब आगे को पैर बढ़ाओ।" ऋषिगण रत्नाकर की बात सुनकर चकित हो गए। उन्होंने साधुओं पर डाका पड़ते नहीं देखा था। वे जानते थे; साधुओं को सभी लोग मानते थे, लूटने के लिए साधुओं के पास रहता ही क्या है? फिर भी रत्नाकर का मनोभाव समझने के लिए उनमें से एक ने कहा—"देखो, हम लोग साधु हैं, हमारे पास क्या रखा है, और तुम साधुओं को भी सताते हो?"

सुनकर रत्नाकर बड़े जोर से हँसा। कहा—"ऐसा बातें बनानेवाला तो मुझे आज तक नहीं मिला। अब बताओ, तुम अपनी जान दोगे या तुम्हारे जो कुछ भी है, वह माल? कई रोज़ बाद तुम लोग मिले हो। मैंने कई रोज़ तक अच्छा भोजन नहीं किया।"

ऋषियों को मालूम हो गया, यह महा मन्दबुद्धि जड़ है। फिर भी, उसमें चेतना लाने के विचार से कहा—"सुनो, तुम इतना पाप जिन लोगों के लिए करते हो, वे तुम्हारे इस पाप के भी भागी हैं?"

पाप का नाम सुनकर रत्नाकर को होश हुआ। पर घरवालों के प्रेम के कारण उसने कहा—"हाँ, हिस्सेदार क्यों नहीं?"

ऋषियों ने कहा—"अच्छा, तुम उनसे जाकर पूछ आओ।"

रत्नाकर फिर हँसा। कहा—"यह झाँसा! अरे तुम बड़े चालाक हो। मैं पूछने जाऊँ और तुम कदम बढ़ाओ!"

ऋषियों ने बड़े धैर्य से कहा—"नहीं, हम यहीं रहेंगे, जब तक तुम लौटोगे नहीं।"

रत्नाकर ने अनेक मनुष्यों को लूटा था पर सभी लूटने के समय प्राणों के भय से डर गए थे। अब के ही उसने देखा कि ये साधु इस तरह बातें करते हैं, जैसे इन्हें प्राणों का भय न हो। इसका उस पर प्रभाव पड़ा, और उनके खड़े रहने पर विश्वास भी हुआ। रत्नाकर में परलोक का एक विचार पैदा हुआ।

गम्भीर भाव से घर जाकर माता से उसने पूछा—''माता, मैं जो यह पाप करता हूँ, इसमें हिस्सेदार तो तुम हो न?''

''वाह!'' माता ने कहा—''मैं तेरे पाप में क्यों हिस्सा लेने लगी? तू किस तरह कमाता है, किस तरह नहीं—यह मैं क्या जानूँ? मुझसे खाने से मतलब। पहले तेरी सेवा, जिस तरह हुई, मैंने की, अब मेरी तू कर।''

पाप के भय से भीत होकर वह अपनी प्रिया के पास गया पर उसने भी ऐसा ही जवाब दिया कि पत्नी की परवरिश करना पति का धर्म है। वह पाप में हिस्सा नहीं लेती।

उदास होकर रत्नाकर ऋषियों के पास लौट आया। ऋषियों को तब भी खड़ा हुआ देखकर पूरे तौर से प्रभावित हो गया। उसकी आँखों में उसके किए हुए घोर पापों की छाया फिरने लगी, जिससे डरा, और निरुपाय होकर ऋषियों के चरणों पर गिरा। दयालु ऋषियों ने उसे उठा लिया, और आश्वस्त कर कहा—''तुम राम-राम जपो, इससे पापों से रक्षा पाओगे।'' पर रत्नाकर 'राम' उच्चारण न कर सका। उसके मुँह से 'मरा' निकला। तब ऋषियों ने वैसा ही जपने के लिए कहा। रत्नाकर आसन पर बैठकर 'मरा-मरा' जपने लगा। जपते-जपते उसे होश हुआ। तब ज्ञान से 'राम-राम' कहने लगा। उसने ऐसी तपस्या की कि अखण्ड ज्ञान में समाधि लग गई। दीर्घ काल पार हो गया। उसके ऊपर दीमकों की मिट्टी चढ़ गई। लोगों को वल्मीक या बाँबी का बोध होने लगा। तपस्या में ऐसी दशा प्राप्त हुई, इसलिए ज्ञान के बादवाले जीवन का नाम वाल्मीकि हुआ।

वाल्मीकि मुनि को ज्ञान में मालूम हुआ, वह प्रचेता के दसवें पुत्र हैं। वह आदि कवि कहे जाते हैं। 'रामायण' की रचना उन्हीं ने की, और सीताजी को वनवास होने पर उन्हीं ने उनकी रक्षा की, और उनके पुत्र होने पर उनका 'लव' और 'कुश' नाम देकर यथारीति उन्हें शस्त्र और शास्त्र से शिक्षित किया।

नारद की कथा

नारदजी पूर्वजन्म में वेद पढ़ानेवाले ब्राह्मणों की दासी के पेट से पैदा हुए। वह माता के एकमात्र पुत्र थे। माता उन्हें बहुत प्यार करती थी। उनकी माता अधम स्त्री थी, इसलिए हीन बुद्धि की थी। फिर, उसे दूसरों की सेवा से फुरसत न मिलती थी। पर चूँकि पुत्र के सिवा दूसरा कोई उस अबला का अवलम्ब न था, इसलिए दिल

से वह उस बहुत चाहती थी, सिर्फ लड़के की देख-रेख के लिए उसे समय न मिलता था। वह पराधीन थी, अपने और पुत्र के भोजन के लिए उसका सारा दिन सेवा में बीत जाता था। दूसरों के इशारे पर चलनेवाली वह स्त्री सब प्रकार अक्षम थी, इसलिए उसका पुत्र के लिए दिल ही में प्यार उमड़कर रह जाता था।

वर्षा के चार महीने ऋषिगण चातुर्मास-व्रत ग्रहण कर एक जगह सम्मिलित होते थे। माता ने एक बार पुत्र को उनकी सेवा में लगा दिया। बालक नारद बचपन का लोभ, चंचलता और खिलवाड़ छोड़कर उन्हीं की सेवा में दिन पार करने लगा। ज़्यादा बातचीत, ढिठाई—यह कुछ वह लड़का न करता था। इसलिए ऋषिगण किसी तरह का पक्षपात न रखने पर भी बालक को बहुत प्यार करते थे। एक दिन ऋषियों की आज्ञा से उनकी पत्तलों की जूठन बालक ने पाई। उसी दिन से उसका पाप दूर हो गया। क्रमशः चित्त शुद्धतर होता रहा, और उनके किए हुए धर्म की तरफ ध्यान गया। इच्छा पैदा हई। ऋषिगण प्रतिदिन भजन करते और बालक बैठा हुआ सुनता रहा। ऋषियों की पवित्र वाणी में भगवद् भजन सुन-सुनकर बालक के मन में नारायण के प्रति अनुराग पैदा हुआ। उसी समय उसे जान पड़ा कि पंचभूतों से अलग वह साक्षात् ब्रह्म है—अभी तक अपनी अविद्या के कारण वह अपने को शरीरवाला जीव समझता रहा है। वर्षा और शरत् के तीनों सन्धिकाल में ऋषि लोग भगवद् भजन किया करते, जिसे सुन-सुनकर नारद का मन भक्ति की भावना से उत्तरोत्तर दृढ़ होता गया। इसी से बालक के मन में रज और तमवाले भाव दूर हो गए। वह पूर्णतः पाप से रहित, भक्ति और श्रद्धा से युक्त, विनयी हो गया और ऋषियों की सेवा करता रहा। वर्षा समाप्त होने पर तपस्वीगण चलने लगे, तो बालक को गहन गूढ़ ज्ञान बतला गए, जिसके बल से बालक विश्व-स्रष्टा भगवान् विष्णु की माया को समझने लगा। ईश्वर की माया का ज्ञान होने पर मनुष्य साक्षात् ईश्वर का गौरव प्राप्त करता है।

बालक को यह ज्ञान जब मिला, तब उसकी उस सिर्फ पाँच वर्ष की थी। वह दिन-रात इस चिन्ता में रहता था कि माता के स्नेह से कब उसे छुटकारा मिले। कुछ समय इस प्रकार व्यतीत हुआ। एक रोज़ रात को उसकी माता ब्राह्मणों की गाय दुहने के लिए गई। रास्ते में उसके काल-रूप आया हुआ काला नाग पड़ा हुआ था। उस पर दासी का पैर पड़ गया। यद्यपि पैर बहुत हल्का पड़ा था, फिर भी नाग ने उसे क्षमा न किया। चोट की। उस दुखिनी ने विष की ज्वाला से शीघ्र ही शरीर छोड़ दिया। माता की मृत्यु से बालक नारद को बिल्कुल दुःख न हुआ। कारण, ज्ञान की आँखें खुली हुई थीं। बालक ने सोचा, भगवान् विष्णु ने इस छल से माता को लेकर उसकी साधना का मार्ग प्रशस्त कर दिआ। बालक ब्राह्मणों का आश्रय छोड़कर उत्तर की ओर चला। कितने मनोहर सुन्दर-सुन्दर दृश्य, ग्राम और नगर उसने पार किए। कितनी ही सोने और चाँदी की खानें और हरी शोभा से घिरे पहाड़ों के नीचे किसानों

के घर देखे। टेढ़-मेढ़ी साँप की-सी चाल से स्वच्छ बहती हुई छोटी-छोटी नदियाँ, कमलों का हार पहन हँसती हुई प्रिय पारावार की ओर बढ़ रही थीं। उनके जल में देवता केलि कर रहे थे। किनारे के पेड़ों पर पक्षी अनेक प्रकार के शब्द करते हुए प्रकृति के पावन गीत गा रहे थे। भौंरे फूलों पर उड़-उड़कर विहार कर रहे थे। ये सब सुहावने दृश्य पार कर त्यागी बालक नारद ने एक घोर वन देखा, जिसे मुश्किल से कोई पुरुष पार कर सकता था। वहाँ हिंस्र पशु भरे हुए थे। सिंह, बाघ, रीछ, चीते, अजगर आदि की घोर गर्जना से वह वन भयावना हो रहा था। बालक थका हुआ, भूख और प्यास से व्याकुल हो रहा था। पास ही, बहती हुई नदी देखकर उसने उसमें स्नान किया, और चुल्लू भर-भरकर पानी पिया। इस प्रकार कुछ स्वस्थ होकर पास के एक वट की जड़ पर, छाँह पर बैठ गया। उसने ऋषियों से सुना था, भगवान् मन में वास करते हैं। यहाँ एकान्त देख निश्चिन्त होकर भगवान् का ध्यान करने लगा। भक्ति के आँसुओं से बालक की आँखें सजल हो गईं। वह तन्मय हो परमात्मा का ध्यान करने लगा। भक्त-वत्सल भगवान् उसके हृदय में आविर्भूत हुए। पलक गिरते ही वह रूप छिप गया। बालक व्याकुल हो गया। तब वाणी और मन के पार परमेश ने कहा—''वत्स! तुम पाप से परे हो गए, इसलिए इस जन्म में इतना ही होगा। जो असिद्ध हैं, जिनकी कामनाएँ दग्ध नहीं हुईं, वे योगी मुझे नहीं देख सकते। तुम मुझमें बहुत अनुरक्त थे, इसलिए एक बार दर्शन हुए। अब तुम यह निन्दनीय मृत्युलोक छोड़कर मेरे पार्श्वचर बनो।'' यह कह अशरीरी भगवान् कहीं छिप गए। नारद चिन्मय स्वरूप प्राप्त कर देश-देशान्तरों में भगवद्गुण गाते हुए भ्रमण करने लगे।

अगस्त्य की कथा

स्वर्ग की सर्वोत्तम सुन्दरी अप्सरा उर्वशी के चपल कटाक्ष से मित्रावरुण का वीर्य स्खलित हुआ। वीर्य का कुछ अंश कुम्भ में पड़ा, कुछ अंश पानी में। कुम्भ से कुम्भज या अगस्त्य की उत्पत्ति हुई। उत्पत्ति का हेतु इतना हेय होने पर भी तपस्या के प्रभाव से वह बड़े यशस्वी महात्मा हुए। दक्षिण में आर्य-सभ्यता का उन्होंने विस्तार किया।

एक दिन अगस्त्यजी ने अपने पूर्वपुरुषों को एक खाई में उल्टा लटकते हुए देखा। विस्मय में आकर उनसे ऐसी गति प्राप्त होने का कारण पूछा। उन्होंने काँपते हुए कहा—''हम लोग तेरे पुरखे हैं, तेरे सन्तान न होने के कारण हमारी यह दुर्गति हो रही है। यदि तेरे सन्तान हो, तो इस दुर्दशा से हम मुक्त हो जाएँ।'' अगस्त्य ने विवाह कर सन्तानोत्पत्ति की उनसे प्रतिज्ञा की पर उन्हें कोई स्त्री संसार में पसन्द न आई। तब वह स्वयं हिरनी की आँखें, सिंह की कमर, इस प्रकार सुन्दरता के सामान लेकर स्त्री मूर्त्ति की रचना करने लगे। इन्हीं दिनों विदर्भ के राजा पुत्र पाने के लिए तपस्या

कर रहे थे। अगस्त्य ने वह मूर्त्ति राजा को दे दी। राजा घर लौटे। कुछ दिनों बाद उनकी रानी के कन्या पैदा हुई। उसका नाम लोपामुद्रा रखा गया। वह बड़ी सुन्दरी राजकुमारी थी। जब वह कन्या युवती हुई, तब राजा के पास अगस्त्यजी पहुँचे, और कहा—"मैं सन्तानोत्पत्ति के लिए तुम्हारी कन्या लोपामुद्रा से विवाह करना चाहता हूँ।" राजा ऐसी प्रार्थना सुनकर महलों में गए, और स्नेह तथा भय से विह्वल हो गए। एकमात्र कन्या को स्नेहवश तपस्वी के हाथ न सौंप सकते थे, पुन: अगस्त्य के प्रताप से डरते भी थे। पिता को असमंजस में पड़ते देख, राज्य की रक्षा का विचार पर लोपामुद्रा ने कहा—"पिता, आप मुझे अगस्त्यजी को देकर अपनी तथा राज्य की रक्षा कीजिए।"

महर्षि अगस्त्य के साथ लोपामुद्रा का विवाह हो गया। राजकन्या को सुख और सौन्दर्य से प्रेम रहने के कारण वह पिता के यहाँ-जैसी अगस्त्य के आश्रम में भी पूरी सज-धज से रहने लगी। इसके लिए धन की आवश्यकता पड़ी। अगस्त्य धन के लिए अपनी तपस्या का दुरुपयोग नहीं करना चाहते थे—ऐसी ही सलाह पति को लोपामुद्रा ने भी दी पर पत्नी को प्रसन्न करना भी पति का धर्म है। अगस्त्यजी श्रुतर्वाण नामक एक राजा के यहाँ गए। यह दूसरे राजाओं से अधिक धनवान् है, यह अगस्त्यजी को जानते थे। श्रुतर्वाण ने अपनी आमदनी और खर्च का हिसाब अगस्त्यजी के सामने रखा। अगस्त्यजी ने देखा, इसमें से कुछ भी धन लेने पर प्रजा को कष्ट होगा। इस विचार से धन न लिया। राजा श्रुतर्वाण को साथ लेकर वह ब्रध्रश्व नामक दूसरे राजा के पास गए पर वहाँ भी धन का यही हाल था। तब इन दोनों को साथ लेकर महाधनवान् राजा त्रसदस्यु के पास गए। इक्ष्वाकु-वंश के श्रेष्ठ राजा त्रसदस्यु के धन का भी यही हाल था। तीनों नरेशों ने अगस्त्यजी से कहा—"हे ऋषिश्रेष्ठ, धन के लिए हम लोग स्वयं लालायित हैं। आप इल्वल नाम के दानव से धन लीजिए, वहाँ आपकी धनाकांक्षा पूरी हो सकती है।"

तब अगस्त्यजी तीनों राजाओं को साथ लेकर इल्वल की राजधानी पहुँचे। इल्वल को मालूम हुआ, तो उसने बड़ा स्वागत किया। बकरा बने हुए अपने भाई वातापि का मांस पकाकर अतिथियों के सामने रखा। इस प्रकार वातापि का मांस खिलाकर वह अनेक ब्राह्मणों को मार चुका था। मांस खिलाकर इल्वल "वातापि—ओ वातापि" कहकर आवाज़ लगाता था, और खानेवाले ब्राह्मण का पेट फाड़कर वातापि बाहर निकल आता था। राजा लोग उस मांस को वातापि का मांस जानकर बहुत घबराए। अगस्त्यजी ने कहा—"तुम लोग डरो मत, मैं वातापि को हज़म कर जाऊँगा।" ऐसा कहकर वह अलग एक आसन पर बैठे। उनके सामने मांस परोसा जाने लगा। अगस्त्यजी अकेले पूरे एक बकरे क्य मांस खा गए। भोजन हो जाने पर इल्वल ने अपने भाई का नाम लेकर पुकारा। अगस्त्यजी ने क्या—"वह अब कहाँ है? उसे तो मैं पचा गया।" इल्वल बहुत रोया और ऋषि के पैरों पर पड़ा और उनके

इच्छानुसार बहुत-सा धन देकर उन्हें विदा किया। अगस्त्यजी वहाँ से सोने के रथ पर चढ़कर राजाओं के साथ अपने आश्रम में आए, और अर्थ दारा लोपामुद्रा का मनोरथ पूरा किया। पुनः ऋतुकाल में रमण कर दृढ़श्यु नामक महाकवि पुत्र पैदा और पितरों में मुक्ति दी।

एक बार विन्ध्यागिरि ने सूर्य से कहा—"तुम जिस प्रकार मेरु पर्वत की परिक्रमा किया करते हो, उसी प्रकार मेरी भी करो।" सूर्य ने उत्तर दिया—"ऐसा मैं अपनी इच्छा से नहीं करता। जिन्होंने संसार की सृष्टि की है, उन्हीं ईश्वर ने मेरा यह मार्ग निश्चित किया है।" विन्ध्य को सूर्य का ऐसा कहना बुरा लगा, और वह बढ़ता हुआ सूर्य और चन्द्र की गति रोकने पर तुल गया। यह देखकर देवता बहुत घबराए, और अगस्त्यजी के आश्रम में जाकर विन्ध्य की कथा सुनाई। देवताओं को आश्वस्त कर अगस्त्यजी अपनी पत्नी लोपामुद्रा के साथ विन्ध्यगिरि के पास गए और कहा—"हे शैलराज! मैं आवश्यक कार्य से दक्षिण की ओर जा रहा हूँ तुम मेरे जाने की राह तैयार कर दो और मुझे वचन दो, मैं जब तक लौट न आऊँगा, तुम बढ़ोगे नहीं।" विन्ध्य ने अगस्त्यजी की बात मान ली। पर विन्ध्य में पार कर अगस्त्यजी जो गए, फिर न लौटे। इसलिए विन्ध्य को लाचार होकर अपनी बाढ़ रोक देनी पड़ी।

दक्षिण चले जाने पर भी देवताओं से अगस्त्यजी का पीछा न छूटा। एक बार वहाँ भी देवता उनके पास पहुँचे और बड़ी नम्रता से बोले—"भगवन्, हमारी प्रार्थना है, आप इस समुद्र को पी जाएँ। ऐसा आप करें, तो हमारा उद्देश्य पूरा हो जाए। हम कालकेय दैत्य को सवंश मार डालें।" अगस्त्यजी ने देवता की प्रार्थना मंजूर कर ली, और समुद्र को पी लिया।

राहु की कथा

कुलाचल पर्वत में वासुकि को रस्सी के तौर पर लगाकर देवता और दैत्यगण समुद्र को मथने लगे। पहले विष्णु ने वासुकि का मुख पकड़ा, फिर देवताओं ने उधरवाला हिस्सा पकड़ा। पूँछ की तरफ दैत्यों ने पकड़ा। पर कश्यप के महावीर पुत्रों ने सोचा, यह तो देवताओं ने हमारा अपमान किया है; हम पूँछ की तरफ कभी नहीं पकड़ेंगे, क्या हम इतने नीच हैं कि मुँह की ओर नहीं पकड़ सकते? ऐसा विचार कर उन्होंने विष्णु से कहा—"सुनो, पूँछ की तरफ पकड़ना अमंगल का सूचक है। हम लोग अपने वीर्य तथा पौरुष से त्रिलोक में ख्यात हैं। वंश का गौरव भी हमने अक्षुण्ण रखा है। जन्म और कर्म—दोनों प्रकार हमारी श्रेष्ठता स्वीकृत हो चुकी है, हम पूँछ की तरफ नहीं पकड़ सकते।" तब भगवान् विष्णु ने देवताओं को समझाया कि आप ही लोग पूँछ की तरफ पकड़िए। अस्तु, असुरों ने मुख की ओर और देवताओं ने पूँछ की ओर पकड़-पकड़कर पकड़ा और मन्थन करने लगे। पर

कुलाचल इतना बोझीला था कि वह समुद्र में बैठ गया, जिससे मथना असम्भव हो गया। तब भगवान् ने एक उपाय सोचा। कछुआ बनकर अपनी पीठ पर पर्वत धारण कर लिया। उस कछुए की पीठ एक लाख योजन चौड़ी थी। कछुए के पीठ लगाने पर कुलाचल ऊपर को उठा, यह देखकर देवासुर प्रसन्न हो गए, और फिर मथने लगे।

दीर्घकाल तक मथने के पश्चात् जब चौदहों रत्न निकले, तब अमृत को लेकर बड़ा उत्पात शुरू हुआ। दानवों ने देवताओं से दोस्ती बालाए-ताक कर दी, और छीना-झपटी पर कमर कस ली। देवता बेचारे दैत्यों से कमज़ोर पड़ते थे। बहुत डरे कि कहीं ऐसा न हो कि हमारी मिहनत व्यर्थ जाए और दैत्य अमृत पीकर अमर हो जाएँ, फिर मारे भी न मरें। देवताओं को इस प्रकार चिन्ता में देखकर भगवान् विष्णु मन-ही-मन मुस्कराए, और दैत्यों को चकमे में डालकर, उनके कब्ज़े से अमृत लेने के लिए मोहिनी रूप धारण कर उनके प्रधानों के सामने खड़े हो गए।

मोहिनी की अलौकिक छटा देखकर महावीर दैत्यगण मुग्ध हो गए। मन में सोचने लगे, कैसी अपूर्व रूप-लावण्यवती किशोरी है यह! सूर्य की किरणों को परास्त करनेवाली कैसी उज्ज्वल प्रभा! कई वीर दैत्य इस प्रकार सोचते हुए अकुंठित चित्त से मोहिनी के पास गए, और पूछा—"कमल के दलों-सी आँखों वाली हे सुन्दरि! अपना परिचय तो दो—तुम कौन हो? हे वामोरु! यहाँ तुम्हारे आने का उद्देश्य क्या है? तुम किसी की प्रिया हो? तुम्हें देखकर हमारा अस्थिर चित्त सीमा में नहीं रह रहा, अहा! रूपसि! निश्चय तुम्हीं एक पुरुष की आँखों की ज्योति हो! आज तक किसी भी लोक में, किसी भी काल में तुम्हारी-जैसी अतुल रूप-सृष्टि नहीं! निश्चय अब तक देव, दानव सिद्ध, गन्धर्व—किसी ने भी तुम्हें नहीं देखा। अयि सुवासिते! नील-वसने! देहियों की इन्द्रियों को स्वस्थ, स्फूर्त करने के लिए तुम्हारी सर्वोत्तम सृष्टि विधाता ने की है!"

कामी दैत्य-नायकों की ओर कटाक्ष की तीक्ष्ण चोट कर मोहिनी मुस्कराई। उत्कंठ होकर वे महावीर दिति-पुत्र सुन्दरी के उत्तर की प्रतीक्षा करने लगे। मोहिनी बोली—"हे कश्यप के पुत्र! तुम लोग व्यर्थ मेरा अनुसरण न करो। मैं गणिका हूँ। मुझ पर पंडितगण विश्वास नहीं करते! गणिका नित्य नए-नए युवक की खोज करती है, इसलिए उसकी मित्रता से हानि होती है।"

मोहिनी के इस कथन से असुरों के हृदय को अविश्वास न होकर विश्वास ही हुआ। उन लोगों ने उसे अपनी परम सिद्धि की दात्री प्रेयसी माना, और वह अमृत वाला पात्र उसे ही बाँटने के लिए दे दिया। अमृत-पात्र ले मुस्कराती हुई मोहिनी दैत्यों से बोली—"मेरी कार्रवाई पर तुम लोग सहमत हो? कहो, तो मैं सबमें ठीक-ठीक हिस्सा-बाँट लगा दूँ?" दैत्य-प्रधानों को मोहिनी की बात स्वीकृत हो गई।

दोनों दलों के सब लोग अच्छी तरह सज्जित होकर, ब्राह्मणों के स्वस्त्ययन के साथ-साथ आसन ग्रहण कर बैठ गए। वह बड़े-बड़े उरोजोंवाली मोहिनी, जिसकी

आँखें मद से आयत हो रही थीं, देह की लता यौवन के समीर-स्पर्श से मधुर-कम्पित हो रही थी, हाथ में अमृत का कलश लेकर बाँटने लगी।

असुरगण मोहिनी के रूप से ऐसे मुग्ध थे कि वह क्या कर रही थी, इसका कुछ ज्ञान न था। वे सुवसना, गाती हुई बटवारेवाली जगह नूपुर-मुखर चल-कुंडला मोहिनी की छवि एकटक देख रहे थे। दो पंक्तियों में सुवेश बैठे हुए देव और दैत्यों में मोहिनी अपने छल से दैत्यों को वशीभूत कर देवों में अमृत बाँटने लगी। दैत्यों को वह सुरा पिला रही थी, जिससे वे क्रमशः बेहोश होते जा रहे थे, और मोहिनी के कार्य को न देखकर केवल रूप देख रहे थे। दैत्यों में राहु छिपकर देवताओं के बीच बैठा था। इसलिए उसके पात्र में भी अमृत पड़ा और उसने पी लिया। उसका यह कार्य सूर्य और चन्द्र ने देख लिया, और अपने प्रकाश से हरि को भी दिखला दिया। तब भगवान विष्णु ने अपने सुदर्शन-चक्र द्वारा राहु का मस्तक काट डाला। पर चूँकि उसके मुख में अमृत लग चुका था, इसलिए उसका सिर अमर हो गया। वैर के विचार से वही राहु ग्रहण के समय सूर्य और चन्द्र को निगलता रहता है।

सहस्त्रबाहु की कथा

सहस्त्रबाहु का असली नाम कार्तवीर्यार्जुन था। वह क्षत्रिय तथा हैहय-वंश का राजा था। उसने सेवा द्वारा नारायण के अंश से हुए भगवान् दत्तात्रेय को सन्तुष्ट किया। उनसे उसे हज़ार हाथों का वर मिला, और वह अमित-विक्रम हुआ। वह इन्द्रियों के वश, ऐश्वर्यशाली, महाप्रभाव, बलवान् और योग-युक्त था। उसने उस ईश्वर को भी प्राप्त किया था, जिसमें अणिमा और लघिमा आदि विभूतियाँ हैं। इन कारणों से कोई ऐसा न था, जो उसकी गति में रुकावट डालता। मद से मत्त हो सहस्त्रबाहु अर्जुन अनेक सुन्दरियों के साथ नर्मदा में जल-क्रीड़ा कर रहा था। इससे जल का प्रवाह रुक गया। उसी समय दिग्विजय के लिए निकला हुआ रावण माहीष्मतीपुरी के पास शिविर डाले हुए पड़ा था। कार्तवीर्य से जल-प्रवाह रुककर उल्टा बह चला, और फिर किनारों को छापकर बाहर गिरने लगा। बाढ़ के जल से रावण का शिविर बह चला। यह देख रावण को बड़ा क्रोध आया। वह अर्जुन को उचित दंड देने के लिए उसके पास पहुँचा। पर वीर सहस्त्रबाहु ने अपनी प्रणयिनी स्त्रियों के सामने ही रावण को बन्दर की तरह पकड़कर अपनी पुरी में कैद कर रखा। फिर उसे किसी वीर में न गिनकर अवज्ञा से छोड़ दिया।

एक दिन वह शिकार के लिए निकला, और घूमता-फिरता ऋषि जमदग्नि के आश्रम में पैठा। ऋषि ने कामधेनु द्वारा सहस्त्रबाहु का उसके सामन्त सरदारों सहित आतिथ्य किया। कामधेनु को अपने ऐश्वर्य से अधिक मूल्यवाली जानकर हैहय वंशवालों ने कामधेनु लेने की इच्छा प्रकट की। जमदग्नि के आतिथ्य से

प्रसन्न न हुए। सहस्त्रबाहु ने अपने आदमियों को ऋषि की धेनु हरने की आज्ञा दी। वे लोग बछड़े साथ रोती धेनु को अपनी राजधानी माहीष्मती की ओर ले चले। राजा के जाने पर मुनि जमदग्नि अपने पुत्र परशुराम के आश्रम में गए। पिता से परशुराम ने सहस्त्रबाहु के अत्याचार का हाल सुना। क्रोध से उनके ओठ फड़कने लगे। उन्होंने अपना कराल फरसा, धनुष, तृण, तीर और कर्म आदि लेकर हाथियों की ओर झपटते हुए सिंह जैसे राजा का पीछा पकड़ा। अपने नगर में घुसते-घुसते कार्तवीर्य ने देखा, परशुराम फरसा और धनुष लिये हुए, वर्म पहने बड़े वेग से दौड़े चले आ रहे हैं, उनकी जटाएँ झूम रही हैं, उनका चेहरा सूर्य जैसा चमकीला है। यह देखकर सहस्त्रबाहु ने सत्रह अक्षौहिणी सेना सब अस्त्रों से सुसज्जित परशुराम का सामना करने के लिए भेज दी परन्तु भगवान परशुराम ने देखते-देखते सम्पूर्ण सेना ध्वस्त कर दी। केलों के पेड़ जैसे अर्जुन की सेना परशुराम के फरसे के प्रहार से कट-कटकर गिर गई। जब सहस्त्रबाहु ने देखा, उसकी सेना काम आ गई, खून की धारा बह रही है, और परशुराम विजय के दर्प से शत्रु के रुधिर से रँगा हुआ निश्शंक जटा बाँध रहा है, तब क्रोध में भरकर स्वयं मैदान में पहुँचा। एक ही बार पाँच सौ धनुष लेकर तेज़ पाँच सौ तीर उसने परशुराम पर छोड़े पर परशुराम ने अपने एक ही धनुष के लघु सन्धान से उसके सब तीर काट दिए। पुनः अर्जुन के धनुष भी काट डाले। तब अर्जुन अपने हाथों से पहाड़ उठाकर परशुराम की तरफ दौड़ा। पर महावीर परशुराम ने अपने कुआर द्वारा शत्रु के हज़ारों हाथ काट डाले, फिर उसका मस्तक भी धड़ से जुदा कर दिया। पिता की मृत्यु सुनकर सहस्त्रबाहु के दस हज़ार पुत्र भय से भाग गए। बछड़े सहित कामधेनु परशुराम ने पिता को लाकर दी।

महिषासुर की कथा

देवासुर-युद्ध में देवताओं को परास्त कर महिषासुर ने इन्द्रत्व पर अधिकार कर लिया। सूर्य, इन्द्र, अग्नि, वायु चन्द्र, यम और वरुण आदि सभी देवता अपने-अपने अधिकार से च्युत होकर पृथ्वी पर साधारण मनुष्यों की तरह विचरण करने लगे। देवगण दुःखी हो, महादेव और विष्णु के पास जाकर अपनी व्यथा सुनाते हुए प्रार्थना करने लगे, ''हम लोग आपके शरणागत हैं, आप हमारे उद्धार उपाय बतलाइए।'' देवताओं की दुःख-कथा से भगवान् विष्णु और शिव को क्रोध आ गया। तब ब्रह्मा, विष्णु और शिव के क्रुद्ध मुखों से महान् तेज निकलने लगा। उसी समय इन्द्रादि देवताओं ने देखा। क्रमशः देवताओं की देह से निकली हुई वह ज्योति नारी रूप में परिणत हो गई। उस कान्ति से तीनों लोक उद्‌भासित हो गए। तब समस्त देवताओं ने अपने-अपने अस्त्र-शस्त्र देकर देवी को रण लिए सुसज्जित किया। देवी के

सिंहनाद से नभोमंडल पुनः-पुनः गूँजने लगा। यह महानाद सुनकर देवताओं के शत्रु असुर युद्ध के लिए तैयार होने लगे। चौंककर महिषासुर देवी के शब्द की ओर अपने वीरों को लेकर धावित हुआ।

देवी के साथ असुरों का युद्ध आरम्भ हो गया, और लड़ते-लड़ते महिषासुर के बड़े-बड़े वीर सेनापति चिक्षुर, परिवारित, विड़ालाक्षा, असिलोमा, उदग्र आदि मारे गए। महिषासुर क्रुद्ध हो देवी पर अस्त्र-शस्त्रों से प्रहार करने लगा पर देवी ने पाश फेंककर असुर को बाँध लिया। तब उसने भी अपना महिषाकार परित्याग कर दिया, और सिंह रूप धारण किया। पर महाशक्ति दुर्गाजी उसका सिर काट ही रही थीं कि उसने एक पुरुष का रूप धारण कर लिया। देवी ने बाण द्वारा खड्ग और चर्म सहित उसे बिद्ध कर दिया। पर वह झट हाथी के आकार का बन गया, और सूँड़ से देवी के सिंह को आकर्षित करता हुआ चिंघाड़ने लगा। तब तुरन्त देवी ने खड्ग द्वारा उसकी सूँड़ काट दी। तब फिर वह भैंसे का रूप धारण करके त्रिलोक को क्षुब्ध करने लगा। यह हाल देखकर चंडिका ने पुनः-पुनः मदिरा पी। उनकी आँखें लाल हो गईं, और वह बार-बार अट्टहास करने लगीं। बल, वीर्य और मद से उद्धत वह असुर भी सिंहनाद करता हुआ पहाड़ उठा-उठाकर देवी पर फेंकने लगा। पर चंडिका ने शरों द्वारा पर्वतों को रज कर दिया। देवी का मुख-मण्डल नशे से लाल हो रहा था। और भी मद पीकर, क्रोध से असुर के कन्धे पर पैर रखकर शूल से उसकी छाती पर चोट करने लगीं। मुख से उसका दूसरा शरीर निकलने लगा, तब बलपूर्वक उसे रोककर खड्ग से उसका मस्तक काट लिया।

केतु की कथा

केतु और राहु की एक ही कथा है, जो कही जा चुकी है। असुर सेंहिकेय का अमृतपान के समय भगवान् विष्णु ने सिर काटा, तो उसका धड़ केतु कहलाया और सिर राहु। केतु ग्रह में गृहीत हुआ, जो बड़ा ही अशुभ कहा गया है।

कुम्भकर्ण की कथा

रावण का छोटा भाई कुम्भकर्ण स्वभाव का बड़ा उग्र था। उसने ब्राह्मण और देवता आरी आ गए थे। शरीर-बल में वह प्रचंड था ही, फिर तप द्वारा आत्मिक बल भी प्राप्त करने लगा। देखकर देवताओं का हृदय दहल उठा। बचने का कोई उपाय न सूझता था। उधर, कुम्भकण उग्र-से-उग्रतर तपस्या करने लगा। वह ब्रह्मा की आराधना कर रहा था। दीर्घकाल बाद उसका जप पूरा हुआ। तब मारे भय के देवताओं के होश उड़ गए। देवी सरस्वती के पास जाकर उन लोगों ने प्रार्थना की कि

माता, हमारी रक्षा कीजिए। यदि कुम्भकर्ण को इच्छित वर मिल गया, तो हम लोग कहीं के न रह जाएँगे। भगवती वीणावादिनी देवताओं पर प्रसन्न होकर उनकी रक्षा करने के उद्देश्य से कुम्भकर्ण के पास गईं। जप पूरा होने पर ब्रह्मा भी भक्त को वर देने चले। भगवती वाणी अविद्या के रूप में कुम्भकर्ण के भीतर पैठ गईं। ब्रह्मा ने जब कुम्भकर्ण से कहा—"वत्स, मैं तुम पर प्रसन्न हूँ, वर माँगो," तब उसने कहा—"हे विधि, मुझको यह वर दीजिए कि मैं छह महीने सोऊँ और एक दिन जगूँ।"

पृथु की कथा

ब्राह्मण दुष्ट राजा वेण की दोनों बाँहें मथने लगे। इससे एक पुरुष निकला और एक स्त्री। इनको देखकर ब्राह्मण बहुत सन्तुष्ट हुए, और दोनों को भगवान् विष्णु और लक्ष्मी का अंश कहने लगे। पुरुष का नाम पृथु हुआ, और इन्हें राज-चक्रवर्ती मानने लगे। जो कुन्द-से दाँतोंवाली, सुन्दरता से भी सुन्दर साक्षात् लक्ष्मी-स्वरूपा स्त्री उत्पन्न हुई, इसका नाम अर्चि रखा। पृथु से इसका विवाह हुआ। पृथु के लिए कहा, यह भगवान् का अंश-रूप प्रजा की रक्षा के लिए आया है।

पृथु के आविर्भूत होने पर सिद्ध, देव, किन्नर, गन्धर्व, चारणगण आकाश में दुन्दुभि बजाने, फूल बरसाने लगे। अप्सराएँ नाचती हुई गाने लगीं। जगद्गुरु ब्रह्मा ने सब देवताओं के साथ आकर देखा, पृथु के दाहिने हाथ में चक्र और पैर में पद्म है। तब निश्चय हुआ कि यह पुरुष भगवान् का ही अंश है। पुनः पृथु के अभिषेक के लिए जगह-जगह लोग सामग्री एकत्र करने लगे। राज्याभिषेक हुआ। सभी देवताओं ने उन्हें अपना-अपना वांछित उपहार दिया। वरुण, वायु, इन्द्र, यम, सरस्वती, विष्णु, शिव, चन्द्र, अग्नि, सूर्य, आकाश, पृथ्वी, लक्ष्मी, अम्बिका आदि सबने अस्त्र-शस्त्र, पुष्प-माल्य, ऐश्वर्य आदि से पृथु को पूरा कर दिया। चारणगण स्तव-स्तुतियों से तुष्ट करने लगे, तो पृथु ने कहा, अभी मेरी स्तुति का कोई भी विषय प्रस्तुत नहीं हुआ, इसलिए मैं ऐसे चाटु वाक्य न सुनूँगा।

पृथु को ब्राह्मणों ने प्रजा की रक्षा के लिए आविर्भूत किया था। वेण द्वारा प्रजा को महान् कष्ट मिले। फिर बार-बार पृथ्वी पर अकाल पड़ा। महाराज पृथु को प्रजा का दुःख विदित हुआ। भूख से पीड़ित प्रजा का कष्ट दूर करने के विशद उद्देश्य से पृथु निकले। वह समझ गए, पृथ्वी ने सब प्रकार के अन्न-बीज और औषधियों को ग्रस्त कर लिया, इसीलिए शस्य नहीं पैदा हो रहा। यह सोचकर पृथ्वी पर क्रुद्ध हो उन्होंने अस्त्र-सन्धान किया। भयभीत हो पृथ्वी गो-रूप धारण कर भग चली। पृथु धनुष और तीर लिये हुए उसके पीछे हो लिए। स्वर्ग, मर्त्य, अन्तरिक्ष—सब जगह पृथ्वी भगी, पर पृथु ने पीछा न छोड़ा। तब विकल हो धरित्री ने विनय शब्दों में कहा—"आप धर्मज्ञ हैं। प्रजा के पालन का आपने उत्तरदायित्व लिया। आप मुझे

क्षमा करें।'' पृथु ने कहा—''हे पृथ्वि! तुम मेरा अनुशासन नहीं मान रहीं, इसलिए मैं तुम्हारा संहार करूँगा।'' पृथ्वी ने पृथु की वश्यता स्वीकृत कर कहा—''महाराज, जब उपद्रव बढ़ने लगा, आप जैसे लोकपालों ने भी चोरों को दबाकर, सज़ाएँ देकर मेरा पालन न किया, तब यज्ञ के लिए सब औषधियाँ मैंने छिपा लीं। यदि मैं ऐसा न करती, तो दुष्टजन उन्हें खा जाते, और आपको उन औषधियों के नाम भी मालूम न होते। अब आप उपाय द्वारा उनका उद्धार कीजिए। मैं प्राणियों के जीवन का मूल-कारण अन्न निकालने का प्रयत्न करती हूँ।''

पृथ्वी बीहड़ हो गई थी। ऊँचे-ऊँचे पर्वत उस पर थे। पृथु ने अपने धनुष के अगले हिस्से से पहाड़ों की चोटियों को चूर्ण कर बराबर कर दिया, और जगह-जगह प्रजा के जनपद निर्दिष्ट कर दिए। इस प्रकार ग्राम, नगर, ब्रज, शिविर, पत्तन, दुर्ग आदि तैयार हुए। मनु को वत्स बनाकर पृथु ने पृथ्वी का दोहन किया। पृथु की तरह अपर लोग भी पृथ्वी का दोहन करने लगे। ऋषि आदि अपर पन्द्रह आदमी भी वश हुई पृथ्वी को अपने इच्छानुसार दुहने लगे। ऋषियों ने बृहस्पति को वत्स बनाकर वाक्य, मन और श्रवण-रूप पात्र में पृथ्वी से वेदमय पवित्र दूध दुहा। देवताओं ने इन्द्र को वत्स बनाया, और सोने के पात्र में अमृत, मन, इन्द्रिय और देह की शक्तिवाला दूध दुहा। दैत्य और दानवों ने प्रह्लाद को बछड़ा बनाकर लोहे के पात्र में सुरा और आसव दोहन किया। गंधर्व और अप्सराओं ने विश्वावसु को वत्स बनाकर कमल के पात्र में सौन्दर्य और माधुर्य दुहा। पितरों ने अर्यमा को वत्स बनाकर कच्ची मिट्टी के पात्र में श्रद्धा के साथ कव्य दोहन किया। सिद्धों ने कपिल को वत्स बनाकर आकाशपात्र में अणिमादि सिद्धियाँ दुहीं। विद्याधर और खेचर आदिकों ने भी कपिल को वत्स बनाकर आकाशपात्र में विद्या निकाली। किंपुरुषादि ने पथ को वत्स कर माया निकाली। रक्ष, राक्षस, पिशाच आदि ने भगवान् रुद्र को वत्स बनाकर कपालपात्र में रक्त-आसव दुहा। साँप और बिच्छुओं ने तक्षक को वत्स बनाकर अपने मुख-पात्र में विष-दुग्ध दोहन किया। पशुओं ने वृषभ को वत्स बनाकर अरण्य के पात्र में धरणी से दूध दुहा। इसी तरह जन्तु, पक्षी, पादप और पर्वतों ने अपने-अपने अनुकूल वत्स बनाकर दोहन किया। यह कार्य समाप्त होने पर पृथु ने पृथ्वी पर प्रसन्नता प्रकट की।

पुनः पृथु ने मनु के राज्य ब्रह्मावर्त में सरस्वती नदी के किनारे वेदी बनाई, और सौ अश्वमेध पूरे करने का संकल्प किया। इन्द्र को यह खबर हुई तो वह बहुत घबराया। उस यज्ञ में साक्षात् विष्णु यज्ञपति थे। ब्रह्मा, शिव, गन्धर्व, अप्सराएँ, लोकपाल आदि सब उपस्थित थे। अप्सराएँ विष्णु भगवान् के गुण गा रही थीं। सब प्रकार के द्रव्य अतिथियों के सम्मानार्थ संगृहीत थे। सिद्ध, विद्याधर, दैत्य, सुनन्द, नन्द, कपिल, नारद, दत्तात्रेय आदि सब पहुँचे थे। जब अन्तिम अश्वमेध करके पृथु ने विष्णु का पूजन किया, तब छिपकर इन्द्र यत्र-पशु चुरा ले गया। उसे ईर्ष्या थी कि

कहीं पृथु ने सौ यज्ञ पूरे कर लिए, तो इन्द्रत्व का अधिकारी बन जायगा। इन्द्र घोड़ा लेकर आकाश-मार्ग से भगा जा रहा था कि अत्रि मुनि की नज़र पड़ गई। अत्रि ने पृथ के पुत्र से कहा—"वह घोड़े का चोर जा रहा है, उसे पकड़कर जान से मार दो!" पर पृथु का पुत्र इन्द्र को साक्षात् धर्म समझकर लौट आया। अत्रि ने पुनः उसे उत्साह देकर भेजा कि यह तुम्हारे पिता के यज्ञ को नष्ट करनेवाला इन्द्र है, इसका अवश्य वध करो। सुनकर राजपुत्र ने देवराज का पीछा किया। राजकुमार को आते देखकर इन्द्र घोड़ा छोड़कर भाग गया। राजकुमार अश्व को यज्ञशाला में ले आए। वह घोड़ा यूप-काष्ठ में बाँधा गया, तो बड़ा अन्धकार फैला, और उसी अँधेरे में छिपकर इन्द्र फिर घोड़े को चुरा ले गया। अत्रि ने फिर पृथु के पुत्र से कहा, और इस बार इन्द्र पर वह शर छोड़ने लगा। फिर इन्द्र ने घोड़ा छोड़कर पलायन किया। पृथु में इन्द्र का यह चौर्य मालूम हुआ, तो क्रोध से काँपने लगे, और इन्द्र को मारने के लिए तैयार हुए। तब ब्राह्मणों ने उन्हें बहुत समझाया। वह शान्त हुए। पृथु का यज्ञ पूरा हुआ। उन्होंने इन्द्र से मित्रता की, और यज्ञ समाप्त होने पर स्नान कर देव और ऋषियों की पूजा की और उन्हें प्रसन्न किया।

गणेश-पूजन

एक बार देवताओं में वाद-विवाद हुआ कि सबसे पहले कौन पूजनीय है। ब्रह्माजी ने कहा, पृथ्वी की परिक्रमा करके सब लोग आओ। अपने-अपने वाहनों पर सवार होकर सब चल दिए। गणेशजी भी चले, पर इनका चूहा न चल पाता था। इससे बहुत उदास हुए। रास्ते में नारदजी मिले। हाल सुनकर उन्होंने सलाह दी कि राम-नाम लिखकर परिक्रमा करके पितामह के पास चले जाओ। राम-नाम से परे और कौन-सी दुनिया है? गणेशजी ने ऐसा ही किया। देवता सब बाद को आए। उन्हें पहले पहुँचा हुआ देखकर आश्चर्य करने लगे। किसी-किसी ने कहा, यह गए ही नहीं। पर मतलब समझकर ब्रह्माजी ने उन्हें ही प्रथम पूज्य बनाया।

सौ करोड़ रामायणें

वाल्मीकिजी ने सौ करोड़ रामायणें लिखीं। शिवजी को सुनाने गए। हाल पा, देवता भी गए कैलाश पर्वत पर रामायण हो रही थी। एक वर्ष तक होती रही। रामायण में देवताओं को भाग माँगते हुए देखकर शंकरजी ने 33 करोड़ 33 लाख 33 हज़ार 333 श्लोक और 10 अक्षर ब्रह्मा आदि देवताओं को दिए। यह सब स्वर्ग गया। इतना ही अंश पातालवासी शेषजी को दिया। इतना ही मर्त्यलोक के मुनियों को दिया, जिसका सातों द्वीप नवों खंडों में विस्तार हुआ। स्वयं राम-नाम लेकर रहे।

प्रह्लाद की कथा

दैत्यराज हिरण्यकशिपु के अपार पराक्रम से तीनों लोक काँपने लगे। देवता उससे सदा डरते थे। एक बार सोने से मढ़ी अपनी मनोहर राजधानी छोड़कर हिरण्यकशिपु तपस्या करने वन गया। उसकी राजधानी को सूनी देखकर देवताओं ने उस पर आक्रमण कर दिया। असुर परास्त हो गए। हिरण्यकशिपु की पत्नी उस समय गर्भवती थी। इन्द्र ने उन्हें कैद कर लिया। दैत्य-राज-महिषी रोने लगीं। इसी समय वहाँ नारदजी आ गए। गर्भिणी स्त्री को कैद में देखकर नारदजी ने छोड़ देने के लिए कहा। पर इन्द्र ने कहा, ''यह जो सन्तान गर्भ में है, यदि लड़का हो, तो पैदा होकर देवताओं को बहुत दुःख देगा, क्योंकि यह हिरण्यकशिपु का पुत्र होगा।'' तब नारदजी ने इन्द्र को समझाया कि गर्भस्थ बालक किसी प्रकार वैर में नहीं लाया जा सकता, वह निर्दोष है। पुनः इसके गर्भ में जो लड़का है, वह भगवद्भक्त है। तुम उसे मार नहीं सकते। नारदजी की बात से इन्द्र ने असुरराज-महिषी को छोड़ दिया। उन्हें दुखी देखकर नारदजी का हृदय द्रवीभूत हो गया। वह असुर-राज-महिषी को अपने यहाँ ले गए, और बड़ी तत्परता से उनकी देख-रेख करने लगे। प्रायः उन्हें ज्ञानोपदेश दिया करते थे। गर्भस्थ बालक यह सब सुना करता था।

वर प्राप्त कर हिरण्यकशिपु लौटा, और देवताओं से लड़कर अपना खोया हुआ राज्य लौटा लिया। प्रतिदिन फिर उसका प्रताप बढ़ने लगा। बालक प्रह्लाद की पढ़ने के लिए गुरुगृह जानेवाली उम्र हुई। हिरण्यकशिपु ने बड़े स्नेह से पुत्र को पढ़ने के लिए भेजा। शुक्राचार्य के दो पुत्र षण्डामर्क वहीं रहते थे। प्रह्लाद को उन्हीं के पास पढ़ने के लिए भेजा। प्रह्लाद हर तरह गुरुओं की आज्ञा मानकर चलते थे पर यह अपना है और वह पराया—ऐसा भेद-बुद्धिवाला पाठ प्रह्लाद को पमन्द न आया। एक दिन दैत्यराज हिरण्यकशिपु ने प्रह्लाद को गोद में बैठालकर पूछा—''वत्स, कहो तो, तुम किस वस्तु को संसार-भर में श्रेष्ठ समझते हो ?'' प्रह्लाद ने विनयपूर्वक पिता से कहा—''पिताजी, मेरे विचार से भगवान् विष्णु सबसे बढ़कर हैं।'' हिरण्यकशिपु अपने शत्रु का नाम सुनकर जल गया। उसने सोचा, वैष्णवों का कहीं साथ हो गया है, जिससे बालक पर दूसरों की बुद्धि का असर पड़ गया है। फिर अच्छी तरह प्रह्लाद की निगरानी रखने की आज्ञा दी। आचार्य बालक को भेद-बुद्धि पैदा करनेवाले शास्त्र पढ़ाने लगे पर प्रह्लाद पर उनकी चाल कारगर न हुई। तब खूब पीटा। फिर भी कुछ फल न हुआ। जब किसी तरह प्रह्लाद की भगवद्-भक्ति की लत नहीं छुड़ा सके, तब दैत्यराज के पास ले गए। हिरण्यकशिपु ने पुत्र को सस्नेह गोद में बैठालकर पूछा—''वत्स, इतने दिनों तक गुरु-गृह रहकर जो शिक्षा प्राप्त की हो, कहो।'' प्रह्लाद ने उत्तर दिया—'' पिताजी, ईश्वर की भक्ति मेरी समझ में सबसे अच्छी शिक्षा है।'' सुनकर हिरण्यकशिपु गुरु-पुत्रों पर बहुत बिगड़ा। तब आचार्यों ने कहा—''प्रह्लाद को इस सम्बन्ध की किसी

ने भी शिक्षा नहीं दी—यह इसकी स्वाभाविक बुद्धि है।'' हिरण्यकशिपु ने प्रह्लाद को गोद से पृथ्वी पर फेंक दिया, और अपने आदमियों को बुलाकर कहा—''इसे वध करो—जिसने भाई हिरण्याक्ष को मारा, यह उसी कुलशत्रु की पूजा करता है।'' दैत्यपति की आज्ञा पा, 'मार-मार' कहते हुए असुरगण प्रह्लाद के देह में शूल चुभाने को उद्यत हुए। परन्तु प्रह्लाद का चित्त ईश्वर में लीन था, इसलिए भक्त के शरीर को किसी प्रकार की चोट न आई।

जिन लोगों ने प्रह्लाद पर वार किए थे, वे सब भी प्रह्लाद के शिष्य हो भगवान् विष्णु की आराधना करने लगे। राज्य में यह कथा तेज़ी से फैल गई। सभी जगह पूजा-पाठ बन्द हो चुका या। भक्तगण इस संवाद से बहुत प्रसन्न हुए। यहाँ हिरण्यकशिपु को भी यह समाचार मिला। तब उसने सोचा, प्रह्लाद का नाश हुए बिना यह विष्णु-भक्ति दब नहीं सकती। उसने प्रह्लाद की छाती पर पत्थर बाँधकर अथाह जल में डलवा दिया पर भगवत् कृपा से पत्थर पानी पर तैरने लगा।

अब चारों ओर प्रह्लाद की और भी प्रसिद्धि बढ़ गई, और हिरण्यकशिपु जलने लगा। इसे ज्यों-ज्यों क्रोध होता था, इसकी बुद्धि घटती जा रही थी। एक दिन इसने अपने आदमियों से कहा, ''प्रह्लाद को पहाड़ से नीचे डाल दो, तो यह ज़रूर मर जाएगा।'' अनुचरों ने ऐसा ही किया। पर नीचे खड़े हुए भगवान् ने अपने भक्त को गोद पर ले लिया—प्रह्लाद को कहीं ज़रा-सी भी चोट न आई।

क्रमशः प्रह्लाद के भक्त बढ़ने लगे। राज्य में पूजार्चा शुरू हो गई। हिरण्यकशिपु क्रोध से अधीर हो गया। प्रह्लाद को मारने का कोई उपाय न सूझता था। तब उसकी बहन होलिका ने कहा, ''मुझे वर है, मैं नहीं जलती, प्रह्लाद को लेकर मैं बैठ जाऊँगी, आप लकड़ियों के देर में आग लगवा दीजिए; इस तरह वह ज़रूर जलकर मर जाएगा।'' ऐसा ही किया गया। देर में होलिका प्रह्लाद को लेकर बैठी, और आग लगा दी गई, और होलिका भस्म हो गई। दूसरे दिन लोगों ने देखा, प्रह्लाद होलिका की राख उड़ा रहे हैं।

प्रह्लाद की प्रसिद्धि राज्यभर में हो गई। उनके साथ के पढ़नेवाले सभी बालक उनके भागवत धर्म के अनुयायी हो गए। गुरुओं ने दैत्यराज हिरण्यकशिपु से पुनः विनय की कि अब दैत्यवंश के और-और लड़के भी प्रह्लाद की तरह विष्णु के उपासक हो गए हैं। क्रोध से हिरण्यकशिपु का ज्ञान बिल्कुल ही जाता रहा। उसने प्रह्लाद को बुलवाया, और डाँटकर पूछा—''तू जिस विष्णु को पूजता है, तेरा वह मालिक कहाँ रहता है?'' प्रह्लाद ने विनयपूर्वक कहा—''वह तो सभी जगह हैं।'' हिरण्यकशिपु ने सक्रोध पूछा—''इस खम्भे में हैं?'' प्रह्लाद ने उसी विनय से उत्तर दिया—''हाँ, इस खम्भे में भी हैं।'' मोहवश हिरण्यकशिपु को खम्भे में भगवान नहीं दिखाई पड़े। वह अपने भाई का वैर भी विष्णु से निकालना चाहता था। उसने सोचा—'यदि मैं प्रह्लाद को मारूँगा, तो इसका स्वामी विष्णु इस खम्भे में या जहाँ

होगा, वहाँ से आकर इसकी रक्षा ज़रूर करेगा, तब मैं उससे अपने भाई का बदला ले सकूँगा।' यह सोचकर उसने प्रह्लाद पर प्रहार करना चाहा। भगवान् नरसिंह-रूप धारण कर खम्भे से निकले और हिरण्यकशिपु का संहार कर डाला।

उस समय भगवान् इतने क्रुद्ध थे कि ब्रह्मा, शिव, इन्द्र, यम, वरुण, अग्नि, सूर्य, चन्द्र, किन्नर, गन्धर्व आदि समस्त विश्व की स्तुति से भी शान्त नहीं हुए। लक्ष्मी भी घबराईं, उनका क्रोध दूर न कर सकीं। केवल भक्त-शिरोमणि प्रह्लाद के स्तव करने पर भगवान् नरसिंह का क्रोध दूर हुआ, और त्रिलोक को शान्ति मिली। वह प्रह्लाद को स्नेह कर, राज्य दे अन्तर्धान हुए।

ध्रुव की कथा

स्वायंभुव मनु ब्रह्मा के अंश से उत्पन्न होकर नर-सृष्टि के जनक हैं। उनकी पत्नी शतरूपा देवी हैं। इनके दो लड़के हुए—प्रियव्रत और उत्तानपाद। ये भगवान् वासुदेव के अंश से पैदा हुए। पश्चात् दोनों राजा होकर पृथ्वी का पालन करने लगे। महाराज उत्तानपाद ने दो विवाह किए। उनकी पत्नियों में से एक का नाम सुनीति और एक का सुरुचि था। ध्रुव सुनीति के पुत्र हैं।

राजा सुरुचि का ज़्यादा आदर करते थे। उसने पति को अपने वश कर रखा था। एक दिन महाराज उत्तानपाद सुरुचि के साथ सिंहासन पर बैठे हुए सुरुचि के पुत्र उत्तम को खेला रहे थे। पास ही, भूमि पर ध्रुव भी खेल रहे थे। पिता की वत्सलता से आकृष्ट होकर ध्रुव भी पिता की गोद पर चढ़ने लगे। पर विमाता सुरुचि ने उन्हें रोक लिया, और डाँटकर कहा, "ध्रुव! तू राजकुमार अवश्य है, पर मेरा पुत्र नहीं। इसलिए तू सिंहासन पर नहीं बैठ सकता। अगर तुझे सिंहासन पर बैठना हो, तो जा, भगवान् की तपस्या कर, और उनके वर से मेरे गर्भ में जन्म लेकर सिंहासन पर बैठने का अधिकारी बन।" विमाता की कठोर बातों से बालक ध्रुव के कोमल हृदय को बड़ा धक्का लगा। वह फूट-फूटकर रोने लगे, और पिता का स्थान परित्याग कर माता के भवन को चले। बालक को रोता हुआ देखकर माता ने गोद में ले लिया, और चुमकारकर रोने का कारण पूछने लगीं। सुरुचि के इस व्यवहार से खिन्न होकर वहीं के कुछ लोग सुनीति के पास आए, और उनसे ध्रुव के निरादर का कारण बतलाया। रानी सुनीति की आँखों में आँसू आ गए। उन्होंने कहा, "बेटा, मैं बड़ी हतभागिनी हूँ। तुम्हारी विमाता ने ठीक कहा है। तुम राजकुमार अवश्य हो, पर मेरे पुत्र हो। मुझे महाराज पत्नी स्वीकार करते हुए लज्जित होते हैं। बेटा, तुम्हारी विमाता ने ठीक कहा है कि यदि तुम्हें भाई उत्तम की तरह राजसिंहासन पर बैठने की इच्छा हो, तो भगवान् की तपस्या करो।" यह कहकर आँसुओं से सिक्त पुत्र के कपोलों को बार-बार चूमकर रानी सुनीति ने उसे गोद से उतारा। ध्रुव के मन में भगवान् को

पाने की आशा प्रबल हो गई। मन से वह भगवान् के पास ही चले गए। इस प्रकार मन को संयत कर वह पिता के आवास मे बाहर निकले। रास्ते में नारदजी मिले। उन्होंने शोक-ताप को दूर करनेवाले अपने पवित्र दाहिने हाथ से बालक का मस्तक स्पर्श किया। फिर मन-ही-मन विचार करने लगे—'क्षत्रियों का कैसा स्वभाव है। ध्रुव अभी निरा बालक है परन्तु अपमान को सहन नहीं कर सका। इसके हृदय में विमाता के वचन अंगारों की तरह रखे हुए हैं।' फिर खुलकर बोले, "वत्स ध्रुव! अभी तुम बालक हो। इस अवस्था में तुम्हें अपमान का विचार नहीं करना चाहिए। फिर, तुम जिसके लिए जा रहे हो, वह बड़ा कठिन कार्य है। तुम इस उद्यम से विरत होकर लौट जाओ।" ध्रुव ने कहा, "प्रभो! सुख-दुख पाकर मनुष्य उसे देख नहीं सकते, आप इसलिए मुझे लौटा रहे हैं। मैं विमाता के कटु वचनों से बहुत ही पीड़ित हुआ हूँ। अब इस फटे हृदय में शान्ति की जगह नहीं। मैं लौट भी नहीं सकता। मैं वह स्थान पाना चाहता हूँ, जिस पर मेरे पितृ पुरुषों ने भी कभी अधिष्ठान नहीं किया, जो तीनों लोक में सबसे ऊँचा पद है। आप मुझ पर कृपा कर वह उत्तम स्थान बता दें।" देवर्षि नारद ने कहा, "वत्स! तुम्हारी माता ने जैसा कहा है, तुम्हारे लिए इच्छानुसार अर्थ पाने की वही जगह है। तुम भक्ति-भाव से ईश्वर का भजन करो। यमुना के तट पर मधुवन नामक जो वन है, भगवान् वहाँ सदा अवस्थान करते हैं। तुम वहीं जाओ। ईश्वर तुम्हारा कल्याण करें। मैं तुम्हें मंत्र देता हूँ। नियम-पूर्वक केवल सात दिन इस मंत्र का पाठ करने पर मनुष्य देवताओं के दर्शन करता है। वह मंत्र है—'ॐनमो भगवते वासुदेवाय'।"

देवर्षि नारद से मंत्र ग्रहण कर, उन्हें प्रदक्षिण और प्रणाम कर ध्रुव उद्देश सिद्धि के लिए चल दिए, और नियत स्थान पर पहुँचकर तपस्या करने लगे। हर तीसरे दिन कैथा और बेर खाते थे। एक महीना इस प्रकार पार किया। दूसरे महीने सूखे पत्ते, घास-फूस खाकर रहे। तीसरे महीने, नवें दिन केवल जल पीकर, समाधि-योग करते रहे। इसके बाद पन्द्रहवें दिन वायु-मात्र भक्षण कर, श्वास-विजय करके ध्यान-योग द्वारा भगवान् की धारणा करने लगे। चार महीने बीत गए। पाँचवें महीने श्वास को जीतकर एक पैर से खड़े हो स्थाणु की तरह रहने लगे। इस प्रकार ध्रुव की कठोर तपस्या से तीनों लोक डगमगाने लगे। ध्रुव जब एक पैर से खड़े होते थे, तब पृथ्वी उनके अँगूठे की दाब सह न सकती थी। देवता भी डरे, और भगवान् की स्तुति करने लगे। भगवान् वासुदेव ने देवताओं को अभय दिया।

ध्रुव की तपस्या सिद्ध हुई। उन्हें अपने भीतर भगवान् वासुदेव के दर्शन हुए। आँखें खोलीं, तो बाहर भी वही स्वरूप देख पड़ा। तब हाथ जोड़कर भक्ति-योग से भगवान् वासुदेव की स्तुति करने लगे। ध्रुव की स्तुति से प्रसन्न होकर भगवान् ने कहा—"वत्स ध्रुव! तुम धन्य हो। हे तपस्वि-क्षत्रिय बालक! तुम्हारा कल्याण हो। मैंने तुम्हें अमर स्थान दिया। वहाँ से ग्रह-नक्षत्र आदि के चक्र सम्बद्ध हैं। पर वह

स्थान तुम राज्य के भोग के पश्चात् प्राप्त करोगे। तुम्हारे पिता तुम्हें राज्य देकर वन-गमन करेंगे। तुम तिरसठ हज़ार वर्ष तक राज्य करोगे पर तुम्हारी इन्द्रियाँ कभी चपल न होंगी। तुम्हारा भाई उत्तम मृगया के लिए निकलकर लापता हो जाएगा। तुम्हारी विमाता सुरुचि उसकी खोज के लिए निकलकर उसके ध्यान में पागल होकर दावाग्नि में प्रवेश करेगी।" यह कहकर भगवान् वासुदेव गरुड़ पर चढ़कर आकाश में अन्तर्धान हो गए। इष्ट की आज्ञा को शिरोधार्य कर ध्रुव अपने पिता की राजधानी को लौटे।

राजा उत्तानपाद को दूत के मुख से मालूम हुआ कि ध्रुव आ रहे हैं। वह बड़ी धूमधाम से स्वागत की तैयारियाँ करने लगे। हाथी, घोड़े, रथ, पालकियाँ सजवाईं। सेना साथ ली। एक पालकी पर रानी सुनीति और सुरुचि को बैठाला। शंख, दुन्दुभि, वंशीध्वनि और वेद-पाठ आदि के मधुर शब्द होने लगे। महाराज ने उत्तम को भी साथ लिया। उपवन के पास ध्रुव को आते हुए देखकर महाराज पालकी से उतर पड़े, और बड़े प्रेम से पुत्र को गले लगाया। ध्रुव के हृदय में भगवान् का वास था। इसलिए उन्हें भेटकर महाराज को परम प्रसन्नता हुई। ध्रुव ने विमाता, माता और पिता को प्रणाम किया। उत्तम को गले लगाया। महारानी सुनीति की आँखों से आनन्द के आँसू बह चले। उन्होंने बड़े स्नेह से पुत्र का कोमल मुख चूमा। राज्य के लोग ध्रुव को पाकर बड़े प्रसन्न हुए। सब लोग, आनन्द में डूबे हुए, राज्य को लौटे।

ध्रुव भगवान् वासुदेव के आदेशानुसार राजा हुए। दीर्घकाल तक प्रजाजनों का पालन और यक्ष आदि का शासन किया। अन्त में, समय आने पर अपने ध्रुवलोक को, जहाँ किसी दूसरे की स्थिति नहीं होती, प्रस्थान किया।

अजामिल की कथा

कान्यकुब्ज देश में अजामिल नाम का एक ब्राह्मण था। उसने एक दासी बैठा ली थी। सदा उसी के साथ रहता था, इससे उसकी बुद्धि भ्रष्ट हो गई क्योंकि धर्म-कर्म सब छूट गया। शुभ आचरणों से रहित हो, वह सदा अपवित्र रहने लगा। चोरी कर, दूसरों को ठगकर तथा जुआ खेलकर वह अपना परिवार पालता था। जीवों को दुःख देते हुए उसे दर्द न होता था। ऐसे निंद्य कर्मों से दासी के पुत्रों की परवरिश करते हुए उसकी ज़िन्दगी के अस्सी साल पूरे हो गए। इस बूढ़े अजामिल के उसी दासी से दस लड़के हुए। सबसे छोटे का नाम नारायण था। उसे माता-पिता दोनों बहुत प्यार करते थे। अजामिल का हृदय उस बालक ने सोलहों आने ले लिया था। उसकी तोतली मधुर वाणी सुनकर, उसकी क्रीड़ा और कौतुक देखकर अजामिल को बड़ा आनन्द होता था। स्नेह के वश बूढ़ा अजामिल स्वयं भोजन करता चबाता हुआ उस लड़के को भी खिलाया करता था। इसी तरह के

कार्यों में वह आजीवन लगा रहा, और कभी यह न समझा कि काल निकट आ रहा है। धीरे-धीरे घर-गृहस्थी के मोह में पड़े हुए अजामिल का मृत्यु-काल भी आ पहुँचा। एक दिन उसने देखा, टेढ़े मुँह, ऊपर को उठे रोओंवाले, बड़े भयानक-भयानक तीन पुरुष हाथ में पाश लिए हुए उसके सामने आकर खड़े हो गए। उसका लड़का नारायण कुछ दूर पर खेल रहा था। डरकर बड़े जोर से उसने 'नारायण-नारायण' कहकर पुकारा। अजामिल के मुख से भगवान् का नाम सुनकर विष्णुदूत भी आ पहुँचे। उस समय यमदूत दासी के पति अजामिल के प्राणों को पाश से बाँधकर खींचते हुए निकाल रहे थे। यह देखकर विष्णुदूतों ने उन्हें डाटकर मना किया। यमदूतों ने रोके जाने पर पूछा, तुम लोग कौन हो, जो हमें धर्मराज के आज्ञा-पालन से रोक रहे हो? विष्णुदूत हँसने लगे, और यमदूतों से, धर्म की आज्ञाकारिता करने के कारण, धर्म का तत्व पूछा। यमदूत धर्म-तत्त्व कहने लगे। फिर अजामिल के जीवन के सम्बन्ध में कहा—"यह पहले बड़ा सच्चा, वेदपाठी ब्राह्मण था। इसमें अनेक गुण थे। यह सदा व्रत करनेवाला, सत्यवादी तथा पवित्र था। पिता का आज्ञाकारी भी था। एक दिन यह पिता की आज्ञा से वन गया हुआ था। वहाँ से फल-फूल, समिधा और कुश लेकर लौट रहा था, ऐसे समय काम-क्रीड़ा करते हुए एक शूद्र और दासी को इसने देखा। दासी मैरेय मधु पिये हुए थी। उसकी आँखें चढ़ी हुई थीं। वह मतवाली थी, और उसकी कमर का बन्ध ढीला था। दोनों गाते हुए हँसी-मज़ाक़ कर रहे थे। शूद्र युवती दासी को आलिंगन कर रहा था। अजामिल के भीतर भी इससे वासना पैदा हुई। फिर निरन्तर उसी युवती की उसे चिन्ता रहने लगी। वह अच्छे-अच्छे द्रव्यों से उसकी साधना करने लगा। क्रमशः उसी के वशीभूत हो गया। अपनी युवती पत्नी को छोड़ दिया। फिर इसने हर तरह का अन्याय किया।" विष्णुदूतों ने कहा—"इसने मरते समय नारायण-स्मरण किया है। भगवान् के नाम से कोटि-कोटि जन्मों के पाप नष्ट हो जाते हैं। अब यह तुम्हारे अधिकार में नहीं रहा।" यह कहकर उसे विष्णु-लोक ले गए। उसकी मुक्ति हुई।

गजेन्द्र-मोक्ष

त्रिकूट नाम का एक मनोहर पर्वत है, जो क्षीर-सागर से घिरा हुआ है। यह दस हज़ार योजन ऊँचा है, और उतना ही चारों ओर से घिरा हुआ। इसकी तीन चोटियाँ सोने, चाँदी और लोहे की आभा से विभासित हैं, जिनसे दिशाएँ चमकती रहती हैं और सागर भी प्रतिफलित रहता है। उसमें और भी चोटियाँ हैं, जो भिन्न-भिन्न रत्नों और धातुओं की प्रभा से जगमग रहती हैं। उसमें असंख्य सुन्दर-सुन्दर पेड़, लताएँ, तृण-गुल्म आदि हैं। पर्वत से सुखद कल-कल जल-शब्द करती उतरती हुई एक बड़ी ही सुहावनी निर्झरिणी है, जो अपने शुभ्र-स्वच्छ जल से पर्वत के चरण

धोती, दिगन्त को मधुर ध्वनित करती, बहती चली जाती है। पर्वत-राज ने वहाँ की पृथ्वी को हरे मरकत की आभा से ढक रखा है। उसकी गुहाओं में सिद्ध, चारण, गन्धर्व, विद्याधर, किन्नर और अप्सराएँ विहार किया करती हैं। उनके गीत-स्वर से गिरि की गुहा-गुहा मुखर रहती है। ऐसी मधुर ध्वनि के उत्तर में कहीं-कहीं सिंह-व्याघ्र गरजते रहते हैं। पुनः चोटियों के हरे-हरे उपवन सुन्दर-सुन्दर पक्षियों के कलरव से गूँजते हुए स्वर्ग का पूरा दृश्य आँखों के सामने रख देते हैं। नदी और सरोवर के तट की बालू तथा उपल रत्नों की तरह चमकते रहते हैं। सिद्धों की स्त्रियों और कुमारियों के स्नान से उनके अंगराग गल-गलकर दिक्समीर को सुरभित किया करता है। उसी पर्वत में महात्मा वरुण का ऋतुमत् नाम का एक उपवन है, जो दिव्य शाखाओं के चारों ओर से फल और फूलों से सुशोभित है। मन्दार, पारिजात, चंपक, पाटल, पियाल, कटहल, नारियल, खजूर, दाड़िम, मधुक, तमाल, ताल, वट, अर्जुन, अरिष्ट किंशुक, चन्दन, देवदार, सरल द्राक्षा, रंभा, जंबु, बदरी, हरीतकी, आमलकी, विल्व, जंबीर आदि भाँति-भाँति के पेड़ और लताएँ त्रिकूट की विशाल देह को चारों ओर से घेरे हुए हैं। वह रमणियों के पद-चार से सदैव सुन्दर रहता है। वहीं एक बहुत बड़ा सरोवर है, जिसमें सोने-से कमल खिले रहते हैं, जिनके चारों ओर प्रमत्त भौंरे मधुर-मधुर गूँजते रहते हैं। हंस, कारण्डव, चक्रवाक और सारस आदि जल-कूल में केलि करते फिरते हैं। पानी में मछली और कछुओं के चलने से कमल हिलते और उनके पराग पानी में झर-झरकर मानो सोने से रँग देते हैं। किनारे कदम, बेंत, बकुल, कुरुवक, कुन्द, अशोक, कुटज, शिरीष, चमेली, जालक आदि तरु हैं। किसी-किसी से मालती, माधवी, लवंग आदि लताएँ लिपटी हुई सरोवर की शोभा बढ़ा रही हैं।

एक दिन उसी वन में रहनेवाला गजेन्द्र हस्तिनियों के दल के साथ विचरण करता, शाखाएँ तोड़ता और लताएँ छिन्न करता हुआ उस सरोवर के किनारे पहुँचा। हाथियों के शरीर की गन्ध से वहाँ के सिंह, बाघ, गण्डार आदि हिंस्त्र पशु वह वन छोड़-छोड़कर भय से भागने लगे। तेज़ धूप से तपा हुआ गजेन्द्र हथिनियों के दल के साथ कमल से युक्त उस सरोवर में धँसा। सूँड़ में पानी भरकर वह अपनी हथिनियों और हाथियों पर फौवारे की तरह छींटे डालने लगा, और प्रेमोन्माद से, संसारियों की तरह जल-विहार करने लगा।

उस सरोवर में एक पड़ा पराक्रमी मगर रहता था। उसने उस प्रमत्त हाथी का पैर पकड़ लिया। वह गजेन्द्र भी बड़ा बलवान् था। पैर पकड़ जाने पर पूरी ताकत से वह तट की ओर पैर खींचने लगा मगर हाथी से कम बलवान् न था। फिर, पानी में होने के कारण उसे ज़्यादा जोर मिल रहा था। मगर को बड़े बल से खींचते हुए और गजेन्द्र को कातर देखकर हथिनियाँ चिंघाड़ने लगीं। तब दूसरे हाथी गजेन्द्र की सूँड़ पकड़कर खींचने लगे, पर मगर से उसे किसी तरह छुड़ा न सके। हाथी और मगर का जल के बाहर और भीतर खींचने का युद्ध हज़ार वर्ष तक होता रहा। उस लम्बे समय

के भीतर किसी की मृत्यु न हुई। देवताओं को यह युद्ध बड़ा अद्‌भुत मालूम दिया। क्रमशः जल में खिंचते-खिंचते गजेन्द्र थक गया। उसका उत्साह और इन्द्रिय-बल घट गया। उधर, मगर में स्फूर्ति, उत्साह और इन्द्रिय-बल बढ़ गया। देहधारी होने के कारण संकट में अपने को छुड़ाने से असमर्थ हो, गजराज व्याकुल हुआ। उसने सोचा, 'मैं थक गया हूँ; जब मेरी जातिवाले हाथी मिलकर मुझे छुड़ाने में समर्थ नहीं हो रहे, तब मैं अकेला अब अपनी रक्षा न कर सकूँगा। जिनसे यह विश्व निर्मित है, जो माया के पति हैं, जो प्रकाश के भी प्रकाशक हैं, मैं उन भगवान् विष्णु के चरणों की शरण लेता हूँ। हे भगवान्! आप सर्वज्ञ और समर्थ हैं, आप मेरी रक्षा करें।' गजेन्द्र की पुकार सुनकर भगवान् गरुड़ पर सवार हो चल दिए। आकाश-मंडल में गरुड़ पर सवार नारायण के दर्शन कर, कमल तोड़कर गजेन्द्र ने उन पर चढ़ाया और कहा—"हे नारायण, हे संसार के गुरु, मैं आपको प्रणाम करता हूँ।" गजेन्द्र को दुःख में देखकर भगवान् गरुड़ की पीठ से उतर पड़े, और करुणा की दृष्टि से गजराज को देखते हुए मगर-सहित उसे बाहर निकाल लिया। फिर, चक्र से मगर को काटकर देवताओं के सामने गजेन्द्र को मुक्त कर दिया।

ब्रह्मा, शंकर आदि देवता तथा ऋषि-मुनि-गण भगवान् के करुणा-पूर्ण कार्य पर फूल बरसाने लगे। स्वर्ग में दुन्दुभि बजने लगी। गन्धर्व और किन्नर गाने तथा अप्सराएँ नाचने लगीं। चारण और सिद्धगण स्तुति करने लगे।

देवल के शाप से हूह नाम के एक गन्धर्व ने मगर होकर शरीर धारण किया। भगवान् की कृपा से मुक्त हो उसने अपना गत दिव्य रूप पाया। भक्ति-भाव से भगवान् की प्रदक्षिणा तथा प्रणाम कर गुणगान करता हुआ अपने स्थान को चला गया।

गजेन्द्र भी भगवत्-स्पर्श से उन्हीं का जैसा दिव्य सुन्दर चतुर्भुज शरीर प्राप्त कर पीत वस्तु से शोभित हुआ। पूर्वजन्म में वह पांड्य देश का राजा इन्द्रद्युम्न था। उस समय उसके ऐसा द्रविड़ देश में दूसरा साधु न था। वह भगवान् विष्णु का उपासक था। महात्मा की तरह कुलाचल पर्वत पर आ, कुटी बनाकर वह भगवद्-भजन करने लगा। उपासना के समय वह मौन रहता था। इसी समय महामुनि अगस्त्य अपने शिष्यों के साथ उसके पास आए। वह उन्हें देखकर उठा नहीं। इससे मुनि को क्रोध हुआ। उन्होंने कोप कर शाप दिया कि दुष्ट, तुझे शिक्षा नहीं मिली, इसीलिए आज तूने ब्राह्मण का अपमान और अनादर किया—तू गज की तरह जड़ होकर बैठा रहा। जा, यही रूप प्राप्त कर। अज्ञान में शाप की बात सोचता हुआ वह गज हुआ। गज-जन्मे होने पर बुद्धि भ्रष्ट हो जाती है पर हरि-भजन के प्रभाव से इन्द्रद्युम्न गज होकर भी अपना पहला विवरण नहीं भूला। गरुड़-वाहन भगवान् ने गजेन्द्र को अपना स्वरूप दे अपना पारिषद् बनाया, और अपने लोक में, पास ही जगह दी।

गणिका की कथा

प्राचीन काल में पिंगला नाम की एक वेश्या विदेह-नगर में रहती थी। उसका काम राह चलते धनी मनुष्यों को अपने जाल में फँसाना था। इस तरह उसने बहुत धन प्राप्त किया। बड़े ठाठ-बाट से रहती थी पर उसका हृदय सूना रहता था। दिन-दिन तृष्णा की आँच से वह और जलने लगी। एक रोज़ वैसे ही सज-धजकर अपने छज्जे पर बैठी। जो भी भला आदमी उस रास्ते से होकर गुज़रता, उमके लिए वह सोचती, यह धनी है, मेरे पास आकर अर्थ दे जाएगा। जब वह उसके पास से होकर चला जाता, तब वह दूसरे धनिक की राह देखती। इस तरह आशा के फेर में उसकी आँख न लगी। उसे कायिक कष्ट होने लगा। घर के भीतर जा आशा की प्रेरणा से फिर बाहर छज्जे पर आई। क्रमशः उसकी अस्थिरता बढ़ गई। वह बहुत व्याकुल हुई। बड़ी रात बीत गई, पर नींद न लगी। तब उसे होश हुआ कि मैं दुराशा के फेर में पड़ी हूँ। जब तक यह फाँस न कट जाएगी, मुझे सुख की निद्रा नहीं हो सकती। वह सोचने लगी—'मैं कितनी मन्द बुद्धिवाली हूँ! कितनी छोटी-छोटी वस्तुओं की कामना मैं करती हूँ! मैंने ईश्वर की उपासना तो छोड़ दी, पर अनित्य विषय को अब तक न छोड़ा! जो मेरे हृदय में विराजमान हैं, जो मुझसे सदा प्रेमपूर्वक मिले हुए हैं, जो नित्य मुझे नए-नए तरीके से प्यार करते हैं, जो स्वयं हृदय में वास कर सब प्रकार के ऐश्वर्य के अर्जन की शक्ति देते हैं, जो सत्य-स्वरूप हैं, उन्हें मैंने छोड़ दिया। और जो मनुष्य इच्छा की पूर्ति नहीं कर सकते, जो दुःख, शोक, भय और पीड़ा के देनेवाले तुच्छ से भी तुच्छ हैं, उन्हें मैंने अपनाया। हाय! मैं कितनी नीच वेश्या-वृत्ति में पड़ी हुई हूँ! मैंने ईश्वर का भजन भुला दिया! मैंने कामी, लोभी, दुराचारी और सब प्रकार से गिरे हुए मनुष्यों द्वारा खरीदी जाकर धन और रति की इच्छा की! हाड़ और मांस की बनी देह, जिसका कुछ भी पवित्र नहीं है, जिसके नौ द्वार पनाले की तरह हैं, लिपटा-लिपटाकर काम-वासना पूरी की। मेरे सिवा क्या कोई दूसरी स्त्री भी काम की सेवा करेगी? इस विदेह-नगर में मेरी तरह बुद्धिहीन और कोई न होगा। अब ऐसा मुझसे न होगा। जो शरीर के स्वामी, जीवों के प्यारे मित्र, ईश्वर और आत्मा हैं, अब अपने को उन्हीं के हाथ सौंपकर उनकी लक्ष्मी रहूँगी। पर मुझमें जो परिवर्तन, जो अनुताप पैदा हुआ है, इससे मालूम होता है, मेरे किसी शुभ कर्म के फल से भगवान् विष्णु मुझ पर प्रसन्न हुए हैं। अब मैं पहले जैसी दुश्चिन्ता के चक्र में कभी न पड़ूँगी। सन्तोष और श्रद्धा रखूँगी। इससे मुझे जो कुछ प्राप्त होगा, उसी पर शरीर धारण करती हुई साक्षात् रमण भगवान् विष्णु से विहार करती रहूँगी। मैं संसार-कूप में पतित हूँ, विषयों ने मेरी आँखें फोड़ दीं, काल-रूप सर्प अब मुझे डसना चाहता है, अब बिना भगवान् विष्णु के दूसरा कौन मेरा उद्धार करेगा? जब मैं देखूँगी—यह संसार कालरूपी सर्प से ग्रस्त है, और उन मूढ़, भोग के

भिक्षुक, सांसारिक मनुष्यों से विरक्त हूँगी, तब अपनी रक्षा मैं आप कर सकूँगी।' ऐसा निश्चय कर पिंगला ने उप-पतियों की कामना छोड़ दी, और शान्तिपूर्वक अपनी सेज पर जाकर लेटी। पिंगला को सुख की नींद लग गई।

दक्ष के पराजय की कथा

बहुत काल हुआ, विश्व-स्रष्टाओं के यज्ञ में देवता, मुनि और अग्नि आदि एकत्र हुए। शिव और ब्रह्मा भी वहाँ थे। आकाश के तारों-से वहाँ देवता और ऋषि अपने-अपने प्रकाश में चमक रहे थे। इसी समय दिवाकर जैसे तेज:पुंज प्रजापति दक्ष उपस्थित हुए। बुझते प्रकाशवाले नक्षत्रों-से सब देवता और ऋषि उन्हें देखकर, आसन छोड़कर उठे, उनका स्वागत किया। सभा में उन्हीं का प्रकाश चारों ओर फैल गया। उन्होंने सब की तरफ प्रकाशपूर्ण ऊँची दृष्टि से देखते हुए शिव और ब्रह्मा को भी देखा। ये बैठे हुए थे। दक्ष के स्वागत के लिए खड़े नहीं हुए। अपर देवता तथा ऋषि तब तक खड़े हुए प्रजापति दक्ष के बैठने की प्रतीक्षा कर रहे थे। अपर सभासदों पर दक्ष के प्रकाश का जो प्रभाव पड़ा था, उसका लेशमात्र भी शिव और ब्रह्मा पर लक्षित न हो रहा था।

दक्ष प्रजापति थे। उनके आने पर उठकर खड़े होना और बैठने के बाद बैठना उनका ऐसा ही सम्मान प्रजा में प्रचलित था; इसका उल्लंघन वह सहन न कर सके। अपना घोर अनादर समझकर दृष्टि से झुलसाते हुए सभा में कहने लगे—"हे ऋषियो, हे देवताओ, हे अग्नियो, आज इस सभा में शिव ने ऐसा दुराचरण किया है, जो कदापि सहन योग्य नहीं। मैं शिष्टाचार तथा आदर्श की रक्षा के लिए कहता हूँ। मेरा उद्देश्य निष्प्रयोजन ही किसी को कलंक लगाना नहीं। आप लोग ध्यानपूर्वक ये बातें सुनिए। शिव की तरह बेहया दूसरा नहीं। लोकपालों का यश इन्हीं के कारण नष्ट हुआ। इन्होंने साधु आचरणों को छोड़कर मन्द मार्ग अपना लिया है। इस कारण पुराने ध्रुव पथ का लोगों में तिरस्कार-सा हो चला है। यह बन्दर की-सी गुच्चू आँखोंवाला मूढ़ मेरी रूप और गुणों की खान, निष्कलंक, चाँद-सी सुन्दर, मृगाक्षी, विदुषी कन्या से विवाह कर मेरा शिष्य न हुआ ? परन्तु आप लोगों ने देखा, आसन छोड़कर मेरे लिए सम्मान-प्रदर्शन भी इसने उचित नहीं समझा। चूँकि यह स्वयं क्रिया-कलाप से भ्रष्ट हो चुका है इसलिए दूसरों के लिए भी अन्ध हो रहा है। शौच और मर्यादा का इसे ज्ञान नहीं। इसे कन्या-प्रदान करने की मेरी इच्छा न थी, पर इस विचार से कि वेद-वाणी शूद्र को भी देने की उदारता की जाती है, मैंने अपनी सुलक्षणा कन्या इसे अर्पित कर दी। अब आप लोग ही इस असभ्य के आचरणों को देखें। यह कहलाता तो शिव है, पर है, वास्तव में अशिव। हमेशा भूत और प्रेतों के साथ नग्न रहकर गर्हित कार्यों में लिप्त रहता और भक्ष्याभक्ष्य भोजन

करता है। तमोगुणवाले, मतवाले मनुष्य मादक द्रव्य और उन्माद आदि भूत-विशेष इसके प्रिय हैं।''

इतने पर भी शिव को क्रोध न हुआ। वह शान्त भाव से बैठे रहे। दक्ष निन्दा करके भी चुप न रहे। उन्होंने यह शाप दिया कि यज्ञ में इन्द्र और उपेन्द्र आदि देवताओं के साथ अधम शिव को भाग प्राप्त न हो। इस प्रकार क्रोध से शाप देकर दक्ष अपने स्थान को चले गए।

शिव के अनुचरों के प्रधान नन्दीश्वर से स्वामी का अपमान न सहा गया। मारे क्रोध के उनके अधर स्फुरित होने लगे, आँखें रक्ताभ हो गईं। वहाँ जिन ब्राह्मणों ने दक्ष का समर्थन किया था, उन्हें शाप देते हुए उन्होंने कहा—''हे ब्राह्मणो, तुम्हारी हृदय की दृष्टि लुप्त हो गई है। भगवान् भव किसी का बुरा नहीं करते। वह आकाश की तरह समदर्शी हैं। जो मूढ़ दक्ष की चमक-दमक देखकर मुग्ध हैं, वे सन्मार्ग से पतित हो चुके हैं। वे परमार्थ की साधना नहीं कर सकते। वेदों के अर्थवाद में पड़कर वे मूर्ख बुद्धि से भ्रष्ट हो गए हैं। सुखों के फेर में कर्मकांड का आश्रय लेकर वे प्रवंचन और कूट धर्म फैलाते रहें। वे दक्ष के पक्षवाले अब देह को ही आत्मा समझें, और आत्मतत्त्व को भूल जाएँ। दक्ष पशुतुल्य स्त्री-कामी हो, और शीघ्र उसका मुख बकरे के मुखानुरूप हो जाए। जो अविद्या को विद्या समझता है, वह वास्तव में बकरा है। दक्ष की आज्ञा में आनेवाले ब्राह्मण जीविका के लिए जप-योग आदि तपस्या तथा व्रतों को धारण करें, अर्थ के लिए धर्माचारी हों, देह और इन्द्रिय को सुख समझें।''

ब्राह्मणों के प्रति नन्दी का यह भयंकर शाप भृगु से न सहा गया। उन्होंने भी शाप दिया—''जो शिव का अनुसरण करें, वे शास्त्रों से विमुख हों। जहाँ गौड़ी, पैष्टी और मादकी सुरा का बड़े प्रेम से पान होता है, वहाँ शौच का ज्ञान न रखनेवाले अष्ट-बुद्धि मनुष्यों का प्रवेश हो।'' भृगु का शाप सुनकर भगवान् भव कुछ देर चुपचाप सभा में बैठे रहे। फिर शान्त चित्त से उठकर, अनुचरों को साथ लेकर चल दिए।

त्रिपुर की कथा

शिव-पुत्र स्कन्द ने तारकासुर का वध किया, तो उसके तीन पुत्र पृथ्वी पर घोर तप करने लगे। बड़े का नाम तारकाक्ष, मँझले का विद्युन्माली और छोटे का कमलाक्ष था। ये तीनों बराबर बलवाले थे। तीनों जितेन्द्रिय, संयमी और सत्यवादी थे। सब प्रकार के भोगों को छोड़कर मेरु की मनोहर गुफा में जाकर तीनों तपस्या करने लगे। ग्रीष्म, वर्षा और शिशिर के सम्पूर्ण उपद्रवों को धीरता-पूर्वक सहन करते रहे। अनेकानेक प्रकारों से दीर्घकाल तक उन्होंने तप किया। उनकी साधना सिद्ध हुई, तो ब्रह्माजी उनके सामने आकर उपस्थित हुए, और मधुर कंठ से आश्वासन देते हुए बोले—''हे दैत्यवीरो, तुम्हारी तपस्या से मैं प्रसन्न हूँ। तुम्हारी जो इच्छा हो, वह वर

मुझसे माँगो।" ब्रह्मा को प्रसन्न होकर वर देते हुए देखकर तारक-पुत्रों ने कहा—"हे पितामह, आप देवों में श्रेष्ठ हैं। हम कोई भी वर आपसे माँगें, समय आने पर उसका प्रभाव नष्ट हो जाएगा, क्योंकि मृत्यु के अधिकार में श्री, सम्पत्ति, बल, विक्रम—सब कुछ है। इसलिए हमारा विचार है कि इस प्रकार का कोई भी वर हम न लेंगे, हम आपसे यही चाहते हैं आप हमें अजर-अमर कर दें।" सुनकर ब्रह्माजी को बड़ी घबड़ाहट हुई पर मन को स्थिर करके उन्होंने कहा—"हे तारकनन्दनो, यह वर अदेय है, क्योंकि पैदा होकर सभी को एक दिन मरना पड़ता है। इसलिए तुम दूसरा वर माँगो।" ब्रह्मा की बात सुनकर महावीर तारक-पुत्र बोले—"हे पितामह, हमारे पास कोई ऐसी जगह नहीं, जहाँ हम अपने को सुरक्षित रख सकें, और वहाँ सुख से निवास करें। हमें आप तीन अद्‌भुत पुर बनवा दीजिए, जहाँ सब प्रकार की सम्पदा हो, और देवता जिसे तोड़ न सकें।" तारकाक्ष मे कहा—"मुझे सुवर्ण का पुर चाहिए।" कमलाक्ष ने कहा—"मुझे चाँदी का चाहिए।" विद्युन्मानी ने कहा—"मुझे लोहे का बनवा दीजिए।" ब्रह्मा ऐसा ही होगा, कहकर चले गए, और मय दानव को इसी प्रकार के तीन पुर बना देने की आज्ञा दी। मय ने बड़े परिश्रम से तीनों पुरों का निर्माण कर दिया।

तारक-पुत्र आनन्द-पूर्वक धन-धान्य से युक्त होकर इन पुरों में रहने लगे। इनका प्रताप धीरे-धीरे इस प्रकार फैला कि इन्द्र आदि देवताओं का तेज हत हो गया। वे तारक-पुत्र शिव के बड़े भक्त थे। उनकी शक्ति भी इसलिए दिन-पर-दिन बढ़ती गई।

एक दिन देवता खिन्न होकर भगवान् शिव के पास गए और अपने दुःख का कारण कहा। शिवजी ने उत्तर दिया—"हे देवतो, तारक के पुत्र अपने धर्म में अचल हैं, इसलिए मैं उनका नाश नहीं कर सक्ता। जब उनका धर्म नष्ट होगा, तभी उनके नाश का उपाय हो सकता है।"

तब देवता विष्णु के पास गए। देवों का दुःख भगवान् विष्णु से न देखा गया। उन्होंने देवों को धैर्य देते हुए कहा—"मैं ऐसा उपाय करता हूँ, जिससे ये पराक्रमी तारक-पुत्र धर्म से च्युत होकर शक्ति तथा श्री से रहित हों।" यह कहकर भगवान् विष्णु ने अपनी माया से एक महापुरुष प्रकट किया। उसका सिर घुटा हुआ था, वस्त्र मैले थे। एक हाथ में गुंफि (पात्र) लिए और एक में बढ़नी, पद-पद पर बहारता हुआ, मुख में वस्त्र लपेटे, धर्म-धर्म चिल्लाता हुआ, प्रकट हुआ। भगवान् विष्णु उससे बोले—"तुम मरुस्थल मे जाओ। तुम्हारा बड़ा नाम होगा। तुम सोलह हज़ार श्लोकों में एक शास्त्र का निर्माण करो, जो श्रुति-स्मृति आदि के विरुद्ध हो। वह शास्त्र अपभ्रंश शब्दों (धम्म लाभोदु) से युक्त हो। उसके निर्माण के लिए मैं तुम्हें शक्ति देता हूँ। अनेक प्रकार की माया तुम फैला सकोगे। तुम त्रिपुर के रहनेवाले सब दैत्यों को अपनी माया से मोहित करो।"

भगवान् ने त्रिपुर-वासी दैत्यों को बरगलाने के लिए नारद को भेज दिया, और कह दिया कि पहले तुम्हीं उस मायावी मुंडी से दीक्षा ग्रहण करना। नारद ऐसा ही करके त्रिपुर को गए, और तारक-पुत्रों से इस उत्तम धर्म की तारीफ की। वे लोग नारद की बातों में आ गए, और प्राचीन धर्म को छोड़कर मायावी मुंडी से नया धर्म ग्रहण कर लिया, फिर वे सब 'सोऽहम्' बनकर तरह-तरह के अनाचार करने लगे। उनके उपद्रवों से पृथ्वी को दुःख पहुँचाने लगा। लक्ष्मी उनका स्थान छोड़कर चली गईं। वहाँ माया और अलक्ष्मी का वास हो गया।

शिवजी के पास देवता फिर गए, और तारक-पुत्रों के अत्याचार की कथा कह सुनाई। शिवजी ने कहा—"मैं जिस रथ पर बैठकर लड़ूँगा, न वह रथ है, न सारथी और न धनुष ही है।" शिवजी के लिए सब देवतों ने मिलकर विश्वकर्मा से प्रार्थना की। तब उन्होंने एक दिव्य रथ तैयार किया। वह सर्वभूतभय, सर्वसम्मत सुवर्ण का रथ था। चन्द्र और सूर्य उसके पहिए थे। संवत्सर वेग और चारों वेद चार घोड़े बने। भगवान् ब्रह्मा सारथी और सब देवता रश्मि। शैलराज मेरु धनुष हुए और शेषजी गुण। सरस्वती टंकार हुईं और विष्णुजी बाण। ऐसे रथ पर शंकरजी सवार होकर त्रिपुर के नाश के लिए चले। त्रिपुर के पास जाकर, शिव ने अपना नाम सुनाकर कोटि सूर्य के समान प्रकाशमान उस बाण को छोड़ दिया। बाण की प्रचंड नाला में तीनों पुर और दैत्यगण क्षण-मात्र में दग्ध हो गए।

वीरभद्र की कथा

भगवान् भूतनाथ को मालूम हुआ कि मेरा अपमान न सहकर सती ने पिता के यज्ञकुंड में शरीर की आहुति दे दी, पर यज्ञ से ऋभु आदि देवतों ने जन्म पाकर शिव-गणों को पराजित कर दिया है। इस संवाद से भगवान् रुद्र को बड़ा क्रोध हुआ। उनकी त्योरियाँ चढ़ गईं, होंठ बारम्बार प्रकम्पित होने लगे, चेहरे का रंग आग-जैसा जलता हुआ हो गया। उसी समय उन्होंने अपने मस्तक से एक जटा उखाड़ ली। क्षणमात्र में वह बिजली की तरह चमकीली हो गई। पुनः-पुनः उससे भयानक ज्वालाएँ निकलने लगीं। फिर हँसते हुए भगवान् भव ने उसे पृथ्वी पर पटक दिया। इसी से विशालकाय वीरभद्र की उत्पत्ति हुई। इनका इतना ऊँचा शरीर हो गया कि मस्तक स्वर्ग को स्पर्श करने लगा। मेघों से काले-काले हज़ार हाथ हो गए। सूर्य-सी जलती हुई तीन आँखें। मूलियों से भी बड़े तीक्ष्ण दाँत और बाल लपटों मे जलते हुए, पीले। गले में खोपड़ियों की माला पड़ी हुई, हाथ में सँभाला हुआ दिव्य अस्त्र। देह पाने के पश्चात् मेघ की तरह गर्जना कर वीरभद्र ने देव-श्रेष्ठ शिव से हाथ जोड़कर कहा—"मुझे अब क्या करना होगा, भगवन् आज्ञा दीजिए।" महादेव ने उदात्त स्वरों में कहा—"हे वीरभद्र! तुम मेरे अंश हो। योद्धाओं में तुम श्रेष्ठ हो। तुम्हें

मैं अपनी सेना का नायक बनाता हूँ। जाओ, दक्ष और उसके यज्ञ का नाश करो। ब्रह्म-तेज का सामना करो।'' भगवान् भव की आज्ञा प्राप्त कर वीरभद्र ने उन्हें प्रदक्षिण कर प्रणाम किया। ऐसे समय आत्मा के भीतर वीरभद्र को अपार बल का अनुभव होने लगा। प्रभु की आज्ञा पा अपर शिव-गण भी सिंहनाद करने लगे, और वीरभद्र के साथ चलने को तैयार हो गए। भयंकर शूल लेकर वीरभद्र ने भी वज्र-गर्जना की। फिर वह समस्त दल को साथ लेकर चले। उनके पदक्षेपों पर पैरों के नूपुर भी रण-घोष करने लगे। चारों ओर से धूल उठ-उठकर सूर्य को ढकने लगी। यहाँ दक्ष के यज्ञ के ब्राह्मण, ऋत्विक्, यजमान और उनकी पत्नियाँ आकाश में धूल देखकर बड़ी व्याकुल हुईं। सब सोचने लगे—'राजा प्राचीनवर्हि के रहते उधर से डाकुओं का आना भी बिलकुल असम्भव है; ऐसी हवा भी नहीं चल रही, जो कहें कि इससे धूल उड़ रही है।' दक्ष की स्त्री कहने लगी—''यह सब रुद्र के कोप का कारण है। समझ में नहीं आता, आगे क्या होनेवाला है? पतिदेव ने अपर कन्याओं के सामने सती का अनादर करके अच्छा नहीं किया। यह सब अनर्थ सती के शरीर-त्याग के कारण हो रहा है। प्रलय के समय भयंकर रूप धारण कर, शूल से दिग्दन्तियों को बिद्ध कर, शास्त्ररूपी बाँहों को उठाकर महोल्लास से तांडव-नृत्य करनेवाले भगवान् भव का अपमान बड़े कठोर उपद्रव का कारण होगा। जिनकी हँसी में मेघगर्जन होता है, दिशाएँ त्रस्त हो उठती हैं, उनके कोप से तो, ईश्वर ही जाने, क्या हो!'' इस प्रकार अनेकानेक कल्पनाएँ हो रही थीं कि वीरभद्र के साथ शम्भु-गण सभा में आ उपस्थित हुए। शिव-गण अद्भुत- अद्भुत आकार के थे। उन्हें देखकर भय होता था। आते ही उन्होंने यज्ञ-ध्वंस करना आरम्भ कर दिया। मण्डप तोड़ डाला। खम्भे उखाड़ दिए। हविर्धान, यजमान-गृह, पाक-भोजनशाला—सब नष्ट-भ्रष्ट कर दिया। कोई यज्ञ-कुंड में पेशाब करने लगा, कोई पात्र फोड़ने लगा, कोई वेदी की मेखला तोड़ चला। कुछ ऋषियों के पीछे पड़ गए। मणिमान नाम के रुद्र-गण ने भृगु को बाँध लिया। दक्ष वीरभद्र के चंगुल में पड़े। सूर्यदेव को चंडेश ने और भगदेव को नन्दीश्वर ने बाँध लिया। भगे हुए ब्राह्मणों पर शिला-प्रहार होने लगे। महर्षि भृगु ने अपनी दाढ़ी दिखाकर भगवान् भव का उपहास किया था, इसलिए वीरभद्र उनकी दाढ़ी उखाड़ने लगे। भग ने आँखों से अपमान करने का इशारा किया था, इसलिए नन्दीश्वर ने भग की आँखें फोड़ दीं। फिर वीरभद्र ने पूषा के दाँत तोड़ दिए। कारण, महादेव की निन्दा से यह हँसे थे। पश्चात् दक्ष को पटककर वीरभद्र चढ़ बैठे, और अपने शूल से छेदने लगे। पर किसी तरह दक्ष का प्राणान्त न होता देखकर यज्ञ के पशु मारनेवाले यंत्र पर उठाकर पटका, इससे दक्ष का मस्तक कटकर अलग जा गिरा। शिव-गण आनन्द से नृत्य करने लगे। वीरभद्र ने दक्ष के कटे सिर की वहीं दक्षिणाग्नि में आहुति दे दी। ब्राह्मणों में हाहाकार फैल गया। रुद्र-गण यज्ञ ध्वंस कर कैलास को चल दिए।

दक्ष के पुत्रों को नारद का उपदेश

प्रचेताओं के औरस और अप्सरा के गर्भ से दक्ष की उत्पत्ति हुई। विंध्यगिरि के पास एक छोटी-सी पहाड़ी पर अघमर्षण-नामक तीर्थ की बगल मे हंसगुह्य स्तोत्र का पाठ करते हुए दक्ष भगवान् हरि की आराधना करने लगे। क्रमशः श्रद्धा का भाव प्रबल हुआ, और यथासमय दक्ष को सिद्धि मिली—विशाल आठ भुजाओं में शंख, चक्र, अलि, चर्म, धनु बाण, पाश और गदा लिये हुए, गरुड़ पर सवार, वनमाला से भूषित, श्रीवत्स चिह्न धारण किए भगवान् दक्ष के सामने उपस्थित हुए। उन्हें अनेक प्रकार के उपदेशों से तुष्ट कर बोले—"वत्स, तुम प्रजापति हो। मैं तुम्हें एक सुन्दरी युवती कन्या देता हूँ। यह प्रजापति पंचजन से पैदा हुई है। इसे पत्नी-रूप से ग्रहण कर तुम रमण करो। इससे प्रजा की वृद्धि होगी। बाद को सृष्टि मैथुनी हो जाएगी।" यह कहकर भगवान् विष्णु अन्तर्धान हो गए। उस पंचजन की कन्या, असिक्ती से रमण कर दक्ष ने हर्यश्व नाम के दस हज़ार पुत्र पैदा किए। ये सब बड़े सुबोध तथा सुन्दर हुए। पिता दक्ष ने इनसे सृष्टि उत्पन्न करने के लिए कहा। ये सब पिता की आज्ञा शिरोधार्य कर पश्चिम को चले, और वहाँ पहुँचे, जहाँ सिन्धुनद समुद्र से मिला है। वहाँ 'नारायण-सर' नामक एक प्रधान तीर्थ है, उसके जल को छूते ही मनोमल दूर हो जाते हैं। ऐसा ही दक्ष के पुत्रों को भी हुआ। वे परम पवित्र हो गए। उनकी परमहंस-वृत्ति हो गई पर पिता की आज्ञा का विचार कर वे लोग सृष्टि के लिए कठोर तप करने लगे। देवर्षि नारद को इससे बड़ा आश्चर्य हुआ। इतनी पवित्र बुद्धि को प्राप्त करके भी वे प्रजा-वृद्धि की सोचें, उनका यह भाव नारद को सह्य न हुआ। नारद उन लोगों के पास पहुँचे, और बोले—"हे दक्ष-पुत्रो, अभी तो तुम लोगों ने भूमि का अन्त भी नहीं देखा, और प्रजा-वृद्धि की बातें सोचने लगे। अरे, तुम लोग नादान नहीं रहे। सुनो, एक राज्य है, वहाँ पुरुष एक ही है, और वह एक बिल है, पर उस बिल से कोई निकलता नहीं, एक स्त्री है, उसके बहुत-से रूप हैं; एक पुरुष है—वह कुलटा का पति है; एक नदी है—वह दोनों तरफ बहती है; एक बड़ा विचित्र मकान है—वह पचीस पदार्थों से बना है। वहीं तरह-तरह की बोलियाँ बोलने वाला एक हंस है; वहाँ मुर और वज्र की बनी हुई आप ही घूमनेवाली एक चीज़ है। यह सब जाने बिना अपने सर्वज्ञ पिता की आज्ञा का तुम कैसे पालन कर सकते हो?—फिर तुम सृष्टि भी कैसे करोगे?" दक्ष के पुत्र नारद के इस कूट कथन का मतलब पहले न समझ सके, पर क्रमशः विचार करते हुए समझ गए। तब उनका विचार बदल गया। वे सब परमात्मा की प्राप्ति के लिए तपस्या करने लगे। इस प्रकार उनका कामना-जन्य शरीर नष्ट हो गया।

यह खबर दक्ष को मिली, तो वह बड़े दुखी हुए पर ब्रह्मा ने उन्हें सान्त्वना दी। पुत्रों की कामना से उन्होंने पुनः पांचजनी से रमण किया, और इस बार हज़ार पुत्र

हुए। बड़े होने पर इन्हें भी दक्ष ने प्रजा-वृद्धि का उपदेश देकर तपस्या के लिए भेजा। ये भी उसी जगह गए, जहाँ इनके बड़े भाई गए थे, और उसी प्रकार 'नारायण-सर' के जल-स्पर्श से शुद्ध हो गए। इस बार भी नारद आए, और पहले की तरह इनसे भी कूट कथन किया। फिर कहा, 'हे दक्ष-पुत्रो, तुम अपने बड़े भाइयों के प्रति देखो। उनका भी यही उद्देश्य था। वे ही तुम्हारे सच्चे बन्धु तथा मार्ग-प्रदर्शक हैं। जो अपने धर्मज्ञ भाइयों का अनुसरण करते हैं, मरुद्गण उन्हें ही पा प्रसन्न होते हैं।'' यह कहकर नारद चले गए। नारद की बात दक्ष-कुमारों के हृदय में बैठ गई। वे अपने पहलेवाले भाइयों की तरह उस कूट कथन का अर्थ लगाते हुए मनुष्य-शरीर से युक्त हो ईश्वरानन्द में लीन हुए। प्रजापति दक्ष को फिर मालूम हुआ कि पहले की तरह इस बार भी नारद ने उनके पुत्रों का शरीर नष्ट कर दिया है। दक्ष पुत्रों के शोक से विलाप करते हुए मूर्च्छित हो गए। होश में आकर उन्होंने नारद को शाप दिया—''देख, तू साधु का वेश तो किए हुए है, पर तू साधु है नहीं। तूने मेरे पुत्रों को लक्ष्य-भ्रष्ट कर दिया। मेरे पुत्र पिता के ऋण से मुक्त नहीं हो सके—उनकी मुक्ति असम्भव है। जा, तू हरि के यश का नाशक हो।'' नारद ने दक्ष का शाप शिरोधार्य कर लिया।

चित्रकेतु की कथा

सूरसेन देश मे पहले एक मांडलीक राजा चित्रकेतु नाम के रहते ले। उनके राज्य में सभी प्रकार के अन्न पैदा होते थे। प्रजा को बड़ा सुख था। राजा के एक करोड़ रानियाँ थीं पर कोई सन्तान न थी। इससे उन्हें बड़ा दुख रहता था। इतनी सम्पदा, सुलोचना स्त्रियाँ, रूप, गुण, विद्या, बल, कुलीनता और भूमंडल का राज्य रहने पर भी राजा के मन को शान्ति न थी। सन्तान की सोच में सदा मुरझाए रहते थे।

इसी समय महर्षि अंगिरा पृथ्वी का भ्रमण करते हुए राजा के राज्य में गए। राजा ने बड़े आदर-भाव से महर्षि का स्वागत किया। उठकर उन्हें अपने दिव्य भवन में ले जाकर उनके पैर धोए, फिर चन्दन से चर्चित कर, सुगन्ध फूलों की माला पहनाकर सिंहासन पर बिठा उत्तमोत्तम भोजन कराया। जब महर्षि की राह चलने की थकावट दूरे हुई, वह स्वस्थ हुए, तब राजा को चिन्ता से ग्रस्त देखकर बड़े प्रेम से पूछा—''हे राजन्! तुम्हारी सब कुशल तो है?'' राजा ने बड़े विनय-भाव से कहा—''हे ऋषि-श्रेष्ठ! आपकी कृपा से और तो सब कुशल है, पर एक दुख शूल की तरह सदा ही हृदय को छेदता रहता है।'' मुस्कराते हुए महर्षि ने उस दु:ख को प्रकट करने की आज्ञा की। राजा ने कहा—''भगवन्! यह विशाल राज्य, सभी प्रकार के सुख, विद्या, बल, वैभव, प्रसाद और प्रजा एक सन्तान के बिना व्यर्थ हैं। मेरे न रहने पर इस सम्पदा का भी नाश होगा। यह समस्त वैभव नष्ट-भ्रष्ट हो जायगा। इतनी शोभा के भीतर रहता हुआ मैं सदा इसकी क्षीणता को ही देखता रहता हूँ। सन्तान के बिना मुझे

यह सब निःसार मालूम दे रहा है।'' राजा के दुःख से भरे हुए इन वाक्यों को सुनकर महर्षि मुस्कराए। बोले—''राजन्! विधाता की इच्छा पर किसी का वश नहीं चलता।'' ऋषि की मर्मकथा राजा की समझ में न आई। अज्ञ की तरह वह फिर कह चले—''भगवन्! पर इससे जी को सन्तोष नहीं होता। मैंने पहले बाहरी सम्पदा की रक्षा की बात आपसे कही थी। पर आप ही सोचें, मनुष्य-शरीर प्राप्त कर यदि किसी को तर्पण और पिंड की आशा न रही, तो उसे कितना दुःख होता है, मृत्यु के बाद भी उसका उद्धार नरक से नहीं होगा। आप मुझ पर ऐसी कृपा अवश्य करें, जिससे मुझे नरक से उद्धार प्राप्त हो।'' राजा की प्रार्थना से द्रवित होकर ब्रह्मपुत्र अंगिरा ने स्वयं हवि पाक कर त्वष्ट्र नाम के देवता का त्याग किया; फिर शेष भाग राजा की बड़ी रानी कृतद्युति को खिला दिया। फिर चलते हुए कहा—''हे राजन्! तुम्हारे पुत्र तो होगा, पर वह तुम्हारे लिए हर्ष और शोक—दोनों का कारण होगा।''

रानी कृतद्युति गर्भवती हो गईं। यथासमय एक सुन्दर कुमार भूमिष्ठ हुआ। राजभवन में आनन्द की छटा फैल गई। अनेक प्रकार के उत्सव और मंगल-गीत होने लगे। ब्राह्मणों को प्रचुर दक्षिणा दी गई। प्रजावर्ग के आनन्द का ठिकाना न रहा। राजा को पहले जितना दुख था, अब उसने दूना सुख भी हुआ।

इस आनन्द-मंगल में केवल राजा की दूसरी रानियों को दुख हुआ। पहले राजा अपने सभी रानियों का समान आदर करते थे। अब वे सब सोचने लगीं—'राजकुमार की माता होने के कारण अब केवल कृतद्युति का ही राजा की दृष्टि में आदर और सम्मान होगा। हमारी तो दासियों से भी बुरी दशा होगी। कृतद्युति हमसे सखी की तरह न मिलेगी। जब वह राज्य के उत्तराधिकारी अपने पुत्र के गर्व से हमारी तरफ देखेगी, तब हमारी कैसी शोचनीय दशा हो जाएगी—मारे लज्जा और क्षोभ के हमें मिट्टी में गड़ जाना होगा। इस जीवन से हमारे लिए मृत्यु अच्छी है।' इस प्रकार रानियों में सौत का डाह पैदा हो गया। क्रमशः रानी कृतद्युति के प्रति उनकी ईर्ष्या और बढ़ गई। एक दिन उन्होंने राजकुमार को ज़हर देकर मार डालने का निश्चय किया।

कुछ काल बाद रानी कृतद्युति अपने बरामदे में टहल रही थीं। राजकुमार बड़ी देर से सोया हुआ था। रानी ने धात्री से राजकुमार को ले आने के लिए कहा। जब धात्री बड़ी देर से सोते हुए राजकुमार को जगाने के लिए गई, तो देखा कि राजकुमार की आँखें चढ़ी हुई हैं, और साँस बन्द हो गई है। धात्री वहीं पछाड़ खाकर गिरी। रानी कृतद्युति भी शंकित होकर पुत्र के पास दौड़ीं। पुत्र को मरा हुआ देखकर वहीं मूर्च्छित हो गईं। सारे राजभवन में यह शोक-संवाद बात की बात में फैल गया। जिन रानियों ने विष खिलाकर बच्चे की जान ली थी वे भी दौड़ीं, और छाती पीट-पीटकर ऊँचे स्वर से विलाप करने लगीं। राजा भी शोक से बेहोश हो गए।

मृत्यु का यथार्थ कारण ज्ञात न होने से राजा और रानी विधाता के ही सिर सारे कलंक का आरोप करने लगे। इसी समय ऋषि अंगिरा के साथ देवर्षि नारद राजा से

मिलने के लिए आए। शोक के कारण राजा इतने दुर्बल हो गए थे कि वह महर्षि अंगिरा को पहचान नहीं सके। महर्षि अंगिरा ने स्वयं कहा—"राजन्! शोक के कारण तुम्हें मेरी याद भी नहीं रही। मैं ही तुम्हें यह पुत्र प्रदान करनेवाला अंगिरा हूँ। यह तुम्हारे सामने खड़े हुए ब्रह्मपुत्र देवर्षि नारद हैं।" राजा ने बड़े विनय भाव से प्रणाम किया। नारद ने राजा को महोपनिषद् का उपदेश दिया, जिससे राजा का शोक दूर हुआ, और नारायण के प्रति भक्ति और विश्वास की वृद्धि हुई। राजा का पहलेवाला भाव बदल गया। उनके हृदय में नारायण के दर्शनों की इच्छा प्रबल हो गई। नारदजी की आज्ञा के अनुसार राजा चित्रकेतु सात दिनों तक केवल जल पीकर रहे, और नारदजी की दी विद्या को धारण किया। इससे उन्हें विद्या को धारण करने की शक्ति प्राप्त हुई। इसी विद्या के प्रभाव से उन्हें श्रीभगवान् के दर्शन हुए। उन्होंने देखा, चारों ओर से सिद्ध मनीश्वरों से भगवान् संस्तुत हो रहे हैं। उनकी देह में पीताम्बर है, मस्तक पर किरीट। मुख प्रसन्न और प्रकाश सूर्य से भी अधिक और स्निग्ध! राजा को भगवद्-दर्शन से बड़ा आनन्द हुआ। वह भगवान् की स्तुति करने लगे। श्रीभगवान् ने अनेक प्रकार से चित्रकेतु को ज्ञानोपदेश दिया।

विद्या के प्रभाव से चित्रकेतु की गति अबाधित थी। वह आकाशचारी थे। लाखों वर्ष वह इस दिव्य योनि में रहकर विहार तथा भगवद्भजन करते रहे। एक बार चित्रकेतु विष्णु के दिए तेजोमय विमान पर भ्रमण करते हुए चले जा रहे थे। उन्होंने देखा, भगवान् शिव भवानी को गोद में बैठाए आलिंगन करते हुए सिद्ध मुनियों की सभा में बैठे हुए हैं। भगवान् भव को कामी पुरुष की तरह अनाचार करते हुए देखकर अहम्मन्यता के वश हो चित्रकेतु हँस दिए। यह देखकर भगवती क्रुद्ध हो गईं। उन्होंने राजा को वर के प्रभाव से दुर्विनीत हुआ जानकर शाप दे दिया। कहा—"रे मन्द-बुद्धि, क्षत्रियों में अधम राजा, अपने को इतना बड़ा ज्ञानी समझने लगा कि जिनकी सेवा स्वयं ब्रह्मपुत्र ऋषि और मुनि आकर करते हैं, ब्रह्मा और विष्णु भी जिन्हें मस्तक झुकाकर सम्मान प्रदर्शन करते हैं, जो जगद्गुरु हैं, उनके कृत्य को न समझकर तूने उनका उपहास किया, इसलिए शीघ्र तू अधम राक्षस योनि में जाकर जन्म ले।"

राजा में पहले से ईश्वर के प्रति भक्ति होने के कारण भगवती भवानी के शाप से ज्ञानोदय हो गया। सिर झुकाकर शान्त चित्त से शाप को ग्रहण कर धीरे-धीरे वह वहाँ से चले गए। बाद को वही राजा वृत्रासुर होकर पैदा हुए।

तारकासुर की कथा

कश्यप की बड़ी स्त्री दिति के दो पुत्र हुए—हिरण्यकशिपु और हिरण्याक्ष। भगवान विष्णु ने इन दोनों को मार डाला, हिरण्याक्ष को वराह और हिरण्यकशिपु को

नृसिंह-रूप से। इनकी मृत्यु से देवता बहुत सुखी हुए पर दिति को बड़ा दुःख हुआ। पति की सेवा कर उन्होंने फिर गर्भ धारण किया, पर मौका पाकर इन्द्र पेट में समा गया, और गर्भ के टुकड़े-टुकड़े कर डाले। पर गर्भ नष्ट न हुआ। सोती हुई दिति के गर्भ से वे 49 पुत्र होकर निकले। वे सब मरुत नामवाले देवता हुए, और इन्द्र को अपना भाई मानकर स्वर्ग को चले गए। दिति को इस पर सन्तोष न हुआ। वह फिर अपने पति कश्यप की सेवा करने लगी। कश्यपजी बोले—"पवित्र होकर ब्रह्माजी के दस हज़ार वर्ष तक तपस्या करो, तो तुम्हारे बड़ा तेजस्वी पुत्र होगा।" दिति उसी प्रकार शुद्ध-चित्त होकर तपस्या करने लगी। समय पूरा होने पर वज्रांग नाम का बड़ा प्रतापी बालक दिति के उत्पन्न हुआ। माता की आज्ञा से उस पुत्र ने बलपूर्वक इन्द्र का निग्रह किया। अपर देवताओं को भी उसने बाँध लिया। तब ब्रह्माजी कश्यप के पास गए और देवतों को छुड़ाया। वज्रांग ने देवताओं को छोड़ दिया, और सरल भाव से ब्रह्मा से तत्त्व की बात पूछी। ब्रह्मा ने तत्व की सारस्वरूप वरांगी नाम की एक स्त्री वज्रांग को दी। फिर कश्यप को लेकर चले गए। वरांगी पति की सेवा करती रही। तपस्या करते-करते वज्रांग के भीतर से देवतों से बैर-भाव दूर हो गया था पर वरांगी के मन में तेजस्वी पुत्र की आशा लगी हुई थी। वह चाहती थी कि ऐसा पुत्र हो, जो इन्द्र को जीत ले। वज्रांग ने समझाया, "प्रिये, तुम वैर-भाव से पुत्र की कामना करती हो, पर देवताओं से दुश्मनी न करनी चाहिए। यह मुझे अच्छा नहीं लगता।" वज्रांग के उपदेश का वरांगी पर प्रभाव न पड़ा। तब उसे बड़ी घबराहट हुई। उसने सोचा, 'अगर मैं पत्नी की इच्छा पूरी करता हूँ तो देवताओं के बैर का अपराधी होता हूँ और यदि नहीं करता तो पत्नी के दुखी रहने का मुझे पाप लगता है।' अस्तु, वज्रांग ब्रह्मा की तपस्या करने लगा। बहुत समय तक ब्रह्मचारी रहकर उसने इष्ट-प्राप्ति के लिए तप किया। ब्रह्मा प्रसन्न होकर उसके पास गए, तब उनसे प्रिया को प्रसन्न करनेवाला वर वज्रांग ने माँगा। ब्रह्माजी 'तथास्तु' कहकर दुखी होकर चले गए।

पश्चात् वरांगी के गर्भ के लक्षण दिखलाई पड़े। समय पूर्ण होने पर उसके एक पुत्र हुआ। यह दृढ़ शरीरवाला, महाबली और दशों दिशाओं को प्रकाशित करनेवाला हुआ। उसके उत्पन्न होने पर पृथ्वी पर अनेक प्रकार के उत्पात हुए। महाशब्द करते हुए भीषण उल्कापात होने लगे। जहाँ-तहाँ केतुओं का उदय हो गया। पर्वतों के साथ पृथ्वी डगमगाने लगी। दिशाएँ जलने लगीं। नदियाँ क्षुब्ध हो गईं। समुद्र उद्वेलित होकर तट को डुबोने लगा। पर्वतों के विवरों से शब्द उठने लगे। चारों ओर से बार-बार घरघराहट सुनाई देने लगी। पुनः-पुनः सूर्य और चन्द्र को राहु ग्रास करने लगा। अनेक प्रकार के उत्पात होने लगे। कश्यप ने बड़ा विचार कर लड़के का नाम तारक रखा। कुछ ही समय में वह बालक बढ़कर बहुत बड़ा सुन्दर युवा हो गया, और अपनी माता से उसने तपस्या करने की आज्ञा माँगी। माता की आज्ञा पाकर मधुवन में आकर, विधाता को प्रसन्न करने के लिए वह कठोर तपस्या करने लगा। सौ वर्ष

तक एक पैर उठाकर सूर्य की तरफ मुँह किए हुए उसने तपस्या की। सौ वर्ष तक एक अँगूठे के बल खड़ा रहा। सौ वर्ष तक पानी पीकर, सौ वर्ष तक केवल पवन-पान कर, सौ वर्ष तक जल में और सौ वर्ष तक स्थल पर बैठकर तपस्या की। सौ वर्ष तक आग तापी और सौ वर्ष तक सिर नीचे और पैर ऊपर उठाकर रहा। सौ वर्ष तक हाथ के सहारे, पैर ऊपर उठाए तप करता रहा। सौ वर्ष तक डाल में पैर फाँसकर लटका रहा। उसकी प्रचण्ड तपस्या से तीनों लोक काँपने लगे। ऋषियों और देवताओं को बड़ा दुख होने लगा। दैत्यराज तारक के शरीर से ऐसा तेज निर्गत होने लगा कि इन्द्र घबरा गए। उसके तेज के सामने इन्द्र की रूह फना हो गई।

इसी समय तारक की तपस्या पूरी हुई जानकर ब्रह्मा वर देने गए। ब्रह्मा को देखकर तारकासुर ने बड़ा ही कठिन वर माँगा। उसने कहा—"हे पितामह, आप मुझ पर प्रसन्न हैं, तो यह वर दीजिए कि जहाँ तक आपकी सृष्टि है, उसमें मुझसे अधिक बलवान् कोई न हो। यदि शिव के वीर्य से पुत्र सम्भव हो, तो वही मुझे मारे।" ब्रह्मा तथास्तु कहकर चले गए।

तारकासुर प्रसन्न होकर शोणितपुर को लौट आया। वहाँ दैत्य-गुरु शुक्राचार्य ने असुरों की मंडली में उसका त्रिलोकी के आधिपत्य पर अभिषेक किया। यथारीति तारक तीनों लोक का राज्य करने लगा। देवता उसके शासन से बहुत पीड़ित हुए, उस महावीर वज्रांगनन्दन तारक ने इन्द्र से रत्न माँगे, उसके भय से इन्द्र ने दे दिए। इन्द्र ने ऐरावत दे दिया, कुबेर ने निधियाँ, वरुण ने श्वेतवर्ण के घोड़े, ऋषियों ने कामधेनु, सूर्य ने दिव्य उच्चैःश्रवा घोड़ा, मारे भय के समुद्र ने रत्न दे दिए। बिना जोते हुए पृथ्वी बीज ग्रहण कर फल देने लगी। प्रजा इच्छानुसार उससे अन्न, फल, फूल रत्नादि लेने लगी। सूर्य उतना ही तपता, जिससे किसी को कष्ट न हो। चन्द्रमा सब समय स्निग्ध किरणों से नहलाया करता। वायु सदा अनुकूल बहती रहती। त्रिलोकी को वश करके वह स्वयं इन्द्र हुआ। वह अद्भुत स्वामी और अद्वितीय सम्राट् हुआ।

देवता बड़े पीड़ित हुए। तारक नाम की अग्नि से सब जलने लगे। इन्द्र, यम, वरुण, दिक्पाल आदि सब उसके आज्ञाकारी थे। दुःखी होकर देवतों ने ब्रह्मा से विनय की—"हे पितामह, अब तो प्राणों की आ पड़ी है, संसार में कहीं बचने की जगह नहीं रह गई। दया कीजिए; देवता आप ही के आश्रित हैं।" ब्रह्मा ने कहा, "हे देवतो! दक्ष की कन्या सती मैना के गर्भ से उत्पन्न हुई है। शिवजी अवश्य उसका विवाह करेंगे। फिर भी तुम्हें उपाय करना होगा। पार्वती से शिव का विवाह होगा, तो ऊर्ध्वरेता शंकर के वीर्य का वह आकर्षण कर सकेंगी। दूसरी स्त्री से यह न होगा।"

पश्चात् शम्भु-शुक्र से सम्भव कार्तिकेय ने उत्पन्न होकर तारकासुर का वध किया।

मदन और रति की कथा

ब्रह्म की त्रिगुणात्मिका सृष्टि हो चुकी थी। रज से ब्रह्मा, सत्त्व से विष्णु और तम से महेश्वर उत्पन्न हो चुके थे। तीनों के अलग-अलग अधिकार भी बँट चुके थे। स्थूल सृष्टि का क्रम जारी हो चुका था। मरीचि, अत्रि, पुलह, पुलस्त्य, अंगिरस, ऋतु, वसिष्ठ, नारद, दक्ष, और भृगु सृष्टि के महान् आधार-स्तम्भ महाकाश में आ चुके थे। इसी समय सृष्टिकर्त्ता ब्रह्मा के दिगन्त-व्याप्त मानस-पट में सर्वोत्तम नारी-प्रकृति की सृष्टि सन्ध्या के रूप में हुई। पश्चिम आकाश में सुनहली किरणों से गठित, शान्त, शिष्ट मुखमंडल और शरीरवाली, पीनोरु क्षीण-कटि, तनु-भुज, आयत-दिव्य-नेत्रा सन्ध्या आविर्भूत हुई। अचपल, सुष्टु भौंहें, विनत दृष्टि देखकर स्वयं सृष्टिकर्त्ता चंचल हो उठे। हृदय में जो मनोभाव उत्पन्न हुआ, उसी से एक दिव्य पुरुष ने जन्म पाया। यही पंचशर काम है। सुन्दर श्यामवर्ण, ऊँचा, चौड़ा वक्ष:स्थल सुडौल, मनोहर नासिका, चारु मुख, उत्तम कटि और जाँघें। भौंरे-से काले, घुँघराले बालोंवाले इस युवक के प्रति ब्रह्मा और उनके मानस पुत्रगण अनिमेष आँखों से देखते रहे। कमलों की शोभा को लज्जित करनेवाली इसकी रोमावली, पूर्ण चन्द्र-सा कान्तिमान् मुख, श्याम गज के सदृश आकार, नील-पद्म-गन्ध से वासित देह, रक्ताभ तलुवे, क्षीण-मध्य-भाग, दाड़िम-दशन मन्द-गति, सुन्दर शंख-सी ग्रीवा, ध्वजा में मत्स्य, फूलों के पाँच बाण और फूलों का धनुष, शृंगार की अनुपम छवि, अपराजित आँखें। ऐसे मनोभाव को सशरीर सामने खड़ा देखकर ब्रह्मपुत्रों का चित्त विकृत हो गया। काम मुस्कराता हुआ, ज़रा सिर झुकाकर संसार-दृष्टि के कर्त्ता ब्रह्मा को प्रणाम कर बोला—"हे ब्रह्मन्! मेरे लिए आपकी क्या आज्ञा है? मैं संसार में सर्वजयी होकर रहना चाहता हूँ।" ब्रह्मा बोले—"काम, तुम्हारी अत्यन्त सुन्दर रूप-रेखाओं को देखकर मैं चकित हो गया हूँ, परन्तु तुम्हारी सृष्टि का कारण अब मेरी समझ में आ गया है। जाओ, तुम विश्व-विजयी होगे। त्रिलोक में देवता भी तुम्हारा उल्लंघन करने में समर्थ न होंगे। मैं, विष्णु और शिव भी तुम्हारी शक्ति के वशीभूत होंगे। तुम गुप्त रूप से जीवों के हृदय में प्रवेश कर सृष्टि-विस्तार करो।"

यह कहकर ब्रह्मा अपने पुत्रों के मुख की ओर देखते हुए कमलासन पर आसीन हो गए। मरीचि आदि ऋषियों ने काम के प्रति सम्मान प्रदर्शित करते हुए उसके अनेक नाम रख दिए। फिर कहा—"चूँकि दृष्टि-मात्र से तुमने हमारा और ब्रह्माजी का चित्त मथ दिया, इसलिए तुम्हारा नाम मन्मथ भी होगा। सुन्दरता की संसार में तुम्हीं एक उपमा होगे। तुम्हारे बराबर किसी दूसरे देवता में शक्ति न होगी। इसलिए तुम सर्वव्यापी होगे।"

काम ऋषियों से वर प्राप्त कर खड़ा चुपचाप सोचता रहा। उसके पास हर्षण, रोचक, मोहन, शोषण और मारण, ये पाँच महाशक्ति-पूर्ण सायक थे ही। उसने

सोचा सृष्टि के जनक ब्रह्मा पर ही अपनी शक्ति की परीक्षा करूँगा। निश्चय कर कुछ हटकर धनुष में शर-योजना की। सामने विरंचि की सर्वोत्तम नारी-सृष्टि स्वर्णाभा, फुल्ल-यौवना सन्ध्या खड़ी थी, जो सृष्टि-सम्बन्ध से ब्रह्मा की कन्या थी। पुष्प-शर खींचकर काम ने ब्रह्मा पर चला दिया। एकाएक चारों से सुगन्ध वायु बहने लगी, प्रकृति ने सब प्रकार से सम्मोहन रूप धारण कर लिया। ब्रह्मा और उनके मानस-पुत्र अन्य मुनि मुग्ध हो गए। उनमें इन्द्रिय-विकार पैदा हो गया। सन्ध्या को देखकर उनके शरीर में उंचास भाव उत्पन्न हुए। सन्ध्या के मधुर कटाक्ष से ब्रह्मा और उनके पुत्रों की दशा शोचनीय हो गई। वहीं धर्म भी थे। पिता और भाइयों की विकृत दशा देखकर उन्होंने देवाधिदेव महादेव का स्मरण किया। शिव के आविर्भाव से ब्रह्मा और ऋषि-गण प्रकृतिस्थ हुए। शिव ने ब्रह्मा से कहा—"ब्रह्मन् कन्या को देखकर आपमें काम का भाव कैसे आ गया? यह तो वेद-विरुद्ध है। शिव के शब्द सुनकर ब्रह्मा लज्जित हो गए। उस लज्जा से जो स्वेद प्रवाहित हुआ, उससे अग्निष्वातादिक पितृगण उत्पन्न हुए। उसी समय दक्ष के शरीर से जो जल पृथ्वी पर गिरा, उससे एक अपूर्व गुणमयी कन्या उत्पन्न हुई, यह तन्वंगी, कुश-कीट, सूक्ष्म रोमावलि, कुन्द-दशना, विद्युत-प्रभा रीत थी। ब्रह्मा को लज्जा के बाद काम के प्रीत क्रोध उत्पन्न हुआ। उन्होंने काम को शाप दिया कि तू शंकर की तपोवह्नि से दग्ध हो जाएगा, परन्तु काम के अपूर्व प्रभाव से प्रसन्न रति ने उसे पति-रूप ग्रहण किया।